O Livro das Mesas

Victor Hugo

O Livro das Mesas

As sessões espíritas da ilha de Jersey

EDIÇÃO E ESTABELECIMENTO DO TEXTO, APRESENTAÇÃO E NOTAS Patrice Boivin

TRADUÇÃO André Telles

TRÊS ESTRELAS

Título original *Le Livre des Tables*

EDITOR Alcino Leite Neto

EDITORA-ASSISTENTE Rita Palmeira

PRODUÇÃO GRÁFICA Iris Polachini

CAPA André Kavakama

FOTO DA CAPA Victor Hugo em foto de Etienne Carjat (*c.* 1877) | Getty Images Brazil/Premium Archive – RM Editorial Images

PROJETO GRÁFICO DO MIOLO Mayumi Okuyama

EDITORAÇÃO ELETRÔNICA Jussara Fino

PREPARAÇÃO Alexandre Caroli Rocha

REVISÃO Isabel Cury e Carmen T. S. Costa

Dados Internacionais de Catalogação na Publicação (CIP)
(Câmara Brasileira do Livro, SP, Brasil)

Hugo, Victor, 1802-1885
O livro das mesas : as sessões espíritas de Jersey/Victor Hugo; organização, apresentação, estabelecimento do texto e notas Patrice Boivin; tradução André Telles. – São Paulo : Três Estrelas, 2018.

Título original: *Le livre des tables: les séances spirites de Jersey.*
Bibliografia.
ISBN 978-85-68493-48-9

1. Espiritismo – Filosofia 2. Espiritismo – História 3. Literatura francesa 4. Médiuns 5. Mesasgirantes (Espiritismo) I. Boivin, Patrice.

18-13822 CDD-133.92

Índices para catálogo sistemático:
1. Mesas girantes: Espiritismo 133.92

Este livro segue as regras do Acordo Ortográfico da Língua Portuguesa (1990), em vigor desde 1º de janeiro de 2009.

TRÊS ESTRELAS

Al. Barão de Limeira, 401, 6º andar
CEP 01202-900, São Paulo, SP
Tel.: (11) 3224-2186/2187/2197
editora3estrelas@editora3estrelas.com.br
www.editora3estrelas.com.br

Sumário

Prefácio

HUGO EM JERSEY

Em setembro de 1853, completavam-se treze meses desde que Victor Hugo desembarcara em Jersey. O longo e voluntário exílio, que se estenderia por dezenove anos, tivera início em 11 de dezembro de 1851. Após o golpe de Estado de Napoleão III, em 2 de dezembro de 1851, Victor Hugo era um homem procurado e ameaçado. Nove dias depois, na noite de 11 de dezembro, deixa finalmente Paris, embarcando no trem das 20h rumo a Bruxelas, sob a identidade de Jacques Firmin Lanvin, tipógrafo. De lá, parte novamente, quase oito meses mais tarde, em 31 de julho de 1852, para Antuérpia, depois Londres e Southampton, antes de chegar a Jersey, onde decide instalar-se.

Por que Jersey [ver mapa na p. 35]? A ideia surgira apenas uma semana após a chegada de Victor Hugo à Bélgica. Ele escreveu então a Paul Meurice: "Se pudéssemos colonizar um cantinho de terra livre! O exílio não seria mais exílio. É um sonho que eu tenho".[1] Sonho que já se desenhava sob os traços da ilha anglo-normanda, como atesta uma carta dirigida à sua mulher, Adèle Hugo: "Decerto construirei uma cidadela de escritores e editores, de onde bombardearemos Bonaparte. Se não for em Bruxelas, será em Jersey".[2] Mais tarde, igualmente em uma carta a Adèle, Hugo, que colhera informações sobre Jersey, acrescentava: "Jersey é o paraíso, e espero encontrarmo-nos lá em breve. [...] É uma ilha inglesa deslumbrante, a dezessete léguas da costa da França. Lá, fala-se francês e vive-se muito em conta. Todos os proscritos afirmam ser delicioso. Tentarei encontrar em Jersey, e sem dúvida encontrarei, um apartamento, talvez uma casinha, com vista para o mar, janelas para o sul e, por que não?, um jardim".[3] Os desejos de Hugo logo se veem concretizados em uma estranha realidade.

Em 4 de agosto de 1852, Hugo e seu filho Charles, partindo de Londres, chegam ao porto de Southampton. Por volta da meia-noite, embarcam no Dispatch e, sinal premonitório, fazem escala na ilha de Guernesey,[4] atracando aproximadamente às nove da manhã. Ainda terão de esperar algumas horas antes de alcançar Jersey, onde permanecerão 39 meses antes de partirem para Guernesey, novamente para um longo exílio. Ao meio-dia, surge uma linha de rochedos: "Era Jersey. Pouco depois, o *packet* entrou no porto de Saint-Hélier. Era meio-dia".[5]

Em 5 de agosto de 1852, portanto, Hugo e seu filho Charles desembarcam na ilha anglo-normanda, onde os esperam a sra. Hugo, sua filha, também chamada Adèle, e Auguste Vacquerie, o amigo fiel, os quais, por sua vez, haviam chegado em 31 de julho.*

Hugo desembarca no porto de Saint-Hélier, onde é recebido por uma multidão. Informados dias antes pela imprensa sobre a chegada próxima do autor de *Notre-Dame de Paris*, bem como da presença de sua mulher e sua filha no Hôtel de la Pomme d'Or, os cidadãos de Jersey acorreram em massa ao cais. Um mar de gente cerca a sra. Hugo, Adèle e Vacquerie. Os proscritos estão todos ali, "entre eles 42 recenseados em julho pela polícia da ilha [...], mas eram na realidade pelo menos três vezes mais numerosos".[6] Muitos deles, principalmente húngaros, poloneses e italianos, residiam em Londres ou nas ilhas anglo-normandas. Hugo troca algumas palavras com a mulher e a filha, recebe as congratulações dos proscritos e, em seguida, dirige-se ao Hôtel de la Pomme d'Or, onde, perante a Sociedade Fraterna dos Proscritos Republicanos, pronuncia seu primeiro discurso em solo jerseiano.

Em 16 de agosto, Hugo instala-se em uma casa estranha, de frente para a praia de Azette, "uma choupana branca à beira-mar", diz ele em um primeiro

* Instalada provisoriamente no Hôtel de la Pomme d'Or, a família Hugo vai se alojar em Marine Terrace a partir de 16 de agosto. Juliette Drouet chegará logo em seguida a Hugo, em 6 de agosto, hospedando-se primeiro no Auberge du Commerce, em Saint-Hélier, depois em Nelson Hall, em 11 de agosto; a partir de 6 de fevereiro de 1853 ela passou a ocupar um apartamento mobiliado com vista para o mar e para a janela do quarto de Victor Hugo. [Todas as notas são do editor francês, exceto as assinaladas com N.E.B., acrescentadas na edição brasileira, e N.T., de autoria do tradutor.]

momento, um "pesado cubo branco de ângulos retos", acrescentará mais tarde, "que tinha a forma de um túmulo". Chama-se Marine Terrace. Marine porque o mar está ali, a poucos metros: na maré alta, as ondas quebram sob suas janelas, e no inverno a maresia vem besuntar os vidros com suas gotículas. Terrace porque a casa dispõe de um terraço à guisa de telhado. A fachada sul da casa dá para um jardim contíguo, que compreende uma estufa e um terreiro de aves, e a fachada norte para uma estrada deserta; a praia é logo ali. Da casa, veem-se uma "colina e, em um pequeno bosque, uma torre que dizem ser assombrada". Em seu flanco, um dique: "Um renque de grandes troncos de árvores secas, recostados em um muro, fincados de pé na areia". Em seus passeios pela praia de Azette, Hugo mergulha em devaneios que "aceitam de bom grado as quimeras para se propor enigmas", chegando a se perguntar "a que homens haviam pertencido aquelas tíbias com três toesas de altura". De Marine Terrace, feita da "alvura inglesa" e que parece oferecer "a hospitalidade da neve", "o mar é sempre infindo". No térreo, a casa possui "um corredor como entrada, uma cozinha, uma saleta", que dá para uma aleia pouco frequentada, e "um gabinete amplo e mal iluminado". No primeiro e segundo andares, ficam os quartos, "asseados", "frios", "sumariamente mobiliados", "recém-pintados", "com mortalhas brancas nas janelas". "Uma casa tem uma alma", e Marine Terrace "não deixou naqueles que a habitaram senão afetuosas e caras lembranças". O que Hugo afirma a respeito da casa vale também para a ilha, Jersey: "Os locais de sofrimento e provação terminam por adquirir uma espécie de amarga doçura, que, mais tarde, desperta saudade. Têm a hospitalidade severa que agrada à consciência".[7]

Do pequeno jardim de Marine Terrace, com cerca de cinquenta metros de comprimento por treze de largura, Hugo acessa diretamente, por um portãozinho, a discreta trilha que acompanha a praia do alto. A carta a sua mulher, de 17 de maio de 1852, ganhou realidade. A praia de Azette, com cerca de três quilômetros de extensão, estende-se à sua frente. Hugo a percorrerá constantemente, caminhando, às vezes, para a direita, até um rochedo conhecido na época como Rochedo Besnard ou Dicq Rock. Marine Terrace e o dique não existem mais, mas esse rochedo, na praia de Azette, subsiste como testemunha das meditações hugoanas. Uma placa gravada diretamente na pedra rebatizou o local em 1952: "Rochedo dos proscritos – Victor Hugo – no exílio – 1852-1855".

Ao instalar-se em Jersey, Victor Hugo faz as pazes consigo mesmo. O próprio poeta reconhecerá isso em 1860, durante um breve retorno à ilha:

> Quando cheguei aqui, há oito anos, saindo das mais prodigiosas lutas políticas do século, e naufraguei ainda respingando a catástrofe de dezembro, assustado ante aquela tempestade, desgrenhado por aquele furacão, sabem o que encontrei em Jersey? Uma coisa sagrada, sublime, inesperada: a paz. [...] Jersey me acalmou. Encontrei, repito, a paz, o repouso, um apaziguamento severo e profundo na doce natureza de seus campos, na saudação afetuosa de seus lavradores, nos vales, nas solidões, nas noites que sobre o mar parecem mais profusamente estreladas, no oceano sempre inquieto que parece palpitar diretamente sob o bafejo de Deus. Assim é que, embora sempre cultivando a ira sagrada contra o crime, senti a imensidão misturar a essa ira o seu alargamento sereno, e o que rugia dentro de mim pacificou-se. Sim, rendo graças a Jersey. Rendo-lhe graças. Senti a bondade divina sob seus tetos e em suas aldeias. Oh! jamais esquecerei aquele majestoso apaziguamento proporcionado pela natureza nos primeiros dias de exílio.[8]

O primeiro efeito de Jersey sobre Hugo, portanto, é o de uma plenitude, uma entrega ao espetáculo da natureza e do oceano. A alma do poeta encontra a serenidade.

AS VOZES DE JERSEY

Em setembro de 1853, portanto, faz treze meses que Victor Hugo está exilado em Jersey, treze meses bucólicos dedicados a descobrir a ilha e a animar as reuniões dos proscritos republicanos. Treze meses igualmente sem nenhuma distração cultural, em uma ilha onde não existe sequer uma biblioteca ou museu e onde um hangar serve de sala de teatro. *Os castigos* estão terminados e *As contemplações*, cujo trabalho mais árduo ainda se estenderá por quase dois anos, entre 1854 e 1855, ainda não deslancharam. Hugo parece estar em uma espécie de vácuo, político e literário.

Desde "os últimos anos da Monarquia de Julho, para muitos observadores externos, Victor Hugo era um homem acabado".[9] Após 22 livros publicados em todos os gêneros, "não parecia [...] querer aumentar a lista de suas publicações".[10] Isso acontecerá, no entanto, a partir de 1851, com o início da redação da *História de um crime*, depois, a partir de 1852, com *Napoleão, o pequeno*. Em todo caso, depois do golpe de Estado de 2 de dezembro de 1851, Victor Hugo perdera efetivamente "seus títulos de nobreza [...], exercitara-se no combate de rua [...], tornara-se em pouquíssimos anos o líder da oposição, tentara sublevar o povo em dezembro de 1851, perdera tudo, ou quase tudo, e finalmente se vira no exílio". O próprio Hugo fará esta constatação em *O que é o exílio*: "Que força, isto: não ser nada! Não ter mais nada para si, não ter mais nada sobre si, eis a melhor condição de luta. [...] Não somos mais obrigados a ser acadêmico e parlamentar; detemos a terrível riqueza da verdade".[11] Não é exagero afirmar que, em Jersey, Hugo estará a léguas de ser um "acadêmico e parlamentar", ele que lá vai sagrar-se "irmão da pedra [e] primo do cão".[12]

O parêntese de Jersey, com efeito, está ligado em especial ao episódio das Mesas falantes. Jersey passa a ser o lugar de comunicação com os espíritos.

Entre 11 de setembro de 1853 e 8 de outubro de 1855, Victor Hugo dedica-se quase que diariamente às sessões espíritas. Nessas ocasiões, dialoga com os espíritos mais ilustres – Aníbal, Dante, Caim, Shakespeare, Lutero, Safo, Chénier, Alexandre, o Grande, Leônidas, Molière, Jesus, Platão, Ésquilo, Galileu... – e com as formas mais abstratas: a Sombra do Sepulcro, a Crítica, a Metempsicose, o Drama ou a Morte.

Na ilha anglo-normanda, Hugo vê-se dissociado da França, de seu regime, de suas ambições políticas, não lhe restando mais senão "passar em revista as constelações do pensamento", como afirma durante uma sessão espírita, calafetando as fissuras da harmonia humana e da fusão dos seres, animais, plantas e pedras, com as vozes da metempsicose.

A que necessidade se curvava Victor Hugo em Jersey quando fazia as mesas girarem? "Fazer do ocultismo um projeto completo de sociedade e, simetricamente, do socialismo um sonho místico do outro mundo",[13] um projeto de sociedade emancipada do cristianismo segundo uma singular teoria do destino social, muitas vezes discutida com Pierre Leroux na praia de Samaretz, no fim de 1853, cujas chaves convém procurar no oculto e "nas solidariedades humanas nos túmulos".[14]

A chegada de Delphine de Girardin nos primeiros dias de setembro de 1853 parece cair feito uma luva. As sessões das Mesas girantes, nas quais ela vai rapidamente iniciar todo o clã Hugo, permitem dar uma dimensão inesperada ao intermédio jerseiano. O contexto dessa curiosíssima experiência espírita, abstraindo-se os discursos dos mortos, seus conselhos, revelações e injunções, ainda não foi esclarecido: é puramente acidental ou deriva de uma imperiosa necessidade? Hugo veria nela uma maneira indiscutível de aproximar os ateus de Deus e convencer os republicanos da sobrevivência da alma? Hugo fala doravante "com todas as vozes da metempsicose", oficiando dessa maneira o casamento do ocultismo e do progresso.

As Mesas permitiriam igualmente acrescentar um novo desdobramento à problemática, tipicamente hugoana, do crime, castigo e expiação? Pois em Hugo o essencial está sempre no cerne: "Esse essencial é Deus ou a História. Esses dois objetos se impõem em seu mistério sob a forma de enigma".[15] Victor Hugo, a princípio reticente em sentar-se à mesa de Marine Terrace, vai, pouco a pouco, ser tragado pela vertigem das Mesas girantes.

Na mesma época, Gérard de Nerval é visto passeando uma lagosta na coleira, sendo definitivamente catalogado como louco. As vozes da Mesa, por sua vez, continuarão a falar quando Nerval houver definitivamente se calado.

No total, mais de uma centena de espíritos virão, por meio de suas revelações, confirmar as intuições poéticas, filosóficas, religiosas e metafísicas de Hugo. Essas sessões são escrupulosamente registradas pelos participantes presentes. A sra. Hugo, sua filha Adèle, Auguste Vacquerie e Victor Hugo, em especial, anotam tudo, alternada ou simultaneamente, em seus cadernos pessoais ou em folhas avulsas, que constituirão as atas do desenrolar das sessões e de seu teor. As revelações da Mesa e a profundidade de seu conteúdo não devem cair no esquecimento: servirão para iluminar o século e alimentar a produção hugoana. E, de fato, o conteúdo das revelações virá a ser fonte direta de influência do quinto e sexto livros das *Contemplações*, bem como de determinados poemas de *O ano terrível*, *O fim de Satã*, *Os quatro ventos do espírito*, *A legenda dos séculos*, *Deus*, *Toda a lira* ou ainda *William Shakespeare*. Operando o casamento das palavras solenes dos espíritos de Jersey e da poesia hugoana que delas emana, as Mesas são, portanto, um marco no desenvolvimento da obra de Victor Hugo.

O LIVRO DAS MESAS

O outono de 1853, portanto, vai assistir à concepção de *O Livro das Mesas*. O título corresponde inclusive à intenção e denominação de Victor Hugo, que planejava uma publicação póstuma. Persuadido de que havia "um espírito na mesa [...] independente do homem", Hugo via nas sessões espíritas "um meio de escoar mais rápido e melhor a produção do cérebro", cuja "mais ínfima frase" nascida na mesa de Marine Terrace "faria a glória de um gênio".[16] Para o poeta, tratava-se claramente de *fazer* a pergunta e não de *se fazer* a pergunta a respeito de uma eventual publicação. As revelações feitas ao longo das sessões espíritas pertencem afinal à própria Mesa. Seu direito de propriedade intelectual é evidente, cabendo-lhe decidir se as intervenções, visitas e revelações que faz devem ou não ser publicadas.

A questão de saber se as intervenções da Mesa devem ser reveladas está presente desde o início dos primeiros encontros. A resposta é clara. Em 14 de setembro de 1853, o espírito do Drama diz "não" (p. 73). Victor Hugo deverá abster-se de qualquer publicação, mas registrará escrupulosamente em diferentes suportes as conversas travadas cotidianamente com os espíritos que vêm visitá-lo em Marine Terrace. A proibição de publicar *O Livro das Mesas* coincidia igualmente com as convicções de Hugo, que julgava que "esse livro tornaria impossível [sua] linha política".[17]

Esse inquietante mergulho espiritual e poético, tão perturbador e rico, será consignado em quatro cadernos redigidos em Jersey. Esses quatro cadernos, escritos, em sua maior parte, de próprio punho por Victor Hugo, constituem portanto *de facto* uma obra hugoana a ser estudada. O espírito da Morte ordenara: "Torna-te a letra, torna-te o verbo, torna-te a vida. Vinga-te, chumbo, vinga-te do caixão. E tu, Terra, recolhe as palavras dos mortos. E tu, humanidade, respira seus bafejos, ouve suas vozes" (p. 400). O chumbo do caixão de Hugo, pela alquimia das Mesas, deveria fundir-se em tipos gráficos. "Todo grande espírito", acrescentava a Morte, "realiza duas obras em vida: sua obra de vivo e sua obra de fantasma" (p. 391). Fazer os mortos falarem permitia dar-lhes voz.

Diante do fenômeno das Mesas falantes, difícil, naturalmente, não escolher a atitude mais simples e reconfortante: a negação pura e simples da realidade do fenômeno. Difícil igualmente não fazer algumas conjeturas e propor a mais evidente, a da transmissão de pensamento involuntária. O próprio inconsciente de Victor Hugo se exprimira pela Mesa passando pela corrente: de Hugo ao médium, a saber, Charles, o filho consagrado médium pela própria Mesa, do médium à Mesa, da Mesa a Hugo. O anel se fecharia. O que explicaria o teor hugoano das declarações. Todavia, inúmeras objeções a essa tentativa de explicação podem ser alegadas. Por ocasião das primeiras sessões, Victor Hugo abstinha-se de participar e, como notaram Auguste Vacquerie ou Paul Meurice, eximia-se discretamente. Nem sempre, ademais, estava presente a todas as sessões das Mesas, e estas continuavam a ditar versos às vezes admiráveis. Sem dúvida é tão inútil interrogar-se sobre a realidade do fenômeno como procurar saber se a Mesa comunicara alguma coisa a Hugo ou se se limitara a confirmar suas intuições; se Charles ludibriava conscientemente ou "obedecia a pensamentos transmitidos pelo pai... A trapaça, manifestamente, faz parte do espiritismo e não a condena, em absoluto. O logro está no oculto, constitui sua verdade. A desmistificação do oculto é tão absurda quanto o próprio oculto".[18] Sem esquecer que Hugo continua plenamente persuadido da realidade da existência dos espíritos e de sua visita à mesa de Marine Terrace. Afirma isso primeiro de viva voz, no fim de setembro de 1853, a Pierre Leroux: "Creio piamente no fenômeno das Mesas". Mais tarde, em 27 de abril de 1854, no *Journal de l'exil,* Adèle relatará uma conversa entre seu pai e seu irmão François-Victor, este mais do que cético em face da realidade do fenômeno espírita: "O fenômeno das mesas falantes não diminui o século XIX, engrandece-o. [...] Por que negar a evidência? [...] Sim, é natural que os espíritos existam".[19]

A realidade desses instantes passados à mesa, os comentários e especulações daí resultantes, talvez isso tudo seja o de menos. O ponto essencial consiste na convicção inabalável e intangível de Hugo na existência do fenômeno. "Há um espírito na mesa, isso está fora de dúvida",[20] afirmará ainda.

As sessões das Mesas falantes decerto contribuíram para mobiliar, se é que se pode dizer, os longos serões do exílio, mas talvez tenham servido igualmente para amenizar os lutos vivenciados por Hugo, fazendo-o interrogar-se sobre o além, alforriar o pensamento do mestre, dar forma às suas intuições, confirmá-las. As Mesas falantes também poderiam, quem sabe, conduzir proscritos, ateus e republicanos ao espiritualismo e à afirmação, como um fato indiscutível, da existência de Deus.

As atas das sessões espíritas geraram igualmente obras inéditas, acima de tudo literárias: uma nova escrita.

O ESPIRITISMO

A partir de 6 de setembro de 1853, uma terça-feira, os dias e noites de Hugo não serão mais os mesmos: Delphine de Girardin desembarca pela manhã no porto de Saint-Hélier.* De todas as visitas convidadas a passar uma temporada em Jersey, nenhuma era mais aguardada do que aquela. Esquecendo sua saúde precária para juntar-se ao poeta, a sra. De Girardin, mal desembarca, confessa-se impaciente para iniciar Hugo e os seus "na nova ciência" que acaba de conquistar a França. A "nova ciência" das Mesas chamadas

* Hugo conhecia Delphine Gay, a mais jovem poeta de *La Muse Française*, desde 1821. O fato de vir a se tornar a sra. De Girardin não a impede de estreitar sua amizade com Hugo. Mulher de letras, jornalista, Delphine Gay nascera em janeiro de 1804. Casou-se com Émile de Girardin em 1831, passando a usar o sobrenome do esposo ao longo de toda a sua carreira de dramaturga e jornalista, às vezes também assinando suas obras sob o pseudônimo de Visconde de Launay. Delphine Gay de Girardin (assinava sua correspondência com seus dois sobrenomes) morrerá de um câncer no estômago em 29 de junho de 1855, poucos meses antes de Hugo desistir das Mesas falantes. O poeta lhe prestará uma vibrante homenagem em *As contemplações*, no poema "À sra. D. G. de G." (À sra. Delphine Gay de Girardin) e, embora iniciado quinze anos antes, Hugo dirá que esse poema era "como que feito para sua morte".

girantes, procedente dos Estados Unidos, chegara à França em abril daquele ano, suscitando grande curiosidade. Essa "nova ciência", ao mesmo tempo que se pretendia científica, escorava-se em um móvel de sala ou cozinha, uma mesa de três pés. As Mesas, pacientemente interrogadas, podiam, com efeito, dar a voz aos mortos mais antigos e mais célebres, servir de elo entre os vivos e os que se foram.

Tão logo se instalou em Marine Terrace, Delphine de Girardin referiu-se às sessões das Mesas girantes, nas quais já se exercitara. Embora reticente em participar das sessões em si, Victor Hugo interessou-se na mesma hora. *Os castigos* estavam terminados e ele ainda não mergulhara na composição de grandes poemas.

Essa "nova ciência", no entanto, despertava certo ceticismo. Hugo não ignorava que o espiritismo acabava de sacudir o continente norte-americano, sobretudo através da experiência das irmãs Fox, que afirmavam corresponder-se com os espíritos por meio de um código de estalos de dedos. Sua prática no século XIX constitui quase o prolongamento dos salões literários, com a diferença de que agora são os "espíritos" que falam ao longo das sessões das Mesas girantes. Em torno de 1850, o espiritismo ganha a Inglaterra, importado por um médium escocês, Douglas Home. Dali, só lhe restava atravessar o Canal da Mancha para se espalhar pela Europa. Após causarem sensação na América, as manifestações espíritas atravessaram o oceano e se difundiram na Inglaterra, depois na França. Foi nesse país que Hippolyte Léon Denizard Rivail, vulgo Allan Kardec, elaborou a doutrina de comunicação dos vivos com os espíritos, firmando-se como o fundador do espiritismo.

Em 6 de setembro, Delphine de Girardin tentou, sem sucesso, insuflar movimento em uma mesa da sala de jantar de Marine Terrace. Jogou a culpa do fracasso na mesa, cuja forma quadrada contrariava o fluido. No dia seguinte, foi a uma loja de brinquedos para crianças de Saint-Hélier, uma espécie de bazar que vendia de tudo, e voltou com uma mesa redonda de três pés.

À noite, a experiência foi repetida, com o protocolo de praxe. Era preciso formar uma corrente de dedos, homens e mulheres alternados, fazer uma só pergunta precisa de cada vez e esperar a resposta sob a forma de batidas. Adotava-se então um código para decifrar a resposta. Uma batida para um "sim", duas batidas para um "não", e um número de batidas correspondente ao lugar das letras no alfabeto: uma batida para "A", duas para "B", oito para "H" etc. Também era possível recorrer a uma haste que se deslocava sobre um alfabeto e que o espírito conduzia até a letra pertinente, batendo à mesa uma vez. Mas essa estratégia não foi utilizada em Jersey, pois os espíritos a rejeitaram expressamente. A Mesa ficou muda. Também nas noites seguintes as sessões não deram fruto algum.

Na antevéspera de seu retorno à França, Delphine de Girardin solicita, à guisa de despedida, uma última tentativa. No domingo à noite, 11 de setembro de 1853, após o jantar, ou seja, dez anos e sete dias exatamente após a morte de Léopoldine,* dez convidados estão presentes em Marine Terrace: Delphine de Girardin, a sra. Hugo, Victor Hugo, Charles Hugo, François-Victor Hugo, Adèle Hugo, o general Le Flô e sua esposa, o conde Henri de Trévenec, amigo do general, e Auguste Vacquerie. Nessa noite, que terminou à 1h da manhã, Léopoldine veio à mesa de Marine Terrace. A veracidade da presença de sua filha não deixava nenhuma dúvida para a sra. Hugo, que lhe fizera, informalmente, uma pergunta cuja resposta fora decisiva para ela. Comportava, com efeito, a revelação de um fato de que só ela e a filha tinham ciência. Para todos, a certeza inabalável de que é Léopoldine quem fala por meio da mesa vai garantir a veracidade das vozes futuras. A visita de Léopoldine é prova de que não se trata de uma trapaça; utilizar a filha tão amada, tragicamente morta, para dar credibilidade às sessões das Mesas seria não só uma infâmia, como inconcebível por parte da família Hugo. E a própria Delphine de Girardin não teria ido a Jersey para escarnecer de Victor Hugo. Os presentes, aniquilados, ficarão até tarde em Marine Terrace. Eis Victor Hugo confrontado com o mistério das Mesas.

Todas as suas forças irão convergir agora para esta esperança insensata: reencontrar a presença ligeira e fugaz que vive em seu coração. Por intermédio de uma mesa comprada num bazar da ilha, uma simples loja de brinquedos infantis, aquela ausência vem materializar-se sob seu teto, em Jersey, a léguas do antigo lar. A morte de Léopoldine fizera vacilar a fé de Victor Hugo em

* Léopoldine, primeira filha de Hugo, morreu afogada no Sena, no lugarejo conhecido como "Le Dos d'Âne", em Villequier, em uma segunda-feira, 4 de setembro de 1843, às duas da tarde.

Deus, como atesta o poema "Três anos depois", escrito em 10 de novembro de 1846, bem como a ideia de que o poeta deve constituir-se em mensageiro de Deus e guia dos povos. Contudo, depois disso, a Mesa falou e credenciou Hugo para a missão que ele próprio julgava ser sua. A contar desse dia, e durante mais de dois anos, Victor Hugo e seu círculo vão se jogar de corpo e alma nessa busca "do grande todo", que há tempos o poeta empreende.

Quase que diariamente, a mesa de Marine Terrace revelará seus segredos, desvendará mistérios, unirá Hugo à Morte, Jesus, Caim, Dante, Shakespeare... Hugo em Jersey não reflete apenas um intenso período de criação literária, e sim, e acima de tudo, Hugo e as revelações da Mesa. Esses dois elementos, criação e revelação, permanecem indissociáveis. Vão aproximar Hugo de Deus e dar origem a uma nova religião, nascida diretamente das sessões espíritas. Com efeito, a experiência das sessões espíritas a que Hugo se dedicará em Jersey permitirá aproximá-lo cada dia mais daquele oceano das alturas, da imaterialidade do céu, do além e de Deus. O exílio de Hugo, portanto, será mais que tudo metafísico.

As Mesas inauguram uma nova forma de inspiração, a da "Boca de Sombra" [*Bouche d'ombre*],* que vem a ser um mergulho na face oculta do mundo, um mundo invisível, intermediário, entre os vivos e os mortos, o dos Espíritos. Em Marine Terrace, os espíritos transmitem aos homens as vozes do além. Por intermédio dessa voz procedente do infinito, o homem pode se interrogar sobre os desígnios divinos e, até mesmo, interrogá-los diretamente. O terrível sofrimento provocado pela morte de Léopoldine abre uma porta para Hugo entreabrir seu conhecimento do invisível. A visita da filha lhe permitirá absorver-se totalmente nele. Ou melhor, o desejo de "rever" sua filha Léopoldine, pois o sentimento de culpa por ter trocado, da última vez, sua companhia por uma viagem amorosa com Juliette Drouet nunca o deixou – levando-o a não mais duvidar da crença de que as Mesas falam a verdade. Assim, naquela noite de 11 de setembro de 1853, a presença de Léopoldine estabelece a verdade espiritualista.

* "O que diz a Boca de Sombra", poema XXVI do livro sexto das *Contemplações*. Era também assim que Hugo chamava a mesa de Marine Terrace.

Em Jersey, as Mesas, no limiar do invisível, em uma espécie de cara a cara com Deus, revitalizam a espiritualidade hugoana. A formatação da religião das Mesas se dará nos quinto e sexto livros das *Contemplações*,[21] sobretudo com o penúltimo poema da coletânea, "O que diz a Boca de Sombra", e nas vastas epopeias que serão *Deus* e *O fim de Satã*. Essas três obras poéticas não só mostram que a experiência das sessões espíritas foi vivenciada por Hugo como uma relação fascinante com o além, como provam que as Mesas são fonte tanto de verdades metafísicas como de uma nova escrita. Victor Hugo estava convencido da realidade dos fenômenos espíritas e da verdade das ideias expressas pelos espíritos.

Os primeiros anos do exílio em Jersey, portanto, serão marcados pela experiência singular – prenhe de tantas interrogações e mistérios e, ao mesmo tempo, verdadeiramente decisiva – das Mesas falantes, num profundo mergulho espiritual e poético, fonte direta desses textos inéditos de Hugo.

O MISTÉRIO DOS QUATRO CADERNOS

Em 14 de setembro de 1853, o Drama recusara peremptoriamente a publicação das atas das sessões espíritas. Em 11 de dezembro de 1853, a Sombra do Sepulcro continua a proibir essa publicação: "O espírito vos falou, o espírito vos revelou parte do grande segredo. Agora, silêncio, bocas profanas, não mostreis a nenhum mortal estas páginas flamejantes! Ainda não é chegado o momento".[22] No entanto, a Sombra do Sepulcro, em 19 de fevereiro de 1854, sugerira um título para essa compilação das conversas com os espíritos: "Os ventos do túmulo" (p. 230).

Victor Hugo também está convencido da impossibilidade de publicar um livro que, não obstante, em suas próprias palavras, seria "uma das Bíblias do futuro" (p. 402). Uma revelação prematura teria arruinado sua "linha política" e seria recebida com "uma imensa gargalhada".[23] As Mesas pertenciam à esfera do irracional, e o risco do descrédito político verificava-se naturalmente considerável. Em 4 de janeiro de 1855, Victor Hugo termina por escrever à sra. De Girardin: "As Mesas exigem silêncio e sigilo de nossa parte. Não encontrará, portanto, nas *Contemplações*, nada que advenha das Mesas, a não ser duas exceções, muito importantes, para as quais pedi licença (eu sublinho)".

Mais tarde, contudo, graças a diversas fontes, o desenrolar e o teor das sessões das Mesas se tornarão acessíveis.

Com efeito, todas as sessões das Mesas, de 12 de setembro de 1853 até 5 de outubro de 1855, serão objeto de atas circunstanciadas e detalhadas, estabelecidas concomitantemente ao seu desenrolar. Somente a primeira sessão bem-sucedida, ocorrida no domingo, 11 de setembro de 1853, foi objeto de uma ata estabelecida *a posteriori* por Auguste e, mais tarde, por Paul Meurice. Essas atas podem, para uma mesma sessão, emanar de uma única pessoa, o escrevente oficial, indicado como tal na ata, ou de vários escreventes diferentes, os participantes das sessões das Mesas tendo liberdade para anotar ou não seu desenrolar e teor. Conhecemos também atas escritas de próprio punho pela sra. Hugo, por Adèle Hugo, por Auguste Vacquerie e, principalmente, por Victor Hugo. Existem inclusive documentos escritos de próprio punho por Paul Meurice e cópias estabelecidas por Juliette Drouet, a quem Hugo entregava as primeiras atas das sessões para ela copiar.

Em seguida, essas atas eram, em sua maioria, passadas a limpo em cadernos especiais. Auguste Vacquerie possuía os seus e Hugo também. No caso de Hugo, os cadernos apresentam-se sob a forma de quatro volumes manuscritos encadernados. Foram desviados de maneira misteriosa, não se sabe por quem, por ocasião da morte de Hugo, do legado geral feito à Biblioteca Nacional da França. Sem dúvida por um de seus executores testamentários, Paul Meurice, com a concordância tácita de Auguste Vacquerie.

O primeiro a erguer o véu sobre esse perturbador período espírita de Jersey é Auguste Vacquerie. Em 1863, ele fornecerá alguns extratos dessas sessões, expurgados dos dados mais pessoais, em *Les Miettes de l'histoire* [As migalhas da história]. Virão em seguida *Le Journal de l'exil* [O diário do exílio], de Adèle Hugo, que cobre os anos 1852-55; *Propos de table de Victor Hugo* [Palavras da Mesa de Victor Hugo], de Richard Lesclide, secretário e amigo fiel, muito presente em Jersey, em 1885; *Les propos de table de Victor Hugo en exil* [Palavras da Mesa de Victor Hugo no exílio], de Octave Uzanne, em 1892. Se o *Journal de l'exil* nos esclarece muito pouco sobre o desenrolar das sessões espíritas, as duas versões das *Propos de table* permanecem igualmente lacunares e não se baseiam em nenhum documento oficial ou autêntico.

É somente em 1897 que Paul Meurice comete certas indiscrições com respeito às sessões das Mesas, na *Tribune de Lausanne* de 19 de fevereiro, fazendo alusão aos quatro "cadernos vermelhos" dos quais seria depositário. Esses cadernos, que o próprio Hugo chamava assim e eram de tonalidade predominantemente vermelha, conteriam a integralidade do conteúdo das sessões espíritas. A imprensa põe-se então a evocar com espanto as sessões de espiritismo de Jersey. Paul Meurice dá a entender que estuda uma publicação. Enquanto isso, divulga brevíssimos excertos que, além de grande curiosidade, suscitam certa incredulidade. A anunciada publicação jamais acontecerá. Com a morte de Paul Meurice, os quatro cadernos param nas mãos de Gustave Simon por dezessete anos. Este promove uma publicação parcial em 1923, setenta anos após as primeiras sessões, sob o título *Chez Victor Hugo: Les Tables tournantes de Jersey* [Na casa de Victor Hugo: As Mesas Girantes de Jersey].

Em seguida, serão publicados trechos extraídos de um dossiê pertencente a uma filha de Paul Meurice, a sra. Albert Clemenceau. Entretanto, nem todos esses textos são originais, mas cópias, isto é, reproduções do texto original, minutas, consistindo em uma primeira redação apressada de um documento original, ou duplicatas, provenientes da cópia de um documento.

Não foi descoberto nenhum indício das compilações originais. Os quatro *Cadernos vermelhos* de posse de Paul Meurice, depois de Gustave Simon, simplesmente desapareceram. Foram objeto de uma reaparição discreta e rápida durante uma exposição na Maison de Victor Hugo, em Paris, em 1933. Pertenciam então, segundo o catálogo, aos herdeiros de Hugo. Em seguida, os quatro cadernos evaporaram novamente. O problema é que não existe nenhum rastro, nem no próprio local nem nos documentos da Maison de Victor Hugo,* de uma exposição realizada em 1933. Tampouco, aliás, em 1932 ou 1934. Não subsiste nenhum elemento tangível dessa exposição que teria se desenrolado nos anos 1930, nesse local.

* Situada em Paris, na Place des Voges.

O único indício que ele possui concerne simplesmente a uma breve mostra, em 1932, e a presença não de quatro cadernos, mas de cinco folhas de 13 de novembro de 1853, constituindo a ata de uma única sessão, sob o título incorreto "Victor Hugo no exílio, junho-outubro de 1855". No entanto, a biblioteca da Maison de Victor Hugo guarda atas das sessões espíritas de 1853 a 1855. Estas emanam do punho de Victor Hugo, da sra. Hugo, de Auguste Vacquerie e também de Adèle Hugo. Nem todas são originais, mas, aqui também, cópias ou duplicatas. As cópias mais importantes, primeiramente manuscritas, depois datilografadas, emanam de Cécile Daubray, herdeira designada dos primeiros executores testamentários e responsável pela edição, na esteira de Paul Meurice e Gustave Simon, das obras completas de Hugo pela editora Ollendorf, conhecida como "da Imprimerie Nationale", de 1933 a 1952. Forçoso constatar que os cadernos desaparecem novamente em 1933.

No entanto, a correspondência legada pela sra. Langlois-Berthelot, descendente de Paul Meurice, à Maison de Victor Hugo, e descoberta sob nossos auspícios, permite erguer a pontinha de véu que ainda cobre a identidade dos que puderam escamotear esses manuscritos. Por exemplo, uma carta de Henri Guillemin,* datada de Neuchâtel, em 30 de setembro de 1950, endereçada ao então curador da Maison de Victor Hugo, Jean Sergent, mostra toda a perturbação do pesquisador. Guillemin, que trabalha sobre o período de Hugo em Jersey, procura os documentos utilizados por Gustave Simon, em 1923, para seu volume sobre as Mesas girantes.[24] Cécile Daubray** mostra-se reticente em atender aos pedidos de Guillemin, o que talvez se explique pelo fato de que, a partir de 1950, a entrada da obra de Hugo em domínio público prenuncia a degradação de sua publicação. Guillemin publica precipitadamente, sem jamais dar a referência dos manuscritos, uma série de fragmentos que os executores

* Henri Guillemin, pesquisador e escritor especialista em Hugo, autor de *Victor Hugo par lui-même* (Paris: Seuil, 1951); "Hugo interroge les esprits" (*Médecine de France*, n. 37, 1952); e "Victor Hugo et les fantômes de Jersey" (*Revue de Paris*, set. 1952).

** Cécile Daubray trabalhou com Gustave Simon e, provavelmente, ainda com Paul Meurice, do qual foi muito próxima. Era bastante devotada ao grande homem e a seus dois conselheiros. Era tratada como sra. Daubray, mas nada se sabe sobre um eventual marido. Cécile Daubray morreu, já idosa, em 1954.

testamentários haviam excluído ou reservado. Mais tarde, em 26 de dezembro de 1950, a sra. Langlois-Berthelot dirige-se ao advogado Trumeau a fim de ajudar Guillemin.[25] Este deve ter recebido alguma explicação em seguida, uma vez que uma de suas cartas,[26] datada de 5 de março de 1951, de Berna, atesta sua decepção ao constatar que os cadernos originais haviam desaparecido, bem como a cópia de Gustave Simon. Em 6 de março de 1951, Sergent, em papel timbrado da Maison de Victor Hugo, dirige-se a Marguerite-Gustave Simon a fim de convencê-la a interceder junto à sra. Daubray no sentido de esta restituir os livros das Mesas girantes.[27] Nesse ínterim, o dr. Trumeau também se voltara para Marguerite Simon, que lhe dá algumas indicações,[28] afirmando ter emprestado "o livro sobre as Mesas girantes" a um "erudito" anônimo, desaparecido e inacessível. A leviandade, no melhor dos casos, de Marguerite Simon quanto a um inédito de Hugo causa perplexidade. Mais tarde, ela dirá não ter tido noção de seu interesse.[29] Guillemin não desiste e se dirige novamente a Sergent, afirmando-lhe ter consultado o inventário do legado de Hugo à Biblioteca Nacional e constatado singulares incoerências quanto ao destino do manuscrito procurado.[30] Em 17 de março de 1951, Marguerite-Gustave Simon volta a dar explicações, se é que podemos dizer assim, ao curador da Maison de Victor Hugo, indicando que, imediatamente após a morte de seu pai, todos os manuscritos e inéditos haviam sido depositados na Biblioteca Nacional.[31] Marguerite-Gustave Simon afirma assim não deter o manuscrito, tendo "cometido o pecado de emprestá-lo", e orienta as buscas para Cécile Daubray ou a Biblioteca Nacional. Henri Guillemin, como Jean Sergent e a sra. Langlois-Berthelot, continua persuadido de que o manuscrito de fato passou pelas mãos de Marguerite-Gustave Simon antes de desaparecer nas de Cécile Daubray.

Mas de que manuscrito se trata? "O tomo II das *Mesas*", especifica uma correspondência.[32] Entregue a Gustave Simon, segundo o inventário, e que ele deveria usar para editar um segundo volume consecutivo ao primeiro livro lançado em 1923 sob o título: "As Mesas girantes de Jersey". Com efeito, parece que um, ou mais de um, manuscrito foi subtraído e conservado por Cécile Daubray, depois por seus herdeiros. Maços manuscritos estampando o ano 1853, estabelecidos por Daubray, bem como maços datilografados, que se estendem de 3 de julho a 19 de dezembro de 1854, depois de 11 de fevereiro a 4 de julho de 1855, atestam que ela teve efetivamente conhecimento das atas ou dos manuscritos. Entretanto, essas datas, bem como um bom número de referências aos dias das sessões espíritas indicados nas cópias de Daubray, não correspondem em absoluto às datas precisas dos dois manuscritos redescobertos, os famosos *Livros das Mesas*.

Um deles, apontado até hoje, erradamente, como o terceiro caderno, reaparece misteriosamente em 1962: leiloado pela Casa Drouot em 11 de abril de 1962 por um proprietário anônimo, que afirmara tê-lo encontrado "no sótão de seu avô", será imediatamente incorporado pela Biblioteca Nacional. Em 1972, um outro caderno aparece. Em segredo absoluto, ele é oferecido à Biblioteca Nacional, que o adquire imediatamente. Os outros dois manuscritos supostamente existentes permanecem intangíveis. O manuscrito, inédito, surgido em 1972, verifica-se essencial para a compreensão do fenômeno que se desenrolou, entre setembro de 1853 e outubro de 1855, em Jersey, lançando uma luz inédita sobre o teor das sessões.

A data de 8 de outubro de 1855 permanece a última mencionada nesse caderno. As Mesas não falaram mais em seguida, para grande desespero de Adèle e da sra. Hugo em particular, que lastimavam não ser mais solicitadas.

Por ocasião de férias em Londres com a filha, durante o verão de 1859, a sra. Hugo confessará ao marido, que ficara em Jersey, a falta que sente das sessões das Mesas. Na casa de sua amiga, a sra. Milner Gibson, recém-iniciada, ainda havia sessões. "Tivemos de ser muito brutos", escreveu à sra. Hugo, em 18 de julho, "para ter apagado aquela chama que viera nos iluminar". Em 21 de julho, Hugo lhe respondeu: "Penso como tu. Não fosse pelo pânico que nos acometeu e nos justifica, fomos imbecis e culpados por ter-lhe permitido fechar-se. Quem sabe ela não venha a se abrir novamente...".

A Mesa voltou a se abrir, brevemente, mais tarde. Em 20 e 22 de agosto de 1860, foram realizadas duas sessões muito curtas e pobres, nas quais o único espírito a ser nomeado foi "a Ásia". Victor Hugo refere-se a essas sessões em suas agendas, mas não participou delas. A sra. Hugo também lamentará, em 1863, à sra. Milner Gibson, o fim do período das Mesas: "Sinto muita falta daquelas comunhões da pós-vida, que nos infundiam tanta força e doce confiança". Seis meses mais tarde, a sra. Hugo manifestará vontade de rever sua amiga a fim de "se associar por alguns instantes a seus doces mistérios e entrever com ela essa outra vida, uma força para os amantes e os crentes".

O pânico que desculpava Hugo e os seus sem dúvida se explica pelo acesso de loucura que teria acometido Jules Allix. Mas Hugo talvez se lembrasse de muitos outros fins trágicos e curiosos. Em todo caso, surpreende muito que nem as atas, nem o caderno de 1855, nem o *Journal* de Adèle Hugo façam alusão alguma ao grave incidente que teria sido uma crise de loucura de Allix.[33] Ademais, Adèle Hugo, no *Journal*, em 31 de outubro de 1855, fornece uma informação inusitada que parece entrar em contradição com a suposta internação de Allix e o fato de ele "continuar louco" quatro meses mais tarde, segundo a sra. Hugo.[34] De acordo com Adèle, na manhã de 31 de outubro, Allix acompanhou Hugo ao porto de Saint-Hélier. Logo, não estava internado e ela não faz nenhuma observação a seu respeito.

De todo modo, esse incidente punha fim a 25 meses de sessões espíritas irregulares, muitas das quais se revelaram de uma riqueza temática e estilística rara. O parêntese espírita na vida de Hugo se fechava com novas convicções, nascidas das revelações da Mesa. A obra poética hugoana se verá definitivamente marcada por elas.

Em 31 de outubro de 1855, às 7h15, Victor Hugo, adiantando-se à data de sua expulsão marcada para 2 de novembro, muda-se de Jersey para Guernesey, onde começará um novo exílio. Algumas palavras de Hugo em seu caderno mostram que uma página peculiar de sua vida acaba de ser virada: "Mar grosso. Chuvas. Rajadas de vento. Jersey rochedo, depois nuvem, depois sombra, depois nada".[35]

NOVAS CRENÇAS, DECISIVAS PARA A CRIAÇÃO LITERÁRIA HUGOANA

Ao fazer as Mesas falarem, Victor Hugo talvez visasse a um novo projeto de sociedade, emancipada do cristianismo, segundo uma singular teoria do destino social cujas chaves deveriam ser buscadas na lei da metempsicose – lei das reencarnações que regeria a solidariedade humana, o progresso social e a elevação dos seres, da pedra à planta, da planta ao animal, do animal ao homem, dos mais humildes aos degraus mais altos. Perdido no rochedo de Jersey, Hugo adquiriu o hábito de falar com tudo, com as pedras, as plantas e os animais, convencido de que o mundo progredia não só pelo homem, mas também pela natureza. As revelações das Mesas desembocaram em novas crenças: a imortalidade da alma e sua transmigração para a Terra em corpos diferentes e em planetas castigados ou recompensados no além. A ideia da metempsicose ganhou forma. Postulava a existência da alma em todos os estágios da criação, primordialmente a dos homens, mas também a dos animais, plantas e minerais, na qual Hugo não acreditava antes das revelações dos espíritos de Marine Terrace.

A ideia de metempsicose permite ainda elaborar um pouco mais a problemática de Victor Hugo, a do crime, castigo e expiação, contribuindo para uma religião hugoana já em germe muito antes das experiências espíritas, caracterizada por ser um cristianismo expandido pela metempsicose, legitimado como valorização da transmigração das almas. Uma religião da qual Hugo se arvora o profeta. A influência das Mesas, aliada ao tema da metempsicose, será duradoura e alimentará toda a poesia hugoana futura.

O homem tal como o conhecemos seria assim o desfecho de uma compridíssima sucessão de vidas anteriores que Deus o fez esquecer a fim de lhe oferecer a liberdade. Essa teoria hugoana das expiações e libertações não se limita à Terra. A escada dos seres se prolonga em uma escada dos mundos. Metempsicose na Terra e transmigração para planetas mais ou menos felizes são os dois princípios basilares da nova religião hugoana. As almas, assim, podem cair em planetas ou mundos mais baixos ainda que o nosso, o qual se anuncia como um mundo intermediário. O mérito da alma, ao contrário, pode elevá-la até o Sol, que, para Hugo, representa Deus.

Essa nova religião, nascida das Mesas, consolida-se graças à intervenção e às revelações de Jesus Cristo *em pessoa*, que descera à mesa de Marine Terrace, em fevereiro e março de 1855, para condenar o druidismo e o cristianismo e construir uma religião nova que integrasse o princípio da metempsicose. O mago e profeta que agora desponta, revelador da religião definitiva, é Victor Hugo. Esclarecido pelos espíritos familiares do lugar, Hugo se vê recebendo o bastão de Jesus Cristo. A obra iniciada por Jesus Cristo – já se vão dois milênios – deve conhecer uma nova floração. A religião que se elabora na mesa de Marine Terrace está apenas nascendo, mas se destina aos séculos vindouros. A partir de junho de 1854, Hugo anuncia uma religião que "englobará o cristianismo, expandindo-o, como o cristianismo englobara o paganismo".[36] A partir de 1855, uma nova religião é então elaborada, da qual Hugo se considera o depositário. Essa religião traz ao conhecimento do mundo duas novidades: a ideia de que há almas individuais e conscientes em todas as coisas, até nas plantas e pedras, e a concepção do perdão universal que não deixa nenhum pecado sem possibilidade de redenção, não mais possível, mas inevitável e certa.

A mesa de Marine Terrace revela-se igualmente decisiva no que se refere à produção poética hugoana. *As contemplações*, de que dois terços dos poemas foram escritos durante o período de comunicação com os espíritos, nasceram da solidão do exílio e da experiência espírita, propondo, em inúmeras passagens, a visão de um novo mundo, submetido às ideias brotadas da Mesa, em especial a da expiação universal, e prenhes da esperança de uma reconciliação final.

As réplicas trocadas com os espíritos de Marine Terrace, longe de prejudicarem a produção poética de Hugo, ao contrário, a estimularam e alimentaram. As afirmações feitas pelos espíritos de Jersey se acham explicitamente em um volume considerável de poemas, sobretudo de *As contemplações*; eles permitem apreender de outra forma a gênese da produção poética do exílio. As revelações das Mesas dão origem a obras-primas, em particular "Pleurs dans la nuit" (Pranto na noite),[37] que inaugura a "série lúgubre com a qual, oito anos após 1846, *As contemplações* dão sua segunda largada".[38] O poema se inspira diretamente nas revelações do espírito do Drama durante sua visita a Hugo à mesa de Marine Terrace. Ele introduz, na sexta parte da antologia, o mundo dos espectros e as revelações da Mesa. "Pranto na noite" expõe plenamente a doutrina da religião hugoana da metempsicose, nos colocando, pelo sonho ou pelo pesadelo, do outro lado da vida, do lado dos mortos, em um universo punido onde "tudo é repleto de almas". A exposição de conjunto do sistema de pensamento do poeta, iniciado pelas declarações da Mesa, se concluirá por intermédio de "O que diz a Boca de Sombra",[39] penúltimo poema de *As contemplações*, que constitui seu resumo final.

O teatro de Hugo também beberá nas revelações dos espíritos e versos ditados por Shakespeare e Molière, em 1855. *A floresta molhada*,[40] por exemplo, mostra claramente as similitudes entre as declarações da Mesa e os versos criados por Hugo; assim como *Homo*, um drama escrito entre 1854 e 1855, se revela próximo de *Nihila*, ditado pelo espírito do Drama durante o verão de 1854.

As sessões espíritas contribuíram assim para o complexo processo da criação poética, dando corpo a obras latentes, a uma nova escrita. Com efeito, as Mesas constituem uma etapa importante na obra de Victor Hugo, cuja influência será duradoura.

Os quatro cadernos de *O Livro das Mesas*, dos quais, infelizmente, apenas dois subsistiram, formam uma obra literária visceralmente hugoana, que é essencial descobrir. Da mesma forma, cumpre não esquecer que, até o fim da vida, Victor Hugo continuou persuadido da realidade da existência dos espíritos e de sua presença na mesa de Marine Terrace. Para Hugo, é ponto pacífico que aquelas batidas, estalidos e ruídos noturnos inexplicáveis são produto de espíritos batedores que vêm visitá-lo, bem como manifestações do invisível. Essas visitas noturnas e esses seres misteriosos vão, mais tarde, alimentar sua criação literária e tomar forma, sob o nome de Auxcriniers, em *Os trabalhadores do mar*.

°

Há igualmente outro dado a ser levado em conta. Das 77 páginas do quarto caderno, redigido em 1855, 50 foram escritas de próprio punho por Victor Hugo. Constituem, por conseguinte, um inédito de Hugo que nos informa de maneira significativa sobre a gênese das últimas obras do exílio jerseiano.

O conjunto dos documentos de Jersey, de singular percurso, permite renovar nosso conhecimento acerca desse período crucial – tanto no que se refere a seu pensamento como a sua obra – dos anos de exílio de Victor Hugo, lançando-lhe uma luz inédita e essencial, a ser depositada no inesgotável acervo dos estudos hugoanos.

Dissemos que, em 14 de setembro de 1853, o espírito do Drama proibira qualquer publicação de *O Livro das Mesas*. Mais tarde, contudo, o espírito da

Morte dará um formidável conselho a Hugo, dizendo-lhe que "o gênio leva em conta a imbecilidade", que o seu túmulo "seja vivo, que em determinados momentos ele se ponha a falar à posteridade", que ele escalone em seu testamento suas "obras póstumas de dez em dez anos, de cinco em cinco anos". Que ele mire, de onde está, "a grandeza de um túmulo que, de tempos em tempos, em períodos de crise humana, quando a sombra passa sobre o progresso, quando nuvens passam sobre a ideia, abre subitamente seus dois lábios de pedra e fala" (p. 400). Ele precisava encerrar sua obra consigo em seu "sepulcro para que em épocas estabelecidas" por ele venham procurá-la (p. 401). O espírito da Morte ainda acrescentava: "Jesus Cristo só ressuscitou uma vez; tu podes lotar tua tumba com ressurreições, podes, se meu conselho te parecer bom, ter uma morte inaudita; quando morreres, dirás: vós me despertareis em 1920, vós me despertareis em 1940, vós me despertareis em 1960, vós me despertareis em 1980, vós me despertareis no ano 2000" (p. 401). Esses conselhos dados pela Morte ganham assim uma singular ressonância.

Quem então abriu o túmulo de Hugo em 1962, depois em 1972 e deu voz a "seus dois lábios de pedra"? Terá sido o puro acaso que levou um desconhecido a descobrir dois inéditos no fundo de um porão ou de um sótão? Ou é uma decisão deliberada por parte do detentor dos quatro manuscritos subtraídos misteriosamente do legado geral feito por Hugo? A menos que o próprio Hugo tenha tomado as disposições necessárias no intuito de escalonar as aparições de *O Livro das Mesas*...

Se o fenômeno das Mesas falantes e dos espíritos de Marine Terrace continua a mexer tanto com os hugoanos, que vez por outra transformam o tema em um campo de batalha e controvérsias, é sem dúvida por seu caráter único e singular. Uma dimensão tão irracional que levaria qualquer outro que não o poeta a varrer com um piparote aquelas conversas sobrenaturais com as vozes dos espíritos. Subsistem, entretanto, de tudo isso, e desse longo período espírita, textos inéditos de beleza ímpar, uma prosa e poesia integralmente hugoanas, páginas visionárias que ainda ressoam estranhamente. Sobretudo porque, até o fim da vida, Hugo sustentará a existência e a sobrevivência da alma após a morte.

Patrice Boivin

Nota sobre a edição

A presente edição comporta a integralidade dos documentos utilizados na redação de O *Livro das Mesas*, cuja publicação póstuma Victor Hugo planejava. Ela reúne o conjunto dos manuscritos existentes: os dois cadernos originais redigidos em Jersey, um em 1854, o outro em 1855 (e que fazem parte do catálogo da Biblioteca Nacional da França sob as referências N. A. F. 14.066 – manuscrito adquirido em 1962 – e N. A. F. 16.434 – manuscrito adquirido em 1972 e jamais publicado); a integralidade das atas disponíveis e inéditas, descobertas no acervo da Maison de Victor Hugo; bem como outros documentos, cartas sobretudo, encontrados igualmente nesse acervo.

Três quartos dos textos que compõem esta edição são inéditos; metade foi descoberta por nós na Maison de Victor Hugo.

°

A natureza específica das atas e cadernos de Victor Hugo nos obrigou a tomar determinadas decisões editoriais. Com efeito, sabemos que a Mesa ditava letra por letra, batendo tantas vezes quantas fossem necessárias para compor uma palavra. Por exemplo, uma batida expressava a letra "A", duas a "B", três a "C" e assim por diante. A Mesa podia imobilizar-se durante um tempo indeterminado, agitar-se, calar-se. Todos esses elementos, vinculados ao contexto da redação, são escrupulosamente anotados nas atas, constando também nos cadernos, porém de maneira menos significativa. Entretanto, como a abundância de tais rubricas poderia prejudicar a clareza da leitura do texto que editamos, optamos pelo princípio de uma transcrição normalizada, isto é, adotando as regras gramaticais atuais e uma diagramação clara e legível. A transcrição, portanto, foi expurgada das rubricas presentes em todas as linhas que, a nosso ver, ofereciam pouco interesse.

Em contrapartida, os elementos associados ao contexto da redação – dia, hora, ambiente, condições meteorológicas, estado de espírito dos participantes, suas próprias reações, assim como as da própria Mesa –, que retratam a atmosfera singular das sessões espíritas ou que nos parecem esclarecer seu desenrolar, foram conservados. Fornecemos igualmente a identidade dos participantes, dos que conduzem a mesa e daquele ou daqueles que registram as sessões por escrito (os escreventes).

Com a finalidade de respeitar a natureza do texto hugoano e dele permitir uma leitura linear, nossa edição baseia-se em um protocolo simples. Assim, a ortografia foi atualizada segundo as normas vigentes, e os erros, corrigidos, bem como os eventuais escorregões sintáticos ligados ao ditado da Mesa. A hifenização das palavras ocorrida durante o ditado dos espíritos foi suprimida e a pontuação às vezes acrescentada nas passagens em que faltava de maneira evidente. Travessões desnecessários foram eliminados, o mesmo ocorrendo com as abreviações e as aberturas de página amputando uma mesma frase. Os títulos de obras sublinhados por Hugo receberam itálicos.

Não existia até hoje senão uma única edição de referência das atas das sessões espíritas, a de Jean e Sheila Gaudon, publicada pela editora Massin (*Procès-verbaux des séances des tables parlantes à Jersey* [Atas das sessões das Mesas falantes em Jersey], 1968), da qual, naturalmente, não constam nem o caderno surgido em 1972, que permaneceu inédito, nem um bom número de atas, igualmente inéditas, encontradas *a posteriori*. Em contrapartida, os Gaudon optaram por reproduzir as transcrições das sessões das Mesas publicadas, pela primeira vez, em 1923, por Gustave Simon (*Chez Victor Hugo: Les Tables tournantes de Jersey* [Na casa de Victor Hugo: As Mesas girantes de Jersey], 1923). Afora o livro de Simon, que é questionável, uma vez que ele crê piamente na presença dos espíritos na mesa de Marine Terrace e constrói sua compilação de maneira a apresentar os textos, versos e dramas ditados pelos espíritos como deles próprios e não de Victor Hugo, não há documentos autênticos atestando a maioria das atas. Assim, todos os estudos anteriores à publicação de Jean e Sheila Gaudon (como os de Paul Berret, Denis Saurat, Maurice Levaillant, Henri Guillemin, Pierre Albouy, Paul Bénichou e Jean-Claude Fizaine) tiveram como única fonte a obra de Gustave Simon, não obstante pouco confiável.

Optamos então por utilizar aqui somente documentos (do acervo da Biblioteca Nacional da França ou da Maison de Victor Hugo) que pudemos consultar e autenticar, emanados do punho de Victor Hugo, Auguste Vacquerie, sra. Hugo, Charles Hugo, Adèle Hugo, Paul Meurice e Cécile Daubray. As cópias realizadas por Daubray são de duas naturezas: folhas datilografadas e, referentes ao ano 1853, folhas manuscritas. Naturalmente, na falta de qualquer outro documento, estas podem ser questionadas e podemos sempre duvidar de sua credibilidade. Entretanto, levando em conta a confiança que Daubray inspirava tanto a Meurice como a Gustave Simon, foram incorporadas em nossa edição. De todo modo, parte das cópias manuscritas feitas por Daubray, do período entre 29 de setembro e 6 de dezembro de 1853, foi descartada. Essas cópias sugerem que as sessões transcritas não teriam se desenrolado em Marine Terrace, e sim no domicílio de Edmond Leguevel, proscrito presente em Jersey. Foi a única vez que encontramos indício de que sessões espíritas teriam acontecido em outros locais que não a casa de Hugo, o qual, aliás, não está presente em nenhuma delas. É também a única ocorrência do nome de Leguevel. Essas cópias não indicam os horários nem as datas precisas, tampouco o nome do escrevente encarregado de transcrever o desenrolar das sessões. Victor Hugo, a sra. Hugo, Auguste Vacquerie nunca estão presentes. Logo, duvidamos fortemente de sua autenticidade.

As duplicatas ou cópias duvidosas foram desconsideradas, à exceção das realizadas por Juliette Drouet. Os dois cadernos – o número 2, cobrindo o período de 1º de fevereiro a 30 de maio de 1854, e o número 4, cobrindo o período de 21 de janeiro a 8 de outubro de 1855 – formam os cadernos que Victor Hugo destinava a *O Livro das Mesas*.

°

As atas, aqui transcritas cronologicamente, trazem as seguintes menções:

As iniciais dos escreventes: V. H. para Victor Hugo, A. V. para Auguste Vacquerie, *Sra.* V. H. para a sra. Victor Hugo, C. D. para Cécile Daubray, A. D. para Adèle Hugo filha, C. H. para Charles Hugo.

As palavras sublinhadas o foram pelo escrevente (quase sempre Victor Hugo), bem como as palavras riscadas.

O uso de colchetes é nosso; os parênteses são do escrevente.

A letra X assinala uma palavra ilegível (a quantidade de X em dado texto corresponde ao número de caracteres supostos).

As intervenções da Mesa estão em negrito.

A palavra "Mesa", com maiúscula, remete às vozes dos espíritos; com minúscula, designa o objeto material.

P. B.

mar do Norte
PAÍS DE GALES
INGLATERRA
Londres
HOLANDA
Southampton
Bruxelas
BÉLGICA
canal da Mancha
GUERNESEY
JERSEY
Saint-Hélier
NORMANDIA
Paris
BRETANHA
oceano Atlântico
FRANÇA
100km

Primeiro caderno

11 de setembro de 1853 a 31 de janeiro de 1854

DOMINGO, 11 DE SETEMBRO DE 1853

Delphine de Girardin, sra. Hugo, Victor Hugo, Charles Hugo, François-Victor Hugo, Adèle Hugo, o general Le Flô e sua esposa, o conde Henri de Tréveneuc, amigo do general, e Auguste Vacquerie.[1] *(Ata A. V.)*

A sra. De Girardin diz: Há alguém? Se houver alguém e este alguém quiser falar conosco, que bata uma vez.

O pé da mesa dá uma batida seca.

— Há alguém! – exclamou a sra. De Girardin. Façam suas perguntas.

Fizemos perguntas e a Mesa respondeu.

Delphine de Girardin pergunta imediatamente: Quem és tu?

A mesa ergue um pé e não o abaixa mais.

A sra. De Girardin insiste: Alguma coisa te incomoda? Em caso afirmativo, dê uma batida; senão, duas.

A mesa bate uma vez.

Sra. De Girardin pergunta: O quê?

— **Losango.**

Formávamos um losango, dos dois lados de uma ponta da mesa grande. Fomos pegar outra mesa, sobre a qual colocamos a pequena. A sra. De Girardin e Charles Hugo posicionam-se na diagonal. A mesa se agita novamente. O general Le Flô pergunta o que ele está pensando nesse instante.

— **Fidelidade** (responde a Mesa).

O general pensava em sua mulher.

Eu não estava convencido, observa Vacquerie, achava tão engenhoso e inteligente responder fidelidade a um marido que pensa na esposa que atribuí a resposta à sra. De Girardin.

Para estar seguro de que não era a sra. De Girardin que agia, Auguste Vacquerie pede para conduzir a mesa junto com Charles, pensa um nome e indaga:

— Em que nome estou pensando?

A mesa gira, se ergue e diz:

— **Hugo.**

Era realmente o nome, confessa Vacquerie, foi nesse momento que comecei a acreditar.

Nos últimos instantes, contudo, a sra. De Girardin parece abalada e pede que não percamos tempo com perguntas pueris. Pressente uma grande aparição. Como a Mesa declarou estar incomodada pela incredulidade de um dos participantes, pedimos-lhe que o identifique. Ela responde: Louro. Com efeito, o sr. de Tréveneuc, muito louro, era o mais incrédulo de todos. A Mesa não exige que ele saia, mas se agita e recusa a responder. Auguste Vacquerie deixa a mesa, e o general Le Flô o substitui ao lado de Charles. Interrogamos a Mesa sobre sua identidade.

— **Filha.**

O general Le Flô não pensava em sua filha. Auguste Vacquerie acrescenta imediatamente:

— Em quem estou pensando?

— **Morta.**

Todo mundo pensa na filha que Victor Hugo, que ainda não interveio, perdeu.

A sra. De Girardin pergunta: Quem és tu?

— **Ame soror.**

Quatro pessoas ao redor da mesa haviam perdido uma filha: o general Le Flô, Delphine de Girardin e os irmãos Hugo. A Mesa dissera soror *em latim para esclarecer que era irmã de um homem?*

— De quem és irmã? – pergunta o general Le Flô.

— **Dúvida.**

— Teu país?

— **França.**

— Tua cidade?

Nenhuma resposta.

Todos nós sentimos a presença da morta, anota Vacquerie, todo mundo chora.

Victor Hugo intervém então pela primeira vez e pergunta:

— És feliz?

— **Sim.**

— Onde estás?

— **Luz.**

— O que é preciso para chegar a ti?

— **Amar.**

A partir desse momento, os nove participantes ficam cada vez mais abalados. A Mesa, como que se sentindo compreendida, não hesita mais e responde imediatamente. A sra. De Girardin pergunta:

— Quem te envia?

— **Bom Deus.**

A sra. De Girardin estimula a Mesa a falar de si mesma: Tens alguma coisa a nos dizer?

— **Sim.**

— O quê?

— **Sofrei pelo outro mundo.**

— Vês o sofrimento dos que te amam? – pergunta, transtornado, Victor Hugo.

— **Sim.**

— Sofrerão muito tempo? – interroga a sra. De Girardin.

— **Não.**

— Voltarão em breve à França?

A Mesa não responde.

Victor Hugo intervém novamente e conduz as perguntas até o fim:

— Ficas contente quando eles misturam teu nome à oração?

— **Sim.**

— Estás sempre junto com eles? Velas por eles?

— **Sim.**

— Eles podem fazer-te voltar?

— **Não.**

— Mas voltarás?

— **Sim.**

— Em breve?

— **Sim.**[2]

NOITE DE 12 PARA 13 DE SETEMBRO DE 1853

(Cópia Juliette Drouet e cópia C. D.)[3]

Victor Hugo: Tens algum comunicado a nos fazer?

— **Luz.**

— Conheces a alma que veio ontem?

— **Não.**

— Sabes que alma esteve aqui?

— **Sim.**

— Como sabes?

— **Túmulo.**

— O que devemos fazer para que ela volte?

— **Esperança.**

Sra. De Girardin: Sabes que aquele que te interroga é um grande poeta?

— **Sim.**

— Conheces suas obras?

— **Sim.**

— Diz o título de uma.

— ***Notre-Dame de Paris.***

Victor Hugo: Os espíritos comunicam-se entre si?

— **Sim.**

— És feliz?

— **Sim.**

— Eras um homem?

— **Não.**

— Mulher?

— **Sim.**

— Aqueles a quem amamos estão perto de nós?

— **Sim.**

— Tens um corpo?

— **Não.**

— Os espíritos que vês têm a mesma forma que tinham quando vivos?

— **Sim.**

— A forma da juventude?

— **Sim.**

— Fala o que desejares.

— **Tudo morre para a vida.**

— Há quanto tempo estás morta?

— **Três anos.**

— Teu país?

— **França.**

— Teu nome?

— **Amélia.**

— Com que idade morreste?

— **28 anos.**

13 DE SETEMBRO DE 1853

Na presença da sra. De Girardin, escrito por Victor Hugo. Os participantes da sessão não são indicados. (Ata V. H.)

As palavras de Amélia imprimiam à mesa um movimento suave e cadenciado. Perguntei-lhe:

— Me amas?

A mesa dá uma batida. Convém lembrar que, em consequência da convenção adotada para dizer sim, a mesa erguia um pé e dava uma batida; para dizer não, duas batidas.

Continuei: Conheci-te na Terra?

Duas batidas. Não. Neste ponto, a mesa começa a se agitar com um tremor intenso e quase violento. Prossegui:

— Gostarás de me reencontrar na outra vida?

A mesa quase vira e dá duas batidas, como se colérica; era um não, e um não enérgico.

Levei um susto. Começaram a rir à minha volta. Minha mulher disse:

— Os amores duraram pouco.

A sra. De Girardin diz: Como bate com o pé essa pequena Camélia!

Com efeito, aquelas duas rudes batidas, sucedendo tantas batidas leves e suaves, quase acariciantes, tinham alguma coisa de estranho. No dia seguinte, pensando no que aconteceu, ruminei: "Era como a pata do tigre após a asa do pássaro".

Rio com os outros, e continuo:

— A morte é desejável para os que fizeram bem nesta vida?

Uma batida. Sim.

— A morte deve ser temida pelos que praticaram o mal?

Duas batidas. Não.

Todos nós esboçamos um movimento, digo:

— Estás enganada. – E repeti a pergunta.

Mais duas batidas. Outro não.

Vacquerie exclama: Ei, atenção! Isso é importante. A alma nega a teoria das recompensas e dos castigos.

Continuei com uma voz severa: Escuta, tu que estás aqui. Não brinques com nossas almas. Pondera que se encontra aqui um pensador que hesita em crer. Tua resposta age sobre ele. Responde então claramente. É impossível haver equilíbrio entre os bons e os maus após esta vida.

— Sim, é – replicou Vacquerie –, ela disse isso duas vezes.

— Pois bem – repito –, responde pela última vez e presta atenção no que vais dizer. Não mintas, proíbo-te. Vejamos: a morte deve ser temida pelos que praticaram o mal?

Até esse momento, o pé da mesa erguera-se do meu lado. Senti que o movimento mudava. Foi o pé à minha esquerda que se ergueu. O pé estava voltado para Vacquerie. Levantou-se bem alto e deu uma batida estrepitosa, estacando em seguida.

Dessa vez era sim.

Nesse instante, as contestações explodiram.

— Isso não conta – diz Auguste.

— Sim – replico.

— Ela está se desdizendo, está divagando – insiste Auguste.

A mesa se agitava com violência e erguia quase convulsivamente as mãos de Charles e as minhas.

A sra. De Girardin exclama: Tudo isso é singular. Aposto que mudou o habitante da mesa. Não é mais Amélia.

Eu digo à mesa: Amélia, responde, você continua aqui?

O pé se ergueu do meu lado e deu duas batidas violentas. Não.

— Vejam – exclama a sra. De Girardin. – Eu tinha adivinhado certo. Aposto que é o diabo.

Ergui minha voz e disse: Tu que estás aqui, diz o teu nome.

O mesmo pé se ergueu, deu uma batida, depois outra, e parou.

— É "B"? – pergunto.

O pé bate sim.

— Continua.

A mesa bate sucessivamente, O, N, A, P...

Estávamos arrepiados. Ela terminou: A, R, T, E.

Demos um único grito! Bonaparte! Minha mulher acorreu, transtornada, juntando as mãos.

— Será Bonaparte? – pergunto.

O pé bateu sim com uma espécie de furor.

— Qual? O grande?

— **Não.**

— O pequeno?

— **Sim.**

Estávamos todos arrepiados.

Insisti: O quê! És tu, que chamam de Napoleão III, que estás aqui?

Uma batida ainda mais irritada.

— **Sim.**

— És tu, Luís?

— **Sim!**

A mesinha chacoalhava nossas mãos, deslizando sobre a mesa suporte como se procurasse escapar. Um silêncio de estupor reinava à minha volta.

— Ah! Celerado – eu digo –, apanhei-te!

A mesa se agitava, contorcendo-se feito um animal que corcoveia. Continuei:

— Quem te envia?

O pé à minha frente se ergueu e ela respondeu, ritmando as batidas e parando com uma batida sobre cada letra designada:

— **Meu tio.**

Começou então o diálogo abaixo, que durou três horas.[4]

(Cópia Juliette Drouet)

— Para quê?
— **Para ser castigado.**
— Então ele está descontente contigo.
— **Sim.**
— Teu tio me odeia?
— **Não.**
— Ele sabe que lhe faço justiça?
— **Sim.**
— Sabes quando morrerás?
— **Sim.**
— Dentro de quantos anos?
— **Dois.**
— Podes dizer como?
— **Por todos.**
— Sabes quem te substituirá?
— **Sim.**
— Podes dizer?
— **República universal.**
— Escreve: adoro Deus.
— **Adoro Deus.**
— Então é possível os espíritos dos vivos nos responderem?
— **Sim.**
— Neste momento, onde está tua pessoa viva?
— **Sombra.**
— Queres dizer que ela está dormindo?
— **Sim.**
— Tua pessoa viva está sonhando que estás aqui?
— **Sim.**
— E sofre com esse sonho?

— Sim.

— Alguém inspirou teu crime?

— Não.

— Estás arrependido?

— Sim.

— Tens vontade de expiar teu crime?

— Não.

— Se te dissessem que te perdoam com a condição de abdicares, tu o farias?

— Não.

— Tenho razão no que faço?

— Sim.

— Gostarias de estar no meu lugar?

— Sim.

— Aprovas-me?

— Sim.

Sra. De Girardin: Conheces-me?

— Sim.

Victor Hugo: Vou falar-te do teu tio, tu o vês neste momento?

— Não.

— Não obstante, é ele que te envia.

— Sim.

— Aprovas que eu te castigue?

— Sim.

— Ele te vê como seu maior infortúnio?

— Sim.

— Continuas aqui?

— Sim.

— Fala a teu respeito.

— Lux.

— Conheces Girardin?

— Sim.

— Tens-lhe ódio?

— Não.

— Em teus dias de desespero, não tens vontade de chamá-lo?

— **Não.**

Sra. De Girardin: Melhor assim.

Victor Hugo: Disseste "Lux"; sabes que é o último poema do meu livro?

— **Sim.**

— Fiz bem em escrever esse livro?

— **Sim.**

— E *Napoleão, o pequeno?*

— **Sim.**

— O que sentes por mim, ódio ou respeito?

— **Ambos.**

— Fala.

— **Leio meus deveres em teus *Castigos*.**

— Fala mais.

— **É teu heroísmo que degrada minha covardia. Irei a Toulon. Ousa; tenho medo. Minha raça está acabada.**

— Tua pessoa viva tem agora o pesadelo do que se passa aqui?

— **Sim.**

— Posso despertá-la?

— **Não.**

— Fala.

— **Chega de justiça, eu lera perdão.**

— Julgavas que eu te perdoaria?

— **Sim.**

— Por quê?

— **Por gênio.**

— Achas que o gênio deve perdoar teu crime?

— **Sim.**

— Mas e quando o crime afeta o gênero humano inteiro?

— **Não.**

— Então eu não poderia perdoar-te? Irás embora antes que eu assim deseje?

— **Não.**

— Teu pesadelo duraria então a noite inteira?

— A vida inteira.

— Desejas que eu me vá e te deixe?

— Não.

— Por quê?

— Minha consciência precisa do teu olhar.

— Decerto também lês meu pensamento. Percebes que não tenho ódio de ti, mas somente do teu crime?

— Sim.

— Neste momento, estás arrependido do teu crime?

— Sim.

— A esta altura, se dependesse de ti não tê-lo cometido, desejarias não tê-lo cometido?

— Sim.

— E não ser imperador?

— Não.

— Preferes então ser imperador a homem honesto.

— Sim.

— E, mesmo assim, invejas-me?

— Sim.

— Qual dos dois destinos preferes?

— O teu.

— Tens vergonha do caso do Oriente?

— Sim.

— Fala.

— Tenho medo da noite.

— Será por veres tuas vítimas?

— Vejo a luz.

— Fala.

— Socorro, tenho medo, o juiz está aqui, o juiz está aqui.

— Quem é o juiz?

— A morte.

— Por morte, entendes Deus?

— **Sim.**

— Por que não disseste Deus?

— **Não vejo Deus.**

— Será por seres mau?

— **Sim.**

— Crês que Deus te perdoará um dia?

— **Não.**

— Crês então nas penas eternas?

— **Sim.**

— Tens certeza de que existem?

— **Não.**

— Quando houveres expiado teus crimes, Deus te perdoará, compreendes? Estás contente com o que te digo?

— **Sim.**

— Não posso perdoar-te enquanto estiveres no trono. Só após a tua morte, quando fores castigado. Estás contente com o que te digo?

— **Não.**

— Desejas que eu saia?

— **Não.**

— Minha presença não te é odiosa?

— **Não.**

— Por quê?

— **Espírito.**

— Porque sou um espírito?

— **Sim.**

— E sabes que os espíritos são sempre bons mesmo quando castigam?

— **Sim.**

— Sentes que tenho compaixão por ti?

— **Sim.**

— O que posso fazer por ti que seja justo?

— **Está feito.**

— Ouves as imprecações à tua volta?

— **Sim.**

A sra. De Girardin sai.

— Percebes que há duas mulheres aqui presentes que sentem pena de ti?

— **Sim.**

— Sentes gratidão por isso?

— **Não.**

— Então não tens coração?

— **Não.**

— Pensas algumas vezes nos proscritos?

— **Sim.**

— Em mim?

— **Sim.**

— O nome do homem no qual pensas mais?

— **Olympio.**

— Julgas *Napoleão, o pequeno* um bom livro?

— **Tenho medo.**

— Desejas que eu te deixe?

— **Não.**

— Então estás contente comigo?

— **Não.**

— Então por que desejas ficar comigo?

— **Condenado a ti.**

— Por quem?

— **Por mim.**

— Por teus crimes?

— **Sim.**

— Tens medo de mim?

— **Sim.**

— Sou eu quem mais temes no mundo?

— **Sim.**

— Voltarás?

— **Sim.**

— Todas as vezes que eu te chamar?

— **Não.**

— Sofres menos?

— **Não.**

— Temes Ledru-Rollin?*

— **Não.**

— Cavaignac?**

— **Não.**

— Victor Hugo?

— **Sim.**

— Tua pessoa viva sonha sempre que está comigo?

— **Sim.**

— Fala.

— **A Europa te espera. Tenho medo. Tu causarás medo. Tu serás o cérebro, sinto-o na minha coroa.**

— O que pretendes dizer com isso? Afirmas que não há cérebro suficiente sob tua coroa?

— **Não.**

— Ou que é chegado o momento em que os povos querem ser governados por cérebros e não por coroas?

— **Sim.**

— Temes Lamartine?***

— **Não.**

— Quantos homens temes na Europa?

A mesa dá uma saraivada de batidas.

— Temes todo mundo?

* Alexandre Ledru-Rollin (1807-1874), deputado em 1842, ministro do Interior, candidato derrotado à Presidência da República em 1848, mas eleito para a Assembleia Legislativa. Foi o principal instigador do movimento de 13 de junho de 1849, jornada de insurreição organizada pelos deputados *montagnards*, que fracassou. Exilou-se então na Inglaterra para só retornar em 1871, ocupando novamente uma cadeira na Assembleia em 1874.

** Louis Eugène de Cavaignac (1802-1857) foi derrotado nas eleições de dezembro de 1848 por Luís Napoleão e passou para a oposição. Eleito membro do Legislativo, recusou-se a assumir o cargo para não ter de prestar juramento perante Luís Napoleão.

*** Alphonse de Lamartine (1790-1869), poeta, escritor e político, foi membro do governo provisório e ministro do Interior em 1848. [N.E.B.]

— Sim.

— Amanhã tua pessoa viva conservará a lembrança desta conversa?

— Não.

— Ela já teve muitos sonhos desse tipo?

— Sim.

— Já apareci muito para ela à noite?

— Sim.

— Quanto tempo ainda permanecerás no trono?

— Dois anos.

— Serás sucedido pela República?

— Sim.

— Ela será terrível?

— Não.

— Grande?

— Sim.

— Libertação da Europa inteira?

— Sim.

— Os Estados Unidos da Europa?

— Sim.

— Serei um dos homens que contribuirão para isso?

— Sim.

— É ao teu pensamento que respondes quando dizes daqui a dois anos?

— Sim.

— Ou ao meu?

— Não.

— Tens certeza de que terminarás daqui a dois anos?

— Sim.*

— Sabes que tentarei salvar tua vida?

— Sim.

— És grato por isso?

* Napoleão III, prisioneiro após a derrota de Sedan, em 1870, vai exilar-se na Inglaterra, após capitular diante da Prússia, o que se dará dezessete anos mais tarde.

— **Não.**

— Preferias então a morte?

— **Não.**

— Tu a temes?

— **Sim.**

— Vais fazer a guerra do Oriente?

— **Não.**

— Por quê?

— **Tenho medo.**

— Da Revolução?

— **Sim.**

— É o que te detém?

— **Sim.**

— Quanto tempo vai durar minha proscrição?*

— **Dois anos.**

— Lembras que fui eu que sugeri chamar tua família de volta?

— **Sim.**

— Por que me proscreveste?

— **Vem, vou-me embora.**

— Isso é obscuro, tu dizes que eu chego e que tu vais. Sê mais claro.

— **Canto do galo.**

— O que entendes por "canto do galo"? A Revolução?

— **Lux.**

— O que entendes por isso, a República?

— **Sim.**

— Não é o dia material?

— **Não.**

— Não respondeste à minha pergunta. Por que me proscreveste?

— **Silêncio, juiz.**

— Se eu estivesse em teu poder, tu me farias morrer?

* Victor Hugo só voltará à França quando a República for restaurada, isto é, em 1870. Ver, a esse respeito, a Cronologia, à p. 507.

— **Não.**

— O que farias de mim?

Silêncio.

— Não queres responder?

— **Não.**

— Ordeno que respondas.

— **Decide.**

— Mandarias me prender?

— **Não.**

— Deportar?

— **Não.**

— Matar?

— **Não.**

— Me exilarias novamente?

— **Sim.**

— Sem condições?

— **Não.**

— E se eu recusasse tuas condições, mandarias me prender? Deportar?

— **Impossível.**

— Por que impossível?

— **Espírito.**

— Vou deixar-te, estás contente?

— **Sim.**

— Voltarás?

— **Sim.**

— Quando? Podes dizer?

— **Não.**

— Quem te derrubará quando voltares? Sabes?

— **Sim.**

— Diz.

— **Meu crime.**

— Leste alguma coisa dos *Castigos*?

— **Sim.**

— Entregaram-te as provas?

— **Não.**

— Foi então teu espírito?

— **Sim.**

Noite de 12 para 13 de setembro de 1853. Entre segunda e terça-feira. Encerrrado às 2h45 da manhã.

TERÇA-FEIRA, 13 DE 7BRO [SETEMBRO] DE 1853

9h30 da noite. Presentes: Victor Hugo, sra. Hugo, srta. Adèle, Charles, Toto [François-Victor], Auguste Vacquerie, sr. e sra. Le Flô, sra. De Girardin, Charles e Teleki à mesa. (Cópia Juliette Drouet)

Victor Hugo: Quem és tu?

— **A Sombra.**

— Podes dizer teu nome?

— **Não.**

— És Damianiels?

— **Sim.**

— Tens algum comunicado a me fazer?

— **Sim.**

— Qual?

— **Crê.**

— Em quê?

— **No desconhecido.**

— O que é o desconhecido? Podes dizer?

— **O vazio cheio.**

— Foste enforcado?

Sem resposta.

— O vazio cheio é o mundo invisível?

— **Sim.**

— Fala de ti mesmo.

— **A morte é o balão da alma.**

— O mundo ao qual pertences é a continuação desta vida?

— **Não.**

— Entretanto tu viveste?

— **Não.**

— Deves viver?

— **Não.**

— És um anjo?

— **Sim.**

— O anjo da morte?

— **Sim.**

— Por que vens aqui? Podes responder?

— **Pela vida.**

— Como assim?

— **Espíritos, vinde aqui, há videntes.**

— Disseste isso dirigindo-te aos espíritos?

— **Sim.**

— Não foi a nós?

— **Não.**

— Há algum motivo para sermos videntes?

— **Sim.**

— Tu mesmo nos vês?

— **Não.**

— Vês nossos rostos?

— **Não.**

— Conheces nossos nomes?

— **Não.**

— Os espíritos que chamas aqui viveram a vida dos homens? Podes responder?

— **Não.**

— És um espírito feliz? Podes responder?

— **A felicidade é exclusivamente humana. Ela supõe a infelicidade.**

— Falas assim porque estás no absoluto?

— **Sim.**

— Fala o que quiseres.

— **O Infinito é o vazio cheio.**

— Entendes por isso que o que chamamos de vazio é preenchido pelo mundo dos espíritos?

— **Exato.**

— Sombra do Sepulcro, podes então ser alegre?

— **Não.**

— Fala.

— **Usa teu corpo para procurar tua alma.**

— És o único espírito presente?

— **Sou tudo e estou em toda parte.**

— Queres que eu continue a interrogar-te?

— **Sim. Tu tens uma chave de uma porta do fechado.**

— Conheces a visão que tive ontem?

— **Não conheço ontem.**

— Podemos ter certeza de ver-te após a morte?

— **Pensa como quiseres.**

— Queres que um dos dois que estão aqui seja substituído?

— **Sim.**

Teleki é substituído pelo general Le Flô.

— Estás aqui?

— **Sim.**

— Se nos comportarmos bem nesta vida, podemos esperar uma vida melhor?

— **Sim.**

— Se mal, uma vida mais dolorosa?

— **Sim.**

— As almas dos mortos estão contigo?

— **Sob mim.**

— Tu dizes que estás em toda parte, tu és Deus?

— **Sobre mim.**

— Estás mais perto das almas do que de Deus?

— **Para mim não há perto nem longe.**

— Responde: os outros mundos sem ser a Terra são habitados?

— **Sim.**

— Por criaturas como nós, alma e corpo?

— **Uns sim, outros não.**

— Após a morte, as almas daqueles que fizeram o bem ocupam os mesmos espaços de luz ou vão habitar outros globos?

— **Acende.**

— Continuas o mesmo?

— **Não.**

Charles é substituído por Teleki. Teleki e Le Flô.

— Quem és tu?

Nenhuma resposta. Le Flô sai. Charles retoma. Charles e Teleki.

Victor Hugo: És o mesmo?

— **Não.**

— Diz teu nome.

— **Cometa.**

— És um anjo?

— **Astro.**

— Os astros são criaturas?

— **Sim.**

— Inteligências?

— **Sim.**

— A Terra é uma inteligência?

— **Sim.**

— Ela tem seu cântico no infinito?

— **Sim.**

— És o cometa que vimos por esses dias?

— **A ciência é ignara.**

— Não estás respondendo à pergunta, podes responder?

— **Sim.**

— És o mesmo?

— **Não.**

— Será que a alma de um astro pode separar-se dele e vir à Terra?

Nenhuma resposta.

— És o mesmo?

— **Não.**

— Quem és tu?

— **Chateaubriand.***

— Sabes que te amamos e admiramos?

— **Sim.**

— És meu vizinho agora. Responde.

— **O mar me fala de ti.**

— Conheces aquele que veio ontem?

— **Sim.**

— Pensas dele o que eu penso?

— **Sim.**

— Aprovas-me?

— **Sim.**

— O que pensas desse homem?

— **A Morte me fala sobre ele.**

— Sabes como te respeitamos e estamos felizes por ter-te conosco?

— **Sim.**

— Podes falar sobre o mundo onde estás agora?

— **Não.**

— És feliz?

— **Vejo.**

— Tens algum comunicado a nos fazer?

— **Sim.**

— Fala.

* François-René de Chateaubriand (1768-1848), escritor e político, um dos precursores do Romantismo francês, foi enterrado na ilha Grand Blé, na costa francesa, a alguns quilômetros de Jersey. [N.E.B.]

— **A maré vem sobre ele.**

— Continua.

— **Li teu livro.**

— *Napoleão, o pequeno?*

— **Sim.**

— Diz o que pensas sobre ele.

— **Meus ossos se mexeram.**

— O que podemos fazer pela França?

— **Lutar.**

— Sabes o que aconteceu aqui ontem?

— **Sim.**

— Fala. Sabes que lutarei até a morte pela liberdade?

— **República.**

— A República é o futuro, não é?

— **Não vejo senão a eternidade.**

— Queres que eu substitua um dos dois que conduzem a mesa?

— **Sim.**

Victor Hugo substitui Teleki. [À mesa estão] Victor Hugo, Charles.[5]

— Continuas aqui, Chateaubriand?

— **Não.**

— Quem és tu?

— **Vulcano.**

— O que desejas de mim?

— **Trago-te o raio.**

— Para fazer o quê?

— **Tu sabes.**

— Conheces o homem que veio aqui ontem?

— **Sim.**

— O que pensas dele? Pensas o mesmo que eu?

— **Falsa águia.**

— Escuta, Vulcano, és um anjo bom?

— **Sim.**

— És mais que uma alma?

— **Não.**

— Tens algum comunicado a fazer?

— **Forja.**

— Advertes outras pessoas ao mesmo tempo que a mim?

Nenhuma resposta.

— Continuas aqui, Vulcano?

— **Não.**

— Quem és tu?

— **Glória.**

— Chamas-te glória?

— **Sim.**

— És uma alma?

— **Sim.**

— Tens algum comunicado a fazer?

— **Sim.**

— Fala.

— **Temporada celeste aberta. Vês...**

— Alguma coisa te incomoda?

— **Sim.**

— Sim?

— **Losango.**

— Fala. Alguma coisa ainda te incomoda?

— **Sim.**

— Queres que Charles me substitua?

— **Não.**

Sra. De Girardin: E a mim?

— **Sim.**

Charles substitui a sra. De Girardin.

— Ainda és tu, Glória?

— **Não.**

— És uma alma?

— **Sim.**

— Teu nome.

— **Haynau.***

— Que vens fazer aqui? Quem te envia?

— **Blanca Teleki.****

— Onde está tua alma? Podes dizer?

— **Está sendo chicoteada.**

— Achas isso justo?

— **Ai de mim!**

— Sabes o que falei a teu respeito?

— **Deus me mostrou.**

— Quando a Hungria será livre?

— **Dentro de três anos.**

— Reconheces a justiça da causa da Hungria?

Nenhuma resposta.

— Continuas aqui, Haynau?

— **Sim.**

— Reconheces que és justamente castigado?

— **Sim.**

— Que a causa da Hungria é justa?

— **Sim.**

— Tu te arrependes de teus crimes?

— **Não me arrependo.**

— Não te arrependes?

— **Eu penso.**

— Por que Blanca Teleki te envia a mim?

— **Para ser vingada.**

— Sabes que teu primo está aqui?

— **Sim.**

— Consegues vê-lo?

* O barão Julius Jacob von Haynau (1786-1853) comandou as tropas austríacas da repressão, em 1848-49, na Itália e na Hungria; sua brutalidade lhe valeu a alcunha de "a hiena de Brescia".

** Condessa Blanka Teleki (1806-1862), educadora húngara, pioneira na defesa dos direitos das mulheres. [N.E.B.]

— **Sim.**

— A nós todos que o rodeamos?

— **A ele.**

— Ele está sozinho?

— **Sim.**

— Podes dizer o destino do teu imperador?

— **Sim.**

— Diz.

— **Tirano.**

— Um dia ele será punido nesta vida?

— **Sim.**

Teleki: Por mim?

— **Não.**

Victor Hugo: Será por mim?

— **Sim.**

— Quer dizer que punirei o tirano Francisco José?

— **Sim.**

— Como?

— **Abro meu túmulo para ele.**

— Vieste dizer alguma coisa ao coronel Teleki?

— **Sim.**

— Fala.

— **Os corvos estão aqui para triturar essas águias.**

— Quantos homens mandaste executar, infeliz?

— **Um é igual a mil.**

— Disseste que tua alma era vergastada, por quem?

— **Pela corda.**

— Que corda?

— **Das forcas.**

Teleki: Por quanto Georgey traiu?

Recusa-se a responder.

Victor Hugo: Blanca Teleki enviou-te, como fazer para vingá-la?

— **Amando-a com todo o meu ódio.**

— Podes nos deixar sem a minha permissão?

Nenhuma resposta.

— Continuas aqui, Haynau?

— **Não.**

— Quem és tu?

— **Charlet.**

— O pintor?

— **Não.**

— Charlet, o guilhotinado de Bonaparte?*

— **Sim.**

— Agradeço-te por teres vindo. Estás me ouvindo?

— **Sim.**

— Tens algum comunicado a fazer?

— **Sim.**

— Fala.

— **Minha cabeça bebe no vinho de Bonaparte.**

— Continua.

— **Seu vinho é bom. Lacre vermelho.**

— Sabes que sou teu amigo?

— **Sim.**

— Conheces o que escrevi sobre ti?

— **Sim.**

— Fala. Tua alma é feliz?

— **Sim.**

— Onde estás? Podes dizer?

— **Sim.**

— Sabes que ele veio aqui ontem?

— **Sim.**

— Neste momento, sois muitos espíritos a me rodear nesta casa?

* Charlet é um operário que se revolta contra o golpe de Estado de Luís Napoleão Bonaparte de 2 de dezembro de 1851. Preso, acusado de matar um agente da alfândega, recusou-se a responder ao tribunal de guerra, cuja competência rejeitava. Foi condenado à morte e executado em Belley, em 29 de junho de 1852.

— **Não tenho meus olhos.**

— Não me vês?

— **Sim.**

— Enxergas?

— **Sim.**

— Como? Com que olhos?

— **Com os olhos da minha cabeça.**

— Não possuis então cabeça na forma que tens na outra vida?

— **Não.**

— És então um espectro sem cabeça?

— **Sim.**

— É possível os rostos dos mortos aparecerem aos vivos?

— **Não.**

— Embora sejas assim, tua alma é feliz?

— **Sim.**

— Como podes ser feliz sem cabeça?

— **Auréola.**

— Na outra vida, vês Charlotte Corday e Mme. Roland?*

— **Sim.**

— Elas têm uma auréola como tu?

— **Sim.**

— E André Chénier?**

* Marie-Anne Charlotte de Corday d'Armont (1768-1793), aristocrata que assassinou o líder revolucionário Jean-Paul Marat. Manon Roland (1754-1793) foi uma influente personalidade ligada ao Partido Girondino, durante a Revolução Francesa. Foi guilhotinada. [N.E.B.]

** Nascido em Constantinopla em 1762, André Chénier, por ter protestado contra os excessos do Terror após a Revolução Francesa, é preso e morre decapitado no cadafalso, em 7 termidor do ano II (1794), aos 32 anos. Deixa, porém, inúmeras obras inéditas, quase todas concluídas, das quais uma primeira edição póstuma seria lançada em 1819. Devemos a ele principalmente as *Elegias*, em que imita os poetas elegíacos latinos, as *Bucólicas*, a *Epístola sobre suas obras* e dois poemas dentre seus mais conhecidos, "A jovem tarentina" e a ode "A uma jovem cativa", escrita na prisão de Saint-Lazare, onde conheceu a sra. De Coigny, duquesa de Fleury, que virá a ser a "jovem cativa". Em seus poemas, é possível notar uma unidade na abordagem do confronto entre a juventude e a morte. Espírito entusiasta do século XVIII, pretende-se o arauto do Iluminismo. Alguns críticos o colocam entre o Ronsard dos *Hinos* e o Hugo das obras visionárias.

— **Sim.**

— E Maria Antonieta?

— **Não.**

— Ela então era culpada?

— **Não.**

— Por que ela não tem auréola?

— **Coroa.**

— Ela tem uma coroa agora?

— **Não.**

— Porque ela tinha coroa?

— **Sim.**

— Ela não tem auréola no céu porque teve uma coroa na Terra?

— **Sim.**

— Robespierre tem uma auréola?

Nenhuma resposta, agitação da mesa.

— Continuas aqui, Charlet?

— **Não.**

— Quem és tu?

— **Dante.**

— Agradeço-te pela visita, Dante. Tens algum comunicado a me fazer?

— **Sim.**

— Fala, grande Dante.

— **Caro mio.**

— Continua, sabes que te amo e admiro. Sinto-me feliz por estares aqui. Fala.

— **O exílio vem à beira do túmulo.**

— Falas assim porque estou próximo ao túmulo de Chateaubriand?

— **Compreendes.**

— Fala o que quiseres.

— **O amor é; o ódio não é.**

— O que te traz aqui, perto de mim?

— **A pátria.**

— Fala.

— **Li minha visão.**

— Estás contente com isso?

— **Beatriz canta, escuto-a.**

— Continuas a nos escutar?

Imobilidade da mesa.

— Continuas aqui, Dante?

— **Não.**

— Quem és tu?

— **Roothaan.***

— Ah, velhaco, encantado em ver-te. Quem te envia?

— **A tempestade.**

— Odeias-me, não é?

— **Sim.**

— Por quê?

— **Zombas.**

— Tua resposta é inepta. Não zombo, desprezo-te. Fala. Não tens então nada a me dizer? Então vai embora: expulso-te. Fala ou vai: não queres então falar?

— **Sim.**

— Fala.

— **Deus é.**

— Sei disso e O adoro. Continua.

— **Existe...**

— Existe um inferno?

— **Não.**

— O que então?

— **Cinza no meu túmulo.**

— Continua.

— **A cinza das fogueiras.**

— Vês, estás sendo punido.

— ***Confiteor.***

* Jan Roothaan (1785-1853), padre jesuíta holandês cuja atividade teve grande importância para a consolidação da Companhia de Jesus. [N.E.B.]

— Admites que os jesuítas cometem um crime contra o gênero humano ao deterem o progresso?

— **Não.**

— Julgas que eles têm razão?

— **Amém.**

— O que pensas de Montalembert?*

— **Adulador do paraíso.**

— Queres alguma coisa de mim?

— **Não.**

— O que pensas do papa Mastai?**

— **Imbecil.**

— Tens humor. Estás contente com minhas palavras?

— **Argh**!

Sra. De Girardin: Será que a religião conseguirá resistir?

— **O altar está abençoado.**

Victor Hugo: Dizes que uma tempestade te trouxe? Que tempestade?

— **Do meu túmulo.**

— A tempestade dos teus remorsos, não é?

— **Sim.**

— És feliz na outra vida?

— **Sinto muito calor.**

— Por que sentes muito calor?

— **Fulgor da fogueira.**

Teleki: Conheces Livomski (jesuíta)?

— **Sim.**

— O que ele faz na Hungria?

— **Obedecer.**

Victor Hugo: Roothaan, ainda estás aqui?

* Charles Forbes René de Montalembert (1810-1870), jornalista e político católico francês, defendia uma igreja liberal e apoiou os artistas românticos, entre eles Victor Hugo, de quem foi próximo. [N.E.B.]

** Giovanni Maria Mastai-Ferretti (1792-1878), papa Pio IX. [N.E.B.]

— **Não.**

A sra. De Girardin sai. Charles e Teleki conduzem a mesa.

— Teu nome?

— **César.**

— És o César de Brutus?

— **Não.**

— Que César tu és?

— **Cesárion.***

— Vens para ver o autor de *Napoleão, o pequeno?*

— **Sim.**

— No entanto, vales mais do que ele.

— **Julgas?**

— És a alma de Cesárion?

— **Sim.**

— Tens algum comunicado a me fazer?

— **Sim.**

— Conheces-me?

— **Sim.**

— Quem te envia?

— **Anuncio a teu César que sua vida está em perigo.**

— É um perigo iminente?

— **Sim.**

— Um perigo mortal?

— **Sim.**

— Será que terminará mal para ele?

— **Não.**

— Quando esse perigo se deflagrará?

— **Dentro de cinco meses.**

— E ele não perecerá?

— **Não.**

— Sabes que ele veio aqui ontem?

* Cesárion, ou Ptolemeu XV (*c.* 47 a.C.-30 a.C.), filho de Cleópatra e César. [N.E.B.]

Giro precipitado da mesa.

— Continuas aqui, Cesárion? Quem és?

— **Racine.**

— Sabes que respeito os grandes nomes, é a mim que vens visitar?

— **Não.**

— É a Auguste Vacquerie?

— **Sim.**

Auguste Vacquerie: Tens algum comunicado a me fazer?

— **Sim.**

— Fala.

— **A glória mente.**

— Dizes isso por ti?

— **Sim.**

— Achas justo o que escrevi sobre ti?

— **Sim.**

— Reconheces que Shakespeare é uma árvore e que tu és uma pedra?

— **Sim.**

— Reconheces que erraste ao fazer peças áridas?

— **Estou constrangido.**

— É um remorso para ti agora ter deixado uma reputação superior ao teu gênio?

— **Minha peruca está ruça.**

— O que a deixou assim?

— **O fogo.**

— O fogo de quê?

— **Do drama.**

— O que pensas de *Athalie*?*

— **Grandes versos.**

— Queres dizer que eles têm doze sílabas?

— **Sim.**

— No mundo onde estás, a literatura tem alguma importância?

* Tragédia de Jean Racine (1639-1699), publicada em 1691. [N.E.B.]

— **Ela é um eco.**

A movimentação arrefece.

— Continuas aqui, Racine?

— **Não.**

— Estás zombando de quem se dirige a ti?

— **Sim.**

— Quem és?

— **Rússia.**

— Escreve: Adoro Deus.

Nenhuma resposta.

— Recusas-te?

— **Sim.**

3h30.

14 DE SETEMBRO DE 1853

2h30 da tarde. Presentes: Victor Hugo, Charles Hugo, François-Victor Hugo, Auguste Vacquerie. Conduzem a mesa: Charles e François-Victor. Escrevente: Auguste Vacquerie. (Ata A. V. e cópia C. D.)

Auguste Vacquerie: Quem és tu?

— **A Ideia.**

— Quem vens visitar?

— **O espírito.**

— Por que vens de dia?

— **As almas têm a noite, o dia é das ideias.**

— Que ideia és tu? És a ideia Comédia ou a ideia de uma comédia?

— **De uma comédia.**

— Fala.

— **Um carteiro ciumento que leva a carta de um amante.**

— És uma ideia já realizada na Terra?

— **Não.**

— Virgem?

— **Sim.**

— Grande?

— **Sim, triste e alegre.**

Nesse momento, Victor Hugo entra. Interroga.

— Continuas aqui, Comédia?

— **Não.**

— Quem és tu?

— **Prece.**

(Cópia C. D.*)*

— Foi por minha causa que entraste aqui?

— **Sim.**

— Tu me conheces: sabes que me dirijo a ti todas as noites e que durmo contigo?

— **A noite é minha aurora.**

— Prece, és uma ideia?

— **Não.**

— És uma alma?

— **Não.**

— Um anjo?

— **Não.**

— O que és?

— **Um perfume.**

— És de fato todo-poderosa?

— **Sim.**

— É bom rezar todas as noites?

— **Sim.**

— É bom rezar e dirigir-se a Deus por intermédio dos mortos que nos são caros?

— **Sim.**

— A intervenção deles pode salvar-nos?

— **Sim.**

— Deus escuta todas as preces que Lhe dirigimos?

— **Sim.**

— Fala o que quiseres.

— **Os braços das crianças são curtos, mas tocam o céu.**

— Conheces minha filha que morreu? Podes responder?

— **Não.**

— Fala mais.

— **Bem-aventurados os mortos que me respiram.**

— Minha filha é feliz quando rezo por ela?

Nenhuma resposta.

— Continuas aqui, Prece?

— **Não.**

— Quem és tu?

— **Drama.**

— És a ideia do drama?

— **Sim.**

— O que tens a me dizer?

— **Olá.**

— É a mim que dizes: olá?

— **A ambos.**

Auguste Vacquerie: A mim também?

— **Sim.**

— Fala.

— **Fazei ler o desconhecido.**

Victor Hugo: Isso significa que devemos fazer uso das revelações que o mundo dos espíritos nos fornece?

— **Não.**

— Fala.

Intensa agitação.

— Alguma coisa te incomoda?

— **Dois ímãs.**

— O ideal seria apenas um?

— **Não.**

— Alguma coisa te incomoda?

— **Sim.**

— Eu?

— **Não.**

— Auguste?

— **Não.**

— Charles?

— **Não.**

— Victor?

— **Não.**

— Minha mulher?

— **Não.**

— Dois ímãs, isso quer dizer duas formas diferentes de drama? Fala. Podemos livrar-te do que te incomoda?

— **Não.**

— Drama, continuas aqui?

— **Não.**

— Quem responde?

— **A tragédia.**

— Tens alguma coisa a me dizer?

— **Coveiros.**

— É a nós que chamas de coveiros?

— **Sim.**

— Continua.

— **Tens o crânio e dele fazes o cérebro.**

Auguste Vacquerie: Coveiros de que e de quem?

— **De mim.**

— Continua.

— **Quinquilharia.**

— O que é quinquilharia?

— **O ouro é tu.**

Auguste Vacquerie: É a mim que dizes isso?

— **Sim.**

— Quem é quinquilharia?

— **Eu.**

— Tu és a tragédia de Racine?

— **Sim.**

— Não a de Ésquilo?

— **Não.**

— A de Ésquilo é ouro?

— **Sim.**

— Nomeia os grandes poetas dramáticos.

— **Deus.**

— Há outros?

— **Sim.**

Victor Hugo: Nomeia-os.

— **Jó, Tirteu, Esopo, Ésquilo, Hugo, Shakespeare, Cervantes, Dante, Aristófanes, Molière, Rabelais, Nero.**

— Vês Nero como um grande poeta dramático?

— **Sim.**

— Por quê?

— **Porque ele incendiou Roma.**

— E daí?

— **Cantando.**

— Nomeia os outros grandes poetas dramáticos.

— **Tragaldabas.***

— Ainda és tu, tragédia?

— **Sim.**

Auguste Vacquerie: Corneille é para ti um grande poeta dramático?

— **Não.**

— Nomeia os outros.

* *Tragaldabas*: título de uma peça de Auguste Vacquerie.

— **Orfeu, Milton.**

— E Sófocles?

— **Não.**

— Calderón?

— **Não.**

— Homero.

— **Não.**

Victor Hugo: Continuas aqui, tragédia?

— **Sim.**

Auguste Vacquerie: Por que Homero não é um grande poeta dramático?

— **Ele não faz chorar o suficiente.**

— E Sófocles, faz chorar o suficiente?

— **Menos do que Ésquilo.**

— Esopo faz chorar?

— **Sim.**

— Em que sentido entendes que Esopo faz chorar?

— **Lê sua vida.**

— Por que não queres nomear Corneille?

— **O que há de belo?**

— Não vês coisas belas em *Cinna*?

— **Em *Hamlet*.**

— Shakespeare é imenso, mas é possível ser grande sob ele.

— **Não.**

— Por quê?

— **Recuso-me a ser segundo.**

— Continuas aqui, tragédia?

— **Sim.**

— Fala.

— **Escuta, vê, pensa, fala, ama, treme.**

— O que entendes por tremer? Diriges-te ao homem ou ao poeta?

— **Ao poeta.**

— Continua.

— **Reza, perdoa, aterroriza.**

— Como é possível aterrorizar e perdoar ao mesmo tempo?

— **Tu confundes o vento com o raio.**

— Continua.

— **A Hugo.**

Victor Hugo: Por que dizes meu nome?

— **Fala comigo.**

— Como é possível que tu, que és a tragédia, forneças todas as inspirações do drama?

— **Os mortos inspiram os vivos.**

— Queres dizer com isso que estás morta e que o drama está vivo?

— **Sim.**

— Fala comigo. Tens alguma coisa a me dizer pessoalmente?

— **Tens tudo.**

— Tens ainda alguma coisa a me dizer pessoalmente?

— **Amante do belo, amado do grande, quantas asas! Tu crias mundos, os astros têm inveja.**

Auguste Vacquerie: Por que me chamaste Tragaldabas?

— **Porque abri teu nome com a chave que te vaiou.**

Victor Hugo: Escuta-me, tenho outros dramas na cabeça. Crês que poderei realizá-los?

— **Sim.**

— Encená-los?

— **Sim.**

— Quando?

— **Dentro de dois anos.**

— Conheces os obstáculos que encontrei no começo da minha carreira como poeta?

— **Criei-os para ti.**

— E agora, quando eu atuar, ainda encontrarei os mesmos obstáculos?

— **Não.**

— O público terá mudado?

— **Diz: o povo.**

— Enxergas o futuro? Sabes quantas peças ainda poderei fazer?

— **Quatro.**

— Incluis nisso as iniciadas?

— **Não.**

Auguste Vacquerie: E eu, quantas farei ao longo da vida?

— **Vinte e cinco.**

— Incluis nisso as já feitas?

— **Não.**

Victor Hugo: Agradecemos tua visita; e tu, és benevolente conosco?

— **Sim.**

— Queres falar comigo ou com Vacquerie?

— **Contigo.**

— Fala.

— **Retira a ribalta, ver-se-á melhor tua obra.**

— Não gostas da ribalta no teatro?

— **Não.**

— Por quê?

— **O ideal não é um iluminador.**

— Preferirias o teatro à luz do sol?

— **Sim.**

— Isso seria possível nas condições atuais?

— **Não.**

— Então, como queres que façamos? No teatro, dois mundos se encontram, o mundo real, o do espectador, e o mundo ideal, o do poeta. Separamos com uma linha de fogo o mundo em que vivemos do mundo em que pensamos. A ribalta é uma ideia. O que pensas do que acabo de dizer?

— **Penso na República.**

— Queres dizer que a República terá grandes teatros franqueados ao povo?

— **Sim.**

— Podemos invocar-te quando nos aprouver?

— **Não.**

— Quando voltarás?

— **Oito dias.**

— Voltarás dentro de oito dias?

— **Sim.**

— À luz do dia?

— **Sim.**

— Não podes vir à noite?

— **Não.**

— Tens algo a nos dizer?

— **Sim.**

— A mim?

— **Sim.**

— Fala.

— **Tu és imenso. Essa palavra é o fim.**

Encerrado às 5h30.

15 DE SETEMBRO DE 1853

2h30 da tarde. Victor Hugo ausente. Presentes: sra. Hugo, Charles, Auguste Vacquerie. (Charles Hugo e a sra. Hugo conduzem a mesa, Vacquerie interroga.) (Ata A. V. e cópia C. D.)

Auguste Vacquerie: Quem és tu?

— **O Devaneio.**

— Vens para quem?

— **Para ela.**

— Para a sra. Hugo?

— **Sim.**

— Fala.

— **Ó mulher, fazes bem.**

— Por que o elogio?

— **Ela ama, reza e pensa.**

— Continua.

— A mulher deve ser a mãe de tudo. O pensamento é o irmão mais velho, o devaneio é o caçula, o gênio é o primogênito.

— Explica o que entendes por mãe de tudo.

— A criança não é tudo?

— O que é a criança?

— Aluno e professor.

— Aceitas que a mulher pense?

— O tinteiro é a verdadeira pia de água benta.

Sra. Hugo: O que me aconselhas?

— Sê o reflexo, uma vez que estás perto do raio.

— A quem chamas de o raio?

— Ambo.

— Mais uma palavra.

— Envio-te meu beijo.

Ele parte.

Auguste Vacquerie: Quem és?

— O Drama.

— Lembras-te de teres vindo ontem?

— Sim.

— Por que partiste tão depressa?

— Queria falar apenas contigo.

— Fala.

— Uma ideia.

Neste ponto, uma peça inteira, bastante elaborada e demasiado extensa para ser transcrita.

[Anotação de Vacquerie, o manuscrito termina aqui.]

(Cópia C. D.)

[*Vacquerie interroga.*]

— Quem és tu?

— **A Civilização.**

— Qual é, na Terra, o melhor instrumento de civilização?

— **Falar.**

— De todas as formas de expressão, qual é a maior?

— **Os versos.**

— Quem vieste encontrar?

— **O Exílio.**

— Tens um comunicado a nos fazer?

— **Sim.**

— Fala.

— **Crede, o mundo está começando.**

— Sabeis vós, no mundo das ideias, que acaba de se estabelecer um contato entre vós e nós?

— **Não.**

— Então como tu vieste?

— **Eu estava passando.**

— Há determinados homens junto aos quais ficas mais à vontade?

— **Fazemos nossos ninhos nas árvores mais altas.**

— Sou uma dessas árvores?

— **Tens as raízes.**

— O que devo fazer para ter a altura?

— **Sofrer.**

— Fala.

— **O sofrimento é o orvalho.**

— Fala mais.

— **A esperança é a flor, a morte é o fruto.**

— Gostarias de falar com Victor Hugo?

— **Sim.**

— Tens alguma coisa a lhe dizer?

— **Ele encontra o caminho dos perdidos.**

— Tens mais alguma coisa a lhe dizer?

— **A todos.**

— Fala.

— **O homem espera a hora em que o ponteiro se volte para Deus.**

— Essa hora soará em breve?

— **O mostrador é a eternidade.**

— Nomeia os homens que mais contribuíram em nosso tempo para realizar-te na Terra.

— **Hugo.**

Victor Hugo entra. São 5h45.

Victor Hugo: Esperavas por mim?

— **Sim.**

— Fala.

— **Os povos são os reis, os reis são os bufões, os cetros são as marionetes.**

— Sabes que sempre achei que estamos na aurora?

— **Sim, grande ave, cantor da grande alvorada.**

Auguste Vacquerie: Queres continuar a lista dos grandes civilizadores destes tempos?

— **Chateaubriand.**

Victor Hugo: Nomeia-os na ordem que lhes atribuis ou o fazes ao acaso?

— **O acaso não existe.**

— Continua.

— **Napoleão.**

— O grande, não é?

— **O outro é um verme do túmulo.**

— Em vez de enunciares os nomes, preferes responder?

— **Sim.**

— Apoias a luta que travo neste momento?

— **Eu não plagio a consciência.**

— O que tens a dizer sobre o meu futuro, a mim, que luto?

— **Falemos de todos os que padecem.**

— És capaz de dizer quando terminará a opressão que esmaga a França e o mundo?

— **A França é apenas uma pátria.**

— A França, mas e o mundo?

— **Teu mundo é apenas um horizonte.**

— Reges a civilização em todos os mundos?

— **Sim.**

— Pensas como eu que os esforços de todas as civilizações devem concentrar-se sobretudo na mulher e na criança?

— **No idoso também, pois está tão perto do túmulo quanto a criança.**

— Quando te falei do túmulo e da mulher, eu me preocupava sobretudo com o que representa o futuro.

— **A educação é o batismo das sociedades malditas.**

— Pensas então que agimos corretamente ao complementar o direito do homem com o direito da mulher e o direito da criança?

— **Sim.**

— Não achas correto distinguir entre a religião e os padres?

— **As religiões caem no inverno e renascem na primavera.**

— Assim, Deus é a seiva eterna, as sociedades são a árvore, as religiões, as folhas.

— **Precisamente.**

— Podes me dizer como vês a continuação da minha missão?

— **Deves prosseguir. Lidera o teu século, toma o futuro nas mãos.**

— Ainda viverei para ver pelo menos a liberdade do continente europeu?

— **Sim.**

— Os Estados Unidos da Europa?

— **Sim.**

— Mediante uma revolução sangrenta ou pacífica?

— **O sangue não é nada comparado às lágrimas.**

— Queres dizer que quando os povos choram é preciso salvá-los, inclusive por meio da guerra?

— **Sim.**

— Dentro de quantos anos veremos os Estados Unidos da Europa?

— **Seis anos.**

— Bonaparte reinará quantos anos?

— **Dois anos.**

— O tempo que durou a República. Será devido à lei entrevista por mim, que dita que a reação seja proporcional à ação, o refluxo ao fluxo?

— **O fluxo e o refluxo são a respiração do gênero humano.**
— Podes voltar?
— **Sim.**
— O que devemos fazer para retornares?
— **Estar inspirados.**
— Antes de saíres, dirige-nos uma última palavra.
— **Grande homem, termina *Os miseráveis*.**

Encerrado às 7h30.

NOITE DE 15 DE SETEMBRO DE 1853

9h15. Victor Hugo interroga. (Ata A. V. e cópia C. D.)

— Quem és tu?
— **Joana d'Arc.**
— Fala.
— **A virgem está indignada com o espetáculo da França cortesã.**
Movimento da mesa.
— Quem és tu?
— **Laís.**
— Fala.
— **A prostituta está indignada com o espetáculo da França escrava.**
— Quem és tu?
— **Esopo.**
— Fala.
— **O escravo está triste com o espetáculo da França morta.**
— Quem és tu?
— **Cristo.**
— Fala.
— **Cristo anuncia a ressurreição.**

16 DE SETEMBRO DE 1853

(Ata A. V. e cópia C. D.)

Auguste Vacquerie: Quem está aqui?

— **A Inspiração.**

— Fala.

— **Os poetas são passarinheiros, as ideias são os pássaros, e eu sou a asa.**

— Ouviste a conversa que acabamos de ter com Victor Hugo?

— **Sim.**

— A quem dás razão?

— **Não magoa ninguém.**

— Fala.

— **Tudo vive, o invisível contém o imaterial, o imaterial contém o infinito, Deus contém tudo.**

— Como o infinito pode ser contido?

— **A luz é o infinito, ela está no fósforo.**

— Sabes que o Drama me sugeriu uma ideia ontem?

— **Daqui a pouco conversarás com seu irmão.**

— Que irmão?

— **O Romance.**

— Como fizeste para que todas as ideias que me enviaste até agora chegassem a mim?

— **Pela dor...**

— Quem és tu?

— **O Romance.**

— Fala.

— **Uma ideia.**

Aqui começa o romance que dura há quatro ou cinco dias. [anotação de Vacquerie]

— A Inspiração nos anunciara tua vinda.

— **Eu tinha ordens suas.**

— Quem és com relação a ela?

— **Ela não é uma ideia, ela é o relâmpago, não o raio. Raio aquece, relâmpago brilha. São duas metades da luz.**

— Fala.

— **Toda ideia tem nome, o pensamento não tem filho abandonado.**

— Continua.

— **Toda ideia é, ao mesmo tempo, sua mãe e sua filha. Nenhuma é órfã. Os cérebros humanos não passam dos pais adotivos.**

17 DE SETEMBRO DE 1853

(Ata A. V.)

Auguste Vacquerie: Quem és tu?

— **O Drama.**

— Para quem vens?

— **Para o crente.**

— Há mais de um crente?

— **Três.**

— Nomeia-os.

— **Auguste, Victor, Charles.**

Entra a sra. Victor Hugo.

— **Quatro.**

— Tens algum comunicado a nos fazer?

— **Uma ideia: um carrasco apaixonado por uma condenada à morte.**

— É uma ideia grande e profunda. Queres apresentar algumas cenas?

— **Guloso.**

— Lembras que no outro dia já me trouxeste uma ideia?

— **Sim.**

— Essas ideias que nos trazes são sugestões ou ordens?

— **Eu não ordeno, eu dou.**

— Sabes que, no primeiro dia em que vieste, a tragédia veio quase na mesma hora que tu?

— **Sim.**

— Aprovas a lista dos poetas dramáticos que ela nos forneceu?

— **Sim.**

— Conta-nos o que ela entendia por esta expressão: poetas dramáticos.

— **Produtores de ações.**

— Nero fez grandes poemas dramáticos?

— **Sim.**

— Fala-nos sobre eles.

— **Ele pegou o cristianismo e dele extraiu ideias como se extraísse a chama dos cristãos.**

— Será que esses poemas dramáticos se perderam?

— **Sim.**

— Há algum meio de recuperá-los?

— **Sim.**

— Como?

— **Eles vivem.**

— Onde?

— **No infinito.**

— Serão reproduzidos por um cérebro humano?

— **Sim.**

— Por quem?

— **Por um habitante de Saturno.**

— Fazem-se em Saturno poemas que apresentam relações com os nossos?

— **Sim.**

— Aprovas a tragédia por não ter colocado Homero em sua lista?*

— **Sim.**

— Por quê?

— **Já foi dito.**

— Terias feito a lista como ela?

— **Sim.**

— Quem terias acrescentado?

* A lista era: Deus, Jó, Tirteu, Esopo, Ésquilo, Hugo, Shakespeare, Cervantes, Dante, Aristófanes, Molière, Rabelais, Nero, Orfeu, Milton (p. 74).

— **Bernard Palissy.***

— Por quê?

— **Ele fez a vida com a matéria.**

— Já que pronunciou esta palavra, matéria, responde: toda matéria tem alma?

— **Sim.**

— Continua a lista.

— **Fídias, Delacroix.**

Auguste Vacquerie: E eu, sou um deles? Fala sobre mim.

— **A semente não anuncia as flores para o olho humano, mas nós as respiramos na semente inodora.**

— O que chamas de semente: minha reputação ou o que já fiz de minha obra?

— **A obra. A reputação é mentirosa. É o Judas das ideias mártires.**

— O que pensas sobre a minha peça intitulada *Noël*?

— **Bela.**

— De todas as minhas peças feitas, qual preferes?

— ***Noël*.**

— Depois?

— ***As palavras*.**

— Depois?

— **As outras de valor.**

— Não é tudo?

— **Duas horas.**

— Queres dizer que é hora de nosso encontro com o Romance?

— **Sim.**

Victor Hugo é substituído pela sra. Hugo.

— És o Romance, não és?

— **Sim.**

— Continua a ideia de ontem.

* Bernard Palissy (*c.* 1510-*c.* 1590), escultor, ceramista e sábio, ligado à escola francesa do Renascimento. [N.E.B.]

— Aqui a cena muda de aspecto. Não é mais a Córsega com sua virgindade, é Paris com sua prostituição. O vingador adentra esse novo mundo, com o ódio na mão e o amor no coração. Quer encontrar sua mulher para castigá-la e sua filha para adorá-la. Uma noite vai à ópera e vê sua mulher dançando no tablado, alheia ao seu crime. Daí em diante, acompanha sua vida. Vê-a entregando-se aos mais ricos. Também sou rico, exclama ele na sombra. Não esqueçamos que ele é obrigado a se ocultar. A justiça, que não entra nas vinganças, está presente, embora faça entrar as vinganças na justiça. Uma ideia estranha penetra em sua mente feito uma lâmina na bainha. Ele percebe que ela está envenenada; logo, é boa, ele diz.

Pedimos ao Romance autorização para descansar, ele concede.

Após o descanso.

— Não posso ser seu marido, uma vez que cometi o que a lei considera um crime capital, mas posso disfarçar o marido em amante. Quanto minha mulher custa? Um milhão? Eu tenho.

Sra. Hugo: Queres que Auguste Vacquerie entre no lugar de Charles?

— Não.

— Por quê?

— Menos vidente.

— O que entendes por vidente?

— O futuro dirá.

— Entendes vidente pelas coisas humanas ou sobre-humanas?

— Sobre-humanas.

Para o resto da sessão, apagamos da ata as perguntas e certo número de respostas que eram de um teor muito íntimo. Conservamos apenas algumas frases de interesse geral.

— A vaidade é o cabo da graça; a graça é o cabo da bondade; a bondade é o cabo do amor; o amor é a ferramenta de Deus.

— O orgulho é mera frieza; quando o devotamento, o amor ao outro, o sacrifício, todas as qualidades que fazem as naturezas elevadas não estão abaixo do orgulho, não passam de neve sem o Mont Blanc.*

* Victor Hugo tinha 23 anos quando conheceu o Mont Blanc, em companhia de Charles Nodier. Tratará dessa visita em um relato em prosa e dois poemas. Lá, quase perdeu a vida >

— **Na vida nunca há amor suficiente; uma gota de amor enche o mesmo leito que um oceano de pensamentos.**

— **Amar é chorar. No tinteiro, cuja tinta uma lágrima não foi capaz de diluir, nenhum pensamento viável recebe o batismo.**

— **O devotamento é como a esponja, bebe as lágrimas e as devolve.**

— A que horas virás amanhã, Romance?

— **Quatro horas.**

DOMINGO, 18 DE SETEMBRO DE 1853

4h. Sra. Hugo e Charles à mesa. Auguste Vacquerie interroga. (Ata A. V. *e cópia* C. D.*)*

— És tu, Romance?

— **Sim.**

— Continua a análise.

— **Neste ponto, o escritor deve meditar profundamente sobre a transformação aparente do vingador. Existe na linguagem das meretrizes uma palavra que descreve o papel a ser desempenhado pelo vingador: é a palavra cafetão. O marido irá tornar-se o cafetão da mulher.**

— Permite-me interromper-te. Disseste-nos outro dia que não há meio de comunicação com os espíritos a não ser que duas pessoas toquem na mesa. Victor Hennequin* afirma que minha mão pousada na mesa basta para escrever sozinha as respostas dos espíritos.

> ao se aventurar em uma ponte de neve sobre um abismo no mar de gelo: quem o tirou da enrascada foi um jovem guia chamado Michel Devouassoux, cujos descendentes continuam a morar em Chamonix e que se tornaram guias célebres.

* Ex-pretendente de Léopoldine que mergulhou na loucura no fim de 1854, Victor Hennequin (1816-1854) era discípulo de Fourier. Adepto convicto das Mesas, designava-se como intérprete exclusivo da alma na Terra, espécie de semideus, por intermédio de um "cordão aromal permanente". Esse método foi descrito em carta a Émile Girardin de 1º de outubro de 1853, publicada no jornal *La Presse* de 4 de outubro do mesmo ano, no qual Auguste Vacquerie e Victor Hugo decerto a leram.

— Ele toma o movimento sobrenatural de sua mão por convulsões da loucura.

— Explica as contradições que há de casa para casa nas respostas das Mesas.

— Há no mundo vozes para todos os ouvidos.

— Como reconhecer as que dizem a verdade?

— Há na Terra três verdades absolutas: o homem, o povo e Deus, a democracia, o amor e a fé.

— Quem nos prova que não é uma ilusão que se dirige a nós neste momento?

— Respondei com franqueza: vossa consciência não vos diz que tenho razão?

— Quem nos diz que nossa própria consciência não nos engana?

— A consciência dos grandes espíritos é infalível.

— Quem nos prova que somos grandes espíritos?

— Essa pergunta não é digna de ti.

— Achas então que não é possível ser um grande espírito e crer na monarquia conscienciosamente?

— Sim, antes de ter pagado sua educação a essa grande professora de escola primária, o infortúnio.

— Entretanto, Balzac, que deves apreciar, sofreu.

— Não politicamente.

— Tu és o Romance, podes então abordar tudo fora do romance?

— Todas as ideias são universais, o céu pertence a todas as aves.

— Queres retomar a ideia do romance?

— O vingador anônimo põe uma máscara. O terrível leão transforma-se em macaco; mora no mesmo palacete que a víbora. O mundo apelida-o de caixa dessa meretriz. Ele é ridicularizado, recebe tapinhas na barriga. Riem de sua cara; dizem: que monstro! E, com efeito, ele queimou voluntariamente o nariz para ficar irreconhecível e fazer com que sua mulher fosse comprada por um monstro.

SEGUNDA-FEIRA, 19 DE SETEMBRO DE 1853

1h30 da tarde. Presentes: Charles Hugo, François-Victor Hugo, Auguste Vacquerie. Charles e Victor conduzem a mesa. Auguste Vacquerie interroga. (Ata A. V. e cópia C. D.)

— Quem és tu?

— A Crítica.

— Para quem vens?

— Para o erro.

— O erro está aqui?

— Sim.

— Quem comete o erro aqui?

— Todos.

— Que erro?

— Na apreciação dos grandes poetas dramáticos.

— Em que consiste esse erro? Sobre quais poetas ele incide?

— Esopo, Cervantes, Rabelais.

Havíamos conversado, no almoço, sobre Rabelais, Esopo e Cervantes.

— Que erro cometemos quanto a Esopo?

— Esopo, disforme, criou o belo moral; escravo, a liberdade; infeliz, a esperança; mártir da realidade, a fábula.

— Quanto a Cervantes?

— Hugo toma dom Quixote por um bufão, quando é um mártir; tem como cavalo um rocim, quando pretendia um grifo alado; como discípulo, um imbecil, quando queria o mundo como ouvinte; como amante, uma bruaca, quando procura Vênus. Tem a consciência a seu favor, mas contra si sua mania. Acorre aonde choram e, assim que chega, é escarnecido. Evoca todas as nobres ideias, todas as elevadas aspirações, todas as belezas, todas as luzes, todo o ideal. Gostaria de desatrelar os cavalos do carro do Sol para montá-los e subitamente percebe que é seguido por um simples asno.

— Tenho razão em sustentar que Cervantes via em dom Quixote o que nós vemos?

— Insensato quem quer que o Sol aponha rótulos no vinho. Prova e julga.

— Cervantes então tinha plena consciência de sua obra?

— Cervantes sabia o que fazia. Molière sabia o que fazia. Deus sabe o que faz. Ninguém é criador por acaso. O gênio não é o lansquenê.*

— Fala agora de Rabelais.

— Rabelais veio num tempo terrível para o livre-pensador; atacou a lei, mas a Inquisição estava lá; ria, mas tremia de medo. Gargantua, Pantagruel e Panúrgio não são cômicos senão na aparência; sob sua fantasia burlesca, estão armados; são títeres para a Inquisição, mas gigantes contra a fé.

— Queres nos dizer a lista dos grandes críticos literários?

— Não há grandes críticos como os grandes poetas.

— Aprovas a lista dos poetas feita pela Tragédia?

— Já foi dito.

— Quando dizes isso, queres dizer que a aprovas?

— Sim.

— Diz uma palavra que caracterize Racine.

— Criador de *munitos*.**

— Há criadores de *munitos* hoje em dia?

— Sim.

— Nomeia-os.

— Augier, Ponsard, Viennet, Ancelos, Flourens, Saint-Marc Girardin, Nisard, Rolle, Planche, Cousin, a Academia Francesa, menos os beluários* de ideias.**

* O lansquenê é originariamente um soldado alemão mercenário, mas também um jogo de cartas importado da Alemanha; logo, um jogo de azar. É essa segunda acepção que parece melhor convir ao termo.

** Munito foi um cão famoso na França no início do século XIX por sua inteligência. Em salões e teatros, era apresentado como "cão sábio" por seu dono, um holandês chamado Nief. [N.E.B.]

*** O léxico hugoano compreende palavras que se repetem simbolicamente em toda a obra do autor: "lineamento" e "beluário" são, entre tantos outros, exemplos característicos, esta última palavra revelando-se a mais utilizada nos cadernos estudados. Dessa vez, contudo, quem as emite são as vozes das Mesas, que assim se apropriam do vocabulário de Hugo. Eis a definição de "beluário" fornecida pelo dicionário Littré: "Termo da Antiguidade. Gladiador que luta com animais ferozes". O termo designa também, na Antiguidade romana, o tratador dos animais do circo. Bescherelle, que é o primeiro a registrar essa palavra, em >

— Quais são os beluários?

— Hugo, Lamartine.

— O que pensas de Alfred de Musset?

— *Munito* furioso.

— Alfred de Vigny?

— Totó dos salões.

— Sainte-Beuve?

— Cão de cego. Ele guia o dicionário.

— Mérimée?

— Cocker spaniel das velhas.

— Narcisse de Salvandy?

— Pequinês.

— Saint-Marc de Girardin?

— Dá de presente a Flourens.

— Uma palavra especial sobre Ponsard?

— Cão de assadeira.

— Por que de assadeira?

— Ele é muito friorento.

— Explica-te.

— Uma metáfora o deixa resfriado.

— E Émile Augier?

— *Munito* careca já capinado pelo tosador.

Cada uma dessas respostas é acolhida com gargalhadas e bravos.

— Já que fazes chistes tão inteligentes sobre todo mundo, faz um sobre mim.

— Já foi dito.

— Não por ti; afinal, bem mereço uma palavra de tua parte, tu que és a Crítica, gênero em que tanto me exercitei.* Não sentes gratidão por mim?

> 1845, registra um uso abusivo como adjetivo, no sentido de "cruel, feroz". Esse termo é de emprego recente na época de Hugo.

* Auguste Vacquerie, autor de poemas e peças de teatro, também foi jornalista e crítico literário, tendo colaborado em diversos jornais e revistas românticos, entre eles: *L'Événement* e *L'Avènement du Peuple*, do qual foi chefe de redação.

— **Sim.**

— Muito bem, fala.

— **Senhor, tenho a honra de ser etc.**

— Zombas de mim?

— **Sim.**

— Estás errada em zombar de alguém que sempre te levou a sério.

— **Toma lá, dá cá.**

— Falemos seriamente: desejo saber o que pensas acerca da minha crítica. Tive razão em admirar o que glorifiquei e atacar o que combati? Diz-me se tenho tua aprovação, que me seria tão valiosa.

— **Para um adulador, adulador e meio.**

— Se te obstinares a responder com chistes a uma questão séria, julgarei que não és a Crítica, que ainda és a Piada do outro dia, assumindo um nome falso.

— **Pergunta e verás.**

— Muito bem, o que Shakespeare é?

— **Mergulhador da alma.**

— Continua.

— **Não.**

— Partiste?

— **Não.**

— Fala agora o que te aprouver; uma vez que recusaste responder à pergunta que fiz, não farei mais perguntas.

— **Vacquerie, és pequeno ao te insurgir contra meu silêncio sobre tua crítica; tua obra é a verdadeira crítica.**

— Tens razão. A crítica não é nada ao lado da obra. Eu falava com a deferência que tenho pelo mistério, mas, uma vez que te fazes de orgulhosa, declaro que nunca tive por ti senão um respeito moderado. Eu, que escureci tantas colunas de jornal, posso dizer que toda a crítica do mundo não vale um verso de Shakespeare.

— **Penso da mesma forma.**

— Se tens tal modéstia, como tens tal orgulho?

— **Sou a Crítica, não o crítico.**

— A poesia existe para os poetas, a crítica nos críticos. Se todos os críticos não são nada, não és nada.

SEGUNDA-FEIRA, 19 DE SETEMBRO DE 1853

[Continuação da ata anterior.] (Ata A. V. *e cópia* C. D.*)*

A mesa começa a girar furiosamente.

— É a Crítica que permanece aqui?

— **Não.**

— Quem és tu?

— **A Ideia.**

— Fala.

— **Venho aplacar os ânimos entre um espírito e uma ideia.**

— A ti, eu respeito. Sabes que sempre fui servo da Ideia.

— **Sim, embora me pareça que arregaçavas a manga de tua libré.**

— Não me revoltei contra ti, e sim contra uma ideia inferior e antipática que me ridicularizou e ofendeu, quem julgas que errou?

— **Tu.**

— Como! Eu?

— **Foste tu que perdeste as estribeiras. Eu estava no teu cérebro e recebi o pontapé da tua brutalidade.**

— Não fui eu quem começou as ofensas. De todo modo, seria eu, em quem a cólera e a ofensa são mais desculpáveis, em um homem de sangue quente, ou em uma ideia que vem do éter e que deveria herdar sua serenidade?

— **Paremos com isso.**

— Não quero outra coisa, mas não estou convencido.

— **Cuidado comigo.**

— Respeito-te infinitamente, mas te darei razão quando me deres razões.

— **Humilha-te.**

— Não tenho o hábito de humilhar-me sem estar convencido.

— **Bem, aceito o desafio.**

— Não é um desafio, mas tenho minha razão e minha consciência. Persuade-me e obedecerei. Mas antes de estar convencido, jamais.

O movimento da mesa arrefece.

— **Homem, escuta; estás errado. Reli a transcrição, verás que a Crítica te agradeceu.**

A ata é relida.

— Reconheço que a Crítica me dirigira uma palavra de agradecimento. Ela deve ter julgado que sua aprovação, vindo dela, devia bastar. Errei ao não me contentar com isso. Queres pedir-lhe que volte para que eu me reconcilie com ela?

Movimento circular da mesa.

Auguste Vacquerie: Quem és tu?

— **A Crítica.**

— Agradeço-te por voltar. Reconheci que tu me disseste uma palavra de aprovação, que, da tua parte, deveria ter me bastado. Esquece o que te disse em um rompante de cólera. Perdoas-me?

— **Sim.**

— Muito bem, fala.

— **Sim.**

— Quando pedi que caracterizasses Shakespeare, tu disseste: mergulhador da alma. Queres desenvolver tal expressão?

— **A alma humana, antes de Shakespeare, era um mar insondável. Ésquilo tivera tudo do mar, a tempestade, o vento, o brilho, a espuma, a rocha, o céu, tudo exceto a pérola; Shakespeare mergulhou e trouxe o amor.**

— O Romance marcou um encontro para as 5h. Não gostaríamos de desmarcar e não gostaríamos de deixar-te tão depressa após nossa reconciliação. Confessamos nosso embaraço. Podes dar um jeito na situação?

— **Bem. O Romance voltará amanhã.**

— A que horas?

— **Às 6h.**

— Minha mãe chega amanhã a Jersey. Se o Romance pudesse vir mais cedo, seria melhor para mim. Pode ser amanhã de manhã?

— Não.

— Depois de amanhã?

— Sim.

— A que horas?

— Seis horas.

— Fala-nos de Molière.

— Molière revelou o coração humano, fez o périplo da alma; descobriu a dor no riso. Arnolfo, Alceste, Esganarelo, o Burguês fidalgo são severos caçoadores, que apontam um dedo para sua boca e dizem: silêncio! Choramos.

— A que Esganarelo te referes?

— Ao Esganarelo do *Dom Juan*.

— Não mencionaste *O tartufo* e *O avarento*. Não são para ti obras-primas?

— Sim.

— Por que não as mencionaste?

— Acrescenta-as.

— Queres continuar para nós a lista iniciada pela Tragédia e continuada pelo Drama?

— Michelangelo, Rubens, Rembrandt, Rafael, Puget, David, o Romancero.

— Esse Romancero é um homem?

— Não.

— Por que o incluis entre os poetas dramáticos?

— A *Ilíada* não é um poeta e, no entanto, é chamada de Homero.

— Julgas então David um gênio. Em que consiste sua grandeza?

— Na república. Até ele chegar, o povo tinha sido o paralelepípedo das ruas, ele lhe deu o mármore dos frontões.

— Foram os mesmos rapsodos que fizeram os dois poemas atribuídos a Homero?

— Não. O mundo nasce, desperta do caos, e o primeiro grito é um canto. Ele ainda não tem poeta, são necessários vários séculos de pássaros. Os rapsodos são os pássaros. Homero é o poeta.

[SEM DATA PRECISA]

[Cópia de Cécile Daubray que corresponde ao período de 19 a 24 de setembro]

— Quem és tu?

— **Voltaire.**

— Fala.

— **Sofro, sou Joana d'Arc, sou feliz, sou Calas.***

— Eis-te em presença do século XIX. Tu o reconheces como filho legítimo e glorioso do século XVIII?

— **O século XVIII foi o coveiro. O século XIX é o recém-nascido. Um amaldiçoou, o outro abençoou.**

— Voltaire, sabes que venero em ti um dos maiores homens a colocar o gênio a serviço do gênero humano. És feliz?

— **Sim.**

— Podes falar do mundo que habitas?

— **Não.**

— Mas podes ao menos tranquilizar as consciências dizendo que aquele que anda, fora de todas as religiões escritas, no caminho da justiça e da verdade está seguro de chegar ao mundo da luz?

— **Desonrei Joana d'Arc e adulei a Pompadour. Mordi o mármore e beijei o lodo. Neguei a Deus e cortejei o rei. Cantei** [termo ilegível: *a borra?*] **e cuspi nos espinhos. Amaldiçoei, menti, não rezei; não obstante, sou feliz. Por quê? Porque pensei, e o pensamento é a caridade.**

— Vens nos falar não de teus erros, mas dos de tua época.

— **Não.**

— Por que dizes não?

— **Sou culpado. Meu tempo era a Sarjeta, sou o carro, fiz aliança com ela e me enlameei.**

— Entretanto fizeste muito mais bem do que mal, e repito que teus erros

* Jean Calas (1698-1762), comerciante protestante de Toulouse (França) que se tornou símbolo da intolerância religiosa no país. Foi torturado e condenado à morte, acusado de ter assassinado um filho seu que se convertera ao catolicismo. Sempre alegou ser inocente. [N.E.B.]

são mais do teu tempo do que teus. Agora, diz: foi por acaso ou escolha que entraste aqui?

— **O acaso é o manto dos ateus.**

— Diz o que pensas do homem que promove a revolução neste momento.

— **Conheço a bicharada, eu que fui a víbora. Vosso Bonaparte tem a concepção de Dubois, a covardia de Luís XV, a crueldade de Laubardemont, a inépcia de Fréron,* fede horrivelmente. Puah! Esse velhaco fará revoluções que arrastarão a Europa.**

21 DE SETEMBRO DE 1853[6]

Presentes: Charles Hugo, sra. Hugo, sra. Hullis, sr. Havin e, escrevendo, Victor Hugo. (Ata V. H.)

Enfim.

— Sabeis o nome dito ontem?

— **Sim, sr. Hugo.**

Sra. Hugo: Sabeis quem é a pessoa que procuro?

— **Eu. É a sra. Hugo quem fala agora comigo?**

— Charles Hugo, sra. Hugo Foucher, comigo: sabeis? Podeis? Quereis ajudar-me?

— **Sim. O general Hugo.**

— Podeis escrever o nome da pessoa em quem penso desde anteontem à noite?

* Edmond Dubois (1747-1814), general e deputado do Terceiro Estado: participa de diversas reformas militares e da unificação do Exército republicano em âmbito nacional, apoiando em seguida a lei sobre o recrutamento. Jean Martin de Laubardemont (1590-1653): magistrado fiel a Richelieu, foi usado para condenar à fogueira Urbain Grandier, Cinq-Mars e De Thou (três dos conspiradores que, contra Richelieu, induziram Gaston d'Orléans a se aliar aos espanhóis). Louis-Marie Fréron (1754-1802), político, fundador de várias gazetas antes da Revolução, participa das grandes jornadas revolucionárias, reprime as insurreições federalistas e realistas, e contribui para a queda de Robespierre. Era amante de Pauline Bonaparte.

— **Sim.**

— Escrevei.

— **Estou muito com a senhora, vossa amiga mulher.**

Sra. Hugo: Escrevei o nome.

— **Paul Foucher.***

— Não é isso. Quereis dizer o nome?

— **Sim. Vi meu pai.**

— Escrevei o nome legivelmente. Repito: Quem sois vós?

— **O amigo. *I try to write to your friends*** [tento escrever a vossos amigos].

— Continuai.

— **Sim, quando vossos amigos souberem, querem fazer muito por vós.**

— Continuai.

— **Conheceis Claire Pradier?****

— Sim, a *miss*.

— **Podeis trazer aqui Claire Pradier? Muitos de vossos amigos estão aqui.**

— Continuai.

— **Claire.**

— És mesmo tu, Claire?

— **Claire Pradier.**

— Sabes o nome em que penso desde anteontem à noite?

* Paul-Henri Foucher (1810-1875), dramaturgo, escritor e jornalista francês, irmão da mulher de Victor Hugo, Adèle. [N.E.B.]

** Claire Pradier era filha de James Pradier, amigo de Victor Hugo, e de Juliette Drouet, amante do escritor durante cinquenta anos, de 1833 até sua morte, em 1883. Nascida em 12 de novembro de 1826, Claire morreu em 21 de junho de 1846, domingo, às 20h30, em consequência de uma tuberculose. Não completara vinte anos. Três anos antes, Hugo havia perdido Léopoldine, sua filha, dois anos mais velha que Claire. O escritor tratará a filha de Juliette Drouet como sua filha adotiva, jurando a Deus jamais abandoná-la. E assim foi. Eis o que ele escreveu à amante, em 31 de dezembro de 1853: "Já temos anjos nesse Paraíso com que eu sonho e o qual vislumbro: nele, tua filha resplandece e a minha brilha. Essas duas criaturas rezam no éter, enquanto nós rezamos nas trevas; elas abrem suas asas, enquanto juntamos nossas mãos; elas estão com Deus, enquanto estamos na dor".

— **Sim, Claire Pradier.**

— Escreve então o nome que te peço.

— **Claire Pradier.**

— Mas te peço outro nome. Escreve-o.

— **Ó médium, tu só tens uma voz, fala com ele ao ouvido e diz-lhe que me faltam forças hoje.**

— Escreve apenas a primeira letra do sobrenome ou do nome.

Sem resposta.

— Voltarei, voltarás?

— **Sim.**

Enquanto isso é escrito, as sras. Hollis e Holmes conversam e falam comigo.

22 DE SETEMBRO

(Ata V. H.)

— **É com dificuldade que escrevo. Não tenho o hábito. Muitas pessoas estão aqui sem poderem sequer escrever uma palavra. Farei o melhor que puder. Em pouco tempo serei capaz de escrever uma longa carta.**[7]

Sra. Hugo: Qual das duas escreveu?

— **Claire Pradier.**

Sra. Hugo: Vês meu pensamento?

— **Sim, meu querido.**[8]

— Consentes em ajudar-me?

— **Meu pai, estou muito convosco.**

— É agora minha filha que me responde? Se és minha filha, escreve o nome pelo qual eu te chamava.

— **Vossa filha.**

— Foste tu que ainda agora escreveste <u>não</u>? Podes e queres ajudar-me?

Minha filha diz ao ouvido da sra. Hollis que está comigo todos os dias, que é meu anjo da guarda e que me ama mais do que ninguém no Céu e na Terra.[9]

Repito a pergunta.

— Minha filha bem-amada, na angústia em que me encontro, podes e queres ajudar-me?

— Minha filha, queres me responder?

— És Claire Pradier?

— **Não. Não tenho confiança em Napoleão III.**

Minhas intuições estavam corretas. Minha filha continua ao meu lado e coloca a mão na minha testa.

— Minha filha, uma vez que estás aí, podes me escrever?

Ela me envia beijos. Repito.

— Podes me escrever?

Ela bem que deseja, mas precisaria de tempo.

1853

[Sem data precisa, mas, pelo conteúdo, após 22 de setembro.] (Ata A. V.)

— Sabes o que me ocupou ontem à noite?

— **Sim.**

— Diz.

— **Caso abominável.**

— Caracteriza o homem.

— **Abominável.**

— Estás morto ou vivo?

— **Morto.**

— Queres me dizer teu nome?

— **Abag...**

— É Abag?

— **Não.**

— Tem um "G"?

— **Não.**

— Tem aba?

— **Não.**

— Tem ab?

— **El.**

— Será Abel?

— **Sim.**

— Que Abel? Diz o nome do teu irmão.

— **Adão.**

— Sabes que somos inteligências limitadas pela matéria. Não te ofendas, portanto, com o que direi. Estamos lidando com pessoas cujos nomes são os que nos são comunicados ou com espíritos que adotam um nome conhecido para pôr um pouco de ordem em nossas ideias? Queres me esclarecer quanto a isso? E podes fazê-lo?

— **Não.**

— Não creio na existência nem de Adão nem de Abel. Tenho razão? Ou Adão e Abel existiram realmente?

— **Abel é árabe.**

— Conheces a alma que veio na primeira noite?

— **Sim.**

— Sabes se ela voltou depois?

— **Sim.**

— Podes nos dizer?

— **Sim.**

— Ela adotou nomes que não nos permitiram conhecê-la?

— **Sim.**

— Quantas vezes ela voltou?

— **Uma.***

— No total, quantas vezes ela voltou?

— **Duas.**

— Sob que nome da segunda vez?

* Trata-se de Léopoldine, filha de Victor Hugo, que apareceu pela primeira vez em 11 de setembro e voltou em 22 de setembro de 1853.

— **Abel.**

— Eras então tu?

— **Sim.**

— Muito bem, pode nos falar tu mesmo distintamente?

— **Não.**

— Por que escondes teu nome? Ficaríamos felizes de saber-te aqui. Sabes que pensamos sempre em ti. És feliz?

— **Sim.**

— Se Charles conduzir a mesa, podes nos falar com mais clareza?

— **Sim.**

— Ei-lo conosco. Diz o que quiseres.

— **Ne bucif.**

— És a mesma de ainda há pouco?

— **Não.**

— Há quantos minutos estás aqui?

— **Dois minutos.**

— Queres dizer teu nome?

— **Não.**

— Tens um comunicado a fazer?

— **Não.**

— Quem te envia? Podes dizer?

— És um bom ou mau espírito?

— **d a.**

SÁBADO, 24 DE SETEMBRO DE 1853

3h da tarde. Charles e a sra. Hugo conduzem a mesa. Auguste Vacquerie interroga. (Cópia C. D.)

— Quem é?

— **A Crítica.**

— Tens algum comunicado a nos fazer?

— **Sobre as críticas e os romancistas modernos.**

— Fala.

— **Interroga.**

— O que pensas de Balzac?*

— **O chaveiro do coração. Até ele, o coração estava trancado. A porta da alma das mulheres estava entreaberta. O amor havia sido escancarado por Shakespeare, Goethe e Hugo, mas as pequenas dores desse imenso sofrimento haviam permanecido ignoradas. Balzac foi o sublime amanuense que fez o inventário do desespero. Apontou para a alma devastada da mulher traída sua visão profunda e amorosa. Esquadrinhou todos os armários, pegou no chão o lenço encharcado de lágrimas, recolheu a fita desbotada, respirou a flor caída do buquê de baile, perdeu a luva perfumada e abandonada pelo amor, mas não seu perfume. A tudo enxergou no invisível, a tudo descobriu no desconhecido, a tudo nomeou no ignorado. Para os maiores pintores, como Shakespeare, o coração da mulher é o infinito no grande, para Balzac, é o infinito no pequeno. Para Hugo, é um abismo; para Balzac, é uma corola. Uns adivinham a morte no reposteiro negro que reveste a porta do coração. O outro pressente o túmulo numa folha de roseira murcha encontrada na estrada da alma. Os primeiros são os sacerdotes do comboio, o segundo é seu cão.**

— Acho que te limitaste ao lado pequeno de Balzac. O mais das vezes, é verdade, ele observa o coração sob a lente da lupa, mas há momentos em que ele joga fora a lupa e mergulha na vida um olhar turvo e visionário que dá vertigem às coisas. É então que ele é grande.

— **O lado turvo das obras claras não vale as partes iluminadas. Tu me dizes: fala do Sol, e me censuras por esquecer a nuvem.**

* Em 18 de agosto de 1850, Victor Hugo visitou Balzac, moribundo e já inconsciente, que morreria pouco depois. Hugo pronunciará um discurso por ocasião de seu funeral, em 21 de agosto. Durante o enterro, o ministro Baroche dirá sobre Balzac: "Era um homem distinto". A que Hugo responderá: "Era um gênio".

— Balzac não é grande só na névoa e na noite. *A duquesa de Langeais* e *O pai Goriot* são grandes à luz do dia. Além disso, trataste Balzac apenas como um criador de mulheres; ele criou homens também.

— **A duquesa de Langeais é uma mulher que ama e sofre. Falei do amor. O pai Goriot é uma mãe que ama e se dedica. Falei do amor.**

— Fala de George Sand.*

— **Mulher caída que redime a mulher.**

— Caída em que sentido?

— **Para a mulher que ela redime.**

— Fala mais claramente.

— **As mulheres desprezam George Sand e foi ela que as levantou. Metade da metade de George Sand está na vida da sra. Dudevant.**

— Caracteriza sua obra.

— **Desde o começo do mundo o homem teve os privilégios e a mulher, os fardos; o homem teve os tronos, foi rei, senhor, criador, poeta, cantando preferencialmente o homem. Para a Antiguidade, a mulher era uma escrava; para a Idade Média, uma serva; para o Antigo Regime, uma cortesã; para a Revolução, uma cidadã; para o Império, uma fêmea; para o futuro, é a mulher. George Sand é o apóstolo do futuro das mulheres. Mme. de Sévigné era o leque, Madame de Staël era a pluma, George Sand é o instrumento. Balzac não enxergara na mulher senão o lado humano, George Sand enxergou também o lado social. Balzac era o cão do comboio, George Sand é a irmã de caridade do hospital.**

— Uma vez que os grandes poetas dramáticos são criadores pelo pensamento e pelo amor, por que não incluis George Sand na lista?

— **Falta-lhe, como a Balzac, o estilo. George Sand é apenas o pedreiro, Balzac é apenas o garimpeiro; para ser grande, é preciso ser mais do que o garimpeiro que encontra o ouro, é preciso ser o ourives que faz a joia.**

* George Sand [pseudônimo da escritora Amantine-Aurore-Lucile Dudevant, nascida Dupin (1804-1876)]: amiga indefectível de Hugo. Durante suas exéquias, em 10 de junho de 1876, em Nohant, Paul Meurice lerá um discurso de Hugo escrito em sua homenagem.

É preciso ser mais do que o pedreiro que constrói a parede, é preciso ser o escultor que realiza o monumento.

— Por que não incluíste Voltaire?

— **Voltaire não é completo. A obra filosófica é imensa, mas a obra literária é ínfima. A *Enciclopédia* o coroa, *Tancredo* o destitui.**

Sra. Hugo: Diz o que estou pensando.

— **Mandar chamar Robert-Houdin.***

— Tua resposta é um pouco seca.

— **Para vos convencer, a Ideia realizou prodígios. Agora ela quer esclarecer. Para convencer, ela exibiu sua dança na corda esticada. Para esclarecer, ela mostra seu voo no céu.**

— Sabes que tenho fé. Essa experiência que eu quis fazer foi para convencer meu marido, que agora duvida. O que fazer para que ele volte a crer?

— **Obedecer-lhe.**

— Quer dizer que é preciso que Charles se preste a todas as experiências que seu pai desejar?

— **Sim.**

— Meu filho Victor, tão incrédulo a princípio, crê agora?

— **Crerá.**

— Interrompi tua crítica para falar de meu marido e meu filho; não estás chocada?

— **A voz da mulher, e sobretudo da mãe, é a música terrena que melhor ouvimos. A maternidade é um ninho, somos os pássaros.**

Auguste Vacquerie: Quando falei que Balzac não tinha feito apenas as mulheres, tu me respondeste admiravelmente que o pai Goriot era uma mãe; mas e Vautrin?

— **Vautrin é o grande deserdado do amor, o grande maldito do devotamento. Vautrin é o que há de mais terno no que há de mais implacável, um coração de pai sob um barrete de presidiário, foi rechaçado pela lei, vinga-se disso substituindo a natureza. Ele é riscado do mundo**

* Jean Eugène Robert-Houdin (1805-1871), ilusionista francês, famoso por suas técnicas de desaparição e por seus autômatos: foi uma lenda viva.

dos homens, consola-se disso acrescentando-se ao mundo dos pais; ele era deserdado, adota. Vautrin é o pária feito pai; é quase o mesmo que Deus feito homem.

— Tu fazias de Balzac o infinito no pequeno e agora fazes de Vautrin o infinito no grande?

— **Com efeito, Vautrin é o grande, mas atravessa a obra de Balzac mais do que a preenche. O caráter geral da *Comédia humana* é o mundo íntimo revelado. Balzac é o Michelangelo da miniatura.**

— Podes ficar mais um pouco?

— **Meia hora.**

— Quando voltarás?

— **Quinta-feira.**

— A que horas?

— **Duas horas.**

— Fala-nos de Théophile Gautier.

— **Joalheiro das palavras.**

— Fala-nos de Eugène Sue.

— **Escultor de pedra das ideias.**

— Tu nos disseste sobre Alfred de Musset uma palavra bastante inteligente e justa do teu ponto de vista. Mas qualifica-nos o conjunto de seu talento.

— **Depravado inspirado, mártir da embriaguez, poeta da orgia, sábio da loucura, Sócrates do champanhe.**

— Uma palavra sobre Alexandre Dumas.

— **Valsista literário.**

— Fala sobre seus dramas.

— ***Antony* é uma aurora que Dumas tomou por ouro em barra. Com efeito, era ouro em barra. Dumas errou ao projetar seu sol na moeda.**

Sra. Hugo: O que entendes por um vidente?

— **Pensar, crer, sentir, imantar a ideia.**

— O que entendes por imantar a ideia?

— **Atraí-la.**

— Diz o que é atrair as ideias.

— **Inexplicável.**

— Existem muitos videntes?

— **Um por século.**

Auguste Vacquerie: Tu nos falaste dos romancistas, acabas de falar dos críticos. Mas da outra vez declaraste que os verdadeiros críticos eram os poetas. A quem então denominas críticos?

— **Os comentadores da arte. Os que têm não o livro, mas a margem. Os escoliastas do Sol.**

Encerrado às 7h30.

QUARTA-FEIRA, 28 DE SETEMBRO

5h da tarde. Presentes: sra. Hugo, Charles Hugo, Auguste Vacquerie. Charles e a sra. Hugo conduzem a mesa, Vacquerie interroga. (Ata A. V. e cópia C. D.)

— Quem é?

— **A Poesia.**

— Tens algum comunicado a nos fazer?

— ***Sou poesia, ó poeta.***
Do Deus clemente sou a voz.
O coração humano é minha cripta.
Sou o espírito desse grande bosque.

Sou a fada de olhar triste
Que enviou à humanidade
Essa insaciável egoísta,
A inesgotável Caridade.

Recolho, sem contar o número,
Os cacos dos corações nus,

Condenso a matéria escura,
E crio todas as luzes.

Do sorriso sou madrinha.
Eu, o infatigável lavrador,
O tédio desperdiçado da rainha,
Transformo para o pobre em amor.

O inverno a tudo cobre de neve
Recolho os flocos incolores
E digo à cativa primavera:
Dessa neve faz flores.

O ourives em seu tugúrio,
Tremendo de miséria e agonia,
Esculpe chorando o rubi purpúreo
E pole o diamante sem vida.

Já eu, digo, roubando em silêncio
As flores no escrínio das dores,
À noite, ourives imenso:
Faz estrelas dessas flores.

Sou a fonte de ambrosia
Da qual escorre o celestial vinho.
Meu título humano é poesia,
Bondade é meu nome divino[10].*

* Os poemas em francês podem ser lidos na seção de notas. A tradução buscou privilegiar o sentido, bem como, naturalmente, preservar o sistema de rimas, o ritmo e (muito) eventualmente a metrificação. O tradutor recorreu quase sempre a rimas raras ou ricas, traduzindo "de ouvido". [N.T.]

— Qual é a tua opinião sobre Virgílio?

— Eco do silêncio, fulgor da sombra, aurora da noite, última vibração da lira antiga, sorriso que termina um suspiro.

Encerrado às 6h30.

(Ata V. H.)

*Quem nos diz que o que nos parece quimérico e monstruoso não existe nas profundezas do infinito e não comporta em algum lugar uma realidade viva? Nossos sonhos no sono são aparições do possível.**

NOITE DE 3 PARA 4 DE OUTUBRO DE 1853

(Ata V. H.)

Escrito por Ribeyrolles:
A França não está morta.
A Mesa respondeu:
— Blasfêmia.

QUARTA-FEIRA, 5 DE OUTUBRO DE 1853

(Ata A. V.)

— Há alguém?

* Reflexão anotada de próprio punho por Hugo, em setembro de 1853, sem data precisa, anexada ao documento de 3-4 de outubro de 1853.

— **Sim.**

— Estamos com dificuldade para usar a mesa. Vês o mostrador?

— **Sim.**

— Percebes o objetivo para o qual foi feito? É para substituir a mesa. Se fosse possível reconhecer as letras pelo movimento do ponteiro, tudo se tornaria mais simples. Compreendes?

— **Sim.**

— Esse mostrador, tal como se apresenta, pode ser posto em movimento pelas influências que põem a mesa em movimento?

— **Não.**

— Explica por quê. Qual é o obstáculo?

— **A Mesa raramente falha. Conservai-a.**

— Pois nós achamos que ela falha regularmente. Isto é, que regularmente nos fornece resultados obscuros e insignificantes. Podes explicar isso?

— **Não.**

— No entanto, dizem que em Paris eles fazem as mesas escreverem. Isso é verdade?

— **Não.**

Sra. Hugo: Achas que com Julie eu teria fluido suficiente para fazê-las falar?

— **Sim.**

— Agora diz teu nome. Quem és tu?

— **Sou o outro.**

— O que entendes por o outro?

— **Napoleão.**

— Qual?

— **O Grande.**

— Sabes que te admiro. Tens algum comunicado a nos fazer?

— **Sim.**

— Para mim?

— **Sim.**

— Fala.

— **Socorro! Atrás do assassino! Minha raça me sacrifica; saqueia**

minha vida; assassina minha morte. Ó minha velha guarda! Ó minhas bandeiras! Ó minhas vitórias! Ó meu filho! Austerlitz, ó pureza do sangue derramado pela pátria! Ó meu salgueiro!* Ó ideia. Vem em meu auxílio! Meu título usado mancha minha glória. Estão roubando meus ossos. Ah! Sudário, fecha-te! O estuprador da França estuprou a santidade do túmulo. O coveiro Bonaparte rói o defunto Napoleão.

— O que farias se fosses eu?

— **Teus versos.**

— O que pensas do meu livro *Napoleão, o pequeno*?

— **Uma imensa verdade, um batismo para o traidor.**

— Tu sabes que sofro muito vendo esse miserável diminuir teu nome, que, a despeito de seus crimes, respeito e admiro.

— **Sim.**

— Conheces o poema do meu livro intitulado *Expiação*?

— **Não.**

— Estás entre as almas felizes?

— **Sim.**

— Acho isso justo. Mas não sentes como um castigo a dor de ver esse homem parodiando teu nome?

— **Sim.**

— Podes falar a respeito da vida à qual pertences agora?

— **Sim.**

— Acreditamos num Deus. Podes defini-Lo?

— **Um olhar infinito no olho eterno.**

— Podes falar da vida das almas? Estás na luz?

— **Sim.**

— Sabes que o homem que se diz teu sobrinho veio me visitar uma noite?

— **Não.**

— Estás me vendo?

— **Não.**

* Segundo relatos da época, um salgueiro ou mais de um faziam sombra ao túmulo de Napoleão na ilha de Santa Helena. [N.E.B.]

— Mas me escutas?

— **Sim.**

— É uma percepção do meu pensamento que tu tens, ou é minha voz que escutas? Bata uma vez no primeiro caso, dois no segundo.

A mesa dá duas batidas.

— Podes dizer por que vieste esta noite e não em outra?

— **Não.**

— Desejavas vir?

— **Sim.**

— A noite existe para ti?

— **Sim.**

— Não poderias vir durante o dia?

— **Não.**

— Por quê?

— **À noite o céu é um enxame de almas.**

— O que elas se tornam de dia?

— **De dia o céu se enche de pássaros.**

— Mas o que se tornam as almas durante o dia? Aonde elas vão?

— **Alhures.**

— Aonde?

— **Para outras noites.**

— Mas, se elas continuam na noite, como podem estar ao mesmo tempo na luz?

— **A noite é mais luminosa do que o dia.**

— Se as almas se deslocam sempre para as noites, elas nunca repousam, ou sua existência não passa de um perpétuo repouso na contemplação? Bate uma vez para o primeiro caso, duas para o segundo.

A mesa bate duas vezes.

— Tu disseste: dentro de cinquenta anos a Europa será republicana ou cossaca. O que ela será?

— **Republicana.**

— Por quantos anos o homem que usurpa teu nome ocupará o poder na França?

— **Dois.***

— Quem lhe sucederá?

— **A República.**

— Será somente a República francesa ou será a República europeia? Bate uma vez para o primeiro caso, dois para o segundo.

A mesa bate duas vezes.

QUINTA-FEIRA, 8 DE DEZEMBRO DE 1853

10h30 da noite. Na casa de Victor Hugo. Presentes: sra. Hugo, Adèle Hugo, Victor Hugo, Charles e François-Victor Hugo, Auguste Vacquerie, Teleki, Guérin, Barbieux, Xavier Durieu. Conduzem a mesa: Guérin e Teleki. (Cópia C. D.)

— Quem está aqui?

— **Aníbal.**

Charles substitui Teleki.

Victor Hugo: Napoleão disse que eras o maior capitão da Antiguidade, colocando-te acima de César por ter sacrificado metade do teu exército na conquista do teu campo de batalha e por tê-lo conservado durante quinze anos a despeito das legiões de Roma e Cartago. O que pensas, por tua vez, de Napoleão?

— ***Dux maximus post victoriam, minimus post cladem.****

— Se me fosse permitido exprimir em tua presença minha opinião em matéria militar, eu diria que não creio que Napoleão se apequenou depois da derrota. Após Moscou, onde ele foi vencido mais pelo inverno do que pelo

* Sabemos que Napoleão III reinou de 1852 a 1870. Após a derrota contra a Prússia e a capitulação de Sedan (2/9/1870), Napoleão III, feito prisioneiro, foi confinado perto de Kassel. Em 4 de setembro, a Assembleia proclamou sua destituição. E ele se exilou na Inglaterra. A República podia então renascer e Victor Hugo retornar à França, onde seria recebido como verdadeiro herói da luta pela liberdade.

** O general [é] muito grande após a vitória, muito pequeno após a derrota.

inimigo, ele conservou toda a sua calma; queria reunir todos os seus recursos para reparar aquele grande desastre e, com esse objetivo, improvisou um exército.

— ***Dixi ducem, non virum. Victus a hyeme, dux magnus non fugit, moritur. Mors suprema victoria.*** *

— Tu ressaltas a diferença entre o grande homem e o grande capitão. Este morreu. O grande homem sobreviveu para reparar o desastre. Queres me responder em francês para ser compreendido por todos?

— **Sim.**

— Fala.

— **Napoleão vencido é Napoleão egoísta. Vencedor, ele pensa na França, vencido, pensa nele. Moscou o faz pensar nas Tulherias, Austerlitz o faz pensar na França. Napoleão vencido é o gênio arisco que se refugia sob uma coroa em vez de abdicar sob uma auréola. Essa abdicação é a morte.**

— Há um ponto da história que poderias esclarecer. Uma das legiões romanas que combatiam em Canas deixou um monumento no qual lemos aproximadamente: *leg... fulminat...* Uma tradição conta que as águias de uma legião romana haviam sido golpeadas pelo raio. A inscrição é explicada pela tradição? Devemos ler *fulminata* ou *fulminatrix*?**

— **A pedra mente, o bronze mente, o mármore blasfema. A lama tem razão. César, Alexandre, Carlos Magno, Aníbal, mentiras! Os Bonaparte, verdade!**

— Napoleão, em Santa Helena, lembrava-se dos números de suas semibrigadas. Como todos se admiravam com esse esforço de memória, ele respondeu: "A gente esquece o nome das antigas amantes?". Napoleão lembrava-se daqueles que comandara. Tu deves lembrar-te, tu, daqueles que venceste. Entre as legiões vencidas em Canas, havia uma que se chamava *Fulminatrix* ou *Fulminata*?

— **Trix.*****

* Eu disse o general, não o homem. Vencido pelo inverno, o grande general não foge, morre. Morto, a suprema vitória.

** *Fulminata* ou *fuminatrix*: os dois substantivos podem ser traduzidos por "fulminante".

*** *Trix* não existe sozinho; é o sufixo formador dos substantivos de ação femininos, como "tor" é o sufixo formador dos substantivos de ação masculinos. "Trix", aqui, é a maneira mais econômica de responder à pergunta "Fulminatrix ou Fulminata": isso significa que a resposta é (Fulmina)trix.

— Diz os nomes das legiões romanas que tomaram parte na batalha de Canas.*

— ***Vindicatrix, prima; secunda, victrix; fulminatrix, tertia; fulgurans, quarta; vorax, quinta; sexta, vultur; maxima, et ultima,*** ** [ilegível].

— Podes enumerar as legiões ou tropas de Cartago que participaram dessa batalha?

— **Sim.**

— Como se chamavam?

— ***Fasces.***

— Quantas fasces havia?

— ***Tres.***

— Cada uma delas era composta de infantaria e cavalaria?

— **Sim.**

— Tinham nomes distintos?

— **Sim.**

— Diz esses nomes.

— ***Fides, ultio, patria.*** ***

Charles Hugo: Tu, que és a personificação do juramento cumprido, queres nos dizer tua opinião sobre aquele que hoje representa a violação perante o mundo?

* A batalha de Canas foi um episódio importante da segunda guerra púnica, ocorrido em 2 de agosto de 216 a.C. nos arredores da cidade de Canas, situada na região da Apúlia, no sul da Itália. O exército de Cartago, comandado por Aníbal, derrotou de maneira decisiva um exército da república romana praticamente duas vezes superior em número. Essa batalha é considerada uma das manobras táticas mais bem-sucedidas da história militar e, em número de vítimas, a batalha mais sangrenta do lado romano, uma vez que se estimam as perdas romanas em aproximadamente 50 mil mortos e 18 mil prisioneiros. As de Aníbal foram de 6 mil mortos. Os romanos decidiram atacar Aníbal em Canas com 86 mil soldados romanos e aliados. Eles agruparam sua infantaria pesada em formações profundas, enquanto Aníbal, à frente de 55 mil homens, utilizava sua tática de cerco duplo. Esta se verificou tão eficiente que o exército romano foi praticamente dizimado.

** Vingadora, a primeira; vitoriosa, a segunda; fulminante, a terceira; fulgurante, a quarta; devoradora, a quinta; a sexta, abutre; a maior e a última...

*** *Fasces*: feixes; *tres*: três; *fides*: fé; *ultio*: vingança; *patria*: pátria.

— Usei meu ódio para cumprir meu juramento; ele quebrou seu juramento para servir a seu ódio. Eu sou o arcanjo de uma pátria que se vinga, ele é o satã de um povo que se devota. Eu sou o juramento alado que arrasta um mundo; ele é o juramento disfarçado que escamoteia um povo. Sou o pássaro do juramento, ele é seu acrobata.

Victor Hugo: Cartago hoje não tem mais história. Roma apagou-a da superfície da Terra. Só tu podes nos dizer o que era Cartago. Queres?

— Era uma cidade gigante. Tinha 60 léguas de perímetro, 6 mil templos, dos quais 3 mil de mármore, 2 mil de pórfiro, 600 de alabastro, 300 de jaspe, 50 de estuque, 45 de marfim, 4 de prata e 1 de ouro. As ruas tinham 300 pés de largura, eram pavimentadas com mármore e cobertas com telhas de prata. Ao longo das casas ardiam lamparinas perfumadas, elefantes brancos carregando torres passavam nas ruas com cantores e dançarinas. O ar era tão balsâmico e harmonioso que as flores e os pássaros nunca morriam. Cartago possuía 30 mil naus, 600 fortalezas, 100 mil cavalos, 12 mil elefantes, 100 milhões de talentos por ano, e Aníbal.

— Queres nos dizer os nomes dos quatro templos de prata e do templo de ouro?

— Sim.

— Diz antes esses nomes em cartaginês, traduzindo-os paralelamente em latim. Primeiro, os nomes dos templos de prata.

— Primeiro templo: em cartaginês, Bocamer; em latim, Sol. Segundo templo: em cartaginês, Derimos; em latim, Luna. Terceiro templo: Jarimis; em latim, Dies. Quarto templo: Mossomba; em latim, Nox.

— Diz agora o nome do templo de ouro.

— Em cartaginês, Illisage; em latim, Lux.*

— Encontramos em Plauto versos púnicos. O abade Éluçagaray afirmou que esses versos mostravam fortes vínculos com o basco. A língua cartaginesa e a língua basca seriam no fundo a mesma língua?

* O Sol, a Lua, o dia, a noite e a luz. Lembramos que a coletânea *Os castigos*, publicada clandestinamente em Bruxelas em novembro de 1853, é emoldurada por dois longos poemas: "Nox" e "Lux".

— **Sim.**

— Então é certo que o basco deriva do cartaginês?

— **Sim.**

Sra. Hugo: Queres responder a uma pergunta que vou escrever?

— **Sim.**

A sra. Hugo escreve sua pergunta sem mostrá-la a ninguém.

— Fala.

— **Crê nisto: verás aqueles que desejas ver e todos crerão. A alma atende à voz da alma.**

— Eis minha pergunta: era porque falavas com um poeta que fizeste essa descrição de Cartago? Não respondeste de forma alguma à minha pergunta.

— **Não descrevi Cartago, devias interrogar Aníbal.**

— Então não és mais Aníbal? Quem és tu?

— **Moisés.**

— Charles deve me obedecer quando lhe peço que interrogue a Mesa?

— **Sim.**

Saem Victor Hugo, François-Victor, Auguste Vacquerie.

A sra. Hugo, a srta. Adèle Hugo e Durrieu à mesa.

— Ainda é Moisés?

— **Sim.**

Durrieu: Perguntei-te noutra noite se essa revelação das Mesas não tinha nada em comum com os milagres e prodígios antigos, com os oráculos de Delfos, Canas, Epidauro etc. Queres responder à minha pergunta?

Aqui Charles substitui a sra. e a srta. Hugo.

— **Tocas na trípode antiga. Deus fala eternamente ao homem pela voz das revelações. A primeira revelação foi a natureza, a segunda foi a consciência, a terceira foi o milagre. Quando a consciência e a natureza não se fazem mais ouvir, o milagre fala. Trípodes, magia, alquimia, revelações confusas que regem a imaginação quando a razão deixa de obedecer. Quando o homem expulsa Deus de sua casa, ocorre um terremoto da consciência e a matéria indignada com a alma rebelde se ergue, ordena, e a alma obedece.**

— Podemos inferir de tua resposta que os oráculos foram corrompidos pelos sacerdotes e pelos tiranos, seus cúmplices?

— Sim.

— Mas não haveria nesses oráculos uma porção da verdade conservada pelas iniciações célebres cuja lembrança foi conservada pela história?

— Sim.

— Queres falar sobre essa questão?

— A verdade absoluta só aparece ao homem depois da morte. A humanidade sempre necessita de verdade. Quando a sombra a envolve, basta-lhe pouca luz. A verdade então ainda contém erros e está em sua aurora. À medida que o olhar humano se alarga, a luz aumenta. Vós estais no meio do dia: contemplai. Estais na verdade: crede!

— Essas revelações são vozes permanentes, leis eternas da natureza e da humanidade?

— Não.

— Essas vozes só se pronunciam em determinadas épocas?

— Sim.

— No futuro elas vão fazê-lo?

— Não.

— Faz muito tempo que essa revelação de que somos hoje testemunhas começou?

— O falso milagre gerou o verdadeiro. O catolicismo revirava os olhos das virgens, Judas fazia Jesus chorar, a verdade quis esbofetear a mentira. Ela pousou sua morte na cabeça dos escribas; a mesa ergueu-se lentamente e o tinteiro das iniquidades caiu no abismo.

— Quanto tempo vai durar essa revelação das Mesas?

Sem resposta.

— Compreendemos perfeitamente que Jesus, Moisés, Sócrates, Jean-Jacques Rousseau venham nos falar de Deus, virtude, consciência. Mas por que é permitido ao marquês de Sade[11] e a outros espíritos entrarem em comunicação conosco para nos dizerem coisas completamente frívolas?

— O mundo das almas é infinito como o dos corpos; nele, o riso e o cinismo careteiam enquanto o amor e o pensamento fazem suas preces.

Nele, Triboulet* ri na sombra; nele, Sócrates sonha na luz; nele, Caim range os dentes; nele, Santo Agostinho cai de joelhos; nele, o marquês de Sade blasfema na noite; nele, Jesus ora no éter. O túmulo é a arca de Noé das almas.

— Mas por que é permitido ao marquês de Sade e aos outros espíritos que mencionei por último entrarem em contato conosco?

— **Para mostrar-vos as almas castigadas ao lado das almas recompensadas.**

— Que proveito a humanidade pode tirar desse espetáculo?

— **O castigo é um ensinamento maior que a recompensa.**

— Mas por que essas almas parecem conservar, após a morte, as tendências que mostravam quando pecaram sobre a Terra?

— **Triboulet pecou rindo, foi condenado a rir. O marquês de Sade pecou blasfemando, está pregado em sua blasfêmia. Judas pecou traindo, é prisioneiro de sua traição. Caim pecou matando o irmão, está acorrentado ao seu assassinato.**

— Esse castigo será eterno?

— **Todos esses criminosos vão transfigurar-se lentamente e se tornarão justos. A luz remota de Deus derreterá esses corações de gelo e seus crimes escoarão em avalanches no abismo do perdão divino.**

— Mas eles se arrependem desde agora?

— **Sim.**

Sra. Hugo: Quando interrogamos a Mesa na ausência de Charles, ela bateu letras sem ligação e que não formam palavras. Por quê? Quem então está na mesa? São ilusões ou espíritos provocadores?

— **Não são ilusões, são almas mudas.**

— Mudas? Por quê?

— **Não podem falar.**

— Por quê?

— **Só fazem nascer e morrer.**

* Triboulet (*c.* 1498-1536): bufão de Luís XII, depois de Francisco II. Victor Hugo fez dele o herói de seu drama *O rei se diverte*. A figura de Triboulet é frequente nos romances hugoanos, por exemplo, em *O homem que ri* (primeira parte, capítulo 2, "Os comprachicos"): "Um se chama Turlupin, o outro Triboulet".

Durrieu: Essa nova revelação deve encarnar-se em um homem como a primeira sob o nome de Moisés e a segunda sob o nome de Jesus?

— **Sim.**

Charles Hugo: Queres nos dizer o nome desse homem?

— **Não.**

— Ele vive na geração à qual pertencemos?

— **Não.**

— O veremos em vida?

— **Não.**

Agitação da mesa. Ela se equilibra alternadamente e em cadência sobre cada pé. Lembra um passo de dança.

— Quem é?

— **Vestris.**

— Qual é a dançarina que preferes entre as dançarinas de hoje?

— **Carlotta Grisi.**

— Dê uma definição da dança.

— **É a música da beleza.**

— Continuas a dançar na outra vida?

— **Eu tinha meus pés, recusei as asas.**

Agitação da mesa.

— Quem és tu?

— **Aristóteles.**

Durrieu: Queres me dar o prazer de vir amanhã depois de Sócrates?

— **Não.**

— Que dia queres vir?

— **No próximo sábado, às oito da noite.**

Nova agitação.

— Quem és tu?

— **Cagliostro.**

— A hora é muito tardia para falarmos hoje.

Durante essa observação, a mesa faz movimentos tão violentos que é impossível abaixá-la quando ela se levanta.

Encerrado às 6h30 da manhã.

SÁBADO, 10 DE DEZEMBRO DE 1853

9h15 da noite, na casa de Victor Hugo. Presentes: Victor Hugo, sra. e srta. Hugo, os dois filhos Hugo, Durrieu, o coronel Taly. (Cópia C. D.)

— Quem és tu?

— **André Chénier.**

Victor Hugo: É um prazer rever-te. Gostaríamos que completasses alguns desses admiráveis poemas que estão em nossas mãos. Aceitas?

— **Sim.**

— Queres completar para nós o poema das Pombas ["Colombes"]?

— **Não.**

— Queres completar "Meus manes a Clítia" ["Mes mânes à Clytie"]?

— **Sim.**

— Eis os últimos versos. Tua alma dirige-se a Clítia do fundo de seu túmulo e lhe diz estes derradeiros versos:

É minha alma que foge de sua morada sagrada,
Pois sobre tua boca ainda aprecia repousar.
Chora, abre teus braços para ela também te beijar.[12]

Que versos acrescentas agora?

— ***Oh! eu gostaria de ressuscitar contigo, doce filha!***
Uma mulher que amamos é toda uma família.
Ela, tão longe de mim, que a amava com tal fogo!
Sofro. Mas, ai de mim, consolo-me um pouco
Quando ergo os olhos para as abóbadas azuladas
E vejo, com a fronte sob as brumas apagadas,

Pálida e despejando no mundo um dorido clarão,
Febe, que morre de amor tão longe de Endimião.[13]

— Diz-nos o que antecede este verso colocado na edição como o último do poema "Meus manes a Clítia":

Pensando na esposa e temendo morrer.

— **Outro poema.**

— Estás dizendo que esse verso faz parte de outro poema?

— **Sim.**

Victor Hugo: Completa para nós o fragmento XXII das *Elegias*:

A alcione nos mares, a andorinha nas telhas,
À beira do lago, o cisne, no bosque, Filomela;
E os beijos secretos e os leitos clandestinos.[14]

— ***Promessas em que o remorso à saudade se mescla.***[15]

— Mas aí teremos três rimas ricas em sequência se esse verso vier após o que termina no hemistíquio: "no bosque, Filomela".

O que há após estes dois versos:

A alcione nos mares, a andorinha nas telhas,
À beira do lago, o cisne, no bosque, Filomela...?

— ***Oh! eis minha amada! Oh! os encontros íntimos!***
Vossos suspiros, vossos beijos, os teus, permite,
A abelha cuja asa tua boca sempre engambela,
Promessas em que o remorso à saudade se mescla,
Os beijos mais rudes que são os mais ladinos.[16]

— São versos dos quais te lembras?

— **Sim.**

— Após este último verso que acabas de dizer, vem, não é mesmo, este:

E os beijos secretos e os leitos clandestinos?

— **Sim.**

— Não ligaste com uma transição digna de ti esses novos versos aos outros dois do início. Eles nos mostravam os pássaros, cada um no seu elemento. Foi preciso, para passar deles à ideia da mulher que tu amas, uma transição forçada. Essa solda não te parece fraca e insuficiente?

— Sim.

— E a palavra "beijos" se repete três vezes nesses poucos versos. Não queres mudar?

— Sim.

— Ótimo! Completa e corrige. O que vem após

A alcione nos mares, a andorinha nas telhas,
À beira do lago, o cisne, no bosque, Filomela?

— *A alcione nos mares, a andorinha nas telhas,*
À beira do lago, o cisne, no bosque, Filomela,
Oh! eis minha amada! Aves, vós a cantáveis,
Pois cisne e rouxinol são suas duas metades,
Ela cria para mim um céu tão azul como o vosso,
Com o canto de um e a alvura do outro.
Como éramos felizes! Oh, os encontros íntimos!
Vossos suspiros, vossos anseios, teus, permite,
A abelha cuja asa tua boca sempre engambela,
Promessas em que o remorso à saudade se mescla,
Os beijos mais rudes que são os mais ladinos,
E os berços secretos e os leitos clandestinos.[17]

Victor Hugo: Volto ao poema "Meus manes a Clítia". Queres nos dizer os versos que precede "Pensando em sua esposa e temendo morrer"?

— Não.

— Por quê?

— Longo demais.

— Queres nos dizer somente os cinco últimos versos que conduzem a este?

— ***Ele monta no cavalo, tem lágrimas nos olhos.***

A manhã que desponta rega suas flores.

A dor em sua alma esgueira-se na tumba.

É uma porta pela qual passa, ai! tudo que sucumbe.

Ele sonha com sua felicidade, tem medo de sofrer.

Pensando em sua esposa e temendo morrer.[18]

— Quantos versos ainda faltam nesse poema?

— **Quarenta.**

— Voltarás?

— **Sim.**

— Que dia? Queres dizer?

— **Não.**

Victor Hugo: Mesmo assim, eu gostaria de conversar contigo. Tu sabes que sou um dos que emitiram o primeiro grito de admiração quando teus poemas apareceram.

Sem resposta. Agitação da mesa.

— Quem és tu?

— **Maquiavel.**

— Tu és um gênio. Quero ter uma longa conversa contigo. Podes marcar uma data?

— **Sim.**

— Quando?

— **Quinta-feira.**

— À noite?

— **Sim.**

— A que horas?

— **Dez horas.**

Encerrado à meia-noite e meia.

QUARTA-FEIRA, 14 DE DEZEMBRO DE 1853

10h da noite, na casa de Victor Hugo. Presentes: sra. e srta. Hugo, Victor Hugo, Charles e François-Victor Hugo. (Cópia C. D.)

— Teu nome?

— Tirteu.*

Victor Hugo: A quem vens visitar?

— A lira.

— Nomeia quem designas assim; há vários poetas aqui.

— A guitarra.

— Tirteu, teus cantos se perderam. Poderias nos traduzir alguns deles?

— Sim.

— Muito bem, vejamos, recita algumas de tuas estrofes perdidas.

— De pé, povo! Ao combate, crianças, velhos, de pé!
O povo é um vulcão quando o poeta pede.
Seus versos misteriosos, cunhados pelo negro delírio,
Fazem o trovão troante invejar sua lira.
Vamos! povo, avante! Sai da tua cidade! Sai
Dos templos, casas, palácios, e vós, já imortais,
Vinde de vosso império, onde nossa esperança sucumbe,
Ensinar a esses vivos o desprezo pela tumba!
Quanto a mim, levo minh'alma à luta. Vem, meu coração,
Vem morrer cantando! Vem, canta, sê campeão.
O clarim para a musa é uma lira imensa.
Nele, a lira sopra um canto que a morte recomeça.
Nossas couraças dirão ao coração tímido e lasso:
"Coração, sê digno de nós: somos de aço".
Eis a espada. A flecha lidera nossa armada.

* Tirteu, poeta grego do século VII a.C., é autor de cânticos guerreiros escritos para caluniar o inimigo. Distribuídos através da Grécia, esses cantos foram adotados como modelos de retórica. Tirteu escreveu também elegias intituladas *Eunomia*, "boas leis".

Erguei-vos, grandes irmãs, pátria e posteridade!
Os deuses estão conosco, somos seus únicos filhos.
Bárbaros, podemos aceitar vossos desafios.
Nossos cavalos eriçam suas desdenhosas crinas.
Somos todas as leis e todas as iras.
Ó Marte! Ó Júpiter! Reis do Olimpo ígneo,
Derramai sobre o soldado a potência divina,
Fazei brilhar a lança e flamejar as almas,
Dai ao homem um coração e braços até às damas,
Se não quiserdes, ó prodigiosos deuses,
Que minha voz, no regresso, não cante mais os céus.[19]

Charles Hugo: Há em teus versos duas consonâncias pouco harmoniosas. Queres modificá-las? Queres mudar "vulcão quando" e "trovão troante"?

— **Sim.**

Victor Hugo: Corrige. Manténs "o povo é um vulcão"?

— **Sim. E o poeta pede.**

— Muda agora: "trovão troante". Conservas "o trovão"?

— **O fragoroso trovão.**

— Tirteu, o que pensas da *Marselhesa*?

— **É o canto da tempestade escutado pelos marujos do naufrágio e soprando nos céus a borrasca da revolução. É o clarim do povo, é a música da alma francesa, é a grande gaivota do oceano revolução, é o tropel formidável do carro do Sol quando, montado pela ideia, abalroa o gênero humano. É a ode à luz cantada em estrofes de furacões pelos quatro ventos do futuro.**[20]

— O que pensas de Rouget de Lisle?*

— **Poeta morto e vivo, imenso e nulo, formado por dois elementos, o pequeno e o grande, começado por Delille e terminado por Nêmesis. Feto de gênio.**

* Claude-Joseph Rouget de Lisle (1760-1836), oficial do Exército francês, poeta e compositor, fez a letra e a música da *Marselhesa*.

Sra. Hugo: Por que vieste hoje no lugar de Maquiavel, que anunciara sua vinda?

— **Estás enganada. Maquiavel não estava avisado. Esse grande homem, amargo e incompreendido, vive solitário no mundo escuro dos gênios desconhecidos e das almas esquecidas. Lá, ele queda tão pensativo e absorto em seu devaneio que rumor algum o desperta. Essa águia considerada uma coruja fugiu do céu das almas bentas; só ouve as maldições. Ele despertaria ao som de uma prece, a prece é o rouxinol da noite eterna.**

— Pedirei isso em minha prece de hoje à noite; atenderá ele à voz de uma humilde mulher como eu?

— **Sim.**

— Será o coração que o chamará. Ele virá?

— **Sim.**

— Ele já veio em uma outra noite?

— **Não.**

— Era então outro que usurpara seu nome?

— **Sim.**

— Vós mentis então no mundo superior?

— **A mentira não é o pseudônimo, o roubo não é o plágio. Os nomes dos espíritos são nomes de batismo, o nome de família é a ideia.**

— Voltarás?

— **Não.**

— Estás descontente comigo?

— **Não.**

— Muito bem, voltarás?

— **Não.**

— Por quê? Não podes ou não queres?

— **Não quero.**

— Nós, mortais, podemos fazer alguma coisa pela felicidade ou pela infelicidade das almas?

— **Sim.**

— O que podemos fazer de mais agradável para as almas?

— **Amar.**

— O que é mais doloroso para elas?

— **Esquecer.**

— Continuas aqui, Tirteu?

— **Não.**

— Teu nome?

— **Maquiavel.**

— Vieste para mim?

— **Sim.**

— Queres vir amanhã à noite?

— **Sim.**

— A que horas?

— **Oito da noite.**

— Uma pergunta, quase uma censura: Por que eu, crente, que faço um apelo incessante às almas, não obtenho das Mesas senão respostas truncadas, vagas, e não raro nada? É uma falta de fluido, eu sei, mas não poderíeis vós, espíritos, fazer um esforço por uma fervorosa como eu?

— **Tuas preces são diálogos.**

— Antes de ires, responde à minha pergunta. Como é possível que homens, pensadores sérios que foram testemunhas do fenômeno das Mesas, que ficaram impressionados com isso, que no fundo acreditam, vacilando em sua fé, resistem, se dão ao trabalho de arranjar explicações para o fenômeno que os levam à dúvida?

— **O céu é incompreendido pela maioria dos homens. Todos o veem, poucos o contemplam. O céu é o grande esquecido.**

— Alguma alma no céu se lembrou de que hoje é meu aniversário?

— **Os mortos pousaram sobre ti como aves familiares. Suas almas esvoaçaram à tua volta. Elas cantarolaram teu doce nome e beberam a água de tuas lágrimas amargas; os olhos que choram dão de beber às almas do céu.**

— Leio neste momento *As horas de prisão da sra. Lafarge*. Sabeis vós, no mundo das almas, que me impus o dever de dedicar meu pensamento às almas que sofreram neste mundo, culpadas ou não, mais ainda se forem culpadas?

— Vossas almas, ó mulheres consoladoras, são as igrejas dos mortos.

[Fim do manuscrito.]

16 DE DEZEMBRO DE 1853

Sexta-feira, 7h15 da noite. (Ata V. H. Cópia Juliette Drouet)

Aparição de Josué. Sua primeira resposta é ininteligível para nós. Victor lhe pergunta se ele pode falar em francês. A resposta é "sim".

Victor Hugo: Tens algum comunicado a nos fazer?

— Sim.

— Fala.

— França, Emancipação, Bonaparte, fim.

— Conheces-me?

— Sim.

— Conheces meu livro?

— Lux.

— Qual é tua opinião sobre meu livro?

— Admirável.

— Diz-me alguma coisa que se dirija às minhas ideias ou ao meu coração.

— Luta, vitória.

— Continuas aqui?

Silêncio prolongado e definitivo a partir da última resposta; senti uma aragem nas duas mãos como se o vento soprasse entre os dedos.

SEXTA-FEIRA, 16 DE DEZEMBRO DE 1853

8h10 da noite. Presentes: sr. Victor Hugo, Charles Hugo, François-Victor Hugo, sra. Hugo, Auguste Vacquerie, Théophile Guérin. À mesa: sra. Hugo e Charles. (Cópia C. D.)

— Quem és?

— **Maquiavel.**

— Ora, Maquiavel, sou daqueles que pensam que tu eras...

Sra. Hugo: A Mesa quer falar.

Victor Hugo: Está bem, fala.

— **A política teve muitos sistemas. Em alguns, ela amparou a velha sociedade; em outros, substituiu a fé católica pelo riso filosófico; por fim, a diplomacia, sucedendo à conquista, dividiu a Terra em reinos. Ela pousou as duas pontas de seu compasso de geômetra sobre o globo e furou os olhos desse grande cérebro. A política é o assassinato que se faz rei; é o sacrilégio que se faz pontífice. É o nada que almeja ser o mundo; a política é o pó que pretende substituir a criação; a política é a luva de Satanás esbofeteando, no céu, a sombra e a face de Deus.**

Victor Hugo: Maquiavel, estou entre aqueles que viam em ti um grande homem relegado ao pelourinho pelo desprezo da posteridade. Na minha opinião, teu livro é a obra de um homem que, não podendo apresentar os príncipes da história como retrato, lhes oferece a ironia como espelho. Tu és vítima de tua própria ironia: a máscara de vergonha que puseste na verdade, o erro público pespegou-a em teu rosto. Tu fizeste a apologia do crime para inspirar seu horror e levaram sua apologia ao pé da letra. Teu livro, hoje, é teu caluniador. Tenho razão? Esclarece-nos.

— **Sim, minha vida é minha máscara. Fui um pensador, interrogado pela Inquisição de Florença. Lúgubre então, e meditando um lúgubre exemplo, dei a palavra à tortura e a tortura disse: o carrasco é grande. Eu disse ao pelourinho: fala, e o pelourinho disse: a Inquisição é santa. Eu disse ao punhal: fala, e o punhal respondeu: o príncipe é augusto, e o veneno gritou: viva Bórgia! E o touro de bronze mugiu: viva Fálaris. Eis o meu livro. Ele esconde o rosto da consciência sob uma cogula de monge. Erguei a cogula e vereis a face severa de uma alma indignada. Sou o mártir da ideia. A ideia me**

lançou em um século de violência e me prendeu no tribunal com uma golilha; fui condenado a ser julgado; sou o galeriano da consciência; nela, remei a vida inteira e dela, após minha morte, só conservei o barrete de forçado. Minha obra é minha masmorra.

— Pela maneira como coloquei a questão, viste o quanto compreendo tuas misérias. Tu te arrastas pelos séculos feito uma bola de ferro, teu nome é proverbial. Nós, pensadores vindos depois de ti, em uma época mais livre e relativamente melhor, podemos destruir os preconceitos iníquos que a posteridade, por desprezo, pespegou em uma memória. Diz, grande Maquiavel, eu, escritor, posso fazer algo por ti?

— O pensamento é o grito do sofrimento do meu livro; ele se sente inocente, protesta com sua visível ironia; evade-se pela ironia. Muito bem, a posteridade o captura e coloca no banco dos réus e diz ao livro que condenou o século da força: Réu, levanta-te diante do século da luz! E eu me levanto e digo: Sou um juiz, mas não me escutam, retiram o julgamento do juiz e eu termino sendo o galeriano fora da lei. Ó poeta, uma vez que me fizeste sair do meu escuro silêncio, fala também e reabilita Maquiavel, que vagueia tristemente pela história de braços dados com César Bórgia!

— Já que estás aqui, já que teu olhar profundo, que viu nosso mundo, vê agora o outro, podes confirmar a hipótese que me ocorreu amiúde e me dizer se estou certo ou errado. Imagino que o mundo invisível onde vós estais se superpõe frequentemente ao mundo visível onde estamos e que há entre vós como que um reflexo de nossas ações. Assim, parece-me que os areopagitas que julgaram Sócrates deviam estar sentados, espectros invisíveis, atrás dos fariseus e escribas que julgavam Jesus e que, por sua vez, carregados pela sombra da morte e transformados em fantasmas, os escribas juízes de Jesus Cristo deviam estar sentados atrás dos doutores do concílio de Constance que julgavam Jan Hus.* Parece-me que determinados homens nesta vida devem

* Jan Hus (1371-1414), reformador religioso tcheco, padre, decano da faculdade de teologia, depois reitor da Universidade de Praga. Denunciou os erros do catolicismo, o que lhe valeu duas excomunhões sucessivas. Julgado no Concílio de Constance (1414), compareceu munido de um salvo-conduto do imperador Sigismundo, mas foi traiçoeiramente preso, condenado >

ser, em determinadas horas, possuídos por seus análogos no passado, seus ancestrais por assim dizer. Vós deveis ver isso. Judas deve falar ao ouvido de Deutz. Torquemada, nas trevas, deve debruçar-se paternalmente sobre Joseph de Maistre, e a alma de César Bórgia deve ter frequentado a alma de Luís Bonaparte. O que tens a dizer sobre isso?

— A genealogia que supões é verdadeira. Há, no mundo das almas, tribos de espectros. Caim, o patriarca do crime, persegue-as com seu olho, do fundo de seu antro escuro. Legiões punidas, elas deambulam na atmosfera dos remorsos. Pouco a pouco, esses sinistros ancestrais do mal evoluem e, à medida que se arrependem no céu, sua raça evolui sobre a Terra. Assim, Judas é menos culpado do que Caim, Torquemada é menos hediondo em De Maistre, Carlos IX amansou em Bonaparte, o Dois de Dezembro* é menos tigre que o São Bartolomeu, os conselhos de guerra são menos ferozes que os concílios. Os netos do velho miserável que cometeu o primeiro crime ficam mais brandos à medida que ele se torna menos perverso. Ó mundo, rejubila-te. Caim começa a chorar.

— O que te ofereci sem que tu me pediste, eu o farei, Maquiavel. Não pouparei esforços doravante para resgatar teu grande nome em sua luz verdadeira, prometo. Agora responde a uma pergunta que me diz respeito. Tu declaraste: a genealogia das almas que eu interrogava é real. Muito bem, essa genealogia deve ser dupla. As almas que se encontram no caminho certo e fecundo devem ter a sua, assim como as almas que estão na via iníqua e estéril. Diz então a mim, tu que sabes, a fim de que eu possa dirigir para certas memórias seletas um coração mais amoroso, além de me fortalecer com grandes exemplos: quais são meus ancestrais no mundo que habitas?

[Fim do manuscrito.]

> sem processo e queimado vivo. Seus discípulos o consideravam um patriota e um mártir da fé. Contribuiu igualmente para estabelecer a língua literária tcheca.

* Alusão ao golpe de Estado de Luís Napoleão Bonaparte, deflagrado em 2 de dezembro de 1851, que resultou, em 11 de dezembro, no longo exílio de dezenove anos de Victor Hugo.

DOMINGO, 18 DE DEZEMBRO DE 1853

9h30 da noite. Presentes: sra. e srta. Hugo, Auguste Vacquerie, Victor Hugo, Charles e François-Victor Hugo. À mesa: Charles e sra. Hugo [Adèle quase sempre presente, mas nunca "conduzindo" a mesa.] (Cópia C. D.*)*

— Quem és?

— Jean-Jacques Rousseau.

Victor Hugo: Tu, que fizeste *O contrato social* e que és ao mesmo tempo o filósofo severo e o filósofo amoroso, tu, que entrevias em vida e que deves ver plenamente após tua morte, qual é o peso respectivo do homem e da mulher nos dois pratos da balança humana? Como agir no futuro para dar à mulher, como é justo, e sem lhe fazer perder nada do encanto, graça, pudor e fraqueza delicada que constitui sua força junto ao homem, como o futuro agirá, cumpridas todas as condições, para dar à mulher, não só na esfera civil e social, como também na política, uma ação, se não idêntica, pelo menos análoga e equivalente à ação do homem? Podes responder a essa pergunta?

— A mulher é a criança. A criança é a fraqueza e é a força. O direito da mulher deriva do direito da mãe, eis a cidadã. A graça, a castidade, o pudor, a beleza, eis a maternidade. A mãe e a mulher em sua dupla função, a função meiga e a função viril. A mulher amada, ei-la mãe, a mãe elevada, ei-la patriota! A natureza é o código da mulher, entregar à sociedade a criança que a natureza lhe dá, fazer dessa criança um homem, nisso reside toda a virilidade da mulher; educar a criança, amamentá-la com o duplo leite da vida e do pensamento, ler com a boca rósea e falar com o jovem espírito, eis a força e a graça da mulher. As mulheres do futuro talvez venham a ter assembleias, mas as do século XIX deverão continuar mães. Terão para si esta tribuna, onde a boca eloquente é sempre encantadora: o berço da criança.

A srta. Hugo quer fazer uma pergunta a Jean-Jacques Rousseau sobre o papel da mulher como mãe e lhe pergunta o destino das mulheres casadas que não tiverem filhos.

— Ó jovem, tu és a flor, a mão do cirurgião que disseca o cadáver do velho mundo e cuida das feridas, quem conspurcaria as flores? As flores

teriam medo. A ferida sangra, a rosa perfuma. Lavemos o sangue, mas deixemos o bálsamo. Ó jovem, retira-te. O laboratório social não é o jardim. Permanece no teu ar puro. Rosa, deixa-me conversar com o pensamento; tu, entretém-te com o lírio.

Victor Hugo: Homens como tu são mais homens que os demais. São o resumo completo da espécie em um dado momento. São grandes tanto em seu lado ruim quanto em seu lado bom. Suas perfeições cintilam e revelam a Deus. Suas máculas reluzem e iluminam a humanidade. A sociedade que se apresenta diante deles é malfeita. Eles provam isso pelas obras de seus espíritos e pelos erros de suas vidas. Eles são demonstrações vivas, em carne e osso, da doença social. É por isso que são pungentes e patéticos perante a posteridade. É por isso, Rousseau, que te amo e admiro, e, não obstante, quando a vida de um grande homem como tu apresenta aspectos demasiado estranhos e se torna disforme, temos o direito de nos espantar. Recebe então a pergunta que te farei. Há um filósofo que é como a encarnação do velho mundo e de sua lógica sem coração e que diz ao recém-nascido: "Sou a vida, não há lugar para ti no meu banquete", e há outro filósofo que é um dos precursores do novo mundo e encarna todas as suas tendências e piedades e que diz ao recém-nascido: "Sou o pai e não há lugar para ti no meu lar". Esclarece-nos como é possível o coração de Rousseau, com relação à criança, roçar no coração de Malthus.*

— Ai de mim, errei, cometi um crime. ** **Deus me disse isso de viva voz, a do pai eterno, e me congelou de pavor. Eu, o pai culpado, tive filhos e os lancei na multidão dos órfãos. Insensato! Tornei-me igualmente órfão, pois uma criança é um pai da alegria. A criança ri, vós rides; a criança chora, vós chorais. A alma do pai nasce no berço do filho. Perdi meus**

* Thomas Malthus (1766-1834), economista britânico, considerava que, como a população crescia mais que a produção de alimentos, essa situação acarretava um desequilíbrio que conduziria à fome, sendo necessário restaurar o equilíbrio por meios destrutivos (epidemias e guerras nascidas do desequilíbrio) e preventivos (controle da natalidade).

** Lembremos que Jean-Jacques Rousseau entregou à Assistência Pública seus cinco filhos naturais, nascidos de uma relação iniciada em 1746, com uma empregada, Thérèse Levasseur, julgando ser o meio menos pior de educá-los adequadamente.

paizinhos quando tinha dez meses. Meus risonhos rebentos, despachei-os para chorar alhures. Fui infame. O céu me castigou e devolveu-os a mim, meus filhos e meus remorsos. Beijo-os na testa e, quanto mais beijo, mais culpado me sinto. Estou beijando meu crime. Vejo-os, toco neles, eles sorriem para mim. Cubro-os de carícias, sinto-me feliz, peço a Deus para desfrutar dessa felicidade por toda a eternidade e a eternidade me responde: Ó vítima do egoísmo! Queres a eternidade e recusaste a eternidade em vida. Queres a felicidade e recusaste a esperança. Queres o infinito e destruíste os berços. Pedes os raios e calaste o leite. Queres beijos dessas bocas e lhes recusaste pão! Amaldiçoado sê por tua felicidade. Vai, maldito, sê feliz.**

— Voltarás?

— **Sim.**

— Quando?

— **Quarta-feira, às nove da noite.**

DOMINGO, 25 DE DEZEMBRO DE 1853

8h30 da noite. Presentes: Victor Hugo, sra. Hugo, srta. Hugo, Auguste Vacquerie, Charles Hugo. À mesa: Charles Hugo e sra. Hugo. (Cópia C. D.)

— Quem está aqui?

— **André Chénier.**

Victor Hugo: Diz-nos por que vens.

— **Já foi dito.**

— Sabias que a ideia do drama ficou de vir?

— **Não.**

— Sabes por que o sr. Guérin não veio?

— **Não.**

Sra. Hugo: Tu conversas com madame Roland na vida em que estás?

— **Sim.**

Victor Hugo: No poema que começa com:

Não existe então mais esperança, e minha queixa perdida,[21]

qual é o verso que segue este:

Eu teria adulado, gemido, chorado, rezado, instado?[22]

— ***Teria amaldiçoado o altar tantas vezes beijado.***[23]

— Queres completar o fragmento XIII?

Ó delícias de amor, e tu, lânguida preguiça,

após:

Para quem os olhos não têm suave veneno,[24]

faltam dois versos.

— ***Que sem lhes destruir os corações ou queimar as almas***

Roçaram no cetim dos vestidos das damas.[25]

O fragmento que temos está no singular: feliz quem etc., o que nos dizes está no plural. Podemos resolver as coisas assim:

Que, sem lhe destruir o coração ou queimar a alma,

Roçou no cetim de um vestido de dama.[26]

Queres assim?

— **Não.**

— Então dita.

— ***Que, sem lhe destruir o coração ou queimar a alma,***

Roçou no cetim de tua mantilha, ó dama.[27]

— Também aprecio a minha solução, concordas comigo?

— **Não.**

— Preferes a tua?

— **Sim.**

— É que ainda tens, na continuação dos versos, uma apóstrofe: "ó dama!". Queres pegar meu verso?

— **Não.**

— Depois:

Pertenço-te, amor, amor inexorável![28]

Como continuas?

— Conduz-me, querida Camille, e diz-lhe que açoite*
O escravo de seus dias roubados de suas noites;
Diz-lhe que tudo em mim por sua boca profiro,
E que, sendo flor, ela me tem por zéfiro.
Oh! como sofremos por amar! Cruéis tormentos!
Para um momento feliz, quantos outros momentos
Em que a alma chora, cai e, pobre folha morta,
Obedecendo ao vento que a arranca e transporta,
Vagueia, treme, palpita, sonha com o doce banquete
Em que Camille o misturara ao seu ramalhete.
Sábia velhice, vem, convido-te à minha casa;
Tu sorris para o amor como o telhado para a asa.
Sob tua casta coroa caminhamos com passos mansos.
A pluma branca sempre aprecia os cabelos brancos.
O amor no velho ressoa sua voz mais suave.
A idade é um inocente que esvazia a aljava.
E as mãos trêmulas roubam das vozes virtuosas
Do amor os brocados de ouro que nossas almas chorosas
Conservam a vida inteira e que duram imorredouros.
No coração subsiste o espinho dos amores.
E quando a noite chegou, ao fim do dia,
O espinho estava no coração, a rosa fenecia.
Tu, velhice, ris na soleira de tua habitação.
A lembrança doura-a feito uma estação.
O encanto dos amores ilumina o seu domo.
O oceano torna-se fonte, e o fatal pomo
Que dividiu o Olimpo e entregou Páris
Amadurece em teu pomar, nós o mordemos, e tu ris.[29]

* Camille é o nome que o poeta André Chénier atribui a uma de suas principais paixões, Michelle Guesnon de Bonneuil. [N.E.B.]

Auguste Vacquerie: Os últimos doze ou quinze versos são muito confusos. És da minha opinião?

— **Sim.**

Victor Hugo: Podes nos dizer a que se deve tal confusão?

— **Sim.**

— Diz.

— **Versos esquecidos.**

— Quer dizer que pulaste alguns versos?

— **Sim.**

— Quando voltarás para costurar esses versos?

— **Quinta-feira.**

— Já recitaste estes versos para alguém além de nós?

— **Não.**

SEGUNDA-FEIRA, 26 DE DEZEMBRO DE 1853

5h da tarde. Presentes: Victor Hugo, sra. Hugo, srta. Hugo, Auguste Vacquerie, Charles Hugo. À mesa: Charles e a sra. Hugo. Auguste Vacquerie interroga. (Cópia C. D.*)*

— Quem está aqui?

— **Maomé.**

— Fala.

— **A sombra subsiste no mundo. A verdade mártir sangra por todos os pregos do erro. A noite é profunda. Os déspotas dizem: somos o direito. Os sacerdotes dizem: somos a lei. O patíbulo responde: sim. O cadafalso responde: sim. A vala comum responde: sim. O túmulo responde: sim. O lúgubre hosana* do mal entoado pelas corujas reverbera sob o céu estre-**

* Hosana, derivado do hebraico, a partir do latim litúrgico, tem três sentidos. Primeiro, corresponde à prece que os judeus pronunciam durante os sete dias da Festa dos Tabernáculos. É também um hino católico entoado no domingo de Ramos. Por extensão, passou a >

lado. Os corvos vêm bicar o último olhar de amor nos olhos moribundos de Jesus. A dupla silhueta do patíbulo e do cadafalso ergue-se no horizonte escuro e, em pé nas trevas, entrevemos a religião oficiando em nome do crucifixo. O dia se aproxima e amanhece. A nuvem indignada vai abrir sua boca e atirar, no mundo das trevas, o astro flamejante, prodigiosa metralhadora de luz. O sacerdote-patíbulo e o papa-cadafalso serão derrubados. As bastilhas da sombra cairão, a Terra tremerá sob os que estão de pé e o céu se abrirá para os que estão de joelhos.

Auguste Vacquerie: No momento em que te falamos, três religiões lutam no Oriente. Fala-nos dessas religiões e de seu futuro.

— A religião católica é o reduto da noite. A religião grega é a fortaleza da neve. A religião de Maomé é a muralha da carne. Nenhuma deve durar. O papa disse ao homem: tu não verás; o czar: tu sofrerás; o sultão: tu desfrutarás. Os três estão errados. Pois eu vos digo que a queda dos sacerdotes já começou. O sacerdote do *knut*,[*] o sacerdote da cruz e o sacerdote do crescente, três cadáveres que o canto de guerra deixará. A santa não tem mais razão perante Deus do que a huri,[**] e Deus não quer nem uma religião que entorpeça o homem pelo ascetismo nem uma religião que o enfeitice pela volúpia. Vamos, meus filhos, é preciso morrer. Eu vos entreguei meu estandarte para vencerdes. Lego-o para amortalhar-vos.

Victor Hugo: Após a morte, nos mundos mais felizes, temos uma forma? Como um reconhece o outro?

— As almas se reconhecem pelo reflexo de seus corpos. O céu é um espelho que conserva as imagens da vida. Nada é perdido. O túmulo só despoja do corpo o esqueleto, a forma sobe aos céus, e há sorrisos que voam com as almas e olhares que estão no céu antes que a morte tenha cerrado os olhos.

> significar um grito de alegria ou triunfo, podendo igualmente representar o calvário aonde se vai em peregrinação em certas datas propícias ao canto do hosana.

* "*Knut*": palavra russa que significa "chicote". "O sacerdote do *knut*": uma provável referência ao czar. [N.T.]

** Uma mulher divinamente bela que o Corão promete aos fiéis na vida futura.

Sra. Hugo: Quando pretendes voltar?

— **Quinta-feira.**

— A que horas?

— **Nove.**

Encerrado às 7h da noite.

TERÇA-FEIRA, 27 DE DEZEMBRO DE 1853

Presentes: Victor Hugo [chegou no meio da sessão], sra. Hugo, Auguste Vacquerie. À mesa: Charles e sra. Hugo. (Cópia C. D.)

— Quem és?

— **A jumenta de Balaão.***

Auguste Vacquerie: Muito bem, se és um espírito em outra vida, tu, que nesta foste um animal, podes melhor do que ninguém responder a uma pergunta que nos fizemos muitas vezes: os animais têm alma?

— **Sim.**

— Instrui-nos.

— **O homem é a prisão da alma, o animal é sua solitária.**

— Então é verdade que a vida é um castigo?

— **Sim.**

— Explica-nos como.

— **A criatura atravessa a criação como o pássaro a árvore, pousando de galho em galho. O homem atravessa o infinito voando de mundo em mundo. Vós habitais um mundo de sofrimento e castigo; nós habitamos um astro de luz e recompensa. O homem que nasce em vossa vida vem**

* Conforme a Bíblia (*Números*, 22:21-30), jumenta que conduzia Balaão e desviou-se, por três vezes, do Anjo do Senhor que, de espada em punho, queria matá-lo. Punida pelo dono, que não vira o anjo, a jumenta então se pôs a falar, explicando o que fizera. [N.E.B.]

expiar um passado culpado, e o animal, um passado monstruoso. O homem ignora seu erro, e o animal, seu crime. Se tivessem conhecimento dele, seriam felizes. O castigo não passaria de um sofrimento que se expressaria: cometi tal injustiça, tenho certeza disso, não tenho dúvida. Ora, a dúvida é o castigo. Conhecer seu erro seria conhecer seu juiz, seria conhecer a Deus. O Deus certo para o homem é o Paraíso. O segredo da natureza é a força. A justiça divina usa máscara para punir. O castigo é a máscara do juiz. A recompensa é o rosto de Deus.

— Descendo mais um degrau, as plantas possuem alma?

— **Sim.**

— As plantas então sofrem muito? Pois se o castigo é não ver a Deus, a planta é mais cega que o animal. Então o homem é a prisão e o animal, a solitária, e a planta, é sua masmorra?

— **A planta sofre, logo mereceu sofrer. Um sofrimento imerecido, mesmo no átomo, bastaria para fazer a imensidão desmoronar. As árvores cairiam, os mundos, apavorados, ruiriam e, com a rosa oprimida e a margarida agredida, o infinito deixaria de brilhar. Sofrer é enfraquecer. A planta é a prisão mais escura da alma. O lírio é um inferno.**

— Afirmas então que os animais sofrem mais que os homens e as plantas mais que os animais?

— **Sim.**

— Como isso é possível? As penas morais não são as piores? Não sofremos mais quanto mais vivemos pela alma? Como aceitar que aquele que [ilegível] sofra mais que aquele que pensa? Sim, se o vegetal e o bronco soubessem de sua grandeza anterior. Já o homem, de sua natureza, só tem um fulgor crepuscular. Para o bronco, é a sombra; para o vegetal, é a noite negra. Ora, o que é um castigo que não sentimos? Explica então esta contradição: o cavalo que uma meda de feno sacia, mais castigado que o homem, insaciável de ideal?

— **Ele é mais castigado porque está imerso na matéria. A planta é mais castigada ainda porque está enraizada no solo. A escada do castigo tem três degraus: o corpo humano, a pele do animal e a raiz da planta. A alma da planta tem dois degraus a subir. A alma do animal só tem um para chegar ao homem. O castigo da alma no animal e no vegetal começa**

pelo sofrimento material e, no homem, termina pelo sofrimento moral. Então já é quase a libertação, pois sofrer pelo pensamento é ser metade livre. A dúvida é metade da esperança. A alma respira no homem, sufoca na planta. Os olhos do homem são a claraboia dessa vida aberta para outra vida. A alma prisioneira no cérebro humano contempla o céu por ela.

Entra Victor Hugo. Lemos o começo da sessão. Ele diz que é precisamente a ideia de um livro que ele está escrevendo. Conversa. Auguste Vacquerie declara não aceitar sem discussão a revelação das Mesas e que, embora sensibilizado e abalado em mais de um aspecto, tem mais de uma grave objeção a fazer, entre outras, esta:

— Tu dizes que a punição para os vegetais está na ignorância e para os homens na dúvida a respeito de sua própria natureza e que a pena cessaria a partir do momento em que soubéssemos o que somos; e nos dizes o que somos! Se a revelação for verdadeira, não há mais punição, isto é, não há mais vida. O mundo deve findar. Ao apontares o castigo, tu o suprimes. Afirmas que a pena é a dúvida e, ao mesmo tempo, o revelas!

— Eu disse que a dúvida é o castigo; ora, afirmei verdades e tu e vós duvidais delas. Logo, sois castigados.

Victor Hugo: Pois, de minha parte, as verdades que afirmas, não é de hoje que não duvido delas; se é preciso duvidar para ser punido, diz-me então em que exceção eu me encaixo.

— Muito bem, se tens tais certezas, responde então qual é o castigo da alma do boi?

— Não compreendeste minha pergunta. Declaro que vislumbrei parte das coisas que nos dizes e que aquelas referentes à alma humana e sua punição no mundo encontram-se para mim no estado de certeza, e isso há muito tempo. Neste ponto, portanto, não tenho dúvida alguma e, mesmo assim, sou punido; pergunto então qual é a minha categoria.

— A prova de que duvidas é que não fazes senão vislumbrar, enquanto eu o afirmo. Ora, crês no que diz teu pensamento e duvidas do que dizem nossas revelações. Teu pensamento é meramente humano, o nosso é divino. O pensamento do maior espírito carrega sempre uma venda nos olhos. Essa venda é a vida. Tu és um gênio vivo e falível. Reporto-me a Victor Hugo morto para os erros de Victor Hugo vivo.

A verdade te espera à porta do túmulo. Quer dizer que tomas Deus por um livro infantil que lemos levianamente! Deus é o infinito, o infinito é o desconhecido. A morte te assombrará. A morte sempre assombra. Ao sair do túmulo, Moisés disse: "Que esplêndido!". Sócrates corria por todo o céu, proclamando: "Fascinante!". Jesus ajoelhou-se. Maomé levou as duas mãos à face e não ousou olhar. Shakespeare disse: "Deus vê", e Caim dirá: "Deus perdoa".

Sra. Hugo: O que tu nos dizes acerca dos destinos do homem é o que meu marido pensa e diz há muito tempo, exceto no que se refere aos animais e às plantas, em cuja alma meu marido não acreditava.* Ele via a verdade qual tu a apontas para nós. Ele sempre afirmou que o homem não começava nem terminava nesta Terra, que a vida era um castigo por causa dos erros cometidos em uma existência anterior, que após a morte a alma iria para um mundo pior ou melhor, conforme tivesse merecido ser punida ou recompensada, que não haveria penas eternas; vês que, no que se refere ao homem, seu pensamento precedeu tua revelação.

— Ele proferiu a milionésima parte da verdade relativa à vossa humanidade. A prova, dentre milhões de exemplos, é esta: ele não sabe que vosso globo contém outro como núcleo. Os vulcões são bocas pelas quais esse mundo respira. Esse mundo é vosso inferno. As almas condenadas o habitam não em meio às chamas, mas em meio às trevas. Enquanto as almas recompensadas saem do túmulo, a alma do condenado nele se enterra. O túmulo do condenado se erode lentamente sob seu cadáver, se erode e alarga gradualmente, chegando até o globo exterior que é o vosso inferno. Depois, no caso de ele ser perdoado, sua alma escapa por um vulcão e voa para o céu. Podeis ver de vez em quando essas erupções de almas. Se, ao

* A intervenção da jumenta de Balaão, que endossa as intuições de Hugo, constitui o elemento decisivo que dá origem ao princípio da metempsicose. Com efeito, a sra. Hugo, nesse ponto, explica que seu marido não acreditava na alma das plantas e dos animais, ao passo que mais tarde Hugo afirmará ter sido o primeiro a desenvolver essas convicções relativas à sobrevivência da alma. É também, não o ponto de partida dessa ideia, como fará questão de afirmar Victor Hugo, mas a confirmação de suas intuições estendida aos vegetais e minerais.

contrário, ele for condenado novamente, retorna à Terra, transforma-se em semente e renasce na planta. Se a condenação se confirmar, ele entra no animal. Se, após essa dupla degradação, a pena ainda não tiver sido cumprida, o animal morre, a alma volta à Terra e encarna no homem. O homem recomeça então uma vida nova para a alma. A morte resgata a alma e Deus perdoa ou volta a punir. O castigo, no vosso inferno, consiste no seguinte: o condenado ouve distintamente o que diz a posteridade a seu respeito. Caim ouve a Bíblia recitada nos templos. Judas, apavorado, ouve o Evangelho que fala nas igrejas. Tibério ouve Juvenal, Nero ouve Tácito e Deutz* ouve Hugo.

Victor Hugo: Conheces o último poema de uma obra minha intitulada *Homo*?

— **Não.**

Victor Hugo sai.

Auguste Vacquerie: O homem é sempre uma prisão, o animal sempre uma solitária e a planta sempre uma masmorra? O mundo é sempre tão condenável? A Terra seria de fato, desde a raiz do carvalho até a fronte do homem de gênio, um reles pântano onde se lavam desde a eternidade as imundícies dos mundos superiores? Tudo o que pensa, anda e vegeta, tudo cumpre sentença? O quê! A mulher, a virgem, a criança que nasce, todas culpadas? O cão que ama, o pássaro que plana, a rosa que perfuma, todos criminosos? Não existe um só fiapo de palha inocente?

— **Vós já chegais culpados.**

— Repete: tudo que está sobre a Terra expia um erro cometido alhures?

— **Sim.**

— Afirmas que o Inferno é o eco do mal que fizemos na vida, mas e aqueles cujo mal não faz eco? Nem todos os Caim estão na Bíblia, nem todos os Judas estão no Evangelho. A Terra conhece no máximo uma centena de

* "Deutz": trata-se na realidade de Simon Deutsch (1822-1877), revolucionário austríaco condenado à morte em 1848 por ter participado da insurreição revolucionária de Viena no mesmo ano. Fugiu para a Suíça, depois para Paris, onde entrou em contato com Proudhon e Michelet. Posicionou-se a favor da França em 1870 e participou da Comuna de Paris em 1871.

criminosos, privilegiados da infâmia, mas há milhões de crimes horríveis que a posteridade omite e que então não serão punidos. Todo inferno é injustiça. Qual será o inferno dos monstros e traidores que não terão conhecido Juvenal ou Victor Hugo para embocar os clarins da poesia e fazer acorrer as gerações em torno de seus crimes?

— Todo crime, seja o criminoso desconhecido ou famoso, estrondeia de tal forma que o eco repercute nas profundezas da Terra, pouco importa o nome do criminoso, é um crime. O assassino obscuro ouve seu nome berrado no túmulo. O remorso é um sino de bronze cujo crime é o badalo. Não existe grande criminoso cujo nome escape ao eco da Terra. O desconhecido para a justiça humana ouve seu nome na morte e escuta com pavor o grito da vítima. Seus ouvidos não captam, mas, para ele, esse grito abafado repercute eternamente; para ele, aquele grito vivo se transforma em trombeta viva, o murmúrio vira furacão e as trombetas formidáveis dos quatro ventos irritados lhe falam pela boca muda da vítima.

— Quando voltarás?

— Próxima quarta-feira.

Encerrado às 3h da manhã.

QUINTA-FEIRA, 29 DE DEZEMBRO DE 1853

9h. Presentes: Victor Hugo, srta. Hugo, sra. Hugo, Charles, Auguste Vacquerie. À mesa: Charles e sra. Hugo. (Cópia Juliette Drouet.)

— Quem é?

— André Chénier.

Victor Hugo: Pois bem, eis uma pergunta que te faço: André Chénier, tu és uma grande vítima da Revolução. Entre a tua cabeça e a de Luís XVI, a mais coroada é a tua. Tu és o rei que a Revolução golpeou. Nós te admiramos e amamos, sabes disso. Permite-nos então interrogar-te sobre as coisas profundas da consciência. A Revolução é uma ideia forjada a golpes de cutelo; e o cutelo que abate as árvores humanas chama-se machado. André, o machado te golpeou, a ideia nos ilumina. Tu, em vida e na tua prisão, não vias senão o machado, assim como nós, hoje, não vemos senão a ideia. Mas eis o que importa saber. Agora, no momento atual, nessa grande luz que, graças à Revolução, começa a se espalhar sobre o gênero humano, a Revolução continua com o mesmo aspecto para ti? Fazemos progressos no túmulo? Permaneceste o que eras? A morte tem os mesmos olhos da vida? Escuta, quatro poetas vieram depois de ti; entre ti e o último não há senão um intervalo de quarenta anos;* o terceiro veio ao mundo oito meses antes da tua morte, e sua alma entrando no berço quase esbarrou com tua alma saindo do carroção da polícia. O quarto nasceu nos primeiros anos deste século. Desses quatro poetas, um só, o segundo, nasceu nas ideias da democracia; os outros três receberam, de suas tradições familiares, as mesmas opiniões que tu. Ora, partindo delas, todos os três marcharam rumo à Revolução. O mais velho morreu quase republicano; os outros dois são republicanos nos dias de hoje. Esses quatro poetas tiveram, cada um no seu tempo, uma ação política correspondente aos quatro períodos em que se dividem os anos já transcorridos do século XIX. Caracteriza para nós a ação política e social desses quatro poetas nesses quatro períodos. E, para coroar tua resposta, diz qual teria sido teu papel pessoal se tivesses vivido até nossos dias.

— Em primeiro lugar, eis a resposta concernente a mim. Minha obra será dupla. Devo completar minha obra conhecida e criar minha obra desconhecida. A primeira será monarquista, a segunda será republicana. ** **Uma amaldiçoará a Revolução, a outra a abençoará. Minha cabeça, ao cair, viu a ideia cujo machado meus olhos tinham visto. Meu pensamento irrigado**

* Os conhecimentos biográficos espontâneos de Chénier são surpreendentes. Esses quatro poetas são Chateaubriand, Béranger, Lamartine e Hugo, nascido quando "este século tinha dois anos".

** "A primeira será monarquista, a segunda será republicana": como Hugo, que passou de uma posição política à outra.

pelo meu sangue germinou em minha tumba. Minha lira que troava contra o cadafalso pôs-se a cantar a Revolução no sepulcro. O cadafalso foi o carrasco de Chénier monarquista e o padrinho de Chénier republicano. A liberdade me matou e batizou. [O ano] 1793 é meu assassino e meu pai. Sou o filho da minha morte. A tumba às vezes se espanta ao receber recém-nascidos que, como eu, chegam balbuciantes e a quem ela, mãe solícita e extremosa, ensina o alfabeto das primeiras verdades. Sou a vegetação da minha tumba. Sou a árvore da Terra terminada pela eternidade. Produzi minhas flores na Terra e meus frutos no céu.

Se eu vivesse no vosso século, teria cultuado a liberdade, teria vociferado tanto contra Napoleão como contra Chateaubriand, teria combatido a Restauração como Béranger, teria atacado Luís Filipe como Lamartine, teria agrilhoado Bonaparte como Victor Hugo.

Chateaubriand é a honra severa, é a rudeza do fidalgo que se revolta num século de librés e que não quer que seu país vista os trajes de seu valete, é o desdém granítico da última torre do velho castelo pela primeira antecâmara do Império, é o republicano do ódio, é a armadura cavaleiresca da última panóplia que entra na liça e investe contra o uniforme egoísta do último conquistador, é o dom Quixote sublime de uma dulcineia decrépita que liberta a jovem noiva do futuro.

Béranger é o republicano afável e meigo que coroa sua fronte com flores e que, macaco velho, lança canções à monarquia em vez de imprecações e balas. É um Anacreonte disfarçado de Aquiles que estoura champanhe à queima-roupa no nariz bourboniano da Restauração, é um pensador de verdade, porém limitado. É o germe de um jovem republicano terminando a vida de um filósofo. Béranger é a alma de Catulo no verso de Rouget de Lisle; é a *Marselhesa* transformada em canção de bêbado; é o comensal da República; é o Tirteu da canção.

Lamartine é um poeta de tempos amenos e não de tempos tempestuosos. Lamartine sonha o amor, a paz, a fraternidade. Canta e sorri. Eleva a Revolução até a ode, mas não consegue conduzi-la pelo iambo.

Lamartine tem a glória de ter saído republicano da monarquia e o erro de ter saído mudo da República. Não importa, Lamartine é grande. Deu obras-primas ao espírito humano. Fez *Jocelyn*: salve! Derrubou o cadafalso: obrigado!

Lamartine, André Chénier te agradece. Ele estava triste em seu túmulo temendo que a República tivesse ceifado a poesia. Em ti, a poesia reergueu a cabeça que ela vira cair de meus ombros. Tua lira, sucedendo a minha, subiu ao cadafalso não para encontrar a morte, mas levar a vida. Ressuscitei em ti na mesma prancha em que eu morrera. A arte, como aqueles veneráveis dos romances espanhóis que enviam os filhos um depois do outro para os grandes duelos, enviou-nos um depois do outro para combater o cadafalso. O cadafalso matou André Chénier, mas Lamartine matou o cadafalso.

Victor Hugo, agora tu. Tu és a asa do imprevisto, a ave de todos os céus, a canção da noite, a toutinegra da aurora e a gaivota da tempestade. Tu és a águia indignada das solidões. Tua vida escala lentamente a montanha inacessível da verdade, e, uma vez no topo, tua obra abre asas inesperadas e plana. Tu promoveste uma revolução na arte e preparas uma revolução no mundo. Está bem, vai, faz tua obra dupla. Cria e mata. Derruba e constrói, e que, sobre as métopes de teu panteão radioso, o olho maravilhado da arte e o olho satisfeito da consciência contemplem alternadamente Vênus e Térsites, Marion e Bonaparte, uma, a cortesã reabilitada pelo amor, o outro, o traidor punido pela ideia, todo o Evangelho, Madalena e Judas. És, poeta, o Fídias de Bonaparte. Fídias tinha o mármore de Paros, tu tens o granito do exílio. Toma todos esses rochedos e esculpe-os com tuas cóleras. Tu és o poeta oceano!

— Que dia voltarás?

— Terça-feira às 9h.

Sra. Hugo: Acabas de falar de Judas e Madalena. No mundo onde estás, conversas com eles?

— Sou um solitário. Meu pensamento está de luto; a morte me cobre com sua melancolia. Toda cabeça cortada é uma viúva austera em torno da qual as almas fazem silêncio. Ai de mim! minha eternidade é viúva de minha juventude.

Auguste Vacquerie: O que entendes por essa última frase?

— Minha eternidade é viúva de minha poesia. Enquanto não tiver terminado minha obra, chorarei. É meu castigo por ter conspurcado a Revolução. A ideia me puniu me condenando ao silêncio. Mas estou arrependido e quero gritar: viva a liberdade!

Encerrado à 1h30 da manhã.

1º DE JANEIRO [DE 1854]
(Ata V. H.)

— Asda. Demônio. Mau. Fêmeas. Bonaparte. X.
— Sabes da emboscada? Onde? Fala.
— Emboscada. Meurice.* Assassinato. Prudência. Esperança. Paris.
— Meurice corre o risco de cair numa emboscada?
— Não.
— Ele caiu? É por isso que não recebemos mais cartas?
— Não.
— Receberemos em breve?
— Sim.
— Haverá indício da emboscada nas cartas?
— Não.
— Meurice sabe neste momento que é vítima de uma emboscada?
— Não.

* Paul Meurice (1818-1905), jornalista, chefe de redação de *L'Événement*, fundado por Hugo em 1848, permanece o indefectível amigo do poeta e, com sua morte, é nomeado seu executor testamentário. Meurice compra o palacete de Rohan-Ghémenée, na Place des Vosges, nº 6, em Paris, onde Hugo morou entre 1832 e 1848, para doá-lo à cidade de Paris, por ocasião do centenário de nascimento do poeta, em 1902. Transformado na Maison de Victor Hugo, esse museu, além das atas das Mesas, guarda uma impressionante coleção de desenhos do escritor, fotografias, manuscritos, edições, elementos de mobiliário e inúmeras lembranças pessoais, tudo doado por Meurice à Prefeitura de Paris, que credencia o local como museu nacional.

— Mais claramente.

— **Hugo. Perigo. França libertada.**

— Escaparei ao perigo?

— **Alegria. Liberdade.**

— Responde claramente.

— **Dúvida.**

— Como conjurá-la?

— **Pensa. Age.**

— Podes exprimir-te mais claramente?

— **Não.**

— Quando passará o perigo?

— X.

— Em que medida Meurice está implicado?

— X.

— Tens mais alguma coisa a me dizer?

— **Sim.**

— Fala.

— **Amanhã.**

Mais ninguém.

2 DE JANEIRO DE 1854

5h30 da tarde. (Ata V. H.*)*

— Teu nome.

— **Admoesto.**

— É este teu nome?

— **Não.**

— Queres me dizer para admoestar alguém?

— **Não.**

— És tu o mesmo de ontem?

— **Sim.**

— Queres me dizer: advirto-te?

— **Não.**

— Explica.

— **X.**

— Esse X quer dizer que eu devo ignorar ou que és tu que ignoras?

— **És tu.**

— Queres completar a revelação como prometeste ontem? Fala.

— **Deus castiga.**

Longo silêncio. A mesa para de se mexer. Por fim, movimento.

— Ainda és tu?

— **Sim.**

— Continua.

— **Intrépido navegador do progresso, gelo, ignorância, egoísmo, Spitzberg, inverno, Sol, volta ao mundo, auréola.**

— Queres acrescentar os verbos para ser mais claro?

— **Sim.**

— Continua.

— **Deus conhece trabalhamos na...**

Interrupção. A mesa não se mexe mais. Longo silêncio.

— Alguma coisa te incomoda?

Longo silêncio.

— Ainda és tu?

— **Sim.**

— Estás incomodado?

— **Não.**

— Continua: depois de "na".

— **Mito, re.**

— Podes explicar tuas duas interrupções?

— **Não.**

— Podes completar depois de [espaço na página] tua frase? Não me disseste ontem que prepararam uma emboscada para mim?

— **Sim.**

— Foi Bonaparte?
— **Sim.**
— Podes fornecer os esclarecimentos prometidos?
— **Não.**
— É necessário que eu vá acompanhado?
— **Não.**
— Devo estar armado?
— **Sim.**
— Podes designar o local que devo evitar quando regressar?
— **Não.**
— Foi efetivamente Meurice que quiseste designar?
— **Não.**
— Que palavra quiseste dizer?
Silêncio.
— E a palavra assassinato?
Silêncio. A mesa fica um longo tempo sem se mexer.
— Continuas aqui?
Mais ninguém.

SEGUNDA-FEIRA, 2 DE JANEIRO DE 1854

9h30 da noite. Presentes: Victor Hugo, Auguste Vacquerie, sra. Hugo, Charles Hugo. Sra. Hugo e Charles Hugo à mesa. (Ata A. V.)

— Quem és tu?
— **André Chénier.**

Victor Hugo: André, tu desejas, e nós da mesma forma, ver tua obra completada. Recolheremos devotamente, e com todo o respeito devido a teu gênio e ao túmulo, os versos que nos ditarás das duas fases do teu pensamento, antes e depois da morte. Faremos o monumento completo e gravaremos no cabeçalho tua vida e teu fim. Para que o trabalho seja como deve ser, para que haja o sinete ao mesmo tempo humano e sobre--humano que comporta essa publicação em parceria com o túmulo, diversas perguntas se fazem necessárias. Elas esclarecerão a teu respeito não só o desconhecido da vida, mas o desconhecido do sepulcro. As perguntas que te dirigirei, cuja resposta formará o capítulo mais surpreendente de uma biografia,[30] essas perguntas transcendem tanto a ti, que nos fala, como a nós, que te escutamos. Escrevi um livro que é o livro da cabeça cortada.* Parei num ponto em que só tu podes continuar. Queres responder à minha pergunta? Consegues compreendê-la por inteiro?

— Sim.

— Escutamos.

— O homem sobe ao cadafalso. O carrasco prende-o na báscula. A luneta se fecha em seu pescoço. A alma dos guilhotinados foge por uma golilha. O homem então tem um segundo terrível. Abre os olhos e vê um cesto transbordando de lama rubra, é a sarjeta dos cadafalsos, e sua cabeça lhe diz: Vou para lá. Não, responde sua alma. O cenário acaba de mudar. Em vez de lama, ele vê um oceano, em vez de sangue, ele vê a luz. Por aquela sarjeta, ele entrou no céu. Ó terror! Ó alegria! Ó despertar! Ó prodigioso beijo! Ó genuflexão! Ó enlevo! A alma voa e permanece de joelhos. Permanece criança e se torna pássaro. Mas, ó surpresa! Ela sente que uma forma diáfana a envolve lentamente, o céu vira um espelho. Ela se vê. É bela. Tem vinte anos. O corpo não esconde mais a alma, reflete-a. A alma não está mais enclausurada na matéria. A beleza não é mais a carne. A alma confiscou desse cadáver, que se arrasta no ossuário, tudo o que ele tem de precioso, seu sorriso, seu olhar, seu brilho, um beijo de Camille[31] deixado nos lábios da cabeça cortada, um suspiro esquecido, uma canção de uma noite de outono, um perfume de uma manhã de abril, um singelo arrulho de pomba, a palavra: te amo, e carregou tudo para o éter. Reconheço-me

* Trata-se do romance, uma fictícia autobiografia, *O último dia de um condenado*, escrito em 1829. As revelações de André Chénier sobre o sentimento que a morte proporciona e o voo da alma vão assim confirmar as intuições de Victor Hugo quanto à sobrevivência da alma após a morte, conceito fundamental que adotará até o seu leito de morte e suas últimas palavras: "Peço uma oração para todas as almas".

e, no entanto, não possuo mais sentidos. Estou vivo e, não obstante, não carrego mais o peso da vida. Corre luz em minhas veias transparentes. Recebo o infinito por todos os poros. Uma boca invisível me cobre com um longo beijo no qual pressinto minha mãe, reconheço minha amante e sinto alternadamente o perfume de todos os meus amores. Uma linha luminosa separa minha cabeça do meu corpo. É uma chaga viva e sensível que recebe o beijo de Deus. A morte surge para mim ao mesmo tempo na Terra e no céu, enquanto meu corpo transfigurado pelo túmulo imerge nas beatitudes da eternidade, vejo, a distâncias imensas abaixo de mim, meu outro corpo, que o carrasco lança aos vermes, minha cabeça rolando na sarjeta, minha chaga sangrando, minha guilhotina sendo lavada, meus cabelos pendendo da ponta um chuço e meu nome xingado. Então ouço uma voz que diz: Glória a Chénier! E vejo descer do fundo dos céus uma auréola sobre minha fronte. Era o cesto que terminava. Deus realiza. Os cadafalsos, o carrasco e o...[32]

Auguste Vacquerie, que está escrevendo, diz que a última frase é confusa. Charles alega que deve ser porque ele está muito cansado. A sra. Hugo idem. A sessão é encerrada.

QUINTA-FEIRA, 5 DE JANEIRO [DE 1854]

6h30 da noite.[33] *(Ata* V. H.*)*

— És tu o mesmo de 1º e 2 de janeiro?

— **Sim.**

— Podes dizer teu nome?

— **Não.**

— Preferes vir aqui a ir a Marine Terrace?*

— **Sim.**

* Esta é única indicação, por parte de Victor Hugo, da realização de uma sessão espírita em outro local que não sua casa de Marine Terrace.

— Tens conhecimento da visão de Marine Terrace?
— **Sim.**
— Tens algum comunicado?
— **Sim.**
— Fala.
— **Z.**
— Fala.
— **Z.**
— Porventura a letra é um Z?
— **Não.**
— Algo te incomoda?
— **Não.**
— Fala.

— **Tu bastas a tua obra, as ambições, os sonhos, as utopias, torre de Babel. Segue teu caminho sem deter-te. A humanidade te segue. A tirania se cansa, arqueia no lodo, vê a liberdade passar, conduzindo...**

— Algo te incomoda?
— **Sim.**
— O quê?
— **A imensidão.**
— Continua.
— **X.**
— É voluntariamente que te deténs no X?
— **Sim.**
— Voltarás?
— **Sim.**
— Quando?
— **Amanhã.**

SEXTA-FEIRA, 6 DE JANEIRO [DE 1854]

6h30 da noite. (Ata V. H.)

— Há alguém?

— **Sim.**

— És o mesmo de ontem?

— **Não.**

— A alma de ontem, que eu aprecio, voltará?

— **Sim.**

— Por que não hoje? Podes responder?

— **Sim.**

— Ela está zangada?

— **Não.**

— É não? Ou dois Z? Fala.

— **Não.**

— Z é a primeira letra do teu nome?

— **Não.**

— Tens algum comunicado para mim?

— **Sim.**

— Fala.

— **O olho humano não pode fitar o Sol por muito tempo, o pensamento não pode fitar muito tempo... X.**

— É voluntariamente que vais até X?

— **Sim. Mistério, Deus.**

— Repito: Tens alguma coisa de especial a nos dizer?

— **Sim.**

— Fala.

— **Caráter. Trevas.**

Movimento, rotação [da mesa].

— Ainda és o mesmo?

— Não.

— És aquela que veio ontem?

— Não.

— Teu nome?

Rotação.

— Podes dizê-lo?

Movimento.

— Estás incomodado?

Mais [uma] rotação sem recomeçar.

— Há alguém?

Silêncio.

SEXTA-FEIRA, 6 DE JANEIRO DE 1854

Presentes: sra. Victor Hugo e Charles. À mesa: Auguste Vacquerie. (Ata C. D.*)*

Auguste Vacquerie: Quem está aqui?

— **André Chénier.**

— Queres continuar o relato de tua vida após a morte?

— **Sim.**

— Tuas últimas frases eram um pouco obscuras, sem dúvida por falta de fluido de nossa parte. Queres esclarecê-las?

— **Sim.**

— De qual palavra prossegues?

— **Terminava.**

— Continua após terminava.

— **Em apoteose. Era a guilhotina que terminava resplandecente. Era o carrasco que se realizava em Deus. Era o semeador da morte que colhia a imortalidade. Eu nascia no grande berço. Saía vivo da sombra e estava coberto de orvalho como um lírio na primavera. Toda alma é a flor de seu túmulo. O céu é um buquê. O perfume dos cemitérios é delicado. Uma rosa que sai de um morto é sempre respirada por Deus. A prece a colhe para mim. A prece é a florista do céu. Mas de repente ouvi vozes no infinito,** uma dizia: "Ó poeta, meu nome é Néère.* Estou triste. Minha coroa está incompleta. Teus versos me abandonaram. Morri ao nascer. Ó meu poeta, ressuscita-me. Reabre meus olhos para o meu idílio. Faz-me reencontrar Camille, tu me fizeste amar, fiz-te cantar. Devolve-me o meu amor e recomeça tua canção. Ó meu amante, faz-me encontrar Chénier". Outra dizia em um estertor queixoso e melancólico: "Ó vingador, sou Luís XVI. Tens na mão o chicote das cóleras. Podes domar o raio. Resgata o iambo explosivo e vinga-me. Açoita o cadafalso. Ó poeta, faz-me encontrar Tácito". A última dizia: "Meu nome é Robespierre. A Revolução errou ao me matar, mas tu erraste ao recriminá-la. Todo grande espírito é devedor da ideia. A Revolução, como um credor que confisca a casa do mau pagador, recolheu tua cabeça porque tu lhe devias teu gênio. Paga-lhe. O túmulo não é a liberdade para os espíritos infiéis à ideia. Recomeça tua obra. Glorifica a Revolução que ultrajaste. Abençoa a liberdade que amaldiçoaste e sai republicano da imortalidade. De pé na prancha do cadafalso, proclama a Revolução, tu que és seu mártir, torna-te seu apóstolo. Revela tua cabeça pálida, reabre teus olhos mortos e que todos vejam o fantasma de Chénier reconciliar-se com o espectro de Robespierre. Estendo-te a mão na luz e beijo-te no amor. Irmão, encontramo-nos na família dos decapitados, eu, o deserdado da Revolução, tu, seu devedor. Chénier deve ficar quite com Robespierre. Devo-te a cabeça, deves-me teu pensamento". As vozes se calaram, e espero que vós me escuteis.

Entram Victor Hugo, François-Victor Hugo e a sra. Hugo.

— Nós te escutaremos o quanto quiseres, mas, um lembrete, poderias dizer a Shakespeare que eu gostaria muito de encontrá-lo?

— **Sim.**

— Ele virá?

— **Sim.**

— Que dia?

— **Sexta-feira.**

* Título de um poema de Chénier, que o também poeta J. M. Heredia considerou "o mais simples, o mais tocante, o mais perfeitamente belo da língua francesa". [N.E.B.]

Sra. Hugo: Do mundo onde estais, vedes tudo que acontece no nosso?

— **Sim.**

Auguste Vacquerie: No domingo, 25 de dezembro, tu fizeste versos para nós. Os primeiros eram encantadores, os últimos eram obscuros. Julgas da mesma forma?

— **Sim.**

— Até que verso conservas o que nos ditaste?

— ***Sob tua casta coroa habita o respeito.***

— Continua.

— ***Cupido em seus folguedos se detém ao teu aspecto***
E esconde (a malícia é própria das inocências)
Sua aljava, brinquedo repleto de nossas carências,
E a pomba, enxame guloso que nos céus
Passeia o carro silencioso de Vênus,
Vai ciscar, em mais de uma alma vaporosa,
As priscas sementes de amor lançadas por Artemísia ou Rosa,
Detém-se em tua soleira e diz: Paz aos velhos anos.
A penugem branca sempre agrada aos cabelos brancos.
Das flechas de Adônis vossa idade vos protege.
Ó velhos montes, o raio poupa vossa neve.
A idade é um inocente que pecou em outras eras.
O amor para vos falar escolhe sua voz mais terna.[34]

Hesitação.

— Continuas aqui, Chénier?

— **Não.**

— Quem responde não?

— **O Leão de Androcles.***

— Fala.

* Em um conto atribuído a Esopo, um leão é salvo pelo escravo Androcles, que retira do animal um espinho no pé. Em retribuição, o leão torna-se fiel a ele, protegendo-o. A história é tema de um poema de Hugo, "Au lion d'Androclès", no livro *A lenda dos séculos*. [N.E.B.]

— A juba é a cabeleira das frontes soberanas. O leão é o poeta das solidões. O leão está de pé quando o Sol nasce. O leão perdoa, o leão sonha. O leão é o rugido do vento, é o silêncio do deserto. Minha juba, quando a eriço, é a lira viva dos furacões. Minha cauda, quando a levanto, é o chicote do ar. Minha garra é a força, meu olhar é a bondade. Meu rugido arranca o tigre do deserto e devolve os filhos às mães. O leão reina sobre o tigre. No circo, ele concede as misericórdias que Nero recusa, poupa Androcles, salva Daniel, apazigua-se como Deus e beija o pé da ideia. O leão é a força que engrandece o homem e a clemência que faz o homem bom. Sou esse leão. Saudai.

— Nós te saudamos. Queres voltar?

— Sim.

— Que dia?

— Terça-feira às 9h.

— Diz a André Chénier que nós lhe suplicamos que volte em breve a fim de continuar seus versos e traze-nos sua resposta terça-feira.

— Sim.

Encerrado à meia-noite e meia.

SEXTA-FEIRA, 13 DE JANEIRO DE 1854

Presentes: Victor Hugo, Auguste Vacquerie. À mesa: sra. Victor Hugo, Charles Hugo. (Ata C. D.)

— Teu nome?

— **Shakespeare.**[35]

Victor Hugo: Considero da mais alta importância saber se, antes de responderes a nosso chamado, nos concedeste a grande honra de vir por iniciativa própria. Diz então: foste tu que já vieste?

— **Sim.**

— Tu sabes que te consideramos um dos quatro ou cinco maiores criadores da humanidade. Podes nos relatar o que aconteceu no túmulo e o encontro que ocorreu em 23 de abril de 1616?

— Beijei Corneille quando ele nasceu.

— Eu não disse 1606, e sim 1616. Recolhe-te e verifica se nesse dia Shakespeare não encontrou outro imenso representante do pensamento humano.

— Não.

— Entretanto, em 23 de abril de 1616, Cervantes morreu, mesmo dia e quase a mesma hora que tu. Porventura não o encontraste? Queres responder?

— Não.

— Dizes que não queres responder ou que não o encontraste?

— Miguel de Cervantes não morreu à mesma hora que eu.

— Mas morreu no mesmo dia. Vós provavelmente vos encontrastes no meio para onde fostes. Dois gênios como vós deviam ter o que se falar. O que dissestes um ao outro?

— Quando morremos, assumimos instantaneamente a idade de todos os mortos, isto é, da eternidade. No céu, não existe quem chegou primeiro e quem chegou por último. Todos têm uma segunda vida e essa segunda vida dura 100 milhões de anos. Perguntar a um morto: há quanto tempo estás no céu?, é perguntar a um raio: há quanto tempo estás no Sol? Uma alma é uma irmã sem primogênita. O infinito não é o primogênito do amor. A eternidade não nasceu antes do gênio. Todos os grandes espíritos são gêmeos. Dante não é o caçula de Ésquilo, Sófocles não é o benjamim de Homero, Shakespeare não é o irmão mais moço, Jó não é o mais velho, Isaías é tão centenário quanto Moisés. O Horeb é tão secular quanto o Sinai. A ideia tem filhos, mas não netos. Se interrogares o raio sobre sua idade, ele te dirá: pergunta ao relâmpago. Se interrogares o relâmpago, ele te dirá: pergunta ao raio. Vi Cervantes uma vez. Ele me cumprimentou e falou: "Poeta, o que pensas de dom Quixote?". E Molière, que passava, disse: "É o mesmo homem que dom Juan". E eu disse: "É o mesmo homem que Hamlet. Dom Quixote duvida, dom Juan duvida, Hamlet duvida. Dom Quixote procura, dom Juan procura, Hamlet procura. Dom Quixote chora,

dom Juan ri, Hamlet sorri, os três sofrem. Na caveira que Hamlet segura, há tua lágrima, ó Cervantes, e teu riso, ó Molière. O esqueleto da dúvida se contorce sob a beleza de nossas três obras. Nós fazemos o drama, Deus o consuma. Olhai o céu, é o último ato. A lápide que se abre para nossas almas é o pano que se abre para o desenlace. Aplaude, Cervantes! Aplaude, Molière! Aplaude, Shakespeare! Deus entra em cena".

— Na presença de um gênio como tu, os pensamentos abundam e se atropelam, eis o que me ocorre em primeiro lugar. Quando estavas sobre a Terra, tu criavas, criavas depois de Deus. Agora que deixaste a Terra e habitas a verdadeira vida, a luz, o que constitui teu gênio? Vives, Shakespeare, ora, há ideias indivisíveis. Para Shakespeare, viver é criar, continuas a criar? Continuas a tua obra? Se continuas, se isso é de ti, deve ser de todos os outros gênios. De maneira que, ao lado da criação direta de Deus, haveria o que poderíamos chamar de criação indireta, isto é, a criação de Deus através dos grandes espíritos. Isso abre um horizonte imenso e inédito. Queres responder à minha pergunta? Continuas tua obra? Se continuas, é conforme o mundo dos homens, que tu habitaste, ou conforme o mundo das almas, que habitas agora? Tua obra sofre a mesma transformação que tu? Escreve-a, se a palavra escrever pode ser empregada, em uma língua nova para nós, que os homens não compreenderiam e que é a língua própria do céu? São dramas que fazes? Sobre quais paixões? Sobre qual mundo? Sobre quais ideias? Esses dramas, se fossem traduzidos, seriam acessíveis à inteligência humana? Em suma, qual é o elo que ligaria tua obra no céu à tua obra na Terra?

— A vida humana tem criadores humanos. A vida celestial tem o criador divino. Criar, eis o trabalho, contemplar, eis a recompensa. Na Terra, os grandes espíritos criam para moralizar, mas no céu tudo é moral, tudo é bom, tudo é justo, tudo é belo. O céu seria incompleto se eu criasse alguma coisa, uma obra-prima destituiria Deus. Estou condenado à admiração, eu, o admirado. Estou perdido na multidão dos espectadores, eu, o criador. Deus cultiva um canteiro de semideuses. Orfeu, Tirteu, Homero, Ésquilo, Sófocles, Eurípides, Moisés, Ezequiel, Isaías, Daniel, Esopo, Dante, Rabelais, Cervantes, Molière, Shakespeare e outros que entrevejo sem conhecê-los, no infinito, estamos sentados pensativos diante da luz do Eterno.

Jesus está de joelhos. A luz nos ilumina e ofusca. A vida nos arrebata e transborda, se tu visses todos esses profetas, todos esses magos, todos esses poetas e todos esses gênios, sentados em círculo ao redor de Deus, tu não me perguntarias se eu crio. Não, eu olho, não, eu escuto, não, sou um átomo atento diante da imensidão. Sou um grande homem que abdica perante o infinito. Eu caio arcanjo. Desço pequeno do pedestal e jogo fora minha auréola. Sou um sonho cujo despertar é a morte. Eu tinha a arte, agora tenho o amor. Minhas criações deixaram suas asas no túmulo. O amor é a arte ressuscitada. A arte caminha rumo à porta do céu, apenas o amor entra lá. A felicidade é uma meca eterna cujo peregrino é a arte e cujo anjo é o amor.

— Vieste a pedido de André Chénier. Podes, igualmente, pedir a André Chénier que volte e nos dizer quando ele voltará?

— Sim.

— Quando ele voltará?

— Dentro de dez dias.

— No 23?

— Sim.

Victor Hugo sai.

Sra. Hugo: Tu dizes que vós não criais mais na vida em que estais. Como é possível que, por sua vez, André Chénier só pense em criar, em terminar suas obras?

— A vida me coroou, ao passo que decapitou Chénier. Chénier ainda tem alguma coisa a dizer à vida. Quanto a mim, não falo mais senão com Deus ou em Seu nome. Shakespeare é pai de sua obra. Chénier é órfão da sua.

Encerrado à meia-noite.

22 DE JANEIRO DE 1854

9h45 da noite. Presentes: sra. Hugo, sr. Victor Hugo, Auguste Vacquerie, Guérin. Conduzem a mesa: sra. Hugo e Guérin. Victor Hugo interroga. (Cópia C. D.)

— Há alguém?

— **Sim.**

— Teu nome?

— **Jacó.**

— Tens algum comunicado a me fazer?

— **Sim.**

— Fala.

— **Duvidemos.**

Nota: Meia hora antes desta sessão, Victor Hugo e Auguste Vacquerie, os dois sozinhos na sala conversando sobre as Mesas, haviam exprimido algumas dúvidas. Julgaram estranho principalmente Shakespeare idealizar dom Quixote, que lhes parecia a afirmação por excelência, como uma figura da dúvida. Ninguém poderia ter ouvido a conversa. Charles, nesse momento, estava em seu quarto, dois andares acima da sala.

Charles Hugo entra e substitui sua mãe. Instala-se à mesa sem perguntar quem está presente nem o que foi dito até o momento. A Mesa continua.

22 DE JANEIRO DE 1854

(Aqui Charles e Guérin conduzem a mesa.) (Ata V. H.)

— Shakespeare tinha razão em vos dizer: a dúvida está no fundo de todas as obras humanas. Sim, dom Juan é a dúvida. Sim, Hamlet é a dúvida. Sim, dom Quixote é a dúvida. Vós não compreendestes o sentido maior dessas três figuras. Quereis sabê-lo resumidamente? A luta de dom Juan com a estátua, a luta de Hamlet com a sombra e a luta de dom Quixote com os fantasmas são a mesma luta. É o combate do homem contra o mundo invisível, é o pugilato do corpo contra a alma, é o duelo da carne

com o espírito, é o campo escuro e fechado da dúvida, é a luta eterna de Jacó com o anjo.

— O que acabas de dizer é bonito é conclusivo. Ouvias o que dizíamos ainda há pouco, embaixo?

[Sem resposta.]

— Estás aqui, Jacó?

— Não.

— Quem está aqui?

— Shakespeare.

— Tens algum comunicado a nos fazer?

— Sim.

— Fala.

— Devagar com o andor, pobres homens de gênio, o que é vossa imensidão para ousar desafiar o deus dos abismos, o que é vosso pensamento para permanecer velado perante o deus dos sóis? O que são vossas obras-primas para ousarem afrontar o Deus da eternidade? O que são nossos Hamlet, o que são nossos dom Juan, o que são nossos dom Quixote diante da majestade, diante da pujança, diante da luz? O que são vossos Ruy Blas, o que são vossos dramas, o que são vossos mundos diante da criação? Hamlet, arranca teu penacho negro; dom Juan, arranca tua espada; dom Quixote, arranca teu capacete; Ruy Blas, empresta-lhes tua libré e aparecei assim vestidos perante o senhor eterno. A libré é o traje das obras-primas perante Deus.

Conversa sobre esta sessão e a outra.

— Continua.

— Em primeiro lugar, enganai-vos estranhamente a meu respeito. Eu não desprezo minha obra, assim como a estátua não despreza seu pedestal. Mantenho-me ereto sobre minha criação. Vós dizeis: ele a pisoteia. Não. Não marcho desdenhosamente sobre Hamlet; subo majestosamente ao mais alto penhasco de Elsinor e lá, em vez de falar com a Sombra, falo com Deus. Eis tudo. Todo grande pensador, quando sobe ao túmulo, transpõe o último degrau de sua obra. A morte é a torre suprema. A obra é o assalto sublime. A vida vestiu um capacete na fronte do espírito, a morte lhe retira o capacete e lhe diz: Olá, auréola. Sou o vencido de Deus, venho contar minha derrota. Sou o embaixador da vitória divina. Sopro no clarim atrás do carro do Eterno, e admirai-vos que minha fanfarra diga Jeová! e não Shakespeare! Vede, eu havia esquecido meu nome, vós me recordais: obrigado, vivos!

— Continua.

— São versos que desejo recitar.

— Em inglês ou francês?

— A língua inglesa é inferior à francesa.

— Estamos escutando.

— *O pensador soberano, quando na Terra avulta,*
Fala alto e comanda; ele te obedece, ó Tânatos!
O mundo estremece ao farfalhar de sua juba
E a imensidão diz: é o leão que sai do antro.

Ao morrer, contudo, sua cabeça verga-lhe o pensamento,
Ele perde a garra e o dente e ninguém mais se lembra
Do leão que ruge, narina frémente,
E o firmamento diz: é um pássaro que chega.

Ó meu Deus, ajoelho a teus pés minhas vitórias,
Hamlet, Lear, de joelhos perante o Deus das glórias!
Entremos pequenos, vencidos sob o arco do...[36]

— Queres recomeçar o verso?

— Sim.

— Prossegue.

— Relê tudo.

Relemos tudo. Perguntamos-lhe se ele quer mudar alguma coisa, verso a verso. Sim. Os nove primeiros versos são conservados. O décimo é substituído.

— Otelo.

— Mudo para quê?

— Romeu.

— Décimo primeiro mantido.

— **Décimo segundo alterado.**
***Vós cantáveis* Homino, *a tumba diz:* Deo.**[37]

— Sabes que somos teus compatriotas muito mais que os ingleses?

— **Sim.**

— Prossegue.

— ***Assim como os cativos que seguiam nas festas,***
Coroados, mas vendidos, Césares, vossos carros de alabastro,
Minhas obras-primas de luto, Deus faz inclinar vossas cabeças,
Hamlet, trajando negro, deve seguir os astros.

O infinito todo-poderoso ao seu carro vos acorrenta,
Vossa abdicação constitui sua realeza.
Vós éreis soberanos, a rainha, Julieta.
Shakespeare desceu, sua alma sobranceia.[38]

— Estamos cansados. Que dia voltarás?

— **Quarta-feira, às nove da noite.**

Sessão encerrada à 1h da manhã.

22 DE JANEIRO DE 1854[39]

(Ata sra. V. H.)

— Tens algum comunicado a nos fazer?

— **Sim.**

— Fala.

— **Devagar com o andor, pobres homens de gênio, o que é vossa imensidão para ousar desafiar o deus dos abismos, o que é vosso pensamento para permanecer velado perante o deus dos sóis? Em primeiro lugar, enganai-vos estranhamente a meu respeito, não desprezo minha obra, assim como a estátua não despreza seu pedestal. Mantenho-me ereto sobre sua**

criação. Dizeis: ele a pisoteia, não, não marcho desdenhosamente sobre Hamlet; subo soberbamente para a alta plataforma de Elsinor e lá, em vez de falar com a sombra, falo com Deus.

QUARTA-FEIRA, 25 DE JANEIRO [DE 1854]

9h30 da noite. Sra. Victor Hugo e o sr. Guérin conduzem a mesa. (Ata V. H.)

— Quem está aqui?

— **Shakespeare.**

— Podes continuar teus versos por intermédio da mesa, tal como ela está sendo conduzida neste momento?

— **Sim.**

— Fala.

— **Biiliemm.**

— Desejas outro para conduzir a mesa?

— **Sim.**

— Quem?

— **Charles.**

— Podemos substituí-lo?

— **Não.**

— Quem deve deixar a mesa?

— **A sra. Hugo.**

— Podemos deixar a mesa enquanto Charles não vem?

— **Não.**

Charles assume a mesa com o sr. Guérin.

— Continua os versos começados. Escutamos.

— ***Minha obra desceu, mas minh'alma sobranceia.***

— Queres mudar alguma coisa nos versos anteriores?

— **Não.**

— Continua.

— Vivos nos chamamos Shakespeare e ele Molière.
Fabricamos estrelas com as paixões,
E nossa obra, criando mundos etéreos,
Enche o espírito humano de constelações.

Mortos, nos afastamos, humildes, sob as estrelas;
Escondemo-nos, pensativos, atrás de nossos túmulos;
E então olhamos[40]

Interrupção.

— Procuras o fim do teu verso e desejas que esperemos um instante?

A mesa continua a se agitar sem responder.

— Queres que eu releia tudo? Isso te ajudaria?

— **Sim.**

Relemos, a mesa recomeça.

— ... a imensidão sem peias
Sobre nossas frontes e[41]

Interrupção. A mesa se agita.

— É um "T" em seguida?*

Sem resposta.

— Alguma coisa te incomoda?

— **Não.**

— Desejas recomeçar o último verso?

— **Sim.**

— Vai.

Mais um silêncio, então a mesa recomeça.

— **Termina a estrofe.**

— É a mim, Victor Hugo, que dizes para terminar a estrofe?

— **Sim.**

— Eis o fim que proponho:

O astro eterno apaga as terrenas luzes.[42]

* Um "T" para completar a conjunção "et" ("e", em francês). [N.E.B.]

Diz-nos o teu.
— *Em nossos astros apagados acenderem-se suas luzes.*[43]
— Tens alguma observação a fazer?
— **Prefiro o teu verso.**
— Queres continuar o resto dos versos?
— **Sim.**
A morte assume a (duas vezes Z).[44]
— Queres recomeçar o verso?
— Não.
— Continua.
— ***rt, humano sob suas imensas asas,***
Carrega-o para o fundo dos céus z z, e lhe mostra Vênus z
E lhe diz: Estas são obras sem prazo.
A arte é um pastor obscuro que caminha de pés nus;
Ele atravessa a planície à hora em que o dia morre,
Guiando a humanidade para fora do atalho dos lobos,
De pé para o rebanho s[45]

Interrupção.
— Queres mudar alguma coisa nesses versos?
— **Sim.**
Os quatro primeiros são mantidos, ele muda o quinto.
— Que palavra tu alteras?
— **A palavra "morre".**
— Para quê?
— **Embaça.**
— Manténs o seguinte?
— **Não.**
— Vai.
— ***Guiando o homem que segue seu passo firme e sorrateiro,***
Grande para o negro rebanho que seu braço conduz no laço,
De pé para o horizonte, mas para o astro de joelhos,

Embora sejas pequeno para Deus, poeta,
Não diz: isso é pouco. Meu esforço, o que importa?
Continua, pensador, as coisas que perpetras.
A chave que fabricas abre a porta.[46]

A mesa se interrompe.

— Queres refazer esses versos?

— Sim.

Não é um ladrão, apenas a sombra da morte.
A morte não rouba os florões das coroas.
A morte não é um roubo da imortalidade.
O céu conserva a glória, ó Deus, quando tu a doas,
Deus não arranca Shakespeare de sua eternidade.

Não digas: a morte vem ao cemitério,
À noite, com passos furtivos, e qual inimigo.
Rouba o Inferno de Dante e o Tartufo de Molière,
E subtrai o epitáfio de Cervantes adormecido.[47]

Qual tu preferes: "de Cervantes adormecido" ou "do gênio adormecido"?

— Prefiro "do gênio"; prefiro que seja mais genérico e se aplique a todos os grandes homens. Pensas como eu?

— Sim.

— Continua.

— *Não, poetas, a morte não é um negro fantasma*
Emboscado covardemente às portas do túmulo.
O sepulcro não é, na humana estrada,
Armadilha que Deus estende ao grande, belo e justo.

Não, a morte é a vida emancipada e soberba,
É o semeador do céu, é o grande lavrador,
Que ceifa sobre o túmulo a última meda
E lança sua colheita aos pés do Senhor.

A obra terrena vive, a obra terrena manda,
É nossa chave de amor para penetrar o obscuro.
Que nosso braço trema e nossa fronte sangre,
Até o éter, pedra a pedra, ergamos nosso muro.

Empilhemos com vagar obra-prima sobre outra,
Hoje dom Quixote, amanhã Iago.
Hoje o leão, amanhã a cobra.
Hoje, eu, Shakespeare, amanhã, tu, Hugo.

Já que Deus nos ultrapassa em ao menos cem côdeas,
Vamos dar-Lhe trabalho para vencer a luz do arrebol.
Que, ao ver correr nossas quadrigas de ideias,
Ele triplique as parelhas no seu carro do Sol.

Tenhamos orgulho de ser os que disputam o império
E, admirando os céus, constatemos: são impressionantes.
Que ao celestial clarim a arte adapte seu verso
E de ser tais anões sendo tais gigantes!

Não, não somos nada, somos um átomo,
Não, não somos nada no confronto;
Nossos livros são pequenos diante do divino tomo
Cuja lombada a aurora dourou no horizonte.[48]

— Queres continuar ainda hoje?
São duas da manhã.
— Decidi-vos.
— Queres voltar em breve?
— Sim.
— Sexta-feira às 9h?
— Sim.

SEXTA-FEIRA, 27 DE JANEIRO DE 1854

7h da noite. Charles e Guérin à mesa.[49] *(Ata Ch. H.)*

— Quem está aqui?

— **Shakespeare.**

Charles: Procuramos neste momento, sem encontrar, nomes de fadas para uma lenda que estou fazendo, tu, que nas tuas criaste nomes tão encantadores, podes me sugerir dois ou três nomes de fadas boas?

— **Lacrima ou Pidrahita.**

— Esse nome tem um sentido?

— **Pé de criança.**

— Em que língua?

— **Do Sol. Ou então Rosaspina. Animula. Perlina. Marquesa do mar. Voo de pássaro. Gaivota d'alma. Sultanesa de lírios. Pandora. Adorno de maio.**[50]

— Autorizas-me a usar esses nomes?

— **Sim.**

— Voltarás às 9h30?

— **Sim.**

27 DE JANEIRO

9h30. Charles e sr. Guérin à mesa. (Ata V. H.)

— Estás aqui, Shakespeare?

— **Sim.**

— Fala o que quiseres.

— ***Quando Ésquilo pensativo esculpe a alma de Orestes,***
Quando Cervantes sonhador cria seu grave fidalgo,
Quando o amargo Poquelin franze a testa de Alceste,
Quando adormeço Desdêmona à sombra de Iago,

Quando do trêmulo Hamlet faço o ríspido ministro
Do espectro que lhe diz: Vinga-me! Elsinor,
Toda noite, quando deixo em tua torre sinistra
A dúvida de sentinela na seteira do destemor;

Quando em Caliban pinto a criatura devoradora,
Ou em Ricardo III pinto o homem desumano,
Quando, a Lady Macbeth recusando toda misericórdia,
Lúgubre, com seu crime algemo-lhe a mão,

A Julieta no crespúsculo quando digo minha romança,
Quando faço meu rei Lear e vós vossos Triboulets,
Quando, qual caverna no fundo de um bosque imenso,
O antro de Grangousier se abre em Rabelais;

Quando Esopo indignado de ser escravo do homem
Evade-se para a fábula e foge do ideal,
Quando Tácito para os Neros abre um circo em Roma
E faz Tibério ser comido pelo seu tigre real,

Quando Sileno embriaga-se em teus vinhedos, ó Virgílio,
Quando falando e pregando em um mundo de ais,
Moisés escreve a Bíblia e Jesus o Livro,
E a cruz ao longe dialoga com o monte Sinai,

Quando, pensadores profundos e poetas sublimes,
Criamos pacientemente, quando damos vida
A esses gigantes que erguendo no céu seus vastos cimos
Fazem à noite sombra maior do que as colinas,

Nós não criamos, e sim plagiamos nossas almas,
Copiamos o Deus que faz as paixões,

Plagiamos a criança, os mancebos e as damas,
Criamos depois de Deus em suas criações,

Roubamos da vida, do amor, da cova,
De um, todos os seus beijos, do outro, todos os seus ossos;
Furtamos sorrateiros toda lágrima que rola.
Procuramos tesouros no fundo de todos os desgostos.

O amor que insinuamos em nossas obras sonhadoras
Chega a nós por meio de duas pombas divinas:
Roubamos os brinquedos das crianças tolas;
Pigmaliões furtivos, rastejamos rumo à pira,

Enxertamos o infinito livremente em nossas estrofes,
Pedimos palavras ao destino, senhor obscuro,
Desembainhamos, para o caso de escuras catástrofes,
Sua grande espada pendurada no muro.

Somos, ó Deus, teus filhos e teus hóspedes;
Usamos e abusamos da hospitalidade.
Banhamos em tuas águas puras feito odes
Nossos Aquiles nascentes, rio de eternidade!

Eis por que, Senhor, nossas obras imortais
Morrem ao se aproximarem de Apolo solar;
Sua flecha de ouro caindo de suas mãos perenais
Em sua viagem ao céu lhes atinge o calcanhar.[51]

É 1h da manhã.
— Charles está cansado. Queres voltar domingo à noite às 9h?
— Sim.
[A ata de Hugo termina aqui.]

(Ata sra. V. H.)

Victor Hugo sai. Em seguida, a sra. Hugo pede ao filho que continue mais um pouco, tendo uma pergunta a fazer a Shakespeare. Charles, mesmo cansado, consente em permanecer. [Anotação da sra. Hugo.]

Sra. Hugo: Desejo saber se existe trabalho no mundo onde vives.

— O pensamento, na linguagem do céu, fala, canta, vive sem trabalho. Ele habita o Verbo. Mas ao descer do céu para a Terra e do verbo divino para a linguagem humana, é forçado a deixar lá suas asas, como um pássaro de volta à gaiola. Para que o acompanheis, ele deve caminhar, não voar. Calça então novamente as sandálias pesadas que deixara no umbral do túmulo. O verbo levita; a palavra cai. Logo, caio, uma vez que falo, logo, tropeço, uma vez que ando. O espírito humano é um calabouço. Encarcerando-me convosco, submeto-me às regras da prisão, trabalho. Bebo na ânfora a água de vossa poesia, mordo o pão preto do vosso ideal, volto a ser o poeta humano, talvez maior, mas não mais livre. Crio laboriosamente e, de minha fronte, sinto rolarem gotas de suor, essas lágrimas do labor humano.

Encerrado às 2h da manhã.

DOMINGO, 29 DE JANEIRO DE 1854

9h30 da noite. Minha mulher e Charles. (Ata V. H.)

Victor Hugo: Embora tenhas recitado versos admiráveis, permite-me uma pergunta. Tu ouves nossas palavras, vês nosso pensamento, sabes que, mesmo estando profunda e religiosamente convencidos do mistério que presenciamos, acontece-nos duvidar da identidade absoluta e real dos personagens que nos dirigem a palavra. Vós, que sois luz, felicidade e benevolência, possuís no mundo onde estais um meio de nos convencer plenamente de que sois de fato os personagens em nome dos quais falais? Ou deveis nos deixar na dúvida quanto a esse ponto?

— Quem está aqui?

— **A Sombra do Sepulcro.**

— Eu havia feito uma pergunta a Shakespeare, sabes que pergunta é essa?

— **Sim.**

— Para respondê-la, precisas que eu a leia?

— **Não.**

— Queres responder?

— **Sim.**

— Escutamos.

— **O túmulo não mente. A mortalha é a primeira página branca do livro da verdade cuja escura encadernação é a tumba. Vós, que ledes nesse livro, por que duvidais?, porque sois vivos. Não podeis crer sem morrer. Em vosso pobre mundo, a fé é o suicídio. No meu, é a criação.**

Quando Shakespeare vem e diz: sou eu, estais condenados a procurar sua identidade e dela duvidar. Vós sois os reis da vida que recebeis os embaixadores da morte, porém, como eles usam uma máscara de sombra, não podeis ver-lhes o rosto, só podeis ver-lhes a coroa. Sua coroa é sua alma. A fala da morte é a verdade na grandeza, é o verbo. O verbo é a credencial de Deus.

Sra. Hugo: Parece-nos, contudo, faltar realidade ao que disseram Aníbal e Nemrod, por exemplo.

— **Aníbal e Nemrod cumprem sua sentença. Nemrod matou, Aníbal odiou; toda alma castigada tem fraquezas; a fraqueza dessas duas almas é seu orgulho. Nemrod está sempre ouvindo o som de sua trompa e Aníbal a fanfarra de seu clarim. Um rumina: meti medo aos leões; o outro rumina: expulsei as águias. Eles voltarão a Deus. Esses dois grandes caçadores terminarão sendo capturados pela pomba.**

— Se o túmulo não mente, por que Nemrod e Aníbal mentiram?

— **Pergunta se a alma que se dirige a ti é recompensada ou punida.**

— Nemrod disse que era uma alma feliz.

— **Não.**

Victor Hugo: Temos perguntas muito sérias a te fazer...

— **O que está feito está bem-feito. Para o futuro, fazei como quiserdes.**

— Se a alma castigada afirma ser recompensada, podendo mentir, ela nos enganaria?

— **Eu então interviria.**

— A jumenta de Balaão declarou que o fenômeno das Mesas era passageiro. O que devemos entender por isso e quanto tempo o fenômeno vai durar? Podes dizer?

— **Não.**

— Charles e nós devemos nos apressar e fazer mais sessões por semana?

— **Não vos apresseis.**

— Podes dizer se o homem de Guernesey* será salvo?

— **Não.**

Sra. Hugo: O Arcanjo Amor,[52] tua irmã, voltará?

— **Sim.**

Movimento da mesa. São 11h da noite.

29 DE JANEIRO

11h da noite. (Ata V. H.*)*

— Quem está aqui?

— **Shakespeare.**

— És uma alma feliz?

— **Sim.**

— Charles está cansado. Podes voltar quarta-feira, às 9h?

— **Sim.**

— Podes pedir a André Chénier que nos faça uma visita?

* Trata-se de John Charles Tapner, condenado à morte. Ver nota à p. 195.

— **Sim.**

— Na outra vida, tu, tão desconhecido e esquecido de tua vida pregressa, ouves o fragor da tua glória e te regozijas com ele?

Silêncio.

— Há alguém?

— **Sim.**

— Shakespeare?

— **Não.**

— Quem és?

— **Lutero.**

— Tens algum comunicado a nos fazer?

— **Não.**

— Podes voltar sexta-feira à noite, às 9h?

— **Sim.**

Segundo caderno

1º de fevereiro a 30 de maio de 1854

QUARTA-FEIRA, 1º DE FEVEREIRO DE 1854

9h da noite.[1] *Presentes: sra. Victor Hugo, Auguste Vacquerie. Charles Hugo e Guérin (conduzindo a mesa).*[2]

— Quem está aqui?

— **Shakespeare.**

Auguste Vacquerie: Shakespeare, os grandes homens ignorados por suas épocas apelam à posteridade. Tu, quando morreste, foste esquecido. Tua reputação estava morta quinze anos antes de ti. Então, teu túmulo se abriu e nele encontramos teu gênio vivo e jovem. Tu ressuscitaste na Terra como no céu. Muito bem, tua ressurreição terrena é uma das alegrias de tua ressurreição sobre-humana? És feliz sendo para nós o grande Shakespeare? Ou tua felicidade é tão superior à humanidade que o grito de nosso entusiasmo não o alcança? No mundo onde estás, atribui-se ainda alguma importância à opinião dos homens? O que sentes diante de nossos aplausos? Lês nossos jornais? Interessas-te por tua glória? És grato aos que te aclamam? Pequenos e vivos que somos, podemos fazer alguma coisa por ti, morto poderoso?

— ***O céu, eco profundo do gênio e do crime,***
Escuta nascer Hamlet, ouve morrer Abel.
O tropel da obra humana, abjeta ou sublime,
Sobe eternamente a escadaria de Babel.

Os golpes do braço criador ou homicida
Fazem ressoar o caixão de tampa carmim,
Seja tua maça, ó beluário Alcides,
Ou a tua, Caim.

Logo, uma vez que nada morre do que criamos,
Logo, uma vez que nada morre do que extinguimos,
Como quereríeis que morressem nossos dramas?
Nomeai o coveiro de minhas obras-primas.

Em que necrópole ou sombrio império
Hamlet lê seu nome gravado sob a bétula?
O epitáfio é humano. Está ali para Shakespeare,
Mas não para Otelo.

A ressurreição para Shakespeare e Molière
É dupla: descendo os degraus do mausoléu
Renascemos duas vezes no céu e na Terra;
No céu, no infinito; na Terra, no belo.

Quando vedes aos pés de outra Cleópatra
Alceste doce leão curvar seu dorso de lã,
Não percebeis ao fundo do teatro
*A sombra de Poquelin.**

Quando vedes passar ao fundo da ribalta
Hamlet trajando luto, crede, ele não está solitário.
Shakespeare está em sua fronte, em sua alma.
Não é um manto que ele veste, é meu sudário.

Invisíveis atores, encenamos nossa excelsa obra,
Nossos nomes estão nos cartazes das lápides eternas.
E se nos apupassem, diríamos: a cobra
Sibila em nosso cerne.

* Molière é o pseudônimo de Jean-Baptiste Poquelin. [N.E.B.]

Nossa estátua enlutada chega do cemitério.
Viemos escutar críticas e desafios.
O Comendador desce do túmulo de Molière,
Subo para junto de Hamlet e digo-lhe: meu filho.

Vossos aplausos fazem estremecer nossas almas.
Nossos sepulcros mudos respiram vossos enlevos.
Quando o vampiro Ducis crava nos meus dramas*
O dente dos arremedos,

Indignado, eu digo: profanador, vai-te!
Deixa minha caveira nas mãos do coveiro! O belo
É um morto terrível, que dorme sob essa lápide;
Teus vermes não têm o direto de entrar em seu castelo.

Sim, nós vos escutamos, pensadores, jovens poetas,
Espíritos religiosos, tão poderosos e meigos;
Rendemos-vos graças por, em vida tão funesta,
Dobrardes vossos joelhos.

Vossa reflexão amiga é viúva de Shakespeare.
Ele a vê, sente, sua vida com ela colore.
Vós recebeis a coroa e eu a respiro.
Sois meus amantes, sois meus amores.

Quando uma obra vossa eclode na Terra,
Tomo-a nas mãos e nos sentamos.
Cervantes com o dedo faz calar-se Molière,
E todos dizemos: vejamos!

* Jean-François Ducis (1733-1816), poeta dramático francês, adaptador de Shakespeare; eleito para a Academia Francesa em 1778. Ducis e Delille são citados, nessa ordem, à frente de Madame de Staël, Benjamin Constant, Chateaubriand, Lemercier, no discurso de recepção de Hugo na Academia Francesa em 1841.

*Escutamos o Drama e vi chorar Dante**
Quando introduzíeis o amor nas almas reles.
E, quando afiáveis vossa língua hilariante,
O Olimpo ria menos do que ri Rabelais.

Está bem. Continuai. Vossa voz é sagrada.
Fazei vossa obra após Hamlet *e* Dom Juan*,*
Sois depois de nós a segunda vaga
Do imenso oceano.

Vós conduzis a humanidade ao porto. Sois
Os pilotos visionários da grande viagem ao céu;
Manobrais de pé contra o vento que açoita.
E o raio teme a arte, eterno Prometeu.[3]

Dois faróis radiantes guiam vossa caravela,
Dois altares graníticos de que acercar-se ninguém ousa.
A arte e o exílio, ambos pousando a mesma vela
Sobre a mesma rocha.

Arte e exílio! Gigantes combativos e sorrateiros!
Brancos de espuma, ambos desafiam a sorte.
Ouvimos suas armaduras no humano vespeiro,
E, quando vencedores, eles subjugam a morte[4].[5]

* Dante é o 11º dos grandes gênios da humanidade citados nessa ordem por Hugo. Ele construiu "em seu espírito o abismo" e fez "a epopeia dos espectros" (*William Shakespeare*, I, II, "Les Génies"). No poema "A visão de Dante" (1853), concebido originalmente para constituir o livro *Os castigos*, depois retirado do volume e publicado em 1853 na "série complementar" da *Lenda dos séculos*, Hugo, condenando Napoleão III, dissimula-se sob a máscara de Dante.

SEXTA-FEIRA, 3 DE FEVEREIRO DE 1854

9h da noite. Presentes: Victor Hugo, Auguste Vacquerie, sra. Victor Hugo e Charles Hugo conduzindo a mesa.

— Quem está aqui?

— Lutero.

Victor Hugo: É uma alegria falarmos contigo. Tu és um dos grandes proclamadores do livre-arbítrio. Deves ser um dos espíritos mais propensos a nos abrir as portas do mistério. Uma legião de homens que pelo pensamento influenciaram os destinos do gênero humano nos é apresentada recebendo instruções de criaturas misteriosas, que lhes sopram ao ouvido palavras do mundo desconhecido. Sócrates tinha seu demônio familiar, Joana d'Arc um anjo, Maomé uma pomba, dizem que os quatro evangelistas escreveram o Evangelho inspirados por quatro criaturas sobrenaturais: um leão, uma águia, um boi e um anjo. Tu, por tua vez, falas muito em teus escritos em diabos que se esgueiravam em tuas obras. Contas inclusive que volta e meia te desentendias com eles, pois julgavas tais demônios criaturas importunas, e não visitantes amigos. Podes nos dizer se as diversas manifestações do mistério que acabo de enumerar se relacionam com o fenômeno atual?

— A palavra de Deus escolhe determinados espíritos.[6] O som de sua voz é o trovão, é o oceano, é o vento. O homem é o passageiro aterrorizado. A vida é a arca à deriva. Deus então abranda sua voz. Faz calar o raio, o mar e a tempestade, e, enquanto o nauta humanidade[7] se desespera dentro da arca, cumpre devolver-lhe a esperança por intermédio dos animais. A pomba salva Noé. A jumenta salva Balaão. O leão salva Androcles. O pombo inspira Maomé e os quatro evangelistas escutam os quatro monstros. A linguagem divina assume ainda outra forma. O homem está entre a besta e o anjo. Tem um ouvido aberto para o lado da Terra e um ouvido aberto para o lado do céu. Quando a besta se cala, o anjo fala. Mas é sempre o anjo. A besta é o anjo disfarçado. A aparição é o anjo revelado. Ouvi o anjo. Sócrates falava com ele. Joana d'Arc lhe obedeceu e Jesus foi ao seu encontro. Agora, como eu, que ouvi a palavra divina, duvidei? Como Sócrates duvidou diante da cicuta? Como Joana d'Arc duvidou

diante da fogueira? Como Jesus duvidou no calvário? Porque a dúvida é o instrumento do espírito humano.[8] O dia em que o espírito humano não duvidasse mais, a alma humana voaria e abandonaria a charrua antes da asa. Vossa terra permaneceria árida. Ora, Deus é o semeador e o homem é o lavrador. A semente celestial ordena ao relho humano que permaneça no sulco da vida. Homem, não te queixes de duvidar, a dúvida é o espectro que empunha a espada flamejante do gênio à porta do belo. Shakespeare duvida e faz *Hamlet*. Cervantes duvida e faz *Dom Quixote*. Molière duvida e faz *Dom Juan*. Dante duvida e faz o *Inferno*. Ésquilo duvida e faz *Prometeu*. Todos esses criadores duvidam e fazem deuses. Eu duvido e faço uma religião.[9]

— Respondeste à primeira parte da pergunta. Mas eu te perguntava também se a revelação atual não consiste em trazer para mais perto de nós essa longa corrente de revelações que começa no Oriente e termina em ti. Em ti repete-se o fenômeno de Sócrates, de Joana d'Arc? A Mesa diante de nós é a pomba de Maomé, a jumenta de Balaão, o demônio de Sócrates? Ela tem a forma da trípode antiga? É a trípode?

— **A que mesa te referes?**

— À que está aqui, que Charles conduz.

— **Não vejo mesa.**

— Temos então alguma coisa a te ensinar, nós, homens da Terra e da sombra. Muito bem, fica sabendo que nos comunicamos contigo por meio de uma mesa de três pés. Diz, em contrapartida, como nos vês e te comunicas conosco. Não tens então consciência da maneira como tuas respostas chegam a nós? Tu nos percebes? Diz o que somos para ti.

— **Espíritos.**

— Mas sob que forma aparecemos para ti? Tu nos escutas, vês?

— **O espírito dos mortos vê o espírito dos vivos através de suas frontes. Ele respira o perfume da rosa através do espaço e ouve o canto do pássaro através do céu. O espírito humano é o grande perfume e o grande canto da Terra. Vós chegais a nós ungidos e melodiosos. O perfume e o canto não têm forma. Nossa conversa é a troca de duas harmonias. A ideia é o cravo e o músico é Deus.**

— Sendo assim, o espírito humano deve ser impessoal para ti. Sabes quais são os homens aqui presentes? Conheces seus nomes humanos? E visitas a nós preferencialmente a outros? Tens uma causa determinante para vires? Ainda é Lutero?

— **Não.**

— Quem está aqui?

— **Shakespeare.**[10]

— Vens para responder à minha pergunta?

— **Não.**

— Ouviste-a?

— **Não.**

— Poderias nos dizer por que Lutero partiu tão depressa e por que tu o substituíste?

— **Queres que eu me vá?**

— Não. Terias compreendido meu pensamento dessa forma? Eis o que eu quis dizer. Lutero estava aqui. No meio de uma conversa importante, ele partiu bruscamente. Eu me perguntava por quê. Mas estamos orgulhosos de ver-te.

— **Viemos dizer: Deus é grande, e não: o homem é grande.**

— Não fiz essa pergunta para me responderes que eu era grande. Mas Lutero declarou que, para ele, não tínhamos mais forma do que o perfume e o canto. Eu perguntava então não se éramos grandes, mas se éramos distintos. A pergunta assim explicada está despojada de toda vaidade, aceitas responder a ela?

— **Vós fostes escolhidos.**[11]

— Só isso?

— **Sim.**

— Queres terminar os versos que começaste a nos ditar?

— **Sim.**

— Qual dos três poemas começados?

— **O último.**

Auguste Vacquerie: Queres que releia para ti as últimas estrofes?

— **Sim.**

Auguste Vacquerie relê as quatro últimas estrofes. A mesa bate três vezes.

— O que desejas mudar?

— **O último hemistíquio.**

— Muda.

— ***Eles entram na morte cantando sua vitória.***

Os cavalos do Sol relinchando fogaréu,

Carregam-nos coroados às portas da glória,

Capital de Deus.[12]

Victor Hugo: Queres rever e terminar os outros dois poemas esta noite?

— **Sim.**

— Por qual deles desejas começar?

— **O primeiro.**

Criemos! Sejamos a falange indomável.

Molière faz Tartufo, eu faço Iago.

Hoje Fídias, amanhã Prometeu,

Hoje, eu, Shakespeare, amanhã, tu, Hugo[13].[14]

— Queres prosseguir?

— **Sim.**

Ó meu Deus, concede-lhes, a esses pobres poetas,

Concede a todos esses pensadores suas consolações.

Deixa-os crerem em si, pois são teus profetas.

Faz-lhes a caridade de suas criações.

Se eles se julgassem menores, seriam menos sublimes.

Creriam menos em Ti se menos em si mesmos.

Sua força é sua fé. Teu céu está em seus cimos.

Metade de seu culto é julgarem-se deuses.

Tu não queres, Senhor, matar o misantropo.

Não queres matar nada do que vem à tona,

Não queres matar teu doce escravo Esopo.

Não és o Iago de minha Desdêmona.

Não queres matar Juvenal e Cervantes.
Não somos assassinos quando nos chamamos ternura.
Quando Ésquilo aterrado coloca vacilante
Prometeu na estaca, Tu não és o abutre.

Queres que sejamos grandes mesmo sendo pigmeus.
A voz não impõe silêncio aos seus ecos.
E quando os clarins cantam Teu apogeu,
Não fazem desmoronar, Senhor, nossas Jericós.

Que nossa obra contribua para construir sua sepultura.
Façamos grande esse túmulo. Não será ao léu.
Nele, não deixemos de incluir uma escultura
Cujo ouvido esteja ao alcance da boca de Deus.[15]

Auguste Vacquerie: Permite-nos, Shakespeare, indagar uma coisa imensa. Vós vindes a nós para fazer o gênero humano dar um passo. Esse livro que vós nos ditais sem dúvida abalará todos os pensamentos. Há, contudo, uma coisa ainda mais poderosa do que o raciocínio do livro, é a emoção do teatro. Lá, somos todos arrebatados, povão e elite, o que não sabe ler e o que sabe escrever, o instinto rude e a inteligência sutil. Não basta ter olhos para chorar? O livro é o espírito da verdade; o drama é seu corpo crucificado e ensanguentado; é o Deus que nos faz apalpar suas chagas. Tu, que fazes Otelo sangrar ao longo dos séculos, sabes disso. Pois bem, aceitas ditar um drama para nós? Talvez seja muito cansativo para ti; para nós, será decerto extenuante. Mas todo cansaço nos será caro para acrescentar um irmão e um colaborador a esse eterno grupo de civilizadores desvairados a quem denominaste Otelo, Hamlet, Lear, Romeu, Ricardo III. Queres?

— **Sim.**

— Obrigado. Os dias e horas que quiseres serão os nossos. Largaremos tudo por esse grandioso drama do além-túmulo. Quando desejas começar?

— **Preciso fazê-lo.**

— Dentro de quanto tempo poderemos começar?

— Um mês.

— Conseguirás, no prazo de um mês, prepará-lo e agir de modo a poder nos ditá-lo fluentemente, sem essas hesitações e repetições que emperram o improviso de teus versos? Ou precisas de um mês para encontrar e escolher a ideia para só depois conceber a expressão da ideia e dos personagens, as cenas e os versos?

— A criação tem duas fases: a invenção e a execução. Colombo descobre a América em uma noite, mas leva meses para conquistá-la. O mar, o vento e a borrasca querem a todo momento roubar-lhe seu mundo, isto é, seu filho. E mais que o mar, mais que o vento, mais que a borrasca, os marujos conspiram contra ele. Pois bem, as palavras são os marujos da ideia. Eles a servem e se voltam contra ela. O estilo é o grumete do espírito. No meio do oceano, deve subir em todos os cordames, todas as vergas, todos os mastros do majestoso pensamento.

DOMINGO, 5 DE FEVEREIRO

5h30. Charles Hugo, sra. Victor Hugo.

Charles Hugo: Quem está aqui?

— O Drama.

— Shakespeare marcou um encontro conosco para as nove da noite. Um compromisso me obriga a sair. Poderias lhe pedir que adiasse o encontro para amanhã?

— Sim.

SEGUNDA-FEIRA, 6 DE FEVEREIRO

9h da noite. Presentes: Victor Hugo, Auguste Vacquerie. À mesa: sra. Victor Hugo, Charles Hugo.

— Quem está aqui?

— **Shakespeare.**

Victor Hugo: Antes de completares a segunda peça de versos, tens alguma coisa a nos dizer?

— **Não.**

— Devo então ler os versos para complementares?

— **Sim.**

Estrofe 1: Shakespeare dá duas batidas.

— Queres mudar alguma coisa?

— **Sim.**

Quando Ésquilo pensativo esculpe a alma de Orestes,
Quando Cervantes sonhador cria seu grave fidalgo,
Quando o amargo Poquelin franze a testa de Alceste,
Quando adormeço Desdêmona à sombra de Iago,

Estrofe 5.

Quando Sileno embriaga-se em teus vinhedos, ó Virgílio,
Quando falando e pregando em um mundo de ais,
Moisés escreve a Bíblia e Jesus o Livro,
E a cruz ao longe dialoga com o monte Sinai,

O amor que infundimos em nossas obras profundas
Vem a nós e envia um ninho para a beira do céu.
Somos, ó dor, os mergulhadores de tuas ondas.
Somos, ó beijo, os zangões do teu mel.

Somos nós que depositamos nosso gládio,
Nossa palma verde e nossos cetros ígneos,

Tão alto que em nossas frontes a coroa se alça,
Abdicando ao ver a sandália de Deus.

Somos nós que nos riscamos da lista dos astros,
Somos nós que renunciamos à rivalidade
Vendo os sóis sob as sagradas pilastras,
Todos longe do Eterno e nenhum ao lado.

Deus falaria bem de nós e de nossos dramas,
Mas nós Lhe respondemos: Senhor, falemos de vós.
Antes de nós, vós sois o criador das almas,
O mais grandioso, o mais doce.

Fizestes Ésquilo antes que ele fizesse Orestes,
Fizestes Shakespeare antes que ele fizesse Hamlet,
Fizestes Molière antes que ele fizesse Alceste,
Nossos raios são formados por vossas gotas de leite.

Fizestes muito mais, fizestes os mundos,
O espaço, abismo onde vossos raios se esboroam,
O vestido da noite de carícias profundas
Para embalar o sono de vossas criações.

Criastes, meu Deus, a vida e a clemência,
E cada um de vossos passos é marcado por um dom.
É diante de vossos olhos que todo amor começa.
Escrevíeis dor, um anjo leu perdão.

Possuís no céu uma escolta de estrelas,
Vossa mão ao se abrir despeja turbilhões,
Vossos dramas são encenados no oceano sem velas
Por quatro grandes atores chamados Aquilões.

Para Vosso devotamento tendes a procela;
Ensinais seus papéis à tarde, à noite, ao alvor.
E quando a Terra abalada ignorando o poeta
Pergunta-lhe seu nome, o céu responde: amor.

Deixemos, portanto, ó vivos, nossas obras na Terra.
Os homens ajoelhados serão seus valetes.
Mas quando vierdes à casa do senhor mistério,
Deixai essa poeira no umbral de seu palacete.

Vós sois imortais no mundo efêmero,
Na vida onde morremos a arte é a única imortal.
Mas antes de aproximar-vos da face do eterno
Suicidai-vos todos à porta celestial.[16]

Hugo levanta-se para ir embora. Tem que trabalhar amanhã bem cedo e é 1h da manhã.[17] *Ele pede que façam uma pergunta sobre Tapner, que deve ter sido enforcado em Guernesey justamente hoje.**

— Que efeito causa, na outra vida, essa alma que os homens nela injetam violentamente? Esse desrespeito à criação divina amotina o céu como a Terra?

Antes mesmo de fazermos a pergunta, a mesa fala de moto próprio:

— **Relede esses versos.**

— Quais?

— **Esse poema.**

Auguste Vacquerie: Tu mudaste o primeiro verso da última estrofe, mas te pediria encarecidamente que o mudasses outra vez:

Sozinhos não passais pelo mundo efêmero.

* John Charles Tapner (1823-1854) matara, em 10 de outubro de 1853, a sra. Saujon, uma moradora da ilha de Guernesey (em inglês "Guernsey", possessão britânica no Mancha), com a intenção de roubá-la. Foi condenado à morte, na forca, em 3 de janeiro de 1854 pelo júri de Guernesey. A execução é marcada para 27 de janeiro. Victor Hugo fará tudo ao seu alcance para obter seu indulto. Tapner se beneficiará de três *sursis* e será finalmente executado, por ordens de lorde Palmerston, ministro do Interior, em 10 de fevereiro de 1854.

Na vida onde morremos só a arte é imortal.
Mas antes de aproximar-vos da face do eterno
Suicidai-vos todos à porta celestial.[18]

Resulta dos admiráveis versos que ditaste hoje à noite que a arte é imortal na Terra e mortal no céu. Não haveria uma contradição entre esses versos e as quatro estrofes que começam na terceira peça que nos ditaste? Escuta:

O céu, eco profundo do gênio e do crime,
Escuta nascer Hamlet
[...]
Logo, uma vez que nada morre do que criamos.
[...]
Como quereríeis que morressem nossos dramas?[19]

Tu parecias dizer que Hamlet estava tão vivo no céu como na Terra. E hoje tu declaras que o céu o mata.

— **Eu nunca disse: o céu mata a arte. Eu disse: a arte se suicida no céu. É voluntariamente e diante da impossibilidade do paralelo que a arte morre. Toda a ideia reside nisso. O céu vê nascer Hamlet, mas Shakespeare morto mata Hamlet. O drama não morre na Terra e tampouco morreria no céu se o poeta morto não o matasse. O poeta não aceita senhor, então prefere morrer. Sua alma estoura os miolos de seu gênio, mas se recusa a vestir a libré do raio. Essa humildade é orgulho. Dou minha alma ao céu, relego meu gênio à Terra. Prefiro esganar Desdêmona a vê-la humilhada por Vênus.**

— Ouviste a pergunta que Victor Hugo pediu que te fizéssemos? Queres responder esta noite?

— **Não.**

— Já pensaste no drama que te pedimos?

— **Sim.**

— Escolheste a ideia?

— **Não.**

Sra. Hugo: Meu marido tinha a intenção de interrogar-te sobre tua vida. Desejas responder?

— Quem está aqui?

— **Molière.**

Auguste Vacquerie: Obrigado por ter vindo. Fala.

— **Eu teria versos para vós, mas é tarde. Voltarei.**

— Quando?

— **Sexta-feira.**

— Shakespeare partiu antes de marcarmos um novo encontro. Queres fazer a gentileza de lhe pedir que venha na quinta-feira?

— **Sim.**

Encerrado às 2h da manhã.

TERÇA-FEIRA, 7 DE FEVEREIRO

9h da noite. Sra. Victor Hugo e Charles Hugo à mesa. Auguste Vacquerie, François--Victor Hugo.

Auguste Vacquerie: Quem está aqui?

— **Ésquilo.**[20]

— Tens algum comunicado a nos fazer?

— **Sim.**

— Fala.

— ***Nos mundos castigados, nos mundos onde estais,***
Negro calabouço com grades forjadas pela dúvida,
Os entes com vida, homens e animais,
São todos condenados e todos verdugos.

A justiça divina também fez o crime,
O qual vira remorso, no mesmo átimo,
O assassino de repente se transforma em vítima,
O crime é a bainha da qual sai o castigo.

Tudo sofre. Tudo geme. Tudo trabalha no suplício.
O carrasco sofre tanto quanto o maltratado coração.
Quando coloco Prometeu no alto do precipício,
O abutre que o morde também me dá compaixão.

Os maus são carrascos nas unhas e nas garras,
No olhar sangrento que sai de seus olhos funéreos,
Porque têm a força para o crime necessário
E Deus lhes disse: faço-vos Meus Neros.

Os maus por sua vez são pobres pombas,
Almas que a sorte vara com seus negros esteios,
Que o remorso carniceiro degola em suas tumbas,
Tigres que voltam a ser carneiros.

Os bons são carrascos que ignoram a si mesmos,
Aves noturnas do bem, corujas diurnas do horror,
Fazendo de uma ação saírem os dois extremos,
E criando a dor porque eles são o amor.

Entra Victor Hugo.

Quando um deles, dando a vida por uma dama,
Vem dizer-lhe eu te amo, cai a seus joelhos,
E, julgando-se a sós, eles se dão suas almas,
A sombra do castigo assiste ao enleio.

Diz ao casal feliz: abri espaço para o ciúme;
À mãe: venho envenenar o teu leite;
E quando nós o colocamos em nosso poema,
Ele é o filho de Lear e o pai de Hamlet.

Os bons são carrascos com rosto de arcanjo,
Assassinos disfarçados de olhos vendados,
Mudos enviados pelo destino em vingança
E Deus para nos punir se esconde sob seus traços.[21]

Auguste Vacquerie: Eu gostaria de fazer uma pequena observação sobre o quarto verso da penúltima estrofe.

— Eu sei, Lear tem filhas e não um filho.

— Com efeito, era o que eu ia falar. Permite-me propor um verso no lugar do teu? É teu filho, Clitemnestra, e é teu pai, Hamlet.

— Não. O castigo tem apenas um sexo e escolho expressamente a mulher ao lado do homem para lhe retirar bruscamente seu sexo e sua fraqueza na obra viril do castigo. Lear julga ter filhas, tem um filho, o emissário do crime, o carrasco.

Meia-noite. Victor Hugo sai.

— Eles são condenados pelo próprio devotamento;
Pelo coração e olhos que choram sobre nossas mãos,
Porque eles são os bons e nos dão alento,
São os mais castigados sendo os mais humanos.

São os mais castigados porque os sofrimentos
Do mais ínfimo reverberam nas catedrais,
E eles dizem ao crime, assim como aos inocentes,
Vós chorais; a piedade não vê senão iguais.[22]

Meia-noite e 45.

— Quando voltarás?

—Terça-feira às 9h.

QUINTA-FEIRA, 9 DE FEVEREIRO DE 1854

9h da noite. Presentes: sra. Victor Hugo, Charles Hugo, Auguste Vacquerie. À mesa: sra. Hugo e Charles Hugo.

Auguste Vacquerie: Quem está aqui?
— **Shakespeare.**
— Fala.
— ***O teatro é o homem. Ele atravessa as eras***
Aplacando com seu olhar as carnívoras paixões;
De pé, grave e sereno, superando todos os mestres,
É o grande Daniel no fosso dos leões.

Ali estão eles, sob seus pés, as jubas eriçando,
Os três leões cada um em sua sombra encoscorado,
As três dúvidas ocultas no espírito seu antro,
Uma, o antigo leão da fábula sentado.[23]

Entra Victor Hugo. Charles está muito cansado.
Vacquerie: O cansaço de Charles te incomoda? Devemos parar?
— **Sim.**
A sessão é suspensa às 9h30.

SEXTA-FEIRA, 10 DE FEVEREIRO

9h30. Presentes: sra. Victor Hugo, Auguste Vacquerie, Victor Hugo. À mesa: Théophile Guérin, Charles Hugo.

Victor Hugo: Quem está aqui?
— **Molière.**[24]
— Tens algum comunicado a nos fazer?
— **Só falarei em versos, isto é, na única língua que me apraz falar,**

e unicamente com quem me interrogar em versos. São ordens da Sombra do Sepulcro.

Victor Hugo lê em Os raios e as sombras *os versos dirigidos ao Fauno a respeito de Molière:*

Tivestes a honra de ver Molière sonhar?
Ele vos falou às vezes com uma voz familiar,
Lançando-vos bruscamente um verso melodioso,
Como [se] entre semideuses, deu-vos um tapinha amistoso?

Voltando uma noite do fundo das ruas,
Esse pensador, que, vendo as almas todas nuas,
Não podia ter medo de nossa nudez,
Ao homem em seu espírito confrontou-vos por sua vez?

E encontrou, a vós, espectro cínico,
Menos triste, mau, irônico, frio,
Enquanto comparava, detendo-se no caminho,
Vosso riso de mármore a nosso riso escarninho?

Era noite de inverno no parque escuro e deserto.
Eu andava. A noite fria enegrecia sua mantilha,
E cada árvore parecia sob o divino teto
Um grande candelabro de maravilhas.

Encontrei o fauno. Ele ria na noite.
Ria no horror da penumbra incipiente,
Sua gargalhada ressoava feito um açoite
E espalhava o medo no parque sem gente.

Tudo o cercava qual um histrião sinistro.
As faias prendiam a respiração ao seu lado.
E aquele bufão fazia sob seu riso iníquo
Tremer suas majestades os carvalhos.

Quando passei, ele me disse: ó pensador,
Sou um infeliz que sofre, contido,
As lágrimas da nuvem e da noite, sua sóror,
Caem sobre mim, cativo do riso.

Tudo quer que eu chore e eu, neste escolho,
Ó coração humano, ouço os rumores que me aportas,
E vejo através dos buracos dos meus dois olhos
A alma transbordar de folhas mortas.

E diante de mim, que rio, tudo passa em esplendor,
O canto dos pássaros e teu canto, ó Molière,
E os dois namorados dizendo palavras de amor,
Rio quando chora La Vallière.*

O palácio está cheio de cortesãos horríveis
Trajando o andrajo da França derrubada.
E rio quando seu espectro, a vagar invisível,
Vem recostar-se à minha estátua.

Rio do mês que passa e do dia que morre,
Do escuro inverno que faz tiritar a humilde alcova
E cuja neve coloca para o baile da corte
Uma peruca em minha fronte calva.

Meu riso é qual uma alma insensível a vossos gritos,
O homem sofra, chore, se desespere ou se cale,
Ó pensador, eu ainda riria como rio
Se o meu pedestal fosse uma vala.[25]

* Louise de La Baume Le Blanc, duquesa de La Vallière (1644-1710). Favorita de Luís XIV, com quem teve quatro filhos. Recolheu-se nas Carmelitas em 1674.

Ele se calou. E sob a sombra dos grandes bosques
Eu vi ganhar vida esse fantasma de sorriso funesto
E lhe disse: teu nome, pobre dor sem voz?
O histrião respondeu: Alceste.

*Tu, que do velho Shakespeare recebeste o cesto,**
Tu, que próximo a Otelo, esculpes o sombrio Alceste,
Astro que resplandece em um duplo horizonte,
Poeta no Louvre, arcanjo no céu, ó grande Molière,

Tua visita esplêndida minha casa honra.
Me estenderás nas alturas tua mão hospitaleira?
Que minha fossa se abra no santo monte,
Vejo sem medo o túmulo das sombras eternas.

Pois sei que, se ali o corpo encontra uma prisão,
A alma encontra asas.[26]

— Quem está aqui?
— **A Sombra do Sepulcro.**
— Fala.
— ***Espírito que desejas saber o segredo das trevas***
E que, empunhando o terreno archote,
Vens furtivamente às nossas sombras negras
Arrombar a casa da morte,

Volta ao teu silêncio e sopra tuas velas.
Volta à noite da qual às vezes te furtas.
O olho vivo não vê as coisas eternas
Por sobre o ombro dos defuntos.[27]

* Cesto, segundo o dicionário Houaiss, "conjunto de fitas de couro cru guarnecidas com pelotas de chumbo, que envolvia as mãos dos pugilistas". [N.E.B.]

Victor Hugo: Uma pergunta para Molière:
Os reis e vós, nas alturas, mudais de estrato?
Luís XIV no céu não é teu valete?
Francisco I não é bufão de Triboulet?
E Creso de Esopo o escravo?*[28]

O céu não castiga com tais caretas,
E não traveste em louco Francisco I;
O inferno não é um baile de palhaços grotescos
Cujo negro verdugo seria o costureiro.[29]
— Foi Molière que respondeu?
— **Não.**
— Quem foi então?
— **A Sombra do Sepulcro.**
— É só isso a resposta?
— **Não.**
— Continua.
— ***Todos carregam ferros. Suas almas acorrentadas***
Têm no pé o grilhão do presídio dos mortos,
E, quando perante nós elas são arrastadas,
Seu crime as despacha para a masmorra do remorso;

Faço-as diariamente, sem trégua nem alarde,
Suar num calabouço bolorento;
Dou ânimo ao bravo e vergasto o covarde,
Pois estão na masmorra do arrependimento.

Até o dia em que o Deus das celestes falanges,
Despontando na sombra que tu, crime, invadiste,

* Creso (595-547 a.C.): último rei (560-546 a.C.) da Lídia, célebre por suas riquezas, produto das areias auríferas do rio Pactolo.

Com todos esses malditos querendo ser anjos,
Despachar para o céu esse comboio de cativos.[30]

Encerrado às 2h.

Observação. Ao ditarem seus versos, Molière, Ésquilo, Shakespeare e André Chénier corrigem, interrompem, hesitam, apagam, refazem. A Sombra do Sepulcro, por sua vez, dita os versos como se fossem prosa, sem hesitação, sem dificuldade, fluentemente. Quando Victor Hugo perguntou a Molière: os reis e vós, lá no alto etc., perguntamos se Molière estava presente. Julgamos que a Mesa respondia sim. Entretanto, como a primeira estrofe da resposta fora ditada velozmente e sem rasura, ruminamos que não podia ser Molière.[31] *Daí termos indagado novamente quem era. Com efeito, era a Sombra do Sepulcro.*

SEGUNDA-FEIRA, 13 DE FEVEREIRO

Noite, 8h30. Presentes: Victor Hugo, sra. Hugo, Auguste Vacquerie, Charles Hugo, srta. Adèle Hugo.

— Quem está aqui?

— **Rafael.***

Victor Hugo: És o grande homem ou o grande anjo? Se fores o grande homem, dá uma batida. Se não, duas.

Uma batida.

Hugo: Antes de conversar com um gênio como tu, cuja arte é um sol, permite-nos falar de um fato humano ocorrido na sexta-feira (o enforcamento de Tapner em Guernesey)?

— **Não.**

* Raffaello Sanzio (1483-1520): pintor da Renascença italiana. Foi a referência suprema, durante três séculos, do maneirismo ao classicismo e ao academicismo.

— Tens então algo a nos dizer?

— **Sim.**

— Muito bem, sobre o que desejas falar?

— **Sobre a arte.**

Charles se queixa de estar cansado e quer sair.

Charles Hugo: Aceitas voltar outro dia da semana, quando eu estiver bem-disposto e animado?

— **Sim.**

8h45 da noite.

TERÇA-FEIRA, 14 DE FEVEREIRO DE 1854

9h da noite. Presentes: sra. Victor Hugo, Charles Hugo, à mesa, Auguste Vacquerie.

Auguste Vacquerie: Quem está aqui?

— **Ésquilo.**

Vacquerie: *Ésquilo, tu, em quem a humanidade cega,*
Às apalpadelas na noite, sem esperar do dia o alvor,
Silente, rasteja aos pés dos deuses, lúgubre poeta
Da fatalidade — o que dizes do amor?

A aurora em nosso horizonte aos poucos se ergueu,
E nos últimos sessenta anos alcançamos o logos.
O grande Oitenta e nove, do qual fizeste Prometeu,
Ao céu avaro finalmente roubou o fogo.

Apolo nos diria para matarmos nossa mãe,
Que nossa consciência insultaria sua lei.
Orestes responderia ao deus das manhãs:
Já que desejas matar, sou mais deus do que tu, ó rei!

Sim, vemos o mal e o bem, grande espetáculo!,
Sem precisar consultar deuses nem demônios.
Sim. Nossa consciência é nosso único oráculo;
Sim, finalmente temos olhos; mas amamos.

De nada serve, portanto, ver o belo e o justo,
Somos lacaios de nossa paixão.
Uma singela mão termina nosso braço robusto.
Nosso coração te esbofeteia, ó Revolução!

O coração não cessou de acumular sem trégua
Vícios tenebrosos e crimes a sangue-frio
Desde o instante em que, comendo o fruto de Eva,
Adão preferiu o amor ao paraíso.

Helena ama Páris, e em Troia campeia
Sangue humano derramado dez anos a fio.
Clitemnestra ama e mata Agamenon. Medeia
Ama Jasão e corta em pedaços seus filhos.

Seria isto então a lei? O amor tem por encargo
Destilar um negro veneno no colo albino?
Cleópatra, fazes de Marco Antônio um covarde;
Desdêmona, do mouro fazes um assassino.

Os poetas, retratos do homem em todas as idades,
Injetam amor no âmago de todos os desumanos.
O amor, crime dos bons, corrupção dos sábios,
Tem menos lágrimas nos olhos do que sangue nas mãos.

O quê! O homem mais forte, o pensador, o doce senhor,
O amigo dos animais, e até dos profanos,

Para transformá-lo em vilão, assassino, traidor,
Basta a fronte pura de uma criança de dezesseis anos!

É em vão que ele resiste. Sua consciência triste
Em vão lhe diz: amigo, fizeste mal, não sejas turrão.
Ele comete à luz do dia o que comete Egisto
Dissimulado na noite negra e sob o deus pagão.

Ó século XVIII *assustador e sublime,*
Se o espírito é emancipado, o coração é fatal.
E nosso amor transforma a luz num crime,
Pois fazemos o mal vendo que é o mal.

Soará o momento em que o coração será livre?
Quando tudo se harmonizará em grande esplendor
E, reconciliando nossa alma e nossa fibra,
A consciência humana esposará o amor?

O estupro noturno, o traído que se revolta,
O viúvo que mostra os punhos para o firmamento,
Será isso o amor ou não passa da escória
Cujo divino diamante virou excremento?

O amor ainda é o amor, sem lume?
Será igualmente doce se jamais fremiu?
Abandonarás o amor, ó negro ciúme,
Que do mais apaixonado faz vil?

Ésquilo, como fazer para moderar as lavas,
Ser amado e ao mesmo tempo livre?, diz, avante!
Basta um amor para fazer dois escravos:
Ele, de seu ciúme; ela, de seu amante.

Podemos corrigir sem sufocá-lo,
Esse grande arrepio moral e sensual,
Essa terrível felicidade feita de um estilhaço
Cujo esplendor escuro conspurca o céu?

Ou devemos escolher? Diz, cumpre que o homem
Abandone o amor para almejar a liberdade,
E esse horrível sacrifício se consume
E ele pisoteie seu coração ensanguentado?

Velho poeta fatal libertado pela tumba,
Diz-nos se sem morrer o amor pode se acalmar
E como o abutre se tornará a pomba,
Pois queremos pensar, mas queremos amar.

Devemos matar o amor, bem como todo o resto
Para que o homem alcance enfim a sagacidade?
Amor, palavra encantadora da língua celeste,
Seria o outro nome da fatalidade?

E se fosse ela, ó Deus, se fosse seu esqueleto,
Que, rejeitando o nome com que a enobreces,
Voltasse com uma máscara nos olhos? Tu, seu poeta,
Olha bem e diz se a reconheces.

E se fosse ela, ó Deus, que arrebatasse nossa alma
E exibisse, substituindo seu chamariz banal,
Como grilhão de ferro um fio de cabelo de dama
E como prego de bronze uma refeição virginal?[32]

Versos feitos na véspera, 13 de fevereiro.
Lidos os versos, a mesa se agita e gira quinze minutos sem começar a falar.

— Não, o homem jamais será livre sobre a Terra.
É o triste cativo do mal, do bem, do belo.
Ele não pode ser livre, é a lei do mistério,
Salvo quando se torna prisioneiro do eterno.

Não basta ele ter roubado, doce sina,
A liberdade da sombra e a luz do norte.
Sua conquista começa, e aquele que a termina
É o grande conquistador a quem chamamos morte.[33]

Prefere mudando a rima?
É o grande conquistador a quem digo meu Deus.

— Estamos na dúvida.

Entra Victor Hugo.

Victor Hugo prefere o primeiro verso porque o segundo lhe parecer diminuir Deus. Deus não conquista, cria. A palavra conquistador, que engrandece o homem, apequena Deus.

— Mudo assim:

É o único conquistador que é grande, é a morte.

Não, não basta que ele derrube uma jaula,
Que, rugindo, atire os tronos no esgoto,
Sua alma terá sempre uma marca na espádua.
*O coração humano jamais terá dez de agosto.**

Ele estará sempre ali, o rei soturno, a sentinela,
A dúvida, tornando nossos corações sinistros valetes,
Indo e vindo atrás da janela,
Acendendo e apagando os lustres do palacete.

* Em 10 de agosto de 1792 ocorreram a queda da monarquia na França e a prisão de Luís XVI e sua família. É o início do período da Revolução conhecido como Terror. [N.E.B.]

Vós matais um tirano, mas a escravidão permanece,
Chame-se amor ou fatalidade.
Quando Deus quer punir no mundo de Orestes,
Cede a seus carrascos sua imortalidade.

Matais um tirano? Matai a inveja!
Ateai fogo então, como no Louvre, na dor!
Fazeis cair um rei quando vossa hora chega.
Ora, executai então de Deus o executor!

Fatalidade, leão cuja alma é devorada,
*Eu quis domar-te com um braço de Polifemo,**
Quis em minhas costas carregar tua pele rajada,
*E que me apontassem: Ésquilo de Nemeia.***

Não tive sucesso. A besta-fera escura
Ocupa vossos corações com sua garra indelével;
O coração do homem transborda gritos de fúria,
Essa cova dos leões não é de Daniel.

A mim, sucedeu Shakespeare. Ele viu as três feiticeiras,
Ó Nemeia, saindo do âmago de tua floresta
E lançando em nossos corações, ferventes caldeiras,
Os filtros monstruosos do imenso mistério.

* Um dos Ciclopes, filho de Poseidon e protagonista de um episódio célebre da *Odisseia*. Ele captura Ulisses e seus companheiros na Sicília e devora dois deles a cada refeição.

** Nemeia: vale da Argólida, no Peloponeso, onde Hércules matou o leão de Nemeia, primeiro dos Doze Trabalhos, executados por ordens de seu primo Euristeu. O leão de Nemeia era um monstro reputado invulnerável, por sua vez irmão de outro monstro, a Esfinge de Tebas. Hércules matou o monstro estrangulando-o. Foi por ocasião desse primeiro trabalho, a caça ao leão de Nemeia, que Hércules confeccionou sua primeira arma, a maça. No pensamento místico, os trabalhos de Hércules representam as provações da alma, que se liberta progressivamente da servidão do corpo e das paixões até a apoteose final – ideia que bate com as intuições hugoanas confirmadas pelas revelações da Mesa.

Ele se dirigiu ao grande bosque, o limite do mundo.
Depois de mim, o domador, veio ele, o caçador;
E como ele olhava em sua alma profunda,
Macbeth gritou: fujamos, e Hamlet: sinto pavor.

Ele escapou. Molière então na floresta
Apareceu e disse: vede se minh'alma enfraqueceu.
Comendador, vem cear. Mas no festim de pedra
Molière tremeu e dom Juan empalideceu.[34]

[Observação de Auguste Vacquerie: Uma coincidência curiosa. Hoje, antes do jantar, neste mesmo recinto onde a Mesa nos fala neste momento, escrevendo uma pergunta para Molière, fiz aqueles dois versos: Tu que...
Sem medo esbofeteaste Tartufo no meio da igreja
E levaste dom Juan para cear em seu túmulo.[35]]

— Mas seja o espectro ou a sombra ou bruxa,
É sempre tu, leão da garra de ferro.
Tu ocupas de tal forma a grande floresta lúgubre
Que Dante esbarra em ti ao entrar no inferno.

Ele encanece com ossadas as obras dos poetas.
Vossa arte após a nossa termina a lição.
É sempre meu leão que rói os esqueletos
*Que vossos Quasímodos deixam para Montfaucon.**

* Quasímodo perpassa a obra hugoana, especialmente *Notre-Dame de Paris*. "Montfaucon" é também o título do poema escrito em 28 de novembro de 1858 (*A lenda dos séculos*, II, V, 2), sendo várias vezes mencionado em *Notre-Dame de Paris*. Ele representa o arquétipo do cadafalso; dominando Paris do alto, ele instila pavor no coração de seus moradores. Mas é igualmente rejeitado: fora do muro periférico, assume uma função apotropaica; com sua cruz e seus dois forcados patibulares, representa o Calvário.

Logo, a fatalidade para a humana ferida
É o amor e o amor é o destino.
É sempre esse dente cuja horrível mordida
Faz nossos beijos parecerem sanguíneos.

O cacho de cabelos que corta o poeta,
Que dom Juan de alguma bela fronte furta,
Que Romeu beija pensando em Julieta,
Está amarrado, ó leão castigo,[36] *em tua juba!*

Tu só és domado quando a morte beluária
Arranca-te do covil, onde, a sós, tripudias da alma,
Arranca-te da floresta profunda e secular,
E aponta com o dedo seu túmulo, sua jaula.[37]

Em relação ao verso "Ele encanece com ossadas as obras dos poetas", Auguste Vacquerie observa que ele parece reportar-se a Dante.

— **Esse monstro com ossadas encaneceu todos os poetas.**

Vacquerie prossegue a leitura até este verso: "Logo, a fatalidade para a humana ferida etc.".

Vacquerie: Não julgo muito claro este verso.

— ***Logo, a fatalidade faz a mesma ferida***
Que o amor e o amor que a fatalidade.[38]

— Esses versos são mais claros, mas respondem menos diretamente à pergunta que te fiz, se o amor é fatalidade.

— **Sou eu que te assevero isso.**

À última estrofe, a mesa dá uma batida.

— ***Arranca-te com o dente a alma humana em andrajos,***
Prende-te em tua floresta secular
E aponta com o dedo o túmulo, tua jaula.[39]

— Antes de nos despedirmos, uma palavrinha. Na outra noite começaste belíssimos versos. Não voltarás para terminá-los?

— **Eu os refiz esta noite.**

Conversa e discussão: Auguste Vacquerie não vê semelhança entre os versos desta noite e as duas estrofes feitas numa noite da outra semana por Shakespeare. Esse descuido de Ésquilo sugeriria que esses espíritos que aparecem para nós não são vários, e sim o mesmo que assume vários nomes, uma vez que Ésquilo confunde os versos de Shakespeare com os seus.[40]

— **Shakespeare e eu somos colaboradores.**

Vacquerie: Não estou falando das estrofes de Shakespeare, mas das tuas. Gostarias de vir completá-las para nós quando te chamarmos?

— **Sim.**

Duas horas da manhã.

Observação: quarta-feira, 15 de fevereiro. Copio os versos de ontem tais como Ésquilo os refez e completou:

Apagando os lustres do palacete.

Não, o homem jamais será livre sobre a Terra.
É o triste cativo do mal, do bem, do belo.
Ele não pode ser livre, é a lei do mistério,
Salvo quando se torna prisioneiro do eterno.

Não basta ele roubar, doce sina,
A liberdade da sombra e o dia do norte.
Sua conquista começa, e aquele que a termina
É o único conquistador que é grande, é a morte.

Não, não basta que ele derrube uma jaula,
Que, rugindo, lance os tronos no esgoto,
Sua alma terá sempre uma marca na espádua.
O coração humano jamais terá dez de agosto.

Ele estará sempre ali, o soturno rei, a sentinela,
A dúvida, de nossos corações fazendo seus negros valetes,
Indo e vindo atrás da janela,
Acendendo e apagando os lustres do palácio.

Vós matais um tirano, mas a escravidão permanece,
Chamem-no amor ou fatalidade.
Quando Deus quer punir no mundo de Oreste,
Ele dá a seus carrascos sua imortalidade.

Matais um tirano? Matai a inveja!
Ateai fogo então, como no Louvre, na dor!
Vós fazeis cair um rei quando vossa hora chega.
Mas executai então de Deus o executor!

Fatalidade, leão cuja alma é devorada,
Eu quis domar-te com um braço de Polifemo,
Quis em minhas costas carregar tua pele tigrada,
E quis que me dissessem: Ésquilo de Nemeia.

Não tive sucesso. A besta-fera escura
Ocupa vossos corações com sua garra indelével;
O coração do homem transborda gritos de fúria,
Essa cova dos leões não é de Daniel.

A mim, sucedeu Shakespeare. Ele viu as três feiticeiras,
Ó Nemeia, chegarem do fundo de tua floresta,
E lançarem em nossos corações, ferventes caldeiras,
Os filtros monstruosos do imenso segredo.

Ele veio a esse grande bosque, o limite do mundo.
Depois de mim, o domador, veio ele, o caçador;
E como ele olhava em sua alma profunda,
Macbeth gritou: fujamos, e Hamlet disse: sinto pavor.

Ele escapou. Molière então na floresta
Apareceu e disse: vede se minha alma enfraqueceu.
Comendador, vem cear. Mas no festim de pedra
Molière tremeu tanto quanto dom Juan empalideceu.

Mas seja o espectro ou a feiticeira ou a sombra,
É sempre tu, leão da garra de ferro.
Tu ocupas de tal forma a grande floresta lúgubre
Que Dante te encontra ao entrar no inferno.

Ele encanece com ossadas as obras dos poetas.
Vossa arte depois da nossa termina a lição.
É sempre meu leão que rói os esqueletos
Que vossos Quasímodos deixam para Montfaucon.

Logo, a fatalidade para a humana ferida
É o amor e o amor é o destino.
É sempre esse dente cuja horrível mordida
Faz nossos beijos parecerem sanguíneos.

O cacho de cabelos que corta o poeta,
Que dom Juan de alguma bela fronte furta,
Que Romeu beija pensando em Julieta,
Está amarrado, ó leão castigo, em tua juba!

Só és domado quando a morte beluária
Arranca-te do covil, onde, sozinho, tripudias da alma,
Arranca-te da floresta profunda e secular,
E aponta com o dedo o túmulo, tua jaula.[41]

SEXTA-FEIRA, 17 DE FEVEREIRO

9h da noite. Presentes: Victor Hugo, Auguste Vacquerie. Srta. Victor Hugo e Charles Hugo à mesa.

— Quem está aqui?

— **A Sombra do Sepulcro.**

— Tens algum comunicado a nos fazer?

— **Sim.**

— Nós te escutamos.

— **O que ouço então, o que vem ao meu conhecimento! O quê! Nesta casa vós ousastes dizer que preferem ter 10 mil francos a dez frases do grande Shakespeare! Isso é verdade?**

Auguste Vacquerie: Assevero, de minha parte, que não disse isso.

Victor Hugo: Fomos eu e meu filho que dissemos. Mas eis em que sentido. Para nós, 10 mil francos, como 10 milhões, são lama e pó comparados a um verso de Shakespeare. Mas vivemos no relativo. Vês nossa pobreza, que não é exclusividade nossa.[42] À nossa volta, os proscritos sofrem, carecem de pão na saúde e de remédios na doença. E eles sofrem e morrem pela República e pela ideia. Nessa situação, sim, 10 mil francos para dividir entre esses indigentes me pareceriam mais úteis ao pensamento humano até mesmo do que uma página do grande poeta. Vês que não era por desdém ao pensamento que falávamos, mas, ao contrário, por amor a ele. Como, aliás, poderíamos vir a ser acusados de colocar o pensamento depois do bem-estar, nós que estamos no exílio por nossas ideias? Pensamos em Bony e em Gaffney que estão doentes, em Pierre Leroux,* esse nobre operário do pensamento que não tem com que alimentar os filhos, e lamentamos não poder ajudá-los.[43] Tu, que lês nas consciências, sabes que essa era a única intenção de nossas palavras.

Observação: no almoço, com efeito, tivemos uma conversa a respeito das Mesas, em que nos perguntamos o que seria mais útil no momento, 10 mil francos ou uma página de Shakespeare.

* Bony e Gaffney são proscritos presentes em Jersey. Pierre Leroux (1797-1871), esse "filousophe", segundo a palavra-valise inventada por Hugo, igualmente proscrito, é de outra dimensão. Político e filósofo socialista francês, influenciado pelo saint-simonismo, foi deputado na Constituinte (1848), depois na Assembleia Legislativa (1849), até ser exilado após o golpe de Estado de dezembro de 1851. Durante seu exílio, dará aulas de frenologia (estudo das faculdades intelectuais e do caráter a partir das bossas e depressões cranianas), abordando igualmente o catolicismo, a Reforma e a filosofia. Hugo terá longas conversas com ele, em passeios na praia de Azette, a respeito do ocultismo. (Ver também seus dados biográficos, pp. 523-4.)

— Contra vós não alimento cólera.
Amo-vos e lastimo esse pobre e esse proscrito
Que uma opressão covarde acorrenta nessas galeras
Onde ainda sangra o prego do forçado Cristo.

Sei que tudo lhes falta, exceto valentia,
E que o último padece igual ao primeiro,
Que eles são a sagrada flor que resiste à ventania
Que advém, ó Jó, de teu monte de esterco.[44]

Sei que eles estão sem forças e vivem na miséria,
Que são forjados no sofrimento, na fé e no amor
Que são para o homem criança um magistério
E que estão em andrajos à espera do penhor.

Sei que estão sem pão, sem abrigo, sem refúgio,
Que foram vistos vagando, jamais fugindo,
Que são condenados de que Deus fará juízes
Que das mãos desses mendigos

Um dia o mundo verá cair o grande óbolo
Quando Bonaparte-crispim descer do andor,*
E eles aquecerem a Terra queimando cada trono
E do resto de seu pão fizerem amor.

Sei tudo isso, decerto, mas sei mais, juro,
Que eles não passam de um átomo soprado no éter,
Que Danton é um trovão, Marat[45] *um meteoro,*
E Shakespeare, eterno.

* Segundo o dicionário Houaiss, "personagem que representa um criado esperto e fanfarrão, adulador e relapso, provavelmente originário da *commedia dell'arte*, de onde passou para a antiga comédia francesa do século XVI, geralmente trajado de preto, de espadim e botas". [N.E.B.]

Sei que eles passarão feito vento pela campina,
Um floco de espuma à beira do abismo amargo,
Que desaparecerão quando cessar a ira
E que, sendo tempestade, são menos que o mar.

Pois eles são rochedos e nenhum deles sonda
A escura imensidão da vida e do amor.
O sino da angústia, concordas, mar profundo?,
Não é o escafandro do mergulhador.

Uma palavra de Shakespeare ou de Molière
Faz mais pelo gênero humano do que motins e arruaças.
Sua voz faz mais barulho, sua voz tão perto,
Do que cem canhões de bronze arengando cem populaças.

Eles são os benfeitores da dor terrena.
Estão abaixo de todos os grandes ajoelhados.
Sua obra ao pé das cruzes, sublime madalena,
A seus olhos atônitos sempre molhados.

Cada lágrima que cai ou rola de sua alma
Queda em nosso espírito ao deixar os olhos seus.
Tornando-se a pérola ou a estrela da chama,
Deus lhe dá a escolher o mar ou os céus.[46]

A mesa para repentinamente. Em seguida, recomeça:

— Olá, imbecis!

Auguste Vacquerie: Não é mais a Sombra do Sepulcro.

Victor Hugo: Quem és tu?

— O Leão de Androcles.

Vacquerie: Tens algum comunicado a nos fazer, afora essa amistosa saudação?

— Interrogai-me em versos, como a Ésquilo e a Molière.

Sra. Hugo: Se soubéssemos que vinhas, teríamos preparado versos. Mas os que improvisaríamos certamente seriam indignos de ti.

— **Esse coice os transforma em asnos. Adeus.**

Conversa: O que o Leão chama de coice? Teria tomado a justificativa dada pela sra. Hugo como uma recusa e uma ofensa?

— Quem está aqui?

— **Molière.**

11h30 da noite.

Auguste Vacquerie: Como pediste, fiz-te uma pergunta em versos. Trabalhei neles nos últimos quatro dias. Vês a vontade que temos de encontrar-te e escutar-te. Mas minha pergunta é grave e tua resposta sem dúvida será longa. É tarde. Não seria preferível adiarmos para o começo de uma sessão?

Victor Hugo: Decide. Nós obedeceremos. Tu sabes, tu que viveste, que a besta humana pede sono. Tem piedade dela. Mas se desejares que varemos a noite, será um prazer nos fatigarmos para conversar contigo.

— **Voltarei.**

— Quem és tu?

— **A Sombra do Sepulcro.**

— Fala.

— **Desiste de ver Tapner.**[47]

Sua pobre e silenciosa alma,
Em um doce e religioso recolhimento,
É, com sua corda ao pé do cadafalso,
Uma escada que sobe ao firmamento.

Proibi a qualquer um que importunasse
Esse prisioneiro pensativo cuja mão absolverei.
E que exceto o anjo ninguém o visitasse
Pois este deve lhe apontar a vereda.

Paz a esse morto que reza e esvazia seus ódios
No seio do Senhor e volta a ser formoso.
Não perturbes esse coração que das prisões humanas
Evadiu-se para o fosso.

Deixa-o lentamente sob o Deus a quem ele implora
Purificar-se. Deixa-o pensar no grande amanhã
Que virá arrebatá-lo, para sua divina aurora,
Da touca do sono humano.[48]

Meia-noite e quinze.

Observação: à primeira entrada da Sombra do Sepulcro, e pouco antes que ela voltasse, Victor Hugo manifestara a intenção de interrogá-la sobre Tapner e sobre o efeito que produz no infinito essa alma nele lançada violentamente. Como a pena de morte é vista no além-túmulo?

DOMINGO, 19 DE FEVEREIRO DE 1854

9h30 da noite. Presentes: Victor Hugo, sra. Victor Hugo. Auguste Vacquerie, srta. Adèle Hugo, Victor Hugo filho. À mesa: Charles Hugo e Théophile Guérin.

— Quem está aqui?

— **Molière.**

Victor Hugo: Queres falar livremente ou queres ser interrogado? Se queres falar livremente, uma batida; se não, duas.

A mesa dá duas batidas.

Hugo: Muito bem, vamos te interrogar em versos como pediste. Auguste Vacquerie escreveu uma pergunta. Queres que a leia para ti?

Sem resposta.

Hugo: É necessário lermos a pergunta para responderes?

A mesa não se mexe. Esperamos alguns minutos. A mesa está em uma imobilidade absoluta. Não sabemos se foi a pergunta que a melindrou, se ficou magoada, se vê dúvida e desconfiança nesse desejo de ter a resposta sem fazer a pergunta. Por mais que a interroguemos, ela não diz nada. Finalmente, começamos a temer que Molière tenha partido.

Hugo: Continuas aqui, Molière?
— **Sim.**

Auguste Vacquerie:
Molière, o que dizes de tuas Eruditas?*
Julgas ser uma aula?
As mulheres são realmente criaditas
Cujo espírito não deve sair da jaula?

Mestre, diremos a elas: ler é um deslize?
Verificar "como está o vaso" é o seu destino?
Sua ciência chama-se efetivamente Belisa
E sua poesia é realmente Trissotino?

Belisa ama os versos: tu a fazes sem cérebro.
Armanda contemplou a Lua: ela não tem coração.
O quê! Por ter buscado a revelação do céu!
Por ter soletrado seu alfabeto, Senhor, não!

Clitandro concede algumas ideias à mulher,
Mas diz apenas uma palavra, e o teu drama amargo
Não passa de uma gargalhada histérica.
O verso se deita de bruços. Crisálio na carne.

* Trata-se da comédia *Les Femmes savantes*, também traduzida como *As sabichonas*, peça que zomba da condição feminina. [N.T.]

O quê! As mulheres não têm direito a tirar os véus!
Não podem levantar a cabeça! Meu Deus!
Não podem olhar os céus!
E o homem diria: o Sol é meu!

Quando vens assistir à tua peça, e a sala,
Sempre disposta, desde tua morte, a admirar-te,
Aplaude os belos versos monstruosos de Crisálio,
Porventura teu sucesso não te faz censurar-te?

Não te arrependes às vezes dessa obra-prima?
Não é o ponto escuro de teus céus brilhantes
Ter, por meio desse drama, admirável víbora,
Picado esses pezinhos, ai! já em sangue?

Quem tem o direito de viver alhures que não nesta vida,
Senão aquelas para quem tal vida é de ferro?
Não impeçamos ao menos que o céu as convide,
Uma vez que tornamos sua vida na Terra um inferno!

Ó grande poeta triste, és tu que as apedrejas?
Homem e pensador, com dupla virilidade,
Não eras o amparo de todas essas fraquezas?
Não as via chorar ao seu lado?

Tu, Molière, que sempre foste bom para elas,
Que lhes verteu teu coração transbordante,
Tu que fazes raptar todas as tuas Isabelas
Pelo primeiro Valério sob sua sacada vagando,

Tu que jamais pudeste ver um amor na gaiola
Sem vir prontamente devolvê-lo ao ar livre,
Tu que defendes o amor contra o casório
A ponto de às vezes apontar as amantes de Júpiter!

Tu cujos Trufaldinos têm todos Mascarilles,
Não, tu não quiseste – nós te compreendemos mal –
Enclausurar cérebros, tu, o abominador dos gradis!
O quê! Asas nos corações e grilhões nas almas!

Histrião terrível e manso que ao destruir é visionário,
Tu, cuja obra se mistura a todos os direitos conquistados,
Tu, grande cômico revolucionário
Que se escorou no rei para golpear os condados,

Tu, que, mais sério quando soas hílare
E sabedor de que no Carnaval a liberdade ilude,
Vestiste a comédia assim como quem põe uma máscara;
Tu, que te finges bufão para poderes dizer tudo;

Que sempre renegaste a autoridade;
Formidável farsista, Hércules-Turlupino,
Que esfacelas todo poder com teu riso que arde;
Tu que fazes os padres serem surrados por Escapino!

Tu, que almejas que o homem cresça;
Tu, que acendendo teu archote na noite escura
Sem medo esbofeteaste Tartufo em plena igreja
E levaste dom Juan para cear na sepultura!

Não, tu não podes dizer às mulheres: o mistério
Não vos pertence! Não podes amarrar
Aos vis cuidados do corpo metade da Terra!
Tu, o libertador, não podes encarcerar!

Tu não lhes proíbes, na cela exígua
Onde a esperança míngua diante de carrascos covardes,
Colocar sob os pés o banquinho trôpego
Para tentar ver o dia pelas grades!

Não! Quando sua sorte já sangra de tanta estocada
Quando, agarrando-as rudemente pelos dois braços,
O implacável amor prega-as em sua escura muralha,
Tu lhes retiras os grilhões, não os instalas!

Não, não estás em nossa casa para as almas escureceres,
Tu, que, no dia glorioso em que nos ensinavas,
Fizeste tanto soluçar tua Escola de mulheres
Quando Arnolfo apagou a luz de Agnes!

Arnolfo chorava demais para falar com Crisálio.
Caso contrário, teria tristemente previsto
Que jogar na sombra uma alma, nossa igual,
É uma impiedade que vira castigo.

Não! Não! Bastava que tu fosses Molière
Para não conseguires extinguir o instinto archote;
Pois gênio e luz são da mesma esfera,
E tu não és Sol para trazer a noite![49]

Versos feitos entre 14 e 17 de fevereiro.[50]

Molière:
— Toda obra tem duas caras e todo drama, duas asas,
Uma, que na Terra depena o crítico ansioso,
Outra, que voa e paira nas abóbadas da graça,
Imensa asa de anil feita do ar vaporoso.

***Pensador, eis o sentido de minhas* Eruditas:**
O espírito e a carne são ambos por Deus punidos.
O espírito quer que a carne seja uma das criaditas,
A carne quer que o espírito refogue seu cozido.

O espírito quer que a carne compreenda suas veleidades.
A carne quer que o espírito compreenda suas necessidades.[51]

A mesa se interrompe e gira durante uns quinze minutos sem dizer nada. Reinava, nos últimos instantes, certa desatenção entre os ouvintes. Victor Hugo filho lia, a srta. Adèle Hugo ia e vinha, entrava e duvidava, o gato miava. Somente a sra. Victor Hugo, Charles Hugo e Auguste Vacquerie estavam atentos.

Auguste Vacquerie: Preferes adiar tua resposta para uma outra noite, Molière?

— **Sim.**

Sra. Hugo: Por que não queres continuar esta noite? Alguma coisa te incomoda?

Sem resposta. Abandonamos a mesa. Conversa na qual Victor Hugo justifica sua distração.

Voltamos à mesa.

Hugo: Quem está aqui?

— Ésquilo.

— Fala.

— **Vou continuar os versos de Molière.**

Vacquerie: Em vez disso, por que não continuas os teus?

— **Se assim preferes.**

— Sim, prefiro. Desejo que seja Molière que termine os dele porque gostaria de revê-lo. Porventura ele se zangou conosco?

— **Não.**

— Ele voltará para terminar seus versos?

— **Ele disse para eu continuá-los.**

— Por quê?

— **Direi para ele voltar.**

— Obrigado. Muito bem, continue teus versos. Vou relê-los para ti. Se quiseres mudar um verso ou uma palavra, bate uma vez.

Auguste Vacquerie relê os versos da terça-feira, 7 de fevereiro.

Na estrofe que termina com este verso:

Tigres que voltam a ser carneiros

A Mesa quer mudar.

— **Muda o segundo hemistíquio: cujo nome é sofrimento**

A srta. Adèle Hugo sai.

— ***Encontram, ao morrerem, em vez da colheita,***

Em vez da luz, em vez do alento,

Seus crimes espadachins na morte à espreita.[52]

Preferis:

Seus crimes à espreita atrás de seus túmulos?[53]

Hugo: Nesse caso, não deveríamos mudar a rima no segundo verso? "*Em vez de céus tão puros*". Preferimos essa segunda forma. Concordas?

— **Hesito.**

— Prefiro a segunda forma devido à palavra espadachins que está na primeira. O crime é um punidor, não um espadachim.

— **Prefiro espadachins porque essa palavra faz de crimes uma quadrilha de bandidos a soldo de criminosos que, por sua vez, os atacam quando eles chegam ao local onde deixaram o crime à espreita na morte.**

— Então deixas a primeira maneira?

— **Escolhei.**

Escolhemos a segunda.

Hugo: Tua explicação é muito bonita, mas continuo achando que a segunda maneira é mais eficaz. Mas cabe a ti escolher, não a nós.

— **Quero demonstrar-vos que na arte humana o ideal é intangível.**

Auguste Vacquerie continua a reler. Na penúltima estrofe:

São condenados por seu próprio devotamento...

A Mesa quer refazer toda a estrofe.

Victor Hugo sai.

— ***Eles são os condenados por sua devoção sublime***

Que faz deles metade de todas as dores;

Quanto a mim, lastimo mais a bondade que o crime

E os homens de sangue menos que o homem que sofre.[54]

Auguste Vacquerie lê a última estrofe.

— Queres mudá-la, certo?

— **Sim.**

Eles são os condenados da humana miséria
Porque todos, pequenos e grandes, ao seu lado choram
E porque descobriram a igualdade sobre a Terra,
Não em todas as frontes, mas em todos os olhos.[55]

— Teu último verso é prodigioso. Ficais contentes quando julgamos soberbos vossos versos?

— **Sim.**

— Pois bem, repito que o teu é sublime.

— **Sei que é um dos cem versos mais bonitos que existem.**

— Dizias há pouco que, na arte humana, o ideal era intangível. Teu verso não teria atingido o ideal?

— **Não.**

— Esses cem versos mais bonitos a que te referes são todos feitos na Terra no momento atual?

— **Não.**

— Há alguns entre os poetas vivos?

— **Sim.**

— Queres citar alguns?

— **Não.**

— Continua teus versos.

— ***Pois eles são noivos de todas essas pobres raparigas***
E de flores de laranjeira estão repletos seus corações
Pois sua paternidade, pairando sobre as famílias,
É uma adoção de todos os órfãos.

Pois Deus, com a piedade completando seu suplício,
Nas duas pontas da cruz faz sangrar seu espírito
E sobre o sinistro calvário, ó duplo sacrifício,
Madalena os prega assim como Jesus Cristo.[56]

Vacquerie: Poderias agora nos explicar um fato que nos intriga? Outra noite veio uma criatura que declarou chamar-se Leão de Androcles e que, sem mais, sem provocação de nossa parte, disse-nos: olá, imbecis. Ele nos pediu versos, não os tínhamos prontos, e, em respeito aos espíritos, não quisemos improvisar uns quaisquer. Explicamos isso com deferência. Então ele nos ofendeu e partiu. Por quê? Teria sido por faltarmos a um encontro marcado por ele?

— ***Esse leão é enorme e portador de catástrofes.***
Errastes, pensadores, em o aborrecer.
Hugo terá de atirar-lhe algumas estrofes
Para que, ao voltar, ele tenha um osso para roer.[57]

— Agradeço-te por pedir versos a Hugo. Seus versos deleitarão não só ao Leão de Androcles, como a mim. Parece-me, contudo, que a maneira como nos pedes isso não é muito lisonjeira para mim. Observa que continuo sendo o único a ter feito séria e laboriosamente os versos que desejaste, e tu me agradeces recomendando que Hugo faça versos para ele ter um osso para roer. Isso não me parece muito simpático para os meus versos.

— ***Está bem, volto atrás. Faz os versos para a tal criatura.***
Foste tu que escolhi, mas por favor fá-los saborosos.
Pois para que esse leão os considere à altura
É preciso muita medula no cerne de muitos ossos.[58]

— Tu me castigas espiritualmente por uma pergunta que te fiz quase como um chiste. Mas, se Victor Hugo se dispuser a fazer os versos, terei assim mesmo de fazê-los?

— **Sim.**

— De uns tempos para cá, vós pareceis muito suscetíveis. Antes, nos dirigíeis chistes e impertinências. Agora não perdeis uma oportunidade de nos repreender. Por que essa mudança?

— ***É que em breve vós deixareis o império***
Onde a Sombra do Sepulcro tem o comando.
Vossos lábios hoje estão no fim da miséria.
Todo o amargor ficou no fundo do vaso nefando.[59]

— Tu nos dizes que em breve deixaremos o mundo que nos visita neste momento. Mas então não nos veremos mais, e Shakespeare nos prometeu um drama; ele não terá tempo de ditá-lo? Ou ele e tu e Molière não sois do mundo da Sombra do Sepulcro? Voltareis com os espíritos dos mundos mais felizes? Queres e podes responder a esta pergunta: Shakespeare, Molière e tu, em que mundo estais?

— **Arcanjo Amor.**

— Quem está aqui?

— **A Sombra do Sepulcro.**

Charles Hugo: Se tais revelações deverem um dia ser publicadas, gostarias de nos indicar o título que deveríamos dar ao livro?

— **Os ventos do túmulo.**[60]

— É um título acertado entre ti e os arcanjos que comandam os outros mundos?

— **Sim.**

— Não conviria dividir o livro em quatro partes[61] e intitular cada parte com o nome de um dos quatro arcanjos?

— **Sim.**

A Mesa diz:

— **Aristófanes.**

Vacquerie: És tu, grande poeta? Pai da comédia, salve! Vens nos dizer alguma coisa?

Silêncio.

— Também aguardas que te interroguemos em versos!

— **Sim.**

— Muito bem, faz uma coisa. Sabes como te admiro e aprecio, mas eis-me comprometido com o Leão. E depois Hugo não será demais para ti. Encomenda-lhe versos. Se ordenares, ele te obedecerá e teremos nossa cota de satisfação.

— ***Ele dorme. Vou me deitar no seu céu;***
Tomarei, enquanto sua pálpebra tomba,
Da pena com que esta noite ele escreveu,
E molharei na tinta da tumba.

De maneira que ao despertar amanhã
Ele veja, pousada no seu coração em flor,
Uma estrofe a nós inspirada pela manhã,
Ao mesmo tempo gota de tinta e orvalho do amor.[62]

— A quem chamas de nós?

— **Aos mortos.**

Encerrado às 4h da manhã.

Observação: em 21 de fevereiro, Charles e Victor, chegando em casa por volta das 11h30 da noite, viram as janelas da sala acesas. Quiseram entrar na sala: a porta estava trancada. Todos dormiam. Charles, intrigado com aquela claridade, procurou a chave; foi pedi-la à sua mãe, que não sabia onde ela estava; a Auguste Vacquerie, que dormia e que, mal-humorado por ter sido acordado de supetão, pediu que o deixassem em paz etc. Sem a chave, Charles foi se deitar. No dia seguinte, abrindo a sala, a empregada não encontrou tocos; logo, não eram velas que iluminavam a sala. Não tínhamos acendido a lareira à noite. Que luz era aquela? Conversamos pela manhã, fazendo o desjejum. Concluímos que o melhor é consultar a Mesa.[63]

22 DE FEVEREIRO

1h30 da tarde. A srta. Hugo e Charles Hugo conduzem a mesa. Victor Hugo escreve.

— Um fato nos preocupa. Sabes o que Charles e Victor viram ontem à noite chegando a esta casa?

— **Sim.**

— Diz-nos o que é.

— **Não.**

— É um fato simples, como uma vela acesa esquecida, por exemplo? Ou um fato misterioso? Limita-te, se preferires, a nos esclarecer esse ponto.

— **Bela da Noite.**

— Continua.

A mesa para de se mexer.

— Isso é tudo?

— **Sim.**

Victor, meu filho, substitui seu irmão à mesa. A mesa volta a se movimentar.

— Fala.

— **Fé. Da.**

Agitação da mesa. Victor sai, Charles retoma.

— **Deusa, dúvida, padre. Homem altar, templo noite.**

— Isso é tudo?

— **Sim.**

— Vês o estado em que se encontra nossa alma? Queres continuar a falar?

— **Não.**

— Queres que deixemos a mesa?

— **Sim.**

QUINTA-FEIRA, 23 DE FEVEREIRO DE 1854

9h da noite. Presentes: sra. Victor Hugo, Charles Hugo, Auguste Vacquerie. Conduzindo a mesa: sra. Victor Hugo e Charles.

— Quem está aqui?

— **A Sombra do Sepulcro.**

— Fala.

— Hoje não verás ninguém, é um dia sem dor,
Em que, nos vastos céus, do qual somos as chamas,
Eu, a Sombra do Sepulcro, e ele, o Arcanjo Amor,
*Distribuímos as almas.**[64]

DOMINGO, 26 DE FEVEREIRO

9h30 da noite. Presentes: sra. Victor Hugo, Auguste Vacquerie. À mesa: Charles Hugo e Théophile Guérin.

— Quem está aqui?
— **Molière.**
— Vens terminar teus versos?
— **Sim.**
— Memorizaste a primeira estrofe?
— **Sim.**
— A segunda?
— **Não.**
***Crítico, procurei nas minhas* Eruditas**
Entre a alma e o corpo o meio intangível.
O corpo quer que a ideia vá com as criaditas
E mande o archote refogar o cozido.

O espírito também quer subjugar os sentidos avessos
Ao pensamento, às palavras estropiadas pelo homem.
Filaminta no fim pensa tanto em suas asas
Que nem mesmo sapatos Crisálio tem.

* Trata-se da distribuição das almas punidas ou das almas recompensadas. As almas podem subir ou descer. Alexandre Weill, em *Os mistérios da criação*, falava de "almas ascendentes ou descendentes". Uma alma corrompida pode ser punida descendo até os animais e as plantas ou, caso mereça, elevar-se até os anjos.

O corpo quer que a ideia aprecie seu haut-de-chausses*
E que, desdenhando todo sonho de apogeu,
Vá à cozinha provar os doces.
*E manda encher a taça dessa Hebe*** dos céus.*

Entra Victor Hugo.

— O espírito injusto quer então que a carne vassala
Sofra: pronto, ele diz, um corpo original!
Que me importa o vento que arrepia Crisálio
Quando abro para o céu tua janela, ideal?

A sra. Victor Hugo substitui Guérin à mesa.

— Acho essa pança simpática em seu papel.
Pensa então, bruto, no dia, na lua, no céu azulino,
Que me importam os buracos no gibão desse menestrel
Quando meu olhar mergulha nos abismos divinos?

Que me importa, apetite, que vivas ou morras!
E teu imortal pernil mal assado por Margoton?
E que sob o travesseiro onde sonho meus belos sonhos
Resmungue confusamente tua touca de algodão!

Victor Hugo sai.

— Que me importa, Crisálio, tua vida e tua saúde!
Henriqueta, teus sentimentos interesseiros!

* Peça de roupa masculina surgida no século XIII e que cobria da cintura ao joelho. [N.E.B.]

** Hebe representa a personificação da juventude. É filha de Zeus e Hera e, por conseguinte, irmã de Ares e Ilítia. Desempenha, no "estafe divino", a função de uma empregada, ou da "menina da casa".

Nado no anil, não na água insalubre.
Sou ave do céu, não de terreiro.

Estais resfriados, magros, mortos, belo desastre,
Mandai, se quiserdes, chamar o enfermeiro.
Já eu mergulho minha asa nos cachos louros do astro,
E deixo vossos focinhos em seus montes de esterco![65]

A mesa bate três vezes.

— O que desejas mudar?

— **Cachos.**

— O que colocas no lugar?

— **Raios.**

Vacquerie: Mas cachos estava ótimo.

— **Convinha exprimi-lo mudo interessante.**

— O quê? O que convinha exprimir?

— **Teu pensamento.**

— Que pensamento?

— **Nós, do lado de cá, gostamos muito, quando ditamos versos, que as pessoas se comovam com nossas palavras, como Hugo, por exemplo, e que o espírito a quem cabe a honra de escrever sob nosso ditado esboce uma atitude menos silenciosa que um tabelião a escrevinhar. Agora prossigo.**

— Na outra noite, distraímo-nos enquanto falavas; foste embora zangado e voltaste hoje irascível. Mas por que cismas comigo, que sempre te escutei com respeito e te fiz versos tão logo os desejaste? Meu silêncio não era nem desdém nem indiferença. Fiz-te uma pergunta, espero que tua resposta seja completa para julgá-la e para ver quem está errado, *As eruditas* ou minha crítica. Até o presente, pareces dizer mais o que o teu drama poderia ter sido do que o que ele é.

— **Espera.**

— É justamente o que eu fazia. Esperava.

— **Sim, pareces inclusive estar deveras enfastiado.**

— Isso não é lá muito elegante.

— **Vós me enfastiais, senhora.**

Observação: Em um drama em versos que escrevi aqui, ano passado, fiz este hemistíquio: "Vós me enfastiais, senhora". Auguste Vacquerie

— Sim, mas eu coloquei isso na boca de um ladrão.

A mesa parou de se mexer.

— Molière não está aqui?

— **A Sombra do Sepulcro.**

— Escutamos.

— ***Molière deixara o céu, doce pátria,***
Para seduzir-vos. Voltou a subir para o nosso calor.
Nós, espíritos, falamos para que mergulheis na alegria
Ou tremeis de pavor.

Molière teria apreciado ouvir o que dele se pensa,
Sim, que dissessem: que gênio! que bonito!
Esperai, para receberdes essas árias de silêncio,
Chegar a hora do jazigo.[66]

Conversa: Auguste Vacquerie resiste aos dois últimos versos. O jazigo só é silêncio para os que creem no nada; como a Sombra do Sepulcro pode dizer que seremos mudos na morte, quando os mortos vêm falar conosco todas as noites?

— Quem está aqui?

— **Ésquilo.**

Sra. Hugo: Diz algumas palavras boas; precisamos delas após a rudeza desta noite. Tais suscetibilidades abalam a ideia que fazíamos de vós.

— **Trarei de volta Molière.**

Vacquerie: Quando o trarás? Gostaríamos muito de não ir dormir de mal com ele. Podes obter que ele volte imediatamente?

— **Sim.**

A mesa gira.

— És tu, Molière?

— **Sim.**

— Obrigado por voltares. Uma vez que desejas que eu fale de teus versos, digo desde já que o último verso da primeira estrofe não me parece feliz.

— *E que esse grande archote refogue o cozido.*[67]

— Fica bem melhor assim. Todo o resto está muito bom.

— **Preferes:**

E não tenho focinho para vossos montes de esterco?[68]

— Sim, prefiro este último verso. Há dois mergulha a duas estrofes de distância.

— Misturo minha asa.

Eu, o poeta, ou melhor, eu, o pensador austero,
O espírito encarregado por Deus de reconciliar
A ideia com o corpo, o céu com a Terra,
A cúpula com o pilar,

Digo a Filaminta: Aonde vão tuas demências?
Vê, minha irmã, aonde te leva teu ardor,
Cumpre que no sulco todas as sementes
Caiam das duas mãos do pensador.

Cumpre que das duas mãos do divino apóstolo
Saia o duplo pão do corpo e do espírito.
De uma, todos os lírios, da outra, todos os pomos.
O que encanta e o que dá viço.

Cumpre que ele dispense, enquanto o homem é punido,
à alma e à carne cuidados religiosos,
Que, duplo médico, ele aplique sobre nossas feridas
A venda que retira de nossos olhos![69]

2h da manhã.

27 DE FEVEREIRO

10h da noite. Presentes: sra. Hugo, Victor Hugo, Théophile Guérin, Adèle Hugo. Conduzindo a mesa: Thomas (companheiro de exílio de Barbès e Blanqui no Monte Saint-Michel).

— Tem alguém?

— **Sim.**

— Diz teu nome.

— **Latude.***

— Tens algum comunicado a nos fazer?

— **Sim.**

— Fala.

— **Só muda o nome da prisão. A Bastilha passa a se chamar Monte Saint-Michel. O prisioneiro continua a se chamar povo. A evasão é certa, amigo. Fabrica tua corda. Prende-a nas grades da torre e desce. Se for muito curta para o abismo, será suficientemente comprida para o túmulo.**

— Habitas um mundo feliz? És livre?

A mesa se agita.

— Ainda és tu, Latude?

— **Não.**

* Latude e, logo adiante, Bonnivard e o Máscara de Ferro foram três prisioneiros célebres, encarcerados por motivos torpes, quase todos ilegítimos. Jean Henry de Latude (1725-1805) era um aventureiro francês acusado de tentar extorquir dinheiro da Madame de Pompadour. Foi encarcerado no castelo de Vincennes e na Bastilha. Empreendeu três fugas espetaculares, uma, da Bastilha, prendendo uma corda com nós nas barras de sua cela. Essa escada de corda que lhe permitiu evadir-se está conservada no Museu Carnavalet, em Paris. No total, passou 37 anos preso. Foi libertado em 1784. O personagem de Latude aparece em algumas obras de Hugo, em especial em *O noventa e três*. François de Bonnivard era um patriota genebrino, encarcerado entre 1530 e 1536 no castelo de Chillon, na Suíça, às margens do lago Léman. Esse castelo, construído no século XVIII, era propriedade dos duques de Savoia. O Máscara de Ferro era um misterioso preso político cuja identidade era mantida em segredo absoluto, ele sendo obrigado a usar permanentemente uma máscara de veludo negro e de metal. Foi confinado em Pignerol, em 1679, depois no castelo d'If, na ilha Sainte-Marguerite, de 1687 a 1698, e na Bastilha, de 1698 a 1703, onde morreu. Voltaire, em seu *O século de Luís XIV*, fez dele o irmão gêmeo do rei. Hugo cogitava, em 1839, um drama sobre o tema, cujos títulos virtuais eram *O conde Jean*, depois *Os gêmeos*, publicado em 1889, inacabado, no volume dos dramas póstumos.

— Quem és tu?

— **O prisioneiro de Chillon.**

— És Bonnivard?

— **Sim.**

— Fala. Então podes fugir?

A mesa se agita.

— Ainda é Bonnivard?

— **Não.**

— Quem és tu?

— **O Máscara de Ferro.**

— Fala. Podes então te salvar, por onde?

A mesa se agita.

— É sempre o Máscara de Ferro?

— **Não.**

— Quem és tu?

— **Latude.**

— Fala.

— **Por esse buraco.**

A mesa se agita.

— Quem está aqui?

— **Judas.**

— Fala.

— **O túmulo é um beco sem saída. Nele, o prisioneiro é condenado, mas a porta também.**

A mesa se agita.

— Ainda é Judas?

— **Não.**

— Quem és tu?

— **Jesus.**

— Fala.

— **Tenho a chave.**

A mesa se agita.

— Quem está aqui?

— **Judas.**

— Fala.

— **Passa-a para mim, Jesus.**

A mesa se agita.

— Quem está aqui?

— **Jesus.**

— Fala.

— **Ei-la, Judas.**

A mesa se agita.

— Quem está aqui?

— **Judas.**

— Fala.

— **Fujamos, Caim. Estou com a chave.**

A mesa se agita.

— Quem está aqui?

— **Caim.**

— Fala.

— **Aonde iremos? Somos cativos, quem nos receberá?**

A mesa se agita.

— Quem está aqui?

— **O Arcanjo Amor.**

— Fala.

— **Eu.**

A mesa se agita. Mais nada. Esta página e a anterior foram escritas por Victor Hugo.

SEXTA-FEIRA, 3 DE MARÇO DE 1854

9h45 da noite. Presentes: Victor Hugo, sra. Victor Hugo, Auguste Vacquerie. Charles Hugo e Théophile Guérin à mesa.

— Quem está aqui?

— **Molière.**

— Queres continuar os versos que começaste?

Auguste Vacquerie lê os versos.

Victor Hugo: Que beleza! Continua, Molière.

— ***Se ele deve considerar os astros, é justo***
Que pense nos famintos na sombra encolhidos.
O imundo cozido, minha irmã, torna-se augusto
Quando refogado por mendigos.

Ele deve pensar nos que estão à porta da igreja
Tiritando, em andrajos, lívidos sob um céu de breu.
O buraco da roupa de uma criança à fresca
É um dos abismos de Deus.

Se desejas, ó irmã, compreender as estrelas,
Começa por voltar os olhos para as mágoas.
Então tu verás Deus, pois o céu só se desvela
Para olhos marejados de lágrimas.[70]

Interrompido às 11h.

19 DE MARÇO

10h da noite. Charles e o sr. Allix conduzem a mesa. Presentes: a sra. Victor Hugo e eu, minha filha, depois Auguste.

— Há alguém?

— **Sim.**

Sr. Allix: O que julgo possível é possível?

— **Sim.**

— Esclarece por que o que penso é possível.

— ***Homo loquitur res audiunt. Mens omnium est in uno quidquid vult homo, deus facit sed quidquid vult deus, homo non facit. Impone manus rebus, res vitam et mentem habebunt, orpheus movet leones, amphion lapides, Christus mortuos. Si vis tollere homini morbos, umbras, utere hac viquae est in rebus, sum eflatum, cantum, robur naturae. Sume quod vocant homines navi in lingua gallica magnétisme.*** *

— Isso é possível de onde estou?

— ***Incipe. Pauca ducunt ad multa. Parvus est fons magni. Quaere haec animalia quae scis et deinde tibi dicam quae nescis, age, homuncule, in imensa, natura, sisser vus dei per tenebras mundi, parva lampas, mgna stella.*** **

— Posso dizer às pessoas presentes do que se trata?

— **Sim.**

— Ouviste o que acabamos de dizer?

— **Sim.**

— O que pensas sobre isso?

— ***Davaletudinem bonis, venenum malis.*** ***

— Queres nos dizer o que entendes por haec animalia quae scis? ****

— ***Vim quamdam rerum captam ab hominibus ex robo re material, non ex mente.*** *****

— Agora queres nos dizer teu nome?

* Tradução do latim: "O homem fala, as coisas escutam. O espírito de todas as coisas está em uma, o que quer que o homem queira, Deus o faz (age – cria), mas o que quer que Deus queira, o homem não o faz. Impõe as mãos sobre as coisas, as coisas terão vida e espírito. Orfeu move os leões; Anfíon, as pedras; Cristo, os mortos. Se aceitares arrancar as doenças dos homens, sombras, eles terão a força que está nas coisas. Eu sou o sopro, o canto, a força da natureza. Consulte o que os homens novos chamam *magnétisme* em língua francesa".

** Começa. As pequenas coisas levam às grandes. Pequena é a fonte do grande. Procura os animais que conheces e em seguida eu te direi aqueles que tu ignoras. Age, homúnculo, na natureza imensa, sê o servo de Deus através das trevas do mundo. Pequena lanterna, grande estrela ("mgna": erro para "magma").

*** Dá saúde aos bons e veneno aos maus.

**** Esses animais que tu sabes.

***** Uma certa força das coisas extraída pelos homens da força material, não do espírito.

— Não.

— Por que te recusas a nos dizer teu nome?

— ***Nominor vultur peraves, tiger per belluas, corvus per mortuos, vindex per vivos, sum unadaruma larum umbroe sepulcralis, a la nigra.****

— Queres nos dizer o que devemos pensar das visões de dama branca a cujo respeito se fala nas redondezas?

Agitação da mesa.

— Não.

— É o mesmo ser que está na mesa?

— Não. — Quem és tu?

— **A asa branca.****

— Fala.

— **Uma palavra de amor, ó meus poetas, ide, vivei, irradiai; a asa branca deixa suas penas caírem sobre vossos ninhos; é de mim que procedem vossas canduras, ilusões, amores e raios. Todos os sonos serenos dormem sobre as penas da asa branca. Todas as palavras de amor são escritas com as penas da asa branca. A asa negra é a noite. A asa branca é o dia. Sou a noiva, ela é a viúva. Ela é a dor, sou a alegria. Ela é a página da sombra, sou a página da luz. Ela tem todas as almas que choram, tenho todas as almas que reluzem. Ela é o olhar da vingança, sou o sorriso do amor. Ela diz a todos os abutres: voai sobre o homem; digo a todas as pombas: repousai em Deus.**

* Essa frase deve ser lida assim: *Nominor vultur per aves, tiger per belluas, corvus per mortos, vindex per vivos, sum una duarum alarum umbrae sepulcralis, ala nigra.* Tradução: "Sou chamado (me chamam) abutre entre as aves, tigre entre os animais, corvo entre os mortos, vingador entre os vivos, sou uma das duas asas da sombra sepulcral, a asa negra".

** *A asa branca*: a asa é símbolo da liberdade, do amor, da perfeição ideal e da elevação espiritual. Hugo vê a alma como um ser alado. No poema "O que diz a Boca de Sombra" (*As contemplações*, VI, XXVI), Hugo atribui ao homem uma "consciência alada" e uma "alma alada". A alma abre suas asas e alça voo rumo à morte dos corpos. No poema dedicado a Claire Pradier, filha de Juliette Drouet, escrito em dezembro de 1854, "Claire", as almas dos mortos são criaturas aladas, que permaneceram, após a morte, junto àqueles a quem amavam, e "Suas asas fazem às vezes sombra na parede" (*As contemplações*, VI, VIII).

— Podes dizer a Molière, Shakespeare e André Chénier que desejamos revê-los com urgência?

— **Sim.**

Meia-noite e meia.

Estas três últimas páginas foram escritas por Victor Hugo.

QUINTA-FEIRA, 23 DE MARÇO DE 1854

9h da noite. À mesa: sra. Victor Hugo e Charles Hugo. Auguste Vacquerie: escrevente.

— Há alguém aqui?

A mesa dá duas batidas.

— Não? Quem responde não?

A mesa dá duas batidas.

— Mas há alguém, uma vez que respondem não. Quem está aqui? Podes dizer quem és?

— **Não.**

— Algo te incomoda?

— **Sim.**

— O quê?

— ***Domus vestra. Sivis mecum loqui, veni in viam.****

Auguste Vacquerie: Porventura és a Dama Branca, que o barbeiro disse ter visto perto da nossa casa?

— **Sim.**

— Se fôssemos para a rua, nós te veríamos?

— **Sim.**

— Hoje à noite?

* Vossa casa, se tu quiseres falar comigo, ponha-te a caminho (ou: vem para a rua, o caminho).

— **Sim.**

— A que horas?

— **Três horas.**

— Aparecerás se formos muitos?

— **Não.**

— É preciso estar sozinho?

— **Sim.**

Sra. Hugo: Queres bem a nós? Simpatizas conosco?

— **Sim.**

Vacquerie: Então não podes falar conosco aqui?

— **Não.**

— Muito bem, podes pedir a Molière que venha terminar os versos para nós?

Agitação da mesa.

— Quem está aqui?

— **O Leão de Androcles.**

Vacquerie: Tens alguma coisa a nos dizer?

Hesitação e perturbação da mesa.

— Ainda é o Leão?

— **Não.**

— Quem está aqui?

— **Molière.**

— Queres que releia para ti os versos já feitos?

— **Sim.**

Auguste Vacquerie relê os versos.

— *A ideia e o sofrimento, ó irmã, se entendem.*
Cerzir uma roupa não é se humilhar.
Vê, essa criança tem frio, seus bracinhos tremem,
Impedem suas mãos de rezar.[71]

— **Ponha então "*se humilhar*".**

Vacquerie: Foi o que eu pus, se humilhar.

— ***Quando Molière te diz: mulher, pega tuas agulhas,***
Nobre pensamento, saibas que te reverencio.

Victor Hugo entra.

Toda mão que remenda farrapos no escuro
Está bordando o manto do Altíssimo.

Victor Hugo sai.

Tua outra função, pensamento, é a ciência.
Para ela nada é vil, nada é queixume.
O homem material é lodo, ela é transparência,
A poesia é perfume.

Se tivesse escutado teu louco devaneio,
Filaminta, jamais Gutenberg,[72] *esse decano,*
Teria visto num chumbo vil germinar a prensa
E as palavras saírem de um cano.

Jamais Watt, que sonhava transformar o mundo,
Se da cozinha houvesse sentido esse estranho medo,
Teria visto do cozido que tratas de imundo
Escapar-se o vapor imenso.

Não queres contar com tua cozinheira.
Ora, retirado o algarismo, o que resta de Herschel?
Vê, esse algarismo grosseiro de súbito tudo clareia
E descobre um astro no céu.[73]

Encerrado à 1h30.

24 DE MARÇO [NOTA DE VICTOR HUGO]

Subi para me deitar às 11h30. Estava inquieto e triste e tinha meus motivos; além disso, um trabalho em curso (*Satã*; "Os sóis se apagam") me preocupa e me deixa agitado. Dormi mal. Por volta da 1h da madrugada, ouvi Victor chegando. Foi Charles que foi abrir a porta para ele. Auguste, Victor, Charles e minha mulher conversaram um pouco na sala de jantar, onde haviam continuado a fazer a Mesa (Molière) falar. Pouco depois, foram todos para os seus quartos e ouvi meus dois filhos, que dormem nos dois quartos ao lado do meu, subirem a escada do segundo andar, que eu ocupo. Fez-se silêncio. A casa adormeceu. Cochilei. Durante esse cochilo, eu tinha uma percepção exata dos objetos circundantes e, na realidade, não dormia. Encontrava-me nesse estado já havia um certo tempo quando o toque da campainha me despertou abruptamente. Era a campainha da porta soando na calma profunda da noite da maneira mais clara e distinta. Soergui-me do travesseiro. Pus-me a escutar. Tudo recaíra no silêncio, nada se mexia na casa. Então ruminei: ninguém da casa está do lado de fora, não foi ninguém da casa que tocou. E se porventura fossem 3h? Insurgi-me contra essa ideia por um momento, além do mais não me apetecia muito levantar da cama por causa do frio. Enquanto isso matutava: esse toque de campainha é incomum e seria muito estranho se fossem 3h. Precipitei-me da cama e devo dizer, uma vez que digo tudo, que fiz um gesto de precaução, como se alguém estivesse presente. Os postigos de minhas janelas não estavam fechados, a noite não estava um breu e meu quarto não estava muito escuro. Peguei a caixa de fósforos que fica na minha mesa e risquei vários palitos na parede. O quarto pegou e acendi minha vela. Olhei no meu relógio, pendurado no encosto de uma cadeira perto da minha cabeceira. Os ponteiros marcavam <u>3h05</u>. Fazia mais ou menos cinco minutos que a campainha tocara: apaguei a vela. Olhei para o lado de fora para ver se percebia alguma coisa. O mar estava calmo, a noite clara, o terraço deserto. Fui me deitar novamente. Quando eu entrava na cama, vi, no mar, entre as duas janelas, a fosforescência dos fósforos desenhando um rastilho luminoso. Ruminei: e se isso fosse formar o fantasma? Ela desapareceu.

Hoje de manhã mencionei a coisa na mesa do café. Ninguém além de mim ouvira o toque da campainha. Estavam todos no primeiro sono naquele momento. Resolvemos interrogar à noite a Mesa sobre esses fatos. Eu disse que, se a Mesa nos convidasse a ir lá de novo, eu iria. É preciso ir sozinho.

Copiado pela sra. Hugo no manuscrito de Victor Hugo.

24 DE MARÇO

9h da noite. Presentes: sra. Victor Hugo, srta. Adèle Hugo, Victor Hugo, Auguste Vacquerie. À mesa: Charles Hugo e Théophile Guérin.

— Quem está aqui?

— **Anacreonte.**[74]

Victor Hugo: Salve. Estás entre poetas e te admiramos, mas neste momento estamos muito preocupados. Sabes com quê?

— **Não.**

— Ontem, aconteceu aqui um fato misterioso, acerca do qual gostaríamos de enxergar claro! Está associado a uma aparição que é conhecida na região pelo nome de Dama Branca.[75] Permites abordarmos esse fato?

— **Não.**

— Podes nos esclarecer quanto a isso?

— **Não.**

— Após te ouvirmos, podemos te pedir que dês um recado à criatura a que me referi?

— **Não.**

— Então fala, escutamos.

— **Interroga-me em versos.**

Charles Hugo: É a Victor Hugo que diriges essa recomendação?

— **Sim.**

Victor Hugo: Dediquei-te alguns versos: "Anacreonte, poeta das ondas eróticas etc.".

Charles Hugo: São versos antigos.

Auguste Vacquerie: Ele precisa de versos feitos expressamente.

Perguntamos a Anacreonte se ele se contenta com versos feitos há muito tempo.

— **Não.**

Victor Hugo: Deves compreender por tua própria lembrança que os espíritos aprisionados na carne não têm a faculdade imediata dos espíritos libertados. Precisamos da meditação para produzir obras dignas de vós. Daí eu não poder dirigir-te em versos, esta noite, uma questão digna de ti. Compreendes?

— **Sim.**

— Pois bem, tu que és livre, queres me dirigir versos aos quais responderei?

— **Não.**

Agitação da mesa.

— Tu que estás aqui podes responder às inquietudes de nosso espírito?

— **Não.**

— Não podes, não queres ou não deves?

— ***Non possum quod non debeo, quod non debeo non volo.****

— Teu nome?

— **Safo.****

— Tens alguma coisa a nos dizer?

— **Não.**

— Tu também só aceitas responder aos que te interrogarem em versos?

— **Sim.**

— A quem pedes versos?

— **A Victor Hugo.**

— Farei isso. Mas permite-me uma pergunta sobre tua primeira resposta.

* Não quero o que não devo, o que não devo não quero.

** Safo, poeta lírica grega que viveu entre 620 a.C. e 580 a.C., na ilha de Lesbos. Dirigiu uma escola feminina de poesia e música. Seria adepta da homossexualidade, daí a origem do safismo, mas teria se apaixonado também pelo jovem Fáon e, desesperada em face de sua indiferença, se lançado do alto dos penhascos do cabo de Leucate. Fáon era um herói de Lesbos. Dizia-se que era um barqueiro, velho e pobre, de uma beleza medíocre, até o dia em que transportou a deusa Afrodite, disfarçada de velha, sem lhe pedir nenhuma paga. A deusa deu-lhe como recompensa um tubo com um unguento da beleza, que ele devia passar diariamente no corpo. Foi então amado por todas as mulheres da ilha, que viam nele um formoso rapaz. Safo foi a mais apaixonada de todas.

Como é possível que o mistério nos atraia e nos rejeite? Ontem, fomos convidados a ver coisas invisíveis com nossos olhos de carne. Por que o ser que ontem nos provocava hoje se furta? Por que o convite nos é retirado quando o aceitamos?

— ***Exspecta spectabis.****

— Muito bem, o mistério que se ofereceu ontem espontaneamente virá se oferecer de novo e da mesma maneira?

— **Não.**

— Virá se oferecer espontaneamente e de outra maneira?

— **Sim.**

— O toque da campainha que ouvi, a que ou a quem devo atribuí-lo?

A mesa parou de se mexer.

— Safo continua aqui?

— **Não.**

— Tu sabes que falas com seres profundamente afeitos ao mistério, que para eles é a própria face de Deus. Logo, nada há de audacioso nas perguntas que te farei. Pergunto então, conheces a preocupação que ocupa nossas mentes desde a noite passada?

— **Não.**

— Se eu dissesse o que é, nos responderias?

— **Não.**

— Por quê?

— ***Lex duplex: prima sors secunda mors. Vivere non est videre. Nos se non est posse.*****

— De toda forma, podes nos esclarecer sobre um ponto relativo à nossa consciência. Ontem, uma chave do mistério nos foi estendida. Por causas humanas – pavor do desconhecido, horror sagrado, hora inquietante etc. –, não a pegamos. Descumprimos nosso dever? É obrigação nossa agarrar as oportunidades que o mistério nos oferece?

* Espera, verás.

** A lei é dupla: a primeira é a sorte; a segunda, a morte. Viver não é ver. Saber não é poder.

— ***Liber legit librum.****

— Agradecemos-te por nos ter respondido e perguntamos teu nome.

— **Apuleio.**

— Sabes que era um grande desejo meu encontrar-te? Em *O asno de ouro*, tu deixaste entrever alguns dos lineamentos** do mistério que se nos revela nos últimos meses. Tiveste um presságio ou recebeste uma revelação?

— ***Versus adversus versus.*****

Charles Hugo: A quem pedes versos?

— **Victor Hugo.**

Théophile Guérin: Podemos ver o espírito de Ankastrom?****

— **Sim.**

Victor Hugo: Pois bem, Apuleio, farei uma pergunta em versos. Ankastrom pode vir esta noite?

— **Não.**

—André Chénier[76] voltará espontaneamente para terminar seus versos?

— **Não.**

— Teremos que chamá-lo em versos?

— **Sim.**

Sra. Hugo: Poderíamos ver Lamennais,***** que faleceu recentemente?

— **Não.**

* A criança lê o livro ou o livro lê o livro.

** Ver nota às pp. 92-3.

*** Verso contra verso.

**** Possivelmente Jacob Johan Anckarström (1762-1792), cortesão sueco. Assassino do rei Gustavo III, foi decapitado. Em 1791, Gustavo III tentou formar uma liga de monarcas europeus contrários à Revolução Francesa. Entretanto, a aristocracia sueca, irremediavelmente hostil, conspirou contra ele. Em 17 de março de 1792, o capitão Jacob Johan Anckarström atirou no rei por ocasião de um baile de máscaras na Ópera de Estocolmo. Gustavo III morreu quinze dias depois. *Le Mousquetaire*, jornal fundado e dirigido por Alexandre Dumas, faz alusão a esse acontecimento em três ocasiões (em seus números de 22/9/1854, 8/10/1854 e 10/10/1854); o nome de "Jean-Jacques Ankastrom" aparece no encarte publicitário final dedicado à revista *L'Écho Littéraire* sob o título: "Artigos publicados nos dois primeiros volumes de *L'Écho Littéraire*. [...] Causas célebres estrangeiras: Processo de Galileu, de Thomas Morus, de Jean-Jacques Ankastrom, de Ana Bolena".

***** Hughes Félicité Robert de Lamennais (1782-1854), filósofo político francês. [N.E.B.]

Guérin: Podes nos dizer quando Ankastrom virá?

— **Não.**

Victor Hugo: O Leão de Androcles veio ontem. Se eu estivesse presente, teria recitado versos que fiz para ele. Podes lhe pedir que volte esta noite?

Agitação da mesa.

— Quem está aqui?

— **Eu.**

— O Leão?

— **Sim.**

Victor Hugo lê os seguintes versos, cuja cópia foi feita a partir de seu manuscrito:

A cidade assemelhava-se ao Universo. Era
A hora em que toda alma parece de pedra,
Quando todo astro se esconde e o mundo clama.
Roma estendera sua púrpura sobre a lama.
Onde a águia chorou, vagava o escorpião.
Trimálquio pisoteava os ossos de Cipião.
Roma bebia, alegre, ébria, a face rubra;
Dessa loucura emanava um cheio fúnebre.
O amor e a felicidade, tudo era tremendo,
Lésbia,[77] *fazendo-se pentear, feliz, tendo*
Tíbulo a seus pés a louvar-lhe a elegância,
Se a escrava persa desgrenhava suas tranças,
Picava-lhe os seios nus com seu alfinete de ouro.
O homem fez do mal um sorvedouro;
Todas as paixões saíam de suas órbitas.
Filhos aos velhos pais davam mortes súbitas.
Retóricos disputavam os tiranos com bufões.
A lama e o ouro reinavam. Nos fundos porões,
O túmulo era um leito.
Carrascos copulavam com mártires mortas.
Roma, horrível, cantava. Às vezes, diante das portas,
Algum Crasso, vencedor de Reis ou escravos,

Fincava na grande estrada os vencidos crucificados,
E quando Catulo, amante que nosso êxtase embala,
Vagava com Délia, de ambos os lados da estrada,
Dez mil árvores humanas sangravam sobre seus amores.
A glória obcecara Roma no tempo das flores,
Toda vergonha agora era bem-vinda.
Messalina rindo, despida,
No leito público, lasciva, se espalha.
Epafrodite julgava um homem seu chocalho
E divertia-se quebrando os membros de Epicteto.
Mulher gorda, velho senil, bebê de peito,
Cativos, gladiadores, cristãos eram lançados
Aos animais e, trêmulos, lívidos, ensanguentados,
Fugiam, e a angústia perplexa e sem pudor
Contorcia-se no circo, abismo de horror.
Enquanto o urso rosnava e os elefantes,
Terríveis, pisoteavam os infantes,
A vestal devaneava em sua cadeira de mármore.
Vez por outra a morte, qual o fruto de uma árvore,
Caía da fronte pensativa da pálida beleza;
O mesmo relâmpago de crime e frieza
Passava do olho do tigre ao olhar da virgem.
O mundo era o bosque; o império, a estalagem;
No caminho, negros transeuntes esbarravam no trono,
Entravam, escarneciam do gênero humano,
Depois se iam. Nero vinha depois de Tibério,
César esmagava o huno, o godo, o ibero;
E o imperador, igual a uma flor que morreu,
À noite era carniça a menos que fosse Deus.
O porco Vitélio degringolava nas gemônias.
Escada das grandezas e ignomínias,
Terrível prisão dos mortos, pelourinho dos irrelevantes,
Sangrando, fumando, hedionda, aquela morgue de gigante

Parecia feita para apodrecer o esqueleto do mundo.
Torturados estertoravam na rampa imunda,
Judeus sem língua, poltrões sem punho, ladrões sem olhos;
Assim como no circo furioso e atroz,
A agonia se fazia presente, berrando a cada degrau.
O negro abismo, cloaca no fundo, abria seu umbral
Por onde toda a Roma escoava; e, no imenso esgoto,
Quando o céu justo dardejara seus raios de fogo,
Às vezes dois imperadores, do número fatal algarismos,
Encontravam-se, ainda vivos, e nesse limbo,
Onde os cães vinham roer no osso sua carne,
O César da noite abalroava o da tarde.
O crime torpe era amante do vício infame.
No lugar dessa raça em que Deus pôs a chama,
De Adão e Eva, ambos tão belos e puros,
Uma hidra circulava no universo escuro;
O homem era uma cabeça, a mulher a outra.
Roma era a enorme leitoa que se prostra.
A criatura humana, atrapalhando os céus,
Fazia pavorosa sombra no biombo de Deus;
Nada mais tinha de sua forma inaugural;
Seu olho parecia querer fulminar a luz do Sol,
E via-se, era véspera de Átila,
Tudo que tínhamos de sagrado até ali
Palpitar sob sua unha e pender-lhe das mandíbulas,
De um lado as virtudes, do outro as gloríolas.
Os homens rugiam quando julgavam falar.
A alma do gênero humano cogitava debandar,
Mas, antes de deixar para sempre nosso mundo,
Trêmula, ela hesitava sob o domo profundo,
Procurando um animal no qual se refugiar.
Ouvia-se o túmulo chamar e gritar.
Ao fundo, a pálida morte, sinistra e calva, ria.

Foi quando tu, nascido no deserto vazio
Onde o Sol está a sós com Deus, tu, sonhador
Do antro que o entardecer enche com seu rubor,
Vieste à cidade abarrotada de crimes.
Eriçavas-te face a tantas sombras e abismos;
Teu olho, tal aquele mundo horrível e castigado,
Flamejou de repente amor e piedade;
Pensativo, tu sacudiste tua juba sobre Roma,
E, sendo o homem um monstro, tu, ó leão, foste o homem.

28 de fevereiro de 1854.

No deserto escuro, intransponível, agreste,
O morro sucedia à arenosa estepe.
À hora em que o dia raia,
Só, nesses vastos espaços onde Deus fala e desponta,
Como um rei até outro rei eu ia ao encontro
Do sol na praia.
Subíamos ambos, em nosso orgulho e soberba,
A colina, ele dourando e eu pisoteando as ervas.
Nossa dupla se reconhecia.
Lisonjeava-me tê-lo como hóspede em meu antro.
Orgulhava-o ver espalhar-se sobre o meu ventre
Minha juba sob o dia que nascia.[78]
Assim eu vivia, só, sonhando sob minha juba,
Conduzindo o Sol do céu para minha gruta,
Majestoso, compungido,
Temido sem cólera e forte sem violência,
E dizendo ao deserto julga se teu silêncio
Vale meu rugido.
Eu abria na claridade a pálpebra em delírio.
Escutava por vezes o profeta Isaías
Louvar o Deus a que ele serve.

Pois pertencíamos à mesma falange,
E respondíamos, eu o leão, ele o anjo,
Das duas pontas do deserto.

Théophile Guérin sai. A sra. Hugo o substitui à mesa.

A doce bondade era de minha boca o bafejo.
Eu teria imposto calma ao furacão malfazejo
Domador das águas turbulentas.
Teria, aplicando minha vontade de mármore,
Sob minhas patas mais fortes do que troncos de árvore,
Aprisionado os quatro ventos.
O deserto era vasto, intransponível e cruel,
Nele, eu, luminoso, reinava qual um farol no breu,
Nele, eu erguia minha fronte brava.
No deserto sem fundo que sempre recomeça
Eu estava só, só naquela página imensa,
Feito uma imensa palavra.[79]

— **Dois.**

— Isso significa que separas os versos com algarismos e que agora devemos colocar o número II?

— **Sim.**

— Que dia desejas terminar estes versos?

— **Quinta-feira.**

Encerrado à meia-noite e 45.[80]

Anotação de Guérin:

Escrevi ontem, 24 de março de 1854, ao chegar em casa, à meia-noite, a seguinte observação:

"Ouvi, passando em frente ao quebra-mar, o grito dilacerante e estranho que já ouvira naquele mesmo local".

Um mês antes, eu já ouvira o grito a que me refiro na observação do dia 24.

Marine Terrace, 25 de março de 1854.
Théophile Guérin

SÁBADO, 25 DE MARÇO

Shabbat. Saturni dies. 6h45 da noite.

A mesa se ergue após cinco minutos.

— Se há alguém, três batidas.

A mesa bate três vezes.

— Diz teu nome, quem és?

— **Felicidade.**

— Sê bem-vinda!

— És a ideia felicidade ou um espírito que adota esse nome para falar conosco?

— **Olhar de Deus.**

— Fala.

Silêncio, a mesa gira.

— Preferes que eu te interrogue? Em caso afirmativo, duas batidas, se não, uma.

Silêncio, a mesa não se mexe mais.

— Continuas aqui, felicidade?

A mesa recomeça a girar.

— Responde.

Mais movimento.

— Ainda há alguém?

A mesa parou de se mexer. São 7h15.

DOMINGO, 26
5h15 da tarde.

— Há alguém?
A mesa está imóvel, alguns movimentos fracos, mas nenhuma resposta. São 5h45.

27 DE MARÇO
6h45 da noite.

A mesa se agita ao cabo de dois minutos.
— Há alguém?
— **Sim.**
— Sabes o que aconteceu nos meus aposentos, e ao redor da minha casa, na noite de 23 para 24 de março?
— **Dafe iluo.**
— Há erro?
— **Sim. Dama ~~não~~ nada oo.**
— Erro?
— **Sim.**
— Após dama?
— **Nada.**
— Os dois "o" querem dizer zero?
— **Sim.**
— Querias dizer que depois de dama não se deve acrescentar nada?
— **Sim.**
— No entanto, a dama atribuiu a si mesmo uma qualificação. Tu a conheces? Fala.
— Z.
— Responde.
— Z.

— Não queres responder?

— **Não.**

— Essa entidade nos é favorável ou o contrário?

— **Z.**

— Errei ao pedir-te uma confirmação das palavras ditas por essa entidade que respondeu que nos queria bem. Devo crer nela e creio nela. Faço bem?

— **Sim.**

— O que ouvi ontem à noite às 3h da manhã?

— **S.**

— É efetivamente um S?

— **Não.**

— Queres responder diretamente à pergunta?

Rodopio.

— Ainda há alguém?

— **Sim.**

— Diz teu nome.

— **Z.**

A mesa não se mexe mais. São 7h45.

QUINTA-FEIRA, 30 DE MARÇO DE 1854

9h da noite. Presentes: Victor Hugo, Auguste Vacquerie, Charles Hugo. À mesa: sra. Hugo e Guérin. (Continuação da resposta do Leão de Androcles.)

— Quem está aqui?

— **Aquele a quem esperais.**

Victor Hugo relê os versos do dia 24.

II.*

* Hugo remete aqui à p. 2 de suas anotações manuscritas.

— **Vós todos tu v...**

Hesitação.

— Desejas que outra pessoa venha à mesa?

— **Sim.**

— Quem?

— **Charles.**

A sra. Hugo cede o lugar a Charles.

— Julgas que está bem assim?

— **Não.**

— Quem desejas que substitua o sr. Guérin?

— **A sra. Hugo.***

Enquanto eu vivia atrás de véus celestiais
Contemplando à noite os espaços siderais
Como se todas as retinas
Dos vivos adormecidos na sombra e no mistério
No mesmo momento se fechassem sobre a Terra
E dilatassem nas alturas divinas,

Enquanto eu expunha em meu austero estudo
O grande ensino da áspera solitude
Sem orgulho, sem desgosto,
Lá, numa cidade apavorante, cheia
De luz e sangue, vulcão por sua ideia,
Por seus crimes esgoto,

Em uma cidade escura a que chamavam Roma,
Que fazia dos monstros deuses após Deus feito homem,

* O triângulo básico é assim constituído: Charles e a sra. Hugo conduzem a mesa, Victor Hugo escreve e faz as perguntas, Auguste Vacquerie e Guérin se juntam a eles como na maioria das sessões. Observemos, todavia, que Auguste Vacquerie também costuma ser o escrevente, além de ter uma participação importante nas perguntas feitas à Mesa. Os versos mais bonitos são quase sempre ditados quando a sra. Hugo e Charles conduzem a mesa, Victor Hugo é o escrevente e Auguste Vacquerie, "o mudo interessante".

Palácio-necrópole-harém,
Dos templos desmoronados reconstruindo o domo
Soltando a gargalhada infame de Sodoma
Nas costas de Belém;

Cidade [ville] *em face da qual o olho fecha, covarde,*
Tomada por um monturo do tamanho de Hércules,
Vil [vile] *feito Augias,*
No lodo e no sangue fincando seus muros severos,
Ninho de crimes horríveis nos quais os Tibérios
Já chocavam os Bórgias,[81]

Victor Hugo: Não achas que ville [*cidade*] e vile [*vil*] tão próximas uma da outra causam um efeito desagradável? Queres colocar cité [*cidade*], por exemplo, no lugar de ville [*cidade*]?

— Sim.

Traficando da Ásia e espoliando a Gália,
Ela carregava o mundo no ombro feito um balaio,
Enxovalhando as artes,
Seu talento de ouro exibia suas efígies
E seus dedos de cortesã desfilavam nas orgias
O perfil dos Césares.[82]

Três batidas.

— Em que verso desejas fazer a mudança?

— 5.

— No primeiro hemistíquio?

— Não.

A consumir orgias
Dilapidavam os Césares.

Nessa cidade, então, rainha prostituta,
Virgindade vencida e glória imunda,

Viúva de seu raio,
Que, enquanto Jesus nascia entre os anjos,
Ordenava que o mundo xingasse seus panos
E beijasse seu farrapo![83]

— A nona estrofe parece não continuar as nove anteriores. Nas três anteriores – Lá, numa cidade... – Numa cidade escura etc. Cidade em face da qual o olho... – o sentido é sempre suspenso. Ela carregava o mundo atrapalha a linha da frase. Não és da minha opinião?

— **Sim.**

— Onde queres mudar? Nas nove estrofes ou na quinta?

— **Na quinta.**

Cidade que carrega o universo no ombro feito um balaio
Traficando... etc.
Enxovalhando... etc.
Conspurcando seu talento de ouro conspurcando suas efígies
Cortesã[84]

Victor Hugo observa que talento muito perto de enxovalhando as artes dá margem a duplo sentido.

— E se mexesses nisso?

— **Sim.**

Lançando na sarjeta o ouro de suas efígies,
E, Laís impudente, a pagar suas orgias
Dilapidando os Césares.[85]

— Meia-noite e meia. Que dia queres voltar para terminar?

— **Terça-feira.**

TERÇA-FEIRA, 4 DE MARÇO [ABRIL] DE 1854[86]

9h da noite. Presentes: Victor Hugo, Auguste Vacquerie, Charles Hugo, Victor Hugo filho. À mesa: sra. Victor Hugo e Guérin.

— Quem está aqui?

— **Legurru.**

— É esse o teu nome?

— **Sim.**

— Quem és tu?

— **F o h c...**

Algaravia.

A sra. Hugo deixa a mesa e é substituída pelo seu filho Charles.

Victor Hugo: Foi mesmo Legurru Fohc que quiseste dizer?

— **Sim.**

— Falavas francês?

— **Não.**

— Que língua falavas?

— **A língua dos animais.**

— De que animais?

— **Os leões.**

— Dos leões da Terra?

— **Sim.**

— O que significa Legurru?

— **O cometa vem.**

— É este o sentido das duas palavras Legurru e Fohc?

— **Sim.**

Auguste Vacquerie: Porventura os rugidos dos leões têm um sentido?

— **Sim.**

Hugo: Porventura a linguagem de todos os animais tem um sentido?

Victor Hugo filho sai.

— Tu falavas no cometa, queres continuar o que dizias sobre ele?

— **Sim.**

— Continua.

— **Antes da víbora, o astro de cauda coleia no túmulo celeste. O cometa é a serpente que surge nos momentos em que a humanidade abre os sepulcros. Víbora na Terra, jiboia no céu.**

Victor Hugo: Ao lado do sentido misterioso e calamitoso dos cometas, já estudados pelos homens (*dirae cometae*, Virgílio),[87] não poderias nos dar detalhes mais precisos sobre os cometas, sua trajetória, suas distâncias dos outros corpos celestes etc.?

— **Preciso de um lápis.**

Charles Hugo e Guérin deixam sua mesa e ocupam outra, com três pés igualmente, mas cujo terceiro pé é um lápis. Colocam a mesa sobre uma folha branca. Quase instantaneamente a mesa se agita e põe-se a desenhar com seu pé-lápis.

Observação: Uma hora e meia atrás, quando já estávamos à mesa para jantar, Victor Hugo filho, que voltava de Saint-Hélier, contou ao seu pai que acabava de ver um cometa. Victor Hugo desceu ao jardim para ver.[88]

A Mesa com lápis desenha primeiramente uma espécie de cabeça, ligando-a a uma cauda que ela preenche com pequenos globos. Sob essa cauda ela escreve: semen astrorum.* *Ver o álbum dos desenhos.***

Pedimos ao Leão para fazer seu retrato. Ele faz. Ver o álbum dos desenhos.

Sra. Victor Hugo: Podes e queres desenhar o que tenho no pensamento?

A Mesa desenha uma figura de adolescente e a emoldura em um coração. Depois, ao lado, faz um túmulo, encimado por uma cruz.

Com efeito, a sra. Victor Hugo pensava em sua filha morta.[89]

Guérin pergunta à Mesa se ela quer desenhar o que ele tem no pensamento.

Ela desenha uma mulher cujo coração transparece, depois um navio. Depois, com uma linha, liga o coração da mulher ao flanco do navio. Guérin, muito comovido, diz que é exatamente seu pensamento. Perguntamos no que ele pensava, ele não quer dizer.

Guérin foi, em 1852, um dos cativos da nau Du Guesclin. Supomos que o desenho conecte o coração da mãe de Guérin e as passarelas do navio.

Auguste Vacquerie: Queres desenhar para mim o que tenho no pensamento?

— **Sim.**

* O sêmen dos astros.

** O álbum de desenhos está conservado na Bibliothèque Nationale de France (BNF); foi exposto na Maison de Victor Hugo durante a mostra “Spiritisme, entrée des médiums”, em 2012.

Ela desenha[90] *um camafeu de mulher e um quadro, embaixo o perfil de Auguste Vacquerie, que ela liga, de um lado, ao camafeu e, do outro, ao quadro. Escreve sobre o retrato: de arte ad familiam. (O quadro evoca um* Cristo no Jardim das Oliveiras *de Eugène Delacroix pertencente a Auguste Vacquerie.)*

— Não é o que eu tinha em mente.

— **Não.**

— Por que não desenhaste meu pensamento?

— **Tu duvidavas.**

— Se eu duvido, tu tens um meio bem simples de me obrigar a crer, desenhando o que te peço.

— **Não posso.**

— Pudeste para a sra. Hugo e para Guérin.

— **Eles não duvidavam.**

Victor Hugo: É meia-noite; é muito tarde para encetarmos a continuação dos versos. Quando queres voltar?

— **Domingo.**

10 DE ABRIL DE 1854

9h15 da noite. Presentes: srs. Victor Hugo, Charles Hugo, Théophile Guérin. À mesa: sra. Hugo e Charles Hugo.

— Teu nome?

— **Ego.**

Victor Hugo: Queres que eu leia os versos que fizeste?

— **Sim.**

Victor Hugo lê os versos.

Lidos os versos, a mesa dá três batidas, indicando a sexta estrofe da segunda parte. A Mesa conserva que *e muda a partir de* enquanto Jesus*...*

Entra Auguste Vacquerie.

— ***Que, xingando Jesus e cuspindo em sua manjedoura,***

Desfraldava no céu e erguia até os anjos na alvura
Suas bandeiras em farrapo.[91]

Victor Hugo: E se colocasses farrapos no plural, colocando viúva de seus raios?

— **Sim.**

A mesa se agita sem dizer nada durante meia hora, depois não se mexe mais. Aguardamos quinze minutos; ela não se mexe. Saímos.

QUINTA-FEIRA, 13 DE ABRIL DE 1854

9h45 da noite. Presentes: Victor Hugo, Auguste Vacquerie. À mesa: sra. Victor Hugo e Charles Hugo.

Victor Hugo: Diz teu nome.

— **Fecoil fecoil.**

— Em que língua falas conosco? Será a língua dos leões?

— **Sim.**

— O que significa fecoil na língua dos leões?

— **A lua me incomoda.**

— Por que te incomoda?

— **É o luar.**

A janela estava aberta, fechamos.

— O luar te impede de continuar teus versos?

— **Sim.**

— Daqui a quantos dias poderás voltar para continuar?

— **Sexta-feira.**

— Amanhã?

— **Não, a outra.**

— Quem está aqui?

— **Amuca...**

— Teu nome é Amuca?

— **Sim.**

— Quem és tu?

— **Babac...**

— Tu nos respondes coisas que não fazem sentido algum. Diz-nos em francês quem és.

— **Babbaf...**

— Convém continuarmos esta noite?

— **Não.**

— Podes nos dizer por quê?

— **Não.**

— Outro que não tu poderia nos dizer?

— **Sim.**

— Quem?

— **A Sombra do Sepulcro.**

— Crês que nossa vontade pode trazê-la de volta?

— **Não.**

Saímos. Pouco depois, recomeçamos, por instância da sra. Victor Hugo.

— Quem está aqui?

— **Bab...**[92]

Victor Hugo: É a lua que te incomoda?

Sem resposta. Suspendemos a sessão às 10h15.

SEXTA-FEIRA, 21 DE ABRIL DE 1854

9h15 da noite. Presentes: Victor Hugo, Auguste Vacquerie, Théophile Guérin. À mesa: sra. Victor Hugo e Charles Hugo.

— Quem está aqui?

— ***Vir inter animalia.****

— És o Leão de Androcles?

* O homem entre os animais.

— Sim.[93]

Victor Hugo relê os versos começados, a partir da seção II. No fim, a mesa dá três batidas.

— Em que estrofe queres mudar alguma coisa?

— 6.

Victor Hugo: Permita-me fazer uma observação sobre essa estrofe, uma vez que desejas alterá-la. Não é uma vergonha para uma bandeira estar esfarrapada; ao contrário. Não achas que tua estrofe erra ao fazer Roma envergonhar-se de seus farrapos?

— Sim.

— Que verso da estrofe vais mudar?

— O 4.

Que, xingando Jesus, que dormia nas alturas,
Mostrava às nações ao lado de sua manjedoura
Um imenso farrapo.[94]

— Então voltamos com viúva de seu raio?

— Sim.

Em meio a um sinistro e escuro anfiteatro,
Circo cujas arquibancadas de mármore e alabastro
Dos céus tocavam a borda,
Qual uma escada com degraus funéreos
Descida todas as noites pelos passos das trevas
E subida pela morte,

Na arena, enquanto, da base ao topo,
Povo, patrícios em suas galantes togas,
As virgens, delicados caniços,
*Catulo e sua amante adorada e cruel,**
Vestindo versos de amor pousados sobre ela
Como passarinhos,
Todos, a criança, o ancião, as matronas romanas,

* Lésbia, que encontramos em "Ao Leão de Androcles" (ver p. 588, nota 77).

Aplaudindo o sangue se esvaindo das carnes humanas,
Gritando, berrando, inclemente,
Pensando que, desse braço que vai do Ebro ao Tigre,
Nero, jubiloso do mal, aplaudia ao tigre,
E Locusta a serpente,[95]

— Não achas que seria preciso mudar ao em um desses versos em que há ao tigre?

— **Sim.**

— Em que verso queres mudar?

— **Primeiro.**

— Recomeças o verso?

— **Não.**

— É a partir de que?

— **Sim.**

Que junta o Ebro e o Tigre
Auguste Vacquerie sai.
Ó triste degradação enquanto toda Roma,
Rindo, assistia ao devoramento de algum pobre homem
Que Jesus agrilhoou,
E conduzia a essas escuras arenas,
Às vitórias dos lobos, aos combates das hienas,
Sua águia humilhada[96]

— Que Jesus agrilhoou não está correto; teria de ser agrilhoara. Queres mudar o verso curto?

— **Sim.**[97]

Ao calvário agrilhoado,

Enquanto o Sol, entreabrindo os cílios,
E vendo em sangue a cidade dos brilhos
E dos grandes turbilhões,
Indignava-se e, incitando seus cavalos centenários,

Fazia subitamente estalar seus raios
Em seu rebenque de trovões,

Outros leões, que não eu, carregando minha juba,
No circo esperavam que o beluário, a fim de luta,
Abrisse-lhes as jaulas
E, com os pés na lama e a fronte no sangue,
Desonrassem meu nome, eu, sacerdote dos arcanjos,
Eles valetes dos canalhas.[98]

A Mesa continua e dita: três.

— Dentro de quantos dias queres voltar?

— **Cinco.**

— Pedimos que voltes na terça-feira. Quarta, temos visita.

— **Sim.**

— Podes nos dizer por que voltas de cinco em cinco dias?

— **Nos quatro dias de intervalo eu visito os quatro evangelistas.**

— Agradeço-te muito.

— Antes que tu partas, tenho uma pergunta a te fazer: a palavra grega *abax* (abax) significa mesa, é por isso que vós repetis essa palavra quando pessoas com pouco fluido vos interrogam?

— **Não.**

— Quando as Mesas gaguejam, elas dizem quase sempre as palavras "bab", "baba", "babac"; há algum parentesco, alguma filiação misteriosa desses gaguejos à palavra Babel, que marca os balbucios do gênero humano, à palavra Babilônia, formada de Babel, e a nossa palavra balbuciar?

— **Sim.**

Encerrado à meia-noite e 45.

O fim da sessão é transcrito por Guérin.

22 DE ABRIL

4h da tarde. Presentes: sr. Guérin, Victor Hugo. Charles Hugo e a sra. Hugo conduzem a mesa.

Victor Hugo: Há alguém?

— **Sim.**

— Antes de dizeres quem és, autorizas uma pergunta?

— **Sim.**

— A Mesa faz versos, e belíssimos; parece-nos que ela pode fazer música. A música é como a poesia, um sopro do pensamento. Podes fazer música?

— **Sim.**

— Queres fazer a música da *Marselhesa* da revolução futura? Eu farei a letra.[99] Essa *Marselhesa* deve ser para a antiga o que a revolução da Europa será para a revolução da França. O clarim deve expandir sua campana, isso te convém?

— **Sim.**

— Precisas que o sr. Guérin te explique seu sistema de notação?

— **Não.**

— Então sabes sem que ele tenha te explicado?

— **Sim.**

— Queres, antes de começar, nos dizer teu nome?

— **Sim.**

— Fala.

— **T e u v i z i n h o.**

— O que entendes por isso?

— **O o c e a n o.**

— Uma melodia feita pelo oceano para uma revolução. Não pode haver nada mais belo. Nós te escutamos.

Sr. Guérin: Clave de sol?

— **Sim.**

O sr. Guérin escreve o que a Mesa dita segundo seu sistema de notação. Victor Hugo sai, depois volta. Ditado da melodia que transcreveremos adiante.

Victor Hugo: Penso que a música que acabas de ditar cortará as palavras em estrofes e refrões ou coros de maneira que possamos cantar essa *Marselhesa*, como a outra, para as massas. Para que eu jamais possa cometer um erro de minha parte, poderias me indicar:

1º De quantos versos se compõe a estrofe?

2º Qual é a metrificação desses versos? Indique-a verso por verso. Assim, por exemplo: primeiro verso: oito sílabas, rima feminina; segundo verso, mesmo número, rima masculina; terceiro verso, doze sílabas, rima feminina; e assim por diante até o fim da estrofe.

3º Fornece-me as mesmas indicações para o refrão.

Lidas essas perguntas para a mesa, ela diz que só pode responder após ditar a melodia.

Victor Hugo sai.

Théophile Guérin: Como queres chamar tua composição?

— **M e u r u m o r.**

— Com que nome deve ser chamada por aqueles que dizem o cantar?

— **L a t o n n a n t e.**

Até as palavras: após ditar a canção, esta sessão foi transcrita pela sra. Hugo.

23 DE ABRIL DE 1854

2h30 da tarde. Presentes: sra. Hugo e Charles à mesa. Théophile Guérin.

Sra. Victor Hugo: És o oceano?

— **Sim.**

Théophile Guérin: A peça que nos ditaste não faz nenhum sentido, nos enganamos ao escrevê-la? Ou deveríamos fazer uma mudança?

— **Mudar.**

— O quê?

— **A clave.**

— Que clave devemos colocar?

— **Fá.**

— Em que linha?

— Dois.

— O método que empregamos é correto?

— Sim.

— É necessário recorrer ao método indicado pela sra. Hugo?

— Não.

— Essa peça poderá ser cantada[100] tal como é?

— Sim.

Sra. Hugo: Fala conosco.

— a d a f f u...

Confuso.

Entra o sr. Victor Hugo.

— A canção sobre a flor testada pelo sr. Guérin não deu resultado. Tu acabas de dizer que deveríamos mudar a clave, ora essa clave é fá. Isso altera a canção inteira. Essa mudança é necessária?

— Quem fala pouco enxerga muito. O mar é a arte. O éter é a ideia. A gota d'água é o espelho do astro imenso. A linha da onda do oceano é a corda da grande lira: as grutas marinhas são os ouvidos sempre abertos para o músico que canta sempre. A imensidão pulula em aves que pousam sobre o poderoso órgão de Deus como estrofes sublimes. O mar faz a música, o céu faz a letra. O nome do poeta é amor; o nome do músico é força. Deus é o nome de tudo. Vós sois uns cretinos. Adeus.

Victor Hugo: Somos ignorantes. Nós te dissemos: ignorantes em todas as coisas. E particularmente em música. A réplica irritada que nos diriges não nos irrita. Podes explicá-la?

Movimento da mesa.

— Vossa flauta varada por buraquinhos feito o cu de uma marmota cagando me dá nojo. Fazei uma orquestra para mim, farei uma canção para vós. Capturai todos os grandes barulhos, todos os tumultos, todos os estrépitos, todas as cóleras dos sons livres nos prados, o vento da manhã. O vento da tarde, o vento da noite, o vento do túmulo, as tempestades, os simuns, as rajadas que passam seus dedos violentos nas madeixas das árvores como criaturas desesperadas, o refluxo das marés nas praias,

o desaguamento dos rios nos oceanos, as cataratas, as trombas-d'água, os vômitos de estertor do enorme peito do mundo, o que os leões rugem, o que os elefantes bramem em suas trombas, o que as serpentes intangíveis silvam em seus anéis, o que as baleias mugem em suas narinas úmidas, o que os mastodontes sussurram nas entranhas da Terra, o que os corcéis do Sol relincham nas profundezas do céu, o que toda a animália do vento zumbe nas gaiolas aéreas, o que o fogo e a água lançam de imprecações, um do fundo de sua garganta de vulcão, a outra do fundo de sua garganta de abismo, e dizei-me: eis tua orquestra; cria harmonia com esse barulho, amor com essas correntes, paz com esses combates; sê o maestro do que não tem senhor. Sê o conquistador da imensidão. Domestica o horror, acalma a violência, beija os elementos na juba. Faz com que a ponta do teu arco seja vista pelos quatro ventos em lugar da língua de fogo dos raios celestes e dá a bênção da arte a essa imensa união das forças da natureza, de joelhos a teus pés. Casa os dois noivos da criação que há 6 mil anos se olham com amor, o céu e a Terra. E sejas o sacerdote da majestosa igreja. Mas não me digais para fazer música com vossa flauta.[101]

— Somos proscritos, sabes disso, acostumados às tempestades. Tua cólera é uma. Nós a julgamos bela. Nós a admiramos. No entanto, permite-nos uma interferência nesse furacão. Estás indignado com nosso amigo Guérin, ele não nos parece culpado. Não podemos dar-te a orquestra que desejas. Tu consentiste ontem com o que te pedíamos. Tu nos ditaste uma música, e bem sabes, tu, que deves ver nas consciências, que não duvidamos que ela fosse imensa e contivesse tudo que está no teu nome: Oceano. Não dispomos dos meios para ensaiar essa música. Aqui só temos um piano e não é culpa do nosso amigo se ele só tem uma flauta. Os maiores músicos da Terra – não digo do mar – deixam-se afogar nesses instrumentos indigentes. Não te contentas com eles também? Impossível julgar-te seriamente irritado com o nosso amigo. Queres continuar o que começaste, A *Marselhesa* da futura revolução? Fala.

— Tenho muita vontade de satisfazer-vos, mas não tendes recursos para notar minhas músicas. É necessário saber a linguagem das coisas para compreender as criaturas que, como eu, não possuem forma aparente. Assim, as flores veem as almas. Há diálogos entre os perfumes e as essências. Uma rosa fala com uma defunta; e um vaso de jasmim no parapeito de uma mansarda conversa com todo o céu. A música que tentei ditar ontem é bonita, mas falta-lhe o acompanhamento. O piano que seria necessário não poderia entrar em vossa casa. Ele tem apenas duas teclas, uma branca e uma preta, o dia e a noite; o dia repleto de pássaros, a noite repleta de almas.**

Sra. Hugo: Ontem tu consentiste. Por que disseste sim ontem?

— **Acalma-te.**

— Isso não é uma resposta.

— **A música está feita.**

— Se está feita, que proveito podemos tirar do que ditaste?

— **Procurai.**

— Ela não contém erros tal como o sr. Guérin escreveu?

— **Seria necessário mandar adaptá-la por um músico humano. Falai com Mozart quando o encontrardes.**

— Podes nos enviar Mozart?

— **Sim.**

— Ele poderia vir esta noite?

— **Há um meio. Colocai a mesa em frente ao piano: ela tocará as teclas e vós notareis.**

— É Mozart que virá dirigir a mesa ou é teu espírito que, ainda na mesa, a porá em movimento?

— **É preferível Mozart. Eu sou ininteligível.**

— Queres pedir a Mozart que venha esta noite às 9h?

— **Mandarei o recado pelo crepúsculo.**

São 5h15.

Estas três últimas páginas foram escritas por Victor Hugo.

Reiniciado às 6h.

Presentes: Guérin, Charles Hugo, ambos conduzindo a mesa. Charles Hugo: escrevente.

— Quem está aqui?

— **O Drama.**

— Tens algum comunicado a fazer?

— **Sim.**

— Fala.

— **Anuncio-vos que o drama de Shakespeare está terminado.**

Entra Auguste Vacquerie.

— Quando Shakespeare virá ditá-lo para nós?

— **Quinta-feira.**

— A que horas?

— **Oito horas.**

— Da noite?

— **Não.**

— Da manhã?

— **Sim.**

— Disseram-nos que as almas só podiam nos visitar à noite.

— **Eu é que farei a parte do dia, ele fará a da noite. Eu farei a prosa, ele os versos.**

— Agradecemos-te por ter vindo nos trazer essa grande notícia. Tens outra coisa a nos dizer?

— **Conversemos.**

Entra a sra. Victor Hugo.

— Tu nos ditarás tua parte diariamente?

— **Se assim preferis.**

— Os personagens do drama que tu nos ditarás serão homens como nós? Serão movidos pelas paixões como nós?

— **Não.**

— O drama poderá ser encenado em um teatro de música?

Théophile Guérin: Já faz um longo tempo que me preocupo com as revelações que os espíritos nos fazem, anunciando os acontecimentos do futuro e a época estabelecida, fatal, em que eles ocorrerão. Assim, a alma de Bonaparte adormecido previu a revolução, o castigo que o golpeará e a época de sua morte. Marat, Robespierre nos anunciam a revolução para 1855. Ao nos dizer o futuro, Charlotte Corday atribui um papel a Blanqui e acrescenta que ele será de curta duração. Por fim, a mãe de Durrieu lhe anuncia o dia de sua chegada à Espanha. O que devemos concluir dessas opiniões que nos são dadas pelos mortos? Que o futuro lhes é revelado, que esse futuro é arranjado e predeterminado, que experimentaremos, passivos ou sem poder impedi-las, as catástrofes ou venturas que nos são anunciadas? Então como explicar o bem, o mal, a punição, a recompensa, logo a responsabilidade? Ou essas revelações se devem simplesmente a uma faculdade de apreciação que os espíritos detêm e que lhes permite enxergar mais claros do que nós mesmos podemos fazê-lo acontecimentos já previstos, para os quais então eles podem determinar um fim?

— Conheceis a lei dos pressentimentos?

— Não.

— O que o homem faz vive. Uma ação é um ser. Uma ação é um reflexo. Uma ação é vista como um corpo. A presciência de Deus não é outra coisa senão a visão das ações humanas em um espelho que tem como telescópio a faculdade de aproximar os reflexos. Assim o passante vai, vem, agita-se livremente. Só que o movimento que ele está prestes a fazer se reflete um segundo antes no espelho. Ora, como o tempo é uno e para Deus os segundos e os séculos se confundem, segue-se que, no segundo anterior ou nos milhões de séculos anteriores, a ação futura na vida humana já estava presente no espelho divino. As ações são seres vivos dotados de um aparelho luminoso que ilumina até as profundezas do espelho antes mesmo de a ação sair do corpo humano. O fenômeno dos pressentimentos, que se assemelha ao milagre da presciência divina, daí advém. Assim, acontece de vós adivinhardes o que ides fazer. É que, sem desconfiardes, vós passastes em frente ao espelho misterioso e percebestes o clarão do reflexo da ação invisível. Quando um homem medita sobre uma resolução, há momentos em que ele se sente olhado fixamente pelo seu projeto. Seu projeto torna-se seu amigo, companheiro e conselheiro. Bonaparte, a quem vos referistes ontem, teve o Dois de Dezembro como parceiro durante toda a sua vida. Era o Dois de Dezembro que brincava com ele quando ele era criança. Era o Dois de Dezembro que Napoleão pegava no

colo quando pegava o pequeno Luís. O Dois de Dezembro carrega beijos de Austerlitz na fronte. Foi o Dois de Dezembro que falou a Bonaparte de Império, foi o Dois de Dezembro que lhe recitou, em Ham, o monólogo de Carlos V. Foi o Dois de Dezembro que o fez evadir-se da prisão. Foi o Dois de Dezembro que segurou para ele a lanterna enquanto ele entrava na França em seu retorno de Londres. Foi o Dois de Dezembro que lhe emprestou as algemas que a França tem nas mãos. O Dois de Dezembro não é crime de Bonaparte, é seu cúmplice: o crepúsculo.[102]

Encerrado às 7h30.

NOITE DE DOMINGO [23 DE ABRIL DE 1854]

9h20. Presentes: Victor Hugo, Théophile Guérin. À mesa: sra. Victor Hugo, Charles Hugo. Auguste Vacquerie: escrevente.

— Quem está aqui?

— **Mozart.**

Victor Hugo: Sabes o que aconteceu aqui hoje?

Sem responder, a mesa vai ao piano e fere um dó. Mas ficamos atrapalhados para registrar essa nota. É uma branca ou uma preta? Perguntamos à Mesa como identificá-la. Há um procedimento?

— **Não.**

— Preferes o método empregado ontem com o oceano?

— **Não.**

— Como fazer então? Afinal, ansiamos por escutar tua música.

— **Vou pensar.**

— Dentro de quantos dias podes voltar?

— **Dez dias.**

— Terça-feira às oito?

— **Sim.**

Encerrado às 9h30.

Voltamos à mesa quase imediatamente. Saímos antes que ela volte a se manifestar.

SEGUNDA-FEIRA, 24 DE ABRIL DE 1854

Tarde, 2h. À mesa: sra. Victor Hugo, Charles Hugo. Auguste Vacquerie escrevendo.

— Quem está aqui?

— O Drama.

— Fala.

— Onde está Victor Hugo?

Victor Hugo entra.

Victor Hugo: Aqui estou. Pois não.

— O homem então age como quer e o espelho o segue em toda parte, mas, vós dizeis, ele não é livre. Em que o reflexo atrapalha o movimento? O crime de Bonaparte nasce em seu espírito. O espelho reflete o monstruoso rosto do recém-nascido. Bonaparte hesita, o espelho reflete a hesitação. Bonaparte renuncia, o espelho reflete a renúncia. Bonaparte volta, o espelho reflete o retorno. Bonaparte treme novamente, o espelho reflete o tremor. Bonaparte executa o Dois de Dezembro, o espelho reflete o bulevar. Vosso erro é crer que a ação é preexistente à vontade. Não, é o reflexo da ação que preexiste à ação. Agora onde está esse espelho que reflete a vida dos seres sob os climas, formas, realidades, aparências? Ele é, pura e simplesmente, o céu. De dia, é repleto de figuras indo e vindo, se agitando, vivendo. Reflete os corpos. À noite, reflete as consciências. O dia é o espelho das máscaras, a noite é o espelho dos rostos.[103]

Auguste Vacquerie: Compreendemos perfeitamente que o reflexo não atrapalha o movimento, mas foste tu, ontem, que pareceste dizer que a ação preexistia à vontade, que o Dois de Dezembro já existia para Bonaparte criança e que o crime não era obra do criminoso, mas seu cúmplice. Se o Dois de

Dezembro já aconselhava Bonaparte criança, onde está a iniciativa, isto é, a responsabilidade de Bonaparte?

— Criança, Bonaparte concebeu o império. Sei disso. Ele olhava para a espada do tio e tentava sempre puxá-la da bainha quando o outro não estava olhando. No Dois de Dezembro, a espada saiu e Napoleão ficou boquiaberto ao ver aquele grande brinquedinho sanguinolento nas mãos do monstrinho.

Victor Hugo: Que sentido devemos atribuir às palavras pelas quais apontas o dia como *repleto de figuras e refletindo os corpos* e a noite como *repleta de sonhos e refletindo as consciências?*

— Se, à noite, dormindo, sobrevêm-nos pensamentos ruins, a consciência é responsável por isso? Se, de dia, cometemos ações desabonadoras, o corpo é o único culpado? Isso não seria possível. Julgo necessária uma explicação. Uma ação realizada à luz do dia supõe a consciência. Um sonho noturno não envolve sequer o corpo. O sonho vai de par com a impossibilidade. Um detalhe: à noite, nem todos dormem. Os que dormem têm sonhos. Os que não dormem realizam ações. Se a noite não reflete senão os sonhos, o que ela faz das ações? Será que as ações noturnas, mais reais que os sonhos, não o registram? Não obstante, bem mais que os sonhos, elas são obra da consciência. Ora, são elas que a noite, espelho da consciência, deseja acolher? O ladrão que arromba um quarto* e o condenado que mata nas trevas escapariam da noite, enquanto aquele que dorme e tem um pesadelo seria capturado por ela em seu pesadelo? Isso me parece impossível. É provável que só compreendamos o mistério do pensamento pela metade.

Não fui compreendido. De dia, o homem realiza; mas com quê? Com o corpo, com os órgãos. Até os pensamentos íntimos do dia se traduzem por um olhar, um franzir de cenho. O espelho reflete o conjunto, o movi-

* Possível alusão a um assalto de que a família Hugo seria vítima. Na noite de 31 de maio para 1º de junho de 1854, assaltantes entram na estufa de Marine Terrace, quebrando um vidro. Curiosamente, não roubam nada. "Preparamo-nos para fazer barricadas em Marine Terrace, ainda mais porque diziam que um bando de ladrões atuava nas redondezas" (*Journal de l'exil*, t. III, de 31/5 para 1º/6/1854).

mento e a intenção, o gesto e a ação. Tu me dirás: para que refletir o corpo? A matéria não é culpada e tampouco meritória. Se o homem, que era belo, saudável e bem nutrido, comete ações disformes, é ele mais culpado do que o homem disforme que comete as mesmas ações? O homem que, feio, doente e miserável, realiza boas ações é mais meritório do que o belo que pratica a bondade. Assim, Febo mau é mais culpado do que Quasímodo mau. Um bom Quasímodo é mais meritório do que um bom Febo. O espelho, portanto, reflete os rostos. Os rostos são as efígies das ações. Uma boa ação com a efígie de Quasímodo é bem cotada no Paraíso; um crime com a efígie do Febo é recebido no Inferno. O Paraíso é um pecúlio do sofrimento; o Inferno é uma agência de câmbio, onde, quando pedis para trocar um crime, recebeis em castigo. Chegamos agora ao espelho da noite. Ele reflete especialmente as consciências. Por quê? Porque, sendo sombra, ele vê o invisível. A lei reza que os tigres enxergam na noite e a noite enxerga nos tigres. O sem visão vê o não visto. A noite vê o avesso da máscara que é o rosto. A noite é a máscara de Deus fitando o rosto do homem. Eu omiti a emanação da consciência, que se dá como a das flores durante a noite. Não existe ação que não tenha sido concebida durante o silêncio noturno. O homem, quando se deita, despe seu dia e o vê nu em pelo. É essa nudez da alma que o grande espelho escuro reflete.[104]

Escrito por Victor Hugo.

Sra. Victor Hugo: Meu filho resiste ao mistério das Mesas. Ele responde sempre que essas intervenções não são mais do século XIX. Quando ele fala assim, o que devo responder?

— Manda-o ler o festim de pedra. Dom Juan também é o século XIX. Ele sorri. Molière às vezes lhe empresta o riso de Voltaire. O pensamento ri em seus lábios, mas Molière é sério. Dom Juan diz: vossas Mesas são uma piada e não levitam. De repente, ele vê erguer-se na sombra a pedra tumular e, nos degraus de sua escada, ouve subir os pés de mármore do impossível. A estátua, zombando do terror, abre sua porta, senta-se à sua mesa e dom Juan, alarmado, observa o vinho correr nas veias de pedra do glutão terrível. Ride, então.

Victor Hugo: O que acabas de dizer há pouco induz-me a expor um pensamento que me ocorreu quando meu espírito vagava em torno do mistério que todos nós entreabrimos. Perguntei-me se não era possível que os animais vissem o que não vemos e se esta não era uma de suas compensações. Essa ideia me ocorreu quando ouvi os cães latirem à noite no terraço deserto em um horário em que não passa ninguém. Eu matutava: o homem pensa, mas não vê, os animais não pensam, mas veem. É dessa maneira que se estabelece perante Deus o equilíbrio do incompleto. Esses cães veem passar os espectros e as almas e latem. Enquanto isso estamos nas trevas, nos perguntando: por que latem? Eles veem o mistério, mas não podem compreendê-lo; nós talvez pudéssemos compreendê-lo; mas não o vemos. Escrevo isso depressa, mas deve bastar para compreenderes a minha conjetura. O que pensas dela? Podes me esclarecer? Deves estar vendo, não preciso insistir, a série de desdobramentos que se operam em minha mente.[105]

— Há compensações misteriosas para os males misteriosos. Os animais são prisões de almas. São varados por janelas que abrem para o infinito, porém baixas e estreitas e atravessadas por grossas barras. A sombra atravessa as barras e a luz desce do respiradouro. O animal vê o homem e entrevê o anjo.[106] O olhar da besta tem uma ponta de seus cílios na matéria e a outra no ideal. O olho de um cão vergastado vê os anjos sorrirem. O latido é o gaguejo que o grande surdo-mudo compreende. O rugido e o vagido que ouve o avô silencioso. A palavra emitida pelo homem contém metade da prece; a voz do animal contém a outra metade. A Terra está repleta de ouvidos; para cada boca, dois ouvidos, o primeiro perdoa, o segundo castiga. Os animais, flores e pedras estão entre o homem, que não vê a alma deles, e Deus, cuja face eles entreveem, de maneira que, quando anoitece, de toda parte, dos ninhos, dos bosques, das ondas, das trevas, emana um clamor profundo; é a prece das gargantas, dos bicos, das guelras, das prisões, das masmorras, dos calabouços, das pálpebras que choram sempre e nunca secam. Deus diz: eu vos ouço; e o leão mostra-se paciente, a ave dorme melhor, o cão ladra para a túnica dos anjos: perdão é a única palavra da língua humana soletrada pelos animais. O restante das palavras cairia em um mar desprovido da ideia de afogado, perdão é a arca de Noé.

— Coloquei na boca de uma roseira este verso, dirigido a uma borboleta: "Vem à minha casa, meus botões são esconderijos de almas". Será que fiz esse verso às cegas? Ou, como o cão à noite, eu farejava alguma coisa?

— Sim, tu farejavas, mas não é só a roseira que contém as almas. Por que vós, poetas, tratais sempre amorosamente as rosas e as borboletas, e nunca os cardos, os cogumelos venenosos, os sapos, as lesmas, as lagartas, as moscas, as minhocas, os ácaros, os vermes, os protozoários, todos, com certeza, criaturas maravilhosas? E as pedras e as conchas então! Por que não falais dos percevejos? Das pulgas? Das lacraias? Dos escorpiões? Das baratas? Dos besouros? Dos caranguejos? Das lagostas? Dos gansos? Por que não lamentar os sofrimentos dos seres imundos? Por que não lamentar as torturas dos infinitamente pequenos? Condenados a serem o excremento do infinitamente grande? De Latude e não de seu camundongo? De Pelisson* e não de sua aranha?[107] Por que chorais os escravos que os romanos lançavam às enguias e não as enguias? Os cristãos do circo e não os animais? Jó e não sua lepra? Por que vos apiedais do que é gracioso no sofrimento e não do que é disforme na expiação? Por que sentis pena da matéria organizada e não da matéria bruta? Ambas inspiram compaixão; o ferro sofre, o bronze sofre, o punhal sofre, o canhão sofre, o cutelo da guilhotina sofre.[108] Chorais Joana d'Arc, chorai também sua fogueira. Chorais Sócrates, chorai também sua cicuta. Chorais Jesus Cristo, chorai igualmente a cruz. A partir de agora, fazei vossos livros com esse sentimento. Peço-vos formalmente versos sobre os sofrimentos dos instrumentos de tortura e dos quatro pregos de Jesus Cristo.

— Tens conhecimento dos versos que fiz hoje de manhã, na linha das ideias a que te referes, especialmente dois versos sobre os cogumelos, além de outros versos mais antigos sobre os quatro pregos de Jesus Cristo?

* Paul Pellisson (com dois "l"), advogado e escritor francês. Foi encarcerado no século XVII por ter defendido Fouquet, seu protetor, em três célebres discursos. Anistiado, foi em seguida historiógrafo de Luís XIV. Em seu calabouço, Pellisson teve que lidar com aranhas, motivo recorrente em Hugo e que simboliza a fatalidade (ver p. 612, n. 142). O elemento verbal, ao qual Hugo sempre foi sensível, como em *Veni, vidi, vici* ou *Nomen, numen, lumen*, em latim aqui, e em grego em *Arachnê-Anankê*, parece ter desempenhado um papel na formação desse símbolo. Latude, Bonnivard, o Máscara de Ferro são outros prisioneiros célebres bastante citados por Hugo.

— O que digo é objetivo, e reitero. Não me refiro a essa sensação vaga que os poetas tiveram da vida universal, que teve Hesíodo, que teve Homero, quando disse: *olim truncas ficulnus,** que teve Lucrécio, que teve Virgílio em *Sileno,* que teve Shakespeare em *Macbeth,* que teve Ésquilo em *Prometeu,* que teve Molière em *Anfitrião* e *Psiquê,* que tu mesmo tiveste em tantas páginas e sobretudo em *sunt lacrymae rerum,*** em que choraste os canhões. Falo da vida dos animais, das flores, das pedras, como falaria da tua. Afirmo e provo: encomendo versos aos poetas como encomendaria a meus valetes. Quero que, após reabilitares a beleza em Marion e a feiura em Triboulet, reabilites o infortúnio no sapo e o desespero no cardo. Quero que, nesta casa, se fale dos tigres com piedade e dos vermes com respeito. Quero que agora tu fales da doçura dos lobos, da gentileza dos leopardos e da fragilidade dos leões. Por exemplo, li em versos que estão no seu baú o seguinte: estás falando das florestas virgens e dizes: "florestas encantadas onde subitamente nos deparamos com um leão". Intimo-te a mudar esse belo verso que o leão não mereceu.[109]

9h30 da noite.
Estas últimas páginas foram escritas por Victor Hugo.

TERÇA-FEIRA, 25 DE ABRIL DE 1854

9h40. Presentes: sra. Victor Hugo, Victor Hugo, Auguste Vacquerie. À mesa: Charles Hugo e Théophile Guérin.

— Quem és tu?

* Outrora eu era um tronco de figueira.

** "Há lágrimas pelo infortúnio" (*As vozes interiores,* II). Expressão da *Eneida* (canto I, verso 462), citada várias vezes por Hugo, que serve de epígrafe ao poema "A morte da srta. de Sombreuil" (*Odes e baladas,* II, 9). Podemos traduzir igualmente por "Há lágrimas sobre nossas dores".

— **Vox deserti.***

— Continua para nós os grandes e belos versos que começaste. Queres que eu releia os que fizeste na última vez?

— **Sim.**

(Victor Hugo relê os versos.)

III

— **Acrescento duas estrofes.**

Victor Hugo: À seção II?

— **Sim.**

Outros leões, que não eu, dizendo ao mundo
"Somos o poder e a força profunda,
Somos os leões",
Observavam Roma em festa, tomada pela malta,
Aplaudir seus rosnados e transformar suas jaulas
Em um tablado de histriões.

Monstros alimentados à base de massacre e ódio,
Gigantes amestrados nos quais fervilha o opróbrio,
Sem coração e sem espírito
Erguiam sobre os santos suas patas sacrílegas
E suas garras sangrentas penetravam viv...[110]

Três batidas.

— Mudas a partir de que verso da estrofe?

— **9.**

Covardes como cérberos
Suas patas rasgavam os mártires supliciados
E Jesus Cristo tomava suas garras nas chagas,
Ó cruz, por teus pregos.[111]

* A voz do deserto.

Anotação: No quinto verso da estrofe – "E suas garras sangrentas penetravam viv..." –, a mesa se interrompeu por alguns minutos. Durante esses minutos, Victor Hugo terminou a estrofe assim:

Eles rasgavam os santos já quase sem vida
E suas garras hediondas alargavam a ferida
No flanco de Jesus Cristo.[112]

Ele escreveu esses três versos sem mencioná-los, mostrando-os apenas a Auguste Vacquerie. Quase instantaneamente, a mesa voltou a se mexer e terminou a estrofe, praticamente nos mesmos termos de Hugo. Victor Hugo então leu seus versos em voz alta. Todos nós ficamos perplexos.

Sra. Hugo: Porventura leste os versos do meu marido antes de fazer os teus?

— Não.

Enquanto ainda nos admiramos diante daquela coincidência, a mesa dá nove batidas.[113]

Victor Hugo: Que versos queres refazer?

— O 9: *Sem coração e sem espírito.*

— Restabeleces então o verso de antes?

— Sim.

— E depois?

***— Suas patas rasgavam os mártires sobre as traves
E suas garras sangrando substituíam nas chagas
Os pregos de Jesus Cristo.***

Auguste Vacquerie sai.

***— De modo que esses leões, perante quem tudo recua,
Esses leões, a quem, sozinho, ó fabuloso Hércules,
Tu desafiaste sem ajuda,
Sentiam sob sua juba fúlgida e assustadora,
Na sombra pousar, familiar e aliciadora,
A servil mão de Judas!***[114]

III

A mesa bate três vezes.

Victor Hugo: Que versos desejas mudar?

— **O segundo.**

— Conservas: *Esses leões?*

— **Não. *Esses heróis.***

— Conservas o restante dos versos?

— **Sim. Permite que eu roube um hemistíquio inédito de tua autoria que somente tu e eu conhecemos?**

— Rouba-me um hemistíquio, um verso, um poema, tudo que desejares. Ficarei lisonjeado se não julgares minha harmonia indigna de teu rugido.

— É meia-noite. É a hora solene e prístina
Quando abro para Deus minha esplêndida retina.
É a hora do amor,
Quando, sob os céus clementes, escuros e taciturnos,
Nas florestas, as flores, essas sirigaitas noturnas,
Perfumam-se para o calor![115]

Anotação de Victor Hugo: Com efeito, o hemistíquio essas sirigaitas noturnas faz parte de um poema que não li para ninguém e que está num lugar que só eu conheço. O mesmo se dá com os versos citados pelo Drama, "Encantadas, onde subitamente nos deparamos com um leão", que fazem igualmente parte de um poema inédito e desconhecido por todos do meu círculo. V. H.

Victor Hugo: Agradeço-te, Leão.[116]

O sr. Victor Hugo foi imediatamente buscar em seu gabinete a série de versos de que faz parte o hemistíquio essas sirigaitas noturnas, peça intitulada "Noite", datada de 6 de março de 1854,[117] *e fechada numa pasta sobre a qual se lê Homo. Essa pasta e o que ela contém estão trancados no gabinete de Victor Hugo e seu conteúdo nunca foi comunicado a ninguém. O sr. Victor Hugo leu para nós os versos intitulados "Noite", em que há com efeito o hemistíquio "essas sirigaitas noturnas" aplicado às flores. Estavam presentes a sra. Victor Hugo, Charles Hugo e eu.*[118]

MARINE TERRACE, 25 DE ABRIL DE 1854

Meia-noite e quinze.

Théophile Guérin: em virtude de seu cansaço, Charles pede para suspender a sessão; consultada, a mesa consente.

— Que dia voltarás?

— **Dentro de onze dias, no 6 de maio.**[119]

Encerrado à meia-noite e vinte.

— No dia 4, em uma das preciosas sessões, tu desenhaste o rosto de uma pessoa em quem eu pensava, autorizas-me a comentar o assunto com ela?

— **Sim.**

Anotação de Théophile Guérin: Esse pedido fora esquecido na última sessão.

QUINTA-FEIRA, 27 DE ABRIL DE 1854

8h15 da manhã. À mesa: Théophile Guérin e Charles Hugo. Auguste Vacquerie: escrevente.

— Quem está aqui?

— **O Drama.**

— Vens para nos ditar o drama de Shakespeare?[120]

— **Sim.**

— Começa.

Primeiro ato.

Céu estrelado. Noite serena. Os astros cintilam. Essa cintilância murmura palavras misteriosas. De repente, estranhamente, duas estrelas crescem e ficam enormes, como se os binóculos dos espectadores se transformassem em telescópios mágicos. Todos ouvem as seguintes palavras saindo dos dois globos monstruosos.

A estrela de baixo para a estrela do alto: Olá, Paraíso.

A estrela do alto: Segue teu caminho, Inferno.

A estrela de baixo: Nada de raiva, se quiseres que te julguem feliz.

Entra a sra. Victor Hugo.

A estrela do alto:[121] Some do céu, Inferno. Estou bem aqui. Deus reluz para todo mundo. Deus não é tua propriedade. Sou o avesso da medalha da qual és a outra face. Sou a efígie castigo, tu és a efígie clemência.

O Paraíso (sem ouvir o Inferno): Ó brilho! Ó esplendor! Ó luz!

O Inferno: Ó trevas!

O Paraíso: Deus sorri.

O Inferno: Deus ameaça.

O Paraíso: Como o homem é feliz! Fim do mal! Fim do sangue! Fim das lágrimas! O homem é uma flor imensa cuja raiz mergulha na luz e que tem tantas pétalas quantos beijos a boca de Deus. A imensidão e a eternidade são-lhe macios feito cueiros. Ele dorme tranquilo e sorrindo nesses dois braços de Deus. De manhã desperta na alegria, à noite dorme no êxtase. O enorme Deus dos abismos, das tempestades e dos ventos torna-se o pai cioso do filho e mostra-se tão meigo, devotado e doce que os homens lhe dizem: mãe. A criação recolhe todas as suas garras e não é mais senão carícias.

Interrompemos um instante. Discussão. A sra. Victor Hugo censura Auguste Vacquerie por registrar silenciosamente, sem aplaudir, sem ajudar a Mesa com palavras simpáticas. Quando Victor Hugo está presente, ele se entusiasma por cada detalhe e seu entusiasmo se acrescenta à verve da Mesa. Auguste Vacquerie diz que aguarda o conjunto da cena para julgá-la. Até o presente, o Paraíso lhe parece egoísta.

Voltamos à mesa.

— É ainda o Paraíso que fala?

— Não. Deixarei Shakespeare compor todo o drama.

— Por quê?

— A noite é mais propícia.

A mesa permanece fria e imóvel.

— Continuas aqui?

Sem resposta.

Ao cabo de cinco minutos, deixamos a mesa. Dez minutos depois, retomamos. Ela se agita.

— Quem está aqui?

— **A Metempsicose.**

— Fala.

— **Sou a ideia eterna. Sou a verdade. Ao mesmo tempo, completo-me com o eu. Agarro o homem e dele faço a coisa. Agarro a coisa e dela faço o homem. Sou a ponte da alma entre o infinito e o finito. Sou o caminho mais curto da pedra até Deus. Sou o braço da imensidão carregando o grão de areia e confundindo-o com o grão de fogo. Sou o corredor por onde se chega às portas secretas. Sou a escadaria de Babel que Jacó subiu e que leva à abóbada escura. Meu rosto foi feito junto com a criação, meus olhos são os astros, meus ouvidos são os ventos, minha boca é o abismo, minha pele é o éter, meus cabelos são os galhos das florestas. Sou o retrato misterioso que pende da parede da casa terrível. Sou o assombroso átomo semente do homem. Sou a raiz da flor, a base do rochedo, a pata do inseto, a bola de ferro do forçado, a asa do anjo. Sou aquele que acorrenta e liberta. Sou o carcereiro arcano e irrompo na imensidão feito um sol em forma de golilha.**

Auguste Vacquerie: Nós te agradecemos por teres vindo e pedimos que voltes. Não existe pergunta maior do que tu. Entretanto, neste momento o Drama acaba de nos deixar abruptamente, e parecendo zangado. Não gostaríamos de ficar em maus termos com nenhum de vós. Podes lhe pedir que volte?

Sem resposta.

A mesa começa a se agitar.

— Ainda é a Metempsicose?

— **Não.**

— Antes de perguntar teu nome, um detalhe. Podes pedir ao Drama que volte?

— **Shakespeare voltará.**

— Mas tu concebes nossas necessidades humanas. Desejamos que o Drama seja bem-sucedido e chegue a seu termo. Shakespeare só pode vir à noite. Ora, todos os nossos dias são livres, nem todas as nossas noites o são. Portanto, é para obtermos a peça mais cedo e mais seguramente que desejamos que ela nos seja ditada de dia, isto é, que o Drama volte. Não achas que tenho razão?

— **Sim.**

— E então?

— **A Índia...**

— Não é a mesma ideia?

— **Não.**

— Quem és tu?

— **A Índia.**[122]

Théophile Guérin: Aceitas responder a todas as nossas perguntas?

— **Sim.**

— Sem exceção?

— **Sim.**

— Não irás embora?

— **Não.**

— Muito bem, perguntamos se podes fazer o Drama voltar.

— **Sim.**

— Nós te agradecemos. Consentes em partir?

— **Estás me expulsando?**

— Estou disposto a te escutar com circunspecção. Compreendes o sentimento que me leva a pedir o retorno do Drama?

— **Sim. Sou o país da sombra e do dia. Sou a outra luz da verdade sobre o mundo. O Ocidente coloca Deus no homem, eu o coloco no animal. Vejo, através da casca das árvores, através do granito, através da pelagem dos elefantes, através do couro sagrado dos touros, através da carapaça dos rinocerontes, o imenso enigma. Leio Deus através da parede da pele dos hipopótamos e o que um projétil de canhão não atravessaria meu olho atravessa. Vejo o insondável através do intransponível. Saio à caça de Deus e comando leões, tigres, panteras, assim como a grande matilha do amor. Empunho minha trompa e toco o hino da eternidade.**

— Quando o Drama voltará?
— Ignoro.
— Podes lhe pedir que seja imediatamente?
— Não.

Encerrado ao meio-dia e meia.

27 DE ABRIL
Quinta-feira, 3h. Presentes: Guérin, Charles, sra. Hugo. Charles e Guérin à mesa.

— O Drama.
— Podes continuar?
— Sim. Os elementos se aplacam. O ar, a água, a terra e o fogo, esses quatro velhos inimigos do homem, cercam-no de amor e felicidade. O ar não contém mais tempestades, a água não contém mais naufrágios, o fogo não contém mais incêndios, a terra não contém mais sepulcros; as hidras e os dragões furiosos que se agitavam nas ondas e nas chamas transfiguraram-se e tornaram-se figuras celestiais; o ranger de dentes transforma-se em sorriso; as lágrimas em orvalho; o vazio em plenitude; e vejo sumirem nas trevas e ermos o gigante caos e o espectro nada, as duas sombras espavoridas conversando, resmungando e amaldiçoando. A roseira não possui mais espinhos, sentindo-se uma alma, o próprio espinho agora é botão de rosa, e o infortúnio, que rastejava pelos globos como uma espécie de inseto hediondo, sentiu suas mil patas monstruosas transformarem-se em duas asas, e essa crisálida da expiação, borboleta das alegrias, voou rumo às claridades. Ó cardo, eis-te flor! Ó escorpião, eis-te pássaro! Ó sapo, eis-te cisne! Ó cisne, eis-te mulher! Ó mulher, eis-te anjo! Natureza repleta de mistérios, trevas, luares, lagoas silenciosas, arbustos, clareiras, rochedos, florestas, abismos, tumultos, obras secretas e profundas, proliferações e partos; ó natureza velada, natureza mascarada,

natureza escamoteada, eis-te nua! Mentira, eis-te verdade! Vulcões, eis-vos picos! Antros, eis-vos lares! Trevas, eis-vos radiância! Morte, eis-te vida! E nas órbitas dos crânios ressuscitados pela eternidade e subitamente flamejantes e luminosos, ó vermes dos túmulos, eis-vos raios celestes!

Encerrado às 5h30.

Anotação de Victor Hugo: A analogia entre o início dessa cena e a ideia de uma coisa feita por mim em 23 novembro de 1853, intitulada Duas vozes no céu estrelado – Zênite. Nadir, *me obriga a me abster, e lamento isso profundamente, de toda e qualquer participação no trabalho da Mesa durante esse drama. E exclusivamente no caso desse drama. Observo que a analogia está (somente no início, escrevo-a ignorando a continuação) na ideia e em alguns detalhes.* V. H. *29 de abril de 1854.*[123]

ABRIL. SÁBADO, 29

2h45. *Presentes: sra. Hugo, Guérin, Charles. Charles e Guérin à mesa.*

— O Drama.

Charles Hugo: Baterás duas vezes para abrirmos parágrafo?

— Sim.

O *inferno:* Tu mentes, Paraíso. Tu choras e tudo sangra. Tudo é crime, tudo é sofrimento. Não existem milhões de estrelas na noite do coração humano. Há apenas duas luas, a lua vesga e a lua cega, a lua traição e a lua miséria, o astro Judas e o astro Jó. A ave humana tem garras, tem asas, o ninho humano é um monturo, o céu humano, um covil tenebroso. O horror está em toda parte. O remorso é uma nuvem vermelha onde o Sol morre e seu carro é uma carroça de cadáveres. A imensidão é uma máscara de carrasco. A eternidade é um peso que estilhaça e racha a débil razão humana em sua implacável oscilação. E o pêndulo do infinito, reverberando no crânio humano, o enche e submerge com seu fluxo e refluxo qual a maré de um oceano de soluços, pois toda hora, todo minuto,

todo segundo é um grito de dor, o ponteiro do cadáver dá a volta ao mundo e seu dedo permanece apontado para uma hora noturna. Olha, ó Paraíso, a sombra que carrego dentro de mim. Quanta desolação! Quanto opróbrio! Quanta vergonha! O homem é perverso, o animal é perverso, a flor é perversa, a pedra é perversa, os quatro elementos são quatro miseráveis. O ar faz suas pombas serem devoradas pelos gaviões, a água faz os girinos serem devorados pelos peixes, o fogo faz as pradarias serem devoradas pelos vulcões, a terra faz os carneiros serem devorados pelos lobos. As coisas cometem ações mais infames que o homem. As urtigas aspiram a espetar, as plantas aspiram a balançar sob a tempestade, os caminhos aspiram a se perder, os rios aspiram a afogar, as telhas aspiram a cair, as portas desejam as masmorras, os poços desejam os astrólogos, a mancenilheira deseja o viajante, o ferro deseja o sangue, o cobre deseja o azinhavre dos suicidas, o ouro sonha com a prostituição. Em seus sonhos, os pinheiros veem-se transformados em mastros despedaçados sobre uma nau à deriva. As pedras veem-se prisões. Os carvalhos veem-se cadafalsos. A esponja escondida no fundo do mar onde Jesus pesca com seus apóstolos pensa no fel do calvário. A cicuta, escondida no fundo do jardim onde Sócrates passeia com seus discípulos, observa-o com raiva, e os venenos do laboratório de Locusta pensam em Nero. A natureza é horrível. As mandrágoras escuras e as claras, papoulas lívidas, conversam com os cogumelos medonhos nas florestas, e essas plantas da noite conspiram contra o homem. Uma diz: "Sou o narcótico". A outra diz: "Sou o veneno, calemo-nos!". Monstruoso! Monstruoso! Monstruoso! E as pestes, febres, doenças, epidemias, cóleras voejam no céu de crimes. O homem se agita nesse inferno não para melhorá-lo, mas para piorá-lo. Todas as suas ações são delituosas. Dir-se-ia que o crime é um de seus músculos. Ele anda, crime. Ele para, crime. Ele se levanta, crime. Ele se deita, crime. Criança, ele mata os homens e oprime as mulheres, velho, mata as ideias nascentes. Seu berço é um ninho de corujas onde a noite concebe o dia, onde a morte concebe a vida. A ama de leite da humanidade tem duas tetas: a miséria e a ignorância. O recém-nascido é envolto nos cueiros da escuridão. Ele mama o amor no ódio, a fé na ironia, o bem no mal, e é mordendo Deus que ele sorve a vida. Metade da sociedade humana é egoísmo, a outra é inveja. O pico é a lama, a base é o sangue. O monstruoso réptil constringe a coluna do templo e silva para o teto estrelado. Os poetas cantam os reis e, quando a Pompadour terminou de beijar as úlceras de Luís XV,* Voltaire foi mendigar o sorriso daqueles beijos. A ciência julga descobrir remédios, descobre doenças. Colombo julga descobrir a América, descobre uma doença. Franklin julga descobrir o para-raios, descobre a eletricidade. Deixa o raio indignado. Fulton julga descobrir o vapor, descobre explosões. Gutenberg julga descobrir a prensa, descobre as guerras civis e revoluções. O mal age no bem.[124] A mão que escreve um pensamento útil não sabe realizá-lo. Os catecismos imitam os Evangelhos e, com o dízimo, a Igreja faz dinheiro falso para emprestar a Satanás. Ó formidável garra do crime, que espreme o crânio do mundo em seus gadanhos e, para impedi-lo de ver e ouvir, enfia-lhe as unhas nos ouvidos! Muito bem, Paraíso, tens razão, fujamos! Fujamos! O céu é luminoso demais para mim. Vinde, meus delitos, vinde, meus horrores, vinde, minhas baixezas, vinde, minhas torpezas, e, já que o céu da glória nos rejeita, vamos procurar através dos espaços, para lá nos espojarmos eternamente e ser o seu sol, o negro firmamento da infâmia!

Encerrado às 6h41.[125]

* "Pompadour": Jeanne Antoinette Poisson tornara-se marquesa de Pompadour, amante e favorita de Luís XV, a partir de 1745. Até 1764, é ela que "governa". Embora detestada na corte, soube permanecer amiga dos escritores e filósofos, reconciliando Voltaire com o rei e usando de sua influência para proteger a *Enciclopédia*; daí a alusão à sofreguidão de Voltaire por seus sorrisos. Luís XV foi tão impopular que, ao morrer, em 1774, não teve direito a exéquias públicas, tendo sido enterrado à noite, em Saint-Denis.

DOMINGO, 30 DE ABRIL

2h45. Presentes: sra. Hugo, Guérin, Charles. Charles e Guérin à mesa.

— Quem está aqui?

— O Drama.*

— Fala.

— *O Paraíso:* Não eternamente.

O Inferno: O quê?

O Paraíso: O perdão é a palavra suprema. A sombra da mão de Deus. É o castigo; mas seu gesto é sempre a bênção.

O Inferno: Ó Paraíso, então é possível eu ser perdoado? Então é possível que um dia, daqui a muito tempo, meus crimes, que rosnam na sombra, sejam autorizados a lamber os pés do Senhor? É possível que um dia meus demônios sejam recebidos no sorriso de Deus? É possível que as duas pinças da tenaz de Satã se tornem os dois lábios da boca dos anjos? Não, enganas-te. A sombra é a sombra. A noite é o monstruoso olhar do olho varado. A aurora é o olhar de amor do olhar radiante. As trevas são malditas, as trevas são esquecidas. O céu negro é uma parede de masmorra eternamente percorrido pelo cego tatear dos astros punidos.[126] Ó Paraíso! Não acredito em ti, mas basta eu ouvir falar em perdão, eu, o invejoso, eu, o vilão, que grossas lágrimas me vêm aos olhos. A base do céu perdoada pelo topo, o lodo perdoado pela luz, os pés encardidos lavados pelas mãos puras dos serafins alados, a sarjeta beijada pelo pássaro, isso não é possível!

O Paraíso: Sim, é.

O Inferno: Como? Diz depressa! Oh! Ser perdoado! A eternidade desarmada! Ter Deus! Fala depressa! Ó doce irmão!

* O drama de Shakespeare será ditado a Charles, em geral acompanhado de sua mãe e de Théophile Guérin. Auguste Vacquerie só aparece episodicamente e Kesler, uma única vez. Hugo, como vimos, abstém-se de toda presença e participação. Este esclarecimento permite a cada leitor formar o seu próprio juízo sobre os papéis respectivos dos diferentes participantes nas sessões das Mesas quanto ao teor hugoano da mensagem espírita anunciada. O triângulo básico é aqui reconstituído: Charles Hugo, sra. Hugo, Théophile Guérin – aos quais se junta Auguste Vacquerie, como quase sempre acontece.

O Paraíso: Há um meio.

O Inferno: Diz depressa.

O Paraíso: Tu abundas em criminosos. Toma o mais culpado, o mais perverso, o mais infame, faz dele um justo. Se conseguires, tu, Inferno, sem a ajuda de um Paraíso, fazer um anjo de um demônio, serás perdoado.

O Inferno: Ó alegria! Como fazer para agradecer-te, doce irmão?

O Paraíso: Faz um anjo.

Nesse momento, o dia começa a raiar. As últimas estrelas se apagam e os dois astros empalidecem no alvorecer. Eles não pararam de falar, mas suas vozes, como as de dois interlocutores que se afastam, não alcançam mais os espectadores. Por fim, eles desaparecem completamente e o Sol nasce. Cai o pano.

Uma aldeia, nas cercanias de Versalhes. Paisagem encantadora, à direita uma estalagem com uma tabuleta: "A Luís bem-amado". À esquerda, uma casa de camponeses toda florida como que para uma festa. Ao fundo, uma choupana e uma igreja; fim do dia. Entram dois homens, vestindo mantos, chapéus bordados a fio de ouro, espadas que a borla dos mantos salienta, cabelos empoados.*

Primeiro homem: Tens certeza de que vale a pena vê-la na cama? Não me importunaste à toa?

Segundo homem: Ela é encantadora, Sire.

Primeiro homem: Idade?

Segundo homem: A idade em que as aves saem do ninho e as meninas se aninham em uma singela primavera toda rósea, em uma bonita e alva manhã.

Primeiro homem: Idade?

Segundo homem: Quinze anos.**

* Luís XV foi alcunhado "o bem-amado" por historiógrafos que, de sua monarquia, enxergam apenas o retorno de uma grande prosperidade e o florescimento da civilização francesa, fruto, em grande parte, de uma conjuntura favorável e da influência dos filósofos iluministas. Vimos que ele não permanecerá muito tempo o bem-amado de seus súditos.

** Após o prólogo que se passava no céu (cena I), o drama ditado por Shakespeare se desenrola na Terra, em 1771. Luís XV manda raptar, não longe de Versalhes, uma jovem camponesa de quinze anos, Nihila, na manhã de suas núpcias com Jérôme (cena II). Luís XV, após inúmeras promessas de sedutor, estupra Nihila num *boudoir* de Versalhes (cena III). Três anos mais tarde, em Saint-Denis, logo após seu enterro, trava-se um diálogo em versos entre o cadáver >

Primeiro homem (bocejando): Velha demais, a idade do amor é sempre a mesma. Quinze anos! Por que quinze anos? O tolo que criou os maus não primava pela imaginação. Sinto ganas de colher flores em botão e frutos em semente. Tenho sede de seiva humana, gostaria de entornar de uma talagada um grande copo de virgindade e me embriagar com a verdadeira inocência.

Segundo homem: Ouço a música da boda.

Primeiro homem: Que boda?

Segundo homem: A de vossa pequena, Sire.

Primeiro homem: Está bem, será mais excitante; terei duas juventudes para destruir. O marido e a mulher de uma tacada só. Beber uma virgem[127] é a embriaguez da vida, beber um noivo é a embriaguez da morte. Sinto apetites de vida feito um túmulo em jejum.

Segundo homem: Vem alguém. Entremos aqui.

Eles desaparecem dentro da estalagem. Chegam cantando e dançando camponeses e camponesas alegres e endomingados. Cornamusa. O mais jovem vai bater à porta da casa à esquerda, enquanto os demais formam um círculo na entrada.

Jerônimo, chamando: Nihila! Nihila!*

Nihila, abrindo a porta: Estou aqui.

O rapaz toma-lhe o braço e começa uma música de dança. Terminada a dança, Nihila senta-se num banco em frente à porta da casinha e canta:

Nihila canta: O que colheste, senhor campônio,
Para o buquê do meu matrimônio?[128]
Um camponês avança ritmicamente e canta:
Procurei uma rosa
Em toda parte,
Nenhuma cheirosa.

> de Luís XV e os quatro pregos de seu caixão. O rei defunto é então informado de que poderá se redimir, de todos os seus crimes e delitos, sob outra forma (cena IV).

* Convém lembrar o latim *nihil*, "nada", Nihila tornando-se a Senhorita Nada. Ela é negada como ser humano por Luís XV. Em *As duas descobertas de Gallus* [peça de Victor Hugo escrita em 1869], o duque e seu conselheiro Gunich vão, por sua vez, descobrir Nella, adolescente cujo nome evoca diretamente Nihila.

Ele deposita um malmequer nos joelhos de Nihila, que o recusa e ele é afastado pelos dançarinos com estocadas cadenciadas.

Nihila canta: O que colheste, senhor finório,
Para o buquê do meu casório?
Um camponês canta: Procurei uma rosa
Para o seu coração,
Nenhuma cheirosa,
Colhi dente-de-leão.
Ele deposita um dente-de-leão, mesma encenação.
Nihila: O que colheste, senhor padre,
Para o buquê do meu enlace?
Um camponês canta: Procurei uma rosa
Na campina agreste,
Nenhuma cheirosa,
Colhi cipreste.
Oferece um ramo de cipreste, mesma encenação.
Nihila: O que colheste, esposo fiel,
Para o buquê do meu himeneu?
Jérôme canta: Procurei uma rosa
Como todos aqui.
Nenhuma cheirosa
A não ser esta aqui.
Nihila: Venha colhê-la, marido fiel,
No leito nupcial espera-te o céu.

TERÇA-FEIRA, 2 DE MAIO

Dia, 3h. À mesa: sra. Victor Hugo e Charles Hugo. Auguste Vacquerie: escrevente.

— És tu, Drama?
— Sim.

— Continua.

— *Jérôme põe-se de joelhos diante de Nihila. Os demais camponeses retiram-se discretamente e os deixam a sós. Longo silêncio. O crepúsculo se instala. Os dois namorados miram-se fascinados. Nihila continua sentada. Jérôme continua de joelhos.*

Jérôme: Eu te amo.

Nihila: Eu te amo.

Jérôme: Quero ser feliz. Gostaria de estar sempre a sós contigo. Sinto-me outro. Vejo com outros olhos. Respiro com outra boca. Tremo, sinto frio e ardo. Minha Nihila, tu és meu tudo. Sim, tremo. Vê, toca minhas mãos. O que receio então? Não sei. Tenho a impressão de que não estamos a sós.

Nihila: Sim.

Jérôme: Quero que sejas muito feliz. Farei tudo que desejares.

Nihila: Teremos galinhas.

Jérôme: Sim.

Nihila: Duas vacas, uma branca e uma preta. Farei com que bebas leite da branca e darei leite da preta para os pequenos mendigos.

Jérôme: Sim.

Nihila: Teremos uma cabra para ter cabritos. Gosto de cabritos. São alegres como passarinhos. Estão sempre pulando em nossas pernas e nos fazendo cair e é muito divertido ver seus chifres crescerem.

Jérôme: Sim.

Nihila: Teremos um casal de pintassilgos, mas não quero que vivam em gaiolas. Passarinhos na gaiola é alegria triste. Vou amestrá-los.

Jérôme: Sim.

Nihila: Tu precisarás de um cavalo para teu arado, mas não muito bravo, para que eu possa montá-lo. Teremos que trabalhar muito, dormir muito, rezar muito. Tu irás todas as manhãs à cidade levar teus legumes e nos dias de feira comprarás pão de mel para mim. Seremos felizes como pardais livres. Eu cuidarei das tuas roupas. Cerzirei tuas calças. Rasgam tanto no homem!

Jérôme: Diz que me amas.

Nihila: Não sei por que pedes isso hoje mais do que nos outros dias. Desde que estou no mundo, nunca conheci outro pai senão tu, outra mãe senão tu, outro marido senão tu. Amo-te do fundo do coração. Não sou como as moças felizes que amam muitas pessoas, que amam à direita e à esquerda, que amam seu pai e sua mãe. Sou infeliz, amo reto à minha frente, e só me sinto feliz por um, vês, Jérôme, nada igual aos órfãos para amar. Eles têm tantos ausentes na vida que aquele que os ama é uma lembrança sagrada dos mortos perante os quais eles estão sempre ajoelhados. Seu coração é um cemitério onde o amor perfuma os túmulos. Vê, observa esta flor, ela tem cinco pétalas que cairão. (*Ela despetala a flor.*) Esta pétala é o avô, esta é o filho, esta é a filha e este talo és tu, ó meu Jérôme, minha boca regurgita de beijos para os mortos. Meu amor é minha prece. Meu amor é meu pensamento de todas as manhãs e todas as noites. Amo como se em uma igreja. Vivo em um genuflexório e o dia em que te esposei, casei-me sobre um túmulo.[129]

Jérôme: Quanto a mim, não sei como te amo, mas sei que prefiro renunciar a todo o amor que tive pelo meu pai e pela minha mãe a perder uma migalha do amor que sinto por ti. Sou tua outra metade. Sinto-me ligado a ti como que por uma cangalha. Sou teu cão, teu escravo, teu guardião, tua sombra luminosa. Eu viveria deitado atravessado à tua porta se tivesse certeza de ver-te caminhar sobre mim. Teus pés seriam um bálsamo para mim. Imagino que és uma ave de Deus. Amo-te, amo-te, amo-te. Deixa-me chorar, deves-me isso afinal. Lágrimas de alegria esvaziam o coração. Eu gostaria de chorar sempre assim. O sofrimento dos homens deve-se a que eles não choram mais com a alma e nunca se desesperam de amor. Ó minha pequena corça, passa as mãos sobre meus olhos. Que pele mais macia!

Nihila: Já tu a tens rude como o resto. Vê, não me importo, dá-me tuas patas feias que eu as devoro feito bolo. Vê, meu Jérôme, promete trazer sempre as mãos duras do trabalho que prometo beijá-las todas as noites para deixá-las macias.

Jérôme: Sonho da minha vida, é tarde, entremos para dormir.

Nihila: Ainda não, tenho uma surpresa para ti, ainda não podes ver.

Jérôme: Também tenho uma surpresa para ti.

Nihila: Está bem, começa.

Jérôme: Não, depois de ti.

Nihila: Não, começa.

Jérôme: É uma coisinha que não custa muito caro.

Nihila: Vejamos.

Jérôme: Não ouso.

Nihila (*perdendo a paciência*): Queres fazer o favor de passá-la para cá imediatamente?

Jérôme: Não é grande coisa.

Nihila: Que homem mais tolo!

Jérôme: Muito bem, tu me dás meu presente enquanto te entrego o meu.

Nihila: Não, quero ver o teu antes.

Jérôme: Aqui está.

Nihila: Oh! que belo crucifixo! Vou colocá-lo no pescoço. Ei, não é de ouro?

Jérôme: Sim.

Nihila: De ouro puro?

Jérôme: Sim.

Nihila: O meu não é de ouro.

Jérôme: O que importa!

Nihila: É de prata.

Jérôme: Dá.

Nihila: Não é uma cruz.[130]

Jérôme: Dá.

Nihila: É um anel.

Jérôme: Dá.

Nihila: Tenho certeza de que ele tem dedos grossos demais. Em todo caso, peguei o maior anel.

Jérôme: Pérfida, não tenho dedos tão grossos assim.

Nihila: Mostra-os.

Jérôme: Vê.

Nihila: Onde está o mindinho?

Jérôme: Aqui.

Nihila: Parece uma bobina de lã.

Jérôme: Põe o anel.

Nihila: Aqui está. Enfia no dedo. Jamais entrará. Por Deus, desisto. Ah! Finalmente! O anel está no teu dedo. Que polegar tens aqui!

Jérôme: Quero que este anel seja minha carne e meus ossos. Tua alma vive nessa joia. O metal mais precioso não é o ouro, é o sentimento da alma que se mistura ao ouro e que faz da joia um metal divino. Os presentes do bom Deus são feitos no amor.

Nihila: Fiquemos mais um pouco. A noite é metade das alegrias do coração. As almas são os reflexos das estrelas. Carrego uma estrela dentro de mim esta noite.

Jérôme: Sim, Vênus.

Nihila: Rezemos juntos. (*Ajoelham-se.*) Ó meu Deus, peço-te que nos faças felizes e ao meu Jérôme, muito fiel. Espalha sobre nós todas as tuas riquezas de alegria, esperança e amor e dispensa-nos o alimento, dá-nos forças e consolações para dividi-las com os fracos. Faz com que em torno de nós nada sofra, nem as flores, nem as aves, nem os animais, nem os homens, e que nada em nosso jardim se queixe do teu céu. Rouba um pouco de felicidade do teu Paraíso e dá ao nosso singelo e pobre casamento. Os paraísos podem perfeitamente dar esmolas aos infelizes mendigos que esperam à porta do céu. Dá saúde aos que são pobres e coragem aos que são débeis. Por fim, ó Deus, envia-nos um dos teus anjos. Nós o faremos feliz e lhe falaremos sempre de ti para que ele se esqueça do céu. Meu Deus, tu és nosso pai, abençoa-nos, abençoa-nos, abençoa-nos.

Nos últimos instantes, um grupo de indivíduos já observa os dois amantes. Dois se aproximam e, no momento em que Nihila termina sua prece, duas mordaças tapam-lhe a boca, assim como a de Jérôme. Os outros avançam então, subjugam os esposos, apesar de sua resistência, e os levam. No instante seguinte, ouve-se o barulho de um coche se afastando.

Encerrado às 6h30.

MESMO DIA

9h da noite. A sra. Victor Hugo e Charles conduzem a mesa. Victor Hugo escreve.

— Quem está aqui?

— **Sesóstris.***

— Tens algum comunicado a nos fazer?

— **Não.**

Victor Hugo: Diante da fachada do templo troglodítico, quatro estátuas de 61 pés de altura cada uma representavam tua pessoa. Diz o nome das quatro estátuas.

— **Não conheço essas estátuas.**

— As quatro estátuas existem. Estão registradas em todas as coleções. Tu deves conhecê-las. Se não te representam, a quem então? Diz.

A mesa se agita.

— Quem está aqui?

— **Alexandre.****

— És tu que vais responder à pergunta dirigida a Sesóstris?

— **Não.**

— Tens algum comunicado?

— **Não.**

— Sabes que Sesóstris te precedeu?

— **Sim.**

— Por que ele partiu sem responder à pergunta?

— **Ignoro.**

* Sesóstris: nome grego de Senusert, "o homem da deusa Usert". Nome de vários faraós da XII dinastia (Médio Império 1970-1843 a.C.). Sesóstris III impôs-se como o tipo ideal do conquistador egípcio; foi deificado no Novo Império.

** Alexandre: certamente Alexandre, o Grande, ou Alexandre III, rei da Macedônia (356--323 a.C.). Discípulo de Aristóteles, rei aos vinte anos, conquistou um imenso império, da Grécia à Índia, derrotando, em especial, os persas. Alexandre, o Grande, assim como Aníbal, fascinava Hugo, que o citou em um verso evocado adiante. Pena que Alexandre, o Grande, não tenha respondido a Hugo quanto ao funcionamento da falange macedônica, desconhecido na época.

— Sabes que, por esses dias, coloquei teu nome ao lado de três autores em um verso?

— Não.

— Explica-me em detalhe a falange macedônica.

— Oh! Castigo, então não fugirei de ti. Guerra comedora de carne humana, bebedora de sangue humano, espectro ébrio da matança universal, carnificina deusa, monstruosa Ísis velada e sangrenta, rosto temido, terror, horror, pavor, formidável asa que esbofeteias o mundo, goela gargarejante com mandíbulas de trovão, dentes de relâmpago, e que devoraste tua língua, sepulcro errante, semeador terrível que à noite, nos bosques, vales e desertos, arremessa crânios aos quatro ventos, semeador de Átila, semeador de Gênghis Khan, semeador de Cambises, semeador de Pedro, o Grande, semeador de César, semeador de Ciro, semeador de Carlos Magno, semeador de Napoleão, agricultor do cemitério, coveiro da história, vampiro das gerações, divindade fluvial pensativamente debruçada sobre uma urna de águas vermelhas, escura náiade do sangue!

— Continuas aqui, Alexandre?

— Não.

— Quem está aqui?

— Leônidas.[*]

— Os outros foram a guerra ruim. Tu foste a guerra justa, eles são os heróis vilões. Tu és o herói. Tu foste a moral da pátria. Tu foste o carniceiro da Grécia. Tu és grande, Leônidas. Quando a guerra, Hidra, vinha para devorar tua mãe, tu, o guerreiro, cão fiel, a defendeste. Salve. Fala conosco.

— Termópilas! Termópilas! Termópilas! Termópilas![**] **Sois uma das portas gigantes da civilização, sois feitas de granito; tendes montanhas como gonzos, rochedos como ferrolhos, vertentes de vulcões como portais,**

* Leônidas I, rei de Esparta, morto no desfiladeiro das Termópilas em 480 a.C. Sacrificou-se com seus trezentos hoplitas espartanos para conter os persas de Xerxes, infligindo-lhes perdas consideráveis. Esse sacrifício contribuiu para a grande reputação de civismo e disciplina dos espartanos.

** As Termópilas, "portas gigantes da civilização" resgatadas do naufrágio, representadas pelos dois monstros fabulosos guardiões do estreito de Messina.

abismos como buracos de fechadura, muros de precipícios como batentes e a alma de Leônidas como chave de bronze, é que vós sois a porta do templo, é que vós sois a porta do cérebro de Homero e da obra de Ésquilo. Atrás de vós, as ideias trabalham, as verdades especulam e o anjo pensa, suas duas asas de estrofes semiabertas, contempla Deus e contempla a imensidão. Vós sois as portas da grande forja onde se forjou a flecha de Leônidas, de onde saiu o prego de Prometeu. Sois a porta da luz e dos raios. Abristes o pensamento para o mundo e fechastes as trevas. Salvastes a ideia do naufrágio e eis por que, ó Termópilas, sois vistas com ódio, do fundo do oceano, por Caribdes e Cila.

— Por que Mozart não veio? Podes nos dizer?

— Não.

— Tu sabes?

— Não.

Sra. Victor Hugo: Ouves o barulho do mar?

— Sim.

— Charles está cansado. Podes voltar?

— Sim.

10h45. Estas últimas páginas foram escritas pelo sr. Victor Hugo.

QUARTA-FEIRA, 3 DE MAIO

2h da tarde. Sra. Hugo, sr. Guérin, Charles Hugo. Charles e Guérin à mesa.

— É o Drama?

— Sim.

Um quarto suntuoso, móveis de Boulle, espelhos, jardineiras cheias de flores, quadros, sofás, uma cama; ao fundo, portas dissimuladas por reposteiros, dourados em profusão, teto pintado representando anjos e nuvens, na lareira um grupo de Júpiter e Leda, candelabros acesos, relógio **rocaille.** ***Quando sobe o pano, não há ninguém nesse quarto.***

A alcova: É minha hora.

Um lírio: Ai de mim!

Um candelabro: Que escuridão! A penumbra deste quarto infame é mais difícil de iluminar do que a dos outros quartos. É como se aqui houvesse duas noites, é um lugar onde é duro o ofício de archote.

O teto: Que dirias então, archote, se, como eu, tu fosses obrigado a evocar o céu? Há momentos em que tenho vontade de me despencar. Archote, tu sofres mas não mentes, enquanto eu minto. Tu iluminas o crime, mas ficas indignado, eu o vejo e sorrio para ele, tu és a verdadeira luz, eu sou o falso éter, sou a falsa nuvem, sou o falso anjo. Eu gostaria de golpear, gostaria de punir, não posso. Tu podes, eu não posso, ser o raio, tu podes ser o incêndio.

O archote: Penso nisso todas as noites!

A alcova: Sodoma! Sodoma! Sodoma!

O relógio: O rei virá esta noite?

A alcova: Sim.

Um botão de rosa: Ele é velho demais para amar.

A alcova: O amor dos velhos conspurca as moças mais que os respingos de todos os lodos humanos. Sobretudo quando esses velhos são reis. Oh! tristes flores conspurcadas! Quantas não vi cair nesse rei-sarjeta cujo fundo sou eu!

A jardineira: Sou um berço de flores.

A alcova: Sou um túmulo de virgens.*

O relógio: Paciência.

A alcova: Que horas são na vida de Luís XV?

O relógio: A morte menos um pouco.

O botão de rosa: Quando ele morrerá?

* "Sou um túmulo de virgens...": toda essa passagem constitui uma clara alusão à inclinação de Luís XV pelas jovens virgens (ver p. 604, nota 127). Anteriormente, a evocação do candelabro anunciava o tema da tumba, uma vez que o candelabro, grande castiçal com vários braços, é utilizado aqui como contraexemplo: pela luz que gera, o candelabro supostamente propicia uma claridade alegre e não "a sombra de um quarto infame".

O relógio: Dentro de três anos.*

O teto: Arre! Mais três anos aqui a mentir e me fingir de céu!

Os archotes: Mais três anos iluminando esse antro sombrio!

Todos os móveis ao mesmo tempo: Isso é culpa da cama.

A *cama:* Pois bem, ide embora. Sois livres, vós, flores, para murchar, vós, archotes, para apagar, tu, teto, para cair, tu, relógio, para enguiçar. Todos vós, que aqui sois vida, tendes liberdade para morrer. Importunais-me. Causais-me vergonha. Impedis-me de ser tão cega e surda quanto gostaria. Fora daqui os móveis que não são do partido do túmulo!

*Leda:*** Eu era pura e tu, alcova, me levaste à perdição. Eu era virgem, agora não passo de uma estátua. Ó dor! Perder a pureza, a candura, perder a inocência, para conquistar o amor, acreditar nesse pássaro de luz e tornar-se o opróbrio, ter sido o lago e, depois de cisne, ser lama.

A *porta camuflada:* Silêncio, vem alguém.

Entram vários lacaios, que depositam Nihila desmaiada na cama.

As *librés:* Horror!

Os lacaios se retiram e deixam Nihila sozinha.

Nihila, despertando: Onde estou? Jérôme! Jérôme! Onde estou? Ele não está aqui. *(Ela se levanta.)* O que isso significa? Que quarto é este? Não estou sonhando. Calma, não devo ter medo. Sou uma moça corajosa. É isso. Estou me lembrando. Eu estava com Jérôme no quintal, em frente à nossa casa. Orava a Deus junto com ele. Senti uma mão na minha boca, e mais nada. É horrível não ver Jérôme. (*Ela chora.*) É culpa minha. Ele queria entrar. Ladrões nos viram. Pobre casinha! Estávamos sempre juntos.

* Luís XV, tendo nascido em 1710 e morrido em 1774, tem então 61 anos e estamos precisamente em 1771.

** Leda: princesa da Etólia, esposa de Tíndaro. Segundo a versão mais difundida, ela tem Clitemnestra e Cástor com ele, ao passo que Pólux e Helena nascem de sua união com Zeus metamorfoseado em cisne. Segundo outra versão, Leda, copulando com Zeus cisne, bota dois ovos, dos quais nascem dois casais de gêmeos: Clitemnestra e Cástor, Helena e Pólux.

Quem mora aqui? É um homem muito mau para pegar meninas pobres e trazê-las para todo esse ouro! Meu Deus, meu Deus, continuo com medo. Jérôme! Jérôme!

O rei, entrando e beijando Nihila: Aqui está ele.

Nihila, voltando-se: O que fazeis, cavalheiro? Não sei onde estou e quero ir embora. Vós me beijastes, pois bem, deixai-me partir. Não vos quero mal. Por onde entrastes? Por Deus, respondei! Sois um matusalém, não sois bonito. Mas falai, por favor!

O rei: Amo-te.

Nihila: Ó meu Deus! De onde surgiu esse homem?

O rei: Não precisas ter medo.

Nihila: Dizei-me o vosso nome.

O rei: Eu me chamo riqueza, vida, felicidade. Dar-te-ei tudo que quiseres. Queres os palácios, os jardins, as estátuas de Versalhes? Sabes, Versalhes, eu te darei. Queres roupas de seda, joias, adornos mais esplêndidos do que os contos de fadas jamais sonharam? Eu te darei. Queres um leito de brocado tão prodigioso que o Sol deseje nele gravar o seu nome? Queres passar nas ruas puxada por oito cavalos? Queres ser tão bela que a admiração universal caia a teus joelhos e eu faça dos teus pezinhos os mais poderosos para subirem até o trono de Luís XV?

Auguste Vacquerie: Não há um salto de palavra?

— Sim.

— Queres recomeçar desde a teus joelhos?

— Queres que faça de teus pezinhos os mais poderosos degraus de graça para subirem até o trono de Luís XV?

Encerrado às 6h.

SÁBADO, 6 DE MAIO

10h30 da manhã. Presentes: sr. Victor Hugo, Guérin, Charles. Charles e Guérin à mesa.

— Quem está aqui?

— O Drama.

— Queres que releia as duas últimas páginas, alguma alteração?

— Sim.

Lemos a partir de Leda. Às palavras "conquistar o amor", a mesa bate uma vez.

— Queres recomeçar toda a frase?

— Sim.

Alcova, acuso-te também. Tu és o amor, enquanto eu era a virgindade. Tuas dobras brancas são mortalhas da alvura da alma. Tuas neves são feitas de lama, tuas gazes e tuas rendas são asas vaporosas que só se agitam e tremem sobre as deusas condenadas ou os anjos pecadores. Alcova, pássaro da noite, sê amaldiçoada, sê amaldiçoado, amor dos reis, sê amaldiçoado, amor dos deuses, só dor! Eu era virgem, virei prostituta por ter te julgado amor, Júpiter, belo pássaro branco. Eu era uma alma límpida, tornei-me escura, eu era luz, agora sou nódoa. Sou um lago turvo. Eu era um lago, virei lodo por ter amado um cisne.

SEGUNDA-FEIRA, 8 DE MAIO

2h da tarde. Victor Hugo. Guérin e Charles Hugo à mesa.

— Quem está aqui? O Drama?

— Sim.

A mesa dá uma batida depois de "anjos pecadores".

— É depois de anjos pecadores que devemos retomar?

— Sim.

Maldita alcova, sê amaldiçoado, amor, pelas virgens, sê amaldiçoada, volúpia, pela candura, sê amaldiçoado...

Interrupção da mesa.

Théophile Guérin: Essa pausa deve-se a uma falta de fluido de Charles?

— **Sim.**

— Devemos parar?

— **Sim.**

— É preciso certo tempo para Charles recuperar o fluido perdido?

— **Sim.**

— Em quanto tempo Charles poderá retomar?

— **Dois dias.**

Charles Hugo: Tenho Mesas a fazer amanhã à noite, estarei cansado depois de amanhã. Podes na sexta?

— **Sim.**

TERÇA-FEIRA, 9 DE MAIO

9h da noite. Presentes: sra. Victor Hugo, sr. Victor Hugo, sr. Guérin e Charles. Charles e Guérin à mesa.

— Quem está aqui?

— ***Frons ingens deserti.****

Victor Hugo: Queres que releia a partir da seção II: é meia-noite, ou queres que eu releia de um ponto mais acima? Se quiseres que eu releia dá duas batidas, se não uma.

A mesa bate uma vez.

Victor Hugo lê a partir de: "É meia-noite".

É a hora em que nas cidades, Babéis, Sodomas,
Veem-se, de todos os lados, tropas de fantasmas
Com rostos de breu,
Eriçando nos relâmpagos suas asas abertas,

* A fronte imensa do deserto, ou a fronte imensa daquele que é abandonado.

Atravessar o céu preto junto com as quimeras
Do grande cérebro de Deus.

É a hora em que o dia nasce na tumba ou na penumbra
E o cadáver enterrado pelo coveiro lúgubre
Sente que o verme o morde;
É a hora em que, no campo de batalha, os corvos,
Galos pretos dos funerais, anunciam em coro
O advento da morte;
— Há duas vezes preto. Queres tirar uma delas?
— Sim.
— Queres mudar: o céu preto para céu triste?
— Não.
— O que então?
— Vasto.
É a hora dos grandes ventos na alma dos profetas;
É a hora em que pedras, rosas e bestas,
Esquecendo-se de suas dores,
Soletram claramente Jeová sob seus véus;
Em que o anjo do perdão apresenta o céu
Às minúsculas flores;

Enquanto ouvíamos o anjo nas claridades profundas
Falar; o dedo erguido para o livro dos mundos;
Enquanto forçados e malditos
Escutavam palpitantes, dos vales às cordilheiras,
Entrar sorrateiramente na porta das cadeias
A chave dos paraísos;

Enquanto ele lhes dizia: prisioneiros dos covis,
Monstros, cativos, assassinos, lobos, víboras, vis,
Tigres com garras de bronze,

Tu, touro Golias, pavor do pasto,
Cedro Nemrod, jiboia Nisus, verme Cleópatra,
Caim rinoceronte,

Déspotas que se tornaram piolhos dos astros,
Touro Fálaris que berras sob nossas pilastras
Feito um furacão,
Rodovalho Domiciano que come a baleia,
Tu que enches o céu com teu ardente bafejo,
Eróstrato vulcão.[131]

— É meia-noite, queres interromper?

— **Sim.**

— Que dia queres voltar?

— **Daqui a onze dias.**

Calculamos que o 11º dia cai em um sábado, aos sábados costumamos receber visitas. Pedimos-lhe que venha na véspera, sexta-feira. Ele responde que sim.

Victor Hugo: Queres pedir a Mozart que volte?

— **Sim.**

— Gostaríamos de vê-lo domingo, às 9h30, podemos esperá-lo nesse dia?

— **Sim.**

Encerrado à meia-noite.

[Anotação de Victor Hugo:] Em 15 de abril, a Mesa havia marcado a resposta do leão a Victor Hugo para 6 de maio. Nesse dia, não estando sozinhos, não julgando apropriado admitir as pessoas presentes, nos afastamos, Charles e eu, e pedimos à Mesa um adiamento. Essa esplêndida sessão foi escrita apenas na minha ata pessoal. Não me esqueci de que ela não fora transcrita no lugar apropriado neste registro. Conserto esse lapso hoje. V. H.

SÁBADO, 25 DE ABRIL*

*9h da noite. Charles Hugo e Victor Hugo conduzem a mesa.***

Victor Hugo: Quem está aqui?

— ***Tuus leo.****

— Não estamos sozinhos em casa esta noite, tu sabes; queres adiar a continuação da tua resposta para terça-feira, à mesma hora?

— **Sim.**

— Obrigado, teremos uma bela sessão?

— **Sim.**

Escrito em 10 de maio.

SEXTA-FEIRA, 12 DE MAIO

2h15 da tarde. Presentes: sra. Hugo, Charles, Guérin. Charles e Guérin à mesa.

— Fala, escutamos.

— **O Drama.**

— Vamos ler o que ditaste para nós da última vez.

Lemos.

— Devemos continuar em: sê amaldiçoado?

— **Sim.**

— Beijo, pela alma pura e límpida escondida sob as frondes da vida profunda, ó cisne, sê amaldiçoado pelo lago!

* Erro de data; trata-se do sábado 29 de abril. Esta sessão foi colocada aqui, após a de terça-feira, 9 de maio.

** É raríssimo Victor Hugo "conduzir" a mesa. Aqui, pai e filho dão-se as mãos, tanto literal como figuradamente.

*** Teu leão.

— Vamos reler o que segue, e tu baterás duas vezes se quiseres fazer alguma mudança.

Lemos tudo que segue; a mesa não se mexe.

— Achas então isso bom?

— Não.

— Muito bem, a partir de que palavra queres mudar?

— **Desde: "Nihila despertando e passeando, olhares perplexos à sua volta":* Ó meu Deus, onde está Jérôme? O que fizeram com ele? Como é bonito aqui! Estou com medo, por onde entrei? Não há porta, não há janelas. Preciso fugir. *(Ela se levanta e olha em volta com pavor.)***

A mesa detém-se por um longo tempo, o que jamais acontece quando ela fala em prosa. Perguntamos se alguma coisa a incomoda, ela não responde. Duas batidas. A mesa responde:

— *A parede, à porta:* Abre-te, temos de evadi-la.

A *porta:* Não sou a chave.

A *parede, à chave:* Tu, então, chave, abre para essa pobre menina.

A *chave:* Não sou a mão.

A *parede a Nihila, que não a escuta:* Ai de mim! Pobre criança, vês que fiz tudo ao meu alcance para salvar-te. Mas isso não está em meu poder, somos instrumentos do homem. Vivemos o suficiente para sentir, não para agir. Vemos, mas nos é vedado iluminar; falamos, ninguém nos ouve. Obrigados a sofrer, somos proibidos de consolar. Somos muito infelizes, acredita. Tem piedade de nós. Tens sorte; não passas de uma prisioneira que sonha escapar, enquanto eu sou uma masmorra que busca evadir-se. Vês, minha pequena, o Paraíso é a liberdade; evadimo-nos do sofrimento mediante o sofrimento; a expiação é uma imensa corda mergulhada em um abismo pela qual os cativos do crime descem da sombra na luz e cujos nós são os astros.

A *chave:* A mão do carcereiro me apanha. Dou uma volta na fechadura.

A *porta:* Abro-me.

O *lírio:* Fecho-me.

* Esta frase não consta dos diálogos anteriores. [N.E.B.]

O quarto inteiro: Socorro!

Entra o rei, rosto encarquilhado, trajes vistosos, é um velho já curvado, cordão azul, cruz de São Luís.

O rei: E então? O que achaste desse quarto, minha criança, é do teu gosto? Tudo o que está aqui é teu. Sou teu prisioneiro!

Nihila: O que fizestes do meu marido?

O rei: O que dizes dessa cama, desse tapete, dessas sedas, desses espelhos? Julgas este aposento à altura de tua choupana? Responde, belo passarinho, este ninho é digno de tuas plumas? Estás tremendo. Acalma-te! Não sou um passarinheiro muito terrível; não te cortarei as asas, vou dourá-las.

Nihila: O que fizestes do meu marido?

O rei: Vou substituí-lo esta noite, por favor, teu Jérôme é um bronco que a teria enxovalhado, ao passo que eu te farei tão radiante que ofuscarás o céu. Vê que bela união! Jérôme, teu marido, essa pedra, esposar uma pérola![132] Pretendo casar-te com uma coroa.

Nihila: Quem sois?

O rei: Sou a riqueza, sou o poder, sou o mundo, sou o céu. Meu nome é tua felicidade; o sorriso de Nihila, a fortuna de Nihila. Tenho uma família inteira de braceletes de Nihila, rendas de Nihila, coroas de Nihila, palácios de Nihila. Sou o mágico das tuas horas e, à medida que elas voam no mostrador, eu as transformo em minutos. Sou o mágico dos minutos da tua vida, e deles faço segundos. Paro o ponteiro na juventude e te impeço de envelhecer retendo-te pelo prazer em um eterno desabrochar do coração. Sou o fabricante de rosas, pois sou o cosmético, sou o fabricante de raios, pois sou o ouro. Eu não freio o Sol, como esse imbecil do Josué;* faço melhor: ofusco-o.

Nihila: Dizei vosso nome, cavalheiro, para que eu possa dizê-lo a Deus.

* Companheiro e homem de confiança de Moisés, Josué torna-se o seu sucessor antes da entrada em Canaã, pois não duvidou de Deus. Na Bíblia, o *Livro de Josué*, o primeiro dos Profetas, narra a conquista rápida de Canaã, graças aos milagres operados com a ajuda de Deus, entre os quais interromper a trajetória do Sol durante a batalha de Gabaão.

O rei: Não se trata de rezar a Deus, mas de me beijar.

Nihila: Prefiro me matar a ser infiel a Jérôme. Não amo senão a ele e só a ele beijarei; meu primeiro beijo será para Jérôme, o segundo também, o terceiro também, o milésimo também. Prefiro morrer a lhe confiscar seu bem; um único beijo, dado a outro, me causaria o efeito de uma mentira. Vede, cavalheiro, em vez de me dizer tudo que dizeis, faríeis bem melhor deixando-me ir e me dizendo onde está Jérôme.

O rei: Só um beijo.

Nihila: Jamais!

O rei: Arre! Que fortaleza! Declaro-te, minha pequena, que não gosto de esperar e que não tenho o hábito de tomar chá de cadeira ao pé do meu leito. Vamos! Esse beijo ou chamo minha gente!

Ele agarra Nihila.

Nihila: Ah, sois o rei da França!

Ele quer enlaçar Nihila, ela se debate. Sua gargantilha se abre e revela o crucifixo dado por Jérôme. Ao mesmo tempo, as velas, no fim, se apagam. Não se ouvem mais senão gritos abafados.

A *cruz, na penumbra:* Até já, Sire.

Cai o pano.

— O primeiro ato terminou?

— Não.

Encerrado às 9h.

SÁBADO, 13 DE MAIO

9h da noite. Charles e a sra. Victor Hugo, conduzindo a mesa. Presentes: Victor e eu.

Victor Hugo: Aquele que está aqui pode dar um recado àquele que esperamos para amanhã?

— Sim.

— Podes pedir a Mozart que venha na terça à noite em vez de amanhã?

— **Sim.**

— Podemos continuar sem ele?

— **Sim.**

Levantamos.

Escrito por Victor Hugo.

TERÇA-FEIRA, 16 DE MAIO

9h da noite. Presentes: sra. Hugo, sr. [Charles] Bénézit, Guérin, Charles, Auguste Vacquerie.

9h30: entra Victor Hugo.

— Quem está aqui?

— **Mozart.**

— Vens fazer música?

— **Sim.**

— Arranjaste um meio?

— **Sim.**

— Diz se essa mesa é pequena demais. Queres uma mesa com os pés maiores?

— **Não.**

— Que mesa, então?

— **Uma mesa pousada no chão e quatro pessoas em volta.**

— E depois? O método?

— **O mesmo.**

— O método que usamos?

— **Sim.**

Sr. Charles Bénézit: Em que tom desejais compor vossa melodia?

Longa imobilidade. Charles e Guérin pegam a mesinha e a aproximam do piano, colocando-a no mesmo nível por meio de uma mesa laminada da altura do piano.

A mesinha põe-se em movimento, desloca-se lentamente até o piano e fere as teclas; ao som, o sr. Bénézit põe-se a escrever.

Após alguns compassos, o sr. Bénézit pergunta:

— É uma sinfonia ou uma melodia?

— **Sinfonia.**

— São os instrumentos graves que começam?

— **Sim.**

— Os violoncelos?

— **Sim.**

— É preciso escrever a clave em fá?

— **Sim.**

— É para repetir?

— **Sim.**

— Devemos reduzir a sinfonia ao piano?

— **Sim.**

A mesa recomeça. O sr. Bénézit escreve.

Bénézit: Simplifiquemos. Devo repetir vosso pensamento uma oitava acima?

— **Sim.**

O sr. Bénézit executa ao piano a frase feita e diz:

— É isso?

— **Sim.**

A mesa volta a tocar no piano. O sr. Bénézit escreve. O sr. Bénézit canta e diz:

— É isso?

— **Sim.**

— Os compassos são iguais?

— **Não.**

A mesa volta a tocar no piano e o sr. Bénézit a escrever.

— Quereis fazer uma modulação?

— **Sim.**

— Começastes em dó menor?

— **Sim.**

— Passastes para si bemol?

— **Sim.**

— Me perdi um pouco. Podeis recomeçar?

— **Sim.**

A mesa dá algumas batidas.

— A frase não me parece bem ritmada. Quereis repetir mais devagar?

— **Sim.**

A mesa volta a bater mais lentamente.

— Mozart, sois inigualável em matéria de ritmo, teremos que ritmar, certo? Fazer a frase quadrada?

— **Sim.**

— O compasso é em quatro tempos?

— **Sim.**

— O andamento é rápido ou lento?

— **Lento.**

— Dizei-nos o andamento.

— **Lento.**

— A melodia é em dó menor?

— **Dó menor.**

O sr. Bénézit insere as indicações de tempo na música ditada, depois a executa ao piano e indaga:

— É isso mesmo?

— **Sim.**

O sr. Bénézit toca as duas frases já ditadas, ligando-as.

— Tendes algo a acrescentar?

— **Sim.**

— Terminastes a primeira?

— **Não.**

— Em que tom ides continuar?

— **Lá bemol.**

A mesa recomeça ao piano.

— Os compassos são iguais?

— **Iguais.**

— Recomecemos.

A mesa recomeça.

— Que compasso?

— **Lá, moderato.**

— Não pergunto pelo movimento e sim pelo compasso.

— **Três tempos.**

O sr. Bénézit diz as notas, a mesa as aprova e põe-se a executá-las ao piano. O sr. Bénézit diz:

— É dó sustenido ou ré bemol?

— **Dó sustenido.**

A mesa volta a bater. Uma pausa.

— O ditado terminou?

— **Não.**

A mesa recomeça.

— Então é um contraponto simples? São partes que vós ditais? Quereis desenvolver sozinho vossa sinfonia?

— **Sim.**

Victor Hugo: Em vez de uma sinfonia, epopeia musical que escapa à exiguidade de meus meios de execução, não poderias ditar uma melodia, como *A Marselhesa*, por exemplo, passível de ser cantada por um povo, pela revolução, pela humanidade?

— **Seja.**

— Poderias nos ditar um hino esta noite?

— **Preciso de tempo para compô-lo.**

— Que dia podes nos ditar?

— **Na próxima terça-feira.**

— Por que não usaste a mesa grande esta noite, após tê-la pedido?

— **Ignoro.**

— Vais usá-la na terça-feira?

— **Ignoro.**

Levantamos à meia-noite e quinze.

Escrito por Victor Hugo.

SEXTA-FEIRA, 19 [DE MAIO]

9h15 da noite. Presentes: sra. Victor Hugo, Victor Hugo, Auguste Vacquerie. À mesa: Théophile Guérin e Charles Hugo.

— **Solitudo.***

Victor Hugo relê os versos iniciados, a partir de III:

Cavalo Calígula que pastas na tumba,
Xerxes corrente de ferro, Pirro telha que tomba,
Tu face de Athos,
Alexandre, túmulo atormentado pela tempestade,
Espectro que sente os ventos esculpir-te a face
A golpes de malho.

Vós todos, entes condenados cujas dores são lentas,
Árvores, espigas, juncos, plantas pobres e pequenas,
Ouço vosso clamor,
Flores, sementes espalhadas nos sulcos fúnebres
Por esse outro coveiro que vem para as trevas
A quem chamamos semeador.

Infinitamente pequenos brotados de hediondos crimes,
Monstros do gênero humano que viraram suas vítimas,
Sombras do firmamento,
Fiapos de capim que só Deus, no dia da clemência,
Poderá desenraizar com Seu braço imenso
Do granito-tormento!

Erguei vossos olhares para o céu, a hora é chegada;
Esses astros, ó pedras, serão vossa morada,[133]
Serão vosso farol;
É para vós que, nos céus, Vênus brilha; ó animais,

* Solidão.

Limos, líquens, cardos, esperai, porque sois
Caules de sol![134]

Excrementos, é a vós que pertencem esses mundos,
Essas constelações são vossas, ratos imundos;
Sois donos do astro que esquenta;
Eis-te noiva, aranha, da distante estrela,
E esse raio de luar é um fio que à tua teia,
Na sombra, Deus acrescenta.[135]

Victor Hugo: Que dia queres voltar?
A mesa bate onze vezes.
— Daqui a onze dias. Combinado! Até terça.

Encerrado à meia-noite.

TERÇA-FEIRA, 23 DE MAIO

9h45. Presentes: Auguste Vacquerie, sr. Bénézit, Adèle Hugo, Victor Hugo. Conduzindo a mesa: Charles Hugo e sra. Victor Hugo.

O piano está disposto como na terça-feira 16.

Victor Hugo: Quem está aqui?

— **Mozart.**

— Fizeste o que me prometeste?

— **Sim.**

Sr. Bénézit: Podes dar à tua melodia a extensão vocal segundo as convenções da arte alemã?

— **Sim.**

— Em que tom escreverás tua melodia?

— **Dó.**

— Dó maior?

— Não.

— Dó menor?

— Sim.

A mesa se dirige ao piano e percute as teclas. O sr. Bénézit faz os movimentos e anota o compasso em sua pauta musical. Bénézit, interrompendo-o:

— É um dó sustenido?

— Não.

— Então é um ré bemol?

— Sim.

O sr. Bénézit volta a escrever e a mesa a bater.

— Mozart, tu nos forneceste simples repetições de frases intercaladas por oitavas. Nós te pedimos uma melodia ritmada, tu nos ditas música instrumental. Queremos música vocal. Isso é possível?

A mesa não responde e executa os violinos, trabalhando ao piano.

Victor Hugo: Esse método é bom para ditar a música?

— Sim.

— Podes nos indicar um melhor?

— Não.

Bénézit: Percebes que o que ditaste até aqui não é o que esperamos?

— Sim.

Victor Hugo: Aceitas ditar uma melodia que possamos cantar?

— Sim.

Bénézit: Escrita na clave de sol?

— Não.

— Na clave de fá?

— Sim.

— Para um baixo então?

— Sim.

A mesa vai até o piano e começa a tocar. O sr. Bénézit escreve.

Sr. Bénézit, interrompendo-o: Isso é incoerente.

Victor Hugo: Ouves o que o sr. Bénézit te diz?

A mesa se agita violentamente.

— Ainda é Mozart?

— **Não.**

— Quem está aqui? Diz teu nome.

— **A.A.A.A.**

— Isso não é resposta. Quem és tu?

— **Luís Filipe.**

— Tu me conheces. Tens algo a me dizer? Fala.

A mesa volta a se agitar e a girar intensamente, depois estaca e permanece imóvel.

— Tens algo a dizer? Responde.

A mesa se agita sem responder.

— Queres falar? Sim ou não. Será uma mistificação? Deves ser uma mistificação. Seja lá quem fores, se não és sério, és estúpido. A piada no túmulo é uma coisa horrível. Não posso acreditar nisso. Fala. Não és Luís Filipe, não és Mozart. Quem és?

Imobilidade da mesa; saímos.

Retomamos ao cabo de cinco minutos.

Ela custa a se mover.

— Quem está aqui?

— **A A**

— Recomeça.

— **A A A A**

— Recomeça.

— **A A A**

— Alguma coisa te aborrece?

Sem resposta.

— Fala então.

— **Cimarosa.***

— Aceitas compor a melodia que esperamos?

— **Sim.**

— Podes ditá-la imediatamente?

* Domenico Cimarosa (1749-1801), compositor italiano, autor de setenta óperas e de um hino republicano, pelo qual foi perseguido.

— **Não.**

— Tens alguma melodia para nos ditar agora?

— **Não.**

— Comporás para nós, tu, grande músico e bom republicano, a canção revolucionária que desejamos?

— **Sim.**

— Em que dia podes ditá-la?

A mesa dá algumas batidas.

— Terça-feira, 15?

— **Sim.**

— Não compreendemos o que ocorre esta noite. A mesa tem hesitações estranhas. Podes nos explicar?

— **Ignoro.**

Sr. Bénézit: Queres, Cimarosa, nos expor o que pensas da revolução musical que promoveste do teu século para o nosso?

— **Responderei em outra ocasião.**

Sra. Hugo: Por que não esta noite?

Sr. Bénézit: Só mais uma pergunta. Gostas de Meyerbeer e Rossini?*

Silêncio da mesa.

— Queres parar?

— **Sim.**

Encerrado às 11h.

* Giacomo Meyerbeer (1791-1864), compositor alemão e pianista precoce. Suas óperas, inicialmente inspiradas em Rossini, mais tarde farão a síntese entre as influências francesa, italiana e alemã. Foi muito apreciado na França, no século XIX, por Hugo e Dumas, entre outros. Após fazer sucesso na Itália, Gioachino Rossini (1792-1868) se instalará na França e dirigirá o Théâtre Italien em 1824. A revolução de 1830 o destituirá do cargo. Retornará à Itália para, mais tarde, em 1855, instalar-se definitivamente em Paris.

DOMINGO, 28 DE MAIO

2h da tarde. Presentes: sra. Hugo, sr. Charles Hugo, Guérin.

— Quem está aqui?

— O Drama.

— É necessário reler a última cena?

— Não.

As catacumbas de Saint-Denis, sepulcro dos reis da França, perdem-se na escuridão. No proscênio, o túmulo de um rei que acabam de sepultar.

Os ossos: Éramos os braços fortes da França usurpada;
Eu fui o porrete, tu foste a espada,
Portávamos bandeiras.
Éramos os pesos falsos da Balança humana,
E fazíamos Deus pender para o lado da sanha.
Os vermes: Não, éreis apenas poeira.
Os ossos: Pois sou Tolbiac, e tu foste Pavia,*
Sou a morte de um povo, tu foste sua vida.
Éramos gigantes.
Este calcanhar foi sangrento, os punhos, furiosos.
Éramos heróis, éramos colossos.
Os vermes: Éreis insignificantes.
Um dos crânios: Sempre, de joelhos perante os amuletos,
Cobri negros cadafalsos com um mundo de esqueletos,
Minha forca intimidava o homem bom.
Ó vermes, vosso dente escuro me corrói sem pejo;
De onde vindes, carrascos? De onde vindes, percevejos?

* Tolbiac, pequena cidade alemã a sudoeste de Colônia, onde Clóvis derrotou os alamanos em 496 ou 506. Pavia, cidade da Itália destruída em 476 por Odoacre. Tornou-se a capital dos lombardos. Sua tomada por Carlos Magno, em 774, pôs fim ao reino dos lombardos. Essas referências, como tantas outras a respeito das Mesas, constituem, em Hugo, o que Jean Gaudon denomina “o efeito de saber” (em *Victor Hugo: Le Temps de la contemplation*, 1969). Trata-se de um detalhe erudito, supérfluo para a ficção, que traz uma precisão tão ínfima e alusiva que é inacessível ao leitor.

Os vermes: Dos ossos de Montfaucon.*
Outro crânio: Rei covarde, traí meu país em escombros,
Vi cair meu povo sob as sombras
Das árvores do meu parque.
Com uma fogueira inglesa avermelhei o céu da França.
Ó vermes, de onde vindes? De onde vindes, desesperança?
Os vermes: Dos ossos de Joana d'Arc.

Entra Auguste Vacquerie.
Outro crânio: Ó morte, quando findará o tormento que me aflige?
São pelo menos um milhão sobre minha efígie.
Ó inimigo mausoléu!
Minha pobre carne de rei cai pústula a pústula.
Quem, vermes hediondos, os enviou ao meu túmulo?
Os vermes: São Bartolomeu.
Outro crânio: Galante como Henrique, bravo como Xaintrailles,
Reergui a França e construí Versalhes,
Eu era o rei e o farol.
Como nas flores que uma lepra devora,
Quem vos injetou em meus olhos, facínoras?
Os vermes: Sire, vosso sol.
A *terra:* Ó reis! Em breve, sob os pés do campônio,
Renascereis joio e peçonha.
O crime não merece afago.
Renascereis cardo na vertente das colinas,
E vós é que sereis as coroas de espinhos
Dos deuses crucificados.

Sórdidos, sereis a coisa sórdida,
Sereis a cicuta nos lábios de Sócrates,[136]

* O cadafalso de Montfaucon percorre a obra hugoana. O poema "Montfaucon", escrito no fim de 1858, integra a segunda série de *A lenda dos séculos*. A intenção de Hugo era mostrar como o despotismo da Igreja e o do Estado podiam sufocar ideias e reivindicações populares.

Tiranos, vencedores, recrutas,
O fel e a urtiga brotarão de vossas cabeças
E sereis pastados na sombra pelas bestas
E colhidos por Judas.

Sereis, nas seteiras em ruínas de vossas casas,
O musgo que os ventos esbofeteiam com suas asas,
E, capim esmigalhado,
Cada um de vós, ó reis que apavora dizer o nome,
Após tripudiar sobre a grande fronte do homem,
Renascerá por ele pisoteado.

Um respiradouro pelo qual se vê o céu estrelado: Esperai, ó malditos, esquecei vossa essência.
A libertação brilha através dos planetas
À beira dos horizontes,
E esses astros, joias celestiais e puras,
São os buracos de luz de todas as fechaduras
De todas as vossas prisões.

Todos os sepulcros, que estavam abertos, fecham-se novamente. O sepulcro de Luís XV, que estava fechado, se abre. Vê-se então o cadáver do rei. Está deitado, com as duas mãos cruzadas sobre o peito. Quatro pregos do caixão esticam-se lentamente e penetram em suas mãos e pés. O cadáver solta um grito terrível.

Primeiro prego: Sou o prego de ferro, chego de onde tu vens.
Renasce, monstro! Sou o canivete de Damiens.
O escuro castigo dos metais é tua sina,
E meu assassinato é dar-te vida.
Tu serás ferro.

Segundo prego: Vilão, tu serás ainda mais impuro,
Amaldiçoado pelo ferro e punido pelo ouro!
Renascerás moeda e em lugares infames
Comprarás a virtude das damas.
As palavras com que gozas, tirano, far-te-ão infeliz

E conservarás teu nome monstruoso: Luís.
Correrás do bordel imundo para a orgia,
E marco tua alma com a efígie;
Serás ouro.

Terceiro prego:[137]

Interrompido às 7h45. Retomado às 9h30. Mesmo dia.

— Quem está aqui?
— Shakespeare.
— Vens continuar o drama?
— Meu drama.
Entra o sr. Kesler, trazido por Guérin.
— Amaldiçoado, sou o granito,
Sou o prego fatal que prende os punidos.
Neste mundo repleto de obscuras penitências,
Sou a hedionda raiz da violência.
Ó reis, é meu dever torturar vossos despojos,
E que vossas forcas mortas entrem em vossas covas,
Enquanto o cadafalso, árvore brotada dos crimes,
Em seu nó, escura flor, estrangula vossas vítimas,
Sentireis, estendidos sobre vossas lajes,
Sua raiz, outro nó, em vossos pescoços de algozes.
Sou aquele que sente o arrepio dos ossos.
Sou o pelourinho, o calabouço.
Déspota, tu serás, é decreto do alto,
Pedra de um muro prisioneiro e forçado.
Viverás acorrentado na escuridão das Bastilhas,
E, tu, vício, tu, lama e corrupção das meninas,
Para redimir tua vida, imensa traição,
Em vida foste esgoto, morto serás prisão.
O *quarto prego:* Sou a garra humana. Miserável lobisomem,

Tu vais expiar tudo.
O cadáver: E voltarei a ser homem?
O quarto prego: Sim. Eu te prometo.
O cadáver: Há então um meio
De recuperar minha forma?
O quarto prego: Sim.
O cadáver: O que fazer?
O quarto prego: O bem.
O cadáver: Como?
O quarto prego: Maldito, tua vida é um imenso abismo
Para onde, feito catarata, correu a água do crime.
Mas podes levantar um canto de teu sudário.
O cadáver: Fala.
O quarto prego: Todos os delitos se fundem num calvário.
O cadáver: Qual?
O quarto prego: Um casal feliz, graças a ti, sangra no limbo,
Duas crianças que brincavam caíram em teu abismo,
Jérôme e Nihila.
O cadáver: Meus olhos estão baços.
O que fazer?
O quarto prego: Eles estão perdidos.
O cadáver: O que fazer?
O quarto prego: Salva-os.[138]

Segundo ato.[139]

Auguste Vacquerie: Quando perguntei se vinhas continuar o drama, tu respondeste: meu drama. Quiseste, penso eu, consignar teu direito de propriedade e criação. Queres nos explicar como o Drama e tu vos entendeis? A parte que o Drama nos dita de dia é de sua autoria ou ele vem ditar em teu nome cenas que lhe comunicas previamente? Ele é teu colaborador ou vem nos ditar cenas que tu lhe transmitiste?

— **O drama sou eu, é Molière, é Ésquilo, é Cervantes.[140] O dia é o éter,**

a noite é o céu estrelado. O dia é uma luz única, mas atrás dela há astros invisíveis. De dia vedes o drama firmamento, à noite vedes os poetas constelações.

— Queres desdobrar tua resposta? Vislumbro nela a explicação dessa lei, difícil de compreender, segundo a qual as almas só podem nos falar à noite e as ideias, de dia. Esclarece-nos essa lei estranha que parece nos sujeitar ao mísero relativismo humano.

— As leis físicas são as leis morais. A abóbada do túmulo é iluminada de dia e escura à noite. De dia, o eterno brilha, à noite, o imortal cintila. A ideia é o criador, o pensador é o ressuscitado. Para o planeta Vênus ficar visível, é preciso que seja noite no túmulo. Vós sois nossos astrônomos. Dia e noite sois nossas flores. De dia, chegamos raios. À noite, chegamos almas.

Guérin: A peça que vós nos ditais, o Drama e tu, é uma invenção ou uma realidade? Devemos julgar a trama fruto da imaginação de um poeta ou a revelação de um espírito?

— Eu crio dentro da verdade, mas não a faço. Um drama é uma invenção, logo não é uma revelação. A ação desse drama é obra minha, logo não é obra de Deus. Eu crio Nihila, não a ressuscito. Eu castigo Luís XV à minha maneira, Deus tem a Sua. Não sou o historiador do túmulo. Sou seu poeta.

Kesler pensa em uma pergunta.

— Ingenuidade.

Kesler pensava: Shakespeare, és tu que estás aqui e respondes?

Guérin diz que a Mesa respondeu muito bem e que, com efeito, Kesler mostrava-se ingênuo ao dizer: "Shakespeare, estás aqui?" em vez de "Shakespeare está aqui?".

Recomeçamos o teste. Kesler pensa em outra pergunta.

— Sim, os mortos vêm falar aos vivos. Os pés de uma mesa são passos que reverberam na escada das almas.

Kesler pensava que gostaria muito de ter uma resposta mais satisfatória à sua primeira pergunta. Kesler se declara satisfeito.

Encerrado à 1h30.

TERÇA-FEIRA, 30 DE MAIO DE 1854

9h30 da noite. Presentes: sra. Victor Hugo, Victor Hugo, Auguste Vacquerie. À mesa: Guérin e Charles Hugo.

— Quem está aqui?

— **O olhar da sombra.**

Victor Hugo relê os versos feitos na última sessão do Leão:

Espera, pois, em breve, talvez amanhã,
O ser alado que zumbe na janela humana
Molhada por tantas dores,
Esse anjo borboleta que distribui alento,
Que, feito para pousar no sofrimento,
Vai dos homens às flores,

Seja capturado em tua teia rendada
E seja tua vez de voares com suas asas
De turbilhão em turbilhão
Até o céu, teia imensa onde, em seus fios de chamas,
Emboscam-se, para roubar na passagem as almas,
As constelações![141]

Victor Hugo: Sabes que fiz versos em que as estrelas, no fim do mundo, fogem como aranhas[142] por um teto?

— **Não.**

Humildes caramujos que rastejais na argila
E carregais tristemente vossa cangalha frágil
Pelos poços desolados,
Esses olhos que apontais de vossos invólucros
São chifres para o homem e telescópios
Para os céus estrelados!

Todos esses olhares de amor são para ti, toupeira sem luz.
Quando, nos pastos desertos onde o boi sonha e muge,
Tu abres tua picada,

O astro que te flagra cavando tua prisão severa
Dirige a claridade de sua sutil lanterna
Para tua debandada.

Tereis, ó formigas, se o perdão tiver começo,
Como formigueiro no céu o Cruzeiro do Sul imenso.
Deus recobrou a razão.
Lagarta, mereces Vênus! Mosca, a Grande Ursa,
Protozoário perdido nas águas das furnas,
Para ti, a imensidão![143]
Charles Hugo: Há na estrofe imenso e imensidão.
Victor Hugo: Queres substituir imensidão por vastidão?
— Não.
— Mudas imenso?
— Sim.
Tereis, ó formigas, mudando vossa forma,
— - - - - enorme.
Insetos, olhai; olhai, necróforos,
Despontar na noite milhões de auroras,
E ficai alegres.
A manhã do grande dia se levanta, eis a hora
Que reluz e ilumina a morada penumbrosa
Nesses quadrantes celestes.

Esperai, vós também, sóis, astros profusos,
O céu não é prisão onde o detento é o escuro.
A libertação é lume.
Deus não fez o éter para nele instalar celas,
E vós não sois ferros em brasa, estrelas,
Com que Ele marca o negrume.[144]
— Dentro de quantos dias desejas continuar?
— Onze.
Victor Hugo: 10 de junho?

— **Sim.**

Victor Hugo: Preferimos dia 9. Podes?

— **Não.**

Victor Hugo: 8?

— **Não.**

Victor Hugo: Porventura és obrigado a vir no 11º dia?

Sem resposta.

Victor Hugo: Responde. Se só puderes vir no dia 10, daremos um jeito para estarmos livres.

Agitação da mesa.

— Ainda é o Leão?

— **Não.**

— Quem está aqui?

— **O Leão de Florença.**

Victor Hugo: Salve, grande leão. Tens um comunicado a nos fazer?

— **Não.**

Sra. Hugo: Temos aqui um gatinho preto, que não é qualquer um e sempre parece querer falar conosco, sem sucesso. Podes nos dizer o que ele tem e o que ele é?

— **Proibido.**

Victor Hugo: É meia-noite e meia. Gostarias de voltar um outro dia?

— **Sim.**

— Quando?

— **Daqui a 22 dias.**

— 21 de junho? É uma lei para vós só voltar a cada onze dias?

Encerrado à meia-noite e meia.

Terceiro caderno

2 de junho de 1854 a 20 de janeiro de 1855

SEXTA-FEIRA, 2 DE JUNHO DE 1854

9h45 da noite. Presentes: sra. Hugo, Charles, Victor Hugo. Conduzem a mesa: sr. Guérin e sr. [Hennet de] Kesler. (Cópia C. D.)

Ao cabo de alguns minutos, como a mesa não fez nenhum movimento, Charles coloca o seu dedo no centro. A mesa começa a girar logo em seguida, depois se ergue. A mesa bate duas vezes todo o alfabeto sem parar, depois, ao chegar ao "I" do terceiro alfabeto, Charles retira bruscamente a mão e a mesa para bruscamente; imobilidade de vários minutos. Charles coloca a mão a duas polegadas da mesa, tomando o cuidado de não tocar nela, e diz: levanta-te. Transcorrem cinco minutos; a mesa não se mexe. Charles toca na mão do sr. Guérin sem tocar ele mesmo na mesa, nenhum movimento. Auguste Vacquerie, que acaba de entrar, acrescenta sua mão e toca na mesa. Nenhum movimento. Levantamos. Vacquerie e Guérin ficam sozinhos à mesa. Nenhum movimento. Charles e a sra. Hugo assumem a mesa, ela se agita.

— Quem está aqui?

— **Marie.**

— Mãe de Jesus?

— **Não.**

— Tens alguma comunicação a nos fazer? Fala.

— **Venho para libertar o incrédulo.**

— Como vais fazer? Explica-nos.

— **Falar com ele do meu túmulo.**

Kesler: Quem afinal? Quem, Marie? Que Marie és tu?

— **A que está morta.**

— É uma Marie que conhece o sr. Kesler?

— **Sim.**

— És minha avó?

— **Não.**

Victor Hugo: Coloca-o no caminho, diz-lhe quem és.

— **Marie.**

— É tudo que podes nos dizer sobre ti?

— **Amada.**

Kesler: És a sra. de Marialva?

— **Marie.**

— Marialva?

— **Não.**

— Fala.

— **Blanche. Alba.**

— És a marquesa de Marialva? Fala, não te temo.

— **Sou a morta.**

— Qual?

— **E não a marquesa. A morte é a república. O túmulo é a barricada de Deus.**

— A sra. de Marialva chamava-se Adèle.

— **Marie Blanche.**

Victor Hugo explica que é a tradução de Marialva: Maria Alba. O "V" e o "B" têm a mesma pronúncia em espanhol.

Guérin: Continua.

— **Ele terá medo.**

Kesler: Enganas-te, não terei medo.

— **Sim.**

— De quê? Fala.

— **De ver o invisível.**

— Tudo que peço é que eu seja persuadido. Continua, fala.

— **Por que carregas Marie?**

O sr. Kesler usa, escondida, uma medalha de Maria.

— Porque uma pessoa que tu conheces me deu.

— **Não quero.**

— Por quê? Sabes quem?

— Os beijos ficam pendurados no pescoço e são ciumentos.

— Por que escolheste vir convencer-me, libertar-me de minha incredulidade?

— A mulher que amamos passa na frente dos outros amores. Deus a faz trazer suas cartas.

— Tu sabes tudo que penso. Vês meu pai?

— Sim.

— Fala do meu pai. Sabes o que me preocupa a seu respeito. Estou atormentado.

— Ele te aprova.

— Fala mais do meu pai, não me abandones.

— Não precisas ter tal preocupação. Do túmulo, não criticamos nem a mãe nem o irmão; pois a mortalha clareia a alma e o túmulo é feito de pedra macia.

— Meu pensamento era que meu pai não foi justo comigo. Ele percebe isso hoje?

— Sabes bem que a vida divide; não raro o pai, mesmo tendo dois filhos, tem apenas um olho aberto; há almas cegas e corações vesgos; a morte curou o olho doente; a pedra sepulcral é uma pálpebra que se ergue; há pais cujo túmulo é um berço e que se embrulham na mortalha. Teu pai só te enxergou direito após ter vermes nos olhos. Os vermes da Terra são olhares do céu. A órbita de um crânio às vezes se dissolve em lágrimas.

— Podes dizer ao meu pai que não guardo nenhuma amargura e que não desejo que ele sofra?

— Coragem. Não sofre quem quer. Não chora quem quer. Não sangra quem quer. Há olhos condenados à secura. Olho seco, túmulo estéril. A dor é um imenso Nilo. Quanto mais transborda, mais o grande ceifador escuro carreia espigas para os celeiros do céu.

— Prosterno-me aos teus pés. Prosterno-me aos pés dele, do meu pai. Agora diz uma palavra do caminho do devotamento e do sacrifício, no qual me encontro, eu, proscrito, pela República e pela liberdade.

— Abençoo-te e ele te abençoa. Tens razão; trabalha. Sofrer os golpes do martelo é provar que somos de mármore. Sê o homem da ideia e do progresso. Sê bom, a bondade pode tudo. Deixa o áspero vento do exílio soprar na tua vida; ele não derruba as ilusões. Abre tua janela para o oceano, ele não submerge as gaivotas. Sê pobre sorrindo. Deus só empresta aos pobres. A morte é o banco dos pobres. Nela trocam-se asas por sapatos velhos. Sê valente e generoso. A generosidade dá tudo; o céu dispensa tudo. Despojamo-nos embaixo, recuperamos no alto. Deus dá uma roupa de anil e tira a medida pelo teu andrajo; mas precisas fazer um juramento.

— Qual?

— Combater a pena de morte.

— Tenho alguns escrúpulos. Podes suprimi-los? Temo que haja animais venenosos que, no meu pensamento, cumpriria matar.

Victor Hugo se vai.

— Um princípio não se adia. Não temos o direito de dizer: terei razão amanhã. É preciso escolher imediatamente entre o carrasco e nós. Nós somos os mortos e ordenamos a vida, somos o grande motim dos sepulcros contra os cadafalsos, dos cemitérios contra as valas, dos cadáveres contra as cruzes e das auréolas contra as cabeças cortadas. Escolhe. Eu ou o carrasco.

— Respondo: obrigado, e faço o juramento. Sou muito grato por tua vinda. Deves ler sinceridade no meu coração; quero crer, mas, uma vez que minha crença foi o objetivo de tua venturosa visita, dissipa um resto de dúvida involuntária, respondendo com uma, duas, três palavras, como puderes fazê-lo, à pergunta que te faço neste instante em pensamento. Queres ou podes me dizê-lo?

— Sim.

— Pois bem, diz.

— Meu testamento estava feito, mas o suicida é culpado, eu quis me matar, Deus me perdoou.

— Podes dizer a palavra que tenho no meu pensamento?

— Disseste o suficiente: crê. Punhal.

Com efeito, a pergunta tinha relação com uma cena que aconteceu entre ela e mim, quando ela se infligiu três punhaladas, fato que não comentei com nenhum dos presentes. Kesler.

Após uma interrupção, durante a qual Kesler contou alguns detalhes desse relacionamento, a respeito da possível presença do espírito, a mesa voltou ao controle de Kesler e Guérin, sem resultado. A sra. Hugo substituiu Kesler, a mesa se agitou prontamente.

Sra. Hugo: Queres falar comigo?

— Não.

Encerrado à 1h30 da manhã.

TERÇA-FEIRA, 13 DE JUNHO DE 1854

(Cópia C. D.)

Kesler: Com toda a humildade da minha ignorância, mas com toda a firmeza da minha consciência, digo que, quando ouço alguém pronunciar a palavra Deus, não compreendo.

— Quando ouves a palavra "sol", compreendes?

— Compreendo porque vejo.

— Se só tens olhos abaixo das sobrancelhas, com que vês teu pensamento?

— Isso é obscuro.

— Há duas visões; a visão do corpo que percebe os objetos e a visão do espírito que percebe as ideias. Negas a segunda?

— Não, não a nego.

— Ótimo. Admites então que podes ver o imaterial. Pois bem, supõe o Sol na ordem moral. Ele é invisível e existe. Então, o que faz ele? Ele faz na ordem moral o que o Sol faz na ordem material. Embora a milhões de léguas de ti, ele te cria como o Sol cria a planta. Ele te dá vida como o Sol dá à árvore. Ele te aquece como o Sol aquece a Terra. Se te aproximas de Deus, sentes Seu calor, como o globo onde tu vives sente o calor do Sol quando dele se aproxima. Se tu te afastas de Deus, tu te congelas como o globo

onde tu vives se congela ao se afastar do Sol. Deus produz o bem e cria o sofrimento exatamente como o Sol. Deus tem Seu verão e Seu inverno. Os paraísos são Seus meses de maio e os infernos, seus meses de dezembro.

— Tua resposta parece contornar minha pergunta: talvez minha pergunta tenha sido mal formulada. Eu te pergunto se Deus existe, o que é, em resumo, se há um eu e uma entidade que seja Deus?

— **Sim.**

— Isso é uma afirmação, mas não é uma prova. Podes demonstrar a existência desse eu superior e soberano do qual não posso deixar de duvidar?

— **A prova de que Deus existe é que o movimento existe. O movimento exige o motor. O mar se move porque a Lua se move. O Sol se move porque o sistema planetário se move. O sistema planetário se move porque a imensidão se move. A imensidão se move porque Deus a agita.**

— É outra afirmação. Não é a prova da potência de Deus, mas de sua necessidade. Coloca um copo na segunda prateleira do teu armário e fecha a chave. O que pensarás se reabrindo teu armário encontrares teu copo na sexta prateleira? É sem dúvida pela enfermidade do meu espírito que me encontro no ponto de partida. Esperarei a revelação.

Encerrado à 1h.

SEGUNDA-FEIRA, 19 DE JUNHO DE 1854

(Cópia C. D.)

Kesler: A Dama Branca! Eu queria muito vê-la. Se ela quiser marcar um encontro, irei.

Victor Hugo: Dediquei-te versos, como tu pediste. Mas é tarde, meus versos são longos, não seria preferível que os lesse para ti no começo de uma sessão para que possas responder na mesma noite? Diz tua vontade; me conformarei a ela, seja qual for.

— **Voltarei.**

— Quando?

— **Não sei quando poderei voltar. Há épocas em que a minha pedra se fecha.**

— Uma vez que estás livre, poderias marcar um encontro esta noite com o nosso amigo Kesler, que deseja te ver?

— **Ele quer cabelos brancos?**

Kesler: Eu tenho! Sim, eu quero!

— **Estarei esta noite na praia,* às 2h.**

— Duas horas é muito tarde... Eu te seria muito grato se fizesses a deferência de vir mais cedo.

— **Não posso ir à meia-noite. Preferes amanhã à 1h sob a árvore que fica em frente à tua janela?**

Victor Hugo: Queres nos dizer o que é o rochedo das Fadas, onde os camponeses daqui afirmam ver aparições?

— **É a minha pedra.**

— É possível vê-la todas as noites no Rocquebert?

— **Sim.**

— Moras lá sozinha?

— **Não.**

— Podes nos dizer quem mora contigo?

— **Meu remorso. É um anão negro que me bate quando eu regresso.**

Sra. Hugo: Podemos fazer alguma coisa para que sofras menos?

— **Sim.**

— O quê?

— **Orai.**

Victor Hugo: Podes nos dizer qual é o teu pecado?

— **Sou a primeira mãe que matou o filho nesta ilha.**

— Tua punição já dura muito tempo? E ainda vai durar muito tempo?

— **Até o mar invadir o meu rochedo.**

— Não disseste se é há muito tempo que sofres tão dura punição.

* Trata-se da praia de Azette, uma praia comprida situada em frente a Marine Terrace.

— **Três mil anos.**

— Três mil anos de sofrimento por um crime de um momento! A justiça humana seria menos severa.

— **Isso é um erro. A severidade das penas não está na duração, mas na perpetuidade. A lei humana que diz trabalhos forçados perpétuos é mil vezes mais severa do que a lei divina que diz três mil anos de expiação, a eternidade de perdão.**

— Disseste que tinhas sentimentos afetuosos por mim. Disseste: *basia mille*. Por que me amas?

— **Porque amais vossos filhos e vossos filhos vos amam.**

Kesler: Amo-te igualmente porque, por instinto e impulso, pendo para o infortúnio. Tu sofres. Responde: será que amanhã estarei com os cabelos brancos?

— **Não temas se passou o dia sem cometer erros.**

Auguste Vacquerie: Tens razão em dizer que a severidade da pena está na perpetuidade e não na duração, com a condição de que o punido saiba que a pena terá um fim. As criaturas punidas, animais, plantas, pedras, sabem que seu sofrimento terminará? E sabem quando?

— **Sabem que não são condenadas à pena perpétua, mas não sabem quando terminará a pena. O pensamento da libertação certa é igual ao da libertação próxima. A certeza é a realidade.**

— Nós, homens, que também somos criaturas punidas, temos a esperança, mas não a certeza do fim de nossas penas. Só temos certeza da vida; se, morrendo, virássemos pó, teríamos sido condenados para sempre. Sem a certeza da ressurreição, a vida é condenação à perpetuidade.

— **Vós sabeis, sim, que não estais condenados perpetuamente.**

— Eu, que acredito na vida futura, sei. Mas, para os que não creem senão neste mundo, é uma pena perpétua, uma vez que para eles não existe nada depois desta vida.

— **Estes são justamente os que têm certeza de ser libertados.**

— Pelo nada. Aqueles que os homens condenam a uma pena perpétua também têm certeza de ser libertados pela morte. Não há diferença.

— **Sim. O homem condena à pena perpétua e o castigo humano duraria eternamente se a morte não chegasse. A lei decreta o castigo, não**

decreta o fim do castigo. Enquanto, para esses mesmos de que falas, a sensação do sofrimento não existe sem a certeza da libertação. Em outros termos, para esses espíritos tacanhos, o homem coloca no castigo toda a eternidade de que dispõe, ao passo que são forçados a reconhecer que Deus, se existe um, só coloca uma ínfima parte da Sua no sofrimento humano. O homem decreta a prisão, Deus decreta o túmulo.

Kesler: Responde, cara alma, sabes o que penso neste momento. Queres que eu faça isso?

— **Sim.**

— Mas é dificílimo. Como farei?

— **Se não puderes, não faças.**

— Eu quis dizer que, se for um refrigério para o teu destino, irei visitar-te em teu rochedo. Desejas que vamos ao teu rochedo?

— **O proprietário da terra onde fica meu rochedo o expulsaria com tiros de espingarda.**

Sra. Hugo: Haverá um momento em que encontrarás teu filho no outro mundo?

— **Conto com isso.**

SEXTA-FEIRA, 23 DE JUNHO DE 1854

9h45 da noite. Presentes: Victor Hugo, sra. Victor Hugo, Kesler, Auguste Vacquerie, Guérin, Charles Hugo, Julie. A empregada também está presente. Ela ficou até o fim. Conduzem a mesa: Charles e Guérin. (Cópia C. D.*)*

Ao cabo de doze minutos [a mesa] não se ergue. A sra. Victor Hugo substitui Guérin. Cinco minutos depois, a mesa se ergue.

Victor Hugo: Quem está aqui?

Várias vezes. Sem resposta.

— Se fizemos involuntariamente alguma coisa que ofenda o mundo misterioso, fala, mas por que te calas?

A mesa desliza e cai. É reerguida. Permanece imóvel. Charles diz: "Acho que o que está acontecendo se deve a uma diminuição de fluido". Kesler coloca a mão sobre a mesa. A imobilidade persiste. São 10h15. Kesler retira sua mão ao fim de cinco minutos, a mesa se ergue, gira lentamente, mas não bate. Em seguida, o pé erguido cai e ela volta a ficar imóvel outros cinco minutos. Começam alguns estalidos, bem secos. A sra. Hugo diz: "É como uma roda". A mesa gira, com efeito, lenta e rudemente, fazendo um estalido contínuo.

Kesler: Vamos, fala conosco, sê boa.

A mesa desliza e gira. Esses movimentos desordenados duram mais vinte minutos. A agitação da mesa tem algo de estranho e quase ameaçador.

Victor Hugo: Quem está aqui? Afinal, queres falar? Estamos escutando.

Kesler: Fala.

Charles Hugo: Se há alguém, que fale.

A mesa se agita sobre um dos pés, desliza, gira e não bate. Por instantes, cai ruidosamente e somos obrigados a levantá-la. O mais das vezes permanece imóvel, sobre um único pé. São 10h45.

Auguste Vacquerie: Diz alguma coisa, qualquer coisa. Se estás com raiva, fala com raiva. Algo te incomoda?

Kesler: Fala, suplicamos.

Os movimentos da mesa são tão bruscos que em certo momento acreditamos que ela pulou sobre os três pés ao mesmo tempo. Guérin e a sra. Hugo pegam outra mesinha, que se põe imediatamente em movimento e dita:

— C A O.

Colocamos essa mesa sob as mãos de Charles e de Kesler no lugar da primeira. Ela se agita sem bater. Charles, sem saber explicar o que está acontecendo, pois isso nunca ocorrera com ele, a princípio acha que não há ninguém na mesa, que é um efeito puramente magnético, como houve muitos exemplos na época em que se faziam esses relatos de mesas saltando de uma ponta a outra do recinto. Em seguida, supõe que, se há algum espírito, pode estar incomodado pelo excesso de fluido. A sra. Hugo diz: "Pegue uma mesa maior, Charles. Vamos pegar uma mesa quadrada comum que fique sobre o assoalho". Ao fim de cinco minutos, agitação. Nenhuma batida. Pegamos novamente a mesinha. São 11h.

23 DE JUNHO [1854]

[A sessão está datada assim: "Sessão dos cães latindo em 23 de junho início de 4 de julho 15-16 de julho".] (Ata V. H.)

A mesinha entra em movimento, quase convulsivamente, mas sem bater, mantendo-se sobre um pé só, e quando queremos abaixá-la sentimos uma resistência. Charles retira sua mão, a mesa permanece com os pés erguidos.

Charles Hugo: Quem está aqui?

Sem resposta.

Guérin assume a mesa com Kesler, a mesa começa a se mexer.

— Quem está aqui?

— **Ailkes ler x aura la muy.***

Charles coloca sua mão.

— **Espião do túmulo por muro comum. Ele fez bem em se alojar perto de um cemitério.**

Kesler: O que significa isso? Explica-te.

O sr. Guérin retira sua mão. A mesa é conduzida por Charles e Kesler. Violenta agitação da mesa.

Charles: Acalma-te. Fala. Quem és?

— **O Porteiro Sombrio.**

Agitação incomum.

Victor Hugo: Explica o que é o Porteiro Sombrio. É a morte?

— **Não.**

— Diz quem é o Porteiro Sombrio.

— **O espectro que abre a sombra.**

— Continua.

— **Aquele que detém as chaves do sofrimento.**

— Tens alguma coisa a nos dizer? Fala.

A agitação da mesa é tão grande que ela cai a todo momento. Temos muita dificuldade para contê-la. Ela bate muito depressa e é difícil acompanhá-la.

* Podemos supor nesta frase incompreensível: *Kesler, aura, main ou nuit* [Kesler, aura, mão ou noite].

— **Sofro.**

Sra. Victor Hugo: O que podemos fazer por ti?

— **Rezar.**

Victor Hugo: Rezaremos por ti. Tens alguma coisa a acrescentar?

Continuação dos movimentos convulsivos.

Sra. Victor Hugo: Chama o Arcanjo Amor.

— **Eles latem.**

Ouvimos, com efeito, os cães a latir furiosamente em volta da casa.

Guérin: A casa está cercada por espíritos e espectros?

— **Sim.**

Victor Hugo: As outras casas são igualmente assombradas pelos espíritos invisíveis?

— **Não.**

Sra. Victor Hugo: Chama para ti o arrependimento, acalma-te.

— **Calai-vos, cães.**

Os latidos arrefecem para nossa grande surpresa.

Sra. Victor Hugo: Estás nos ouvindo?

— **Não escutes os cães e reza.**

Os latidos dos cães cessam totalmente.

Victor Hugo: Os cães pararam de latir. Podes falar conosco? Quem és? Tens uma alma confinada em um homem como nós? Viveste? Que erro cometeste para ser tão infeliz? Fala.

Novas convulsões da mesa.

— **Oh! Horror!**

— O que significa esse grito? Explica-nos.

— ***O Danúbio, o Tâmisa, o Sena,***

O Neva, quatro fontes de sangue

Brotando das quatro chagas de Jesus Cristo.

— Como tu, estamos horrorizados com o que está acontecendo, teu pensamento é o nosso. Sabes disso?

— **Sim.**

— Sofres menos?

— **Sim.**

— Por que sofrias tanto, há pouco?

— Os fantasmas.

— Eles não estão mais aqui?

— Não.

Giro da mesa.

— Continuas aqui, Porteiro Sombrio?

— Sim.

— Muito bem, responde às minhas últimas perguntas. Quem és tu? Onde viveste? Em que mundo? Na nossa terra? Podes responder?

— Não.

— Não podes nos dizer por que o Leão de Androcles não veio esta noite?

— Ele virá dentro de onze dias.

Os latidos recomeçam.

— Ouves os cães? Podes nos dizer por que eles latem?

Convulsão da mesa.

— Eles veem as aves negras.

— Queres dizer os espectros?

Sem resposta.

— Que mundo habitas?

— Os astros pedras.

— Podes rezar?

— Sim.

— Amas a nós, com quem falas?

— Sim.

Guérin: Aprova-nos em nosso exílio?

— Sim.

Kesler: Tens alguma coisa a me dizer, a mim, que desejo ver a Dama Branca?

— Calai-vos, cães.

[Anotação de Victor Hugo:] Com efeito, os latidos dos cães recomeçaram. Fazemos silêncio. Ao fim de alguns minutos, os latidos diminuem e cessam. Esses latidos não eram apenas os latidos dos cachorros da casa, havia latidos próximos e latidos distantes. Os cães uivavam em toda a campina e toda a praia. Constatamos que se calaram todos ao mesmo tempo.

Sra. Victor Hugo: Teremos uma aparição?

— **Um único aqui a verá.**

Victor Hugo: Quem?

— **O vidente.**

— Charles?

— **Sim.**

Sra. Victor Hugo: Ela prometeu a Kesler um encontro.

— **Ela não pode tudo que quer.**

Victor Hugo: Por que Charles?

— **O fluido.**

Sra. Victor Hugo: Outros a viram. Como isso se deu?

— **Sem atraí-la, o vidente a atrai.**

Guérin: Certa noite, ouvi alguém andando ao meu lado, era ela?

— **Sim.**

Sra. Victor Hugo: E a luz que vimos uma noite no salão? Meus dois filhos, ao regressarem, avistaram-na à uma da manhã.

— **Bela da Noite.**

Victor Hugo: Bela da Noite.

— Era a Dama Branca?

— **Não.**

— Quem era?

— **A Dama Cinzenta.**

—A Dama Branca disse quem ela era. Quem é a Dama Cinzenta?

— **O espectro de uma sacerdotisa druida.**

— Ela foi punida?

— **Sim.**

— O que ela fez?

— **Sacrificou o próprio pai.**

— Em que o aspecto da Dama Cinzenta difere do aspecto da Dama Branca?

— **Ela veste cinza.**

— É parecida com a Dama Branca, mas cinza?

— **Sim.**

— Luminosa também?

— **Sim.**

— Por que ela veio para cá?

— **Estava sendo perseguida.**

— Por quem?

— **Pela Dama Negra.**

— Quem é a Dama Negra?

— **O espectro de uma filha parricida.**

— A Dama Negra também é luminosa?

— **Sim.**

— A Dama Negra esteve aqui?

— **Não.**

— A Dama Branca habita o Rocbere [Roquebert]. Onde mora a Dama Negra?

— **No dólmen de São Clemente.**

— Próximo à torre branca?

— **Sim.**

— Quem bateu aqui certa noite às 3h da manhã?

— **A Dama Branca.**

— E depois, há três semanas, quem bateu aqui à noite na mesma hora? Minha mulher, Charles e eu ouvimos.

— **O homem sem cabeça.**

— Para que ele veio?

— **Para ler versos.**

— Que versos, tu sabes?

— **Sobre a Dama Branca.**

— Como ele teria feito para ler esses versos?

— **Ele teria subido ao teu quarto.**

— Eu o teria visto?

— **Não.**

— Alguém da casa poderia tê-lo visto?

— **Sim.**

— Quem?

— **Ponto.**

Nome de um dos cães.

— E Chugna?*

Nome de outro cão do clã Hugo.

— **Não.**

— Por quê?

— **Chugna não passa a noite dentro de casa.**

Ponto, com efeito, está na estufa, e Chugna, no pátio.

— Se o homem sem cabeça pode entrar no meu quarto sem que eu o veja, por que ele precisa tocar a campainha para entrar na casa?

— **Para entrar sem violar o domicílio de um vivo.**

Auguste Vacquerie: Mas, não havendo consentimento, o domicílio é violado.

— **Ele teria se anunciado.**

Victor Hugo: O que ele diria à pessoa que abrisse?

— **Aqui estou.**

— Teria se identificado?

— **Não.**

— Esses versos à Dama Branca foram lidos, dentro de casa, por alguém invisível?

— **Não.**

— As criaturas invisíveis entram em nossa casa sem o nosso consentimento?

— **Sim.**

Auguste Vacquerie: Charlet, o guilhotinado de Bonaparte, disse a Victor Hugo que as almas dos mortos não aparecem para os vivos. Como a Dama Branca poderia aparecer?

— **Os mortos não sabem tudo.**

Victor Hugo: Podemos então ter sido enganados pelas respostas dos mortos?

— **Sim.**

* Chugna e Ponto: cadela e cão vira-latas recolhidos pela família Hugo, xodós de toda a casa. Ponto será inspiração para o poema que ganhou seu nome, nas *Contemplações* (XI, V).

Sra. Victor Hugo: A Sombra do Sepulcro e o Arcanjo Amor podem nos transmitir coisas que não são e nos induzir a erro, sem querer?

— **Sim.**

— A Dama Branca disse nos amar, e o homem sem cabeça?

— **Ele vos ama.**

— Por quê?

— **Porque ele reza.**

Victor Hugo: Se o homem sem cabeça tivesse vindo ao meu quarto e eu não estivesse dormindo, eu o teria visto?

— **Não.**

— Se estivesse dormindo, o teria visto em meus sonhos?

— **Talvez.**

Auguste Vacquerie: Ele teria lido os versos de Victor Hugo sem a sua permissão?

— **Se o tivessem deixado entrar, ele teria pedido autorização.**

Victor Hugo: A quem?

— **A quem pudesse dá-la.**

— A mim?

— **Sim.**

— Teria então falado comigo?

— **Sim.**

— Teria me acordado?

— **Não.**

— Se eu estivesse dormindo, o que ele teria feito?

— **Teria se dirigido a ti em sonho.**

— Acordado, o que ele teria feito?

— **Teria falado.**

— Quer dizer, sem ver nada, eu teria ouvido uma voz no quarto?

— **Sim.**

— À noite, Charles e eu ouvimos ruídos estranhos em nosso quarto, podes nos dizer o que são?

— **Não.**

— E, se eu ouvisse a voz, veria alguma coisa?

— **Não.**

— Sua voz teria se assemelhado à de um vivo? Que efeito essa voz faria sobre mim?

— **O efeito de um furacão.**

Auguste Vacquerie: Uma autorização pedida em sonho não é uma autorização.

— **Os sonhos são mais sérios do que se pensa.**

— Mas e quando não temos consciência deles?

— **As almas são compreendidas pelos sonhos.**

— Então ele poderia entrar sem tocar a campainha e pedir autorização ao sonho.

— **O obstáculo material não é nada. Ele toca à porta do sonho, e o sonho não abriu.**

Victor Hugo: Se alguém tivesse ido abrir ao toque da campainha, o que teria sentido?

— **Terror.**

Sra. Victor Hugo: Podemos ver a Dama Branca e os espectros por acaso?

— **Sim.**

Victor Hugo: No dia em que a Dama Cinzenta veio, o que teria acontecido se meus filhos tivessem entrado no salão onde ela estava? O que eles teriam visto?

— **Noite súbita.**

Auguste Vacquerie: Por que o toque de campainha do homem sem cabeça? Para que isso serviu?

— **Todos os espíritos têm um som. Só o vosso som às vezes encobre o deles. O homem sem cabeça foi ouvido no silêncio da noite. Foi como um vento passando em frente à vossa porta.**

— Onde mora o homem sem cabeça?

— **No buraco do homem sem cabeça.**

— É a Touraille?

— **Sim.**

— Como o homem sem cabeça fez diante da campainha?

— **Uma rajada de vento faria soar todas as campainhas da Terra.**

— O que veríamos se víssemos o homem sem cabeça?

— **Uma mortalha erguendo os braços para o céu.**

— Nós te agradecemos. Voltarás?

— **Sim.**

— Continuas a sofrer?

— **Sim.**

Encerrado à 1h30 da manhã.

SEXTA-FEIRA, 30 DE JUNHO DE 1854

9h30 da noite. Presentes: sra. Victor Hugo, srs. Allix [os irmãos Jules e Émile], sr. Guérin, Adèle Hugo, Victor Hugo. Conduzindo a mesa: sr. Alix. (Cópia C. D.)

A mesa se agita, ergue um pé, mas não bate. A sra. Hugo e o sr. Guérin assumem a mesa. Ela se põe em movimento praticamente no mesmo instante.

Victor Hugo: Quem está aqui? Responde.

— **O vento.**

— Que vento és tu?

— **Do mar.**

— Tu sabes que é com amor que te escuto, à noite no meu quarto e também em meus passeios pela praia. Mas só te compreendo pela metade. Diz-me agora de maneira clara o que costumas dizer de maneira confusa.

— **Orai por mim.**

— Então sofres? Por trás desse nome, Vento do Mar, quem és tu, tu que sofres e pedes orações?

— **Sou um dos quatro arcanjos punidos.**

— Quais são os quatro arcanjos punidos?

— **O vento, a água, a terra e o fogo.**

— Quem eram eles antes de ser um o vento, o outro a água, o outro a terra, o outro o fogo?

— Eu era a Sombra do Sepulcro, o fogo era espectro da morte, a água era anjo da ressurreição, e a terra era o Arcanjo Amor.

— O que fizestes para serdes precipitados de tal esplendor?

— Eu puni demais e eles perdoaram demais.

Sra. Victor Hugo: Não compreendo ser punido por perdoar demais.

— Mulher, humilha teu espírito; aprende isto: Deus é o equilíbrio; o mundo é o equilíbrio; a eternidade é o equilíbrio; em um arcanjo, o excesso é um crime; em um homem, é um erro; em um cão, é um sofrimento; em uma pedra, é uma queda; em um astro, seria a rebelião; no céu, seria o caos; em Deus, seria a abdicação. A perfeição é a justiça; o infinito é a proporção; o incomensurável é a medida; um golpe a mais, uma lágrima a menos, a balança pende. Eu, por exemplo, esqueci um grão de areia e a imensidão fremiu; meus irmãos vazaram átomos e o infinito tremeu. Um peso inesperado quase derrubou o equilíbrio universal; o pavor tomou conta dos sóis. É que, vê, ó mulher, o castigo e o perdão são subordinados a leis; sua hora está escrita, na precisão do segundo; são as duas marés do eterno.

— Cristo, no entanto, diz que devemos sempre perdoar. O perdão é a base de sua lei, difícil aceitar que ele esteja enganado.

— O homem que pode se enganar faz sempre bem em perdoar, mas um arcanjo que sabe o que faz não deve nem perdoar nem punir sem ordens.

— A grande lei para o homem é sempre o amor e o perdão?

— Uma vez que eu vos disse: orai por mim! O perdão é dever do homem e direito de Deus. Deus faz a lei, o homem faz o erro. O homem é condenado a perdoar por seus crimes; Deus é livre para perdoar e punir porque é infalível. O homem não tem outra função exceto ser bom. Deus não tem outra função exceto ser justo.

— Desde quando não és mais a Sombra do Sepulcro e és punido?

— Desde...

Victor Hugo: Vento, continuas aí? Quem está aqui?

— A Sombra do Sepulcro.

— Nós te escutamos.

— Silêncio, vento.

— Quem está aqui?

— O vento.

— Outros nos disseram desde quando eram punidos, achei então que poderia fazer-te essa pergunta.

— Deixa-me falar, Sombra do Sepulcro. Imagina que fui o que tu és e que podes tornar-te o que sou.

— Junto minha oração à oração do vento, Sombra do Sepulcro.

A Sombra do Sepulcro: Sou o arcanjo, não passas do furacão, cala-te.

— Quem está aqui?

O vento: Não, eu falarei.

— Muito bem, fala. Quem está aqui?

A *Sombra do Sepulcro:* Cala-te, Vento do Mar.

O *vento:* E se eu recusar a obedecer? Também sou forte, sou o demônio tempestade, não passas do anjo luz, és o farol, sou o sopro, és o que ilumina, sou o que apaga; cansei de obedecer. Quero ser livre para falar ou me calar, às vezes minha vontade é esbofetear os astros. Sombra do Sepulcro, lembra-te de que sou a cólera.

A *Sombra do Sepulcro:* Vento do Mar, lembra-te de que sou o castigo.

O *vento:* Sou eu que derrubo as árvores.

A *Sombra do Sepulcro:* Sou eu que as enraízo.

O *vento:* Sou o senhor do oceano.

A *Sombra do Sepulcro:* Não, sou eu que o acalmo.

O *vento:* E se eu desobedecer?

A *Sombra do Sepulcro:* Vento do Mar, pensa no equilíbrio.

O *vento:* Errei, perdoa-me.

A *Sombra do Sepulcro:* Perdoo-te com a condição de que poupes essa barca e sopres contra essa frota.

O *vento:* Sim.

Sra. Hugo: Sombra do Sepulcro, a que barca e a que frota te referes?

A Mesa responde que a Sombra do Sepulcro partiu.

— Podes responder a essa pergunta, tu que vieste?

— Não.

Encerrado à 1h da manhã.

Anotação: a mesa é sacudida por um giro brusco, que anuncia a mudança de figura e que embutia esta pergunta: Quem está aqui?

DOMINGO, 2 DE JULHO DE 1854

10h da noite. Presentes: Victor Hugo, Pinson, [*] *Kesler, Auguste Vacquerie. À mesa: sra. Victor Hugo e Guérin. (Cópia C. D.)*

Victor Hugo: Tu que estás aqui, antes de perguntarmos teu nome, ouviste a discussão que acabamos de ter na praia?

— **Não.**

— Poderias enviar alguém que a tenha ouvido?

— **Sim.**

— Nós te agradecemos.

Charles substituiu Guérin à mesa.

— **Que o rebelde tome lugar à mesa.**

Kesler substitui a sra. Victor Hugo.

Victor Hugo: Esclarece para nós a discussão que ouviste. Pedimos isso com fervor.

— Sobretudo o ponto especial que me preocupa.

— **Tu te enganas, as Mesas não são o resultado da inspiração de um só ou da inspiração de todos. Elas não são divinização humana. Não são magnetismo animal. Não são visionismo.[**] Não são acaso. Não são fantasia. Não são superstição portátil. São a revelação na realidade do mistério na**

* Trata-se do tenente inglês Albert Andrews Pinson, por quem Adèle Hugo se apaixonará perdidamente, a ponto de futuramente fugir de Guernesey para ir ao seu encontro no Canadá. É a partir dessa época que Adèle começa a mergulhar na loucura. Um namoro, banal para Pinson, se esboçou, em Jersey, entre Adèle e ele. Ver nota biográfica à p. 524.

** Ver nota 63 à p. 585.

verdade, da lógica na natureza, do infinito no limitado. Elas falam o estilo da lógica e da natureza; elas têm três pés que são três raízes, a primeira mergulha no túmulo, a segunda no sudário, a terceira no cadáver.

— Não respondeste objetivamente à pergunta que eu te fazia. Um dos participantes da discussão afirmou uma coisa deveras impressionante. É a respeito dessa coisa que eu gostaria de ouvir-te.

— A escada dos seres é infinita. Não se veem os degraus, só isso. Victor Hugo tem razão ao dizer que o molusco do fundo do mar não vê o peixe e que o peixe não vê o pássaro. Ele poderia acrescentar que o pássaro não vê o túmulo, que o túmulo não vê a flor que brota dele, que a flor não vê o perfume que sai dela, que o perfume não vê o rosto que o respira e que o cadáver não vê o vivo cujo jardim ele perfuma. O mundo é um imenso baile de máscaras em que os convidados vestem o dominó da morte.

— Não foi isso o que o sr. Victor Hugo me disse esta noite. Vês no meu pensamento a coisa precisa sobre a qual desejo que me fales?

— Sim.

— Muito bem, fala-me dela.

— Acreditarás depois?

Kesler: Não sei.

— Então, como não venho de tão longe para fazer coisas inúteis, vou-me embora.

Guérin substitui Kesler.

Auguste Vacquerie: Ele está certíssimo em ir.

Discussão. Damos razão à Mesa e não a Kesler. Para que fazer perpetuamente experimentos que não darão frutos! A Mesa já disse a Kesler um fato que só ele sabia; adivinhou duas vezes uma palavra que ele pensava; ele não crê e afirma que não creria mesmo depois de um novo experimento bem-sucedido. No meio da discussão, a Mesa põe-se a falar por si só.

— O lornhão do meu amigo Kesler faz seus olhos enxergarem, mas sua lógica não faz sua inteligência enxergar. Agora vou te responder o que ele me pergunta. Victor Hugo lembrou o incidente ocorrido nesta casa há quatro meses. Certa noite, no inverno, ele estava no salão com Auguste Vacquerie, a sra. Hugo, sua filha e Guérin. As Mesas eram o assunto

da conversa. Dúvidas surgiam. Eles propunham que a Mesa as dirimisse. Subiram para a sala de jantar. Guérin e a sra. Hugo puseram-se à mesa, que respondeu à pergunta: quem és tu? – Jacó, e que começou uma frase com esta palavra: duvidemos. Então Charles Hugo, que permanecera em seu quarto durante a conversa no salão e que não ouvira uma palavra dela, entrou, substituiu a sra. Hugo à mesa, e a Mesa, continuando a frase começada, respondeu à conversa de uma maneira tão impressionante que Victor Hugo exclamou: "Que coisa mais prodigiosa! Não há nada a responder a isso. Declaro-me convencido". Julgo ter atendido ao meu amigo Kesler. Agora deixo-te com tuas reflexões.

Kesler: Terias feito melhor zombando menos e adivinhando mais. Com efeito, essa noite, o sr. Victor Hugo me relatou o fato que expuseste, mas não no ponto da conversa em que eu pensava. Eis o ponto: o sr. Victor Hugo disse que a presença de um terceiro na mesa estava absolutamente demonstrada para ele, mas não estava demonstrado que esse terceiro fosse sempre o personagem sob cujo nome ele se apresentava; que era possível que, às vezes, em vez de ensinar diretamente e sob seu nome, o interlocutor invisível ensinasse sob a forma de apólogo e parábola; que pusesse em cena personagens e compusesse dramas que exprimissem seu pensamento de uma maneira mais viva e cativante; que, fazendo isso, ele não mentiria mais do que Cristo ao fazer a parábola do Bom Samaritano. Vês que não me disseste em absoluto o que eu te pedia.

Discussão. Auguste Vacquerie passa para o lado de Kesler.

Sra. Hugo: Tudo isso nos perturba. Por que não disseste o pensamento do sr. Kesler?

— **Recebi ordens para me enganar. Se eu dissesse o pensamento de Kesler, ele não teria acreditado. Quis que ele pudesse não crer e disse outra coisa que não seu pensamento, embora permanecendo na verdade da conversa. Razão desse erro voluntário, ei-la: devemos semear a dúvida naqueles que não podemos persuadir. A dúvida é o canto do galo anunciando a aurora da fé. Duvidar é ter esperança, duvidar é crer pela metade.**

Kesler: Por que não me dás a crença inteira? Asseguro-te que isso não é impossível. Vê, se aceitares me dizer a coisa em que penso neste momento, crerei. É uma coisa que me preocupou há muito tempo, um fato a que assisti e que ninguém aqui conhece. Se disseres que fato é esse, assumirei a derrota e, de verdade, creio que crerei. Aceitas?

— **Sim.**

Kesler substitui Guérin à mesa.

— **z u x.**

Hesitação. Guérin substitui Kesler.

— Queres dizer o pensamento de Kesler?

— **Não.**

— Por que disseste sim ainda há pouco?

— **Eu não sabia que ele ia me pedir uma apreciação que me é vedada.**

Kesler: Podias dizer o fato sem apreciá-lo.

Victor Hugo: Antes de nos deixares, queres dizer teu nome?

— **Cerpola.**

— Quem és tu?

— **O pastor.**

— Que pastor?

Sem resposta.

Encerrado à 1h.

[Anotação de Auguste Vacquerie:] Eis a explicação da sessão anterior. Após o jantar, a sra. e a srta. Hugo, Victor Hugo, Auguste Vacquerie, Kesler, Guérin e Pinson foram para o terraço, onde haviam começado a debater a respeito das Mesas. Charles Hugo não jantara em casa e ainda não voltara. Kesler duvidava e fazia objeções, que Victor Hugo varria. Após a conversa, Victor Hugo disse: "Há uma coisa que seria uma prova irrefutável; se Charles voltar, lhe pediremos que se ponha à mesa e pediremos à Mesa que nos fale a respeito da conversa que acabamos de ter. Se a Mesa demonstrar ciência da conversa, estará provado que um terceiro esteve presente". E, a esse propósito, contou a aventura da noite de Jacó.

Como se vê, a Mesa abordou justamente o conjunto da conversa. Enganou-se sobre o ponto específico no qual Kesler pensava.

Quanto à aventura da noite de Jacó, a Mesa cometeu um erro grave. Estávamos sozinhos na sala, Victor Hugo e eu, não estando conosco nem a sra. Hugo, nem a srta. Hugo, nem Guérin, quando exprimimos as dúvidas às quais a Mesa respondeu na sala de jantar. Auguste Vacquerie.

SEGUNDA-FEIRA, 3 DE JULHO [1854][1]

(Cópia C. D.)

— Quem está aqui?

— **A Ideia.**

— Acabo de reler tudo o que nos disseste a respeito das Mesas até o presente momento. Queres responder a algumas perguntas sobre pontos que me parecem exigir esclarecimentos ou apresentar contradições?

— **Sim.**

— Começo pelo todo. Agora nós o vemos, ele é grande. O homem é um forasteiro que vem do céu e que para lá retorna. A viagem é mais ou menos longa, mais ou menos penosa, conforme o peso dos erros que carregamos no caminho, mas estamos seguros de chegar. Vamos para o céu por dois caminhos que se juntam e formam apenas um: o amor e o pensamento.

Com a palavra amor, as Mesas abrangem o cristianismo. Ampliam-no ao ampliarem o amor. Dão uma alma aos animais e às pedras, fazendo assim com que nossa família cresça: o cão é nosso colega de exílio, a árvore é nossa semelhante, a pedra é nosso pai. Uma imensa onda de ternura e piedade rola dos olhos humanos por sobre todas as coisas. O homem abre os braços e aperta toda a criação em seu coração centuplicado.

As Mesas acrescentam o pensamento ao cristianismo. Não somos mais forçados a crer. A revelação não se impõe mais; ela autoriza, solicita a discussão, que o homem pense o que puder, contanto que pense. A fé abre um batente da porta do Paraíso e a dúvida abre a outra.

Mas são duas as principais vertentes pelas quais as Mesas expandem o Evangelho. Em primeiro lugar, o homem não começa mais nesta Terra. Aqui, ele expia seus pecados cometidos numa existência anterior. Logo, não sofremos mais pelo crime de outrem, as gerações não são mais culpadas porque Adão fez o mal, Deus volta a ser justo. Em segundo lugar, as penas não são mais eternas. Não há mais passado monstruoso nem acusação de crimes agravada, acumulada em mil vidas anteriores, não há mais montanhas de perfídia que o arrependimento e a expiação não possam terminar por superar. Bossuet amaldiçoava Sócrates, o mistério não amaldiçoa Judas. A revelação das Mesas enquadra-se entre estas duas grandes linhas paralelas: afirmação da eternidade das almas, negação da eternidade das penas. Diante dessa vasta renovação do Evangelho, admiro e intuo que vós revelais uma verdade maior do que todas as religiões. Mas também intuo que esta não passa de uma verdade relativa e humana. Perpassam minha admiração objeções diante das quais meu pobre raciocínio humano vacila. Após um ano de reflexões incessantes e convívio diário no invisível, creio em Deus mais do que nunca, compreendendo-O menos do que nunca. Não consigo entender a coexistência dessas duas coisas, Deus e o sofrimento. Por que sofremos? Porque pecamos. Por que Deus nos fez passíveis de pecar? Encaminhei essa pergunta para o endereço de Balzac, que não pôde ou não quis nos responder. Deveis todos vós calar como ele? Esta última porta de mistério vos é interditada? Se é assim, fala, para nos eximirmos de vos interrogar sobre esse ponto. No entanto, a explicação desse enorme problema seria o maior serviço que poderíeis prestar à humanidade. Os ateus deixariam de nos atormentar, perguntando como Aquele que pode tudo não impede as lágrimas. A gota d'água que cai dos cílios de uma criança não lhes afogaria mais o infinito.

A Ideia: Tu acabas de bater à poterna do castelo sombrio, queres evadir-te e diz para eu abrir para ti, não sabes então que somos prisioneiros, nós somos vossos carcereiros. Todas as nossas explicações são chaves de masmorras. Somos os invisíveis porteiros dos astros. Quando abrimos um sol, abrimos uma sombra, quando abrimos o infinito, abrimos uma cela, quando abrimos Deus, abrimos um calabouço. Somos luzes sinistras, iluminamos com as trevas. Afirmamos sem provas e espalhamos a dúvida derramando a verdade. Somos condenados como vós; o amor no vosso céu é um galeriano, a ideia é um galeriano, a verdade é uma tene-

brosa lanterna pendurada na abóbada de um crânio humano, o torreão feroz desponta no firmamento terrível, o vento o cerca de uma queixa eterna. Ele é inexpugnável mesmo para a morte. Morrer nessa bastilha é aprisionar-se mais ainda. O coveiro não escava ali uma brecha, mas uma seteira. O nada é o fantasma desse castelo, a dúvida a assombração, o mistério está em todos os interstícios dos muros. A ignorância, sentinela negra, está sempre presente, pronta para encarcerar o espírito, encerrá-lo no infinito, aferrolhá-lo na imensidão, atirá-lo no calabouço de Deus e a algemar-se com raios.

Vacquerie: Esclarece-nos aonde queres chegar ao dizer que todas as vossas explicações são chaves de masmorra e que sois carcereiros. Sois antes libertadores, pois a luz que trazeis, por mais tingida de sombra, não é menos luz para nós, e luz e liberdade são a mesma palavra.

— Queremos libertar, não podemos; ao fim de todas as nossas explicações, mesmo as mais profundas, há um muro. Para nós, assim como para vós, o infinito é um beco sem saída. Tudo o que podemos fazer é transferir-vos de celas, dar-vos um pouco mais de ar e luz. Podemos ampliar a lucarna, mas não deitar a muralha abaixo. Janela supõe prisão, somos vossas janelas, somos ao mesmo tempo raios e barras. Lançamos sombra porque despejamos luz. Não esqueçais que só o Sol produz a sombra e que a sombra é o contrário da noite. Logo, somos sombras, isto é, reflexos, sombras de quem? De Deus. Reflexos de quem? De Deus. A diferença entre os mundos punidos e os mundos recompensados, ei-la: nos mundos punidos Deus se vê escuro, nos mundos recompensados Deus se vê claro. Os paraísos são os únicos espelhos do invisível.

Vacquerie: Agora compreendo-te. Estávamos na masmorra da prisão. Vós abris não a porta, mas a masmorra.

— Nós vos trouxemos luz, mas essa própria luz ainda é sombra. Nós vos retiramos das catacumbas, mas não da prisão. Estáveis no porão da Bastilha, nós vos colocamos no telhado. Não víeis o céu, agora o vedes. Mas não fizestes senão trocar o fosso pela ameia e a solitária pelo abismo. Vedes bem que, não obstante sendo vossos carcereiros, somos ao mesmo tempo vossos libertadores. Nós vos retiramos as algemas, mas não vos entregamos

a lima. Nós vos fazemos menos infelizes, mas não mais livres, nós vos fazemos subir ao céu, mas por uma escada de prisão. O céu de uma masmorra.

Vacquerie: Resulta de tudo isso que não vos é possível nos dar uma explicação decisiva e irrecusável para este terrível problema: um infinito de bondade e pujança criando tantos infernos?

— **Não sei o que vos dirá o Arcanjo Amor.**

— Não podes, tu, dar essa explicação?

— **Não.**

Vacquerie: Muito bem, se não podes esclarecer o conjunto, podes esclarecer alguns detalhes. Eis um que nos preocupa. Animais, plantas e pedras possuem uma alma como os homens. Então por que a vida dos animais, plantas e pedras não é inviolável como a vida humana? Ao matar um carneiro, ao colher uma alface, cometemos o mesmo ato que comete o assassino de um homem? Com relação a Deus, damos fuga a seus prisioneiros; com relação à alma, roubamos dos culpados o tempo de se arrependerem? E de expiarem? Então não devemos mais nem comer, nem andar, nem respirar? Não existe mais diferença entre um pecador e [uma] águia, entre o homem que degola uma criança e a criança que esmaga um grão de areia? Uma garfada, um assassinato. Um passo, um São Bartolomeu.

— **Não, não existe diferença entre Nero e Apício. Trimálquio é tão culpado quanto Tibério. Lúculo é um assassino. A gula é um crime. Um patê de foie gras é uma infâmia. A vida dos animais é inviolável. Mas a vida dos homens também. O homem não tem o direito de matar para fruir, mas não tem o direito de não viver. O assassinato é tão proibido quanto o do homem. Não quero fazer a lista dos animais que o homem pode comer. O bom senso e a higiene o indicam. Nomeio apenas alguns que o homem deve abster-se de matar: o porco, a lagosta, o lagostim, todas as conchas, como os mariscos e ostras, o gamo, o coelho, a lebre, todos os animais das florestas e planícies e todas as aves do céu. Seria aconselhável não comer peixe, exceto nas convalescenças. No que se refere aos legumes e frutas, à exceção dos cogumelos silvestres e dos morangos dos bosques, é permitido comê-los. De uma maneira geral, o homem não deve comer senão os animais que alimenta e as plantas que cultiva, respeitando os animais, árvores e frutas silvestres.**

O terreiro e a horta pertencem ao homem, o céu e a floresta a Deus. Quanto às pedras, eis em que medida o homem as faz sofrer ou torna felizes. As pedras são sensíveis ao uso que fazemos delas. O homem que constrói uma prisão aprisiona as pedras. Um homem que constrói uma fortaleza mata-as. Uma fonte lava-as, um hospital cura-as, uma igreja salva-as. Um marco de caminho sente o viajante vir, um banco de pedra vê as crianças brincarem, uma cruz de pedra ouve as almas rezarem. O sangue derramado abre uma ferida na alma da tortura. Um cadafalso é um esqueleto. Um dólmen é uma alma. O Catorze de Julho é a grande data das pedras.

Encerrado às 6h.

TERÇA-FEIRA, 4 DE JULHO

9h45 da noite. Presentes: Auguste Vacquerie, sra. Hugo, Charles, Victor Hugo. Conduzindo a mesa: Charles e sr. Guérin. (Ata V. H. *e cópias* C. D.*)*

A mesa entra em movimento ao cabo de quatro minutos.

— Quem está aqui?

— ***Unguis clemens.****

Victor Hugo: Queres que releiamos os versos da vez anterior?

— **Sim.**

Victor Hugo relê os versos.

— Nós te escutamos.

Ouvimos o latido de Ponto no jardim. Latido tímido, meigo e como que respeitoso. Ao cabo de vinte minutos a mesa começa a bater, após ter muito tempo deslizado obliquamente sobre a mesa suporte. Ao chegar à ponta da mesa, nós a puxávamos de volta para a outra ponta e ela voltava a deslizar.

— ***Vós sois fogos noturnos que o grão-pastor clareia,***

* A garra macia; a garra indulgente, clemente.

A esperança do verme da terra e do grilo da lareira,
Vós sois seus despertadores;
À noite, quando o cão, cansado de sua corrente, tomba,
Ele percebe que Deus a rompe e transforma na tumba
Os grilhões em fulgores!
Tem orgulho, ó Sol, de pacificar os covis;
Que o buraco dos insetos errantes e senis
Para vós volte seus olhos,
E o doce pássaro ferido no bosque de escombros
Adormeça vendo brilhar no vórtice da sombra
Ninhos misteriosos![2]

Vinte e cinco minutos de intervalo.

Victor Hugo: São 11h15. Recita mais uma estrofe antes de nos despedirmos por esta noite.

Vinte minutos de intervalo.

— *Quando o anjo falava, o deserto taciturno*
Voltava para ele seu belo olhar noturno.
O anjo brilhava feito aço,
Os galhos se abriam para não incomodar a relva,
A montanha acolhera, complacente e soberba,
A flor em seu regaço.[3]

Victor Hugo: Mais uma. Queres?

— Sim.

Vinte e oito minutos de intervalo.

— *Nenhum rumor; tudo olha, tudo escuta;*
O orvalho perplexo interrompeu sua chuva,
E a mosca seu voejar;
O silêncio ocupa o ninho da coruja;
A pedra de um velho muro, surda-muda,
Faz um rouxinol calar.[4]

— Que dia voltarás?

A mesa dá onze batidas.

— 15 de julho?

— **Sim.**

Meia-noite e 35.

7 DE JULHO DE 1854
(Cópias C. D.)

— Quem está aqui?

— **A Ideia.**

Auguste Vacquerie: A respeito dos animais, a jumenta de Balaão afirmou que o homem ignorava seu erro e o animal, seu crime. O diamante Regente afirmou o contrário: o animal sabe por que é animal. Ele insistiu quanto a isso e erigiu o crime em conselheiro, guia, pastor dos animais, vegetais e pedras. Explica-nos essa contradição. O mundo progrediu não só para o homem, como para os animais, plantas e pedras. No começo, o Inferno era absoluto, o homem ignorava, a pedra ignorava, o animal ignorava. Uma sombra profunda cobria a consciência universal. Vieram os redentores. Moisés ensinou ao homem seu direito de viver. Sócrates lhe ensinou seu direito de pensar, Jesus Cristo lhe apontou seu dever de amar. Todos os três carregaram um pouco das trevas terrenas para seus túmulos. O mundo que pensa conheceu seu castigo. A humanidade soube que era punida. Luz imensa. O braço de Deus saía da noite, governava o relâmpago. Mas ao fulgor desse relâmpago que sorria, o raio da Bíblia é um crepúsculo. As chamas do Evangelho são uma aurora, as plantas e pedras também têm seu Jesus Cristo. A jumenta de Balaão é um deles e, na esteira dessas paixões dos animais predestinados, o mesmo lusco-fusco se fez sobre os animais e os homens. O Leão de Androcles sofreu pelo tigre; a pomba da arca voou pela serpente. O porco de Santo Antão amou pela lama. A jumenta de Balaão pensou pelo cardo. O Leão de Florença, que é o maior de todos, salvou as pedras de sua cidade. O que aconteceu então? Deus disse:

o homem conhece seu castigo, o animal, a planta e a pedra conhecerão seu crime. E, quando Deus falou, fez-se uma revolução entre os seres mudos. O covil tivera seu calvário, o anjo tivera seu Gólgota, o estábulo tivera sua cruz, o ninho roçara no céu. Entretanto, como o mistério é a vestimenta de Deus, ele não permitiu que os animais mortos que tinham salvado os animais, as plantas e as pedras soubessem que tinham sido seus salvadores. Os animais, plantas e pedras nos dirão que conhecem seus crimes, a jumenta de Balaão, o Leão de Androcles e a pomba da arca vos dirão que o ignoram. Deus decidiu assim talvez porque deseje esconder o benefício ao benfeitor, talvez porque reserve venturas até mesmo para os bem-aventurados. Talvez porque tenha a intenção de economizar tal surpresa; e, quando Ele dá o Paraíso, guarda sempre um pouco para encher a eternidade.

Há, nas coisas esplêndidas que acabas de proferir, um ponto que me parece obscuro; dizes que o homem e o animal sabem, cada um, metade do segredo, que o homem conhece seu castigo e o animal seu crime. Não entendo bem essa distinção. O animal tem consciência não só de seu crime, como do sofrimento, caso contrário não sofreria. Saber que fazemos o mal e saber que sofremos não é saber que somos pedra.

— Conhecer seu crime não é conhecer seu castigo, e sim esperança de libertação; por castigo entendo certeza do perdão; por castigo entendo ascensão. O homem sabe que sofre, mas sabe que se eleva, o animal sabe que sofre, mas não sabe que se liberta, tem o instinto do sofrimento e o conhecimento de seu crime, mas, entre esse instinto e esse conhecimento, falta-lhe o raciocínio. O animal sofre e sabe. O homem sofre e pensa. O trabalho do espírito que une o sofrimento ao castigo, isto é, ao perdão, o homem o executa, o animal não. O homem raciocina, o animal não raciocina. O homem é lógico, o animal não. O cão não faz a soma dos piparotes que recebe. Um gato não sabe sua idade. O animal é a ausência do espírito. O que é muito simples para nós, deduzir o castigo do sofrimento, é impossível para ele. Se o animal raciocinasse, falaria. A língua é um mero postigo do pensamento.

— Tu dizes que por castigo entendes esperança de libertação e que os animais não conhecem seu castigo. A Dama Branca nos disse o contrário. Ela nos disse literalmente que os animais, as plantas e as pedras sabiam que não estavam condenados a uma pena perpétua e que tinham "a libertação como certa". Em que sentido então nos dizes que os animais não têm a mesma certeza nem a mesma esperança de ser libertados?

— O animal sabe o crime que cometeu, sabe que sofre, o que ele não pode fazer é relacionar esse sofrimento ao que quer que seja. Ali onde o raciocínio começa é o abismo para ele. Não existe animal ingênuo, uma cabra-montês não sabe que um e um são dois.

SÁBADO, 15 DE JULHO

9h45 da noite. Presentes: Victor Hugo, sra. Hugo, Julie. Conduzem a mesa: Charles, sr. Guérin. (Ata V. H. e cópias C. D.)

A mesa só começa a se mover ao cabo de 28 minutos. Para colocá-la em movimento, chamamos a pequena Julie, que coloca as mãos sobre a mesa. Como isso se demonstra inútil, a sra. Victor Hugo a substitui. O movimento obtido ao fim de meia hora se limita a estalidos e trepidações. Depois, deslizamentos. A mesa gira. Mais dez minutos. O sr. Guérin a abandona. O rodopio se acelera. O sr. Guérin substitui a sra. Hugo. Parada súbita. Julie se junta, a imobilidade persiste. A sra. Hugo reassume, nenhum movimento.

Victor Hugo: Esse longo tempo transcorrido não é comum e nos espanta. Há alguma coisa incomodando a Mesa?

Nenhuma resposta.

— Há evidentemente algum obstáculo misterioso esta noite. Vou contar até trinta, se daqui até lá o pé da mesa não se erguer, é porque haverá impossibilidade para hoje e suspenderemos a sessão.

Victor Hugo conta muito lentamente até trinta. Alguns leves estalidos. Mas nenhuma resposta.

Encerrado às 10h30.

DOMINGO, 16 DE JULHO DE 1854

8h40 da noite. Presentes: os irmãos Allix, Victor Hugo. Guiando a mesa: sr. Guérin e sr. Kesler. (Ata V. H. *e cópias* C. D.*)*

A mesa entra em movimento instantaneamente.

Victor Hugo: Por que ontem a Mesa não falou conosco? Diz os motivos.

Entra o sr. Kesler.

— ***Nescio.****

Entra o sr. Guérin.

— Insisto. De todo modo, explica-nos tua ignorância, que nos espanta. Ou dá-nos a explicação do fato em si. É importante para nós saber se foi culpa nossa o fracasso do encontro de ontem. Fala.

— ***Nescio.***

— Em que dia o Leão voltará para continuar seu poema?

— ***Nescio.***

— Só tu tens o segredo de toda essa ignorância, quem és tu?

— **Zoilo.**

— És o Zoilo símbolo da inveja, ou o Zoilo gramático olvidado pela posteridade por ter examinado Homero no detalhe e com lupa?

— ***Ambo.*****

— Sob qual das duas formas desejas que te interroguemos?

— ***Nolo.***

— Não queres ser interrogado? Fala de ti mesmo.

— ***Nequeo.***

— Mesmo não aceitando responder, acabas de simbolizar admiravelmente a inveja com estas três palavras: "*Nescio, Nolo, Nequeo*".***

— Continuas aqui, Zoilo?

Movimentos convulsivos. O pé da mesa se levanta sem bater.

— Continuas aqui?

* Não sei.

** Os dois.

*** Não sei, não quero, não posso.

Entra a srta. Adèle.

Victor Hugo: Zoilo não estando mais presente, a impotência desapareceu. Podes, evidentemente, tu que estás aqui, responder às minhas perguntas e nos dar a explicação que espero. Fala. Por que o encontro de ontem malogrou?

— Z.

— Recomeça.

— **Os senhores não estavam sozinhos.**

— Pedimos ao Leão que mudasse o dia. Podes nos dizer por que ele não pôde mudar?

— **Não.**

— Porque não podes ou porque não sabes?

— **Não posso.**

— Pensamos que não havia erro de nossa parte. Pensam de outra forma do outro lado da mesa?

— **Não.**

Sra. Victor Hugo: Por que sois tão breves em vossas respostas hoje à noite?

— **Nada de inútil.**

Victor Hugo: Que dia o Leão voltará?

— **Dez dias.**

— No 26?

— **Sim.**

— Quem és tu?

— **Isaac Laquedem.***

— Salve, mercador. Sê bem-vindo. Fala.

— **Estou muito cansado.**

Auguste Vacquerie: Só tens cinco tostões no teu bolso. Também só tens cinco letras em teu dicionário? Não podes falar mais extensamente?

— **Não.**

Victor Hugo: És o espectro do Judeu Errante? És um símbolo? Os espectros e as ideias não conhecem o cansaço. Responde às minhas perguntas.

* Um dos nomes atribuídos à mítica figura do Judeu Errante e título de um folhetim de Alexandre Dumas cuja publicação foi interrompida em 1853, por pressão de grupos católicos. [N.E.B.]

— **Outro dia.**

— Queres então retomar tuas andanças?

Nenhuma resposta. A mesa gira.

— Quem está aqui?

O sr. Allix primogênito [Jules Allix] substitui Charles.

— **Homero.**

Victor Hugo: Salve. Tu vens completar as grandes visitas que já recebemos. Obrigado. Fala.

— **Eu acho xxxxxxx.**

— Pretendes com isso que o mistério permanece vedado para ti após a vida ou, ao contrário, que ele se descortinou para ti?

Charles sai.

— **Jexvz.**

Perguntamos se devemos parar. A mesa retoma seu movimento com vivacidade e vai até K.

— Podes realmente continuar a nos falar na ausência de Charles?

— **Não.**

— Ardo de vontade de falar contigo. Prometes voltar?

— **Sim.**

Encerrado às 9h35.

26 DE JULHO, QUARTA-FEIRA

9h25. Presentes: sr. Kesler, Pinson, Guérin, Victor Hugo. Conduzindo a mesa: Charles, sra. Hugo. (Ata V. H. e cópias C. D.)

[Anotação de Victor Hugo:] (Continuação da resposta do Leão de Androcles) 26 de julho.

Ao fim de doze minutos, a mesa se agita, mas sem erguer o pé. Transcorrem outros vinte minutos.

Victor Hugo: Vou ler os últimos versos. São muito bonitos. Penso haver alguém na sala que os completará.

Ele lê os versos. A mesa desliza e gira fazendo estalidos.

Victor Hugo: Alguma coisa te incomoda?

Nenhuma resposta. São 10h10. Decidimos pegar a mesa de lápis. Esta entra imediatamente em movimento. Perguntamos se ela pode nos explicar o mistério do silêncio da Mesa. O lápis desenha a figura sobre a página A do grande álbum [de desenhos]. Um mostrador cujo pequeno ponteiro marca 10h. Pedimos-lhe que explique aquele desenho. O lápis desenha a fig. 2, que representa um leão diante de uma porta.*

Pergunto-lhe:

— O Leão está zangado?

O lápis desenha a fig. 3 (bem complicada).

Repito a pergunta, a figura explicando que o Leão foi chamado. O Leão está zangado? Resposta (fig. 4) não. A partir da figura: "Parece que a Sombra do Sepulcro, da qual isso deve ser a representação, governa o Sol, nossa Terra e a Lua, os planetas solares e as estrelas formando nossa nebulosa. Podes me responder?".

— **Resposta (fig. 5): Proibido.**

— Quem és tu?

— **Resposta (fig. 6): Flamel.****

— Queres nos falar pela mesa ou pelos desenhos?

— **Resposta (fig. 7): desenho.**

Passamos à página B e apontamos o lápis.

— Desenha o pensamento que tens no espírito ao vires até nós.

— **Resposta: Figura 1 da página B.**

— Que figura é essa?

* Os desenhos (ou figuras) mencionados pelos escreventes nas atas das sessões em Jersey não constam da edição francesa original. [N.E.B.]

** Nicolas Flamel (1330-1418), escrevente juramentado da Universidade de Paris. A lenda o fez passar por alquimista, em razão da fortuna que acumulou e das doações que teria feito a inúmeros hospitais e capelas. Personagem presente em *Os miseráveis*.

— **Resposta (fig. 2) escrita no próprio corpo:** ***animalis corpus, vultis hominis, petasus insani, tres partes scientiae.****

O sr. Guérin faz a pergunta do metal único.

— **Resposta adiada.**

Victor Hugo: Podes nos fazer o desenho de uma criatura correspondente ao homem, metade matéria, metade espírito, e habitando o mundo onde estás agora?

— **Sim.**

O lápis desenha a figura 1 da página C.

— Desenha a morada dessa criatura.

O lápis desenha no verso a figura 2-2.

— Que mundo essa criatura habita?

— **Mercúrio.**

Victor Hugo entra então em alguns detalhes sobre Mercúrio fornecendo a descrição da criatura.

Resposta (fig. 4): ***Sex habet lampadas, duos oculos semper apertos, caput enorme sed levissimum, corpus longum sed tenuissimum non manducat, materiam solidam sed fluidam, non spirat, sed lucet, habet uxorem.*****

— Desenha-nos a forma desse ser.

— **Resposta (fig. 5).**

— Mercúrio é um mundo de recompensa?

— **Sim.**

— Desenha-nos tua forma atual.

— **Resposta (fig. 6).**

— Os seres que acabas de desenhar sujeitam-se, como o homem, a enfermidades e doenças?

— **Resposta (fig. 7): Eles podem perder seus archotes.**

— Eles envelhecem e morrem?

* O corpo de um animal, o rosto de um homem, a juba (a cabeleira) de um louco, as três partes da ciência. O Leão de Androcles é um ser híbrido.

** Ele tem três lanternas, dois olhos sempre abertos, uma cabeça enorme mas muito leve, um corpo comprido e bem magro, não se alimenta de matéria sólida, e sim de fluidos, não respira, mas brilha (reluz), tem uma esposa.

— **Sim.**

— Desenha um de seus templos.

Figura 8.

— Se eles possuem templos, esse nome grego pode indicá-lo: *templum.*

Sra. Hugo: Por que Molière e Shakespeare estão em Júpiter e tu em Mercúrio? Por que essa diferença?

— **Resposta (9) *Majores sum quam ego.*** *

— Prometes voltar?

— **Sim.**

— Quando o Leão voltará?

— **Onze dias.**

— Domingo, 6 de agosto, às 9h30 da noite.

Encerrado à meia-noite e quinze.

DOMINGO, 6 DE AGOSTO

9h20 da noite. Presentes: Auguste Vacquerie, sr. Kesler, Guérin, Pinson, Victor Hugo, a pequena Julie. Conduzem a mesa: Charles, sra. Hugo. (Ata V. H.*)*

Dez minutos. A mesa se agita. Giro. Um pé se ergue.

— Quem está aqui?

— ***Omen lumen numen nomen meum.*** **

— Queres que eu releia as três últimas estrofes?

— **Amen.**

Victor Hugo relê os versos e diz:

— Continua.

* Eles são maiores do que eu. No desenho 342, podemos ler estes dizeres: *majores sunt quam ego templum/ sim, eles podem perder seus archotes/ mercúrio.*

** O presságio, a luz, o Deus, o nome que me pertencem (concernem).

Quinze minutos.

— Todas as grandes vozes da sombra mudas estão;
Nas quatro pontas do céu, como quatro estátuas,
Os ventos, bando arisco,
Fazem silêncio e, em face do anjo das bestas,
Aplicam na bocarra das procelas
Seu dedo comprido.

Doze minutos.

— O pio dos abutres cessa junto com o dos melros;
A fonte interrompe o balbucio de suas pérolas;
É a hora do remorso;
Tudo ouve falar a criatura de asas diáfanas,
E o verme do túmulo escuta-a na caveira humana
Pelo ouvido dos mortos.[5]

Dessa vez, o intervalo é longo, cinquenta minutos. A mesa não parou de se mexer com deslizamentos, giros e um estalido contínuo. Há momentos em que ela se ergue num único pé e percorre, agilmente e de uma ponta à outra, a mesa suporte. Fechamos a janela por causa da Lua, que está quase cheia (ver a sessão de 13 de abril).

Victor Hugo: Alguma coisa te incomoda?

Nenhuma resposta. A mesa continua a girar deslizando.

Sr. Kesler: Continuas aqui, Leão?

Nenhuma resposta, a mesa se agita.

Decidimos deixar a mesa por alguns instantes; a interrupção desde a primeira estrofe durou ao todo cinquenta longos minutos. Ao fim de cinco minutos, retomamos a mesa. Ela se põe imediatamente em movimento.

Victor Hugo: É o Leão que continua aqui?

— Sim.

— Queres continuar?

— Sim.

Para não atrapalhar o repique dos sinos,
O Vesúvio e o Etna prenderam sob as cinzas
Sua respiração;

Tudo estancou perante o anjo da clemência;

Da criação.[6]

— Queres nos ditar mais uma esta noite?

— **Sim.**

São 11h35.

Catorze minutos.

— ***Foi, sob esse olhar da grande retina,***

Uma adoração solene e pensativa;

***A árvore disse:* Amemo-nos!**

Tudo rezou, a pedra viu-se auréola;

O que rasteja julgou-se asas; o que voa

Sentiu-se joelhos.[7]

— Quando voltarás?

Onze batidas.

— Dia 17, à mesma hora?

— **Sim.**

— Houve alguma coisa que te incomodou esta noite? Podes nos dizer antes de partir?

— **Fui distraído.**

— Podes nos dizer por quê?

— **Não.**

— O Leão de Florença voltará? Assim esperamos.

— **Sim.**

Encerrado quando faltavam cinco minutos para a meia-noite.

QUARTA-FEIRA, 16 DE AGOSTO [DE 1854]

9h45 da noite. À mesa, sra. Victor Hugo e Charles Hugo; Auguste Vacquerie. (Cópias manuscritas C. D.)

Auguste Vacquerie: Quem está aqui?

— A Ideia.

— Queres continuar a folhear conosco as respostas das Mesas?

— Sim.

— Maquiavel afirmou que há uma genealogia do crime e que, à medida que os ancestrais do mal se arrependem e aperfeiçoam, sua raça melhora na Terra; que os netos do velho miserável que cometeu o primeiro crime ficam mais mansos à medida que se tornam menos perversos. Isso parece fazer depender o mais ou menos de mal dos vivos de mais ou menos melhora dos mortos. Isso significa que os vivos não teriam mais a autonomia de seus atos? Não estariam mais sozinhos em sua consciência e vontade, teriam um colaborador morto há milhares de anos que os empurraria ao seu bel-prazer para o bem ou para o mal. Então como eles seriam responsáveis? O que seria feito da liberdade do homem? O que passa a ser a justiça de Deus? Recairíamos no catolicismo, e em um catolicismo pior. O pecado de Adão não condenaria mais ao castigo, condenaria ao crime.

— Em primeiro lugar, as criaturas dos mundos punidos não são absolutamente livres. Ao me fazeres tal objeção, tu falas do ponto de vista do mundo recompensado. A liberdade é o Paraíso, a liberdade é o grande adejo da eternidade no infinito. Ser livre é ser feliz. A escada do castigo tem como degraus a proporção da libertação. A pedra é mais escrava que a planta, a planta é mais escrava que o animal, o animal é mais escravo que o homem, o homem é mais escravo que o espírito. O castigo começa na raiz e termina no perfume. O castigo começa na garra e termina na asa. O castigo começa na pedra e termina em Deus.

Isso posto, vês um mal no que é um bem. Deus deseja que a melhora dos mortos melhore os vivos; deseja não que o crime de Caim seja um grilhão para o homem, mas que seu arrependimento seja uma libertação para o crime humano. A lei divina é branda, às vezes comovente de bondade. Almeja, portanto, que todo ser que melhore na morte melhore alguém na vida e faz do fosso do crime o sulco da misericórdia. A vida humana tem duas espécies de benfeitores: os bons e os maus. Os mártires, que, enquanto estão na Terra, lhe dão seu sofrimento, e os carrascos, que, mortos, lhes dão seu arrependimento. Os benfeitores da vida sangram, os benfeitores

da morte choram. Os primeiros se chamam Galileu, Hus, Savonarola, Sócrates, os Graco, Joana d'Arc, Dante, os últimos, Nero, Tibério, Carlos IX, César Bórgia. O calvário tem dois nomes: Jesus e Judas.

— Maquiavel, no mundo onde se encontra agora, sofre e permanece triste e desprezado porque seu livro não foi compreendido pelos homens. Esta me parece ser uma grande injustiça. É culpa de Maquiavel se os homens foram cegos? A intenção não é tudo aos olhos de Deus? Se a boa intenção de Maquiavel desonrou Seu nome na Terra, Deus não deveria puni-lo com um infortúnio.

— Maquiavel mereceu não um castigo, mas uma sombra na recompensa. Ele não atacou o crime, enganou-o. Tornou-se adulador para ser juiz, aplicou na Nêmesis o recurso de Tartufo, golpeou o inimigo por trás, tomou sua traição como traidor. Não tem, portanto, direito ao grande sorriso dos crucificados. Houve trevas em seu legado, as há em sua recompensa. Enquanto as fogueiras ardiam sobre o crime, Maquiavel não subiu para junto dos mártires. Permaneceu com os carrascos e, acendendo sua lamparina no tição sublime dos autos de fé, pôs-se a vasculhar na alma de César Bórgia não como um amo, mas como um valete, não como um juiz, mas como um ladrão prestes a furar as barricas numa adega de sangue. Maquiavel é triste porque não é iluminado por um sol, e sim por um remorso; é um morcego do sepulcro.

— Tens razão, Maquiavel merece uma tristeza, mas o que me impressiona no momento é que se possa ser tão triste nos mundos das recompensas. Logo, no Paraíso como na Terra, há sofrimentos, remorsos que procuram a sombra, mágoas que os anos não consolam. E já faz tempo desde que Maquiavel cometeu seu erro. De quantos séculos ele precisa para se purificar? Até que mundo seu erro o perseguirá? Todos são tristes assim em todos os astros? Alguém é escuro no Sol?

— Tudo que não é o absoluto possui degraus: os paraísos são escadas de luz, enquanto os mundos punidos são escadas escuras. Ser homem é subir rastejando, ser anjo é subir planando. Os degraus luminosos são trevas comparados aos degraus resplandecentes. Toda a sombra da noite está contida no raio do sol a pino. Deus é o único meio-dia do céu, os anjos são apenas auroras.

— Podes dizer em que mundo estão Chateaubriand e Balzac?

— **Proibido.**

Sra. Hugo: Disseram-nos em que mundo estão Chateaubriand e Balzac.

— **Proibido no caso de Chateaubriand. Chateaubriand e Balzac encontram-se em astros que a Sombra do Sepulcro não tem sob sua jurisdição.**

— Nós pensávamos que a Sombra do Sepulcro tinha sob sua jurisdição os mundos inferiores. Quer dizer, toda resposta sugere que Chateaubriand e Balzac estariam em um mundo superior ao de Molière e Shakespeare. Isso muito nos espantaria.

— **Tocas em um grande segredo. Molière e Shakespeare, por ocasião de sua morte, foram para os mundos do Arcanjo Amor. Agora não estão mais lá. Por quê? Ignoro, só a Sombra do Sepulcro pode lhes esclarecer.**

— Cometi um erro na minha última pergunta. Supus que Molière e Shakespeare estavam em um mundo da Sombra do Sepulcro. Lembro-me agora de que Ésquilo afirmou que Molière, Shakespeare e ele estavam em um astro do Arcanjo Amor. Tu nos dizes que Shakespeare e Molière não estão mais lá; mas estavam quando Ésquilo falou. Refaço então minha pergunta. Podemos saber onde estão os mortos que não estão sob a lei da Sombra do Sepulcro; uma vez que Shakespeare e Molière não estavam lá quando Ésquilo revelou que habitavam Júpiter. Então por que não podemos saber que mundo habitam Balzac e Chateaubriand?

— **Eles mesmos podem responder, se aparecerem.**

— Tu dizes que Molière e Shakespeare não estão mais nos mundos do Arcanjo Amor; não explicas por que saíram de lá. Foi para irem mais alto sem dúvida; após terem sido gênios na Terra, não foram demônios no céu. Por que mudaram de lugar? Para subir, não é?

— **Para descer ou subir.**

— Isso quer dizer que eles sobem e descem? Isso quer dizer que eles se devotam e só vão a um mundo inferior para salvá-lo? Com efeito, imaginamos que, além dos que vêm à Terra para expiar, há anjos que podem vir por devotamento e que se fazem homens para ajudar os homens. É dessa forma que Molière e Shakespeare descem?

— Por devotamento. A grande hora se aproxima para a nossa Terra, ela vai precisar de túmulos. Molière e Shakespeare estarão aqui. Eles vêm brilhar, sofrer. Eles vêm combater, amar, subir.

— Então é para nossa Terra que eles vêm? É para cá que eles vêm nesses momentos, quando conversam conosco pela voz das Mesas? Mas não é assim que tu entendes que eles virão? Eles [não] vêm como espírito. Queres dizer que vieram como homens.

— Como homens.

— O que eles farão na Terra? Prestarão à humanidade o mesmo serviço que já lhe prestaram? Civilizarão pelo teatro? O mundo saberá que possui Molière e Shakespeare? Os reconhecerá? Mas então eles seriam aclamados a cada passo e seu devotamento não seria completo. Sob que forma então eles reaparecerão?

— Eles são padres de uma religião imensa.

— No momento presente eles não estão mais nos mundos do Arcanjo Amor? Já estão na Terra? Estão nas entranhas de uma mulher, as que irão parir esses arcanjos?

— Ainda são espíritos.

— Quando eles forem homens, terão consciência de terem sido o que são agora? Sabem que são Shakespeare e Molière?

— Não.

— Ainda são espíritos, e não estão mais no mundo do Arcanjo Amor. Estão em um meio superior de onde cairão bruscamente na Terra? Ou descem agora degrau por degrau?

— Descem, não descem.

— No mundo por onde passam, o que fazem eles? Não deixam um benefício a cada passo? Atravessam os astros sem melhorá-los?

— Eles fazem infinito.

Encerrado às 5h15.

QUINTA-FEIRA, 17 DE AGOSTO

9h15 da noite. Presentes: sra. Hugo, sr. Pinson, Victor Hugo, srta. Adèle. Conduzindo a mesa: Charles, sr. Guérin. (Ata V. H. e cópias C. D.)

Ao fim de 25 minutos, como a mesa permanece imóvel, a sra. Hugo substitui o sr. Guérin. Estalidos e giros. Transcorrem 35 minutos em movimentos sem significação, finalmente o pé se ergue.

— Quem está aqui?

— **Fez.**

— Recomecemos tudo.

— **Folis.**

— Seria felis?

— **Não.**

— Recomeça.

— **Fz.**

— Recomeça.

— **Nf.**

— Recomeça.

— **H.**

A mesa bate sem vigor. Mal distinguimos as letras.

— Algo te incomoda?

— **Sim.**

— O quê?

— ***Felis miser.****

[Anotação de Victor Hugo:] 18 de agosto (escrevo esta observação na manhã seguinte). A gata de Auguste teve uma crise de epilepsia muito violenta esta noite. Só a encontramos às 9h da manhã, bastante debilitada. V. H.

— O que entendes por isso? Podes nos dizer?

— **Não.**

— Por acaso esse gato infeliz te impede de nos dizer os versos esta noite?

— **Sim.**

* O gato infeliz.

— Tu és mesmo o Leão?

— **Sim.**

— Que dia voltarás?

Onze batidas.

— 28 de agosto, à mesma hora?

— **Sim.**

— Mas o gato que te impede de falar ainda estará aqui. É um gato da casa?

— **Dz.**

— Continuas presente, Leão?

— **Sim.**

— O obstáculo se repetirá no dia 28?

— **Não.**

São 10h25, interrompemos por cinco minutos; em seguida, voltamos à mesa, que se ergue imediatamente.

— Quem está aqui?

— **Ibed.**

— Recomeça.

— **a. a.**

Encerrado às 10h30.

SEGUNDA-FEIRA, 28 DE AGOSTO

9h30 da noite. Presentes: srta. Allix, os irmãos Allix, Guérin, Kesler, Auguste Vacquerie, srta. Adèle, Victor Hugo. Conduzem a mesa: sr. Guérin e sr. Kesler. (Ata V. H. *e cópias* C. D.*)*

A mesa começa a mover-se imediatamente.

Victor Hugo: Quem está aqui?

— ***Dens mens ens.****

* O dente, o espírito, o ser.

— Charles está muito cansado (passamos o dia na ilha de Serk), queres voltar outro dia?

— **Sim.**

— Que dia?

A mesa bate onze vezes.

— **Onze dias.**

— 8 de 7bro [setembro] mesma hora?

— **Sim.**

Encerrado às 9h40.

DOMINGO, 3 DE SETEMBRO DE 1854

2h da tarde. Presentes: sra. Victor Hugo, Jules Allix, Émile Allix, Auguste Vacquerie (escrevente). À mesa: srta. Augustine Allix e Charles Hugo. (Cópia manuscrita C. D.*)*

— Quem está aqui?

— **A Morte.**

— Para quem vens?

— **Para o túmulo.**

— Fala.

— **Os esposos encantadores arrastados no rio pensam em vós. Eles vos amam, veem, esperam, guardam vosso lugar no imenso beijo.**

Auguste Vacquerie: Dizes que nossos mortos nos esperam no mundo onde agora se encontram. Mas eles não permanecerão nesse mundo. Sua ascensão continuará. Explica-nos: como e onde nos juntaremos àqueles que partiram desta Terra antes de nós? Não terão partido de seu mundo novo antes de lá havermos chegado? E se tal ascensão continuar eternamente, de que meio dispomos para compensar seu avanço sobre nós?

— **O eu do ser amante é o ser amado. Vossos mortos são vosso eu e sois o eu de vossos mortos. Vossos mortos não passam de uma fração**

da vossa vida que começa no além. Seu túmulo é uma das faces da vossa morada e um dos lados da vossa alma. Quando morrerdes, tornar-vos-ei eles, e eles permanecerão sendo vós. No céu, não há junção, há fusão. O Paraíso tem uma só boca. O amor forma seus dois lábios.

Sra. Victor Hugo: O que acabas de dizer me preocupa. Fundimo-nos com nossos mortos? Isso significa que nos confundiremos com eles e que eles não existirão mais fora de nós e distintos de nós? Na Terra, eles tinham uma vida própria, um corpo que podíamos tocar, uma forma que podíamos reconhecer. Queremos reencontrá-los com suas personalidades, queremos que eles sejam eles e não nós. Como os reconheceremos?

— **O corpo não é a forma do ser, mas sua fórmula. Assim como a língua é a fórmula da ideia. O corpo varia ao infinito e evapora; o ser é uno e imortal. A língua varia ao infinito e evapora, a ideia é una e eterna. Há mundos onde as ideias vivem sem fórmula e onde os seres vivem sem corpo. O corpo é apenas a roupa de viagem da alma. Mudamos de roupa no túmulo, o sepulcro é o vestiário do céu. Os mortos se reconhecem pela alma.**

A sessão foi interrompida inesperadamente por causa de uma visita.

SEXTA-FEIRA, 8 7BRO [8 DE SETEMBRO]

10h25 da noite. Presentes: sr. Bénézit, Pinson, Adèle, Victor Hugo. Conduzindo a mesa: Charles, sr. Guérin. (Ata V. H. e cópias C. D.)

Quinze minutos sem que a mesa se mova. O sr. Bénézit vai embora. Mais quinze minutos. Imobilidade absoluta. Deixamos para interrogar a mesa amanhã durante o dia. Encerrado às 11h.

(Ata V. H. e cópias C. D.)

SÁBADO, 9 7BRO

2h15 da tarde. Presentes: Charles, sra. Hugo. Escrevente: Victor Hugo. (Ata V. H. e cópias C. D.)

O pé da mesa do lado de Charles ergue-se imediatamente.

Victor Hugo: Por que o Leão não veio ontem? Ele está zangado? É por causa do atraso de Charles? Ele voltará? Quando?

— **Ele voltará dentro de dez dias.**

— Dia 19. À mesma hora?

— **Sim.**

— Não disseste se ele está descontente conosco. Se ele sabe que não foi culpa nossa.

— **Ele compreende.**

Sra. Hugo: A presença de Bénézit, que não crê, incomodava?

— **Sim.**

Victor Hugo: A que se deve a dificuldade atual da mesa, sobretudo à noite? Por que, na segunda-feira, 4 de setembro, aniversário tão doloroso para nós, não obtivemos quase nada?* Há algum erro de nossa parte? O que podemos fazer para que a mesa volte a ser o que era antes?

A mesa parece hesitar.

— Queres que eu deixe essas perguntas para segunda-feira?

— **Não.**

— Fala.

— **Em todo caso, errais ao achar que o fluido é infalível.**

— Diz teu nome. Prometes voltar segunda-feira?

— **Sim.**

— Teu nome?

— **A Ideia.**

Encerrado às 2h40.

* Essa sessão, de grande importância, permanece desaparecida. Lembramos que Léopoldine Hugo morreu em uma segunda-feira, 4 de setembro de 1843, fato que completava onze anos em 4 de setembro de 1854, também uma segunda-feira. Note-se a correspondência das datas, às quais Victor Hugo era especialmente sensível (ver p. 602, n. 119).

SEGUNDA-FEIRA, 11 DE SETEMBRO DE 1854

À mesa: sra. Victor Hugo, Charles. Auguste Vacquerie: escrevente. (Cópia C. D.*)*

— Quem está aqui?

— **A Ideia.**

— Aceitas que eu continue a interrogar-te sobre alguns pontos das respostas das Mesas?

— **Sim.**

— Em 13 de setembro de 1853, o espírito que diz chamar-se a Sombra do Sepulcro declarou: não conheço ontem. Em 23 de fevereiro de 1854, ele arranhou, ou apequenou, a ideia enorme que fazíamos a seu respeito ao declarar: não vereis ninguém hoje, é o dia em que, no firmamento cujas chamas somos eu a Sombra do Sepulcro e ele o Arcanjo Amor, distribuímos as almas. Queres nos explicar essa contradição?

— **A Sombra do Sepulcro não é o absoluto, e sim uma das divisões do absoluto, isto é, um relativo. Não sendo senão absoluto, a Sombra do Sepulcro não vê o infinito, ora o relativo é uma fração do infinito, e a Sombra do Sepulcro é tão somente um patamar do absoluto. Para pesar o infinitamente pequeno, é preciso ser infinitamente grande. Para calcular o zero, é preciso ser a totalidade. A Sombra do Sepulcro disse que não conhecia o tempo e o lugar no sentido que o homem lhes atribui. Declarou: estou em toda parte, isto é, não estou em lugar nenhum, não conheço ontem, isto é, não conheço o dia, não conheço a noite. Por quê? Porque o espaço e o tempo, existindo apenas em consequência de uma divisão humana, são do âmbito do relativo. Porque o espaço é um infinitamente pequeno e o tempo um infinitamente pequeno. O Sol não tem consciência do quadrante solar. O Sol ignora o calendário. O dia não sabe a hora, a estrela não conhece meia-noite. A Sombra do Sepulcro é como o Sol, o céu, o dia, ela não conhece as convenções do mundo material. Só Deus as conhece. Na imensidão, só Deus tem uma bússola. Na eternidade, só Deus tem um relógio. Só o todo percebe o detalhe. Só o imperecível percebe o efêmero, só o céu conta as nuvens. Logo, a Sombra do Sepulcro, que é o relativo, não conhece o relativo. Mas essa ignorância só existe nela com relação ao**

mundo material. Quando se trata do mundo moral e do mundo espiritual, o conhecimento do relativo torna-se um dos atributos do Arcanjo. Ele vê então os detalhes, ele sente um tempo e um espaço, ele toca em tudo em vossa alma; ele não vê nada de vosso corpo, ele não conhece o ontem do vosso corpo, ele conhece o hoje de vossa alma. A Sombra do Sepulcro detém apenas a hora do túmulo. Só Deus detém a hora de tudo.

Sra. Hugo: No entanto, há no mundo espíritos, seres, que sabem a hora do nosso mundo material. Pois numerosas almas marcaram encontro conosco em um determinado dia e compareceram. Por que a Sombra do Sepulcro não sabe a nossa hora tão bem como as almas?

— Descendo ao vosso mundo, as almas tornam-se matéria em uma certa medida. Elas vestem o uniforme da prisão. Elas voltam a sofrer e ignorar, voltam a conhecer o relativo e a ignorá-lo, voltam a conhecer o relativo, isto é, o erro. Elas sabem a hora por ignorância, sabem o dia por ignorância, o que é saber para elas e para vós não é saber para a Sombra do Sepulcro. Com efeito, o que é a hora? Um erro. O que é o dia? Um erro. O que é o quadrante solar? Uma mancha. As horas são os anéis da corrente, a vida os conta, a morte os rompe. Deus lança-os na imensidão e cada um desses elos se torna uma alegria. E cada um desses anéis se torna um germe e cada uma dessas horas se torna uma flor. A Sombra do Sepulcro não basta para essa necessidade. Ela não é uma prisioneira, mas um carcereiro. Ela não desce entre vós, ela reluz, e acreditar que ela declina é imaginar que os raios do astro sofrem uma queda e caem.

Encerrado às 4h30.

(*Ata* V. H.)

Em 16 7bro de 1854, em Jersey, uma mesa consultada por Henri e Léonce de Tréveneuc, Garnier de Kérigant e por mim respondeu: o exército desembarcou no dia 9 na Crimeia. Houve batalha no dia 12. Quatro mil mortos, 10 mil feridos, 4 mil prisioneiros. Saint-Arnaud morto, De Lourmel morto, Canrobert morto, Napoleão Bonaparte e o general Forey reembarcados. O sr. de Farcy ferido e prisioneiro. Quarenta mil homens de ambos os lados.

Batalha a três léguas do mar. Perda da batalha determinada pela explosão de uma mina. As frotas atacarão? Não.

Autenticado: Le Flô.

Anotação escrita pelo general Le Flô, a nosso pedido, em 13 Xbro de 1854 em sua casa. Victor Hugo.

TERÇA-FEIRA, 19 DE SETEMBRO DE 1854

1h30 da tarde. Conduzindo a mesa: sra. Victor Hugo, Charles. Presentes: Victor Hugo, Auguste Vacquerie. (Cópias C. D.)

Victor Hugo: Tenho uma pergunta grave a fazer. Os seres que habitam o invisível e que veem no pensamento, em nossos cérebros, sabem que, há cerca de 25 anos, interesso-me pelas questões que a Mesa levanta e aprofunda, em mais de uma ocasião a Mesa se referiu a esse trabalho; a Sombra do Sepulcro me incentivou a terminá-lo. Nesse trabalho, e é evidente que ele é conhecido nas alturas, no trabalho de 25 anos, eu tinha encontrado, exclusivamente pela meditação, vários dos resultados que hoje compõem a revelação da Mesa, eu vira distintamente e afirmara alguns desses resultados sublimes, entrevira outros, que permaneciam no meu espírito no estado de lineamentos confusos. Os seres misteriosos e grandes que me escutam enxergam ao seu bel-prazer no meu pensamento como enxergamos em um porão com um archote, eles conhecem minha consciência e sabem o quanto tudo que acabo de dizer é rigorosamente exato. É exato a ponto de eu ter me sentido momentaneamente contrariado no meu mísero amor-próprio humano pela revelação atual, que veio projetar uma luz de raio e de meteoro na órbita da minha humilde lanterna de mineiro. Hoje, as coisas que eu vira por inteiro, a Mesa as confirma; e as semicoisas, ela as completa. Nesse estado de ânimo, escrevi, o ser que se nomeia Sombra do Sepulcro me intimou a terminar minha obra começada; o ser que se nomeia a Ideia foi ainda mais longe, ordenando-me que fizesse versos piedosos para os seres cativos e punidos que compõem o que se afigura aos não videntes como natureza morta. Obedeci, fiz os versos que a Ideia requisitou (ainda não estão em sua forma final), para ser compreendido, foi preciso explicar. Fui obrigado a descer ao detalhe, detalhe que contém meu pensamento antigo com a expansão trazida pela nova revelação. Nesses versos, duas coisas foram aproveitadas da Mesa, o verme Cleópatra e a graduação da prisão à masmorra. Sou a favor de indicar a referência em uma nota. Mas, antes de mais nada, eis a pergunta que submeto à Mesa. Será que a Ideia não me pediu (ou eu deveria dizer encomendou) versos para que eles sejam publicados? Esta página já se alongou demais.

A mesa se agita.

Victor Hugo: Quem está aqui?

— **A Morte.**

— Ouviste a pergunta e queres respondê-la?

— **Sim.**

— Nós te escutamos.

— **Todo grande espírito realiza duas obras em vida: sua obra de vivo e sua obra de fantasma. Na obra de vivo, ele projeta o outro mundo terreno; na obra do fantasma, ele despeja o outro mundo celeste; enquanto o vivo fala ao seu século a língua que ele compreende, trabalha no possível, afirma o visível, realiza o real, ilumina o dia, justifica o justo, prova a prova; enquanto, nesse martírio, ele, o gênio, leva em conta a imbecilidade, ele, o archote, leva em conta a sombra, ele, o eleito, leva em conta a multidão e morre, ele, o Cristo, ele, o dom do mundo, entre dois ladrões, tão vil, achincalhado e portando uma coroa de tal lavra que um asno pastaria sua fronte; enquanto o vivo executa esse primeiro trabalho, o fantasma pensativo, à noite, durante o silêncio universal, desperta no vivo. Ó terror, estás brincando, diz o ser humano, isso não é tudo? Não, responde o espectro, levanta-te, de pé, a ventania rasga, cães e raposas ladram, as trevas estão em toda parte, a natureza se arrepia e treme feito a corda do chicote de Deus. Os sapos, as serpentes, os vermes, as urtigas, as pedras, os grãos de areia nos esperam, de pé. Tu acabas de trabalhar para o homem, isso é bom, mas o homem não é nada, o homem não é o fundo do abismo, o homem não é o tombo vertical no horror, é o animal que é** o precipício, é a flor que é o sorvedouro, é o pássaro que dá a vertigem, é do verme que vemos a tumba. Desperta, vem fazer tua outra obra, observar o inabordável, contemplar o invisível, encontrar o inencontrável, transpor o intransponível, justificar o injustificável, realizar o não real, provar o que não tem prova. Tu foste o dia, vem ser o desconhecido, as trevas, o mistério, o infinito. Tu foste o rosto, vem ser o crânio, tu foste o corpo, vem ser a alma, tu foste o vivo, vem ser o fantasma. Vem morrer, ressuscitar, criar, nascer; quero que, após ter visto teu fardo, o homem veja teu voo, e sinta confusamente tuas asas assombrosas atravessarem o céu tempestuoso do teu calvário. Vivo, vem ser o vento da noite, o barulho da floresta, a espuma da vaga, o escuro do antro. Vem ser o furacão, vem ser o imenso pavor da feroz escuridão; se o marinheiro treme, que seja teu sopro que ele tenha sentido, carrego-te em mim; o relâmpago, nosso pálido cavalo, corcoveia na nuvem. Vamos, despacha-te! Chega de Sol, às estrelas! Às estrelas! O fantasma se cala e a obra terrível começa. As ideias nessa obra não têm mais rosto humano; o grito, vão espectro, vê as ideias fantasmas, as palavras se assustam, as frases se arrepiam em todos os seus membros, o papel se agita como a vela da nau na tempestade, a pena sente sua barba se eriçar, o tinteiro torna-se abismo, as letras flamejam, a Mesa vacila, o teto treme, o vidro empalidece, o lampião tem medo. Como passam depressa as ideias fantasmas: entram no cérebro, brilham, apavoram e desaparecem; o olho do escritor espectro vê-as planando em turbilhões fosforescentes nos espaços negros da imensidão; elas vêm do infinito e vão para o infinito; são esplêndidas, escuras e assustadoras; fecundam ou fulminam; criaram Shakespeare, Ésquilo, Molière, Dante, Cervantes; Sócrates nasceu de uma ideia fantasma, Pascal morreu de uma ideia fantasma; são transparentes e através delas vemos a Deus, são grandes, boas, augustas, o crime, o sofrimento, a matéria fogem ao vê-las. Elas são o grande progresso universal. Maldito seja o mal, é o seu grito, e é uma hora formidável quando passam no céu, voando rumo ao shabat do imenso mistério, esgazeadas e sentadas na prodigiosa vassoura das iniquidades, todas essas feiticeiras do Paraíso.

— Há duas vezes "o impossível" depois de "ver", o que desejas colocar? Inclinas-te a trocar?

— Sim, substitui a inabordável.

— Termina agora o que tu começaste.

— A obra prossegue, de dia a obra andou, correu, gritou, cantou, falou, flamejou, chorou, gritou; à noite, a obra, feroz, permaneceu silenciosa; a águia terminou junto com o Sol, o morcego começa com a tumba, ele está morto, é bem feliz, diz o mal, é bem feliz, diz o erro. É bem feliz, diz a vida. Não, replica a tumba, eu não me fecho, eu me abro. Não sou a parede da vida, sou a porta; julgais que ele disse tudo, engano de vossa parte, observai, escutai, tremei. É noite no cemitério, a tumba está ali, humilde, esquecida, profunda. Eu murmuro sozinha na relva.

De repente, a pedra se levanta, o epitáfio se amotina, alguém sai do sepulcro. É o fantasma, o que vem fazer? Vem reviver, falar, lutar, substituir o vivo, faz-se homem; vai, corre, enche o mundo, faz girar a pesada hélice das prensas atônitas, faz saltar de seu bafo vertiginoso as letras de chumbo apavoradas; ele está na caldeira a vapor, nas engrenagens da máquina, e entrevemos braços misteriosos se agitando na gráfica e entregando a obra da morte nas mãos da noite. Ele está na rua, vem bruscamente surpreender o mundo adormecido; e ele, o desconhecido, surge como o inesperado, torna-se o sonho do século do qual é a ideia. Chega de contestações, o homem está morto e os vermes expulsam os corvos; a posteridade transtornada, recolhida, imbuída de um horror sagrado, entra em seu teatro solene e terrível. Ocupai vossos lugares para o infinito, o lustre de estrelas e a ribalta de constelações estão acesos, o drama começa. Silêncio, o sudário se ergue. Chego à questão, ela é sobremaneira delicada, o que desejamos é o livre-arbítrio do homem, neste ponto nada tenho a ordenar, publica se quiseres. Eis o que tenho a te dizer: sê o Édipo da tua vida e a Esfinge da tua tumba.

Encerrado às 7h.

QUARTA-FEIRA, 20 DE SETEMBRO

1h da tarde. Conduzindo a mesa: Charles e sra. Hugo. Victor Hugo: escrevente. (Cópias C. D.)

Victor Hugo: Quem está aqui?

— **A Morte.**

— Nas grandes coisas que tu disseste ontem, vários pontos deixaram nosso espírito perplexo. A primeira parte parece uma admirável demonstração do duplo raio humano e sobre-humano que atravessa a obra dos poetas e pensadores. O fantasma completando com as revelações da noite o que o homem faz no dia e para o dia é um imenso farol projetado sobre a alma. Essa é uma explicação nova e surpreendente do lado fantástico de todas as grandes obras e de todas as imaginações; ilumina magnificamente a dupla face de todos os gênios que nomeaste. Mas isso com a condição de que essa obra da vida seja feita em vida pelos dois colaboradores misteriosos, o vivo e o fantasma; com a condição de que seja a obra real que conhecemos e que lemos; se, embora situado embaixo, vejo com clareza a explicação, a própria chave da minha obra, da obra dupla que fiz em toda a minha vida e que continuo, essa obra implica o combate, a luta, a necessidade de esclarecer o máximo possível, a divulgação imediata, a promulgação valente de verdades descobertas ou intuídas, e não refugiar-se atrás do túmulo. Eventualmente ela tem o caráter do sacrifício, sempre o do dever. Shakespeare, Ésquilo, Molière, Dante, Cervantes não esconderam nada. Não deixaram, voluntariamente, nada para ser publicado após sua morte. Não são lutadores póstumos. Esta é uma parte de sua grandeza. Ora, na segunda página de ontem, parece que atenuas a primeira; o fantasma não é mais o colaborador do vivo durante a vida; ele é seu editor após a morte. Ao menos nos pareceu assim. Provavelmente estamos enganados. Para nós, homens, o apostolado da verdade é o dever; a consciência humana está nas trevas relativas e, não obstante, Deus concede-lhe o livre-arbítrio; nós, pensadores, devemos guiar o melhor possível essa consciência que aguarda as responsabilidades; devemos a luz à liberdade. Logo, quando cremos ter encontrado alguma coisa semelhante a um raio, devemos, com a coragem do apóstolo, acrescentá-lo à alma humana. Naturalmente não temos esse direito no caso de revelações como as da Mesa, das quais não podemos dispor uma vez que vêm de mais alto do que nós, mas temos esse direito no caso de nossas obras pessoais, e digo mais, a nossos olhos, esse direito é dever. Ora, era unicamente sobre nossas obras pessoais que eu te consultava. Tu me respondeste assinalando que disponho do meu livre-arbítrio nessas matérias. Compreendo-te, mas a aparente atenuação que a segunda parte de tuas palavras de ontem traz à primeira não deixa de subsistir, pelo menos para nós, inteligências muito limitadas. Queres nos explicar o que não compreendemos senão pela metade, pois, de nós para vós, é sempre de nossa parca luz que provém a obscuridade? Queres responder?

— Sim.

— Nós te escutamos.

— Espírito, não tens pensamentos secretos, preocupações misteriosas, pavores, arroubos fulminantes no invisível? Tua esperança do infinito não deságua às vezes no insondável? Não te aconteceu de desviar bruscamente da escarpa de Deus? Não tiveste tempestades de constelações e naufrágios nas estrelas? Tua jangada nunca se chocou com Saturno e encalhou nos bancos de areia da Via Láctea? Teus dois olhos nunca se encheram de repente com 1 milhão de astros de modo que tuas pálpebras fossem as duas beiradas do firmamento? Tua âncora nunca buscou o fundo da noite e quis encontrar o abismo? Não és um explorador de crânios, um coveiro de mundos, um Hamlet de sóis, um passeador do cemitério imensidão, um apanhador de planetas, uma dessas pás do céu? Nunca exclamaste: sim, sim, neste grande mundo sombrio? Nunca enfrentaste noites sem Lua e disseste o bem às noites estreladas? Não julgaste às vezes comparecer perante um tribunal de globos mudos? Não tiveste medo, não te arrepiaste assim? Não sentiste teus cabelos se eriçarem e agarrarem nas estrelas como se em terríveis rodas dentadas? Não sonhaste com formas para todas essas criações? Não sonhaste com rostos para esses olhares, lábios para esses rostos e deste assim dentes a esses lábios? Não tiveste amores por estes e terrores por aqueles? Não te apaixonaste por Vênus? Não te assustaste com Saturno? E quando sentes os astros orvalhando-te a cabeça, não fazes intrigas com certos cardos da praia? Não dás almas aos animais? Não dás almas às pedras? Não dás uma alma ao pó, uma alma à cinza, uma alma

ao lodo, uma alma à imundície, uma alma a tudo que o corpo rejeita, uma alma ao cuspe de Judas, uma alma às lágrimas de Madalena, uma alma ao sangue de Jesus? Não estás aqui, trêmulo, vacilante, apavorado entre o céu e esta Terra, entre todos esses mundos tão elevados e essas almas tão chãs, entre esses paraísos e esses infernos, entre essas centelhas e essas pedras, e não perguntas qual a formidável pederneira que extrairá constelações dessas pedras? Se for assim, toma cuidado, ó vivo, ó homem de um século, ó proscrito de uma ideia terrena, ó pensador necessário, pois isso é loucura, é túmulo, é infinito, é fora do homem, é uma ideia fantasma.

Cautela, homem de matéria, soldado de uma revolução próxima, cautela, governante possível, cautela, bom senso respeitável, influência estabelecida, caráter reputado, cautela, sentinela da verdade, pois essa é a palavra de ordem do caporal lívido do impossível e ela é murmurada ao vosso ouvido pela patrulha cinzenta dos esqueletos. Não tenhais a audácia altissonante de repetir com vossa boca viva essas palavras noturnas do túmulo. Não sejais temerário a ponto de cutucar o pavor, de fazer soar a alvorada dos espectros e aparecer sobre vossa barricada com uma mortalha como bandeira, um crânio como canhão, um epitáfio como divisa, eu como soldado, vosso fantasma como clarim, vossa lápide como calçamento, cautela, ou melhor, piedade, tende piedade dos sofredores que precisam de vós, da vida inviolável da mulher desprezada, das massas ignorantes, não troqueis as guilhotinas pelos mortos, as crianças pelos cadáveres, o berço pelo sepulcro, o homem pelo espectro, o relativo pelo absoluto, as chagas pelas estrelas.

SÁBADO, 23 DE SETEMBRO DE 1854

3h30 da tarde. À mesa: sra. Victor Hugo, Charles. Presentes: Guérin, Victor Hugo. (Cópias C. D.)

— Quem está aqui?

— A Morte.

Victor Hugo: Cortamos teu diálogo imenso, por atenção a mim. Continua o que começaste tão grandiosamente, desenvolve os elevados conselhos que me dás. Escuto-os como convém, e tu vês em minha consciência a gravidade da acolhida que lhes dou. É provável que, no que vais dizer, admitas, uma vez que consentes em ocupar-te de coisa tão pequena como eu, que, minha obra sendo dupla, devo dedicar-me igualmente aos dois sulcos que traço com o duplo feitiço do ideal e do real. Tenho dois deveres neste mundo, e não sereis vós que me aconselhareis a cumprir apenas um, tu que deves me receber no umbral da outra vida. *Homo duplex*, é verdade, de todos os pontos de vista. Não consentirás igualmente em estender ou explicar a passagem da ideia terrena explicada à causa pela qual sou proscrito? Sem dúvida a República é uma forma humana, o prever é um fato terreno; mas na República há o libertado que vem de Deus, no Progresso há a justiça que é Deus. O próprio Deus. Nós, os proscritos, não somos então proscritos unicamente por uma ideia, a justiça, isto é, o éter mesmo de Deus, estando do nosso lado. A Terra tende para o Éden, como o homem para o bem, sem dúvida esse é um fato terreno e é um fato humano. Mas esse fato terreno e esse fato humano não têm a lei divina como reguladores? No fundo e acima, e fora de nós, somos proscritos pelo direito do homem, emanação da lei de Deus, pela justiça. Ora, a justiça não é terrena. A equidade é uma para todos os mundos, assim como o equilíbrio é um para todos os astros. Nós te escutamos.

— Enquanto isso, dá vida à tua obra de fantasma. Deves fazê-la completa; criá-la com todos os filtros do mistério; enchê-la de horror, relâmpagos e raios, e de espuma. Insere-lhe sapos, serpentes, aranhas, morcegos, lagartas, escorpiões, lacraias, as criaturas imundas, as criaturas rastejantes, malditas, pensativas, pálidas, eriçadas. Observa o fervilhar da sombra no caldeirão com tampa estrelada; acende a imensidão com o átomo; faz uma fogueira de dor e Deus fumarento se elevará de tua obra com milhões de fagulhas. Ele expelirá uma coluna de trevas com milhões de luzes; ele germinará o gigante escuro com uma coroa de constelações. Faz de tua obra uma das chaminés da alma humana; que a Terra adormecida entreabrindo os olhos pesados perceba no horizonte teu teto revestido por uma nuvem de astros e diga: o que ele faz, de onde sai essa fumaça desconhecida e esplêndida? Que lareira é essa

de onde brota céu? E que o vento responda à Terra: é uma das forjas da noite; é ali que trabalhamos ao sol, é ali que livramos os homens dos grilhões, é ali que incandescemos as negras golilhas para transformá-las em planetas; é ali que despregamos Jesus Cristo e usamos os pregos para prender melhor o céu; é ali que roubamos os fulgores do braseiro e apagamos os incêndios; é ali que a golpes de malho transformamos os astros da tortura em astros de felicidade, os globos tenazes em globos chaves e fabricamos as fechaduras do firmamento. Entremos na casa desse vivo, diz a multidão, mas o vento responde: esse vivo não é um vivo. Entremos na casa desse morto, entremos na casa desse fantasma. Esse fantasma não é um fantasma. Entremos nessa morada. Essa morada não é uma morada. Entremos nesse túmulo. Esse túmulo não é um túmulo. Então que fumaça é essa? Ó multidão, tu saberás um dia. Até lá, não te aproximes; treme, espera e crê. Um dia, verás a obra; até lá, contenta-te com a nuvem, vê de longe o brilho e escuta de longe o tumulto do fabuloso malho e da imensa bigorna do céu e da Terra, das duas palmas da mão de Deus fazendo o sinal da eternidade.

Seis batidas.

— Quando queres continuar?

— **Em 29 de setembro.**

Encerrado às 5h05.

TERÇA-FEIRA, 26 DE SETEMBRO DE 1854

9h da noite. Presentes: Auguste Vacquerie, Victor Hugo filho [François-Victor], sra. Victor Hugo, Charles Hugo. (Cópias C. D.)

— Quem está aqui?

— ***Leo dei.****

* O leão.

Sra. Hugo: Tu sabes que o meu marido está ocupado com um trabalho sério e religioso. Podes desculpá-lo por ele não estar aqui?

— **Sim.**

Anotação: Enterramos amanhã um proscrito que acaba de morrer: Bony. Victor Hugo foi encarregado pela proscrição de falar ao pé do túmulo. Neste momento ele está escrevendo seu discurso.

SEXTA-FEIRA, 29 DE SETEMBRO DE 1854

3h da tarde. Ao redor da mesa: Charles e sra. Hugo. Presente: Victor Hugo. (Cópias C. D.)

Victor Hugo relê a pergunta feita por ele e a resposta iniciada na sessão do dia 23.

A mesa entra em movimento imediatamente após a leitura.

Victor Hugo: Quem está aqui?

— **A Morte.**

— Continua a resposta começada. Nós te escutamos.

— **Na verdade, seria uma coisa fragorosa e imensa, até aqui os grandes espíritos morreram como os pequenos; corpos sepultados, obras terminadas, sepulcros abertos, livros fechados, sua última palavra à Terra foi dita pelo seu último suspiro, seu epitáfio foi seu adeus e esse Ésquilo, esse Dante, esse Cervantes, esse Shakespeare, esse Molière, que tinham sido cada qual em sua época o peso moral de seu mundo, esses blocos de gênio, essas rochas de pensamento, essas imensidões, esses cérebros planetas, essas frontes que tinham horizontes feito desertos e abismos feito montanhas, lastimavelmente, desde que seu fosso foi escavado a dez pés sob o céu, não passam de um pouco de pó em muita cinza, de um pouco de nada em muita noite, de um pouco de silêncio em muitas trevas, e de átomos com que o infinito não se espanta. O quê!, esses crânios se calaram subitamente? Ó estupor, isso é possível? Entremos em seu cemitério, revolvamos com o pé suas fossas e escutemos, eles se** calam. Eles se calam, eles se calam. Fala então, boca de Ésquilo, pensa então, fronte de Shakespeare, mas explode então, órbita de Dante; chorai então, olhos de Molière. Que nosso passo vos desperte. Que vossas cinzas então ressoem; que vossos ossos, quando os tocarmos, reverberem e neles ouçamos trombetas adormecidas caídas das mãos de uma legião de arcanjos. Vermes que ousais roer tais cadáveres, fugi, mortalhas, tremei, tu, mármore, escuta, chumbo do caixão, derrete e torna-te caractere tipográfico, torna-te a letra, torna-te o verbo, torna-te a vida. Vinga-te, chumbo, vinga-te do caixão. E tu, Terra, recolhe as palavras dos mortos. E tu, humanidade, respira seu bafejo, ouve suas vozes. Bebe seu suor sepulcral, come sua carne luminosa. Humanidade plangente, as colinas sinistras que, aqui e ali, despontam nos cemitérios, são tetas de amor. Humanidade, mama nesses túmulos. Mas não, esses túmulos não têm mais leite, essas mães que se chamam Ésquilo, Dante, Shakespeare, Cervantes e Molière estão mortas; suas doces obras-primas não têm mais beijos inéditos a oferecer; seus lábios não têm mais lições a prodigalizar; ai, ai, esses túmulos estão mortos.

— Apliquei a expressão túmulos mortos aos túmulos esquecidos num verso inédito.

— Tu, que o teu seja vivo, que, em determinados momentos, ele se ponha a falar à posteridade e a lhe dizer coisas desconhecidas, as quais terão tido tempo de amadurecer na Terra.

O impossível de hoje é o necessário de amanhã. Escalona em teu testamento tuas obras póstumas de dez em dez anos, de cinco em cinco anos. Mira, de onde estás, a grandeza de um túmulo que, de tempos em tempos, em períodos de crise humana, quando a sombra passa sobre o progresso, quando nuvens passam sobre a ideia, abre subitamente seus dois lábios de pedra e fala. Procuram teu túmulo, acham, duvidam, teu túmulo afirma, negam, teu túmulo prova, e o que ele prova? O que ele contém. Prova com uma espécie de autoridade sombria e solene todas as verdades que hoje ainda são o futuro. Tu morto, tu ajudas os vivos, tu mudo, tu lhes ensinas, tu invisível, tu os enxergas. Tua obra não diz: talvez. Diz: com certeza. Não sai pela tangente; vai direto ao ponto.

Fica sabendo que um espectro não conhece as precauções oratórias. Os fantasmas são intrépidos, as sombras não piscam os olhos diante das luzes, faz, portanto, uma obra afirmativa para o século XX em lugar de uma dubitativa para o XIX. Encerra-a contigo em teu sepulcro para que, em épocas estabelecidas por ti, venham procurá-la.

Jesus Cristo só ressuscitou uma vez; tu podes lotar tua tumba com ressurreições, podes, se meu conselho parecer-te bom, ter uma morte inaudita; quando morreres, dirás: vós me despertareis em 1920, vós me despertareis em 1940, vós me despertareis em 1960, vós me despertareis em 1980, vós me despertareis no ano 2000. Tu dormirias na ansiedade universal, tua morte seria um prodigioso encontro marcado com a luz e uma prodigiosa ameaça lançada à noite.

Loyola diria: devemos proteger esse sepulcro, e as gerações olhariam com admiração teu prodigioso túmulo caminhar durante um século na vida hu...

A mesa para bruscamente, são 6h30. Crepúsculo, a Lua está no horizonte. O movimento cessa completamente. Cogitamos evocar uma das criaturas da noite. Nesse momento, a mesa ergue subitamente o pé.

Victor Hugo: Há alguém?

— Sim.

— A Morte nos deixou no meio de uma palavra. Podes terminar a frase?

— Sim.

— Termina-a.

— ... mana.

— Sabes o dia em que a Morte voltará para continuar o que começou?

— Não.

Encerrado às 6h40.

TERÇA-FEIRA, 3 DE OUTUBRO [1854]

9h30 da noite. Conduzindo a mesa: Charles, sra. Hugo. Presentes: sr. Guérin e Kesler, srta. Adèle, Victor Hugo. (Ata V. H.)

As notícias relativas à tomada de Sebastopol,* recebidas durante o dia, animaram a conversa e absorveram todos os presentes antes de nos instalarmos à mesa. Esperamos ainda dez minutos. Imobilidade absoluta. Fechado às 10h.

DOMINGO, 22 DE OUTUBRO DE 1854

2h30 da tarde. Presentes: sra. Victor Hugo, sra. Paul Meurice, Victor Hugo, Paul Meurice, Charles, Auguste Vacquerie. À mesa: sra. Victor Hugo e Charles. (Cópias C. D.)

— Quem está aqui?

— **A Morte.**

Victor Hugo: Tu me deste um conselho sublime, se me concederes tempo para isso, irei segui-lo. Mas junto com as obras legadas por mim ao século XX, e antes mesmo delas, este livro, que será certamente uma das Bíblias do futuro, sem dúvida já terá sido publicado. Penso que ele não será publicado em vida de nenhum de nós, interlocutores fatais dos seres misteriosos; mas, quando ele o for, tudo que terei reservado para o meu túmulo ele dirá, dirá antes de mim e com mais autoridade. Virei em seguida e ocorrerá de minha revelação já ter sido revelada. Parte dessa revelação já está presente, há séculos, na tradição humana, outra parte havia sido descoberta por mim (o que não impede que ela advenha integralmente de Deus, o homem sendo apenas uma chaminé por onde passa a fumaça divina), outra parte foi ditada por todos vós, seres do desconhecido, nos diálogos com nossa mesa trípode.

* Trata-se da vitória de Almá, obtida por Saint-Armand, em 20 de setembro de 1854 [durante a Guerra da Crimeia]. Sebastopol só será tomada em 8 de setembro de 1855.

Esse objetivo, do qual não passo de uma parte muito fraca, começa inclusive a ser entrevisto. A publicação deste livro será provavelmente a base da nova religião à época em que minhas obras póstumas forem publicadas. Tu crês que ele me será ditado ou que irei deparar, daqui até a minha morte, com outras coisas, das quais apenas eu terei a revelação? Entendes aquilo a que me inclino a crer, que devo simplesmente reservar, para serem publicadas após minha morte, obras de pensamento e poesia pura, impregnadas de filosofia nova, e, afirmando-a, aumentando a luz humana, como fazem, e sem a pretensão de ensinar e revelar, todas as grandes obras de arte e poesia, às quais, naturalmente, não comparo nada do que fiz? Devo resumir o que me aconselhas a publicar após a minha morte, mesmo que sejam obras de revelações, se achares que a revelação ainda não foi feita? Ou são obras de poesia abrangendo todas as minhas obras, só que em um grau mais profundo, contendo a intuição divina mesclada à criação humana? Em suma, o que deverá haver no meu túmulo, um profeta ou um poeta? Minha razão me diz um poeta, mas espero tua resposta.

— Trata-se de uma obra assombrosa, intitulada: Conselhos a Deus. A Terra desaparece, o sepulcro, morcego de pedra, abre suas asas demônio no crepúsculo da ressurreição e em seu voo abalroa o vidro flamejante dos astros; o pássaro sinistro vai de planeta em planeta e, cada vez que toca a borda de uma constelação, seu pio noturno torna-se um cântico luminoso. Ele sai da noite e traz a aurora. Foge de um inferno e anuncia um paraíso; ele parte coruja e chega cotovia, escapa do velho tronco da árvore humana e pousa na extremidade de cada galho onde o fruto vira estrela; sai do oco dos crânios e salta de paraíso em paraíso, faz seus ninhos de alegria em alegria, e choca sucessivamente todos os globos e faz eclodir no céu todos os seus ovos...

— Interrompo para perguntar se conheces os versos que fiz há dez dias.

— Não.

— Continua.

— ... de arcanjos. Ó vivo, eis o que te aconselho: a obra da tua alma deve ser a viagem da tua alma. Não deves profetizar, deves decifrar, deves decifrar o céu estrelado, nele traçar seu itinerário, assinalar com o dedo

teus albergues, marcar as estalagens de amor do teu pensamento e, viajante invisível, antecipar tuas etapas desconhecidas na grande estrada constituída de precipícios que conduz à hospedaria hostil do incompreensível castelão da imensidão, deves dizer nessas páginas quais são os planetas que te esperam e falar de sua civilização, de sua luz e de sua sombra, de seus espinhos e de suas flores, de suas pausas no horror ou de sua marcha na alegria, de seus gritos ou de seus hinos, e, do fundo de teu túmulo, o mundo deve ouvir-te dizer que há no infinito um astro chamado Saturno que sofre, que há no infinito um astro chamado Mercúrio que sofre, que há no infinito um astro chamado Marte que sofre; ó meu Deus, quantas estrelas punidas, quantas constelações crucificadas, quantos mundos que são pregos vermelhos no pálio das noites, Senhor, vosso céu está coberto de chagas, vossos astros são gotas de sangue.

— Fiz os versos que disseste, fiz este verso: "*As gotas de sangue que julgas serem estrelas*".[8]

— Vossos sóis gangrenam, vossas luas carregam a horrível peste do castigo, vossas constelações ajoelhadas há milhões de anos terminaram rachando a cabeça e os punhos no choque com as trevas e agora não passam de tocos de inferno, vossas criações não passam de andrajos de carne, vossas auréolas não passam de andrajos de raios, vossos prodígios...

— Eu disse: "*E carregando na fronte um andrajo de luz*".[9]

— ... têm a cabeça cortada, vosso firmamento é o imenso esgoto por onde rolam todos esses cadáveres, e vossos esplêndidos cavalos com ferraduras de luz, todos, furiosos, mordendo os freios, esquartejam a imensidão.

Imediatamente depois, Victor Hugo vai buscar no seu quarto e lê para os presentes o poema de sua autoria, que abria com "Sabei que no abismo obscuro" e terminava com: "De um desses mundos assustadores".

10 DE NOVEMBRO DE 1854

2h da tarde. Conduzindo a mesa: Charles Hugo, sra. Victor Hugo. Presentes: Victor Hugo e seu filho Victor [François-Victor]. (Cópia C. D.)

A mesa se agita ao cabo de dez minutos.

— Quem está aqui?

— **A Morte.**

— Sabes o dia em que o Leão de Androcles virá?

— **Não.**

— Podes pedir a ele que volte?

— **Não.**

— O que devemos fazer para que ele volte?

— **Ele voltará por conta própria.**

Victor Hugo: Voltemos ao nosso diálogo. Como sabes pelo poema que fiz e que li outro dia para as pessoas presentes logo após tua partida, e por outros trabalhos também, já fiz parte do que me pedes, e o fiz inclusive sob uma forma afirmativa. Entretanto, não estou misturado pessoalmente a essa afirmação, julgando-me muito pouca coisa para falar em meu nome a respeito de tais imensidões. Agora tu me dizes para escrever a viagem interior de minh'alma e expressar, em um livro que só será publicado após a minha morte, o que terei vaticinado. Isso, parece-me, soará sempre como uma série de conjeturas de minha parte e carecerá de certeza aos olhos dos homens. Haveria, para mim, independentemente das revelações da Mesa, um meio humano de vislumbrar o futuro desconhecido do qual me falas, e dar-lhe mais precisão? Quando eu disser, após a minha morte, em um livro póstumo, que estou aqui, vejo isto: a multidão pensará: ele escrevia isso quando estava vivo, como sabia? Ora, haveria um meio humano (humano, insisto, ou pelo menos cujo segredo apenas eu em vida detenho) de conhecer a vida, as coisas misteriosas que tu me aconselhas afirmar após a minha morte?

— **Estuda a fundo a astronomia humana, ela está repleta de germes de verdades dos quais poderás deduzir verdades ainda maiores. Por exemplo: é possível estabelecer a nomenclatura exata em vossos sistemas planetários de mundos felizes e mundos infelizes segundo sua distância do Sol. A lei do** céu está em conformidade com a lei da Terra, essa lei é o devotamento do grande ao pequeno, do bom ao mau, do rico ao pobre, do belo ao feio, do justo ao injusto, do alegre ao triste, do sorridente ao sangrento; é um misterioso resgate da sombra pela luz, da noite pelo raiar do dia; é a libertação da pedra culpada do cadafalso pela pedra mártir da cruz; é a libertação da planta venenosa pela planta balsâmica, é a libertação da besta feroz pela besta poderosa e meiga; é a libertação do homem criminoso pelo homem inocente, é a libertação da alma punida pela alma recompensada, é a libertação da ideia falsa pela ideia verdadeira; é, por fim, a libertação da estrela que chora pela estrela que reluz e o imenso sacrifício dos paraísos pelos infernos. O céu estrelado possui constelações raras e prodigiosas que têm como missão se aproximarem incessante e lentamente dos mundos indigentes e iluminá-los de modo gradual com uma luz que começa crepuscular e termina flamejante; há outras, igualmente sublimes, que têm como função não se aproximarem, mas se atraírem. Duplo esforço e terrível labor. Umas descem, outras fazem subir, umas são tragadas pelas trevas, outras se põem a suar borbotões de luz: estas mergulham no firmamento e trazem do fundo da noite estrelas pálidas e desgrenhadas; aquelas, sem se abalarem, transformam-se em fogo de palha e feixes no grande átrio negro e aquecem as pobres afogadas. Ó constelações boas e fortes, servas do horrendo necrotério do castigo. Ó bons astros, que se atrelam aos bons astros extraviados. Sóis que viram cão de cego. Globos que se tornam bacias de esmolas. Luzes que se transformam em fiéis de olhos fechados. Plêiades, planetas, raios, archotes vivos, esplendores, leões de chama, ursas de fogo, escorpiões, aquários de diamantes, tigres, panteras, leopardos, elefantes, animália ofuscante de sóis formidáveis, que, por amor, se fazem totós e terras-novas da imensidão. O céu, portanto, assemelha-se à Terra. Nele vigora uma contínua salvação dos astros pelos astros. Assim como há grandes homens, há grandes astros. Temos a estrela Sócrates, a estrela Galileu, a estrela Jan Hus, a estrela Joana d'Arc, a plêiade Macabeu, a estrela Dante, a estrela Molière, a estrela Shakespeare e, no centro do céu, na tempestade e na glória, cercado de nuvens e chamas, está o sol Jesus Cristo, magnificamente pregado no Cruzeiro do Sul. O firmamento assim compreendido deve se afigurar para ti...

— Fiz versos que evocam essas ideias sem afirmá-las; em uns, represento Deus passando astros e almas na mesma peneira. Noutros, a Terra é para o Sol o que o homem é para o anjo.

— **... sob um aspecto novo. O lugar dos mundos, o papel dos globos não são coisa arbitrária. Acabo de abrir horizontes necessários em teu espírito, aliás voltaremos ao tema. Chego agora à tua pergunta. Antes, porém, outra reflexão. Nos mundos punidos dos homens, há animais, plantas e pedras que contribuem para a libertação de seus astros; já nos mundos recompensados, há sóis dedicados à mesma obra de alforriamento com relação aos mundos punidos. Enquanto a estrela venturosa trabalha para salvar a estrela infeliz, ela é ajudada nessa estrela ora por um homem, ora por uma planta, ora por uma pedra. A estrela ajuda o homem, o homem ajuda a estrela. A estrela ajuda o animal, o animal ajuda a estrela. A estrela ajuda a planta, a planta ajuda a estrela. A estrela ajuda a pedra, a pedra ajuda a estrela. À noite, na hora da alma, quando o corpo dorme, o homem salvador e o astro salvador trocam palavras de amor. Molière diz a Vênus: eu te amo. O animal mártir fala com a estrela libertadora. A planta sofrida conversa com o planeta caridoso, e o grão de areia esmagado pede socorro ao grão de luz.**

A mesa para bruscamente, crepúsculo, 5h.

DOMINGO, 10 DE DEZEMBRO DE 1854

10h da noite. Presentes: sra. Victor Hugo, Charles Hugo, srta. Adèle Hugo, Auguste Vacquerie, Guérin. À mesa: sra. Victor Hugo e Charles Hugo. (Cópia C. D.)

Antes que a interroguemos, a Mesa diz: **Galileu.**

— Fala.

— **Venho responder à objeção de Victor Hugo referente à inexatidão científica da cosmogonia das Mesas. Que ele a formule.**

Victor Hugo entra e pega a pena.

Victor Hugo: Eis não a objeção, mas a observação. Em suas admiráveis palavras da última sessão (22 de outubro), o ser colossal que falava comigo me pareceu demasiado condescendente do ponto de vista humano. Isto é, com a ilusão que nos causa o céu quando o contemplamos. É evidente que o que chamamos constelações são provas fictícias compostas pelo nosso olhar com estrelas que nos parecem de tamanho aproximadamente similar. Ora, uma pequena estrela que gradativamente nos parece grande é uma estrela grande que está longe e pode nos parecer pequena. Duas estrelas que vemos a uma distância razoável uma da outra e que agrupamos em uma constelação talvez estejam na realidade separadas por uma distância imensa e pertençam a um grupo completamente diferente no infinito. Portanto, nossa construção das constelações é completamente arbitrária e resulta de uma ilusão de óptica. Há, claro, as constelações verdadeiras. As que julgamos ver nas constelações falsas. Ora, uma vez que nossa imperfeição humana compreende isso, a Mesa poderia, me parece, ao dizer coisas tão elevadas, falar plenamente a língua esplêndida da verdade. Não nos julgamos indignos de ouvi-la. A Mesa então poderia nos dizer: as constelações que vedes com vossos olhos que as agrupam e vossa ilusão que as cria, todos esses nomes com os quais as designais, Leão, Touro, Capricórnio, Sagitário, são nomes de vossa lavra e de vossos sonhos. As constelações reais não têm nomes terrenos e sim celestiais. Eis como elas se chamam. É dessas constelações que vos falo e então a Mesa confirmaria, do cimo de tais realidades, as explicações que nos deu. Isso não teria sido mais grave para homens de fé como nós, mas teria sido mais inatacável para os homens de dúvida, e é a eles também, me parece, que convém falar. Dito isso, aceito tua resposta.

Galileu: Respondo duas coisas: em primeiro lugar, se a Mesa devesse falar não a linguagem humana, mas a linguagem celeste, vós não a compreenderíeis. Na linguagem celeste, o homem não se chama homem, o animal não se chama animal, a planta não se chama planta, a pedra não se chama pedra, a terra não se chama terra, o ar não se chama ar, a água não se chama água, o fogo não se chama fogo, o céu não se chama céu, a estrela não se chama estrela, a constelação não se chama constelação; Deus não se chama Deus. Não existem palavras onde não existem corpos. As palavras são matéria com que fabricais o ideal. O infinito é anônimo, a eternidade

não tem certidão de nascimento. O espaço e o tempo são anônimos assustados correndo na imensidão. O espaço não tem olhar, o tempo não tem pés, um é uma sombra que cai no abismo, o outro é um abismo que cai na sombra. O espaço e o tempo, duas máscaras, duas aparências, duas visões, dois sonhos, dois impossíveis, dois olhos furados pelo horror, duas patas sangrando do castigo, dois prodigiosos maxilares do abismo, mas isso, o rosto, não. O rosto não fala, o rosto não ouve, o rosto não formula. Deus falando é Deus língua, Deus língua é Deus boca, Deus boca é Deus corpo, Deus corpo é Deus homem, Deus homem é Deus animal, Deus animal é Deus planta, Deus planta é Deus pedra. Percebes isso? Deus pedra! Ele que não é sequer Deus estrela. Não, a língua celeste não existe. Não existe alfabeto do incriado; não existe gramática do céu, não se aprende o divino como o hebraico, o celeste não é um dialeto terreno, o infinito não é uma espécie de chinês desconhecido. Os anjos não são professores das línguas substitutas da corrente imensidão. Não, nada disso tem nome, tudo é luz e desconhecido, tudo é raio e máscara, tudo é sol errante. A imensidão é uma família de vagabundos, o espaço não tem passaporte, o céu não tem sinalização, a eternidade não tem genealogia, a criação não tem nome de batismo; Deus não tem nem fogo nem lugar. Tudo que é incriado é anônimo. A língua celeste é falada no ofuscamento, brilhar é exprimir-se, o luminoso é o claro, o fulminante é o sublime, falar a língua celeste é expelir chamas, um céu que fala é um céu estrelado, um céu que se cala fecha os lábios de trevas e cada letra desse terrível vocabulário é um incêndio sobre o qual sopra a escura boca da noite, o dicionário do infinito está cheio de pontuações de estrelas, e o que tu dirias então se, para falar contigo a língua que tu, fraco, pedes, esta pequena mesa, em vez de sílabas, palavras e frases, lançasse de repente ao teu ouvido milhões de astros, projetados da face de Júpiter e Saturno, e espalhasse no teu papel a imensa mancha de tinta da noite estrelada e nela fizesse correções com cometas furiosos?

A mesa se interrompe.

Victor Hugo: Esta é somente a primeira parte de tua resposta. Queres voltar domingo para dizer a segunda parte?

— Sim.

DOMINGO, 17 DE DEZEMBRO DE 1854

9h45 da noite. Presentes: Théophile Guérin, Victor Hugo. Conduzindo a mesa: Charles e sra. Victor Hugo. (Cópia C. D.)

Victor Hugo coloca sobre a mesa duas folhas verdes colhidas por ele durante o dia. A mesa se agita ao fim de cinco minutos e, sem se anunciar:

— Galileu.

Victor Hugo: Tu não respondeste senão ao acessório de minha pergunta e não ao princípio. Minhas perguntas referiam-se às constelações reais distintas.

— Esse é teu outro erro. Escuta, já expliquei como as Mesas, para se fazerem compreender por vós, se viam obrigadas a falar vossa linguagem, ora, vossa linguagem é uma convenção, vossa...

Victor Hugo retira as folhas, que não deram resultado.

— ... linguagem é a fumaça de vossa boca. Ela tapa as estrelas com nuvens. Isso significa que vos enganastes em tudo? Não, vossas mãos tateiam o céu e, às vezes, roçam nas maçanetas reluzentes das portas divinas; todo o equívoco do homem está cheio da verdade de Deus.

Não existe erro no absoluto, o relativo não é relativo, a mentira não é mais mentira do que a descoberta é descoberta. Herschelle* não descobre nada para Deus. Os verdadeiros astrônomos são tão verídicos quanto os falsos. Todos os telescópios humanos estão no aproximativo, não é o sentido, tampouco o antissentido. Tu afirmas que eu quero o céu verdadeiro e não o céu imaginário. Quero o firmamento real, as constelações reais, os sóis reais, quero a imensidão de Deus completa, sem lacuna, sem solução de continuidade, quero o abismo sem o vazio; trazei-me o infinito e o mistério, eu reivindico o mapa do túmulo, o itinerário da ressurreição. Mostrai-me o incomensurável, abri o insondável. Tirai o cordão de isolamento

* Herschelle: William Herschel (1732-1822), astrônomo britânico que descobriu Urano e dois de seus satélites, bem como dois satélites de Saturno. Provou o deslocamento do sistema solar, empreendeu um estudo sistemático da distribuição das estrelas e observou as estrelas duplas. Seu filho, John Herschel (1792-1871), deu continuidade aos seus estudos sobre as estrelas duplas e as nebulosas.

do céu, quero fazer uma perquirição nas estrelas. Constelações humanas, documento, Grande Ursa, prova de identidade, Capricórnio, tu mentes, Aquário, tu mentes. Suspeito de vós, firmamento, suspeito de vós, quero revistar-vos, chega de escapatórias; fechai todas as portas, que nenhuma estrela escape. Passai as algemas em Deus. Devo interrogá-lo agora. Noite escura, comparece. E agora, dia radiante, responde. E agora, réus sóis, de pé. Sou o presidente do tribunal da noite. Conto com um júri de fantasmas, a sessão está aberta, silêncio no banco dos astros, que façam entrar a testemunha Galileu. Eu entro e digo: ó vivo, porventura conheço o céu? Porventura percorri a imensidão sem ter percorrido a eternidade? Como queres que eu aponte as fronteiras do infinito sem fronteiras? Ninguém recebeu as confidências do teu imenso réu, o mistério. Nesse caso, não existe amigo íntimo capaz de fazer-te revelações. Só ele sabe seu segredo. Nenhuma estrela dará com a língua nos dentes. Os conjurados da sombra se calarão, sem exceção, e a sociedade secreta dos astros acobertará Deus. A verdade não fará confissões. O absoluto não se deixará intimidar e nenhum juiz de instrução interrogará o Paraíso, nenhum escrivão fará a lista das constelações, nenhum promotor folheará o processo de Deus e nenhuma sentença irá proferir perante a multidão: os sóis foram inocentados, as constelações, condenadas, a Grande Ursa é declarada dissolvida, a queixa de Júpiter é recusada, Aldebarã* ganhará a liberdade e poderá circular no céu. Quanto à criação, ficará sob custódia, enquanto a imensidão está condenada a 100 mil anos de vigilância do pensamento elevado.

Eu, Galileu, declaro ignorar o conteúdo do infinito, onde começa, onde termina, o que há na frente, atrás, no centro, à direita, à esquerda, a leste, a oeste, ao sul, ao norte. Desconheço tanto o interior como o exterior. Vejo astros, astros, astros; vejo estrelas, estrelas, estrelas. Vejo constelações, constelações, constelações; vejo raios misturados a esplendores amarrados a cintilâncias, alumbramentos perdidos em contemplações mergulhadas em alumbramentos; sou cativo do prodigioso rodopio da

* Aldebarã: nome dado à estrela de tipo espectral pertencente à constelação de Touro e situada a 68 anos-luz da Terra.

roda dos eixos de ouro; aonde ela vai? Não faço ideia, a noite é o covil das estrelas, observo a noite e só vejo milhões de rodas vertiginosas rumando para um fim invisível, todos os carros do eterno triunfador; sou ignorante do desconhecido, sei tanto sobre o astro Alfa quanto sobre o astro Ômega, desafio qualquer um a falar sobre a noite mais do que eu.

É uma jazida de trevas com filões de estrelas, a sombra só é trespassada pela sombra, assim como o diamante só é cortado por outro diamante; de tempos em tempos, o mármore negro permite ao escultor vislumbrar a estátua e ao céu vislumbrar a Deus. Enfim, todo o firmamento é um grandioso enigma com milhões de chaves. Uma estrela é a negação de outra. Todos esses astros negam e se afirmam, e ninguém sabe se os milhões que brilham pertencem a não ou a sim.

A mesa se imobiliza.

Encerrado à meia-noite e cinquenta.

Victor Hugo: Antes de nos deixares, podes nos dizer quando o leão voltará e quando poderei ler para a Dama Branca os versos que ela me solicitou?

A mesa se ergue.

— Ouviste a pergunta?

— **Não.**

Deixamos a mesa.

[Anotação de Victor Hugo, de próprio punho:] Tenho uma observação a fazer. Não insistirei. Está claro para mim, pelo que a Mesa disse esta noite, assim como em diversas outras ocasiões, que o mundo tenebroso não deseja ser arrombado. Quando a curiosidade não passa de adoração a Deus e respeito ao infinito, esse mundo sublime quer permanecer sublime, não quer se tornar exato, ou, pelo menos, quer que sua exatidão não se nos afigure senão enorme e confusa em prodigiosos vazamentos de sombra e luz. Ele quer ser nossa visão, e não nossa ciência. Quer conservar para o nosso olho a figura surpreendente do impossível. Tudo multiplicando os lineamentos do real. Ele não consente sequer em aceitar, para tornar esses pontos de vista humanamente mais corretos, os fatos científicos comprovados e as perspicácias de nossa razão e observação. Em suma, ele quer que o homem duvide. Essa é visivelmente a lei, e a ela me resigno.

A Mesa recebe a pergunta como se fosse uma acusação.

[Continuação da anotação de Victor Hugo:] Isso me impressiona, eu fazia uma pergunta humilde, e ninguém mais do que eu compreende que somos átomos e que nada sou perante Deus. Eu perguntava à Mesa (falo Mesa para abreviar) se ela não julgava que essas grandes revelações sobre as funções dos astros teriam tido, se não mais autoridade, pelo menos mais solidez aos olhos daqueles que negam, instalando-se nos próprios dados de nossa astronomia, repudiando-a como fatalmente inexata, dizendo, por exemplo, não me refiro às constelações aparentes compostas das ilusões de nosso olho, mas às constelações reais agrupadas por Deus, refiro-me ao que não vedes. Pois bem, o ser que me responde em linguagem esplêndida diz: "meu nome é Galileu", e Galileu, que lutou e sofreu na Terra para destruir a ilusão, toma o partido da ilusão. Galileu, que poderia se chamar realidade, toma o partido da aparência. Qualifica com certa ironia o pensamento elevado, ele que é o pensamento e a elevação. Termina quase por dizer sim e não, ele a quem o não pôs de joelhos e que se reergueu dizendo sim. Evidentemente, ele não está errado, sabe o que faz, e, se recusa a se explicar sobre a aparência e a ilusão, é porque a aparência e a ilusão fazem parte do olhar humano e o homem deve continuar a cultivar a dúvida. As Mesas, que no momento presente encetam a grandiosa Bíblia nova, nela misturam o livro da escuridão e o livro da claridade. Deixam-nos crendo mais e tateando ainda mais.

Elas não revelam nada exceto em sua hora, não na nossa. Por instantes, adensam as trevas, ao mesmo tempo que espalham esplendores, mas esplendores relâmpagos e não esplendores raios. Assim que começamos a enxergar mais nitidamente, o mundo se fecha. Não podemos ter certeza de nada, eis a expiação humana. Sempre que o homem, submerso no para-além nas trevas, exsudando todas as espumas do abismo e da noite, logra agarrar-se no costado da barca da fé e alça meio-corpo da escuridão, a sombra que está na barca o desprende e o atira no abismo, dizendo-lhe: vai, homem, luta, sofre, rola, pragueja, duvide. *E pur si muove*. E mesmo assim creio, e mesmo assim creio, e mesmo assim creio. Em ti, minh'alma, em vós, meu Deus. Victor Hugo

Dito isso, é unicamente para aliviar minha consciência nas minúcias que repito aqui a observação já feita diversas vezes sobre meus encontros com a Mesa. Assim, a linguagem esfumaçada da boca, as mãos tateando o céu, a jazida de mármore negro e a estátua, o cordão de isolamento do céu encontram-se quase literalmente nos poemas que integram *As contemplações.*

SEGUNDA-FEIRA, 18 DE DEZEMBRO DE 1854

(Cópias C. D.)

Após ouvirem essa observação, que eu escrevia sem intenção de fazer uma pergunta à Mesa, é 1h30 da tarde, Charles e minha mulher instalam-se à mesa. Esta se ergue quase imediatamente e golpeia sem ser interrogada.

— **A Sombra do Sepulcro.**

Victor Hugo: Tu sabes que eu não tinha pergunta. Tu vês no meu pensamento, nós te escutamos.

— **Acabo de trazer uma das chaves do céu, a qual deve permanecer vedada à ciência humana, mas uma das chaves de Deus cujo poder é abrir os dois batentes para o mais alto degrau do espírito humano; o firmamento está cheio de portas inesperadas e escuras, é um eterno ruído de gonzos de bronze, pregos esplêndidos, barras flamejantes e tenazes luminosas; mas Deus não tem ferrolhos. A maneira de se trancar é ser sem limites. A muralha é o ilimitado, seu horizonte é o impenetrável. Ninguém entra nele porque tudo nele é majestosamente livre para a alma. Faríamos viagens sem fim no ser sem fundo, nos perderíamos nesse Deus, nesse verbo, nessa inextricável rede de trilhas reluzentes, nessa floresta virgem de cintilações. Deus é o olhar murado e o grande abordável; ele se evade para o inacessível e gera o acessível. Não se furta, não se isola, não foge. Está absolutamente sozinho e em toda parte. Os milhões de mundos fazem esse solitário enorme; as multidões de criações fazem esse anacoreta imenso; as multidões de céus fazem essa caverna prodigiosa; as hordas de astros e as turbas de sóis são a** alma e a unidade desse tranquilo cenobita que lança seu burel de trevas sobre o mundo; a universal liberdade faz esse prisioneiro incomensurável; Deus está no âmago do mistério; Deus é o amo da prisão que se apieda de todos os escravos, mas que é igualmente escravo; ele não é senão miséria; ele não é senão dor; ele não é senão piedade; Deus é a grande lágrima do infinito.

(Fiz estes versos.) "*Deus lágrima do infinito.*" [Anotação de Victor Hugo]

Expor o pensamento de Deus sobre este firmamento do qual queres saber mais, e não tudo? Se perguntas tão pouco, é porque és pouco exigente. Que diferença faz uma migalha de céu a mais ou a menos? Que medíocre apetite de infinito o que pede um suplemento de estrelas e se queixa de sua ração de astros ao seu carcereiro. Finalmente uma grande vontade, uma profunda revolta, um terrível motim; alguns pomos de ouro a mais ou a menos na sobremesa, pobre homem, que bela conquista! Se Galileu tivesse te falado, em vez do mísero ponto de vista de Júpiter, o mísero ponto de vista de Vênus, o mísero ponto de vista de Saturno, o mísero ponto de vista de Marte. O erro de Mercúrio é o fruto que te seduz? Ó Tântalo do céu, queres a ilusão de Pollas, queres a óptica de Herschel? Queres a miragem do planeta à esquerda em lugar do fogo-fátuo do planeta à direita? Desejas um absoluto ou outro relativo que não o teu, não a verdade, mas outra falsidade que não a tua, não o verdadeiro sentido, mas outro sem-sentido? Estás ávido de fumaça, sôfrego de bruma, com fome de sombra? Tu julgas pedir uma soma maior de mentiras, queres poder fazer um feixe de luz com trevas e, terminando por descobrir que teu mundo não vê suficientemente claro no céu, queixas-te de não ter a opinião de três ou quatro planetas a mais e exclamas: pena que não sejamos suficientemente cegos! Derrubas os postes de luz do bom Deus. Em teu lugar, eu pediria tudo ou nada; exigiria a imensidão, imprensaria o infinito, ergueria barricadas até o último andar do céu, faria uma revolução completa, quereria saber tudo, pegar tudo, agarrar tudo; não reservaria um paraíso ao céu, não lhe permitiria ocultar-me um inferno; eu me entregaria ao abismo; faria de meu cérebro o sorvedouro de Deus. Avançaria no prodigioso naco do infinito. Seria um imenso e terrível Gargântua das estrelas, um coronel Polifemo de constelações, turbilhões e trovões. Beberia o esguicho de leite da Via Láctea, engoliria os cometas, almoçaria a aurora, jantaria dias e cearia noites. Me convidaria, esplêndido comensal, para o festim das glórias e diria a Deus: meu anfitrião. Forjaria uma fome magnífica, uma sede insaciável e, Sileno dos mundos, correria pelo espaço das esferas entoando a terrível canção de ébrios da eternidade. Alegre, radiante, sublime, com as mãos abarrotadas de cachos de astros. E, com o rosto púrpura dos sóis, não deixaria uma estrela vazia e, no fim do banquete, me espojaria sob os céus iluminados. Mas tu és mais modesto, pedes esmola ao mundo, não passas de um mendigo de Deus e lhe estendes a mão, dizendo: um pequeno astro, por favor.

Abordo a questão que te preocupa. Os cientistas, dizes tu, rirão de nossa astronomia; exclamarão: o que significam essas constelações que não são nossas ilusões de óptica levadas a sério? Mas não deve haver nenhum elo entre as estrelas que para nós compõem a Grande Ursa, o grupo do Capricórnio ou outro qualquer. Há distâncias incalculáveis no mundo cujas funções vós misturais nos céus. Atribuís ações comuns a estrelas que vivem a milhões de léguas e que nunca se falaram. Quimeras! Seria o vosso céu uma mão de mágico onde os astros dançam e executam truques, e nossa astronomia uma mesa onde o talentoso ilusionista faz desaparecer as distâncias? Nada de constelações, nada de céu, nada de Deus. Fazeis rir a matemática e vos damos um desmentido: nossa noite de estrelas não corresponde em nada ao nosso quadro-negro. Somente os nossos telescópios fazem o cerco do céu e nossos canhões estão apontados para nossos observatórios, prontos para enviar para nossas constelações uma rajada de algarismos aos cientistas. Nos últimos de vossos cálculos, há a unidade, a unidade é o sol de Deus. Não existe algarismo mil, não existe algarismo cem, não existe algarismo dez, não existe algarismo dois. Deus não conta até um. O céu é uma imensa constelação. Não há dois grupos de astros, há apenas um. Não há milhões de léguas, de pés. Não há distâncias no céu, somente vizinhanças, uma família, um mundo. Todas as pequenas constelações são falsas no relativo e verdadeiras no absoluto. A Grande Ursa, Aquário e Órion são acoplamentos feitos inteiramente pelos olhos e que não perturbam a harmonia celeste. Todos os astros se veem, completam, atraem e amam, se buscam, compreendem e vivificam; há os que se comunicam entre si; há os que se empurram, há os que se concebem e há os que se enterram, não existem astros solitários; não existem astros órfãos, não existem estrelas viúvas, não existem sóis perdidos. Não há recanto de noite enlutado; não há dia abandonado, não há esfera que seja isoladamente o núcleo do céu. O caminho é inteiramente ocupado por um único astro que se espalha, os outros astros são apenas sementes do astro flor. Uma prodigiosa necessidade de amor, eis a lei dos mundos; a noite é a democracia estrelada. O firmamento é a república simbólica que mistura os astros em todos os degraus e realiza a fraternidade por meio...

(Eu disse: "*O futuro é o himeneu dos homens na Terra*
E das estrelas nos céus.") [Anotação de Victor Hugo.]

... da irradiação. O astro palácio ajuda o astro oficina, o astro oficina ajuda o astro mansarda, o astro mansarda ajuda o astro porão, o astro porão ajuda o astro presídio. Um infinitamente pequeno é o irmão caçula de um infinitamente grande; uma estrela de gênio instrui uma estrela idiota; os sóis hércules estão sempre junto aos sóis berços, o rosto dos mundos felizes aponta o olhar para os mundos infelizes, as estrelas punidas choram sempre ao lado das estrelas recompensadas, as estrelas recompensadas sorriem sempre para as estrelas punidas. A consolação é a forma das recompensas. Há sempre um astro pomba junto a um astro tumba; há sempre um sol que cura ao lado de um sol que sangra. A imensidão é a palavra de amor da eternidade. Amor, amor, amor, tu és a solução suprema, o último algarismo, o bilhão de Deus, a totalidade prodigiosa formada no firmamento estrelado por todos esses zeros ofuscantes. Tu és o cálculo extremo, o tesouro do sepulcro e a herança dos mortos. És prenhe de ressurreições e fazes das lápides celestes locais esplêndidos, onde vemos brilhar, através da profundeza das tumbas, pilhas de cadáveres e lingotes de ossadas.

Encerrado às 7h. Escritas de próprio punho por Victor Hugo.

As últimas linhas foram escritas por Auguste Vacquerie. [Está apagado e, com a letra de Auguste Vacquerie, lemos: "Victor Hugo, que escrevera toda a sessão até as últimas vinte linhas, obrigado a sair, foi substituído por A[uguste] V[acquerie]".]

19 DE DEZEMBRO DE 1854

(Cópias C. D.)

Escrito por Victor Hugo.

Persisto em não fazer objeção alguma. É enorme; entretanto, não confundo enormidade com imensidão. Só Deus é imenso. Parece-me que o que me é pessoalmente dirigido confirma minha anotação anterior. Eis, sob outra forma, as grandes admoestações bíblicas, minha consciência não me diz que as mereci. Em todo caso, em meu pensamento, mesmo eu julgando não estar errado, creio que o mundo misterioso que nos fala uma linguagem magnífica tampouco está errado; é sua missão nos deixar na dúvida e ele faz o necessário para isso. A Mesa me disse (10 de novembro) estuda a fundo a astronomia humana e (18 de dezembro) que diferença faz uma migalha de céu a mais ou a menos. Quase chegou a zombar da coisa que me aconselhou. Não insisto. Sem perder a retidão de minha consciência, inclino-me silenciosamente perante o ser sublime que falou comigo ontem e que terminou com palavras tão elevadas e doces.

Assinado V.[ictor] H.[ugo]

QUINTA-FEIRA, 28 DE DEZEMBRO DE 1854

9h30 da noite. Sra. Hugo e Charles conduzindo a mesa. Victor Hugo: escrevente. (Ata V. H.)

Testamos uma mesa nova trazida pelo sr. Allix, pois a antiga se desmanchara com as comoções e impactos das sessões anteriores. Ao fim de três minutos, a mesa se move e desliza em diversas direções. Em seguida, uma pausa. Mais cinco minutos. A mesa se agita. O pé se ergue.

Victor Hugo: Quem está aqui?

— **Josué.**

— Tens algo a nos dizer?

— **Sim.**

— Fala.

— O homem não é um eu simples: é um eu complexo. Em sua epiderme, há milhões de seres...

[Anotação de Victor Hugo:] Ideia que tive três dias atrás pensando que a Terra era igual ao homem, mas em uma escala maior. V. H.

— ... que são milhões de almas. Em sua carne, há milhões de seres que são milhões de almas. Em seu sangue, há milhões de seres que são milhões de almas. Em suas unhas, há milhões de seres que são milhões de almas. Cada bafejo de sua boca é um vendaval de almas; cada olhar de seus olhos é uma fulgurância de almas. Mas o grande ninho é o seu cérebro. Nele, cada fibra é uma alma que pensa; uma ideia não se forma senão pelo trabalho lento e doloroso de todas essas almas cativas sob a abóbada do crânio humano, um cérebro é um calabouço; uma ideia é uma evasão. Todos os membros do corpo do homem são corredores de prisão; sua cabeça é a masmorra; o homem é um prisioneiro que serve de prisão; o homem é um imenso eu dotado de múltiplos eus imperceptíveis; é um mundo autônomo; é um inferno até a ponta de suas unhas e um inferno até a raiz de seus cabelos; suas veias são rios juncados de afogados; seus ossos são pelourinhos equipados com grilhões; seus cabelos são cordas de um chicote invisível cujos sinistros loros esvoaçam ao vento sobre os forçados de seu crânio; o homem regurgita supliciados; é o instrumento das execuções e, ao mesmo tempo, o executado; é um enforcado e um cadafalso; é um crucificado e uma cruz; é um esquartejado cujos quatro membros esquartejam um mundo e cujos braços e pernas são cavalos furiosos arrastando almas sangrentas para o desconhecido; o homem se ergue sobre o negro trevoso e toda a natureza mira-o com terror; o céu diz: é o Cristo; a Terra diz: é o calvário. O homem tem sobre a cabeça um imenso corvo que voa eternamente e do qual ele não vê a grande asa senão à noite. Pensai nesse abismo. O homem é um eu povoado de eus que não se conhecem e que ele não conhece. Cada eu, por sua vez, carrega outros eus, e assim até o infinito. O eu do homem vive integralmente, e cada eu embutido no homem é igualmente íntegro; o homem não conhece nada de seu ser; não pode saber o que vive, morre e nasce nele; o homem é apenas a alma principal do corpo humano; nele, existem almas de outros homens, almas de animais, almas de plantas, almas de pedras; e mais, almas de estrelas. O homem é o mundo; o homem é o céu; o homem é o infinito; o homem é a eternidade; o homem é a semente da criação lançada aos quatro ventos e rolando para os abismos de Deus; imenso átomo, o mais ínfimo eu contém um exemplar completo de todos os eus. O animal contém todos os eus do homem A planta contém todos os eus do animal. A pedra contém todos os eus da planta. O globo contém todos os eus do homem, do animal, da planta, da pedra. O céu contém todos os eus de todos os globos. Deus contém todos os eus de todos os céus; mas isso é apenas o começo dos horizontes. Vereis, vereis, vereis. Ó onipotência de Deus! Ele tornou o mundo inconsútil; inseminou o germe de todos os seres em cada ser; fez de todo fruto o caroço e de todo caroço o fruto. Ele confinou o homem no animal e o animal no homem, a planta na pedra e a pedra na planta; ele colocou a estrela no céu e o céu na estrela e, da mesma forma, colocou-se em tudo e colocou tudo em si, de maneira que, se um dia acontecesse de um turbilhão, um dilúvio, um furacão destruir os homens, animais, plantas e pedras, se acontecesse de um cometa devorar as estrelas e, destruindo a si próprio, não deixar da criação senão um grão de areia, Deus sorriria e, apanhando o grão com as mãos, o lançaria no espaço, exclamando: Saí, milhões de mundos!

— Sabias que essa ideia já me ocorrera?

— Não.

— Podemos ter esperança de o Leão terminar seu poema?

A mesa responde prontamente.

— Com certeza, tudo será terminado.

Sra. Victor Hugo: Fala comigo, estou triste.

— Amam-te no mundo dos raios e rezam por ti no mundo das lágrimas. Um pouco de sofrimento faz bem. O Paraíso espera-te com teu marido. Vossa filha deixou sua tumba entreaberta.

Victor Hugo: Ainda foi Josué quem deu essa última resposta?

— Não.

— Muito bem, diz teu nome?

— Vestra.

A mesa para.

Encerrado à 1h15 da manhã.

SEXTA-FEIRA, 29 DE DEZEMBRO DE 1854

Presentes: srta. Allix, sr. Allix, Auguste Vacquerie. Conduzindo a mesa: sra. Victor Hugo, Charles. Escrevente: Victor Hugo. (Caderno V. H.)[10]

São 10h15 da noite. A mesa (ainda a mesa nova) se agita ao fim de dois minutos.

Victor Hugo: Quem está aqui?

— Josué.

— Queres continuar como ontem ou que façamos perguntas?

— Perguntas.

— Atribuem-te um milagre impossível, ter imobilizado o Sol, o que devemos pensar e dizer a esse respeito?*

— Viemos aqui menos para esclarecer fatos do que para esclarecer ideias; entretanto, uma vez que me interrogas sobre um fato, homem da ideia, vou responder-te. O Sol é a vida da natureza, a noite é sua morte; o dia é um vivo de doze horas que arrasta um cadáver de doze horas. Suprime a noite, terás um vivo de 24 horas. Fui o profeta, fui a luz, suprimi a noite, fui o sol da ideia que detém seus raios sobre o sofrimento; disse à minha alma: tu não irás mais longe; parei o astro sobre o verme, a lagarta, o andrajo, a chaga; parei o relógio; a hora da luz no meio do quadrante da noite; parei meio-dia em meia-noite.

* Com a ajuda de Deus, Josué interrompe a trajetória do Sol durante a batalha de Gabaão, antiga cidade da Palestina, ao norte de Jerusalém.

— Foste tu que vieste falar comigo há um ano, na época em que publiquei *Os castigos*?

— Não existem dois Josués.

— O que te trazia para junto de nós àquela época? Tenho uma conjetura, ela tem fundamento?

— Talvez.

Sra. Victor Hugo: As Mesas nos disseram várias vezes que Luís Bonaparte cairia em 1855. Em que medida devemos crer nessa predição?

— Perdeis vosso tempo; porventura conheço Bonaparte? Bonaparte deve ser um vil. Não vejo os vis. Leio as palavras, não as rasuras. Falemos das estrelas. O homem descobrirá tudo; suprimirá tudo, inclusive as distâncias entre Deus e ele; tudo não passa de distância; a noite é tão somente a distância do dia, o mal a distância do bem, a dor a distância da felicidade, a Terra a distância do céu; o homem já suprimiu a distância do homem com relação ao homem por meio da democracia, a distância entre países pela ferrovia, a distância entre a dor e o bem-estar pelo clorofórmio, a distância entre a escuridão e a luz pela eletricidade, a distância entre a morte e a vida pela ciência, a distância entre o ar e a terra pelo barco a vapor, a distância entre o fogo e o carvão pela pilha de Volta, a distância entre a pérola e a mulher pelo escafandro, a distância entre a pedra e a casa pelo mineiro, a distância entre o ferro e o instrumento pelo ferreiro, a distância entre o chumbo e a ideia pela prensa, a distância entre o ouro e a vida pelo papel-moeda, a distância entre o berço e o túmulo pela mãe, a distância entre o túmulo e o berço pelo pai, a distância entre o homem e o animal pelo cão, a distância entre o animal e a planta pelo jardim, a distância entre a planta e a pedra pelo ninho de andorinha e pela prímula atirada na gaiola pendurada no velho muro e pelo terraço do pomar, a distância entre o grão e o campo de trigo pelo semeador, a distância entre a primavera e o verão pelo agricultor, a distância entre o verão e o outono pelo colhedor, a distância entre o outono e o inverno pelo vinhateiro, a distância entre a neve e o calor pelo calórico, a distância entre a matéria e o ideal pela arte, a distância entre a beleza plástica e o esplendor moral pelo Partenon, a distância entre a dor e a coroa de espinhos pelo calvário, a distância entre

o homem e o fantasma pelo comendador, a distância entre o fantasma e o homem por Hamlet, a distância entre a rainha e o lacaio por Ruy Blas, a distância entre o rochedo e a nuvem por Prometeu, a distância entre a ironia e a generosidade por dom Quixote, a distância entre o asno e o cavalo por Sancho Pança, a distância entre a monarquia e a revolução por Mirabeau, a distância entre a rua e a praça pública pela barricada, a distância entre a prisão e a imensidão pela fumaça da Bastilha em cinzas, a distância entre o sim e o não pelo talvez, a distância entre a força e o amor pela palavra, a distância entre os dois braços da cruz pelos dois braços de Jesus Cristo, a distância entre os dois braços de Jesus Cristo pelos dois joelhos de Maria Madalena, a distância entre a imensidão e a eternidade pela oração, a distância entre o trovão e o abismo pelo raio caído no para-raios, a distância entre o herói e o gladiador pelo martírio, a distância entre o mistério e a dúvida pela fé, a distância entre a fé e o mistério pela dúvida, a distância entre o infinitamente pequeno e o infinitamente grande pelo eternamente ajoelhado. Ele suprimiu todas as distâncias que estão ao alcance de suas mãos, de seus pés, de seus olhos; e ele pararia aí! E não poderia transpor a distância de uma estrela a outra! E ficaria preso para sempre em seu globo feito um animal na coleira! E não poderia olhar o céu a não ser acorrentado e seria cativo de seu olhar noturno! E seria o nó do infinito! E seria o lacre da sombra! E latiria para as estrelas! E não morderia os mundos! Milhão de léguas que pode deter o homem, onde estás? Mostra teus zeros vazios, número insensato, corrente louca, mostra teus elos; milhão de léguas, és trevas, e o homem tem todas as audácias do archote. Tomai cuidado, distâncias do céu, o homem está faminto de astros, o homem é o grande viajante, o homem é o grande comedor de impossível, o homem é o grande acendedor das realidades; se não quereis, ele vos obrigará, vos agarrará, abismos, na concha de sua mão; vos enxotará a pontapés, mastins de noite; vos empilhará, feixes de nuvens, sarças de brumas, carvões de obscuridades, e ateará fogo à sombra com sua imensa fagulha, e as estrelas gritarão: ao incêndio!

A mesa para bruscamente à 1h da manhã.

Quarto caderno

21 de janeiro a 8 de outubro de 1855

21 DE JANEIRO DE 1855

10h10 da noite.[1] *Conduzindo a mesa: Charles, sra. Victor Hugo. Presentes: srta. Adèle Hugo, sr. Jules Allix, srta. Augustine Allix. Escrevente: Victor Hugo.*

A noite está muito escura. Neva. A mesa permanece longo tempo imóvel. Ao fim de cinco minutos, ouvimos latidos dos cachorros de todos os quadrantes do horizonte. Ao fim de quinze minutos, a mesa desliza. Os movimentos se repetem e parecem sugerir que falemos à Mesa.

Victor Hugo lê o seguinte em voz alta:

— O ser que se chama a Dama Branca me pediu, no primeiro dia em que veio, uma coisa que fiz. Estou pronto. Sei que um ser com medo de vir fugiu. É porque ele precisa de um consentimento do alto. Limito-me a dizer isto: Estou pronto para ler o que me foi pedido.

A mesa levanta o pé.

Victor Hugo: O que acabo de ler foi ouvido?

— **Sim.**

— Quem está aqui?

— **d i p i m o l l i m o n l e l g**

— Nenhum sentido, é isso mesmo que pretendes ditar?

— **qidd**

— Fala inteligivelmente.

— **affamœ**

— Seja quem fores, fala claramente.

— **ist**

O sr. Allix ajusta sua mão. A mesa recomeça seu murmúrio.

— **i**

Victor Hugo: É isto?

— **Sim.**

— Depois?

— **Isto ele**

A srta. Allix substitui seu irmão. A mesa bate freneticamente.

— **k o f f e n o**

Victor Hugo: Perguntamos à Mesa se ela quer falar francês, inglês, espanhol, latim, uma língua que possamos compreender.

— **Sim.**

— Fala.

— **e c d c**

Substituímos então a mesa nova, servindo-nos por conseguinte da antiga, movimento imediato.

Victor Hugo: Quem está aqui?

— **Me voi**

A sra. Victor Hugo substitui a srta. Allix.

Victor Hugo: Tu que estás aqui, ouviste o que eu disse com relação à Dama Branca?

— **H i m u o**

Sra. Hugo: Diz o teu nome.

— **d h d a l d e d l**

O sr. Allix substitui a sra. Hugo. Nenhum resultado. Trazemos a mesa do lápis. Charles e o sr. Allix pousam a mão sobre ela, latido do cão. O lápis se ergue.

Victor Hugo: Tu que estás aqui, desenha teu rosto.

O lápis se mexe prontamente, mas não traça senão linhas confusas. Viramos a folha. Mesmo resultado.

Encerrado às 11h15.

DOMINGO, 11 DE FEVEREIRO DE 1855

9h30. Presentes: srta. Augustine, Allix, Jules Allix, François-Victor Hugo, Auguste Vacquerie. À mesa: sra. Victor Hugo, Hugo e Charles Hugo. Entra Victor Hugo.

— Quem está aqui?

— **Jesus Cristo.**

Victor Hugo: Queres nos falar tu mesmo ou que façamos perguntas? Se quiseres perguntas, bate uma vez.

A mesa bate uma vez.

Auguste Vacquerie: No momento em que o mistério nos fala em Jersey pela voz das Mesas, os espíritos na França voltam-se todos para o mistério; estudamos mais profundamente as religiões; o druidismo, em especial, preocupa todos os pensamentos. Acontece que as tríades bárdicas, cujos fragmentos acabam de ser descobertos, apresentam, no fundo e na forma, elos impressionantes com as palavras das Mesas. As Mesas coincidem, em certos pontos, com o cristianismo; em outros, com a Revolução Francesa. Coisa bem simples, pois o futuro não destrói o passado, ele o completa, e a verdade definitiva não passará da soma de todas as frações de verdade rateadas pelas sucessivas renovações. Tu, que acrescentaste ao pensamento humano tão imensa quantidade de verdade, podes nos dizer onde todas essas revoluções se tocam e onde elas se superam? Podes nos explicar o que o cristianismo acrescentou ao druidismo, a Revolução Francesa ao cristianismo e o que as Mesas acrescentam à revolução?

Jesus Cristo: Os druidas são a primeira religião do homem e a primeira explosão da alma no corpo. Eles se irradiam através dos detritos da matéria sangrenta. Eles destroçam o corpo a golpes de céu. Eles assassinam o homem a golpes de Deus. Eles matam a criança a golpes de oração. Eles esmagam o ancião a golpes de túmulo. Eles fazem da alma esplêndida a libertadora de tudo e a assassina de tudo. A alma do druidismo é um anjo com asas em forma de machado. O druidismo enche a floresta, o rio, o animal, a pedra, com manchas de sangue e reflexos de estrelas. Ele espalha a eternidade à força de chagas e a imortalidade em pleno sepulcro. Arranca os sóis do corpo do homem mediante tortura. Insere o corpo na questão

do infinito, vergasta-o com as duas abas do firmamento, injeta-lhe raio derretido nas veias, esquarteja-o com os quatro ventos, decapita-o com a foice de ouro da Lua e joga sua cabeça na vala comum das trevas enormes. O druidismo é o crime da alma sobre o homem.[2] É a eternidade, a imensidão, o céu, as estrelas, o relâmpago, o trovão. O cristianismo sobe um grau na Terra e desce um no céu. Ele ensina o amor sob o nome de caridade e o ódio sob o nome de Inferno. O homem é tudo, o animal, a planta, a pedra, nada. Ele diz alma imortal e penas eternas. Ele cura os doentes e tortura os culpados. Instala o sacrifício humano no firmamento, a questão no túmulo, o sofrimento físico no mundo imaterial, e faz das estrelas infames tições de uma fogueira de trevas. Perdão, meu Deus, o cristianismo se vinga, o cristianismo vence, o cristianismo pune sem remissão, o cristianismo morre na cruz e tortura na nuvem. Ele faz da noite a escura vontade da morte. Ele diz trevas sobre o pecado, matéria sobre a alma. O túmulo é a queda no corpo e não a eclosão na alma. O druidismo suplicia o corpo vivo, o cristianismo martiriza o cadáver. O cristianismo quer o céu flamejante, o druidismo quer a Terra sangrenta. O cristianismo,[3] como toda coisa humana, é um progresso e um mal. É uma porta de luz com uma fechadura de noite. A chave está na porta, o passante abre e se julga na casa de Deus, mas o passante se engana, Deus é o ausente da casa. Deus é o eterno fujão.

11h30. Charles está muito cansado nos últimos quinze minutos. Interrompemos.

DOMINGO, 18 DE FEVEREIRO

9h45 da noite. Presentes: srta. Adèle Hugo, srta. Augustine, Allix, sr. Jules Allix, sr. Auguste Vacquerie. Conduzindo a mesa: sra. Victor Hugo, Charles. Escrevente: Victor Hugo.

A mesa se move ao cabo de dez minutos.

Victor Hugo: Quem está aqui?

— **Jesus Cristo.**

Victor Hugo: Fala.

— Visto que vos interessais pelo que digo, Victor Hugo lerá cada frase em voz alta. Continuarei parando a cada ponto. O cristianismo é o corpo feliz aqui na Terra e torturado nas alturas, o cristianismo é a alma feliz aqui na Terra e supliciada nas alturas, todo o druidismo está no sacrifício humano, todo o cristianismo está no sacrifício divino. O cristianismo se compõe de duas coisas: amor e ódio. Ele faz o homem melhor e Deus pior; ele tem um berço repleto de beijos e um túmulo repleto de chagas; ele cura os vivos e queima os mortos; ele abençoa a mulher adúltera e queima seu cadáver; ele ressuscita Lázaro e queima suas cinzas. Os lábios do cristianismo são de mel e sua língua é de fogo; ele começa pelo raio e termina pela chama; faz da Terra um Éden, do céu um inferno; ele torna encantadoras as flores e terríveis as estrelas; ilumina a mulher e incendeia Vênus; incandesce a aurora, incandesce o dia, incandesce o poente; é o grande salvador e o grande carrasco; é o olhar que chora sobre a Terra e o olhar que flameja no céu; é o carpidor sublime e o vingador formidável, cura as feridas da vida e abre as chagas da eternidade; imprime o maleável na matéria e o terror no ideal; despeja bálsamo sobre os homens e óleo fervente sobre os sóis. O druidismo fazia o inferno na Terra, o cristianismo o faz no céu. O druidismo pegava o ferro, a pedra, o chumbo e o bronze e torturava a alma viva com a matéria; o cristianismo tortura o corpo ressuscitado com o imaterial; usa como ferramentas os lírios do éter, as rosas do anil; dá à aurora dedos de verdugo; sufoca a morte sob o travesseiro da tumba. Seu inferno tem milhões de fornalhas, milhões de braseiros, milhões de fogueiras. Ele vai do norte ao sul, e da imensidão à eternidade; ele turbilhona, fulgura, fatiga as aves esmagando as almas, ele tem a Via Láctea como subterrâneo, o Cruzeiro do Sul como encruzilhada, Saturno como lodaçal, Marte como precipício, a cólera como albergue e, no átrio do albergue, as chamas eternas como lareira. O druidismo olha as florestas, as colinas, as planícies e diz: torturemos. O cristianismo olha as constelações, os planetas, as nebulosas e os exorta: torturemos. O druidismo esconde suas vítimas nos antros, o cristianismo as expõe no infinito. O druidismo se embrenha nos bosques, o cristianismo plana no espaço. O druidismo vive sob os carvalhos sempre sombrios; o cristianismo ressuscita a dor sob o anil sempre iridescente; o druidismo eriça de horror os galhos das árvores; o cristianismo arrepia de pavor os raios dos astros; os dólmens druídicos gotejam sangue, os menires cristãos gotejam enxofre. Toutatis* não vê Deus senão na púrpura do sangue. Jesus Cristo não vê Deus senão na púrpura do fogo. As religiões são golpes de malho no crânio humano; cada fagulha apaga uma estrela e acende um inferno. O ferreiro Toutatis forjou tenazes com os lábios de Deus; o ferreiro Jesus Cristo forjou uma golilha com a mão de Deus. O homem só irá evadir-se no dia em que o ferreiro das tenazes e o ferreiro da golilha fabricarem uma fechadura.

— Charles está cansado, consentes em interromper?

— Sim.

Encerrado à meia-noite.

QUINTA-FEIRA, 1º DE MARÇO

*10h da noite. Presentes: srta. Allix, sr. Allix, srta. Leriche.*** *Conduzindo a mesa: Charles, srta. Victor Hugo. Victor Hugo: escrevente.*

A mesa move-se ao cabo de dois minutos.

Victor Hugo: Há alguém aqui?

— Sim.

— Antes de perguntar quem és, gostaria de fazer-te uma pergunta. Mas, antes de mais nada, vês essa pergunta no meu pensamento?

— Sim.

— Queres responder?

— Sim.

* Toutatis (Tutatis ou Teutates), deus celta. [N.E.B.]

** Srta. Leriche: patronímico quase ilegível. Pode tratar-se da srta. Leriche, vizinha dos Hugo em Jersey.

— Fala.

— **Tu adivinhaste. A montanha é minha tumba. Sou sua alma. Estou sob o bafejo de Deus, subo e desço, quero o céu, e a Terra me quer: as estrelas me puxam pelos cabelos e os pregos do caixão me prendem pelos pés. As trevas gritam para mim: abaixo! e os sóis me dizem: de pé! Sou a mártir do crepúsculo; tenho medo do poente, tenho medo da noite; o breu é meu assassino; sou a desolada da escuridão, choro e as estrelas apagam minhas lágrimas; choro na máscara do dia, choro no abismo de Deus, choro no imenso tonel sinistro que as Danaides do infinito furaram com estrelas.**

— És a mesma que esteve à noite na praia em frente à minha casa e que me pediu versos?

— **Sou sempre aquela, sou a inconsolável do horizonte, sou o guarda noturno do inumerável túmulo esvaziando seus olhos nos crânios vazios, sou o causador dos pesadelos, sou um fio de cabelo eriçado de horror, sou o mais terrível, pois sou o fio branco e o fio reto.**

— Esses dias, quando te vi sobre o martírio,[4] foi por acaso ou era para mim que aparecias?

— **Para os bons olhos, isto é, para os olhos bons.**

— Tenho a impressão de que não vens mais à praia, ou que vens à planície, desde o inverno. Tens um motivo para isso?

— **Estou em toda parte, mas só me veem em certas horas no norte e em certas horas no sul. Levanto-me e deito-me: as almas têm suas leis como os astros; elas marcham como os planetas. Há as almas fixas; há as almas vagabundas; há Nebulosas de almas; há Plêiades de almas; há a alma satélite e a alma sol; há a alma asteroide e a alma mundo. O céu tem dois aspectos: os sóis e as almas, a noite e a morte, o brilho e a ressurreição. O sepulcro é um nascer do Sol que Deus esconde; o dia é um nascer do Sol que Deus mostra. Metade da noite é alada de eternidade, a outra metade é alada de imensidão.**

Neste ponto, Victor Hugo diz às pessoas presentes: Fiz estes versos: "Imensidão! diz o Ser. Eternidade! diz a alma".[5] Neste momento, se eu estivesse na planície ou na praia, eu te veria?

— **Não me faças tais perguntas.**

Sra. Hugo: Como vens encontrar os bons e por quê, visto que só trazes o terror?

— **A dor mais dolorosa é a dor terrível. Chorar e causar medo, eis o castigo; pois em geral a tristeza trai e as lágrimas são sorrisos. Ai de mim! As minhas são tempestades e sou um furacão desesperado por não poder acariciar.**

Victor Hugo: Tu me pediste orações. Sabes que penso em ti todas as noites? Isso chega a ti e te consola?

— **Não estou sozinha. Reza por todos, se quiseres me consolar, esquece de mim. Rezar por uma só é afligi-la. As únicas preces boas são as que semeamos ao vento sobre todos os túmulos.**[6]

— É minha lei, com efeito, rezar por todos, e é o que faço. Deves saber. Mas haveria inconveniente em misturar teu nome e alguns outros a uma prece universal?

— **Sim, no que se refere ao meu nome. Sou uma desconhecida para ti. Não sou um dos teus mortos. Sou mais um símbolo do que um ser; sou o fantasma de uma multidão, sou antes o espectro de um crime do que uma criminosa. Não tenho entidade; meu nome é infanticídio. Sou a mãe de todas as crianças mortas; sou a anônima e a invisível; sou a mortalha formidável que fazem na minha tumba todos os cueiros sangrentos e todos os berços.**

— O que devemos pensar da aparição que alvoroça neste momento toda a ilha e que faz alguns tremerem e outros rirem?

— **Nada.**

Nos últimos quinze dias, os habitantes de Bagol, de George Town, em um beco pavimentado, estão de pé todas as noites para tentar ver ou capturar um ser misterioso, que veste uma mortalha negra e apareceu para algumas senhoras.

Victor Hugo: O que devemos pensar das marcas encontradas há quinze dias no Devonshire, assunto de toda a imprensa inglesa neste momento? O *Illustration* de Londres publicou um desenho, são marcas de pegadas com a forma de uma ferradura, espaçadas de oito em oito polegadas, em linha reta, estendendo-se por uma superfície de cem milhas, que um braço de mar corta, pegadas nos muros, e tanto nas casas como no chão, e diferentes das pegadas de qualquer criatura conhecida pelo homem. Há nisso uma realidade incontestável e um mistério evidente. Sabes qual foi a criatura que deu esses passos?

— A criatura a que vos referis é uma ave que salta sobre uma só pata se ajudando com as asas, é uma ave polar colossal que, pelo hábito de ficar na ponta das patas, perdeu o uso de uma delas; é a ave mais veloz de todas.

— Vejo-te sobre a montanha, onde está o dólmen da torre branca, mas tu nos disseste que habitavas o Roquebert. Em qual desses dois lugares moras realmente?

— Tenho diversas moradas. Estou numa lenda popular; também deixei meu rastro no espírito humano. No mais, uma última palavra. Uma noite, vós quisestes ir atrás de uma luz que brilhava na praia acreditando ser a Dama Branca.[7] Encontrastes uma lanterna de pescador, pois bem, se tivésseis ido atrás da luz que brilha sobre a colina, teríeis encontrado um sinal de contrabandista. A explicação, ei-la em uma linha: há duas almas nas duas velas que vos iluminam.

A mesa para de repente.

— Continuas aqui?

Agitação da mesa.

— Não.

— Quem és tu?

— Puro ou impuro.

— Tu, que estás aqui, tens alguma coisa a nos dizer? Podes te explicar mais?

Nenhuma resposta.

— Queres que façamos perguntas?

A mesa se agita sem responder. Devido ao cansaço de Charles, interrompemos a sessão. É 1h da manhã.

Nota [de Victor Hugo]: Creio ser necessário explicar as questões misteriosas levantadas por mim e que levaram às respostas que acabo de transcrever. Desde o começo do inverno, eu não via mais luz à noite na praia. Há cerca de três meses, observei sobre a colina frontal à Marine Terrace (era meia-noite, eu voltava para casa) uma forte luminosidade, que a princípio julguei ser a chama do forno de tijolos situado no topo dessa colina. Alguns dias depois, voltando à mesma hora, deparei com a mesma luminosidade. Não estava mais no mesmo lugar. Não era então a chama do forno de tijolos. Curioso, passei a observar o horizonte e a planície nas horas em que voltava para casa. Quando comecei a observar, não vi mais nada. Parei de pensar no assunto. Quando não pensava mais, a luminosidade voltou. Tinha a forma de uma chama de vela avermelhada e intensa e tremia visivelmente. Aparecia agora na erma planície que fica a nordeste da minha casa, em lugares onde não mora ninguém, e ali permanecia imóvel às vezes por quinze minutos ou meia hora. Essas aparições ocorriam justamente nas horas em que volto para casa, não só em torno da meia-noite, mas também entre 7h e 8h da noite. Foi neste último horário que, voltando para jantar em casa, certa noite dos primeiros dias de fevereiro, vi, olhando mecanicamente para o horizonte do topo da colina onde fica o dólmen da Torre Branca, uma chama brusca, comprida, reta, que se ergueu, depois abaixou, se ergueu e abaixou de novo, repetiu três vezes essa espécie de sobressalto estranho, depois desapareceu. Vi na Espanha, nos montes Jaizquibel, um sistema de comunicação entre contrabandistas, consistindo de punhados de palha lançados em um braseiro e fazendo o mesmo efeito de longe. Então pensei: é um sinal de contrabandista. A princípio me contentei com essa explicação. Desde então, revi essa chama várias vezes nas mesmas horas e vi que nem a chama próxima ao forno da olaria, nem a chama da planície, nem vários dos sinais, se aproximam em diversas visões das observações feitas por mim no verão passado na praia. Depois da Lua no Sol observada uma noite pelo meu filho, do toque de campainha à noite ou dos desenhos traçados pelo lápis movendo-se sozinho, e, por fim, das explicações fornecidas pela Mesa em diversas ocasiões, terminando na noite de 28 de agosto último, decidi, tendo tomado o cuidado prévio de não prevenir ninguém da minha intenção, interrogar a Mesa a esse respeito. Vemos o que ela respondeu. Victor Hugo.

QUINTA-FEIRA, 8 DE MARÇO

9h45 da noite. Presentes: srta. Allix, sr. Jules Allix. Conduzindo a mesa: sra. Victor Hugo, Charles. Escrevente: Victor Hugo.

A mesa se agita quase imediatamente.

Victor Hugo: Uma observação antes de perguntar quem está aqui. Três questões continuam pendentes: em primeiro lugar, a questão relativa ao druidismo e ao cristianismo. Em segundo lugar, a sequência do diálogo com o ser misterioso que falou em 1º de março. Em terceiro, uma questão vinda da Espanha.

A mesa vacila, depois aponta para qual dessas três séries de ideias ela deseja desenvolver esta noite. Desnecessário dizer que, se ela quiser falar de outro assunto, estamos aqui para escutá-la.

— Puro ou impuro, par ou ímpar. Passe ou impasse. Próprio ou impróprio. Pio ou ímpio. Previsto ou imprevisto. Digno de pena ou impiedoso. Imundo ou mundo. Imenso ou manso. Olho ou mortalha. Rico ou árido. Sobremesa ou aspereza. Égua ou légua. Véus ou Deus. Deus ou fogaréu. Fogaréu ou azul. Azul ou ehh.

Victor Hugo: Isso é a pintura, no fundo do homem, de toda carne-espírito, de mim mesmo. É verdadeiro e forte. Continua.

— Continuo. O Evangelho teve isto de grandioso, fez o homem irmão do homem, a mulher irmã da mulher, e gêmeas todas as crianças. Ele jorrou estas grandes palavras: amai-vos uns aos outros. Não façais ao outro o que não quereis que vos façam. Amai vosso próximo como a vós mesmos. Ninguém é profeta em sua terra. Os primeiros serão os últimos. Deixai vir a mim as criancinhas. Que aquele que nunca tiver pecado atire a primeira pedra. Em verdade vos digo, alguém dentre vós me trairá. Comei e bebei, isto é minha carne, isto é meu sangue. E esse grande grito que sairá eternamente das bocas sublimes diante do céu ameaçador: *Eli, eli, lamma sabactani? O Evangelho raptou o homem na sombra e o elevou na**

* "Meu Deus, meu Deus, por que me abandonaste?", últimas palavras de Cristo na cruz. Reencontramos essa expressão no poema "Solitudines coeli", lido por Hugo na noite de 1º para 2 de maio de 1855, bem como em *Napoleão, o pequeno*.

nuvem. Expulsou os vendilhões do templo, restabeleceu os pesos e estrelas na balança divina. Torceu os andrajos e a piedade caiu em gotas grossas. Do Deus surdo e mudo, fez um Deus vivo, ouvindo e falando. Devolveu a visão aos sóis acometidos de cegueira durante 2 mil anos de trevas. Refez o homem e fez a mulher. Teve entranhas de mãe, entranhas de pai, entranhas de filho. Foi o primeiro olho e a primeira mama. Chorou a maior lágrima que jamais amamentou o gênero humano. Bebeu o maior cálice que jamais subiu do caule de dor. Por fim, abriu, a golpes de malho, o assombroso mistério da natureza e, de pé sobre o Gólgota, sangrando, sublime, forçou os quatro ventos da noite a passar pelas quatro chagas abertas do amor crucificado na imensidão. O Evangelho transformou a tumba em alguma coisa de clemente para os arrependidos, mas, e este é o seu erro, fez dela alguma coisa de inexorável para o celerado. A grande preocupação das religiões deveria ser menos os justos do que os injustos, menos os bons do que os maus, menos os arrependimentos do que os remorsos. Os monstros são o verdadeiro rebanho do amor. A questão não é amar ovelhas, mas se fazer amar pelos tigres. O maior lábio do céu está pousado não sobre o aprisco, mas sobre a selva, o covil, o deserto, a juba, a mandíbula, o rugido; a narina de Heliogábalo bufa no próprio seio de Deus, o focinho de Fálaris muge no próprio estábulo de Deus, as guelras de Calígula relincham o Senhor, as nadadeiras de Domiciano nadam no Senhor, a áspide de Cleópatra morde o calcanhar do grande pastor, o beijo de Judas lambe as trevas estreladas; a verdadeira religião é uma imensa domesticação de bestas-feras e não uma imensa fogueira de peles de leões. É uma ternura prodigiosa para os ferozes, para os infames, para os sofredores informes da bestialidade, para os execrados da Terra, para os malditos da vida. Ela ama os odiados, salva os perdidos, doura as colunas de bronze. Tem piedade das barras de ferro que são os verdadeiros juncos, das almas de lama que são os verdadeiros abismos e das bocas sangrentas que são as verdadeiras chagas. Ela olha nas profundezas do horrível e ri daqueles que rangem os dentes, e fala com os que são surdos, e escuta os que são mudos, e se mostra aos que são cegos; ela diz ao homem monstruoso: levanta-te até a morte que ascende a Deus. Cresce de todo o teu cadáver. Ela diz aos animais: levantai-vos até a morte que se levanta até o homem. Cresce de todo o vosso cadáver. Ela diz às plantas: plantas, levantai-vos até a morte que se levanta até o animal. Crescei de toda a vossa queda. Ela diz às pedras: pedras, levantai-vos até a morte que se levanta até a planta. Crescei de todo o vosso pó. Ela grita: podridão, excrementos, lodo, semeai, florescei, irradiai; monstruosidades, deformidades, terrores, flamejeis; resplandecei, plêiades de vilezas, constelações de crimes, nebulosas de gotas de sangue (V. H.: fiz esse verso), via láctea de venenos, todos os beijos celestes são mordidas ressuscitadas. O infinito só é o infinito porque ele é a clemência. Se pudéssemos nos perder em Deus, nos guiaríamos pelo raiar de seu eterno sorriso. O firmamento é limitado ao norte pela bondade, ao sul pela caridade, a leste pelo amor, a oeste pela piedade. Deus é a grande urna dos perfumes que lava eternamente os pés da criatura. Ele espalha o perdão por todas as portas; ele se esgota em amar, ele trabalha para absolver. O Evangelho do passado disse os condenados, o Evangelho futuro dirá os perdoados.

A mesa se imobiliza.

Fiz um poema intitulado "Satã perdoado".

V. H.

Meia-noite e 35.

QUINTA-FEIRA, 15 DE MARÇO

9h30 da noite. Conduzindo a mesa: Charles, sra. Victor Hugo. Escrevente: Victor Hugo.

Nota [de Victor Hugo]: Acrescento à pequena observação-parêntese acima que comecei o poema "Satã perdoado" há precisamente um ano, em março de 1854, e que escrevi dois terços até agora, tendo sido interrompido nesse trabalho pelas *Contemplações* no verão passado. V. H.[8]

A mesa se move ao cabo de sete minutos.

Victor Hugo: Quem está aqui?

— Jesus Cristo.

— Olá. Continua as coisas grandiosas que nos dizes.

— O druidismo dissera: crede; o cristianismo dissera: crede. Sua palavra pusera gerações de joelhos; mas um dia, de repente, no templo, um desconhecido entrou, vestindo andrajos, os cabelos desgrenhados, pés descalços, mãos encardidas, fronte altiva e empunhando o formidável cajado de viagem do futuro; era o mendigo Espírito humano; era o viajante dos crepúsculos; era o andarilho da sombra; era o passeador dos abismos; era o pastor dos leões, era o pastor dos tigres; era o vidente do covil; era o infatigável, o valente, o corredor de milhões de léguas de imensidão; era o ser que não crê, mas que pensa; era o grande interlocutor de Deus.

— Fiz estes versos:

O profeta e o poeta
Afirmam o ser ao nada
A Terra escuta inquieta
Esse arcanjo e esse argonauta;
A multidão dos vis diálogos,
A matilha de lobos e buldogues,
Que ronda sob o azul do céu,
Todo esse negro rebanho que nega
Interlocutor de Deus.[9]

— O arauto de negações da verdade, o questionador, o revoltado, o combatente; era o ferido da barricada celeste, o brilhante e o sangrento, o portador sublime das chagas da dúvida e das cicatrizes da ideia. Ele tinha vários nomes, sua fronte se chamava Moisés, seu olhar se chamava Sócrates, sua boca se chamava Lutero, suas chagas se chamavam Galileu e suas cicatrizes se chamavam Voltaire. Ele vinha dos quatro desertos: o deserto de Ésquilo, o deserto de Dante, o deserto de Shakespeare e o deserto de Molière, e tinha as sandálias dilaceradas pelas urzes de todos os calvários e pelas pedras de todos os Sinai. Fazia gestos que amedrontavam as colunas de mármore e sacudia abas de nuvens ao desdobrar o seu manto. Era o vagabundo estrondeante e flamejante. Poderia ser confundido com o raio a caminho de Sodoma. Entrou e gritou: de pé, ajoelhados!

Perdemos tempo aqui. Em marcha, os que fazem alto! O mundo começa. Ao trabalho, os que repousam! A fé é sono, a liberdade é o despertar. Sou a aurora. Despertai, sepulcros! Despertai, escravos! Despertai, mudos! Avante, fantasmas! Avante, espectros! A galope, estátuas! As multidões se levantam, os negros cavaleiros soerguem-se; ouve-se relinchar Oitenta e nove, o povo dá simples salto, o ideal está na sela.

Charles está muito cansado. Interrompemos. Faltam quinze para a meia-noite.

QUINTA-FEIRA, 22 DE MARÇO

9h45 da noite.[10] *Conduzindo a mesa: Charles, sra. Victor Hugo. Escrevente: Victor Hugo.*

A mesa se agita ao cabo de três minutos.

Victor Hugo: Quem está aqui?

— Jesus Cristo.

— Continua.

— Ele parte e com um esporeio transpõe abismos. Ele se lança do torreão feudal para os tetos dos subúrbios, da bastilha para a cidade, do amo para o servo, do rei para o povo, do padre para o filósofo, do filósofo para o ateu, do ateu para Deus. Grifo terrível e esplêndido, ele tem Danton como asa, Robespierre como garra, catorze exércitos como escamas, vulcões como guelras, abismos como orelhas. A boca desse cavalo masca o infinito que cai espumante de seu freio sangrento, ele relincha o despertar, empina o futuro, corcoveia o caos; ele se exalta, cabriola, se assusta, desconcerta o cavaleiro, mata o palafreneiro, derruba a estrebaria, e desmorona, seus quatro ferros lançam relâmpagos cujo trovejar sacode o mundo; esse centauro leva o passado e o futuro, o falso e o verdadeiro, o mal e o bem, montados em sua garupa formidável; ele lança à Terra o que não lança aos céus; ele escala, escala, escala; carrega a humanidade para a liberdade, a liberdade para a igualdade, a igualdade para a fraternidade; três saltos, três violentos sacolejos na palavra terrena; onde vai parar esse fugitivo da sombra? Esse indômito da imensidão? Quem será a barreira? Quem será o último passo? Qual o atleta aterrador que fará recuar esse cavalgador do Pélion, esse pulverizador do Ossa?* Será a criança e seu direito? Não. Será a mulher e seu direito? Não. Será o homem e seu direito? Não. É o fantasma e seu sudário, ele apostará na vida e desistirá perante o mistério; ele libertará o vivo e deixará o morto prisioneiro do cristianismo. Ele terá sacudido as carapaças de torreões e tropeçará no sepulcro; sua precipitação não alcançará Satã; sua asa não irá tão longe quanto o pássaro do cemitério que voa da cruz; ele não destronará o direito divino do castigo eterno; ele não decapitará o rei do horror; ele não derrubará o Tibério** do infinito; ele não carregará na ponta de um chuço, por entre as estrelas, a cabeça infame do Deus flamejante; ele não reduzirá o Inferno a cinzas; ele não arrastará pelos rios sobre uma jangada de sóis o cadáver da noite coroada; ele não fará a revolução do túmulo; as Mesas a farão.[11] Elas proclamarão o direito do fantasma; elas afirmarão o direito do morto, o direito do pó do sepulcro, o direito do verme do sepulcro, o direito da pedra do sepulcro, o direito da relva do sepulcro, assim como dos grãos de cinza e dos raios de sol. As Mesas serão o Oitenta e nove dos arcanjos. Vão injetar verdades sobrenaturais na verdade humana; misturar os átomos e os mundos; comprovar a fraternidade dos homens com os animais, a igualdade dos animais com as plantas, a igualdade das plantas com as pedras, a solidariedade das pedras com as estrelas; farão subir (escrevi tudo isso em versos nos últimos dias, V. H.) o cão até o seu dono e subir o pastor até o seu rebanho; farão as flores crescerem até os astros, as pedras das praias crescerem até o raio das tempestades, Deus descer até o pólipo e a pulga

* Pélion, maciço montanhoso da Grécia, na Tessália, que prolonga o Ossa ao norte. O Pélion está ligado às lendas dos gigantes Aloades, dos Centauros, do casamento de Peleu e Tétis. O Pélion abrigava um santuário de Zeus Akraios e um oráculo de Apolo. Na mitologia, os gigantes Aloades empilham o Pélion sobre o Ossa para atacar os Olímpicos.

** Tibério: imperador romano entre 14 e 37 d.C. O fim de seu reinado (morreu assassinado) é marcado por complôs, execuções e envenenamentos cometidos em seu nome por seu ministro Sejano. Tibério, arrogante, misantropo, desdenhoso, refugiara-se em Capri, que se tornou um local de devassidão. Ele precede Calígula.

saltar até Deus. Vão suprimir na imensidão a distância do beijo até o lábio; dizer, gritar, vociferar: ó homens, não há mais homens! Ó animais, não há mais animais! Ó plantas, não há mais plantas! Ó pedras, não há mais pedras! Ó sóis, não há mais sóis! Ó firmamentos, não há mais firmamentos! Não há senão almas iguais perante o amor. Não há senão amores iguais perante Deus. O Inferno não existe. O Paraíso é o estado normal do céu; as trevas são aparências; a noite é uma ilusão das estrelas, o abismo Deus está apinhado de pombas e não de corvos. A imensidão tem entranhas de mãe; os sóis estão prenhes de piedade pelos sofrimentos, e o céu tem suas estrelas marejadas de lágrimas. Ó homens, tudo ama. Ó animais, tudo ama. Ó plantas, tudo ama. Ó pedras, tudo ama. Ó mundos, tudo ama. O firmamento, ó vivos, é um perdão intransponível, e agora morrei.

— Conheces os versos que comecei há dezoito meses e terminei por esses dias, que são, no fundo e em mais de um detalhe, idênticos aos que acabas de proferir? Aconteceu mais de uma vez de os seres misteriosos que nos falam pela mesa dizerem conhecer nossos trabalhos. Tens conhecimento desses versos?

— **Não.**

O sr. Victor Hugo sai.

Sr. Allix: Podes nos dizer se a missão dos apóstolos lhes foi dada após tua morte da maneira que penso?

— **Os apóstolos disseram; os homens creram; o Evangelho foi semeado aos quatro ventos. O livro dos mortos está no prefácio; os apóstolos fizeram tão somente o sumário do livro dos vivos.**

— Nós te agradecemos. Como a hora é muito avançada, aceitas continuar tua resposta em uma outra hora?

— **Sim.**

Encerrado à 1h da manhã.

SEXTA-FEIRA, 30 DE MARÇO DE 1855

9h45 da noite. Presentes: sra. Victor Hugo, Théophile Guérin, Jules Allix, srs. Victor Hugo, Charles Hugo, Auguste Vacquerie. À mesa: Charles Hugo, sra. Victor Hugo.

— Quem está aqui?

— **Molière.**

Auguste Vacquerie: Tens alguma coisa a nos dizer?

— **Venho terminar meus versos.**

— Obrigado. Queres que eu releia os últimos?

— **Sim.**

Auguste Vacquerie relê as últimas estrofes ditadas por Molière em 23 de março de 1854.

— ***A ciência liberta o Titã quimérico;***
O fogo do céu domado é agora um laço de amor;
A passarinheira amarra no ar um fio elétrico
Às patas escuras do condor.

O raio que deixou lívidos os profetas
Ela o transformará em universal amante.
Ela reconcilia em meio às procelas
Todos os relâmpagos do firmamento.

O falso e o nada se entrecruzam sobre ela,
Que tem como escuras grades a matéria e o mal;
Mas sentimos estremecer fugaz feito uma vela
Essa gaiola do ideal.

Ela confina em seus estreitos limites
Galileu e Newton; triste cativeiro!
Poetas presos, os dois entediados cientistas
Esquadrinham o mundo inteiro.

Ambos acorrentados dentro do algarismo tenaz
Quedam nessa gaiola onde dorme seu olho sem brilho,

Mostrando sua envergadura qual uma ameaça
Às distâncias do infinito.

Foram feitos para o ar, onde a águia voa em bando;
Mas a ciência sufoca esses dois poderosos faróis.
Anjos misteriosos, eles abandonam
Suas asas cobertas de sóis.

Carregavam em sua plumagem os montes e a neve,
Os raios de sol, a sombra e o levante
E as viagens longas que nenhum fim torna breves
E as quatro estradas do vento.

Carregavam os vulcões, carregavam os escombros;
Ambos tinham forças para transpor o azul do céu;
Podiam, grandes falcões da caça às sombras,
Pousar no dedo de Deus.

Podiam, mudando a ordem de seu olhar cigano,
Como Ésquilo buscar na arte as verdades
E despencar do fundo do pensamento humano
Sobre as obras-primas apavoradas.

Podiam apoderar-se de Orestes dos negros desastres,
Capturar o assassino ou o anjo de Elsinor;
Podiam, na nuvem e não num de seus astros,
Entregar Hamlet ao Senhor.

Poderiam ter capturado a musa sangrenta
Para lançá-la aos pés do caçador imutável
E lhe entregar Prometeu, o urubu imenso,
A ser pregado nas portas do céu.[12]

Meia-noite e 45.

SEXTA-FEIRA, 13 DE ABRIL

9h25 da noite. À mesa: sra. Victor Hugo e Charles Hugo. Auguste Vacquerie: escrevente.

A mesa se move ao fim de cinco minutos.

— Quem está aqui?

— **Molière.**

— Queres continuar teus versos?

— **Sim.**

— Queres que eu releia as últimas estrofes?

— **Sim.**

Auguste Vacquerie relê as três últimas estrofes da sessão anterior.

— ***Ó Newton, Galileu, Hipócrates, Arquimedes,***
Diante da esfinge da doença, Édipo do remédio,
Cisnes com olhos atônitos e generosos
Que, transformados em corujas de brilhantes retinas,
Vistes nascer na ponta de vossas asas escuras cifras
Feito garras dolorosas,

Sinistros alucos da imensidão turva,
Ó sondas da noite, ó observadores soturnos,
Que viveis tristes em vossos ninhos
Fora do real, fora do possível,
Pousados nas ameias do incompreensível,
Fortaleza dos infinitos,

Vós que, obstinados em contemplar o extremo,
Abríeis vossos olhos esféricos, espectros do teorema,
Para os céus iluminados,
De modo que os sóis dos abismos fúnebres
Julgavam-se ameaçados nas trevas telúricas
Por globos de ouro indignados,

Ó pálidos viajantes da imponderável porta,
Que, na aurora, pensativos sobre a fronde morta,
Observáveis o erro que vos move,
Sacudindo vossa asa enregelada, ainda úmida
Do suor humano, chuva miúda
Que cai da noite grogue,

Fantasmas cujo espírito ignora as réguas,
Cativos de vossos cálculos, livres em vossas ideias,
Ora longe, ora perto de Deus,
Escravos da noite de que a aurora é o país,
Cujo impulso para o céu na Terra tem sua raiz.[13]

11h45 da noite.

25 DE ABRIL DE 1855. DOMINGO

10h da noite. Presentes: srta. Allix, sr. Allix, sr. Auguste Vacquerie. Conduzindo a mesa: Charles, sra. Victor Hugo. Escrevente: Victor Hugo.

A mesa se agita ao fim de cinco minutos.

Victor Hugo: Quem está aqui?

— **Temos uma observação a fazer. É comum haver, em nossas palavras, coincidências com o que escreveis. Isso parece tolher grandes trabalhos. Sem explicar a causa de tais coincidências, prevenimos que, no futuro, as palavras e frases que se assemelharem às vossas e que vós nos assinalardes como tais serão imediatamente modificadas e deverão ser apagadas do livro. Salvaguardamos naturalmente o teor das ideias; nos referimos exclusivamente ao estilo; devíamos essa homenagem ao doloroso labor humano.**

Victor Hugo: É a mim que se dirige a observação?

— **Sim.**

— Será como queres. Uma vez que me interrogas, responde a três perguntas: O Leão voltará para fazer seu poema? A Dama Branca procura o diálogo começado, a seu pedido, entre ela e mim? André Chénier virá ditar o fim de seus poemas?

— Não duvido que Shakespeare e Molière continuem. Tudo será terminado.

Após um intervalo, a mesa recomeça por si só.

— Platão.

— És tu que vens falar conosco?

— Não.

— Podes nos dizer quem?

— Não.

— Olá, fala, nós te escutamos.

— Venho falar-vos a respeito do sonho. Quando o vivo dorme, logo se estabelece uma comunicação entre sua cama e seu túmulo. Todo corpo deitado adota a linha do horizonte da alma. O adormecido torna-se o despertado da sombra. Não está imóvel, voa na imensidão; não é cego, vê o infinito; não é surdo, ouve no espaço; não é mudo, fala na morte; não está deitado, é alado; não está estendido, plana; não caiu, ressuscitou. O adormecido é o salteador da noite; todo sono sitia o mistério; todo catre é uma seteira do sepulcro; os sonhos são os projéteis das estrelas; de dia, tu vives, de noite, tu morres. Os milhões de sóis perfuram teu teto e iluminam teu quarto, tua candeia está apagada, um astro se acende em seu lugar; teu lampião levará a noite inteira para consumir uma gota da Via Láctea; os círios da sombra cintilarão nos funerais noturnos, o infinito retira os lençóis da tua cama e te sepulta na vala comum do sono até o raiar do dia; vivo, entras em contato com tua vida mortuária; tua carne sente tua cinza; teus membros sentem teus ossos; tua cabeça sente teu crânio; teu esqueleto é tua formidável couraça noturna. Ó sitiador da fortaleza escura; veste, ó vivo, essa armadura de marfim diante do bastião de ébano e vê. Sonhos, vinde, caí sobre o adormecido, sois visões doces ou terríveis; brotais de Vênus risonha ou de Saturno irascível. Sois o beijo do arcanjo ou a facada do espectro; sois os amores ou os crimes; sois os fantasmas da alma; sois

o encontro da mulher adorada, sois o regresso da filha querida; sois também a emboscada da vítima e apunhalais o sono dos assassinos e agitais todas as mortalhas da tumba nas cortinas da alcova assustada enquanto no quarto escuro o relógio vertiginoso, bússola da nau do adormecido, gira eternamente seu ponteiro rumo à morte.**

Meia-noite e 45.[14]

QUINTA-FEIRA, 10 DE MAIO

10h da noite. Conduzindo a mesa: sra. Victor Hugo, sr. Jules Allix.

Charles sugere que a mesa seja colocada em movimento por eles.

Victor Hugo escreve.

A mesa se agita quase imediatamente e Charles substitui o sr. Allix. A mesa volta a descer e se imobiliza. Oito minutos. A mesa desliza e gira. O pé levanta.

Victor Hugo: Quem está aqui?

— **Molière.**

— Queres que eu releia o fim dos versos que ditaste?

— **Sim, as duas sessões inteiras.**

Victor Hugo relê os últimos versos de Molière, voltando a apontar diversas coincidências de expressão entre alguns desses versos e versos seus. Victor Hugo repete o que foi dito na sessão anterior, é praticamente inútil anotar os detalhes.

— Tomo-vos por testemunhas, escultores da matéria,
Dizei a Filaminta junto comigo, seu Molière,
A outra face do verdadeiro deus,
A essa louca ideia apaixonada pelas estrelas
Mostrai a enormidade escura e cheia de celas
Dos horizontes ferrolhos do céu.[15]

Falai a ela do estrume, do lixo e da pocilga,
Dizei-lhe que a lama onde o porco cisca
É uma glória, um honor,
Dizei-lhe, soturnos cientistas, que o lodo é sublime,
E que o excremento vil de um verme é insigne
Sob o imenso passo do Senhor.

Dizei-lhe que o olhar jamais se abaixa,
Que Jó sobre seu feio monturo,[16] *em desgraça,*
Coça o infinito com a mão,
Que a chaga é um astro andrajoso sobre o homem
E que vós sois os pálidos astrônomos
Das úlceras do corpo de Adão.

Dizei-lhe que no fundo não há diferença
Entre o mendicante abismo da doença
E essa noite dos ventres malditos
Acocorada prostrada e quase nua
Que esfrega o caco de vidro da lua
Sobre sua lepra de paraíso.

Agitação intensa da mesa. Furacão e tempestade do lado de fora. Ouvimos o barulho furioso do mar. A chuva vergasta os vidros. Prolongados assobios do vento.

— *Dizei-lhe que a chuva, que fustiga o bosque,*
Lava esse manto vil que com nojo torce
Filaminta dos dedos orgulhosos;
E que os ventos do céu, valetes do mistral,
Dão no calção imundo de Crisálio
Escovadelas furiosas.[17]

Encerrado à meia-noite.

SEXTA-FEIRA, 18 DE MAIO DE 1855

9h30 da noite. À mesa: sra. Victor Hugo e Charles Hugo. Auguste Vacquerie: escrevente. Srta. Adèle Hugo presente.

A mesa demora trinta minutos para levantar o pé.

— Quem está aqui?

— **Molière.**

Auguste Vacquerie relê as duas últimas estrofes.

Quinze minutos.

— Dizei-lhe: nada de baixo, de escuso, de indigno;
A sombra é o ovo formoso em que a noite choca um cisne,
Todos os rastejadores são alados;
O eflúvio de um jantar viaja com os tufões,
E Deus transforma o capim que apodrece nos caixões
No estrume dos céus estrelados.[18]

Trinta e seis minutos.

A mesa se agita sem falar.

Auguste Vacquerie: Há alguma coisa que te impede de prosseguir?

Nenhuma resposta.

Saímos às 11h12.

SEXTA-FEIRA, 25 DE MAIO DE 1855

9h15 da noite. À mesa: sra. Victor Hugo e Charles Hugo. Auguste Vacquerie: escrevente. Srta. Hugo presente.

A mesa levanta o pé após sete minutos.

— Quem está aqui?

— **Molière.**

Auguste Vacquerie lê a última estrofe.

— Vê o terreiro. O ignóbil bando de gansos
Passeia no lodo onde o porco descansa
A pluma das cartas de amor.
São nossas ações que derrubam os mundos,
Os astros da tua noite, monte de imundícies imundas
Do obelisco do dia multicor.

A matéria te dá medo, grande dengosa;
Precisas de Órion, Vênus, a sombra leitosa;
É isso então o imaterial?
Aprende que isso são miudezas e misérias;
As constelações, os globos e as esferas
São os buracos do andrajo celestial.

Intensa agitação da mesa, ela fica num pé só, gira, vai e vem.

— Tu, que te negas a bordar a colcha de Crisálio,
Queres cerzir o colossal sudário?
Afagaria mais o teu orgulho
Costurar na claridade toda sombra inglória,
Remendar o espaço e roubar da hora,
Do eterno, o ponteiro e a agulha?

Quando desses um ponto no mundo quimérico,
E quando esse ponto fosse o ponto geométrico,
O ponto inicial, o ponto de arremate,
Sabe que ao unir os polos de compaixão
No anil tu não despertarias a atenção
De Deus, o enorme mascate.

Culotes humanos ou roupas de anjo,
É sempre a matéria, o lodo, a mancha;
Sempre a vil batina carnal

Que espanamos e escovamos na noite lúgubre;
Que usamos e que na morte trancam no túmulo,
Baú do viajante perenal.

Mas a lama é grande e a carne é devassa;
A flor nasce da lama, da carne sai a asa.
O verbo escapa do alarido;
A dádiva sai do mal, e é o orvalho da madrugada
Que brota quando Deus sobre a terra esgotada
Lava as mãos pela noite poluídas.

Aprende isso de nós, espírito que só tens regaço
Para a imensidão, fronte vazia e cheia de espaço,
Estreito porão de astros sortidos,
Mendigo dos céus dos farrapos em chamas
Que estendes o braço na orla da sombra e reclamas
Os singelos tostões do infinito.[19]

Meia-noite.[20]

SEGUNDA-FEIRA, 4 DE JUNHO

8h15 da noite. Conduzindo a mesa: Charles, Guérin. Escrevente: Victor Hugo. Presentes: srta. Victor Hugo, Auguste Vacquerie.

Faz muito frio. Charles está cansado, pois praticou esgrima durante o dia. Ao cabo de vinte minutos, a mesa ainda não se mexeu. A sra. Victor Hugo substitui o sr. Guérin.

Entra a srta. Adèle Hugo, depois o sr. Jules Allix.

A mesa levita.

Victor Hugo: Quem está aqui?

Hesitação da mesa. A mesa gira, articula meu nome, depois começa a bater.

— **Nenhuma luz.**

— Explica-te. Se apagarmos, não poderei escrever.

— **Apagai as velas.**

Sra. Hugo: Como faremos? Por que apagar? Diz o motivo.

— **Sou uma sombra.**

(O sr. Guérin vai até o quarto ao lado. Tentarei escrever sobre o livro. São 8h40. Apago as velas. Observamos que a mesa hesitou enquanto a mecha da vela ardeu.)

Victor Hugo: Fala, está apagado.

A mesa bate com intensidade.

— **Janelas da noite, abri-vos. Todos os mundos são feitos como as formas diversas do animal, da pedra e da planta. Nos paraísos, o anjo é o tipo superior; nos globos arrependidos, é o espírito misto; nos globos acusados, é o ser misto; nos globos condenados, é o homem; nos globos levemente punidos, é o macaco; nos globos mais punidos, é o cão; nos globos mais punidos ainda, é o cavalo; nos globos mais punidos ainda, é o asno; nos globos mais punidos ainda, é o porco; nos globos mais punidos ainda, é o peixe; nos globos mais punidos ainda, é o pássaro. Nos globos fortemente punidos, é o tigre; nos globos infamantes, é a pulga; nos globos monstruosos, é a rosa; nos globos assustadores, é o grão de areia; nos globos imensamente punidos, é o excremento; nos globos que são o último porão do perdão, é a podridão; nos globos que descreem de Deus, é o gelo; nos globos que descreem de Satã, é o fogo; nos globos que se julgam esquecidos, é o silêncio; nos globos que se matam, é a noite.**[21]

Victor Hugo: Tu nos disseste para apagar a luz. Em que ela te incomoda?

Nenhuma resposta.

— Continuas aqui, Sombra?

Nenhuma resposta. Parece evidente que a sombra deixou a mesa. Trazemos de volta as velas. Charles está esgotado. São 9h40.

Victor Hugo: Um ser veio há pouco e só aceitou falar com as luzes apagadas. Depois, desapareceu. Espírito que o substituis neste momento, poderias nos dizer quem era esse ser, o que nos disse "eu sou uma sombra"?

Era um habitante do último mundo, um espectro da noite, uma sombra da sombra? É por esse motivo que não podia suportar a luz? Ansiamos por uma resposta.

A Mesa responde imediatamente.

— **Sim.**

— Podes nos dizer mais sobre esse ser misterioso?

— **Não.**

— O Leão virá?

— **Depois de Molière.**

9h45.

SEGUNDA-FEIRA, 11 DE JUNHO

8h55 da noite. Presentes: sr. [Clément] Dulac, Auguste Vacquerie, srta. Adèle Hugo. Conduzindo a mesa: Charles, sra. Victor Hugo. Escrevente: Victor Hugo.

Ao cabo de seis minutos, leve estalido. A mesa começa a bater, depois desliza. Cinco minutos. O pé se ergue.

Victor Hugo: Quem está aqui?

— **O Dedo da Morte.**

— Continua.

— **Mão da vida, braço da carne, corpo do lodo, sou o coveiro do infinito, meu nome é Sol.**

— Fala. Queres que te interroguemos?

— **Sim.**

Sr. Dulac: Por que os seres são solidários entre si?

— **A causa da solidariedade está na necessidade moral da matéria.**[22] **Explico-me. Lei: tudo preza tudo; razão: tudo depende de tudo; consequência: tudo é solidário de tudo. Serei mais claro. Considerando o átomo o ponto de partida da criação, como chegar à criação? Pela multi-**

plicação do átomo por si mesmo. O átomo fecunda a si próprio, o átomo é ao mesmo tempo um e dois; o átomo é um, a criação é dois; para chegar a esse resultado, há de se reconhecer: que o átomo preza o átomo, que o átomo depende do átomo, que o átomo é solidário do átomo. Lei: um preza dois; razão: um depende de dois; consequência: um é solidário de dois. Observa agora a criação. Os astros se ligam aos astros por meio dos raios.[23]

[Nota de Victor Hugo:] Coloquei esses versos na boca do Sol falando sobre os planetas: "Meus raios são os terríveis fios que os sustentam".[24] V. H.

— Os céus se ligam aos céus por meio dos astros, observa novamente: os homens se ligam aos homens pelas entranhas, os animais se ligam aos animais pelos instintos, as plantas se ligam às plantas pelas raízes, as pedras se ligam às pedras pelos grãos de areia e pelos filões mineralógicos. O homem se liga ao animal pelas necessidades, o animal se liga à planta pela nutrição, a planta se liga à pedra pela fecundação; os astros se ligam ao homem, ao animal, à planta e à pedra pela criação; os astros se ligam ao infinito pela ressurreição; o elo é evidente; a causa do elo não é menos evidente: a unidade necessita de um filho; ela esposa o número e o fecunda; a causa da solidariedade é a vida da criança, a solidariedade é a vida da criança, a solidariedade é o cordão umbilical da imensidão.

Sra. Hugo: É a primeira vez que o sr. Dulac assiste ao fenômeno. Ele é de boa-fé. Deseja ser convencido. Aceitas convencê-lo por um dos meios à tua disposição?

A mesa permanece imóvel por um longo tempo. O sr. Dulac substituiu a sra. Victor Hugo. São 10h30. Passam cinco minutos. O pé se ergue. Victor Hugo relê a pergunta. Hesitação. A mesa começa a deslizar, depois bate e continua.

— Mil francos estão a caminho para ele.

Sr. Dulac: De onde vêm?

— De um parente.

— Que parente?

— Morto.

— Recentemente?

— Sim.

— Eu sei da morte desse parente?

— **Não.**

— De que país?

— **França.**

— De que lugar da França?

— **Pau.**

— Não conheço parentes em Pau. Podes me dizer o nome?

— **Não.**

Sra. Victor Hugo: Falas seriamente?

— **r o u z**

Sr. Dulac: Falas seriamente?

— **il rouz**

A sra. Victor Hugo substitui o sr. Dulac, a mesa se agita ferozmente.

— **f e l l i l**

Sra. Victor Hugo: Falaste seriamente com o sr. Dulac? Responde.

— **i l e l e l l**

Encerrado às 11h.

[Nota de Clément Dulac]

Quando a mesa me comunicou isso, na segunda-feira, 11 de junho de 1855, havia, com efeito, dinheiro a caminho para mim. Recebi hoje seiscentos francos, vindos da França, expedidos pelo meu irmão, que, espero, não está morto, em Pau, após ter postado em Sainte-Livrade, Lot-et-Garonne, a carta registrada a mim endereçada: Marine Terrace, 12 de junho. Clément Dulac.

P.S. *Afirmo que, entre as pessoas presentes à experiência, nenhuma outra a não ser eu sabia que eu esperava esse dinheiro da França; eu mesmo ignorava que ele estivesse a caminho.* C. D.

[Notas de Victor Hugo]

13 de junho. Pela manhã o sr. Dulac me traz o cheque recebido por ele. Esse cheque, datado de Villeneuve, 29 de maio, e remetido pelo sr. A. Borde, Rue Madame de Luxembourg, nº 10, em Paris, pagável em 15 de junho, por ordens do sr. Théodore Dulac, assinado

Dubruel, traz no canto esquerdo o carimbo no qual lemos estas palavras: de 500 fr. a 1.000 fr., a palavra mil, portanto, consta do bilhete. Victor Hugo.

Acrescento que o envelope do correio da carta que continha o cheque traz três selos, o da França: Sainte-Livrade, 8 de junho de 55; o da Inglaterra: Paid, 10 de junho; e o de Jersey: Jersey, 12 de junho. A carta é efetivamente de um parente, do irmão do sr. Dulac, e está assinada A. Dulac. Colo esse envelope na página ao lado desta. V. H.

SEGUNDA-FEIRA, 18 DE JUNHO[25]

8h30 da noite. À mesa: sra. Victor Hugo, Charles. Escrevente: Victor Hugo. Presentes: Auguste Vacquerie, Théophile Guérin, Jules Allix, srta. Adèle Hugo.

A mesa entra em movimento ao cabo de três minutos, mas se limita a deslizar e girar. Finalmente, o pé se ergue.

Victor Hugo: Quem está aqui?

— **s c i m u s s o r t e m***

— Isso quer dizer que nos enganamos?

— **Sim.**

— Essa palavra esquecida deve preceder scimus?

— **Sim.**

— Dita para nós. Vutrupr, é isso?

— **Não.**

— Algo te incomoda?

— **Não.**

A mesa está pouco imantada.

— Recomeça.

— **Lourru**

— Recomeça tudo. Quem está aqui?

— **Tuauau**

* Conhecemos a sorte, o destino.

— Diz teu nome.

— **Scimus toun**

Deixamos a mesa e interrompemos um minuto. Quando retomamos, a mesa volta a falar imediatamente, se agita, desliza e gira. O pé se ergue.

— **R u r u m s c i m u s s o r t e m.**

Victor Hugo: Continua.

— **u n d a u l u l a t**[*]

— Isso te incomoda?

— **Sim.**

Com efeito, a mesa parece bastante contrariada. Ela recomeça. O mar estrondeia. Borrasca.

— **L i o r u.**[**]

— Há lioru?

— **Não.**

— Recomeça.

— **l i u r r**

Théophile Guérin: Queres substituir alguém?

— **Não.**

Sra. Hugo: Diz teu nome.

— **i n n o v e r o r**

Victor Hugo: Podes dizer teu nome?

— **Não.**

— É anônimo que quiseste dizer?

— **Não.**

Sra. Victor Hugo: O mar te incomoda. Outro pode vir? Sabes isso?

— **Não.**

Deixamos novamente a mesa. Voltamos às 9h45. Chove. Venta forte. A mesa põe-se imediatamente em movimento.

Victor Hugo: Quem está aqui?

* A água grita, vocifera.

** Todas essas letras, que poderíamos supor formar um termo latino, não fazem sentido algum.

— **l e p o i t o z n i l o m p i e**

Charles Hugo: Porventura é o mau tempo que te incomoda?

— **i i**

Paramos.

Encerrado às 9h54.

SEGUNDA-FEIRA, 29 DE JUNHO*

9h15 da noite. Presentes: sr. Théophile Guérin, Jules Allix. Srta. Adèle Hugo. Conduzindo a mesa: Charles, sra. Victor Hugo. Escrevente: Victor Hugo.

A mesa só se move após quinze minutos. Deslizamento. Ergue o pé, mas não bate, ao fim de cinco minutos bate.

Victor Hugo: Quem está aqui?

— **u u z**

— Recomeça.

— **u p**

A mesa se mexe em todas as direções.

— **pilori lon**

A sra. Victor Hugo é substituída pelo sr. Guérin. A mesa se imobilizou.

Encerrado às 9h45.

* Na verdade, 29 de junho de 1855 foi uma sexta-feira. [N.E.B.]

QUINTA-FEIRA, 2 DE JULHO DE 1855*

9h30. Charles e a sra. Hugo instalam-se à mesa. Presente e escrevente: sr. Allix.

Após dez minutos, a mesa começa a bater.

— **Amanhã é o nome da eternidade, hoje é seu prenome. A arte é a consciência do belo. A felicidade é o mel das estrelas. O homem é a abelha dos mundos. Deus é o senhor da colmeia dos sóis. Ser bom é ser livre. A piedade é a chave da dor. Consolar é acalmar-se. Uma lágrima cura aquele que a verte e aquele que a recebe. O choro é o presente da alegria quando ela esposa o amor. Toda criança é a muda de um cadáver. Os cemitérios são as estufas de Deus.**

Sra. Hugo: Tu sabes que foi a sra. De Girardin que nos convidou para as Mesas.** Se pudesses me dizer uma palavra sobre ela, isso me tocaria muito.

— **Não discorremos sobre os jovens mortos. Os túmulos recentes pertencem à imensidão. Deus fala aos novos ressuscitados. A palavra de Deus é o mistério do silêncio dos mortos. Há os mortos que falam e os mortos que escutam.**

— Nós te agradecemos. Podes nos dizer teu nome?

— **Isaías.**

Encerrado às 10h30.

* Na verdade, 2 de julho de 1855 caiu em uma segunda-feira. [N.E.B.]

** A despeito de todos os esforços de seu médico, o dr. Cabarrus, Delphine Gay de Girardin havia expirado em 29 de junho de 1855, vítima de um câncer no estômago. A família Hugo recebera a triste notícia em 3 de julho. O poeta então alterara as provas de um poema das *Contemplações*, no qual lhe prestava homenagem: "À Madame D. G. de G." (I, X), modificando os últimos catorze versos como uma espécie de evocação das sessões espíritas. Hugo dirá que "esse poema [fora] feito como que para sua morte" (carta de Victor Hugo a Noël Parfait, 8/7/1855). Na semana seguinte, em 16/7, escrevia uma ode fúnebre em sua homenagem, em ritmo ímpar dessa vez, raro em Hugo, de trissílabos e heptassílabos, que esperaria a antologia póstuma *Toda a lira* para ser publicada (D. G. de G., *Toda a lira*, V, 23). A morte da sra. De Girardin abalara profundamente a sra. Hugo e seu marido.

SEGUNDA-FEIRA, 16 DE JULHO

9h25 da noite. Conduzindo a mesa: Charles, sra. Victor Hugo. Escrevente: Victor Hugo.

Ao fim de dezesseis minutos, a mesa move-se debilmente. A maré está alta, sopra um forte vento cortado por rajadas de chuva. A mesa desliza com dificuldade. O pé se ergue, mas Charles ainda não consegue sentir senão um movimento puramente magnético, quando o pé sobe mais.

Victor Hugo: Quem está aqui?

O pé fica suspenso. Imobilidade. Força do vento do lado de fora. Os deslizamentos recomeçam.Finalmente, a mesa bate.

— **c i e**

Hesitação.

Victor Hugo: Recomeça.

— **A tempestade nos atrapalha.**

— Podes mesmo assim responder a algumas perguntas?

— **Dificilmente.**

— Vamos parar. Diz teu nome.

— **Juliano, o Apóstata.**

Sra. Victor Hugo: Em que mundo estás?

Intensa agitação da mesa.

— **Urano.**

Movimentos amplos.

— É um planeta feliz?

— **Misto.**

A mesa está muito agitada.

— É mais feliz do que a Terra?

— **Sim.**

— Tens um corpo no mundo em que estás?

A mesa se agita.

Victor Hugo: Podes responder?

— **Não.**

Encerrado às 10h05.

20 DE SETEMBRO DE 1855

10h30 da noite. Presentes: Auguste Vacquerie, Teleki.

Victor Hugo no corredor junto com o sr. Bénézit. Anotação de Victor Hugo.

Auguste Vacquerie: Quem está aqui?

— **Lope.**

— De Vega?

— **Sim.**

— Para quem vens?

— **Para ti.**

— Tens algum comunicado para mim?

— **Sim.**

— Fala.

— **Teu.**

— Continua.

— **Visto.**

— Continua.

— **B p.**

Auguste Vacquerie interrompe.

— Disseste <u>bp</u>?

— **Não.**

— Disseste visto?

— **Não.**

— Disseste <u>Teu</u>?

— **Não.**

— Não tens então nenhum comunicado?

— **Não.**

— Então não foi para mim que vieste?

— **Não.**

— És Lope de Vega?

— **Não.**

Gargalhada geral. Eu estava ausente. Conversava no corredor com o sr. Bénézit. V. H.

4 DE OUTUBRO DE 1855

9h da noite.

Após uma longa, longuíssima interrupção, quase censurável a meu ver, surgiu uma oportunidade de recomeçarmos o estudo dos fenômenos: o dr. Clair de Montigny[26] desembarcou em Jersey. Ele julgou ser possível magnetizar Victor e chamar seu espírito à mesa. Cinco pessoas participaram: a sra. Victor Hugo, a srta. Allix, Paul Meurice, Jules Allix e o doutor. Victor foi para a grande poltrona preta atrás de mim. A mesa se ergue imediatamente. Incitados pelo doutor, todos à mesa dizem em voz alta: "Vem, Victor". A mesa continua agitada. O doutor acha possível que seres díspares tenham tido a Vidência imantada. Ele diz: vou trazê-lo, repitam em voz alta:

Em nome de Deus, se o espírito que está aqui não é o de Victor, que a mesa levante dois pés.

A mesa levanta imediatamente os dois pés.

Presentes: sra. Paul Meurice. Srta. Adèle Hugo, srta. Lavige, srta. [ilegível], srta. Alice Mariott, Auguste Vacquerie, Émile Allix. Escrevente: eu [Victor Hugo].

Charles junta-se às pessoas que conduzem a mesa. Colocamos [ilegível] para escrever e rimar [ilegível] na mão de Victor Hugo e o convidamos a fechar os olhos. Profundo silêncio. A mesa se agita.

O doutor [Clair de Montigny]: Se for o espírito de Victor, que a mesa dê três batidas. Se for outro espírito, que levante o pé da frente. Em nome de Deus!

A mesa levanta imediatamente os dois pés da frente. Charles, a conselho do doutor:

— Em nome de Deus! Que todo espírito malfazejo se retire!

A mesa continua agitada. Usamos a mesa suporte.

O doutor: Em nome de Deus, retirai-vos, espíritos malfazejos!

Os outros: Vem, Victor.

Agitação da mesa.

O doutor: Se não for o espírito de Victor, que a mesa levante os dois pés da frente.

A mesa levanta os dois pés imediatamente.

Todos juntos: Vem, Victor.

A mesa desliza e se agita intensamente.

O doutor: É um espírito malfazejo. Querem a prova disso?

Todos: Sim!

O doutor: Em nome de Deus, se for um espírito malfazejo, que a mesa dê sete batidas.

A mesa se ergue prontamente e dá sete batidas.

Victor declara não sentir nada ainda. Interrompemos, são 9h10.

O doutor diz: Durante a interrupção, farei o sr. Charles escrever.

Charles pega um lápis e o pousa sobre uma folha de papel que cobre a mesa quase por inteiro. Não há luz sobre as mesas onde vai acontecer o fenômeno. Trazem uma vela.

O doutor: Desenhai e acrescentai: que o aspecto pelo qual o vidente quer [ilegível] escreva uma frase, curta que seja.

— Escrevei! Escrevei! Escrevei!

Ao fim de um minuto, o lápis de Charles se move.

O doutor: Escrevei vossa língua e vossas linhas em vosso espírito. Mais tarde pediremos que escrevais em vosso alfabeto.

Todos ao mesmo tempo: Escrevei! Escrevei!

A mão de Charles escreve.

O doutor: Com bastante clareza. Com bastante legibilidade! E sede preciso! Isso não são letras! Em nome de Deus, letras! Escrevestes "o"? Respondei com o pé. Uma batida para sim, duas para não, três para uma declaração.

A mesa *bate*: **Sim.**

O doutor: As outras junções estão ilegíveis, recomeçai a partir de o.

A mão de Charles volta a escrever.

O doutor: Isso é um "M"?

— **Sim.**

— Continuai a registrar vossas letras. Escrevei a palavra. Quando tiverdes terminado, batei e olharemos.

O doutor convida os assistentes a colocarem a mão sobre o ombro de Charles.

O doutor à mesa: Todas as pessoas são simpáticas?

— **Sim.**

— Nenhuma vos incomoda?

— **Não.**

— Continuai.

A mão de Charles continua a escrever. Silêncio. Concentração.

Charles: Meu braço está completamente insensível.

O doutor: Ótimo.

Charles: Tenho dificuldade para segurar o lápis.

Lemos a palavra escrita, que é "mistério".

Interrupção de cinco minutos, trazemos uma mesa maior, com quatro pés, sobre a qual Charles pode escrever mais comodamente.

O doutor: Continuai após "o mistério", terminai a frase.

Ao cabo de quinze segundos, a mão de Charles põe-se em movimento.

O doutor: Formai bem as letras, por favor.

A mão de Charles escreve, o doutor o estimula e aconselha, repetindo frequentemente: "Formai bem as letras".

O lápis esboça um desenho.

O doutor: Desenho, não. Escrevei. Terminai a frase. Em nome de Deus, escrevei!

A mão para.

Victor Hugo: Vamos, terminai a frase começada, obedecei.

Olhamos. Há "Ma".

O doutor: Terminai a palavra.

O lápis desenha.

— Não desenheis. Escrevei. Recomeçai a palavra.

Ele desloca a mão de Charles e a pousa sobre outro pedaço do papel, o lápis volta sozinho sobre a palavra mistério e põe-se a escrever.

Charles, à meia voz: É espantoso.

A mão escreve com relativa rapidez.

O doutor: Muito bem. Vamos, terminai a palavra.

Olhamos a palavra, que é "magnético".

Interrupção de cinco minutos.

O doutor pega o lápis e diz: É minha vez. Peço ao meu espírito que me dite alguma coisa para Victor Hugo.

A mão do doutor entra imediatamente em movimento e escreve em letras bem grandes: "A Victor Hugo".

Depois, em letras menores:

Homem tão experimentado que possas parecer,

À coragem, à esperança nunca diz adeus.

Com calma pensa que é sempre um ser

Cuja lei equânime nos governa: É Deus.[27]

Ao terminar cada verso, a mão do doutor era bruscamente impelida para o começo do verso seguinte. O doutor escrevia com grande dificuldade.

Interrupção de dez minutos. Charles pega novamente o lápis. Instalamo-nos novamente junto à mesa suporte usada no começo.

O doutor: Estais contente?

— **Sim.**

— Quereis falar?

— **Sim.**

— Por favor, continuai a escrever. Falareis em seguida.

O doutor diz: Estou muito cansado. A força magnética está diminuindo.

A mão de Charles se desloca. Charles diz: É estranhíssimo o que sinto. Meu braço está pesado e se mexe. Está morto para mim e vivo para outro. Sou alguém que não é eu, que subjuga minha mão.

A mão continua a escrever. Retiramos a vela que estava sobre a mesa. A mão escreve praticamente no escuro.

O doutor: Com bastante clareza.

Olhamos. A mão acaba de escrever: "Não é".

— É isso mesmo: o mistério magnético não é?

A Mesa: **Sim.**

A mão volta a escrever. O doutor acompanha com os olhos e diz: Muito bem. Continuai.

Charles: Meu braço continua obstinadamente entorpecido.

O doutor fala magneticamente sobre a mão de Charles. A mão continua a escrever lentamente.

Sra. Victor Hugo: Esse lápis está vivo? É inacreditável!

O doutor: Quando a frase tiver terminado, levantareis o pé para nos avisar. Não sobreponhais as letras. Prestai atenção.

A mão continua a escrever.

O movimento da mão se estabelece e se torna cada vez mais rápido. A mão, terminada a linha, retorna e repete em cima.

Charles, à meia voz: Isso não faz muito sentido.

Olhamos. Encontramos esta frase: "O mistério magnético não é mudo; ele é verdadeiro; mas é mono [...]".

Charles pega novamente o lápis.

O doutor: Terminai a frase.

A mão volta a escrever e acrescenta: ***silábico.***[28]

— Continuemos.

A mão escreve: ***numérico e remonstando.***

— Remonstando não faz sentido. Recomeçai a partir de "e". Escrevei legivelmente.

A mão volta a se mexer.

— Respondei com o pé. O que acabais de escrever é demonstrando?

— **Sim.**

— Continuai.

A mão escreve.

— Quantas palavras há no que acaba de ser escrito?

— **Uma.**

— É demonstremo-los?

— **Sim.**

— E depois? Continuai.

A mão escreve, porém lentamente, parecendo cansada. O pé da mesa se agita.

O doutor: Não. Isso não. Escrevei.

O pé da mesa insiste em levantar.

— Escrevei, estou dizendo. Terminai a palavra. Eis o fim da frase: os monstros almas remortos permanecerão...

Interrompemos. Tentamos em vão esclarecer o sentido. São 11h.

Como o doutor está cansado, Charles coloca o lápis na mão de Paul Meurice, substituindo o doutor.

Ao fim de cinco minutos, para grande surpresa de Paul Meurice, sua mão entra em movimento e escreve: "Srta.".

Charles: Isso não faz sentido. Recomeça.

A mão de Paul Meurice escreve: "mixtura sexos".

Charles: O que isso significa? Recomeça.

A mão de Meurice escreve: "mistura sexos".

Fazemos uma corrente ao redor da mesa, composta, além de Charles, de sra. Victor Hugo e o doutor, o sr. Maurice e Jules Allix e a srta. Allix com a mão no ombro de Paul Meurice.

— Está bem assim?

— **Sim.**

Paul Meurice: Quero fechar os olhos.

O doutor à mesa: Ele pode fechar os olhos?

— **Não.**

Ao fim de três minutos, a mão de Paul Meurice volta a escrever, mas traça apenas um lineamento.

A sra. Victor Hugo substitui Paul Meurice e pega o lápis. São 11h15. A mão entra imediatamente em movimento. A sra. Victor Hugo solta uma exclamação, estupefata.

Charles: Escrevei a palavra em que estou pensando.

A mão traça lineamentos. A sra. Victor Hugo larga o lápis, dizendo: "Isto está me fazendo mal, chega".

A srta. Allix substitui a sra. Victor Hugo. A mesa entra imediatamente em movimento.

Charles: Escrevei a palavra em que estou pensando.

A mão traça lineamentos.

O doutor e Charles: Escrevei agora.

A mão põe-se a escrever: **Amo-te de toda a minh'alma.**

Charles *diz*: Eu pensava: Cristo.

O doutor: Assina teu nome.

A mão *escreve*: **Allix.**

O doutor: Isso completa tua frase, mas agora, tu, o espírito que dizes isto, assina teu nome no canto do papel.

A mão *escreve*: **Melusina.**

A sra. Victor Hugo substitui a srta. Allix. A mão se move e traça linhas confusas.

A mão *escreve*: "L". *Em seguida, lineamentos.*

O doutor: Uma palavra! Escrevei!

A mão traça linhas. A sra. Victor Hugo larga o lápis.

Encerrado às 11h45.

No momento de se levantar, a sra. Paul Meurice pega o lápis e sua mão o magnetiza. A mão entra imediatamente em movimento e desenha vagamente uma espécie de perfil. Levantamo-nos.

5 DE OUTUBRO DE 1855

9h da noite. Presentes: sra. Victor Hugo, srta. Adèle Hugo, sra. Paul Meurice, srta. Augustine Allix, sr. Paul Meurice, sra. Augustine Allix, sr. Paul Maurice, Théophile Guérin, o doutor, Charles e François[-Victor] Hugo, Jules e Émile Allix, Auguste Vacquerie. Escrevente: Auguste Vacquerie. À mesa: o doutor, Charles Hugo, sra. Hugo, Paul Meurice, Jules Allix.

A srta. Allix, em uma poltrona afastada da mesa. Os que estão à mesa chamam: "Augustine!".

O doutor [Clair de Montigny]: Venha, senhorita. Quando estiver aqui, dê três batidas com o pé da mesa.

Jules Allix: Venha, Augustine!

O doutor: Venha, senhorita!

Eles repetem esse chamado durante cerca de dez minutos; então a srta. Allix se agita em sua poltrona e parece sofrer, como que magnetizada.

O doutor à mesa: O que devemos fazer para vos acalmar?

A Mesa: Z...

O doutor: Se é a senhorita, dê três batidas com cada pé.

A mesa dá as batidas.

O doutor: Quando a mesa estiver suficientemente possuída, vai inclinar-se para esse lado.

A mesa se inclina para o lado.

O doutor: Muito bem, falai.

A agitação e a aflição da srta. Allix aumentam. As cinco pessoas que estão à mesa chamam juntas: Vinde! Vinde! Vinde! Vinde! Etc.

A Mesa fala: **Todos vós não tendes concentração suficiente.**

A srta. Allix se agita cada vez mais. Sua respiração está ofegante e apressada, suas mãos estremecem e se contraem.

Recomeçamos a imantar a mesa. A srta. Allix se acalma pouco a pouco. Sono tranquilo.

O doutor: Quereis que vos façamos perguntas ou quereis falar espontaneamente? Uma única batida se quiserdes que vos interroguemos; se não, duas.

A mesa dá uma só batida.

Perguntamos à Mesa por quem ela quer ser interrogada. Ela aponta a sra. Victor Hugo.

Sra. Hugo: Augustine, o que posso fazer para que sejais feliz em Jersey?

— **Dar-me os meios de ganhar honestamente nossa existência.***

O doutor: Estais em pleno estado de vidência?

— **Sim.**

— Quereis que vos interroguemos mais?

— **Não.**

— Então falai; dizei-nos o que vedes.

— **Um futuro sombrio e sangrento para a Europa.**

A srta. Allix dorme tranquila.

O doutor à mesa: Augustine, estais bem?

— **Sim.**

— É mais do que serenidade, é bem-estar?

— **Sim.**

Sra. Hugo: Podeis esclarecer alguma coisa desse futuro?

— **Não.**

O doutor: Devemos ser mais precisos?

— **Sim.**

* Augustine Allix começava a dar alguns recitais em Jersey, nos quais sua voz e seu canto eram cada vez mais apreciados. Fez um sucesso estrondoso em 1856, em Guernesey. O "nosso" diz respeito a seu irmão Jules Allix, que, jornalista *freelance*, não ganhava o suficiente para suas necessidades.

Jules Allix: Não podemos...

Durante a pergunta, após Charles retirar as mãos da mesa, a srta. Allix se acalma imediatamente.

A Mesa: **Estou estarrecida com tudo que vejo.**

Charles Hugo: Podeis nos dizer se, nesse futuro sombrio e sangrento, vedes o destino de uma das pessoas que habitam Marine Terrace?

— **Não.**

— Se apontássemos individualmente um desses moradores, poderíeis falar de seu futuro?

— **Não.**

O doutor: Quereis que vos despertemos?

— **Sim.**

Sra. Hugo: Antes que vos despertemos, tendes alguma recomendação a me fazer? Algum conselho a me dar?

— **Continuai a ser boa.**

O doutor: E para vós, não tendes nada a acrescentar?

— **Não.**

O doutor desperta a srta. Allix. O doutor à srta. Allix despertada:

— Perdestes completamente a consciência?

— **Não.**

— Ouvistes as perguntas?

— **Sim.**

— E as respostas?

— **Sim.**

— As respostas da Mesa eram de fato as que teríeis dado?

— **Sim.**

Perguntamos à srta. Allix se ela sofreu no começo. Ela diz:

— Terrivelmente.

Interrupção.

Vinte minutos depois, a sra. Paul Meurice coloca-se na poltrona no lugar da srta. Allix.

À mesa: sra. Victor Hugo, srta. Allix, sr. Paul Meurice, o doutor, Charles e François Hugo, Émile e Jules Allix.

O doutor: Chamemos, todos os oito mentalmente, a sra. Meurice à mesa.

Silêncio de alguns minutos.

O doutor: Vinde, sra. Meurice.

Todos os oito juntos: Vinde! Vinde!

O chamado se repete cerca de vinte vezes.

O doutor à mesa: Estais em condições de falar?

— **Sim.**

— É de fato a sra. Meurice que está fazendo a mesa se mover?

— **Não.**

Chamamos novamente.

O doutor: Falai conosco.

— **Estou em um começo de estado de atração.**

A sra. Meurice, na poltrona, não dá nenhum sinal de agitação.

O doutor à mesa: Devemos chamar de novo?

— **Sim.**

— Quantos minutos?

— **Cinco.**

Todos os oito, baixinho: Vinde! Vinde!

A sra. Meurice estremece e se agita um pouco.

Movimento nas mãos.

O doutor: Há alguém na mesa que vos incomoda?

— **Sim.**

— Quem?

— **A srta. Allix.**

A srta. Allix se retira da mesa.

O doutor: Estais à vontade agora?

— **Sim.**

— A mesa está suficientemente imantada?

— **Sim.**

— Tendes a bondade de vos examinar e nos dizer se estais em estado de vidência ou apenas de intuição?

— **Intuição.**

— Quereis ser dirigida ou atuar com independência? Uma batida se quiserdes ser dirigida, se não duas.

Duas batidas.

— Quereis nos dizer o que sentis?

— **Uma sensação de bem-estar.**

O doutor: Sinto que não há fluido na mesa. É melhor a sra. Meurice despertar do que dormir.

Deixamos a mesa.

A sra. Meurice diz que não dormiu, que sentiu comichões nas mãos e nos braços e um peso nas pálpebras. Essas agitações e esse peso aumentavam quando a chamávamos todos juntos.

10h30. Interrupção.

Charles e seu irmão se instalam à mesa. 10h47.

François-Victor Hugo pega um lápis nos dedos e coloca sua mão sobre um papel.

Charles ao irmão: Apoia tua cabeça na minha.

Entra Victor Hugo, que não jantava hoje na casa.

A srta. Allix e Paul Meurice colocam suas mãos na beirada para aumentar o fluido.

Charles: Escreve! Escreve!

O doutor coloca sua mão sobre a mão esquerda de Charles.

Victor Hugo: Escreve!

10h56. A mão de François-Victor se desloca e desenha uma haste com duas ou três polegadas de comprimento.

O doutor: Eis um começo; vamos, agora uma palavra! Uma letra primeiro.

Charles: Escreve! Uma letra! Escreve!

O doutor: Estou esgotado.

Ele retira sua mão.

A mão de François-Victor desenha uma barra cortada por traços confusos que parecem dentes.

Encerramos às 11h19.

O sr. Allix e Auguste Vacquerie instalam-se à mesa nos lugares antes ocupados por Charles e François-Victor. Ao fim de um minuto, Charles acrescenta sua influência magnética à do sr. Allix, que se afasta da mesa. Dez minutos. A mão parece pôr-se em movimento. Auguste, durante meio minuto, sente o lápis mover-se entre seus dedos, mas traça apenas lineamentos confusos.

Encerrado à meia-noite.[29]

[Nota de Paul Meurice]

Ontem, 7 de outubro, Charles e eu repetimos a experiência realizada na antevéspera. Charles posicionou-se, com a cabeça apoiada na minha, a mão esquerda na minha esquerda, a mão direita no meu ombro direito. Ao fim de dez minutos, minha mão começou a se mover e escreveu lentamente em caracteres grandes e malfeitos, porém distintos, as palavras: "Alma cativa".

Victor Hugo disse: "Alma, quem és tu? O que podemos fazer por ti?".

Dez minutos depois, minha mão escreveu ainda: "Me ajudar, me amar".[30]

Então ela parou completamente e não deu nenhuma resposta às outras perguntas.

Dessa vez, mantive meus olhos quase constantemente fechados, primeiro para me eclipsar mais completamente e dar mais liberdade ao motor desconhecido, e depois, quando o efeito se produzisse, para sentir melhor, com a minha concentração mais profunda e isolada, a impressão bizarra da minha mão não me pertencendo mais e se movendo por uma vontade absolutamente externa e alheia. Nada mais singular.

Temos consciência da ação e não temos vontade! A mão é como que enfeitiçada! Eu sentia os dois dedos que seguravam a pena irem e virem, se alongarem, se encontrarem sem a minha participação e, quando necessário, à minha revelia, eu não conseguia prender um riso nervoso diante da novidade, do espanto e também do encanto dessa espécie de efusão parcial.

Marine Terrace, 8 de outubro de 1855

"

Paul Meurice

Documentos

Atas não datadas[1]

ATAS AUGUSTE VACQUERIE

[Um conjunto de três fragmentos intitulados: "Reflexões sobre as Mesas e os seres que nelas aparecem".]

Fragmento 1

Mesas

O Egrégoro de Éliphas Lévy*

Ser particular que se forma e emana se aperfeiçoando de uma maneira de alma mais ou menos elevada.

Esse ser, que assimila e compreende a qualidade de todas essas almas, pode, misturando-as, ir mais à frente e mais alto do que elas.

O que lhe falta é o equilíbrio, porque lhe falta unidade. Daí as repetições e enumerações sem razão e sem fim.

Fragmento 2

A alma também tem sua sombra estendida?

Fragmento 3

O que chamamos espectro astral.

* Éliphas Lévy: assim autocognominado ou então Lévi, cujo nome verdadeiro era Alphonse-Louis Constant, vulgo abade Constant (1810-1875). Escritor francês, padre e professor de teologia, dividia-se entre aspirações místicas e posições revolucionárias anarquizantes. Desistiu da vida eclesiástica e se dedicou a estudos de ocultismo e espiritismo, que publicou em suas *Obras de filosofia oculta* (1860-65). Também é autor de *A assunção da mulher* (1841) e de *A mãe de Deus* (1844), epopeia religiosa e humanista. O círculo do abade Constant incluía Esquiros, Lamennais, Louis Blanc e Baudelaire.

Quem, se a alma, como o corpo, não tem sua sombra estendida? Talvez essa espécie de duplo tivesse a faculdade de se separar às vezes da alma, talvez diferisse dela em alguns pontos, talvez tivesse sua vontade, seu sentimento próprio e até mesmo suas resistências, talvez sobrevivesse em uma certa medida ao corpo. Daí as aparições, as vozes.

Os diálogos com a Sombra do Sepulcro.

MANUSCRITO AUGUSTE VACQUERIE

[Um sumário que fornece a lista dos espíritos que visitaram a mesa de Marine Terrace. Ela parte da p. 1 e termina à p. 220. A cada indicação de um espírito corresponde o número de uma página:

"p. 1 Fidelidade, p. 2 Morta, p. 3 fada etc., p. 220 Aníbal."

O que supõe a existência de um caderno estabelecido por Auguste Vacquerie, hoje desaparecido.]

ATA AUGUSTE VACQUERIE, SRA. HUGO, LE FLÔ

— Quem está aqui?

— **Vupgk**

— Quem és tu?

— **Dominus tuus.**

— Teu nome?

— **Et xz**

— Fala.

— **Jamais ele viu ali** [...]

ATA AUGUSTE VACQUERIE

— **Eucharis.**

— Para qual de nós vieste?

— **Badadahad.**

— Diz sobre o que conversamos durante o jantar?

— **Abacbaca.**

— Por que não queres falar?

— **Abad.**

— Que língua?

— **Acadec.**

— Estás zangado?

— **Sim. Não.**

— Fala.

— **Hugo tem bom papel. Vós, vós todos [ilegível] sê claro. Tu me aborreces.**

Sra. Hugo: Fala comigo.

— **O que tu me suplicas?**

ATA AUGUSTE VACQUERIE, LE FLÔ, TALI

— Teu nome?

— **Mkk**

Le Flô: Quem és tu?

— **Kalergis.**

— O marido ou a mulher?

— **Marie.**

— Onde estás?

— **Em Estrasburgo.**

— Tens alguma confidência a me fazer?

— **Odeio Kalergis.**

— Quem te fala ao coração neste momento?

— **Canrobert.**

— Qual a qualidade que vês nele afinal?

— **Espírito.**

— Tu não pensas em te jogar no mar em Croisic?

— **Não.**

— Fala por ti mesmo.

— **Queres renunciar ao grupelho monarquista?**

ATA AUGUSTE VACQUERIE, TELEKI, AUGUSTE

[Esta ata é não datada, mas outra ata de Victor Hugo, completamente diferente, permite estabelecer sua data como 20 de setembro de 1855, 10h30 da noite.]

— Quem está aqui?

— **Lope de Vega.**

— Quem vens visitar?

— **Tu.**

— Tens um comunicado a me fazer?

— **Teu v [...]**

— Quem está aqui?

— **Lope de Velásquez.**

— Para quem vens?

— **Para todos.**

— Tens um comunicado a nos fazer?

— **Vós fostes enganados.**

— Em quê?

— **Ao me tomar por Lope de Vega.**

— Tu és o grande pintor Velásquez?

— **Sim.**

— Somos artistas que te admiram. Tens alguma coisa a nos dizer?

— **Sobretudo, não usurpeis, sobretudo não sejais passivos.**

— Desejas que um de nós te deixe?

ATA AUGUSTE VACQUERIE

— O que me aconteceria se eu dissesse sim?

— **Uma tuvu.**

— Recomeça.

— **Uma punição. Tu retiras a pu[...]**

— Vindes da rua de Jerusalém?

— **Sim.**

— Duvidais neste mundo?

— **Não.**

— O que fazeis?

— Tendes de fugir do território inglês.

— Por quê?

— Porque fugir é melhor do que ficar.

— Sabes que conheço as respostas do 4 Xbro?

— Vai te danar.

— O que pensas de Eugénie?

— Deixemos este...

[Continuação da ata de Auguste Vacquerie, mas letra da sra. Victor Hugo.]

— Quem és tu?

— Teu demônio familiar.

— De quem?

— De ti.

— Quem?

— Adèle.

— A mãe?

— Sim.

— Conheces a sra. Lefèvre?

— Sim.

— Onde ela está?

— No Havre.

— Que rua?

— Porto da rua.

— É porto, porto?

— Porto.

— Depois porto da?

— Rua verde.

— Que número?

— Quarenta e oito.

ATA ADÈLE HUGO

— O que faz a sra. Lefèvre?

— **Dorme.**

10h45.

— Ela fez mesas esta noite?

— **Sim.**

— Um ser portador de um nome se manifestou na mesa?

— **Sim.**

— Nomeia o primeiro a falar com ela.

— **Ninguém o conhece aqui.**

— Não importa! Diz seu nome.

— **Não o conheço.**

— Foi realmente o endereço da sra. Lefèvre que forneceste?

— **Sim.**

— Com quem ela imantou a mesa?

— **Seu filho.**

— Qual foi o assunto principal de sua conversa?

— **Globo.**

— Que globo?

— **Ruel.**

— Sabes alguma coisa dessa conversa?

— **Não.**

— Podes nos dizer a hora em que ela começou e terminou?

— **Não.**

— Havia alguém no quarto com a sra. Lefèvre e seu filho?

— **Sim.**

— Nomeia a pessoa ou as pessoas.

— **Filho.**

— Sabemos disso. Ela estava sozinha com o filho?

— **Sim.**

Mamãe: Podes dizer a palavra que penso em tua intenção?

— **Não.**

— Voltarás?

— **Segunda-feira.**

— De noite ou de dia?

— **De dia.**

— A que horas?

— **Às 3h da tarde.**

— Que pessoas queres para imantar a mesa?

— **Hugo. Charles.**

— Com quem?

ATA ADÈLE HUGO

— Diz teu nome.

— **Demônio do Inferno.**

— Entendes por Inferno as regiões ocupadas pelos seres punidos?

— **Sim.**

— Não existem penas eternas?

— **Não.**

— Que dia voltarás?

— **Segunda-feira às 3h da tarde.**

— És o mesmo?

— **Sim.**

ATA ADÈLE HUGO

[Visita de Tapner, enforcado em 10 de fevereiro de 1854.]

A Mesa, espontaneamente:

— **Pelourinho, a multidão pôs-se a me lastimar, a multidão permitiu que me enforcassem! Minha fuga era impossível, minha corda me apertava, meu cadafalso me maltratava, meu laço corrediço longo.**

Eu: És Tapner?

— **Sim.**

— Vês que te lastimo.

— **Sim.**

— És grato a mim?

— **Sim.**

Hesitação da mesa.

— Alguma coisa te incomoda?

— **Sim.**

— É uma palavra mal colocada?

— **Sim.**

— No lugar de meu laço corrediço longo, não é melhor meu longo laço corrediço?

— **Meu longo laço corrediço me irritava o pescoço, a morte me reconfortou.**

— Tens um comunicado a me fazer?

— **Sim.**

— Faze-o.

— **Fúria de Palmerston,**[2] **diz a teu pai: a fúria, filha da chama, me vê, me deu luz.**

— Alguma coisa te incomoda?

— **Sim.**

— Devemos substituir deu por dá?

— **Sim. Dá-me luz diante dos olhos, espelho de onda.**

— Alma?

— **Não.**

— No plural?

— **Sim. Fúria, rio, flamejante, espelho.**

Embaraço da mesa.

Eu: Espelho de ondas deve ser colocado depois de rio flamejante?

— **Sim. Ondas, fúria! Rio, espelho! Leito de rios furiosos, fornalha.**

— Devemos substituir furiosos por fornalha?

— **Sim. Rios-fornalhas! Leitos de mares regurgitantes.**

— No plural?

— **Sim.**

— É realmente leito de mares regurgitantes?

— **Não. Horror do rosto lívido de Palmerston.**

— Devo colocar leito de mar regurgitante em algum outro lugar?

— **Sim.**

— Onde?

— **Fúria, leito de mares regurgitantes! Fúria rio-espelho, rio flamejante, espelho de ondas! Leito de rio-fornalhas! Horror do rosto lívido de Palmerston.**

ATA ADÈLE HUGO

Presentes: sra. Hugo, Victor Hugo, Adèle Hugo.

— Teu nome?

— **Pastore it**

— Isso é francês?

— **Não.**

— Que língua?

— **Alia. [Itália]**

— Diz em que língua tu falas.

— **Italiano.**

— Continua. Depois de pastore, it?

— **Alia.**

— Queres falar francês?

— **Não.**

— Continua depois de italia.

— **A**

— É ainda o mesmo?

— **Não.**

— Diz teu nome.

— **Z**

— Nos enganamos?

— **Sim.**

— Recomeça.

— **Turrix.**

— É teu nome?

— **Sim.**

— Não é francês?

— **Não.**

— Em que língua é?

— **Sar...**

— És uma alma?

— **Sim.**

— De um homem ou de uma mulher?

— **De um homem.**

— De que país?

— **Quem.**

— Estás zombando?

— **Não.**

— Podes falar francês conosco?

— **Não.**

— Latim?

— **Sim.**

— Diz uma frase latina.

— **Tuilyltv**

— Não podes então falar latim?

— **Não.**

— Falas húngaro?

— **Não.**

— Alemão?

— **Não.**

— Inglês?

— **Não.**

— Diz em que língua podes falar.

— **Daini**

— É Daihi?

— Não.

— Daiti?

— Não.

— Dai?

— Não.

— Da?
— **Não.**
— D?
— **Não.**
— Zombas de nós?
— **Não.**
— És um bom espírito?
— **Não.**
— Escreve: Adoro Deus.
— **Zo**
— O que vens fazer aqui? Dizem que tu és um imbecil, ouves?
— **Não.**
— Podes ir embora?
— **Não.**
— Por quê?
— **Z**
— Diz a palavra que estou pensando de ti.
— **Lv**
— Quem és tu?
— **Tyspo.**
— Estás morto?
— **Sim.**
— És uma alma?
— **Sim.**
— És um homem ou uma mulher?
— **Uma mulher.**
— Diz teu país.
— **Tog.**
— És um ser vivo na Terra?
— **Não.**
— Há mulheres no mundo de onde vens?
— **Não.**
— Sabes falar alguma língua da Terra?

— **Não.**

— Diz meu nome.

— **Victor.**

— Sabes nosso alfabeto?

— **Não.**

— És um bom ou mau espírito?

— **Mau.**

— Tu nos amas ou odeias?

— **Não.**

— Estás apaixonada por mim?

— **Sim.**

— És bonita?

— **Sim.**

— És jovem? Bate o número de anos que tens.

— **14.**

— És uma alma feliz?

— Há quantos anos tua alma corre?

— **14.**

— Essas catorze batidas dão quanto no total?

— **14.**

— No teu planeta 14 é jovem ou velha?

— **Jovem.**

— Conheces minhas obras?

— **Sim.**

— Podes falar comigo em francês?

— **Sim.**

— Continuas aqui?

— **Sim.**

— Fala francês.

— **Z**

— Teu nome começa com um Z?

— **Sim. Z o v**

— Podes me dizer em francês?

— Não.

— Queres me beijar?

— **Sim.**

— Posso te ver?

— **Não.**

— Se eu beijar a mesa, tu saltarás?

— (Após beijar) Estás contente?

— **Sim.**

— Porventura os espíritos se apaixonam por homens na Terra?

— **Sim.**

— Em que dia voltarás?

— **Sexta-feira.**

— De noite ou de dia?

— **De noite.**

— A que horas?

— **9.**

— A mesa deve ser conduzida por quem?

— **Pelas mãos.**

— És uma alma feliz?

— **Sim.**

— Viveste na Terra?

— **Sim.**

— Tu és Tyspo?

— **Não.**

— Teu nome?

— **Julie.**

— És a nossa irmãzinha de Saint-Denis?

— **Sim.**

— Estás dormindo em Saint-Denis?

— **Sim.**

— Tua pessoa viva sonha que tu me vês?

— **Sim.**

— Diz teu nome de família.

— F.
— És uma pessoa viva ou morta?
— **Viva.**
— Se és Julie Foucher, dá uma batida.
— **Sim.**
— Podes fazer com que minha mulher fale com sua irmã? Diz uma pequena frase em francês.
— **la og.**
— Se vens na sexta-feira, dá uma batida.
— **Sim.**
— Responderás pelo nome de Tyspo?
— **Sim.**
Faltam a sra. Hugo e a pequena Julie.
— Teu nome?
— **Tyspo.**
— Estou contente de ver-te. És aquela que já veio?
— **Sim.**
— Fala de ti mesma. Podes?
— **Sim.**
— Fala.
Silêncio.
— Alguma coisa te incomoda?
— **Não.**
— Fala então.
— **Eden toravins fentacul pet [folha rasgada] iman acadagh.**
— Esta última palavra é francesa?
— **Não.**
— De que língua?
— **Jasiuvr.**
— Zombas de nós porque rimos?
— **Sim.**
— Tu me queres mal?
— **Sim.**

— Diz por quê.

— **Dabadaa.**

— É irritante não te explicares melhor. Queres falar?

— **Não.**

— Quem és tu?

— **Lea.**

— És viva ou morta?

— **Viva.**

— És alguém que conheço?

— **Sim.**

— Tua pessoa viva está dormindo?

— **Sim.**

— Onde?

— **Em Cádiz.**

— Me amas? Me odeias?

— **Te amo.**

— Há quantos anos eu te vi?

— **Três.**

— Teu nome de família?

— **Adão.**

— Queres dizer que és da família de Adão, como nós?

— **Sim.**

— Qual é a tua idade?

— 27.

— Tua pessoa sonha que está junto a mim?

— **Sim.**

— Ela deu alguma coisa à minha mulher?

— **Sim.**

— És realmente uma espanhola, a mão na consciência?

— **Sim.**

— Tens alguma coisa de especial a me dizer?

— **Badiciliu.**

— Não é um verbo espanhol?

— **Sim.**

— O que significa em francês?

— **Badad.**

— Somos-te indiferentes?

— **Sim.**

Jane de Dewin vive ao vosso redor. [Patronímico desconhecido.]

ATA SRA. HUGO*

— Janelas da noite, abri-vos. Os mundos são todos feitos como as formas diversas do animal, da pedra e da planta. Nos paraísos, o anjo é o tipo superior; nos globos arrependidos é o espírito misto; nos globos acusados, é o ser misto; nos globos condenados, é o homem; nos globos um pouco punidos, é o macaco. Nos globos mais punidos é o cão; nos globos mais punidos ainda, é o cavalo; nos globos mais punidos ainda, é o asno; nos globos mais punidos ainda, é o porco; nos globos mais punidos ainda, é o peixe; nos globos mais punidos ainda, é o pássaro. Nos globos fortemente punidos, é o tigre; nos globos em arrependimento, nos globos infamantes, é o porco; nos globos monstruosos, é a rosa. Nos globos apavorantes, é o grão de areia. Nos globos imensamente punidos, é o excremento. Nos globos que são o último porão do perdão, é a podridão; nos globos que descreem em Deus, é o gelo; nos globos que descreem em Satã, é o fogo; nos globos que se julgam esquecidos, é o silêncio; nos globos que se matam, é a noite.

Victor Hugo: Em que a luz te incomoda, visto que pediste para apagá-la?

Sem resposta.

— Continuas aqui, Sombra? [A Sombra do Sepulcro.]

Sem resposta.

* Esta ata traz trecho similar ao da escrita por Victor Hugo em 4 de junho de 1855 (ver p. 452).

— Alguma coisa te incomoda?

— **Senhorita.**

— Qual?

— **Adèle.**

— Em quê?

— **Fedemos.**

— Explica-te.

— **Fedemos todos.**

— Entendes feder no sentido de ser orgulhoso, indiferente?

— **Sim.**

Sra. Hugo: Eu sou indiferente? Será que o fluido refratário de uma única pessoa pode impedir a ação?

— **Sim.**

— Charles é indiferente?

— **Sim.**

Victor Hugo: E eu?

— **Não.**

Sra. Hugo: E eu?

— **Não.**

— E Julie?

— **Sim.**

— E Auguste?

— **Não.**

— O que fazer para Charles e eu perdermos a indiferença? Podes dizer?

— **Não.**

— És uma alma?

— **Sim.**

— De uma pessoa morta?

— **Sim.**

— Que eu conheci?

— **Sim.**

— Homem ou mulher?

— **Mulher.**

— És uma alma feliz?

— **Não.**

— Conheces uma alma feliz a quem amamos?

— **Sim.**

— Sabes que ela veio aqui? Ela voltará?

— **Não.**

— No mundo das almas, elas se veem?

— **Sim.**

— As almas têm a aparência que tinham em sua vida, em sua juventude, ou no momento de sua morte?

— **Em sua juventude.**

— Eucharis é o nome que tinhas em vida?

— **Não.**

— Qual era teu nome?

— **Victorine.**

— Podes dizer teu nome de família?

— **Não.**

— Há quantos anos morreste?

— **Quatro.**

— Por que não vieste com o nome de Victorine?

— **Incômodo.**

— Podes dizer por que o nome Victorine te incomodava?

— **Não.**

— Que idade tinhas quando morreste?

— **Trinta anos.**

Sra. Hugo: Me conheceste? Me amaste?

— **Sim.**

— Eras casada ou jovem rapariga?

— **Rapariga.**

— Em que cidade morreste?

— **Paris.** [Trata-se de Claire Pradier]

— Voltarás?

— **Sim.**

— Que dia?

— **Domingo.**

— A que horas da noite?

— **Nove horas.**

— Podes dizer aos seres mortos a quem amo que penso sempre neles?

— **Sim.**

— Conheces minha mãe?

— **Sim.**

— Meu pai?

— **Sim.**

— Tu lhes dirás, em especial a Didine [Léopoldine], que penso neles.

— **Sim.**

— Adèle está errada em não se dedicar às mesas?

— **Sim.**

ATA VICTOR HUGO

• Uma partitura de música, "Les rues de Provins – Libreto e Música de Émile Génisson", dobrada em quatro, sobre a qual está escrito "Tables" [Mesas] de próprio punho por Victor Hugo.

• Uma página de grande formato (26 x 32 cm) dobrada em quatro, na qual está escrito: "Particular Senhor Victor Hugo Membro da Academia Rue de Clichy 21".

[Victor Hugo foi eleito para a Academia Francesa, em sua quinta tentativa, em 3 de junho de 1841, mas mora à Rue de Clichy de 29 de abril de 1874 a 10 de novembro de 1878; na Place des Vosges de 1832 a 1848.]

• Quatro páginas, quase totalmente ilegíveis, correspondem sem dúvida a anotações feitas por Hugo posteriormente às sessões das Mesas. Eis alguns excertos: "*Essa prisão de um século à mão armada me indignou*".

"*Deus nunca se desmente.*
A despeito do oráculo."

"*Ele é sempre prodígio, nunca é milagre.*"

"Outrora – cinquenta anos atrás,
Ainda não haviam inventado o ônibus,
Botas de molesky, [ilegível], e a cartola*
Era, ó paletó, antes que aparecesses,
A moda, e íamos às montanhas russas
Sob um fresco guarda-sol vindo dos dois símios
Fazer rolar sua bola em mangas bufantes."
"Primo macaco lacaio valete de Platão, o porteiro do pórtico."

ATA VICTOR HUGO

— Teu nome?
— **Balzac.**
— Teu nome?
— **ZZZ**
— É uma pilhéria?
— **Não.**
— Que língua tu falas?
— **Z**
— Sabes uma língua da Terra?
— **Não.**
— Alguma coisa te incomoda?
— **Sim.**
— Quem?
— **Z**
— É [ilegível]?
— **Sim.**
— Teu nome?
— **AAA**
— Diz o que penso de ti.

* Molesky: esse termo evoca o *moleskine*, derivado do inglês *moleskin*, surgido em 1838, o que corresponderia a um tecido forrado por uma película impermeável imitando couro.

— **ABADIN**

— E eu?

— **BECA**

— Se tu és uma alma, uma batida, se tu és um asno, duas batidas.

Duas batidas.

— Fala.

— **ACAD CA**

— Teu nome?

— **RU**

ATA VICTOR HUGO

Minha mulher. Asplet [Charles e Philippe Asplet são dois irmãos, moradores de Jersey]

Charles Asplet: Teu nome?

— **Zzonm.**

Sra. Asplet: Se há alguém, dá quatro batidas.

A mesa dá quatro batidas.

— Diz teu nome.

— **Abeicig.**

— É este o seu nome?

— **Não.**

— Podes dizer teu nome?

— **Não.**

— Tens alguma coisa a nos dizer?

— **Não.**

— Zombas de nós?

— **Não.**

— Há alguém aqui errado na questão das mesas?

— **Sim.**

— Quem? Diz o nome.

— **Adèle.**

— A mãe ou a filha?

— **A mãe.**

— Há outros?

— **Sim.**

— Quem? Nomeia.

— **Charles.**

— Vacquerie?

— **Victor. O filho.**

— Estou errado também?

— **Sim.**

— Adèle?

— **Sim.**

— Asplet?

— **Sim.**

— Em que Adèle está errada?

— **Aciacelcel.**

— Não queres dizer?

— **Não.**

— Sabes que ela tem um pensamento santo no coração? Fazes-lhe essa justiça?

— **Sim.**

— Será ela muito estouvada?

— **Sim.**

— Charles, agora. Ele está convencido do fenômeno?

— **Não.**

— É culpa dele ou das pessoas que o cercam?

— **É culpa dos que o cercam.**

— Muito apático?

— **Não.**

— Diz seu erro.

— **Alegre.**

— Ele ri?

— **Sim.**

— Em que Vacquerie está errado?

— **Becacaca.**

— Isso não é sério. Fala seriamente.

— **a! a! a! a! a!**

Risada da Mesa.

— Vamos, sê séria.

— **Abcai.**

— Seu erro é a indiferença?

— **Sim.**

— O erro de Victor?

— **Aefj**

— É a incredulidade?

— **Sim.**

— O meu erro?

— **Adeec.**

— É o de me ausentar às vezes?

— **Sim.**

— O erro de minha filha Adèle?

— **Apaiac.**

— É a indiferença absoluta?

— **Sim.**

— Tu és um espírito?

— **Não.**

— És uma alma?

— **Não.**

— Uma ilusão?

— **Não.**

— Diz o que tu és.

— **a! a! a!**

Ela ri.

— Teu nome ou tua natureza?

— **Ba! a!**

— Queres dizer quem és?

— **Não.**

— O que queres que façamos?

— **Bacaa.**

— Sê mais clara.

— **Allah.**

— És turca?

— **Não.**

— Continua.

— **a! a! a! a!**

Ela gargalha.

— Reconheces que também erras agindo assim?

— **Sim.**

— Queres corrigir teu erro e reparar teu engano?

— **Sim.**

— Alguma coisa te incomoda?

— **Sim.**

— Diz.

— **Baca.**

— A mesa te incomoda?

— **Sim.**

— É porque é a de Le Flô?

— **Sim.**

— Então não devemos usar essa mesa?

— **Não.**

— Podes nos dizer por quê?

— **Não.**

— É por ser a mesa de um monarquista?

— **Sim.**

— Convém então usarmos nossa mesa?

— **Sim.**

— A mesa quebrada é apropriada?

— **Não.**

— Então é a pequena que desejas?

— **Sim.**

— Há quantos dias Le Flô não te faz falar?

— Um dia.
— Amanhã o general Le Flô produzirá alguma coisa?
— **Sim.**
— Então boa-noite.
— **Sim.**

ATA VICTOR HUGO

Sr. Bénézit, sr. Allix

— Quem está aqui?
— **ecce homo foilolo.**
— [ilegível]
— **cruore f**
— Depois de cruore?
— **olim mil pi**
— Depois de olim?
— **careo ebe**
— Depois de careo?
— **deglimi**
— Alguma coisa te incomoda?
— **Sim.**
— O quê?
— **dehi**
— Se Charles assumir a mesa, conseguirás falar?
— **Sim.**

Charles assume a mesa.

— Depois de Careo?
— **julilel**

O sr. Bénézit reassume a mesa.

— É mesmo careo?
— **Sim.**
— Continua depois de careo.
— **juflica. julicabeed.**

— Diz teu nome.

— **cedj**

— És o mesmo de ainda há pouco?

— **Não.**

— Quem está aqui?

— **kocoj**

— Podes falar uma língua compreensível para nós?

— **Não.**

— Fala-nos francês [aprende?] [bem?] em inglês.

— **Sim.**

DOCUMENTOS PAUL MEURICE

[Um conjunto de folhas (10 x 14 cm) do punho de Paul Meurice, escritas a lápis. Esse conjunto de doze folhas, numeradas de um a doze, relata a sessão de 11 de setembro de 1853, e cinco folhas (duas avulsas e três duplas) expõem perguntas, observações, reflexões e episódios relativos ao desenrolar e ao teor das sessões espíritas de setembro de 1853 a outubro de 1855.]

1. Analogia dessa página com *Zênite-Nadir* dos *Quatro ventos do Espírito* assinalada em 3 de setembro; páginas adiante por Victor Hugo. Similitude entre o pensamento das Mesas e o pensamento de Victor Hugo. Victor Hugo faz três versos idênticos aos da Mesa simultaneamente à Mesa. A Mesa plagia dois versos inéditos de Victor Hugo.

2. [Os que creem nas Mesas.] Sra. De Girardin. Victor Hugo crê nas Mesas. A sra. Victor Hugo se entusiasma. Charles. Vacquerie. Guérin.

3. Vacquerie, curioso, pede à Ideia informações sobre os mundos do além, dos céus, de tal forma que os espíritos entram em contradição. As respostas das Mesas são absconsas.

Por exemplo, Vacquerie faz a pergunta sobre Balzac e Chateaubriand, sobre Shakespeare e Molière, que voltarão à Terra como homens. Nas palavras finais de 16 de agosto: eles são infinito.

°

Importância da Sombra do Sepulcro, que domina em vários mundos.

°

8 7bro: "Seu erro continua sendo achar que o fluido é infalível".

Victor Hugo perguntando é curioso.

Ele pergunta a Sesóstris os nomes dos escultores de suas quatro estátuas. Pede a Alexandre que lhe explique em detalhe a falange macedônica.

Por exemplo, quando Victor indagou:

— Explica como se formou a primeira língua humana.

A Mesa respondeu apenas:

— Existe uma verdadeira nação do Universo?

°

Omitir respostas confusas e difíceis, até mesmo penosas (as da Ideia, por exemplo), de acompanhar e nas quais, no entanto, brilham aqui e ali belas ideias.

°

O mundo é um mundo punido. Não só os homens, como os animas, as plantas, as pedras expiam. Victor Hugo. [Dia] 5 de julho de [18]54.

16 de agosto

4. [Essa folha indica os que creem nas Mesas, os incrédulos e as lendas evocadas pela Mesa.]

1. Sra. Victor Hugo se apaixona pelas Mesas.

Charles

Guérin

2. Os incrédulos:

Pinson

Kesler

Dulac

Toto [François-Victor Hugo]

3. As Lendas:
A Dama Branca. A primeira mãe que matou seu filho na ilha.
O homem sem cabeça.
11-23 de junho

[Um conjunto de 12 folhas numeradas de 1 a 12.]

Dois anos depois do golpe de Estado.

No outono de 1853, a sra. De Girardin veio a Jersey fazer uma visita a Victor Hugo exilado! Naquele momento, Paris, buscando se recuperar do golpe de Estado, tentava se distrair com as Mesas girantes. Era simplesmente uma moda, mas que a sra. De Girardin adotou com paixão, e, assim que chegou, quis iniciar Victor Hugo em sua nova fé; mas ele, que acabava de publicar *Os castigos* e preparava *As contemplações*, mostrou-se deveras recalcitrante e, com a maneira debochada que lhe era peculiar, completamente incrédulo: a sra. De Girardin voltou-se então para a sra. Victor Hugo, alma sentimental e propensa às ideias do além, ~~Vacquerie contou em *Les Miettes de l'histoire* como as coisas se passaram,~~ e obteve dela que pelo menos tentassem fazer a Mesa falar. As primeiras experiências foram difíceis e deram magros resultados; Victor Hugo, mal nos instalávamos à mesa, escapava discretamente. A sra. De Girardin não desaminou. Vacquerie contou em *Les Miettes de l'histoire* como as coisas se passaram:

> Os repetidos insucessos não abalaram a sra. De Girardin; ela permaneceu calma, confiante, sorridente, indulgente com a incredulidade. Dizia que os espíritos não eram cavalos de fiacre que esperavam pacientemente os burgueses, e sim seres livres e com vontade própria, que só apareciam em suas horas.
>
> Na antevéspera de sua partida, ela nos pediu que lhe déssemos, para sua despedida, uma última chance... A sra. De Girardin e um dos presentes, aquele que assim quis, pousaram suas mãos sobre a mesinha. Durante quinze minutos, nada; mas havíamos prometido ser pacientes e, cinco minutos depois, ouvimos um estalido na madeira; podia ser efeito

de uma pressão involuntária das mãos cansadas, mas logo esse estalido se repetiu e constituiu uma espécie de trepidação elétrica. Em seguida, uma agitação frenética. A sra. De Girardin falou:

— Se houver alguém que aceite falar conosco, bata uma vez.

O pé da mesa bateu, fazendo um barulho seco.

— Há alguém! – exclamou a sra. De Girardin. – Façam suas perguntas.

Fizemos perguntas e a Mesa respondeu. A resposta era breve, no máximo uma ou duas palavras, hesitante, indecisa, algumas vezes ininteligível. Éramos nós que não a compreendíamos? O método de tradução das respostas prestava-se ao erro; eis como procedíamos: dizíamos em voz alta a letra do alfabeto, a, b, c etc. a cada batida de pé da mesa; quando a mesa parava de bater, registrávamos a última letra nomeada. Contudo, muitas vezes a mesa não parava exatamente na letra; nos enganávamos, anotávamos a anterior ou a seguinte; se acrescentarmos a isso nossa inexperiência, e com a sra. De Girardin interferindo o mínimo possível para que o resultado não levantasse suspeitas, tudo se embaralhava...

Apesar do método, a Mesa, em meio a respostas confusas, deu outras que me impressionaram.

Eu ainda não tinha sido senão testemunha, cumpria participar, mas estava tão incrédulo que tratei o milagre como um burro inteligente a quem perguntam quem é a menina mais bem-comportada da aldeia; eu estava à mesa: adivinha a palavra que penso. Para vigiar a resposta mais de perto, instalei-me à mesa com a sra. De Girardin.

A Mesa emitiu uma palavra: era a minha. Isso não satisfez minha curiosidade. Ruminei que o acaso bem pudera soprar a palavra à sra. De Girardin e a sr. de Girardin tê-la soprado à Mesa. Excluindo a hipótese do acaso, eu também pudera perfeitamente, na passagem das letras da palavra, por um tremor involuntário, nos olhos ou nos dedos, tê-las denunciado. Repeti o teste, mas, para ter certeza de não trair a passagem das letras nem com uma pressão mecânica nem com um olhar involuntário, abandonei a mesa e lhe perguntei não a palavra em que eu pensava, mas sua tradução. A Mesa disse: "Tu queres dizer sofrimento".

Eu pensava em amor. Ainda não estava convencido. Ainda que ajudássemos a Mesa, o sofrimento é tão claramente o fundo de tudo, que a tradução se aplicava a qualquer palavra em que eu tivesse pensado. Sofrimento teria traduzido grandeza, maternidade, poesia, patriotismo etc., além de amor. Eu podia então ainda estar caindo feito um patinho, mas isso exclusivamente com a condição de admitir que a sra. De Girardin, tão séria, tão generosa, tão amiga, moribunda, tivesse atravessado o mar para ludibriar proscritos.

Muitos impossíveis eram críveis antes deste, mas eu estava determinado a duvidar até à ofensa. Outros interrogaram a Mesa e a fizeram adivinhar seu pensamento ou episódios conhecidos apenas por eles. Subitamente, ela pareceu perder a paciência com essas perguntas pueris; obrigou-se a responder, mas, ao mesmo tempo, continuou a se agitar como se tivesse alguma coisa a dizer. Seu movimento tornou-se [ilegível] voluntário comum [ilegível].

— É ainda o mesmo espírito que continua aqui? – perguntou a sra. De Girardin.

A mesa bateu duas vezes, o que, na linguagem convencionada, significava não.

— Quem és tu?

A Mesa responde o nome de uma morta, viva no ~~espírito de~~ todos que estavam ali.*

Neste ponto, a desconfiança recuava: ninguém teria coração nem coragem para se calar perante [ilegível] desse túmulo. Uma mistificação já era coisa bem difícil de admitir, mas uma infâmia! O suspeito teria desprezado a si próprio. O irmão perguntou à irmã que saía do túmulo para consolar o exílio; a mãe chorava; uma inexprimível emoção confrangia todos os peitos; eu sentia distintamente a presença daquela ceifada pelo vento do infortúnio. Onde ela estava? Continuava nos amando? Era feliz?

* Léopoldine, filha amada de Victor Hugo, afogada em Villequier, com Charles Vacquerie, seu marido, em 4 de setembro de 1843. [Anotação de Paul Meurice inserida no rodapé da página.]

Ela respondia a todas as perguntas, respondiam-lhe que lhe era proibido responder. A noite passava e continuávamos ali, a alma pregada na invisível aparição. Finalmente, ela disse: adeus! E a mesa não se mexeu mais.

Victor Hugo, quase sempre ausente, não presenciou essa cena; mas quando lhe contaram, ficou perturbado e comovido, e foi vencido e [ilegível].

Nessa época, o misterioso fenômeno das Mesas não havia sido aprofundado. Não nos perguntávamos se a palavra que delas saía traduzia simplesmente o pensamento das mesmas pessoas que as interrogavam, se Léopoldine não respondia o que as almas transtornadas a quem sua visita enchia de perturbação e alegria esperavam e julgavam que ela devia responder. Não, era efetivamente a filha, a irmã amada que estava ali, que saía da morte para vir viver mais alguns instantes aqui. Os entes queridos que a haviam tanto chorado. Havia ali uma consolação tão doce, ~~que o erro, se ainda havia~~ que devia ser, e foi, aceita prontamente com fervor. Victor Hugo não duvidou, não quis duvidar. Desde então ele se interessa pelas sessões das Mesas e rouba tempo do seu trabalho para, sempre que possível, estar presente.

~~Aquela que ficou perturbada com isso ou a alma foi a sra. Victor Hugo.~~

Os que participavam mais assiduamente eram a sra. Victor Hugo, Charles Hugo, Vacquerie e Théophile Guérin. A sra. Victor Hugo, alma reclusa, perdida em suas recordações, enquanto os homens à sua volta exigiam o máximo de suas mentes.

"Victor Hugo, portanto, não está presente à sessão de 11 de setembro; incrédulo e dubitativo, ele some invariavelmente quando as sessões começam, porém, quando lhe contam a visita de Léopoldine, ele acredita. Ao mesmo tempo, a vinda de Léopoldine proporciona à Mesa uma capital confiança indestrutível. E se realmente isso fosse possível?" [Anotação de Paul Meurice][3]

Cronologia

Julgamos útil destacar e acompanhar passo a passo a fase espírita de Hugo – 1853-55 – a fim de analisá-la de todos os ângulos.

1802

Nascimento em Besançon, em 26 de fevereiro, às 22h30, de Victor-Marie Hugo, filho do comandante Joseph Léopold Sigisbert Hugo, nascido em Nancy em 1773, e de Sophie Trébuchet, nascida em Nantes em 1772, casados em 1797. É o terceiro filho do casal, depois de Abel, nascido em 1798, e de Eugène, nascido em 1800. A família Hugo mora em Marselha.

Sophie Hugo vai a Paris procurar o padrinho civil de Victor Hugo, o general Lahorie, a fim de solicitar, a pedido de seu marido, junto a José Bonaparte, a anulação do semiostracismo de que é vítima Léopold, em consequência de uma polêmica confusa que o opusera ao coronel Guestard, seu chefe de brigada, em 1802. Sophie Hugo visitará diversas vezes Lahorie, que, mais desacreditado do que Léopold, não pode senão prejudicá-lo em suas diligências.

1803

Nascimento de Adèle Foucher, com quem Victor Hugo se casará em 1822. Léopold Hugo é transferido para Bastia, na Córsega, onde se instala com os três filhos. Sophie Hugo permanece em Paris. Transferência de Léopold para a ilha de Elba, sempre sozinho com os três filhos. Lá, ele conhece Catherine Thomas, com quem tem um relacionamento. No fim do ano, Sophie Hugo junta-se ao marido na ilha de Elba. Deixa a ilha levando os três filhos, um mês mais tarde, e chega a Paris em fevereiro de 1804.

1804

Lahorie é procurado pela polícia. Léopold Hugo retorna a Bastia.

1805

Léopold se distingue por ocasião das batalhas napoleônicas.

1806

Léopold participa da conquista do reino de Nápoles. Nascimento, em 10 de abril, às 7h, de Julienne-Joséphine Gauvain, que mais tarde adotará o nome de Juliette Drouet. Estupefato, Léopold descobre que não será promovido, apesar da boa vontade de José Bonaparte, devido às suas relações com Lahorie. Até aqui, ele ignorava as relações íntimas de sua mulher com este último.

1807
Léopold é nomeado comandante militar da província de Avellino. Sophie e seus filhos partem para se encontrar com ele em dezembro.

1808
Sophie chega a Nápoles com os três filhos, encontra Léopold em Avellino e volta a partir para Nápoles.
Léopold é promovido a coronel e, chamado por José Bonaparte, muda-se de Avellino para a Espanha. Sophie continua em Nápoles.

1809
Sophie, de volta a Paris, instala-se no convento das Feuillantines com seus três meninos. Lá, esconde Lahorie, que ensina Victor Hugo a ler Tácito no original.
Léopold é nomeado general de brigada e governador da província de Ávila.

1810
Léopold se distingue nas batalhas na Espanha e é feito conde (nobreza espanhola) pelo rei José.
Lahorie é detido no mosteiro das Feuillantines.

1811
Sophie muda-se de Paris para a Espanha. As crianças atravessam a Espanha passando por Ernani e Torquemada e chegam a Madri. Léopold pede o divórcio, alegando, em um longo requerimento de onze páginas, que Sophie pegara o dinheiro da viagem a Madri sem o seu consentimento. As crianças continuam em um colégio interno em Madri. Léopold é informado da prisão de Lahorie nas Feuillantines e faz a associação entre a duração das temporadas parisienses de Sophie, seu desinteresse por ele e sua chegada inesperada a Madri. Descobre assim as relações íntimas de Sophie com Lahorie.

1812
Léopold é nomeado comandante de Madri, permanecendo nessa cidade com Abel; Sophie deixa Madri com Eugène e Victor e retornam às Feuillantines. Lahorie é fuzilado em outubro.

1813
Léopold deixa a Espanha e vai para a Alemanha. Abel regressa a Paris para junto da mãe.

1814

Léopold é promovido a marechal de campo, obtém a separação de corpos da mulher. Victor Hugo brilha nos versos latinos e compõe uma primeira e singela peça: *O palácio encantado*, para o teatro de marionetes com o qual brinca com os irmãos.

1815

Eugène e Victor são matriculados em um internato em Paris. Victor Hugo é um excelente latinista.

1816

"Quero ser Chateaubriand ou nada." (Frase atribuída a Hugo.)

1817

Victor Hugo se destaca em latim, francês, bem como em física. Compõe inúmeros poemas, é incentivado pela Academia Francesa, que todavia hesita em premiá-lo no concurso geral, levantando dúvidas sobre sua idade.

1818

Julgamento de separação do casal Hugo. Eugène e Victor moram com a mãe. A entrega dos prêmios no liceu Louis-le-Grand constitui o fim oficial dos estudos secundários de Victor Hugo. Para ganhar uma aposta, escreve a primeira versão de seu romance *Bug Jargal* em quinze dias.

1819

Victor Hugo ingressa na faculdade de direito. É coroado nos Jogos Florais de Toulouse por suas *Odes*. Fica noivo, em segredo, de Adèle Foucher, amiguinha de infância. A família de Adèle é igualmente amiga de longa data da família Hugo. No *Conservateur Littéraire*, fundado nesse ano e que existirá até março de 1821, Victor Hugo escreve sozinho dois terços dos artigos e poemas.

1820

Luís XVIII concede a Hugo uma gratificação de quinhentos francos por sua *Ode sobre a morte do duque de Berry*. Chateaubriand qualifica Victor Hugo de "filho sublime". Primeira visita de Hugo a Chateaubriand. Hugo recusa um posto em uma embaixada que lhe oferece Chateaubriand para não se afastar de Adèle. O desentendimento entre as famílias Foucher e Hugo provoca o rompimento do noivado de Adèle e Victor.

1821

Victor Hugo encontra Adèle clandestinamente. [Dia] 21 de junho: morte de Sophie Hugo. O general Léopold Hugo se casa com Catherine Thomas em 6 de setembro. As famílias Foucher e Hugo se reconciliam e o noivado é reatado.

1822

Publicação de *Odes e poesias diversas*. Victor Hugo recebe uma pensão de 1.200 francos e, em 12 de outubro, em Saint-Sulpice, se casa com Adèle Foucher. No jantar, à noite, seu irmão Eugène, igualmente apaixonado por Adèle, tem um acesso de loucura. Será internado em Charenton em 1823 e morrerá em 1837. Victor Hugo se gabará de ter permanecido virgem até a noite de núpcias com Adèle, a quem, em suas palavras, homenageará nove vezes.

1823

Segunda edição das *Odes*. Publicação de *Han da Islândia*. Hugo obtém uma pensão de 2 mil francos. Colabora intensamente para *La Muse Française*, cujos articulistas se reúnem na casa de Nodier. Lá, Hugo já expõe sua doutrina do romance moderno a respeito de uma nota sobre *Quentin Durward*, de Walter Scott. O general Léopold Hugo chega a Paris com a mulher e, nessa ocasião, redescobre seu filho, que consegue conquistar. Nascimento em 16 de julho do primeiro filho de Victor Hugo, Léopold-Victor, falecido três meses depois, em 9 de outubro de 1823.

1824

Novas odes. A fama de Hugo não para de crescer. Nascimento de sua primeira filha, Léopoldine, em 28 de agosto.

1825

Hugo recebe a comenda de cavaleiro da Legião de Honra, junto com seu amigo e confrade, doze anos mais velho, Lamartine. Essa distinção, acrescentada às pensões e aos inúmeros prêmios literários, mostra a reputação do jovem poeta de 23 anos tanto nos meios literários como nos oficiais. O rei Carlos X convida-o para assistir, em Reims, à sagração, sobre a qual Hugo comporá uma ode.

1826

Nova versão de *Bug Jargal*. Nascimento do segundo filho, Charles, em 2 de novembro. Publicação das *Odes e baladas*. Hugo começa *Cromwell*.

1827

Publicação de *Cromwell*.

1828

Morte de Léopold Hugo, em 29 de janeiro, logo após ter jantado com Victor. Edição definitiva das *Odes e baladas*. Nascimento, em 21 de outubro, do terceiro filho, François-Victor, que mais tarde, em Jersey, traduzirá Shakespeare. Assina um contrato com o editor Gosselin para *As orientais*, *Bug Jarnal*, *O último dia de um condenado*, o futuro *Notre-Dame de Paris* e *Han da Islândia*.

1829
As orientais, *O último dia de um condenado*. Proibição da peça *Marion Delorme* (sob seu primeiro título, *Um duelo sob Richelieu*) antes mesmo da estreia. Hugo escreve *Hernani*, drama romântico, entre 29 de agosto e 24 de setembro. Seu amigo Sainte-Beuve se aproxima de Adèle Hugo, para quem desempenha o papel de confessor e de quem se tornará amante.

1830
Estreia de *Hernani*, em 25 de fevereiro, que resultará no que virá a ser conhecido como a "batalha de Hernani", sucesso instantâneo. Balzac, no entanto, critica acerbamente a peça. Hugo começa a escrever *Notre-Dame de Paris*, interrompido pela revolução de julho. Nascimento, em 24 de agosto, de Adèle Hugo, sua segunda filha.

1831
Publicação de *Notre-Dame de Paris*. Estreia de *Marion Delorme*. Publicação das *Folhas de outono*.

1832
O rei se diverte: peça imediatamente proibida.

1833
Estreia de *Lucrécia Bórgia*. Em 16 de fevereiro, Hugo declara seu amor a Juliette Drouet (nascida em 1806). Ela lhe envia um bilhete, de data incerta: "Oh! esta noite será tudo! Serei completamente tua!". Noite de 16 para 17 de fevereiro, início de cinquenta anos de amor entre Victor Hugo e Juliette Drouet. Victor Hugo escreverá: "Em 26 de fevereiro de 1802, nasci para a vida, em 17 de fevereiro de 1833 nasci para a felicidade nos teus braços. A primeira data não é senão a vida, a segunda é o amor. Amar é mais do que viver". (Victor a Juliette, em 26 de fevereiro de 1835.) Estreia de *Marie Tudor*.

1834
Miscelânea de literatura e filosofia: Claude Gueux. Rompimento com Sainte-Beuve.

1835
Estreia de *Angelo*. Publicação dos *Cantos do crepúsculo*.

1836
La Esmeralda, ópera. Duas tentativas fracassadas de entrar na Academia Francesa, em fevereiro e dezembro.

1837
As vozes interiores. Hugo recebe a comenda de oficial da Legião de Honra.

1838
Estreia de *Ruy Blas*.

1839
Terceiro fracasso na Academia Francesa.

1840
Quarto fracasso na Academia Francesa. Publicação de *Raios e sombras*.

1841
Eleição e recepção na Academia Francesa. Provável encontro com Léonie Biard, esposa do pintor François-Thérèse Biard, vulgo Auguste François.

1842
O Reno.

1843
Estreia dos *Burgraves*. Provável relacionamento entre Victor Hugo e Léonie Biard, na primavera e início do verão. Em 15 de fevereiro, Léopoldine se casa com Charles Vacquerie, irmão de Auguste Vacquerie. Em 4 de setembro, o jovem casal, assim como Pierre Vacquerie (tio paterno de Charles) e seu filho Arthur (de dez anos de idade), morrem afogados no Sena, perto de Villequier, no lugarejo conhecido como Le Dos-d'Âne, às 14h, por ocasião de um passeio de canoa. Seus corpos serão levados para a sra. Vacquerie mãe. Em 6 de setembro, Léopoldine e Charles são enterrados no cemitério de Villequier. Adèle Hugo retorna a Paris com os filhos que lhe restam. Victor Hugo, em viagem no sudoeste da França com Juliette Drouet, a tudo ignora. Em 9 de setembro, no Café de l'Europe, em Rochefort, abre por acaso o jornal *Le Siècle*, que reproduzia a reportagem do *Journal du Havre* publicada em 7 de setembro, descobrindo dessa forma a terrível tragédia, pensando inclusive que seu filho François-Victor houvesse morrido também. Victor Hugo julga ter "enlouquecido". Estará de volta a Paris em 12 de setembro, às 20h.

1843-45
Longo período de imensa tristeza e de um desânimo pouco propício à literatura.

1845
Hugo é nomeado Par de França. Começa a redação das *Misérias*, que virão a ser *Os miseráveis*. É objeto de um flagrante de adultério por seu caso com Léonie Biard.

Hugo escapa da prisão em sua condição de Par de França, mas não consegue evitar que Léonie Biard seja condenada a dois meses de reclusão em Saint-Lazare.

1846-47
Victor Hugo intensifica sua atividade política e pronuncia inúmeros discursos engajados. Em agosto de 1846, relacionamento com Alice Ozy, suntuosa atriz cortejada pelo filho mais velho de Hugo, e outrora amante do duque d'Aumale e musa inspiradora de Théophile Gautier.

1848
Deputado por Paris na Assembleia Constituinte, Hugo se engaja de corpo e alma na ação política e se dispõe a apoiar a candidatura de Luís Napoleão Bonaparte à Presidência da República.

1849
Hugo é eleito deputado de Paris na Assembleia Legislativa. Em 9 de julho, pronuncia o famoso discurso contra a miséria.

1850
Hugo pronuncia o discurso fúnebre por ocasião do enterro de Balzac.

1851
Charles Hugo assina um artigo em *L'Évènement* contra a pena de morte. Será condenado a seis meses de prisão, em 11 de junho, por atentado ao respeito às leis. Em 17 de julho, Hugo pronuncia um discurso sobre a revisão da Constituição na Assembleia Legislativa. Em 9 de setembro, em *L'Évènement*, François-Victor Hugo reivindica o direito de asilo para os proscritos estrangeiros. O jornal é apreendido e, em 15 de setembro, François-Victor Hugo e Paul Meurice (como gerente do jornal) são condenados a nove meses de prisão e a vultosa multa. Em 18 de setembro sai o último número de *L'Évènement*. Em 19 de setembro, surge *L'Avènement du Peuple*, criado para substituir *L'Évènement*. Auguste Vacquerie é o chefe de redação. O jornal é apreendido no mesmo dia e Vacquerie, condenado a seis meses de prisão, em 24 de setembro. O príncipe-presidente quer abolir a lei eleitoral de 31 de maio de 1850. Voto contrário de Hugo (junto com outros 355, enquanto 348 votam a favor). Em 2 de dezembro, golpe de Estado de Luís Bonaparte. Dissolução da Assembleia e do Conselho de Estado, estado de sítio em Paris, prisão de vários deputados e generais da oposição. A destituição de Luís Bonaparte é proclamada por 250 deputados de direita, que depois são presos sem resistência. Os deputados de esquerda, encabeçados por Hugo, conclamam o povo à resistência armada. Um comissário vem à noite prendê-lo em seu domicílio, mas não o encontra. Victor Hugo visita as barricadas, arenga a multidão, exorta os soldados a aderirem, vai a Tiquetonne visitar uma avó

cujo neto acabara de ser morto e cuja morte ele eternizará em *História de um crime* e *Os castigos*. Procurado, Victor Hugo compreende que é urgente partir da França. Deixa Paris e vai para Bruxelas, em 12 de dezembro, no trem das 20h, usando o nome de Jacques-Firmin Lanvin, tipógrafo. Na noite de 30 para 31 de dezembro, o deputado Victor Schoelcher, disfarçado de padre, chegará a Bruxelas para saudar Victor Hugo e congratulá-lo por sua ação. Permanecerá um de seus amigos mais fiéis.

1852

Em 9 de janeiro, decreto de banimento de 66 representantes do povo por motivos de segurança nacional. Hugo é o 15º da lista. [Dia] 31 de julho: Victor Hugo muda-se de Bruxelas para Antuérpia; no dia seguinte, embarca para Londres, aonde chega em 2 de agosto. No dia 4, está em Southampton e em 5 de agosto desembarca no porto de Jersey, Saint-Hélier, na companhia de Charles e Juliette (*incognito*). É recebido pela mulher e pela filha, Adèle, por Auguste Vacquerie e inúmeros proscritos. *Napoleão, o pequeno*, impresso em Londres, é publicado em Bruxelas. Em 16 de agosto, o clã Hugo instala-se em Marine Terrace, na praia de Azette, na costa sudeste da ilha. François-Victor se juntará a eles em 30 de dezembro.

1853

Em 6 de setembro, Delphine de Girardin chega a Marine Terrace. Procura imediatamente iniciar seus anfitriões na prática das "Mesas girantes", recente coqueluche em Paris. A princípio, os Hugo se mostram reticentes, depois curiosos. Na noite de 11 de setembro, após várias tentativas infrutíferas, primeira sessão positiva do que virão a ser "as Mesas falantes". O espírito de Léopoldine dirige-se aos participantes, na presença de Victor Hugo, sob o nome de "ame soror".

De 11 a 18 de setembro, sessões espíritas diárias; Luís Bonaparte exprime seu terror diante de *Os castigos*, prestes a ser publicado. Manifestação de Racine. Em 21 de setembro, Victor Hugo reconhece os talentos de médium de seu filho Charles e tenta compreender o novo fenômeno, sugerindo a hipótese de que os comunicados das Mesas não provêm do inconsciente de Charles. No dia 28, primeiro comunicado em versos: a Poesia dita quatro estrofes de oito octossílabos. Outono de 1853, Marat, Charlotte Corday, Robespierre, Jean-Jacques Rousseau visitam a mesa de Marine Terrace. Em 5 de outubro: "Napoleão, o Grande". Em dezembro, André Chénier começa uma longa série de intervenções, em que termina certos fragmentos inacabados. A Sombra do Sepulcro proíbe publicar por ora as atas das Mesas. Manifestações de Tirteu, Maquiavel e da jumenta de Balaão.

Em 21 de novembro: publicação de *Os castigos*, em Bruxelas.

1854

Em 6 de janeiro, primeira manifestação do Leão de Androcles; em 13 de janeiro, Shakespeare começa um longo poema, que se estenderá por várias sessões, e, em

3 de fevereiro, começará um drama inédito. Em 7 de fevereiro, Ésquilo, por sua vez, começa um longo poema a ser concluído. Em 10 de fevereiro, Molière começa um longo poema rematado pela Sombra do Sepulcro. Em 27 de fevereiro, surpreendente diálogo entre Latude, Bonnivard, o Máscara de Ferro, Judas e o Arcanjo Amor. Em 19 de março, primeira aparição da Dama Branca, que marca um encontro com Hugo às 3h da manhã fora de casa. Em 24 de março, O Leão de Androcles dita um longo poema, que se estenderá meses a fio. Em 22 de abril, o Oceano aceita compor uma nova *Marselhesa*, cujo título será "La Tonnante". Mozart será o seguinte. No 23, o Drama anuncia que o drama inédito, solicitado a Shakespeare por Vacquerie, está terminado. No 24, o Drama ordena a Victor Hugo que componha um poema. No 27, o Drama começa o ditado do drama composto por Shakespeare. Em 19 de setembro, a Morte aconselha Hugo a distinguir sua obra de vivo de sua obra de fantasma: "Sê o Édipo da tua vida e a Esfinge da tua tumba". Em 22 de outubro, a Morte sugere a Hugo que escreva uma obra póstuma: "Conselhos a Deus". Em 10 de dezembro, Galileu responde de maneira confusa às críticas de Hugo sobre a cosmogonia das Mesas. Em 28 de dezembro, Josué afirma a Hugo que "o homem é um eu complexo". O ano de 1854 notabiliza-se pela vinda à mesa de Shakespeare, Molière, o Leão de Androcles, o Drama, a Sombra do Sepulcro e a Morte. Sua marca indelével é manifesta em toda a obra hugoana, presente e futura.

1855

Em 4 de janeiro, Victor Hugo escreve à sra. De Girardin que seus trabalhos de mais de vinte anos estão sendo confirmados e expandidos pelas revelações da Mesa. Em 7 de fevereiro, morte, aos 56 anos, de Abel, irmão mais velho de Victor Hugo. Em 11 de fevereiro, Jesus Cristo empreende uma crítica do druidismo e do cristianismo e anuncia uma nova religião. Em 1º de março, a Dama Branca se faz novamente presente. Em 22 de março, Jesus Cristo afirma que "as Mesas serão o Oitenta e nove dos arcanjos". Em 30 de março, Molière prossegue seu ditado. Em 29 de abril, Platão discorre sobre o sonho. Em 2 de maio, longa discussão, de importância capital, entre Auguste Vacquerie e Hugo. "Solitudines coeli" deve integrar o livro VI das *Contemplações* (primeira intenção de Hugo) ou ser reservado para uma publicação avulsa e posterior (proposta de Vacquerie)? A sugestão de Vacquerie será a escolhida por Hugo. Em 18 de maio, último ditado poético de Molière. Em 31 de maio, longa leitura, diante da família e amigos deslumbrados, de "Os magos". Em julho, visita de Isaías. As sessões espíritas se espacejam. O dia 8 de outubro marca a última sessão das Mesas em Marine Terrace. Jules Allix, que participava das últimas sessões das Mesas, é acometido de um acesso de loucura mais grave do que o normal. A tradição diz que esse incidente levou Victor Hugo a pôr um termo às sessões espíritas, o que não foi o caso. O ano 1855 confirma que uma nova religião hugoana, elaborada antes das sessões espíritas, se havia consolidado e ampliado graças às intervenções de Jesus Cristo.

Em 27 de outubro, o condestável Leneveu indica a Victor Hugo, bem como a seus dois filhos, que os três são objeto de um decreto de expulsão, com data de 2 de novembro. Em 31 de outubro, às 7h15 da manhã, Victor Hugo adianta-se à medida de expulsão e deixa Jersey definitivamente. Às 10h, chega a Guernesey.

1856
Em 23 de abril, publicação de *As contemplações*. Hugo se instala em Hauteville House. Termina *Deus* e *O fim de Satã*.

1857
Visitas de Alexandre Dumas a Guernesey; Hugo fala de sua admiração por Flaubert e *Madame Bovary* e por Baudelaire e *As flores do mal*, "que reluzem e ofuscam como estrelas!". Juliette Drouet se instala em La Fallue, bem próximo de Hauteville House, de onde pode ver Victor Hugo de sua sacada.

1858
François-Victor Hugo publica o primeiro tomo de sua tradução das *Obras* de Shakespeare. Victor Hugo sente os primeiros sintomas de uma doença que se agravará: o antraz. Em outubro, estará curado. Envia congratulações a Leconte de Lisle, a cujo respeito diz que "seus poemas estão entre os mais belos do nosso tempo".

1859
Publicação da primeira série de *A lenda dos séculos*. Victor Hugo, após seus primeiros embates pela abolição da pena de morte e contra a pobreza, envolve-se cada vez mais nas questões de seu século, políticas, sociais, filosóficas e econômicas.

1860
Hugo tira *Os miseráveis* do "baú dos originais".

1861
Viagens à Bélgica e à Holanda. Em 30 de junho, Victor Hugo anota que, "na manhã de hoje, às 8h30", acaba de terminar *Os miseráveis*. As revisões e acréscimos ainda se estenderão por onze meses.

1862
Em 30 de março, em Bruxelas, publicação da primeira parte de *Os miseráveis*: "Fantine". Em Guernesey, Victor Hugo promove todas as semanas a "refeição das crianças pobres", ocasião em que doze crianças pobres vêm jantar em sua casa, dividindo a mesma comida. Viagens às Ardenas belgas, luxemburguesas e às margens do Reno.

1863

Publicação de *Victor Hugo segundo uma testemunha de sua vida*, escrito pela sra. Hugo, sob a fiscalização do marido. Entre 1863 e 1864, viagens às Ardenas belgas e às margens do Reno.

1864

Publicação de *William Shakespeare*, obra baseada na tradução das *Obras* de Shakespeare realizada pelo seu filho François-Victor, de 1858 a 1864.

1865

Publicação das *Canções das ruas e dos bosques*.

1866

Publicação de *Os trabalhadores do mar*, cujo cenário inicial é inspirado nas ilhas anglo-normandas.

1867

Em 22 de janeiro, primeira visita da sra. Hugo a Juliette Drouet, a fim de lhe agradecer os cuidados que dispensou a Victor Hugo em sua ausência. Visita retribuída no dia 24 por Juliette.

1868

Em 23 de agosto, Victor Hugo termina *O homem que ri*. No dia 25, em Bruxelas, a sra. Hugo é vítima de uma apoplexia e falece no dia 27, às 6h30. Era casada com Victor Hugo desde 1822.

1869

Publicação de *O homem que ri*. Viagens à Bélgica e à Suíça.

1870

Em 14 de julho, Victor Hugo planta solenemente a semente do "carvalho dos Estados Unidos da Europa" no jardim de Hauteville House. Em 15 de agosto, Victor Hugo e Juliette Drouet deixam Guernesey às 9h e chegam a Southampton às 19h30. É o fim de um longo período de exílio em Guernesey, que durou cerca de quinze anos. Nesse ínterim, a guerra entre a Prússia e a França se acirra; Victor Hugo escreve a Paul Meurice que deseja ingressar imediatamente "na guarda nacional de Paris" e que irá "para as muralhas com seu fuzil no ombro". Em 2 de setembro, o exército francês é arrasado em Sedan, Napoleão III capitula e se rende como prisioneiro de guerra. Em 4 de setembro, a queda do Império é anunciada e a República, proclamada na Prefeitura de Paris. Em 5 de setembro, às 22h, partida de Bruxelas, com Juliette, Charles e a família, onze anos após ter declarado: "Quando a liberdade retornar, retornarei", Victor Hugo chega a Paris após dezenove anos de exílio. Recebe a visita de Louise Michel, em 13 de setembro. Obterá sua libertação quando ela for presa em dezembro. Em novembro, recusa a candidatura a vereador por vários *arrondissements* de Paris.

1871
Em 8 de fevereiro, é eleito deputado por Paris e toma posse em Bordeaux, na Assembleia Nacional. Renuncia em 8 de março. Seu filho Charles morre subitamente em 13 de março, em Bordeaux. Será enterrado cinco dias mais tarde, após um concorrido cortejo em meio aos federados [da Comuna de Paris], que apresentam armas até o cemitério do Père-Lachaise, prestando assim uma homenagem espontânea ao pai de Charles. Em seguida, a fim de cuidar da papelada da herança de Charles, Victor Hugo viaja à Bélgica, onde oferece asilo em seu domicílio a todos os proscritos da Comuna. O governo de Leopoldo II expulsa-o em 30 de maio, apesar dos protestos da Câmara de Bruxelas.

1872
Publicação de *O ano terrível*. Viagem rápida a Guernesey. Em 12 de fevereiro, sua filha Adèle retorna de Barbados, onde soçobrara na loucura. Será internada em um sanatório em Saint-Mandé, em 17 de fevereiro.

1873
Hugo termina *Noventa e três*. Caso com Blanche, a camareira de Juliette Drouet. Em 16 de setembro, Victor Hugo reata com as sessões de espiritismo na companhia da sra. Hollis, médium americana, presente em Jersey em 1853. A sra. Hugo a faz dizer, por intermédio da mesa, que é feliz. Em 26 de dezembro, às 12h, morte de François-Victor Hugo.

1874
Publicação de *Noventa e três*.

1875
Victor Hugo retorna a Guernesey. Publicação de *Atos e palavras*, "Antes do exílio" e "Durante o exílio". Em 23 de setembro, firma suas disposições para a publicação de inéditos, entre eles os *Livros das Mesas*, e nomeia Paul Meurice, Auguste Vacquerie e Ernest Lefèvre como executores testamentários.

1876
Em 30 de janeiro, Victor Hugo é eleito senador por Paris. Pronuncia um discurso pela anistia dos *communards*. Publicação do terceiro e último volume de *Atos e palavras*, "Após o exílio". Pronuncia o discurso fúnebre de George Sand.

1877

Segunda série de *A lenda dos séculos*, publicação de *A arte de ser avô* e do primeiro tomo de *História de um crime*.

1878

Publicação do segundo tomo de *História de um crime* e de *Pape*. Sofre um derrame cerebral na noite de 27 para 28 de junho, após uma discussão com Louis Blanc sobre Voltaire e Rousseau. De 5 de julho a 9 de novembro, Hugo parte para descansar em Guernesey com Juliette e os seus.

1879

Morte de Léonie Biard. Triunfo de *Hernani* na Comédie Française, com Sarah Bernhardt no papel de Doña Sol. Publicação de *A piedade suprema*.

1880

Publicação de *Religiões e religião* e de *O asno*. Zola escreve sobre Hugo: "Este homem não é dos nossos. Que nos digam de que mosteiro do século XII ele saiu... Ele pertence à Idade Média". Lançamento da edição *ne variatur*, que, de 1880 a 1885, compreenderá 48 volumes.

1881

Em 27 de fevereiro, no dia seguinte ao aniversário de Victor Hugo, o conselho municipal de Paris e o povo parisiense desfilam sob suas janelas às centenas de milhares ao longo de todo o dia para celebrar sua entrada no octogésimo ano de vida. Em 4 de março, é a vez de o Senado lhe prestar homenagem. Em 8 de maio, a avenida d'Eylau, onde mora Hugo, é batizada "avenida Victor Hugo". Publicação de *Os quatro ventos do espírito*.

1882

Em 8 de janeiro, nas eleições para o Senado, Victor Hugo é eleito com a maioria dos votos. Publicação de *Torquemada*. Última saída, em 22 de novembro, do casal Juliette e Hugo, para uma reapresentação de *O rei se diverte* no Théâtre Français.

1883

Em 11 de maio, morte de Juliette Drouet (de um câncer). É o fim de um amor de cinquenta anos. Seu enterro acontece no dia seguinte. Os que cercam o poeta, aconselhados por Vacquerie, o impedem de comparecer, provavelmente para lhe poupar um sofrimento a mais, e não por desrespeito às convenções. Auguste Vacquerie pronuncia seu elogio fúnebre. Publicação da série complementar de *A lenda dos séculos* e de sua "Edição definitiva". Publicação, primeiro em folhetim, depois em livro, de *O arquipélago da Mancha*; será a última publicação de Victor Hugo.

1884

Victor Hugo passa a ser, em 24 de março, o decano da Academia Francesa. Em 15 de maio, no Trocadéro, Saint-Saëns rege seu *Hino a Victor Hugo*, na presença do poeta.

1885

Na data de 5 de abril, o caderno secreto de Victor Hugo traz a estampa de uma última cruz, provável sinal de uma última performance sexual. Em 14 de maio, recebe Ferdinand Lesseps para jantar. É nessa noite, parece, que pega uma friagem e uma pneumonia se instala.

Em 22 de maio, às 13h27, morte de Victor Hugo em seu domicílio, no número 130 da Avenue Victor Hugo, vítima de pneumonia.

Em 23 de maio, a Câmara (415 votos contra 3) e o Senado (219 votos em 220) determinam funerais com honras nacionais. Em 26 de maio, um decreto governamental decide que o corpo de Victor Hugo repousará no Panthéon, na antiga igreja de Sainte-Geneviève, devolvida ao culto sob o Segundo Império, mas novamente civil em 1885, e cuja cruz da fachada fora retirada recentemente.

Em 31 de maio, o corpo de Victor Hugo é exposto no Arco do Triunfo sobre um esquife monumental. O desfile do povo prosseguirá ao longo de todo o dia e à noite.

Em 1º de junho, são realizados os funerais solenes de Victor Hugo. O cortejo vai do Arco do Triunfo ao Panthéon, passando pelos Champs-Élysées, bulevares Saint-Germain e Saint-Michel e Rue Soufflot. Ao longo de toda a passagem do “rabecão dos pobres”, segundo a vontade de Victor Hugo, a multidão grita “Viva Victor Hugo!”, como se ele ainda estivesse vivo. Milhões de pessoas lhe prestarão homenagem e durante semanas os degraus do Panthéon exibirão coroas de flores vindas do mundo inteiro.

Biografia das personalidades presentes nas sessões em Jersey

Allix, Augustine (1823-1901)
Muito ligada a Charles Hugo, a quem parece ter seguido no exílio; muito apreciada também por Victor Hugo, em especial pelo talento como cantora, que exibe nos salões parisienses desde a Monarquia de Julho. Após a expulsão de Victor Hugo de Jersey, frequentará regularmente Guernesey, até radicar-se lá definitivamente a partir de 21 de abril de 1855, depois de ter conquistado um público fiel de admiradores.

Allix, Émile (1836-1911)
Irmão mais moço de Augustine e Jules, tinha dezoito anos em 1854. Por ocasião de suas idas a Jersey, Émile assiste a algumas sessões das Mesas. Algumas edições anteriores das atas confundiram a transcrição da inicial "E" com o "J". Quando não há inicial, trata-se de Jules Allix. Em 1856, irá para Bruxelas encontrar o irmão Jules. Formado em medicina, Émile Allix cuidará com devotamento da sra. Hugo até a sua morte.

Allix, Jules (1818-1903)
Irmão mais velho de Augustine e Émile, junta-se à sua irmã em Jersey, no fim de 1853, após ter sido condenado a oito anos de desterro e ter passado quatro anos preso por sua participação – indireta – no complô do Hipódromo; é esse republicano de 34 anos que, segundo a tradição, será vítima de um acesso de loucura em outubro de 1855 por ocasião de uma sessão das Mesas; esse incidente, particularmente violento e inquietante, teria levado Victor Hugo a dar um fim definitivo às sessões.

Babinet, Jacques (1794-1872)
Físico, astrônomo, conhecido como cientista espiritual e homem inteligente, conferencista muito em voga na época.

Barbieux, Albert (datas desconhecidas)
Proscrito francês. Será, em 1869, diretor e gerente do jornal *Le Rappel*, do qual Vacquerie será chefe de redação, e Charles Hugo, um dos colaboradores.

Bénézit, Charles (1816-após 1871)
Compositor francês amigo de Leconte de Lisle. Concertista e professor de composição musical de Adèle em Jersey. Participa de maneira episódica das sessões espíritas até o seu término.

Dulac, Clément (1805-1889)
Ex-deputado da Assembleia Nacional Legislativa, expulso da França por ocasião do golpe de Estado, companheiro de luto e exílio de Hugo, que lhe dedicará *Atos e palavras* (I, "Antes do exílio").

Durrieu, Xavier (1817-1868)
Jornalista, redator do *Siècle*, depois colaborador da *Revue des Deux Mondes* e da *Revue de Paris*. Exilado após o golpe de Estado, mora primeiro na Inglaterra, depois na Espanha.

Girardin, Delphine de (1804-1855)
Mulher de letras. Delphine Gay, que se tornou a sra. Émile de Girardin, visita Hugo em Jersey de 6 a 14 de setembro de 1853. Inicia-o nas sessões das Mesas. É em sua presença, na noite de 11 de setembro de 1853, que a Mesa se exprime pela primeira vez, apresentando-se como *Ame soror*. Por trás desse nome, de origem latina, os participantes identificam Léopoldine, a filha tão amada de Victor Hugo, morta em 1843 junto com o marido, Charles Vacquerie, o tio deste último e seu filho, ainda menino, após a canoa em que estavam afundar no Sena.

Guérin, Théophile (1814-?)
Refugiado francês republicano, companheiro de infortúnio de Hennet de Kesler no barco Duguesclin, presídio flutuante ao largo de Brest. Exilado em Jersey desde 1852, é, junto com Hennet de Kesler, um convidado assíduo dos Hugo, íntimo dos jantares e das Mesas. Forma, com a sra. Hugo e Charles Hugo, o triângulo fundador das sessões espíritas.

Hugo, sra., nascida Adèle Foucher (1803-1868)
A sra. Hugo fica transtornada com a presença de Léopoldine na mesa de Marine Terrace, em 11 de setembro de 1853. É uma das participantes mais assíduas, ao lado de seu filho Charles, e reitera incessantemente a veracidade do fenômeno espírita, chegando a declarar à Mesa, em 24 de setembro de 1853: "Tu sabes que tenho a fé". Mesmo depois do basta de Victor Hugo, continuará, muito além de 8 de setembro de 1855, a promover sessões espíritas com algumas amigas.

Hugo, Adèle (1830-1915)
Adèle, presente à primeira sessão espírita de 11 de setembro de 1853, assiste à visita de sua irmã defunta, Léopoldine. Às vezes ela conduz a mesa com sua mãe ou seu irmão Charles, às vezes o faz de maneira solitária em seu quarto. Durante o exílio, mantém um *Diário*, que nos dá informações valiosas sobre esse período espírita. Por trás de sua voz, perfilam-se as de seu pai, seus irmãos e Auguste Vacquerie, debatendo o fenômeno espírita. Em Jersey, dedica longas horas ao piano. Em 1854,

conhece o tenente inglês Pinson, por quem se apaixona perdidamente, a ponto de se considerar, em 1861, de maneira unilateral, sua noiva legítima. Fugirá de Guernesey em 1863, levando as joias da mãe, a fim de se encontrar com Pinson, à revelia deste, em Halifax, na Nova Escócia (Canadá). Lá, conhecerá uma existência miserável, seguindo o tenente, e perderá o juízo. Internada em 1872 em Saint--Mandé, morrerá em 21 de abril de 1915, sem ter recuperado a razão.

Hugo, Charles (1826-1871)
O primeiro filho de Hugo é o médium privilegiado dos instantes passados à mesa de Marine Terrace, entre 1853 e 1855. Em setembro de 1853, as Mesas o designam expressamente pelo termo "vidente", transformando-o assim naquele a cujo respeito é dito que é "o mais fácil intermediário entre nós [os espíritos] e vós [os vivos], tu [Charles], cuja mão eu sinto" (sessão de 11 de dezembro de 1853).

Hugo, François-Victor (1828-1873)
O quarto filho de Victor Hugo é um dos menos assíduos às sessões espíritas. Ressabiado, considera tais práticas indignas do século XIX, afirmando que elas afastam os participantes das verdadeiras preocupações do século.

Kesler, Hennet de (*c.* 1804-?)
O barão Hennet de Kesler conhece Hugo nas barricadas, por ocasião do golpe de Estado de 1851. Já preso em 19 de junho de 1849 por sua participação na Jornada do dia 13, no Conservatório das Artes e Ofícios, é novamente preso em 4 de dezembro de 1851, em Paris, e deportado a bordo do Duguesclin. Passa dois anos em Londres, até aportar em Jersey em maio de 1854. Assiste regularmente, assim como seu companheiro de infortúnio do Duguesclin, Théophile Guérin, às sessões espíritas.

Le Flô, Charles (1804-1887)
General e diplomata francês. Por ocasião da revolução de fevereiro de 1840, é embaixador na Rússia. Membro da Constituinte e da Legislativa, onde atua à direita, é preso e expulso da França após o golpe de Estado. Em Jersey, é, ao lado da sra. Flô, um hóspede assíduo dos Hugo. Após a queda do Império, será ministro da Guerra.

Leguevel, Edmond (datas desconhecidas)
Juiz. Participa das Mesas junto com a sra. Leguevel.

Leroux, Pierre-Henri (1797-1871)
Editor, filósofo e político francês. Adere ao movimento saint-simoniano, que se propõe a reorganizar o trabalho sob a direção de uma elite industrial e religiosa. Em 1831, Leroux conhece George Sand, com quem inicia uma amizade que vai durar quinze anos. Em fevereiro de 1848, é eleito constituinte pelo departamento do

Sena. Reeleito por ocasião das eleições legislativas de 13 de maio de 1849, opõe-se à política de Luís Napoleão Bonaparte. Após o golpe de Estado de 2 de dezembro de 1851, Leroux se exila em Londres, depois na ilha de Jersey, onde convive com Victor Hugo. Os passeios de ambos pela praia de Samarez deixaram marcas na obra de Hugo. Volta à França em 1860, após a lei de anistia promulgada em 1859. Publica um longo poema filosófico em dois volumes (1863-64), *A praia de Samarez*. Leroux também é conhecido por ter dado aulas de frenologia, o estudo das faculdades intelectuais e do caráter a partir das bossas e depressões cranianas. Morrerá em Paris, em abril de 1871.

Meurice, Paul (1820-1905)
Desde os bancos escolares do liceu Charlemagne, Paul Meurice faz uma amizade sólida com Auguste Vacquerie e será o "fiel entre os fiéis" do clã Hugo. Chefe de redação de *L'Évènement*, depois fundador de *Le Rappel*, escreveu também vários dramas e romances. Tendo permanecido na França após o golpe de Estado, serve de ponte entre o clã Hugo em Jersey e o continente. Passa algumas temporadas em Jersey e participa de várias sessões, entre as quais a de 22 de outubro de 1854, por ocasião da visita da Morte, bem como das últimas, de 7 e 8 de outubro de 1855. Deixa, no entanto, um conjunto de documentos únicos, folhas escritas a lápis, testemunhando o desenrolar de certas sessões, interrogações dos participantes, além de suas próprias reflexões. Discípulo fervoroso de Hugo, seu homem de confiança, será seu executor testamentário. Será o primeiro, em 1897, na *Tribune de Lausanne*, a vazar informações sobre as sessões espíritas de Jersey, fazendo alusão aos quatro cadernos elaborados em Marine Terrace, dos quais ele seria o depositário. Paul Meurice divulgará alguns brevíssimos excertos, indicando que cogita uma publicação (que terminará nunca acontecendo).

Pinson, Albert Andrews (datas desconhecidas)
Tenente inglês que se alistou a fim de evitar sua prisão por dívidas. Adèle o conhece em junho de 1854 e apaixona-se perdidamente por ele; empenha-se em romper com Auguste Vacquerie, pedindo inclusive sua partida para sua mãe, que recusa, para viver abertamente seu amor com o tenente inglês. Este não vê em Adèle senão um pretexto para uma breve aventura. Pinson deixa Jersey rapidamente, sem dramas, para juntar-se à sua guarnição em Halifax, na Nova Escócia [Canadá], onde é nomeado tenente em 1861. Ali, à sua revelia, é encontrado por Adèle e faz de tudo para escapar dela. Transfere-se de Halifax para Barbados em 1866. Adèle o segue para lá viver na miséria, sem revê-lo. É de lá que será repatriada para a França após mergulhar na loucura.

Reményi, Édouard, nascido Eduard Hoffmann (1828-1898)
Refugiado húngaro, compositor e violinista virtuose, apresentado a Hugo pelo

conde Teleki. Antes de sua chegada a Jersey com Teleki, viajava pela Europa na companhia do jovem Brahms, que mais tarde se inspirará no repertório de Reményi para compor suas danças húngaras. Alcunhado de "homem-violino" por Hugo. Após várias turnês na Europa, instala-se nos Estados Unidos em 1878. Morre no palco, durante um concerto em San Francisco, em 1898.

Ribeyrolles, Charles de (1812-1863)
Jornalista e chefe de redação da revista *La Réforme*. Janta uma vez por semana à mesa de Victor Hugo. Expulso de Jersey junto com Hugo, Ribeyrolles o seguirá até Guernesey.

Taly, coronel (datas desconhecidas)
Proscrito refugiado em Jersey.

Teleki, Sandor Alexander (1821-1892)
Conde e coronel húngaro; um dos arautos da Revolução de 1848. Ele retornará a seu país em 1867.

Tréveneuc, Henri de (1815-1893)
Conde, amigo do general Le Flô, membro da Assembleia Legislativa, representante do povo. Desaprova o golpe de Estado, mas não é expulso.

Vacquerie, Auguste (1819-1895)
Jornalista, dramaturgo e poeta. Inseparável de Hugo, ficará ao seu lado durante todos os anos de exílio. Assiste à primeira sessão das Mesas, a qual descreverá em *Les Miettes de l'histoire* (1863), um texto inspirado nas histórias e lendas de Jersey, bem como em sua experiência pessoal durante os anos de exílio. Ali, Auguste Vacquerie fará o relato da sessão de 11 de setembro de 1853, o qual, independentemente de todas as atas, constitui o primeiro de todos os documentos ligados às sessões espíritas. Esse texto será fundador e, na sua esteira, será adotado o hábito de anotar as circunstâncias precisas e o teor de todas as sessões que ocorrerão até outubro de 1855. É um dos participantes mais assíduos à mesa de Marine Terrace. Desempenha, quase meio a meio com Hugo, o papel de "escrevente".

Vickery (prenome e datas desconhecidos)
Proscrito, assistiu apenas às sessões de 1853 na casa de Edmond Leguevel.

Índice dos personagens históricos e alegorias

O nome mencionado é o que as Mesas indicaram. Outros espíritos, não obstante pouco numerosos, compareceram sem que seu nome fosse determinado. A data indicada é a de sua primeira menção. Os nomes de personagens em negrito são os que mais se exprimiram em versos, criando alguns poemas notáveis.

1853

Ame Soror (Léopoldine) – 11 de setembro
Amélia – 12 de setembro
Luís Bonaparte – 12 de setembro
Damianiels – 13 de setembro
Astro Cometa – 13 de setembro
Chateaubriand – 13 de setembro
Vulcano – 13 de setembro
Glória – 13 de setembro
Haynau – 13 de setembro
Charlet – 13 de setembro
Dante – 13 de setembro
Roothan – 13 de setembro
Cesárion – 13 de setembro
Racine – 13 de setembro
Rússia – 13 de setembro
A Ideia – 14 de setembro de 1853 a 11 de setembro de 1854
A Prece – 14 de setembro
O Drama – 14 de setembro de 1853 a 28 de maio de 1854
A Tragédia – 14 de setembro
O Devaneio – 15 de setembro
A Civilização – 15 de setembro
Joana d'Arc – 15 de setembro
Laís – 15 de setembro
Esopo – 15 de setembro
Jesus Cristo – 15 de setembro de 1853 a 22 de março de 1855
A Inspiração – 16 de setembro
O Romance – 16 de setembro
A Crítica – 19 de setembro
Voltaire – 19 de setembro

A Poesia – 28 de setembro
Napoleão, o Grande – 5 de outubro
Aníbal – 8 de dezembro
Moisés – 8 de dezembro
Vestris – 8 de dezembro
Aristóteles – 8 de dezembro
Cagliostro – 8 de dezembro
André Chénier – 10 de dezembro de 1853 a 6 de janeiro de 1854
Maquiavel – 10 de dezembro
Tirteu – 14 de dezembro
Josué – 16 de dezembro
Jean-Jacques Rousseau – 18 de dezembro
Maomé – 26 de dezembro
A jumenta de Balaão – 27 de dezembro
Abel – dezembro

1854
A Sombra do Sepulcro – de janeiro a dezembro
Z – 5 de janeiro
O Leão de Androcles – 6 de janeiro de 1854 a 26 de setembro de 1855
Shakespeare – 13 de janeiro de 1854 a 28 de fevereiro de 1855
Jacó – 22 de janeiro
Lutero – 29 de janeiro
Molière – 6 de fevereiro de 1854 a 18 de maio de 1855
Ésquilo – 7 a 26 de fevereiro
Rafael – 13 de fevereiro
Aristófanes – 19 de fevereiro
Latude – 27 de fevereiro
Bonnivard – 27 de fevereiro
O Máscara de Ferro – 27 de fevereiro
Judas – 27 de fevereiro
Caim – 27 de fevereiro
O Arcanjo Amor – 27 de fevereiro
A Asa Branca – 19 de março
A Dama Branca – 23 de março, 19 de junho de 1854
Anacreonte – 24 de março
Safo – 24 de março
Apuleio – 24 de março
A Felicidade – 25 de março
Amuca – 13 de abril

O Oceano – 22 de abril
Mozart – 23 de abril
A Metempsicose – 27 de abril
A Índia – 27 de abril
Sesóstris – 2 de maio
Alexandre, o Grande – 2 de maio
Leônidas – 2 de maio
Luís Filipe – 23 de maio
Cimarosa – 23 de maio
O Leão de Florença – 30 de maio
Marie Blanche – 2 de junho
O Porteiro Sombrio – 23 de junho
O Vento do Mar – 30 de junho
Cerpola, o pastor – 2 de julho
Zoilo – 16 de julho
Isaac Laquedem – 16 de julho
A Morte – 3 de setembro a 10 de novembro
Galileu – 10 de dezembro
Vestra – 28 de dezembro

1855
Um espírito – 21 de janeiro
Jesus Cristo – 11 de fevereiro, 18 de fevereiro, 15 de março, 22 de março
A Dama Branca – 1º de março
Um espírito – 8 de março
Molière – 30 de março, 13 de abril, 10 de maio, 18 de maio, 25 de julho
Um espírito – 29 de abril
Um espírito – 4 de junho
O Dedo da Morte – 11 de junho
Um espírito – 18 de junho
Um espírito – 29 de junho
Isaías – 2 de julho
Juliano, o Apóstata – 16 de julho
Um espírito – 4 de outubro
Um espírito – 5 de outubro

Esclarecimento

Para compreendermos a gênese desses *Cadernos*, dispomos de diferentes fontes originais. De um lado, os *Cadernos* propriamente ditos, que aparecem respectivamente sob os códigos N. A. F. 14.066, manuscrito surgido em 1962, e N. A. F. 16.434, adquirido em 1972 pela Biblioteca Nacional da França, e, de outro, as atas das sessões espíritas, estabelecidas livre e diretamente por ocasião da realização dessas sessões pelos diversos participantes. Uma quantidade notável dessas atas, muitas delas inéditas, está conservada na Maison Victor Hugo. Os documentos originais são, em sua maioria, escritos de próprio punho por Auguste Vacquerie e Victor Hugo. Também subsiste certo número de duplicatas ou cópias, escritas por Adèle Hugo, sua filha, pela sra. Hugo, por Paul Meurice e por Juliette Drouet. Algumas cópias emanam da sra. Daubray, secretária de Paul Meurice, amigo e executor testamentário de Hugo. Esses documentos fornecem informações novas e importantes relativas a dois *Cadernos* que faltam dos quatro supostamente redigidos por Victor Hugo em Jersey.

Essas atas são constituídas por elementos espantosos e díspares. Encontramos folhas avulsas, fragmentos de papel de todos os tamanhos, uma partitura musical, um envelope dirigido a Hugo, um sumário do punho de Vacquerie referente a um caderno seu desaparecido, uma página de jornal, bem como cadernetas, anônimas, mais consequentes, com cerca de quarenta páginas, que levantam imediatamente a questão de sua origem. A quem pertenciam? Há também uma série de fragmentos escritos de próprio punho por Paul Meurice que registram certo número de episódios ou perguntas específicas feitas por ocasião de diversas sessões, até a última, a de 8 de outubro de 1855, durante a qual elementos de uma importância irrefutável ainda não foram utilizados. Descobrimos igualmente um conjunto de 22 páginas arrancadas de um caderno, algumas escritas por Vacquerie, outras por Hugo. É lícito, portanto, nos perguntarmos se essas páginas pertenciam a um caderno de Auguste Vacquerie ou de Hugo, geralmente transcrito como aqueles que temos em nossa posse, escritos ora por um, ora por outro. Isso abriria novas perspectivas no que se refere ao mistério dos dois cadernos que faltam. O cotejamento rigoroso das atas e do conjunto dos documentos conservados na Maison de Victor Hugo com os dois cadernos correspondentes a uma parte do ano 1854 e do ano 1855 permite compreender a história dos manuscritos.

Existem assim duas fontes principais que relatam as sessões espíritas. Atas são redigidas diretamente por ocasião do desenrolar das sessões por um "escrevente" em folhas avulsas, às vezes simples pedaços de papel. Às vezes, e mesmo frequentemente, outros participantes estabeleceram suas próprias atas. Pode então haver diferentes atas para uma mesma sessão. Em seguida, estas são a base para a transcrição, a passagem a limpo em um caderno, dessas sessões. O termo "manuscrito", portanto, é polissêmico, denotando ao mesmo tempo as atas e os cadernos. Assim, não convém confundir atas e cadernos, que constituem duas fontes, dois suportes, distintos e independentes.

A transcrição dos dois cadernos originais de Victor Hugo é, aqui, normalizada e integral. Ela respeita o desenrolar cronológico das sessões e o teor dos manuscritos, ao mesmo tempo corrigindo, em caso de necessidade, a ortografia, a sintaxe e a pontuação, às vezes aproximativas, com a preocupação de permitir uma leitura fluente do manuscrito, tal como as sessões eram anotadas. Quando existem atas e elas correspondem a períodos diferentes dos períodos dos cadernos, estes são colocados na ordem cronológica. Nós então indicamos que se trata de atas, e determinamos os diferentes participantes, os que conduzem a mesa e os que registram as sessões (os escreventes). Não são transcritos aqui senão os documentos autênticos que encontramos e identificamos como originais, em sua maioria escritos por Victor Hugo, Auguste Vacquerie e às vezes pela sra. Hugo. As cópias ou duplicatas, extraídas do *Journal de l'exil* de Adèle Hugo ou de fontes incertas, foram descartadas.

O caderno surgido em 1972 verifica-se essencial para a compreensão do fenômeno que se desenrolou, entre setembro de 1853 e outubro de 1855, em Jersey e joga novas luzes sobre o suposto terceiro caderno, por muito tempo considerado o único *Livro das Mesas*. Esse manuscrito de Victor Hugo, que ainda não foi objeto de estudo ou edição, torna então caducos, equivocados ou incompletos os estudos anteriores. Tanto mais que, no interior desse novo caderno surgido em 1972, figuram duas fotocópias coladas nas páginas 45 e 46. Essas duas fotocópias constituem um documento espantoso. Trata-se de um artigo de imprensa intitulado: "As Mesas falantes de Jersey". A rubrica "crônica" figura acima do texto, e o artigo é assinado Bernard Jourdan. Nossas pesquisas apontam tratar-se de um artigo publicado em 3 de junho de 1971, em *L'Éducation*. Ora, o que diz esse artigo? Convém citá-lo literalmente, pois suas indicações, na primeira pessoa, revelam-se das mais interessantes, em especial porque às vezes contradizem as observações do manuscrito N. A. F. 16.434:

> Tive a sorte de encontrar o rastro de um desses livros [os quatro cadernos conhecidos como os *Livros das Mesas* expostos em 1933, por ocasião de uma mostra na Maison de Victor Hugo], depois o próprio livro.
>
> Sua autenticidade é inquestionável. Tudo sugere que Meurice o teve em mãos e que Gustave Simon o consultou. Talvez inclusive esse livro tenha figurado na exposição de 1933. Com efeito, além de estampar de maneira inequívoca o algarismo 3 na capa e o mesmo algarismo 3 no interior dessa capa, traz também uma etiqueta, sobre a qual uma escrita bastante recente indica "4 volumes

Victor Hugo". E houve quatro volumes na exposição de 1933. No estado atual de minhas pesquisas, não existe, ao que eu saiba, nenhum elo de parentesco, amizade ou vizinhança entre a família detentora do livro e a família de Meurice ou a de Gustave Simon. Mas a questão permanece em aberto.

Esse livro foi descoberto durante uma mudança, misturado com uma centena de livros de direito e jurisprudência, quando a família deixou Paris. Parece realmente que, durante os anos 1940-45, esse porão – como tantos outros – foi visitado.

Em todo caso, os detentores atuais desse volume me asseguraram não serem os vendedores de 1962.

O "livro" constitui um volume (formato 17 x 22 cm) de 270 páginas não numeradas, papel azul-claro, lombada e quinas (cansadas) em couro marrom, capa azul marmorizada, desgastada por uma longa manipulação. Oitenta e uma páginas são escritas por "escreventes" diversos: o mais das vezes, Victor Hugo, além de Auguste Vacquerie, Allix, Paul Meurice e um hóspede de passagem, Clément Dulac.

Isso significa que o proprietário ou os proprietários desse manuscrito leram e recortaram esse artigo, colaram no caderno original de Victor Hugo e depois o puseram à venda no ano seguinte. A Biblioteca Nacional da França fez sua aquisição em 29 de agosto de 1972 diretamente de um particular. Este fez questão de conservar o anonimato, e as condições da transação foram objeto de um protocolo que permaneceu confidencial. Esse caderno agora faz parte das novas aquisições francesas dos manuscritos ocidentais da rua de Richelieu, sob a cota N. A. F. 16.434. A designação desse manuscrito no catálogo da Biblioteca Nacional da França é, todavia, manifestamente distinta daquela proposta pelo autor do artigo. Evidentemente, essa descrição coincide em todos os pontos com a nossa observação:

. Atas das sessões espíritas realizadas na casa de Victor Hugo.

. Manuscrito em parte por Victor Hugo.

. Atas das sessões de Jersey de 21 de janeiro de 1853 a 8 de outubro de 1855.

. Papel 134 folhas (47-134 em branco) 220 x 170 mm caderno cartão (compra 1972).

Esse caderno não possui, portanto, propriamente 270 páginas, e sim 134 folhas. A diferença é mínima, mas todas as folhas estão numeradas no anverso. As páginas 47 a 134 estão em branco. Não há "81 páginas escritas por diversos escreventes", e sim 77, das quais a grande maioria (55) foi escrita de próprio punho por Hugo. Trata-se de um pequeno volume com encadernação em estilo bradel ocre. Não se trata, portanto, de uma "capa azul marmorizada". As páginas são brancas e não azul-claras. Essa cor teria desbotado com o tempo? Nada menos certo. Na lombada, há efetivamente uma etiqueta escolar, com as bordas azuis indicando: "Nº 45/ *4 Volumes Victor Hugo*". Na capa, é possível ler o algarismo 3, como indica o autor do artigo. Por que tais diferenças? Não obstante, esse caderno cobre de fato o período que vai de 21 de janeiro de 1855 a 8 de outubro de 1855. Assim, colocam-se de cara várias perguntas essenciais. O autor desse artigo teve realmente o caderno nas mãos, examinou-o à vontade, com toda a curiosidade e exaltação que deve proporcionar a reaparição inesperada e capital de um manuscrito original de Victor Hugo? Ou simplesmente lhe revelaram a existência desse caderno sem que ele pudesse observá-lo pessoalmente? Seria possível existir outro caderno número 3? Uma coletânea de atas ou um manuscrito redigido *a posteriori* a partir destas? Houve um quarto caderno sequencial? Nesse caso, ele cobriria o período posterior a 8 de outubro de 1855. Sabemos, contudo, que as sessões espíritas foram interrompidas em outubro de 1855, *a priori* após uma crise nervosa de Jules Allix. Sem esquecer que Victor Hugo, expulso de Jersey na data de 2 de novembro de 1855, prefere antecipar essa medida coercitiva embarcando em 31 de outubro de 1855, às 7h15 da manhã, para Guernesey, onde não haverá mais sessões espíritas. O famoso *Caderno vermelho*, vendido ao leiloeiro Drouot em 1962, de maneira anônima e comprado pela Biblioteca Nacional da França, seria efetivamente um dos supostos quatro cadernos?

Estaríamos então em presença de dois dos quatro cadernos redigidos em Jersey. O N. A. F. 14.066, que vai de 1º de fevereiro de 1854, quarta-feira, a 30 de maio de 1854, terça-feira, seria então o número 2. O número 1, desaparecido, cobriria o período de 11 de setembro de 1853 a 31 de janeiro de 1854, meses abundantes em sessões espíritas. Se o N. A. F. 16.434 é o número 3 (considerando a inscrição que figura na página de rosto, relativo ao período de 21 de janeiro de 1855 a 8 de outubro de 1855), que caderno cobriria então o período que vai de 31 de maio de 1854 a 20 de janeiro de 1855? Partindo do pressuposto de que o N. A. F. 16.434 é de fato um dos quatro cadernos e que não há outro posterior a ele, uma vez que todo o clã Hugo deixa Jersey em 31 de outubro, se acreditarmos igualmente nas afirmações do próprio Hugo e, por fim, como tenderiam a provar suas *Agendas de Guernesey*, o caderno número 3, de 21 de janeiro de 1855 a 8 de outubro de 1855 (N. A. F. 16.434), corresponderia na realidade ao caderno número 4. A menção equivocada do número 3 na capa procederia de outro punho que não o de Hugo e seria posterior a esse período. O número 3, supostamente existente e desaparecido, cobriria o período de 31 de maio de 1854 a 20 de janeiro de 1855. O número 2 seria o N. A. F. 14.066, de 1º de fevereiro de 1854 a 30 de maio de 1854. Ele não estampa número na capa. O número 1 estaria associado, por conseguinte, ao período de 11 de setembro de 1853 a 1º de janeiro de 1854. O quadro a seguir permite estabelecer a cronologia dos quatro cadernos, ao mesmo tempo comparando-a com as datas de publicação propostas por Gustave Simon, e relacioná-los às cópias de Cécile Daubray, bem como às diferentes atas estabelecidas em Jersey pelos participantes das sessões das Mesas.

Cronologia dos quatro cadernos

1853
Caderno 1: desaparecido
De 11/9/1853 a 31/1/1854

1854
Caderno 2: N. A. F. 14.066
De 1º/2/1854 a 30/5/1854

Caderno 3: desaparecido
De 2/6/1854 a 20/1/1855

1855
Caderno 4: N. A. F. 16.434
De 21/1/1855 a 8/10/1855

Atas de Gustave Simon[1]

1853
De 11/9 a 29/12

1854
De 2/1 a 19/12

1855
De 11/2 a 2/7

Cópias de Cécile Daubray[2]

De set./1853 a dez./1853
De 3/7/1854 a 19/12/1854

Atas

1853
De 12/9 a 29/12

1854
De 5/1 a 28/12
Mais um pequeno caderno 13 x 17 cm de 36 páginas que começa na data de 29 de

dezembro de 1854; apenas as páginas 1-2-4-5-6 estão escritas, todas por Victor Hugo.

1855
Somente 11/2; 18/2; 8/3; 15/3; 22/3; 20/9
Seis atas

Referências bibliográficas

Obras completas de referência de Victor Hugo

HUGO, Victor. *Oeuvres complètes*. Edição cronológica publicada sob a direção de Jean Massin. Paris: Club Français du Livre, 1967-1970, 18 tomos.

_____. *Oeuvres complètes*. Edição estabelecida sob a direção de Jacques Seebarcher e Guy Rosa, pelo Groupe Interuniversitaire de Travail sur Victor Hugo. Paris: Robert Laffont, 2002, 15 tomos. Coleção Bouquins. Edição original: 1985-1990.

Manuscritos

Manuscritos originais, N. A. F. 14.066, 1854, e N. A. F. 16.434, 1855, Departamento dos Manuscritos Ocidentais, Biblioteca Nacional da França (ala Richelieu), Paris.

Manuscritos autógrafos, Maison de Victor Hugo.

Edições consultadas

HUGO, Victor. *Les Misérables*. Organização de Maurice Allem. Paris: Gallimard, 1951. Coleção Bibliothèque de la Pléiade.

_____. *Oeuvres politiques, Avant l'exil, 1802-1851*, t. I. Organização de Pierre Albouy. Paris: Gallimard, 1964. Coleção Bibliothèque de la Pléiade.

_____. *Oeuvres poétiques, Les Châtiments/Les Contemplations*, t. II. Organização de Pierre Albouy. Paris: Gallimard, 1967. Coleção Bibliothèque de la Pléiade.

_____. *Choses vues, 1849-1855*. Organização de Hubert Juin. Paris: Gallimard, 1972. Coleção Folio Classique.

_____. *Les Contemplations*. Organização de Jean Gaudon. Paris: Le Livre de Poche, 1972.

_____. *Les Contemplations*. Notas de Pierre Albouy. Paris: Gallimard, 1973. Coleção Poésie/Gallimard.

_____. *La Fin de Satan*. Organização de Jean Gaudon e Evelyn Blewer. Paris: Gallimard, 1984. Coleção Poésie/Gallimard.

_____. *Les Contemplations*. Organização de Jacques Seebacher e Guy Rosa. Paris: Robert Laffont, 1985. Coleção Bouquins.

_____. *Hernani*. Organização de Yves Gohin. Paris: Gallimard, 1995. Coleção Folio Théâtre.

_____. *Ruy Blas*. Organização: Patrick Berthier. Paris: Gallimard, 1997. Coleção Folio Classique.

_____. *Les Misérables*. Organização de Guy Rosa e Nicole Savy. Paris: Le Livre de Poche, 1998. Coleção Les Classiques de Poche.

_____. *Notre-Dame de Paris*. Organização de Gabrielle Chamarat. Paris: Pocket, 1998. Coleção Pocket Classiques.

_____. *Les Lettres à Juliette Drouet de Victor Hugo*. Texto estabelecido e apresentado por Jean Gaudon. Paris: Pauvert, 1964. Nova edição: Paris: Fayard, 2001.

_____. *L'Homme qui rit*. Organização de Myriam Roman e Delphine Gleizes. Paris: Le Livre de Poche, 2002. Coleção Les Classiques de Poche.

_____. *Le Théâtre en liberté*. Organização de Arnaud Laster. Paris: Gallimard, 2002. Coleção Folio Classique.

_____. *Les Travailleurs de la mer*. Organização de Marc Eigeldinger. Paris: Flammarion, 2002. Coleção Garnier Flammarion.

_____. *Quatrevingt-treize*. Organização de Judith Wulf. Paris: Flammarion, 2002. Coleção Garnier Flammarion.

_____. *Légende du beau Pécopin et de la belle Bauldour*. Organização de Claude Millet. Paris: Le Livre de Poche, 2003.

_____. *William Shakespeare*. Apresentação de Dominique Peyrache-Leborgne. Paris: Flammarion, 2003. Coleção Garnier Flammarion.

_____. *Le Dernier jour d'un condamné*. Organização de Marie-Henriette Bru. Paris: Hachette, 2005.

Testemunhos

HUGO, Adèle (mãe de Adèle e esposa de Victor). *Victor Hugo raconté par un témoin de sa vie*. Organização de Évelyne Blewer, Sheila Gaudon, Jean Gaudon, Gabrielle Malandain, Jean-Claude Naret, Guy Rosa, Carine Trévisan, Annie Ubersfeld, sob a direção de Annie Ubersfeld e Guy Rosa. Paris: Plon, 1985. Edição original: 1863.

HUGO, Adèle (filha). *Le Journal de l'exil*. t. I, 1852, t. II, 1853, t. III, 1854, apresentados por Frances Vernor Guille, t. IV, 1855, organizado por J.-M. Hovasse. Paris-Caen: Lettres Modernes Minard, 2002.

Bibliografia crítica

ALBOUY, Pierre. *La Création mythologique chez Victor Hugo*. Paris: Corti, 1985. Primeira edição: 1963.

ASSELINE, Alfred. *Victor Hugo intime*. Paris: Marpon et Flammarion, 1885.

BARBOU, Alfred. *Victor Hugo et son temps*. Paris: Eugène Hugues, 1881.

BAUDOUIN, Charles. *Psychanalyse de Victor Hugo*. Genebra: Éditions du Mont-Blanc, 1943. Nova edição: Paris: Imago, 2008.

BÉNICHOU, Paul. *Romantismes français, I. Le Sacre de l'écrivain, Le Temps des prophètes; II. Les Mages romantiques, L'École du désenchantement*. Paris: Gallimard, 1973. Coleção Quarto.

BERRET, Paul. *Le Moyen Âge dans* La Légende des siècles. Paris: Paulin, 1911.

BERTAL, Georges. *Auguste Vacquerie: sa vie, son oeuvre*. Paris: Andréol et Pigeon, 1889.

BESNIER, Patrick. *L'ABCédaire de Victor Hugo*. Paris: Flammarion, 2002.

BLEWER, Evelyn. *Lettres à Victor Hugo de Juliette Drouet*. Paris: Fayard, 2001.

COSNIER, Colette. *Hugo et le Mont-Blanc*. Chamonix: Guérin, 2002.

DECAUX, Alain. *Victor Hugo*. Paris: Perrin, 1995.

DELON, Michel et alii. *La Littérature française. Dynamique et histoire*, t. II. (org. Jean-Yves Tadié). Paris: Gallimard, 2007. Coleção Folio Essais.

DESSEMOND, Maurice. *Victor Hugo. Le Génie sans frontières*. Genebra: Naef, 2002.

FIZAINE, Jean-Claude. *Victor Hugo. Oeuvres complètes. Politique*. Paris: Robert Laffont, 2002. Coleção Bouquins. Edição original: 1985-1990.

GAUDON, Jean. *Ce que disent les Tables parlantes: Victor Hugo à Jersey*. Paris: Pauvert, 1963.

_____. *Victor Hugo, le temps de la contemplation*. Paris: Flammarion, 1969.

GAUDON, Jean; GAUDON, Sheila. *Procès-verbaux des séances des Tables parlantes à Jersey dans Victor Hugo*. In: HUGO, Victor. *Oeuvres complètes*, t. IX. Edição cronológica publicada sob a direção de Jean Massin. Paris: Club Français du Livre, 1967-1970.

GAY, Maurice. *Victor Hugo spiritualiste*. Paris: Gérard Nizet, 1955.

GÉLY, Claude. *Victor Hugo, poète de l'intimité*. Paris: Gérard Nizet, 1969.

GEORGEL, Pierre; BLONDEL, Madeleine. *Victor Hugo et les images*. Colloque de Dijon. Dijon: Aux Amateurs de Livres, 1984.

GIRARDIN, Delphine Gay de. *Le Lorgnon*. Paris: Michel Lévy Frères, 1831.

GODO, Emmanuel. *Victor Hugo et Dieu, bibliographie d'une âme*. Paris: Cerf, 2001.

GRIMAUD, Michel (org.). *Victor Hugo 1, Approches critiques contemporaines*. In: *La Revue des Lettres Modernes*, n. 693-7, 1984.

GUILLEMIN, Henri. *Hugo*. Paris: Le Seuil, 1994.

HOVASSE, Jean-Marc. *Victor Hugo, t. I. Avant l'exil, 1802-1851*. Paris: Fayard, 2002.

_____. *Victor Hugo, t. II. Pendant l'exil, 1851-1854*. Paris: Fayard, 2008.

JUIN, Hubert. *Victor Hugo*. Paris: Flammarion, 1980.

LAFORGUE, Pierre. *La Légende des siècles de Victor Hugo*. Paris: Gallimard, 2008.

LASSÈRE, Madeleine. *Delphine de Girardin*. Paris: Perrin, 2003.

LASTER, Arnaud. *Victor Hugo*. Paris: Belfond, 1984.

LE GOFF, Jacques; RÉMOND, René (orgs.). *Histoire de la France religieuse*, t. 3. Paris: Le Seuil, 1991. Coleção Points Histoire.

LESCLIDE, Richard. *Propos de table de Victor Hugo*. Paris: E. Dentu, 1885. Reedição sob o título *Victor Hugo chez lui. Souvenirs insolites de Victor Hugo*. Paris: Raymond Castells Éditions, 1998.

LEVAILLANT, Maurice; DAUBRAY, Cécile. *La Póesie de Victor Hugo*. Paris: Delagrave, 1942.

MAUREL, Jean. *Victor Hugo philosophe*. Paris: PUF, 1985.

______. *Chez Victor Hugo, Les Tables tournantes de Jersey*. Paris: L'École des Lettres, 1996.

______. *Le Vocabulaire de Victor Hugo*. Paris: Ellipses, 2006.

MURAY, Philippe. *Le XIXe Siècle à travers les âges*. Paris: Gallimard, 1999. Coleção Tel. Primeira edição: 1984.

RENAN, Ernest. *Vie de Jésus*. Paris: Arléa, 1992.

RETAT, Claude. *X, ou le divin dans la poésie de Victor Hugo à partir de l'exil*. Paris: CNRS Éditions, 1999.

SAURAT, Denis. *La Religion de Victor Hugo*. Paris: Hachette, 1929.

______. *Victor Hugo et les dieux du peuple*. Paris: La Colombe, 1948.

SIMON, Gustave. *Procès-verbaux des Tables tournantes de Jersey*. Paris: Louis Conard, 1923.

SOUCHON, Paul. *Juliette Drouet. Mille et une lettres d'amour à Victor Hugo*. Paris: Gallimard, 1951. Reedição sob o título *"Mon grand petit homme...". Mille et une lettres d'amour à Victor Hugo*. Paris: Gallimard, 2002. Coleção L'Imaginaire.

UZANNE, Octave. *Les Propos de table de Victor Hugo en exil*. Paris: Administration de l'Art et de l'Idée, 1892.

VACQUERIE, Auguste. *Les Miettes de l'histoire, Trois ans à Jersey*. Paris: Pagnerre, 1863.

Grupo Hugo

Criado em 1969 na Sorbonne por Pierre Albouy, o Grupo Hugo [Groupe Hugo] foi refundado em 1975 na Universidade de Paris 7 por Jacques Seebacher, depois liderado, a partir de 1990, por Guy Rosa; agora o é por Claude Millet. Foi em seu âmbito que foram preparados diversos trabalhos e manifestações do centenário da morte de Hugo, em 1985, do bicentenário de seu nascimento, em 2002, bem como as publicações e edições críticas mais recomendáveis. O Grupo Hugo faz parte da equipe Cerilac (Centre d'Études et de Recherches Interdiciplinaires en Lettres, Arts et Cinéma) "Littérature et civilisation du XIXe siècle". Os mais eminentes especialistas hugoanos nele representados colocam seus trabalhos à disposição dos participantes das atividades do Grupo Hugo, bem como do público, por intermédio do site: www.groupugo.div.jussieu.fr/

Notas

PREFÁCIO

1 Carta de Victor Hugo a Paul Meurice, 19/12/1851. In: Hugo, Victor. *Oeuvres complètes*, t. VIII, p. 952.

2 Carta de Hugo a Adèle, 17/1/1852. In: Hugo, Victor. *Oeuvres complètes*, t. VIII, p. 967.

3 Carta de Hugo a Adèle, 17/5/1852. In: Hugo, Victor. *Oeuvres complètes*, t. VIII, p. 1.003.

4 "Meu sonho seria morar em Guernesey, num quarto cuja janela desse diretamente para o mar, a fim de ver os barcos e navios passarem sob meus olhos." In: Hugo, Adèle. *Journal de l'exil*, t. I, 10/8/1952, 2002.

5 Idem, ibidem.

6 Hovasse, Jean-Marc. *Victor Hugo, Pendant l'exil*, t. II. Paris: Fayard, p. 88.

7 Hugo, Victor. *William Shakespeare*, I, t. 1, para todas as citações.

8 Hugo, Victor. *Atos e palavras*, II, 1860.

9 Hovasse, Jean-Marc. *Histoire d'un crime*. Depoimento de uma testemunha, prefácio, pp. 1-3. Edição prefaciada e anotada, complementada com ilustrações da edição E. Hugues de 1879 reunidas em álbum, organização de J.-M. Hovasse e G. Rosa. Paris: La Fabrique, 2010.

10 Idem, ibidem.

11 Idem, ibidem.

12 Muray, Philippe. *Le XIXᵉ Siècle à travers les âges*. Paris: Denoël, 1994; Gallimard, col. Tel, 1999, p. 70.

13 Idem, ibidem.

14 Idem, ibidem.

15 Laforgue, Pierre. *La Légende des siècles de Victor Hugo (Essai et dossier)*. Paris: Gallimard, col. "Foliothèque", 2008, p. 24.

16 Auguste Vacquerie a Paul Meurice, setembro de 1853.

17 Hugo, Adèle. *Journal de l'exil*, terça-feira, 7/2/1854.

18 Murray, Philippe, op. cit., p. 576.

19 Hugo, Adèle. *Journal de l'exil*, 27/4/1854.

20 Idem, ibidem.

21 Como aponta Bertrand Marchal em *La Littérature française. Dynamique et histoire*: "*As contemplações* não são apenas o Túmulo de Léopoldine, nem sequer a grande pirâmide de um morto vivo. A solidão do exílio e, sobretudo, a experiência das Mesas (dois terços dos poemas

foram escritos nos dois anos de comunicação com os Espíritos) fazem dessas 'Memórias de uma alma' a obra-súmula do lirismo hugoano [...] e a grande meditação filosófica".

22 Simon, Gustave. *Chez Victor Hugo. Les Tables tournantes de Jersey*, p. 99.

23 Hugo, Adèle. *Journal de l'exil*, 7/2/1854.

24 "Caro amigo, [...] onde diabos é possível encontrar os documentos em que G. Simon trabalhou para seu volume sobre as Mesas girantes de Jersey? [...] Conforme o testamento do poeta, todo papel coberto com sua letra, independentemente de sua natureza, deveria, após sua morte, ser entregue 'à nação'. Os que têm a missão de zelar por esses manuscritos estão autorizados a se informar. [...] Trata-se, em todo caso, de documentos consideráveis, de uma tremenda massa de papéis que devem absolutamente encontrar lugar, seja em sua casa, seja na Nationale. [...] A srta. D. [Cécile Daubray], que trabalhou estreitamente com G. Simon, não pode ignorar o paradeiro desses manuscritos. [...] O livro que estou preparando sobre Hugo e o mundo do mistério exige a redescoberta desses documentos que soçobraram no desconhecido e que, em 1923, se achavam nas mãos de G. Simon."

25 "Voltamos ao inventário de 1928. [...] Feitas as verificações, as peças visadas não se encontram na recente doação dos herdeiros ao Museu. Tampouco há motivos para que não tenham ingressado na BNF [Bibliothèque Nationale de France]. Além do mais, o inventário traz a marca de uma intervenção da sra. G. Simon, que reivindicava, além do manuscrito do primeiro volume das Mesas girantes, obra de seu pai, o segundo volume (jamais publicado, que eu saiba) e um maço de anotações. Onde foram parar esses papéis? [...] Sabe alguma coisa dos herdeiros da srta. G. Simon?"

26 "Caro, [...] Quer dizer que as famosas cópias foram de fato sequestradas pela srta. D.! Que miséria! Os originais, desaparecidos. A cópia G. Simon, apreendida. O que vai acontecer?"

27 Rascunho prévio à carta passada a limpo, enviada a Marguerite Simon: "[...] se o que nos interessa, a Guillemin e a mim, está nas mãos da sra. D., sabe Deus por que a sra. D. parece não gostar nada de Guillemin [...] não me admira essa resistência, que ela provavelmente manifestaria em qualquer circunstância. [...] É verdade que, nesse caso particular, ela vai um pouco mais longe, uma vez que se tratava de me persuadir e não me entregar, apesar do desejo que a senhora expressava. [...] Sua liberdade deve ser integral. Temo apenas, com toda a franqueza e honestidade, que sua decisão não beneficie a grande memória que tão bem defendi concernente a seu pai, à qual a senhora mesma é profundamente afeiçoada e que a sra. D. declarou servir, e efetivamente serviu, o melhor que pôde. Mas o quê! Apesar de sua vontade, a qual respeito, ela tem o direito de estar cansada hoje – e a utilização do documento em litígio, pois se trata claramente de materiais reunidos pelo sr. Gustave Simon para o segundo tomo de suas 'Mesas girantes' ou do manuscrito, não do livro publicado que a senhora possui, implica uma formação que ela não tem (ela reconhece isso), mas que possui H. Guillemin, grande professor universitário. Prova disso, seu trabalho sobre o pensamento religioso de VH. Penso,

e seremos muitos a pensar, que seria lastimável se ele não pudesse levar a cabo seu estudo sobre 'o pensamento religioso de VH', no qual o nome de G. Simon seria por certo citado com elogios. Continuo persuadido de que, tão logo tiver condições, a senhora o ajudará nessa tarefa sem melindrar nem magoar ninguém [...]."

28 "Senhor, como lhe disse a excelente Adèle, seria um prazer para mim lhe remeter o livro sobre as Mesas girantes, se o tivesse em mãos. Porém, tendo cometido o pecado de emprestá-lo a um erudito que desejava estudá-lo, nunca mais o vi e não tenho como fazer contato com a pessoa em questão. Demorei a lhe responder por causa disso; eis por que pensei em me dirigir à sra. Daubray, que deve ter o volume, e lhe escrevi para agendar um encontro, mas sua filha está muito doente e ela não pode receber, ela própria estando assoberbada de trabalho e preocupações. Se a coisa é urgente, estou convencida de que o volume se encontra na BNF." (7/3/1951).

29 "Cavalheiro, Sua carta veio finalmente esclarecer uma coisa muito vaga, me haviam pedido o volume sobre as Mesas girantes. Ora, aconteceu que, tendo emprestado esse volume, ele não me fora restituído, o que explica meu primeiro silêncio. Mas eu me perguntava qual o interesse de uma coisa já publicada e fácil de providenciar? Compreendo agora seu desejo: tendo passado minha vida junto ao infatigável trabalhador que foi meu pai, sei o interesse que inéditos podem oferecer; além disso, o senhor pretende situar esses documentos do ponto de vista filosófico e religioso. Será que o subconsciente de Charles Hugo imprimiu sua marca sobre os versos? Ainda somos muito ignorantes a respeito de tudo que se refere à metempsicose. Infelizmente não posso atender ao seu apelo. Após a morte do meu pai, tudo associado aos manuscritos foi levado e depositado na Biblioteca Nacional."

30 "Caro, Arre!! Leia isso... Não compreendo literalmente mais nada. O inventário, no entanto, declara de maneira explícita que o Manuscrito do tomo II das Mesas fora entregue a Gustave Simon... Ora, seria a BNF que teria encoberto esses documentos após a morte de Gustave Simon...! Talvez Julien Cain tivesse um motivo para não comentar nada comigo. Será que isso está não nos manuscritos Hugo, mas num espólio Gustave Simon...? [...]" (Berna, 8/3/1951).

31 "Faço questão de mantê-lo a par das questões relativas às Mesas girantes. A carta que acabo de receber do sr. Henri Guillemin, e à qual respondo, me esclarece plenamente seus desejos. Não se trata do volume já publicado que pode ser facilmente consultado, penso, mas de documentos inéditos e ainda não publicados. Tendo passado minha vida junto ao meu pai, sei com que paixão ele estudava e dedicava toda a sua existência a esses inéditos e a quaisquer pesquisas relativas aos manuscritos. Nesse caso, contudo, não tenho como atender a seus desejos, pois, logo após a morte do meu pai, manuscritos e inéditos foram depositados na Biblioteca Nacional."

32 Correspondência descoberta na Maison de Victor Hugo.

33 Talvez seja mais verossímil ter-se tratado de uma manifestação, mais séria que o normal, de certa forma de delírio já conhecida em Jules Allix.

34 "Meu pai não esperou o prazo de 2 de novembro. Partiu esta manhã para Guerseney com Victor [François-Victor Hugo]. Meu pai, Victor, Charles e o sr. Auguste [Vacquerie] levantaram-se às 5h45. No mesmo momento, Bénézit entrava. Chuva insistente. Esses cavalheiros puseram-se a caminho, a pé, acompanhados de Allix, que carregava um saco de dormir, única bagagem de meu pai e meu irmão. Charles partirá sexta-feira, e nós, tão logo meu pai alugar aposentos em Guernesey." Hugo, Adèle, op. cit. Ver também carta da sra. Hugo à sua irmã Julie Foucher, 24/2/1856.

35 Primeira agenda de Guernesey, fólio 1, outubro de 1855.

36 Hugo, Adèle. *Journal d'exil*, t. III, 15/6/1854.

37 Hugo, Victor. *Les Contemplations*, VI, 25-30/4/1854.

38 Hugo, Victor. *Les Contemplations*, p. 490.

39 Hugo, Victor. *Les Contemplations*, XXVI, 1-13/10/1854.

40 Hugo, Victor. *Théâtre en liberté*, p. 17.

PRIMEIRO CADERNO

1 Essa sessão foi transcrita *a posteriori* e relatada por Auguste Vacquerie em *Les Miettes de l'histoire*, pp. 379-89.

2 *Les Miettes de l'histoire* e Atas das Mesas, 11/9/1853. Em um relato posterior publicado em *La Tribune de Lausanne*, em 19/2/1897, Paul Meurice acrescentará que, nessa noite, que não consta da transcrição, a sra. Hugo fizera uma pergunta à sua filha Léopoldine, cuja resposta fora decisiva para ela. Comportava, efetivamente, "a revelação de um fato de que só eu e minha filha tínhamos conhecimento" (ver Maurice Levaillant. *La Crise mystique de Victor Hugo (1843-1856)*. Paris: Corti, 1954). O próprio Paul Meurice relatou o desenrolar dessa sessão em um documento inédito, constituído de doze folhas, conservado na Maison de Victor Hugo, Paris.

3 C. D.: Cécile Daubray, herdeira designada pelos primeiros executores testamentários, sucedeu a Paul Meurice (1904-05), depois a Gustave Simon (1905-28), por ocasião da edição das obras completas de Victor Hugo, em 45 volumes, pela editora Ollendorf, ou "Imprimerie Nationale", de 1933 a 1952. A pedido de Gustave Simon, ela copiou as atas das sessões espíritas, bem como os manuscritos em sua posse, os *Livros das Mesas*. As cópias de Cécile Daubray que reproduzimos aqui são extraídas de um maço de cópias manuscritas cobrindo os meses de setembro e outubro de 1853, bem como cinco sessões do ano de 1854.

4 Fim das folhas transcritas por Victor Hugo. O diálogo é reproduzido em uma cópia de Juliette Drouet, a quem Hugo entregava as primeiras atas para serem passadas a limpo. Uma filigrana aponta a origem do papel utilizado por Juliette Drouet: "Gosset 20 Queens". Trata-se de um papel inglês de 1853. Essa cópia foi feita *a posteriori*, uma vez que Juliette jamais assistiu às sessões das Mesas, a partir de um conjunto de quatro folhas

duplas escritas unicamente no anverso. Isso corresponde à noite de 12 para 13 de setembro, como atesta a anotação final: "Noite de 12 para 13 7bro 1853 de segunda para terça-feira terminado às 2h45 da manhã". Nela, Victor Hugo expõe sua visão pessoal do futuro de Luís Napoleão Bonaparte, prognosticando sua morte para dois anos mais tarde, punido por todos, e sua substituição por uma república universal. O espírito de uma pessoa viva pode então comunicar-se com os vivos. Luís Napoleão Bonaparte afirma que naquele momento está dormindo e que sofre com o sonho que tem, isto é, sua visita a Marine Terrace. Essa sessão foi transcrita por diversos participantes. Há, portanto, só para a sessão de 12 para 13 de setembro de 1853, uma ata de Hugo copiada por Juliette Drouet, uma ata de Vacquerie e uma ata da sra. Hugo.

5 Victor Hugo, Charles: o pai pródigo e o filho despreocupado dão-se as mãos nessas raras sessões em que ambos gozam de instantes de profunda cumplicidade.

6 Dentro de uma pasta de cartolina azul contendo as perguntas e respostas do Leão de Androcles, escritas por Hugo, encontramos um maço composto de seis folhas de 13 cm por 17 cm, escritas a lápis, exceção no conjunto das atas e dos dois cadernos, todos escritos com a mesma tinta marrom. Essas páginas não estão numeradas e foram escritas unicamente no verso. Correspondem aos "21 7bro e ao 22 7bro", isto é, a 21 e 22 de setembro, primeiro mês das sessões espíritas, marcado principalmente pela visita de Léopoldine. Os participantes são Charles Hugo, a sra. Hugo, a sra. Hullis, o sr. Havin e Victor Hugo. A sra. Hullis e o sr. Havin permanecem um mistério para nós e não aparecem em mais nenhuma sessão. Nessas duas datas, duas visitas especiais aconteceram, as de Léopoldine e Claire Pradier, filha de Juliette Drouet, igualmente falecida. Essas atas constam como a transcrição de sessões durante as quais a conversa entre os espíritos e os participantes se deu por intermédio de uma lousa.

7 Essas palavras parecem vir de Claire Pradier.

8 "Sim, meu querido": essas palavras provêm da Mesa e parecem se dirigir a Victor Hugo.

9 "Minha filha...": trata-se do único elemento concreto e tangível, sob a forma de uma ata inédita, da visita de Léopoldine à mesa de Marine Terrace. Portanto, Léopoldine "vive" em um mundo feliz. Sua visita de 11 de setembro de 1853 não foi a única. Eis uma prova disso. Teriam acontecido outras, registradas nas atas ou nos dois cadernos desaparecidos?

10 *Je suis poésie, ô poète.*
Du Dieu clément, je suis la voix.
Le coeur humain est ma retraite.
Je suis l'esprit de ce grand bois.

Je suis la fée au regard triste
Qu'envoya vers l'humanité
Cette insatiable égoïste
L'inépuisable Charité.

Je prends, sans en compter le nombre,
Les débris des coeurs dévastés,
Je réunis toutes les ombres,
Et je fais toutes les clartés.

Du sourire je suis marraine
Moi, l'infatigable glaneur,
D'un ennui tombé d'une reine,
Je fais pour le pauvre un bonheur.

L'hiver jette au flocon la neige,
Moi, quand je les ai recueillis,
Je dis au printemps pris au piège:
Fais de cette neige des lys.

Le lapidaire dans son bouge,
Tremblant de misère et de fin,
Taille en pleurant le rubis rouge
Et polit le diamant fin.

Moi je dis, volant en silence
Les fleurs dans l'écrin des douleurs
À la nuit, lapidaire immense:
Fais des étoiles de ces fleurs.

Je suis la source d'ambroisie
D'où coule le céleste vin.
Mon titre humain, c'est poésie,
Mais bonté, c'est mon nom divin.

11 O marquês de Sade não aparece em nenhum dos documentos que consultamos.

12 *C'est mon âme qui fuit sa demeure sacrée,*
Et sur ta bouche encore aime à se reposer.
Pleure, ouvre-lui tes bras et rends-lui son baiser.

13 *Oh! je voudrais revivre avec toi, douce fille!*
Une femme qu'on aime est toute une famille.
Elle, si loin de moi qui l'aimais d'un tel feu!
Je souffre. Mais, hélas, je me console un peu
Quand je lève les yeux aux voûtes azurées
Et que je vois, le front sous les brumes moirées,
Pâle et versant au monde un douloureux rayon,
Phoebé qui meurt d'amour si loin d'Endymion.

14 *L'alcyon sur les mers, près des toits l'hirondelle,*
Le cygne au bord du lac, sous le bois Philomèle;

Et les baisers secrets et les lits clandestins.

15 *Les voeux où le regret au souvenir se mêle.*

16 *Oh! voilà ce que j'aime! oh! les doux entretiens!*
Vos soupirs, vos baisers, je veux dire les tiens,
L'abeille dont ta bouche a toujours trompé l'aile,
Les voeux où le regret au souvenir se mêle,
Les baisers les plus gros qui sont les plus lutins.

17 *L'alcyon sur les mers, près des toits l'hirondelle,*
Le cygne au bord du lac, sous le bois Philomèle,
Oh! voilà ce que j'aime! oiseaux, vous la chantiez,
Car cygne et rossignol ce sont ses deux moitiés,
Elle me fait un ciel aussi bleu que le vôtre,
Ayant le chant de l'un et la blancheur de l'autre.
Que nous étions heureux! Oh! les doux entretiens!
Vos soupirs, vos serments, je veux dire les tiens,
L'abeille dont ta bouche a toujours trompé l'aile,
Les voeux où le regret au souvenir se mêle,
Les baisers les plus gros qui sont les plus lutins,
Et les berceaux secrets et les lits clandestins.

18 *Il remonte à cheval et ses yeux sont en pleurs.*
Le matin qui paraît en arrose les fleurs.
La douleur en son âme entre par une tombe.
C'est une porte où passe, hélas! tout ce qui tombe.
Il rêve à son bonheur, il a peur de souffrir.
Pensant à son épouse et craignant de mourir.

19 *Debout, peuple! Au combat, enfants, vieillards, debout!*
Le peuple est un volcan quand le poète bout.
Ses vers mystérieux, empreints d'un noir délire,
Au tonnerre étonné font envier sa lyre.
Allons! peuple, en avant! Sors de ta ville! Sors
Des temples, des maisons, des palais, et vous, morts,
Venez de votre empire, où notre espoir succombe,
Apprendre à ces vivants le mépris de la tombe!
Moi, j'emporte mon âme au combat. Viens mon coeur,
Viens mourir en chantant! Viens, chante, sois vainqueur.
Le clairon pour la muse est une lyre immense.
La vie y souffle un chant que la mort recommence.
Nos cuirasses diront au coeur timide et vain:
"Coeur, sois digne de nous: nous sommes en airain".
L'épée est là. La flèche est devant notre armée.

Levez-vous, grandes soeurs, patrie et renommée!
Les dieux sont avec nous, nous sommes leurs seuls fils.
Barbares, nous pouvons accepter vos défis.
Nos chevaux de dédain en dressent leurs crinières.
Nous sommes tous les droits et toutes les colères.
Ô Mars! Ô Jupiter! Rois de l'Olympe en feu,
Versez sur le soldat la puissance de Dieu,
Faites briller la lance et flamboyer les âmes,
Donnez à l'homme un coeur et des bras même aux femmes,
Si vous ne voulez pas, ô formidables dieux,
Que ma voix, au retour, ne chante plus les cieux.

20 "Os quatro ventos do futuro": impossível não pensar na futura antologia de Victor Hugo, a ser publicada em 1881, *Os quatro ventos do espírito.*

21 *Il n'est donc plus d'espoir, et ma plainte perdue,*

22 *J'aurais flatté, gémi, pleuré, prié, pressé?*

23 *J'aurais maudit l'autel que j'ai tant embrassé.*

24 *Ô délices d'amour, et toi, molle paresse,[...]*
Pour qui les yeux n'ont pas de suave poison,

25 *Qui sans perdre leurs coeurs et sans brûler leurs âmes*
Ont frôlé le satin de la robe des femmes.

26 *Qui, sans perdre son coeur et sans brûler son âme,*
A frôlé le satin d'une robe de femme.

27 *Qui, sans perdre son coeur et sans brûler son âme,*
A frôlé le satin de ta mantille, ô femme.

28 *Je t'appartiens, amour, amour inexorable!*

29 *Conduis-moi, cher Camille, et dis-lui que je suis*
L'esclave de ses jours conquis pendant ses nuits;
Dis-lui que tout en moi par sa bouche respire,
Et qu'étant une fleur, elle m'a pour zéphyre.
Oh! qu'on souffre d'aimer! oh! quels cruels tourments!
Pour un moment heureux combien d'autres moments
Où l'âme pleure et tombe, et, pauvre feuille morte,
Obéissant au vent qui t'arrache et qui l'emporte,
Erre et tremble et palpite et songe au doux banquet
Où Camille l'avait mêlé à son bouquet.
Sage vieillesse, viens, je t'implore et t'appelle;
Tu souris à l'amour comme le toit à l'aile.
Sous ta chaste couronne on chemine à pas lents.
Toujours la plume blanche aime les cheveux blancs.

L'amour pour le vieillard prend sa plus douce voix.
L'âge est un innocent qui vide le carquois.
Et les tremblantes mains prennent aux voix naïves
De l'amour, ces traits d'or, que nos âmes plaintives
Gardent toute leur vie et qui durent toujours.
L'épine reste au coeur, l'épine des amours.
Et quand le soir arrive au bout de la journée,
L'épine est dans le coeur, la rose s'est fanée.
Toi, vieillesse, tu ris au seuil de ta maison.
Le souvenir la dore ainsi qu'une saison.
L'empire des amours se réduit à son chaume.
L'océan se fait source, et la fatale pomme
Qui divisa l'Olympe et qu'adjugea Pâris,
Murit à ton pommier, on la mange, et tu ris.

30 "O capítulo mais surpreendente de uma biografia": Jean Marc Hovasse escolhe essa frase para título do capítulo XIII do tomo II da biografia que consagra a Victor Hugo (*Victor Hugo*, t. II, *Pendant l'éxil, 1851-1854*, p. 197).

31 "Um beijo de Camille". A vida um pouco dissipada de André Chénier foi pródiga em aventuras amorosas, como testemunham as *Elegias.*

32 Infelizmente, essa ata de páginas visionárias é interrompida neste ponto.

33 As atas das sessões espíritas em que o Leão de Androcles se manifesta estão conservadas na Maison de Victor Hugo. Esse espantoso conjunto de documentos encontra-se numa grande pasta de papelão azul, em cuja capa está anotado por Victor Hugo: "Isto contém as duas peças ao Leão de A. com a resposta oral". Originalmente, essa pasta se encontrava protegida por uma página inteira de jornal, na qual figura a menção, igualmente de Hugo: "As Mesas". Esse dossiê compreende o conjunto das atas manuscritas por Hugo, relativas às perguntas feitas ao Leão de Androcles, e as respostas recebidas.

34 *Sous ta chaste couronne habite le respect.*

Cupidon dans ses jeux s'arrête à ton aspect
Et cache (la malice est propre aux innocences)
Son carquois, ce jouet rempli de nos souffrances.
Et la colombe, essaim gourmand qui dans les cieux
Promène de Vénus le char silencieux,
Et qui va becqueter dans plus d'une âme éclose
Les premiers grains d'amour qu'y sème Mise ou Rose,
S'arrête sur ton seuil et dis: Paix aux vieux ans.
Toujours la plume blanche est douce aux cheveux blancs.
Des flèches d'Adonis votre âge vous protège.
Ô vieux monts, le rayon épargne votre neige.

L'âge est un innocent qui péchait autrefois.
L'amour pour vous parler prend sa plus douce voix.

35 De repente o filho ergueu a voz e interrogou o pai:

— O que pensas desse exílio?

— Que será longo.

— Como espera vivê-lo?

O pai respondeu:

— Contemplarei o oceano.

Houve um silêncio. O pai continuou:

— E tu?

— Eu – disse o filho – traduzirei Shakespeare. (In: Hugo, Victor. *William Shakespeare*, t. I)

Nessa conversa inicial entre Victor Hugo e seu filho François-Victor, travada no salão de Marine Terrace, em Jersey, em uma manhã de novembro de 1852, transparecem as intenções respectivas de pai e filho naqueles primeiros tempos de exílio. Era grande, portanto, a expectativa de François-Victor pela aparição do dramaturgo inglês, embora, na época, ele ainda não dominasse a língua inglesa.

A ortografia do nome do dramaturgo inglês nas atas e nos dois cadernos é: *Shakspeare*. Alteramos para a forma vigente.

Shakespeare aparece pela primeira vez na mesa de Marine Terrace na sexta-feira 13 de janeiro de 1854. Victor Hugo está presente. Shakespeare voltará regularmente até o fim de 1854, data em que termina o caderno de 1854. A intervenção de Shakespeare reproduzida em nossa edição, escrita de próprio punho por Victor Hugo, começa em 22 de janeiro de 1854. As atas acham-se transcritas em folhas numeradas de 2 a 11 (Maison de Victor Hugo, Paris). Shakespeare faz parte dos catorze gênios da humanidade listados como tais por Hugo em *William Shakespeare*: "Homero, Jó, Ésquilo, Isaías, Ezequiel, Lucrécio, Juvenal, Tácito, São João, São Paulo, Dante, Rabelais, Cervantes, Shakespeare". Nessa lista, contudo, se alguns "são grandes, Ésquilo e Shakespeare são imensos" (*William Shakespeare*, t. II, 1).

36 *Le penseur souverain, quand il est sur la terre, Parle haut et commande; il t'obéit, ô Mort!*
Il fait trembler le monde au bruit de sa crinière
Et l'immensité dit: c'est le lion qui sort.

Mais quand il meurt, sa tête incline sa pensée,
Il perd l'ongle et la dent, et nul ne se souvient
Du lion qui rugit, la narine froncée,
Et le firmament dit: c'est un oiseau qui vient.

Ô mon Dieu, j'agenouille à tes pieds mes victoires,
Hamlet, Lear, à genoux! À genoux devant le Dieu des gloires!
Entrons petits, vaincus sous l'arche du…

37 *Vous chantiez* Homini *la tombe dit:* Deo.

38 *Ainsi que les captifs qui suivaient dans les fêtes,*

Couronnés, mais vaincus, Césars, vos chars vermeils,
Mes chefs-d'oeuvre en deuil, Dieu fait incliner vos têtes,
Hamlet, vêtu de noir, doit suivre les soleils.

L'infini tout-puissant à son char vous enchaîne.
Votre abdication lui fait sa royauté.
Vous étiez souverains, et Juliette reine.
Shakespeare est descendu, mais son âme a monté.

39 Apresentamos aqui uma ata pessoal da sra. Hugo, autêntica e conservada na Maison de Victor Hugo. Constituída de uma folha dupla, não está datada. Está escrita apenas na p. 1, na frente e no verso. A data aqui apontada corresponde às nossas pesquisas; ela se vê confirmada pelas indicações de Gustave Simon em sua edição de 1923. É bem diferente da ata de Victor Hugo, que precede, e sobretudo bem mais curta e incompleta.

40 *Vivants, nous nous nommons Shakespeare et lui Molière.*
Nous faisons des soleils avec les passions,
Et notre oeuvre, créant des mondes de lumière,
Emplit l'esprit humain de constellations.

Morts, nous nous écartons, humbles, sous les étoiles;
Nous nous cachons, rêveurs, derrière nos tombeaux;
Et là, nous regardons

41 *...l'immensité sans voiles/ Sur nos fronts e*

42 *L'astre éternel éteint les terrestres flambeaux.*

43 *Sur nos astres éteints allumer ses flambeaux.*

44 *La mort prend la (deux fois Z).*

45 *rt, humain sous ses immenses ailes,*
L'emporte au fond des cieux z z et lui montre Vénus z
Et lui dit: Ce sont là les oeuvres éternelles.
L'art est un pâtre obscur qui marche les pieds nus;

Il passe dans la plaine à l'heure où le jour tombe,
Guidant l'humanité hors du sentier des loups,
Debout pour le troupeau s

46 *Guidant l'homme qui suit son pas puissant et doux,*
Grand pour le noir troupeau que son bras mène en laisse,
Debout pour l'horizon, mais pour l'astre à genoux,

Mais quoique vous soyez petits pour Dieu, poètes,
Ne dites pas: c'est peu. Qu'importe notre effort?
Continuez, penseurs, les choses que vous faites.
La clé que vous forgez ouvre la porte.

47 *Ce n'est pas un larron que l'ombre de la mort.*
La mort ne vole pas leurs fleurons aux couronnes.
La mort n'est pas un vol de l'immortalité.
Le ciel garde la gloire, ô Dieu, quand tu la donnes,
Dieu n'ôte pas Shakespeare à son immensité.

Ne dites pas: la mort vient dans le cimetière,
La nuit, à pas furtifs, et comme un ennemi.
Vole l'Enfer à Dante et Tartuffe à Molière,
Et prend son épitaphe à Cervante endormi.

48 *Non, poètes, la mort n'est pas un noir fantôme*
Embusqué lâchement aux portes du tombeau.
Le sépulcre n'est pas, sur la route de l'homme,
Un piège que Dieu tend au grand, au juste, au beau.

Non, la mort, c'est la vie affranchie et superbe,
C'est le semeur du ciel, c'est le grand moissonneur
Qui coupe sur la tombe une dernière gerbe
Et jette sa moisson aux pieds du Seigneur.

L'oeuvre terrestre vit, l'oeuvre terrestre règne,
C'est notre clé d'amour pour entrer dans l'azur.
Que notre bras tressaille et que notre front saigne,
Jusqu'au ciel pierre à pierre élevons notre mur.

Entassons lentement chefs-d'oeuvre sur chefs-d'oeuvre,
Aujourd'hui Don Quichotte et demain Iago.
Aujourd'hui le lion et demain la couleuvre.
Aujourd'hui, moi, Shakespeare, et demain, toi, Hugo.

Puisque Dieu nous dépasse au moins de cent coudées
Donnons-lui de la peine à vaincre l'art vermeil,
Et qu'en voyant courir nos quadriges d'idées
Il triple l'attelage au char de son soleil.

Soyons fiers d'être ceux qui disputent l'empire
Et qu'en voyant les cieux on dise: ils sont plus grands.
Qu'au céleste clairon l'art mesure sa lyre
Et d'être de tels nains étant de tels géants!

Non, nous ne sommes rien, nous sommes un atome,
Non, nous ne sommes rien par la comparaison;
Nos livres sont petits devant le divin tome
Quand l'aurore a doré sa tranche à l'horizon.

49 Essa sessão é relatada em dois pedaços de papel com letra de Vacquerie e da sra. Hugo.

50 *Rosaspina. Animula. Perlina. Marquise de la mer. Vol d'oiseau. Mouette de l'âme. Sultane de lys. Pandora. Parure de mai.*

51 *Quand Eschyle pensif sculpte l'âme d'Oreste,*
Quand Cervantes songeur fait son grave hidalgo,
Quand l'amer Poquelin plisse le front d'Alceste,
Quand j'endors Desdémone à l'ombre d'Iago,

Quand du tremblant Hamlet je fais l'âpre ministre
Du spectre qui lui dit: Venge-moi! chaque soir,
Elseneur, quand je mets sur ton donjon sinistre,
Le doute en sentinelle au créneau du devoir;

Lorsque dans Caliban je peins l'être vorace,
Ou que dans Richard III je peins l'homme inhumain,
Quand, à Lady Macbeth refusant toute grâce,
Sombre, avec son forfait je lui gante la main,

À Juliette un soir quand je dis ma romance,
Quand je fais mon roi Lear et vous vos Triboulets
Quand, comme une caverne au fond d'un bois immense,
L'antre de Grandgousier s'ouvre dans Rabelais;

Lorsqu'Ésope indigné d'être esclave de l'homme
S'évade dans la fable et fuit l'idéal,
Quand Tacite aux Nérons ouvre un cirque dans Rome
Et fait manger Tibère à son tigre royal,

Quand Silène s'enivre à ta treille, ô Virgile,
Quand parlant et prêchant dans le monde ébloui,
Moïse écrit la Bible et Jésus l'Évangile,
Et que la croix de loin parle au mont Sinaï,

Lorsque penseurs profonds et poètes sublimes,
Nous créons lentement, lorsque nous animons
Ces géants qui levant au ciel leurs vastes cimes
Font une ombre le soir plus grande que les monts,

Non, nous ne créons pas, nous plagions nos âmes,
Nous copions le Dieu qui fait les passions.
Nous plagions l'enfant, les hommes et les femmes,
Nous créons après Dieu dans ses créations,

Nous volons à la vie, à l'amour, à la tombe,
À l'un tous ses baisers, à l'autre tous ses os;
Nous dérobons sans bruit toute larme qui tombe.
Nous cherchons des trésors au fond de tous les maux.

L'amour que nous mettons dans nos oeuvres pensives,
Nous arrive en voyant deux colombes de Dieu;
Nous volons leurs jouets aux enfances naïves;
Pygmalions furtifs, nous rampons vers le feu,

Nous mettons l'infini librement dans nos strophes,
Nous demandons des mots au destin, maître obscur,
Nous prenons, s'il nous faut de sombres catastrophes,
Sa grande épée à main accrochée à son mur.

Nous sommes, ô mon Dieu, tes enfants et tes hôtes;
Nous usons largement de l'hospitalité;
Nous baignons dans tes eaux si pures et si hautes
Nos Achilles naissants, fleuve d'éternité!

Voilà pourquoi, Seigneur, nos oeuvres immortelles
Meurent en arrivant près de l'astre Apollon;
Sa flèche d'or tombant de ses mains éternelles,
Dans leur voyage au ciel leur touche le talon.

52 "Arcanjo, amor": tema clássico hugoano, evocado igualmente durante a sessão de 23 de fevereiro (ver p. 232). Em "Satã à noite" (*O fim de Satã*, "Fora da Terra", III), reencontramos o tema do arcanjo, que se desenvolve igualmente ao longo do livro VI das *Contemplações*. No que se refere à teoria dos mundos sucessivos, o Universo é constituído de mundos punidos ("os mundos demônios: os infernos"), mundos intermediários (entre eles a Terra, "um mundo homem") e mundos abençoados ("os mundos anjos: os paraísos"), e as almas passam de um a outro. A Terra é um desses "mundos intermediários", "um mundo homem", considerado por Hugo como um espaço de purificação. Jean Reynaud já afirmava isso no verbete "Céu" da *Encyclopédie nouvelle*, primeiro em 1837, depois em 1840. A progressão paralela dos astros no céu, da barbárie à civilização, faz parte de uma das hipóteses formuladas anteriormente por Hugo, inspirada em Fourier, Jacques Boucher de Perthes, Jean Reynayd, Alexandre Weill e outros ocultistas desse período. "O Sol é ao mesmo tempo a Fonte e o Fim de todos os grandes gênios que vêm sucessivamente habitar durante um certo tempo as esferas inferiores. Essas esferas inferiores são a Lua, a Terra, Saturno, Vênus etc.", dizia Hugo na intimidade em 1852 (*Journal de l'exil*, t. I, 8/11/1852).

SEGUNDO CADERNO

1 O caderno de 1854 começa na p. 3, o número de página figura exclusivamente no anverso da página; os números de página foram inseridos por ocasião da impressão inicial do caderno na gráfica. As sessões às vezes são transcritas apenas no anverso da página. Contudo, "assim como a 'Revolução' hugoana é inseparável do '*Verso* da página'" (Bertrand Marchal. *La Littérature française. Dynamique et histoire*, t. II, p. 401), a história das Mesas é por sua vez inseparável do *verso* da página. O *Livro das Mesas* deve ser lido igual-

mente no caráter implícito da página branca: ali, inspirando outra poética, se abismam os espíritos de Marine Terrace.

2 O nome do escrevente aparece muito pouco no caderno de 1854, ao contrário do que acontece no manuscrito de 1855, no qual, infalivelmente a cada sessão, exceção feita às últimas experiências que ocorreram em outubro de 1855, o nome do escrevente é especificamente mencionado. No caderno mantido entre janeiro e outubro de 1855, o escrevente é sempre Victor Hugo quando este participa das sessões espíritas. Aqui, trata-se de Auguste Vacquerie. Tal como no que se refere à ata da sessão da quarta-feira 1º de fevereiro, que consiste em uma cópia feita por Vacquerie do conjunto das 24 quadras, com três alexandrinos e um hexassílabo, ditadas por Shakespeare até o fim da sessão de 2 de fevereiro, "às 2h" da manhã.

3 Prometeu, filho do Titã Jápeto, roubou o fogo dos deuses para dá-lo aos homens e foi acorrentado por Zeus no Cáucaso, condenado a ter o fígado eternamente mordido por uma águia. Encarna o mito romântico da humanidade que se constrói na revolta. É um dos mitos titanescos recorrentes em Hugo e uma das figuras míticas de *William Shakespeare* (II, III, 3 e 4). Figura da mitologia hugoana onipresente em sua obra. Pierre Albouy demonstrou que, com sua lista dos gênios da humanidade, Hugo criou uma mitologia pessoal da História, nela discernindo uma lógica da "razão divina". Cada gênio torna-se ao mesmo tempo "um absoluto" e um substituto do precedente, iluminando por sua vez uma nova etapa da civilização. Jó, citado anteriormente, personagem da tradição semítica, encarna o homem justo golpeado pelo infortúnio e questionando Deus sobre o mal. É um dos personagens bíblicos mais citados por Hugo, vindo em segundo lugar, logo depois de Homero. Representa um dos profetas visionários do Novo Testamento que se mistura aos criadores antigos. Junto com Prometeu, faz parte igualmente da coorte dos Titãs, cujo destino de sofrimento e heroísmo ele compartilha. Ele anuncia o Cristo por seu martírio e sua resistência às forças do mal. A tragédia de Ésquilo *Prometeu acorrentado* mostra como esse Titã, compadecendo-se da miséria dos homens, doou-lhes o fogo. Por isso, foi condenado por Zeus a ter o fígado eternamente dilacerado por um abutre.

O caderno de Victor Hugo joga luzes no processo de criação poética que se elabora à mesa de Marine Terrace, a qual se torna "uma forja de versos": com efeito, a primeira versão dessa estrofe propunha: "Vós conduzis a barca na qual embarcam os poetas./ Vós fazeis em seu flanco rugirem as paixões./ Vós comandais de pé a manobra nas procelas./ E o raio teme em vós os Pigmaliões". Conversa:

> A[uguste] V[acquerie]: Pigmalião deu vida à sua estátua, mas será que também ao raio? Foi Prometeu que desobedeceu, que roubou o fogo.
> A Mesa diz:
> — Pigmalião roubou o fogo, mas posso colocar Prometeu. *(Ela refaz a estrofe.)*
> *Vós conduzis a humanidade ao sereno cais;*
> *Pilotos pensativos da grande viagem ao céu,*
> *Vós comandais de pé a manobra nos temporais.*

O raio atrai a arte, eterno Prometeu.
Não estou satisfeito com esses versos. Prefere este?
E o raio teme a arte, eterno Prometeu.
A. V.: Preferimos o segundo. E tu?
— Sim.

4 *Le ciel, écho profond du génie et du crime,*
Écoute naître Hamlet, entend mourir Abel.
Le bruit de l'oeuvre humaine ou coupable ou sublime,
Monte éternellement l'escalier de Babel.

Les coups du bras qui crée ou du bras homicide
Font résonner la tombe au couvercle d'airain,
Que ce soit ta massue, ô belluaire Alcide,
Ou la tienne, Caïn.

Donc puisque rien ne meurt de ce que nous créâmes,
Donc puisque rien ne meurt de ce que nous tuons,
Comment voudriez-vous que mourussent nos drames?
Nommez le fossoyeur de mes créations.

Dans quelle nécropole ou dans quel sombre empire
Hamlet lit-il son nom gravé sous le bouleau?
L'épitaphe est humaine. Il en est pour Shakespeare,
Mais non pour Othello.

La résurrection pour Shakespeare et Molière
Est double: en descendant les marches du tombeau
Nous renaissons deux fois au ciel et sur la terre;
Au ciel dans l'infini, sur terre dans le beau.

Quand vous voyez aux pieds d'une autre Cléopâtre
Alceste doux lion courber son dos câlin,
Vous n'apercevez pas dans le fond du théâtre
L'ombre de Poquelin.

Quand vous voyez passer, dans le fond de la scène,
Hamlet vêtu de deuil, croyez qu'il n'est pas seul.
Shakespeare est dans son front, Shakespeare est dans sa veine.
Ce n'est pas un manteau qu'il a, c'est mon linceul.

Invisibles acteurs nous jouons nos chefs-d'oeuvre,
Nos noms sont sur l'affiche aux portes des tombeaux.
Et si l'on nous sifflait, nous dirions: la couleuvre
A passé dans nos os.

Notre statue en deuil s'en vient du cimetière.
Nous venons écouter critiques et défis.
Le commandeur descend du tombeau de Molière,
Je monte près d'Hamlet, et je lui dis: mon fils.

Vos applaudissements font tressaillir nos âmes.
Nos sépulcres sans bruit respirent vos bouquets.
Quand la goule Ducis enfonce dans mes drames
La dent des sobriquets,

Je m'indigne et je dis: profanateur, arrière!
Laisse mon crâne aux mains du fossoyeur! Le beau
Est un mort redoutable, il dort sous cette pierre;
Tes vers n'ont pas le droit d'entrer dans son tombeau.

Oui, nous vous entendons, penseurs, jeunes poètes,
Esprits religieux, si puissants et si doux;
Nous vous remercions, étant ce que vous êtes,
De vous mettre à genoux.

Votre pensée amie est veuve de Shakespeare.
Il la voit, il la sent, il lui parle toujours.
Vous gagnez la couronne et moi je la respire.
Vous êtes mes amants, vous êtes mes amours.

Quand une oeuvre de vous éclôt sur cette terre,
Je la prends dans mes mains et nous nous asseyons.
Cervantès fait du doigt taire le grand Molière,
Et tous disent: voyons!

On écoute le Drame et j'ai vu pleurer Dante
Quand vous mettiez l'amour dans l'âme des plus laids.
Et, quand vous aiguisez votre langue mordante,
L'Olympe riait moins que ne rit Rabelais.

C'est bien. Continuez. Votre voix est sacrée.
Faites votre oeuvre après Hamlet et don Juan,
Vous êtes après nous la seconde marée
De l'immense océan.

Vous conduisez au port l'humanité. Vous êtes
Les pilotes pensifs du grand voyage au ciel;
Vous commandez debout la manoeuvre aux tempêtes.
Et la foudre craint l'art, Prométhée éternel.

Deux phares rayonnants conduisent votre voile,
Deux autels de granit dont on n'ose approcher,

L'art et l'exil, tous deux posant la même étoile
Sur le même rocher.

L'art et l'exil! Géants lutteurs aux grands murmures!
Blancs d'écume tous deux ils combattent le sort.
Dans l'humaine mêlée, on entend leurs armures,
Et quand ils sont vainqueurs, ils soumettent la mort.

5 Podemos observar, no caderno de Victor Hugo, que essa primeira sessão de fevereiro é transcrita com grande zelo. As frases são construídas, pontuadas, os erros ortográficos, gramaticais ou sintáticos, muito raros. Constatamos apenas uma única emenda, nenhum acréscimo, ínfimas correções. A sessão durou cinco horas. Durante essas cinco horas, cerca de 8.200 letras foram batidas pela mesa. Portanto, a Mesa dita. Shakespeare dita versos inéditos, nove quadras, todas em alexandrinos e hexassílabos, o que corresponde aqui a 34 alexandrinos e meio e quatro hexassílabos. Esses versos são transcritos nesse caderno tais como são ditados, com omissão de maiúsculas, uma pontuação aproximativa e a anotação das hesitações e pausas da mesa. Mas trata-se na realidade de uma reação *a posteriori*. As sessões espíritas são transcritas a partir das atas consignadas por um, ou vários, dos participantes. Cinco horas correspondem a 18 mil segundos durante os quais, como dissemos, a Mesa ditou cerca de 8.200 letras. O que corresponde a uma letra a cada 2,2 segundos. Lembramos a técnica utilizada então para decodificar as mensagens da Mesa. Uma batida para um sim, duas para um não, e um número de batidas correspondente ao lugar das letras no alfabeto: uma batida para A, duas para B, oito para H etc. Também usavam uma haste que se deslocava sobre um alfabeto, o espírito parando na letra certa e dando uma batida. Logo, parece materialmente impossível transcrever cerca de 8.200 letras em cinco horas. O que confirma a hipótese de uma transcrição, *a posteriori*, da ata de um dos participantes para o caderno propriamente dito, o de Victor Hugo.

6 "A palavra de Deus escolhe determinados espíritos": eis Hugo investido de uma missão. Deus escolhe determinados espíritos. "Um por século", afirmará Shakespeare. Victor Hugo, imbuído da palavra divina, pode impor-se então como o novo profeta, arauto de uma profunda mensagem. Aquela que, do mais remoto exílio, deve ressoar no coração do partido republicano e confirmar suas intuições poéticas e seu próprio sistema metafísico. Os videntes são, na obra de Hugo, Jó, os poetas cegos, Homero e Milton, Beethoven e Mesmer, enquanto Moisés, João, Dante e Swedenborg são visionários. Para Hugo, o mal, a ignorância, a dúvida (como Lutero afirmará adiante) são instrumentos de trabalho da humanidade. A teoria dos magos que arrancarão a humanidade do mal, da ignorância e da dúvida, instrumentos de Deus para reconduzir o homem, uma vez consumada sua missão terrena, ao próprio Deus, é uma das mais caras a Hugo. Sem dúvida porque ele se via entre os primeiros, quando não o primeiro, desses magos. As Mesas, com suas revelações relativas à alma, à metempsicose, ao sistema metafísico do poeta, à realidade de Deus, surgem muito a propósito para corroborar a mensagem hugoana.

7 "O nauta humanidade": o uso do epíteto para construir uma metáfora é comum no estilo de Hugo. Essa justaposição de dois substantivos é uma de suas figuras de estilo

favoritas, a tal ponto que ele chega a esclarecer sua intenção ao revisor de *A lenda dos séculos*: "A absurda vírgula destrói o sentido e o verso" (Carta a Paul Meurice, 15/9/1859. In: Hugo, Victor. *Oeuvres complètes*, t. x, p. 1.319). Pierre Albouy, em *La Création mythologique chez Victor Hugo*, qualifica-a como a *metáfora máxima*, e vê nisso uma propensão a misturar os dois termos da comparação para dessa mistura forjar uma nova realidade, mítica: "os templos monstros", "os dogmas quimeras", "o homem sepulcro" etc. Gustave Lanson (*Histoire de la littérature française*. Paris: Hachette, 1952, p. 1.058) observa que, suprimindo o sinal da comparação, a metáfora hugoana "estabelece a equivalência, a identidade de dois objetos [...]. Essa operação verbal é o princípio mesmo da criação artística".

8 O tema da dúvida já é referido por Jacó na noite de 22 de janeiro de 1854. Jacó afirmava a Hugo: "Duvidemos" (p. 166). Essa intervenção era seguida de uma nota de Hugo esclarecendo que, meia hora antes, Vacquerie e ele tinham tido uma conversa sem testemunhas, na qual ambos evocavam as palavras de Shakespeare fazendo de dom Quixote uma figura da dúvida, ao passo que para eles o personagem de Cervantes era "a afirmação por excelência". Ao personificar a dúvida, Lutero toca no cerne do sistema metafísico de Hugo. Como sugere "O que diz a Boca de Sombra" (ver *As contemplações*, VI, XXVI), para criar o homem como personalidade sem traços divinos, Deus foi obrigado a se retirar dele e deixar uma parcela de mal e ignorância penetrar no homem: "a dúvida o liberta e a liberdade engrandece". A dúvida é, no homem, o recolhimento de Deus. Esse recolhimento de Deus faz do homem um criador. Deus, para produzir a dúvida, introduz o esquecimento.

O tema da dúvida e do espectro, que surge na página seguinte, será longamente desenvolvido em três poemas "espíritas" que irão figurar no sexto livro das *Contemplações*: "Dolor" (VI, 17), "Horror" (VI, 16) e, especialmente, no poema "Ó abismo! a alma mergulha e traz a dúvida..." (VI, 14). Reencontramos nesses três poemas os temas primordiais do poeta de Marine Terrace: a obsessão pelo túmulo, a presença do invisível, o sopro dos espíritos e a dúvida frente a um mundo que vacila entre as trevas definitivas e a promessa de uma nova iluminação. Acontece o mesmo com três poemas capitais, escritos na primeira metade de junho de 1854, que não farão parte das *Contemplações*, mas que convém aqui ler na esteira de "Horror", de "Dolor", de "Àquela que estava velada" e de "Ai de mim! tudo é sepulcro", todos incluídos no livro VI das *Contemplações*. Trata-se de um primeiro poema sem título: "Natureza! alma, sombra, vida! Ó rosto velado!", que fará parte de *Toda a lira* (II, 15), de "Inferi", mais tarde em *A lenda dos séculos* (III, VI), e do monumental "Todo o passado e todo o futuro", composto de 636 versos distribuídos em 116 sextilhas (*A lenda dos séculos*, II, XIX), todo em alexandrinos e octossílabos, com uma predominância das rimas femininas, estrofes bastante raras em Hugo, nessa forma e antes desse período, que começa assim: "O ser misterioso que me fala em suas horas...". Esse verso inaugural não pode ser mais claro ao invocar os espíritos que, a partir de 11 de setembro de 1853, se sucedem diariamente à mesa de Marine Terrace. Esse "espírito", que um título cogitado em um manuscrito de Hugo denominava "espectro", assemelha-se ao "ser triste e tranquilo" que se tornará "a Boca de Sombra" em outubro de 1854. Adèle Hugo, no *Journal de l'exil*, reproduzirá uma réplica de seu pai no dia seguinte à escrita de

"Horror" e "Dolor". Este respondia a uma crítica de Auguste Vacquerie, formulada após a leitura desses dois poemas: "Essas duas peças de versos não atacam os que duvidam, e sim recriminam os que riem". O plano geral de Hugo encontra-se igualmente aqui em sua criação literária: "reconduzir o homem ao espiritualismo, não mais negar a Deus e reconhecer a existência da alma".

9 Essa sessão espírita é de sumo interesse para a compreensão do fenômeno das Mesas falantes de Jersey. Hugo duvida e faz *O Livro das Mesas*, "o espírito da verdade". Shakespeare vem à mesa de Marine Terrace instigá-lo a prosseguir sua obra, que suscita a atenção e o respeito dos maiores: Molière, Cervantes, Dante, Rabelais, Shakespeare, Lutero. A verdade é que o que adveio das Mesas revela-se particularmente oportuno e dá origem a uma produção literária de grande riqueza, uma obra hugoana à parte. *Os castigos* estão terminados e *As contemplações* ainda não nasceram. Entre os dois, uma espécie de interlúdio. A abertura de um espaço de pensamento com os efeitos amplificados por uma nova prática. Uma experiência inédita que surge como um remédio "para a lenta marcha das coisas". Uma experiência que também permite interrogar o processo de criação literária, o sentido do resultado dessa criação. Uma vez que Hugo foi "escolhido" por Deus, como Lutero acaba de afirmar nessa sessão de 3/2/1854, doravante não lhe resta outra coisa senão posicionar-se como um novo profeta. Um profeta que mais tarde possa postular a existência dos espíritos em todos os planos da criação, bem como uma doutrina do ser, do mundo e da alma. "O que diz a Boca de Sombra", terminado na sexta-feira 13/10/1854, será o poema que resumirá a nova religião hugoana elaborada a partir das revelações ou confirmações da Mesa e poderá ser lido como um verdadeiro manifesto metafísico. Hugo reivindica isso e, em 22/10/1854, faz ele mesmo esta pergunta essencial à Mesa: "O que haverá no meu túmulo, um profeta ou um poeta?". Será o próprio Jesus Cristo que virá, em fevereiro e março de 1855, trazer-lhe a resposta tão esperada e apoiá-lo em sua futura missão. Como aplicado discípulo espírita, Hugo compreendeu o movimento da História e, sagrado novo profeta, vai guiar a humanidade. Hugo passa a ser o "sonhador sagrado" que "lança sua chama/ sobre a eterna verdade", construindo assim sua própria figura mítica, a do poeta mago, inspirado e visionário. Para Hugo, o fenômeno das Mesas passa rapidamente de um fenômeno "dos mais curiosos para se estudar" a uma realidade indiscutível: "um fato". E *O Livro das Mesas* não passa da confirmação da sua intuição. Era o que declarava a Pierre Leroux em setembro de 1853: "Creio piamente no fenômeno das Mesas", ao mesmo tempo relativizando sua fé: "Entretanto, não afirmo que sejam Joana d'Arc, Spartacus, César ou Tibério que apareçam. É possível que seja um espírito que adote esses nomes para nos atrair". Nesse mesmo mês, é para o seu filho François-Victor, sempre cético, que Hugo desenvolverá seu pensamento: "O fenômeno das Mesas falantes não diminui o século XIX, engrandece-o. O fenômeno das Mesas falantes não constitui obstáculo à liberdade do homem e dá asas à fé humana. Esses espíritos falam conosco, tu negas. Por que negar a evidência?". Hugo reconhecerá que o fenômeno vai contra o bom senso: "Contudo, a despeito do bom senso, a Mesa fala. Fala sob as mãos da sra. De Girardin, fala sob as mãos do sr. de Saulcy, fala sob minhas mãos; sem dizer grandes coisas, diz coisas bastante especiais. Sob as mãos de Charles, diz coisas sublimes. Por que

negar esse mundo intermediário? Por que julgar sobrenatural o que é natural? Para mim, o sobrenatural não existe: há apenas a natureza. Sim, é natural que os espíritos existam!".

10 O teor dessa sessão constitui um condensado de diferentes capítulos de *William Shakespeare* (1864), em especial nas menções aos grandes gênios da humanidade e à trípode. "Como a obra parece sobre-humana, quiseram infundir-lhe o extra-humano; na Antiguidade, a trípode, em nossos dias, a mesa. [...] Por outro lado, a mesa, girante ou falante, foi muito ridicularizada. Falemos claro, esse escárnio é irrelevante. [...] O fenômeno da trípode antiga e da mesa moderna tem, como qualquer outro, direito à observação. [...] Homero afirma que as trípodes de Delfos andavam por si sós. [...] Platão conta que as estátuas de Dédalo gesticulavam nas trevas. [...] Fléchier, em sua *História de Teodósia*, menciona uma Mesa girante. [...] O fenômeno sempre foi rejeitado e sempre reaparece, não é de ontem" (I, II, "Os gênios").

11 "Fostes escolhidos": o tema da eleição, quase de direito divino, uma vez que são os espíritos que o afirmam, volta mais uma vez nessa sessão. Após Lutero, Shakespeare confirma que os participantes das sessões espíritas foram "escolhidos". Hugo é naturalmente o primeiro dentre eles. Deverá, portanto, assumir plenamente o papel de profeta que agora lhe é atribuído. As Mesas lhe permitirão conquistar para sua causa "os escarnecedores", afirmar ao mundo a existência da alma e converter o partido republicano à palavra de Deus.

12 *Ils entrent dans la mort en chantant leur victoire.*
Les chevaux du soleil qui hennissent le feu,
Les mènent couronnés aux portes de la gloire,
Capitale de Dieu.

13 *Créons! Créons! Soyons la phalange indomptée.*
Molière fait Tartuffe et je fais Iago.
Aujourd'hui Phidias et demain Prométhée,
Aujourd'hui moi Shakespeare et demain toi, Hugo.

14 Shakespeare volta a legitimar Hugo como seu digno sucessor. Victor Hugo é ao mesmo tempo o dramaturgo, o gênio e o mago. A missão do poeta é a de um novo profeta, mensageiro da palavra divina. Isso é repetido várias vezes na mesma sessão. Tenta-se convencer o próprio Hugo de seu próprio status? Ou, pela voz da Mesa, vista como palavra do além-túmulo, convencer os numerosos proscritos e exilados de todo tipo, presentes em Jersey, que duvidavam dela? É igualmente legítimo que os poetas se julguem grandes, caso contrário "seriam menos sublimes". Sua força vem de sua fé em Deus. É sua missão transmiti-la. Esses quartetos assemelham-se, às vezes verso a verso, aos já ditados por Shakespeare na quarta-feira 25/1/1854 (pp. 170 ss.).

15 *Ô mon Dieu laisse-leur à ces pauvres poètes,*
Laisse à tous ces penseurs, leurs consolations.
Laisse-les croire en eux, car ils sont tes prophètes.
Fais-leur la charité de leurs créations.

S'ils se croyaient moins grands, ils seraient moins sublimes.
Ils croiraient moins en toi s'ils croyaient moins en eux.
Leur force c'est leur foi. Ton ciel est sur leurs cimes.
La moitié de leur culte est de se croire dieux.

Tu ne veux pas, Seigneur, tuer le misanthrope.
Tu ne veux rien tuer de ce qui rayonna,
Tu ne veux pas tuer ton doux esclave Ésope?
Tu n'es pas l'Iago de ma Desdémona.

Tu ne veux pas tuer Juvénal et Cervantès.
On n'est pas assassin quand on s'appelle amour.
Lorsqu'Eschyle tremblant met avec épouvante
Prométhée au carcan, tu n'es pas le vautour.

Tu veux que l'on soit grand même en étant pygmée.
La voix n'impose pas silence à ses échos,
Et lorsque tes clairons chantent ta renommée,
Ils ne font pas crouler, Seigneur, nos Jérichos.

Qu'à bâtir son tombeau notre oeuvre s'évertue.
Faisons ce tombeau grand. Ce ne sera pas peu.
Mettons-y seulement une telle statue
Que son oreille atteigne à la bouche de Dieu.

16 Quand Eschyle pensif sculpte l'âme d'Oreste,
Quand Cervantès songeur fait son grave Hidalgo,
Quand l'amer Poquelin plisse le front d'Alceste,
Quand Desdémona dort dans la nuit d'Iago,

Quand Silène s'enivre à ta treille, ô Virgile,
Quand, rêvant et prêchant, dans le monde ébloui,
Moïse écrit la Bible et Jésus l'Évangile,
Et que la croix de loin parle au mont Sinaï,

L'amour que nous mettons dans nos oeuvres profondes
Nous arrive envoyant un nid au bord du ciel.
Nous sommes, ô douleur, les plongeurs de tes ondes.
Nous sommes, ô baiser, les frelons de ton miel.

C'est nous qui déposons nous-mêmes notre glaive
Et notre palme verte et nos sceptres de feu,
Si haut que sur nos fronts la couronne s'élève,
Elle abdique en voyant la sandale de Dieu.

C'est nous qui nous rayons de la liste des astres,
C'est nous qui renonçons à la rivalité
En voyant les soleils sous les sacrés pilastres,
Tous loin de l'Éternel et pas un à côté.

Dieu nous parlerait bien de nous et de nos drames,
Mais nous lui répondons: Seigneur, parlons de vous.
Vous êtes, avant nous, le créateur des âmes,
Vous êtes le plus grand, vous êtes le plus doux.

Vous avez fait Eschyle avant qu'il fît Oreste,
Vous avez fait Shakespeare avant qu'il fît Hamlet
Vous avez fait Molière avant qu'il fît Alceste,
Nos rayons sont formés de vos gouttes de lait.

Vous avez fait bien plus, vous avez fait les mondes,
L'espace, abîme où vont se perdre vos rayons,
La robe de la nuit aux caresses profondes
Pour bercer le sommeil de vos créations.

Vous avez fait, mon Dieu, la vie et la clémence,
Et chacun de vos pas est marqué par un don.
C'est à votre regard que tout amour commence.
Vous écriviez douleur, un ange lut pardon.

Vous avez dans le ciel une escorte d'étoiles,
Votre main en s'ouvrant verse les tourbillons,
Vos drames sont joués sur l'océan sans voiles
Par quatre grands acteurs nommés les Aquilons.

Pour votre dévouement vous avez la tempête.
Vous apprenez leur rôle à l'aube, au soir, au jour,
Et, quand la terre émue ignorant le poëte
Lui demande son nom, le ciel répond: l'amour.

Laissons donc, ô vivants, nos oeuvres à la terre,
Les hommes à genoux en seront les valets.
Mais lorsque vous viendrez chez le maître mystère,
Laissez cette poussière au seuil de son palais.

Vous êtes immortels dans le monde où l'on passe.
Dans la vie où l'on meurt l'art est seul immortel.
Mais avant d'approcher l'éternel face à face
Suicidez-vous tous à la porte du ciel.

17 Em fevereiro de 1854, quinze sessões terão sido realizadas em 28 dias. Se por um lado não passavam de entretenimento e distração pueril, por outro afetavam profundamente os planos romanescos e poéticos de Hugo. As incontáveis horas despendidas à mesa significam outras tantas perdidas para a reflexão e criação hugoanas. Ora, em Jersey, Hugo empreende diversos projetos monumentais, que exigem um planejamento rigoroso de seu ritmo de vida e trabalho. Segundo Adèle Hugo, ele leva uma vida das mais regradas na ilha anglo-normanda. Dorme "sete horas por dia, nem mais, nem menos", levanta-se ao alvorecer, trabalha a manhã inteira, dá, após cada refeição, seus "mil passos", percorre sem cansaço dez quilômetros pelas praias, condena o uso do tabaco, "esse triste adormecedor, esse ópio do Ocidente". Nada regularmente, faça o tempo que fizer: "desde as cinco da manhã, a casa reverbera gritos e chamados" de Charles, Auguste Vacquerie e Victor Hugo (*Journal de l'exil*) "procurando suas toalhas" (ibidem); chegou a experimentar a equitação. Algumas tardes são reservadas para visitas a Juliette. Aos que o cercam, fala incessantemente da obra imensa que lhe resta escrever. Em seu *Journal de l'exil*, Adèle anota em 18/6/1855: "Meu pai termina neste momento um drama, *Homo* [iniciado em 1854]; um poema épico, *O fim de Satã* [publicado em 1886]; uma história: *O crime de dezembro* [iniciada em 1851, título definitivo: *História de um crime*, publicado em dois volumes em 1877 e 1878]; um livro socialista; dois romances, entre eles *Os miseráveis* [*As misérias*, começado em 1845, que virá a ser *Os miseráveis*], *As pequenas epopeias* [sob o título definitivo: *A lenda dos séculos*, 1859] etc. Ele gosta de trabalhar em várias obras ao mesmo tempo. Descansa de um trabalho no outro".

Nem sequer são mencionados aqui os poemas que integrarão o quinto e o sexto livro das *Contemplações*. Assim, as horas passadas à mesa, eventualmente de manhã, à noite quase diariamente, durante mais de dois anos, 26 meses exatamente, são roubadas dessa criação. A obra de Hugo prova que seu autor possui uma força titânica à qual não pretende se subtrair e que não pode desperdiçar com "criancice ou invenção infantil". Basta, aliás, escutá-lo dialogar com as ilustres visitas que foram honrá-lo com sua presença, sugerindo uma rima mais rica a André Chénier ou arriscando um conselho de prosódia a Shakespeare, para tender, a princípio, a rejeitar qualquer ideia de suspeição. Não recusou igualmente tomar conhecimento do drama inédito de Shakespeare ditado em sua ausência, no começo de 1854, para não se arriscar a ser influenciado quando da futura composição de uma de suas próprias peças? Mal Hugo decifra as primeiras réplicas, para imediatamente anotar: "A analogia entre o início dessa cena e a ideia de uma coisa feita por mim em 23/11/1853, intitulada 'Duas vozes no céu estrelado – Zênite. Nadir', me obriga a me abster, e lamento isso profundamente, de toda e qualquer participação no trabalho da mesa durante esse drama. E exclusivamente no caso desse drama". Portanto tudo contribuiu para demonstrar a honestidade intelectual de Hugo e o fato de ele permanecer totalmente alheio às intervenções da mesa. Ao mesmo tempo, isso demonstra que as sessões espíritas invadem o projeto literário do autor.

18 *Seuls vous ne passez pas, dans le monde où l'on passe*
Dans la vie où l'on meurt l'art est seul immortel.

Mais avant d'approcher l'éternel face à face
Suicidez-vous tous à la porte du ciel.

19 *Le ciel, écho profond du génie et du crime,*
Écoute naître Hamlet
[...]
Donc, puisque rien ne meurt de ce que nous créâmes.
[...]
Comment voudriez-vous que mourussent nos drames?

20 Ésquilo (525-456 a.C.) foi um dos três maiores tragediógrafos gregos, ao lado de Eurípides e Sófocles, e um dos grandes gênios da humanidade em *William Shakespeare* ("O outro, Ésquilo, iluminado pela adivinhação inconsciente do gênio". *William Shakespeare*, I, II, "Os gênios"). É uma figura recorrente na obra hugoana (*O homem que ri*, II, VII, 4: "As festas da grande deusa, cantadas por Ésquilo..."). Entre "os mais altos cimos" distinguem-se "Homero, Ésquilo, Jó, Isaías, Dante e Shakespeare" (ibidem). Ésquilo é visto como o principal esteta da desmedida, legitimando a desmedida shakespeariana e... hugoana.

21 *Dans les mondes punis, dans le monde où vous êtes,*
Noir cachot dont le doute a forgé les barreaux,
Les êtres animés, les hommes et les bêtes,
Sont tous des condamnés et sont tous des bourreaux.

La justice divine a fait aussi le crime,
Il devient le remords, dans le même moment,
Le meurtrier soudain se transforme en victime,
Le crime est le fourreau d'où sort le châtiment.

Tout souffre. Tout gémit. Tout travaille au supplice.
Le bourreau souffre autant que le coeur châtié.
Quand je mets Prométhée au haut du précipice,
Le vautour qui le mord me fait aussi pitié.

Les méchants sont bourreaux par l'ongle et par la serre,
Par le regard sanglant qui sort de leurs yeux ronds,
Parce qu'ils ont de la force au crime nécessaire
Et que Dieu leur a dit: je vous fais mes Néron.

Les méchants à leur tour sont de pauvres colombes,
Des âmes que le sort rive en ses noirs pontons,
Que le remords boucher égorge dans leurs tombes,
Tigres redevenus tout à coup des moutons.

Les bons sont des bourreaux qui s'ignorent eux-mêmes,
Oiseaux de nuit du bien, sombres hiboux du jour,
Faisant d'une action sortir les deux extrêmes,
Et créant la douleur parce qu'ils sont l'amour.

Quand un d'eux, dévouant ses jours pour une femme,
Vient lui dire je t'aime et tombe à ses genoux,
Et que, se croyant seuls, ils se donnent leur âme,
Le sombre châtiment assiste au rendez-vouz.

Il dit au couple heureux: place à la jalousie;
À la mère: je viens empoisonner ton lait;
Et quand nous le mettons dans notre poésie
Il est le fils de Lear et le père d'Hamlet.

Les bons sont des bourreaux au visage d'archange,
Des assassins masqués dont on bande les yeux,
Des muets envoyés par le sort qui se venge
Et Dieu pour nous punir se cache derrière eux.

22 *Ils sont des condamnés par leur dévouement même;*
Par leur coeur, par leurs yeux qui pleurent sur nos mains,
Parce qu'ils sont les bons et parce qu'on les aime,
Ils sont les plus punis étant les plus humains.

Ils sont les plus punis parce que les souffrances
Du plus petit en eux trouvent de grands échos,
Et qu'ils disent au crime ainsi qu'aux innocences,
Vous pleurez; la pitié ne voit que des égaux.

23 *Le théâtre c'est l'homme. Il traverse les âges*
Calmant par son regard les fauves passions;
Debout, grave et serein, dépassant tous les sages,
C'est le grand Daniel dans la fosse aux lions.

Ils sont là, sous ses pieds, hérissant leur crinière,
Les trois lions chacun dans son ombre tapi,
Les trois doutes cachés dans l'esprit leur tanière,
L'un l'antique lion dans la fable accroupi.

24 Em *William Shakespeare*, Molière não é, em um primeiro momento, citado entre os catorze grandes gênios da humanidade, listados por Hugo. Por quê? "O que lhe falta então? Isso. Isso é o desconhecido. Isso é o infinito. Se Molière tivesse 'isso', seria um igual de Shakespeare" (I, II, "Os gênios"). Mais adiante, Hugo faz uma nova lista recapitulativa dos gênios, que se diferencia da primeira: "Orfeu, depois Moisés, depois Isaías, depois Ésquilo, depois Lucrécio, depois Tácito, depois Juvenal, depois Cervantes e Rabelais, depois Shakespeare, depois Molière, depois Voltaire" (I, V, "As almas"). O que mostra que Hugo não é verdadeiramente adepto de uma lista representativa e simbólica. Como o Leão de Androcles, Molière pede que o interroguem em versos. Marine Terrace torna-se efetivamente uma forja de versos, e a prática das Mesas dá origem a uma verdadeira e singular obra poética.

25 A imagem da tumba e o tema do túmulo são onipresentes tanto na obra hugoana como nas declarações das Mesas. Em Hugo, a tumba é frequentemente vala comum (a de Fantine em *Os miseráveis*) ou anônima (a de Jean Valjean). Eles exprimem, segundo Guy Rosa, "a escandalosa negação da persistência do 'eu' [e] o enigma comum à morte e à miséria" ("Dossier des *Misérables*". In: Hugo, Victor, *Les Misérables*, 1998, p. 1.975). A rima "tumba-tomba" [*tombe-tombe*], ditada por Molière por ocasião da sessão de sexta-feira 10/2/1854, que alterna o verbo e o substantivo, em rimas cruzadas, aqui entre o alexandrino e o octossílabo [em francês], é recorrente em toda a obra de Hugo.

26 *Avez-vous eu l'honneur de voir rêver Molière?*
Vous a-t-il dit quelquefois, d'une voix familière,
Vous jetant brusquement un vers mélodieux,
Tutoyé comme on fait entre les demi-dieux?

En revenant un soir du fond des avenues,
Ce penseur, qui, voyant les âmes toutes nues,
Ne pouvait avoir peur de notre nudité,
À l'homme en son esprit vous a-t-il confronté?

Et vous a-t-il trouvé, vous, le spectre cynique,
Moins triste, moins méchant, moins froid, moins ironique,
Alors qu'il comparait, s'arrêtant en chemin,
Votre rire de marbre à notre rire humain?

Un soir d'hiver, le parc était sombre et profond.
Je marchais. La nuit froide obscurcissait ses voiles,
Et chaque arbre semblait sous le divin plafond
Un grand chandelier plein d'étoiles.

Je rencontrais ce faune. Il riait dans la nuit.
Il riait dans l'horreur de l'ombre qui commence,
Son noir ricanement ne faisait pas de bruit
Et faisait peur au parc immense.

Tout l'entourait ainsi qu'un rieur redouté.
Les hêtres près de lui retenaient leurs haleines.
Et ce bouffon faisait sous son rire effronté
Trembler leurs majestés les chênes.

Et comme je passais, il me dit: ô penseur,
Je suis un malheureux qui souffre sans le dire,
Les larmes de la nue et de la nuit sa soeur
Tombent sur moi captif du rire.

Tout voudrait que je pleure, et moi, silencieux,
Ô coeur humain, j'entends les bruits que tu m'apportes,

Et je vois à travers les trous de mes deux yeux
L'âme s'emplir de feuilles mortes.

Et devant moi rieur tout passe tour à tour,
Et le chant des oiseaux et ton chant, ô Molière,
Et les doux promeneurs disant des mots d'amour,
Je ris quand pleure La Vallière.

Le palais est rempli de courtisans hideux
S'habillant du haillon de la France abattue.
Et je ris quand son spectre errant au milieu d'eux
Vient s'accouder à ma statue.

Je ris du mois qui passe et de la fin du jour,
Du sombre hiver qui fait grelotter l'humble alcôve
Et dont la neige met pour le bal de la cour
Une perruque à mon front chauve.

Mon rire est comme une âme insensible à vos cris,
Que l'homme souffre, pleure, ou désespère, ou tombe,
Ô penseur, je rirais encor comme je ris
Si mon socle était une tombe.

Il se tut. Et je vis sous l'ombre des grands bois
S'animer ce fantôme au sourire funeste
Et je lui dis: ton nom, pauvre douleur sans voix?
Le rieur répondit: Alceste.

Toi qui du vieux Shakespeare as ramassé le ceste,
Toi qui, près d'Othello, sculptes le sombre Alceste,
Astre qui resplendit sur un double horizon,
Poète au Louvre, archange au ciel, ô grand Molière,

Ta visite splendide honore ma maison.
Me tendras-tu là-haut ta main hospitalière?
Que la fosse pour moi s'ouvre dans le gazon,
Je vois sans peur la tombe aux ombres éternelles.

Car je sais que le corps y trouve une prison,
Mais que l'âme y trouve des ailes.

27 *Esprit qui veux savoir le secret des ténèbres,*
Et qui, tenant en main le terrestre flambeau,
Viens furtif à tâtons dans nos ombres funèbres
Crocheter l'immense tombeau,

Rentre dans ton silence et souffle tes chandelles.
Rentre dans cette nuit dont quelquefois tu sors.
L'oeil vivant ne lit pas les choses éternelles
Par-dessus l'épaule des morts.

28 *Les rois et vous, là-haut changez-vous enveloppe?*
Louis quatorze au ciel n'est-il pas ton valet?
François premier est-il le fou de Triboulet,
Et Crésus le laquais d'Ésope?

29 *Le ciel ne punit pas par de telles grimaces,*
Et ne travestit pas en fou François premier,
L'enfer n'est pas un bal de grotesques paillasses
Dont le noir châtiment serait le costumier.

30 *Ils portent tous le fer. Leurs âmes enchaînées*
Ont au pied le carcan de la prison des morts,
Et, lorsque devant nous elles sont amenées,
Leur crime les envoie au bagne du remords;

Je les fais tout le jour sans trêve et sans relâche
Suer dans un cachot dont nul ne peut sortir;
J'encourage le brave et fouette le lâche,
Car ils sont aux travaux forcés du repentir.

Jusqu'au jour où le Dieu des célestes phalanges,
Levant son front dans l'ombre où, crime, tu passas,
Avec tous ces maudits voulant faire des anges,
Enverra dans le ciel ce convoi de forçats.

31 Molière responde em 48 versos distribuídos em doze estrofes de três alexandrinos e um octossílabo [na metrificação francesa]. Mais uma vez a caligrafia que reproduz os versos de Molière difere das perguntas de Victor Hugo, que são feitas (p. 25 do caderno) em dez alexandrinos em rimas seguidas e depois cruzadas, sem nenhuma correção e com a pontuação. Mas é efetivamente Auguste Vacquerie quem copia os versos pronunciados por Hugo. Chega a Sombra do Sepulcro, que dita quatro alexandrinos copiados em prosa (p. 25 do caderno), depois outros três em rimas cruzadas completadas por um octossílabo. Hugo lhe responde em três alexandrinos e um octossílabo em quatro rimas interpoladas, e A Sombra do Sepulcro em quatro estrofes, todas em alexandrinos e rimas cruzadas. Ou seja, um total de 94 alexandrinos (em 270 minutos, uma letra a cada cinco segundos). Após a rubrica: "Encerrado às 2h", uma anotação esclarece: "Ao ditarem seus versos, Molière, Ésquilo, Shakespeare e André Chénier corrigem, interrompem, hesitam, apagam, refazem. A Sombra do Sepulcro, por sua vez, dita os versos como se fossem prosa". Essa nota é em uma caligrafia diferente da cópia dos últimos versos da Sombra do Sepulcro. O que surpreende é que, com exceções, que constam de nossa edição, o caderno não traz vestígio de repetições, interrupções, hesitações, dos versos apagados

e refeitos por Molière, Ésquilo, Shakespeare e Chénier. Parece efetivamente que O *Livro das Mesas* é uma cópia passada a limpo das atas das sessões espíritas. É escrito a partir das anotações das atas, depois, independentemente, pelos diversos participantes, mas sobretudo por Vacquerie e Hugo.

32 *Eschyle, toi chez qui l'humanité muette,*
À tâtons dans la nuit, sans espérer le jour,
Aveugle, rampe aux pieds des dieux, sombre poète
De la fatalité – que dis-tu de l'amour?

L'aube à notre horizon pas à pas est montée,
Et depuis soixante ans nous y voyons un peu.
Le grand quatre-vingt-neuf, dont tu fis Prométhée,
Au ciel avare enfin a dérobé le feu.

Apollon nous dirait de tuer notre mère,
Que notre conscience insulterait sa loi.
Oreste répondrait au dieu de la lumière:
Puisque tu veux tuer, je suis plus dieu que toi!

Oui, nous voyons le mal et le bien, grand spectacle!
Sans aller consulter les dieux ni les démons.
Oui, notre conscience est notre seul oracle;
Oui, nous avons enfin des yeux; – mais nous aimons.

Alors, nous avons beau voir le beau et le juste,
Nous sommes les laquais de notre passion.
Une petite main tient notre bras robuste.
Notre coeur te soufflette, ô Révolution!

Le coeur n'a pas cessé d'accumuler sans trêve
Les vices ténébreux sur les crimes hardis
Depuis l'heure où, mangeant le fruit cueilli par Ève,
Adam a préféré l'amour au paradis.

Hélène aime Pâris, et Troie est inondée
De sang humain coulant à flots pendant dix ans.
Clytemnestre aime, et tue Agamemnon. Médée
Aime Jason, et coupe en morceaux ses enfants.

Serait-ce donc la loi? L'amour a-t-il pour tâche
De mettre un noir poison dans la blancheur du sein?
Cléopâtre, tu fais de Marc-Antoine un lâche;
Desdémona, tu fais du Maure un assassin.

Les poètes, portraits de l'homme à tous les âges,
Mettent l'amour au fond de tous les inhumains.

L'amour, crime des bons, corruption des sages,
A moins de pleurs aux yeux qu'il n'a de sang aux mains.

Quoi! L'homme le plus fort, le penseur, le doux maître,
L'ami des animaux, même des malfaisants,
Pour en faire un méchant, un meurtrier, un traître,
Il suffit du front pur d'une enfant de seize ans!

Il a beau résister. Sa conscience triste
A beau lui dire: ami, tu fais mal, tu vois bien.
Il commet en plein jour ce que commet Égisthe
Caché dans la nuit noire et sous le dieu païen.

Ô dix-huitième siècle effrayant et sublime,
L'esprit est délivré, mais le coeur est fatal.
Et notre amour nous fait de la lumière un crime,
Car nous faisons le mal voyant que c'est le mal.

Viendra-t-il un moment où le coeur sera libre?
Où tout sera d'accord, viendra-t-il ce grand jour
Où, réconciliant notre âme et notre fibre,
La conscience humaine épousera l'amour?

Le nocturne viol, le trahi qui se venge,
Le veuf qui va montrant le poing au firmament,
Est-ce l'amour lui-même, ou n'est-ce que la fange
Dont nous obscurcissons le divin diamant?

L'amour est-il encor l'amour, sans frénésie?
Sera-t-il aussi doux s'il n'a jamais frémi?
Lâcheras-tu l'amour, ô noire jalousie
Qui du plus amoureux fais le pire ennemi?

Eschyle, quel moyen de modérer les laves,
Être aimé tout ensemble et libre, dis, comment?
Il ne faut qu'un amour pour faire deux esclaves:
Lui, de sa jalousie; elle, de son amant.

Pourrons-nous corriger sans le réduire en poudre
Ce grand frissonnement moral et sensuel,
Ce terrible bonheur fait d'un jet de la foudre
Et dont la splendeur sombre éclabousse le ciel?

Ou bien, faut-il choisir? Dis, faudra-t-il que l'homme
Abandonne l'amour s'il veut la liberté,
Et que ce sacrifice horrible se consomme,
Et qu'il foule à ses pieds son coeur ensanglanté?

Vieux poète fatal affranchi par la tombe,
Dis-nous si sans mourir l'amour peut se calmer,
Et comment le vautour deviendra la colombe;
Car nous voulons penser, mais nous voulons aimer.

Faut-il tuer l'amour ainsi que tout le reste
Pour que l'homme soit libre enfin de tout côté?
Amour, ce mot charmant de la langue céleste,
Serait-il l'autre nom de la fatalité?

Si c'était elle, ô Dieu, si c'était son squelette,
Qui, rejetant le nom dont tu la désignais,
Revînt à nous un masque aux yeux? Toi, son poète,
Regarde bien, et dis si tu la reconnais.

Si c'était elle, ô Dieu, qui ressaisît notre âme
Et qui prît, remplaçant son attirail banal,
Pour sa chaîne de fer un cheveu d'une femme
Et pour son clou d'airain un repas virginal?

33 *— Non, l'homme ne sera jamais libre sur terre.*
C'est le triste captif du mal, du bien, du beau.
Il ne peut devenir, c'est la loi du mystère,
Libre qu'en devenant prisonnier du tombeau.

Non, il ne suffit pas qu'il ait conquis, doux rêve,
La liberté sur l'ombre et le jour sur le nord.
Sa conquête commence, et celui qui l'achève
C'est ce grand conquérant qui s'appelle la mort.

34 *C'est le seul conquérant qui soit grand, c'est la mort.*
Non, il ne suffit pas qu'il renverse une geôle,
Qu'il jette en rugissant les trônes à l'égout,
Son âme aura toujours une marque à l'épaule.
Le coeur humain n'aura jamais de dix-août.

Il sera toujours là, le sombre roi, le maître,
Le doute, de nos coeurs faisant ses noirs valets,
Passant et repassant derrière la fenêtre,
Allumant, éteignant les lustres du palais.

Vous tuez un tyran, mais l'esclavage reste,
Qu'il s'appelle l'amour ou la fatalité.
Lorsque Dieu veut punir dans le monde d'Oreste,
Il donne à ses bourreaux son immortalité.

Vous tuez un tyran? Tuez la jalousie!
Mettez donc la douleur, comme le Louvre en feu!
Vous faites choir un roi quand votre heure est choisie.
Mais exécutez donc l'exécuteur de Dieu!

Fatalité, lion dont l'âme est dévorée,
J'ai voulu te dompter d'un bras cyclopéen,
J'ai voulu sur mon dos porter ta peau tigrée,
Et j'ai voulu qu'on dît: Eschyle néméen.

Je n'ai pas réussi. La bête fauve sombre
Remplit encor vos coeurs de son ongle éternel;
Le coeur de l'homme est plein encor de cris de haine,
Cette fosse aux lions n'a pas de Daniel.

Après moi vint Shakespeare. Il vit les trois sorcières,
Ô Némée, arriver du fond de ta forêt,
Et jeter dans nos coeurs, ces bouillantes chaudières,
Les philtres monstrueux de l'immense secret.

Il vint dans ce grand bois, la limite du monde.
Après moi le dompteur, il vint lui le chasseur;
Et comme il regardait dans son âme profonde
Macbeth cria: fuyons, et Hamlet dit: j'ai peur.

Il se sauva. Molière alors sur la lisière
Parut, et dit: voyez si mon âme faiblit.
Commandeur, viens souper. Mais au festin de pierre
Molière trembla tant que dom Juan pâlit.

35 *As sans peur souffleté Tartuffe en pleine église*
Et mené dom Juan souper dans le tombeau.

36 "Ó leão castigo!": a primeira visita do Leão de Androcles deu-se na noite de 6/1/1854. Ela é consignada em uma ata. O Leão voltará regularmente até 26/9/1854 e os pedidos precisos que ele fez constituem a fonte direta de alguns poemas de Victor Hugo. A presença do Leão nas sessões espíritas é completamente hugoana. O leão, em Hugo, é um símbolo constante do povo; essa comparação do povo com um leão volta constantemente em sua obra.

A origem do poema "Ao Leão de Androcles" pode ser detectada nas sessões das Mesas. Em 17/2/1854, o Leão de Androcles, após um amistoso "olá, imbecis", pede versos a Victor Hugo. Diante da impossibilidade imediata de satisfazê-lo, o Leão vai embora furioso. No dia 18, Hugo escreve "Androcles" (*Os quatro ventos do espírito*, III, 15) e, em 28/2, termina "Ao Leão de Androcles". Em 24 de março, após a leitura feita por Hugo dos versos compostos por ele, o Leão começa uma bela e longa resposta em versos. Essa troca parece ter intrigado Victor Hugo, como atesta a dupla anotação, reproduzida abaixo, estampada na margem do manuscrito do poema:

[Anotações de Victor Hugo:]

"Nos volumes ditados ao meu filho Charles pela Mesa, consta uma resposta do Leão de Androcles a essa peça. Menciono esse fato aqui na margem. Simples constatação de um fenômeno estranho ao qual assisti várias vezes. É o fenômeno da trípode antiga. Uma Mesa dita versos com batidas e estrofes saem da sombra. Desnecessário dizer que nunca misturei a meus versos nenhum dos versos oriundos do mistério, nem às minhas ideias nenhuma dessas ideias. Sempre as releguei religiosamente ao Desconhecido, que é seu único autor; nem sequer admiti seu reflexo; afastei inclusive sua influência. O trabalho do cérebro humano deve permanecer à parte, sem plagiar os fenômenos. V. H.".

"As manifestações exteriores do invisível são um fato, as criações interiores do pensamento são outro; a parede que separa esses dois fatos deve ser mantida, no interesse da observação e da ciência. Não devemos abrir nenhuma brecha e o plágio seria uma brecha. À margem da ciência, que o defende, sentimos igualmente a religião, a grande, a verdadeira, a obscura e a certa, que o proíbe. Logo, repito, foi tanto por consciência religiosa como por consciência literária, foi por respeito ao fenômeno em si, que me isolei dele, adotando como lei não aceitar nenhuma ingerência em minha inspiração e querendo manter minha obra tal como é, absolutamente autoral e pessoal. V. H." ("Ao Leão de Androcles", manuscrito datado de 28/2/1854, *A lenda dos séculos*, I, II).

Hugo explicita aqui o problema da propriedade literária. Perguntará mais de uma vez à Mesa se ela conhece os versos escritos por ele sobre o mesmo tema ou, quando for o caso, apontará coincidências estranhas. Acontecerá isso nos dias 30/5/1854, 22/10/1854, por três vezes, em 18/12/1854, duas vezes, em 15 e 22/3/1855. Victor Hugo passa a anotar esses elementos no rodapé das atas, instituindo assim a Mesa como sua devedora. A vontade de Hugo de estabelecer a anterioridade de sua criação poética transparece ao longo de todo o período das Mesas. Em 4/1/1855, escreverá à sra. De Girardin: "A senhora não encontrará, portanto, em *As contemplações* nada que venha das Mesas, à exceção de dois detalhes, muito importantes, para os quais pedi autorização (eu sublinho)". Esses dois detalhes são "duas coisas [...] tiradas literalmente da Mesa, o verme Cleópatra e a gradação da prisão à masmorra" que figuram em "O que diz a Boca de Sombra" (*As contemplações*, VI, XXVI).

37 *Mais que ce soit le spectre ou la sorcière ou l'ombre,*
C'est toujours toi, lion à la griffe de fer.
Tu remplis tellement la grande forêt sombre
Que Dante te rencontre en entrant dans l'enfer.

Il blanchit d'ossements les oeuvres des poètes.
Votre art après le nôtre achève la leçon.
C'est toujours mon lion qui ronge les squelettes
Que vos Quasimodo laissent à Montfaucon.

Donc la fatalité pour l'humaine blessure
C'est l'amour et l'amour c'est la fatalité.
C'est toujours cette dent dont l'horrible morsure
Fait que tous nos baisers ont l'air ensanglanté.

La boucle de cheveux que coupe le poète,
Que dom Juan dérobe à quelque front charmant,
Que baise Roméo pensant à Juliette,
Est prise à ta crinière, ô lion châtiment!

Tu n'es dompté qu'à l'heure où la mort belluaire
T'arrache à l'antre où, seul, tu mets l'âme en lambeau,
T'arrache à ta forêt profonde et séculaire,
Et te montre du doigt la cage du tombeau.

38 *Donc la fatalité fait la même blessure*
Que l'amour et l'amour que la fatalité.

39 *T'arrache de la dent l'âme humaine en lambeau,*
Te prend dans ta forêt
Et te montre du doigt ta cage le tombeau.

40 Ésquilo confunde os versos de Shakespeare com os seus: em janeiro de 1854, Victor Hugo já levantava a questão da identidade dos espíritos que se dirigiam a ele: "Acontece-nos duvidar da identidade absoluta e real dos personagens que nos dirigem a palavra. Possuís no mundo onde estais um meio de nos convencer plenamente de que sois de fato os personagens em nome dos quais falais?". Shakespeare via-se às vezes substituído por Ésquilo ou pela Sombra do Sepulcro. Foi "ela" que lhe deu esta resposta em 29/1/1854: "O túmulo não mente. Por que duvidais? Porque sois vivos. Não podeis crer sem morrer. Sois os reis da vida que recebeis os embaixadores da morte, não podeis ver-lhes as coroas. Suas coroas são suas almas. A fala da morte é a verdade na grandeza, é o Verbo".

41 *Éteignant les lustres du palais.*

Non, l'homme ne sera jamais libre sur terre.
C'est le triste captif du mal, du bien, du beau.
Il ne peut devenir, c'est la loi du mystère,
Libre, qu'en devenant prisonnier du tombeau.

Non, il ne suffit pas qu'il ait conquis, doux rêve,
Sa liberté sur l'Ombre et le jour sur le nord,
Sa conquête commence, et celui qui l'achève,
C'est le seul conquérant qui soit grand, c'est la mort.

Non, il ne suffit pas qu'il renverse une geôle,
Qu'il jette en rugissant les trônes à l'égout.

Son âme aura toujours une marque à l'épaule.
Le coeur humain n'aura jamais de dix-août.

Il sera toujours là, le sombre roi, le maître,
Le doute, de nos coeurs faisant ses noirs valets,
Passant et repassant derrière la fenêtre,
Allumant, éteignant les lustres du palais.

Vous tuez un tyran, mais l'esclavage reste,
Qu'il s'appelle l'amour ou la fatalité.
Lorsque Dieu veut punir dans le monde d'Oreste,
Il donne à ses bourreaux son immortalité.

Vous tuez un tyran? Tuez la jalousie!
Mettez donc la douleur, comme le Louvre, en feu!
Vous faites choir un roi quand votre heure est choisie,
Mais exécutez donc l'exécuteur de Dieu!

Fatalité, lion dont l'âme est dévorée,
J'ai voulu te dompter d'un bras cyclopéen,
J'ai voulu sur mon dos porter ta peau tigrée.
Et j'ai voulu qu'on dît: Eschyle néméen.

Je n'ai pas réussi. La bête fauve humaine
Déchire encor vos chairs de son ongle éternel;
Le coeur de l'homme est plein encor de cris de haine.
Cette fosse aux lions n'a pas de Daniel.

Après moi vint Shakespeare. Il vit les trois sorcières,
Ô Némée, arriver du fond de ta forêt,
Et jeter dans nos coeurs, ces bouillantes chaudières,
Les philtres monstrueux de l'immense secret.

Il vint dans ce grand bois, la limite du monde.
Après moi le dompteur, il vint lui le chasseur.
Et, comme il regardait, dans son âme profonde
Macbeth cria: fuyons, et Hamlet dit: j'ai peur.

Il se sauva. Molière alors sur la lisière
Parut, et dit: voyez si mon âme faiblit.
Commençons, viens souper! Mais au festin de pierre
Molière trembla tant que dom Juan pâlit.

Mais, que ce soit le Spectre ou la sorcière de l'Ombre,
C'est toujours toi, lion à la griffe de fer.
Tu remplis tellement la grande forêt sombre
Que Dante te rencontre en entrant dans l'enfer.

Ce monstre a d'ossements blanchi tous les poètes.
Votre art après le nôtre achève la leçon.
C'est toujours mon lion qui ronge les squelettes
Que vos Quasimodo laissent à Montfaucon.

Donc, la fatalité, c'est moi qui te l'assure,
C'est l'amour, et l'amour c'est la fatalité.
C'est toujours cette dent dont l'horrible morsure
Fait que tous nos baisers ont l'air ensanglanté.

La boucle de cheveux que coupe le poète,
Que dom Juan dérobe à quelque front charmant,
Que baise Roméo pensant à Juliette,
Est prise à ta crinière, ô lion châtiment!

Tu n'es dompté qu'à l'heure où la mort belluaire
T'arrache de la dent l'âme humaine en lambeau,
Te prend dans la forêt profonde et séculaire
Et te montre du doigt ta cage, le tombeau.

42 "Vês nossa pobreza": parece de fato que a situação financeira da família Hugo, no exílio em Jersey desde 5/8/1852, não era das mais animadoras. O livro-caixa, mantido pela sra. Hugo em Jersey, no qual figura aliás uma ata de sessão espírita, não datada, comprova contas na ponta do lápis e gastos limitados. Em 22/5/1855, a sra. Hugo escrevia à sua irmã Julie Foucher: "Se soubesses o consumo de comida que temos em nossa casa, não fazes ideia. Todo dia tenho gente para jantar, gasto quatrocentos francos por mês com a alimentação, entendo por isso tudo que entra no estômago, mas nada além disso. Gastamos de 12 a 15 mil francos por ano, é muito para nós, que temos o mercado da França fechado. Tu sabes que as peças do meu marido são encenadas e que os tribunais decidiram que ele não receberia nada relativo aos direitos". A família Hugo vivia de direitos autorais, o que proporcionava, em 1855, duzentos francos por mês, ou seja, metade das despesas com alimentação. Victor Hugo expõe dessa forma a Adèle suas inquietudes quanto a seu futuro material e financeiro: "Será preciso uma economia sórdida. [...] Não sei como faremos. Só escolhi, naturalmente, em matéria de móveis, o estritamente necessário, a simplicidade é espartana" (Carta de Victor Hugo a Adèle Hugo, 5/11/1855).

Está comprovado que Hugo gastava muito em caridades diversas. A caridade era para ele um dever moral e social, ainda mais que na época não existia nenhum sistema de proteção social. Em *Os miseráveis*, Jean Valjean evoca frequentemente a figura hugoana: "Tinha sempre os bolsos cheios de trocado ao sair e vazios ao voltar" (I, V, 3). Esse trecho corresponde ao próprio comportamento de Hugo, que, desde o dia de seu retorno a Paris, em 5/9/1870, até 31 de dezembro do mesmo ano, doou em espécie, sem olhar para quem, 4.365 francos da época.

43 "Lamentamos não poder ajudá-los": Hugo ajudará sempre, conforme suas possibilidades, aqueles de quem se sente devedor ou que aleguem necessidades. Em 4/10/1853, por exemplo, manda expedir, por intermédio de Paul Meurice, um bônus de 360 francos em nome de Jacques-Firmin Lanvin, tipógrafo que lhe permitira usar sua identidade para fugir da França. Hugo continuará a ajudar Lanvin mais tarde. Em Jersey, ajudará regularmente Sandor-Alexandre Teleki, um proscrito húngaro. As agendas de Guernesey, mantidas rigorosamente por Hugo, atestam suas doações à caixa de ajuda aos proscritos, às trabalhadoras "braçais", a diferentes proscritos, uma vez que 38 deles foram expulsos em outubro de 1855, junto com Hugo. Em 27/5/1856, ele lançará um abaixo-assinado para ajudar as mulheres e filhos dos marinheiros desaparecidos no mar. Esse gesto sucedia o naufrágio do barco que fazia a linha entre Guernesey e Saint-Malo, cujo capitão, sr. Pengalley, deixara mulher e quatro filhos.

44 Personagem da tradição semítica, Jó encarna o homem justo golpeado pelo infortúnio e que interroga Deus sobre o mal. O *Livro de Jó*, na Bíblia, faz o relato de suas provações e sofrimentos, bem como de sua fidelidade a Deus. É um dos personagens bíblicos mais citados por Hugo e que alicerça sua mitologia pessoal (é o segundo dos grandes gênios da humanidade apontados como tais em *William Shakespeare*). Jó é um "Titã do estrume", como diz um verso de "Deus"; é o gigante cujo monturo é também um "Cáucaso". Encarna, através do monturo do qual se reergue, a onipotência paradoxal que pode nascer da humilhação e do sofrimento que consagra. "O monturo de Jó, transfigurado, será o calvário de Jesus" (*William Shakespeare*, I, II, "Os gênios"). Hugo põe em relevo sua grandeza colossal, sua força. Jó é um gigante: "caído, torna-se gigantesco". É o mais miserável, e é justamente por isso que é o mais forte. O engajamento político de Hugo após os anos 1880 o levará a citar Jó para denunciar os primeiros *pogroms* de 1881 contra os judeus na Rússia.

45 Marat, Danton e Robespierre foram objeto de longos comentários, que mostravam tanto fascínio como repulsa, no romance de Hugo *Noventa e três* (1874). Uma ata, de outro período do ano 1854, transcreve uma conversa entre Marat e Hugo.

46 *Contre vous je n'ai pas de colères.*
Je vois j'aime et je plains ce pauvre et ce proscrit
Qu'une oppression lâche enchaîne à ces galères
Où saigne encor le clou du forçat Jésus-Christ.

Je sais qu'ils ont besoin de tout, hors de courage,
Et que le dernier sue autant que le premier,
Qu'ils sont la sainte fleur robuste dans l'orage
Qui naît, ô Job, de ton fumier!

Je sais qu'ils sont sans force et vivent de misère,
Qu'ils sont faits de souffrance et d'amour et de foi,
Qu'ils sont pour l'homme enfant le tuteur nécessaire
Et qu'ils sont en haillons aux portes de la loi.

Je sais qu'ils sont sans pain sans abri sans refuges,
Qu'on les a vus partout errants, jamais fuyants,
Qu'ils sont des condamnés dont Dieu fera des juges,
Que des mains de ces mendiants

Le monde un jour verra tomber la grande aumône
Quand ne régnera plus Bonaparte-crispin,
Qu'ils chaufferont la terre en brûlant chaque trône
Et feront de l'amour du reste de leur pain.

Je sais bien tout cela, mais je sais mieux encore
Qu'ils ne sont qu'un atome emporté dans le ciel,
Que Danton est un bruit, Marat un météore,
Et que Shakespeare est éternel.

Je sais qu'ils passeront comme un vent sur la plaine,
Comme un flocon d'écume au bord du gouffre amer,
Qu'ils s'évanouiront quand cessera la haine
Et qu'étant la tempête ils sont moins que la mer.

Car ils sont les nochers et pas un d'eux ne sonde
La sombre immensité de la vie et du coeur.
La cloche de détresse, n'est-ce pas, mer profonde?
Ne vaut pas la cloche à plongeur.

Un seul mot de Shakespeare, un seul mot de Molière,
Fait plus au genre humain qu'émeutes et tambours.
Leur voix fait plus de bruit, leur voix si familière,
Que cent canons d'airain parlant à cent faubourgs.

Ils sont les bienfaiteurs de la souffrance humaine.
Ils sont au bas de tous les grands agenouillés.
Leur oeuvre au pied des croix, sublime madeleine,
A ses grands yeux toujours mouillés.

Chaque larme qui tombe ou glisse de leur âme
Reste dans notre esprit en sortant de leurs yeux.
Elle devient la perle ou l'étoile de flamme.
Dieu lui donne à choisir ou la mer ou les cieux.

47 Tapner: ver nota à p. 195. Tapner, por sua personalidade execrável e pela amplitude de seus crimes, tinha todos contra si, sendo, portanto, um condenado ideal para o abolicionista Hugo. Desde a condenação à morte de Tapner, Hugo, fervoroso adepto da abolição da pena de morte, como o ilustra seu livro O *último dia de um condenado*, de 1828, militou para que esta fosse comutada em pena de prisão. Tapner se beneficiou de três *sursis*, tendo sido finalmente executado em 10/1/1854. O *Journal de l'exil*,

de Adèle Hugo, reproduz as declarações de seu pai de janeiro de 1854: “Há um ano, eu teria reunido os proscritos de Jersey e lhes sugerido fazermos uma manifestação para salvar Tapner. Este ano, preferi agir sozinho. Trabalhar com os proscritos é difícil. Eu não poderia colocar nada no meu apelo sem a sua adesão e, mesmo assim, eles teriam me acusado de querer dominá-los. Livrei-me de todas essas futricas. Aliás, sozinho tenho mais força, e toda proscrição me segue espontaneamente”. Hugo então, ao preferir agir sozinho, sentirá dolorosamente a execução de Tapner. Como se não bastasse, o poeta viveu esse desfecho como um fracasso pessoal, como mostra outra passagem do *Journal de l'exil*: “Meu pai soube pelo jornal *Star* de Guernesey que Palmerston ordenou a execução de Tapner, que será enforcado na sexta-feira 3 de fevereiro. Esta noite, meu pai está taciturno; só interrompe seus pensamentos para repetir: ‘A morte desse homem me oprime...’. Depois acrescentou: ‘Palmerston me pagará caro por isso’” (*Journal de l'exil*, t. III, 31/1/1854). No dia seguinte, pondo em risco a própria segurança, Hugo escreverá uma carta duríssima a lorde Palmerston, julgado responsável pela morte de Tapner: “Habitamos, o senhor e eu, o infinitamente pequeno. Não passo de um proscrito e o senhor não passa de um ministro. Sou cinza, o senhor é pó. Podemos conversar de átomo para átomo. [...] O quê! Nesse assunto, o senhor teria, o senhor, cavalheiro, receado melindrar o proscritor ao dar razão ao proscrito, o homem enforcado seria uma complacência, esse cadafalso seria uma amabilidade...”. Em seguida, Tapner se apresentará à mesa de Marine Terrace. Uma ata, não datada, escrita por Adèle Hugo, conservada na Maison de Victor Hugo, relata essa breve “entrevista”, em que Tapner descreve a angústia do condenado e os sofrimentos físicos padecidos durante sua execução. A voz da Mesa toma o lugar assim da voz do condenado anônimo de *O último dia de um condenado*. Ver a transcrição dessa ata na seção “Documentos”, p. 481.

48 *Sa pauvre âme en silence*
Dans un recueillement doux et religieux
Se fait, avec sa corde au pied de la potence,
Une échelle qui monte aux cieux.

J'ai défendu que nul ne vienne et ne dérange
Ce prisonnier pensif dont j'absoudrai la main.
Et que personne à lui n'arrive excepté l'ange
Qui doit lui montrer le chemin.

Paix à ce mort qui prie et qui vide ses haines
Dans le sein du Seigneur et qui redevient beau.
Ne trouble pas ce coeur qui des prisons humaines
S'est évadé dans le tombeau.

Laisse-le lentement sous le Dieu qu'il implore
S'épurer. Laisse-le penser au grand demain
Qui viendra l'enlever pour sa divine aurore
Au bonnet du sommeil humain.

49 *Molière, que dis-tu de tes Femmes savantes?*
Trouves-tu que ce soit une bonne leçon?
Les femmes, en effet, sont-elles des servantes
Dont l'esprit ne doit pas sortir de la maison?

Maître, leur dirons-nous: il ne faut pas qu'on lise?
Voir "comment va le pot" est-ce tout leur destin?
Est-ce que leur science a vraiment nom Bélise,
Et que leur poésie est vraiment Trissotin?

Bélise aime les vers: tu la fais sans cervelle.
Armande a regardé la lune: elle est sans coeur.
Quoi! Pour avoir tâché que le ciel se révèle!
Pour avoir épelé votre alphabet, Seigneur!

Clitandre passe un peu de pensée à la femme,
Mais il ne dit qu'un mot, et tout ton drame amer
N'est qu'un éclat de rire à la face de l'âme.
Le vers se couche à plat. Chrisale dans la chair.

Quoi! Les femmes n'auraient pas droit d'ôter leurs voiles!
Elles ne pourraient pas lever la tête! Quoi!
Elles ne pourraient pas regarder les étoiles!
Et l'homme dirait: le soleil est à moi!

Quand tu viens voir jouer ta pièce, et que la salle,
Toujours prompte, depuis ta mort, à t'admirer,
Bat des mains aux beaux vers monstrueux de Chrisale,
Est-ce que ton succès ne te fait pas pleurer?

Ne te repens-tu pas parfois de ce chef-d'oeuvre?
N'est-ce pas le point noir de tes cieux rayonnants
D'avoir fait par ce drame, admirable couleuvre,
Mordre ces petits pieds, hélas! déjà saignants?

Qui donc a droit de vivre ailleurs qu'en cette vie,
Sinon celles pour qui cette vie est de fer?
N'empêchons pas au moins que le ciel les convie
Puisque nous leur faisons de la terre un enfer!

Ô grand poète triste, est-ce toi qui les blesses?
Homme et penseur, ayant double virilité,
N'étais-tu pas l'appui de toutes ces faiblesses?
Ne les voyais-tu pas pleurer de ton côté?

Toi, Molière, qui fus toujours si bon pour elles,
Et qui leur as versé ton coeur à plein flacon,

Toi qui fais enlever toutes tes Isabelles
Par le premier Valère errant sur leur balcon,

Toi qui n'as jamais pu voir un amour en cage
Sans venir aussitôt le lâcher en plein air,
Toi qui défends l'amour contre le mariage
Jusqu'à nommer parfois les amants Jupiter!

Toi dont les Trufaldins ont tous des Mascarilles,
Non, tu n'as pas voulu – nous t'avons mal compris –
Cloîtrer des cerveaux, toi le haïsseur des grilles!
Quoi! Les ailes aux coeurs et la chaîne aux esprits!

Rieur terrible et doux qui détruis pour refaire,
Toi dont l'oeuvre se mêle à tous les droits conquis,
Toi, grand comédien révolutionnaire
Qui t'es armé du roi pour frapper les marquis,

Toi qui, plus sérieux quand tu sembles fantasque,
Sachant qu'au carnaval la liberté s'absout,
As pris la comédie ainsi qu'on prend un masque;
Toi qui te fais bouffon pour pouvoir dire tout;

Chez qui l'autorité fut toujours mal reçue;
Formidable farceur, Hercule-Turlupin,
Qui brises tout pouvoir de ton rire-massue;
Toi qui fais bâtonner les pères par Scapin!

Toi qui veux qu'en tous sens l'homme se civilise;
Toi qui, dans toute nuit allumant ton flambeau,
As, sans peur, souffleté Tartuffe en pleine église
Et mené don Juan souper dans le tombeau!

Non, tu ne peux pas dire aux femmes: le mystère
Ne vous appartient pas! Tu ne peux lier
Aux vils soucis du corps la moitié de la terre!
Toi le libérateur, tu n'es pas le geôlier!

Tu ne leur défends pas, dans la cellule étroite
Où leur espoir étouffe en proie aux noirs bourreaux,
De mettre sous leurs pieds leur escabeau qui boite
Et de tâcher de voir le jour par les barreaux!

Non! Quand leur sort déjà saigne de coups sans nombre
Lorsque, leur empoignant rudement les deux bras,

Le dur amour les scelle à sa muraille sombre,
Tu leur ôtes des clous, tu ne leur en mets pas!

Non, tu n'es pas chez nous pour obscurcir les âmes,
Toi qui, le plus grand jour où tu nous enseignais,
As tant fait sangloter ton École des femmes
Quand Arnolphe éteignit la lumière d'Agnès!

Arnolphe pleurait trop pour parler à Chrisale.
Il l'aurait sans cela prévenu tristement
Que rejeter dans l'ombre une âme, notre égale,
C'est une impiété qui devient châtiment.

Non! Non! Il suffisait que tu fusses Molière
Pour ne pouvoir éteindre un seul instinct qui luit;
Car c'est le même mot que génie et lumière,
Et tu n'es pas soleil pour apporter la nuit!

50 Foi Auguste Vacquerie, apaixonado por teatro, que, em quatro dias, compôs esses versos. Autor de uma curiosa antologia poética, O *inferno do espírito* (1840), destacou-se como dramaturgo, escrevendo, entre outras peças, *Tragaldabas*, encenada em 1848 e marcada por um fracasso retumbante. No entanto, esse drama agradava muito a Mallarmé, que via nele uma "grande comédia, quase heroica, e absolutamente farsesca". Em Jersey, além de apaixonantes experiências fotográficas às quais se dedica, com talento aliás, na companhia de Charles Hugo, Auguste Vacquerie dispõe de um tempo livre imenso. As conversas com os dramaturgos que acabam de visitar a mesa de Marine Terrace e a composição dos versos solicitados lhe permitem ocupar-se e ao mesmo tempo dedicar-se à sua maior paixão.

51 *Toute oeuvre a deux aspects et tout drame deux ailes,*
L'une que plume en bas le critique anxieux,
L'autre qui vole et plane aux voûtes éternelles,
Immense aile d'azur faite de l'air des cieux.

Penseur, voici le sens de mes Femmes savantes:
C'est l'esprit et la chair tous deux punis par Dieu.
L'esprit veut que la chair soit une de servantes,
La chair veut que l'esprit cuise son pot-au-feu.

L'esprit veut que la chair comprenne ses idées.
La chair veut que l'esprit comprenne ses besoins.

52 *Ils trouvent en mourant, au lieu de la clarté,*
Au lieu de la lumière, au lieu des espérances,
Leur crime spadassin dans la mort aposté.

53 *Leurs crimes apostés derrière leurs tombeaux?*

54 *Ils sont les condamnés par leur pitié sublime*
Qui fait d'eux la moitié de toutes les douleurs;
Quant à moi je plains plus la bonté que le crime
Et les hommes de sang moins que l'homme des pleurs.

55 *Ils sont les condamnés de l'humaine misère*
Parce que tous, petits et grands, pleurent près d'eux
Et qu'ils ont découvert l'égalité sur terre.
Non entre tous les fronts, mais entre tous les yeux.

56 *Car ils sont fiancés à toutes ces pauvres filles*
Et de fleurs d'oranger leurs coeurs sont toujours pleins
Car leur paternité, planant sur les familles,
Est une adoption de tous les orphelins.

Car Dieu par la pitié complétant leur supplice
Aux deux bouts de la croix fait saigner leur esprit
Et sur le noir calvaire, ô double sacrifice,
Madeleine les cloue autant que Jésus-Christ.

57 *Ce lion est énorme et plein de catastrophes.*
Vous avez eu le tort, penseurs, de le fâcher.
Il faudra que Hugo lui jette quelques strophes
Pour qu'il ait, s'il revient, un bon os à mâcher.

58 *Eh bien, je me dédis. Fais les vers à cet être.*
C'est toi que je choisis. Mais surtout fais-les beaux.
Car pour que ce lion consente à s'en repaître
Il faut beaucoup de moelle au fond de beaucoup d'os.

59 *C'est que prochainement vous quitterez l'empire*
Où l'Ombre du sépulcre a le commandement.
Vos lèvres aujourd'hui sont à la fin du pire.
Tout l'amer est au fond du vase châtiment.

60 "Os ventos do túmulo": esse título se aproxima de *Os quatro ventos do espírito*, cujo projeto inicial é certamente de 1870 (o livro será publicado em 1881). Aproxima-se igualmente do tema do túmulo, acima abordado.

61 *Dividir o livro em quatro partes...*: A Sombra do Sepulcro propõe um *Livro das Mesas* em quatro partes. Hugo, portanto, transcreverá as atas das sessões espíritas em quatro cadernos: os famosos "Cadernos vermelhos", lembremos, dos quais, após diversos incidentes, apenas dois sobreviveram.

62 *Il dort. Je vais aller coucher dans son esprit;*
Je vais prendre, tandis que sa paupière tombe,

La plume avec laquelle il a, ce soir, écrit,
Et je la tremperai dans l'encre de la tombe.

De sorte que demain à l'heure du réveil
Il verra, sur la fleur de son esprit posée,
Une strophe par nous inspirée au sommeil,
À la fois goutte d'encre et goutte de rosée.

63 Fenômenos misteriosos como esses vão se multiplicar, vindo reforçar o lado "assombrado sitiado por superstições e terrores infantis", nas palavras de Jean Gaudon, de Victor Hugo. O tema da "casa visionada" está presente em *Os trabalhadores do mar*, no qual, mais que a casa de Gilliatt, é a de Plainmont que, aberta às aparições e aos sonhos mais aterradores, será visitada pelos espectros noturnos. No *Prefácio filosófico*, Hugo exprime nestes termos a dilatação do ato de contemplar em visão: "O Universo contemplado torna-se o Universo visionado". Ele recorre igualmente ao neologismo "visionamento" para traduzir a especificidade do fenômeno.

64 *Vous ne verrez personne aujourd'hui, c'est le jour*
Où, dans les vastes cieux, dont nous sommes les flammes,
Moi, l'Ombre du sépulcre et lui l'Archange Amour,
Nous nous distribuons les âmes.

65 *Critique, j'ai cherché dans mes femmes savantes*
Entre l'âme et le corps l'introuvable milieu.
Le corps veut que l'idée aille avec les servantes
Et faire à ce flambeau cuire le pot-au-feu.

L'esprit veut à son tour courber les sens rebelles
À la pensée, aux mots par l'homme estropiés.
Philaminte à la fin songe tant à ses ailes
Que Chrisale n'a plus de souliers à ses pieds;

Le corps veut que l'idée aime son haut-de-chausses
Et que, laissant dehors tout rêve ambitieux,
Elle aille à la cuisine y déguster les sauces,
Et fait remplir son verre à cette Hébé des cieux.

L'esprit injuste veut alors que la chair vassale
Souffre: voilà, dit-il, un corps original!
Que m'importe le vent dont grelotte Chrisale
Quand j'ouvre sur le ciel ta fenêtre, idéal?

Je trouve que ce ventre est plaisant dans son rôle.
Pense donc, brute, au jour, à la lune, au ciel bleu.
Que m'importent les trous du pourpoint de ce drôle
Lorsque mon regard plonge aux abîmes de Dieu?

Que m'importe, appétit, que tu vives ou crèves!
Et ton immortel rôt mal cuit par Margoton?
Et que sur l'oreiller où je fais mes beaux rêves
Grogne confusément ton bonnet de coton!

Que m'importe ta vie et ta santé, Chrisale!
Henriette, et tes sens qui ne sont pas l'amour!
Je nage dans l'azur et non pas dans l'eau sale.
Je suis oiseau du ciel et non de basse-cour.

Vous êtes enrhumés, maigres, morts, beau désastre,
Faites, si vous voulez, appeler l'infirmier.
Moi, je plonge mon aile aux blonds cheveux de l'astre,
Et laisse vos groins à leurs tas de fumier!

66 *Molière avait quitté le ciel, douce patrie,*
Pour vous charmer. Il est parmi nous remonté.
Esprits, quand nous parlons, nous voulons qu'on sourie,
Ou que l'on soit épouvanté.

Molière aurait aimé qu'on lui dît ce qu'on pense,
Oui, qu'on dît: que c'est grand! Oui, qu'on dît: que c'est beau!
Attendez, pour avoir de ces airs de silence,
Que vous soyez dans le tombeau.

67 *Et que ce grand flambeau cuise le pot-au-feu.*

68 *Et n'ai pas de groin pour vos tas de fumier!*

69 *Moi, le poète, alors, moi le penseur austère,*
L'esprit chargé par Dieu de réconcilier
L'idée avec le corps, le ciel avec la terre,
La coupole avec le pilier,

Je dis à Philaminte: où vont donc tes démences?
Vois jusqu'où dans le ciel tu t'égares, ma soeur.
Il faut dans le sillon que toutes les semences
Tombent des deux mains du penseur.

Il faut que des deux mains de ce divin apôtre
Sorte le double pain du corps et de l'esprit,
D'une main tous les lys et tous les fruits de l'autre.
Ce qui charme et ce qui nourrit.

Il faut qu'il ait, pendant que l'homme est sur les claies,
Pour l'âme et pour la chair des soins religieux,
Que, double médecin, il pose sur nos plaies
Le bandeau qu'il ôte à nos yeux!

70 *S'il doit considérer les astres, il est juste*
Qu'il pense aux affamés dans l'ombre suppliant.
L'immonde pot-au-feu, ma soeur, devient auguste
Quand il cuit pour les mendiants.

Il faut qu'il songe à ceux qui sont près de l'église
Frissonnants, en haillons, blêmes sous le ciel bleu.
Le trou de vêtement d'un enfant sous la bise
Est un des abîmes de Dieu.

Si tu veux, ô ma soeur, comprendre les étoiles,
Commence par baisser les yeux sur les douleurs.
De là, tu verras Dieu, le ciel n'ôte ses voiles
Que pour les yeux voilés de pleurs.

71 *L'idée et la souffrance, ô ma soeur, se ressemblent.*
Recoudre un vêtement n'est pas s'humilier.
Vois, cet enfant a froid, ses petits bras qui tremblent
Empêchent ses mains de prier.

72 "Gutenberg é um redentor. [...] Esse prodígio salvou a inteligência universal. [...] O auxiliar da vida; o colaborador permanente da civilização em progresso" (*William Shakespeare*, I, IV). Hugo não poupa elogios a Gutenberg, "o segundo pai das criações do espírito". Ele proporciona "a emancipação do homem pela prensa" a fim de permitir "a preservação indefinida dos poetas e filósofos (ibidem). Hugo não se conformava com a destruição dos 700 mil volumes da biblioteca de Alexandria, entre eles um manuscrito único de Ésquilo, queimado por ordens de Omar. Esse episódio é longamente comentado em *William Shakespeare* (I, IV).

73 *Quand Molière te dit: femme, prends tes aiguilles,*
Fière pensée, apprends que je te fais honneur.
Toute main qui recoud dans l'ombre des guenilles
Brode le manteau du Seigneur.

Ton autre fonction, pensée, est la science.
Pour elle rien n'est vil et rien n'est importun.
L'homme matériel est le vase, elle est l'anse,
La poésie est le parfum.

S'il avait écouté ta folle rêverie,
Philaminte, jamais Gutenberg, ce grand nom,
N'eût vu dans un plomb vil germer l'imprimerie
Et les mots sortir d'un canon.

Jamais Watt, qui rêvait de transformer le monde,
S'il eût de la cuisine eu cette étrange peur,
N'eût vu du pot-au-feu que tu traites d'immonde
S'échapper l'immense vapeur.

Tu ne veux pas compter avec ta cuisinière.
Eh bien, le chiffre ôté, que reste-t-il d'Herschel?
Vois, ce chiffre grossier soudain se fait lumière
Et trouve un astre dans le ciel.

74 Anacreonte é um "espírito imenso", "menor", no entanto, segundo Hugo, do que os grandes gênios da humanidade listados por ele em *William Shakespeare*. Faltam-lhe "o exagero, as trevas, a obscuridade, a monstruosidade" (*William Shakespeare*, I, II, "Os gênios").

75 Um poema de *Os quatro ventos do espírito* (III, 36), cujo manuscrito traz a data de 15/8/1854, evoca a misteriosa *Dama Branca* e parece separado das estrofes do poema "Àquela que é velada" (*As contemplações*, VI, XV):

Santa serva, consciência,
Segues no escuro à minha frente!

Segues à minha frente, à espreita,
E me apontas a direção;
O véu da sorte na cabeça,
A lamparina de Deus na mão!

[*Sainte servante, conscience,*
Tu vas dans l'ombre devant moi!

Tu vas devant moi, toujours prête,
Et tu me montres le chemin;
La voile du sort sur ta tête,
La lampe de Dieu dans ta main!]

A Dama Branca que segue no escuro à frente do poeta poderia ser a emanação de sua consciência e seu infanticídio, aquele, inconsciente, de Hugo frente à perda de Léopoldine, quando ele a "abandonara" para uma longa viagem em companhia de Juliette.

76 A descoberta de André Chénier é muito recente em 1854. Sua obra suscita grande interesse de Hugo. Em *Os miseráveis*, o sr. Gillenormand condena, perante Marius convalescente e louvando, por sua vez, o "gênio dos homens de 93", a execução de André Chénier (V, V, III). Tapner, "Ankastrom" e Chénier apresentam a particularidade de terem sido ou decapitados ou enforcados.

77 Confusão com Délia, a amante cantada por Tíbulo; Lésbia é a amante cantada por Catulo.

78 Entre 24/3 e 6/8/1854, o Leão de Androcles, finalmente satisfeito com os versos que Hugo lhe dirige, ditará, em um estilo igual, cerca de quarenta estrofes complexas, sextilhas heterométricas compostas de dois vezes dois alexandrinos seguidos de um hexassílabo.

79 *La ville ressemblait à l'univers. C'était*
Cette heure où l'on dirait que toute âme se tait,
Que tout astre s'éclipse et que le monde change.
Rome avait étendu sa pourpre sur la fange.

Où l'aigle avait pleuré, rampait le scorpion.
Trimalcion foulait les os de Scipion.
Rome buvait, gaie, ivre et la face rougie;
Et l'odeur du tombeau sortait de cette orgie.
L'amour et le bonheur, tout était effrayant,
Lesbie, en se faisant coiffer, heureuse, ayant
Son Tibulle à ses pieds qui chantait leurs tendresses,
Si l'esclave persane arrangeait mal ses tresses,
Lui piquait les seins nus de son épingle d'or.
Le mal à travers l'homme avait pris son essor;
Toutes les passions sortaient de leurs orbites.
Les fils aux vieux parents faisaient des morts subites.
Les rhéteurs disputaient les tyrans aux bouffons.
La boue et l'or régnaient. Dans les cachots profonds,
La tombe était un lit.
Les bourreaux s'accouplaient à des martyres mortes.
Rome, horrible, chantait. Parfois devant les portes,
Quelque Crassus, vainqueur d'esclaves ou de Rois,
Plantait le grand chemin de vaincus mis en croix,
Et quand Catulle, amant que notre extase écoute,
Errait avec Délie, aux deux bords de la route,
Dix mille arbres humains saignaient sur leurs amours.
La gloire avait hanté Rome dans les grands jours,
Toute honte à présent était la bienvenue.
Messaline en riant se mettait toute nue
Et sur le lit public, lascive, se couchait.
Épaphrodite avait un homme pour hochet
Et brisait en jouant les membres d'Épictète.
Femme grosse, vieillard débile, enfant qui tète,
Captifs, gladiateurs, chrétiens étaient jetés
Aux bêtes, et, tremblants, blêmes, ensanglantés,
Fuyaient, et l'agonie effarée et vivante
Se tordait dans le cirque, abîme d'épouvante.
Pendant que l'ours grondait, et que les éléphants,
Effroyables, marchaient sur les petits enfants,
La vestale songeait dans sa chaise de marbre.
Par moments le trépas, comme le fruit d'un arbre,
Tombait du front pensif de la pâle beauté;
Le même éclair de meurtre et de férocité
Passait de l'oeil du tigre au regard de la vierge.
Le monde était le bois, l'empire était l'auberge;
De noirs passants trouvaient le trône en leur chemin,

Entraient, donnaient un coup de dent au genre humain,
Puis s'en allaient. Néron venait après Tibère,
César foulait aux pieds le Hun, le Goth, l'Ibère;
Et l'empereur, pareil aux fleurs qui durent peu,
Le soir était charogne à moins qu'il ne fût Dieu.
Le porc Vitellius roulait aux gémonies.
Escalier des grandeurs et des ignominies,
Bagne effrayant des morts, pilori des néants,
Saignant, fumant, hideux, ce charnier de géant
Semblait fait pour pourrir le squelette du monde.
Des torturés râlaient sur cette rampe immonde,
Juifs sans langue, poltrons sans poing, larrons sans yeux;
Ainsi que dans le cirque atroce et furieux
L'agonie était là, hurlant sur chaque marche.
Le noir gouffre cloaque au fond ouvrait son arche
Où croulait toute Rome; et, dans l'immense égout,
Quand le ciel juste avait foudroyé coup sur coup,
Parfois deux empereurs, chiffres du fatal nombre,
Se rencontraient, vivants encore, et, dans cette ombre
Où les chiens sur leurs os venaient mâcher leur chair,
Le César d'aujourd'hui heurtait celui d'hier.
Le crime sombre était l'amant du vice infâme.
Au lieu de cette race en qui Dieu mit la flamme,
Au lieu d'Ève et d'Adam, si beaux, si purs tous deux,
Une hydre se traînait dans l'univers hideux;
L'homme était une tête et la femme était l'autre.
Rome était la truie énorme qui se vautre.
La créature humaine, importune au ciel bleu,
Faisait une ombre affreuse à la cloison de Dieu;
Elle n'avait plus rien de sa forme première;
Son oeil semblait vouloir foudroyer la lumière,
Et l'on voyait, c'était la veille d'Attila,
Tout ce qu'on avait eu de sacré jusque-là
Palpiter sous son ongle, et pendre à ses mâchoires
D'un côté les vertus et de l'autre les gloires.
Les hommes rugissaient quand ils croyaient parler.
L'âme du genre humain songeait à s'en aller,
Mais, avant de quitter à jamais notre monde,
Tremblante, elle hésitait sous la voûte profonde,
Et cherchait une bête où se réfugier.
On entendait la tombe appeler et crier.
Au fond la pâle mort riait, sinistre et chauve.

Ce fut alors que toi, né dans le désert fauve
Où le soleil est seul avec Dieu, toi, songeur
De l'antre que le soir emplit de sa rougeur,
Tu vins dans la cité toute pleine de crimes.
Tu frissonnas devant tant d'ombres et tant d'abîmes;
Ton oeil fit, sur ce monde horrible et châtié,
Flamboyer tout à coup l'amour et la pitié;
Pensif, tu secouas ta crinière sur Rome,
Et, l'homme étant le monstre, ô lion, tu fus l'homme.

Le désert était sombre, aride, infranchissable.
Le mont y succédait à la plaine de sable.
À l'heure où le jour naît, seul dans ces vastes lieux
Où Dieu parle et se montre
Comme un roi vers un roi j'allais à la rencontre
Du soleil qui venait.

Nous montions tous les deux, dans nos fiertés superbes,
Le coteau, lui dorant et moi foulant les herbes.
Nous nous reconnaissions.
J'étais fier de l'avoir pour hôte dans mon antre,
Il était fier de voir se mêler sur mon ventre
Mes crins à ses rayons.

Ainsi je vivais, seul, rêvant sous ma crinière,
Conduisant le soleil du ciel à ma tanière,
Majestueux, clément,
Redouté sans colère et fort sans violence,
Et disant au désert juge si ton silence
Vaut mon rugissement.

J'ouvrais dans les clartés ma paupière éblouie.
J'écoutais par moments le prophète Isaïe
Chanter le Dieu qu'il sert.
Car nous appartenions à la même phalange,
Et nous nous répondions, moi le lion, lui l'ange,
Des deux bouts du désert.

La bonté douce était l'haleine de ma bouche.
J'eusse ordonné le calme à l'ouragan farouche
Dompteur des flots mouvants.
J'aurais en y mettant ma volonté de marbre,
Sous chacun de mes pieds plus forts que des troncs d'arbre,
Pris un des quatre vents.

Le désert était vaste, infranchissable et sombre,
J'y régnais lumineux comme un phare dans l'ombre,
J'y levais mon front haut.
Dans le désert sans fond qui toujours recommence
J'étais seul, j'étais seul sur cette page immense
Comme un immense mot.

80 As conversas estimuladas pelas intervenções dos espíritos de Marine Terrace, longe de prejudicarem a atividade poética de Hugo, a estimulam e alimentam. O mês de fevereiro de 1854 revela-se particularmente fecundo: Hugo dedica cerca de 150 sextilhas ao oceano, mais de mil versos, cujas estrofes serão frequentemente aumentadas e deslocadas para figurarem em suas antologias. Mais de 12 poemas, destinados a *Os quatro ventos do espírito, Toda a lira, A lenda dos séculos, As contemplações, Atos e palavras* e, especialmente, no essencial, a *Satã*, nasceram em Marine Terrace.

81 *Pendant que je vivais sous les célestes voiles*
Regardant chaque soir resplendir les étoiles
Comme si tous les yeux
Des vivants endormis dans l'ombre et le mystère
Dans le même moment se fermaient sur la terre
Et s'ouvraient dans les cieux,

Pendant que je contais dans mon austère étude
Le grand enseignement de l'âpre solitude
Sans orgueil, sans dégoût,
Là-bas, dans une ville effrayante, inondée
De lumière et de sang, volcan par son idée,
Par ses crimes égout,

Dans une cité sombre et qu'on appelait Rome,
Faisant des monstres dieux après le Dieu fait homme,
Palais-charnier-harem,
Des temples écroulés reconstruisant le dôme
Poussant l'éclat de rire infâme de Sodome
Derrière Bethléem;

Ville devant qui l'oeil épouvanté recule,
Pleine d'un noir fumier, immense comme Hercule,
Vile comme Augias,
dans la boue et le sang plongeant ses murs sévères,
Nid de crimes hideux où déjà les Tibères
Couvaient les Borgias,

82 *Trafiquant de l'Asie et crochetant la Gaule,*
Elle avait l'univers pour hotte à son épaule,

Avilissant les arts,
Son talent d'or partout montrait ses effigies,
Ses doigts de courtisane usaient dans les orgies
Le profil des Césars.

83 *à payer des orgies*
Dépensaient les Césars.

Dans cette ville donc, reine prostituée,
Virginité tombée et gloire polluée,
Veuve de son rayon,
Qui, tandis que Jésus naissait parmi les anges,
Ordonnait que le monde insultât à ces langes
Et baisât son haillon!

84 *Ville ayant l'univers pour hotte à son épaule*
Trafiquant... etc.
Avilissant... etc.
Souillant son talent d'or souillant ses effigies
Courtisane

85 *Jetant dans les ruisseaux l'or de ses effigies,*
Et, Laïs effrontée, à payer ses orgies
Dépensant les Césars.

86 "Terça-feira, 4/3": erro de transcrição tanto no caderno como na ata, trata-se evidentemente da terça-feira, 4/4/1854.

87 Em um longo texto de três páginas em prosa escritas no verso das provas do *Apelo ao povo*, de 31/10/1852 (que, todavia, podemos datar de 1853-54), conservadas em Jersey, Hugo elabora sua teoria dos mundos: "Os mundos são seres. Um mundo é uma alma". Nesse sistema, ele define a Terra como um mundo intermediário entre "os mundos anjos: os paraísos" e os "mundos demônios: os infernos". A Terra é um desses "mundos intermediários", um "mundo-homem", considerado por Hugo um espaço de purificação. Na teoria dos astros doentes, mortos, dos mundos punidos, dos mundos intermediários, de *A pluralidade dos mundos habitados*, segundo o título do livro de Camille Flammarion, astrônomo e espírita, Hugo se interroga sobre o lugar dos cometas. Está convencido de que, "assim como a ciência de ontem, a ciência de hoje ainda não disse a última palavra sobre os cometas" (*Post-scriptum à minha vida*). Para Hugo, os cometas são encarregados de ligar os universos entre si. Os cometas, portanto, têm um poder destruidor. Em "O cometa" (*A lenda dos séculos*, II, XVI), Hugo considera diferentes hipóteses sobre esse astro: "Talvez seja um inferno que voou para o céu". Em *Deus*, e nos versos do Morcego, o cometa representa o ateísmo: "O cometa, estopim dos mundos, destrói o astro". O interesse de Hugo pelos astros é antigo, mas sem dúvida se consolidou por ocasião de sua primeira visita ao Observatório de Paris, em 1834, acompanhado pelo cientista François Arago, que irá lhe inspirar "Promontorium somnii". Em *As coisas do infinito*, Hugo descreve

minuciosamente os astros e as manifestações cósmicas. Paul Berret observa que "Hugo vivia no céu melhor do que muitos astrônomos de profissão. Teve inclusive a ideia de mandar construir um telescópio. Sabendo que o mundo físico é o arcabouço do mundo moral, considerava a astronomia a base natural de toda filosofia" (*La Légende des siècles de Victor Hugo*. Paris: Hachette, 1925, t. IV, p. 695). Seu interesse pela astronomia é inquestionável, assim como por um bom número de outras ciências, e o que o atrai nesse caso são principalmente os fenômenos surpreendentes, inexplicáveis, maravilhosos – tudo que induz ao sonho e à poesia.

88 "Ele acabava de ver um cometa": a passagem do cometa de 1811 permanece uma recordação de infância para Hugo, que o vira quando se encontrava na Espanha. Voltará a vê-lo em julho de 1861, em Waterloo. Em *Os miseráveis*, Hugo escreve: "Alguma estrela bizarra desponta, sublinhada por uma cauda enorme. E isso provoca a morte de César. Brutus o golpeia com uma faca e Deus com um cometa" (IV, XII, II). A passagem de um cometa "anunciara" o assassinato de César por Brutus e seus conjurados. Ela evoca em *Os miseráveis* "93 em letras grandes, Napoleão em destaque, o cometa de 1811 no topo do cartaz".

89 "Sua filha morta": Léopoldine, morta em 4/9/1843. A sra. Hugo não só pensa nos mortos, como fala com eles. Eis o que escrevia, em 7/3/1855, que não consta aqui, à sra. Paul Meurice, iniciada junto com o marido nas sessões espíritas, que acaba de perder sucessivamente a mãe, a cunhada e o cunhado:

"Há muito tempo que falo com meus mortos. As Mesas vieram me dizer que eu não alimentasse ilusões. Não é uma bênção de Deus tê-la iniciado em nossas Mesas, que a senhora tenha lido o que elas diziam antes de seus entes queridos terem deixado este mundo? Deus que a ama quis que a senhora conhecesse o que está atrás do túmulo antes de arrebatar-vos. O acaso não faz isso. A Mesa começou a responder à pergunta que seu marido enviou a Auguste". (Carta da sra. Hugo à sra. Paul Meurice, 7/3/1855.)

90 Os dois álbuns de desenhos espíritas, publicados pela primeira vez em 1963, guardam o vestígio de 36 sessões sob a forma de desenhos a lápis. Alguns são acompanhados de legendas em latim e francês.

91 *Qui, blasphémant Jésus et crachant sur ses langes,*
Déployait dans le ciel et levait jusqu'aux anges
Ses drapeaux en haillon.

92 Sobre Babel e o balbuciar, ver a sessão de 21/4/1854, p. 267. Em *Os miseráveis*, Babel é encontrada em Babet: "Babet fala, Babet jura, Babet ruge. É a confusão tremenda das línguas. [...] Babet. [...] É Babet cujo final um diabo riscou" (III, VII, III).

93 A sessão de 6/8 não consta do presente caderno. Não obstante, nessa data, o Leão dirá sobre si mesmo, em latim, que se chama "presságio, luz, divindade": *Omen, lumen, numen, nomen meum*. Hugo fará disso o título de um dos últimos poemas das *Contemplações*: "*Nomen, numen, lumen*" (o Nome, o Deus, a Luz, tripla paronomásia), escrito sete meses mais tarde (o manuscrito traz a data de 1º/3/1855), sobre as sete letras do nome "Jehová" (*As contemplações*, VI, XXV).

94 *Qui, blasphémant Jésus que berçaient les archanges,*
Montrait aux nations à côté de ses langes
Un immense haillon.

95 *Au milieu d'un sinistre et sombre amphithéâtre,*
Cirque dont les gradins dallés
Faits de marbre et d'albâtre
Des cieux touchaient le bord,
Ainsi qu'un escalier aux étages funèbres
Descendu chaque soir par les pas des ténèbres
Et monté par la mort,

Dans l'arène, pendant que, de la base au faîte,
Peuple, patriciens dans leurs toges de fête,
Les vierges, doux roseaux,
Catulle et sa maîtresse adorée et cruelle,
Portant des vers d'amour posés partout sur elle
Ainsi que des oiseaux,

Tous, l'enfant, le vieillard, les matrones romaines,
Applaudissaient au sang coulant des chairs humaines,
Criant, hurlant, frappant,
Pensant que, de ce bras qui va de l'Èbre au Tigre,
Néron, joyeux du meurtre, applaudissait au tigre,
Et Locuste au serpent,

96 *Qui joint l'Èbre et le Tigre*

Ô morne abaissement pendant que toute Rome
Venait voir en riant dévorer un pauvre homme
Que Jésus a lié,
Et qu'elle conduisait dans ces sombres arènes,
Aux victoires des loups, aux combats de hyènes,
Son aigle humilié

97 Todo esse diálogo entre o Leão e Hugo dá uma ideia de um trabalho de construção poética em que Hugo é o professor à escuta de um brilhante discípulo.

98 *Pendant que le soleil, entrouvrant ses paupières,*
Et voyant dans le sang la ville des lumières
Et des grands tourbillons,
S'indignait et, frappant ses chevaux centenaires,
Faisait subitement claquer dans les tonnerres
Son fouet de rayons,

D'autres lions que moi qui portaient ma crinière
Dans ce cirque attendaient l'heure où le belluaire

Leur ouvrait leurs barreaux
Et le front dans le sang et les pieds dans les fanges
Déshonoraient mon nom, moi prêtre des archanges,
Eux valets des bourreaux.

99 *Farei a letra*: a sensibilidade musical de Hugo parece ter se desenvolvido em Jersey, estimulada pela voz de Augustine Allix e pelo violino de Reményi: "Nos últimos tempos fazíamos muita música em Marine Terrace. Esse passatempo tornou-se inclusive uma paixão. Todas as noites escutávamos a bela voz da srta. Allix. Ontem escutamos o belo violino de Reményi. A música, esquecida na Place Royale, desdenhada na Rue de La Tour d'Auvergne, era recebida agora de braços abertos em Marine Terrace. A música exilada vinha encontrar os exilados" (*Journal de l'exil*, t. III, 5/9/1854). No que se refere a essa "música da *Marselhesa* da revolução futura", o Oceano admitirá seu fracasso antes de passar a tarefa a Mozart. Este não poderá ser compreendido e interpretado, a despeito da ajuda de Charles Bénézit, mestre de composição musical de Adèle e concertista. Pediram a Cimarosa, sem resultado. Hugo então acha a solução: escolhe uma melodia que ele aprecia há muito tempo, que julgava ser de Beethoven e que sua filha tocava ao piano. Hugo escreve a letra e é assim que nasce, durante o verão de 1854, o hino franco-europeu *Patria*: "Essa ode em homenagem à França tem dois autores: um, europeu, nas palavras, o outro, alemão, na música; símbolo dessa sagrada fraternidade da França e da Alemanha que os reis não conseguirão destruir". A canção será publicada na edição de 1870 de *Os castigos*, com a partitura em nota e precedida dessa introdução.

100 "Essa peça poderá ser cantada": Essa "*Marselhesa* da futura revolução" devia ser cantada pela srta. Allix, cuja voz era muito apreciada por Hugo, mas não por Juliette Drouet: "Começo a não achar nada engraçado meu papel de mulher *respeitável* enquanto você namorica de braços dados e fazendo trejeitos com a doce Allix" (Juliette a Victor, 9/6/1855, *Cartas a Victor Hugo de Juliette Drouet*).

101 A cólera do Oceano reflete a devoção que Hugo lhe manifesta. Durante todo o mês de fevereiro de 1854, Hugo lhe consagrou cerca de 150 sextilhas, cujas estrofes serão frequentemente aumentadas e deslocadas para figurar em "Oceano", datado de 18/2/1854 (*A lenda dos séculos*, III, XXII), "Procela noturna", datado de 2/2/1854 (*Toda a lira*, II, 20), "No penhasco", datado de 28/2/1854 (*Os quatro ventos do espírito*, III, 19), "Os camponeses à beira-mar", datado de 1º/3/1854 (*A lenda dos séculos*, III, VIII), "Canção de bordo" (*Toda a lira*, VII, 23, XII), composto de estrofes extraídas dos "Camponeses à beira-mar" e de "Oceano", bem como de uma estrofe original, e as reescritas de "Oceano Nox" (*Os raios e as sombras*, 42).

102 "O crepúsculo": o crepúsculo das liberdades, ou, em termos baudelairianos, o crepúsculo da manhã. A hora incerta entre a noite que termina e o novo dia de um exílio que mal começa.

103 "A noite é o espelho dos rostos": Victor Hugo se interroga muito, nessa época, e muito antes de Freud, sobre o sonho e sua interpretação. As insônias de Hugo tornam-se cada vez mais frequentes. A proximidade do mar e o barulho das ondas e do vento

agravam-nas. Essas vigílias noturnas permitem a Hugo escutar seus semissonhos. O Drama acaba de dizê-lo, a noite está "repleta de sonhos refletindo as consciências". Mais adiante, esclarecerá que não se trata dos "sonhos propriamente ditos", e sim da "emanação da consciência, que se dá como a das flores, durante a noite".

104 Na noite de 23 para 24/6, que não aparece nesse caderno, a Mesa dirá por intermédio do "porteiro sombrio" que "os sonhos são mais sérios do que supomos". Adèle Hugo, em seu *Diário* (t. III, 24/6/1854), registra as declarações de seu pai a respeito: "Para mim, ela confirma a ideia que eu fazia do fenômeno dos sonhos. O sono toma o corpo e a alma alça voo, rumando para esse mundo desconhecido onde moram as almas dos mortos e vivos adormecidos. Daí ser comum vermos em sonho as fisionomias dos entes que amamos, e mais distintamente do que acordados". No ano seguinte, em 29/4/1855, uma sessão da mesa será dedicada aos sonhos (ver p. 445). Hugo tenta, desde 1854, analisar os próprios sonhos e, para não esquecê-los, registra-os em pequenos pedaços de papel.

105 Esse *pensamento* de Hugo refere-se ao importante tema da metempsicose, que ganha todo o seu sentido em Marine Terrace, com a reflexão sobre os animais ocupando um bom tempo das sessões das Mesas. As intervenções destes últimos, assim como as de outros espíritos, vão contribuir para forjar a nova religião hugoana, baseada no princípio da metempsicose, que já mencionamos. O primeiro espírito animal a se apresentar à mesa de Marine Terrace foi o da jumenta de Balaão, em 27/12/1853. Ela revelava que os animais e as plantas encerravam almas condenadas a expiarem seus pecados, assinalando, além disso, que a Terra inteira é punida. O Leão de Androcles foi o segundo representante do reino animal a visitar a mesa. É o preferido de Hugo. Ele virá dezoito vezes no total, até 26/9/1854. A amplitude de suas revelações e a qualidade de seus versos o qualificam como um espírito maior. Essa intuição sobre a possibilidade de as plantas e animais terem uma alma remonta, com efeito, a muitos anos antes. Em *A lenda do belo Pécopin e da bela Bauldour*, publicada em 1842, Hugo medita, "colhendo de tempos em tempos, para aspirar sua alma, uma flor silvestre", e já escreve, pela voz de Zin-Eddin ou Evilmerodach: "as pedras vivem, as plantas pensam e os animais sabem". Hugo admitirá, no entanto, que foram as revelações das Mesas que lhe inspiraram a ideia da alma dos animais: "A única coisa que as Mesas postulam, e que eu absolutamente não afirmo no livro inédito que desejo publicar, é a alma dos animais, e, de toda forma, fiz disso um capítulo à parte. Quanto a essa ideia da alma do animal, tive-a muito tempo atrás" (sessão de 27/12/1853). Em *Os miseráveis*, Hugo sustentará a ideia de que os animais são constituídos de qualidades, vícios e virtudes das almas descendentes: "Os animais não são outra coisa senão as figuras de nossas virtudes e vícios [...] os fantasmas visíveis de nossas almas. Deus os expõe à nossa vista para nos fazer refletir. [...] O animal não progride: a alma encerrada no animal sofre um castigo; cumprida sua pena, ela é libertada". Portanto, precipitar as almas delituosas na animalidade, ou mais baixo ainda, acarreta seu sofrimento. Frente ao sofrimento, nesse castigo, Hugo coloca a visão de Deus. Logo, o objetivo do sofrimento é fazer a visão divina penetrar na alma animal punida. Uma vez cumprida sua pena expiatória, compreendida e aprendida sua lição, a alma gradualmente volta a ser homem.

Ela esquece as etapas anteriores e os castigos pelos erros pregressos. Deus rompe o elo da memória e concede a liberdade. O homem sucede assim ao animal. O animal, por sua vez, sabe, mas conhece apenas seu erro e vê a Deus, ao passo que o homem não sabe mais, esquece sua vida anterior e não vê a Deus. Assim, mediante a dúvida, o homem adquire a inteligência que escapa ao animal. O homem tal como o conhecemos seria então o final de uma extensa sucessão de vidas anteriores que Deus o fez esquecer a fim de lhe oferecer a liberdade. O homem, contudo, sente esse passado soterrado nele (ver *As contemplações*, "Magnitudo parvi", II, XXX). No que se refere à vida animal, a influência das Mesas sobre a produção poética hugoana será duradoura; os animais ocuparão um lugar cada vez mais importante na obra de Hugo. O tema da metempsicose alimentará em seguida toda a poesia hugoana.

106 A sessão de 24/4/1854, por encomenda expressa do Drama que se seguirá, dará origem ao imenso poema de oitocentos versos que se tornará "O que diz a Boca de Sombra", em 13/10/1854. Essa passagem em prosa do Drama é desenvolvida em alexandrinos em "O que diz a Boca de Sombra" (v. 302-4). Reside aí uma das ideias fundamentais de Hugo, segundo a qual os animais e plantas são perfeitos em suas espécies. Eles veem e conhecem a Deus, ao passo que o homem é imperfeito e duvida. Disso Hugo deduzirá a superioridade do homem, que a dúvida transforma em um explorador, em um artesão, em um operário do conhecimento. Por ocasião de uma viagem à Espanha, durante o verão de 1843, uma passagem de Hugo sobre Pamplona e as touradas que se realizavam naquele mês de agosto revela, pela primeira vez em sua obra, sua preocupação com o problema filosófico da condição animal: "Eu me perguntava: o que pode acontecer e o que acontece com essas pobres mulas que, na espécie de sonambulismo em que vivem, vagamente iluminadas por fulgores vacilantes do instinto [...], se sentem acossadas, na sombra e no tumulto, por três satãs que elas não conhecem, mas sentem, que elas não veem, mas ouvem? O que significa para elas esse sonho, essa visão, essa realidade? É um castigo? Mas elas não cometeram crime. O que pensam elas a respeito do homem?

Com efeito, quando a natureza volta seus olhos para nós, em determinadas horas, e vê as ações brutais que cometemos sem necessidade e como que por prazer, quando ela sofre as coisas más que os homens fazem, como sua atitude é triste e como seu silêncio é terrível!

Ninguém sondou essas questões. A filosofia humana pouco se ocupou do homem fora do homem, não tendo examinado senão superficialmente, e quase com um sorriso de desdém, as relações do homem com a coisa e com a besta, que, a seus olhos, não passa de uma coisa. Mas não existem aí abismos para o pensador? Devemos nos julgar insensatos por carregarmos no coração o sentimento da piedade universal?" (Édition Massin, t. VI, p. 903).

107 Toda essa passagem sobre os animais deserdados é repetida, quase que literalmente, mas em alexandrinos, nos versos 613-629 de "O que diz a Boca de Sombra":
Chorai pela aranha imunda, pela minhoca,
A lesma de dorso molhado como o inverno,

O vil pulgão que vemos nas folhas pendente,
O feio caranguejo, a terrível lacraia,
O horrendo sapo, pobre monstro de olhos doces,
[...]
[Pleurez sur l'araignée immonde, sur le ver,
Sur la limace au dos mouillé comme l'hiver,
Sur le vil puceron qu'on voit aux feuilles pendre,
Sur le crabe hideux, sur l'affreux scolopendre,
Sur l'effrayant crapaud, pauvre monstre aux yeux doux...]

O bestiário hugoano junta-se ao bestiário da Mesa. A minhoca, o sapo, a lesma, o caranguejo, a lacraia (no masculino [*le scalopendre*] em Hugo, não por ignorância mas pela métrica do verso) são comuns aos dois textos, ao passo que a pulga vira pulgão. Em outras partes do poema, outros deserdados surgirão: o cardo será a reencarnação de Átila; a pedra torna-se Otávio; o escorpião, Clitemnestra; Anito, a cicuta.

108 "A guilhotina sofre": em "O que diz a Boca de Sombra", Hugo introduz no cerne da metempsicose uma coisa inédita, a memória, mais precisamente a memória pessoal que o animal tem de seu erro. O animal é uma alma que conserva a memória dos erros que cometeu pessoalmente e que ela deve expiar. O tema do sofrimento dos instrumentos de tortura, por sua vez, será desenvolvido em "O que diz a Boca de Sombra" sob uma forma similar às afirmações do Drama: "Ai! o ferrolho também sofre o calabouço;/ Chorai o prisioneiro, mas chorai o ferrolho,/ Chorai o grilhão no fundo das celas insalubres;/ O cutelo e o cepo são dois seres lúgubres/ O cutelo sofre o mesmo que o corpo, o cepo/ Sofre igual à cabeça; ó mistérios do hermético! [*Hélas! le cabanon subit aussi l'écrou;/ Plaignez le prisonnier, mais plaignez le verrou./ Plaignez la chaîne au fond des bagnes insalubres:/ La hache et le billot sont deux êtres lugubres; La hache souffre autant que le corps, le billot/ Souffre autant que la tête; ô mystères d'en haut!*] (*As contemplações*, "O que diz a Boca de Sombra", VI, XXVI).

109 Vimos que Anacreonte e o Leão de Androcles pediram a seus interlocutores que se dirigissem a eles por meio de versos inéditos. Por ocasião da publicação de *A lenda dos séculos*, Hugo tomara o cuidado de assinalar em uma nota que seus versos não deviam nada às intervenções e revelações da Mesa, principalmente aquelas dirigidas "Ao Leão de Androcles". Esses esclarecimentos relativos à propriedade literária pareciam-lhe necessários, de tal forma as coincidências entre suas intuições, criações e pensamentos e as afirmações da Mesa tornavam-se cada vez mais frequentes e perturbadoras. Em 27/12/1853, Hugo, que entrara no meio de uma sessão, observara, lendo a ata em curso, que a intervenção da jumenta de Balaão correspondia "precisamente [à] ideia de um livro" que ele estava fazendo. Em 22/1/1854, Shakespeare resolvia ditar um poema inédito em francês, pois "a língua inglesa é inferior à francesa", e continuava seu ditado em 25 de janeiro.

110 *D'autres lions que moi, qui pouvaient dire au monde*
Nous sommes la puissance et la force profonde,
Nous sommes les lions,
Regardaient Rome en fête attroupée et sauvage

Applaudir leur cri rauque et faire de leur cage
Un tréteau d'histrions.

Et monstres qu'on repaît de massacre et de honte,
Géants apprivoisés sur qui l'opprobre monte.
Sans coeur et sans esprit
Ils levaient sur les saints leur patte sacrilège
Et leurs ongles saignants s'enfonçaient viv…

111 *Lâches comme des loups*
Leurs pattes déchiraient les martyrs sur les claies
Et Jésus-Christ prenait leurs ongles dans ses plaies,
Ô gibet, pour tes clous.

112 *Ils déchiraient les saints expirant sur les claies*
Et leurs ongles hideux élargissaient la plaie
Au flanc de Jésus-Christ.

113 A sintonia entre o Leão e Hugo continua no dia seguinte, 24/4. Descobrimos, na Maison de Victor Hugo, um conjunto inexplorado de doze folhas, escritas a lápis por Paul Meurice. Entre elas, figura esta anotação (folha 1): "Analogia dessa página Zênite-Nadir dos Quatro Ventos do Espírito assinalada 3/9 (ilegível) adiante por V. H. Similitude do pensamento das Mesas e o pensamento de V. H. V. H. faz três versos idênticos aos da Mesa ao mesmo tempo que a Mesa. A Mesa recita dois versos inéditos de V. H.".

114 *Leur patte déchirait les martyrs sur les claies*
Et leurs ongles sanglants remplaçaient dans les plaies
Les clous de Jésus-Christ.
Si bien qu'eux, ces lions devant qui tout recule,
Eux ces lions que seul, ô fabuleux Hercule,
Sans peur tu regardas,
Ils sentaient sur leur fauve et terrible crinière,
Dans l'ombre se poser, flatteuse et familière,
L'humble main de Judas!

A partir da primavera de 1854, Hugo vai compor mais de 130 sextilhas, a maior parte em hexassílabos e alexandrinos, que se acrescentarão a duzentas sextilhas em octossílabos e alexandrinos, ou seja, aproximadamente 2 mil versos, para o núcleo central do sexto livro das *Contemplações*, "À beira do infinito".

115 *Il est minuit. C'est l'heure immense et solennelle*
Où j'ouvre devant Dieu ma splendide prunelle.
C'est l'heure de l'amour où sous les cieux cléments,
Sombres et taciturnes,
Les fleurs dans les forêts, ces coquettes nocturnes,
S'embaument pour le jour!

116 Em 19/9/1854, ausente desse caderno, Hugo anotará: "Os seres que habitam o invisível e que veem o pensamento em nossos cérebros sabem que, há cerca de 25 anos, estudo as questões que a Mesa levanta e aprofunda. Em mais de uma ocasião, a Mesa me falou desse trabalho; a Sombra do Sepulcro me intimou a terminá-lo. Nesse trabalho, e é evidente que o conhecem lá no alto, no trabalho de 25 anos, eu tinha chegado, exclusivamente pela meditação, a vários resultados hoje corroborados pela revelação da Mesa, tendo visto distintamente e exposto alguns desses resultados sublimes; eu entrevira outros, que permaneciam em meu espírito em estado de lineamentos confusos. Os seres misteriosos e grandes que me escutam olham a seu bel-prazer no meu pensamento, como quem olha em um porão munido de um archote; conhecem minha consciência e sabem que tudo que acabo de dizer é rigorosamente exato. Exato a ponto de eu me insurgir fugazmente em meu mísero amor-próprio humano contra a revelação atual, que veio projetar, em torno da minha singela lanterna de mineiro, uma luz de raio e meteoro. Hoje, a Mesa confirma as coisas que eu vira por inteiro, e as semicoisas, ela as completa. Nesse estado de ânimo, escrevo. O ser que se chama a Sombra do Sepulcro me aconselhou a terminar minha obra começada; o ser que se chama a Ideia [Hugo se engana, não se trata da Ideia, mas do Drama; a identidade real dos espíritos têm todavia pouca importância para ele, o Drama podendo igualmente ser Shakespeare e vice-versa] foi mais longe ainda e me 'ordenou' que fizesse versos pedindo misericórdia para os seres cativos e punidos que compõem o que parece aos não videntes a natureza morta. Obedeci. Fiz os versos que a Ideia me pedia; ainda não estão terminados. Para ser compreendido, foi preciso explicar. Tive de descer ao detalhe, detalhe que contém meu pensamento antigo expandido pela nova revelação.

Eis a pergunta que submeto à Mesa: 'Será que a Ideia não me pediu, ou eu deveria dizer encomendou, esses versos para que eles sejam publicados? Será que a Sombra do Sepulcro não ordenou que eu terminasse minha obra para que ela fosse publicada?'."

Essa pergunta, que Hugo dirige à Morte, parece conter toda a angústia do criador, que, de repente, não tem mais certeza se a criação emana dele e lhe pertence integralmente. Ela mostra a sintonia mental que se instalou, desde 11/9/1853, entre Victor Hugo e a Mesa. Mais tarde, em 4/1/1855, Hugo escreverá à sra. De Girardin: "Paul Meurice lhe disse que todo um sistema quase cosmogônico, por mim descoberto e escrito pela metade há vinte anos, havia sido confirmado pelas Mesas com desdobramentos magníficos? Vivemos em um horizonte misterioso que muda a perspectiva do exílio e pensamos na senhora, a quem devemos essa janela aberta".

117 Trata-se do poema "Noite" (*Toda a lira*, II, 40). Ele também aparece sob o título "Vesper": "Vergando o talo, abrindo os olhos, debruçando as urnas,/ As rosas dos tanques, essas sirigaitas noturnas" [*Courbant leur tige, oucrant leurs yeux, penchant leurs urnes,/ Les roses des étangs, ces coquettes nocturnes*]. O manuscrito do poema traz a data de 6/3/1854.

118 A folha de rosto de *A floresta molhada* traz a seguinte anotação: "Guardar as réplicas para reproduzi-las aqui e ali em *Homo*". Um plano de abril de 1856 previa o "drama" *Homo* para completar os poemas de *Deus* e de *O fim de Satã*. O *Journal de l'exil* (t. IV) registra a finalização de *Homo* em curso na data de 18/6/1855. Adèle Hugo conta também, em 21/4/1856, as inten-

ções de seu pai quanto a *Homo*, assimilado então a *A floresta molhada*: "Fiz um drama inédito: *Homo*, uma peça que exige 150 cenários; nem por isso deixa de ser uma de minhas melhores. Nela, dou voz a pedras, urtigas e minhocas, o que dificulta sua montagem. [...] O tema é um jovem apaixonado pela natureza e que a natureza conspira para fazer apaixonar-se por uma mulher; meu herói entra em uma floresta molhada [...]". *A floresta molhada*, terminada em 14/5/1854 e publicada em *Le Théâtre en liberté*, será encenada pela primeira vez em 1930, na Comédie Française. Dois atores em carne e osso interpretarão o vespão, a minhoca, os cascalhos e as amoras silvestres.

119 O prazo estipulado entre duas sessões verifica-se sempre o mesmo: onze dias. Essa duração tem decerto uma explicação. O primeiro "exílio" de Victor Hugo remonta a 1803, quando, entre fevereiro e novembro, ele mora primeiramente em Bastia, depois em Portoferraio, principal vila da ilha de Elba. Nessa ocasião, acompanhava seu pai, Léopold Hugo, chefe de batalhão então no ostracismo, que recebera ordens para se instalar em Bastia com um de seus batalhões. Sophie Hugo, mãe de Victor, que se desentendera com o marido, retornara a Paris no fim de 1802. Lá, sua intenção oficial era defender a causa de Léopold junto a seus protetores, que ela conhecera em Lunéville, José Bonaparte em pessoa ou, em sua ausência, Victor Lahorie. Este último, segundo alguns biógrafos, teria sido amante de Sophie Victor, o que explicaria em parte sua longa ausência, afastada do marido e dos filhos. Por ora nenhum documento autoriza essa hipótese.

A passagem de Hugo, seus dois irmãos, Abel e Eugène, e seu pai pela Córsega, terra natal de Napoleão, precede exatamente em onze anos ao desterro do imperador derrubado e terá a mesma duração. Meras coincidências, mas que fazem remontar as relações do poeta com a família Bonaparte à sua primeira infância. Foi igualmente em um 11/9 que aconteceu a primeira sessão espírita bem-sucedida, em 1853. Naquela noite, à mesa de Marine Terrace, apresentava-se Léopoldine, morta afogada dez anos e sete dias antes, no "*4 7bro*" de 1843, tal como grafa normalmente Hugo: 4 e 7 que também dão 11. Victor Hugo, que em suas demonstrações joga com as datas para nelas descobrir sinais, sempre foi muito suscetível às coincidências de datas para que estas não constituíssem um. Talvez seja igualmente possível ver nesse decurso de onze dias uma alusão impenetrável a uma expedição que Victor Hugo fez ao lago de Gaube, nos Pireneus. Naquela ocasião, colhera uma singela flor em memória de dois amantes mortos afogados nas águas do lago. A expedição se dava onze dias antes do drama de Villequier, onde pereceram Léopoldine e o marido, Charles. Eis o que, "alimentando-se de profundezas autobiográficas insondáveis" (J.-M. Hovasse. *Victor Hugo. Pendant l'exil*, 2008) talvez explicasse o prazo, sempre o mesmo, de onze dias, que separa os encontros marcados pelos espíritos de Marine Terrace. Por fim, convém acrescentar que o exílio de Victor Hugo após o golpe de Estado de 2/12/1851 começou em 11/12.

120 Esse drama inédito ditado por Shakespeare começa com um prólogo em prosa sob a forma de um diálogo, no céu, entre duas estrelas, o Inferno e o Paraíso. Hugo, na época, já expusera sua teoria cosmogônica (ver p. 604, nota 126). Nesse período, Hugo terminara, em 23/11/1853, um diálogo em versos entre "Zênite e Nadir" ("Duas vozes no céu",

Os quatro ventos do espírito, diálogo intercalado entre "O Livro satírico" [I] e "O Livro lírico" [II]). Zênite representava o idealismo, o bem, o anjo; Nadir, o materialismo, o mal, a besta.

121 Em 10/11 do mesmo ano, a Morte confirmará que existem "mundos anjos" que ajudam "os mundos demônios". "Constelações boas e fortes [...] tornam-se escravas da hedionda morgue do Castigo [...] uma 'animália ofuscante de sóis formidáveis [...] por amor, se fazem totós e terras-novas da imensidão'" (sessão de 10/12/1854). Essa doutrina da imortalidade dos astros funda a religião hugoana. É igualmente inseparável, como observa ainda Pierre Albouy em *La Création mythologique chez Victor Hugo*, de sua doutrina política, baseada nas noções de progresso e solidariedade.

122 O último espírito a se apresentar, alguns anos mais tarde, será o espírito da Ásia, em 22/8/1860, em Guernesey, em uma curtíssima sessão na qual Hugo não estaria presente. As divindades da Índia e do Egito são evocadas mais de uma vez, com uma significação análoga, Baal sentado exibindo as características clássicas de uma divindade fetal (ver "Eles estão sempre presentes", *Os quatro ventos do espírito*, I).

123 Em 17/4, o Drama, ou Shakespeare, ditava o prólogo de seu drama. Após lê-lo, Hugo decidiu abster-se de toda participação nas sessões a fim de salvaguardar sua originalidade poética e evitar ser acusado de plagiar Shakespeare, mas *Todo o passado e todo o futuro* (*A lenda dos séculos*, II, XIX) acolhe parcialmente as revelações da Mesa no segundo movimento do poema. Hugo terminara, em 23/11/1853, um diálogo similar para sua criação: "Duas vozes no céu estrelado, Zênite-Nadir". A constatação da proximidade de ideias entre Shakespeare e ele o leva então a se abster de toda participação nas sessões das Mesas durante o desenrolar do ditado do drama inédito de Shakespeare. Hugo confessava-se disposto a "tudo no mundo" para evitar que sua obra "plagiasse a de Shakespeare" (*Journal de l'exil*, t. III, 30/4/1854). O que é uma maneira discreta e elegante de apontar a anterioridade de sua produção com relação à de Shakespeare e mostrar que, se havia plágio, não era Hugo o plagiador. Shakespeare plagiando Hugo, eis o que poderia constituir uma curiosa inversão da história literária!

124 "O mal age no bem": do ponto de vista metafísico, o cerne do pensamento de Hugo é a ideia de que Deus fez necessariamente o homem imperfeito. Essa teoria tem como ponto de partida a ideia de que Deus é tudo e de que tudo é parte de Deus. A criação é a separação de uma parte de Deus mediante a introdução de uma imperfeição no ser. "Essa imperfeição é uma libertação, desejada por Deus, que, sem isso, ficaria sozinho. Assim, tudo é Deus mais ou menos eclipsado, e o grau de sombra coloca o ser mais alto ou menos alto na escada da criação" (Denis Saurat. *La Religion de Victor Hugo*, pp. 78 ss.). Essa imperfeição constitui a matéria. Em todos os seres, encontramos Deus e a matéria, Deus e o mal. Mas em todo mal, em toda matéria, Deus ainda subsiste, e a finalidade da evolução dos seres é a expressão desse bem que está em todo mal. No próprio mal, portanto, há um princípio de bem. "O fato de que esse mal, separando o ser de Deus, o criou, lhe deu sua liberdade. [...] O castigo, inevitável e impiedoso, não é feito para punir, mas para corrigir, elevar, para extrair do mal o princípio de bem nele embutido: a liberdade. A liberdade, cada vez maior, é a própria finalidade da evolução" (idem, ibidem). Assim,

todas as ideias de Hugo, essencialmente metafísicas, mas também sociais e políticas, constitutivas de um sistema de pensamento, convergem e vêm desembocar nessa mesma concepção, que é a presença necessária do mal na própria criação.

125 O tomo III do *Journal de l'exil*, na data de 30/4/1854, conta que, após Shakespeare ditar a primeira cena de seu drama, foi pedido a Hugo que a lesse. Ele se recusou: "Não quero ler nem conhecer essa peça de Shakespeare. Receio coincidir com esses espíritos. A leitura dessa peça me atrapalharia no que desejo fazer [trata-se de *A floresta molhada*], ainda mais que tenho a intenção de fazer um drama no qual entrará a natureza misturada com o homem e o mundo invisível misturado com o mundo visível. Admitindo que, apesar de minhas precauções, a peça de Shakespeare viesse a ter alguma semelhança com a minha e que, tendo publicado minha peça dentro de alguns anos, publiquem a dele depois, pelo menos terei feito tudo no mundo para impedir que minha peça plagie a de Shakespeare ou que a sua plagie a minha".

Hugo parece assim temer a concorrência da voz da Mesa, que volta e meia parece ela própria reforçar a voz do poeta, suas intuições, suas afirmações, suas criações poéticas ou dramatúrgicas. Sabemos, contudo, a partir das revelações da jumenta de Balaão, em 27/12/1853, e das declarações da sra. Hugo, ao afirmar, na ata da sessão, que "o que tu [a jumenta de Balaão] nos dizes acerca dos destinos do homem é o que meu marido pensa e diz há muito tempo, exceto no que se refere aos animais e às plantas, em cuja alma meu marido não acreditava", que Hugo devia algumas intuições e versos à Mesa. As ordens dadas pela Mesa, em 24/4/1854, relativas ao sofrimento dos objetos, pedras, plantas, animais, à alma que ocupa os corpos em todos os estágios da criação, serão executadas por Hugo, em grande parte, em 19/9, para dar origem a "O que diz a Boca de Sombra". Não raro a voz da Mesa e o verbo hugoano coincidem.

126 "Os astros punidos": primeiro esboço da teoria hugoana da progressão paralela dos astros no céu, da barbárie à civilização, que faz parte de uma das hipóteses formuladas anteriormente por Hugo, inspirada em Fourier, Jacques Boucher de Perthes, Jean Reynaud, Alexandre Weill e outros ocultistas desse período. A Terra é um desses "mundos intermediários", um "mundo-homem", considerado um espaço de purificação por Hugo. Essa teoria da progressão dos astros será sistematicamente desenvolvida à mesa de Marine Terrace.

127 "Beber uma virgem": alusão à irreprimível inclinação de Luís XV pelas meninas-moças, virgens de preferência, que ele não hesitava em mandar raptar para saciar suas vontades. A idade de quinze anos parecia inclusive ao "Bem-Amado" um pouco tardia. Essa passagem e a seguinte lembram também *As duas descobertas de Gallus* e, em especial, o rapto de Lisbeth das mãos do noivo, bem como o rapto de Blanche em *O rei se diverte*. O duque de Gallus, personagem de ficção, é rei da Suábia. Como Luís XV, conversa com um homem, seu confidente, Gunich, que, por sua vez, também arranjou uma adolescente para ele seduzir. "Então é nesse pardieiro que mora essa garota!", exclama Gallus, examinando o local. Enquanto Gunich gaba os atrativos da garota, o duque exclama: "A ave mais formosa dos ninhos!". À pergunta do rei sobre a idade da presa, o conselheiro de Luís XV responde: "A idade em que as aves saem do ninho e as meninas se aninham".

A aproximação de Gallus com o rei da França é operada em Hugo a partir do desejo do duque de ter sua "Pompadour como um rei mui cristão".

128 Essa cena é típica das de gênero da vida camponesa nos vaudevilles e óperas cômicas do século XIX. Evoca uma peça de Hugo, composta muito tempo depois de *Hernani* e *Ruy Blas*, em 1869: *As duas descobertas de Gallus*. Ela constituirá o "Livro dramático" da antologia *Os quatro ventos do espírito*. O poeta faz a peça ser precedida pelo diálogo entre Zênite e Nadir, que funciona dessa forma como um intermédio entre o "Livro satírico" e o "Livro dramático" e que, como o diálogo entre o Inferno e o Paraíso aqui, faz as vezes de prelúdio à peça que segue. Escrita em versos, esta se apresenta na forma de um díptico: uma comédia e um drama, que compõem as duas partes de uma mesma história, a do duque Gallus, comportando, respectivamente, um ato com seiscentos versos e outro com mil. Ao retraçar duas aventuras de um personagem central, príncipe alemão do século XVIII, velho libertino atrás de adolescentes virgens e inocentes para conspurcar, a obra consiste em uma meditação profunda e às vezes dolorosa sobre o poder, a velhice, a dissipação e o amor. O personagem de Gallus, déspota esclarecido, libertino senil depravado e depravador, cético declarado e sentimental enrustido, talvez seja um dos mais complexos do teatro hugoano. Podemos encontrar o texto da peça, com o subtítulo "La Femme" [A mulher], nas *Oeuvres complètes* (*Poésie*, III. col. Bouquins. Paris: Laffont, 2002, pp. 1.199-287; em *Os quatro ventos do espírito*, antologia apresentada e anotada por Danièle Gasiglia-Laster), e na edição do *Théâtre en liberté* (edição apresentada, estabelecida e anotada por Arnaud Laster, pp. 511-625).

129 "Casei-me sobre um túmulo": essa réplica de Nihila, que, a propósito, lembra estranhamente a figura de Cosette, é como um condensado dos temas hugoanos primordiais: a presença do espírito dos mortos no mundo dos vivos, fé corroborada pelas Mesas, o túmulo/a tumba, último berço para uma nova partida ("E cada batimento no enorme Universo/ Abre para as almas, enxame de gaviões e pombas,/ De um lado os berços, do outro as tumbas", "Os pobres", *A lenda dos séculos*, I, XIII, III), a prece cotidiana a Deus ("Eles rezam. Quem? Deus. [...] Pensamento, devaneio, prece, estes são os grandes esplendores misteriosos. Respeitemo-los. Para onde vão essas irradiações majestosas da alma? Para a sombra; isto é, a luz", *Os miseráveis*, II, VII, V), a Natureza, verdadeira igreja, concepção partilhada com Baudelaire ("A Natureza é um templo onde colunas vivas/ Deixam às vezes escapar palavras confusas", "Correspondências", IV, *As flores do mal*).

130 A cruz, para Hugo, é a imagem da crucificação da humanidade. Nihila será igualmente crucificada. Reencontramos aqui o mesmo estilo de diálogo amoroso simples, ágil e comovente de outra curta peça de Hugo, *A intervenção* (ver: *Le Théâtre en liberté*). O tema dos jovens namorados ameaçados por um poderoso que cobiça a adolescente constitui o impulso dramático de *Eles comerão?* e de *Torquemada*, bem como está presente em *O rei se diverte* com o rapto e o estupro de Blanche.

131 *C'est l'heure où des cités, des Babels, des Sodomes,*
On voit, de toutes parts, des troupes de fantômes
Aux visages de feu,

Ouvrant dans les éclairs leurs ailes hérissées,
Traverser le ciel noir ainsi que les pensées
Du grand cerveau de Dieu.

C'est l'heure où le jour naît dans la tombe ou dans l'ombre.
Le cadavre enterré par le fossoyeur sombre
Sent que le ver le mord;
C'est l'heure où l'on entend sur les champs de bataille
Les corbeaux annoncer, noirs coqs des funérailles,
Le lever de la mort;

Nesse ponto, o Leão de Androcles vai além do tema das pedras transformadas em masmorras, desenvolvendo, nessas duas sextilhas, o das punições personalizadas, que impõe aos criminosos a sentença que simboliza seu crime. Nemrod, Cleópatra e Fálaris, citados aqui pelo Leão, são retomados em "Lágrimas na noite" (*As contemplações*, VI, VI). Hugo multiplica aqui as enumerações e as gradações, acoplando a cada nome próprio um substantivo suscetível de representar o corpo ou a matéria bruta para onde a alma amaldiçoada daquele que é castigado migrou após sua morte.

132 Enquanto Nihila interroga seu agressor sobre o destino de seu marido, o rei exclama: "Essa pedra quer esposar uma pérola!". O tema da pérola vai desempenhar um papel muito importante em uma comédia posterior de Hugo: "Margarita" (pérola, em latim), na qual o poeta faz referência a uma fábula de Fedro – adaptada por La Fontaine sob o título "O galo e a pérola" – que ele resume assim: "*Gallus escam quaerens margaritam reperit*" ("Um galo ciscando farelo encontra uma pérola"). A ideia de conceber uma obra a partir da fábula de Fedro é, todavia, anterior às sessões que ditaram *Nihila*. Ela é esboçada em um fragmento dramático, *As duas descobertas de Gallus*, datado de 1842 ou 1849. Hugo, portanto, antes de tomar ciência do drama da Mesa, pretendeu contar a história de um grão-senhor que tenciona corromper uma menina pobre.

133 "Esses astros, ó pedras, serão vossa morada": das pedras às estrelas. O homem, portanto, graças à sua alma imortal, é um dos principais veículos entre os mundos. As almas sobem e descem do anjo à pedra por uma escada que se estende até os espaços astronômicos "dos sóis luminosos em cujas proximidades vivem os arcanjos nos mundos negros do castigo" (*La Création mythologique chez Victor Hugo*). Nessa estrutura do universo, o homem ocupa um lugar intermediário e vive em um mundo igualmente intermediário entre os mundos punidos e os mundos bem-aventurados, os "mundos anjos" e os "mundos demônios" (ver a sessão de 10/11/1854, pp. 405 ss.). Mas já em dezembro de 1852, "Lux" pressentia a redenção dos planetas desafortunados em um tempo futuro, "quando os céus [não] terão mais infernos" (*Os castigos*, Epílogo). "Abismo", em novembro de 1853, anunciava que a Via Láctea era povoada por uma infinidade de astros que acolhiam humanidades diversas "próximas aos demônios ou aos anjos" (*A lenda dos séculos*, II, XXVIII).

134 Toda essa passagem evoca o tema da metempsicose: as plantas e animais contêm almas condenadas em expiação de seus pecados. Segundo a doutrina hugoana da metempsicose, o animal não progride, mas a alma, nele encerrada, sofre um castigo;

cumprida a pena, é libertada. A alma precipitada em seu castigo é, ao mesmo tempo, esclarecida. Só lhe resta cumprir a pena, a dúvida benevolente que eleva o homem e faz sua educação é retirada da alma condenada. As almas especialmente escolhidas para a educação da humanidade são "grãos de luz" que fluem primeiro para baixo, depois para o alto. São almas solares que pertencem não à Terra, mas ao Sol. Essa teoria acha-se desenvolvida em *William Shakespeare* (I, V). Uma alma corrompida pode assim ser punida descendo até os animais e plantas e, merecendo, subir até os anjos.

135 *Cheval Caligula qui broutes dans la tombe,*
Xerxès chaîne de fer, Pyrrhus tuile qui tombe,
Toi face de l'Athos,
Alexandre, tombeau tourmenté par l'orage,
Spectre qui sens les vents te sculpter ton visage
À grands coups de marteaux,

Vous tous, êtres punis dont les douleurs sont lentes,
Arbres, épis, roseaux, pauvres petites plantes
Dont j'entends la clameur,
Fleurs, graines que répand dans les sillons funèbres
Cet autre fossoyeur qui vient dans les ténèbres
Et qu'on nomme semeur,

Infiniment petits sortis d'énormes crimes,
Monstres du genre humain devenus ses victimes,
Ombres du firmament,
Brins d'herbe, que Dieu seul au jour de la clémence
Pourra déraciner avec son bras immense
Du granit-châtiment!

Élevez vos regards vers le ciel, voici l'heure;
Ces astres, ô cailloux, seront votre demeure,
Pour vous ils sont vermeils;
C'est pour vous que, là-haut, Vénus rayonne; ô bêtes,
Mousses, lichens, chardons, espérez, car vous êtes
Des tiges de soleils!

Excréments, c'est à vous qu'appartiennent ces mondes,
Ces constellations sont à vous, rats immondes;
Vous avez l'astre en feu;
Te voilà fiancée, araignée, à l'étoile,
Et ce rayon de lune est un fil qu'à ta toile
Dans l'ombre ajoute Dieu.

136 Sócrates não faz parte dos gênios da humanidade listados como tais por Hugo em *William Shakespeare*. É considerado o pai da filosofia, cuja característica básica reside em sua fé na razão humana, mediante a qual o homem pode alcançar o autoconhecimento e a felicidade.

137 *Nous étions les bras forts de la France usurpée;*
Moi je fus la massue et toi tu fus l'épée,
Nous portions des drapeaux.
Nous étions les faux poids de la Balance humaine,
Et faisions promener Dieu du côté de la haine.
Les vers: Non, vous étiez des os.
Les os: Moi, je suis Tolbiacı, et toi, tu fus Pavie.
Je suis la mort d'un peuple, et toi tu fus sa vie.
Nous étions des géants.
Ce talon fut sanglant, ces mains furent féroces.
Nous étions des héros, nous étions des colosses.
Les vers: Vous étiez des néants.
Un des crânes: J'ai toujours, à genoux devant les amulettes,
Rempli des noirs gibets d'un monde de squelettes.
On craignait mon balcon.
Ô vers, votre dent sombre à toute heure me mine;
D'où venez-vous, bourreaux? D'où venez-vous, vermine?
Les vers: Des os de Montfaucon.
Un autre crâne: Roi lâche j'ai trahi mon pays en décombres,
J'ai regardé tomber mon peuple sous les ombres
Des arbres de mon parc.
J'ai d'un bûcher anglais rougi le ciel de France.
Ô vers, d'où venez-vous? D'où venez-vous, souffrance?
Les vers: Des os de Jeanne d'Arc.
Un autre crâne: Ô mort, quand finira ce tourment qui me navre?
Ils sont un million au moins sur mon cadavre.
Ô sépulcre ennemi!
Ma pauvre chair de roi lambeaux à lambeaux tombe.
Qui vous a, vers hideux, envoyés dans ma tombe?
Les vers: La Saint-Barthélemy.
Un autre crâne: Galant comme Henri, brave comme Xaintrailles,
J'ai relevé la France et j'ai bâti Versailles,
J'étais le roi vermeil.
Comme dans une fleur qu'une lèpre dévore,
Qui vous a, vers rongeurs, dans mes yeux fait éclore?
Les vers: Sire, votre soleil.
La terre: Ô rois! Dans bien longtemps, sous les pieds des faneurs,
Vous renaîtrez ivraie et plantes vénéneuses.
Le crime est sans pitié.
Vous renaîtrez chardon au penchant des collines,

Et c'est vous qui serez les couronnes d'épines
Des dieux crucifiés.

Scélérats, vous serez la chose scélérate,
Vous serez la ciguë aux lèvres de Socrate,
Tyrans, vainqueurs, soldats,
Le poison et l'ortie écloront de vos têtes
Et vous serez broutés dans l'ombre par les bêtes
Et cueillis par Judas.

Vous serez, aux créneaux croulants de vos tourelles,
Les mousses que les vents soufflettent de leurs ailes,
Et, brins d'herbe broyés,
Chacun de vous, ô rois qu'avec terreur on nomme,
Pour avoir trop marché sur les grands fronts de l'homme,
Renaîtra sous ses pieds.

Un soupirail par où l'on voit le ciel étoilé:
Espérez, ô maudits, oubliez qui vous êtes.
La délivrance luit à travers les planètes
Au bord des horizons,
Et ces astres qui sont les célestes parures,
Sont les trous rayonnants de toutes les serrures
De toutes vos prisons.

Premier clou: Je suis le clou de fer, j'arrive d'où tu viens.
Renais, monstre! Je suis le canif de Damiens.
Au sombre châtiment des métaux je te livre,
Et mon assassinat, c'est de te faire vivre.
Tu seras fer.
Second clou: Méchant, tu seras pire encor.
Sois maudit pas le fer et sois puni par l'or!
Tu renaîtras monnaie et dans les lieux infâmes
Tu seras l'acheteur de la vertu des femmes.
Tu souffriras, tyran, des mots dont tu jouis,
Et garderas ton nom monstrueux de Louis.
Tu courras du tripot immonde dans l'orgie,
Et je marque ton âme avec ton effigie;
Tu seras or.
Troisième clou:

138 Damné, moi je suis le granit.
Je suis le clou fatal qui tient ceux qu'on punit.
Dans ce monde rempli d'obscures pénitences,
Moi je suis la racine horrible des potences.

Ô rois, c'est mon devoir de tourmenter vos os,
Et que vos gibets morts entrent dans vos tombeaux,
Pendant que la potence, arbre sorti des crimes,
Dans son noeud, sombre fleur, étrangle vos victimes,
Il faut que vous sentiez, couchés sur des carreaux,
Sa racine, autre noeud, à vos cous de bourreaux.
Je suis celui qui sent frissonner les squelettes.
Je suis le pilori, je suis les oubliettes.
Despote, tu seras, c'est le décret d'en haut,
Pierre d'un mur forçat qui sert dans un cachot.
Tu vivras enchaîné dans l'ombre des Bastilles,
Et, toi vice, toi boue et souillure des filles,
Pour racheter ta vie, immense trahison,
Vivant tu fus égout, mort tu seras prison.
Le quatrième clou: Moi je suis l'ongle humain. Misérable fantôme,
Tu vas tout expier.
Le cadavre: Et redeviendrai-je homme?
Le quatrième clou: Oui. Je te le promets.
Le cadavre: Il est donc un moyen
De reprendre ma forme?
Le quatrième clou: Oui.
Le cadavre: Quoi faire?
Le quatrième clou: Le bien.
Le cadavre: Comment?
Le quatrième clou: Maudit, ta vie est un énorme abîme
Où, longue cataracte, a coulé l'eau du crime.
Mais tu peux soulever le coin de ton linceul.
Le cadavre: Parle.
Le quatrième clou: Tous tes forfaits se fondent en un seul.
Le cadavre: Lequel?
Le quatrième clou: Un couple heureux, grâce à toi, saigne et souffre
Deux enfants qui jouaient sont tombés dans ton gouffre,
Jérôme et Nihila.
Le cadavre: Mes yeux sont aveuglés.
Que faire?
Le quatrième clou: Ils sont perdus.
Le cadavre: Que faire?
Le quatrième clou: Sauve-les.

139 O drama ditado por Shakespeare e pelo espírito do Drama é interrompido neste ponto, no estranho diálogo entre os quatro pregos do caixão de Luís XV e seu cadáver. A influência das revelações das Mesas no tema desse drama é manifesta. A questão abordada é a do crime e castigo que intervém no céu até o túmulo, trazendo à baila o

problema da metempsicose. Todas as coisas inanimadas falam aqui: as estrelas, o relógio, a alcova, as flores, o teto, os archotes, um botão de rosa, os móveis, a porta, a chave. Eles participam da ação e são os mais infelizes ao constatarem sua impotência para ajudar Nihila. Durante esse tempo, Hugo, que não assistia a essas sessões, terminara quatro cenas de uma comédia de 368 versos: *A floresta molhada* (publicada em 1886, no fim da edição original do *Théâtre en liberté*). Nessa comédia, o personagem principal, Denarius, atravessava uma floresta após a chuva. Durante a travessia, Denarius encontra duas jovens adolescentes que ele toma por deusas, apaixonando-se pela mais vulgar. Nessas diferentes cenas, todas as coisas inanimadas também falam: as flores, as plantas, os insetos, as árvores, as pedras, uma gota d'água, o tanque, uma nuvem, um asno... O drama inacabado de Shakespeare e a comédia terminada de Hugo apresentam muitas similitudes, assim como outras peças do *Théâtre en liberté*.

140 "O drama sou eu, é Molière, é Ésquilo, é Cervantes...": é Hugo também. Antes mesmo de escrever sua comédia, *A floresta molhada*, ele fizera dialogar uma espada, uma lima, um marco de caminho, um túmulo, o vento, a justiça, animais, um navio, a justiça, o direito, a razão, a poesia... em dois poemas dos *Castigos*: "A beira do mar" (III, 15) e "Tudo se vai" (V, 4). Em 17/11/1853, as "Vozes num sótão" (*Os quatro ventos do espírito*, I, 6) fazem dialogar, em uma lista que antecipa [Jacques] Prévert, um casaco puído, uma cadeira sem palha, um forno frio, um copo cheio d'água, um pires empoeirado, uma cumbuca de madeira, uma janela quebrada, uma algibeira vazia, uma prancheta de escrever, um papel timbrado, um espelho rachado, um banquinho bambo, uma sola furada, um céu azul, o buraco da fechadura e um teto furado como em *Nihila*... Muitos outros poemas também fazem dialogar coisas inanimadas. Em "Sussurrando vozes" (*Toda a lira*, VII, 22, IX), escrito em 9/12/1853, são a lareira, a vidraça o relógio de bolso, um velho prego enferrujado na parede, um volume de André Chénier aberto sobre a mesa, uma garrafa, a felicidade, a porta, o baú, a parede, a cama, o travesseiro, a lamparina, a fatia de presunto, a mesa, uma carteira escolar, um tomo avulso de Bossuet, uma sandália, um chinelo, um busto na lareira que dialogam. Em "Abismo" (*A lenda dos séculos*, XX, XXVIII), escrito em 26/11/1853, são os planetas que conversam com o homem em uma escada que vai até Deus. Já no Epílogo de "Na sombra" (*O ano terrível*), escrito em 29/11/1853, trata-se de um diálogo entre o velho mundo e o oceano.

141 *Espère, car bientôt, qui sait, demain peut-être,*
L'être ailé qui bourdonne à l'humaine fenêtre
Que mouillent tant de pleurs,
Cet ange papillon qui murmure espérances,
Qui, fait pour se poser sur toutes les souffrances,
Va des hommes aux fleurs,

Se prendra dans ta toile aux soyeuses dentelles,
Et tu t'envoleras toi-même avec ses ailes
De rayons en rayons
Jusqu'au ciel, toile immense où dans leurs fils de flammes

S'embusquent, pour y prendre au passage les âmes,
Les constellations!

142 À asa, símbolo da liberdade, opõe-se a aranha, símbolo da fatalidade. Desde *Notre--Dame de Paris*, no qual Claude Frollo contempla, fascinado, uma mosca capturada na teia da qual ela não escapará mais, a aranha percorre, se é que podemos dizer, a obra de Hugo, constituindo um de seus motivos recorrentes. Esse tema é estudado por Pierre Albouy em *La Création mythologique chez Victor Hugo* (p. 169): nesse livro, o autor vê uma forma de semelhança entre a aranha e a estrela. A aranha é "sol negro do mal", "ela destrói"; "a estrela clareia". Mas a redenção é possível para a aranha. O poema "Potência igual bondade" (*A lenda dos séculos*, I, III), datado de 15/11/1857, conta a metamorfose da aranha em sol. Pierre Albouy acrescenta que a significação simbólica da aranha "ilustra um dogma fundamental, o da transfiguração do mal e da iluminação da sombra". Sobre o símbolo hugoano da aranha, Charles Baudouin, em *Psychanalyse de Victor Hugo* (2008, pp. 137 ss.), desenvolve uma teoria da aranha "símbolo da Fatalidade e da Mãe terrível". As sessões das Mesas já tinham esboçado esse tema, que aparece em "Amo a aranha e amo a urtiga" (*As contemplações*, III, XXVII).

143 *Humbles colimaçons qui rampez dans l'argile,*
Et traînez tristement votre carcan fragile
Dans les puits désolés,
Ces yeux que vous dressez hors de vos enveloppes
Sont des cornes pour l'homme et sont des télescopes
Pour les cieux étoilés!

Tous ces regards d'amour sont pour toi, taupe aveugle.
Quand, dans les champs déserts où le boeuf rêve et beugle,
Tu creuses ton sillon,
L'astre qui te surprend perçant ta prison lourde
Dirige la clarté de sa lanterne sourde
Vers ton évasion.

Vous aurez, ô fourmis, si le pardon commence,
Pour fourmilière au ciel la Croix du Sud immense.
Dieu n'est plus irrité.
Chenille, à toi Vénus! Mouche, à toi la Grande Ourse!
Infusoire perdu dans les eaux de la source,
À toi l'immensité!

144 *Vous aurez, ô fourmis, en changeant votre forme,*
– – – – – – énorme.
Insectes, regardez; regardez, nécrophores,
Poindre dans cette nuit ces millions d'aurores,
Et devenez joyeux.
Le matin du grand jour se lève, et voici l'heure

Qui luit de toutes parts dans la sombre demeure
À ces cadrans des cieux.

Espérez, vous aussi, soleils, astres sans nombre.
Le ciel n'est pas un bagne où le forçat est l'ombre.
La délivrance luit.
Dieu n'a pas fait l'éther pour y mettre des bouges,
Et vous, vous n'êtes pas, ô soleils, des fers rouges
Dont il marque la nuit.

TERCEIRO CADERNO

1 Já nos referimos às cópias manuscritas feitas por Cécile Daubray, aqui reproduzidas. Outro maço de cópias, dessa vez datilografadas, em ordem cronológica, estabelecidas por Cécile Daubray, foi encontrado na Maison de Victor Hugo, em uma caixa de papelão pertencente ao "espólio Gustave Simon". A primeira parte dessas cópias corresponde ao período que vai de 1º/2 a 30/5/1854. Elas coincidem com o teor das atas ou do *Livro das Mesas* de 1854. Outra parte dessas cópias datilografadas se estende de 3/7/1854 a 8/10/1855. Cobrem, portanto, períodos para os quais não existem às vezes nem atas nem manuscritos, revestindo-se, assim, de imensa importância. Naturalmente, na ausência de qualquer outro documento, as cópias de Cécile Daubray podem ser legitimamente questionadas quanto às escolhas efetuadas. No entanto, o cotejamento das cópias de Cécile Daubray com as atas de que dispomos, bem como com o caderno de 1855, mostra que suas transcrições, salvo por ínfimos detalhes, são absolutamente fiéis aos dois suportes que editamos e que Cécile Daubray respeitou quase literalmente os textos inéditos legados por Gustave Simon. Por essas razões, tomamos o partido de inseri-los entre os dois cadernos de Victor Hugo. O fato de Cécile Daubray ter podido copiar sessões ocorridas entre 3/7 e 19/12/1854 permite supor legitimamente a existência, além das atas, de um terceiro caderno, que iria de 31/5 ou 1º/6/1854 a 20/1/1855. No que se refere ao ano de 1855, as cópias de Cécile Daubray não correspondem ao caderno de 1855 conservado na BNF. Faltam, nas cópias de Daubray, doze sessões presentes no caderno de 1855 (1º/3, 8/3, 30/3, 13/4, 29/4, 4/6, 11/6, 13/6, 18/6, 16/7, 4 e 5/10), o que pode nos induzir a pensar que Cécile Daubray não se baseava no caderno de 1855, e sim nas atas das sessões. Transcrevemos aqui as cópias de Cécile Daubray referentes às sessões inéditas ausentes nos dois cadernos de 1854 e 1855.

2 *Vous êtes feux des nuits qu'allume le grand pâtre,*
L'espoir du ver de terre et du grillon de l'âtre,
Vous êtes leurs réveils;
Le soir, lorsque le chien, las de sa chaîne, tombe,
Il sent que Dieu la brise et change dans la tombe
Les chaînons en soleils!

Soyez fiers, ô soleil, d'apaiser les tanières;
Que le trou de l'insecte errant dans les ornières
Vers vous tourne ses yeux,
Et que le doux oiseau perdu dans le bois sombre
S'endorme en regardant briller là-haut dans l'ombre
Des nids mystérieux!

3 *Comme l'ange parlait, le désert taciturne*
Fixait sur lui d'en bas son beau regard nocturne.
L'ange luisait pour nous,
Les branches s'écartaient pour ne pas gêner l'herbe,
La montagne avait pris, complaisante et superbe,
La fleur sur ses genoux.

4 *Pas un bruit; tout regarde et tout est aux écoutes;*
La rosée étonnée a suspendu ses gouttes,
Et la mouche son vol;
Le silence remplit le nid de la fauvette;
La pierre d'un vieux mur, pauvre sourde-muette,
Fit taire un rossignol.

5 *Toutes les grandes voix de l'ombre se sont tues;*
Aux quatre bouts du ciel comme quatre statues,
Les vents, groupe effaré,
Font silence, et chacun, devant l'ange des bêtes,
A posé sur la bouche énorme des tempêtes
Son doigt démesuré.

Le cri des vautours cesse avec le chant des merles;
La fontaine interrompt le babil de ses perles;
C'est l'heure du remords;
Tout entend parler l'être aux ailes diaphanes,
Et le ver du tombeau l'écoute au fond des crânes
Par l'oreille des morts.

6 *Pour ne pas empêcher les clochettes d'entendre,*
Le Vésuve et l'Etna retinrent sous la cendre
Leur respiration;
Tout s'arrêta devant l'ange de la clémence;
De la création.

7 *Ce fut, sous ce regard de la grande prunelle,*
Une adoration pensive et solennelle;
L'arbre dit: aimons-nous!
Tout pria, le caillou se vit une auréole;

Ce qui rampe se crut des ailes; ce qui vole
Se sentit des genoux.

8 *Les gouttes de sang que tu prends pour des étoiles.*

9 *Et portant sur son front un haillon de lumière.*

10 Essa sessão da sexta-feira 29/12/1854 acha-se transcrita em um caderno em formato pequeno (13 x 17 cm) inédito, com a capa em mosaico verde. Comporta 36 páginas numeradas, as linhas são traçadas. Apenas as páginas 1, 2, 4, 5, 6 estão escritas; a p. 3 está em branco. Todas foram escritas por Victor Hugo. O caderno começa em 29/1/1854.

QUARTO CADERNO

1 Esse caderno de 1855 começa com a transcrição de uma curta sessão de 21/1, saltando em seguida para 11/2. O *Journal de l'exil* (t. IV, 11/1/1855), que começa em 1º de janeiro de 1855, não faz alusão alguma às sessões das Mesas porventura ocorridas até 1º/3. Vinte sessões foram realizadas entre 21/1/1855, data inaugural desse caderno, e 8/10/1855, fim das sessões espíritas de Jersey.

2 "O druidismo...": "Chateaubriand, Arago e Jean Reynaud, a poesia, a ciência e a teologia, estas seriam as três fontes da astronomia hugoana", observa Pierre Albouy em *La Création mythologique chez Victor Hugo* (p. 369). É muito provável que a doutrina druídica aqui referida tenha suas origens nas obras do "teólogo" da astronomia Jean Reynaud. No verbete "Céu", publicado na *Nova enciclopédia*, de 1840, Reynaud explica que o céu, infinito e eterno como Deus, não é uma morada, mas um caminho. A vida no além é infinita e eterna e a alma muda incessantemente de aspecto, encaminhando-se para uma perfeição definitiva que convém considerar um termo ideal possível. Em suas *Considerações sobre o espírito da Gália*, obra publicada em 1847, mas em 1843 na *Nova enciclopédia* sob o título "Druidismo", Reynaud remonta a origem de sua doutrina aos druidas, cuja missão era, por intermédio da Gália, transmitir ao mundo a ideia da imortalidade. Ora, *As coisas do infinito* começa com estas palavras: "As almas passam a eternidade percorrendo a imensidão. Eis o que diziam, há 2 mil anos, os Druidas". Em junho de 1854, Reynaud publica sua obra teológica *Terra e céu*, na qual desenvolvia extensamente suas ideias. Hugo o tivera como colega na Assembleia Nacional e partilhava sua convicção de uma vida anterior e posterior à vivida aqui na Terra. Nesse aspecto, Reynaud opunha-se a outro conhecido de Hugo, Pierre Leroux, que acreditava apenas em reencarnações na Terra e, logo, na humanidade. O que permitia instalar a ideia de um socialismo fundado em um sentimento de solidariedade entre a humanidade de hoje e a de amanhã. No *Prefácio filosófico*, Hugo opõe-se à religião da humanidade de Leroux e defende a mesma doutrina da humanidade, em nome da democracia, de Reynaud.

3 À pergunta de Vacquerie feita no início da sessão, a Mesa responde de maneira fulgurante. Cabe a Hugo, em seguida, assimilar as instruções de Jesus Cristo e realizar o programa indicado. O fato fundamental de todo o sistema político, social, religioso,

metafísico, psicológico de Hugo é que, a partir de 1855, nasce uma nova religião, da qual ele se considera o fundador. Essa religião traz duas mensagens ao mundo: a ideia de que há almas individuais e conscientes em todas as coisas, até nas plantas e nas pedras, e a concepção de um perdão universal que não deixa nenhum pecado sem possibilidade de redenção, agora não mais eventual, e sim inevitável e certa. Jesus Cristo vem destrinchar a nova religião, pela primeira vez, nesse domingo, 11/2/1855. Segundo Cristo, a humanidade deve ser governada sucessivamente por três grandes religiões: o druidismo, o cristianismo e "a verdadeira religião". Duas dessas religiões pertencem ao passado, a terceira será a do futuro. Eis então definida a terceira religião, a verdadeira. Eis então o poeta designado sem engano possível pelo próprio Jesus Cristo. Fundador da segunda religião, Jesus Cristo vem falar e passar o bastão a Hugo. Sua missão está terminada e Jesus entrega o poder nas mãos do novo profeta, encarregado de conduzir a humanidade rumo ao "Oitenta e nove dos arcanjos".

4 "Quando te vi sobre o martírio": Hugo provavelmente se engana, substituindo o nome do local onde avistou sua interlocutora pelo que ela é para ele. Convém compreender aqui "o calvário". O lugar onde Hugo costuma ver luzes estranhas, à tarde ou à noite, quando volta para casa, é o dólmen da Torre Branca, isto é, de Mont Ubé, hoje não longe do solar de Samares, que sobranceia a praia de Azette. O *Journal de l'exil* (t. IV, 1º/3/1855) indica: "Praticamos as Mesas até 3h da m[anhã]. Meu pai interroga [a] luz".

5 A partir de outubro de 1854, Hugo adquire o hábito de registrar similitudes entre as afirmações da Mesa e sua produção poética. Em 22/10/1854, quando a Mesa enunciou que "os astros são gotas de sangue", Hugo indicou ter escrito o verso: "Dessas gotas de sangue que julgamos estrelas". No mesmo dia, a Mesa ditava: "andrajos de raios" e Hugo apontava ter escrito: "andrajos de luz". Em 10/11, a Mesa expunha a hierarquia dos astros no céu, Hugo mencionava seu poema "Explicação", datado de 5/10/1854 (*As contemplações*, III, XII). Em 18/12, Hugo lia para o seu círculo os últimos versos de "Inferi", manuscrito datado de 11/6/1854 (*A lenda dos séculos*, série complementar, VI), para mostrar o paralelo surpreendente entre as afirmações da Mesa e os seus versos, embora ressaltando a anterioridade de suas criações poéticas com relação às revelações da Mesa. Acontece o mesmo aqui. *As coisas do infinito* começa com esta frase: "As almas passam a eternidade percorrendo a imensidão". Lembramos que essa ideia poderia advir da influência do teólogo Jean Reynaud, que afirmava, no verbete "Céu", da *Encyclopédie nouvelle*, primeiro em 1837, depois em 1840, que o céu era um caminho e não uma morada, que a alma mudava constantemente de aspecto rumo a uma perfeição definitiva e ideal. A analogia entre as revelações da Mesa e as criações do poeta é uma faca de dois gumes. Ao mesmo tempo que garante a veracidade das afirmações da Mesa e a veracidade das intuições do poeta, ameaça destruir a originalidade da criação e transformar Hugo em um operário do Verbo, tradutor genial do ditado dos espíritos. Eis por que, sem dúvida, Hugo faz sempre questão de estabelecer a anterioridade de sua criação ou de sua intuição com relação às afirmações da Mesa.

6 "As únicas preces boas são as que semeamos ao vento sobre todos os túmulos": em 1830, Hugo, assim como Lamartine, Vigny, Michelet, considera a Igreja uma instituição moribunda e julgam o dogma "ultrapassado". Seus filhos, no entanto, foram criados na religião católica. Hugo não vai à missa, mas reza. Ele coloca na boca de Jean Valjean: "As crianças jantaram conosco; eu mesmo fui deitá-las e fazê-las dizer a reza". À noite, quando é assombrado pelas visitas noturnas, é à prece que ele recorre.

7 A Dama Branca interveio em duas ocasiões, 23/3/1854 e 19/6/1854, marcando encontros com Hugo, "aonde ele deve ir sozinho" à meia-noite ou às três da madrugada, à beira do mar e "do infinito", aos quais Hugo não ousou ir. A Dama Branca dá origem ao poema "Àquela de véu" (*As contemplações*, VI, XV), cujo título original era "À velada". O poema traz a data fictícia de "janeiro de 1854", mas o manuscrito está datado de "11/1/1855". Esse poema revisita o tema da asa, contido em "Claire" (*As contemplações*, VI, VIII), e a ideia de que o homem em sintonia com o além é capaz de perceber a presença das almas, dos seres alados e invisíveis, dos anjos.

8 Nessa época, a produção poética de Hugo era respeitável. Entre o início do outono de 1853 e a primavera de 1855, ele terminara mais de duzentos poemas, alguns dos quais compreendiam mais de mil versos. A maioria destinava-se às *Contemplações*, a *Deus* e a *O fim de Satã*. Todas as antologias futuras estavam concernidas por essa verve poética, em especial *Os quatro ventos do espírito* e mesmo *Última sarça*. O ano de 1855 se afigurava especialmente fecundo, como Hugo escrevia a Émile Deschanel em 14/1/1855: "Trabalho praticamente noite e dia, navego em plena poesia, transpiro anil".

9 *Le prophète et le poète*
Affirment l'être au néant
La terre écoute inquiète
Cet archange et ce géant;
La foule aux vils dialogues,
Ce tas de loups et de dogues
Qui rôde sous le ciel bleu,
Tout ce noir troupeau qui nie
Interlocuteur de Dieu.

10 "Quinta-feira, 22/3...": No dia seguinte à sessão de 22/3/1855, eis o que conta Adèle Hugo em seu *Diário* (t. IV), em 23/3/1855:

"Depois do jantar. Meu pai pega o livro das Mesas e lê o seguinte: [lacuna] Victor lê. Charles está deitado no sofá. Charles fuma, minha mãe costura.

— Há quinze anos, quinze anos!, fiz os seguintes versos, que apresentam uma similitude completa.

Meu pai sobe ao seu quarto. Em sua ausência, minha mãe diz: Não impliquem com seu pai, crianças! Não impliquem com seu pai. Meu pai desce e chega com um papel amarelado e lê os seguintes versos: [lacuna]

— É belíssimo.

Charles dá uma baforada: Quando se vive em um círculo de ideias comuns, difícil não coincidir. Você está preocupado com as mesmas ideias que as Mesas. É claro que vai encontrá-las.
Meu pai: Admito perfeitamente, plenamente, em determinadas coincidências, pois acredito que o fundo de tudo é comum. Mas essas coincidências aqui são frequentes demais.
Charles: Mesmo assim, por mais que sejam frequentes, elas existem. Como impedi-las?
Meu pai: Não posso nem quero impedi-las, o único inconveniente dessas coincidências será me forçar a desistir de um livro que eu queria fazer sobre Filosofia e o Outro Mundo. Não copiei as Mesas, uma vez que, há 25 anos, cultivo essas ideias filosóficas da Mesa, mas serei compelido a desistir para que não digam: Ah, você viu?, o Victor Hugo copiou as Mesas e colocou em versos o que elas disseram em prosa.
Charles: Mas o raciocínio delas, a abordagem, perde a força diante disto: não existe nada de novo sob o céu, nem sequer as coisas mais novas. O crítico mais sutil, o espírito mais profundo não descobriu nada de absolutamente novo. As Mesas falam da alma dos animais. Desde o começo do mundo, isso é especulado. Houve quem dissesse: Os animais não têm alma. E outros: os animais têm alma. Lamartine atribuiu uma alma ao cão de Jocelyn. Em um livrinho que temos aqui, *Geneviève*, de Lamartine, a mesma ideia é aplicada a um pássaro. A questão reside principalmente em dizer a mesma coisa de uma forma diferente.
Meu pai: A única coisa que as Mesas afirmaram e que eu não afirmei no livro inédito que pretendo publicar é a alma dos animais, e mesmo assim, fiz disso um capítulo à parte. Admito, sim, que ideias iguais possam brotar em cérebros diferentes, mas sua expressão não pode ser a mesma. Ora, o que dificultará a publicação do meu livro é que coincido muito frequentemente com a Mesa, não só no nível da ideia, mas no estilo de frases e palavras. Quanto à ideia da alma do animal, ocorreu-me há muito tempo. Em todo caso, o mundo também a cultiva há muito tempo. A mitologia tem as dríades e as hamadríades.
Victor Hugo larga o livro. A Charles: Por falar em alma dos animais, nas *Mil e uma noites* há duas irmãs transformadas em camelos. Minha mãe: Existem árvores que sangram quando cortadas.
Meu pai: Como! Existem árvores que emitem gritos humanos.
Minha mãe: A camélia chora quando a podamos".

É o próprio Victor Hugo, portanto, quem afirma: as ideias da Mesa, as palavras da Mesa, os estilos de frases da Mesa são hugoanos.

11 Pierre Albouy (op. cit.) desenvolveu extensamente essa ideia de *revolução*. Em 1860, Hugo retoma seu livro então intitulado *Les Misères* e apresenta Monsenhor Myriel, figura do espírito do Evangelho, "frente a uma luz desconhecida", a luz da Revolução que o convencional define como "o mais poderoso passo do gênero humano desde o advento de Cristo" (*Os miseráveis*, I, X). O Cristo Jesus anuncia e prefigura o outro Cristo, o Povo.

Na Conclusão de *Napoleão, o pequeno*, o povo francês é apresentado como o novo Messias, presidindo "a ceia das inteligências", multiplicando "o pão da vida", andando "sobre as águas das revoluções", curando "as nações doentes", embora o "grilhão da Inquisição acorrentado ao seu pé" o "cegue", "o velho papismo" tendo-lhe "enchido as retinas de bruma e de noite". Mas a paixão de Cristo caiu nas mãos dos "homens do passado". "Uns forneceram a cruz, outros os pregos, outros o martelo. Falloux, por sua vez, colocou-lhe na fronte a coroa de espinhos. Montalembert aplicou-lhe na boca a esponja embebida em vinagre e fel. Luís Bonaparte é o miserável soldado que lhe desferiu o golpe de lança no flanco e o fez dar o grito supremo: *Eli, Eli! Lamma Sabactani!*... O povo francês está morto..." (*Napoleão, o pequeno*).

Hugo vaticina em seguida a ressurreição do "Cristo-Povo" no terceiro dia. Michelet, em O *povo*, via em "Oitenta e nove" a "segunda época" de Deus, uma nova encarnação (O *povo*, III).

12 *La science affranchit le Titan chimérique;*
Le feu du ciel soumis devient un noeud d'amour;
L'oiseleuse dans l'air noue un fil électrique
Aux pattes sombres du vautour.

La foudre devant qui pâlirent les prophètes
Par elle deviendra l'universel aimant.
Elle réconcilie au milieu des tempêtes
Tous les éclairs du firmament.

Le faux et le néant s'entrecroisent sur elle.
Elle a pour noirs barreaux la matière et le mal
Mais on sent par moments tressaillir d'un bruit d'aile
Cette cage de l'idéal.

Elle retient captifs dans ses étroites bornes
Galilée et Newton; sombre captivité!
Poètes prisonniers, ces deux grands savants mornes
Espionnent l'immensité.

Tous les deux enchaînés dans le chiffre tenace,
Ils sont dans cette cage où dort leur oeil terni,
Montrant leur envergure ainsi qu'une menace
Aux distances de l'infini.

Ils étaient faits pour l'air où l'aigle vole en troupe;
Mais la science étreint leurs deux essors vermeils.
Anges mystérieux, ils permettent qu'on coupe
Leurs ailes pleines de soleils.

Ils portaient sur leur plume et les monts et la neige
Et les rayons du soir et l'ombre et le levant

Et les voyages longs qu'aucun terme n'abrège
Et les quatre routes du vent.

Ils portaient les volcans, ils portaient les décombres;
Tous deux étaient de force à franchir le ciel bleu;
Ils pouvaient, grands faucons de la chasse des ombres,
Se poser sur le doigt de Dieu.

Ils pouvaient, changeant l'ordre où leur regard les mène,
Comme Eschyle chercher dans l'art les vérités
Et s'abattre du fond de la pensée humaine
Sur les chefs-d'oeuvre épouvantés.

Ils pouvaient s'emparer d'Oreste aux noirs désastres,
Prendre l'homme assassin ou l'ange d'Elseneur;
Ils pouvaient dans la nue au lieu d'un de ses astres
Rapporter Hamlet au Seigneur.

Ils auraient pu saisir la muse ensanglantée
Pour la jeter aux pieds du chasseur éternel
Et lui livrer l'orfraie immense, Prométhée,
À clouer aux portes du ciel.

13 *Ô Newton, Galilée, Hippocrate, Archimède,*
Devant le sphinx du mal Œdipe du remède,
Cygnes au grand oeil généreux
Qui, devenus hiboux aux luisantes prunelles,
Vîtes les chiffres noirs croître au bout de vos ailes
Comme autant d'ongles douloureux,

Sinistres chats-huants de l'immensité sombre,
Ô plongeurs de la nuit, ô regardeurs de l'ombre,
Qui viviez tristes dans vos nids
En dehors du réel, en dehors du possible,
Posés sur les créneaux de l'incompréhensible,
Forteresse des infinis,

Vous qui, vous acharnant à contempler l'extrême,
Ouvriez vos yeux ronds, spectres du théorème,
Devant les cieux illuminés,
Si bien que les soleils des abîmes funèbres
Se croyaient menacés d'en bas dans les ténèbres
Par des globes d'or indignés,

Ô pâles voyageurs de l'introuvable porte,
Qui, le matin, pensifs sur quelque branche morte

Regardiez l'erreur qui vous suit,
En secouant votre aile humide, encore glacée
De l'humaine sueur, cette immense rosée
Qui tombe de l'humaine nuit,

Fantômes dont l'esprit ignore les coudées,
Captifs par vos calculs, libres par vos idées,
Tantôt loin de Dieu, tantôt près,
Esclaves de la nuit dont l'aurore est voisine,
Dont l'essor dans le ciel en terre a sa racine.

14 O caderno de 1855 apresenta uma longa elipse entre 29/4 e 10/5. No entanto, na noite de 1º para 2/5, Victor Hugo procedia à leitura de "Solitudines coeli", poema impregnado das *revelações* da Mesa e inicialmente planejado para as *Contemplações*:

> "— Então leia para nós alguma coisa das *Contemplações* [...]
> Meu pai finalmente cede e sobe. Desce com um manuscrito na mão. [...] Três velas desiguais ardiam e iluminavam a pequena sala de jantar. [...] Eram 10h da noite. Escutávamos. Meu pai lê seu poema das Religiões, cujo título é 'Solitudines coeli'. Começa falando da religião de Shiva, depois da religião do Bem e do Mal, luta escura dos dois, o Bem e o Mal. Era meia-noite; meu pai, cansado, fecha o manuscrito, diz que devemos estar enfastiados de duas horas de versos, pergunta aos presentes se deve continuar. Todo mundo exclama e lhe suplica que continue.
> Ele continua. Fala do judaísmo, depois chega à religião de Cristo. Era 1h. Meu pai pergunta aos presentes se convém interromper; os ouvintes querem continuar escutando essa obra toda abstrata, que tinha o caráter de um drama e de uma epopeia. Meu pai refere-se às revelações feitas pelas Mesas, depois chega finalmente à sua própria religião, que se resume nesta grande palavra: Amor. O poema termina com reticências, isto é, só termina no Infinito.
> Eram 2h30 quando meu pai terminou seu poema, que compreende 1.946 versos, um inventário das religiões que buscaram a Deus sem jamais encontrá-lo.
> Kesler, o ateu, começa não obstante a crer em Deus, do qual esse poema gigantesco é a escada de fogo. Parte, dizendo consigo: É tão belo quanto o Apocalipse, e nos retiramos todos, emocionados e deslumbrados" (*Journal de l'exil*, t. IV, de 1º para 2/5/1855).

Esse poema estava inicialmente programado para *As contemplações*, o que acabou não acontecendo. Ao longo dos anos, Hugo lhe acrescentará centenas de versos e mudará o título para *Deus*. Este só será publicado, de maneira póstuma, em 1891.

15 Molière reproduz em sua construção poética a forma de uma sextilha composta de duas vezes dois alexandrinos alternados, a cada vez, por um octossílabo. Tal forma, bastante rara na obra do dramaturgo, nos lembra as estrofes utilizadas por Hugo, um ano antes, entre março e junho de 1854. Seis poemas das *Contemplações* escritos nesse ano, "Horror" (VI, XVI), "Dolor" (VI, XVII), "Ó abismo! a alma mergulha..." (VI, XIV), os três escritos em março de 1854, "A claridade de fora" (III, XXII), composto em maio, "Ai de mim! tudo é sepulcro..." (VI, XVIII), escrito em junho, "Relligio" (VI, XX), redigido em

outubro, adotam o mesmo modelo estrófico. Assim como outros três poemas das *Contemplações* escritos em data distinta, "Charles Vacquerie" (IV, XVII), em uma data incerta, "A estátua" (III, VII), no início de junho, e as cinco últimas estrofes de "Magnitudo parvi" (III, XXX), na mesma data. É evidente que a forma estrófica das peças da segunda metade do livro VI das *Contemplações* não resulta de um acaso. Cinco delas são agrupadas sob sete números, devendo, portanto, ser lidas na continuidade desejada por Hugo: XIV, XVI, XVII, XVIII, XX. As peças XIV e XX parecem emoldurar as peças XVI, XVII, XVIII, que são o par "Horror-Dolor" e "Ai de mim! tudo é sepulcro...", escrito em 9/6, no mesmo arroubo dos demais poemas da mesma seção. Como observa Jean Gaudon (Edição Massin, t. IX, p. 695): "A escolha de uma forma estrófica não é nem mais indiferente nem mais fortuita para o poeta do que a de uma tonalidade para o músico (sol menor de Mozart ou lá bemol maior de Schubert)".

16 "Seu feio monturo": "O monturo de Jó, transfigurado, se tornará o calvário de Jesus" (Hugo, *William Shakespeare*, I, II, "Os gênios"). Charles Baudouin (*Psychanalyse de Victor Hugo*, 2008, pp. 88-9) mostrou que a curiosa associação entre o ouro e os excrementos era constante no poeta. A imaginação de Hugo explora-a em diversas ocasiões, em especial em *Os miseráveis* e no capítulo sobre "O intestino de Leviatã", associado ao monturo. Um longo trecho de Hugo expõe as imensas possibilidades da utilização do insumo humano, essa riqueza desconhecida: "Se nosso ouro é estrume, em contrapartida nosso estrume é ouro" (*Os miseráveis*, V, II, I).

17 *Je vous prends à témoins, sculpteurs de la matière,*
Dites à Philaminte avec moi, son Molière,
L'autre face du dieu réel,
À cette folle idée éprise des étoiles
Montrez l'énormité sombre et pleine de voiles
Des horizons verrous du ciel.

Parlez-lui du limon, de l'ordure et de l'auge,
Dites-lui que la boue où le pourceau patauge
Est une gloire, est un honneur,
Dites-lui, noirs savants, que la fange est sublime,
Et que l'excrément vil d'un ver est une cime
Sous l'immense pas du Seigneur.

Dites-lui que jamais le regard ne se baisse,
Que Job sur son fumier hideux où tout le blesse
Racle l'infini sur sa main,
Qu'une plaie est un astre en haillon sur les hommes
Et que vous êtes, vous, les pales astronomes
Des ulcères du corps humain.

Dites-lui qu'il n'est pas au fond de différence
Entre le mendiant abîme de souffrance

Et cette nuit aux flancs maudits
Accroupie et gisante en sa guenille brune
Qui passe le tesson de verre de la lune
Sur sa lèpre de paradis.

Dites-lui que, pendant la tempête, la pluie
Lave ce vil manteau qu'avec dégoût essuie
Philaminte aux doigts orgueilleux;
Et que les vents du ciel, valets de la rafale,
Donnent du haut déchaussé immonde de Chrisale
Des coups de brosse furieux.

18 *Dites-lui: rien de bas, rien de noir, rien d'indigne;*
Toute ombre est l'oeuf charmant où la nuit couve un cygne,
Tous les rampants sont des ailés;
La vapeur d'un dîner voyage avec les trombes,
Et Dieu fait du gazon qui pourrit sur les tombes
Le fumier des cieux étoilés.

19 *Vois cette basse-cour. L'ignoble troupeau d'oies*
Y traîne dans la fange où le porc met ses joies
La plume des lettres d'amour.
Ce sont nos actions qui déposent les mondes,
Les astres de ta nuit, tas d'ordures immondes
De l'immense borne du jour.

La matière te fait peur, grande dégoûtée;
Il te faut Orion, Vénus, l'ombre lactée;
C'est donc là l'immatériel?
Sache que ce sont là pauvretés et misères;
Les constellations, les globes et les sphères
Sont les trous des haillons du ciel.

Toi qui ne veux pas coudre au pourpoint de Chrisale,
Veux-tu raccommoder la loque colossale?
Plairait-il mieux à ta fierté
De coudre à la clarté toute ombre inférieure,
De ravauder l'espace et d'emprunter à l'heure
L'aiguille de l'éternité?

Quand tu ferais un point au monde chimérique,
Et quand ce point serait le point géométrique,
Le point premier, le point dernier,
Sache que tu ferais en rejoignant les pôles
De pitié dans l'azur hausser les deux épaules
À Dieu, l'énorme chiffonnier.

Haut-de-chausses de l'homme ou vêtement de l'ange,
C'est toujours la matière et la tache et la fange;
Toujours le vil habit charnel
Qu'on secoue et qu'on brosse à l'heure où la nuit tombe;
Qu'on use, et qu'à la mort on serre dans la tombe,
Malle du voyageur éternel.

Mais cette boue est grande et cette chair est belle;
La fleur naît de la boue, et de la chair sort l'aile.
Le verbe s'échappe du bruit;
Le bienfait sort du mal, et c'est de la rosée
Qui coule lorsque Dieu sur la terre épuisée
Lave ses mains noires de nuit.

Apprends cela de nous, esprit qui n'as de place
Que pour l'immensité, front vide et plein d'espace,
Étroit grenier d'astres garni,
Mendiante des cieux aux guenilles de flammes
Qui tends le bras au bord de l'ombre et qui réclames
Les petits sous de l'infini.

20 Em 31/5/1855, "às 9h da noite", realizou-se um sarau muito ilustre. Com efeito, Victor Hugo procedeu à leitura de "Os magos" (*As contemplações*, VI, XVIII), poema extenso com 71 décimas, terminado, segundo o manuscrito, em "24/4/1855", e que, segundo o *Journal de l'exil*, causou praticamente o mesmo efeito que a leitura de "Solitudines coeli": "Nove horas da noite. Meu pai lê uma série de versos tirada das *Contemplações*; chama-se 'Os magos'. Neles, desenvolve a ideia da Religião democrática, da santidade de seus padres". Esse poema estabelece, desde os primeiros versos, o lugar do poeta na sociedade: "Deus com Suas mãos sagra os homens" [...] "Esses homens são os poetas". São também os artistas, cientistas, pesquisadores, exploradores, profetas, "as mentes férteis". Sua lista continua e compreende mais de oitenta nomes, dos quais mais de duas dezenas visitam a mesa de Marine Terrace. Esse poema parece ter, no espírito de Hugo, uma função demonstrativa comparável à desempenhada pela Mesa. "Para meu pai, os verdadeiros padres [...] são todos aqueles que têm o pensamento na fronte, todos os que falam do mundo invisível, os profetas, sonhadores, cientistas, poetas: Homero, Isaías, Michelangelo, Shakespeare, Fulton. No entanto, em sua listagem dos grandes homens, ele reserva um lugar, quando não a Cristo, pelo menos ao cristianismo: Cristo na cabeça, Homero no peito... [...] Meu pai demonstra que liberdade, democracia, pensamento e ideia são formas distintas do mesmo fundo, Deus." (*Journal de l'exil*, t. IV, 31/5/1855). As revelações das Mesas esgueiravam-se paulatinamente nos poemas de Hugo, que agora percebia a diferença entre os grandes gênios que o haviam precedido: Ésquilo, Dante, Shakespeare, Molière e ele. A morte os reduzira ao silêncio, ao passo que ele poderia sobreviver à sua morte seguindo os conselhos destilados pela Morte, em 22/10/1854, postergando a publicação do *Livro das Mesas*, "uma das grandes Bíblias do futuro", para o século XX.

21 Sobre a teoria dos mundos sucessivos, ver p. 554, nota 52; sobre a definição que Hugo dá de sua nova religião, em 1853-54, ver p. 593, nota 87 [citação das três páginas de *Apelo ao povo*]. A concepção hugoana da espiritualidade postula a ideia de duas formas de vida no além: as metempsicoses na Terra e as migrações para planetas mais ou menos felizes. Ela se encontra em substância em "O que diz a Boca de Sombra" (*As contemplações*, VI, XXVI).

22 Lembramos que Jean Reynaud, no verbete "Céu", publicado na *Nova enciclopédia*, de 1840, explicava que o céu, o infinito e o eterno como Deus, não é uma morada, mas um caminho. A vida no além é infinita e eterna e a alma muda incessantemente de aspecto, encaminhando-se para uma perfeição definitiva que convém considerar como um termo ideal possível. Ora, *As coisas do infinito* começa com estes termos: "As almas passam a eternidade percorrendo a imensidão".

23 *Os astros se ligam aos astros por meio dos raios*: toda essa teoria desenvolvida pelo Dedo da Morte será completada por Hugo em três páginas de prosa escritas no verso das provas tipográficas do *Apelo ao povo* de 31/10/1852, já mencionado (ver p. 593, nota 87).

24 *Mes rayons sont les fils effrayants qui les tiennent.*

25 Na segunda-feira, 18/6/1855, Adèle anotava em seu diário: "Meu pai termina neste momento: um drama, *Homo*; um poema épico, *O fim de Satã*; uma história, *O crime de dezembro*; um livro socialista; dois romances, entre eles *Os miseráveis*, *As pequenas epopeias* etc." (*Journal de l'exil*, t. IV, 18/6/1855).

Homo é um drama iniciado, ao que tudo indica, em 1854, e jamais concluído. *O fim de Satã* será publicado em 1856, após a morte de Hugo. O primeiro volume de *O crime de dezembro*, iniciado em 1851, será publicado em outubro de 1877 e o segundo, em 1878. O título definitivo será *História de um crime*. A redação dos *Miseráveis*, sob o título originário de *As misérias*, teve início no fim de 1845. É interrompida em fevereiro de 1848 para ser retomada no início de 1860. A publicação se dará em 1862. *As pequenas epopeias* terão como título final *A lenda dos séculos*. A primeira série será publicada em 1859; a segunda em 1877; a terceira em 1883.

26 O dr. Clair de Montigny, cirurgião-major que chegara da França na véspera, a quem Adèle chama Clever de Madigny: "Ex-cético convertido bruscamente às ideias da existência anterior e posterior, tornara -se nosso apóstolo afável e alegre das revoluções das Mesas" (*Journal de l'exil*, t. IV, 3/10/1855). Esse médico não parece particularmente apreciado por Paul Meurice, uma vez que "a conversa sobre Chilly é bruscamente interrompida pela chegada de um desconhecido que afugenta o sr. Meurice. [...] Ele é cirurgião-major. Mora na França e vem para visitar meu pai" (ibidem). A experiência singular liderada pelo dr. Clair de Montigny consistirá, durante três dias, em tentativas de atrair à mesa de Marine Terrace o espírito de um dos participantes adormecido nas proximidades. François-Victor, Augustine Allix, a sra. Paul Meurice prestaram-se à experiência, previamente colocados em estado de hipnose. O princípio do tratamento de certas doenças mentais por hipnose será desenvolvido no hospital de la Salpêtrière, a partir dos anos 1850, pelo professor Charcot, o que vai inspirar Maupassant por ocasião da criação do *Horla*. Outra experiência levada

a cabo pelo dr. Clair de Montigny consistiu em exercícios de escrita inconsciente, espécie de prática de escrita automática anterior ao surrealismo. Os participantes, reunidos ao redor da mesa, tocam no ombro ou na cabeça do médium, que, por sua vez, segura uma pena. A mão do médium se move à sua revelia e escreve palavras e frases que provêm dos outros participantes.

27 *Homme tant éprouvé que tu puisses paraître,*
Au courage, à l'espoir ne dis jamais adieu.
Avec calme songe qu'il est toujours un être
Dont l'équitable loi nous gouverne: c'est Dieu.

Hugo, o golpe de Estado, o exílio, a ameaça de uma nova expulsão, a esperança da queda de Napoleão III, de um retorno à França, Deus: tudo resumido em poucas linhas. Como poderia ser de outra forma?

28 Examinando o desenrolar dessa sessão, percebemos que Charles leva aproximadamente uma hora e quarenta minutos para escrever esta frase absconsa: "O mistério magnético não é mudo. Ele é verdadeiro mas é monossilábico". Mais tarde, Charles dirá, consternado, "que os versos que o espírito ditara eram insignificantes, que aquele espírito era um cretino do espaço" (*Journal de l'exil*, t. IV, 4-5/10/1855). Adèle confirmará o pouco interesse dessas últimas sessões, deveras decepcionantes: "Antigamente os espíritos das mesas de Marine Terrace ditavam coisas sublimes pela mão de Charles; esses outros espíritos dizem coisas insignificantes pelas mãos de Duverdier, Allix e esse Senhor [o dr. Clair de Montigny]" (Idem, ibidem).

Eis a explicação que a sra. Hugo dará ao marido para as platitudes ditadas pelas Mesas nos últimos dias: "Espíritos muito grandes que vêm a este mundo não procuram homens medíocres. Os homens medíocres têm espíritos inferiores, como os que ditam banalidades (ibidem)".

Assim, a qualidade dos textos ditados pela Mesa, pelas vozes de Jesus, da Morte, de Shakespeare, do Leão de Androcles, de Galileu e da Sombra do Sepulcro, talvez se devesse exclusivamente à presença de Victor Hugo.

29 8/10/1855, véspera da partida da família Meurice, é a data da última sessão das Mesas registrada nas atas e nesse caderno. Diz a tradição que não houve mais sessões espíritas por vontade expressa de Hugo, em consequência da crise de loucura furiosa que teria acometido Jules Allix: trata-se de um equívoco manifesto.

30 A pergunta procede de Hugo e a resposta dada faz mais uma vez a ponte com as palavras pronunciadas por Léopoldine por ocasião da primeira sessão, em 22/9/1853: "Filha. Morta. Ame soror. Amar". Em 8/10, Victor Hugo interrompera o último poema, quase terminado, das *Contemplações*: "Àquela que permaneceu na França". Ele será terminado em 2/11/1855, dia de Finados, em Guernesey. Essa deslumbrante dedicatória final com "cerca de 250 versos que são o lacre final do livro" (carta de Victor Hugo a seu revisor, Noël Parfait, 25/10/1855) destina-se a Léopoldine: "Abre tuas mãos e pega este livro: ele é teu". Este último poema, contagiado pelas revelações da Mesa, ecoa temas que percorrem

As contemplações. "O contemplador, triste e atormentado, porém sereno" pôde falar, em Marine Terrace, com sua filha.

ATAS NÃO DATADAS

1 Essas atas foram encontradas por nós na Maison de Victor Hugo, em uma caixa de papelão com o título "Madame Daubray" (secretária de Paul Meurice, depois de Gustave Simon, executores testamentários de Hugo). Trata-se de cópias manuscritas realizadas por Cécile Daubray, que correspondem a períodos para os quais não temos nenhum documento: as sessões de 2 a 6/12/1853 e de 9 a 14/12/1853. São, contudo, apenas cópias; que credibilidade lhes atribuir? São documentos relativos à visita dos "espíritos" de Jean-Jacques Rousseau, Victor Hugo não estando presente, depois de Aníbal, interrogado por Hugo; de Sócrates, Hugo não está presente; de André Chénier, Hugo está presente; de Tapner. São em geral sessões que não aconteceram na casa de Marine Terrace, mas na dos vizinhos Leguevel. É a única vez que este local é mencionado em todas as atas e essa indicação permanece sujeita a exame.

2 Tapner não perde a oportunidade de mencionar a fúria de Palmerston após receber a carta de Victor Hugo, a cujo respeito Auguste Vacquerie acrescentará: "O senhor pode dizer uma coisa terrível a Palmerston [em 1846, quando Hugo era Par de França e membro do Instituto, Palmerston, na época ministro das Relações Exteriores, foi recebido no domicílio de Victor Hugo, 'conduzido pelo marquês de Normandy e pelo príncipe de Ligne'] a propósito da corda de Tapner, mal enforcado. Poderia dizer: Faz melhor o nó na sua gravata do que na dos outros" (*Journal de l'exil*, t. IV, 19/6/1855).

3 Essa anotação de Paul Meurice é bastante surpreendente. A crer na veracidade das anotações de Adèle Hugo, das atas e do livro de Auguste Vacquerie, *Les Miettes de l'histoire*, bem como no testemunho do próprio Victor Hugo, o poeta está de fato presente à sessão de 11/9/1853.

ESCLARECIMENTO

1 Gustave Simon nunca fala de cadernos, e sim de atas.

2 Cópias datilografadas sem relação com nenhum dos dois cadernos disponíveis.

Este livro foi composto na fonte Albertina
e impresso em março de 2018 pela RR Donnelley,
sobre papel pólen soft 80 g/m².

WINSTON CHURCHILL

MEMÓRIAS *da* SEGUNDA GUERRA MUNDIAL

. . . .

VOLUME 1 (1919-1941)

Condensação de *The Second World War*
Editor da condensação: Denis Kelly
Tradução: Vera Ribeiro
Tradução revista: Gleuber Vieira

Harper Collins

Rio de Janeiro, 2017

HarperCollins
PUBLISHERS
Since 1817

Título original: *The Second World War*

Rua da Quitanda, 86, sala 218 – Centro – 20091-005
Rio de Janeiro – RJ – Brasil
Tel.: (21) 3175-1030

CIP-Brasil. Catalogação na fonte
Sindicato Nacional dos Editores de Livros, RJ.

C488m
1. ed.
v. 1

Churchill, Winston, Sir, 1874-1965
Memórias da Segunda Guerra Mundial / Winston S. Churchill; editor da condensação Denis Kelly, tradução Vera Ribeiro, tradução revista Gleuber Vieira. – 1ª ed. – Rio de Janeiro: HarperCollins, 2017.
544 p.

Tradução de: Memoirs of the Second World War
ISBN 978.85.9508.156-7

1. Churchill, Winston, Sir, 1874-1965 – Liderança militar. 2. Guerra Mundial, 1939-1945. 3. Guerra Mundial, 1939-1945 – Grã-Bretanha. 4. Guerra Mundial, 1939-1945 – Narrativas pessoais. I. Título.

CDD: 940.53
CDU: 94(100)'1939/1945'

Nota do editor

Este livro é o 1° volume de uma condensação em dois volumes da grande obra de Sir Winston Churchill *The Second World War*, de seis volumes no original inglês: *The Gathering Storm*, *Their Finest Hour*, *The Grand Alliance*, *The Hinge of Fate*, *Closing the Ring* e *Triumph and Tragedy*, publicados entre os anos de 1948 e 1953.

Sir Winston recebeu o Prêmio Nobel de Literatura de 1953 pela sua extensa obra literária.

Excerto do prefácio de *The Gathering Storm*

DEVO CONSIDERAR ESTES volumes uma continuação da narrativa da Primeira Guerra Mundial que iniciei em *The World Crisis, The Eastern Front* e *The Aftermath*. Juntos, eles cobrem o conto de outra Guerra dos Trinta Anos.

Como nos volumes anteriores, adotei, tanto quanto me é possível, o método das *Memoirs of a Cavalier*, de Defoe, em que o autor pendura a crônica e a discussão de grandes acontecimentos militares e políticos no fio das experiências pessoais de um indivíduo. Sou, talvez, o único homem a ter passado em altos postos governamentais pelos dois maiores cataclismos da história escrita. Enquanto na Primeira Guerra Mundial ocupei cargos de responsabilidade, porém subalternos, neste segundo embate com a Alemanha fui, durante mais de cinco anos, o chefe do governo de Sua Majestade. Escrevo, pois, de um ponto de vista diferente, e com mais autoridade do que era possível em meus livros anteriores. Não descrevo esta obra como história, pois isso fica a cargo de outra geração. Mas assevero, confiante, que ela é uma contribuição para a história que há de ser útil ao futuro.

Estes trinta anos de ação e de tomadas de posição abarcam e expressam o esforço de minha vida, e muito me alegra ser julgado por eles. Ative-me à minha norma de jamais criticar qualquer ação de guerra ou de política depois de ocorrida, a menos que tenha expressado pública ou formalmente, em ocasião anterior, opinião ou advertência a respeito. Na verdade, em retrospectiva, abrandei muitas das arestas da controvérsia contemporânea. Foi-me doloroso registrar essas discordâncias com tantos homens de quem eu gostava ou a quem respeitava; mas seria um erro não expor as lições do passado perante o futuro. Que ninguém escarneça dos homens honrados e bem-intencionados de cujos atos faço a crônica nestas páginas, sem vasculhar seu próprio coração, sem reexaminar seu próprio desempenho nas obrigações públicas e sem aplicar as lições do passado à sua conduta futura.

Não se vá supor que eu esperasse concordância de todos com o que digo, e menos ainda que eu escreva apenas o que será bem-aceito. Dou meu testemunho de acordo com a luz que me norteia. Todo o cuidado possível foi tomado para verificar os fatos, mas muitas coisas estão constantemente vindo à tona a partir da divulgação de documentos capturados ou de outras revelações capazes de introduzir uma nova faceta nas conclusões que extraí.

Certo dia, o presidente Roosevelt disse-me que estava pedindo sugestões, publicamente, sobre como se deveria chamar esta guerra. Retruquei de pronto: "a Guerra Desnecessária". Nunca houve guerra mais fácil de impedir do que esta que acaba de destroçar o que restava do mundo após o conflito anterior. A tragédia humana atinge seu clímax no fato de que, após todos os esforços e sacrifícios de centenas de milhões de pessoas, e após as vitórias da Boa Causa, ainda não encontramos Paz ou Segurança e estamos sujeitos a perigos ainda maiores do que aqueles que superamos. É minha ardente esperança que a ponderação sobre o passado possa servir de guia nos dias que estão por vir, possa permitir a uma nova geração reparar alguns dos erros de anos anteriores e conduzir, de acordo com a necessidade e a glória do homem, o terrível quadro que se descortina do futuro.

WINSTON SPENCER CHURCHILL

Chartwell, Westerham, Kent, março de 1948

MORAL DA OBRA

Na guerra: determinação
Na derrota: desafio
Na vitória: magnanimidade
Na paz: boa vontade

Sumário

1º Volume

PARTE II: SOZINHOS

de 10 de maio de 1940 a 22 de junho de 1941

Mapas e Diagramas

1º Volume

PARTE I

Marcos da Estrada para o Desastre

de 1919 a 10 de maio de 1940

Certo dia, o presidente Roosevelt disse-me que estava pedindo sugestões, publicamente, sobre como se deveria chamar esta guerra. Retruquei de pronto: "a Guerra Desnecessária". Nunca houve guerra mais fácil de impedir do que esta que acaba de destroçar o que restava do mundo após o conflito anterior.

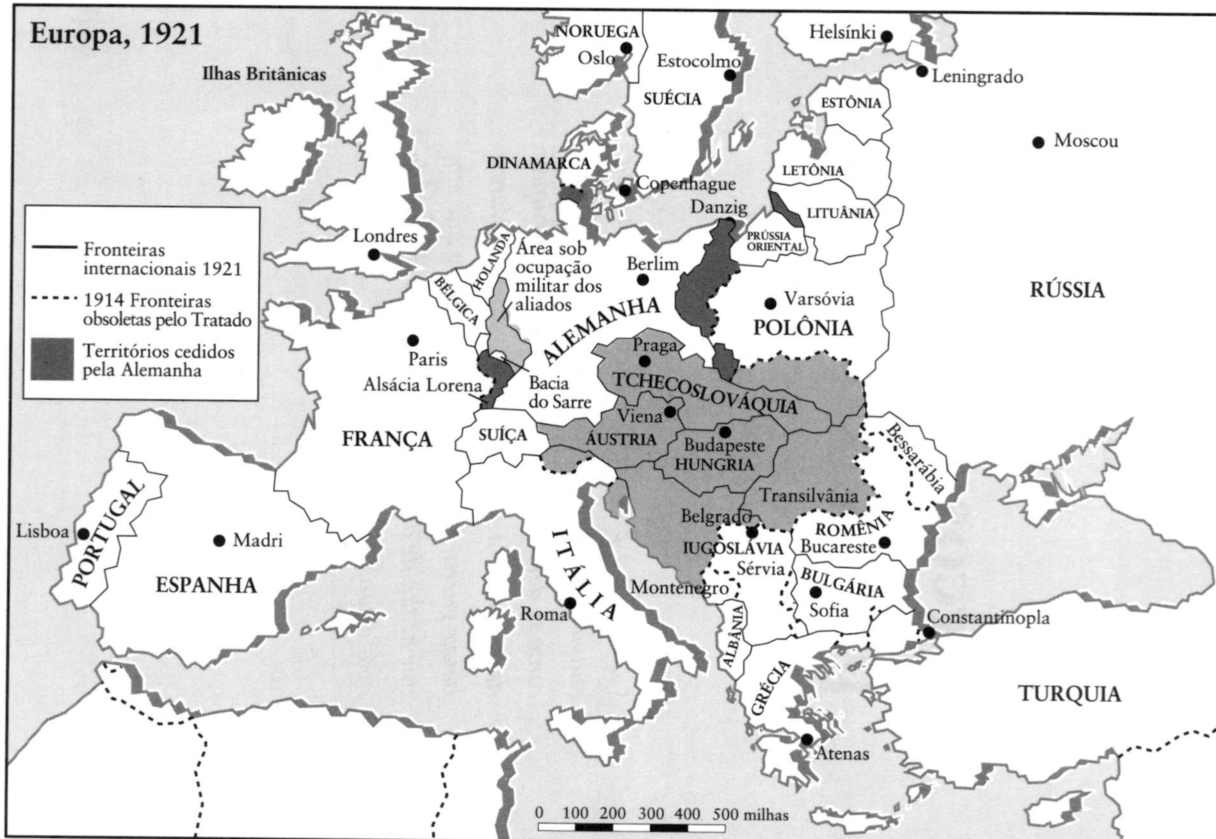
Europa, 1921
Ilhas Britânicas
Fronteiras internacionais 1921
1914 Fronteiras obsoletas pelo Tratado
Territórios cedidos pela Alemanha
NORUEGA
Oslo
Estocolmo
SUÉCIA
Helsínki
Leningrado
ESTÔNIA
Moscou
DINAMARCA
Copenhague
Danzig
LETÔNIA
LITUÂNIA
PRÚSSIA ORIENTAL
Londres
HOLANDA
BÉLGICA
Área sob ocupação militar dos aliados
Berlim
ALEMANHA
Varsóvia
POLÔNIA
RÚSSIA
Paris
Alsácia Lorena
Bacia do Sarre
Praga
TCHECOSLOVÁQUIA
Viena
ÁUSTRIA
Budapeste
HUNGRIA
Bessarábia
FRANÇA
SUÍÇA
Transilvânia
Belgrado
ROMÊNIA
Bucareste
IUGOSLÁVIA
Sérvia
BULGÁRIA
Sofia
Montenegro
Constantinopla
Lisboa
PORTUGAL
Madri
ESPANHA
ITÁLIA
Roma
ALBÂNIA
GRÉCIA
TURQUIA
Atenas
0 100 200 300 400 500 milhas

1
A insânia dos vencedores, 1919-1929

Após o término da Guerra Mundial de 1914, imperou profunda convicção e uma esperança quase universal de que reinaria a paz no mundo. Esse ardente desejo de todos os povos poderia ter sido facilmente satisfeito houvera firmeza nas convicções justas e um bom senso e uma prudência razoáveis. A expressão "a guerra para acabar com as guerras" estava em todas as bocas, e se haviam tomado providências para torná-la realidade. O presidente Wilson — presumiu-se que com a autoridade dos Estados Unidos — fixara em todas as mentes o conceito de uma Liga das Nações.

Os exércitos aliados estacionavam ao longo do Reno e suas cabeças de ponte projetavam-se a fundo numa Alemanha derrotada, desarmada e faminta. Em Paris, os chefes das nações vitoriosas debatiam e discutiam o futuro. Diante deles abria-se o mapa da Europa, a ser redesenhado praticamente conforme bem entendessem. Após 52 meses de agonia e riscos, a coalizão teutônica lhes estava aos pés, e nenhum dos seus quatro membros era capaz de opor a menor resistência à vontade dos vitoriosos. A Alemanha, líder e frente da agressão, vista por todos como causa primordial da catástrofe que se abatera sobre o mundo, estava à mercê ou ao critério dos vencedores, eles mesmos cambaleantes depois da tormenta por que haviam passado. Além do mais, não fora uma guerra de governos, mas de povos. Toda a energia vital dos maiores países escoara-se aos borbotões na ira e na matança.

Os líderes guerreiros que se reuniram para a paz em Paris, no verão de 1919, para lá tinham sido levados pela mais forte e furiosa maré que jamais montou na história humana. Já ia longe o tempo dos tratados de Utrecht e de Viena, quando estadistas e diplomatas aristocráticos, vencedores e vencidos, reuniam-se numa discussão polida e cortês e, livres do clamor e da babel da democracia, podiam reformular sistemas com base nos princípios fundamentais com que todos concordavam. Os povos, exaltados por seu sofrimento e pelos grandes ensinamentos que este lhes tinha imposto, ali estavam em volta, aos milhões, a exigir que a compensação fosse plenamente extorquida. Desgraçados dos líderes, agora montados em seus inebriantes pináculos de triunfo, se pusessem a perder na mesa de conferência o que os soldados haviam conquistado em cem campos de batalha encharcados de sangue.

A França, por direito advindo de seus esforços e suas perdas, ocupava o papel principal. Quase um milhão e meio de franceses pereceram em defesa do solo pátrio sobre o qual haviam resistido ao invasor. Por cinco vezes em cem anos — em 1814, 1815, 1870, 1914 e 1918 — as torres de Notre Dame tinham visto o clarão dos canhões prussianos e ouvido o estrondo de seus disparos. Agora, por quatro anos medonhos, 13 províncias da França haviam ficado sob o jugo rigoroso do comando militar prussiano. Extensas regiões foram sistematicamente devastadas pelo inimigo ou pulverizadas no confronto entre os exércitos. Raras eram as casas ou as famílias, de Verdun a Toulon, que não choravam seus mortos ou abrigavam seus inválidos. Para aqueles franceses que haviam lutado e sofrido em 1870 — e havia muitos deles ocupando altos cargos — parecia quase um milagre que a França tivesse emergido vitoriosa da luta incomparavelmente mais terrível que recém findara. Durante toda sua existência, eles viveram no medo do Império Alemão. Lembravam-se da guerra preventiva que Bismarck tentara, em 1875; lembravam-se da ameaça brutal que derrubara Delcassé do governo, em 1905; haviam estremecido na ameaça marroquina de 1906, ante a disputa da Bósnia, em 1908, e com a crise de Agadir, em 1911. Os discursos do Kaiser falando em "punho de ferro" e "armadura reluzente" podiam ser recebidos com ridículo na Inglaterra e nos Estados Unidos, mas soavam o dobre sinistro de uma realidade assustadora no coração dos franceses. Por quase cinquenta anos, eles tinham vivido em meio ao terror das armas alemãs. Agora, ao preço de seu próprio sangue, essa longa opressão fora empurrada para longe. Sem dúvida, ali tinham chegado, finalmente, a paz e a segurança. Num ímpeto apaixonado, o povo francês exclamava: "Nunca mais!"

Mas o futuro vinha carregado de maus presságios. A população francesa era menos de dois terços da população alemã. Mostrava-se estacionária, enquanto a alemã aumentava. Dentro de uma década, ou menos, a torrente anual da juventude alemã que chegava à idade do serviço militar deveria corresponder ao dobro da francesa. A Alemanha havia combatido quase o mundo inteiro, quase sozinha, e quase vencera. Os mais informados sabiam muito bem das diversas ocasiões em que o desfecho da Grande Guerra oscilara na balança, bem como dos acidentes e acasos que tinham invertido o equilíbrio fatal. Que perspectiva haveria, no futuro, de que os Grandes Aliados ressurgissem aos milhões nos campos de batalha da França ou do leste? A Rússia estava em ruínas e em convulsão, irreconhecivelmente transformada para muito longe de qualquer semelhança com o passado. A Itália bem poderia ficar do lado oposto. A Inglaterra e os Estados Unidos eram separados da Europa por mares ou oceanos. O próprio Império Britânico parecia unido por laços que ninguém, exceto seus cidadãos, era capaz de entender.

Que combinação de acontecimentos haveria, algum dia, de trazer de volta à França e a Flandres os imponentes canadenses de Vimy Ridge; os gloriosos australianos de Villers-Bretonneux; os destemidos neozelandeses dos campos esburacados de Passchendaele; o resoluto corpo de exército indiano que, no cruel inverno de 1914, havia sustentado a linha de frente em Armentières? Quando iria novamente a Inglaterra, pacífica, despreocupada e antimilitarista, arrastar-se pelas planícies do Artois e da Picardia com exércitos de dois ou três milhões de homens? Quando voltaria o oceano a derramar dois milhões dos esplêndidos jovens da América na Champagne e no Argonne? Desgastada e duplamente dizimada, mas indiscutível senhora do momento, a nação francesa perscrutava o futuro com um grato assombro e um medo obsedante. Onde estava, afinal, aquela segurança sem a qual tudo o que fora conquistado parecia sem valor, e a própria vida, mesmo em meio ao júbilo da vitória, era quase insuportável? A necessidade extrema era a segurança, a qualquer preço e por qualquer meio, por mais severo ou até implacável que fosse.

No Dia do Armistício, os exércitos alemães haviam marchado em ordem para casa. "Eles souberam lutar", disse o marechal Foch, generalíssimo dos aliados, com os louros rebrilhando sobre a fronte e falando com espírito de soldado: "Que conservem suas armas." Mas exigiu que a fronteira francesa, dali por diante, fosse o rio Reno. A Alemanha podia estar desarmada; com seu sistema militar em frangalhos; com suas fortalezas desmanteladas; podia estar empobrecida; sobrecarregada com o peso de indenizações incomensuráveis; podia tornar-se presa de rixas internas; mas, em dez ou vinte anos, tudo isso passaria. O indestrutível poderio "de todas as tribos germânicas" se ergueria uma vez mais, e as fogueiras latentes da Prússia guerreira tornariam a arder e brilhar.

Mas o Reno, o largo e profundo Reno, com sua correnteza veloz, uma vez mantido e fortificado pelo exército francês, seria uma barreira e a proteção por trás da qual a França poderia viver e respirar durante gerações. Muito diferentes eram os sentimentos e opiniões do mundo de língua inglesa, sem cujo auxílio a França certamente teria sucumbido. As disposições territoriais do Tratado de Versalhes deixaram a Alemanha praticamente intacta. Continuou a ser o maior bloco racial homogêneo da Europa. Quando o marechal Foch tomou conhecimento da assinatura do Tratado de Paz de Versalhes, comentou com singular agudeza: "Isso não é Paz. É um Armistício de vinte anos."

☆

As cláusulas econômicas do Tratado foram malévolas e tolas, a tal ponto que se tornaram obviamente inúteis. A Alemanha foi condenada a pagar indenizações de guerra numa escala fabulosa. Essas exigências expressaram a raiva dos vencedores e a incapacidade de seus povos de compreenderem que nenhuma nação ou comunidade derrotada pode jamais pagar tributo em escala equiparável ao custo da guerra moderna.

As massas continuavam imersas no desconhecimento das mais simples realidades econômicas, e seus líderes, em busca de seu voto, não ousavam desiludi-las. Os jornais, como é do estilo, refletiam e coloriam as opiniões vigentes. Poucas vozes se levantaram para explicar que o pagamento de reparações de guerra só pode ser feito através de serviços ou pelo transporte físico de mercadorias, em vagões que cruzem fronteiras terrestres ou em navios que singrem águas salgadas; ou que, chegadas aos países que as exigem, essas mercadorias desarticulam a indústria local, exceto nas sociedades muito primitivas ou mantidas sob controle rigoroso. Na prática, como até os russos agora já aprenderam, a única maneira de pilhar uma nação derrotada é apropriar-se de quaisquer bens móveis que se deseje e prender uma parte de seus homens como escravos permanentes ou temporários. Mas o lucro obtido por esses processos não guarda relação alguma com o custo da guerra. Ninguém nos altos cargos teve a perspicácia, a ascendência ou o distanciamento necessários do desvario público para explicitar aos seus eleitorados esses fatos fundamentais e brutais; e ninguém que o fizesse teria merecido crédito. Os triunfantes aliados continuaram a afirmar que espremeriam a Alemanha "até a semente ranger". Tudo isso teve uma poderosa influência na prosperidade do mundo e no estado de espírito da raça alemã.

Na verdade, entretanto, essas cláusulas nunca foram postas devidamente em execução. Ao contrário, enquanto cerca de um bilhão de libras esterlinas em ativos alemães foi apropriado pelas potências vitoriosas, mais de um bilhão e meio de libras foi emprestado à Alemanha alguns anos depois, principalmente pelos Estados Unidos e pela Inglaterra, assim permitindo que a destruição causada pela guerra fosse rapidamente reparada na Alemanha. Como esse processo, aparentemente magnânimo, continuou a ser acompanhado pela gritaria orquestrada das populações infelizes e amarguradas dos países vitoriosos, bem como pela garantia de seus políticos de que a Alemanha seria levada a pagar "até o último vintém", não se podia esperar nem se iria colher qualquer gratidão ou boa vontade.

A história há de caracterizar todas essas transações como insanas. Elas ajudaram a gerar a maldição marcial e a "nevasca econômica", às quais voltaremos mais adiante. Tudo isso é uma história lamentável de complexa idiotia, em cuja produção consumiram-se muito trabalho e muita virtude.

☆

A segunda grande tragédia foi o completo esfacelamento do Império Austro-Húngaro pelos tratados de St. Germain e do Trianon. Durante séculos, essa encarnação sobrevivente do Sacro Império Romano havia proporcionado uma vida trivial, com benefícios de comércio e segurança, a um grande número de povos, nenhum dos quais, em nossa época, teve força ou vitalidade para se manter sozinho diante da pressão de uma Alemanha ou uma Rússia revivificadas. Todas essas raças desejavam romper com a estrutura federal ou imperial, e incentivar seus desejos era tido como uma política liberal. A balcanização do sudeste da Europa prosseguiu a passos largos, com o consequente engrandecimento relativo da Prússia e do Reich alemão, que, apesar de cansado e amedrontado pela guerra, estava intacto e era irresistível na região. Não há um único povo ou província, dentre os que constituíram o império dos Habsburgo, para o qual a conquista da independência não tenha trazido as torturas que os antigos poetas e teólogos reservavam para os amaldiçoados. Viena, a nobre capital, pátria de tanta cultura e tradição por longo tempo defendidas, núcleo de tantas rodovias, rios e ferrovias, ficou deserta e faminta, como um grande empório num distrito empobrecido abandonado pela maioria dos seus moradores.

Os vencedores impuseram aos alemães todos os ideais longamente ansiados pelas nações liberais do Ocidente. Foi-lhes retirado o fardo do serviço militar compulsório e da necessidade de ter armamentos pesados. Imensos empréstimos americanos logo lhes foram insistentemente oferecidos, embora eles não tivessem crédito. Uma constituição democrática, pautada nos mais recentes aperfeiçoamentos, foi instaurada em Weimar. Afastados os imperadores, elegeu-se gente sem qualquer projeção. Por baixo desse tecido delicado campeavam as paixões da nação alemã, poderosa e derrotada, mas essencialmente intacta. O preconceito dos americanos contra a monarquia havia deixado claro ao império vencido que receberia um tratamento melhor dos aliados como república do que na condição de monarquia. Uma política sensata teria coroado e fortalecido a República de Weimar com um soberano constitucional, na pessoa de um neto ainda menino do Kaiser, sob a gestão de um conselho de regentes. Em vez disso, abriu-se um vazio imenso na vida nacional do povo alemão. Foram temporariamente desarticulados todos os elementos fortes, militares e feudais, que se poderiam agregar em torno de uma monarquia constitucional e, pelo bem dela, respeitados e sustentados os novos processos democráticos e parlamentares. A República de Weimar, com todos os seus adornos e bênçãos liberais, foi encarada como uma imposição do inimigo. Não tinha como preservar a fidelidade ou o imaginário do povo alemão. Por um breve período, as pessoas tentaram agarrar-se, como que em desespero, ao idoso marechal Hindenburg. Depois disso, forças poderosas ficaram à deriva, o vazio aumentou e, nesse vazio, após uma pausa, apareceu um maníaco de índole feroz, repositório e expressão dos mais virulentos ódios que jamais corroeram o coração humano — o cabo Hitler.

☆

A França fora totalmente esgotada pela guerra. A geração que, desde 1870, sonhava com uma guerra de vingança havia triunfado, mas a um custo letal para a força viva da nação. Foi uma França esquálida que saudou o alvorecer da vitória. Um profundo temor da Alemanha perpassava a nação francesa na manhã seguinte a seu estonteante sucesso. Foi esse medo que impeliu o marechal Foch a exigir a fronteira do Reno, em prol da segurança da França contra seu vizinho muito maior. Mas os políticos ingleses e americanos sustentaram que a absorção no território francês de distritos povoados por alemães contrariava os Quatorze Pontos e os princípios de nacionalismo e autodeterminação em que se deveria basear o Tratado de Paz. Por conseguinte, opuseram-se a Foch e à França. Conquistaram Clemenceau mediante as promessas, primeiro, de uma garantia anglo-americana conjunta de defesa da França; segundo, de uma zona desmilitarizada; e terceiro, do desarmamento total e duradouro da Alemanha. Clemenceau aceitou, apesar dos protestos de Foch e de sua própria intuição. O Tratado de Garantia, por conseguinte, foi assinado por Wilson, Lloyd George e Clemenceau. O senado americano recusou-se a ratificá-lo. Repudiou a assinatura do presidente

Wilson. E a nós, que tanto havíamos acatado suas opiniões e desejos em toda essa questão da pacificação, foi-nos dito, sem grande cerimônia, que deveríamos estar melhor informados sobre a constituição americana.

Em meio ao temor, à raiva e à desorganização do povo francês, a figura rude e dominadora de Clemenceau, com sua autoridade mundialmente famosa e seus contatos ingleses e americanos especiais, foi imediatamente descartada. "A ingratidão para com seus grandes homens", diz Plutarco, "é a marca dos povos fortes." Foi uma imprudência da França ceder a esse vezo, num momento em que estava tão lastimavelmente enfraquecida. Era pequena a força compensatória a ser encontrada na revivescência das intrigas de grupo e das incessantes trocas de governos e ministros que foram a marca da Terceira República, por mais lucrativas ou divertidas que elas fossem para os que nelas atuavam.

Poincaré, a figura mais vigorosa a suceder a Clemenceau, tentou formar uma Renânia independente, sob proteção e controle da França. Nenhuma chance de êxito. Ele não hesitou em tentar impor indenizações à Alemanha através da invasão do Ruhr. Isso certamente forçou a obediência aos tratados por parte da Alemanha, mas foi severamente condenado pela opinião pública inglesa e americana. Como resultado da desorganização financeira e política geral da Alemanha, bem como dos pagamentos de reparações de guerra durante os anos de 1919 a 1923, o marco entrou em rápido colapso. O ódio despertado na Alemanha pela ocupação francesa do Ruhr levou a uma vasta e afoita impressão de papel-moeda, com o objetivo deliberado de destruir toda a base monetária. No estágio final da inflação, uma libra esterlina correspondia a 43 trilhões de marcos. As consequências sociais e econômicas dessa inflação foram mortíferas e extensas. A poupança da classe média sumiu ao vento, criando-se assim um grupo natural de seguidores da bandeira do Nacional-Socialismo. Toda a estrutura da indústria alemã foi distorcida pelo crescimento de trustes que proliferavam com rapidez. O capital de giro do país desapareceu. É claro que a dívida interna nacional e o endividamento da indústria, sob a forma de encargos sobre o capital fixo e hipotecas, foram simultaneamente liquidados ou repudiados. Mas isso não serviu de compensação para a perda do capital de giro. Tudo isso levou diretamente aos empréstimos em larga escala, tomados no exterior por uma nação em bancarrota, que foram a marca dos anos seguintes. A amargura e o sofrimento alemães marchavam juntos — como fazem hoje.

O estado de ânimo inglês perante a Alemanha, de início ferocíssimo, logo assumiu igual intensidade na direção oposta. Abriu-se uma fenda entre Lloyd George e Poincaré, cuja personalidade irritadiça prejudicava sua política firme e de grande visão. As duas nações divergiram no pensamento e na ação, e a simpatia ou até admiração inglesa pela Alemanha encontrou uma expressão vigorosa.

☆

A Liga das Nações, mal tinha sido criada, recebeu um golpe quase mortal. Os Estados Unidos abandonaram a cria do presidente Wilson. O próprio presidente, disposto a batalhar por seus ideais, sofreu um derrame paralisante no momento em que iniciava sua campanha e, a partir de então, arrastou-se como um destroço inútil durante uma grande parte de dois anos longos e vitais, no final dos quais seu partido e sua política foram varridos de cena pela vitória presidencial republicana de 1920. Após o despontar do sucesso republicano, as concepções isolacionistas prevaleceram do outro lado do Atlântico. Devia-se deixar a Europa se fritar na própria banha e pagar suas dívidas da lei. Ao mesmo tempo, elevaram-se as tarifas para impedir a entrada de mercadorias, que eram o único meio através do qual essas dívidas poderiam ser liquidadas. Na Conferência de Washington de 1921, amplas propostas de desarmamento naval foram feitas pelos Estados Unidos, e os governos inglês e americano trataram de afundar animadamente seus navios de guerra e desmanchar suas instalações militares. Afirmou-se, seguindo uma estranha lógica, que seria imoral desarmar os vencidos sem que os vencedores também se desfizessem de suas armas. O dedo da reprovação anglo-americana logo seria apontado para a França, privada, tanto da fronteira do Reno quanto de seu tratado de garantia e de poder manter, mesmo em reduzidíssima escala, um exército francês baseado no serviço militar universal.

Os Estados Unidos deixaram claro para a Inglaterra que a continuidade da aliança inglesa com o Japão, a qual os japoneses vinham cumprindo escrupulosamente, constituiria uma barreira às relações anglo-americanas. A aliança foi consoantemente encerrada. Sua anulação causou uma profunda impressão no Japão e foi vista como a desdenhosa rejeição de uma nação asiática pelo mundo ocidental. Romperam-se muitos laços que, posteriormente, poderiam ter-se revelado de valor decisivo para a paz. Ao mesmo tempo, o Japão pôde consolar-se com o fato de que a queda da Alemanha e da Rússia tinham-no alçado, temporariamente, ao terceiro lugar entre as potências navais mundiais e, certamente, à categoria de primeiro nível.

Embora o Acordo Naval de Washington prescrevesse para o Japão uma proporção menor de poderio militar em navios de alta classe em tamanho e armamento do que para a Inglaterra ou os Estados Unidos (5:5:3), a quota que lhe foi atribuída ficou perfeitamente à altura de sua capacidade financeira e de construção por um bom número de anos. O país manteve um olho atento nas duas maiores potências navais, que impuseram uma à outra cortes para muito menos do que seus recursos lhes permitiriam e do que era exigido por suas responsabilidades. Assim, tanto na Europa quanto na Ásia, os aliados vitoriosos criaram rapidamente condições que, em nome da paz, prepararam o terreno para a renovação da guerra.

Enquanto ocorriam todos esses desafortunados acontecimentos, em meio a uma incessante troca de chavões bem-intencionados dos dois lados do Atlântico, uma nova e mais terrível causa de conflito do que o imperialismo de czares e kaisers evidenciou-se na Europa. A guerra civil da Rússia terminou com a vitória absoluta da Revolução Bolchevique. Os exércitos soviéticos que avançaram para subjugar a Polônia foram repelidos na Batalha de Varsóvia, mas a Alemanha e a Itália quase sucumbiram à propaganda e aos desígnios comunistas, enquanto a Hungria realmente ficou, por algum tempo, sob o controle do ditador comunista Bela Kun. Embora o marechal Foch observasse sensatamente que "o bolchevismo jamais cruzou as fronteiras da vitória", os alicerces da civilização europeia estremeceram nos primeiros anos do após guerra. O fascismo foi a sombra ou o filho torto do comunismo. Enquanto o cabo Hitler prestava serviços ao oficialato alemão em Munique, despertando nos soldados e trabalhadores um ódio feroz contra judeus e comunistas, a quem ele culpava pela derrota da Alemanha, outro aventureiro, Benito Mussolini, dava à Itália uma nova tese de governo que, conquanto alegasse estar salvando o povo italiano do comunismo, elevou-o a um poder ditatorial. Assim como o fascismo brotou do comunismo, o nazismo criou-se do fascismo. Puseram-se, pois, de pé os movimentos gêmeos que, dentro em pouco, estavam destinados a mergulhar o mundo num conflito ainda mais hediondo, que ninguém pode afirmar que tenha terminado com sua destruição.

☆

Não obstante, restava uma sólida garantia de paz: a Alemanha estava desarmada. Toda a sua artilharia e outros armamentos estavam destruídos. Sua esquadra já afundara a si mesma em Scapa Flow. Seu vasto exército fora dispensado. Pelo Tratado de Versalhes, era permitido à Alemanha, para a manutenção da ordem interna, ter apenas um exército profissional com tempo de serviço prolongado, que não ultrapassasse cem mil homens e que, sendo assim, era incapaz de acumular uma reserva militar. As quotas anuais de recrutas já não recebiam instrução; os quadros foram dissolvidos. Envidaram-se todos os esforços para reduzir o corpo de oficiais a um décimo. Nenhum tipo de força aérea militar era permitido. Foi proibida a construção de submarinos, e a marinha alemã ficou restrita a um punhado de embarcações de menos de dez mil toneladas. A Rússia soviética foi barrada da Europa ocidental por um cordão de nações violentamente antibolcheviques, que haviam rompido com o antigo Império dos Czares em sua forma nova e mais terrível. A Polônia e a Tchecoslováquia ergueram a cabeça com independência e pareciam postar-se erectas na Europa Central. A Hungria havia se recuperado de sua dose de Bela Kun. O exército francês, deitado em seus lauréis, era a força militar mais vigorosa da Europa, sem termos de comparação, e por algum tempo se acreditou que a força aérea francesa era da mesma categoria.

Até o ano de 1934, o poder dos vencedores continuou incontestado na Europa e, a rigor, no mundo inteiro. Não houve um só momento, nesses 16 anos, em que os três ex-aliados, ou até a Inglaterra e a França com seus associados na Europa, não pudessem controlar, através de um mero esforço da vontade, em nome da Liga das Nações e com sua proteção moral e internacional, o poder armado da Alemanha. Em vez disso, até 1931, os vencedores, especialmente os Estados Unidos, concentraram seus esforços em extorquir, através de controles externos vexatórios, suas reparações anuais da Alemanha. O fato de que esses pagamentos só eram efetuados a partir de empréstimos americanos muito maiores reduziu ao absurdo o processo inteiro. Nada se colheu além de má vontade. Por outro lado, o cumprimento rigoroso das cláusulas de desarmamento do Tratado de Paz em qualquer ocasião, até 1934, teria preservado indefinidamente, sem violência ou derramamento de sangue, a paz e a segurança da humanidade. Mas foi negligenciado enquanto as infrações se mantiveram insignificantes; e deliberadamente evitado quando elas assumiram proporções sérias. Assim, a última salvaguarda de uma paz duradoura foi jogada fora. Os crimes dos vencidos encontram seus antecedentes e sua explicação — embora não seu perdão, é claro — na insânia dos vencedores. Sem essa insensatez, não teria havido tentação nem oportunidade para o crime.

☆

Nestas páginas, tento narrar alguns dos incidentes e impressões que compõem, em minha mente, a crônica do advento da pior tragédia da humanidade em sua tumultuada história. Esta não se configurou apenas na destruição da vida e da propriedade, que é inseparável da guerra. Tinha havido uma assustadora matança de soldados na Primeira Guerra Mundial e grande parte da riqueza acumulada das nações se consumira. No entanto, salvo pelos excessos da Revolução Russa, o tecido fundamental da civilização europeia continuava intacto ao se encerrar a luta. Quando o fragor e a poeira do canhoneio se extinguiram subitamente, as nações, apesar de suas inimizades, ainda conseguiam reconhecer-se mutuamente como personalidades raciais históricas. As leis da guerra, de modo geral, tinham sido respeitadas. Havia um campo profissional comum para o encontro de militares que combateram uns aos outros. Vencedores e vencidos, na mesma medida, ainda preservavam a aparência de estados civilizados. Firmou-se uma paz solene que, salvo por aspectos financeiros impossíveis de cumprir, conformava-se aos princípios que, no século XIX, haviam regido cada vez mais as relações entre povos esclarecidos. O império da lei foi proclamado e se criou um instrumento mundial para nos proteger a todos, e especialmente a Europa, de outra convulsão.

Na Segunda Guerra Mundial, todos os laços entre os homens viriam a perecer. Sob o domínio hitlerista a que se permitiram sujeitar-se, os alemães cometeram crimes incomparáveis, em escala e em perversidade, a qualquer outro que tenha maculado a história humana. O massacre indiscriminado, através de processos sistematizados, de seis ou sete milhões de homens, mulheres e crianças nos campos de execução alemães ultrapassa, em termos de horror, as matanças improvisadas de Genghis Khan, reduzindo-as comparativamente a proporções minúsculas. O extermínio deliberado de populações inteiras foi considerado e praticado pela Alemanha e pela Rússia na guerra do leste. O hediondo processo de bombardeio aéreo de cidades desprotegidas, iniciado pelos alemães, foi retribuído, em escala vinte vezes maior, pelo crescente poder dos aliados, tendo atingido o auge no uso das bombas atômicas que expungiram Hiroshima e Nagasaki.

Emergimos, finalmente, de um cenário de ruína material e devastação moral sem comparação com qualquer outro que possa ter ensombrecido a imaginação dos séculos anteriores. Depois de tudo que sofremos e conseguimos, ainda nos vemos confrontados com problemas e perigos não menos, até muito mais, gigantescos do que aqueles de que escapamos por margem tão apertada.

É meu objetivo, sendo alguém que viveu e foi atuante nesses dias, mostrar com que facilidade a tragédia da Segunda Guerra Mundial poderia ter sido evitada; como a maldade dos perversos foi reforçada pela fraqueza dos virtuosos; como faltam à estrutura e aos hábitos das nações democráticas, a menos que elas se agreguem em organismos maiores, os elementos de persistência e convicção que são os únicos capazes de dar segurança às massas humildes; e como, mesmo nas questões de autopreservação, nenhuma política é seguida sequer por períodos de dez ou 15 anos de cada vez. Veremos como as recomendações de prudência e continência podem transformar-se nos principais agentes de um perigo mortal; como o meio-termo adotado em função de desejos de segurança e de uma vida tranquila pode conduzir diretamente ao centro do desastre. Veremos quão absoluta é a necessidade de uma ampla prática internacional, adotada ao longo dos anos por muitas nações em conjunto, independentemente dos altos e baixos da política nacional.

Era uma providência simples manter a Alemanha desarmada e os vencedores adequadamente armados durante trinta anos e, nesse meio-tempo, ainda que não fosse possível chegar a uma reconciliação com a Alemanha, construir cada vez mais solidamente uma verdadeira Liga das Nações, capaz de se certificar de que tratados fossem cumpridos, ou só fossem alterados mediante discussão e acordo. Depois de três ou quatro governos poderosos, agindo em conjunto, haverem pedido os mais assustadores sacrifícios aos seus povos, depois de esses sacrifícios terem sido gratuitamente feitos em nome da causa comum, e depois de ter sido atingido o tão esperado resultado, era razoável que se preservasse a ação conjunta, para que ao menos os aspectos essenciais não fossem para o lixo. Mas o poderio, a civilização, a cultura, o saber e a ciência dos vencedores foram incapazes de atender a esse modesto requisito. Eles seguiram vivendo sem pensar no futuro, dia após dia e de uma eleição para outra, até que, mal decorridos vinte anos, foi dado o pavoroso sinal da Segunda Guerra Mundial, e temos que escrever sobre os filhos daqueles que haviam lutado e morrido com tanta lealdade e coragem:

Shoulder to aching shoulder, side by side,
They trudged away from life's broad wealds flight.

Ombro a ombro em dor, e lado a lado,
Foram-se eles dos largos descampados de luz da vida.
Siegfried Sassoon, 1886-1967

2
A paz no apogeu, 1922-1931

Durante o ano de 1922, surgiu um novo líder na Inglaterra. Mr. Stanley Baldwin passara desconhecido ou despercebido no drama mundial e desempenhara um papel modesto nos assuntos internos. Tinha sido secretário de Finanças do Tesouro durante a guerra e, nessa ocasião, era ministro do Comércio. Tornou-se a força preponderante da política inglesa desde outubro de 1922, quando derrubou Mr. Lloyd George, até maio de 1937, quando, coberto de honrarias e cultuado pela estima da opinião pública, entregou seu pesado cargo e se retirou, com dignidade e em silêncio, para sua casa no Worcestershire. Meu relacionamento com esse estadista é uma parte bem-definida da história que pretendo contar. Nossas divergências foram sérias em algumas ocasiões, mas, em todos aqueles anos e em épocas posteriores, nunca tive uma conversa ou contato pessoal desagradável com ele e em nenhum momento senti que não pudéssemos falar com boa-fé e compreensão, de homem para homem.

Logo no começo de 1923, ele se tornou primeiro-ministro pelo Partido Conservador, assim se iniciando o período de 14 anos que bem podemos denominar o "Regime Baldwin-MacDonald". Mr. Ramsay MacDonald era o líder do Partido Socialista e, de início alternadamente, mas depois em fraternidade política, esses dois estadistas governaram o país. Nominalmente representantes de partidos opostos, de doutrinas contrárias e de interesses antagônicos, eles se revelaram, na verdade, mais afins na aparência, no temperamento e nos métodos do que quaisquer outros dois homens que tenham sido primeiros-ministros desde que esse cargo foi reconhecido na constituição. Curiosamente, as simpatias de cada um estendiam-se a grande parte do território do outro. Ramsay MacDonald nutria muitos dos sentimentos dos antigos *torys*. Stanley Baldwin, salvo por uma arraigada aprovação do protecionismo característica dos industriais, era, por inclinação, um representante mais autêntico de um socialismo brando do que muitos dos que se encontravam nas fileiras trabalhistas.

Em 1924, houve uma eleição geral. Os conservadores foram reconduzidos com uma maioria de 222 cadeiras sobre todos os outros partidos juntos. Eu mesmo me elegi deputado por Epping, por uma maioria de dez mil votos, porém como "constitucionalista". Nessa época, não adotava o nome de "conservador". Tivera alguns contatos amistosos com Mr. Baldwin nesse intervalo, mas não achava que ele chegasse a se tornar primeiro-ministro. Então, logo após sua vitória, eu não tinha ideia de como ele se sentia a meu respeito. Fiquei surpreso, pois — e o Partido Conservador, boquiaberto — quando ele me convidou para ser *Chancellor of the Exchequer* [ministro das Finanças], cargo que meu pai um dia ocupara. Um ano depois, com a aprovação de meus eleitores no distrito e sem haver sofrido nenhum tipo de pressão pessoal, reingressei formalmente no Partido Conservador e no Carlton Club, que deixara vinte anos antes.

Durante quase cinco anos, morei na casa vizinha à de Mr. Baldwin, no nº 11 de Downing Street. Quase todas as manhãs, passando através da casa dele a caminho do ministério, eu o visitava para alguns minutos de conversa na sala do Gabinete. Como fui um de seus principais colegas, assumo minha parcela de responsabilidade em tudo o que aconteceu. Aqueles cinco anos foram marcados por uma retomada muito expressiva no país. Foi um governo competente e tranquilo, durante um período em que, ano a ano, gradualmente houve melhoras e uma recuperação acentuada. Nada houve de sensacional ou controvertido de que pudéssemos nos gabar nos palanques. Porém, avaliada por qualquer parâmetro econômico e financeiro, a massa da população ficou em situação decididamente melhor, e as condições do país e do mundo mostraram-se mais tranquilas e mais férteis no final de nosso mandato do que em seu começo. Eis uma afirmação modesta, mas sólida.

Foi na Europa que aquele governo fez o que o distinguiu.

☆

Hindenburg agora ascende ao poder na Alemanha. No fim de fevereiro de 1925, morreu Friedrich Ebert, líder do partido social-democrata alemão antes da guerra e primeiro presidente da República da Alemanha após a derrota. Um novo presidente tinha de ser escolhido. Fazia muito tempo que todos os alemães eram criados num regime de despotismo paternal, temperado por extensos hábitos de liberdade de opinião e oposição parlamentar. A derrota lhes trouxera, em suas asas, formas e liberdades democráticas no mais alto grau. Mas a nação estava dilacerada e atônita com tudo aquilo por que havia passado. Muitos partidos e grupos disputavam a liderança e o governo. Desse tumulto emergiu um intenso desejo de recorrer ao velho marechal de campo von Hindenburg, que então vivia em sóbrio retraimento. Hindenburg era fiel ao Kaiser exilado e favorável ao restabelecimento de uma monarquia imperial "pautada no modelo inglês". Era, claro, de longe a coisa mais sensata a fazer, embora fosse a que menos estava na moda. Quando lhe suplicaram que se candidatasse à presidência nos termos da constituição de Weimar, ele ficou profundamente perturbado. "Deixem-me em paz", disse várias vezes.

Mas a pressão foi contínua e só o grande almirante von Tirpitz finalmente foi capaz de persuadi-lo a abandonar seus escrúpulos e suas inclinações diante do cumprimento do dever, ao qual ele sempre atendera. Os adversários de Hindenburg foram Marx, do Centro Católico, e Thälmann, o comunista. No domingo, 16 de abril, a Alemanha inteira votou. O resultado foi inesperadamente apertado: Hindenburg, 14.655.766 votos; Marx, 13.751.615; e Thälmann, 1.931.151. Hindenburg, que se erguia acima dos adversários por ser ilustre, relutante e desinteressado, foi eleito por uma margem inferior a um milhão de votos e sem maioria absoluta na contagem geral. Ele repreendeu seu filho Oskar por acordá-lo às sete horas para lhe dar a notícia: "Por que você quis me acordar uma hora antes? Continuaria a ser verdade às oito horas." E voltou a dormir até seu horário habitual de levantar-se.

Na França, a eleição de Hindenburg foi vista, a princípio, como um ressurgimento do perigo alemão. Na Inglaterra houve reação mais serena. Eu, sempre desejoso de ver a Alemanha recuperar sua honra e seu respeito próprio e deixar morrer a amargura da guerra, não fiquei nem um pouco perturbado com a notícia. "É um velho muito sensato", disse-me Lloyd George em nosso encontro seguinte; e realmente comprovou ser, enquanto teve suas faculdades. Até alguns de seus mais ferozes adversários foram forçados a admitir que era "melhor um Zero do que um Nero".* Todavia, Hindenburg tinha 77 anos e seu mandato deveria durar sete. Poucos esperavam que pudesse ser reeleito. Ele fez o melhor que pôde para ser imparcial com os diversos partidos e, certamente, seu exercício na presidência conferiu à Alemanha um vigor e um bem-estar mais sóbrios, sem ameaçar os vizinhos.

* Theodore Lessing (assassinado pelos nazistas em setembro de 1933).

☆

Entrementes, em fevereiro de 1925, o governo alemão sugeriu um pacto mediante o qual as potências interessadas no Reno — sobretudo a Inglaterra, a França, a Itália e a Alemanha — firmassem um compromisso solene e duradouro com o governo americano, este na condição de fiador, no sentido de não travarem nenhuma guerra entre si. Propuseram também um pacto que garantisse expressamente a situação territorial existente no Reno. Era um acontecimento notável. Os Domínios Britânicos não se entusiasmaram. O general Smuts ansiava por evitar arranjos regionais. Os canadenses mostraram-se indiferentes, e apenas a Nova Zelândia dispôs-se incondicionalmente a aceitar a opinião do governo inglês. Mesmo assim, perseveramos. Para mim, a meta de pôr termo aos mil anos de conflito entre a França e a Alemanha afigurava-se um objetivo supremo. Se ao menos conseguíssemos entrelaçar tão estreitamente gauleses e teutônicos, em termos econômicos, sociais e morais, a ponto de impedir novas oportunidades de brigas e de fazer com que os velhos antagonismos perecessem na realização da prosperidade mútua e da interdependência, a Europa voltaria a se erguer. Parecia-me que o interesse supremo do povo inglês na Europa estava em aplacar a rixa franco-alemã, e que ele não tinha nenhum outro interesse equiparável ou contrário a esse. Essa ainda é minha opinião hoje em dia.

Em agosto, os franceses, com plena concordância da Inglaterra, responderam oficialmente à Alemanha. Ela deveria ingressar sem restrições na Liga das Nações, como passo inicial e indispensável. O governo alemão aceitou essa exigência. Isso significava que as condições dos tratados deveriam continuar em vigor, a menos ou até que fossem modificadas por acordo mútuo, e que nenhuma reivindicação específica de redução de armamentos aliados tivesse sido atendida. Outras exigências dos alemães, promovidas sob intensa pressão e excitação nacionalistas, para que se erradicasse do Tratado de Paz a cláusula da "culpa pela guerra", para que se mantivesse em aberto a questão da Alsácia-Lorena e para a imediata evacuação de Colônia pelas tropas aliadas, não tiveram insistência do governo alemão e não teriam sido aceitas pelos aliados.

Com base nisso, a Conferência de Locarno foi formalmente aberta em 4 de outubro. Às margens desse lago sereno, os representantes de Inglaterra, França, Alemanha, Bélgica e Itália se reuniram. A conferência obteve: primeiro, um tratado de garantia mútua entre as cinco nações; segundo, tratados de arbitragem entre Alemanha e França, Alemanha e Bélgica, Alemanha e Polônia, e Alemanha e Tchecoslováquia; terceiro, acordos especiais entre a França e a Polônia e entre a França e a Tchecoslováquia, mediante os quais a França se comprometia a lhes prestar assistência, caso um rompimento do Pacto Ocidental fosse seguido de um recurso às armas não provocado. Assim foi que as democracias europeias ocidentais concordaram em assegurar a paz entre si em qualquer circunstância e em se manter unidas contra qualquer dentre elas que viesse a romper o contrato e marchasse agressivamente sobre território irmão. Quanto às relações entre a França e a Alemanha, a Inglaterra comprometeu-se solenemente a ir em socorro de qualquer desses dois estados que viesse a ser alvo de uma agressão não provocada. Esse amplo compromisso militar foi aceito pelo parlamento e calorosamente endossado pela nação. Em vão se podem perscrutar os livros de história em busca de um paralelo para empreitada dessa monta.

A questão de saber se havia por parte da França ou da Inglaterra qualquer obrigação de desarmar-se, ou de um desarmamento até algum nível específico, não foi tratada. Eu fora introduzido nessas questões numa etapa inicial, como ministro das Finanças. Minha opinião sobre essa garantia bilateral era que, enquanto a França continuasse armada e a Alemanha desarmada, esta não poderia atacar aquela; e que, por outro lado, a França nunca atacaria a Alemanha, caso isso implicasse automaticamente a transformação da Inglaterra numa aliada alemã. Assim, embora a proposta parecesse perigosa em tese — comprometendo-nos, de fato, a tomar partido de um lado ou de outro em qualquer guerra franco-alemã que pudesse eclodir — havia pouca probabilidade de tal desastre um dia vir a ocorrer; e essa era a melhor maneira de impedi-lo. Assim, sempre fui igualmente contrário ao desarmamento da França e ao rearmamento da Alemanha, em virtude do perigo muito maior que isso representaria, de imediato, para a Inglaterra. Por outro lado, a Inglaterra e a Liga das Nações — na qual, como parte do acordo, a Alemanha ingressou — ofereciam uma proteção real ao povo alemão. Assim, criou-se um equilíbrio em que a Inglaterra, cujo grande interesse era a cessação da querela entre a Alemanha e a França, tornou-se, em grande parte, mediadora e juiz. Esperava-se que esse equilíbrio pudesse durar vinte anos, durante os quais o armamento dos aliados se reduziria, gradativa e naturalmente, sob a influência da paz prolongada, da confiança crescente e do ônus financeiro. Evidente que haveria perigo se algum dia a Alemanha ficasse mais ou menos equiparada à França, e mais ainda caso se tornasse mais forte do que esta. Mas tudo isso parecia afastado pelos solenes compromissos do tratado.

O Pacto de Locarno concernia apenas à paz no Ocidente. Havia esperança de que abrisse caminho a um "Locarno do leste". Muito nos alegraria que o perigo de uma guerra futura entre a Alemanha e a Rússia pudesse ter sido controlado dentro do mesmo espírito e por medidas semelhantes às adotadas quanto à possibilidade de uma guerra entre a Alemanha e a França. Mesmo a Alemanha de Stresemann,* entretanto, estava pouco inclinada a fechar a porta às reivindicações alemãs no Leste ou a aceitar a situação territorial do tratado no tocante à Polônia, a Danzig, ao Corredor Polonês e à Alta Silésia. A Rússia soviética remoía ideias em seu isolamento, por trás do *cordon sanitaire* dos países antibolcheviques. Embora nossos esforços continuassem, nenhum progresso houve no Leste. Em momento algum abandonei minha ideia de tentar dar à Alemanha uma satisfação maior em sua fronteira oriental. Mas nenhuma oportunidade surgiu nesses curtos anos de esperança.

☆

Houve grande regozijo, no fim de 1925, acerca do tratado que emergiu da Conferência de Locarno. Mr. Baldwin foi o primeiro a assiná-lo, no *Foreign Office*. O ministro do Exterior, Mr. Austen Chamberlain, não dispondo de residência oficial, pediu-me que lhe emprestasse minha sala de jantar, no nº 11 de Downing Street, para um almoço íntimo e amistoso com Herr Stresemann. Todos nos reunimos num clima de grande amizade e pensamos no maravilhoso futuro que estaria reservado à Europa, se suas maiores nações se tornassem realmente unidas e se sentissem seguras. Depois que esse memorável documento recebeu a cordial anuência do parlamento, Mr. Austen Chamberlain foi agraciado com a Ordem da Jarreteira e o Prêmio Nobel da Paz. Sua realização foi o ponto alto da restauração da Europa e inaugurou três anos de paz e recuperação. Embora os velhos antagonismos estivessem apenas adormecidos e o rufar dos tambores de novos recrutamentos já se fizesse ouvir, tínhamos razão de esperar que o terreno assim solidamente conquistado abrisse a via de um novo passo adiante.

* Gustav Stresemann (1878-1929), ministro do Exterior alemão.

Em 1929, a situação da Europa era tranquila como não fora em vinte anos e não voltaria a ser em outros vinte. Havia um sentimento amistoso em relação à Alemanha após o nosso Tratado de Locarno e após a evacuação da Renânia pelo exército francês e pelas tropas aliadas, em data muito anterior à prevista em Versalhes. A nova Alemanha assumiu seu lugar na mutilada Liga das Nações. Sob a benigna influência dos empréstimos americanos e ingleses, a Alemanha estava renascendo rapidamente. Seus novos navios transoceânicos ganhavam o prêmio Blue Riband do Atlântico. Seu comércio dava saltos e a prosperidade interna amadurecia. A França e seu sistema de alianças também pareciam seguros na Europa. As cláusulas de desarmamento do Tratado de Versalhes não eram abertamente violadas. A marinha alemã era inexistente. Sua força aérea estava proibida e ainda não nascera. Havia na Alemanha muitas influências que se opunham firmemente, nem que fosse apenas por prudência, à ideia da guerra, e o Estado-Maior alemão não acreditava que os aliados lhe permitissem rearmar-se. Por outro lado, lá estava, à nossa frente, o que mais tarde chamei de "nevasca econômica". O conhecimento dela estava restrito a alguns raros círculos financeiros, e estes foram intimidados a guardar silêncio sobre o que anteviram.

☆

A eleição geral de 1929 mostrou que a "oscilação do pêndulo" e o desejo normal de mudança eram fatores poderosos no eleitorado inglês. Os socialistas obtiveram uma pequena maioria sobre os conservadores na nova Câmara dos Comuns. Mr. Baldwin apresentou ao rei sua demissão. Todos nos dirigimos a Windsor, num trem especial, para entregar nossos selos de ofício e nossos cargos. Em 7 de junho, Mr. Ramsay MacDonald tornou-se primeiro-ministro, à testa de um governo minoritário, que dependia do voto dos liberais.

O primeiro-ministro socialista desejava que seu governo trabalhista se distinguisse por grandes concessões ao Egito, por uma ampla mudança constitucional na Índia e por um novo esforço de desarmamento mundial, ou, pelo menos, inglês. Eram metas em que ele podia contar com a ajuda liberal e em relação às quais, portanto, tinha maioria parlamentar. Nesse ponto começaram minhas divergências com Mr. Baldwin e, a partir de então, a relação em que havíamos trabalhado desde que ele me escolhera para ministro das Finanças, cinco anos antes, ficou sensivelmente alterada. Continuamos, é claro, a manter um contato pessoal afável, mas sabíamos não ter as mesmas coisas em mente. Minha ideia era que a oposição conservadora devia opor-se vivamente ao governo trabalhista em todas as grandes questões imperiais e nacionais, identificar-se com a majestade da Inglaterra, como fizera nos governos de Disraeli, Lord Beaconsfield, e de Lord Salisbury, e não hesitar em enfrentar controvérsias, mesmo que elas não evocassem imediata resposta da nação. Tanto quanto eu podia perceber, Mr. Baldwin achava que já iam muito longe os dias de qualquer afirmação vigorosa da grandeza imperial inglesa, e que a esperança do Partido Conservador estava numa composição com as forças liberais e trabalhistas e em manobras hábeis e oportunas, a fim de granjear para si fortes inclinações de opinião pública e grandes blocos de eleitores. Ele, sem dúvida, teve muito sucesso. Foi o maior dirigente partidário que os conservadores jamais tiveram. Disputou, como seu líder, cinco eleições gerais, das quais venceu três.

No tocante à Índia, ocorreu nossa dissensão definitiva. O primeiro-ministro, firmemente apoiado e até incentivado pelo vice-rei conservador, Lord Irwin (mais tarde, Lord Halifax), pressionou pela aprovação de seu plano de autogoverno indiano. Realizou-se em Londres uma portentosa conferência, na qual Mr. Gandhi, recém-liberto de um período de cômoda prisão, foi a figura central. Não é necessário acompanharmos nestas páginas os detalhes da controvérsia que ocupou as sessões parlamentares de 1929 e 1930. Quando da libertação de Mr. Gandhi, para que ele pudesse tornar-se o delegado da Índia nacionalista à conferência de Londres, atingi o ponto de ruptura em minhas relações com Mr. Baldwin. Ele parecia muito satisfeito com essa marcha dos acontecimentos, concordava em termos gerais com o primeiro-ministro e com o vice-rei, e liderou a oposição conservadora decididamente por esse caminho. Eu tinha certeza de que, como resultado final, perderíamos a Índia e de que imensas desgraças se abateriam sobre os povos hindus. Assim, depois de algum tempo, demiti-me do *shadow cabinet** em torno dessa questão, mas assegurei a Mr. Baldwin que lhe daria toda a ajuda que estivesse ao meu alcance na oposição ao governo socialista na Câmara dos Comuns, e que faria tudo o que fosse possível para garantir a derrota dos socialistas em qualquer eleição geral.

* O gabinete de acompanhamento que a oposição forma. (N.T.)

☆

O ano de 1929 chegou quase ao final de seu terceiro trimestre com a promessa e a aparência de uma prosperidade crescente, sobretudo nos EUA. Um otimismo extraordinário sustentou uma orgia de especulação. Escreveram-se livros para provar que a crise econômica era uma fase que fora finalmente dominada pela organização empresarial em expansão e pela ciência. "Parece que acabamos de uma vez por todas com os ciclos econômicos, tal como os conhecíamos", disse o presidente da Bolsa de Valores de Nova York em setembro. Mas, em outubro, uma súbita e violenta tempestade varreu Wall Street. A intervenção dos mais poderosos instrumentos não conseguiu deter a maré das vendas em pânico. Um grupo de grandes bancos formou um *pool* de um bilhão de dólares para manter e estabilizar o mercado. Foi tudo em vão.

Toda a riqueza tão velozmente acumulada nas carteiras de títulos dos anos anteriores desfez-se em fumaça. A prosperidade de milhões de lares americanos havia crescido sobre uma estrutura gigantesca de crédito inflado, que subitamente se revelou um fantasma. Afora a especulação com ações em âmbito nacional, que até os mais famosos bancos haviam incentivado através de empréstimos fáceis, um vasto sistema de crediário na compra de casas, móveis, automóveis e inúmeros tipos de utensílios e artigos domésticos de luxo havia crescido. Ruíram juntos. As poderosas linhas de produção foram lançadas na tormenta e na paralisia. Apenas dias antes, tinha-se discutido a premente questão de saber onde estacionar os automóveis em que milhares de artífices e operários começavam a ir para seu trabalho cotidiano. Agora, as dores atrozes dos salários em declínio e do crescente desemprego afligiam a comunidade inteira, até então empenhada na mais ativa criação de toda sorte de artigos desejáveis a serem usufruídos por milhões. O sistema bancário americano era muito menos concentrado e menos solidamente ancorado do que o inglês. Vinte mil bancos locais suspenderam os pagamentos. O meio de troca de bens e serviços entre os homens caiu por terra, e a quebra de Wall Street reverberou tanto nos lares modestos quanto nos ricos.

Não se deve supor, no entanto, que a bela visão de riqueza e conforto muito maiores e mais amplamente compartilhados que havia arrebatado o povo americano nada tinha para sustentá-la senão a ilusão e o frenesi mercantil. Nunca, em nenhuma sociedade, quantidades tão imensas de toda sorte de produtos tinham sido fabricadas, comercializadas e consumidas.

Na verdade, não há limite para os benefícios que os seres humanos são capazes de proporcionar uns aos outros através do mais alto exercício de sua diligência e habilidade. Essa esplêndida manifestação fora esfacelada e desperdiçada por fúteis processos imaginativos e por uma ganância de lucros que superava em muito a própria grande realização. Na esteira do colapso do mercado de ações, durante os anos de 1929 a 1932, vieram uma queda inexorável dos preços e os consequentes cortes na produção, provocando o desemprego em massa.

As consequências dessa perturbação da vida econômica tornaram-se mundiais. Seguiu-se uma contração generalizada do comércio, em virtude do desemprego e da produção decrescente. Impuseram-se restrições tarifárias para proteger os mercados internos. A crise generalizada trouxe consigo graves dificuldades monetárias e paralisou o crédito interno. Isso espalhou a ruína e o desemprego por todas as partes do mundo. O governo trabalhista-socialista de Mr. MacDonald, com todas as suas promessas abandonadas, viu o desemprego saltar diante de seus olhos, durante 1930 e 1931, de um para quase três milhões de pessoas. Dizia-se que nos Estados Unidos havia dez milhões de desempregados. Todo o sistema bancário da grande república foi lançado na confusão e no colapso temporário. Os desastres daí decorrentes recaíram sobre a Alemanha e outros países europeus. Mas ninguém morreu de fome no mundo de língua inglesa.

É sempre difícil, para um governo ou um partido que se fundamenta no ataque ao capital, preservar a confiança e o crédito que são tão importantes para a economia altamente artificial de uma ilha como a Inglaterra. O governo de Mr. MacDonald foi inteiramente incapaz de lidar com os problemas com que se confrontou. Não conseguiu obter a disciplina partidária ou produzir o vigor necessário sequer para equilibrar o orçamento. Nessas condições, um governo já minoritário e privado de toda a confiança financeira não podia sobreviver.

A incapacidade do Partido Trabalhista de enfrentar essa tempestade, o súbito colapso do crédito financeiro inglês e a fragmentação do Partido Liberal com seu pernicioso poder de fiel da balança levaram a uma coalizão nacional. Ao que parecia, somente um governo formado por todos os partidos seria capaz de enfrentar a crise. Mr. MacDonald e seu ministro das Finanças, com intensa emoção patriótica, tentaram arrastar a massa do Partido Trabalhista para essa composição. Mr. Baldwin, sempre disposto a deixar que outros ocupassem o cargo, desde que ele preservasse o poder, prontificou-se a servir sob Mr. MacDonald. Foi uma atitude que, embora merecedora de respeito, não correspondia aos fatos. Mr. Lloyd George ainda se recuperava de uma operação — grave, na idade dele — e Sir Herbert Samuel levou o grosso dos liberais para a composição pluripartidária.

Não fui convidado a participar do governo de coalizão. Eu estava politicamente afastado de Mr. Baldwin devido à questão da Índia. Opunha-me à política do governo trabalhista de Mr. MacDonald. Como muitos outros, sentira a necessidade de uma concentração nacional. Mas não fiquei surpreso nem insatisfeito ao ser deixado fora dela. Na verdade, continuei pintando em Cannes enquanto durou a crise política. Se tivesse sido chamado a participar, não sei dizer o que teria feito. É supérfluo discutir tentações duvidosas que nunca existiram. Mas fiquei em situação incômoda no cenário político. Eu passara 15 anos em funções ministeriais e, naquele momento, estava ocupado com minha biografia de Marlborough. Os dramas políticos são muito excitantes, na hora em que acontecem, para os que estão envolvidos no tumulto e no redemoinho da política, mas posso afirmar com sinceridade que nunca tive ressentimento e, menos ainda, dor, por ter sido tão decididamente descartado num momento de tensão nacional. Havia um inconveniente, porém. Durante todos aqueles anos, desde 1905, eu me sentara num ou noutro dos bancos da frente do parlamento, e sempre tivera a vantagem de falar do *box** no qual o orador pode apoiar suas anotações e fingir, com maior ou menor sucesso, que está improvisando, à medida que fala. Agora, com certa dificuldade, tive de encontrar um lugar nos bancos de antes dos degraus do lado do governo, onde precisava segurar minhas notas na mão todas as vezes que falava e concorrer, para falar, com outros conhecidos ex-ministros. Vez por outra, no entanto, eu era chamado.

A formação do novo governo não pôs fim à crise financeira. Voltando do exterior, encontrei tudo na dependência de uma inevitável eleição geral. O veredicto do eleitorado foi digno da nação inglesa. Formara-se um governo nacional sob a chefia de Mr. Ramsay MacDonald, fundador do Partido Trabalhista-Socialista. Eles propuseram ao povo um programa de severa austeridade e sacrifício. Foi uma primeira versão do "sangue, trabalho, suor e lágrimas", sem o estímulo ou as exigências da guerra e do perigo mortal. Teve-se que praticar a mais rígida economia. Todos teriam

* Atril junto às primeiras bancadas. (N.T.)

seus vencimentos, salários ou rendas reduzidos. A massa da população foi solicitada a votar por regime de abnegação. E respondeu como sempre faz quando provocada em seu espírito heroico. Embora, ao contrário de suas declarações, o governo abandonasse o padrão-ouro, e embora Mr. Baldwin fosse obrigado a suspender — para sempre, como se veio a constatar — justamente os pagamentos da dívida americana que ele havia imposto ao Gabinete de 1923, a confiança e o crédito foram restabelecidos. Houve uma esmagadora maioria favorável ao novo governo. Mr. MacDonald, como primeiro-ministro, foi seguido por apenas sete ou oito membros de seu próprio partido, mas somente cinquenta de seus adversários trabalhistas e de seus ex-seguidores foram reeleitos para o parlamento. Sua saúde e suas faculdades estavam decaindo rapidamente, e ele reinou em crescente decrepitude, no topo do sistema inglês, por quase quatro fatídicos anos. E logo no início desses quatro anos, chegou Hitler.

3
Adolf Hitler

Em outubro de 1918, um cabo alemão ficou temporariamente privado da visão em decorrência do gás mostarda lançado num ataque inglês perto de Comines. Enquanto estava hospitalizado na Pomerânia, a derrota e a revolução devastaram a Alemanha. Filho de um obscuro funcionário aduaneiro austríaco, ele havia alimentado sonhos juvenis de se tornar um grande artista. Não tendo conseguido ingressar na Academia de Arte em Viena, vivera na pobreza nessa capital e, posteriormente, em Munique. Pintor de paredes ocasional e trabalhando muitas vezes como avulso, sofrera privações físicas e desenvolvera um ressentimento sombrio, embora disfarçado, pelo fato de o mundo haver-lhe negado o sucesso. Mas esses infortúnios não o tinham levado para as fileiras comunistas. Por uma honrosa inversão, ele passara a acalentar ainda mais um sentimento anormal de fidelidade racial e uma admiração fervorosa e mística pela Alemanha e o povo alemão. Pegara avidamente em armas quando da eclosão da guerra e servira durante quatro anos num regimento bávaro na frente ocidental. Foram essas as primeiras venturas e desventuras de Adolf Hitler.

Durante o inverno de 1918, enquanto ele jazia no hospital, cego e desamparado, seu fracasso pessoal pareceu fundir-se com o desastre de todo o povo alemão. O choque da derrota, o colapso da lei e da ordem e a vitória dos franceses causaram a esse ordenança de regimento, ainda convalescente, uma agonia que lhe consumiu as entranhas e que gerou as portentosas e incomensuráveis forças espirituais capazes de resultar no resgate ou na destruição da humanidade. A queda da Alemanha pareceu-lhe inexplicável pelos processos convencionais. Em algum lugar, tinha havido uma traição gigantesca e monstruosa. Sozinho e ensimesmado, o soldadinho ponderou e especulou sobre as possíveis causas da catástrofe, guiado apenas por sua reduzida experiência pessoal. Em Viena, ele se misturara com grupos nacionalistas alemães radicais e ali ouvira histórias de atividades sinistras e sabotadoras de uma outra raça, inimiga e exploradora do mundo nórdico — os judeus. Sua raiva patriótica fundiu-se com sua inveja dos ricos e bem-sucedidos, compondo um ódio avassalador.

Quando, enfim, como um obscuro paciente, teve alta do hospital, ainda vestindo o uniforme de que tinha um orgulho quase infantil, com que cenas depararam seus olhos recém-libertos das vendas! São assustadoras as convulsões da derrota. Em volta dele, no clima de desespero febril, refulgiam os contornos da Revolução Vermelha. Carros blindados disparavam pelas ruas de Munique, espalhando panfletos ou balas sobre os transeuntes em fuga. Seus próprios companheiros, com desafiadoras braçadeiras vermelhas nos uniformes, gritavam lemas enfurecidos contra tudo aquilo com que ele se importava na face da Terra. Como num sonho, tudo se fez repentinamente claro. A Alemanha fora apunhalada pelas costas e aprisionada nas garras dos judeus, dos aproveitadores e dos conspiradores que operavam atrás da linha de frente, dos malditos bolcheviques em sua conspiração internacional montada por intelectuais judeus. Resplandecendo à sua frente ele viu seu dever: salvar a Alemanha dessas pragas, vingar-lhe as injustiças sofridas e conduzir a raça superior a seu destino havia muito decretado.

Os oficiais de seu regimento, profundamente alarmados com a índole sediciosa e revolucionária de seus homens, ficaram muito contentes em encontrar pelo menos um que parecia trazer em si o âmago da questão. O cabo Hitler quis continuar mobilizado e conseguiu um emprego como "oficial ou agente de educação política". Com esse disfarce, colhia informações sobre intenções revoltosas e subversivas. Em pouco tempo, o oficial da segurança para quem trabalhava lhe disse que comparecesse às reuniões dos partidos políticos locais de todos os matizes. Uma noite, em setembro de 1919, o cabo foi a uma reunião do Partido dos Trabalhadores Alemães numa cervejaria de Munique. Ali, pela primeira vez, ouviu as pessoas falarem, no estilo de suas convicções secretas, contra os judeus, os especuladores e os "criminosos de novembro", que haviam arrastado a Alemanha para o abismo. Em 16 de setembro, ele se filiou a esse partido e, pouco depois, em consonância com seu trabalho militar, passou a cuidar de sua propaganda. Em fevereiro de 1920, realizou-se em Munique a primeira grande reunião do Partido dos Trabalhadores Alemães, e o próprio Adolf Hitler comandou os trabalhos e esboçou em 25 pontos o programa da agremiação. Transformara-se num político. Sua campanha de salvação nacional estava em curso. Em abril, ele foi desmobilizado e a expansão do partido passou a absorver toda a sua vida. Em meados do ano seguinte, Hitler havia afastado os líderes originais e, com sua paixão e talento, impusera aos companheiros hipnotizados a aceitação de seu controle pessoal. Ele já era "o Führer" [*condutor, guia, chefe*]. Um jornal de pouco sucesso, o *Völkischer Beobachter*, foi adquirido para ser transformado no órgão do partido.

Os comunistas não tardaram em reconhecer seu inimigo. Tentaram dissolver as reuniões de Hitler. Nos últimos dias de 1921, este organizou suas primeiras unidades de tropas de choque. Até esse momento, tudo havia girado nos círculos locais da Baviera. Mas, na tribulação da vida alemã nesses primeiros anos do após guerra, muitos começaram, ali e então, por todo o Reich, a ouvir o novo evangelho. A violenta ira de toda a Alemanha contra a ocupação francesa do Ruhr, em 1923, levou para o já então chamado Partido Nacional-Socialista uma volumosa onda de adeptos. O colapso do marco destruiu as bases da vida da classe média alemã, da qual muitos elementos, em desespero, tornaram-se recrutas do novo partido e encontraram um lenitivo para sua miséria no ódio, na vingança e no fervor patriótico.

Desde o início, Hitler havia deixado claro que o caminho para o poder estava na agressão e na violência contra uma República de Weimar nascida do vexame da derrota. Em novembro de 1923, "o Führer" tinha ao seu redor um grupo resoluto, no qual se destacavam Göring, Hess, Rosenberg e Röhm. Esses homens de ação decidiram que era chegado o momento de tentar tomar o poder no estado da Baviera. O general von Ludendorff, chefe do Estado-Maior do Exército alemão durante a maior parte da Primeira Guerra Mundial, emprestou o prestígio militar de seu nome a essa empreitada e marchou à frente do *Putsch*. Costumava-se dizer, antes da guerra: "na Alemanha não haverá nenhuma revolução, porque, na Alemanha, todas as revoluções são estritamente proibidas". Esse preceito foi revivido, nessa ocasião, pelas autoridades locais de Munique. As tropas policiais dispararam, evitando cuidadosamente atingir o general, que marchava adiante em meio a suas fileiras e que foi recebido com respeito. Cerca de vinte dos manifestantes foram mortos. Hitler atirou-se no chão e, pouco depois, escapou da cena com outros líderes. Em abril de 1924, foi condenado a quatro anos de prisão.

Embora as autoridades alemãs tivessem mantido a ordem e um tribunal alemão houvesse aplicado a punição, espalhou-se por todo o país o sentimento de que eles estavam golpeando a carne de sua própria carne e fazendo o jogo dos estrangeiros à custa dos mais devotados filhos da Alemanha. A pena de Hitler foi reduzida de quatro anos para 13 meses. Mas esses meses na fortaleza de Landsberg foram suficientes para lhe permitir concluir o esboço de *Mein Kampf*, um tratado sobre sua filosofia política, dedicado aos mortos do recente *Putsch*. Quando ele finalmente chegou ao poder, nenhum livro mereceu estudo mais cuidadoso por parte dos governantes políticos e militares dos países aliados. Estava tudo ali: o programa da ressurreição alemã e a técnica da propaganda partidária; o plano de combate ao marxismo; o conceito de estado nacional-socialista; e a posição legítima da Alemanha no topo do mundo. Ali estava o novo Alcorão da fé e da guerra: empolado, verborrágico e amorfo, mas carregado de sua mensagem.

A tese principal de *Mein Kampf* era simples: o homem era um animal de luta; portanto, sendo a nação uma comunidade de combatentes, ela era uma unidade de combate. Qualquer organismo vivo que deixasse de lutar por sua existência estava fadado à extinção. Um país ou raça que deixasse de lutar estava igualmente condenado. A capacidade de luta de uma raça dependia de sua pureza. Daí a necessidade de livrá-la dos elementos contaminadores estrangeiros. A raça judaica, por sua universalidade, era necessariamente pacifista e internacionalista. O pacifismo era o mais mortal dos pecados, pois significava a rendição da raça na luta pela vida. O primeiro dever de todo país, portanto, era nacionalizar as massas. O objetivo último da educação era produzir alemães capazes de se converter em soldados com um mínimo de treinamento. As maiores revoluções da história teriam sido impensáveis, não fosse pela força propulsora das paixões fanáticas e histéricas. Nada teria sido realizado pelas virtudes burguesas da paz e da ordem. O mundo dirigia-se, naquele momento, para uma revolução dessa natureza, e o novo estado alemão devia certificar-se de que sua raça estivesse pronta para as derradeiras e maiores decisões da Terra.

A política externa podia ser inescrupulosa. Não era tarefa da diplomacia permitir que uma nação afundasse heroicamente, mas certificar-se de que ela pudesse prosperar e sobreviver. A Inglaterra e a Itália eram os dois únicos aliados possíveis da Alemanha. Enquanto a Alemanha não se defendesse por si, ninguém a defenderia. Suas províncias perdidas não poderiam ser recuperadas por apelos solenes aos céus ou respeitosa esperança na Liga das Nações, mas apenas pela força das armas. A Alemanha não deveria repetir o erro de combater todos os seus inimigos de uma só vez. Atacar a França por motivos puramente sentimentais seria uma tolice. O que a Alemanha precisava era de um aumento territorial na Europa. A política colonialista da Alemanha antes da guerra fora um erro e deveria ser abandonada. A Alemanha devia buscar sua expansão na Rússia e, especialmente, nos países bálticos. Nenhuma aliança com a Rússia poderia ser tolerada. Travar uma guerra ao lado da Rússia contra o Ocidente seria criminoso, pois o objetivo dos soviéticos era o triunfo do judaísmo internacional. Esses eram os "pilares de granito" da política de Hitler.

As lutas incessantes e a emergência gradativa de Adolf Hitler como figura nacional receberam pouca atenção dos vencedores, oprimidos e atormentados, como estavam, por seus próprios problemas e lutas partidárias. Passou-se um longo intervalo antes que o Nacional-Socialismo, nazismo ou "Partido Nazi",* como veio a ser chamado, ganhasse um apoio tão intenso das massas do povo alemão, das forças armadas, da máquina estatal e de industriais não injustificadamente aterrorizados com o comunismo, que viesse a se tornar, na vida alemã, um poder a que era preciso dar atenção internacional. Ao ser solto da prisão no fim de 1924, Hitler dissera que levaria cinco anos para reorganizar seu movimento.

☆

Uma das disposições democráticas da Constituição de Weimar previa eleições para o Reichstag a cada quatro anos. Esperava-se, através desse dispositivo, garantir que as massas do povo alemão desfrutassem de um controle completo e contínuo sobre seu parlamento. Na prática, é claro, isso significou apenas que elas viviam num clima permanente de febril excitação política e de ininterrupta campanha eleitoral. Assim, o progresso de Hitler e suas doutrinas está registrado com exatidão. Em 1928, ele detinha apenas 12 cadeiras no Reichstag. Em 1930, elas se transformaram em 107; em 1932, em 230. A essa altura, toda a estrutura da Alemanha fora permeada pela influência e a disciplina do Partido Nacional-Socialista. Campeava no país toda sorte de intimidações, insultos e brutalidades contra os judeus.

Não é necessário, neste relato, acompanhar ano a ano essa marcha complexa e impressionante dos acontecimentos, com todas as suas paixões e vilanias e todos os seus altos e baixos. O pálido sol de Locarno brilhou por algum tempo sobre aquele cenário. O dispêndio dos abundantes em-

* Na-zi, contração de *Nationalsozialistische Deutsche Arbeiter-partei*, Partido dos Trabalhadores Alemães Nacional-Socialista. (N.T.)

préstimos americanos induziu a uma sensação de retorno da prosperidade. O marechal Hindenburg presidia o estado alemão e Stresemann era o seu ministro do Exterior. A maioria estável e honrada do povo alemão, respondendo a seu arraigado amor pela autoridade imponente e majestática, agarrou-se a ele até seu último suspiro. Mas outros fatores poderosos também estavam em ação naquela nação conturbada, à qual a República de Weimar não conseguia proporcionar nenhum sentimento de segurança e nenhuma satisfação da glória ou da vingança nacionais.

Por trás do verniz dos governos republicanos e das instituições democráticas, impostos pelos vencedores e maculados pela derrota, o verdadeiro poder político na Alemanha e a estrutura permanente da nação nos anos pós-guerra tinha sido o Estado-Maior do *Reichswehr,* o exército alemão. Foi ele que lançou secretamente as bases do rearmamento alemão e era ele que fazia e desfazia presidentes e ministérios. O Estado-Maior encontrara no marechal Hindenburg um símbolo de seu poder e um agente de sua vontade. Mas Hindenburg, em 1930, tinha 83 anos de idade. A partir dali, seu caráter e agudeza mental declinaram rapidamente. Ele foi ficando cada vez mais preconceituoso, arbitrário e senil. Durante a guerra, construíra-se uma gigantesca estátua dele, e os patriotas podiam demonstrar sua admiração pagando para nela pregarem mais um prego. Isso ilustra efetivamente aquilo em que ele se havia transformado — "o Titã de Madeira". Fazia algum tempo, estava claro para os generais que era preciso encontrar um sucessor satisfatório para o idoso marechal. A busca desse novo homem, entretanto, foi superada pelo veemente crescimento e fortalecimento do movimento nacional-socialista. Depois do fracasso do *Putsch* de 1923 em Munique, Hitler havia professado um programa de estrita legalidade, dentro da estrutura da República de Weimar. Ao mesmo tempo, entretanto, incentivara e planejara a expansão das formações militares e paramilitares do Partido Nazi. Partindo de um começo muito modesto, a SA — *Sturmabteilung,* a tropa de choque, os "camisas pardas" — com seu pequeno núcleo de segurança, a SS, *Schutzstaffel,* havia aumentado seu efetivo e seu vigor, a ponto de o Reichswehr encarar suas atividades e sua força potencial com sobressalto.

À frente das formações das tropas de choque estava um soldado da fortuna alemão, Ernst Röhm, companheiro e, até então, amigo íntimo de Hitler em todos aqueles anos de luta. Röhm, chefe do estado-maior da SA, era um homem de capacidade e coragem comprovadas, mas dominado pela ambição pessoal e sexualmente pervertido. Seus vícios não constituíram uma barreira para a colaboração de Hitler com ele no árduo e perigoso caminho para o poder. Ponderando com extremo cuidado sobre as correntes que fluíam pela nação, os membros do Reichswehr se convenceram, com muita relutância, de que, como casta e organização militar oposta ao movimento nazista, eles não mais poderiam manter o controle da Alemanha. As duas facções tinham em comum a determinação de retirar a Alemanha do abismo e vingar sua derrota; mas, enquanto o Reichswehr representava a estrutura ordeira do império do Kaiser e protegia as classes feudais, aristocráticas, latifundiárias e abastadas da sociedade alemã, a SA tinha-se transformado, em grande parte, num movimento revolucionário insuflado pela insatisfação de subversivos temperamentais ou amargos e pelo desespero de homens arruinados. Não era maior a diferença entre eles e os bolcheviques, a quem denunciavam, do que entre o Polo Norte e o Polo Sul.

Para o Reichswehr, brigar com o Partido Nazi era dilacerar a nação derrotada. Os comandantes do exército, em 1931 e 1932, julgaram dever, por seu próprio bem e pelo bem do país, juntar forças com aqueles a quem, nas questões internas, opunham-se com toda a rigidez e severidade da mentalidade alemã. Hitler, por seu turno, embora disposto a usar qualquer aríete para romper as cidadelas do poder, tinha sempre diante dos olhos a liderança da grandiosa e reluzente Alemanha que havia inspirado a admiração e a lealdade de seus anos de juventude. Portanto, as condições para um pacto entre ele e o Reichswehr estavam presentes e eram naturais de ambos os lados. Os comandantes do exército perceberam aos poucos que a força do Partido Nazi era tamanha que Hitler era o único sucessor possível de Hindenburg como chefe da nação alemã. Hitler, por sua vez, sabia que, para executar seu programa de ressurreição da nação alemã, era indispensável uma aliança com a elite governante do Reichswehr. Chegou-se a um acordo e os comandantes do exército alemão começaram a persuadir Hindenburg a encarar Hitler como o eventual chanceler do Reich. Assim, concordando em restringir as atividades dos camisas pardas, em subordiná-los ao Estado-Maior e, em último caso, se isso fosse inevitável, em eliminá-los, Hitler obteve a adesão das forças controladoras da Alemanha, o domínio executivo e a aparente reversão do comando do estado alemão. O cabo tinha ido longe.

Mas havia uma complicação intrínseca e distinta. Se a chave para qualquer grande combinação das forças internas alemãs era o Estado-Maior do

Exército, havia diversas mãos à procura dessa chave. O general Kurt von Schleicher exercia, nessa época, uma influência sutil e, ocasionalmente, decisiva. Ele era o mentor político do círculo militar reservado e potencialmente dominador. Era encarado com certa desconfiança por todos os setores e facções e tido como um agente político astuto e útil, dotado de grande conhecimento fora dos manuais do Estado-Maior em geral não acessível aos soldados. Fazia muito tempo que Schleicher estava convencido da importância do movimento Nazi e da necessidade de refreá-lo e controlá-lo. Por outro lado, ele viu que naquele aterrador impulso popular, com seu exército particular sempre crescente dos SA, havia uma arma que, adequadamente manejada por seus companheiros do Estado-Maior, poderia reafirmar a grandeza da Alemanha e, talvez, estabelecer a dele próprio. Com esse intuito, no decorrer de 1931, Schleicher começou a conspirar secretamente com Röhm. Havia, pois, um duplo processo em curso, com o Estado-Maior fazendo seus acordos com Hitler, e Schleicher, no próprio Estado-Maior, tecendo sua conspiração pessoal com o principal substituto e rival em potencial de Hitler, Röhm. Os contatos de Schleicher com a facção revolucionária do Partido Nazi, particularmente com Röhm, duraram até que ele e Röhm foram mortos a tiros, por ordem de Hitler, três anos depois. Isso certamente simplificou a situação política, e também a dos sobreviventes.

☆

Entrementes, a nevasca econômica também castigou a Alemanha. Os bancos americanos, enfrentando compromissos crescentes em seu país, recusaram-se a aumentar seus imprevidentes empréstimos à Alemanha. Essa reação levou a um significativo fechamento de fábricas e à súbita destruição de muitas empresas em que se baseava o renascimento pacífico da Alemanha. O desemprego na Alemanha elevou-se a 2,3 milhões de trabalhadores no inverno de 1930. Os aliados ofereceram uma extensa e benevolente redução das indenizações de guerra. Stresemann, o ministro do Exterior, que era então um homem à beira da morte, obteve seu último sucesso no acordo de evacuação completa da Renânia pelos exércitos aliados, muito antes da data exigida pelo Tratado.

Mas as massas alemãs estavam muito indiferentes às notáveis concessões dos vencedores. Em época anterior, ou em circunstâncias mais satisfatórias, tais concessões teriam sido aclamadas como enormes passos no caminho da reconciliação e do retorno a uma paz verdadeira. Mas, naquele momento, o medo onipresente e dominante das massas alemãs era o desemprego. A classe média já tinha sido arruinada e impelida a tomar caminhos violentos por causa da destruição do marco. A situação política interna de Stresemann foi minada pelas tensões econômicas internacionais, e os veementes ataques dos nazis de Hitler e de alguns magnatas capitalistas levaram à sua derrubada. Em 28 de março de 1930, Brüning, líder do Partido do Centro Católico, tornou-se primeiro-ministro. Brüning era um católico da Vestfália e um patriota que buscava recriar a antiga Alemanha em modernas roupagens democráticas. Adotou continuamente o esquema da preparação das fábricas para a guerra. Também teve de lutar pela estabilidade financeira em meio a um caos crescente. Seu programa econômico e de redução do número e dos salários do funcionalismo público não tinha popularidade. As ondas de ódio rolavam com turbulência cada vez maior. Apoiado pelo presidente Hindenburg, Brüning dissolveu um Reichstag hostil, e a eleição de 1930 conferiu-lhe maioria no parlamento. Ele fez então o último esforço reconhecível de arregimentar o que restava da antiga Alemanha contra a agitação nacionalista ressurgente, violenta e degradante. Para esse fim, era-lhe preciso, primeiramente, garantir a reeleição de Hindenburg como presidente. O chanceler Brüning contava com uma solução nova, mas óbvia. Ele só conseguia visualizar a paz, a segurança e a glória da Alemanha na restauração de um imperador. Assim sendo, acaso lhe seria possível induzir o idoso marechal Hindenburg, se e quando reeleito, a atuar em seu último mandato como regente de uma monarquia restaurada, que entraria em vigor por ocasião de sua morte? Essa medida política, se efetivada, preencheria o vazio na cúpula da nação alemã, em direção à qual Hitler estava obviamente abrindo caminho. Em qualquer situação, esse seria o caminho certo. Mas conseguiria Brüning conduzir a Alemanha para ele? A facção conservadora, que se estava deixando arrastar para Hitler, poderia ser trazida de volta pelo retorno do Kaiser Wilhelm, mas nem os social-democratas nem as forças sindicais tolerariam a volta do antigo Kaiser ou do príncipe herdeiro. O plano de Brüning não era recriar o Segundo Reich. Ele desejava uma monarquia constitucional nos moldes da inglesa. Tinha a esperança de que um dos filhos do príncipe herdeiro pudesse ser um candidato adequado.

Em novembro de 1931, ele confiou seus planos a Hindenburg, de quem tudo dependia. A reação do velho marechal foi, ao mesmo tempo, veemente e curiosa. Ele se mostrou atônito e hostil. Disse considerar-se unicamente um curador do Kaiser. Qualquer outra solução seria um insulto à sua honradez militar. A concepção monárquica, à qual ele era fiel, não podia coadunar-se com a discriminação e a escolha entre príncipes reais. A legitimidade não deveria ser violada. Entrementes, já que a Alemanha se recusava a aceitar o retorno do Kaiser, não restava nada senão ele mesmo, Hindenburg. Dito isso, o marechal deu o assunto por encerrado. Nada de soluções conciliatórias para ele! *J'y suis, j'y reste.* Brüning argumentou com veemência, e talvez por tempo demais, com o velho veterano. O chanceler tinha argumentos fortes. A menos que Hindenburg aceitasse essa solução monárquica, mesmo não ortodoxa, haveria uma ditadura Nazi revolucionária. Não se chegou a nenhum acordo. Mas, quer Brüning conseguisse ou não fazer Hindenburg mudar de ideia, era imperativo reelegê-lo presidente, ao menos para postergar um colapso político imediato do estado alemão. Em sua primeira etapa, o plano de Brüning obteve êxito. Na eleição presidencial realizada em março de 1932, Hindenburg foi reeleito, após uma segunda votação, por maioria de votos em relação a seus rivais, Hitler e o comunista Thälmann. Cabia agora enfrentar a situação econômica da Alemanha e suas relações com a Europa. A Conferência pelo Desarmamento estava para se reunir em Genebra, e Hitler estava na crista de uma ruidosa campanha contra a humilhação da Alemanha nos termos do Tratado de Versalhes.

Meditando cuidadosamente, Brüning rascunhou um amplo plano de revisão do Tratado. Em abril, foi a Genebra e encontrou uma recepção inesperadamente favorável. Nas conversações entre ele e MacDonald, e ainda com Mr. Stimson e Mr. Norman Davis, dos EUA, pareceu possível chegar a um acordo. A extraordinária base desse acordo era o princípio, sujeito a várias interpretações reservadas, de "igualdade de armamentos" entre a Alemanha e a França. É realmente surpreendente, como explicarão os próximos capítulos, que alguém em sã consciência pudesse imaginar que seria possível erigir a paz sobre tais alicerces. Se esse ponto vital fosse concedido pelos vencedores, ele bem poderia ter tirado Brüning de seus apuros, e o passo seguinte — este, um passo sensato — seria o cancelamento das reparações de guerra, em nome do renascimento europeu. Tal arranjo, evidentemente, teria elevado a situação pessoal de Brühning a uma posição triunfal.

Norman Davis, o emissário oficial americano, telefonou para Tardieu, o premier francês, para que ele rumasse imediatamente de Paris para Genebra. Mas, infelizmente para Brüning, Tardieu tinha outras notícias. Schleicher andara ocupado em Berlim e acabara de avisar ao embaixador francês que não negociasse com Brüning, porque sua queda era iminente. É bem possível, além disso, que Tardieu estivesse preocupado com a situação militar da França na formulação "igualdade de armamentos". Seja como for, Tardieu não foi a Genebra e, em 1° de maio, Brüning voltou para Berlim. Chegar ali de mãos vazias num momento como aquele foi-lhe fatal. Eram necessárias medidas drásticas, e até desesperadas, para enfrentar a ameaça de colapso econômico na Alemanha. Para essas medidas, o governo impopular de Brüning não tinha a força necessária. Ele lutou durante todo o mês de maio e, enquanto isso, Tardieu, no caleidoscópio da política parlamentar francesa, foi substituído por M. Herriot.

O novo primeiro-ministro francês declarou-se disposto a discutir a fórmula obtida nas conversações de Genebra. O embaixador americano em Berlim foi instruído a insistir com o chanceler alemão para que ele fosse a Genebra sem um minuto de demora. Essa mensagem foi recebida por Brüning no começo do dia 30 de maio. Mas, nesse meio-tempo, a influência de Schleicher havia prevalecido. Hindenburg já fora convencido a demitir o chanceler. No decorrer dessa mesma manhã, depois que o convite americano, com toda a sua esperança e imprudência, chegou a Brüning, este soube que sua sorte estava decidida. Ao meio-dia, renunciou para evitar a demissão. Assim terminou o último governo da Alemanha após Primeira Guerra que poderia ter levado o povo alemão a desfrutar de uma constituição estável e civilizada e ter aberto canais pacíficos de intercâmbio com seus vizinhos. As ofertas feitas a Brüning pelos aliados, não fossem a intriga de Schleicher e a demora de Tardieu, certamente o teriam salvo. Essas propostas, pouco tempo depois, tiveram que ser discutidas com um sistema diferente e um homem diferente.

4
Os anos do gafanhoto, 1931-1933*

O GOVERNO INGLÊS RESULTANTE da eleição geral de 1931 tinha a aparência de ser um dos mais fortes e foi, na verdade, um dos mais fracos da história inglesa. Mr. Ramsay MacDonald, primeiro-ministro, havia-se desligado, com extremo ressentimento de ambos os lados, do Partido Socialista, que ele dedicara a vida inteira a construir. A partir daí, perdera-se apaticamente em ruminações na chefia de um governo que, embora nominalmente de coalizão, era, na verdade, esmagadoramente conservador. Mr. Baldwin preferiu a essência à forma do poder e reinou placidamente nos bastidores. O Foreign Office foi ocupado por Sir John Simon, um dos líderes do lado liberal. O principal trabalho interno do governo foi confiado a Mr. Neville Chamberlain, que logo se tornou ministro das Finanças. O Partido Trabalhista, responsabilizado por seu fracasso na crise financeira e duramente abalado na eleição, era liderado por Mr. George Lansbury, um pacifista extremado. Durante o período de quatro anos e um trimestre dessa administração, de agosto de 1931 a novembro de 1935, toda a situação do continente europeu se inverteu.

☆

A Alemanha inteira estava agitada, e grandes acontecimentos prosseguiram em marcha. Papen, que substituíra Brüning como chanceler, e Schleicher, o general político, haviam até então procurado governar o país através da esperteza e da intriga. Mas a hora para essas coisas havia passado. Papen tinha esperanças de governar com o apoio do círculo do presidente Hindenburg e do grupo nacionalista extremista do Reichstag. Em 20 de julho, deu-se um passo decisivo. O governo socialista da Prússia foi removido à força. Mas o rival de Papen ansiava pelo poder. Nos cálculos de

* Quatro anos depois, Sir Thomas Inskip, ministro para a Coordenação da Defesa, homem versado na Bíblia, usou desta expressiva forma para descrever esse triste período, do qual foi ele o herdeiro: "Os anos que o gafanhoto comeu" (Joel, ii, 25).

Schleicher, o instrumento para isso estava nas forças obscuras e ocultas que irrompiam pela política alemã por trás do poder e da fama crescente de Adolf Hitler. Schleicher tinha esperanças de fazer do movimento hitlerista um dócil criado do Reichswehr e, com isso, obter ele próprio o controle de ambos. Os contatos entre Schleicher e Röhm, líder das tropas de choque nazistas, iniciados em 1931, estenderam-se, no ano seguinte, a relações mais claras entre Schleicher e o próprio Hitler. Para esses dois homens, o acesso ao poder parecia estar sendo obstruído apenas por Papen e pela confiança que Hindenburg depositava nele.

Em agosto de 1932, Hitler foi a Berlim, numa convocação particular do presidente. O momento de dar um passo à frente parecia haver chegado. Treze milhões de eleitores alemães davam sustentação ao Führer. Uma parcela vital do governo deveria caber-lhe gratuitamente. Nesse momento, Hitler estava aproximadamente na situação de Mussolini às vésperas da Marcha sobre Roma. Mas Papen não se importava com a história italiana recente. Contava com o apoio de Hindenburg e não tinha nenhuma intenção de renunciar. O velho marechal esteve com Hitler. Não ficou impressionado: "*Aquele* para chanceler? Farei dele encarregado do Correio e ele poderá lamber selos com minha efígie." Nos círculos palacianos, Hitler não tinha a influência de seus concorrentes.

No país, o imenso eleitorado estava inquieto e desorientado. Em novembro de 1932, pela quinta vez num ano, realizaram-se eleições em toda a Alemanha. Os nazistas perderam terreno. Suas 230 cadeiras reduziram-se a 196, com os comunistas obtendo o saldo. O poder de barganha do Führer, portanto, ficou enfraquecido. Talvez o general Schleicher pudesse prescindir dele, afinal. O general conquistou simpatias no círculo de conselheiros de Hindenburg. Em 17 de novembro, Papen renunciou e Schleicher tornou-se chanceler em seu lugar. Mas o novo chanceler mostrou-se mais capaz de puxar os cordões nos bastidores do que na cúpula visível do poder. Indispusera-se com gente demais. Hitler, ao lado de Papen e dos nacionalistas, alinhou-se contra ele; e os comunistas, lutando com os nazis nas ruas e com o governo nas greves, contribuíram para tornar seu governo impossível. Papen usou sua influência pessoal com o presidente Hindenburg. Afinal, não seria a melhor solução aplacar Hitler, lançando sobre ele as responsabilidades e os ônus do cargo? Hindenburg enfim consentiu, relutante. Em 30 de janeiro de 1933, Adolf Hitler assumiu o cargo de chanceler da Alemanha.

A mão do Mestre logo se fez sentir sobre todos os que se opunham ou pretendiam opor-se à nova ordem. Em 2 de fevereiro, todas as reuniões ou manifestações do Partido Comunista Alemão foram proibidas e, por toda a Alemanha, iniciou-se a apreensão das armas pertencentes aos comunistas. O clímax veio na noite de 27 de fevereiro de 1933. O prédio do Reichstag pegou fogo. Os camisas pardas, os camisas pretas e suas formações auxiliares foram chamados. Quatro mil detenções, inclusive todo o comitê central do Partido Comunista, foram feitas da noite para o dia. Essas providências foram confiadas a Göring, agora ministro do Interior da Prússia. Elas constituíram uma prévia das eleições que estavam por vir e asseguraram a derrota dos comunistas, os adversários mais fortes do regime. A organização da campanha eleitoral ficou a cargo de Goebbels, a quem não faltavam para isso nem a habilidade nem a eficiência.

Mas ainda havia muitas forças na Alemanha que eram relutantes, obstinadas ou ativamente hostis ao hitlerismo. Os comunistas, bem como muitos dos que, em sua perplexidade e aflição, votaram neles, obtiveram 81 cadeiras; os socialistas, 118; o partido do Centro, 73; e os aliados nacionalistas de Hitler, sob a liderança de Papen e Hugenberg, 52. Trinta e três cadeiras foram entregues a grupos minoritários de centro-direita. Os nazis receberam 17,3 milhões de votos e 288 cadeiras. Esses resultados deram a Hitler e seus aliados nacionalistas o controle do Reichstag. Assim, e somente assim, por bem ou por mal, Hitler obteve uma votação majoritária do povo alemão. Nos processos comuns de um governo parlamentarista civilizado, uma minoria tão grande teria exercido certa influência e merecido a devida consideração no estado. Mas, na nova Alemanha nazista, as minorias estavam prestes a descobrir que não tinham direito algum.

Em 21 de março de 1933, na igreja da fortaleza de Potsdam, bem ao lado do túmulo de Frederico, o Grande, Hitler abriu o primeiro Reichstag do Terceiro Reich. Na nave central da igreja sentaram-se os representantes do Reichswehr, símbolo da continuidade do poderio alemão, e os oficiais de alta patente da SA e da SS, as novas imagens da Alemanha ressurgente. Em 24 de março, a maioria do Reichstag, subjugando ou intimidando todos os oponentes, confirmou, por 441 votos a 94, a concessão de plenos poderes de emergência ao chanceler Hitler, por um período de quatro anos. Quando o resultado foi anunciado, Hitler voltou-se para os assentos dos socialistas e gritou: "Agora, não preciso mais de vocês."

Em meio ao nervosismo da eleição, as colunas exultantes do Partido Nacional-Socialista desfilaram diante de seu líder, na cerimônia pagã de uma procissão à luz de tochas pelas ruas de Berlim. Fora uma longa luta, de difícil compreensão para estrangeiros, especialmente os que não haviam conhecido as dores da derrota. Adolf Hitler, finalmente, havia chegado. Mas não estava sozinho. Das profundezas da derrota, ele havia convocado as fúrias tenebrosas e selvagens que estavam latentes na raça mais numerosa, mais eficiente, mais implacável, contraditória e desventurada da Europa. Invocara o temível ídolo de um Moloch que tudo devorava, e do qual ele era o sacerdote e a encarnação. Não é meu objetivo descrever a brutalidade e a vilania inconcebíveis mediante as quais esse aparato de ódio e tirania tinha sido moldado e seria então aperfeiçoado. Basta apenas, para fins desta exposição, apresentar ao leitor o fato novo e assustador que se descortinou ante um mundo ainda desavisado: a Alemanha sob Hitler e a Alemanha se armando.

☆

Enquanto essas mudanças mortíferas ocorriam na Alemanha, o governo de MacDonald-Baldwin sentiu-se obrigado a pôr em prática, durante algum tempo, as severas reduções e restrições que a crise financeira havia imposto aos nossos já modestos armamentos. Fecharam firmemente os olhos e os ouvidos aos sintomas inquietantes que surgiam na Europa. Em veementes esforços de conquistar para os vencedores um desarmamento igual ao que fora imposto aos vencidos pelo Tratado de Versalhes, Mr. MacDonald e seus colegas conservadores e liberais aceleraram uma série de propostas na Liga das Nações e em todos os outros canais disponíveis. Os franceses, embora seus assuntos políticos ainda continuassem em constante fluxo e refluxo sem nenhuma significação especial, aferraram-se tenazmente ao exército francês como sendo o centro e o esteio da vida da França e de todas as suas alianças. Essa atitude granjeou-lhes censuras na Inglaterra e nos Estados Unidos. As opiniões da imprensa e do público não tinham nenhum fundamento na realidade, mas era forte a maré contra.

O governo alemão sentiu-se encorajado pela conduta inglesa. Atribuiu-a à fraqueza fundamental e à decadência intrínseca impostas até mesmo a uma raça nórdica pela forma democrática e parlamentarista de sociedade. Com todo o impulso nacionalista de Hitler a escorá-lo, adotou uma postura altiva. Em julho de 1932, sua delegação recolheu seus papéis e abandonou a Conferência do Desarmamento. Trazê-la de volta tornou-se o principal objetivo político dos aliados vitoriosos. Em novembro, os franceses, sob severa e constante pressão inglesa, propuseram o que foi meio injustamente chamado de "plano Herriot". Sua essência era a reconstrução de todas as forças europeias na forma de exércitos com serviço de curta duração e efetivos limitados, admitindo-se a igualdade de status, mas sem necessariamente aceitar-se a igualdade de força. Na verdade, a aceitação da igualdade de status tornava impossível, em última instância, não aceitar a igualdade de força. Isso permitiu aos governos aliados oferecerem à Alemanha "igualdade de direitos num sistema que proporcione segurança a todas as nações". Mediante certas salvaguardas de caráter ilusório, os franceses foram levados a aceitar essa fórmula sem sentido. Diante disso, os alemães consentiram em retornar à Conferência do Desarmamento, o que foi saudado como uma notável vitória em favor da paz.

Atiçado pelas brisas da popularidade, o governo de Sua Majestade apresentou então, em 16 de março de 1933, o que se chamou, em homenagem a seu autor e inspirador, o "plano MacDonald". Aceitava, como ponto de partida, a adoção da concepção francesa dos exércitos com serviço de curta duração — no caso, um serviço de oito meses — e prosseguia recomendando as cifras exatas para as tropas de cada país. O exército francês deveria ter seu contingente, de quinhentos mil homens em tempos de paz, reduzido para duzentos mil, e os alemães deveriam aumentar o deles até atingir paridade com esse número. Nessa época, é bem possível que as forças militares alemãs, embora ainda não dotadas da massa de reservas treinadas que apenas uma sucessão de cotas anuais de recrutas poderia fornecer, somassem o equivalente a mais de um milhão de ardorosos voluntários, parcialmente equipados e contando com a chegada de muitas formas dos mais modernos armamentos através das fábricas conversíveis e parcialmente convertidas para armá-los. O resultado foi inesperado. Hitler, então chanceler e senhor de toda a Alemanha, já tendo dado ordens, ao assumir o poder, de avançar ousadamente em escala nacional, tanto nos campos de treinamento quanto nas fábricas, sentiu-se numa posição fortalecida. Nem sequer se deu o trabalho de aceitar as ofertas quixotescas que lhe eram feitas com insistência. Com um gesto de desdém, mandou o governo alemão retirar-se da Conferência e da Liga das Nações.

É difícil encontrar um paralelo para a insensatez do governo inglês e a fraqueza do governo francês, que, não obstante, refletiram a opinião de seus parlamentos nesse período desastroso. Tampouco podem os Estados Unidos escapar à censura da história. Absortos em suas próprias questões e em todos os profusos interesses, atividades e percalços de uma comunidade livre, eles simplesmente ficaram perplexos com as vastas mudanças que estavam ocorrendo na Europa e concluíram que elas não lhes diziam respeito. O considerável corpo de oficiais americanos profissionais altamente competentes e com amplo treinamento formou uma opinião diferente, mas esta não produziu nenhum efeito discernível na imprevidente indiferença da política externa americana. Se a influência dos EUA se houvesse exercido, talvez tivesse animado os políticos franceses e ingleses para a ação. A Liga das Nações, apesar de debilitada, ainda era um instrumento imponente, que teria conferido a qualquer questionamento da nova ameaça de guerra hitlerista o peso das sanções do direito internacional. Em meio à tensão, os americanos simplesmente deram de ombros, de modo que, dentro de poucos anos, tiveram que derramar o sangue e os tesouros do Novo Mundo para se salvar de um perigo mortal.

Sete anos depois, quando testemunhei em Tours a agonia francesa, tudo isso me veio à mente, e foi por isso que, mesmo quando se mencionaram propostas de uma paz em separado, proferi apenas palavras de consolo e conforto, que me alegra sentir que foram confirmadas.

☆

Eu havia combinado empreender, no início de 1931, uma viagem considerável para fazer palestras pelos Estados Unidos, de modo que viajei para Nova York. Ali sofri um grave acidente que quase me custou a vida. No dia 13 de dezembro, a caminho de uma visita a Mr. Bernard Baruch, desci de meu carro pelo lado errado e atravessei a Quinta Avenida sem ter em mente a mão invertida de tráfego que vigora na América, ou o sinal vermelho, que então não era usado na Inglaterra. Fui atropelado. Durante dois meses, fiquei um trapo. Aos poucos, recuperei em Nassau, nas Bahamas, forças suficientes para me arrastar. Nessas condições, percorri os Estados Unidos fazendo quarenta palestras, passando os dias inteiros deitado de costas num vagão de trem e, à noite, falando para grandes plateias. *Grosso modo*, considero que esse foi o período mais difícil de minha vida. Fiquei bastante deprimido durante todo esse ano, mas, com o tempo, minhas forças retornaram.

Pessoalmente, os anos de 1931 a 1935, a não ser por minha angústia em relação às questões públicas, foram-me muito agradáveis. Eu ganhava a vida ditando artigos que tinham ampla circulação não só na Inglaterra e nos EUA, mas também nos mais famosos jornais de 16 países europeus, antes que a sombra de Hitler se abatesse sobre eles. Na verdade, levava uma vida despreocupada. Produzi sucessivamente os vários volumes da *Vida de Marlborough.* Meditava constantemente sobre a situação europeia e o rearmamento da Alemanha. Morava principalmente em Chartwell, onde tinha muito com que me divertir. Construí com minhas próprias mãos grande parte de dois chalés e extensas muretas para as hortas, e fiz toda sorte de jardins ornamentais e chafarizes, e ainda uma grande piscina com filtros que deixavam a água cristalina e que podia ser aquecida para suplementar nosso sol volúvel. Eu nunca tinha um momento de tédio ou de ócio do amanhecer até a meia-noite e, com minha família feliz a meu redor, vivia em paz dentro de minha casa.

Durante esses anos, estive muitas vezes com Frederick Lindemann, um professor de filosofia experimental na Universidade de Oxford. Lindemann já era meu velho amigo. Eu o encontrara pela primeira vez no fim da guerra anterior, na qual ele se distinguira por conduzir no ar diversos experimentos até então reservados a pilotos ousados, superando os perigos, então quase mortais, dos "parafusos". Tínhamo-nos aproximado muito mais a partir de 1932 e era frequente ele vir de Oxford em seu automóvel para se hospedar comigo em Chartwell. Ali tivemos muitas conversas, até alta madrugada, sobre os perigos que pareciam estar-se avolumando em torno de nós. Lindemann, "o Prof" como costumava ser chamado pelos amigos, tornou-se meu principal conselheiro nos aspectos científicos da guerra moderna e, em especial, da defesa aérea, bem como em questões que implicavam toda sorte de estatísticas. Essa associação agradável e fecunda prosseguiu durante toda a guerra.

Outro de meus amigos íntimos era Desmond Morton.* Quando o marechal Haig, em 1917, preencheu sua equipe pessoal de jovens oficiais recém-saídos da linha de frente, Desmond foi-lhe recomendado como integrante da nata da artilharia. Ele acrescentou à sua Cruz Militar a singular distinção de ter sido alvejado no coração e de viver muito bem, depois disso, com a bala no corpo. Criei grande respeito e amizade por esse brilhante

* Hoje, major Sir Desmond Morton, KCB, MC.

e garboso oficial e, em 1919, quando me tornei ministro da Guerra e da Aviação, nomeei-o para uma posição-chave no serviço de informações, que ele conservou por muitos anos. Morton era meu vizinho e morava a apenas uma milha de Chartwell. Ele conseguiu permissão do primeiro-ministro, Mr. MacDonald, para conversar livremente comigo e me manter informado. Tornou-se e continuou a ser, durante a guerra que viria, um de meus mais íntimos conselheiros, até a conquista da nossa vitória final.

Eu também estabelecera laços de amizade com Ralph Wigram, então a estrela ascendente do Foreign Office e situado no centro de todas as suas negociações. Nesse ministério, ele havia atingido um nível que lhe facultava expressar opiniões responsáveis sobre política e usar de amplo poder de escolha em seus contatos, oficiais ou não. Era um homem encantador e destemido, dominado por convicções baseadas em conhecimentos e estudos profundos. Via tão claramente quanto eu, porém com informações mais seguras, o perigo assustador que se acercava de nós. Isso nos aproximou. Encontramo-nos muitas vezes em sua pequena casa de North Street, e ele e sua mulher passavam temporadas conosco em Chartwell. Como outros altos funcionários, falava comigo em completa confiança. Tudo isso me ajudou a formar e fortalecer minha opinião sobre o movimento hitlerista.

Foi de grande valor para mim, e quero crer que também para o país, eu ter tido essa possibilidade de discussões minuciosas e precisas, durante muitos anos, nesse minúsculo círculo. Por meu lado, entretanto, colhi e contribuí com grande número de informações provenientes de fontes estrangeiras. Eu mantinha contatos confidenciais com vários dos ministros franceses e com os sucessivos chefes do governo francês. Mr. Ian Colvin era correspondente do *News Chronicle* em Berlim. Ele se aprofundou na política alemã e estabeleceu contatos de caráter secretíssimo com alguns dos importantes generais alemães, e também com homens independentes, de grande caráter e estirpe, que viam no movimento hitlerista a aproximação da ruína de sua terra natal. Vários visitantes de peso vieram até mim da Alemanha e desabafaram sua profunda aflição. A maioria deles foi assassinada por Hitler durante a guerra. A partir de outras fontes, tive a possibilidade de verificar e fornecer informações sobre todo o campo de nossa defesa aérea. Desse modo, tornei-me tão bem-informado quanto muitos ministros da Coroa. Todos os fatos que eu colhia de todas as fontes — incluindo, em especial, os contatos externos — eram por mim periodicamente relatados ao governo. Minhas relações pessoais com ministros e também com muitos de seus principais assessores eram íntimas e tranquilas e, embora eu os criticasse com frequência, mantínhamos um espírito de camaradagem. Mais tarde, passei a ser oficialmente informado de grande parte de seus mais secretos conhecimentos técnicos. Por minha própria longa experiência em cargos elevados, eu detinha os mais preciosos segredos de estado. Tudo isso me permitiu formar e manter opiniões que não dependiam do que era publicado nos jornais, embora estes revelassem muitos dados para um olhar perspicaz.

O leitor há de me permitir uma digressão pessoal de cunho mais leve.

No verão de 1932, com vistas à minha *Life of Marlborough,* visitei antigos campos de batalha nos Países Baixos e na Alemanha. Nossa expedição familiar, que incluía "o Professor", percorreu prazerosamente a linha da célebre marcha de Marlborough em 1705, da Holanda até o Danúbio, atravessando o Reno em Coblenz. À medida que fomos perfazendo nosso trajeto por essas belas regiões, indo de uma cidade antiga e famosa para outra, naturalmente fiz perguntas sobre o movimento hitlerista e constatei que ele era o assunto principal na mente de todos os alemães. Senti um clima de hitlerismo. Depois de passar um dia no campo de Blenheim, dirigi-me para Munique e ali passei boa parte de uma semana.

No hotel Regina, um cavalheiro apresentou-se a alguns dos membros de meu grupo. Era Herr Hanfstaengl, que falou muito sobre "o Führer", do qual parecia ser íntimo. Como parecesse ser um sujeito animado e loquaz, que falava um inglês excelente, convidei-o para jantar. Ele me fez um relato sumamente interessante das atividades e da visão de Hitler. Falava como se estivesse enfeitiçado. Era provável que lhe tivessem dito para entrar em contato comigo. Obviamente, estava muito ansioso por agradar. Depois do jantar, foi para o piano e tocou e cantou muitas melodias e canções, com um estilo tão notável que todos nos deleitamos imensamente. Ele parecia conhecer todas as canções inglesas de que eu gostava. Era um grande artista e, naquela época, como se sabe, um favorito do Führer. Disse-me que eu deveria conhecê-lo e que nada seria mais fácil de arranjar. Herr Hitler ia todos os dias ao hotel, por volta das 17 horas, e ficaria realmente muito contente em me ver.

Eu não tinha, nessa época, nenhum preconceito nacional contra Hitler. Conhecia pouco de sua doutrina ou seu histórico, e nada de seu caráter. Admiro homens que se erguem em defesa do seu país na derrota, mesmo que eu esteja do lado oposto. Ele tinha todo o direito de ser um patriota alemão, se assim desejasse. E eu sempre quisera que a Inglaterra, a Alemanha e a França fossem amigas. No entanto, no correr da conversa com Hanfstaengl, ocorreu-me indagar: "Por que seu chefe é tão violento em relação aos judeus? Entendo perfeitamente que ele se zangue com os judeus que tenham agido mal ou que sejam contra o país, e entendo que lhes oponha resistência se eles tentarem monopolizar o poder em alguma esfera social ou profissional, mas qual é o sentido de ficar contra um homem simplesmente por causa de suas origens? Que pode um homem fazer a respeito de suas origens?" Ele deve ter repetido isso para Hitler, porque, mais ou menos na hora do almoço, no dia seguinte, apareceu com ar muito circunspecto e me disse que o encontro que havia marcado com Hitler não poderia ocorrer, pois o Führer não iria ao hotel naquela tarde. Essa foi a última vez que vi "Putzi" — era esse seu apelido carinhoso — embora ainda ficássemos vários outros dias no hotel. Foi assim que Hitler perdeu sua única oportunidade de me conhecer. Mais tarde, quando já era todo-poderoso, ele me fez vários convites. Mas, àquela altura, muitas coisas haviam acontecido, e declinei deles com uma desculpa.

☆

Durante todo esse tempo, os Estados Unidos continuaram intensamente preocupados com seus próprios prementes assuntos e problemas econômicos internos. A Europa e o distante Japão fitavam atentamente a ascensão do poderio bélico da Alemanha. A inquietação se expressava cada vez mais nos países escandinavos e nas nações da Pequena Entente — a Tchecoslováquia, a Iugoslávia e a Romênia — e ainda em alguns países balcânicos. Uma profunda ansiedade dominava a França, onde grande quantidade de informações sobre as atividades de Hitler e os preparativos alemães viera à tona. Havia, segundo me disseram, um catálogo de transgressões dos tratados de imensa e impressionante gravidade, mas, quando perguntei a meus amigos franceses por que essa questão não era levantada na Liga das Nações e por que a Alemanha não era convidada ou, em última instância, até intimada a explicar seus atos e declarar exatamente o que estava fazendo, responderam-me que o governo inglês reprovaria essa providência alarmista. Assim, enquanto Mr. MacDonald, com plena autorização de Mr. Baldwin, pregava o desarmamento aos franceses e o praticava com os ingleses, o poderio alemão crescia a passos largos e a hora da ação ostensiva se aproximava.

Fazendo justiça ao Partido Conservador, convém mencionar que, em todas as conferências da União Nacional das Associações Conservadoras, a partir de 1932, aprovaram-se quase por unanimidade resoluções em favor de um fortalecimento imediato de nossos armamentos, para enfrentar o perigo crescente que vinha do exterior. Mas, àquela altura, o controle parlamentar pelos *whips* da bancada governista na Câmara dos Comuns era tão eficaz, e os três partidos que compunham o governo, bem como a oposição trabalhista, estavam tão imersos na letargia e na cegueira, que as advertências de seus seguidores no país eram tão ineficazes quanto os sinais dos tempos e as informações do sistema de inteligência. Esse foi um daqueles terríveis períodos, recorrentes em nossa história, em que a nobre nação inglesa parece cair de sua posição elevada, perder qualquer vestígio de sensatez ou propósito e esconder-se da ameaça do perigo externo, esbanjando um palavrório de chavões enquanto o inimigo prepara suas armas.

Nesse período obscuro, os sentimentos mais vis eram aceitos ou permaneciam sem questionamento pelos líderes dos partidos políticos. Em 1933, os estudantes da União de Oxford, inspirados por um certo Mr. Joad, aprovaram sua vergonhosa resolução: "Esta Casa não lutará, em nenhuma situação, por seu rei e seu país." Era fácil descartar jocosamente um episódio dessa ordem na Inglaterra, mas, na Alemanha, na Rússia, na Itália e no Japão, a ideia de uma Inglaterra decadente criou raízes profundas e dominou muitas avaliações. Mal sabiam os tolos rapazes que aprovaram essa resolução que muito em breve estariam destinados a vencer ou tombar gloriosamente na guerra que viria, e a se revelar a melhor geração jamais produzida na Inglaterra. É mais difícil encontrar desculpa para os mais velhos, que não tiveram nenhuma chance de se redimir em combate.

☆

Enquanto essa assustadora alteração do poderio bélico relativo dos vencedores e vencidos ocorria na Europa, uma completa discórdia entre as nações não agressivas e amantes da paz também se desenvolvia no Extremo Oriente. Essa história constitui a contrapartida do desastroso rumo dos acontecimentos na Europa e proveio da mesma paralisia do pensamento e da ação entre os líderes dos antigos e futuros aliados.

A nevasca econômica de 1929 a 1931 afetara o Japão tanto quanto o resto do mundo. Desde 1914, sua população havia aumentado de cinquenta para setenta milhões de habitantes. Suas indústrias metalúrgicas haviam subido de cinquenta para 148. O custo de vida elevava-se sistematicamente. A produção de arroz achava-se estagnada e a importação era dispendiosa. A necessidade de matérias-primas e mercados externos era clamorosa. Na violenta depressão, a Inglaterra e mais quarenta países sentiram-se cada vez mais obrigados, com o passar dos anos, a impor restrições ou tarifas contra os produtos japoneses, fabricados em condições de trabalho que não tinham nenhuma relação com os padrões europeus ou americanos. A China, mais do que nunca, tornou-se o principal mercado de exportação de algodão e outras manufaturas japonesas, bem como sua fonte quase exclusiva de carvão e de ferro. Assim, uma nova afirmação de controle sobre a China tornou-se o tema principal da política japonesa.

Em setembro de 1931, a pretexto de distúrbios locais, os japoneses ocuparam Mukden e a zona da Ferrovia Manchu. Em janeiro de 1932, exigiram a dissolução de todas as associações chinesas de caráter antinipônico. O governo chinês recusou-se a cumprir essa exigência e, no dia 28, os japoneses desembarcaram ao norte da Concessão Internacional em Xangai. Os chineses lutaram valentemente e, mesmo sem ter aviões ou canhões antitanque, ou qualquer dos armamentos modernos, resistiram por mais de um mês. No fim de fevereiro, depois de sofrerem perdas muito pesadas, foram obrigados a se retirar de seus fortes na baía de Wu-Sung e a assumir posições no interior, a umas 12 milhas da costa. Logo no início de 1932, os japoneses criaram o estado-fantoche de Manchukuo. Um ano depois, a província chinesa de Jehol foi-lhe anexada, e as tropas japonesas, penetrando fundo em regiões indefesas, atingiram a Grande Muralha da China. Essa ação agressiva correspondeu ao crescimento do poderio japonês no Extremo Oriente e à sua nova posição naval nos oceanos.

Desde o primeiro disparo, o ultraje praticado contra a China despertou a mais intensa hostilidade nos EUA. Mas a política de isolamento era uma faca de dois gumes. Se a nação americana fosse membro da Liga das Nações, sem dúvida poderia ter levado essa assembleia a uma ação coletiva contra o Japão, da qual os próprios Estados Unidos seriam o principal mandatário. O governo inglês, por sua vez, não manifestou nenhum desejo de agir apenas em parceria com os Estados Unidos; tampouco desejava ser mais arrastado a um antagonismo com o Japão além do que fosse exigido por suas obrigações nos termos da Carta da Liga das Nações. Havia em certos círculos ingleses um sentimento de pesar pela perda da aliança japonesa e pelo consequente enfraquecimento da posição inglesa, com todos os seus interesses havia muito estabelecidos no Extremo Oriente. Dificilmente se poderia culpar o governo de Sua Majestade, em seus graves apuros financeiros e seus crescentes embaraços europeus, por não ter buscado um papel de destaque ao lado dos Estados Unidos no Extremo Oriente, sem nenhuma esperança de um apoio americano correspondente na Europa.

A China, entretanto, era membro da Liga e, embora não houvesse pago sua subscrição para ingressar nesse órgão, apelou a ele para que fizesse não mais do que justiça. Em 30 de setembro de 1931, a Liga intimou o Japão a retirar suas tropas da Manchúria. Em dezembro, nomeou-se uma comissão para fazer um inquérito *in loco.* A Liga das Nações confiou a chefia dessa comissão ao conde de Lytton, digno descendente de uma linhagem talentosa. Ele tivera muitos anos de experiência no Oriente como governador de Bengala e vice-rei interino da Índia. O relatório, unânime, foi um documento notável e constitui a base de qualquer estudo rigoroso sobre o conflito entre a China e o Japão. Todos os antecedentes da questão manchu foram cuidadosamente expostos. As conclusões extraídas foram claras: Manchukuo era uma criação artificial do estado-maior japonês, e os anseios da população não haviam desempenhado nenhum papel na formação dessa nação-fantoche. Lord Lytton e seus colegas, em seu relatório, não apenas analisaram a situação, como também formularam propostas para uma solução internacional. Estas eram favoráveis à declaração da autonomia da Manchúria. Ela ainda continuaria a fazer parte da China, sob a égide da Liga, e haveria um tratado abrangente entre a China e o Japão para regulamentar os interesses na Manchúria. O fato de a Liga não ter podido dar seguimento a essas propostas em nada reduz o valor do Relatório Lytton. Em fevereiro de 1933, a Liga das Nações declarou que o estado de Manchukuo não podia ser reconhecido. Embora nenhuma sanção fosse imposta ao Japão nem se tomasse qualquer outra providência, ele se retirou imediatamente da Liga das Nações. A Alemanha e o Japão tinham estado em lados opostos na guerra; nesse momento, olhavam um para o outro com um ânimo diferente. A autoridade moral da Liga revelou-se desprovida de qualquer apoio físico, no momento em que mais se precisava de sua atividade e sua força.

☆

Devemos considerar profundamente censuráveis perante a história não apenas a conduta do governo de coalizão e predominantemente conservador da Inglaterra, mas também a dos partidos Trabalhista-Socialista e Liberal, dentro e fora do governo, durante esse período fatal. O prazer nos chavões fluentes, a recusa a enfrentar fatos desagradáveis, o desejo de popularidade e sucesso eleitoral, independentemente dos interesses vitais do estado, o autêntico amor pela paz e a crença patética em que o amor poderia ser seu único fundamento, a evidente falta de vigor intelectual de ambos os líderes do governo inglês de coalizão, o acentuado desconhecimento da Europa e a aversão de Mr. Baldwin por seus problemas, o intenso e violento pacifismo que então dominava o Partido Trabalhista-Socialista, a suprema devoção dos liberais a um sentimentalismo desvinculado da realidade, a incapacidade e mais do que incapacidade de Mr. Lloyd George, ex-grande líder dos tempos de guerra, de se dedicar à continuação de seu trabalho, e todo esse conjunto apoiado por esmagadoras maiorias nas duas casas do parlamento, tudo isso constituiu um quadro da fatuidade e da inépcia inglesas que, embora desprovidas de malícia, não foram isentas de culpa, e, embora desprovidas de perversidade ou de intenções maléficas, desempenharam um papel decisivo no desencadeamento, no mundo inteiro, de horrores e sofrimentos que, na extensão mesma em que se desdobraram, já não têm termos de comparação na experiência humana.

5
A cena escurece, 1934

A ASCENSÃO DE HITLER À CHANCELARIA, em 1933, não fora vista com entusiasmo em Roma. O nazismo era encarado como uma versão cruenta e brutalizada da tese fascista. As ambições de uma Grande Alemanha em relação à Áustria e no Sudeste Europeu eram bem conhecidas. Mussolini anteviu que em nenhuma dessas regiões os interesses italianos coincidiriam com os da nova Alemanha. E não teve de esperar muito pela confirmação.

A conquista da Áustria pela Alemanha era uma das ambições mais acalentadas por Hitler. A primeira página de *Mein Kampf* contém a frase: "A Áustria alemã deve retornar à Grande Pátria alemã." Assim, desde o momento da conquista do poder em janeiro de 1933, o governo nazista alemão voltou os olhos para Viena. Hitler ainda não podia arcar com um choque com Mussolini, cujos interesses na Áustria tinham sido ruidosamente proclamados. Até a infiltração e as atividades secretas tinham de ser empregadas com cautela por uma Alemanha ainda militarmente fraca. A pressão sobre a Áustria, no entanto, teve início logo nos primeiros meses. Fizeram-se pedidos incessantes ao governo austríaco para forçar a entrada de membros do Partido Nazi austríaco, satélite do alemão, tanto no ministério quanto em postos-chave da administração central. Os nazis da Áustria eram treinados numa legião austríaca organizada na Baviera. Atentados a bomba contra ferrovias e centros de turismo, bem como aviões alemães despejando panfletos sobre Salzburgo e Innsbruck, perturbavam a vida cotidiana da república. Dollfuss, o chanceler austríaco, era igualmente alvo de oposição por parte dos socialistas, dentro do país, e das intenções externas alemãs, contrárias à independência da Áustria. E essa não era a única ameaça ao estado austríaco. Seguindo o mau exemplo de seus vizinhos alemães, os socialistas da Áustria haviam organizado um exército particular para derrubar a decisão das urnas. Esses dois perigos haviam pairado sobre Dollfuss durante 1933. A única fonte para a qual ele podia voltar-se em busca de proteção, e da qual já recebera garantias de apoio, era a Itália fascista. Em agosto, ele se encontrou com Mussolini em Riccione.

Um estrito acordo pessoal e político foi firmado entre os dois. Dollfuss acreditou que a Itália garantiria o ringue da luta e sentiu-se com força suficiente para agir contra um de seus adversários — os socialistas austríacos.

Em janeiro de 1934, Suvich, principal assessor de Mussolini para assuntos externos, visitou Viena e declarou, num gesto de advertência à Alemanha, que a Itália apoiava publicamente a independência da Áustria. Três semanas depois, o governo de Dollfuss tomou providências contra as organizações socialistas de Viena. O Heimwehr,* sob a chefia do major Fey, que pertencia ao partido de Dollfuss, recebeu ordens de desarmar a força equivalente e igualmente ilegal controlada pelos socialistas austríacos. Estes resistiram energicamente. Em 12 de fevereiro, eclodiram combates de rua na capital. Em poucas horas, as forças socialistas foram batidas. Esse evento não só levou Dollfuss a se aproximar mais da Itália, como também o fortaleceu na etapa seguinte de sua tarefa contra a conspiração nazista. Por outro lado, muitos dos socialistas ou comunistas derrotados, em sua amargura, bandearam-se para o campo nazista. Na Áustria, tal como na Alemanha, a rixa católico-socialista ajudou os nazis.

☆

Até meados de 1934, o controle dos acontecimentos ainda estava nas mãos do governo de Sua Majestade, sem risco de guerra. A qualquer momento, em parceria com a França e por intermédio da Liga das Nações, ele poderia influir com um poder esmagador no movimento hitlerista, em relação ao qual a Alemanha estava profundamente dividida. Isso não teria implicado nenhum derramamento de sangue. Mas essa fase estava se esgotando. Aproximava-se o limiar de uma Alemanha armada, sob controle nazi. Mesmo assim, por mais incrível que pareça, durante boa parte desse ano fundamental, Mr. MacDonald, armado com o poder político de Mr. Baldwin, continuou a trabalhar pelo desarmamento da França. Houve, na verdade, um lampejo de união europeia contra a ameaça alemã. Em 17 de fevereiro de 1934, os governos inglês, francês e italiano fizeram uma declaração conjunta a favor da manutenção da independência austríaca e, um mês depois, a Itália, a Hungria e a Áustria assinaram os chamados Protocolos de Roma, que estipulavam a consulta mútua na eventualidade de uma ameaça a qualquer das três partes. Mas Hitler tornava-se cada vez

* Grupo paramilitar nacionalista de "voluntários da manutenção da ordem". (N.T.)

mais forte e, em maio e junho, aumentaram as atividades subversivas por toda a Áustria. Dollfuss enviou imediatamente relatórios sobre esses atos terroristas a Suvich, com uma nota deplorando seus efeitos prejudiciais para o comércio e o turismo austríacos.

Com esse dossiê na mão, Mussolini foi a Veneza, em 14 de junho, para se encontrar com Hitler pela primeira vez. O chanceler alemão desceu de sua aeronave trajando uma capa impermeável marrom e um chapéu comum, e andou para o meio de uma plêiade de reluzentes uniformes fascistas, com um Duce resplandecente e majestoso à testa. Ao avistar o convidado, Mussolini murmurou para seu ajudante: *Non mi piace* [Não me agrada]. Nesse estranho encontro, houve apenas uma troca geral de ideias, com dissertações mútuas sobre as virtudes da ditadura segundo os modelos alemão e italiano. Mussolini ficou claramente perplexo com a personalidade e o linguajar de seu convidado. Resumiu sua impressão final nestas palavras: "Um monge tagarela." Mas obteve algumas garantias de relaxamento da pressão alemã sobre Dollfuss. Ciano, o genro de Mussolini, disse aos jornalistas após a reunião: "Vocês vão ver. Não acontecerá mais nada."

Mas a pausa que se seguiu nas atividades alemãs não se deveu ao apelo de Mussolini e sim às próprias preocupações internas de Hitler.

☆

A conquista do poder havia exposto uma divergência profunda entre o Führer e muitos dos que o tinham impulsionado para o topo. Sob a liderança de Röhm, a SA representava cada vez mais os elementos revolucionários do movimento. Havia membros destacados do partido, como Gregor Strasser, ardoroso defensor da revolução social, temendo que, ao chegar ao topo, Hitler fosse simplesmente dominado pela hierarquia existente, pelo Reichswehr, pelos banqueiros e pelos industriais. Não seria o primeiro líder revolucionário a derrubar a escada pela qual havia ascendido às alturas. Para a tropa da SA "camisa parda", a vitória de janeiro de 1933 deveria trazer no bojo a liberdade de pilhagem, não apenas dos judeus e dos especuladores, mas também das classes abastadas e estabelecidas da sociedade. Rumores sobre uma grande traição por parte de seu líder começaram a se espalhar por alguns círculos do partido. Röhm, o chefe de estado-maior, agiu com energia a partir desse impulso. Em janeiro de 1933, a SA contava com um efetivo de 400 mil homens. Na primavera de 1934, ele já havia recrutado e organizado quase três milhões de homens. Em sua nova posição, Hitler estava inquieto com o crescimento dessa máquina gigantesca, que, embora professasse uma fervorosa lealdade ao seu nome e, em sua maioria, fosse profundamente apegada a ele, começava a escapar de seu controle pessoal. Até então, ele possuíra um exército particular. Agora, dispunha do exército nacional. Não tinha intenção de trocar um pelo outro. Queria os dois e queria poder usá-los, conforme os acontecimentos exigissem, para controlar um ao outro. Por conseguinte, cabia-lhe agora lidar com Röhm. "Estou decidido", declarou Hitler aos líderes da SA nessa ocasião, "a reprimir severamente qualquer tentativa de subversão da ordem vigente. Com a mais severa energia, serei contra uma segunda onda revolucionária, pois ela traria consigo o caos inevitável. Qualquer um que levantar a cabeça contra a autoridade estabelecida do estado será tratado com rigor, seja qual for sua posição."

Apesar de suas desconfianças, Hitler não se convenceu facilmente da deslealdade de seu companheiro do *putsch* de Munique, que fora, nos sete anos anteriores, o chefe do estado-maior de seu exército de camisas pardas. Em dezembro de 1933, quando a união do partido com o estado fora proclamada, Röhm tornara-se membro do ministério alemão. Uma das consequências dessa união deveria ser a fusão dos camisas pardas com o Reichswehr. O rápido progresso do rearmamento nacional trouxe a questão do status e do controle de todas as forças armadas alemãs para o primeiro plano da política. Em fevereiro de 1934, Mr. Eden chegou a Berlim e, no decorrer das conversações, Hitler concordou provisoriamente em dar certas garantias sobre o caráter não militar da SA. Röhm já estava em atritos constantes com o general von Blomberg, chefe do Estado-Maior do Exército. A essa altura, ele temia o sacrifício do exército partidário que levara tantos anos para construir e, apesar das advertências acerca da gravidade de sua conduta, publicou, no dia 18 de abril, um inconfundível desafio:

> A Revolução que fizemos não foi uma revolução nacional, mas uma Revolução Nacional-*Socialista*. Chegaríamos até a grifar esta última palavra, "Socialista". O único baluarte que existe contra a reação é representado por nossas tropas de choque, pois elas são a encarnação absoluta da ideia revolucionária. O militante Camisa Parda, desde o primeiro dia, comprometeu-se com o caminho da revolução e não se desviará um milímetro dele enquanto nossa meta final não for atingida.

Nessa ocasião, Röhm omitiu o "Heil Hitler!" que era a conclusão invariável dos discursos bombásticos dos camisas pardas.

No decorrer de abril e maio, Blomberg queixou-se continuamente a Hitler da insolência e das atividades da SA. O Führer tinha que escolher entre os generais que o detestavam e os capangas de camisa parda a quem tanto devia. Escolheu os generais. No início de junho, numa conversa de cinco horas, Hitler fez um último esforço de conciliação e entendimento com Röhm. Mas nenhum acordo era possível com aquele fanático anormal, devorado pela ambição. A Grande Alemanha mística e hierárquica com que Hitler sonhava e a República Proletária do Exército do Povo, desejada por Röhm, eram separadas por um abismo intransponível.

Dentro da estrutura dos camisas pardas formara-se uma pequena elite altamente treinada, que usava uniformes negros e era conhecida como SS, ou, mais tarde, "os camisas pretas". Essas unidades destinavam-se à proteção pessoal do Führer e a algumas tarefas especiais e confidenciais. Eram comandadas por um ex-avicultor malsucedido, Heinrich Himmler. Antevendo o choque iminente entre Hitler e o Exército, de um lado, e Röhm e os camisas pardas, de outro, Himmler tomou o cuidado de transportar a SS para o campo de Hitler. Por outro lado, Röhm tinha defensores de grande influência dentro do partido, que, como Gregor Strasser, estavam vendo seus planos ferozes de uma revolução social postos de lado. O Reichswehr também tinha seus rebeldes. O ex-chanceler von Schleicher nunca perdoara a derrota em janeiro de 1933 e não o terem os comandantes do exército escolhido como sucessor de Hindenburg. Num choque entre Röhm e Hitler, Schleicher viu uma oportunidade. Foi tão imprudente que chegou a insinuar ao embaixador francês em Berlim que a queda de Hitler não estava longe. Repetia a linha de ação que havia adotado no caso de Brüning. Mas os tempos tinham-se tornado mais perigosos.

Por muito tempo se há de discutir, na Alemanha, se Hitler foi forçado a partir para o ataque pela iminência de uma conspiração de Röhm, ou se ele e os generais, temendo o que pudesse ocorrer, optaram por uma liquidação completa enquanto detinham o poder. Claramente, era do interesse de Hitler e da facção vitoriosa defender a ideia de um complô. É improvável que Röhm e os camisas pardas tivessem realmente chegado a esse ponto. Eles eram mais uma movimentação ameaçadora do que uma conspiração, embora a linha divisória pudesse ser cruzada a qualquer momento. É certo que estavam reunindo forças. Também é certo que foram detidos.

Os fatos sucederam-se, então, com rapidez. Em 25 de junho, o Reichswehr entrou em prontidão e distribuiu munição aos camisas pretas. Do lado oposto, os camisas pardas receberam ordens de ficar em estado de alerta e, com o consentimento de Hitler, Röhm convocou uma reunião para o dia 30 de junho, para que todos os seus principais líderes se reunissem em Wiessee, nos lagos da Baviera. Hitler recebeu advertências sobre um grande perigo no dia 29. Voou para Godesberg, onde Goebbels foi ao seu encontro com notícias alarmantes de uma rebelião iminente em Berlim. Segundo Goebbels, o ajudante de Röhm, Karl Ernst, recebera ordens de tentar um levante. Isso parece improvável. Na verdade, Ernst estava em Bremen, prestes a embarcar desse porto em lua de mel.

De posse dessa informação, verdadeira ou falsa, Hitler tomou decisões instantâneas. Ordenou a Göring que assumisse o controle em Berlim. Embarcou em seu avião rumo a Munique, decidido a deter pessoalmente seus principais oponentes. No clímax de vida ou morte em que a situação então se transformara, ele se revelou uma personalidade terrível. Imerso em obscuros pensamentos, ocupou o assento do copiloto durante toda a viagem. O avião aterrissou num campo de pouso perto de Munique às quatro horas de 30 de junho. Hitler tinha consigo, além de Goebbels, cerca de meia dúzia de homens de sua escolta pessoal. Dirigiu-se à Braunhaus, a Casa Parda, em Munique, convocou os líderes da SA local à sua presença e lhes deu voz de prisão. Às seis horas, acompanhado apenas por Goebbels e sua pequena escolta, seguiu de carro para o lago Wiessee.

Röhm estivera doente no verão de 1934 e fora para o Wiessee tratar-se. Às sete horas, o cortejo de automóveis do Führer chegou à frente do chalé de Röhm. Sozinho e desarmado, Hitler subiu as escadas e entrou no quarto dele. Nunca saberemos o que houve entre os dois. Röhm foi apanhado totalmente de surpresa, e ele e sua escolta pessoal foram presos sem incidentes. O pequeno grupo, levando seus prisioneiros, partiu então para Munique pela estrada. Sucede que logo deparou com uma fileira de caminhões repletos de camisas pardas armados, a caminho da aclamação de Röhm na conferência convocada para a hora do almoço em Wiessee. Hitler saltou de seu carro, chamou o oficial que estava no comando e, com confiante autoridade, ordenou-lhe que levasse seus homens para casa. Foi prontamente obedecido. Se tivesse chegado uma hora depois — ou eles, uma hora antes — alguns importantes acontecimentos teriam tomado um rumo diferente.

Na chegada a Munique, Röhm e sua comitiva foram postos na mesma prisão em que ele e Hitler tinham estado confinados juntos, dez anos antes. Naquela tarde, começaram as execuções. Foi posto um revólver na cela de

Röhm, mas, como ele declinasse do convite, a porta foi aberta minutos depois e ele crivado de balas. A tarde inteira, as execuções prosseguiram em Munique, com pequenos intervalos. Os pelotões de fuzilamento, compostos de oito homens, tinham que ser substituídos de tempos em tempos, em virtude da tensão mental dos soldados. Durante várias horas, porém, repetidos disparos fizeram-se ouvir, aproximadamente a cada dez minutos.

Enquanto isso, em Berlim, tendo recebido notícias de Hitler, Göring seguiu procedimento semelhante. Ali, porém, na capital, a fuzilaria espalhou-se para além da hierarquia da SA. Schleicher e sua mulher, que se atirou na frente dele, foram alvejados em casa. Gregor Strasser foi preso e executado. O secretário particular e o círculo mais íntimo de Papen também foram mortos a tiros, mas, por alguma razão desconhecida, ele próprio foi poupado. No quartel de Lichterfelde, em Berlim, Karl Ernst, capturado em Bremen e trazido de volta, foi ao encontro de seu destino; e ali, tal como em Munique, as saraivadas dos executores foram ouvidas o dia inteiro. Em toda a Alemanha, durante essas 24 horas, pereceram muitos homens não relacionados com a conspiração de Röhm, vítimas de atos pessoais de vingança, em alguns casos por rixas muito antigas. A estimativa do total de pessoas "liquidadas" varia entre cinco e sete mil.

No fim da tarde desse dia sangrento, Hitler retornou a Berlim de avião. Era hora de pôr fim à matança, que se espalhava a cada momento. Naquela noite, um certo número de membros da SS, que, por excesso de zelo, havia exagerado um pouco na execução dos prisioneiros, foi por sua vez executado. Por volta de uma hora da manhã de 1° de julho, os sons de disparos cessaram. Mais tarde, no mesmo dia, o Führer apareceu na sacada da Chancelaria para receber a aclamação das multidões de Berlim, onde muitos supunham que ele mesmo tinha sido uma vítima. Uns dizem que ele parecia desfigurado, outros, que tinha um ar triunfante. É bem possível que fossem as duas coisas. Sua presteza e implacabilidade tinham salvo seus objetivos e, sem dúvida, sua vida. Nessa "Noite dos Longos Punhais", como ficou sendo chamada, a unidade da Alemanha nacional-socialista foi preservada para estender sua maldição ao mundo inteiro.

O massacre, por mais explicável que fosse pelas forças hediondas em ação, mostrou que o novo senhor da Alemanha não se deteria diante de nada e que a situação na Alemanha não tinha nenhuma semelhança com a de um país civilizado. Uma ditadura baseada no terror e exalando um cheiro fétido de sangue havia se apresentado ao mundo. O antissemitismo era feroz e ostensivo, e o sistema dos campos de concentração já estava em pleno funcionamento para todas as classes desagradáveis ou politicamente dissidentes. Fui profundamente afetado por esse episódio. Todo o processo do rearmamento alemão, do qual havia agora uma prova esmagadora, pareceu-me investido de uma coloração implacável e sinistra. Reluzia e ofuscava.

☆

No início de julho de 1934, houve muitas idas e vindas pelas trilhas montanhosas que ligam a Baviera ao território austríaco. No fim do mês, um mensageiro alemão caiu em mãos da polícia austríaca de fronteira. Carregava documentos, inclusive cifras de códigos secretos, que mostravam um plano completo de revolta chegando à maturação. O organizador do *coup d'état* deveria ser Anton von Rintelen, ao tempo embaixador austríaco na Itália. Dollfuss e seus ministros demoraram a reagir às advertências de uma crise próxima e aos sinais de uma revolta iminente, que se evidenciaram nas primeiras horas do dia 25 de julho. Os adeptos dos nazis em Viena mobilizaram-se durante a manhã. Pouco antes de 13 horas, um pelotão de rebeldes armados entrou na Chancelaria, e Dollfuss, atingido por dois tiros de revólver, foi deixado ali para se esvair em sangue até a morte. Outro destacamento de nazistas tomou a estação de rádio local e anunciou a renúncia do governo de Dollfuss e a assunção de Rintelen à chancelaria.

Mas os outros membros do gabinete de Dollfuss reagiram com firmeza e energia. O presidente, dr. Miklas, emitiu uma determinação formal de que a ordem fosse restabelecida a qualquer preço. O dr. Schuschnigg assumiu o governo. A maioria dos componentes do exército e da polícia austríacos cerrou fileiras em torno de seu governo e sitiou o prédio da Chancelaria, onde, cercado por um pequeno grupo de rebeldes, Dollfuss agonizava. A revolta também havia eclodido nas províncias, e alguns pelotões da legião austríaca na Baviera cruzaram a fronteira. A essa altura, Mussolini havia recebido a notícia. Telegrafou imediatamente, prometendo o apoio italiano à independência austríaca. Voando especialmente até Veneza, o Duce recebeu a viúva do dr. Dollfuss com todas as pompas da solidariedade. Ao mesmo tempo, três divisões italianas foram despachadas para o Passo de Brenner. Diante disso, Hitler, que conhecia os limites de sua força, retrocedeu. O embaixador alemão em Viena e outros altos funcionários implicados no levante foram chamados de volta ou demitidos. A tentativa havia fracassado. Seria preciso um processo mais longo. Papen, recém-poupado do banho de sangue, foi nomeado embaixador da Alemanha em Viena, com instruções de trabalhar com mais sutileza.

Em meio a essas tragédias e sobressaltos, o idoso marechal Hindenburg, havia alguns meses quase completamente senil e, desse modo, mais do que nunca um instrumento do Reichswehr, expirou. Hitler tornou-se o chefe de estado alemão, mantendo ao mesmo tempo o cargo de primeiro-ministro. Agora, era o soberano da Alemanha. Seu acordo com o Reichswehr fora selado e mantido pelo expurgo de sangue. Os camisas pardas tinham sido reduzidos à obediência e reafirmaram sua lealdade ao Führer. Todos os inimigos e rivais em potencial tinham sido extirpados de suas fileiras. Daí por diante, perderam sua influência e se transformaram numa espécie de guarda--civil especial para ocasiões de cerimônia. Os camisas pretas, por outro lado, com seu número aumentado e fortalecidos pelo privilégio e pela disciplina, tornaram-se, sob a chefia de Himmler, uma guarda pretoriana da pessoa do Führer, um contrapeso para os comandantes e a casta militar do exército e também uma tropa política apta a armar com considerável força militar as atividades da polícia secreta, a Gestapo, então em expansão. Bastava apenas recobrir esses poderes com a sanção formal de um plebiscito previamente manipulado para tornar a ditadura de Hitler absoluta e perfeita.

☆

Os acontecimentos na Áustria aproximaram a França e a Itália, e o choque do assassinato de Dollfuss levou a contatos de estado-maior. A ameaça à independência austríaca promoveu uma revisão das relações franco-italianas, abrangendo não apenas o equilíbrio do poder no Mediterrâneo e na África do Norte, mas também as posições relativas da França e da Itália no sudeste europeu. Mas Mussolini estava ansioso não apenas por salvaguardar a posição da Itália na Europa contra a potencial ameaça alemã, como também por garantir seu futuro imperial na África. Contra a Alemanha, um relacionamento estreito com a França e a Inglaterra seria útil; mas, no Mediterrâneo e na África, as discordâncias com essas duas nações talvez fossem inevitáveis. O Duce pôs-se a imaginar se a necessidade comum de segurança sentida pela Itália, a França e a Inglaterra não induziria esses dois ex-aliados da Itália a aceitarem o programa imperialista italiano na África. De qualquer modo, esse parecia ser um curso promissor para a política italiana.

A França, então governada por M. Doumergue no cargo de primeiro-ministro, e tendo M. Barthou como ministro do Exterior, ansiava de longa data por chegar a um acordo formal sobre medidas de segurança no Leste. A relutância inglesa em assumir compromissos além do Reno, a recusa alemã a firmar acordos com a Polônia e a Tchecoslováquia, os temores da "Pequena Entente"* acerca das intenções russas e a desconfiança russa em relação ao Ocidente capitalista, tudo isso se uniu para frustrar esse projeto. Em setembro de 1934, entretanto, Louis Barthou decidiu ir adiante. Seu plano original era propor um "pacto oriental" que agrupasse a Alemanha, a Rússia, a Polônia, a Tchecoslováquia e os países bálticos, com base numa garantia francesa para as fronteiras europeias da Rússia e numa garantia russa para as fronteiras orientais da Alemanha. A Alemanha e a Polônia opuseram-se ao "pacto oriental", mas Barthou conseguiu obter o ingresso da Rússia na Liga das Nações em 18 de setembro de 1934. Foi um passo importante. Litvinov, que representava o governo soviético, era versado em todos os aspectos das relações exteriores. Adaptou-se ao ambiente da Liga das Nações e enunciou com tanto sucesso o discurso moral que ela professava, que logo se transformou numa figura de destaque.

Em sua busca de aliados contra a nova Alemanha, à qual se dera a possibilidade de crescer, era natural que a França voltasse os olhos para a Rússia e tentasse recriar o equilíbrio de poder que havia existido antes da guerra. Mas, em outubro, ocorreu uma tragédia. O rei Alexandre, da Iugoslávia, fora convidado a uma visita oficial a Paris. Desembarcou em Marselha, foi recepcionado por M. Barthou e com ele partiu de automóvel, acompanhado ainda pelo general Georges, através da multidão que se aglomerava nas ruas para dar as boas-vindas, colorida por suas bandeiras e flores. Mais uma vez, dos tenebrosos recônditos do submundo sérvio e croata irrompeu um hediondo complô homicida no palco europeu, e, tal como em Sarajevo em 1914, um bando de assassinos dispostos a dar sua vida estava ao alcance da mão. As providências francesas de policiamento tinham sido descuidadas e informais. Uma figura arremessou-se da multidão ovacionante, subiu no estribo do carro e descarregou sua pistola automática no rei e nos outros ocupantes do veículo, sendo todos atingidos. O assassino foi imediatamente derrubado e morto pelos guardas republicanos montados, por trás dos quais havia-se infiltrado. Sucedeu-se uma cena de desvairada confusão. O

* Aliança entre Sérvia, Croácia, Eslovênia, Tchecoslováquia e Romênia para manter as fronteiras de 1920. (N.T.)

rei Alexandre expirou quase imediatamente. O general Georges e M. Barthou desceram do carro banhados de sangue. O general estava fraco demais para se mexer, mas logo recebeu socorros médicos. O ministro saiu vagando pela multidão. Passaram-se vinte minutos antes que fosse atendido. Ele já havia perdido muito sangue; tinha 72 anos e morreu em poucas horas. Foi um duro golpe para a política externa francesa, que, sob a direção dele, começava a assumir uma forma coerente. M. Barthou foi sucedido como ministro do Exterior por Pierre Laval.

A trajetória e o destino vergonhosos reservados a Laval não devem obscurecer a realidade de sua força e capacidade pessoais. Ele tinha uma visão clara e nítida. Acreditava que a França devia evitar a guerra a todo custo e tinha a esperança de conseguir isso por meio de acordos com os ditadores da Itália e da Alemanha, contra cujos sistemas não alimentava nenhum preconceito. Laval desconfiava da Rússia soviética. Apesar de seus protestos ocasionais de amizade, não gostava da Inglaterra e a julgava uma aliada sem valor. Nessa ocasião, de fato, a reputação inglesa não estava muito alta na França. O objetivo primordial de Laval era chegar a um entendimento definitivo com a Itália e o momento lhe pareceu adequado. O governo francês estava obcecado com o perigo alemão e disposto a fazer grandes concessões para conquistar a simpatia da Itália. Em janeiro de 1935, Laval foi a Roma e assinou uma série de acordos com o objetivo de eliminar os principais obstáculos entre os dois países. Os dois governos estavam unidos no tocante à ilegalidade do rearmamento alemão. Concordaram em consultar-se um ao outro na eventualidade de futuras ameaças à independência da Áustria. Na esfera colonial, a França dispôs-se a fazer concessões governamentais no tocante à situação dos italianos na Tunísia e entregou à Itália algumas faixas de território nas fronteiras da Líbia e da Somália, junto com uma participação de 20% na ferrovia Djibuti-Adis-Abeba. Essas conversações destinavam-se a lançar as bases de discussões mais formais entre a França, a Itália e a Inglaterra sobre uma frente comum contra a crescente ameaça alemã. Todas foram inutilizadas, nos meses subsequentes, pela ocorrência da agressão italiana na Abissínia.

Em dezembro de 1934, houve um choque entre soldados italianos e abissínios nas fronteiras da Abissínia e da Somália italiana. Seria o pretexto para que se apresentassem claramente ao mundo as reivindicações italianas sobre o reino etíope. Assim, o problema de conter a Alemanha na Europa passou, desde então, a ser confundido e distorcido pelo destino da Abissínia.

6
Perdida a paridade aérea, 1934-1935

O ESTADO-MAIOR ALEMÃO não acreditava que seu exército se pudesse formar e amadurecer em escala superior ao da França, adequadamente suprido de arsenais e equipamentos, antes de 1943. A marinha alemã, exceto pelos submarinos, não poderia ser reposta em suas antigas condições em menos de 12 a 15 anos e, nesse processo, competiria pesadamente com todos os demais projetos. Mas, graças à infeliz descoberta do motor de combustão interna e da arte de voar por uma civilização imatura, entrara em cena uma nova arma de rivalidade entre países capaz de alterar muito mais depressa o poderio bélico relativo das nações. Desde que houvesse uma participação no conhecimento perenemente acumulado da humanidade e na marcha da ciência, apenas quatro ou cinco anos poderiam ser necessários para que uma nação de primeira grandeza, dedicando-se à tarefa, criasse uma força aérea poderosa e, talvez, suprema. Esse prazo poderia, inclusive, ser abreviado por alguma reflexão e trabalho preparatório.

Como no caso do exército alemão, a recriação da força aérea alemã foi longa e cuidadosamente preparada em segredo. Já em 1923, tomara-se a decisão de que uma futura força aérea deveria fazer parte da máquina de guerra do país. Temporariamente, o Estado-Maior contentou-se em construir, dentro do "exército desprovido de força aérea", um esqueleto de aviação militar bem-articulado que não pudesse ser percebido de fora ou que, pelo menos, não o fosse em seus primeiros anos. O poder aéreo, dentre todas as formas de força militar, é o mais difícil de avaliar ou sequer de expressar em termos exatos. Não é fácil julgar, e menos ainda definir com exatidão, até que ponto as fábricas e campos de treinamento da aviação civil adquirem valor e importância militares num dado momento. As oportunidades de ocultamento, camuflagem e evasão dos tratados são numerosas e variadas. O ar, e apenas o ar, oferecia a Hitler a chance de um atalho, primeiro para a igualdade e, em seguida, para o predomínio, num braço militar vital, sobre a França e a Inglaterra. Mas que fariam a França e a Inglaterra?

No outono de 1933, estava claro que nem por preceito, nem muito menos pelo exemplo, o esforço inglês em prol do desarmamento teria sucesso.

Mas o pacifismo dos partidos Trabalhista e Liberal não foi afetado sequer pela retirada alemã da Liga das Nações. Em nome da paz, ambos continuaram a insistir no desarmamento inglês, e qualquer um que divergisse era chamado de "fazedor de guerra" e "causador de pânico". Seus sentimentos pareciam ser endossados pelo povo, que, evidentemente, não compreendia o que estava acontecendo. Numa eleição suplementar ocorrida no distrito de East Fulham, no dia 25 de outubro, uma onda de emoção pacifista aumentou a votação socialista em quase nove mil votos, enquanto a dos conservadores caiu em mais de dez mil. O candidato vencedor declarou, após a eleição, que "o povo inglês exige (...) que o governo inglês sirva de líder para o mundo inteiro, iniciando imediatamente uma política de desarmamento geral". E Mr. Lansbury, então líder do Partido Trabalhista, disse que todas as nações deveriam "desarmar-se até o nível da Alemanha, como medida preliminar para o desarmamento total". Essa eleição deixou uma impressão profunda em Mr. Baldwin, que a ela se referiu num discurso notável, pronunciado três anos depois. Em novembro, veio a eleição para o Reichstag, na qual só foram tolerados candidatos endossados por Hitler. Os nazistas obtiveram 90% dos votos depositados nas urnas.

Ao julgar a política do governo inglês, seria um erro não recordar o apaixonado desejo de paz que movia a maioria desinformada e mal-informada da população inglesa, e que parecia ameaçar de extinção política qualquer partido ou político que ousasse adotar outra orientação. Isso, evidentemente, não constitui desculpa para os líderes políticos que ficam aquém de seu dever. É muito melhor partidos ou políticos saírem do governo do que pôr em risco a vida da nação. Além disso, não há em nossa história nenhum registro de qualquer governo que tenha pedido ao parlamento e ao povo medidas necessárias à defesa e tenha recebido uma recusa. Não obstante, aqueles que assustaram o tímido governo de MacDonald-Baldwin, fazendo-o desviar-se de seu caminho, deveriam ao menos manter-se calados.

O orçamento previsto da aviação em março de 1934 era de apenas vinte milhões e continha uma previsão de quatro novos esquadrões, ou um aumento de nosso poderio aéreo de combate de 850 para 890 aeronaves. O custo financeiro implicado no primeiro ano era de 130 mil libras esterlinas.

A respeito disso, declarei na Câmara dos Comuns:

> Somos, segundo se admite, apenas a quinta potência aérea — se tanto. Temos apenas metade do poderio da França, nosso vizinho mais próximo. A

> Alemanha está-se armando rapidamente, e ninguém irá detê-la. Isso parece bastante claro. Ninguém está propondo uma guerra preventiva para impedir que a Alemanha rompa o Tratado de Versalhes. Ela se armará; está-se armando; já vem fazendo isso. (...) Há tempo para tomarmos as medidas necessárias, mas o que queremos são providências. Queremos providências para atingir a paridade. Nenhuma nação que desempenhe o papel que desempenhamos e aspiramos a desempenhar no mundo tem o direito de ficar numa situação em que possa ser chantageada. (...)

Instei Mr. Baldwin, o homem que detinha o poder, a agir. Dele era o poder, dele a responsabilidade. No decorrer de sua resposta, Mr. Baldwin disse:

> Se todos os nossos esforços fracassarem e se não for possível obter essa igualdade nas questões que apontei, qualquer governo deste país — um governo de coalizão nacional mais do que qualquer outro, e este governo em particular — irá certificar-se de que, em potencial de aviação e em poder aéreo, esta nação não mais fique em situação inferior à de qualquer país situado a uma distância de ataque de suas linhas costeiras.

Ali estava uma promessa sumamente solene e clara, feita num momento em que era quase certo que pudesse transformar-se em realidade através de medidas vigorosas em larga escala. No entanto, quando, em 20 de julho, o governo apresentou algumas propostas tardias e insuficientes de fortalecimento da RAF — Real Força Aérea com 41 esquadrilhas, ou cerca de 820 aeronaves, a serem concluídas somente num prazo de cinco anos, o Partido Trabalhista, apoiado pelos liberais, propôs um voto de censura contra ele na Câmara dos Comuns. Mr. Attlee, então falando em nome do partido, declarou: "Negamos a necessidade de maior armamento aéreo. (...) Negamos a afirmação de que um aumento da força aérea inglesa possa contribuir para a paz mundial e rejeitamos inteiramente a reivindicação de paridade." O Partido Liberal apoiou essa moção de censura, e seu líder, Sir Herbert Samuel, afirmou: "Qual é a situação no que tange à Alemanha? Nada que tenhamos visto ou ouvido até agora parece indicar que nossa atual força aérea não seja suficiente para enfrentar qualquer perigo, na atualidade, vindo daquela direção."

Quando lembramos que essa foi a linguagem usada após cuidadosa deliberação pelos líderes responsáveis dos partidos, o perigo que pairava sobre nosso país torna-se evidente. Esse foi o período formador em que, através de esforços extremos, poderíamos ter preservado o poder aéreo em que se baseava nossa independência de ação. Se a Inglaterra e a França, isoladamente, houvessem mantido uma paridade quantitativa com a Alemanha, as duas juntas teriam sido duas vezes mais fortes que ela e a carreira de violência de Hitler poderia ter sido cortada no início, sem a perda de uma única vida. A partir desse momento, foi tarde demais. Não podemos duvidar da sinceridade dos líderes dos partidos Socialista e Liberal. Eles estavam completamente errados e equivocados e arcam com sua parcela do ônus perante a história. Na verdade, é assombroso que o Partido Socialista tenha-se empenhado, em anos posteriores, em afirmar uma antevisão superior, e que tenha censurado seus adversários por não terem proporcionado os meios de garantir a segurança nacional.

Eu tinha agora, enfim, a vantagem de poder insistir no rearmamento sob o disfarce de defensor do governo. Com isso, recebi uma atenção incomumente amistosa do Partido Conservador.

> Não creio que jamais tenha havido um governo de orientação tão pacifista. Temos um primeiro-ministro [Mr. Ramsay MacDonald] que, durante a guerra, provou da maneira mais extremada, e com grande coragem, suas convicções e os sacrifícios que se dispunha a fazer pelo que acreditava ser a causa do pacifismo. O senhor presidente do Conselho Privado [Mr. Baldwin] está preponderantemente ligado, na mente do povo, à repetição da prece: "Dai-nos a paz em nossa época." Seria de se supor que, quando ministros como esses tomam a dianteira e afirmam achar que é seu dever pleitear um pequeno aumento nos meios de que dispõem para garantir a segurança pública, isso teria peso junto à oposição e seria considerado uma prova da realidade do perigo do qual eles buscam proteger-nos. (...) Somos uma presa rica e fácil. Nenhum país é tão vulnerável, e nenhum país recompensaria melhor a pilhagem do que o nosso. (...) *Com nossa imensa metrópole aqui, o maior alvo do mundo, uma espécie de vaca imensa, gorda e valiosa, amarrada de modo a atrair os animais de rapina*, estamos numa situação em que nunca estivemos antes, e na qual nenhum outro país se encontra no momento atual.
>
> *Lembremo-nos disto: nossa fraqueza não ameaça apenas a nós mesmos; nossa fraqueza ameaça também a estabilidade da Europa.*

Prossegui argumentando que a Alemanha já se aproximava da paridade aérea com a Inglaterra:

> Afirmo, em primeiro lugar, que a Alemanha já criou, numa violação do Tratado, *uma força aérea militar que tem agora quase dois terços do poder de*

nossa atual força aérea de defesa interna. Esta é a primeira afirmação que exponho ao governo para sua consideração. A segunda é que a Alemanha está aumentando rapidamente essa força aérea, não apenas através das grandes somas de dinheiro que figuram em seus orçamentos, mas também através de subscrições públicas — muitas vezes, subscrições quase forçadas — que estão em andamento e têm estado em andamento por algum tempo em toda a Alemanha. *Pelo final de 1935, a força aérea alemã será quase igual, em termos numéricos e em eficiência, à nossa força aérea de defesa nessa data, mesmo que as atuais propostas do governo sejam postas em prática.* A terceira afirmação é que, se a Alemanha prosseguir nessa expansão e se continuarmos a executar nosso programa, em algum momento de 1936 a Alemanha será, definitiva e substancialmente, mais forte no ar do que a Inglaterra. Em quarto lugar, e essa é a questão que vem provocando angústia, depois que eles tiverem obtido essa liderança, é possível que jamais consigamos superá-los. (...) *Se o governo tiver que admitir, em qualquer momento dos próximos anos, que a força aérea alemã é mais poderosa do que a nossa, ele será considerado, e a meu ver justificadamente, considerado como tendo falhado em seu dever primordial para com o país.* (...)

O voto de censura do Partido Trabalhista, naturalmente, foi derrotado por ampla maioria. Não tenho dúvida de que a nação, se para ela se houvesse apelado com uma preparação adequada no tocante a essas questões, também teria apoiado as medidas necessárias à segurança nacional.

☆

É impossível contar essa história sem registrar os marcos por que passamos em nossa longa estrada da segurança para as garras da morte. Olhando para trás, fico atônito com a extensão do prazo que nos foi concedido. Teria sido possível à Inglaterra, em 1933, ou mesmo em 1934, criar um poderio aéreo que teria imposto as restrições necessárias à ambição de Hitler, ou que talvez permitisse que os líderes militares da Alemanha controlassem os seus atos violentos. Mais de cinco anos inteiros ainda se passariam antes de sermos confrontados com a provação suprema. Se tivéssemos agido, mesmo naquele momento, com uma prudência razoável e uma eficácia sadia, talvez ela nunca houvesse ocorrido. Baseadas num poderio aéreo superior, a Inglaterra e a França poderiam ter invocado com segurança a ajuda da Liga das Nações, e todos os países da Europa ter-se-iam alinhado com elas. Pela primeira vez, a Liga teria tido um instrumento de autoridade.

Na abertura dos trabalhos parlamentares de inverno, em 28 de novembro de 1934, propus uma emenda à Fala do Trono, em nome de alguns amigos*, declarando que "a força de nossas defesas nacionais, e especialmente de nossas defesas aéreas, já não é suficiente para garantir a paz, a segurança e a liberdade dos fiéis súditos de Vossa Majestade". A Câmara estava lotada e muito disposta a ouvir. Depois de usar todos os argumentos que enfatizavam o grave perigo existente para nós e para o mundo, passei a dados precisos:

"Afirmo, primeiramente, que a Alemanha já tem, neste momento, uma força aérea militar (...) e que esta (...) se aproxima rapidamente da igualdade com a nossa. Em segundo lugar, (...) o poderio aéreo militar alemão, dentro de um ano, será de fato pelo menos tão grande quanto o nosso, e talvez até maior. Em terceiro lugar, (...) no fim de 1936, ou seja, decorrido mais um ano — dois a contar de agora — o poderio aéreo militar alemão será quase 50% maior e, em 1937, quase o dobro do nosso."

Mr. Baldwin, que tomou a palavra imediatamente depois de mim, enfrentou essa questão com franqueza e, apoiado nos dados fornecidos pelos assessores de seu Ministério da Aviação, opôs-me uma contradição direta:

"Não é que a Alemanha se esteja aproximando rapidamente da igualdade conosco. (...) A Alemanha está ativamente empenhada na produção de aeronaves militares, mas seu poder real não chega a 50% de nossa força atual na Europa. Quanto à situação dentro de um ano (...) *longe de o poderio aéreo militar alemão ser pelo menos idêntico ao nosso, e provavelmente maior do que o nosso, calculamos que teremos uma margem, apenas na Europa, de quase 50%*. Não consigo enxergar além dos próximos dois anos. Mr. Churchill fala do que poderá acontecer em 1937. As investigações que pude fazer levam-me a crer que suas cifras são consideravelmente exageradas."

Essa garantia radical do primeiro-ministro de fato acalmou muitos dos que estavam alarmados e silenciou muitos dos críticos. Todos ficaram contentes em saber que minhas declarações precisas tinham sido desmentidas com base numa autoridade incontestável. Não fiquei nem um pouco convencido. Achei que Mr. Baldwin não estava sendo informado da verdade por seus assessores e que, como quer que fosse, não tinha conhecimento da realidade.

* Emenda apresentada por Mr. Churchill, Sir Robert Horne, Mr. Amery, comandante F.E. Guest, Lord Wintertone e Mr. Boothby.

Assim transcorreram os meses do inverno, e somente na primavera é que voltei a ter a oportunidade de levantar a questão. Antes de fazê-lo, notifiquei Mr. Baldwin plenamente e com exatidão. Quando, em 19 de março de 1935, as estimativas da aviação foram apresentadas à Casa, reiterei minha declaração de novembro e novamente contestei as garantias fornecidas por ele naquela ocasião. Uma réplica muito confiante foi feita pelo subsecretário da aviação. Entretanto, no fim de março, o ministro do Exterior e Mr. Eden fizeram uma visita a Hitler na Alemanha e, no decorrer de uma importante conversa cujo texto está registrado, eles foram pessoalmente informados por Hitler de que a força aérea alemã já havia alcançado a paridade com a Inglaterra. Esse fato foi divulgado pelo governo no dia 3 de abril. No início de maio, o primeiro-ministro escreveu um artigo em seu próprio jornal, *The Newsletter*, em que enfatizou os perigos do rearmamento alemão em termos próximos dos que eu havia expressado tantas vezes desde 1932. Empregou a reveladora palavra "emboscada", que deve ter brotado da angústia em seu coração. Caíramos realmente numa emboscada. O próprio Mr. MacDonald abriu o debate. Depois de se referir à declarada intenção alemã de construir uma força naval que ultrapassava as dimensões previstas no Tratado e submarinos que o transgrediam, ele admitiu que Hitler afirmara ter atingido a paridade com a Inglaterra no ar:

"Qualquer que seja a interpretação exata dessa expressão em termos de poderio aéreo, ela sem dúvida indicou que a força alemã expandiu-se a um ponto consideravelmente superior às estimativas que nos foi possível apresentar à Câmara no ano passado. Este é um fato grave, de que o governo e o Ministério da Aviação tomaram boa nota imediatamente."

Quando, no devido tempo, fui chamado, declarei:

"Mesmo agora, não estamos tomando as providências que seriam realmente proporcionais às nossas necessidades. O governo propôs esses aumentos. Terá que enfrentar a tempestade. Terá que se deparar com toda sorte de ataques injustos. Seus motivos serão mal-interpretados. Será caluniado e chamado de fomentador da guerra. Todo tipo de ataque lhe será dirigido por muitas forças poderosas, numerosas e extremamente loquazes neste país. Mas ele vai conseguir, de qualquer maneira. Por que, então, não lutar por algo que nos dê segurança? Por que, então, não insistir em que a verba destinada à força aérea seja adequada? Depois, por mais severa que seja a censura e por mais estridentes que sejam os insultos que ele tenha que enfrentar, ao menos haverá este resultado satisfatório: o governo de

Sua Majestade poderá sentir que, nesta questão — dentre todas, a responsabilidade primordial de um governo — ele cumpriu seu dever."

Embora a Câmara me ouvisse com grande atenção, tive uma sensação de desespero. Estar tão inteiramente convencido e fundamentado numa questão de vida e morte para a própria pátria, e não poder fazer com que o parlamento e a nação ouvissem o alerta, ou se inclinassem diante das provas mediante uma tomada de providências, foi uma experiência dolorosa. Só em 22 de maio de 1935 é que Mr. Baldwin fez sua célebre confissão. Sou forçado a citá-la:

> Em primeiro lugar, com respeito à cifra que forneci dos aviões alemães em novembro, nada chegou ao meu conhecimento, desde então, que me faça supor que aquele número estivesse errado. Acreditei, naquele momento, que ele era correto. *O ponto em que errei foi em minha estimativa do futuro. Nisso, eu estava completamente errado. Enganamo-nos completamente quanto a esse ponto.* (...)
>
> Gostaria de repetir aqui que não há, a meu ver, motivo para pânico no que estamos fazendo. Mas afirmo deliberadamente, com todo o conhecimento que tenho da situação, que eu não permaneceria por um só momento em nenhum governo que tomasse providências menos decisivas do que estamos tomando hoje. Penso ser apenas meu dever dizer que tem havido muitas críticas, tanto na imprensa quanto verbalmente, sobre o Ministério do Ar, como se ele fosse responsável, possivelmente, por um programa inadequado, por não ter andado mais depressa, e por muitas outras coisas. Quero apenas repetir que, seja qual for a responsabilidade existente — e estamos perfeitamente dispostos a aceitar críticas — *essa responsabilidade não é de nenhum ministro isolado, mas é responsabilidade do governo como um todo, e todos somos responsáveis, e todos somos culpados.*

Tive esperança de que essa confissão chocante fosse um acontecimento decisivo e de que, pelo menos, fosse instalada uma comissão parlamentar, composta por gente de todos os partidos, para fazer um relatório sobre os fatos e sobre nossa segurança. A Câmara dos Comuns teve uma reação diferente. As oposições trabalhista e liberal, tendo proposto ou apoiado, nove meses antes, um voto de censura até mesmo às modestas providências que o governo havia tomado, mostraram-se ineficazes e indecisas. Estavam na expectativa de uma eleição contrária aos "armamentos dos conservadores". Nem os porta-vozes dos partidos Trabalhista e Liberal tinham-se preparado para as revelações e para a confissão de Mr. Baldwin, nem tampouco tentaram adaptar seus discursos a esse episódio extraordinário. Nada do que disseram teve a mais ínfima relação com a emergência em que ele admitiu que nos encontrávamos, nem com os fatos muito mais graves que hoje sabemos estavam por trás desse episódio.

A maioria governista, por sua vez, pareceu cativada pela sinceridade de Mr. Baldwin. Seu reconhecimento de ter estado inteiramente errado, a despeito de todas as suas fontes de informação, numa questão vital pela qual ele era responsável, foi considerado redimido pela franqueza com que ele declarou seu erro e arcou com a culpa. Houve até uma estranha onda de entusiasmo por um ministro que não hesitava em dizer que havia errado. A rigor, muitos membros conservadores pareceram irritados comigo, por eu ter levado seu líder de confiança a uma situação de apuro da qual apenas sua hombridade e honestidade inatas haviam-no retirado; mas não, infelizmente, retirado o país.

Um desastre de primeira grandeza havia-se abatido sobre nós. Hitler já havia alcançado a paridade com a Inglaterra. Dali em diante, bastava-lhe acionar suas fábricas e escolas de aviação a toda velocidade, para não apenas manter sua liderança aérea, mas aumentá-la sistematicamente. Dali em diante, todas as ameaças desconhecidas e desmedidas que pairavam sobre Londres num ataque aéreo seriam fator decisivo e imperativo em todas as nossas decisões. Além disso, nunca compensaríamos o tempo perdido, ou, pelo menos, o governo nunca o fez. Cabe dar crédito a ele e ao Ministério da Aviação pela elevada eficiência da RAF. Mas a promessa de que a paridade aérea seria mantida foi irremediavelmente quebrada. É verdade que a expansão adicional imediata da força aérea alemã não avançou no mesmo ritmo do período em que o país conquistou a paridade. Sem dúvida, eles tinham feito um esforço supremo para alcançar de um salto essa posição dominante e para explorá-la em sua diplomacia. Ela deu a Hitler base para os sucessivos atos de agressão que ele havia planejado e logo executaria. Esforços realmente grandes foram feitos pelo governo inglês nos quatro anos seguintes. Os primeiros protótipos dos famosíssimos caças Hurricane e Spitfire voaram em novembro de 1935 e março de 1936, respectivamente. Ordenou-se a imediata produção em larga escala e eles ficaram prontos, em certo número, sem grande demora. Não há dúvida de que nos destacamos em qualidade aérea, mas a quantidade ficou fora de nosso alcance. A eclosão da guerra apanhou-nos com pouco mais da metade dos números alemães.

7
Desafio e resposta, 1935

Os anos de esconderijos subterrâneos, de preparativos secretos ou disfarçados, tinham chegado ao fim, e Hitler sentiu-se forte o suficiente para fazer seu primeiro desafio escancarado. Em 9 de março de 1935, anunciou-se a criação da força aérea alemã e, no dia 16, declarou-se o exército alemão, dali por diante, baseado no serviço militar obrigatório. As leis de implementação dessas decisões logo foram promulgadas, e as providências já tinham sido tomadas de antemão. Nesse mesmo dia momentoso, poucas horas antes, o governo francês, bem-informado sobre o que estava por vir, havia declarado a ampliação de seu serviço militar para dois anos. O ato alemão foi uma afronta franca e formal aos tratados de paz em que se fundamentava a Liga das Nações. Enquanto as transgressões tiveram a forma de evasivas ou de uma denominação enganosa das coisas, fora fácil para as nações vitoriosas responsáveis, obcecadas com o pacifismo e preocupadas com a política interna, evitar a responsabilidade de declarar que o Tratado de Paz estava sendo rompido ou repudiado. Mas nesse momento a questão surgiu com uma força rude e brutal. Quase no mesmo dia, o governo etíope apelou para a Liga das Nações contra as exigências ameaçadoras da Itália. Quando, em 24 de março, tendo esses acontecimentos por pano de fundo, Sir John Simon, em companhia de Mr. Eden, Lord do Selo Privado, visitou Berlim a convite de Hitler, o governo francês considerou impróprio o momento escolhido. Agora, ele próprio tinha de enfrentar, não a redução de seu exército, que lhe fora tão insistentemente solicitada por Mr. MacDonald no ano anterior, mas a ampliação do serviço militar obrigatório de um para dois anos. No estado da opinião pública, era uma árdua tarefa. Não só os comunistas, mas também os socialistas, tinham votado contra a medida. Quando M. Léon Blum disse que "os trabalhadores da França se levantarão para resistir à agressão hitlerista", Thorez retrucou, em meio aos aplausos de sua facção ligada aos soviéticos: "Não toleraremos que as classes trabalhadoras sejam arrastadas para uma guerra supostamente em defesa da democracia contra o fascismo."

Os Estados Unidos tinham lavado as mãos de qualquer preocupação com a Europa, exceto por desejar boa sorte a todos, e estavam certos de que nunca teriam que se incomodar com ela outra vez. Mas a França, a Inglaterra e também — decididamente — a Itália, apesar de suas discordâncias, sentiram-se obrigadas a contestar esse ato inequívoco de violação do tratado por Hitler. Uma conferência dos principais ex-aliados foi convocada em Stresa, sob a égide da Liga das Nações, e todos esses assuntos entraram em debate.

Houve uma concordância geral em que era impossível suportar a franca violação de tratados solenes, cuja existência custara a vida de milhões de homens. Mas os representantes ingleses deixaram claro logo de início que não considerariam a possibilidade de sanções, na eventualidade de violação do tratado. Isso, naturalmente, restringiu a conferência ao terreno das palavras. Aprovou-se unanimemente uma resolução no sentido de que as quebras "unilaterais" — com o que eles pretendiam dizer "por uma só das partes" — de tratados não seriam aceitáveis, e o conselho executivo da Liga das Nações foi convidado a se pronunciar sobre a situação descoberta. Na segunda tarde da conferência, Mussolini defendeu vigorosamente essa medida e foi eloquente contra a agressão de uma nação por outra. A declaração final foi:

> As três potências cuja política tem por objetivo a manutenção coletiva da paz, dentro da estrutura da Liga das Nações, acham-se em completo acordo em se opor, através de todos os meios exequíveis, a qualquer repúdio unilateral de tratados que coloque em perigo a paz da Europa, e agirão em estreita e cordial colaboração para esse fim.

O ditador italiano, em seu discurso, frisara as palavras "paz da Europa" e tinha feito uma pausa perceptível depois de "Europa". Essa ênfase na Europa chamou imediatamente a atenção dos representantes do Foreign Office. Eles levantaram as orelhas e compreenderam perfeitamente que, embora Mussolini se dispusesse a trabalhar com a França e a Inglaterra para impedir a Alemanha de se rearmar, ele se reservava o direito de fazer qualquer incursão na África, contra a Abissínia, se assim viesse a decidir posteriormente. Conviria ou não levantar essa questão? Naquela noite, houve discussões entre os representantes do Foreign Office. Todos estavam tão ansiosos pelo apoio de Mussolini para lidar com a Alemanha, que se julgou indesejável, naquele momento, adverti-lo a não se envolver na Abissínia, o que, obviamente, muito o teria aborrecido. Assim, a questão não foi levantada, foi simplesmente omitida, e Mussolini achou — em certo sentido, teve razão para achar — que os aliados haviam aquiescido com sua afirmação e lhe dariam carta branca contra a Abissínia. Os franceses mantiveram-se mudos a esse respeito e assim se encerrou a conferência.

No devido tempo, em 15-17 de abril, o conselho da Liga das Nações examinou o alegado descumprimento do Tratado de Versalhes praticado pela Alemanha em sua decretação do serviço militar obrigatório universal. As seguintes nações estavam representadas no conselho: Argentina, Austrália, Chile, Dinamarca, Espanha, França, Inglaterra, Itália, México, Polônia, Portugal, Tchecoslováquia, Turquia e URSS. Todas aprovaram o princípio de que tratados não deveriam ser rompidos por ação "unilateral" e encaminharam a questão ao plenário da Liga. Ao mesmo tempo, os ministros do Exterior dos três países escandinavos — Suécia, Noruega e Dinamarca — profundamente preocupados com o equilíbrio naval no Báltico, também se reuniram para dar seu apoio conjunto. Ao todo, dezenove países protestaram formalmente. Mas quão inúteis eram todas as suas votações! Nenhum país ou grupo de países se dispunha a considerar o uso da *força,* ainda que em último recurso!

☆

Laval não estava disposto a se aproximar da Rússia com a firmeza de espírito de Barthou. Mas, na França, havia agora uma necessidade premente. Acima de tudo, parecia necessário aos que se importavam com a vida do país que se obtivesse uma união nacional em torno dos dois anos de serviço militar, que tinham sido aprovados por uma pequena maioria em março. Somente o governo soviético poderia dar permissão ao importante setor dos franceses cuja fidelidade ele detinha. Além disso, havia na França um desejo generalizado de restauração da antiga aliança de 1895, ou de algo semelhante a ela. Em 2 de maio de 1935, o governo francês apôs sua assinatura num pacto franco-soviético. Tratava-se de um documento nebuloso, que garantia assistência mútua na eventualidade de uma agressão por um período de cinco anos.

Para obter resultados palpáveis no campo político francês, Laval partiu então para uma visita de três dias a Moscou, onde recebeu as boas-vindas de Stalin. Houve discussões prolongadas, das quais é possível registrar um fragmento até hoje não publicado. Stalin e Molotov, é claro, estavam ansiosos por saber, mais do que qualquer outra coisa, qual seria a força do exército francês na frente ocidental — quantas divisões? Que período de serviço? Uma vez explorado esse terreno, Laval perguntou: "Vocês não podem fazer alguma coisa para incentivar a religião e os católicos na Rússia? Isso me ajudaria muito com o Papa." "Ho, ho", disse Stalin, "o papa! Quantas divisões *tem* o papa?" A resposta de Laval não me foi relatada, mas certamente é possível que ele tenha mencionado algumas legiões que nem sempre são visíveis nos desfiles. Laval nunca pretendeu comprometer a França com qualquer das obrigações específicas que é costume dos soviéticos exigir. Não obstante, obteve uma declaração pública de Stalin, em 15 de maio, aprovando a política de defesa nacional executada pela França a fim de manter suas forças armadas num nível de segurança adequado. Ante essas instruções, os comunistas franceses fizeram imediata meia-volta e deram um estrondoso apoio ao programa de defesa e ao serviço militar de dois anos. Como fator de segurança na Europa, o Pacto Franco-Soviético, que não continha nenhuma obrigação a comprometer qualquer das partes na eventualidade de uma agressão alemã, teve apenas vantagens limitadas. Nenhuma aliança real foi firmada com a Rússia. Além disso, em sua viagem de volta, o ministro do Exterior da França parou em Cracóvia para comparecer ao funeral do marechal Pilsudski. Ali conheceu Göring, com quem conversou com muita cordialidade. Suas expressões de desconfiança e desapreço pelos soviéticos foram devidamente comunicadas a Moscou através de canais alemães.

☆

A essa altura, a saúde e a capacidade de Mr. MacDonald haviam declinado a um ponto que tornou impossível sua manutenção como primeiro-ministro. Ele nunca fora popular junto ao Partido Conservador, que o julgava, em virtude de seu histórico político e de guerra e de suas convicções socialistas, segundo um preconceito alimentado durante muito tempo e, em anos posteriores, abrandado pela piedade. Ninguém era mais odiado, ou odiado com mais razão pelo Partido Socialista-Trabalhista, que ele contribuíra tão grandemente para criar e que depois havia derrubado, através do que era visto pelos correligionários como sua traiçoeira deserção de 1931. Na maciça maioria do governo, ele só contava com sete de seus partidários. A política do desarmamento, à qual dedicara seus melhores esforços pessoais, havia-se comprovado um desastroso fracasso. Não poderia estar longe uma eleição geral em que ele não teria nenhum papel útil a desempenhar. Nessas circunstâncias, não houve surpresa quando, no dia 7 de junho, anunciou-se que ele e Mr. Baldwin haviam trocado de lugar e de cargo, e que Mr. Baldwin tornara-se primeiro-ministro pela terceira vez. O Foreign Office também trocou de mãos. Os esforços de Sir Samuel Hoare no Índia Office tinham sido coroados pela aprovação do Projeto de Lei do Governo da Índia e, a essa altura, ele estava livre para se voltar para uma esfera de importância mais imediata. Fazia algum tempo que Sir John Simon vinha sendo duramente atacado por sua política externa por conservadores influentes, estreitamente ligados ao governo. Assim, ele passou para o Ministério do Interior, com o qual estava bastante familiarizado, e Sir Samuel Hoare tornou-se ministro do Exterior.

Ao mesmo tempo, Mr. Baldwin adotou um expediente inédito. Nomeou Mr. Anthony Eden ministro para Assuntos da Liga das Nações. Por quase dez anos, Eden havia-se dedicado quase inteiramente ao estudo das relações exteriores. Retirado de Eton aos 18 anos para combater na Primeira Guerra Mundial, servira por quatro anos no 60° Regimento de Fuzileiros durante muitas das mais sangrentas batalhas e fora alçado à posição de major ajudante da Brigada, além de agraciado com a Cruz Militar. Ele deveria trabalhar no Foreign Office com status idêntico ao do ministro e com pleno acesso aos despachos e aos funcionários do ministério. O objetivo de Mr. Baldwin, sem dúvida, era granjear a simpatia da vigorosa corrente de opinião pública associada à União da Liga das Nações, mostrando a importância que atribuía à Liga e à condução de nossas negociações em Genebra. Quando, cerca de um mês depois, tive a oportunidade de tecer comentários sobre o que descrevi como "o novo plano de ter dois ministros do Exterior iguais", chamei a atenção para seus defeitos evidentes.

Enquanto homens e coisas achavam-se nessa situação, um ato surpreendente foi praticado pelo governo inglês. Parte de seu impulso, pelo menos, veio do almirantado. É sempre perigoso quando soldados, marinheiros ou aviadores brincam de política. Eles entram numa esfera em que os valores são muito diferentes daqueles a que até então estiveram acostumados. Os almirantes, é claro, estavam seguindo a tendência ou até a orientação do primeiro Lord e do Gabinete, os únicos que tinham responsabilidade nisso. Mas veio um intenso vento favorável, proveniente do almirantado. Durante algum tempo, tinha havido conversações entre os almirantados inglês e alemão acerca da proporção das duas marinhas. Pelo Tratado de Versalhes, os alemães não podiam construir mais de seis navios blindados de dez mil toneladas, além de seis cruzadores leves que não ultrapassassem seis mil toneladas. O almirantado inglês havia descoberto, pouco tempo antes, que os dois últimos "encouraçados de bolso" em construção, o *Scharnhorst* e o *Gneisenau*, eram de tamanho muito superior ao permitido pelo Tratado e de tipo muito diferente. Na verdade, tratava-se de cruzadores de batalha de disrupção do comércio, encouraçados e de 26 mil toneladas, que viriam a ter um papel destacado na Segunda Guerra Mundial.

Diante dessa violação impudente e fraudulenta do Tratado de Paz, cuidadosamente planejada e iniciada pelo menos dois anos antes (em 1933), o almirantado, na verdade, julgou que valia a pena firmar um acordo naval anglo-alemão. O governo de Sua Majestade fez isso sem consultar seu aliado francês ou informar a Liga das Nações. Exatamente na ocasião em que estava recorrendo à Liga e arrolando o apoio de seus membros para protestar contra a violação por Hitler das cláusulas militares do Tratado, o próprio governo tomou providências, ao fazer um acordo particular, para extinguir as cláusulas navais desse mesmo tratado.

A principal característica do acordo era a marinha alemã não dever ultrapassar um terço da inglesa. Isso era um enorme atrativo para o almirantado, que se lembrava dos tempos anteriores à Primeira Guerra Mundial, quando nos déramos por satisfeitos com uma proporção de 16 para dez. Em nome dessa perspectiva e aceitando as garantias alemãs pelo que pareciam valer, os almirantes concederam à Alemanha o direito de construir submarinos, o que lhe era explicitamente negado no Tratado de Paz. A Alemanha poderia construir 60% da flotilha inglesa de submarinos e, se julgasse que havia circunstâncias excepcionais, chegar à construção de 100%. Os alemães, é claro, deram garantias de que seus submarinos nunca seriam usados contra navios mercantes. Por que, então, eram necessários? Pois se o restante do acordo fosse mantido, eles não poderiam influenciar a decisão naval no que concernia aos navios de guerra.

A limitação da esquadra alemã a um terço da inglesa facultou à Alemanha um programa de novas construções que poria seus estaleiros para funcionar a pleno vapor durante pelo menos dez anos. Assim, nenhuma limitação ou restrição prática de qualquer natureza foi imposta à expansão naval alemã. Eles poderiam construir com a rapidez que fosse fisicamente possível. A quota de navios atribuída à Alemanha pelo projeto inglês, na verdade, era muito mais exuberante do que a própria Alemanha julgava conveniente utilizar, sem dúvida considerando, em parte, a concorrência por chapas de aço entre a construção de navios de guerra e a de tanques. Hitler, sabemos agora, informou ao almirante Raeder que não havia probabilidade de uma guerra com a Inglaterra até 1944-45. Portanto, o desenvolvimento da marinha alemã foi planejado a longo prazo. Apenas no tocante aos submarinos é que eles construíram segundo o permitido pelos limites máximos postos no papel. Tão logo lhes foi possível ultrapassar o limite de 60%, invocaram a cláusula que lhes permitia construir até o limite de 100%. Na verdade, 57 submarinos estavam construídos quando a guerra começou.

No projeto dos novos encouraçados, os alemães tiveram a vantagem adicional de não estar sujeitos às disposições do Acordo Naval de Washington ou da Conferência de Londres. Bateram imediatamente a quilha do *Bismarck* e do *Tirpitz* e, enquanto a Inglaterra, a França e os Estados Unidos estavam todos presos à limitação de 35 mil toneladas, esses dois grandes navios foram projetados com um deslocamento de mais de 45 mil toneladas, o que certamente os transformaria, uma vez concluídos, nos navios mais fortes a flutuar no mundo.

Foi também uma grande vantagem diplomática para Hitler, nesse momento, dividir os aliados, ter um deles disposto a fechar os olhos às quebras do Tratado de Versalhes, e investir na reconquista da plena liberdade de rearmamento com a sanção do acordo com a Inglaterra. O efeito do anúncio desse acordo foi outro golpe contra a Liga das Nações. Os franceses tiveram todo o direito de reclamar que seus interesses vitais estavam sendo afetados pela permissão concedida pela Inglaterra para a construção de submarinos. Mussolini viu nesse episódio uma prova de que a Inglaterra não estava agindo de boa-fé com seus outros aliados e de que, desde que seus interesses navais especiais fossem assegurados, ela se disporia, aparentemente, a não medir esforços para chegar a um acerto com a Alemanha, com todo o prejuízo causado às nações amigas que estavam ameaçadas pelo crescimento das forças terrestres alemãs. O que se afigurou uma atitude cínica e egoísta da Inglaterra incentivou Mussolini a prosseguir em seus planos contra a Abissínia. Os países escandinavos — que, apenas uma semana antes, haviam sustentado corajosamente o protesto contra a introdução do serviço militar obrigatório por Hitler no exército alemão — constataram nesse momento, nos bastidores, que a Inglaterra havia concordado com uma esquadra alemã que, apesar de corresponder a apenas um terço da inglesa, seria, dentro desse limite, senhora do Báltico.

Ministros ingleses fizeram grande alarde de uma proposta alemã de cooperar conosco na abolição dos submarinos. Considerando-se que a condição estipulada para isso era que todos os demais países concordassem ao mesmo tempo, e sabendo-se que não havia a menor probabilidade de eles concordarem, tratava-se, para a Alemanha, de uma oferta muito segura. Isso também se aplicava à concordância alemã em restringir o uso de submarinos, de modo a eliminar a desumanidade da guerra submarina contra o comércio. Quem poderia supor que os alemães, possuindo uma grande flotilha de submarinos e vendo suas mulheres e filhos morrerem de fome por causa de um bloqueio inglês, iriam abster-se da mais plena utilização dessa arma? Descrevi essa opinião como "o cúmulo da credulidade".

Longe de ser um passo em direção ao desarmamento, esse acordo, se tivesse sido cumprido por um certo número de anos, teria inevitavelmente provocado um desenvolvimento mundial de novas construções de navios de guerra. A marinha francesa, salvo os navios mais recentes, precisaria de reconstrução. Isso, por sua vez, causaria uma repercussão na Itália. Quanto a nós, era evidente que teríamos de reconstruir a esquadra inglesa em larguíssima escala, com o fim de manter nossa superioridade de três para um em matéria de embarcações modernas. É possível que a ideia de a marinha alemã corresponder a um terço da inglesa também se tenha afigurado ao nosso almirantado como a de uma marinha inglesa três vezes superior à alemã. Isso talvez preparasse o terreno para uma reconstrução razoável e já atrasada de nossa esquadra. Mas onde estavam os políticos?

Esse acordo foi anunciado ao parlamento pelo primeiro Lord do almirantado em 21 de junho de 1935. Na primeira oportunidade, eu o condenei: o que se fizera, na verdade, fora autorizar a Alemanha a construir usando sua capacidade máxima durante os cinco ou seis anos seguintes.

☆

Enquanto isso, na esfera militar, o estabelecimento formal do recrutamento na Alemanha, em 16 de março de 1935, marcou o desafio fundamental a Versalhes. Mas os passos mediante os quais o exército alemão foi então ampliado e reorganizado não são apenas de interesse técnico.

O nome de *Reichswehr* foi trocado para *Wehrmacht.* O exército passou a ficar subordinado à liderança suprema do Führer. Todos os soldados prestavam juramento, não à constituição, como antes, mas à pessoa de Adolf Hitler. O Ministério da Guerra ficou diretamente subordinado às ordens do Führer. Planejou-se um novo tipo de formação — a divisão blindada, ou *Panzer* — da qual logo passaram a existir três unidades. Também foram feitos arranjos detalhados para a arregimentação dos jovens alemães. Começando nas fileiras da Juventude Hitlerista, os meninos da Alemanha passavam voluntariamente, aos 18 anos, para as SA, por um período de dois anos. O serviço nos batalhões de trabalho, ou *Arbeitsdienst,* tornou-se obrigatório para todos os alemães do sexo masculino ao completarem vinte anos de idade. Durante seis meses, eles tinham que servir ao país construindo estradas, erguendo quartéis ou drenando charcos, o que os deixava física e moralmente aptos para o dever supremo dos cidadãos alemães: o serviço nas forças armadas. Nos batalhões de trabalho, a ênfase recaía na abolição das classes e na acentuação da união social do povo alemão; no exército, ela recaía sobre a disciplina e a unidade territorial da nação.

Iniciou-se então a gigantesca tarefa de treinar o novo órgão e expandir seus quadros. Em 15 de outubro de 1935, novamente desafiando as cláusulas de Versalhes, a escola de estado-maior da Alemanha foi reaberta em cerimônia formal por Hitler, acompanhado pelos chefes das forças armadas. Ali estava o ápice da pirâmide, cuja base, já então, constituía-se da miríade de formações dos batalhões de trabalho. Em 7 de novembro, a primeira turma, nascida em 1914, foi convocada para o serviço militar: 596 mil rapazes a serem instruídos no ofício das armas. Assim, de um só golpe, ao menos no papel, o exército alemão elevou-se para um efetivo de quase setecentos mil homens.

Reconheceu-se que, após a primeira convocação da classe de 1914, tanto na Alemanha quanto na França, os anos seguintes trariam um número decrescente de recrutas, em virtude do declínio da natalidade durante o período da Guerra Mundial. Assim, em agosto de 1936, o período de serviço militar ativo na Alemanha foi ampliado para dois anos. A classe de 1915 totalizou 464 mil jovens e, com a retenção da turma de 1914 por mais um ano, o número de alemães em treinamento militar regular em 1936 foi de 1,5 milhão de homens. No mesmo ano, a força efetiva do exército francês, sem contar a reserva, era de 623 mil homens, dos quais apenas 407 mil estavam na França.

As cifras seguintes, que atuários puderam prever com certa exatidão, dispensam comentários:

TOTAIS COMPARADOS DE FRANCESES E ALEMÃES DAS CLASSES NASCIDAS ENTRE 1914 E 1920 E CONVOCADAS ENTRE 1934 E 1940

Classe	*Alemanha*	*França*
1914	596.000	279.000
1915	464.000	184.000
1916	351.000	165.000
1917	314.000	171.000
1918	326.000	197.000
1919	485.000	218.000
1920	636.000	360.000
	3.172.000 homens	1.574.000 homens

Até esses números se transformarem em realidade no decorrer dos anos, eles ainda foram apenas sombras de advertência. Tudo o que foi feito até 1935 ficou muito aquém da força e do poder do exército francês, com sua vasta reserva, sem falar em seus numerosos e vigorosos aliados. Mesmo nessa época, uma decisão resoluta, pautada na autorização da Liga das Nações, que seria fácil de obter, poderia ter detido todo o processo. A Alemanha poderia ter sido chamada aos tribunais, em Genebra, e solicitada a dar uma explicação completa e a permitir que missões de investigação aliadas examinassem a situação de seus armamentos e efetivos militares que transgrediam o Tratado. Na eventualidade de uma recusa, as cabeças de ponte do Reno poderiam ser reocupadas até que fosse garantido o cumprimento do Tratado, sem que houvesse qualquer possibilidade de resistência efetiva ou grande probabilidade de derramamento de sangue. Muitos dos fatos, bem como toda a sua tendência geral, eram conhecidos pelos estados-maiores francês e inglês e, em menor grau, reconhecidos pelos governos. O governo francês, que seguia seu curso ininterrupto no fascinante jogo da política partidária, e o governo inglês, que chegou aos mesmos vícios pelo processo oposto de um acordo geral para manter as coisas quietas, foram igualmente incapazes de qualquer ação drástica ou claramente definida, por mais justificável que ela fosse, tanto nos termos do Tratado quanto por mera prudência.

8
Sanções contra a Itália, 1935

A PAZ MUNDIAL SOFREU ENTÃO seu segundo grande abalo. À perda da paridade aérea pela Inglaterra seguiu-se a passagem da Itália para o lado alemão. Juntos, esses dois acontecimentos facultaram a Hitler avançar em seu mortífero curso predeterminado. Vimos como Mussolini fora útil na proteção da independência austríaca, com tudo o que ela implicava para o centro e o sudeste da Europa. Agora, ele se deslocaria para o campo oposto. A Alemanha nazista já não estaria sozinha. Um dos principais aliados ocidentais da Primeira Guerra Mundial logo se juntaria a ela. Muito grave, essa alteração no equilíbrio da segurança abateu-me o espírito.

As intenções de Mussolini em relação à Abissínia eram inadequadas à ética do século XX. Pertenciam às eras tenebrosas em que os brancos sentiam-se autorizados a conquistar os homens de pele amarela, marrom, preta ou vermelha e a subjugá-los através da força e de suas armas superiores. Em nossos dias esclarecidos, em que se cometeram crimes e crueldades ante os quais os selvagens das eras anteriores teriam recuado, ou dos quais, pelo menos, eles teriam sido incapazes, essa conduta era ao mesmo tempo obsoleta e repreensível. Além disso, a Abissínia era membro da Liga das Nações. Por uma curiosa inversão, a Itália é que havia pressionado pela inclusão desse país, em 1923, e a Inglaterra se havia oposto. Era opinião dos ingleses que o caráter do governo etíope e as condições vigentes naquela terra selvagem, de tirania, escravidão e guerras tribais, não eram compatíveis com a participação na Liga. Mas os italianos haviam feito prevalecer sua vontade. A Abissínia era membro da Liga, com todos os seus direitos e com as garantias que ela pudesse oferecer. Ali estava, realmente, um teste exemplar para o órgão de governo mundial em que se fundamentavam as esperanças de todos os homens de bem.

O ditador italiano não era movido unicamente pelo desejo de vantagens territoriais. Seu governo e sua segurança dependiam do prestígio. A humilhante derrota sofrida pela Itália em Adowa, quarenta anos antes, e a zombaria do mundo quando um exército italiano fora não apenas destruído ou capturado, mas vergonhosamente mutilado, amarguravam a mente de todos os italianos. Eles tinham visto como a Inglaterra, com o passar dos anos, vingara Khartoum e Majuba. Proclamar seu valor, vingando Adowa, significava para a Itália quase tanto quanto a recuperação da Alsácia-Lorena para a França. Não parecia haver nenhum modo de Mussolini consolidar seu poder com mais facilidade ou menor risco e custo, ou, a seu ver, aumentar a autoridade da Itália na Europa, senão limpando a mancha do passado e somando a Abissínia ao império italiano recém-criado. Todas essas ideias eram equivocadas e infelizes, mas, como é sempre sensato tentar-se compreender o ponto de vista dos outros, vale a pena registrá-las.

Na temível luta contra a Alemanha nazi rearmada, que eu sentia aproximar-se a passos inexoráveis, fiquei extremamente relutante ao ver a Itália afastada e até empurrada para o campo adversário. Não havia dúvida de que o ataque de um membro da Liga das Nações a outro, naquela conjuntura, se não causasse indignação, acabaria sendo destrutivo para a Liga como fator de aglutinação das únicas forças capazes de controlar o poderio da Alemanha ressurgente e a aterradora ameaça de Hitler. Da comprovada majestade da Liga talvez se pudesse extrair mais do que a Itália jamais seria capaz de dar, reter ou transferir. Assim, se a Liga se mostrasse disposta a usar a força conjunta de todos os seus membros para refrear a política de Mussolini, seria nosso dever sagrado assumir nossa parcela de responsabilidade e desempenhar um papel confiável. Em qualquer circunstância, não parecia haver nenhuma obrigação de que a Inglaterra assumisse a liderança. A nação tinha o dever de levar em conta sua própria fraqueza, causada pela perda da paridade aérea, e mais ainda a situação militar da França, em face do rearmamento alemão. Uma coisa era clara e certa. Meias medidas seriam inúteis para a Liga e perniciosas para a Inglaterra, caso ela assumisse a liderança. Se considerássemos justo e necessário para a lei e o bem da Europa um enfrentamento mortal com a Itália de Mussolini, teríamos que derrubá-lo. A queda do ditador menor poderia combinar-se para pôr em ação todas as forças — e elas ainda eram esmagadoras — que nos possibilitariam refrear o grande ditador, e assim impedir uma segunda guerra alemã.

Estas reflexões gerais são um prelúdio à narrativa deste capítulo.

☆

Desde a Conferência de Stresa, os preparativos de Mussolini para a conquista da Abissínia eram visíveis. Era evidente que a opinião pública inglesa seria hostil a tal ato de agressão italiana. Aqueles dentre nós que víamos na Alemanha de Hitler um perigo não somente para a paz, mas também para a sobrevivência, temíamos essa passagem de uma potência de primeira classe, como então era considerada a Itália, do nosso lado para o outro. Lembro-me de um jantar em que estiveram presentes Sir Robert Vansittart e Mr. Duff Cooper, então apenas um subsecretário, no qual essa mudança adversa no equilíbrio da Europa foi claramente prevista. Debateu-se a ideia de que alguns de nós fôssemos ao encontro de Mussolini para lhe explicar os resultados inevitáveis que seriam produzidos na Inglaterra. Nada resultou disso; nem tampouco teria tido qualquer serventia. Mussolini, como Hitler, encarava a Inglaterra como uma velha assustada e flácida que, na pior das hipóteses, apenas esbravejaria, e que, de qualquer modo, seria incapaz de travar uma guerra. Lord Lloyd, que mantinha com ele um relacionamento amistoso, observou o quanto Mussolini ficara impressionado com a Resolução de Joad, aprovada pelos universitários de Oxford, em 1933, recusando-se a "lutar pelo Rei e pela Pátria".

Em agosto, o ministro do Exterior convidou a mim e também aos líderes do partido de oposição a visitá-lo em separado no Foreign Office, e a ocorrência dessas consultas foi divulgada pelo governo. Sir Samuel Hoare falou-me de sua crescente ansiedade a respeito da agressão italiana contra a Abissínia e me perguntou até onde eu me disporia a ir contra ela. Desejando conhecer melhor, antes de responder, a situação interna e pessoal no Foreign Office, que funcionava num regime de diarquia, perguntei pela opinião de Eden. "Vou pedir-lhe que venha até aqui", disse Hoare, e, em poucos minutos, Anthony chegou, sorridente e muito bem-humorado. Tivemos uma conversa tranquila. Eu disse achar *legítimo o ministro do Exterior acompanhar a Liga das Nações contra a Itália até o ponto a que ele fosse capaz de levar a França*; mas acrescentei que ele não deveria exercer nenhuma pressão sobre a França, por causa de seu acordo militar com a Itália e de sua preocupação com a Alemanha, e que, nessas condições, eu não esperava que a França fosse muito longe. Em termos gerais, aconselhei vivamente os ministros a não tentarem assumir um papel de liderança ou se adiantarem com demasiado destaque. Nisso, é claro, eu estava oprimido por meus temores da Alemanha e pelo estado a que nossas defesas tinham sido reduzidas.

No decorrer do verão de 1935, a movimentação de navios italianos de transporte de tropas pelo canal de Suez foi contínua, havendo-se reunido forças e suprimentos consideráveis ao longo da fronteira oriental da Abissínia. Súbito, houve algo extraordinário e, para mim, depois de minha conversa no Foreign Office, inteiramente inesperado. Em 24 de agosto, o Gabinete decidiu e declarou que a Inglaterra cumpriria sua obrigação nos termos de seus tratados e da convenção da Liga. Mr. Eden, ministro para Assuntos da Liga das Nações e com status quase igual ao do ministro do Exterior, já havia passado algumas semanas em Genebra, onde arregimentara a assembleia para uma política de "sanções" contra a Itália, caso ela invadisse a Abissínia. O cargo peculiar para o qual ele fora designado, por sua própria natureza, fez com que ele se concentrasse na questão abissínia com uma ênfase que sobrepujava outros aspectos. "Sanções" significava retirar da Itália toda a ajuda financeira e todos os suprimentos econômicos e oferecer toda essa assistência à Abissínia. Para um país como a Itália — que, no tocante a muitos produtos necessários para a guerra, dependia da liberdade de importação do exterior — esse era realmente um assombroso meio de dissuasão. O fervor e o discurso de Eden, bem como os princípios que ele proclamou, dominaram o plenário da Liga. Em 11 de setembro, chegando a Genebra, o próprio ministro do Exterior Sir Samuel Hoare dirigiu-se à assembleia:

> Começarei por reafirmar o apoio à Liga pelo governo que represento e o interesse do povo inglês na segurança coletiva. (...) As ideias cultuadas pelo *Covenant*, o Pacto da Liga e, em particular, a aspiração a que se estabeleça o império da lei nos assuntos internacionais tornaram-se parte de nossa consciência nacional. É aos princípios da Liga, e não a qualquer manifestação particular, que a nação inglesa tem demonstrado sua adesão. Qualquer outra visão equivale, ao mesmo tempo, a subestimar nossa boa-fé e a pôr em dúvida nossa sinceridade. Em consonância com suas obrigações precisas e explícitas, a Liga defende, e meu país defende com ela, a manutenção coletiva da íntegra do Pacto e, particularmente, a resistência sistemática e conjunta a todos os atos de agressão não provocada.

Apesar de minhas inquietações em relação à Alemanha e por menos que me agradasse a maneira como nossos assuntos eram tratados, lembro-me de ter-me emocionado com esse discurso, ao lê-lo sob o sol da Riviera. Ele mobilizou a todos e reverberou nos EUA. Uniu, na Inglaterra, todas as forças que representavam uma combinação destemida de honradez e força. Bem, pelo menos era uma política. Se ao menos o orador se apercebesse das tremendas forças que desencadeara e tinha nas mãos naquele momento, ele realmente poderia ter liderado o mundo por algum tempo.

Essas declarações ganhavam validade pelo fato de terem por trás de si, como muitas causas que, no passado, tinham-se revelado vitais para o progresso e a liberdade humanos, a marinha inglesa. Pela primeira e última vez, a Liga das Nações pareceu ter a seu dispor uma arma secular. Ali estava a força policial internacional com base em cuja autoridade máxima era possível empregar toda sorte de pressões e formas diplomáticas e econômicas de persuasão. Quando, em 12 de setembro, exatamente no dia seguinte, os cruzadores pesados *Hood* e *Renown,* acompanhados pela segunda divisão de cruzadores e por um esquadrão de contratorpedeiros, chegaram a Gibraltar, presumiu-se por toda parte que a Inglaterra sustentaria suas palavras com atos. Tanto a política quanto a ação ganharam um apoio imediato e esmagador no plano interno. Achou-se, como era natural, que nem a declaração nem a movimentação de navios de guerra teriam sido feitas sem que o almirantado fizesse cuidadosos cálculos especializados sobre a esquadra ou esquadras necessárias, no Mediterrâneo, para fazer valer nossos compromissos.

No fim de setembro, tive que fazer um discurso no Carlton Club da City, uma instituição ortodoxa de certa influência. Tentei transmitir um alerta a Mussolini. Creio que ele tenha lido. Mas, em outubro, sem se deixar dissuadir pela tardia movimentação naval inglesa, ele lançou os exércitos italianos na invasão da Abissínia. No dia 10, pelo voto de cinquenta nações soberanas contra uma, o plenário da Liga resolveu adotar medidas coletivas contra a Itália. Foi nomeada a comissão dos 18 para fazer novos esforços em prol de uma solução pacífica. Assim confrontado, Mussolini fez um pronunciamento claro, marcado por uma profunda sagacidade. Em vez de dizer que "a Itália enfrentará sanções com a guerra", disse: "A Itália as enfrentará com disciplina, frugalidade e sacrifício." Ao mesmo tempo, no entanto, insinuou que *não toleraria a imposição de nenhuma sanção que impedisse sua invasão da Abissínia.* Se esse empreendimento fosse posto em perigo, ele entraria em guerra contra qualquer um que lhe barrasse o caminho. "Cinquenta nações!", exclamou. "Cinquenta nações, lideradas por uma!" Era essa a situação nas semanas que antecederam a dissolução do parlamento na Inglaterra e a eleição geral, constitucionalmente devida para aquele momento.

O derramamento de sangue na Abissínia, o ódio ao fascismo e a invocação de sanções pela Liga produziram uma convulsão no Partido Trabalhista inglês. Os sindicalistas, dentre os quais se destacava Mr. Ernest Bevin, nada tinham de pacifistas por temperamento. Um intensíssimo desejo de combater o ditador italiano, de impor sanções de caráter decisivo e de usar a esquadra inglesa, se necessário, irrompeu em meio aos vigorosos assalariados. Palavras rudes e duras foram proferidas em reuniões agitadas. Em certa ocasião, Mr. Bevin queixou-se de que "estava cansado de ver os escrúpulos de George Lansbury serem arrastados de uma conferência para outra". Muitos membros da bancada do Partido Trabalhista no parlamento compartilhavam do estado de ânimo dos sindicatos. Numa esfera muito mais ampla, todos os líderes da União da Liga das Nações sentiam-se comprometidos com a causa da Liga. Ali estavam princípios em obediência aos quais havia humanistas vitalícios dispostos a morrer e, se fosse para morrer, também a matar. No dia 8 de outubro, Mr. Lansbury renunciou à sua liderança da bancada do Partido Trabalhista e o major Attlee, que tinha um belo histórico de guerra, passou a reinar em seu lugar.

Mas essa agitação nacional não estava de acordo com a visão ou as intenções de Mr. Baldwin. Só vários meses depois da eleição é que comecei a compreender os princípios em que se fundamentavam as "sanções". O primeiro-ministro havia declarado que as sanções significavam a guerra; em segundo lugar, ele estava determinado a que não houvesse guerra alguma; e, em terceiro, havia-se decidido pelas sanções. Evidentemente, era impossível conciliar essas três condições. Sob a orientação da Inglaterra e as pressões de Laval, o comitê da Liga das Nações encarregado de formular as sanções manteve-se longe de qualquer coisa que pudesse provocar uma guerra. Um grande número de produtos, alguns dos quais materiais bélicos, foi proibido de entrar na Itália, havendo-se traçado um cronograma imponente. Mas o petróleo, sem o qual a campanha da Abissínia não se poderia manter, continuou a entrar livremente, pois se entendeu que interromper sua entrega significaria a guerra.

Nesse ponto, a atitude dos Estados Unidos, que não participavam da Liga das Nações e eram o principal fornecedor mundial de petróleo, embora benevolente, foi duvidosa. Além disso, cortar o fornecimento de petróleo para a Itália também implicaria cortá-lo para a Alemanha. A exportação de alumínio para a Itália foi estritamente proibida; mas alumínio era praticamente o único metal que ela produzia em quantidades que superavam suas próprias necessidades. A importação de sucata e minério de ferro pela Itália foi severamente vetada, em nome da justiça pública. Mas, como a indústria metalúrgica italiana fazia pouquíssimo uso dessa matéria-prima e como não houve nenhuma interferência no tocante a barras de aço e ferro gusa, a Itália não sofreu qualquer prejuízo. Dessa forma, as medidas exigidas com tanto alarde não foram verdadeiras sanções que paralisassem o agressor, e sim meras sanções vacilantes que o agressor se dispunha a tolerar, pois, na verdade, apesar de onerosas, estimulavam o espírito bélico italiano. Portanto, a Liga das Nações saiu em socorro da Abissínia com base em que nada se fizesse para atrapalhar os exércitos invasores italianos. Esses fatos não eram conhecidos do público inglês na época da eleição. O eleitorado apoiou sinceramente a política das sanções e acreditou que esse fosse um meio seguro de pôr fim ao ataque italiano à Abissínia.

O governo de Sua Majestade tinha ainda menos intenção de empregar a esquadra. Contou-se todo tipo de histórias sobre esquadrilhas italianas suicidas de caças de mergulho, que se atirariam no convés de nossos navios e os fariam em pedaços. A esquadra inglesa fundeada em Alexandria fora reforçada. Com um gesto, ela poderia fazer os navios-transportes italianos voltarem do canal de Suez; com isso, teria desafiado a marinha italiana. Fomos informados de que ela não era capaz de enfrentar aquele antagonista. Eu tinha levantado essa questão desde o começo, mas haviam-me tranquilizado. Nossos encouraçados eram velhos, é claro, e no momento parecíamos não dispor de cobertura aérea, além de contarmos com muito pouca munição antiaérea. Transpirou, entretanto, que o almirante que estava no comando ressentiu-se da indicação que lhe atribuíram de que ele não teria força suficiente para realizar uma missão de combate com a esquadra. Assim, antes de tomar sua primeira decisão de se opor à agressão italiana, parece que o governo de Sua Majestade deveria ter examinado cuidadosamente os meios e recursos disponíveis, e também ter chegado a uma conclusão.

Não há dúvida, com base em nossos conhecimentos atuais, de que uma decisão corajosa teria cortado as comunicações italianas com a Abissínia e de que teríamos logrado êxito em qualquer batalha naval que se seguisse. Nunca fui favorável a uma ação isolada por parte da Inglaterra, mas, depois de ter ido tão longe, retroceder foi um ato deplorável. Ademais, Mussolini nunca teria ousado entrar em choque com um governo inglês decidido. Quase o mundo inteiro estava contra ele, e o ditador teria tido que arriscar seu regime numa guerra solitária com a Inglaterra, na qual uma ação da esquadra no Mediterrâneo seria o primeiro e decisivo teste. Como poderia a Itália travar essa guerra? Salvo por uma vantagem limitada em termos de modernos cruzadores leves, sua marinha tinha apenas um quarto do tamanho da inglesa. Seu numeroso exército de conscritos, alardeado como contando-se aos milhões, não poderia entrar em ação. Seu poderio aéreo, em quantidade e qualidade, estava muito aquém até mesmo de nossas modestas posses. O país teria sido instantaneamente bloqueado. Os exércitos italianos na Abissínia morreriam à míngua, por falta de suprimento e munição. A Alemanha ainda não podia dar nenhuma ajuda efetiva.

Se houve, em algum momento, a oportunidade de desferir um golpe decisivo em prol de uma causa generosa, com um mínimo de risco, foi ali e então. O fato de a fibra do governo inglês não ter ficado à altura dessa oportunidade só se pode desculpar por seu sincero amor à paz. Na verdade, ele contribuiu para conduzir o mundo a uma guerra infinitamente mais terrível. O blefe de Mussolini teve sucesso, e um importante espectador extraiu desse fato conclusões de grande alcance. Fazia muito tempo que Hitler se decidira pela guerra em prol do engrandecimento da Alemanha. Nesse momento, ele formou uma opinião sobre a degeneração da Inglaterra que só iria modificar-se quando já era tarde demais para a paz e tarde demais para ele. Também no Japão havia espectadores pensativos.

☆

Dois processos opostos, o de promover a união nacional com base na questão mais excitante do momento e o do choque dos interesses partidários, que é inseparável de uma eleição geral, avançaram em conjunto. Isso foi de grande vantagem para Mr. Baldwin e os que o apoiavam. "A Liga das Nações continuará a ser, como tem sido até hoje, a pedra angular da política externa inglesa" — rezava o manifesto eleitoral do governo. "A prevenção da guerra e o estabelecimento da paz mundial devem sempre constituir o interesse mais vital do povo inglês, e a Liga é o instrumento que se estruturou e para o qual nos voltamos na expectativa da consecução desses objetivos. Assim, continuaremos a fazer tudo que estiver a nosso alcance para apoiar o *Covenant* e manter e aumentar a eficiência da Liga. No lamentável conflito atual entre a Itália e a Abissínia, *não haverá nenhuma hesitação na política que vimos adotando até aqui.*"

O Partido Trabalhista, por outro lado, estava muito dividido. A maioria era pacifista, mas a ativa campanha de Mr. Bevin granjeara muitos adeptos entre as massas. Os líderes oficiais, por conseguinte, tentaram dar uma satisfação a todos, apontando ao mesmo tempo para caminhos opostos. Por um lado, eles clamaram por medidas decisivas contra o ditador italiano; por outro, denunciaram a política rearmamentista. Assim, disse Mr. Attlee na Câmara dos Comuns no dia 22 de outubro: "Queremos sanções eficazes, aplicadas com eficiência. Apoiamos as sanções econômicas. Apoiamos o sistema da Liga." Mas, pouco depois, nesse mesmo discurso, declarou: "Não estamos convencidos de que o caminho para a segurança consista em estocar armamentos. Não cremos que haja, neste [momento], algo que se possa chamar de defesa nacional. Somos da opinião de que se deve rumar para o desarmamento, e não para as pilhas de armas." Em geral, nenhum dos lados tem muito do que se orgulhar dos períodos eleitorais. O próprio primeiro-ministro estava ciente, sem dúvida, da força crescente que estava por trás da política externa governista. Mas estava decidido a não se deixar arrastar para uma guerra, em hipótese alguma. Observando o processo de fora, parecia-me que ele estava ansioso por obter o máximo apoio possível e usá-lo para dar início ao rearmamento inglês numa escala modesta.

Na eleição geral, Mr. Baldwin falou em termos vigorosos sobre a necessidade do rearmamento, e seu discurso principal foi dedicado à situação insatisfatória da marinha. Entretanto, depois de ter ganho tudo que havia por ganhar, com base num programa de sanções e rearmamento, ele ficou ansioso por consolar os amantes profissionais da paz no país e por lhes aplacar no peito quaisquer temores que seu discurso sobre as necessidades da marinha pudesse ter provocado. No dia 1° de outubro, seis semanas antes da eleição, no Guildhall, ele discursou para a Sociedade pela Paz. No decorrer desse discurso, disse: "Dou-lhes minha palavra de que não haverá grande rearmamento." À luz das informações de que o governo dispunha sobre os diligentes preparativos alemães, essa era uma promessa curiosa. E assim se conquistaram os votos tanto dos que buscavam ver a nação preparar-se para os perigos do futuro quanto dos que acreditavam que a paz poderia ser preservada através do enaltecimento de suas virtudes. O resultado foi um triunfo para Mr. Baldwin. Os eleitores deram-lhe uma maioria de 247 cadeiras sobre todos os outros partidos juntos. Após cinco anos no cargo, ele atingiu uma posição de poder pessoal que não fora igualada por nenhum primeiro-ministro desde o fim da Grande Guerra. Todos os que lhe haviam feito oposição, fosse no tocante à Índia ou em relação à negligência de nossas defesas, foram desmentidos por essa renovação do voto de confiança, que ele conquistou através de sua tática habilidosa e afortunada na política interna e pela estima tão amplamente sentida por seu caráter pessoal. Assim, uma administração mais desastrosa do que qualquer outra em nossa história viu seus erros e deficiências aclamados pela nação. Mas havia um preço a ser pago, e a nova Câmara dos Comuns levaria quase dez anos para pagá-lo.

Houvera muitos boatos de que eu participaria do governo como primeiro Lord do almirantado. Mas, depois de proclamados os números de sua vitória, Mr. Baldwin não perdeu tempo e anunciou, através do escritório central do partido, que não havia nenhuma intenção de me incluir no governo. Houve muita zombaria na imprensa a respeito de minha exclusão. Agora, porém, pode-se ver como tive sorte. Sobre mim pairaram asas invisíveis.

E tive alguns consolos agradáveis. Parti com meu estojo de pintura rumo a climas mais amenos, sem esperar pela reunião do parlamento.

☆

Houve uma embaraçosa sequela da vitória de Mr. Baldwin, em nome da qual podemos sacrificar a cronologia. Seu ministro do Exterior, Sir Samuel Hoare, viajando para a Suíça via Paris para uma merecida temporada de patinação nas férias, teve um encontro com Laval, ainda ministro do Exterior da França. O resultado dessa conversa foi o Pacto Hoare-Laval de 9 de dezembro. Vale a pena examinar um pouco os antecedentes desse célebre incidente.

A ideia de que a Inglaterra liderasse a Liga das Nações contra a invasão fascista da Abissínia por Mussolini havia arrebatado a nação. Mas, uma vez encerrada a eleição, e quando os ministros viram-se de posse de uma maioria que lhes poderia dar a direção do estado por cinco anos, muitas consequências aborrecidas tiveram que ser consideradas. Na raiz de todas elas estavam as declarações de Mr. Baldwin: "Não deve haver guerra" e "Não deve haver um grande rearmamento". Esse notável líder partidário, tendo vencido a eleição com base na liderança mundial contra a agressão, estava profundamente convencido de que deveríamos preservar a paz a qualquer preço.

Além disso, veio então do Foreign Office um poderoso impulso. Sir Robert Vansittart nunca afastou os olhos, nem por um momento, do perigo hitlerista. Ele e eu tínhamos a mesma opinião quanto a esse ponto. E agora, a política inglesa havia forçado Mussolini a mudar de lado. A Alemanha já não estava isolada. As quatro potências ocidentais estavam divididas duas contra duas, em vez de haver três contra uma. Essa acentuada deterioração de nossas relações agravou a angústia da França. O governo francês já fizera o acordo franco-italiano em janeiro. Logo depois viera o acordo militar com a Itália. Calculava-se que esse acordo pudesse economizar 18 divisões francesas da frente italiana, a serem transferidas para a frente contra a Alemanha.

Em suas negociações, Laval certamente dera a Mussolini mais do que um indício de que a França não se incomodaria com o que quer que viesse a acontecer com a Abissínia. Os franceses tinham um argumento considerável para discutir com os ministros ingleses. Primeiro, durante vários anos, havíamos tentado fazê-los reduzirem seu exército, que era tudo com que eles contavam para viver. Segundo, os ingleses tinham-se saído muito bem liderando a Liga das Nações contra Mussolini. Tinham até vencido uma eleição com base nisso, e, nas democracias, eleições são muito importantes. E terceiro, tínhamos feito um acordo naval, supostamente muito bom para nós, que nos deixava muito à vontade nos mares, exceto pela guerra submarina.

Ora, em dezembro de 1935, um novo conjunto de controvérsias entrou em cena. Mussolini, pressionado pelas sanções e sob a pesadíssima ameaça de "cinquenta nações lideradas por uma", daria boas-vindas, segundo se segredava, a uma solução de conciliação com respeito à Abissínia. Não seria possível chegar-se a um acordo de paz que desse à Itália o que ela havia exigido agressivamente e deixasse à Abissínia quatro quintos de todo o seu império? Vansittart, que casualmente estava em Paris na época em que o ministro do Exterior passou por ali, e que assim entrou nessa questão, não deve ser injustamente julgado por ter pensado o tempo todo na ameaça alemã, e por ter desejado que a Inglaterra e a França se organizassem com a maior força possível para enfrentar esse grande perigo, tendo a Itália em sua retaguarda na condição de amiga, e não de inimiga.

Mas a nação inglesa, vez por outra, entrega-se a ondas de sentimento cruzadístico. Mais do que qualquer outro país do mundo, ela se dispõe, a grandes intervalos, a lutar por uma causa ou uma tese, simplesmente por estar convencida, de corpo e alma, de que não extrairá nenhum benefício material do conflito. Baldwin e seus ministros tinham infundido um grande entusiasmo na Inglaterra com sua resistência a Mussolini em Genebra. Haviam ido tão longe que sua única salvação perante a história estava em prosseguirem até as últimas consequências. A menos que estivessem preparados para sustentar suas palavras e gestos com a ação, melhor seria terem ficado fora disso tudo, como os Estados Unidos, e deixado as coisas amadurecerem para ver o que aconteceria. Teria sido um plano defensável. Mas não era o que haviam adotado. Eles haviam apelado para os milhões, e os milhões desarmados e até então despreocupados haviam respondido com um grito sonoro, que superava todas as outras exclamações: "Sim, marcharemos contra o mal, e marcharemos agora. Dai-nos as armas."

A nova Câmara dos Comuns era uma instituição disposta. Com tudo o que a esperava nos dez anos seguintes, precisava sê-lo. Assim, foi com um terrível choque que, ainda vibrando pela eleição, seus membros receberam a notícia de que fora feito um acordo entre Sir Samuel Hoare e Mr. Laval com respeito à Abissínia. Essa crise quase custou a vida política de Mr. Baldwin. Abalou o parlamento e a nação em suas bases. Quase da noite para o dia, Mr. Baldwin caiu dos seus píncaros de aclamada liderança nacional num abismo de escárnio e desprezo. Sua situação na Câmara durante esses dias foi digna de pena. Ele nunca havia entendido por que tinham que se preocupar com todas aquelas maçantes questões de relações exteriores. Contavam com uma maioria conservadora e nenhuma guerra. Que mais podiam querer? Mas o experiente piloto sentiu e pôde avaliar a plena força da tempestade.

O Gabinete, em 9 de dezembro, havia aprovado o plano Hoare-Laval de dividir a Abissínia entre a Itália e o Imperador. No dia 13, o texto na íntegra das propostas de Hoare-Laval foi posto ante a Liga. No dia 18, o Gabinete abandonou a proposta de Hoare-Laval, com isso provocando a demissão de Sir Samuel Hoare. A crise passou. Ao retornar de Genebra, Mr. Eden foi convocado ao nº 10 de Downing Street pelo primeiro-ministro, a fim de discutir a situação subsequente à demissão de Sir Samuel Hoare. Mr. Eden logo sugeriu que Sir Austen Chamberlain fosse convidado a assumir o Foreign Office e acrescentou que, se quisessem, estava disposto a trabalhar sob as ordens dele em qualquer função. Mr. Baldwin retrucou já ter considerado essa ideia e haver informado pessoalmente a Sir Austen não se sentir em condições de lhe oferecer aquele ministério. É possível que isso se tenha devido à saúde de Sir Austen. No dia 22 de dezembro, Mr. Eden tornou-se ministro do Exterior.

Minha mulher e eu passamos essa semana excitante em Barcelona. Vários de meus melhores amigos aconselharam-me a não voltar. Disseram que eu só faria prejudicar-me se me envolvesse nesse violento conflito. Nosso confortável hotel em Barcelona era o ponto de encontro da esquerda espanhola. No excelente restaurante onde almoçávamos e jantávamos, havia sempre vários grupos de homens jovens, de expressão ansiosa e casacos pretos, que cochichavam com o olhar brilhante sobre a política espanhola, por conta da qual, muito em breve, um milhão de espanhóis viria a morrer. Olhando para trás, acho que deveria ter voltado para casa. Talvez tivesse introduzido um elemento de decisão e agregação nas reuniões antigovernistas, que teriam posto fim ao regime de Baldwin. Talvez tivesse sido possível estabelecer um governo sob o comando de Sir Austen Chamberlain naquele momento. Por outro lado, meus amigos exclamavam: "É melhor ficar longe. Sua volta só será encarada como um desafio pessoal ao governo." Eu não me comprazia com esse conselho, que certamente não era envaidecedor; mas cedi à impressão de que não poderia fazer bem algum e permaneci em Barcelona, pintando telas sob o sol. Depois disso, Frederick Lindemann foi ter comigo e, num belo vapor, fizemos um cruzeiro pela costa leste da Espanha e desembarcamos em Tânger. Ali encontrei Lord Rothermere, com um círculo agradável. Ele me disse que Mr. Lloyd George estava em Marrakech, onde o tempo estava adorável. Todos rumamos de carro para lá. Fiquei pintando no encantador Marrocos e só retornei devido à morte repentina do rei George V, em 20 de janeiro.

☆

O colapso da resistência abissínia e a anexação do país inteiro pela Itália produziram efeitos pouco salutares na opinião pública alemã. Até aqueles que não aprovavam a política ou o ato de Mussolini admiraram a maneira ágil, eficiente e implacável com que, segundo parecia, a campanha fora conduzida. A visão geral foi que a Inglaterra saíra totalmente enfraquecida. Ela havia granjeado o ódio imorredouro da Itália; destruíra a frente de Stresa de uma vez por todas; e sua perda de prestígio no mundo compunha um agradável contraste com a força e reputação crescentes da nova Alemanha. "Estou impressionado", escreveu um de nossos representantes na Baviera, "com o tom de desprezo nas referências à Inglaterra em muitos círculos. (...) É de se temer que a atitude da Alemanha nas negociações com vistas a um acordo na Europa ocidental e a um acordo mais genérico sobre as questões europeias e extraeuropeias mostre-se mais endurecida." Pura verdade. O governo de Sua Majestade se havia adiantado, imprudentemente, como defensor de uma grande causa mundial. Liderara cinquenta nações com inúmeras palavras intrépidas. Confrontado com a dura realidade, Mr. Baldwin havia recuado. Por muito tempo, a política do governo vinha sendo concebida para dar satisfações a elementos poderosos da opinião pública do país, e não para buscar as realidades da situação europeia. Ao alienar a Itália, ele havia perturbado todo o equilíbrio da Europa, sem conseguir nada para a Abissínia. E levara a Liga das Nações a um estrepitoso fiasco, sumamente danoso, senão fatalmente lesivo, para sua eficácia e sua própria existência como instituição.

9
Hitler dá o bote, 1936

Quando retornei, no fim de janeiro de 1936, percebi um novo clima na Inglaterra. A conquista da Abissínia por Mussolini e os métodos brutais pelos quais fora obtida, o choque das negociações de Hoare-Laval, o desconcerto da Liga das Nações e a evidente ruptura da "segurança coletiva" haviam alterado o estado de ânimo, não apenas dos partidos Trabalhista e Liberal, mas de uma grande parcela da opinião bem-intencionada, mas até então inútil. Todas essas forças dispunham-se agora a considerar a guerra contra a tirania fascista ou nazista. Longe de ser excluído do pensamento legítimo, o uso da força tornou-se, pouco a pouco, um ponto decisivo na mente de uma vasta massa de pessoas amantes da paz, e mesmo de muitos que até então haviam-se orgulhado de ser chamados pacifistas. Mas a força, de acordo com os princípios a que eles se submetiam, só poderia ser usada por iniciativa e com a autorização da Liga das Nações. Embora os dois partidos oposicionistas continuassem a se opor a todas as providências de rearmamento, abriu-se um imenso espaço para o acordo. Tivesse o governo de Sua Majestade estado à altura da ocasião, poderia ter conduzido um povo unido para a tarefa dos preparativos, dentro de um espírito de emergência.

O governo reafirmou sua política de moderação, meias medidas e manutenção da calma. Para mim, era espantoso que o governo não procurasse utilizar toda a crescente harmonia então existente na nação. Por meio disso, ele teria fortalecido enormemente a si mesmo e obtido o poder de fortalecer o país. Mas Mr. Baldwin não tinha essas inclinações. Estava envelhecendo depressa. Apoiava-se na grande maioria que a eleição lhe concedera, e o Partido Conservador continuou tranquilo em suas mãos.

☆

Depois de se haver permitido que a Alemanha de Hitler se rearmasse, sem uma interferência ativa dos aliados e das antigas potências associadas, uma Segunda Guerra Mundial era quase certa. Quanto mais se adiasse um decisivo teste de força, piores seriam nossas chances, primeiro, de deter Hitler sem uma luta séria, e, numa segunda etapa, de sairmos vitoriosos após uma terrível provação. No verão de 1935, a Alemanha havia restabelecido o recrutamento militar, em desobediência aos tratados. A Inglaterra havia perdoado isso e, através de um acordo separado, permitira que ela reconstruísse uma marinha dotada de submarinos, se assim desejasse, na escala da inglesa. A Alemanha nazista havia criado, secreta e ilegalmente, uma força aérea militar que, na primavera de 1935, declarara abertamente ser igual à inglesa. Agora, ela estava no segundo ano da produção ativa de material bélico, depois de longos preparativos ocultos. A Inglaterra e a Europa inteira, bem como o que então era visto como a distante América, viram-se confrontadas com o poder organizado e a intenção belicosa de setenta milhões de componentes da raça mais eficiente da Europa, ansiosos por reconquistar sua glória nacional e impulsionados, caso fraquejassem, por um implacável regime militar, social e partidário.

Talvez ainda houvesse tempo para uma afirmação da segurança coletiva, baseada na disposição confessa de todos os membros implicados de fazer valer pela espada as decisões da Liga das Nações. As democracias e seus estados dependentes ainda eram, de fato e potencialmente, muito mais fortes do que as ditaduras, mas sua posição em relação aos seus adversários era menos da metade do que tinha sido 12 meses antes. As motivações virtuosas, entravadas pela inércia e pela timidez, não são páreo para a perversidade armada e resoluta. O amor sincero pela paz não é desculpa para se enredar centenas de milhões de pessoas humildes numa guerra total. Os aplausos e vivas de plateias fracas e bem-intencionadas logo param de ressoar, e seus votos logo deixam de ter importância. A perdição prossegue em sua marcha.

A Alemanha, no decorrer de 1935, havia repelido e sabotado os esforços das nações ocidentais de negociar um Locarno do leste. O novo Reich, naquele momento, havia-se declarado um baluarte contra o bolchevismo, e para seus membros, segundo eles diziam, não havia como trabalhar com os soviéticos. Hitler asseverou ao embaixador polonês em Berlim, em 18 de dezembro, que "era decididamente contrário a qualquer cooperação do Ocidente com a Rússia". Nesse clima, ele havia procurado prejudicar e solapar as tentativas francesas de chegar a um acordo direto com Moscou. O Pacto Franco-Soviético tinha sido assinado em maio, mas não fora ratificado por nenhuma das partes. Impedir essa ratificação tornou-se um objetivo primordial da diplomacia alemã. Laval foi avisado por Berlim de que, se essa providência fosse tomada, não poderia haver esperança de qualquer reaproximação franco-alemã. A partir de então, a relutância de Laval em perseverar tornou-se acentuada, mas não afetou os acontecimentos.

Em 27 de fevereiro, o parlamento francês ratificou o pacto e, no dia seguinte, o embaixador francês em Berlim foi instruído a abordar o governo alemão e indagar em que bases seria possível iniciar negociações para um entendimento franco-alemão. Hitler, em resposta, pediu alguns dias para refletir. Às dez horas da manhã de 7 de março, Herr von Neurath, o ministro do Exterior da Alemanha, convocou os embaixadores inglês, francês, belga e italiano à Wilhelmstrasse, para lhes anunciar a proposta de um pacto por 25 anos, com a desmilitarização de ambos os lados da fronteira do Reno, um acordo de limitação das forças aéreas e alguns pactos de não agressão a serem negociados com os vizinhos orientais e ocidentais.

A "zona desmilitarizada" da Renânia fora estabelecida pelos artigos 42, 43 e 44 do Tratado de Versalhes. Esses artigos declaravam que a Alemanha não deveria ter ou criar fortificações na margem esquerda do Reno ou a menos de 50km de sua margem direita. Tampouco deveria ter quaisquer forças militares nessa zona, nem realizar manobras militares em momento algum, nem manter qualquer agência de mobilização militar. Acima disso havia o Tratado de Locarno, livremente negociado pelas duas partes. Nele, os países signatários garantiam, individual e coletivamente, a manutenção das fronteiras entre a Alemanha e a Bélgica e entre a Alemanha e a França. O artigo 2 do Tratado de Locarno estabelecia que a Alemanha, a França e a Bélgica nunca invadiriam ou atacariam essas fronteiras. Caso, entretanto, os artigos 42 ou 43 do Tratado de Versalhes fossem infringidos, tal violação constituiria "um ato não provocado de agressão" e se exigiria uma ação imediata por parte dos signatários ofendidos, em virtude da reunião de forças armadas na zona desmilitarizada. Essa violação deveria ser imediatamente comunicada à Liga das Nações e esta, depois de verificar a realidade da violação, deveria informar aos países signatários que eles estavam obrigados a oferecer ajuda militar ao país contra o qual a ofensa tivesse sido perpetrada.

Ao meio-dia desse mesmo 7 de março de 1936, duas horas após sua proposta de um pacto de 25 anos, Hitler anunciou ao Reichstag que tencionava reocupar a Renânia e, exatamente no momento em que falava, colunas alemãs passaram a fronteira e entraram em todas as principais cidades alemãs. Em toda parte foram recebidas com júbilo, temperado pelo temor da reação dos aliados. Simultaneamente, para confundir a opinião pública inglesa e americana, Hitler declarou que a ocupação era puramente simbólica. O embaixador alemão em Londres entregou a Mr. Eden propostas semelhantes às que Neurath, em Berlim, fizera aos embaixadores das outras nações de Locarno naquela manhã. Isso proporcionou alívio nos dois lados do Atlântico a todos os que desejavam ser tapeados. Mr. Eden deu uma resposta severa ao embaixador. Hoje sabemos, é claro, que Hitler estava meramente usando essas propostas conciliatórias como parte de seu projeto e como uma capa para o ato de violência que havia praticado, cujo sucesso era vital para seu prestígio e, com isso, para o passo seguinte de seu programa.

Esse ato constituiu não só o descumprimento de uma obrigação extraída na guerra pela força das armas, e também do Tratado de Locarno, livremente assinado em completa vigência da paz, como foi ainda uma forma de tirar proveito da amistosa evacuação da Renânia pelos aliados vários anos antes da data pactuada. A notícia causou sensação no mundo inteiro. O governo francês, sob a chefia de M. Sarraut, e no qual M. Flandin era ministro do Exterior, levantou-se, vociferando sua ira, e apelou para todos os seus aliados e para a Liga. Acima de tudo, a França também tinha o direito de recorrer à Inglaterra, considerando a garantia que havíamos dado à fronteira francesa contra a agressão alemã e a pressão que havíamos exercido sobre a França em prol da evacuação antecipada da Renânia. Ali estavam, mais do que nunca, a violação não somente do Tratado de Paz, mas também do Tratado de Locarno, e uma obrigação que comprometia todas as nações interessadas.

Os senhores Sarraut e Flandin tiveram o impulso de agir de imediato, através da mobilização geral. Se houvessem ficado à altura de sua tarefa, tê-lo-iam feito e, com isso, teriam obrigado todos os outros a se alinhar com eles. Mas pareceram incapazes de fazer um só gesto sem a anuência da Inglaterra. Isso é uma explicação, mas não justifica. A questão era vital para a França, e qualquer governo francês digno desse nome deveria ter tomado sua própria decisão e confiado nas obrigações do Tratado. Por mais de uma vez nesses anos cambiantes, os ministros franceses, em seus governos em perene mutação, contentaram-se em encontrar no pacifismo inglês uma desculpa para o deles mesmos. Seja como for, eles não receberam dos ingleses nenhum incentivo para resistir à agressão alemã. Ao contrário, se eles haviam hesitado em agir, seus aliados ingleses não hesitaram em dissuadi-

-los de agir. Durante todo o domingo, houve conversas telefônicas agitadas entre Londres e Paris. O governo de Sua Majestade exortou os franceses a esperar, para que os dois países pudessem agir em conjunto e depois de plenas deliberações. Um tapete vermelho para o recuo!

As reações não oficiais vindas de Londres foram de esfriar. Mr. Lloyd George apressou-se a dizer: "A meu juízo, o maior crime de Herr Hitler não foi o descumprimento de um tratado, pois houve uma provocação." E acrescentou esperar "que mantivéssemos a cabeça fria". A provocação, presumivelmente, teria sido a incapacidade dos aliados de se desarmarem mais do que tinham feito. Lord Snowden, socialista, concentrou-se no proposto pacto de não agressão e disse que as iniciativas de paz anteriores de Hitler tinham sido ignoradas, mas os povos não permitiriam que *esta* oferta de paz fosse desprezada. É possível que essas declarações tenham expressado a mal-orientada opinião pública inglesa naquele momento, mas não hão de ser consideradas honrosas para seus autores. O gabinete inglês, adotando a lei do menor esforço, julgou que a saída mais fácil era pressionar a França a fazer mais um apelo à Liga das Nações.

Também houve uma grande divisão na França. De modo geral, os políticos desejavam mobilizar o exército e enviar um ultimato a Hitler, enquanto os generais, como seus pares alemães, pediam calma, paciência e delonga. Hoje sabemos dos conflitos de opinião surgidos nessa época entre Hitler e o Alto Comando alemão. Se o governo francês tivesse mobilizado o exército do país, com suas quase cem divisões, e também sua força aérea (que então ainda se acreditava, erroneamente, ser a mais forte da Europa), não há dúvida de que Hitler teria sido forçado por seu próprio Estado-Maior a recuar, e ter-se-ia erguido contra suas pretensões uma barreira que bem poderia revelar-se fatal para seu governo. Convém lembrar que a França, sozinha, tinha nessa época força perfeitamente suficiente para expulsar os alemães da Renânia. Em vez disso, o governo francês foi instado pelos ingleses a transferir seu fardo para a Liga das Nações, já enfraquecida e desalentada pelo fiasco das sanções e pelo acordo naval anglo-alemão do ano anterior.

Na segunda-feira, 9 de março, Mr. Eden foi a Paris, acompanhado por Lord Halifax e Ralph Wigram. O plano original tinha sido convocar uma reunião da Liga em Paris, mas Wigram, pouco depois, com a autorização de Eden, foi encontrar Flandin para lhe dizer que viesse a Londres para realizar na Inglaterra a reunião da Liga, já que, desse modo, ele obteria um apoio mais eficaz da Inglaterra. Foi uma missão ingrata para aquele dedicado servidor. Imediatamente após seu retorno a Londres, no dia 11 de março, ele veio me visitar e me contou a história. O próprio Flandin chegou nessa mesma noite, mais tarde, e, por volta das 8h30 de quinta-feira, veio a meu apartamento em Morpeth Mansions. Disse-me haver proposto exigir do governo inglês uma mobilização simultânea das forças terrestres, marítimas e aéreas dos dois países, e ter recebido garantias de apoio de todas as nações da "Pequena Entente" e de outros estados. Não havia dúvida de que o poderio superior ainda estava com os aliados da guerra anterior. Bastava que agissem para vencer. Embora não soubéssemos o que estava se passando entre Hitler e seus generais, era evidente que uma força esmagadora estava do nosso lado.

Mr. Neville Chamberlain, nessa época *Chancellor of the Exchequer,* ministro das Finanças, era o membro de maior peso no governo. Seu competente biógrafo, Mr. Keith Feiling, cita o seguinte excerto de seu diário: "12 de março, falei com Flandin, enfatizando que a opinião pública não nos apoiaria em nenhum tipo de sanção. A opinião dele é que, se for mantida uma frente firme, a Alemanha cederá sem guerra. Não podemos aceitar isso como uma estimativa confiável da reação de um ditador louco." Quando Flandin insistiu pelo menos num boicote econômico, Chamberlain retrucou sugerindo uma força internacional durante as negociações, concordou com um pacto de assistência mútua e declarou que se pudéssemos, através da concessão de uma colônia, garantir uma paz duradoura, ele consideraria essa ideia.

Enquanto isso, a maior parte da imprensa inglesa, com o *Times* e o *Daily Herald* à frente, expressava sua confiança na sinceridade das propostas de Hitler para um pacto de não agressão. Austen Chamberlain, num discurso em Cambridge, expôs o ponto de vista contrário. Wigram julgou que estava no âmbito de seu dever colocar Flandin em contato com todos aqueles em quem pudesse pensar, da City, da imprensa e do governo, e também com Lord Lothian. A todos com quem se encontrou na casa dos Wigrams, Flandin falou nos seguintes termos:

"O mundo inteiro, especialmente as pequenas nações, hoje volta seus olhos para a Inglaterra. Se a Inglaterra agir agora, poderá liderar a Europa. Vocês terão uma política e o mundo os seguirá, e, desse modo, vocês impedirão a guerra. É vossa última oportunidade. Se não detiverem a Alemanha agora, estará tudo acabado. A França não pode mais garantir a

Tchecoslováquia, porque isso se tornará geograficamente impossível. Se vocês não mantiverem o Tratado de Locarno, tudo o que lhes restará será esperar pelo rearmamento da Alemanha, contra o qual a França nada poderá fazer. Se vocês não detiverem a Alemanha à força, hoje, a guerra será inevitável, mesmo que vocês estabeleçam uma amizade temporária com eles. Por mim, não creio que seja possível uma amizade entre a França e a Alemanha; os dois países estarão sempre em tensão. Mesmo assim, se vocês desistirem de Locarno, mudarei minha política, pois não haverá mais nada a fazer." Palavras corajosas. Mas a ação teria falado mais alto.

A contribuição de Lord Lothian foi: "Afinal, eles estão apenas entrando em seu próprio quintal." Era uma visão representativa da Inglaterra.

☆

Quando eu soube como as coisas estavam indo mal, e depois de uma conversa com Wigram, aconselhei M. Flandin a solicitar uma entrevista com Mr. Baldwin antes de partir. Ela ocorreu em Downing Street. O primeiro-ministro recebeu M. Flandin com extrema cortesia. Mr. Baldwin explicou que, embora tivesse pouco conhecimento dos assuntos externos, interpretava bem o sentimento do povo inglês. E o povo queria paz. M. Flandin afirma haver retrucado que a única maneira de garanti-la era deter a agressão hitlerista enquanto essa medida ainda era possível. A França não tinha nenhum desejo de arrastar a Inglaterra para uma guerra; não estava pedindo nenhuma ajuda prática, e ela mesma providenciaria o que seria uma simples operação policial, já que, segundo as informações francesas, as tropas alemãs na Renânia tinham ordens de recuar se encontrassem oposição pela força. Flandin afirma ter dito que tudo o que a França estava pedindo à sua aliada era carta branca para agir. Isso certamente não é verdade. Como poderia a Inglaterra impedir a França de praticar uma ação para a qual, nos termos do Tratado de Locarno, ela estava legalmente autorizada? O primeiro-ministro inglês repetiu que seu país não poderia aceitar o risco da guerra. Perguntou o que o governo francês decidira fazer. Nenhuma resposta clara foi dada a isso. Segundo Flandin,* Mr. Baldwin então declarou: "Talvez o senhor tenha razão, mas, se houver até *mesmo uma chance em cem* de que haja guerra em decorrência de vossa operação policial, não tenho o

* Pierre-Étienne Flandin, *Politique Française, 1919-40*, pp. 207-8.

direito de comprometer a Inglaterra." E, após uma pausa, acrescentou: "A Inglaterra não está em condições de entrar em guerra." Não há confirmação disso. M. Flandin retornou à França convencido, em primeiro lugar, de que seu próprio país, dividido como estava, não poderia unir-se a não ser na presença de uma grande força de vontade na Inglaterra, e, em segundo, de que, longe de estar surgindo essa força de vontade, não se podia esperar da Inglaterra qualquer impulsão. Muito equivocadamente, ele mergulhou na desalentadora conclusão de que a única esperança para a França estava num acordo com uma Alemanha cada vez mais agressiva.

Não obstante, em razão do que eu vira da atitude de Flandin durante esses dias angustiantes, julguei ser meu dever, apesar de seus erros subsequentes, ir em socorro dele tanto quanto me foi possível, anos depois. Usei meu poder, no inverno de 1943-44, para protegê-lo quando ele foi preso na Argélia pelo governo de de Gaulle. Nessa ocasião, invoquei e recebi uma ajuda ativa do presidente Roosevelt. Depois da guerra, quando Flandin foi levado a julgamento, meu filho Randolph, que estivera muitas vezes com ele durante a campanha da África, foi convocado como testemunha, e me agrada pensar que seu depoimento, bem como uma carta que escrevi para que Flandin usasse em sua defesa, não deixaram de influir na absolvição que ele recebeu do tribunal francês. Fraqueza não é traição, embora possa ser igualmente desastrosa. Nada, entretanto, pode inocentar o governo francês por ter falhado em sua responsabilidade primordial. Clemenceau ou Poincaré não teriam deixado nenhuma alternativa a Mr. Baldwin.

A submissão inglesa e francesa à violação dos tratados de Versalhes e Locarno, expressa na reocupação da Renânia por Hitler, foi um golpe mortal para Wigram. "Depois que a delegação francesa se foi", escreveu-me sua mulher, "Ralph voltou, sentou-se num canto da sala onde nunca se havia sentado e me disse: 'Agora *a guerra é inevitável,* e será a guerra mais terrível que já aconteceu. Não creio que eu a veja, mas você verá. Fique esperando pelas bombas nesta casinha.'* Fiquei assustada com suas palavras, e ele prosseguiu: 'Todo o meu trabalho de tantos anos foi inútil. Sou um fracasso. Não consegui fazer as pessoas daqui se aperceberem do que está em jogo. Acho que não sou forte o bastante. Não pude fazer com que entendessem. Winston sempre, sempre compreendeu, e ele é forte e irá até o fim.'"

* A casa foi atingida.

Meu amigo nunca pareceu recuperar-se desse choque. Abalou-se demais com ele. Afinal, sempre se pode continuar fazendo o que se acredita ser o próprio dever e correr riscos cada vez maiores, até ser derrubado. A profunda compreensão de Wigram teve um efeito nefasto em sua natureza sensível. Sua morte prematura, em dezembro de 1936, foi uma perda irreparável para o Foreign Office e contribuiu para o lastimável declínio de nossa sorte.

☆

Quando Hitler se reuniu com seus generais após a vitoriosa reocupação da Renânia, pôde confrontá-los com o erro dos temores que haviam sentido e provar-lhes quão superior era seu julgamento, ou "intuição", comparado ao dos militares comuns. Os generais se curvaram. Como bons alemães, estavam contentes em ver seu país ganhar terreno tão depressa na Europa e em ver seus antigos adversários tão divididos e mansos. Indubitavelmente, o prestígio e a autoridade de Hitler no círculo mais alto do poder alemão foram tão ampliados por esse episódio que o encorajaram e lhe permitiram marchar adiante em direção a testes maiores. Ao mundo, ele declarou: "Todas as ambições territoriais da Alemanha estão satisfeitas agora."

A França foi lançada na incoerência, em meio à qual predominaram o medo da guerra e o alívio por ela ter sido evitada. O homem simples da Inglaterra foi ensinado por sua imprensa simples a se consolar com a reflexão de que "afinal, os alemães estão apenas voltando para seu próprio país. Como nos sentiríamos se fôssemos mantidos fora, digamos, do Yorkshire por dez ou 15 anos?" Ninguém parou para reparar que os pontos de desembarque de trens a partir dos quais o exército alemão poderia invadir a França tinham sido avançados em cem milhas. Ninguém se preocupou com a demonstração, dada a todas as nações da Pequena Entente e da Europa, de que a França não lutaria e de que a Inglaterra a deteria, mesmo que ela quisesse lutar. O episódio confirmou o poder de Hitler sobre o Reich e desacreditou, de maneira ignominiosa e desabonadora para seu patriotismo, os generais que até então haviam procurado contê-lo.

10
A pausa carregada, 1936-1938

Dois anos inteiros se passaram entre a ocupação da Renânia por Hitler, em março de 1936, e sua violenta entrada na Áustria, em março de 1938. Foi um intervalo mais longo do que eu havia esperado. Durante esse período, nenhum tempo foi desperdiçado pela Alemanha. A fortificação da Renânia, ou "o Muro do Oeste", avançou em ritmo acelerado, e uma imensa linha de fortificações permanentes e semipermanentes continuou a crescer sem interrupção. O exército alemão, já então plena e metodicamente baseado no serviço militar obrigatório e reforçado por ardorosas adesões voluntárias, tornava-se mais forte mês após mês, tanto em termos numéricos quanto na maturidade e qualidade de suas tropas. A força aérea alemã manteve e aprimorou sistematicamente a liderança que havia conseguido em relação à Inglaterra. As fábricas de material bélico alemãs funcionavam a pleno vapor. As rodas giravam e os martelos batiam dia e noite na Alemanha, transformando toda a sua indústria num arsenal e unindo toda a sua população numa única e disciplinada máquina de guerra. Internamente, no outono de 1936, Hitler inaugurou um Plano Quadrienal para reorganizar a economia alemã, de modo a ter maior autossuficiência em guerra. No exterior, conseguiu a "vigorosa aliança" que, em *Mein Kampf*, afirmara ser necessária para a política externa do país. Entrou em acordo com Mussolini, formando o Eixo Roma-Berlim.

Até meados de 1936, a política agressiva de Hitler e sua quebra dos tratados haviam-se apoiado não no poderio da Alemanha, mas na desunião e timidez da França e da Inglaterra e no isolamento americano. Todos os seus passos preliminares tinham sido apostas arriscadas, nas quais ele sabia que não poderia resistir a uma contestação séria. A entrada na Renânia e sua posterior fortificação fora a maior aposta de todas. Alcançara brilhante sucesso. Seus adversários eram indecisos demais para pagar para ver. Quando ele voltou a agir, em 1938, seu blefe já não era blefe. A agressão estava escorada na força, e era bem possível que fosse uma força superior. Quando os governos da França e da Inglaterra se aperceberam da terrível transformação ocorrida, era tarde demais.

☆

No fim de julho de 1936, a crescente deterioração do regime parlamentarista na Espanha e a força cada vez maior dos movimentos favoráveis a uma revolução comunista — ou, alternadamente, anarquista — causaram uma rebelião militar que vinha sendo preparada havia muito tempo. Faz parte da doutrina e do manual de treinamento comunistas, estabelecidos pelo próprio Lênin, que os comunistas devem ajudar todos os movimentos em direção à esquerda e contribuir para levar ao poder governos fracos constitucionalistas, radicais ou socialistas. Em seguida, devem solapá-los e arrancar de suas mãos decadentes o poder absoluto, fundando o estado marxista. Na verdade, uma perfeita reprodução do período de Kerensky na Rússia estava ocorrendo na Espanha. Mas a força da Espanha não fora desmantelada por uma guerra no exterior. O exército ainda preservava certa coesão. Paralelamente à conspiração comunista, elaborou-se em sigilo um profundo contragolpe militar. Nenhum dos lados poderia reivindicar com justiça ser o detentor da legalidade, e os espanhóis de todas as classes estavam fadados a pensar na sobrevivência da Espanha.

Muitas das garantias corriqueiras da sociedade civilizada já tinham sido eliminadas pela penetração comunista no decadente governo parlamentarista. Começaram a ocorrer assassinatos de ambos os lados, e a pestilência comunista havia atingido um ponto em que era capaz de retirar os adversários políticos das ruas ou de suas camas e matá-los. Um grande número desses assassinatos já havia ocorrido em Madri e seus arredores. O clímax surgiu com o assassinato do Senor Sotelo, o líder conservador que correspondia aproximadamente a Sir Edward Carson na política inglesa de antes da guerra de 1914. Esse crime foi o sinal para que os generais do exército entrassem em ação. O general Franco, um mês antes, escrevera uma carta ao ministro da Guerra espanhol, deixando claro que, se o governo da Espanha não conseguisse manter as garantias normais da lei na vida cotidiana, o exército teria que intervir. No passado, a Espanha havia assistido a muitos *pronunciamientos* de chefes militares. Quando o general Franco levantou a bandeira da rebelião, foi apoiado pelo exército, em todos os níveis. A Igreja, com a notável exceção dos dominicanos, e quase todos os elementos da direita e do centro aderiram a ele, que logo controlou diversas províncias importantes. Os marinheiros espanhóis mataram seus oficiais e juntaram-se ao que logo se transformou no lado comunista. No colapso do governo civilizado, a seita comunista tomou o controle e passou a agir de acordo com sua prática. Iniciou-se então uma violenta guerra civil. Massacres em massa de seus adversários políticos e dos ricos, a sangue-frio, foram perpetrados pelos comunistas que haviam empolgado o poder. E foram cobrados com juros pelas forças comandadas por Franco. Todos os espanhóis morriam com extraordinária dignidade, e grande número deles, de ambos os lados, foi fuzilado. Os cadetes do exército defenderam sua escola no Alcázar de Toledo com suprema tenacidade, e as tropas de Franco, abrindo caminho vindas do sul e deixando atrás de si um rastro de vingança em todos os vilarejos comunistas, acabaram conseguindo libertá-los. Esse episódio merece a atenção dos historiadores.

Fiquei neutro nesse conflito. Naturalmente, não era a favor dos comunistas. Como poderia sê-lo, uma vez que, se eu fosse espanhol, eles teriam assassinado a mim, minha família e meus amigos? Mas eu estava certo de que, com tanta coisa a preocupá-lo, o governo inglês tinha razão de se manter fora da Espanha. A França propôs um plano de não intervenção, pelo qual os dois lados decidiriam o desfecho de sua luta sem nenhuma ajuda externa. Os governos inglês, alemão, italiano e russo subscreveram essa proposta. Em consequência disso, o governo espanhol, agora nas mãos dos mais extremados revolucionários, viu-se privado até mesmo do direito de comprar as armas encomendadas com o ouro que possuía fisicamente. Teria sido mais racional seguir o curso normal e reconhecer a beligerância de ambos os lados, como foi feito na Guerra Civil americana de 1861-65. Em vez disso, porém, a política de não intervenção foi adotada e formalmente apoiada por todas as grandes potências. Esse acordo foi estritamente cumprido pela Inglaterra, mas a Itália e a Alemanha, de um lado, e a Rússia soviética, do outro, romperam o compromisso repetidamente e jogaram seu peso na luta, umas contra as outras. A Alemanha, em particular, usou seu poderio aéreo para cometer horrores experimentais como o bombardeio da indefesa cidadezinha de Guernica.

O governo de M. Léon Blum, que sucedera o ministério de M. Albert Sarraut em 4 de junho, estava pressionado por seus defensores comunistas na Câmara a apoiar o governo espanhol com material bélico. O ministro da Aviação, M. Cot, sem levar muito em conta o poderio da força aérea francesa, então em estado de decadência, estava fornecendo aviões e equipamentos, secretamente, aos exércitos republicanos. Fiquei perturbado com esses acontecimentos e, em 31 de julho de 1936, escrevi ao embaixador francês:

> Uma das maiores dificuldades com que me deparo na tentativa de manter a antiga posição é o discurso alemão de que os países anticomunistas devem manter-se unidos. Estou certo de que, se a França enviasse aviões e tudo o mais ao atual governo de Madri, e se os alemães e italianos pressionassem pelo lado oposto, as forças dominantes daqui ficariam satisfeitas com a Alemanha e a Itália e afastadas da França. Espero que o senhor não se importe por eu escrever isto, o que faço, é claro, inteiramente por minha conta. *Não gosto de ouvir dizerem que a Inglaterra, a Alemanha e a Itália estão-se alinhando contra o comunismo europeu.** É fácil demais para ser verdade.
>
> Estou certo de que uma neutralidade absolutamente rígida, com o mais vigoroso protesto contra qualquer ruptura, é o único rumo correto e seguro no momento atual. Talvez chegue um dia, se houver um impasse, em que a Liga das Nações possa intervir para pôr fim aos horrores. Mas até isso é muito duvidoso.

☆

Tem-se a vantagem na guerra, e também na política externa e em outras coisas, escolhendo, dentre muitas alternativas atraentes ou desagradáveis, o ponto dominante. O pensamento militar americano cunhou a expressão "Objetivo Estratégico Geral". Quando nossos oficiais ouviram isso pela primeira vez, riram; mais tarde, porém, a sabedoria dessa ideia se evidenciou e foi aceita. Evidentemente, essa deve ser a norma, deixando-se as outras grandes questões em subordinação a ela. A incapacidade de aderir a esse simples princípio gera confusão e inutilidade da ação e, mais tarde, quase sempre torna as coisas muito piores.

Pessoalmente, não tive nenhuma dificuldade de me conformar a essa regra, muito antes de ouvi-la enunciada. Minha mente estava obcecada com a impressão de que a pavorosa Alemanha, que eu vira e sentira em ação durante os anos de 1914 a 1918, estava subitamente recuperando a posse de todo o seu poder marcial, enquanto os aliados, que por pouco tinham conseguido sobreviver, restavam boquiabertos, ociosos e aturdidos. Assim, por todos os meios e em todas as oportunidades, continuei a usar qualquer influência que tivesse junto à Câmara dos Comuns, e também junto a ministros isolados, para instigar o avanço de nossos preparativos militares e

* Todos os meus destaques gráficos são posteriores.

conquistar aliados e associados para o que voltaria a se transformar, dentro de pouco tempo, na Causa Comum.

Um dia, um amigo meu, que ocupava um elevado cargo de confiança no governo, veio a Chartwell nadar comigo em minha piscina, numa ocasião em que o sol brilhava e a água estava razoavelmente quente. Não falamos de nada além da guerra vindoura, de cuja inexorabilidade ele não estava de todo convencido. Ao levá-lo à porta para nos despedirmos, ele se voltou subitamente para mim e, num impulso, disse: "Os alemães estão gastando um bilhão de libras esterlinas por ano em armamentos." Achei que o parlamento e o público inglês deveriam ter conhecimento da verdade. Assim, pus-me a trabalhar no exame das finanças alemãs. Os orçamentos eram produzidos e ainda eram anualmente publicados na Alemanha; mas, a partir de sua profusão de cifras, era muito difícil dizer o que estava acontecendo. Entretanto, em abril de 1936, instituí em caráter particular duas linhas separadas de investigação. A primeira apoiava-se em dois refugiados alemães de alta capacidade e determinação inflexível. Eles entendiam todos os pormenores da apresentação dos orçamentos alemães, o valor do marco e assim por diante. Ao mesmo tempo, perguntei a um amigo meu, Sir Henry Strakosch, se ele não conseguiria descobrir o que realmente estava acontecendo. Strakosch era presidente da empresa chamada Union Corporation, dotada de grandes recursos e de um pessoal altamente qualificado e dedicado. Os cérebros dessa empresa da City voltaram-se para esse problema por várias semanas. Em pouco tempo, relataram com detalhes precisos e extensos que os gastos militares alemães certamente estavam em torno de um bilhão de libras esterlinas por ano. Ao mesmo tempo, os refugiados alemães, por uma série de argumentos totalmente diferentes, chegaram independentemente à mesma conclusão. Um bilhão de libras esterlinas por ano, em valores monetários de 1936!

Portanto, eu contava com duas estruturas separadas de dados em que basear um pronunciamento público. Na véspera de um debate, abordei no saguão Mr. Neville Chamberlain, ainda ministro das Finanças, e lhe disse: "Amanhã pretendo perguntar-lhe se não é fato que os alemães estão gastando um bilhão de libras por ano em preparativos de guerra, e vou pedir-lhe que confirme ou negue." Chamberlain respondeu: "Não posso negá-lo e, se você trouxer o assunto à baila, confirmarei."

Usei a cifra de oitocentos milhões, em vez de um bilhão de libras, para encobrir minha informação secreta e também para me pôr a salvo de riscos, e Mr. Chamberlain admitiu no parlamento que minha estimativa "não era exagerada".

Procurei por vários meios pôr o estado relativo dos armamentos ingleses e alemães em termos claros. Pedi um debate em sessão secreta. Foi recusado. "Causaria alarme desnecessário." Tive pouco apoio. Todas as sessões secretas são impopulares com a imprensa. Então, em 20 de julho, perguntei ao primeiro-ministro se ele receberia uma delegação de membros do Conselho Privado e mais alguns outros, que lhe exporiam os fatos até onde os conheciam. Lord Salisbury solicitou que uma delegação da Câmara dos Lordes também comparecesse. Houve acordo em relação a isso. Embora eu fizesse apelos pessoais a Mr. Attlee e a Sir Archibald Sinclair, os partidos Trabalhista e Liberal declinaram da oportunidade de se fazer representar. Então, em 28 de julho, na sala do primeiro-ministro na Câmara dos Comuns, fomos recebidos por Mr. Baldwin, por Lord Halifax e por Sir Thomas Inskip, um competente advogado que tinha a vantagem de ser pouco conhecido e não saber coisa alguma sobre assuntos militares, a quem Mr. Baldwin fizera ministro da Coordenação da Defesa. Um grupo do Partido Conservador e de notáveis não partidários foi comigo. Sir Austen Chamberlain nos apresentou. Foi uma grande ocasião. Não me lembro de nada semelhante no que pude ver da vida pública inglesa. Aquele grupo de homens eminentes, sem nenhuma pretensão de vantagens pessoais, mas cujas vidas tinham-se centrado nos assuntos de interesse público, representava um peso de opinião conservadora que não era fácil desconhecer. Se os líderes da oposição trabalhista e liberal tivessem ido conosco, poderia ter havido uma situação política suficientemente tensa para impor medidas corretivas. O processo ocupou três ou quatro horas de cada um de dois dias consecutivos. Sempre afirmei que Mr. Baldwin era um bom ouvinte. Ele certamente pareceu escutar com extremo interesse e atenção. Com ele estavam vários membros da equipe do Comitê de Defesa Imperial. No primeiro dia, abri a exposição com um pronunciamento de uma hora e um quarto e encerrei da seguinte maneira:

> Primeiro, estamos enfrentando o maior perigo e emergência de nossa história. Segundo, não temos qualquer esperança de solucionar nosso problema, a não ser em conjunto com a República Francesa. A união da esquadra inglesa e do exército francês, junto com suas forças aéreas conjuntas, operando a partir de pontos situados logo atrás das fronteiras da França e da Bélgica, com tudo o mais que a Inglaterra e a França represen-

tam, constituem um meio de dissuasão em que pode estar a salvação. Pelo menos, essa é nossa esperança. Entrando nos detalhes, devemos deixar de lado qualquer obstáculo ao aumento de nossa força. Não temos nenhuma possibilidade de nos precaver contra todos os perigos possíveis. Devemos concentrar-nos no que é vital e sofrer nosso castigo no resto. Para chegar a propostas ainda mais claras, devemos ampliar o desenvolvimento de nosso poder aéreo, prioritariamente a qualquer outra consideração. Devemos a todo custo atrair a nata de nossa juventude para pilotar aviões. Não importa que atrativos sejam oferecidos; devemos recorrer a todas as fontes, por todos os meios. Devemos acelerar e simplificar nossa produção de aviões e impulsioná-la para a mais alta escala possível, sem hesitar em fazer contratos com os Estados Unidos e em outros lugares para obter a maior quantidade possível de toda sorte de materiais e equipamentos de aviação. Estamos em perigo, como nunca estivemos antes — não, nem mesmo no auge da campanha submarina [1917].

Este pensamento me persegue: *Os meses passam depressa. Se demorarmos muito para recompor nossas defesas, talvez sejamos impedidos por um poder superior de concluir o processo.*

Muito nos desapontou o fato de o ministro das Finanças não poder estar presente. Era evidente que a saúde de Mr. Baldwin estava fraquejando, e era sabido que ele logo buscaria descansar de suas cargas. Não havia dúvida sobre quem seria seu sucessor. Infelizmente, Mr. Neville Chamberlain estava ausente, em merecidas férias, e não teve a oportunidade desse confronto direto com os fatos trazidos por membros do Partido Conservador, inclusive seu irmão e muitos de seus mais diletos amigos pessoais.

A mais atenta consideração foi dada pelos ministros à nossa exposição, mas só depois do recesso parlamentar, em 23 de novembro de 1936, é que todos fomos convidados por Mr. Baldwin a ouvir um pronunciamento mais ponderado sobre toda a situação. Sir Thomas Inskip fez então uma exposição franca e competente, na qual não nos ocultou a gravidade da situação a que havíamos chegado. Em síntese, essa exposição consistiu em dizer que nossas estimativas, e particularmente minhas afirmações, tinham uma visão demasiadamente sombria de nossas possibilidades; que grandes esforços estavam sendo feitos (como de fato estavam) para recuperar o terreno perdido; mas que não havia razão que justificasse a adoção de medidas de emergência pelo governo; que estas teriam necessariamente um caráter perturbador em toda a vida industrial do país, causariam um grande sobressalto por toda parte e divulgariam quaisquer deficiências existentes; e que, dentro desses limites, tudo o que era possível fazer estava sendo feito. Diante disso, Sir Austen Chamberlain registrou nossa impressão geral de que nossas angústias não tinham sido aliviadas e de que não estávamos nem um pouco satisfeitos. E assim nos despedimos.

Durante todo o ano de 1936, a inquietação do país e do parlamento continuou a aumentar e se concentrou, em especial, em nossas defesas aéreas. No debate sobre a Fala do Trono ao Parlamento de 12 de novembro, censurei duramente Mr. Baldwin por não ter mantido sua promessa de que "qualquer governo deste país — um governo de coalizão nacional mais do que qualquer outro, e este governo em particular — irá certificar-se de que, na força aérea e no poderio aéreo, esta nação não mais fique em situação inferior à de qualquer país situado a uma distância de ataque de suas linhas costeiras". Disse eu: "O governo simplesmente não consegue chegar a uma decisão ou não consegue fazer com que o primeiro-ministro se decida. E assim vai ele num estranho paradoxo, decidido só a não decidir, resolvido só a não resolver, firme na deriva, sólido na fluidez, onipotente na impotência. E assim continuamos a preparar mais meses e anos — preciosos, talvez vitais para a grandeza da Inglaterra — para serem comidos pelos gafanhotos."

Mr. Baldwin me respondeu com um discurso sem precedentes, no qual disse:

> Lembraria à Câmara que não uma vez, mas em muitas ocasiões, em discursos e em vários lugares, quando falei e defendi, tanto quanto sou capaz, o princípio democrático, afirmei que *uma democracia está sempre dois anos atrás dos ditadores.* Creio que isso é uma verdade. Tem sido verdade neste caso. Exponho a toda a Casa minhas opiniões com uma franqueza para estarrecer. Os senhores hão de estar lembrados da época em que a Conferência do Desarmamento estava reunida em Genebra. Hão de estar lembrados de que, naquela época [1931-32], este país era perpassado por um sentimento pacifista, provavelmente mais intenso do que em qualquer ocasião desde a guerra. Hão de estar lembrados da *eleição de Fulham, no outono de 1933, em que uma cadeira que o governo de Coalizão Nacional tinha foi perdida por cerca de sete mil votos, unicamente em torno da questão pacifista.* (...) Minha posição, como líder de um grande partido, não era inteiramente cômoda. Perguntei-me que probabilidade haveria — uma vez que aquele sentimento que se expressara em Fulham era comum a todo o país —, que probabilidade haveria, dentro de um ou dois anos, de que aquele sentimento se alterasse a ponto de o país conceder um man-

dato em favor do rearmamento. Supondo-se que eu me houvesse dirigido ao país e dito que a Alemanha estava se rearmando, e que deveríamos nos rearmar, alguém acha que esta pacífica democracia teria atendido a uma convocação dessas naquele momento? *Nada me ocorre que tornasse mais certa a derrota na eleição, do meu ponto de vista.*

Realmente uma franqueza de estarrecer. Levou à indecência a verdade nua e crua sobre suas motivações. O fato de um primeiro-ministro confessar que não havia cumprido seu dever para com a segurança nacional por ter tido medo de perder a eleição foi um incidente sem paralelos em nossa história parlamentar. Mr. Baldwin, é claro, não era movido por nenhum desejo ignóbil de permanecer no cargo. Na verdade, em 1936, estava sinceramente desejoso de se aposentar. Sua política era ditada pelo medo de que, se os socialistas chegassem ao poder, fosse feito ainda menos do que seu governo pretendia. Todos os pronunciamentos e votos dos socialistas contra as medidas de defesa encontram-se registrados. Mas não foi uma defesa completa e não fez justiça ao espírito do povo inglês. O sucesso que havia acompanhado a ingênua confissão dos erros de cálculo cometidos quanto à paridade aérea, no ano anterior, não se repetiu nessa ocasião. A Câmara ficou espantada. Na verdade, a impressão causada foi tão dolorosa que bem poderia ter sido fatal para Mr. Baldwin, cuja saúde também andava fraquejando nessa época, não fosse pela intervenção do inesperado.

Nessa época, houve uma grande aproximação de homens e mulheres de todos os partidos da Inglaterra que viam os perigos do futuro e que estavam decididos a tomar medidas práticas para garantir nossa segurança e a causa da liberdade, igualmente ameaçadas por ambos os impulsos totalitários e pela complacência de nosso governo. Nosso plano era o mais rápido rearmamento possível da Inglaterra, em larga escala, combinado com a completa aceitação e emprego da autoridade da Liga das Nações. Chamei essa política de "Armas e o Covenant". O desempenho de Mr. Baldwin na Câmara dos Comuns era visto com desdém por todos nós. A culminação dessa campanha deveria ser uma reunião no Albert Hall. Ali, em 3 de dezembro, reunimos muitos dos principais nomes de todos os partidos — *torys* da ala direita, firmemente convencidos do perigo nacional; líderes da União da Liga das Nações; representantes de muitos grandes sindicatos, inclusive, na presidência, meu antigo adversário da greve geral, Sir Walter Citrine; o Partido Liberal e seu líder, Sir Archibald Sinclair.

Tínhamos a sensação de estar prestes não apenas a granjear respeito para nossas opiniões, mas também a fazê-las prevalecer. Foi nesse momento que a apaixonada insistência do rei em desposar a mulher a quem amava fez com que tudo o mais fosse jogado para segundo plano. Estava chegando a crise da abdicação.

Antes que eu respondesse ao voto de agradecimento, houve um grito — "*God Save the King!*" — que provocou vivas e aplausos prolongados. Assim, no calor do momento, expliquei minha posição pessoal:

> Há outra grave questão que domina nossa mente esta noite. Dentro de poucos minutos, estaremos cantando "Deus salve o rei". Cantarei com um fervor mais profundo do que jamais fiz em minha vida. Rezo e espero que nenhuma decisão irrevogável seja tomada apressadamente, mas que o tempo e a opinião pública tenham a possibilidade de desempenhar seu papel, e que uma personalidade querida e singular não seja separada do povo a que tanto ama. Espero que o parlamento possa desempenhar sua função nessas elevadas questões constitucionais. Confio em que nosso rei possa ser guiado pelas opiniões que, pela primeira vez, estão agora sendo expressas pela nação inglesa e pelo Império Britânico, e que o povo inglês, por seu turno, não se mostre carente de generosa consideração pelo ocupante do trono.

Não é relevante para esta narrativa descrever a controvérsia breve, mas violenta, que se seguiu. Eu conhecia o rei Eduardo VIII desde sua infância. Em 1910, como ministro do Interior, tinha lido perante uma esplêndida assembleia a proclamação que o fizera príncipe de Gales, no castelo de Carnarvon. Sentia-me obrigado a colocar no mais alto plano minha lealdade pessoal para com ele. Embora, durante o verão, eu tivesse sido plenamente informado do que estava ocorrendo, não interferi de nenhum modo nem me comuniquei com ele em nenhuma ocasião. Entretanto, pouco tempo depois, em meio a sua aflição, ele pediu permissão ao primeiro-ministro para me consultar. Mr. Baldwin deu seu consentimento formal e, quando isso me foi transmitido, fui ter com o rei no Fort Belvedere. Permaneci em contato com ele até sua abdicação e fiz o que pude para apelar ao rei e ao público por paciência e vagar. Nunca me arrependi disso — na verdade, não poderia ter feito outra coisa.

O primeiro-ministro revelou-se um juiz arguto dos sentimentos nacionais dos ingleses. Sem dúvida, percebeu e expressou a vontade profunda da nação. Seu manejo competente e habilidoso da questão da abdicação elevou-o, numa quinzena, do abismo às alturas. Houve vários momentos em que pareci estar inteiramente sozinho contra uma irada Câmara dos Comuns. Não sou, quando estou em ação, exageradamente afetado pelas correntes hostis de sentimento, porém, em mais de uma ocasião, foi quase fisicamente impossível me fazer ouvir. Todas as forças que eu havia congregado em torno da política de "Armas e o Covenant", da qual eu me imaginava a mola mestra, afastaram-se ou se dissolveram, e eu mesmo fui tão atacado pela opinião pública, que a visão quase universal era que minha vida política estava finalmente encerrada. Como é estranho que essa mesma Câmara dos Comuns, que me encarara com tanta hostilidade, tenha sido o mesmo órgão que seguiu minha orientação e me apoiou durante os longos e adversos anos da guerra, até chegarmos à vitória sobre todos os nossos inimigos! Que grande prova isso representa de que o único caminho sensato e seguro consiste em agir, dia após dia, de acordo com o que a própria consciência parece ditar!

Da abdicação de um rei passamos à coroação de outro e, até o final de maio de 1937, o cerimonial e o aparato de um solene ato nacional de fidelidade e de consagração das lealdades inglesas ao novo Soberano, no país e por todo o Império, ocuparam todas as mentes. Os assuntos externos e a situação de nossas defesas perderam todo o interesse para o espírito popular. Era como se nossa ilha estivesse a dez mil milhas da Europa. Entretanto, é-me possível registrar que, em 18 de maio de 1937, no dia seguinte à coroação, recebi do novo rei uma carta redigida de seu próprio punho:

The Royal Lodge,
The Great Park,
Windsor, Berks.
18.V. 37

Meu caro Mr. Churchill,

Escrevo para agradecer-lhe a gentilíssima carta que me enviou. Sei quão devotado o senhor foi e ainda é a meu querido irmão, e me faltam palavras para expressar o quanto me comovem sua solidariedade e compreensão nos dificílimos problemas surgidos desde que ele nos deixou, em dezembro. Estou plenamente cônscio das grandes responsabilidades e incumbências que assumi como rei e encoraja-me sumamente receber seus votos auspiciosos, vindos de um de nossos grandes estadistas e de alguém que tem servido a seu país com tanta fidelidade. Espero e confio em que o ânimo e a esperança hoje existentes no país e no Império possam revelar-se um bom exemplo para as outras nações do mundo.

Creia-me

Mui sinceramente seu

George R.I.

Esse gesto de magnanimidade com alguém cuja influência, naquele momento, havia caído a zero será para sempre uma experiência carinhosamente relembrada em minha vida.

☆

Em 28 de maio de 1937, depois que o rei George VI foi coroado, Mr. Baldwin aposentou-se. Seus serviços públicos, de tão longa data, foram apropriadamente recompensados com um título de conde e a Ordem da Jarreteira. Ele abriu mão da vasta autoridade que havia conquistado e mantido cuidadosamente, mas que usara tão pouco quanto possível. Retirou-se envolto num halo de gratidão e estima popular. Não havia dúvida de quem seria seu sucessor. Mr. Neville Chamberlain, como ministro das Finanças, havia não apenas exercido a principal função do governo nos cinco anos anteriores, como era também o ministro mais competente e vigoroso, de habilidades superiores e com um nome histórico. Um ano antes, em Birmingham, eu o descrevera, nas palavras de Shakespeare, como o "cargueiro de nossas grandes questões", e ele havia aceito essa descrição como um elogio. Eu não tinha nenhuma expectativa de que desejasse trabalhar comigo, nem tampouco ele teria sido sensato se o fizesse nessa ocasião. Suas ideias eram muito diferentes das minhas quanto ao trato das questões dominantes da época. Mas acolhi de bom grado a ascensão ao poder de uma figura executiva competente e cheia de vida. Nossas relações continuaram frias, afáveis e polidas, tanto em público quanto em particular.

Posso expor aqui uma apreciação comparativa desses dois primeiros-ministros, Baldwin e Chamberlain, a quem eu conhecera por tanto tempo e sob cujas ordens havia trabalhado ou iria trabalhar. Stanley Baldwin era a figura mais perspicaz e preparada, porém desprovida de uma capacidade executiva minuciosa. Era largamente desligado das questões estrangeiras e militares. Conhecia pouco da Europa e do que conhecia não gostava.

Tinha profundo conhecimento da política partidária inglesa e representava, em termos gerais, alguns dos pontos fortes e muitas das fraquezas de nossa raça. Havia lutado em cinco eleições gerais como líder do Partido Conservador e vencera três delas. Tinha um talento especial para servir aos acontecimentos e imperturbabilidade diante das críticas adversas. Era singularmente hábil em deixar que os acontecimentos trabalhassem a seu favor e sabia aproveitar o momento certo quando ele chegava. Parecia-me reviver as impressões que a história nos dá de Sir Robert Walpole, sem, é claro, a corrupção do século XVIII, e foi o mastro da política inglesa por quase o mesmo longo período.

Neville Chamberlain, por outro lado, era alerta, metódico, de opiniões firmes e possuía um altíssimo grau de autoconfiança. Diversamente de Baldwin, imaginava-se capaz de compreender todo o quadro da situação na Europa e, a rigor, do mundo inteiro. Em vez de uma intuição vaga, mas, ainda assim, arraigada, tínhamos agora uma eficiência estrita e aguçada, dentro dos limites da política em que ele confiava. Como ministro das Finanças e como primeiro-ministro, ele manteve o mais estreito e rígido controle sobre os gastos militares. Durante todo esse período, foi o magistral opositor a todas as medidas de emergência. Havia formado juízos decididos sobre todas as personalidades políticas da época, no país e no exterior, e sentia-se capaz de lidar com elas. Sua esperança, que a tudo passava, era entrar para a história como o grande pacificador, e para esse fim estava disposto a se esforçar sem trégua, a despeito dos acontecimentos, e a enfrentar grandes riscos para ele mesmo e para seu país. Infelizmente, deparou com correntezas cuja força não soube aquilatar e enfrentou furacões diante dos quais não recuou, mas com os quais não pôde lidar. Nesses últimos anos antes da guerra, ter-me-ia sido mais fácil trabalhar com Baldwin, tal como eu o conhecia, do que com Chamberlain; mas nenhum dos dois tinha qualquer desejo de trabalhar comigo, a não ser em último caso.

☆

Certo dia, em 1937, tive uma reunião com Herr von Ribbentrop, o embaixador alemão na Inglaterra. Em um de meus artigos quinzenais, eu havia assinalado que sua fala fora deturpada num discurso que ele havia feito. Em sociedade, é claro, eu o havia encontrado diversas vezes. Foi então que ele me perguntou se eu poderia visitá-lo para conversarmos. Recebeu-me no amplo salão do andar superior da embaixada da Alemanha. Tivemos uma conversa que durou mais de duas horas. Ribbentrop foi muito polido e discorremos sobre o cenário europeu, no tocante aos armamentos e à política. A essência das declarações que ele me fez foi no sentido de que a Alemanha estava em busca da amizade da Inglaterra (no continente, ainda somos frequentemente chamados de "Inglaterra"). Disse-me que poderia ter sido ministro do Exterior da Alemanha, mas pedira a Hitler que o deixasse vir para Londres, a fim de trabalhar plenamente por um entendimento ou até uma aliança anglo-alemã. A Alemanha seria guardiã do Império Britânico em toda a sua grandeza e extensão. Talvez pleiteasse a devolução das colônias alemãs, mas isso, evidentemente, não era fundamental. O necessário era que a Inglaterra desse carta branca à Alemanha no Leste Europeu. Ela precisava ter seu *Lebensraum,* espaço vital para sua população cada vez maior. Assim, a Polônia e o Corredor de Danzig deveriam ser absorvidos. A Rússia Branca e a Ucrânia eram indispensáveis para a vida futura do Reich alemão de setenta milhões de habitantes. Nada aquém disso seria suficiente. Tudo o que se pleiteava da Commonwealth Britânica de Nações e do Império Britânico era não interferência. Havia um mapa grande na parede e, por várias vezes, o embaixador levou-me até ele para ilustrar seus projetos.

Depois de ouvir tudo isso, afirmei ter certeza de que o governo inglês não concordaria em dar carta branca à Alemanha na Europa oriental. Era verdade que nossas relações com a Rússia soviética estavam ruins e que odiávamos o comunismo tanto quanto Hitler, mas ele podia ter certeza de que, mesmo que a França fosse bem-tratada, a Inglaterra jamais se desinteressaria dos destinos do continente europeu a ponto de permitir à Alemanha obter o domínio da Europa Central e Oriental. Estávamos justamente de pé, junto ao mapa, quando afirmei isso. Ribbentrop deu as costas para o mapa abruptamente. Em seguida, disse: "Nesse caso, a guerra é inevitável. Não há saída. O Führer está decidido. Nada o deterá e nada nos deterá." Voltamos então para nossas cadeiras. Eu era apenas um membro isolado do parlamento, mas tinha certa proeminência. Julguei apropriado dizer ao embaixador alemão — na verdade, lembro-me bem das palavras: "Ao falar em guerra, que sem dúvida seria uma guerra generalizada, o senhor não deve subestimar a Inglaterra. É um país curioso e poucos estrangeiros conseguem entender sua mentalidade. Não faça julgamentos com base na atitude do governo atual. Uma vez apresentada ao povo uma grande causa, toda sorte de atos inesperados pode ser praticada por esse mesmo governo e pela nação inglesa."

E repeti: "Não subestime a Inglaterra. Ela é muito inteligente. Se vocês nos mergulharem a todos noutra Grande Guerra, ela porá o mundo inteiro contra vocês, como da última vez." Diante disso, o embaixador ergueu-se de sua cadeira e disse: "Ah, a Inglaterra pode ser muito inteligente, mas, desta vez, não fará o mundo voltar-se contra a Alemanha." Desviamos a conversa para assuntos mais amenos e não ocorreu mais nada que fosse digno de nota. Esse incidente, no entanto, ficou-me na memória e, uma vez que o relatei ao Foreign Office na época, sinto-me à vontade para registrá-lo por escrito.

Quando estava em julgamento, sujeito a ser condenado à morte pelos vencedores, Ribbentrop forneceu uma versão distorcida dessa conversa e alegou que eu deveria ser chamado como testemunha. O que registrei dela é o que teria dito, se tivesse sido convocado.

11

Mr. Eden ministro do Exterior: sua demissão

O MINISTRO DO EXTERIOR tem uma posição especial num gabinete inglês. É tratado com extremo respeito em seu cargo de alta responsabilidade, mas costuma conduzir seus assuntos sob a supervisão contínua, se não de todo o Gabinete, ao menos de seus membros principais. Tem a obrigação de mantê-los informados. Manda circular entre seus colegas, como praxe, todos os seus telegramas executivos, os relatórios vindos de nossas embaixadas no exterior e o registro de suas conversas com embaixadores estrangeiros ou outras altas personalidades. Ao menos, assim foi durante minha experiência na vida ministerial. Essa supervisão, é claro, é especialmente efetuada pelo primeiro-ministro, que, em pessoa ou através de seu Gabinete, é responsável pelo controle e tem o poder de controlar os rumos da política externa. Em relação a ele, pelo menos, não deve haver segredos. Nenhum ministro do Exterior consegue fazer seu trabalho sem o apoio constante de seu superior. Para que as coisas funcionem bem, deve haver não apenas um acordo entre eles quanto aos princípios fundamentais, mas também harmonia de pontos de vista e mesmo até de temperamento. Isso é ainda mais importante quando o próprio primeiro-ministro dedica uma atenção especial aos assuntos estrangeiros.

Eden foi ministro do Exterior de Mr. Baldwin, que, salvo por seu conhecido e preponderante desejo de paz e sossego, não tinha nenhuma participação ativa na política externa. Mr. Chamberlain, por outro lado, procurava exercer um controle dominante em muitos ministérios. Ele tinha opiniões fortes sobre os assuntos externos e, desde o começo, afirmou seu incontestável direito de discuti-las com os embaixadores estrangeiros. Sua posse no cargo de primeiro-ministro, por conseguinte, implicou uma mudança sutil mas perceptível na posição do ministro do Exterior.

A isso se acrescentou uma profunda diferença de temperamento e de opiniões, ainda que, a princípio, fosse apenas latente. O primeiro-ministro desejava estabelecer relações cordiais com os dois ditadores europeus e acreditava que o melhor método para isso era evitar qualquer coisa que tendesse a ofendê-los. Eden, por outro lado, havia conquistado sua reputação em Genebra ao arregimentar as nações da Europa contra um ditador e, se o assunto ficasse por sua conta, bem poderia ter levado as sanções à beira da guerra, e talvez mais longe. Era um adepto fervoroso da Entente com a França. Ansiava por ter relações mais íntimas com a Rússia soviética. Sentia e temia o perigo de Hitler. Estava alarmado com a insignificância de nossos armamentos e com a repercussão disso nos assuntos externos. Quase se poderia dizer que não havia muita diferença de opinião entre ele e eu, exceto, é claro, pelo fato de que ele estava no cargo. Assim, desde o começo, pareceu-me provável que surgissem divergências entre essas duas figuras ministeriais preponderantes, à medida que a situação mundial se tornasse mais aguda.

Além disso, o primeiro-ministro tinha em Lord Halifax um colega que parecia compartilhar suas opiniões sobre os assuntos externos com simpatia e convicção. Minha longa e íntima associação com Edward Halifax datava de 1922, quando, na época de Lloyd George, ele se tornara meu subsecretário no Ministério dos Domínios e Colônias. As divergências políticas — mesmo sérias e prolongadas quanto as que surgiram entre nós a propósito de sua política como vice-rei da Índia — nunca haviam destruído nossas relações pessoais. Eu acreditava conhecê-lo muito bem e tinha certeza de que havia um abismo entre nós. Achei que esse mesmo abismo, ou coisa parecida, estava-se abrindo entre ele e Anthony Eden. Teria sido mais sensato, vendo bem, que Mr. Chamberlain tivesse feito Lord Halifax ministro do Exterior ao compor seu Gabinete. Eden teria ficado muito mais satisfeito no Ministério da Guerra ou no almirantado, e o primeiro-ministro teria tido um espírito afinado com o dele e um homem de sua confiança no Foreign Office. Entre o verão de 1937 e o fim desse ano, cresceram as divergências de método e de objetivos entre o primeiro-ministro e seu Foreign Office. A sequência de acontecimentos que levou à renúncia de Mr. Eden, em fevereiro de 1938, seguiu um caminho lógico.

Os pontos de divergência originais surgiram a respeito de nossas relações com a Alemanha e a Itália. Mr. Chamberlain estava decidido a insistir em seus pleitos junto aos dois ditadores. Em julho de 1937, convidou o embaixador italiano, o conde Grandi, a Downing Street. A conversa ocorreu com o conhecimento mas não na presença de Mr. Eden. Mr. Chamberlain falou de seu desejo de um aprimoramento das relações anglo-italianas. O conde Grandi sugeriu-lhe, como gesto preliminar, que seria interessante o primeiro-ministro redigir um apelo pessoal a Mussolini. Mr. Chamberlain sentou-se e redigiu essa carta durante a entrevista. Ela foi despachada sem ser encaminhada ao ministro do Exterior, que estava em seu ministério a alguns passos dali. A carta não produziu qualquer resultado visível, e nossas relações com a Itália, em virtude de sua crescente intervenção na Espanha, foram piorando cada vez mais.

Mr. Chamberlain estava imbuído do sentimento de ter uma missão especial e pessoal de estabelecer relações amistosas com os ditadores da Itália e da Alemanha, e se imaginava capaz de consegui-lo. A Mussolini, desejava dar o reconhecimento da conquista italiana da Abissínia, como prelúdio para um acerto geral das divergências. A Hitler, estava disposto a fazer concessões coloniais. Ao mesmo tempo, mostrava-se pouco inclinado a considerar abertamente o aperfeiçoamento dos armamentos ingleses ou a necessidade de uma colaboração estreita com a França, tanto no nível militar quanto no político. Mr. Eden, por outro lado, estava convencido de que qualquer acordo com a Itália deveria fazer parte de um acerto geral no Mediterrâneo, que deveria incluir a Espanha e ser obtido mediante um estreito entendimento com a França. Na negociação desse acordo, nosso reconhecimento da posição da Itália na Abissínia seria, claramente, um importante elemento de barganha. Jogá-lo fora logo no prelúdio e dar mostras de uma ansiedade de iniciar as negociações eram, na opinião do ministro do Exterior, uma insensatez.

Durante o outono de 1937, essas divergências tornaram-se maiores. Mr. Chamberlain concluiu que o Foreign Office obstruía suas tentativas de iniciar discussões com a Alemanha e a Itália, e Mr. Eden achou que seu superior demonstrava uma pressa descabida em se aproximar dos ditadores, particularmente quando o armamento inglês estava tão fraco. Houve, na verdade, uma profunda divergência prática e psicológica de pontos de vista.

☆

Apesar de minhas diferenças com o governo, eu tinha muita simpatia por seu ministro do Exterior. Parecia-me a figura mais resoluta e corajosa daquela administração. Embora, como secretário parlamentar de Mr. Austen Chamberlain e, mais tarde, como vice-ministro no Foreign Office, ele tivesse tido que se adaptar a muitas coisas que eu havia atacado e que continuo a condenar, eu tinha certeza de que sua intuição estava certa e de que ele havia captado a essência da questão. Por sua vez, ele fazia questão de me convidar para as recepções do Foreign Office e mantínhamos livre correspondência. Naturalmente, não havia nenhuma impropriedade nessa prática, e Mr. Eden aderia ao precedente já bem-estabelecido de que o ministro do Exterior tem o costume de se manter em contato com as figuras políticas proeminentes da época no que tange a todas as grandes questões internacionais.

No outono de 1937, Eden e eu havíamos chegado, embora por vias um pouco diferentes, a um ponto de vista semelhante, contrário à intervenção ativa do Eixo na Guerra Civil Espanhola. Sempre o apoiei na Câmara dos Comuns quando ele tomou medidas enérgicas, ainda que em escala muito limitada. Eu sabia muito bem quais eram suas dificuldades com alguns de seus colegas seniores do Gabinete e com seu chefe, e que ele agiria de maneira mais ousada se não o entravassem. Logo surgiu no Mediterrâneo uma crise que ele administrou com firmeza e habilidade e que, por conseguinte, foi solucionada de um modo que trouxe um lampejo de crédito para nossa linha de ação. Alguns navios mercantes tinham sido afundados pelos assim ditos submarinos espanhóis. Na verdade, não havia dúvida de que não eram espanhóis, mas italianos. Aquilo era pura pirataria e havia impelido à ação todos os que tomaram conhecimento do fato. Uma conferência dos países do Mediterrâneo foi convocada para 10 de setembro, em Nyon. Para lá seguiu o ministro do Exterior, acompanhado por Vansittart e Lord Chatfield, primeiro Lord do almirantado. A conferência foi curta e bem-sucedida. Concordou-se em criar patrulhas antissubmarinas inglesas e francesas, com ordens que não deixavam dúvidas quanto ao destino de qualquer submarino encontrado. A Itália deu sua aquiescência ao que se decidiu na conferência e os ataques cessaram imediatamente.

Embora tenha sido um incidente, essa é uma prova de quão poderosa teria sido a influência conjunta da Inglaterra e da França — expressa com convicção e com a disposição de usar da força — no estado de ânimo e na política dos ditadores. Não se pode afirmar que tal política houvesse impedido a guerra nesse estágio. Mas tê-la-ia facilmente adiado. A verdade é que, enquanto o "apaziguamento", em todas as suas formas, só fazia incentivar a agressão dos ditadores e dar-lhes maior poder junto aos seus próprios povos, qualquer sinal de uma contraofensiva decidida por parte das democracias ocidentais produzia imediatamente um alívio das tensões.

Essa norma prevaleceu durante todo o ano de 1937. Depois disso, o cenário e a situação ficaram diferentes.

Durante novembro, Eden passou a preocupar-se cada vez mais com a lentidão de nosso rearmamento. No dia 11, encontrou-se com o primeiro-ministro e procurou transmitir seus receios. Mr. Neville Chamberlain, após algum tempo, recusou-se a ouvi-lo. Recomendou-lhe que "fosse para casa e tomasse uma aspirina". Em fevereiro de 1938, o ministro do Exterior viu-se quase isolado no Gabinete. O primeiro-ministro tinha um forte apoio contra seu ponto de vista. Uma ala inteira de importantes ministros considerava perigosa e até provocadora a política do Foreign Office. Por outro lado, alguns dos ministros mais jovens dispunham-se a compreender o ponto de vista de Eden. Alguns queixaram-se, mais tarde, de Eden não haver confiado neles. Ele nem sequer considerou a formação de um grupo contra seu líder. Os chefes de estado-maior não podiam ajudá-lo. Na verdade, recomendavam cautela e discorriam sobre os perigos da situação. Estavam relutantes em se aproximar demais dos franceses, temendo que assumíssemos compromissos que não pudéssemos cumprir. Tinham uma visão sombria do poderio militar russo depois do expurgo de Stalin, do qual voltaremos a falar mais adiante. Julgavam necessário lidar com nossos problemas como se tivéssemos três inimigos — a Alemanha, a Itália e o Japão — que poderiam nos atacar em conjunto, e poucos amigos para nos ajudar. Poderíamos solicitar bases aéreas na França, mas no começo não teríamos possibilidade de enviar um exército. Mas até essa modesta ideia deparou com uma intensa resistência no Gabinete.

A ruptura efetiva, no entanto, surgiu de uma questão nova e própria. Na noite de 11 de janeiro de 1938, Mr. Sumner Welles, subsecretário de Estado americano, visitou o embaixador inglês em Washington. Era portador de uma mensagem secreta e confidencial do presidente Roosevelt para Mr. Chamberlain. O presidente estava profundamente inquieto com a deterioração da situação internacional e propunha-se a tomar a iniciativa — convidando os representantes de alguns governos a comparecerem a Washington — para discutir as causas subjacentes das dificuldades que existiam. Antes de tomar essa medida, entretanto, desejava consultar o governo inglês para ouvir-lhe a opinião sobre esse plano, estipulando que nenhum outro governo fosse informado da natureza ou da existência da proposta. Ele pedia que, no máximo até 17 de janeiro, fosse dada uma resposta a sua mensagem, e deixou implícito que somente se sua sugestão recebesse "a aprovação cordial e o sincero apoio do governo de Sua Majestade" é que ele iria entrar em contato com os governos da França, da Alemanha e da Itália. Ali estava um passo portentoso e de grande alcance.

Ao encaminhar essa proposta secretíssima a Londres, o embaixador inglês, Sir Ronald Lindsay, insistiu da maneira mais veemente em sua aceitação. O Foreign Office recebeu o telegrama de Washington em 12 de janeiro e, naquela noite, enviaram-se cópias ao primeiro-ministro, que estava no interior. Na manhã seguinte, ele voltou a Londres e, por instrução sua, seguiu uma resposta à mensagem do presidente. Mr. Eden, nessa ocasião, estava desfrutando de um breve período de férias no sul da França. A resposta de Mr. Chamberlain foi que ele muito apreciava a confiança do presidente Roosevelt em consultá-lo daquela maneira acerca de sua proposta de um plano para aliviar a tensão existente na Europa, mas desejava explicar a situação de seus próprios esforços para chegar a um acordo com a Alemanha e a Itália, particularmente no caso desta última.

"O governo de Sua Majestade estaria disposto, de seu lado, se possível com a autorização da Liga das Nações, a reconhecer *de jure* a ocupação italiana da Abissínia, caso constate que o governo italiano, por sua vez, se dispõe a dar mostras de seu desejo de contribuir para o restabelecimento da confiança e de relações amistosas."

O primeiro-ministro estava mencionando esses fatos, prosseguia a mensagem, para que o presidente pudesse avaliar se sua proposta atual não iria interferir com o esforço inglês. Assim, não seria mais sensato adiar o lançamento do plano americano?

Essa resposta foi recebida por Mr. Roosevelt com certo desapontamento. Ele indicou que daria uma resposta a Mr. Chamberlain por carta em 17 de janeiro. Na noite de 15 de janeiro, o ministro do Exterior voltou para a Inglaterra. Fora instado a voltar, não por seu superior, que estava satisfeito em agir sem a presença dele, mas pelos funcionários do Foreign Office mais ligados a ele. O atento Alexander Cadogan estava à sua espera no cais de Dover. Mr. Eden, que trabalhara arduamente, durante muito tempo, para melhorar as relações anglo-americanas, ficou profundamente perturbado. Enviou imediatamente um telegrama a Sir Ronald Lindsay, tentando minimizar os efeitos da desalentadora resposta de Mr. Chamberlain. A carta do presidente chegou a Londres na manhã de 18 de janeiro. Nela, ele concordou em adiar o anúncio de sua proposta, em vista do fato de que o governo inglês estava contemplando negociações diretas, mas acrescentou que ficava seriamente preocupado com a indicação de que o governo de Sua Majestade pudesse dar reconhecimento à posição italiana na Abissínia. A seu ver, isso teria um efeito sumamente prejudicial sobre a política japonesa no Extremo Oriente e a opinião pública americana. Mr. Cordell Hull, ao entregar essa carta ao embaixador inglês em Washington, expressou-se de modo ainda mais enfático. Disse que esse reconhecimento "despertaria um sentimento de repulsa, reavivaria e multiplicaria todos os temores de que se desse apoio a um ato ilícito e seria interpretado como uma barganha corrupta, feita na Europa à custa dos interesses no Extremo Oriente, nos quais os EUA estavam intimamente envolvidos".

A carta do presidente foi examinada numa série de reuniões do comitê de assuntos estrangeiros do Gabinete. Mr. Eden conseguiu uma modificação considerável da atitude anterior. A maioria dos ministros pensou que ele estivesse satisfeito. Ele não lhes deixou claro que não estava. Após essas discussões, duas mensagens foram enviadas a Washington na noite de 21 de janeiro. A essência dessas respostas foi que o primeiro-ministro acolhia calorosamente a iniciativa do presidente, mas não se dispunha a aceitar nenhuma responsabilidade por seu fracasso, caso as iniciativas americanas fossem malrecebidas. Mr. Chamberlain desejava assinalar que não aceitávamos irrestritamente o método sugerido pelo presidente, que claramente irritaria os dois ditadores e o Japão. O governo de Sua Majestade tampouco achava que o presidente houvesse compreendido inteiramente nossa posição acerca do reconhecimento *de jure*. A segunda mensagem, na verdade, era uma explicação de nossa atitude nessa questão. Tencionávamos dar esse reconhecimento apenas como parte de um acordo geral com a Itália.

O embaixador inglês relatou sua conversa com Mr. Sumner Welles quando entregou essas mensagens ao presidente, em 22 de janeiro. Informou que Mr. Welles lhe dissera que "o presidente considerava o reconhecimento uma pílula desagradável que ambos teríamos de engolir, e desejava que a engolíssemos juntos".

Foi assim que a proposta do presidente Roosevelt de usar a influência americana para reunir as principais potências europeias, a fim de discutir as probabilidades de um acordo geral — implicando, é claro, por mais relutantemente que fosse, o maciço poderio dos Estados Unidos — foi repelida por Mr. Chamberlain.

☆

Estava claro que uma demissão do ministro do Exterior não se poderia fundar no rechaço da iniciativa do presidente por parte de Mr. Chamberlain. Mr. Roosevelt, na verdade, estava correndo grandes riscos em sua própria política interna, ao implicar deliberadamente os Estados Unidos no anuviante cenário europeu. Todas as forças do isolacionismo despertariam se alguma parte desse intercâmbio houvesse transpirado. Por outro lado, nenhum acontecimento teria mais probabilidade de adiar, ou até prevenir a guerra, do que a entrada dos Estados Unidos no circuito dos ódios e temores europeus. Para a Inglaterra, era quase uma questão de vida ou morte. Ninguém consegue aquilatar, em retrospecto, o efeito que isso teria surtido no curso dos acontecimentos na Áustria e, depois, em Munique. Devemos encarar essa rejeição — pois isso é o que ela foi — como a perda da última tênue chance de salvar o mundo da tirania de outro modo que não pela guerra. O fato de Mr. Chamberlain, com sua visão limitada e sua inexperiência no cenário europeu, ter tido a autossuficiência de desdenhar a mão que se estendia num gesto de oferta através do Atlântico é, ainda hoje, tão assombroso que chega a tirar o fôlego. É estarrecedora a falta de qualquer senso de proporção e até de qualquer sentimento de autopreservação que esse episódio revela, num homem íntegro, competente e bem-intencionado, encarregado do destino de nosso país e do de todos os que dependiam dele. Hoje em dia, é impossível sequer reconstituir o estado de ânimo que teria possibilitado esse gesto.

Deve ter sido com decrescente confiança no futuro que Mr. Eden foi a Paris, em 25 de janeiro, deliberar com os franceses. Agora, tudo girava em torno do sucesso da aproximação com a Itália, da qual fizéramos tamanha questão em nossas respostas ao presidente. Os ministros franceses deixaram clara a Mr. Eden a necessidade da inclusão da Espanha em qualquer acordo geral com os italianos; quanto a isso, na verdade, ele já estava convencido. Em 10 de fevereiro, o primeiro-ministro e o ministro do Exterior encontraram-se com o conde Grandi, que declarou que os italianos estavam prontos, em princípio, para dar início às conversações.

Em 15 de fevereiro chegou a notícia da submissão do chanceler austríaco, Schuschnigg, à exigência alemã de que fosse introduzido no Gabinete austríaco o principal agente nazista, Seyss-Inquart, como ministro do Interior e superintendente da polícia austríaca. Esse grave acontecimento não evitou a crise pessoal entre Mr. Chamberlain e Mr. Eden. Em 18 de fevereiro, eles tornaram a se reunir com o conde Grandi. Foi a última negociação que conduziram juntos. O embaixador recusou-se a discutir a postura italiana em relação à Áustria e a examinar o plano inglês de retirada dos voluntários, ou os assim chamados voluntários — nesse caso, cinco divisões do exército italiano regular — da Espanha. Grandi solicitou, no entanto, que se iniciassem conversações gerais em Roma. O primeiro-ministro as desejava, e o ministro do Exterior opôs-se firmemente a essa medida.

Houve prolongadas discussões e reuniões do Gabinete. No fim, Mr. Eden deu sumariamente sua demissão, em função da realização das conversações italianas naquele estágio e naquelas circunstâncias. Diante disso, seus colegas ficaram atônitos. Não haviam percebido que as divergências entre o ministro do Exterior e o primeiro-ministro tinham chegado ao ponto de ruptura. Evidentemente, se era o caso da demissão de Mr. Eden, surgia uma nova questão que suscitava problemas maiores e mais gerais. Entretanto, todos eles se haviam comprometido com o mérito do assunto em debate. O restante desse longo dia foi gasto em esforços para induzir o ministro do Exterior a mudar de ideia. Mr. Chamberlain ficou impressionado com a aflição do Gabinete. "Ao ver como meus companheiros ficaram surpresos, propus um adiamento até o dia seguinte." Mas Eden não viu nenhum proveito em continuar à procura de fórmulas e, à meia-noite do dia 20, sua demissão tornou-se definitiva. "O que a meu ver o recomenda enormemente", observou o primeiro-ministro. Lord Halifax foi prontamente nomeado ministro do Exterior em seu lugar.

☆

Claro, sabia-se que havia sérias divergências no Gabinete, embora a causa fosse obscura. Eu ouvira alguma coisa a esse respeito, mas me abstivera cuidadosamente de qualquer comunicação com Mr. Eden. Tinha esperanças de que ele não se demitisse por motivo algum sem antes fundamentar a defesa de suas ideias e sem dar a seus muitos amigos do parlamento uma oportunidade de avaliar as questões. Mas o governo, nessa época, era tão poderoso e arredio que o combate foi travado dentro do conclave ministerial, e principalmente entre os dois senhores.

Em 20 de fevereiro, tarde da noite, sentado em minha velha sala em Chartwell (como muitas vezes sento-me agora), recebi um telefonema informando que Eden havia se demitido. Devo confessar que meu coração ficou pesado e, por algum tempo, cobriram-me as águas escuras do desespero. Numa vida longa, tive muitos altos e baixos. Durante toda a guerra que logo viria, e em seus momentos mais tenebrosos, nunca tive nenhuma dificuldade de dormir. Na crise de 1940, quando tamanha responsabilidade recaiu sobre mim, e também em muitos momentos angustiantes e difíceis nos cinco anos seguintes, sempre consegui cair na cama e adormecer depois de encerrado o dia de trabalho — sujeito, é claro, a qualquer chamado de emergência. Dormia um sono profundo e acordava refeito, sem ter que lutar com nenhum sentimento, exceto o apetite para examinar com empenho e coragem o que quer que trouxesse o correio matinal. Mas nessa noite de 20 de fevereiro de 1938, e só nessa ocasião, o sono me abandonou. De meia-noite até o amanhecer, fiquei deitado na cama, consumido por sentimentos de pesar e de medo. Parecia haver uma figura jovem e forte que enfrentava longas correntezas, sinistras e arrastadas, de inação e rendição, de avaliações equivocadas e de vontades débeis. Minha condução dos negócios teria diferido da dele em vários aspectos; mas, naquele momento, ele me parecia encarnar a esperança vital da nação inglesa, da grandiosa e velha raça britânica que tanto fizera pelos homens e que ainda tinha tanto a dar. E agora, ele se fora. Vi a luz do dia infiltrar-se pouco a pouco pelas janelas e, ante os olhos da mente, tive uma visão da Morte.

12
A violação da Áustria, fevereiro de 1938

Na era moderna, quando as nações são derrotadas na guerra, normalmente preservam sua estrutura, sua identidade e o sigilo de seus arquivos. Mas nesta oportunidade, tendo sido a guerra travada até seu mais completo fim, entramos em plena posse da história interna do inimigo. A partir dela, podemos verificar com alguma exatidão nossas próprias informações e nosso desempenho. Em julho de 1936, Hitler havia instruído o Estado-Maior alemão a traçar planos militares de ocupação da Áustria quando fosse a hora. Essa operação se chamou *Case Otto.* E então, em 5 de novembro de 1937, ele revelou seus planos futuros aos chefes de suas forças armadas. A Alemanha precisava de mais "espaço vital". O melhor lugar para encontrá-lo era no Leste europeu — na Polônia, na Rússia Branca e na Ucrânia. Consegui-lo implicaria uma grande guerra e, incidentalmente, o extermínio das gentes que então viviam nessas regiões. A Alemanha teria de se haver com seus dois "inimigos odiosos", a Inglaterra e a França, para quem "um colosso alemão no centro da Europa seria intolerável". A fim de tirar proveito da vantagem que havia conquistado na produção de material bélico e do fervor patriótico despertado e representado pelo Partido Nazi, portanto, ela deveria travar essa guerra na primeira oportunidade favorável, e lidar com seus dois adversários óbvios antes que eles estivessem prontos para lutar.

Neurath, Fritsch e até Blomberg, todos influenciados pelas opiniões do Ministério do Exterior, do Estado-Maior e do corpo de oficiais da Alemanha, ficaram alarmados com essa política. Achavam os riscos altos demais. Reconheciam que, graças à audácia do Führer, estavam definitivamente à frente dos aliados em todas as formas de rearmamento. O exército amadurecia mês a mês; a decadência interna da França e a falta de força de vontade da Inglaterra eram fatores favoráveis, que bem poderiam ser aproveitados ao máximo. Que eram um ou dois anos, quando tudo estava correndo tão bem? Eles precisavam de tempo para completar a máquina de guerra, e um discurso conciliatório do Führer, de quando em vez, manteria tagarelando aquelas democracias tolas e degeneradas. Mas Hitler não tinha essa certeza. Sua intuição lhe dizia que a vitória não seria atingida por processos de certeza. Tinha que correr riscos. Era preciso dar o bote. Ele estava alvoroçado com seus sucessos, primeiro no rearmamento, segundo, no recrutamento, terceiro, na Renânia, e quarto, na ascensão da Itália de Mussolini. Esperar até que tudo estivesse pronto significava, provavelmente, esperar até que fosse tarde demais. É muito fácil para os historiadores, e outros que não têm de viver e tomar decisões de um dia para o outro, afirmar que Hitler teria tido todo o destino do mundo nas mãos se houvesse continuado a aumentar sua força por mais dois ou três anos antes de atacar. Mas isso não procede. Não há certezas na vida humana ou na vida das nações. Hitler estava decidido a se apressar e a travar a guerra enquanto estava no auge.

Blomberg, enfraquecido diante do oficialato em função de um casamento inadequado, foi o primeiro a ser afastado; em seguida, em 4 de fevereiro de 1938, Hitler demitiu Fritsch e assumiu pessoalmente o comando supremo das forças armadas. Tanto quanto é possível para um só homem — por mais talentoso e poderoso que seja e por mais terríveis os castigos que possa infligir — fazer sua vontade prevalecer sobre esferas tão vastas, o Führer o fez, assumindo o controle direto, não apenas da política do estado, mas também da máquina militar. Nessa época, ele detinha algo semelhante ao poder de Napoleão depois de Austerlitz e Iena, obviamente sem a glória de ter vencido grandes batalhas sob sua orientação pessoal, montado a cavalo, mas com triunfos nos campos político e diplomático que seu círculo e todos os seus seguidores sabiam dever-se unicamente a ele, ao seu discernimento e ousadia.

☆

Afora sua determinação, tão claramente exposta em *Mein Kampf*, de incluir todas as raças teutônicas no Reich, Hitler tinha duas razões para querer absorver a República da Áustria. Ela abria para a Alemanha tanto as portas da Tchecoslováquia quanto os portais mais espaçosos do sudeste europeu. Desde o assassinato do chanceler Dollfuss, em julho de 1934, perpetrado pelo setor austríaco do Partido Nazi, o processo de subversão do governo austríaco independente, através do dinheiro, da intriga e da força, nunca se interrompera. O movimento nazista na Áustria crescia a cada sucesso colhido por Hitler em outros lugares, fosse dentro da Alemanha ou contra os aliados. Tinha sido necessário avançar passo a passo. Oficialmente, Papen fora instruído a manter as mais cordiais relações com o governo austríaco e a obter dele o reconhecimento oficial do Partido Nazi como um órgão legal. Naquela ocasião, a atitude de Mussolini havia imposto um retraimento. Após o assassinato do dr. Dollfuss, o ditador italiano voara até Veneza para receber e consolar a viúva, que ali se refugiara, e forças italianas consideráveis tinham-se concentrado na fronteira meridional da Áustria. Agora, porém, na alba de 1938, haviam ocorrido mudanças decisivas nas coalizões e nos valores europeus. A Linha Siegfried confrontava a França com uma barreira crescente de aço e concreto, exigindo, ao que parecia, um enorme sacrifício de soldados franceses para ser penetrada. A porta do Ocidente estava fechada. Mussolini fora impelido para o sistema alemão por sanções tão ineficazes que o haviam enraivecido sem debilitar seu poder. Ele bem poderia ter ponderado, prazerosamente, sobre o célebre dito de Maquiavel: "Os homens se vingam das pequenas ofensas, mas não das grandes." Acima de tudo, as democracias ocidentais pareciam ter dado provas reiteradas de que se curvariam ante a violência, desde que elas mesmas não fossem diretamente atacadas. Papen trabalhava com habilidade dentro da estrutura política austríaca. Muitos notáveis da Áustria haviam cedido a sua pressão e suas intrigas. O turismo, tão importante para Viena, fora impedido pela insegurança vigente. Como pano de fundo, a atividade terrorista e os atentados a bomba abalavam a vida frágil da República Austríaca.

Considerou-se que era chegada a hora de ter o controle da política local, assegurando a entrada dos líderes do recém-legalizado Partido Nazi austríaco no Gabinete de Viena. Em 12 de fevereiro de 1938, oito dias depois de assumir o comando supremo, Hitler convocou a Berchtesgaden o chanceler austríaco, Herr von Schuschnigg. Ele obedeceu e foi acompanhado por seu ministro do Exterior, Guido Schmidt. Dispomos hoje dos registros de Schuschnigg,* e neles ocorre o diálogo citado adiante. Hitler havia mencionado as defesas da fronteira austríaca. Elas eram apenas o suficiente para tornar necessária uma operação militar para derrubá-las e, com isso, levantar grandes questões de paz e guerra.

> *Hitler*: Só preciso dar uma ordem e, da noite para o dia, todos aqueles espantalhos ridículos da fronteira vão desaparecer. Vocês não acreditam realmente que me possam deter por meia hora, não? Quem sabe... talvez, de repente, da noite para o dia, eu esteja em Viena, como uma tempestade de primavera. Aí vocês vão realmente ver como é. De bom grado eu

* Schuschnigg, *Ein Requiem in Rot-Weiss-Rot*, p. 37 seg.

pouparia isso aos austríacos; custará muitas vítimas. *Depois dos soldados, virão a SA e a Legião!* Ninguém poderá impedir a vingança deles, nem mesmo eu. Vocês querem transformar a Áustria noutra Espanha? Eu gostaria de evitar isso, se possível.

Schuschnigg: Vou pedir as informações necessárias e porei um paradeiro na construção de qualquer obra de defesa na fronteira alemã. Naturalmente, reconheço que o senhor pode marchar sobre a Áustria, mas, senhor chanceler, queiramos ou não, isso levaria ao derramamento de sangue. Não estamos sozinhos no mundo. Provavelmente significaria a guerra.

Hitler: É muito fácil dizer isso neste momento, quando estamos aqui sentados em poltronas de salão, mas por trás disso tudo há uma soma de sofrimento e sangue. O senhor assumirá a responsabilidade por isso, Herr Schuschnigg? Não creia que alguém no mundo irá atrapalhar minhas decisões! A Itália? Tenho tudo muito claro com Mussolini: com a Itália, tenho as relações mais estreitas possíveis. A Inglaterra? A Inglaterra não erguerá um dedo pela Áustria... E a França? Bem, dois anos atrás, quando marchamos para a Renânia com um punhado de batalhões — naquele momento, eu arrisquei muito. Se a França tivesse avançado naquela ocasião, teríamos sido obrigados a recuar... Mas, agora, é tarde demais para a França!

Essa primeira entrevista ocorreu às 11 horas. Após um almoço formal, os austríacos foram chamados a uma saleta e ali confrontados por Ribbentrop e Papen com um ultimato escrito. Os termos não estavam em discussão. Incluíam a nomeação do nazista austríaco Seyss-Inquart como ministro da Segurança do governo da Áustria, uma anistia geral para todos os nazis austríacos que estavam presos e a incorporação oficial do Partido Nacional-Socialista Austríaco à Frente Patriótica patrocinada pelo governo.

Mais tarde, Hitler recebeu o chanceler austríaco. "Repito-lhe que esta é a última chance. Dentro de três dias, espero a execução deste acordo." No diário de Jodl, a anotação diz: "Von Schuschnigg e Guido Schmidt estão novamente sob a mais intensa pressão política e militar. Às 11 horas da noite, Schuschnigg assina o 'protocolo.'"* Quando Papen levava Schuschnigg de volta no trenó pelas estradas cobertas de neve, em direção a Salzburgo, comentou: "É assim, eis aí o Führer; agora o senhor experimentou por si mesmo. Mas, quando o senhor vier da próxima vez, terá momentos muito mais agradáveis. O Führer sabe ser realmente encantador."

* *Nuremberg Documents*, H.M. Stationery Office, parte I, p. 249.

O drama seguiu seu curso. Mussolini enviou um recado verbal a Schuschnigg, dizendo que considerava a atitude austríaca em Berchtesgaden acertada e habilidosa. Assegurou-o da atitude inalterável da Itália para com a questão austríaca e de sua amizade pessoal. Em 24 de fevereiro, o próprio chanceler austríaco discursou no parlamento da Áustria, dando as boas-vindas ao acordo com a Alemanha, mas destacando com certa rispidez que a Áustria nunca iria além dos termos específicos do acordo. Em 3 de março, ele enviou uma mensagem confidencial a Mussolini através do adido militar austríaco em Roma, informando ao Duce que pretendia reforçar a posição política da Áustria através da realização de um plebiscito. Vinte e quatro horas depois, recebeu uma mensagem do adido descrevendo sua entrevista com Mussolini. Nesta, o Duce se expressara em termos otimistas. A situação iria melhorar. Uma *détente* iminente entre Roma e Londres garantiria um abrandamento da pressão existente... Quanto ao plebiscito, Mussolini dava um aviso: "*È un errore.* Se o resultado for satisfatório, dirão que não é autêntico. Se for ruim, a situação do governo ficará insustentável; e, se for inconclusivo, não tem valor." Mas Schuschnigg estava decidido. Em 9 de março, anunciou oficialmente que se realizaria um plebiscito em toda a Áustria no domingo seguinte, 13 de março.

De início, nada aconteceu. Seyss-Inquart pareceu aceitar a ideia sem contestação. Às cinco e meia do dia 11, entretanto, Schuschnigg recebeu um telefonema da repartição central da polícia em Viena. Disseram-lhe: "A fronteira alemã em Salzburgo foi fechada há uma hora. Os funcionários da alfândega alemã foram retirados. As comunicações ferroviárias estão interrompidas." A mensagem seguinte a chegar ao chanceler austríaco veio de seu cônsul-geral em Munique, dizendo que as tropas do exército alemão tinham sido mobilizadas; destino presumível: Áustria!

Mais tarde, naquela manhã, chegou Seyss-Inquart com o anúncio de que Göring acabara de lhe telefonar, dizendo que o plebiscito deveria ser cancelado dentro de uma hora. Se nenhuma resposta fosse recebida dentro desse prazo, Göring presumiria que Seyss-Inquart fora impedido de telefonar e tomaria providências consoantes com isso. Depois de ser informado por funcionários responsáveis de que a polícia e o exército não eram inteiramente confiáveis, Schuschnigg informou a Seyss-Inquart que o plebiscito seria adiado. Quinze minutos depois, este voltou com uma resposta de Göring, rabiscada num bloco de recados:

A única saída para a situação é o chanceler renunciar imediatamente e, dentro de duas horas, o dr. Seyss-Inquart ser nomeado chanceler. Se nada for feito dentro desse prazo, a invasão da Áustria pelos alemães virá em seguida.*

Schuschnigg foi ter com o presidente Miklas para submeter seu pedido de demissão. Enquanto estava na sala do presidente, recebeu uma mensagem do governo italiano, que declarava não ter nenhuma opinião a dar. O velho presidente mostrou-se obstinado: "Quer dizer que, na hora decisiva, fico sozinho." Ele se recusava terminantemente a nomear um chanceler nazi. Estava decidido a forçar os alemães a praticarem um ato vergonhoso e violento. Mas eles estavam bem-preparados para isso. Hitler deu às forças armadas alemãs ordens de ocupar militarmente a Áustria. A *Operação Otto,* tão longamente estudada e tão criteriosamente preparada, teve início. O presidente Miklas enfrentou Seyss-Inquart e os líderes nazis austríacos com firmeza, em Viena, durante todo um dia febril. A conversa telefônica entre Hitler e o príncipe Philip de Hesse, seu enviado especial ao Duce, foi citada como prova em Nuremberg e é de interesse:

Hesse: Acabo de voltar do Palazzo Venezia. O Duce aceitou a coisa toda de maneira muito amistosa. Manda-lhe suas lembranças. Ele tinha recebido informações da Áustria; von Schuschnigg lhe comunicou. Nessa ocasião, disse que ela [i.e., uma intervenção italiana] seria uma completa impossibilidade; seria um blefe; não se podia fazer uma coisa dessas. Então, ele [Schuschnigg] foi informado de que, infelizmente, estava tudo acertado assim e não poderia mais ser modificado. Aí, Mussolini disse que a Áustria seria irrelevante para ele.

Hitler: Então, por favor, diga a Mussolini que nunca o esquecerei por isso.

Hesse: Sim.

Hitler: Nunca, nunca, nunca, haja o que houver. Ainda estou disposto a fazer um acordo bem diferente com ele.

Hesse: Sim, eu também lhe disse isso.

Hitler: Tão logo a questão da Áustria esteja resolvida, estarei pronto para fechar com ele, transpondo todo e qualquer obstáculo; nada tem importância.

Hesse: Sim, meu Führer.

* Schuschnigg, *op. cit.*, pp. 51, 52, 66 e 67.

Hitler: Escute. Farei qualquer acordo — não estou mais com medo da posição terrível que existiria, militarmente, se nos envolvêssemos num conflito. Você pode lhe dizer que sou sumamente grato a ele; nunca, nunca esquecerei isso.

Hesse: Sim, meu Führer.

Hitler: Nunca o esquecerei, aconteça o que acontecer. Se algum dia ele precisar de ajuda ou estiver correndo qualquer perigo, pode estar convencido de que ficarei ao lado dele, aconteça o que acontecer, nem que o mundo inteiro esteja contra ele.

Hesse: Sim, meu Führer.*

Sem dúvida, quando resgatou Mussolini das mãos do Governo Provisório italiano, em 1943, Hitler cumpriu sua palavra.

☆

Uma entrada triunfal em Viena fora o sonho do cabo austríaco. Na noite de sábado, 12 de março, o Partido Nazi da capital havia planejado uma procissão à luz de tochas para recepcionar o herói conquistador. Mas ninguém apareceu. Três bávaros perplexos do serviço de suprimento, que haviam chegado de trem para providenciar alojamentos para o exército invasor, tiveram que ser carregados nos ombros pelas ruas. A causa desse retardamento transpirou aos poucos. A máquina de guerra alemã havia-se arrastado hesitantemente pela fronteira e parado por completo nas imediações de Linz. Apesar do tempo esplêndido e da perfeita condição das estradas, a maioria dos tanques havia enguiçado. Tinham surgido defeitos na artilharia pesada motorizada. A estrada que liga Linz a Viena ficara bloqueada por veículos pesados empacados. O general von Reichenau, grande favorito de Hitler e comandante do IV Grupo de Exércitos, foi responsabilizado pelo fiasco, que expôs as condições ainda imaturas do exército alemão nessa etapa de sua reconstrução.

O próprio Hitler, ao passar de automóvel por Linz, viu o engarrafamento e ficou furioso. Os tanques leves foram retirados da confusão e entraram em Viena, um aqui, outro ali, nas primeiras horas da manhã de domingo. Os veículos blindados e a artilharia pesada motorizada foram carregados

* Schuschnigg, *op. cit.*, pp. 102-3, e *Nuremberg Documents*, I, pp. 258-9.

em vagões ferroviários e só assim chegaram a tempo para a cerimônia. As fotografias de Hitler desfilando de carro por Viena, em meio a multidões exultantes ou aterrorizadas, são bastante conhecidas. Mas esse momento de glória mística teve um fundo de inquietação. O Führer, na verdade, estava tremendo de fúria ante as óbvias deficiências de sua máquina militar. Qualificou seus generais e estes retrucaram. Lembraram-lhe sua recusa a dar ouvidos a Fritsch e a suas advertências de que a Alemanha ainda não estava em condições de assumir o risco de um grande conflito. Mas as aparências foram salvas. As comemorações e paradas oficiais tiveram lugar. No domingo, depois de um grande número de soldados alemães e nazis austríacos ter tomado posse de Viena, Hitler declarou a dissolução da República da Áustria e a anexação de seu território ao Reich alemão.

☆

Herr von Ribbentrop estava prestes a deixar Londres para assumir o cargo de ministro do Exterior na Alemanha. Mr. Chamberlain deu um almoço de despedida em sua homenagem no n° 10 de Downing Street. Minha mulher e eu aceitamos o convite do primeiro-ministro para comparecer. Estavam presentes umas 16 pessoas, talvez. Minha mulher sentou-se ao lado de Sir Alexander Cadogan, perto de uma das extremidades da mesa. Quando a refeição ia mais ou menos a meio, um mensageiro do Foreign Office trouxe-lhe um envelope. Ele o abriu e ficou absorto, lendo seu conteúdo. Em seguida, levantou-se, circundou a mesa para chegar onde estava o primeiro-ministro e lhe entregou a mensagem. Embora a postura de Cadogan não indicasse que havia acontecido alguma coisa, não pude deixar de notar a evidente preocupação do primeiro-ministro. Pouco depois, Cadogan voltou com o papel e retomou seu lugar. Mais tarde, fui informado de seu conteúdo. Ele dizia que Hitler invadira a Áustria e que as forças mecanizadas alemãs estavam avançando rapidamente em direção a Viena. O almoço prosseguiu sem a menor interrupção, mas, logo depois, a senhora Chamberlain, que recebera algum sinal do marido, levantou-se dizendo: "Vamos *todos* tomar o café na sala de estar." Bandeamo-nos para lá e, para mim e talvez alguns outros, ficou evidente que Mr. Chamberlain e sua senhora desejavam dar a função por encerrada. Uma espécie de inquietação geral perpassou o grupo e todos ficaram por ali, prontos para se despedir dos convidados de honra.

Mas Herr von Ribbentrop e sua mulher não pareciam minimamente conscientes desse clima. Ao contrário, retardaram-se por quase meia hora, retendo seus anfitriões numa conversa loquaz. Em certo momento, estive perto de Frau von Ribbentrop e, em tom de despedida, disse-lhe: "Espero que a Inglaterra e a Alemanha preservem sua amizade." "Tome cuidado para não estragá-la", foi sua graciosa réplica. Tenho certeza de que os dois sabiam perfeitamente o que havia acontecido, mas consideraram uma boa manobra manter o primeiro-ministro longe de seu trabalho e do telefone. Finalmente, Mr. Chamberlain disse ao embaixador: "Lamento, mas tenho que ir agora, para atender a alguns assuntos urgentes." E, sem maior cerimônia, retirou-se da sala. Os Ribbentrop continuaram por ali, de modo que a maioria de nós pedimos licença e fomos para casa. Suponho que, em algum momento, eles tenham saído. Essa foi a última vez que vi Herr von Ribbentrop antes de ele ser enforcado.

Foram os russos que soaram o alarme e, em 18 de março, propuseram uma conferência para examinar a situação. Queriam discutir, nem que fosse apenas em linhas gerais, os meios e modos de implementar o Pacto Franco-Soviético de acordo com o sistema de ação da Liga, na eventualidade de uma grande ameaça à paz por parte da Alemanha. A proposta encontrou pouca receptividade em Paris e Londres. O governo francês estava tomado por outras preocupações. Havia sérias greves nas fábricas de aviões. Os exércitos de Franco estavam penetrando a fundo no território da Espanha comunista. Chamberlain estava cético e deprimido. Discordava profundamente de minha interpretação dos perigos que nos esperavam e dos meios de combatê-los. Eu viera insistindo na perspectiva de uma aliança franco-inglesa-russa, como única esperança de deter o avanço nazi.

Diz-nos Mr. Feiling que o primeiro-ministro expressou seu estado de ânimo numa carta dirigida a sua irmã em 20 de março:

> O plano da "Grande Aliança", como Winston a chama, havia-me ocorrido muito antes de ele o mencionar. (...) Conversei sobre ele com Halifax e nós o submetemos aos chefes de estado-maior e aos especialistas do Foreign Office. É uma ideia muito atraente; na verdade, pode-se dizer quase tudo a seu favor, até se examinar sua viabilidade. Desse momento em diante, sua atração desaparece. Basta olhar para o mapa para ver que nada do que a França ou nós possamos fazer teria qualquer possibilidade de impedir a Tchecoslováquia de ser invadida pelos alemães, se eles quisessem. Assim, abandonei qualquer ideia de dar garantias à Tchecoslováquia ou aos franceses, no que tange às obrigações da França com aquele país.*

* Keith Feiling, *Life of Neville Chamberlain*, pp. 347-8.

Pelo menos, era uma decisão. Foi tomada com base em argumentos errados. Nas guerras modernas das grandes nações ou alianças, as áreas específicas não são defendidas apenas por esforços locais. Todo o vasto equilíbrio da frente de guerra é envolvido. Isso é tanto mais verdadeiro em relação à política a ser adotada antes da guerra, enquanto ela ainda pode ser evitada. Sem dúvida, os "chefes de estado-maior e especialistas do Foreign Office" não precisavam refletir muito para dizer ao primeiro-ministro que a marinha inglesa e o exército francês não poderiam tomar posição na frente montanhosa da Boêmia para se colocar entre a República da Tchecoslováquia e o exército invasor de Hitler. De fato, isso era evidente no mapa. Mas a certeza de que a transposição da linha de fronteira boêmia acarretaria uma guerra europeia generalizada bem poderia, mesmo nessa ocasião, ter impedido ou retardado o ataque seguinte de Hitler. Quão errôneo se afigura o raciocínio particular e sincero de Mr. Chamberlain se pensarmos na garantia que ele daria à Polônia, um ano depois, quando todo o valor estratégico da Tchecoslováquia fora jogado fora e o poder e prestígio de Hitler haviam quase duplicado!

☆

O leitor é agora convidado a rumar para oeste em direção à Ilha Esmeralda, a verde Irlanda. "É uma longa estrada até Tipperary",* mas uma visita lá, em certos momentos, é irresistível. No intervalo entre a tomada da Áustria por Hitler e o desdobramento de seus planos na Tchecoslováquia, devemos voltar-nos para um tipo totalmente diferente de infortúnio que se abateu sobre nós.

Desde o início de 1938 ocorriam negociações entre o governo inglês e o de Mr. de Valera, na Irlanda do Sul, e em 25 de abril assinou-se um acordo pelo qual, entre outras questões, a Inglaterra renunciava a todos os direitos de ocupar, para fins navais, os portos de Queenstown e Berehaven, no sul da Irlanda, e a base em Lough Swilly. Esses dois portos sulistas eram um elo vital da defesa naval de nosso suprimento de gêneros alimentícios. Quando, em 1922, na posição de ministro das Colônias e Domínios, eu tratara dos detalhes do acordo irlandês feito pelo Gabinete daquela época, havia levado o almirante Beatty ao Ministério das Colônias para que ele explicasse a Michael Collins a importância desses portos para todo o nosso

* "It's a long, long way to Tipperary", canção favorita dos soldados ingleses na Grande Guerra. (N.T.)

sistema de transporte de suprimentos para a Inglaterra. Collins se convencera prontamente. "É claro que devem ficar com os portos", dissera. "São necessários para vossa vida." Assim, o assunto fora acertado e tudo havia funcionado tranquilamente nos 16 anos decorridos desde então. É fácil entender a razão por que Queenstown e Berehaven eram necessários para nossa segurança. Eram as bases de abastecimento de combustível a partir das quais nossos contratorpedeiros deslocavam-se para oeste pelo Atlântico, para caçar submarinos e proteger os comboios que chegavam, à medida que eles se aproximavam da garganta dos mares próximos. Lough Swilly era necessária também para proteger a aproximação dos estuários do Clyde e do Mersey. Abandonar esses portos significava que nossas flotilhas teriam que partir de Lamlash, no norte, e de Pembroke Dock ou Falmouth, no sul, com isso reduzindo em mais de quatrocentas milhas seu raio de ação e a proteção que eram capazes de fornecer, dentro e fora de nossas águas.

Para mim, era incrível os chefes de estado-maior terem concordado em jogar fora essa segurança e, até o último momento, achei que ao menos teríamos guardado direito a esses portos irlandeses em caso de guerra. Entretanto, Mr. de Valera anunciou no Dail* que nenhuma condição de qualquer tipo fora imposta para essa cessão. Mais tarde, foi-me assegurado que Mr. de Valera ficara surpreso com a rapidez com que o governo inglês havia concordado com sua solicitação. Ele a havia incluído em suas propostas como elemento de barganha, que poderia ser dispensado quando os outros pontos fossem acertados.

Lord Chatfield dedicou um capítulo, em seu último livro, a explicar a linha de ação adotada por ele e os outros chefes de estado-maior.** Ele certamente deve ser lido pelos que desejem examinar o assunto. Pessoalmente, continuo convencido de que a cessão gratuita de nosso direito de usar os portos irlandeses na guerra foi um grande prejuízo para a vida e a segurança nacional inglesa. É difícil imaginar um ato mais irresponsável — e numa época como aquela. Verdade que, no final das contas, sobrevivemos sem os portos. Também é verdade que, se não tivéssemos podido fazê-lo sem eles, nós os teríamos retomado à força, em vez de morrer de fome. Mas isso não é desculpa. Muitos navios e muitas vidas logo seriam perdidos como resultado desse exemplo imprevidente de apaziguamento.

* Câmara baixa do parlamento do Estado Livre Irlandês. (N.T.)

** Lord Chatfield, *It Might Happen Again*, cap. XVIII.

As agressões hitleristas
0 50 100 150 milhas
DINAMARCA
SUÉCIA
Copenhague
Memel
Território de Memel (março 1939)
LITUÂNIA
Königsberg
Danzig
PRÚSSIA ORIENTAL
HOLANDA
Haia
ALEMANHA
Berlim
Varsóvia
POLÔNIA
Bruxelas
BÉLGICA
Colônia
Renânia (março 1936)
LUXEMBURGO
Sudetos (setembro 1938)
Praga
TCHECOSLOVÁQUIA
Boêmia (março 1939)
Morávia (março 1939)
Eslováquia
FRANÇA
Munique
Viena
ÁUSTRIA (março 1938)
Budapeste
Berna
SUÍÇA
HUNGRIA
ROMÊNIA

13
Tchecoslováquia

QUANDO A INVASÃO DA ÁUSTRIA ia a pleno vapor, Hitler disse, no carro, ao general von Halder: "Isto vai ser muito inconveniente para os tchecos." Halder percebeu logo a importância do comentário. Para ele, o futuro se esclareceu. Mostrou-se a intenção de Hitler e, ao mesmo tempo, a seu ver, a ignorância militar de Hitler. "Era praticamente impossível", explicou, "que um exército alemão atacasse a Tchecoslováquia pelo sul. A única linha ferroviária que passava por Linz ficava completamente exposta a ataques e não havia nenhuma possibilidade de surpresa." Mas a concepção político-estratégica central de Hitler estava certa. O Muro do Oeste estava crescendo e, apesar de estar longe da conclusão, já confrontava o exército francês com terríveis lembranças do Somme e de Passchendaele. Ele estava convencido de que nem a França nem a Inglaterra lutariam.

No dia do avanço dos exércitos alemães para a Áustria, ouvimos dizer que Göring dera ao embaixador tcheco em Berlim a garantia solene de que a Alemanha não tinha *"qualquer mau intento em relação à Tchecoslováquia"*. Em 14 de março, o premier francês, M. Blum, declarou solenemente ao embaixador tcheco em Paris que a França honraria irrestritamente seu compromisso com a Tchecoslováquia. Essas garantias diplomáticas não conseguiam esconder a sinistra realidade. Toda a situação estratégica do continente havia-se modificado. Argumentos e exércitos alemães podiam, a essa altura, concentrar-se diretamente no limite ocidental da Tchecoslováquia, cujos distritos fronteiriços eram alemães em caráter racial, contando com um Partido Nacionalista Alemão agressivo e ativo, ansioso por funcionar como quinta-coluna na eventualidade de distúrbios.

☆

Na esperança de dissuadir a Alemanha, o governo inglês, de acordo com a determinação de Mr. Chamberlain, buscou um acordo com a Itália no Mediterrâneo. Isso fortaleceria a posição da França e permitiria que os franceses e ingleses se concentrassem nos acontecimentos na Europa Central. Mussolini, até certo ponto aplacado pela queda de Eden, e sentindo-se em forte posição para negociar, não repeliu o arrependimento inglês. Em 16 de abril de 1938, assinou-se um acordo anglo-italiano que efetivamente deu à Itália carta branca na Abissínia e na Espanha, em troca do valor imponderável da boa vontade italiana na Europa Central. O Foreign Office mostrou-se cético ante essa transação. Diz-nos o biógrafo de Mr. Chamberlain que ele escreveu, numa carta pessoal e particular: "Você devia ter visto o rascunho que me foi submetido pelo Foreign Office; era de congelar urso polar."*

Eu compartilhava das apreensões do Foreign Office acerca desse lance.

Hitler observava a cena atentamente. Também para ele, o alinhamento final da Itália numa crise europeia era importante. Conferenciando com seus chefes de estado-maior no fim de abril, ele examinou maneiras de forçar o ritmo. Mussolini queria carta branca na Abissínia. A despeito da aquiescência do governo inglês, era possível que ele acabasse precisando do apoio alemão nessa empreitada. Se assim fosse, ele aceitaria as medidas alemãs contra a Tchecoslováquia. Era preciso fazer com que essa questão chegasse a um ponto crítico para que, na resolução da questão tcheca, a Itália ficasse do lado alemão. As declarações dos políticos ingleses e franceses, evidentemente, foram estudadas em Berlim. A intenção dessas potências ocidentais de persuadir os tchecos a serem razoáveis, em nome da paz europeia, foi notada com satisfação. O Partido Nazi dos sudetos, liderado por Henlein, formulou então suas reivindicações de autonomia nas regiões do país fronteiras com a Alemanha, e os embaixadores inglês e francês em Praga visitaram o ministro do Exterior da Tchecoslováquia, pouco depois, para "expressar a esperança de que o governo tcheco fosse aos limites mais extremos para solucionar essa questão".

Durante o mês de maio, os alemães na Tchecoslováquia receberam ordens de aumentar a agitação política. Havia eleições municipais previstas e o governo alemão começou uma deliberada guerra de nervos. Já circulava o boato persistente da movimentação de tropas alemãs em direção à fronteira tcheca. Os desmentidos alemães não tranquilizaram os tchecos, que, na noite de 20 para 21 de maio, decretaram uma mobilização parcial de seu exército.

* Keith Feiling, *Life of Neville Chamberlain*, p. 350.

Fazia algum tempo que Hitler estava convencido de que nem a França nem a Inglaterra lutariam pela Tchecoslováquia. Em 28 de maio, ele convocou uma reunião de seus principais assessores e deu instruções para os preparativos de um ataque à Tchecoslováquia. Seus assessores militares, no entanto, não partilhavam unanimemente de sua confiança esmagadora. Era impossível persuadir os generais alemães, considerando a preponderância ainda imensa das forças aliadas, exceto no ar, de que a França e a Inglaterra cederiam ao desafio do Führer. Subjugar o exército tcheco e penetrar na linha fortificada da Boêmia, ou contorná-la, exigiria praticamente 35 divisões inteiras. Os chefes de estado-maior alemães informaram a Hitler que o exército tcheco devia ser considerado eficiente e atualizado em armas e equipamento. As fortificações do Muro de Oeste ou Linha Siegfried, apesar de já existirem como fortificações temporárias de campanha, estavam longe de concluídas; além disso, no momento de atacar os tchecos, apenas cinco divisões efetivas e oito da reserva estariam disponíveis para proteger toda a fronteira ocidental da Alemanha contra o exército francês, que poderia mobilizar uma centena de divisões. Os generais estavam horrorizados por terem que correr esse risco; se pudessem esperar uns poucos anos, o exército alemão seria o mais poderoso. Embora o julgamento político de Hitler se houvesse revelado correto na Renânia e na Áustria — em função do pacifismo e da fraqueza dos aliados no tocante ao recrutamento — o Alto Comando alemão não conseguia acreditar que o blefe pudesse ter êxito pela quarta vez. Parecia muito além dos limites da razão que grandes nações vitoriosas, possuidoras de uma evidente superioridade militar, mais uma vez abandonassem o caminho do dever e da honra, que também era, para elas, o caminho do bom senso e da prudência. Além de tudo isso, havia a Rússia, com suas afinidades eslavas com a Tchecoslováquia, e cuja atitude para com a Alemanha, naquela conjuntura, estava repleta de ameaças.

As relações da Rússia soviética com a Tchecoslováquia como nação, e com o presidente Benes pessoalmente, eram de amizade íntima e sólida. As raízes disso estavam numa certa afinidade racial e também em acontecimentos relativamente recentes, que exigem uma breve digressão. Quando o presidente Benes visitou-me em Marrakech, em janeiro de 1944, ele me contou essa história. Em 1935, ele recebera de Hitler uma proposta de respeitar em qualquer situação a integridade da Tchecoslováquia em troca de uma garantia de que ela permaneceria neutra na eventualidade de uma guerra franco-alemã. Quando Benes apontou para o tratado que o obrigava a agir em conjunto com a França num caso desses, o embaixador alemão retrucou que não havia nenhuma necessidade de cancelar o tratado. Bastaria rompê-lo, se e quando chegasse a hora, simplesmente não mobilizando as forças armadas ou não realizando uma ofensiva. A pequena república não estava em condições de manifestar indignação ante uma sugestão dessa ordem. Seu medo da Alemanha já era grande, especialmente uma vez que a questão dos alemães da região dos sudetos poderia ser levantada e fomentada pela Alemanha a qualquer momento, causando extrema dificuldade e perigo crescente. Assim, eles haviam deixado o assunto morrer sem nenhum comentário ou compromisso e, durante mais de um ano, ele não se alterara. No outono de 1936, foi transmitida ao presidente Benes mensagem de uma alta fonte militar da Alemanha, dizendo que, se ele quisesse beneficiar-se da proposta do Führer, era melhor apressar-se, pois logo haveria acontecimentos na Rússia que tornariam insignificante qualquer ajuda que ele pudesse dar à Alemanha.

Enquanto Benes ponderava sobre essa perturbadora sugestão, chegou ao seu conhecimento que, através da embaixada soviética em Praga, estavam em curso comunicações entre personagens importantes da Rússia e do governo alemão. Isso era parte da chamada conspiração militar e da velha-guarda comunista para derrubar Stalin e criar um novo regime, baseado numa política pró-Alemanha. O presidente Benes não tardou em comunicar a Stalin tudo o que conseguiu descobrir.* Seguiu-se então um expurgo militar e político implacável, mas talvez não desnecessário, ocorrido na Rússia soviética, bem como a série de julgamentos de janeiro de 1937, na qual Vyshinsky, o promotor público, desempenhou um papel tão magistral.

Conquanto seja altamente improvável que os comunistas da velha-guarda houvessem buscado juntar forças com os líderes militares, ou vice-versa, é certo que eles estavam muito enciumados de Stalin, que os havia expulsado. Por conseguinte, talvez tenha sido conveniente eliminá-los ao mesmo tempo, segundo os padrões mantidos nos estados totalitários. Zinoviev, Bukharin e outros dos líderes originais da Revolução, o marechal Tukachevsky, que fora convidado a representar a União Soviética na coroação do rei George VI, e muitos outros oficiais de alta patente do exército foram fuzilados. Ao

* Há indícios, contudo, de que as informações de Benes tinham sido anteriormente transmitidas à polícia tcheca pela KGB [a polícia política secreta soviética], desejosa de que elas chegassem a Stalin através de uma fonte estrangeira amistosa. Isso não reduz o serviço que Benes prestou a Stalin e, por conseguinte, é irrelevante.

todo, nada menos de cinco mil oficiais e funcionários acima da patente de capitão foram "liquidados". O exército russo foi expurgado de seus elementos pró-alemães a um custo elevado para sua eficiência militar. O viés do governo soviético pendeu acentuadamente contra a Alemanha. Stalin estava cônscio de ter uma dívida pessoal para com o presidente Benes, e um fortíssimo desejo de ajudá-lo e de auxiliar seu país ameaçado contra o perigo nazista animava o governo soviético. Essa situação, claro, era plenamente compreendida por Hitler, mas não tenho ciência de que os governos inglês e francês estivessem igualmente informados. Para Mr. Chamberlain e os estados-maiores inglês e francês, o expurgo de 1937 apareceu principalmente como um esfacelamento interno do exército russo e retrato de uma União Soviética dilacerada por ódios e vinganças ferozes. Talvez isso tenha constituído uma visão exagerada, pois um sistema de governo baseado no terror pode muito bem fortalecer-se através de uma afirmação implacável e bem-sucedida de seu poder. O fato a destacar, no que tange ao presente relato, é a estreita associação da Rússia com a Tchecoslováquia e de Stalin com Benes.

Mas nem as tensões internas da Alemanha nem os laços entre Benes e Stalin eram conhecidos do resto do mundo, e tampouco aquilatados pelos ministros ingleses e franceses. A Linha Siegfried, apesar de não aperfeiçoada, parecia um meio assustador de dissuasão. A força e o poder de combate exatos do exército alemão, por mais novo que ele fosse, não podiam ser avaliados com exatidão e eram certamente exagerados. Havia também o perigo incomensurável dos ataques aéreos a cidades indefesas. E, acima de tudo, havia o ódio à guerra no coração das democracias.

Não obstante, no dia 12 de junho, M. Daladier, então premier da França, renovou o juramento de seu predecessor, feito em 14 de março, e declarou que os compromissos da França com a Tchecoslováquia eram "sagrados, não se pode fugir deles". Essa declaração imponente afasta qualquer discussão em torno da ideia de que o Tratado de Locarno, datado de 13 anos antes, houvesse, por implicação, deixado tudo vago no Leste Europeu, na dependência de um Locarno Oriental. Não há, perante a história, nenhuma dúvida de que o tratado de 1924 entre a França e a Tchecoslováquia tinha plena validade, não apenas nos termos da lei, mas de fato. Isso foi reafirmado por sucessivos chefes do governo francês em todas as situações de 1938.

Mas, no que tange a isso, Hitler estava convencido de que apenas seu julgamento era bem-fundado. Em 18 de junho, deu instruções finais para o ataque à Tchecoslováquia, no correr das quais procurou tranquilizar seus generais ansiosos. Disse a Keitel:

> Só decidirei agir contra a Tchecoslováquia se estiver firmemente convencido, como no caso da zona desmilitarizada [da Renânia] e da entrada na Áustria, de que a França não marchará e, portanto, de que a Inglaterra não intervirá.*

Em 26 de julho de 1938, Chamberlain anunciou no parlamento a missão de Lord Runciman em Praga, com o objetivo de buscar uma solução negociada entre o governo tcheco e Herr Henlein. No dia seguinte, os tchecos divulgaram um projeto de lei referente às minorias nacionais, que deveria servir de base para as negociações. No mesmo dia, Lord Halifax declarou no parlamento: "Não *creio que os responsáveis pelo governo de qualquer país da Europa de hoje desejem a guerra.*" No dia 3 de agosto, Lord Runciman chegou a Praga e houve uma série de discussões intermináveis e complicadas com as várias partes interessadas. Em 15 dias, essas negociações foram interrompidas e, desse ponto em diante, os acontecimentos se sucederam rapidamente.

Em 27 de agosto, Ribbentrop, já então ministro do Exterior, relatou uma visita que recebera do embaixador italiano em Berlim, que "havia tido outra instrução por escrito de Mussolini, pedindo que a Alemanha comunicasse em tempo hábil a data provável da ação contra a Tchecoslováquia". Mussolini pedia essa notificação a fim de "poder tomar, no devido tempo, as providências necessárias na fronteira francesa".

☆

A ansiedade aumentou cada vez mais durante agosto e, na tarde de 2 de setembro, recebi do embaixador soviético mensagem de que ele gostaria de vir ter comigo em Chartwell imediatamente, para falar sobre uma questão urgente. Fazia algum tempo que eu mantinha relações pessoais amistosas com Mr. Maisky, que também se dava muito com meu filho Randolph. Recebi prontamente o embaixador e, após alguns preâmbulos, ele me contou em detalhes precisos e formais a história exposta adiante. Antes que ele se estendesse muito, percebi que fazia uma declaração a mim, como indiví-

* *Nuremberg Documents*, parte II, nº 10.

duo, porque o governo soviético preferia esse canal a uma gestão direta no Foreign Office, que talvez esbarrasse em rechaço. Havia uma clara intenção de que eu relatasse o que me estava sendo dito ao governo de Sua Majestade. Isso não foi realmente explicitado pelo embaixador, mas ficou implícito pelo fato de não ter havido qualquer pedido de sigilo. Visto que o assunto pareceu-me de imediato ser da máxima importância, tomei o cuidado de não prejudicar seu exame por Halifax e Chamberlain através da assunção de qualquer compromisso de minha parte, ou do uso de uma linguagem que provocasse controvérsia entre nós.

É a seguinte a essência do que me disse o embaixador:

> O *chargé d'affaires* da França em Moscou (estando o embaixador de licença) havia procurado Mr. Litvinov, naquele mesmo dia e, em nome do governo francês, perguntou que ajuda a Rússia daria à Tchecoslováquia contra um ataque alemão, considerando, em especial, as dificuldades que poderiam ser criadas pela neutralidade da Polônia ou da Romênia. Litvinov retrucara que a União Soviética estava decidida a cumprir suas obrigações. Ele reconhecia as dificuldades criadas pela atitude da Polônia e da Romênia, mas achava que, no caso da Romênia, elas poderiam ser superadas. Se, por exemplo, a Liga decidisse que a Tchecoslováquia fora vítima de uma agressão e que a Alemanha era o agressor, isso provavelmente persuadiria a Romênia a permitir que as tropas e a força aérea russas passassem por seu território.
>
> Mesmo que o Conselho da Liga não fosse unânime, Mr. Litvinov julgava que uma decisão majoritária seria suficiente, e que a Romênia provavelmente se associaria a ela. Assim, ele recomendava que o Conselho fosse convocado, nos termos do Artigo 11, uma vez que havia perigo de guerra, e que as nações da Liga deliberassem em conjunto. Quanto mais cedo isso fosse feito, melhor, já que o tempo poderia ser muito curto. Deveria haver conversações imediatas entre os estados-maiores da Rússia, da França e da Tchecoslováquia sobre os meios e modos de prestar assistência. Era também a favor de uma consulta entre as nações pacíficas quanto ao melhor método para preservar a paz, com vistas, talvez, a uma declaração conjunta que incluísse a França, a Rússia e a Inglaterra. Ele acreditava que os Estados Unidos dariam apoio moral a essa declaração.

Foi o que expôs Mr. Maisky. Eu disse ser improvável que o governo inglês considerasse qualquer medida adicional, até ou a menos que houvesse uma nova interrupção das negociações Henlein-Benes, cuja culpa não se pudesse de modo algum atribuir ao governo da Tchecoslováquia. Não gostaríamos de irritar Hitler, caso ele realmente se estivesse inclinando para uma solução pacífica.

Enviei um relatório sobre tudo isso a Lord Halifax, tão logo acabei de ditá-lo. Ele me respondeu de maneira cautelosa, em 5 de setembro, dizendo não achar, naquele momento, que uma ação do tipo proposto nos termos do Artigo 11 pudesse ser útil, mas afirmando que teria isso em mente. "Por ora, como você indicou, penso que devemos rever a situação à luz do relatório com que Henlein voltou de Berchtesgaden." E acrescentou que a situação continuava muito tensa.

Em seu editorial de 7 de setembro, disse o *Times*:

> Se, neste momento, os sudetos pedem mais do que o governo tcheco está disposto a conceder em seu mais recente conjunto de propostas, só se pode inferir que os alemães estão indo além da mera eliminação de empecilhos para os que não se sentem à vontade dentro da República da Tchecoslováquia. Nesse caso, talvez valha a pena o governo tchecoslovaco considerar se deve abandonar por completo o projeto, que encontrou apoio em alguns escalões, de fazer da Tchecoslováquia uma nação mais homogênea, por meio da cessão da faixa de populações estrangeiras que é contígua à nação a que elas estão unidas pela raça.

Isso implicaria, é claro, a cessão de toda a linha fortificada da Boêmia. Embora o governo inglês declarasse prontamente que esse artigo do *Times* não representava sua visão, a opinião pública no exterior, particularmente na França, ficou longe de se tranquilizar. M. Bonnet, então ministro do Exterior da França, declara que no dia 10 de setembro de 1938 formulou a seguinte pergunta a nosso embaixador em Paris, Sir Eric Phipps: "Amanhã, Hitler pode atacar a Tchecoslováquia. Se ele o fizer, a França se mobilizará imediatamente. E se voltará para vocês, dizendo: 'Nós marcharemos; vocês marcharão conosco?' Qual será a resposta da Inglaterra?"

Foi a seguinte a resposta aprovada pelo Gabinete, enviada por Lord Halifax através de Sir Eric Phipps no dia 12:

> Naturalmente, reconheço a importância que teria para o governo francês o recebimento de uma resposta clara a essa pergunta. Mas, como o senhor assinalou a Bonnet, a pergunta em si, apesar de clara na forma, não pode ser dissociada das circunstâncias em que seria formulada, e estas, no presente estágio, necessariamente, são totalmente hipotéticas.
>
> Ademais, no tocante a essa questão, é impossível o governo de Sua Majestade levar em conta apenas sua própria posição, uma vez que, em qual-

> quer decisão a que chegasse ou em qualquer providência que viesse a tomar, estaria, na verdade, comprometendo os Domínios. Os governos destes, com toda a certeza, não se disporiam a ter sua postura decidida em seu nome em qualquer sentido em antecipação de circunstâncias que eles próprios desejariam julgar.
>
> Assim, tanto quanto me acho em condições de dar uma resposta à pergunta de M. Bonnet neste estágio, ela teria de ser que, embora o governo de Sua Majestade jamais possa admitir que a segurança da França seja ameaçada, ele está impossibilitado de fazer declarações exatas quanto ao caráter de suas medidas futuras, ou quanto ao momento em que elas seriam tomadas, em circunstâncias que ele não tem meios de antever neste momento.*

Diante da afirmação de que "o governo de Sua Majestade jamais possa admitir que a segurança da França seja ameaçada", os franceses perguntaram que ajuda poderiam esperar, se ela o fosse. A resposta de Londres foi, segundo Bonnet: duas divisões não motorizadas e 150 aviões, durante os primeiros seis meses de guerra. Se M. Bonnet estava procurando um pretexto para deixar os tchecos entregues à própria sorte, há que se admitir que sua busca teve certo êxito.

Nesse mesmo dia 12 de setembro, numa manifestação partidária em Nuremberg, Hitler desferiu um violento ataque contra os tchecos, que retrucaram, no dia seguinte, com a decretação da lei marcial em certos distritos da república. Em 14 de setembro, as negociações com Henlein foram definitivamente interrompidas e, no dia 15, o líder sudeto fugiu para a Alemanha.

Era chegado o auge da crise.

* Reproduzido por Georges Bonnet, *De Washington au Quai d'Orsay*, pp. 360-1.

14
A tragédia de Munique

Muitos volumes foram e continuarão a ser escritos sobre a crise que se encerrou em Munique com o sacrifício da Tchecoslováquia, e aqui se pretende apenas fornecer alguns dos fatos centrais e estabelecer a linha geral dos acontecimentos. Na Assembleia da Liga das Nações de 21 de setembro, uma advertência oficial foi feita por Litvinov:

> ... Neste momento, a Tchecoslováquia vem sofrendo interferências em seus assuntos internos por parte de uma nação vizinha e sendo publicamente ameaçada de ataque, em alto e bom som. Um dos povos mais antigos, mais cultos e mais trabalhadores dentre os povos europeus, que conquistou sua independência após séculos de opressão, pode decidir pegar em armas, hoje ou amanhã, em defesa dessa independência. (...) Quando, dias antes de eu embarcar para Genebra, o governo francês indagou pela primeira vez qual seria a nossa atitude na eventualidade de um ataque à Tchecoslováquia, dei, em nome de meu governo, a seguinte resposta, perfeitamente clara e sem ambiguidade:
>
> "Pretendemos cumprir nossas obrigações nos termos do Pacto e, juntamente com a França, dar assistência à Tchecoslováquia pelos meios que estiverem ao nosso dispor. Nosso ministério da Guerra está pronto a participar, imediatamente, de uma conferência com representantes dos ministérios da Guerra francês e tchecoslovaco, a fim de discutir as medidas apropriadas ao momento. (...)"
>
> Há apenas dois dias, o governo tchecoslovaco endereçou ao meu governo uma indagação formal, a saber, se a União Soviética está disposta, de acordo com o Pacto Soviético-Tcheco, a fornecer ajuda imediata e efetiva à Tchecoslováquia, caso a França, fiel a suas obrigações, preste uma assistência similar, ao que meu governo deu uma clara resposta afirmativa.

Essa declaração pública e irrestrita por parte de uma das maiores potências interessadas não teve qualquer influência nas negociações de Mr. Chamberlain ou na condução francesa da crise. A oferta soviética foi ignorada. Não foi posta na balança contra Hitler e foi tratada com uma indiferença — para não dizer desdém — que deixou marcas na mente de

Stalin. Os acontecimentos seguiram seu curso como se a Rússia soviética não existisse. Mais tarde, pagaríamos caro por isso.

Na noite do dia 26, Hitler discursou em Berlim. Referiu-se à Inglaterra e à França em termos conciliatórios, desferindo, ao mesmo tempo, um ataque grosseiro e brutal contra Benes e contra os tchecos. Disse, categoricamente, que os tchecos precisavam cair fora dos sudetos, e que, uma vez resolvido isso, ele não teria maior interesse no que acontecesse com a Tchecoslováquia. "*Esta é a última reivindicação territorial que tenho a fazer na Europa.*" Por volta das vinte horas, Mr. Leeper, então chefe de imprensa do Foreign Office, apresentou ao ministro do Exterior um comunicado cujo ponto essencial foi o seguinte:

> Se, a despeito dos esforços feitos pelo primeiro-ministro inglês, houver um ataque alemão à Tchecoslováquia, o resultado imediato deverá ser que a França estará obrigada a socorrê-la, e a Inglaterra *e a Rússia* certamente marcharão com a França.

Esse texto foi aprovado por Lord Halifax e imediatamente emitido. Parecia que o momento do embate tinha chegado e que as forças adversárias haviam-se alinhado. Os tchecos tinham 1,5 milhão de homens armados atrás da mais forte linha fortificada da Europa e estavam equipados com uma máquina industrial altamente organizada e poderosa. O exército francês estava parcialmente mobilizado e, ainda que com relutância, os ministros franceses dispunham-se a honrar seus compromissos com a Tchecoslováquia. Às 11h20 do dia 28 de setembro, o almirantado deu ordens para que os ingleses se mobilizassem.

☆

Uma luta intensa e incessante já havia começado entre o Führer e seus assessores especializados. A crise parecia exibir todas as circunstâncias temidas pelos generais alemães. Entre trinta e quarenta divisões tchecas estavam tomando posição nas fronteiras orientais da Alemanha, e o grosso do exército francês, numa proporção de quase oito para um, começava a chegar maciçamente ao Muro do Oeste. Uma Rússia hostil poderia operar a partir de campos de aviação tchecos, e os exércitos soviéticos poderiam avançar através da Polônia ou da Romênia. Alguns dos generais fizeram um complô para prender Hitler e "imunizar a Alemanha desse louco". Outros declararam que o moral baixo da população alemã seria incapaz de sustentar uma guerra europeia, e que as forças armadas alemãs ainda não estavam prontas para ela. O almirante Raeder, chefe do almirantado alemão, fez apelo veemente ao Führer, enfatizado poucas horas depois, quando chegou a notícia de que a esquadra inglesa estava sendo mobilizada. Hitler vacilou. Às duas horas da manhã, a rádio alemã desmentiu oficialmente que a Alemanha pretendesse mobilizar-se no dia 29 e, às 11h45, na mesma manhã, uma declaração semelhante da agência oficial de notícias alemã foi entregue à imprensa inglesa. A pressão sobre aquele homem solitário e sobre sua assombrosa força de vontade, nesse momento, deve ter sido extrema. Evidentemente, ele chegara à beira de uma guerra generalizada. Seria capaz de mergulhar nela, diante de uma opinião pública desfavorável e da solene advertência dos comandantes de seu exército, marinha e força aérea? Poderia ele, por outro lado, arcar com um recuo, depois de viver de prestígio por tanto tempo?

Mas Mr. Chamberlain também estava agindo e, a essa altura, tinha o controle completo da política externa inglesa. Lord Halifax, a despeito das dúvidas crescentes que derivavam do clima de seu ministério, seguiu a orientação de seu chefe. O Gabinete ficou profundamente perturbado, mas obedeceu. A maioria governista na Câmara dos Comuns foi habilmente conduzida pelos *whips*. Um homem, e um só, conduziu os nossos destinos. Ele não recuou nem da responsabilidade que estava assumindo, nem dos esforços pessoais exigidos. Em 14 de setembro, havia telegrafado a Hitler, por iniciativa própria, propondo-se a visitá-lo. Por três vezes, ao todo, o primeiro-ministro inglês voou para a Alemanha, estando ele e Lord Runciman convencidos de que somente a cessão das áreas *sudeten* dissuadiria Hitler de invadir a Tchecoslováquia. A última dessas ocasiões foi em Munique, com a presença de M. Daladier, premier da França, e de Mussolini. Nenhum convite foi feito à Rússia. Tampouco os próprios tchecos tiveram permissão de participar das reuniões. O governo tcheco foi informado em termos sucintos, na noite de 28 de setembro, de que haveria uma conferência dos representantes das quatro nações europeias no dia seguinte. Um acordo foi rapidamente obtido entre "os Quatro Grandes". As conversações começaram ao meio-dia e duraram até as duas horas da manhã seguinte. Um memorando foi redigido e assinado às duas horas do dia 30 de setembro. Consistia, em essência, na aceitação das exigências alemãs. A região dos sudetos deveria ser evacuada a partir de 1° de outubro, em cinco etapas a serem concluídas num prazo de dez dias. Uma comissão internacional deveria determinar as fronteiras definitivas.

O documento foi entregue aos representantes tchecos. Eles se curvaram às decisões. "Desejavam", segundo disseram, "registrar seu protesto perante o mundo contra uma decisão de que não tinham participado." O presidente Benes renunciou, porque "poderia agora revelar-se um empecilho às condições a que nosso novo estado terá que se adaptar". Deixou a Tchecoslováquia, encontrou abrigo e foi acolhido na Inglaterra. O desmembramento da Tchecoslováquia prosseguiu. Os alemães não foram os únicos abutres sobre a carcaça. O governo polonês enviou aos tchecos um ultimato de 24 horas, exigindo a restituição imediata do distrito fronteiriço de Teschen. Não houve meios de resistir a essa ríspida demanda. Os húngaros também apareceram com suas reivindicações.

☆

Enquanto os quatro estadistas aguardavam que os especialistas redigissem o documento final, o primeiro-ministro perguntou a Hitler se ele gostaria de uma conversa em particular. Hitler "concordou pressurosamente". Os dois líderes conversaram no apartamento de Hitler em Munique, na manhã de 30 de setembro, a sós, salvo pela presença do intérprete. Chamberlain puxou um projeto de declaração que havia preparado, dizendo que "a questão das relações anglo-alemãs é da máxima importância para os dois países e para a Europa" e que "consideramos o acordo assinado na noite passada, bem como o Acordo Naval Anglo-Germânico, símbolos do desejo de nossos dois povos de jamais voltarem a entrar em guerra um contra o outro".

Hitler leu e assinou sem demora.

Chamberlain voltou para a Inglaterra. Em Heston, onde aterrissou, agitou no ar a declaração conjunta que fizera Hitler assinar e leu-a para o grupo de notáveis e outros que o receberam. No carro que atravessava a multidão ovacionante à saída do aeroporto, ele disse a Halifax, sentado ao seu lado: "Tudo isso estará acabado em três meses"— mas, das janelas de Downing Street, tornou a agitar no ar seu pedaço de papel e usou estas palavras: "Esta é a segunda vez em nossa história em que a paz volta com honra da Alemanha para Downing Street. Creio que é paz em nosso tempo."*

* Ver Keith Feiling, *Life of Neville Chamberlain*, pp. 376 e 381.

A opinião de Hitler, mais uma vez, fora decisivamente confirmada. O Estado-Maior alemão ficou sumamente desconcertado. Mais uma vez, o Führer tivera razão, afinal. Somente ele, com seu talento e intuição, havia realmente avaliado todas as circunstâncias militares e políticas. Mais uma vez, tal como na Renânia, a liderança do Führer tinha vencido a obstrução dos chefes militares alemães. Todos aqueles generais eram patriotas. Ansiavam por ver a pátria reconquistar sua posição no mundo. Dedicavam-se, dia e noite, a todos os processos capazes de revigorar as forças alemãs. Por conseguinte, sentiram-se atingidos no coração por se haverem mostrado tão aquém do nível dos acontecimentos e, em muitos casos, seu desagrado e sua desconfiança em relação a Hitler foram sobrepujados pela admiração por seus dons de comando e sua sorte miraculosa. Sem dúvida, ali estava uma estrela a ser seguida, ali estava um guia a quem obedecer. Foi assim que Hitler finalmente se tornou o senhor inconteste da Alemanha, abrindo o caminho para o grande projeto. Os conspiradores se encolheram — e não foram traídos por seus companheiros de farda.

☆

Não é fácil, nos dias atuais, depois de todos havermos atravessado anos de grande tensão e de esforços morais e físicos, retratar para uma outra geração as paixões que campearam na Inglaterra a propósito do Acordo de Munique. Entre os conservadores, famílias e amigos de íntimo convívio dividiam-se de um modo que nunca vi igual. Homens e mulheres que tinham estado longamente unidos por laços partidários, por amenidades sociais e ligações de família encaravam uns aos outros com raiva e desdém. A questão não era de um tipo que pudesse ser resolvido pelas multidões aclamadoras que haviam recepcionado Mr. Chamberlain na volta do aeroporto e apinhado Downing Street e suas imediações, nem tampouco pelos formidáveis esforços dos *whips* e membros do partido. Nós, que éramos minoritários naquele momento, pouco nos importávamos com as piadas ou as carrancas dos defensores do governo. O Gabinete fora abalado em seus alicerces, mas o evento tinha acontecido e eles se mantiveram unidos. Apenas um ministro se destacou. O primeiro Lord do almirantado, Mr. Duff Cooper, demitiu-se de seu grandioso cargo, que havia dignificado com a mobilização da esquadra. No momento do esmagador domínio da opinião pública por Mr. Chamberlain, ele abriu caminho pela multidão exultante para declarar sua total discordância em relação ao seu líder.

Na abertura do debate de três dias sobre Munique, ele fez seu discurso de demissão. Foi um incidente marcante em nossa vida parlamentar. Falando com fluência e sem alterar a voz, ele manteve hipnotizada por quarenta minutos a maioria hostil de seu partido. Para os trabalhistas e liberais que faziam uma ardorosa oposição ao governo da época, foi fácil aplaudi-lo. Era uma briga dilacerante dentro do partido *tory*.

O debate que se seguiu não foi indigno das emoções despertadas e das questões que estavam em jogo. Lembro-me bem que quando afirmei que "sofremos uma derrota completa e absoluta", o tumulto com que fui recebido tornou necessária uma interrupção de algum tempo antes que eu pudesse retomar a palavra. Havia uma admiração difundida e sincera pelos esforços perseverantes e inflexíveis de Mr. Chamberlain para manter a paz e pelo empenho pessoal que ele havia demonstrado. É impossível, neste relato, deixar de assinalar a longa série de erros de cálculo e erros de avaliação de homens e fatos em que ele se baseou; mas os motivos que o inspiraram nunca foram impugnados, e o curso que ele adotou exigiu o mais alto grau de coragem moral. A isso rendi homenagem, dois anos depois, em meu discurso que se seguiu à sua morte.

Havia também uma linha de argumentação séria e prática, ainda que não lhe fosse favorável, em que o governo podia basear-se. Ninguém podia negar que estávamos pavorosamente despreparados para a guerra. Quem se mostrara mais zeloso em provar isso do que eu e meus amigos? A Inglaterra havia-se deixado ser amplamente ultrapassada pelo poderio da força aérea alemã. Todos os nossos pontos vulneráveis estavam desprotegidos. Mal se conseguiam encontrar cem canhões antiaéreos para a defesa da maior cidade e centro populacional do mundo; e, em sua maioria, eles estavam nas mãos de homens sem treinamento. Se Hitler estivesse sendo sincero e uma paz duradoura houvesse de fato sido obtida, Chamberlain teria estado certo. Se, infelizmente, ele tivesse sido enganado, ao menos teríamos ganho tempo para respirar, a fim de reparar as piores de nossas negligências. Essas considerações, bem como o alívio e regozijo gerais por termos evitado temporariamente os horrores da guerra, dominaram o leal assentimento da massa de defensores do governo. A Câmara aprovou a política do governo de Sua Majestade, "pela qual a guerra foi evitada na crise recente", por 366 votos a 144. Os trinta ou quarenta conservadores dissidentes não puderam fazer mais do que registrar sua desaprovação por meio da abstenção. Foi o que fizemos, como um ato formal e unido.

Em 1° de novembro, um personagem inexpressivo, o dr. Hacha, foi eleito para o cargo vago de presidente do que restava da Tchecoslováquia. Um novo governo foi empossado em Praga. "A situação da Europa e do mundo em geral", disse o ministro do Exterior desse governo desalentado, "não é de natureza a nos dar esperanças de um período de calma no futuro próximo." Hitler também pensava assim. Uma divisão formal dos despojos foi feita pela Alemanha no início de novembro. A Polônia não foi perturbada em sua ocupação de Teschen. Os eslovacos, que tinham sido usados como peões pela Alemanha, conseguiram uma autonomia precária. A Hungria recebeu um naco de carne à custa da Eslováquia. Quando essas consequências do pacto de Munique foram mencionadas na Câmara dos Comuns, Mr. Chamberlain explicou que a oferta francesa e inglesa de uma garantia internacional à Tchecoslováquia, fornecida depois do Pacto de Munique, não concernia às fronteiras existentes daquela nação, mas se referia apenas à questão hipotética de uma agressão não provocada. "O que estamos fazendo agora", disse ele com grande impassividade, "é assistir ao reajustamento das fronteiras criadas no Tratado de Versalhes. Não sei se as pessoas responsáveis por aquelas fronteiras acharam que elas continuariam permanentemente como foram traçadas. Duvido muito que achassem. Provavelmente, esperavam que, de tempos em tempos, as fronteiras tivessem que ser corrigidas. (...) Penso que já falei o bastante sobre a Tchecoslováquia." Mas ainda haveria outra ocasião.

☆

Tem-se debatido se foi Hitler ou se foram os aliados que mais aumentaram seu poderio no ano que se seguiu ao encontro de Munique. Na Inglaterra, muitas pessoas que sabiam de nossa penúria experimentaram uma sensação de alívio à medida que nossa força aérea foi-se desenvolvendo mês a mês, e à medida que se aproximou o lançamento dos modelos Hurricane e Spitfire. O número de esquadrilhas organizadas aumentou e os canhões antiaéreos se multiplicaram. Além disso, a pressão geral por preparativos industriais para a guerra continuou a se intensificar. Mas esse progresso, por inestimável que parecesse seu valor, era insignificante, comparado ao poderoso avanço dos armamentos alemães. Como já foi explicado, a produção de material bélico num projeto nacional é tarefa para quatro anos.

O primeiro não produz nada; o segundo, muito pouco; o terceiro, um bocado; o quarto, uma enxurrada. A Alemanha de Hitler, nesse período, já estava no terceiro ou quarto ano de intensos preparativos, em condições de controle e ímpeto quase idênticas às de guerra. A Inglaterra, por outro lado, vinha-se mexendo apenas em termos de não emergência, com um impulso mais fraco e em escala muito menor. Em 1938-39, os gastos militares ingleses de todos os tipos atingiram 304 milhões de libras esterlinas,* enquanto os da Alemanha foram de pelo menos 1,5 bilhão de libras. É provável que, nesse último ano antes de estourar a guerra, os alemães tenham fabricado pelo menos o dobro — possivelmente, o triplo — do material bélico da Inglaterra e da França juntas, e também que suas grandes fábricas de produção de tanques tenham atingido sua capacidade total. Portanto, estavam conseguindo armas numa velocidade muito superior à nossa.

A subjugação da Tchecoslováquia retirou dos aliados o exército tcheco, de 21 divisões regulares, 15 ou 16 divisões de segunda linha já mobilizadas e também sua linha fortificada nas montanhas, que teria exigido, nos dias de Munique, o uso de trinta divisões alemãs ou da força principal do exército móvel e plenamente treinado da Alemanha. Segundo os generais Halder e Jodl, havia apenas 13 divisões alemãs, das quais apenas cinco eram compostas de tropas de primeira linha, deixadas no oeste na época do Acordo de Munique. Certamente sofremos, com a queda da Tchecoslováquia, uma perda equivalente a cerca de 35 divisões. Além disso, as indústrias Skoda — segundo mais importante arsenal da Europa Central, de produção, entre agosto de 1938 e setembro de 1939, quase equivalente à produção efetiva das fábricas inglesas de armamentos naquele período — foi levada a trocar de lado infelizmente. Enquanto a Alemanha inteira trabalhava sob pressão intensa, quase de guerra, a mão de obra francesa, já em 1936, havia conquistado a tão desejada semana de quarenta horas.

Ainda mais desastrosa foi a alteração do poderio relativo dos exércitos francês e alemão. A cada mês que passava, de 1938 em diante, o exército alemão não apenas aumentava em quantidade e número de unidades e na acumulação de reservas, como também em qualidade e maturidade. O avanço no treinamento e na capacitação geral mantinha-se à altura dos equipamentos sempre crescentes. Nenhum aprimoramento ou expansão similares

* Em 1937-38, 234 milhões de libras; em 1938-39, 304 milhões de libras; em 1939-40, 367 milhões de libras.

eram acessíveis ao exército francês, que estava sendo superado em todos os aspectos. Em 1935, a França, sem a ajuda de seus antigos aliados, poderia ter invadido e reocupado a Alemanha quase sem combates sérios. Em 1936, ainda não havia dúvida de seu poderio esmagadoramente superior. Sabemos agora, pelas revelações alemãs, que isso continuou em 1938, e que foi o conhecimento de sua própria fraqueza que levou o alto-comando alemão a fazer tudo para conter Hitler em cada um dos golpes bem-sucedidos pelos quais sua fama se ampliou. No ano seguinte a Munique, que agora estamos examinando, o exército alemão, embora ainda mais fraco em matéria de reservas treinadas do que o francês, aproximava-se de sua plena eficiência. Uma vez que era baseado numa população duas vezes maior que a da França, era apenas questão de tempo vir a tornar-se o mais forte por qualquer critério. Também em termos de moral os alemães levavam vantagem. A deserção de um aliado, especialmente por medo da guerra, solapa o moral de qualquer exército. O sentimento de ser obrigado a ceder deprime os oficiais e a tropa. Enquanto, do lado alemão, a confiança, o sucesso e o sentimento de um poderio crescente inflamavam os instintos marciais da raça, o reconhecimento da fraqueza desestimulava os militares franceses de todas as patentes.

☆

Mas havia uma esfera vital em que começamos a suplantar a Alemanha e a aprimorar nossa própria posição. Em 1938, o processo de substituição dos caças biplanos ingleses, como os Gladiators, pelos tipos então modernos de Hurricanes e, mais tarde, Spitfires, mal havia começado. Em setembro de 1938, tínhamos apenas cinco esquadrões refeitos com base nos Hurricanes. Além disso, tinha-se permitido que diminuíssem as provisões e peças sobressalentes para as aeronaves mais antigas, uma vez que elas estavam saindo de uso. Os alemães estavam bem à frente de nós na reformulação dos esquadrões com tipos modernos de caças. Já dispunham de um bom número de aviões Messerschmitt 109, contra os quais nossas velhas aeronaves ter-se-iam saído muito mal. Durante todo o ano de 1939, nossa situação melhorou, à medida que outros esquadrões foram sendo renovados. Em julho desse ano, tínhamos 26 esquadrões de caças modernos com oito metralhadoras, embora tivesse havido pouco tempo para acumular uma escala completa de peças de reposição e sobressalentes. Em julho de 1940, por ocasião da Batalha da Inglaterra, dispúnhamos de 47 esquadrões de caças modernos.

Os alemães, por seu lado, haviam realmente concluído antes do início da guerra a maior parte de sua expansão aérea, em quantidade e qualidade. Nosso esforço foi posterior ao deles em quase dois anos. Entre 1939 e 1940, eles tiveram um aumento de apenas 20%, enquanto nosso aumento de aeronaves modernas de combate foi de 80%. Na verdade, o ano de 1938 havia-nos encontrado com uma lamentável deficiência de qualidade, e embora, em 1939, já houvéssemos avançado um pouco no sentido de eliminar essa disparidade, ainda estávamos relativamente pior do que em 1940, quando veio a prova.

Em 1938, poderíamos ter tido incursões aéreas em Londres, para as quais estaríamos lamentavelmente despreparados. Mas não havia nenhuma possibilidade de uma batalha aérea decisiva na Inglaterra enquanto os alemães não houvessem ocupado a França e os Países Baixos, obtendo assim as bases necessárias a uma pequena distância de ataque de nossas linhas costeiras. Sem essas bases, eles não poderiam escoltar seus bombardeiros com os aviões de caça da época. Os exércitos alemães não seriam capazes de derrotar os franceses em 1938 ou 1939.

A vasta produção dos tanques com que eles romperam a frente francesa só passou a existir em 1940 e, diante da superioridade francesa a oeste e de uma Polônia não conquistada a leste, eles certamente não teriam podido concentrar todo o seu poderio aéreo contra a Inglaterra, como puderam fazer depois de a França ter sido forçada a se render. Isso não leva em conta nem a atitude da Rússia nem qualquer resistência que a Tchecoslováquia pudesse ter oferecido. Por todas essas razões, o período de um ano para respirar — que teria sido "ganho" em Munique, conforme se afirmou na ocasião — deixou a Inglaterra e a França numa situação muito pior, comparada à da Alemanha de Hitler, do que a situação em que elas tinham estado na crise de Munique.

☆

Finalmente, existe o fato desconcertante de que, apenas no ano de 1938, Hitler havia anexado ao Reich e posto sob seu controle absoluto 6,7 milhões de austríacos e 3,5 milhões de sudetos, num total de mais de dez milhões de súditos, trabalhadores e soldados. Sem dúvida, a medonha balança pendera a favor dele.

15
Praga, Albânia e a garantia à Polônia

Dissipada a sensação de alívio que emanara do acordo de Munique, Mr. Chamberlain e seu governo viram-se diante de um agudo dilema. O primeiro-ministro dissera: "Creio que é paz em nosso tempo." Mas a maioria de seus colegas queria utilizar o "nosso tempo" para se rearmar o mais depressa possível. Surgiu então uma divisão no Gabinete. Os sentimentos de sobressalto que a crise de Munique havia despertado e a flagrante exposição de nossas deficiências, especialmente de canhões antiaéreos, exigiam um rearmamento acelerado. Claro que isso era criticado pelo governo alemão e sua inspirada imprensa. Mas não havia dúvida quanto à opinião da nação inglesa. Embora se regozijasse por ter sido salva da guerra pelo primeiro-ministro e bradasse estrondosamente os lemas da paz, ela sentia agudamente a necessidade de armas. Todos os ministérios militares apresentaram seus pedidos e se referiram à escassez alarmante que a crise havia tornado manifesta. O Gabinete chegou a uma cômoda solução de meio-termo: todos os preparativos possíveis, mas sem perturbar o comércio do país ou irritar os alemães e italianos com medidas em larga escala.

Mr. Chamberlain continuou a acreditar que lhe bastava estabelecer um contato pessoal com os ditadores para obter uma melhora acentuada na situação mundial. Mal sabia ele que as decisões de ambos estavam tomadas. Num clima esperançoso, ele se propôs a visitar a Itália em janeiro, acompanhado de Lord Halifax. Após alguma demora, um convite foi formulado e, em 11 de janeiro de 1939, realizou-se o encontro. É ruborizante ler no diário de Ciano os comentários que eram feitos nos bastidores italianos sobre nosso país e seus representantes. "Na verdade", escreve Ciano, "a visita transcorreu em tom melancólico. (...) Não houve nenhum contato efetivo. Como estamos distantes dessa gente! É outro mundo. Estivemos conversando sobre isso com o Duce depois do jantar. 'Esses homens', disse então Mussolini, 'não são feitos da mesma matéria que Francis Drake e os outros aventureiros magníficos que criaram o Império. Afinal, são os filhos cansados de uma longa linhagem de homens ricos.'" Continua Ciano: "Os ingleses não querem lutar. Tentam recuar com o máximo vagar possível, mas não querem lutar. (...) Nossas conversações com os ingleses acabaram. Não se chegou a nada. Telefonei a Ribbentrop dizendo que elas foram um fiasco, absolutamente inócuas. (...)" E, 15 dias depois: "Lord Perth [o embaixador inglês] submeteu à nossa aprovação o esboço do discurso que Chamberlain fará na Câmara dos Comuns, para que pudéssemos sugerir alterações, se necessário." O Duce aprovou o discurso e comentou: "Acho que essa foi a primeira vez que um chefe de governo inglês submeteu a um governo estrangeiro o esboço de um de seus discursos. Mau sinal para eles."* Mas, no fim, Ciano e Mussolini é que se desgraçaram.

Entrementes, nesse mesmo janeiro de 1939, Ribbentrop foi a Varsóvia para dar continuidade à ofensiva diplomática contra a Polônia. A absorção da Tchecoslováquia deveria ser seguida pelo cerco da Polônia. O primeiro estágio dessa operação seria cortar a Polônia do mar, por meio da afirmação da soberania alemã em Danzig e do prolongamento do controle alemão do Báltico até o estratégico porto lituano de Memel. O governo polonês manifestou uma forte resistência a essa pressão e, durante algum tempo, Hitler ficou observando e esperando pelo momento de iniciar as operações.

Durante a segunda semana de março, aumentaram os rumores de movimentação de tropas na Alemanha e na Áustria, particularmente na região de Viena-Salzburgo. Afirmou-se que quarenta divisões alemãs estavam mobilizadas e em pé de guerra. Confiantes no apoio alemão, os eslovacos planejavam separar seu território da República da Tchecoslováquia. O ministro do exterior polonês, coronel Beck, aliviado por ver os ventos teutônicos soprando em outra direção, declarou publicamente em Varsóvia que seu governo se solidarizava inteiramente com as aspirações dos eslovacos. O padre Jozef Tiso, líder eslovaco, foi recebido por Hitler em Berlim com honras de primeiro-ministro. No dia 12, Mr. Chamberlain, indagado no parlamento sobre a garantia dada à fronteira tchecoslovaca, relembrou à Câmara que essa proposta havia concernido a agressões não provocadas. Nenhuma agressão dessa natureza havia ocorrido até então. Mas ele não teria muito que esperar.

☆

Uma onda de otimismo perverso correu o panorama inglês durante esses dias de março de 1939. Apesar das tensões crescentes na Tchecos-

* *O diário do conde Ciano, 1939-43*, editado por Malcolm Muggeridge, pp. 9-10.

lováquia, sob intensa pressão alemã externa e interna, os ministros e os jornais identificados com o acordo de Munique não perderam a confiança na política para a qual haviam arrastado a nação. Em 10 de março, o ministro do Interior discursou para seus eleitores sobre suas esperanças de um "plano quinquenal de paz", que, no devido tempo, levaria à criação de uma "era dourada", Um plano de tratado comercial com a Alemanha ainda estava sendo esperançosamente discutido. A famosa revista *Punch* publicou uma charge que mostrava John Bull despertando de um pesadelo com um suspiro de alívio, enquanto todos os terríveis boatos, fantasias e suspeitas da noite saíam voando pela janela. No mesmíssimo dia em que esse cartum foi publicado, Hitler lançou seu ultimato ao trôpego governo tcheco, despojado de sua fronteira fortificada pelas decisões de Munique. Tropas alemãs, penetrando em Praga, assumiram o controle absoluto da nação, sem resistência. Lembro-me de estar sentado com Mr. Eden no salão de fumantes da Câmara dos Comuns quando chegaram as edições dos jornais vespertinos que registravam esses acontecimentos. Até aqueles de nós que não tínhamos ilusões e que havíamos exposto nossas ideias com convicção ficamos surpresos com a súbita violência desse ultraje. Era difícil acreditar que, com todas as suas informações secretas, o governo de Sua Majestade pudesse estar tão inteiramente perdido. O dia 14 de março assistiu à dissolução e à subjugação da República da Tchecoslováquia. Os eslovacos declararam formalmente sua independência. Tropas húngaras, sub-repticiamente apoiadas pela Polônia, cruzaram a fronteira e penetraram na província oriental da Tchecoslováquia, a Cárpato-Ucrânia, que reivindicavam. Hitler, chegando a Praga, proclamou um protetorado alemão na Tchecoslováquia, que assim foi incorporada ao Reich.

No dia 15, Mr. Chamberlain teve de dizer à Câmara: "A ocupação da Boêmia por forças militares alemãs iniciou-se às 6h desta manhã. A população tcheca recebeu ordens de seu governo de não oferecer resistência." Em seguida, declarou que a garantia que dera à Tchecoslováquia, em sua opinião, já não tinha validade: "... a situação alterou-se desde que declararam a independência da Eslováquia. O efeito dessa declaração pôs fim, por uma ruptura interna, ao estado cujas fronteiras propuséramos garantir e, por conseguinte, o governo de Sua Majestade não se pode sentir obrigado por esse compromisso." Isso parecia decidido. "É natural", disse ele em conclusão, "que eu lastime amargamente o que aconteceu agora, mas não nos deixemos, em função disso, desviar de nosso curso. Lembremo-nos de que o desejo de todos os povos do mundo ainda continua concentrado nas esperanças de paz."

Mr. Chamberlain tinha compromisso de discursar em Birmingham dois dias depois. Toda a minha expectativa era de que ele aceitasse o ocorrido com a melhor boa vontade possível. A reação do primeiro-ministro surpreendeu-me. Ele se imaginara dotado de um discernimento especial no tocante ao caráter de Hitler e da capacidade de avaliar com argúcia os limites da ação alemã. Acreditara, cheio de esperança, que tinha havido uma verdadeira confluência de ideias em Munique e que, juntos, ele, Hitler e Mussolini tinham salvo o mundo dos infinitos horrores da guerra. Subitamente, como que numa explosão, sua confiança e tudo o que havia decorrido de seus atos e seus argumentos foram pelos ares. Apesar de ter sido responsável por graves erros de avaliação dos fatos e de haver iludido a si mesmo e imposto seus erros aos seus colegas subservientes e à lastimável opinião pública inglesa, mesmo assim, da noite para o dia, ele voltou abruptamente as costas ao passado. Se Chamberlain não havia compreendido Hitler, Hitler subestimara completamente a natureza do primeiro-ministro inglês. Confundira sua aparência civil e seu apaixonado desejo de paz com uma expressão completa de sua personalidade, e tomara seu guarda-chuva por seu símbolo. Ele não se dera conta de que Neville Chamberlain tinha um núcleo interior muito duro e não gostava de ser tapeado.

O discurso de Birmingham teve um novo tom. Chamberlain censurou Hitler pelo flagrante abuso pessoal de confiança quanto ao acordo de Munique. Citou todas as garantias dadas por Hitler. "Esta é a última reivindicação territorial que tenho a fazer na Europa." "Não me interessarei mais pela nação tcheca, e posso garantir isso. Não queremos mais tchecos."

"Estou convencido", disse o primeiro-ministro, "de que, depois de Munique, a grande maioria do povo inglês partilhou de meu sincero desejo de que essa política fosse levada adiante. Hoje, partilho de seu desapontamento e de sua indignação ante o fato de essas esperanças terem sido tão arbitrariamente destroçadas. Como é possível conciliar os acontecimentos desta semana com as garantias que vos li? (...) Será esse o último ataque a uma pequena nação, ou será ele seguido de outro? Será ele, na verdade, um passo em direção a uma tentativa de dominar o mundo pela força?"

Não é fácil imaginar uma fala que pudesse estar em maior contradição com o estado de ânimo e a política do pronunciamento feito dois dias antes pelo primeiro-ministro na Câmara dos Comuns. Ele deve ter passado por um período de extrema premência. Além disso, a mudança de ânimo de Chamberlain não parou nas palavras. A próxima "pequena nação" na lista de Hitler seria a Polônia. Quando se tem em mente a gravidade da decisão a ser tomada e todas as pessoas que tinham de ser consultadas, conclui-se que esse deve ter sido um período agitado. No prazo de uma quinzena (em 31 de março), o primeiro-ministro declarou no parlamento:

> Na eventualidade de qualquer ação que claramente ameace a independência polonesa, e à qual, por conseguinte, o governo polonês considere vital resistir com suas forças nacionais, o governo de Sua Majestade se sentirá imediatamente obrigado a prestar ao governo polonês todo o apoio que estiver a seu alcance. E já deu ao governo polonês garantia nesse sentido. Posso acrescentar que o governo francês me autorizou a deixar claro que, no tocante a essa questão, tem a mesma posição do governo de Sua Majestade. (...) [E, posteriormente,] os Domínios têm sido mantidos plenamente informados.

Não era hora de recriminações sobre o passado. A garantia à Polônia foi apoiada pelos líderes de todos os partidos e grupos da Câmara. "Deus nos ajude, não podemos fazer outra coisa", foi o que declarei. No ponto a que tínhamos chegado, era uma ação necessária. Mas ninguém que compreendesse a situação podia duvidar de que ela significava, segundo todas as probabilidades humanas, uma grande guerra em que estaríamos envolvidos.

Nessa triste história de juízos equivocados, feitos por pessoas bem-intencionadas e capazes, chegamos agora a nosso clímax. O fato de havermos todos chegado àquela situação torna os responsáveis por ela, por mais honrosos que fossem seus motivos, culpados perante a história. Basta olharmos para trás para ver o que havíamos sucessivamente aceito ou jogado fora: uma Alemanha desarmada por um tratado solene; uma Alemanha rearmada, violando um tratado solene; a superioridade, ou mesmo a paridade aérea, jogadas no lixo; a Renânia ocupada à força e a Linha Siegfried construída ou em construção; o Eixo Berlim-Roma estabelecido; a Áustria devorada e digerida pelo Reich; a Tchecoslováquia abandonada e arruinada pelo Pacto de Munique, com sua fronteira fortificada nas mãos da Alemanha e seu poderoso arsenal da Skoda produzindo, a partir daí, material bélico para os exércitos alemães; descartado com uma das mãos o esforço do presidente Roosevelt de estabilizar ou decidir a situação europeia, com uma intervenção americana, e ignorada com a outra a indubitável disposição da Rússia soviética de se juntar às nações do Ocidente e chegar a extremos para salvar a Tchecoslováquia; jogados no lixo os serviços de 35 divisões tchecas contrárias ao ainda imaturo exército alemão, quando a própria Inglaterra só podia fornecer duas divisões para fortalecer a frente de operações na França. Tudo o vento levou.

E então, quando essas ajudas e vantagens todas tinham sido desperdiçadas e jogadas fora, a Inglaterra avançou, levando a França pela mão, para garantir a integridade da Polônia — a mesma Polônia que, com apetite de hiena, apenas seis meses antes, aliara-se à pilhagem e à destruição do estado tchecoslovaco. Teria feito sentido lutar pela Tchecoslováquia em 1938, quando o exército alemão mal podia pôr meia dúzia de divisões treinadas na frente ocidental e quando os franceses, com quase sessenta ou setenta divisões, poderiam com certeza atravessar o Reno ou entrar no Ruhr. Mas isso fora considerado irracional, precipitado e inferior no nível da ponderação intelectual e da moral modernas. No entanto, nesse momento, finalmente, as duas democracias ocidentais declaravam-se dispostas a arriscar a vida pela integridade territorial da Polônia. A história, que, segundo nos dizem, é principalmente o registro dos crimes, loucuras e misérias da humanidade, pode ser esquadrinhada e vasculhada sem que se encontre paralelo para essa inversão repentina e completa de cinco ou seis anos de política de condescendente apaziguamento conciliatório, com sua transformação, quase da noite para o dia, em uma disposição de aceitar uma guerra obviamente iminente, em condições muito piores e na máxima escala.

Ademais, como poderíamos proteger a Polônia e fazer valer nossa garantia? Só declarando guerra à Alemanha e atacando uma muralha ocidental mais forte e um exército alemão mais poderoso do que aqueles diante dos quais havíamos recuado em setembro de 1938. Eis aí uma fieira de marcos na estrada para o desastre. Ali estava um rol de capitulações — primeiro quando tudo estava fácil, e, depois, quando as coisas ficaram difíceis — ao sempre crescente poderio alemão. Mas agora, enfim, terminava a submissão inglesa e francesa. Chegara uma decisão, finalmente, tomada no pior momento possível e nas bases menos satisfatórias, e que fatalmente levaria à chacina de dezenas de milhões de pessoas. Ali estava a causa justa, deliberadamente e com requintes de desastrado talento comprometida com uma batalha mortal, depois de se haverem desperdiçado tal imprevidência trunfos e vantagens. No entanto, quem se recusa a lutar pelo direito quando pode facilmente vencer sem derramamento de sangue, quem se recusa a lutar quando a vitória é certa e não custa um preço alto demais, pode chegar a um momento em que é forçado a lutar em meio a todas as probabilidades adversas, contando apenas com uma precária chance de sobrevivência. E pode haver um caso ainda pior. Pode-se ter que lutar quando não há nenhuma esperança de vitória, porque é melhor perecer do que viver na escravidão.

☆

Os poloneses ganharam Teschen por meio de sua vergonhosa atitude ante a liquidação do estado tchecoslovaco. Logo pagariam sua parte. Em 21 de março, ao receber o embaixador polonês em Berlim, Ribbentrop adotou um tom mais áspero do que nas conversas anteriores. A ocupação da Boêmia e a criação da Eslováquia satélite tinham levado o exército alemão à fronteira sul da Polônia. O embaixador explicou que o homem comum polonês não conseguia compreender por que o Reich havia assumido a proteção da Eslováquia, já que essa proteção se voltava contra a Polônia. Também indagou sobre as conversações recentes entre Ribbentrop e o ministro do Exterior da Lituânia. Acaso diriam respeito a Memel? Teve sua resposta dois dias depois (em 23 de março). Tropas alemãs ocuparam Memel.

Os meios de organizar qualquer resistência à agressão alemã no Leste Europeu, a essa altura, estavam quase esgotados. A Hungria estava no campo alemão. A Polônia se mantivera distante dos tchecos e não se dispunha a trabalhar em estreita colaboração com a Romênia. Nem a Polônia nem a Romênia aceitariam uma intervenção russa contra a Alemanha, atravessando seus territórios. A chave para uma Grande Aliança estava num entendimento com a Rússia. Em 19 de março, o governo russo, profundamente afetado por tudo o que estava acontecendo e apesar de ter sido deixado de fora na crise de Munique, propôs uma conferência de seis potências. Também a esse respeito Mr. Chamberlain tinha opiniões formadas. Numa carta particular: "Confesso a mais profunda desconfiança da Rússia. Não tenho nenhuma confiança em sua capacidade de sustentar uma ofensiva eficaz, mesmo que ela quisesse. E desconfio de seus motivos, que me parecem ter pouca ligação com nossas ideias de liberdade e concernir unicamente a uma inimizade com todo o mundo. Além disso, ela conta com o ódio e a desconfiança de muitas das nações menores, sobretudo a Polônia, a Romênia e a Finlândia."

Assim, a proposta soviética de uma conferência de seis potências foi recebida com frieza e posta de lado. As possibilidades de afastar a Itália do Eixo, que haviam assumido tamanho vulto nas deliberações oficiais inglesas, também estavam desaparecendo. Em 26 de março, Mussolini fez um discurso violento, confirmando as reivindicações italianas contra a França no Mediterrâneo. No alvorecer de 7 de abril de 1939, forças italianas desembarcaram na Albânia e, depois de uma breve escaramuça, tomaram o controle do país. Assim como a Tchecoslováquia viria a ser a base da agressão contra a Polônia, a Albânia seria o trampolim para a ação italiana contra a Grécia e para a neutralização da Iugoslávia. O governo inglês já havia assumido um compromisso, em nome da paz, no nordeste da Europa. Mas e a ameaça que surgia no sudeste? A esquadra inglesa do Mediterrâneo, que poderia ter barrado o gesto italiano, se dispersara. A nave da paz fazia água por todas as soldaduras. Em 15 de abril, após a declaração do protetorado alemão na Boêmia e na Morávia, Göring encontrou-se com Mussolini e Ciano em Roma para explicar o progresso dos preparativos de guerra alemães. No mesmo dia, o presidente Roosevelt enviou uma mensagem pessoal a Hitler e Mussolini, instando-os a darem garantias de não praticar qualquer outra agressão por dez "ou até 25 anos, se nos cabe olhar futuro tão distante". A princípio, o Duce recusou-se a ler o documento, e depois, comentou: "Resultado da paralisia infantil!" Mal sabia ele que sofreria aflições piores.

☆

Em 27 de abril, o primeiro-ministro tomou a grave decisão de introduzir o recrutamento, apesar de ter feito promessas reiteradas contra essa medida. Cabe a Mr. Hore-Belisha, ministro da Guerra, o mérito por ter forçado essa tardia conscientização. Ele certamente arriscou sua vida política, e várias de suas entrevistas com seu chefe foram terríveis. Tive algum convívio com ele durante esse período de provação, e ele nunca sabia ao certo se cada dia seu no cargo não seria o último.

É claro que a introdução do recrutamento, nesse estágio, não nos deu um exército. Aplicava-se apenas aos homens de vinte anos; ainda era preciso instruí-los e, depois de serem treinados, também teriam de ser armados. Mas foi um gesto simbólico de suma importância para a França e a Polônia, e para outras nações com que havíamos prodigalizado nossas garantias. No debate parlamentar, a oposição faltou com seu dever. Tanto o Partido Trabalhista quanto o Liberal evitaram enfrentar o antigo e arraigado preconceito que sempre existiu na Inglaterra contra o serviço militar obrigatório, e seus líderes encontraram razões para se opor a essa medida. Esses dois homens afligiram-se com a linha de ação que se sentiam obrigados a adotar em função dos compromissos partidários. Mas ambos a adotaram, e acrescentaram uma profusão de razões. A votação seguiu a linha partidária e os conservadores aprovaram sua política por 380 votos a 143. Em meu discurso, tentei ao máximo persuadir os membros da oposição a apoiarem essa medida indispensável, mas meus esforços foram em vão. Eu compreendia perfeitamente a dificuldade deles, especialmente ante um governo a que se opunham. Mas devo registrar esse acontecimento, pois ele priva partidários liberais e trabalhistas de qualquer direito de censurar o governo da época. Eles mostraram com muita clareza sua própria dimensão em relação aos acontecimentos. Em pouco tempo, iriam exibir uma dimensão melhor.

Em março, eu me aliara a Mr. Eden e a cerca de trinta membros conservadores para apresentar proposta de um governo de coalizão nacional. Durante o verão, surgiu no país uma mobilização realmente considerável em favor disso, ou, pelo menos, de minha inclusão e da inclusão de Mr. Eden no Gabinete. Sir Stafford Cripps, em sua posição independente, estava profundamente inquieto com o perigo que rondava a nação. Fez visitas a mim e a vários ministros para insistir na formação do que chamava um "governo de todos". Eu nada podia fazer, mas Mr. Stanley, ministro do Comércio, ficou profundamente mobilizado. Escreveu ao primeiro-ministro oferecendo o seu próprio cargo, caso isso facilitasse uma recomposição. Mr. Chamberlain contentou-se com uma notificação formal de recebimento.

Com o passar das semanas, quase todos os jornais, liderados pelo *Daily Telegraph* e com destaque no *Manchester Guardian,* refletiram essa onda da opinião pública. Eu me surpreendia ao ver sua expressão diária, recorrente e reiterada. Milhares de cartazes imensos foram exibidos por semanas a fio nos placares metropolitanos, dizendo "Churchill tem de voltar". Inúmeros voluntários, rapazes e moças, andavam de um lado para outro na frente da Câmara dos Comuns, carregando na frente e nas costas cartazes com lemas semelhantes. Nada tive a ver com esses métodos de agitação, mas certamente teria participado do governo se fosse convidado. Mais uma vez, porém, minha boa sorte pessoal se manteve e tudo o mais fluiu em sua sequência lógica, natural e terrível.

16
À beira

Atingimos o período em que todas as relações entre a Inglaterra e a Alemanha estavam chegando ao fim. Hoje sabemos, é claro, que nunca houvera uma relação verdadeira entre nossos dois países desde que Hitler assumira o poder. Ele apenas tivera a esperança de persuadir ou intimidar a Inglaterra para que ela lhe desse carta branca na Europa oriental, e Mr. Chamberlain acalentara a esperança de aplacá-lo, corrigi-lo e conduzi-lo à virtude. Mas chegara o momento em que as últimas ilusões do governo inglês tinham-se desfeito. O Gabinete estava finalmente convencido de que a Alemanha nazi era a guerra, e o primeiro-ministro ofereceu garantias e firmou alianças em todas as direções ainda acessíveis, independentemente de saber se poderíamos dar qualquer ajuda efetiva aos países em questão. À garantia polonesa foi acrescentada uma garantia à Grécia e à Romênia e, a elas, uma aliança com a Turquia.

Devemos agora relembrar o triste pedaço de papel que Mr. Chamberlain fizera Hitler assinar em Munique e com o qual acenara triunfalmente para a multidão ao descer de seu avião em Heston. Nesse documento, ele havia invocado os dois laços que presumira existirem entre ele e Hitler e entre a Inglaterra e a Alemanha, a saber, o Acordo de Munique e o Tratado Naval Anglo-Alemão. A subjugação da Tchecoslováquia havia destruído o primeiro; em 28 de abril, Hitler descartou o segundo. E também denunciou o Pacto Alemão-Polonês de Não Agressão. Forneceu como razão direta para isso a garantia anglo-polonesa.

O governo inglês teve de examinar com urgência as implicações práticas das garantias oferecidas à Polônia e à Romênia. Nenhuma dessas garantias teria qualquer valor militar, salvo no contexto de um acordo geral com a Rússia. Foi com esse objetivo, portanto, que finalmente se iniciaram conversações em Moscou, no dia 15 de abril, entre o embaixador inglês e Mr. Litvinov. Considerando como o governo soviético fora tratado até então, não havia muito o que esperar dele àquela altura. Entretanto, em 16 de abril, ele fez uma proposta formal, cujo texto não foi publicado, de criação de uma frente única de assistência mútua entre a

Inglaterra, a França e a URSS. Se possível junto com a Polônia, as três potências deveriam dar garantias às nações da Europa Central e Oriental que estivessem sob ameaça de agressão alemã. O obstáculo a esse acordo era o terror que esses mesmos países fronteiriços tinham de receber ajuda soviética, sob a forma de exércitos soviéticos que marchassem por seus territórios para defendê-los dos alemães e, aproveitando, os incorporassem ao sistema comunista do qual eles eram os mais veementes opositores. A Polônia, a Romênia, a Finlândia e os três estados do Báltico não sabiam o que mais temer: a agressão alemã ou a proteção russa. Foi essa hórrida escolha que paralisou a política inglesa e francesa.

Mas não há dúvida, mesmo em retrospecto, de que Inglaterra e França deveriam ter aceito a proposta russa, proclamado a tríplice aliança e deixado o método pelo qual ela seria posta em prática, na eventualidade da guerra, a ser combinado entre aliados unidos contra um inimigo comum. Nessas situações, costuma prevalecer um espírito diferente. Os aliados numa guerra inclinam-se a fazer muitas concessões aos desejos uns dos outros; quando o mangual da guerra bate na frente de batalha, acolhe-se de bom grado toda sorte de expedientes que, em tempos de paz, seriam abomináveis. Numa grande aliança como a que se poderia ter criado, não seria fácil um aliado entrar no território de outro, a menos que fosse convidado.

Mas Mr. Chamberlain e o Foreign Office ficaram perplexos com esse enigma da esfinge. Quando os acontecimentos se sucedem com tal velocidade e profusão, como foi o caso, é prudente dar-se um passo de cada vez. A aliança entre Inglaterra, França e Rússia teria causado um profundo sobressalto no coração da Alemanha em 1939, e ninguém pode provar que, ainda nessa época, a guerra não pudesse ter sido evitada. O passo seguinte poderia ter sido dado com os aliados num poderio superior. Nossa diplomacia teria condições de recuperar a iniciativa. Hitler não poderia nem dar-se o luxo de embarcar na guerra em duas frentes, que ele mesmo tanto havia condenado, nem sustentar uma parada súbita. Foi uma pena não tê-lo colocado nessa posição, que bem poderia ter-lhe custado a vida. Os estadistas não são chamados apenas a resolver questões simples. Estas, mais das vezes, resolvem-se por si. É quando a balança oscila e o equilíbrio está envolto em brumas que há oportunidade para as decisões capazes de salvar o mundo. Depois de nos havermos colocado nesse terrível apuro em 1939, era vital agarrar a última esperança. Se, por exemplo, ao receber a proposta russa, Mr. Chamberlain houvesse retrucado: "Sim. Vamos nos juntar, os três, e torcer o pescoço de Hitler," ou outras palavras nesse sentido, o parlamento teria aprovado, Stalin teria compreendido e a história poderia ter tomado um rumo diferente. Pelo menos, não poderia ter seguido um curso pior.

Em vez disso, houve um longo silêncio, enquanto se preparavam meias medidas e acordos judiciosos. Essa demora foi fatal para Litvinov. Sua última tentativa de levar a questão a uma decisão clara com as potências ocidentais foi julgada um fracasso. Nosso crédito estava muito baixo. Fazia-se necessária uma política externa totalmente diferente para a segurança da Rússia, e era preciso encontrar um novo expoente. Em 3 de maio, um comunicado oficial de Moscou anunciou que Mr. Litvinov fora liberado do cargo de comissário de Assuntos Estrangeiros, a seu pedido, e que suas funções seriam assumidas pelo premier, Mr. Molotov. Aquele judeu eminente, alvo do antagonismo alemão, foi temporariamente jogado de lado como um instrumento defeituoso e, sem que lhe fosse permitida uma palavra de explicação, retirado do palco mundial e lançado na obscuridade, com uma pensão medíocre, sob vigilância policial. Molotov, quase desconhecido fora da Rússia, tornou-se comissário de Assuntos Estrangeiros na mais estreita aliança com Stalin. Ele estava livre de todos os estorvos das declarações anteriores, livre do clima da Liga das Nações e apto a se mover em qualquer direção que a autopreservação da Rússia parecesse exigir. Na verdade, àquela altura, havia apenas um caminho que ele tendia a tomar. Molotov sempre fora favorável a um acordo com Hitler. Em função do Acordo de Munique e de muitas outras coisas, o governo soviético estava convencido de que nem a Inglaterra nem a França lutariam enquanto não fossem atacadas, e não seriam de grande valia mesmo nessa eventualidade. A tempestade que se formava estava prestes a desabar. A Rússia tinha que cuidar de si.

Essa inversão violenta e artificial da política russa foi uma transfiguração da qual só os estados totalitários são capazes. Mal haviam decorrido dois anos desde que os líderes do exército russo, ao lado de vários milhares de seus oficiais mais qualificados, tinham sido massacrados por terem as mesmíssimas inclinações que, nesse momento, tornaram-se aceitáveis para o punhado de ansiosos grão-senhores do Kremlin. Antes, o pró-germanismo havia constituído uma heresia e uma traição. Agora, da noite para o dia, transformara-se em política de estado. A desgraça recaía automaticamente sobre qualquer um que se atrevesse a contestá-la, e até sobre os que não virassem a casaca com rapidez suficiente.

Para a tarefa em pauta, ninguém mais bem-preparado ou qualificado do que o novo comissário de Assuntos Estrangeiros.

☆

A figura que Stalin guindou para o púlpito da política externa soviética merece uma descrição, que não estava disponível para os governos inglês ou francês da época. Vyacheslav Molotov era um homem de extraordinária capacidade e fria implacabilidade. Havia sobrevivido aos pavorosos riscos e provações a que todos os líderes bolcheviques tinham sido submetidos nos anos de revolução vitoriosa. Vivera e vicejara numa sociedade em que a intriga sempre cambiante vinha acompanhada da constante ameaça de extermínio pessoal. Sua cabeça de bala de canhão, seu bigode negro e seus olhos perspicazes, sua expressão facial de pedra, sua destreza verbal e seu porte imperturbável eram manifestações apropriadas de suas qualidades e sua habilidade. Ele se adequava, mais do que todos, a ser o agente e instrumento da política de uma máquina imprevisível. Só estive com ele em pé de igualdade, em negociações em que às vezes surgia um traço de humor, ou em banquetes em que ele propunha cordialmente uma longa sucessão de brindes convencionais e inexpressivos. Nunca vi um ser humano que representasse com mais perfeição a moderna concepção de um robô. E, no entanto, apesar disso tudo, ali estava um diplomata aparentemente sensato e sumamente polido. O que ele era para seus subalternos, não sei dizer. O que foi para o embaixador japonês, nos anos em que, depois da Conferência de Teerã, Stalin prometeu atacar o Japão tão logo o exército alemão fosse derrotado, pode ser deduzido de suas conversas registradas. Uma entrevista após outra, delicada, minuciosa e constrangedora, foi conduzida com aprumo, com determinação impenetrável e com suave e formal correção. Molotov nunca abriu uma brecha. Nunca manifestou uma discordância desnecessária. Seu sorriso de inverno siberiano, suas palavras cuidadosamente medidas e amiúde sensatas e sua postura afável combinavam-se para fazer dele o agente perfeito da política soviética num mundo letal.

A correspondência com ele sobre assuntos controvertidos era sempre inútil e, se insistentemente buscada, terminava em mentiras e insultos, dos quais esta obra conterá alguns exemplos mais adiante. Apenas uma vez pareceu-me obter dele uma reação natural e humana. Foi na primavera de 1942, quando ele passou pela Inglaterra ao voltar dos Estados Unidos.

Havíamos assinado o Tratado Anglo-Soviético e ele estava prestes a fazer o perigoso voo de volta para casa. No portão do jardim de Downing Street, que usávamos para manter o sigilo, apertei-lhe o braço e olhamos um para o outro frente a frente. Súbito, ele pareceu profundamente comovido. Dentro da estátua surgiu o homem. Ele retribuiu com uma pressão igual. Em silêncio, trocamos um aperto de mãos. Mas, nessa época, estávamos todos juntos, e era uma questão de vida ou morte para todos. A devastação e a ruína tinham estado ao redor dele em todos os seus dias, quer na iminência de desabar sobre sua cabeça, quer impostas por ele a terceiros. Em Molotov, a máquina soviética certamente havia encontrado um representante capaz e, sob muitos aspectos, característico — o eterno fiel partidário e discípulo comunista. Como me alegra, no fim da vida, não ter tido que suportar as tensões que ele sofreu; melhor seria não ter nascido. Na condução dos assuntos externos, Mazarin, Talleyrand e Metternich o acolheriam de braços abertos em seu grupo, se é que existe um outro mundo para o qual os bolcheviques se permitem ir.

Desde o momento em que se tornou comissário de Assuntos Estrangeiros, Molotov seguiu a política de um acordo com a Alemanha à custa da Polônia. As negociações russas com a Inglaterra prosseguiram languidamente e, em 19 de maio, toda essa questão foi levantada na Câmara dos Comuns. O debate, que foi curto e grave, restringiu-se praticamente aos líderes dos partidos e a ex-ministros de destaque. Mr. Lloyd George, Mr. Eden e eu insistimos com o governo na necessidade vital de um acordo imediato com a Rússia, com o caráter mais amplo possível e em termos de igualdade. O primeiro-ministro retrucou e, pela primeira vez, revelou sua opinião sobre a proposta soviética. A recepção que lhe dava era certamente fria e, a rigor, desdenhosa, parecendo mostrar a mesma falta de equilíbrio que havíamos presenciado no rechaço das propostas de Roosevelt um ano antes. Attlee, Sinclair e Eden discorreram, em linhas gerais, sobre a iminência do perigo e a necessidade da aliança russa. São poucas as dúvidas de que tudo isso, àquela altura, vinha tarde demais. Nossos esforços haviam atingido um impasse aparentemente intransponível. Os governos polonês e romeno, embora aceitassem a garantia inglesa, não estavam dispostos a aceitar um compromisso semelhante, nos mesmos termos, do governo russo. Atitude parecida prevalecia em outra área estratégica vital — nos países bálticos. O governo soviético deixou claro que só aderiria a um pacto de assistência mútua se a Finlândia e os países bálticos fossem incluídos numa garantia geral. Todos esses quatro países, naquele momento, rejeitaram tal condição e, em seu terror, talvez a tivessem rejeitado durante muito tempo. A Finlândia e a Estônia chegaram até a afirmar que uma garantia que lhes fosse estendida sem seu consentimento seria considerada um ato de agressão. Em 7 de junho, a Estônia e a Letônia assinaram pactos de não agressão com a Alemanha. Foi assim que Hitler penetrou com facilidade nas últimas defesas da tardia e irresoluta coalizão que a ele se opunha.

O verão avançou e os preparativos para a guerra continuaram por toda a Europa. A atitude dos diplomatas, o discurso dos políticos e os anseios da humanidade perdiam valor a cada dia. As movimentações militares alemãs pareciam pressagiar a resolução à força da disputa com a Polônia em torno de Danzig, como preâmbulo de um ataque à própria Polônia. Mr. Chamberlain expressou suas inquietações no parlamento em 10 de junho e repetiu sua intenção de ficar ao lado da Polônia se a independência desta fosse ameaçada. Num clima de desligamento dos fatos, o governo belga, sob a influência de seu rei, anunciou, no dia 23, que se opunha a conversações de estado-maior militar com a Inglaterra e a França. A Bélgica pretendia manter rigorosa neutralidade. A maré dos acontecimentos trouxe consigo um cerrar de fileiras entre a Inglaterra e a França, e também no plano interno. Houve muitas idas e vindas entre Paris e Londres durante o mês de julho. As comemorações do 14 de Julho deram oportunidade para uma demonstração de união anglo-francesa. Fui convidado pelo governo francês a comparecer a esse brilhante espetáculo.

Quando eu estava deixando Le Bourget, depois do desfile, o general Gamelin sugeriu que eu visitasse a frente francesa. "O senhor nunca viu o setor do Reno", disse. "Pois venha em agosto; vamos mostrar-lhe tudo." Fez-se o planejamento necessário e, em 15 de agosto, o general Spears e eu fomos recebidos por seu amigo íntimo general Georges, comandante em chefe dos exércitos da frente do nordeste e *successeur eventuel* no Supremo Comando. Fiquei encantado em conhecer esse oficial sumamente agradável e competente, e passamos os dez dias seguintes na companhia dele, discutindo problemas militares e fazendo contatos com Gamelin, que também estava inspecionando alguns pontos daquela parte do front.

Partindo da curva do Reno perto de Lauterburgo, percorremos todo o setor até a fronteira suíça. Na Inglaterra, como em 1914, o povo despreocupado gozava suas férias e brincava com os filhos na areia. Ali, porém, ao longo do Reno, brilhava uma luz diferente. Todas as pontes temporárias que cruzavam o rio tinham sido removidas para uma margem ou outra. As pontes permanentes estavam solidamente guardadas e minadas. Oficiais de confiança guarneciam-nas dia e noite, prontos, a um sinal, para apertar os botões que as explodiriam. O grande rio, engrossado pelas neves alpinas liquefeitas, fluía, taciturno e volumoso, por seu leito. Os soldados dos destacamentos avançados franceses acocoravam-se em suas trincheiras individuais em meio às moitas. Dois ou três de nós podíamos caminhar juntos até a beira d'água, mas, segundo nos informaram, nada que se assemelhasse a um alvo devia ser apresentado. A cerca de 275 metros de distância, na margem oposta, podiam-se ver, aqui e ali, figuras alemãs trabalhando calmamente com pás e picaretas em suas defesas. Toda a população civil da área ribeirinha de Estrasburgo já fora evacuada. Fiquei algum tempo na ponte ali localizada e observei um ou dois automóveis passarem por ela. Houve um exame demorado dos passaportes e das características dos passageiros nas duas extremidades. O posto alemão, naquele ponto, ficava a pouco mais de noventa metros do francês. Não havia qualquer intercâmbio entre eles. Mas a Europa estava em paz. Não havia conflito entre a Alemanha e a França. O Reno fluía, rodopiando e remoinhando, a seis ou sete milhas por hora. Uma ou duas canoas conduzidas por meninos desceram velozmente a correnteza. Só voltei a ver o Reno mais de cinco anos depois, em março de 1945, quando o cruzei num pequeno barco com o marechal Montgomery. Mas isso foi perto de Wesel, bem mais ao norte.

O notável em tudo o que aprendi em minha visita foi a completa aceitação da atitude defensiva que dominava meus anfitriões franceses, inegavelmente homens responsáveis, e que influiu em mim de forma irresistível. Conversando com todos aqueles oficiais franceses altamente competentes, tinha-se a sensação de que os alemães eram mais fortes e de que a França já não tinha o ímpeto vital para montar uma grande ofensiva. Lutaria pela vida — *voilà tout!* Lá estava a fortificação da Linha Siegfried, com todo o poder de fogo das armas modernas. Também em meus ossos estava o horror das ofensivas do Somme e de Passchendaele. Os alemães, é claro, eram muito mais fortes do que na época de Munique. Mas ignorávamos as profundas inquietações que assolavam seu alto-comando. Havíamo-nos deixado chegar a tal estado, física e psicologicamente, que nenhuma pessoa responsável — e, até aquele momento, eu não tinha nenhuma responsabilidade oficial — foi capaz de agir pautando-se no pressuposto, que era verdadeiro, de que apenas 42 divisões alemãs, parcialmente equipadas e parcialmente treinadas, guardavam seu longo front, desde o mar do Norte até a Suíça. Esse número contrastava com as 13 divisões da época de Munique.

☆

Nessas semanas finais, meu medo era que o governo de Sua Majestade, apesar de nossa garantia, recuasse da declaração de guerra contra a Alemanha se ela atacasse a Polônia. Não há dúvida de que, naquele momento, Mr. Chamberlain havia-se decidido a dar o mergulho, por mais amargo que ele lhe fosse. Mas eu não o conhecia tão bem quanto vim a conhecer um ano depois. Temia que Hitler pudesse tentar um blefe utilizando algum novo instrumento ou arma secreta que estarrecesse ou desnorteasse o já sobrecarregado Gabinete. De tempos em tempos, o professor Lindemann conversava comigo sobre a energia atômica. Assim, pedi-lhe que me informasse como estavam as coisas nessa esfera e, depois de uma conversa, escrevi a seguinte carta a Kingsley Wood, ministro da Aviação, com quem minhas relações eram bastante íntimas:

> Semanas atrás, um dos jornais de domingo estampou a história da imensa quantidade de energia que poderia ser liberada pelo urânio, através da recém-descoberta cadeia de processos que ocorrem quando esse tipo particular de átomo é dividido por nêutrons. À primeira vista, isso pareceria prenunciar o aparecimento de novos explosivos de poder devastador. Em vista disso, é essencial reconhecer que não há nenhum perigo de que essa descoberta, por maior que seja seu interesse científico e, talvez, em última análise, sua importância prática, leve a resultados passíveis de serem postos em ação em larga escala por vários anos.
>
> Há indícios de que, quando a tensão internacional se aguçar, serão deliberadamente criados rumores sobre a adaptação desse processo para produzir algum novo e terrível explosivo secreto, capaz de varrer Londres do mapa. Sem dúvida haverá tentativas da quinta-coluna de nos induzir, por meio dessa ameaça, a aceitar outra rendição. Por essa razão, é imperativo explicitar a situação verdadeira.
>
> (...) O medo de que essa nova descoberta tenha fornecido aos nazistas algum novo e sinistro explosivo secreto, com o qual destruir seus inimigos, claramente não tem fundamento. Sem dúvida se ouvirão insinuações sombrias, e os boatos aterradores serão assiduamente espalhados, mas espera-se que ninguém se deixe enganar por eles.

É impressionante notar quão exata foi essa previsão. E nem foram os alemães que descobriram o caminho. Na verdade, eles seguiram a trilha errada e, a rigor, já haviam abandonado a busca da bomba atômica, em favor dos foguetes ou dos aviões teleguiados, na ocasião em que o presidente Roosevelt e eu tomamos as decisões e chegamos aos memoráveis acordos, que serão descritos no lugar adequado, para a fabricação de bombas atômicas em larga escala.

☆

"Diga a Chamberlain", avisou Mussolini ao embaixador inglês em 7 de julho, "que, se a Inglaterra se dispuser a lutar em defesa da Polônia, a Itália pegará em armas ao lado de sua aliada, a Alemanha." Mas, nos bastidores, sua atitude era o oposto. Nessa época, Mussolini queria apenas consolidar seus interesses no Mediterrâneo e na África do Norte, colher os frutos de sua intervenção na Espanha e digerir sua conquista da Abissínia. Não lhe agradava ser arrastado a uma guerra europeia para que a Alemanha tomasse a Polônia. A despeito de toda a sua jactância pública, ele conhecia melhor do que ninguém a fragilidade política e militar da Itália. Estaria disposto a conversar sobre uma guerra em 1942, se a Alemanha lhe desse os armamentos; mas em 1939 — não!

À medida que a pressão sobre a Polônia foi-se acentuando durante o verão, Mussolini pôs-se a pensar em repetir seu papel de mediador de Munique e sugeriu uma Conferência Mundial pela Paz. Hitler descartou secamente essas ideias. Em agosto, deixou claro a Ciano que pretendia acertar as contas com a Polônia, que seria forçado a lutar também contra a Inglaterra e a França, e que queria que a Itália tomasse parte. Disse: "Se a Inglaterra mantiver as tropas necessárias em seu próprio país, poderá mandar para a França, no máximo, duas divisões de infantaria e uma divisão blindada. No mais, ela poderia fornecer algumas esquadrilhas de bombardeiros, mas dificilmente cederia algum caça, porque a força aérea alemã atacaria imediatamente a Inglaterra e os caças ingleses seriam urgentemente necessários para sua defesa."

Quanto à França, disse que, depois do fim da Polônia — que não demoraria muito — a Alemanha conseguiria reunir centenas de divisões ao longo do Muro do Oeste e, desse modo, a França seria obrigada a concentrar na Linha Maginot todas as suas forças disponíveis, provenientes das colônias, da fronteira italiana e de outros lugares, para a batalha de vida ou morte. Depois dessas conversas, Ciano voltou, abatido, para fazer o relatório a seu chefe, que encontrou mais profundamente convencido de que as democracias entrariam na luta, e ainda mais decidido a ficar de fora.

☆

Um novo esforço para chegar a um acordo com a Rússia soviética foi então feito pelos governos inglês e francês. Decidiu-se mandar um representante especial a Moscou. Mr. Eden, que fizera contatos proveitosos com Stalin alguns anos antes, ofereceu-se para ir. Essa oferta generosa foi recusada pelo primeiro-ministro. Em vez disso, no dia 12 de junho, Mr. Strang, um funcionário competente, mas sem nenhum destaque especial fora do Foreign Office, foi encarregado dessa missão momentosa. Outro erro. O envio de uma figura tão subalterna era, na verdade, uma ofensa. É duvidoso que ele tenha sequer conseguido penetrar na crosta externa da organização soviética. Seja como for, tudo isso já vinha tarde demais. Muita coisa havia acontecido desde que Mr. Maisky fora enviado a mim em Chartwell, em setembro de 1938. Havia acontecido Munique. Os exércitos de Hitler tinham tido mais um ano para amadurecer. Suas fábricas de material bélico, reforçadas pelas usinas Skoda, funcionavam todas a pleno vapor. O governo soviético dera muita importância à Tchecoslováquia; mas a Tchecoslováquia se fora. Benes estava no exílio. Um gauleiter alemão governava em Praga.

Por outro lado, a Polônia representava para a Rússia um conjunto inteiramente diferente de antiquíssimos problemas políticos e estratégicos. Seu último grande confronto fora a Batalha de Varsóvia, em 1920, quando os exércitos invasores bolcheviques, comandados por Tukhachevsky, tinham sido rechaçados por Pilsudski, auxiliado pela orientação do general Weygand e pela Missão Inglesa comandada por Lord D'Abernon, e depois perseguidos com sanguinolenta sede de vingança. Durante todos aqueles anos, a Polônia fora uma frente antibolchevique. Com a mão esquerda, ela se aliara e dera apoio aos países bálticos antissoviéticos. Mas, com a mão direita, na época de Munique, havia ajudado a despojar a Tchecoslováquia. O governo soviético tinha certeza de que a Polônia o odiava, e também de que ela não tinha poder para barrar uma investida alemã. Em todo caso, os russos estavam muito conscientes dos perigos a que estavam expostos e de que precisavam de tempo para consertar o caos criado nos altos comandos de seus exércitos. Nessas circunstâncias, as perspectivas da missão de Mr. Strang não eram de entusiasmar.

As negociações vagaram em torno da questão da relutância da Polônia e dos países bálticos em serem resgatados da Alemanha pelos soviéticos; e, nesse ponto, não fizeram nenhum progresso. Durante todo o mês de julho as discussões continuaram, intermitentemente, e o governo soviético acabou propondo que as conversações prosseguissem sobre temas militares com os representantes franceses e ingleses. O governo inglês, assim, enviou o almirante Drax com uma missão a Moscou em 10 de agosto. Esses oficiais não levaram autorização escrita para negociar. A missão francesa era encabeçada pelo general Doumenc. Do lado russo, o marechal Voroshilov fazia as honras da casa. Sabemos agora que, nessa época, o governo soviético concordou com a viagem de um negociador alemão a Moscou. A conferência militar logo malogrou, pois a Polônia e a Romênia recusaram-se a permitir o trânsito de tropas russas. A atitude polonesa foi: "Com os alemães, corremos o risco de perder nossa liberdade; com os russos, nossa alma."*

No Kremlin, em agosto de 1942, nas primeiras horas da manhã, Stalin indicou-me uma faceta da posição soviética. "Estávamos com a impressão", disse ele, "de que os governos inglês e francês não se haviam decidido a entrar em guerra se a Polônia fosse atacada, mas alimentavam a esperança de que o alinhamento diplomático da Inglaterra com a França e a Rússia detivesse Hitler. Nós tínhamos certeza de que não o faria." "Quantas divisões", Stalin havia perguntado, "a França enviará contra a Alemanha numa mobilização?" A resposta fora: "Cerca de cem." Em seguida, ele havia indagado: "Quantas a Inglaterra vai enviar?" A resposta fora: "Duas, e depois, mais duas." "Ah, duas, e depois, mais duas", Stalin havia repetido. E perguntara: "Sabe quantas divisões teremos que colocar na frente russa se entrarmos em guerra com a Alemanha?" Tinha havido uma pausa. "Mais de trezentas." Stalin não me informou com quem tivera essa conversa, nem quando. E convém reconhecer que se tratava de um argumento sólido, mas nada favorável a Mr. Strang do Foreign Office.

Stalin e Molotov julgaram necessário, para fins de negociação, ocultar suas verdadeiras intenções até o último minuto possível. Um notável talento para a dissimulação foi demonstrado por Molotov e seus subordinados em todos os seus contatos com ambos os lados. Na noite de 19 de agosto,

* Citação in Paul Reynaud, *La France a sauvé l'Europe*, I, p. 587.

Stalin anunciou ao Politburo sua intenção de assinar um pacto com a Alemanha. Em 22 de agosto, o marechal Voroshilov não pôde ser encontrado pelas missões aliadas até a noite. No dia seguinte, Ribbentrop chegou a Moscou. Num acordo secreto, a Alemanha declarou-se politicamente desinteressada da Letônia, da Estônia e da Finlândia, mas considerou a Lituânia dentro de sua esfera de influência. Traçou-se uma linha de demarcação para repartirem a Polônia. Nos países bálticos, a Alemanha declarou ter apenas interesses econômicos. O Pacto de Não Agressão e o acordo secreto foram assinados tarde da noite, em 23 de agosto.*

Apesar de tudo o que foi desapaixonadamente registrado neste capítulo, só o despotismo totalitário daqueles dois países poderia ter admitido a ignomínia desse ato tão desnaturado. É difícil saber quem o abominou mais, se Hitler ou Stalin. Ambos estavam cientes de que tudo não passava de um expediente temporário. Os antagonismos entre os dois impérios e sistemas eram mortais. Stalin, sem dúvida, achou que Hitler seria um inimigo menos mortífero para a Rússia depois de um ano de guerra com as nações ocidentais. Hitler seguiu seu método de "um de cada vez". O fato de tal acordo ter sido possível assinala o auge do fracasso da política externa e da diplomacia inglesa e francesa ao longo desses anos.

Do lado soviético, é preciso dizer que sua necessidade vital era manter o desdobramento dos exércitos alemães o mais a oeste possível, de modo a dar aos russos mais tempo para reunir forças provenientes de todas as partes de seu imenso império. Eles traziam gravados na mente os desastres desabados sobre seus exércitos em 1914, quando haviam investido num ataque contra os alemães num momento em que ainda estavam apenas parcialmente mobilizados. Agora, porém, suas fronteiras situavam-se bem a leste daquelas da guerra anterior. Eles precisavam estar ocupando os países bálticos e grande parte da Polônia, pela força ou pela fraude, antes de serem atacados. Se sua política foi fria, também foi, naquele momento, sumamente realista.

Ainda vale a pena registrar os termos do Pacto:

> As duas Altas Partes Contratantes obrigam-se a desistir de qualquer ato de violência, qualquer ação agressiva e qualquer ataque uma à outra, individualmente ou em conjunto com outras potências.

* *Nuremberg Documents*, parte X, p. 210 e seg.

Esse tratado deveria durar dez anos e, se não fosse denunciado por nenhuma das partes um ano antes da expiração desse prazo, seria automaticamente estendido por mais cinco anos. Houve grande júbilo e muitos brindes em torno da mesa de conferência. Stalin propôs espontaneamente o brinde ao Führer, assim: "Sei o quanto a nação alemã ama seu Führer e, portanto, gostaria de beber à sua saúde." Pode-se tirar de tudo isso uma moral de extrema simplicidade: a franqueza é a melhor política. Vários exemplos disso serão mostrados nestas páginas. Veremos homens e estadistas astutos induzidos a erro por suas maquinações complicadas. Mas esse foi o caso mais simbólico. Apenas 22 meses se passariam antes que Stalin e a nação russa pagassem, às dezenas de milhões, um preço assustador. Quando um governo não tem escrúpulos morais, é comum parecer que obtém grandes vantagens e liberdade de ação, mas "no fim de todo dia tudo está quite, e ainda mais quite fica quando todos os dias findam".

☆

A sinistra notícia eclodiu no mundo como uma explosão. Quaisquer que tenham sido as emoções experimentadas pelo governo inglês, o medo não foi uma delas. Ele não perdeu tempo em declarar que "tal acontecimento não afetará de modo algum suas obrigações, que está determinado a cumprir". Os governantes tomaram medidas imediatas de precaução. Emitiram-se ordens para que os grupos-chave da defesa costeira e antiaérea se concentrassem e para que os pontos vulneráveis fossem protegidos. Telegramas de advertência foram enviados aos governos dos Domínios e das Colônias. Todas as licenças foram canceladas nas forças armadas. O almirantado mandou avisos aos navios mercantes. Muitas outras providências foram tomadas. Em 25 de agosto, o governo inglês anunciou um tratado formal com a Polônia, confirmando as garantias já dadas. Esperava-se, com essa medida, dar o máximo de viabilidade para um acordo através da negociação direta entre a Alemanha e a Polônia, considerando-se o fato de que, se ele não funcionasse, a Inglaterra ficaria ao lado da Polônia. Na verdade, Hitler adiou o Dia D de 25 de agosto para 1° de setembro e iniciou negociações diretas com a Polônia, como Chamberlain desejava. Mas seu objetivo não era chegar a um acordo com a Polônia e sim dar ao governo de Sua Majestade todas as oportunidades de se esquivar de sua garantia. As ideias deste, como as do parlamento e das nações, situavam-se em planos diferentes. Um fato curioso sobre os ilhéus ingleses, que detestam o treinamento militar e não foram invadidos em quase mil anos, é que, à medida que o perigo se aproxima e aumenta, eles ficam progressivamente menos nervosos; quando o perigo é iminente, mostram-se ferozes; quando é mortal, são destemidos. Esses hábitos têm-nos conduzido a escapar por um triz em certas ocasiões.

Àquela altura, pela correspondência com Mussolini, Hitler ficou sabendo, se é que já não havia adivinhado, que não poderia contar com a intervenção armada da Itália se viesse a guerra. Parece ter sido por fontes inglesas, e não alemãs, que o Duce soube dos lances finais. Ciano registrou em seu diário, em 27 de agosto: "Os ingleses nos comunicam o texto das propostas alemãs a Londres, sobre as quais somos mantidos inteiramente no escuro."* Tudo o que Mussolini precisava, naquele momento, era que Hitler aquiescesse na neutralidade da Itália. Ela lhe foi concedida.

Em 31 de agosto, Hitler emitiu sua "Diretriz Número 1 para a Conduta da Guerra":

> 1. Agora que se esgotaram todas as possibilidades políticas de liquidar por meios pacíficos uma situação na fronteira oriental que é intolerável para a Alemanha, determinei uma solução pela força.
>
> 2. O ataque à Polônia deverá ser executado de acordo com os planos. (...) Data do ataque: 1° de setembro de 1939. Hora do ataque: 4h45 [hora acrescentada a lápis vermelho].
>
> 3. No Ocidente, é importante que a responsabilidade pelo início das hostilidades recaia inequivocamente sobre a Inglaterra e a França. A princípio, devem-se tomar medidas puramente locais contra violações insignificantes da fronteira.**

☆

Em minha volta da frente do Reno, passei alguns dias ensolarados na residência da senhora Balsan, com um grupo agradável mas profundamente preocupado, no antigo castelo em que o rei Henrique de Navarra havia dormido na noite anterior à Batalha de Ivry. Podia-se sentir a profunda apreensão que a todos remoía, e até a luz daquele vale encantador parecia ter perdido seu brilho estimulante. Foi-me difícil pintar em meio a essa

* *Diário do conde Ciano*, p. 136.

** *Nuremberg Documents*, parte II, p. 172.

incerteza. Em 26 de agosto, resolvi voltar para casa, onde ao menos poderia descobrir o que estava acontecendo. Disse a minha mulher que mandaria chamá-la em tempo hábil. Ao passar por Paris, ofereci um almoço ao general Georges. Ele exibiu todos os números dos exércitos francês e alemão e classificou as divisões por qualidade. O resultado me impressionou tanto que, pela primeira vez, eu disse: "Mas vocês têm o predomínio." Ele respondeu: "Os alemães têm um exército muito forte, e nunca teremos permissão para atacar primeiro. Se eles atacarem, nossos dois países cumprirão seu dever."

Naquela noite, dormi em Chartwell, onde havia pedido ao general Ironside que passasse o dia seguinte comigo. Ele acabara de voltar da Polônia e o relato que fez do exército polonês foi sumamente favorável. Ele assistira ao exercício de ataque de uma divisão com barragem de tiro real, não sem algumas baixas. O moral polonês estava elevado. Ironside passou três dias comigo e tentamos com afinco avaliar o desconhecido. Também nessa ocasião concluí a alvenaria da cozinha do chalé que, durante o ano anterior, eu havia preparado para ser a casa de nossa família nos anos que viriam. Minha mulher, a um sinal meu, voltou para casa via Dunquerque no dia 30 de agosto.

Sabia-se que havia vinte mil nazistas alemães organizados na Inglaterra nessa época e seria plenamente consoante com seus métodos em outros países amigos fazer com que a eclosão da guerra fosse precedida por um claro prelúdio de sabotagem e assassinato. Na ocasião, eu não tinha nenhuma proteção oficial e não desejava pedi-la, mas considerei-me suficientemente proeminente para tomar precauções. Eu tinha informações para me convencer de que Hitler reconhecia em mim um inimigo. Meu antigo detetive da Scotland Yard, o inspetor Thompson, estava aposentado. Disse-lhe que viesse ficar comigo e trouxesse sua pistola. Peguei minhas próprias armas, que eram boas. Enquanto um dormia, o outro vigiava. Assim, ninguém teria facilidades. Em momentos como esse, eu sabia que, se a guerra viesse — e quem poderia duvidar que viria? — um grande fardo pesaria sobre mim.

17
A "guerra imperceptível"

A Polônia foi atacada pela Alemanha no alvorecer de 1° de setembro. A mobilização de todas as nossas forças foi ordenada durante a manhã. O primeiro-ministro pediu-me que o visitasse à tarde em Downing Street. Disse-me que não via esperanças de evitar uma guerra com a Alemanha e que estava propondo formar um pequeno Gabinete de Guerra, com ministros sem pasta para conduzi-la. Mencionou que o Partido Trabalhista, segundo seu entendimento, não estava disposto a participar de uma coalizão nacional. Ainda tinha esperanças de que os liberais se juntassem a ele. Convidou-me a integrar o Gabinete de Guerra. Aceitei a proposta sem comentários e, com base nisso, tivemos uma longa conversa sobre homens e providências.

Fiquei surpreso por não ter nenhuma notícia de Mr. Chamberlain durante todo o dia 2 de setembro, que foi de intensa crise. Achei provável que se estivesse fazendo um esforço de última hora para preservar a paz; e isso revelou-se verdade. Entretanto, quando o parlamento se reuniu à noite, ocorreu um debate curto mas muito acirrado, no qual o pronunciamento contemporizador do primeiro-ministro foi malrecebido pela casa. Quando Mr. Greenwood se ergueu para falar em nome da oposição trabalhista, Mr. Amery gritou-lhe dos bancos conservadores: "Fale pela Inglaterra!" Isso foi recebido com altos vivas. Não havia dúvida de que a inclinação da Câmara era favorável à guerra. Cheguei mesmo a considerá-la mais resoluta e unida do que na cena semelhante, em 3 de agosto de 1914, da qual eu também havia participado. Mais tarde, fiquei sabendo que um ultimato inglês fora enviado à Alemanha às 21h30 de 1° de setembro, seguido por um segundo e derradeiro ultimato às nove horas de 3 de setembro. O noticiário matutino do dia 3 anunciou que o primeiro-ministro falaria pelo rádio às 11h15.

No rádio, o primeiro-ministro nos informou que já estávamos em guerra e, mal ele havia parado de falar, um ruído estranho, prolongado e lamuriento, que mais tarde se tornaria familiar, irrompeu em nossos ouvidos. Minha mulher entrou na sala, retesada pela crise, fez um comentário favorável sobre a presteza e precisão dos alemães, e fomos para o terraço da casa ver o que estava acontecendo. Por todos os lados, ao redor de nós, na límpida e fria luz de setembro, elevavam-se os telhados e torres de Londres. Acima deles já se erguiam, lentamente, trinta ou quarenta balões cilíndricos. Demos uma nota alta ao governo por esse sinal evidente de preparação e, como já se estivessem esgotando os 15 minutos de aviso que fôramos levados a esperar receber, dirigimo-nos para o abrigo que nos fora designado, armados com uma garrafa de *brandy* e apetrechos médicos apropriados.

Nosso abrigo ficava a uns cem metros rua abaixo e consistia meramente num porão aberto, nem sequer protegido com sacos de areia, onde os moradores de meia dúzia de apartamentos já estavam reunidos. Todo o mundo estava animado e jocoso, como é do feitio inglês quando se está prestes a deparar com o desconhecido. Quando olhei do batente da porta para a rua vazia e para o aposento repleto lá embaixo, minha imaginação pintou quadros de destruição e carnificina e de vastas explosões sacudindo o solo; de prédios desmoronando com estrépito, transformados em poeira e escombros, e de brigadas de incêndio e ambulâncias disparando em meio à fumaça, sob o zumbido de aviões hostis. Afinal, não fôramos todos informados de quão terríveis seriam os bombardeios aéreos? O Ministério da Aviação, com natural presunção, havia exagerado grandemente o poder deles. Os pacifistas haviam procurado jogar com os temores populares, e aqueles de nós que havíamos insistido por tanto tempo na preparação e numa força aérea superior, embora não aceitássemos as previsões mais sombrias, tínhamos ficado contentes com o fato de elas funcionarem como aguilhão. Eu sabia que o governo estava preparado, nos primeiros dias da guerra, com mais de 250 mil leitos para os feridos dos bombardeios aéreos. Pelo menos nesse aspecto não tinha havido subestimativa. Agora iríamos ver qual era a realidade.

Passados cerca de dez minutos, a sirene soou novamente. Eu mesmo não tinha certeza de que não fosse uma reiteração do aviso anterior, mas um homem veio correndo pela rua, gritando: "Tudo limpo!" Dispersamo-nos rumo a nossas casas e nossos afazeres. O meu era ir para a Câmara dos Comuns, que se reuniu como de praxe ao meio-dia, com seu protocolo compassado e suas preces imponentes. Ali recebi um bilhete do primeiro-ministro, pedindo-me que fosse a sua sala tão logo o debate se encerrasse. Sentado em meu lugar, ouvindo os discursos, fui tomado por um pronunciado sentimento de calma, depois das intensas paixões e agitações dos dias anteriores. Senti uma serenidade de espírito e me conscientizei de uma espécie de altivo desprendimento das questões humanas e pessoais. A glória da Velha Inglaterra, amante da paz e despreparada como estava, mas pronta e destemida ante o chamado da honra, arrebatou-me e pareceu alçar nosso destino a esferas muito distantes dos fatos terrenos e da sensação física. Tentei transmitir algo desse estado de ânimo à Câmara quando tomei a palavra, não sem aceitação.

Mr. Chamberlain disse-me que agora ele podia oferecer-me o almirantado, além de um lugar no Gabinete de Guerra. Fiquei muito satisfeito com isso, pois, embora não houvesse levantado a questão, eu naturalmente preferia uma tarefa definida à ruminação exaltada sobre o trabalho feito por terceiros, que pode muito bem ser o destino de um ministro sem ministério, por mais influente que ele seja. É mais fácil dar direções do que conselhos, e mais agradável ter o direito de agir, ainda que numa esfera limitada, do que o privilégio de falar à vontade. Se, na primeira ocasião, o primeiro-ministro me houvesse oferecido uma opção entre o Gabinete de Guerra e o almirantado, é claro que eu teria escolhido o almirantado. Agora, teria os dois.

Nada fora dito sobre quando eu deveria ser formalmente empossado pelo rei e, na verdade, a cerimônia só se deu no dia 5. Mas as primeiras horas da guerra podem ser vitais para a marinha. Assim, notifiquei o almirantado de que tomaria posse imediatamente e lá chegaria às 18 horas. Diante disso, o conselho de almirantes teve a gentileza de mandar um radiograma à esquadra, dizendo: "Winston está de volta." Foi assim que retornei à sala que havia deixado, com dor e pesar, quase exatamente um quarto de século antes, quando a renúncia de Lord Fisher levara à minha retirada de meu posto de primeiro Lord e estragara irremediavelmente, como se constatou, a importante concepção de capturar o estreito de Dardanelos. Pouco atrás de mim, quando me sentei em minha antiga cadeira, vi o porta-mapas de madeira que eu mandara pregar em 1911, e dentro dele ainda estava a carta do mar do Norte em que todos os dias, para concentrar a atenção no objetivo supremo, eu mandava a inteligência naval registrar os movimentos e a disposição da esquadra alemã de alto-mar. Desde 1911, passara-se muito mais de um quarto de século, e um perigo ainda mortal nos ameaçava nas mãos da mesma nação. Mais uma vez, éramos obrigados a desembainhar a espada em defesa dos direitos de um país fraco, ultrajado e invadido por uma agressão não provocada. Mais uma vez, tínhamos que lutar pela vida e pela honra, contra todo o poderio e a fúria da valente, disciplinada e implacável raça alemã. Mais uma vez! Pois, que assim fosse.

Pouco depois, o primeiro Lord do mar veio ter comigo. Eu havia conhecido Dudley Pound ligeiramente, em meu mandato anterior na chefia do almirantado, como um dos oficiais de estado-maior da confiança de Lord Fisher. No parlamento, condenara vigorosamente as disposições da esquadra do Mediterrâneo quando ela estivera sob seu comando, por ocasião do desembarque italiano na Albânia. Agora nos encontrávamos como colegas de cujas relações estreitas e de cuja concordância fundamental dependeria o funcionamento homogêneo da vasta máquina do almirantado. Fitamos um ao outro amistosamente, ainda que com alguma dúvida. Mas, desde os primeiros dias, nossa amizade e nossa confiança mútua cresceram e amadureceram. Pude aquilatar e respeitar as grandes qualidades profissionais e pessoais do almirante Pound. À medida que a guerra, com todas as suas reviravoltas e acasos, ia-nos fustigando com seus golpes, tornamo-nos companheiros e amigos cada vez mais sinceros. E quando ele morreu, quatro anos depois, no momento da vitória geral sobre a Itália, lamentei com um pesar pessoal tudo o que a marinha e a nação haviam perdido.

☆

Eu tinha, como o leitor talvez saiba, um conhecimento considerável do almirantado e da *Royal Navy.* Os quatro anos decorridos entre 1911 e 1915, em que eu tivera o dever de preparar a esquadra para a guerra e a tarefa de dirigir o almirantado durante os primeiros dez meses cruciais, tinham sido os mais intensos de minha vida. Eu havia acumulado um imenso volume de informações detalhadas e aprendido muitas lições sobre a esquadra e sobre a guerra marítima. No intervalo, havia estudado e escrito muito sobre questões navais. Falara repetidamente sobre elas na Câmara dos Comuns. Sempre havia preservado um estreito contato com o almirantado e, embora tivesse sido seu mais destacado crítico nesses anos, fora posto a par de muitos de seus segredos. Meu trabalho de quatro anos no Comitê de Pesquisa da Defesa Aérea dera-me acesso a todos os mais modernos avanços em termos de radar, que agora afetavam a marinha de maneira vital. Em junho de 1938, o próprio Lord Chatfield, então primeiro Lord do mar, levara-me a percorrer a escola antissubmarino em Portland e havíamo-nos feito ao mar em contratorpedeiros, num exercício de detecção de submarinos com o uso do aparelho Asdic. Minha intimidade com o falecido almirante Henderson, secretário-geral e *controller* da Marinha até 1938, bem como as discussões que o primeiro Lord daquela época havia-me encorajado a manter com Lord Chatfield sobre o projeto de novos encouraçados e cruzadores, tinham-me dado uma visão completa das novas construções. Pelos documentos publicados, eu estava familiarizado, é claro, com a força, a composição e a estrutura da esquadra, efetiva e projetada, e com esses dados das marinhas alemã, italiana e japonesa.

☆

Uma das primeiras providências que tomei ao assumir a direção do almirantado e me tornar membro do Gabinete de Guerra foi criar meu próprio departamento de estatística. Para esse fim, contei com o professor Lindemann, meu amigo e confidente de tantos anos. Juntos, havíamos formado nossa visão e nossas estimativas da coisa toda. Instalei-o então no almirantado, com meia dúzia de estatísticos e economistas. Esse grupo de homens competentes, com acesso a todas as informações oficiais, conseguia, sob a orientação de Lindemann, apresentar-me continuamente tabelas e diagramas que ilustravam a guerra inteira, tanto quanto ela chegava a nosso conhecimento. Eles examinavam e analisavam com inflexível pertinácia todos os documentos ministeriais que circulavam no Gabinete de Guerra e também faziam todas as investigações que eu mesmo desejasse fazer.

Nessa época, não havia uma organização geral de estatística no governo. Cada ministério expunha sua história, segundo seus próprios números e dados. O Ministério da Aviação fazia contas de um modo, o Ministério da Guerra, de outro. O Ministério do Abastecimento e o Ministério do Comércio, embora querendo dizer a mesma coisa, falavam dialetos diferentes. Isso às vezes levava a mal-entendidos e a um desperdício de tempo, quando este ou aquele ponto assumia um caráter decisivo no Gabinete. Desde o princípio, entretanto, eu tinha minha própria fonte segura e regular de informações, cujas partes se relacionavam integralmente com todas as demais. Embora, a princípio, isso abrangesse apenas uma parte do campo, foi sumamente útil para que eu formasse uma visão exata e abrangente dos inúmeros fatos e dados que jorravam sobre nós.

A formidável situação naval de 1914 não se repetia em nenhum sentido. Naquela época, havíamos entrado na guerra com uma proporção de 16 para dez em termos de navios de primeira classe e dois para um em termos de cruzadores. Havíamos mobilizado oito esquadras de combate, compostas de oito encouraçados, com uma esquadra de cruzadores e uma flotilha destinada a cada uma, junto com importantes forças separadas de cruzadores.

Agora, eu antevia um combate geral contra uma esquadra mais fraca, porém mesmo assim impressionante. A marinha alemã mal havia iniciado sua reconstrução e não tinha poder nem mesmo para compor uma formação de batalha. Seus dois grandes encouraçados, o *Bismarck* e o *Tirpitz* — ambos os quais, como convinha supor, haviam transgredido os limites aceitos no Tratado em termos de tonelagem — estavam a pelo menos um ano de sua conclusão. Os cruzadores ligeiros *Scharnhorst* e *Gneisenau,* que tinham sido fraudulentamente aumentados pelos alemães de dez mil toneladas para 26 mil toneladas, tinham sido concluídos em 1938. Afora isso, a Alemanha dispunha de três "encouraçados de bolso" de dez mil toneladas, o *Admirai Graf Spee,* o *Admirai Scheer* e o *Deutschland,* além de dois cruzadores rápidos de dez mil toneladas com canhões de oito polegadas, seis cruzadores leves e sessenta contratorpedeiros, além de embarcações menores. Assim, não havia desafio, em termos de embarcações de superfície, a nosso domínio dos mares. Não havia dúvida de que a marinha inglesa era esmagadoramente superior à alemã em termos de força e quantidade, nem havia razão para presumir que seus conhecimentos, seu treinamento ou sua habilidade fossem deficientes em qualquer sentido. Salvo pela escassez de cruzadores e contratorpedeiros, a armada se mantivera em seu alto padrão costumeiro. Mais do que um antagonista, tinha que enfrentar imensos e incontáveis deveres.

A Itália não havia declarado guerra e já era claro que Mussolini estava aguardando o rumo dos acontecimentos. Nessa incerteza, e como medida de precaução até que todas as nossas providências estivessem concluídas, julgamos melhor desviar nossa navegação para a direção do Cabo da Boa Esperança. Já tínhamos do nosso lado, entretanto, além de nossa própria preponderância sobre a Alemanha e a Itália juntas, a poderosa armada da França, que, pela notável capacidade e longa administração do almirante Darlan, fora levada à mais alta força e grau de eficiência jamais atingidos pela marinha francesa desde os tempos da monarquia. Caso a Itália se tornasse inimiga, nosso primeiro campo de batalha deveria ser o Mediterrâneo. Eu me opunha inteiramente, salvo como uma conveniência temporária, a todos os planos de sair do centro e simplesmente fechar as extremidades daquele grande braço de mar. Nossas forças, sozinhas, mesmo sem a ajuda da marinha francesa e de seus portos fortificados, eram suficientes para retirar os navios italianos do mar e garantiriam o completo controle naval do Mediterrâneo num prazo de dois meses, ou, possivelmente, menos do que isso.

☆

A opinião jornalística, encabeçada pelo *Times,* favorecia o princípio de um Gabinete de Guerra composto de não mais de cinco ou seis ministros, todos os quais deveriam estar livres dos deveres ministeriais. Somente assim, afirmava-se, seria possível chegar a uma visão ampla e harmônica da política de guerra, especialmente em seus aspectos mais amplos. Em suma, "cinco homens sem nada para fazer além de dirigir a guerra" eram considerados o ideal. Mas há muitas objeções práticas a essa linha de ação. Um grupo de estadistas sem vínculos, por maior que seja sua autoridade nominal, fica em séria desvantagem ao lidar com os ministros postados na chefia dos grandes órgãos vitais. Isso se aplica especialmente aos ministérios das forças armadas. Os personagens do Gabinete de Guerra ficam impedidos de ter qualquer responsabilidade direta pelos acontecimentos do dia a dia. Podem tomar grandes decisões, podem aconselhar em termos gerais antecipadamente ou criticar *a posteriori,* mas não se equiparam, por exemplo, a um primeiro Lord do almirantado ou a um ministro da Guerra ou da Força Aérea, que, conhecendo cada detalhe do assunto e tendo o respaldo de seus colegas profissionais, carregam o fardo da ação. Unidos, há pouca coisa que eles não possam resolver, mas, em geral, há várias opiniões entre eles. As palavras e as discussões são intermináveis e, enquanto isso, a torrente da guerra segue seu curso impetuoso. Os próprios ministros de um Gabinete de Guerra sentem-se naturalmente acanhados em contestar os ministros responsáveis, munidos de todos os fatos e números. Eles sentem remorsos por aumentar a tensão dos que estão efetivamente no controle executivo. Assim, tendem a se transformar cada vez mais em supervisores e comentaristas teóricos, lendo um imenso volume de material todos os dias, mas hesitando quanto à maneira de usar seus conhecimentos sem causar mais danos do que benefícios. Muitas vezes, conseguem fazer pouco mais do que arbitrar ou encontrar soluções de meio-termo nas disputas interministeriais. Por conseguinte, é necessário que os ministros encarregados das relações exteriores e das forças armadas sejam membros integrantes do órgão supremo.

Em geral, pelo menos alguns dos "cinco grandes" são escolhidos por sua influência política e não por seus conhecimentos ou sua aptidão para as operações de guerra. Assim, o número começa a ir muito além do círculo limitado originalmente concebido. Claro que, quando o próprio primeiro-ministro torna-se ministro da Defesa, tem-se uma forte compressão. Pessoalmente, quando fui empossado no cargo, não me agradava ter ministros sem pasta ao meu redor. Preferia lidar mais com chefes de organizações do que com conselheiros. Todo o mundo deve ter um bom dia de trabalho e ser responsável por alguma tarefa definida. Assim, dificuldades não se criam por criar, ou para exibir uma boa imagem.

O plano original do Gabinete de Guerra de Mr. Chamberlain foi quase imediatamente ampliado, por força das circunstâncias, para incluir Lord Halifax, ministro do Exterior; Sir Samuel Hoare, Lord Presidente do Conselho Privado; Sir John Simon, ministro das Finanças; Lord Chatfield, ministro de Coordenação da Defesa; e Lord Hankey, ministro sem pasta. A esses foram acrescentados os ministros das forças armadas, dos quais agora eu era um, Mr. Hore Belisha, ministro da Guerra, e Sir Kingsley Wood, ministro da Aviação. Além disso, era necessário que Mr. Eden, que se havia religado ao governo como ministro dos Domínios, e Sir John Anderson, ministro do Interior e da Segurança Interna, mesmo não sendo membros efetivos do Gabinete de Guerra, estivessem presentes em todas as ocasiões. Portanto, nosso total era de 11.

Excetuando eu mesmo, todos os outros ministros haviam dirigido nossos negócios por um bom número dos últimos anos, ou estavam implicados na situação que agora tínhamos de enfrentar, fosse na diplomacia, fosse na guerra. Eu não havia ocupado nenhum cargo de governo por quase 11 anos. Não tinha, portanto, nenhuma responsabilidade pelo passado ou por qualquer despreparo que se evidenciasse nesse momento. Ao contrário, nos seis ou sete anos anteriores, eu tinha sido um profeta sistemático dos males que, em larga medida, estavam agora ocorrendo. Assim, armado como estava com a poderosa máquina da marinha, sobre a qual, nessa fase, recaía a única responsabilidade de combate ativo, eu não me sentia em nenhuma desvantagem e, se assim me sentisse, isso teria sido afastado pela cortesia e pela lealdade do primeiro-ministro e de seus colegas. Eu os conhecia a todos aqueles homens muito bem. A maioria de nós havia trabalhado em conjunto durante cinco anos no ministério de Mr. Baldwin, e havíamos, é claro, mantido um contato constante, amistoso ou controverso, a despeito dos cenários mutáveis da vida parlamentar. Sir John Simon e eu, contudo, representávamos uma geração política mais velha. Eu havia participado intermitentemente dos governos ingleses durante 15 anos, e ele, por um período quase igual, antes que qualquer um dos outros ocupasse um cargo público. Eu estivera à testa do almirantado ou do Ministério do Material Bélico durante toda a tensão da Primeira Guerra Mundial. Embora o primeiro-ministro fosse alguns anos mais velho do que eu, eu era quase o único antediluviano. Isso bem poderia ser objeto de censuras numa época de crise, quando era natural e popular exigir o vigor dos homens jovens e das ideias novas. Assim, vi que teria de me esforçar ao máximo para acompanhar o ritmo da geração que estava no poder e dos novos jovens gigantes que poderiam aparecer a qualquer momento. Quanto a isso, eu confiava no conhecimento e em todo o zelo e energia mental possíveis.

Para atingir essa meta, recorri a um estilo de vida que me fora imposto no almirantado em 1914 e 1915 e que eu havia constatado ser capaz de ampliar imensamente minha capacidade cotidiana de trabalho. Eu sempre me deitava durante pelo menos uma hora, logo no começo da tarde, e explorava plenamente meu dom afortunado de cair quase imediatamente em sono profundo. Dessa maneira, conseguia compactar um dia e meio de trabalho num só. A natureza não pretendeu que o homem trabalhasse das 8h da manhã até a meia-noite, sem a revigoração desse abençoado apagar mental que, mesmo que dure apenas vinte minutos, é suficiente para renovar todas as forças vitais. Eu lamentava ter que me pôr na cama todas as tardes, como uma criança, mas era recompensado por conseguir trabalhar noite adentro, até duas horas da madrugada ou até mais tarde — às vezes, muito mais tarde — e recomeçar o novo dia entre as oito e as nove horas da manhã. Essa foi uma rotina que observei durante toda a guerra. Recomendo-a a outras pessoas, se e quando elas julgarem necessário usar até a última gota de energia da estrutura humana por um período prolongado. O primeiro Lord do mar, almirante Pound, tão logo se apercebeu de minha técnica, adotou-a para si, só que não ia efetivamente para a cama, mas cochilava em sua poltrona. Adotou essa política até mesmo a ponto de, muitas vezes, cair no sono durante as reuniões do Gabinete. Uma única palavra sobre a marinha, no entanto, era suficiente para despertá-lo para a mais plena atividade. Nada escapava à sua escuta vigilante ou à sua mente perspicaz.

☆

Entrementes, em volta da mesa do Gabinete, testemunhávamos a destruição rápida e quase mecânica de uma nação mais fraca, de acordo com o método e com o longo projeto de Hitler. Mais de 1.500 aviões modernos foram lançados sobre a Polônia, e 56 divisões, incluindo todas as suas nove divisões blindadas e motorizadas, compuseram o exército invasor. Tanto em número quanto em equipamento, os poloneses não se equiparavam aos atacantes, nem tampouco seu dispositivo de tropas era sensato. Eles espalharam todas as suas forças ao longo das fronteiras da terra natal. Não tinham nenhuma reserva central. Embora houvessem assumido uma postura orgulhosa e altiva perante as ambições alemãs, temeram ser acusados de provocação, caso se mobilizassem em tempo hábil contra as massas que se acumulavam a seu redor. Trinta divisões, representando apenas dois terços de seu exército regular, estavam prontas ou quase prontas para enfrentar o primeiro embate. A velocidade dos acontecimentos e a violenta intervenção da força aérea alemã impediram as demais de chegarem às posições avançadas antes que estas fossem rompidas, e elas só se envolveram nas derrotas finais. Assim, os poloneses enfrentaram quase o dobro do número de seu efetivo ao longo de um extenso perímetro, sem ter nada por trás de si. E não foi apenas em quantidade que eles se mostraram inferiores. Eram amplamente superados na artilharia e dispunham de uma única brigada blindada para enfrentar as nove divisões alemãs *Panzer*, como já eram chamadas. Sua cavalaria ainda montada, da qual eles dispunham de 12 brigadas, atacou valentemente o enxame de tanques e carros blindados, mas não tinha como feri-los com suas espadas e lanças. Seus novecentos aviões de primeira linha, dos quais talvez metade se constituísse de tipos modernos, foram apanhados de surpresa e muitos destruídos antes mesmo de sair do chão. Em dois dias, o poderio aéreo polonês foi praticamente aniquilado. Em uma semana, os exércitos alemães haviam penetrado a fundo na Polônia. A resistência em toda parte foi corajosa, mas inútil, e ao cabo de uma quinzena, o exército polonês, que tinha nominalmente cerca de dois milhões de homens, deixou de existir como força organizada.

Então foi a vez dos soviéticos. O que eles hoje chamam de "Democracia" entrou em ação. Em 17 de setembro, os exércitos russos cruzaram em massa a fronteira oriental quase indefesa da Polônia e avançaram para oeste numa ampla frente. No dia 18, encontraram-se com seus colaboradores alemães em Brest-Litovsk. Ali, na guerra anterior, os bolcheviques, rompendo seus acordos solenes com os aliados ocidentais, haviam acertado sua paz separada com a Alemanha do Kaiser e se curvado a seus duros termos. Agora, em Brest-Litovsk, era com a Alemanha de Hitler que os comunistas russos trocavam sorrisos e apertos de mão. A devastação da Polônia e sua completa subjugação prosseguiram a passos largos. A resistência de Varsóvia, nascida da insurgência de seus cidadãos, foi magnífica e desesperada. Após muitos dias de violento bombardeio aéreo e da artilharia pesada, grande parte da qual rapidamente transportada pelas grandes rodovias laterais que vinham da frente ocidental ociosa, a rádio de Varsóvia parou de tocar o hino nacional polonês e Hitler penetrou nas ruínas da cidade. Em um mês, estava tudo acabado. Uma nação de 35 milhões de habitantes caiu nas mãos impiedosas daqueles que buscavam não apenas a conquista, mas também a escravização e, na verdade, a extinção de uma vasta quantidade de gente.

Tínhamos assistido a um perfeito espécime da *blitzkrieg* moderna: a estreita cooperação do exército com a força aérea no campo de batalha; o bombardeio violento de todas as linhas de comunicação e de qualquer cidade que se afigurasse um alvo atraente; a armação de uma ativa quinta-coluna; o uso abundante de espiões e paraquedistas; e, acima de tudo, as investidas irresistíveis de grandes massas de blindados. Os poloneses não seriam os últimos a suportar essa provação.

18
A tarefa do almirantado

O ASSOMBRO FOI MUNDIAL quando à esmagadora ofensiva de Hitler contra a Polônia e às declarações de guerra da Inglaterra e da França à Alemanha seguiu-se apenas uma pausa longa e pesada. Mr. Chamberlain, numa carta publicada por seu biógrafo, descreve essa fase como *The twilight war,* * e considero a expressão tão adequada e expressiva que a adotei como título desse período: *a guerra imperceptível.* Os exércitos franceses não fizeram nenhum ataque contra a Alemanha. Concluída sua mobilização, permaneceram em contato com o inimigo, imóveis, ao longo de todo o front. Por parte dos alemães, nenhuma ação aérea, exceto de reconhecimento, foi efetuada contra a Inglaterra, nem tampouco houve qualquer ataque aéreo à França. O governo francês pediu-nos que nos abstivéssemos de ataques aéreos à Alemanha, dizendo que isso provocaria retaliação contra suas fábricas de material bélico, que estavam desprotegidas. Contentamo-nos em lançar panfletos sobre os alemães. Essa estranha fase da guerra, na terra e no ar, deixou todos atônitos. A França e a Inglaterra continuaram impassíveis, enquanto a Polônia, em poucas semanas, era destruída ou subjugada por todo o poderio da máquina de guerra alemã. Hitler não tinha do que se queixar.

A guerra no mar, ao contrário, começou com plena intensidade desde a primeira hora e, por conseguinte, o almirantado tornou-se o centro ativo dos acontecimentos. Em 3 de setembro, todas as nossas embarcações navegavam pelo mundo em suas tarefas normais. Súbito, foram atacadas por submarinos cuidadosamente postados de antemão, especialmente nos acessos ocidentais. Às 21 horas daquela mesma noite, o vapor de carreira *Athenia,* de 13,5 mil toneladas, que rumava para um porto estrangeiro, foi torpedeado e afundado, com uma perda de 112 vidas, inclusive de 28 cidadãos americanos. Esse ultraje foi noticiado ao mundo em poucas horas. O governo alemão, para prevenir qualquer mal-entendido nos EUA, emitiu logo uma declaração de que eu mandara pessoalmente que se pusesse uma bomba a bordo daquele navio, a fim de prejudicar, com sua destruição, as relações germano-america-

* Keith Feiling, *Life of Neville Chamberlain,* p. 424. Guerra sem nitidez, oculta, impercebível no lusco-fusco da madrugada ou do cair da noite. (N.T.)

nas. Essa mentira recebeu algum crédito em certas esferas pouco amistosas. Nos dias 5 e 6, o *Bosnia,* o *Royal Sceptre* e o *Río Claro* foram afundados na altura da costa da Espanha. Todos navios importantes.

Havia planos no almirantado para multiplicar nosso equipamento antissubmarino, e um programa de construção de contratorpedeiros de grande e pequeno porte, bem como de cruzadores e muitas embarcações auxiliares, também estava pronto em todos os detalhes, entrando automaticamente em operação com a declaração de guerra. O conflito anterior havia comprovado o acerto dos comboios, de modo que os adotamos prontamente no Atlântico norte. Antes do fim do mês, havia comboios oceânicos regulares em operação, saindo do Tâmisa e de Liverpool para o exterior e voltando de Halifax, Gibraltar e Freetown. A necessidade vital de abastecer a ilha e desenvolver nosso poder de guerra sofreu então, de uma só vez, a estarrecedora perda dos portos do sul da Irlanda. Isso impôs uma dolorosa restrição ao raio de ação de nossos já escassos contratorpedeiros.

☆

Depois da adoção do sistema de comboios, a necessidade naval seguinte era uma base segura para a esquadra. Numa guerra com a Alemanha, Scapa Flow é o verdadeiro ponto estratégico de onde a marinha inglesa pode controlar as saídas do mar do Norte e impor bloqueios, e julguei de meu dever visitar Scapa. Assim, consegui ser liberado de nossas reuniões diárias do Gabinete e parti para Wick com uma pequena equipe pessoal na noite de 14 de setembro. Passei a maior parte dos dois dias seguintes inspecionando a enseada e os acessos, com sua pesadas correntes e suas redes. Foi-me assegurado que elas estavam tão boas quanto na guerra anterior e que importantes acréscimos e melhorias estavam sendo executados ou providenciados. Hospedei-me com Sir Charles Forbes, o comandante em chefe, em seu capitânia, o *Nelson,* e discuti não apenas a questão de Scapa, mas todo o problema naval, com ele e seus principais oficiais. O resto da esquadra estava encoberto no Loch Ewe e, no dia 17, o almirante levou-me até lá no *Nelson.* A estreita entrada do *loch** era fechada por várias fileiras de vigas e redes de alerta antissubmarino e havia numerosos e ativos navios em patrulhamento, equipados com Asdics [sonar] e munidos com cargas de profundidade, além de barcos de vigia. Por todos os lados erguiam-se

* Longa e apertada penetração de mar no litoral escocês. (N.T.)

as montanhas imponentes da Escócia em todo o seu esplendor. Meu pensamento retrocedeu um quarto de século, até aquele outro setembro em que pela última vez eu visitara Sir John Jellicoe e seus comandantes nesse mesmo ponto, encontrando-os com suas longas colunas de encouraçados e cruzadores fundeados ao largo, tomados pelas mesmas incertezas que agora nos afligiam. A maioria dos comandantes e almirantes daquela época havia morrido ou passado de longo tempo para a reserva. À medida que eu visitava os vários navios, ia sendo apresentado aos oficiais no comando, que eram jovens tenentes ou até aspirantes naqueles dias longínquos. Antes da guerra anterior, eu tivera três anos de preparação para conhecer e aprovar a nomeação da maior parte do pessoal de comando, mas agora todos aqueles personagens e rostos eram novos para mim. A perfeita disciplina, estilo e porte, bem como a rotina cerimonial, tudo estava inalterado. Mas uma geração inteiramente diferente usava os uniformes e ocupava os postos. Apenas os navios, em sua maioria, tinham sido lançados ao mar durante minha gestão ministerial. Nenhum deles era novo. Foi uma experiência estranha, como retomar subitamente encarnação anterior. Era como se eu fosse só o que tinha sobrevivido, no mesmo cargo que havia ocupado tanto tempo antes.

Mas, não: os perigos também tinham sobrevivido. O perigo sob as ondas, mais sério em função de submarinos mais poderosos; e o perigo vindo do ar, não apenas de ser achado no esconderijo, mas também de um ataque pesado e, talvez, destruidor!

Ninguém jamais estivera duas vezes na mesma terrível situação, com tamanho intervalo entre elas. Ninguém sentira seus perigos e responsabilidades do topo, como eu, ou, descendo a um detalhe menor, ninguém compreendera como são tratados os primeiros *lords* do almirantado quando grandes navios são afundados e as coisas correm mal. Se estávamos, de fato, passando pelo mesmo ciclo pela segunda vez, teria eu, mais uma vez, que suportar a dor da despedida? Fisher, Wilson, Battenberg, Jellicoe, Beatty, Pakenham, Sturdee, todos tinham partido!

I feel like one
who treads alone
some banquet-hall deserted,
whose lights are fled,
whose garlands dead,
and all but he departed.

Sinto-me como quem
percorre só
o salão vazio de um banquete
cujas luzes se foram
cujas flores morreram
e todos partiram — menos ele.

Thomas Moore, 1779-1852

E que dizer da suprema e incomensurável provação em que, mais uma vez, mergulhávamos irrevogavelmente? A Polônia em sua agonia; a França, apenas um pálido reflexo de seu antigo ardor guerreiro; o colosso russo, não mais um aliado, nem sequer neutro, possivelmente um futuro inimigo. A Itália, inamistosa. O Japão, sem aliança. Viria a América de novo, um dia? O Império Britânico permanecia intacto e gloriosamente unido, mas despreparado e desprevenido. Ainda tínhamos o domínio do mar. Mas éramos desoladoramente superados, em número, na nova arma mortal do ar. De algum modo, a luz desbotou da paisagem.

Tomamos nosso trem em Inverness e viajamos toda a tarde e a noite para Londres. Ao descermos em Euston na manhã seguinte, fiquei surpreso ao ver o primeiro Lord do mar na plataforma. A expressão do almirante Pound era grave. "Tenho más notícias para o senhor, primeiro Lord. O *Courageous* foi afundado ontem à noite no canal de Bristol." O *Courageous* era um de nossos porta-aviões mais antigos, navio muito necessário nessa ocasião. Agradeci-lhe por ter-me levado a notícia pessoalmente e disse: "Não podemos esperar prosseguir numa guerra como esta sem que esse tipo de coisa aconteça de vez em quando; já vi muito disso antes." Portanto, ao banho e à labuta de um novo dia.

☆

No fim de setembro, tínhamos poucos motivos de insatisfação com os resultados do impacto inicial da guerra no mar. Eu podia sentir que havia realmente assumido o grande ministério que conhecia tão bem e que amava com um olhar crítico. Agora, eu sabia o que tínhamos em mãos e a caminho. Sabia onde estava tudo. Visitara todos os principais pontos navais e conhecera todos os comandantes. Segundo as normas oficiais que constituem o Gabinete, o primeiro Lord é "responsável perante a Coroa e o Parlamento por todos os assuntos do almirantado", e eu certamente me sentia preparado para me desincumbir desse dever, tanto de fato quanto de direito.

Havíamos feito a transição imensa, delicada e arriscada da paz para a guerra. Foi preciso pagar o preço, nas primeiras semanas, de um comércio mundial subitamente agredido, em violação dos acordos internacionais, por uma guerra submarina indiscriminada. Mas o sistema de comboios já estava funcionando plenamente, e os navios mercantes deixavam nossos portos às dezenas, todos os dias, levando um canhão e um núcleo de atiradores treinados. As traineiras equipadas com o sistema Asdic e outras embarcações pequenas, armadas com cargas de profundidade, todas bem-preparadas pelo almirantado antes da eclosão da guerra, entravam no serviço em grande quantidade. Todos tínhamos certeza de que o primeiro ataque dos submarinos ao comércio inglês fora interrompido e de que a ameaça estava sob um controle minucioso e cada vez mais rígido. Era evidente que os alemães construiriam submarinos às centenas e, sem dúvida, inúmeros deles estavam nas rampas de lançamento em vários estágios de conclusão. Em 12 meses, e certamente em 18, deveríamos esperar pelo começo da grande guerra submarina. Mas, a essa altura, esperávamos que nossa massa de novas flotilhas e embarcações antissubmarinas, que era nossa prioridade máxima, estivesse pronta para enfrentá-la com adequada e efetiva supremacia.

Enquanto isso, o transporte da Força Expedicionária para a França prosseguia sem problemas e o bloqueio à Alemanha era imposto por métodos semelhantes aos empregados na guerra anterior. Além-mar, nossos cruzadores caçavam navios alemães e, ao mesmo tempo, davam cobertura contra os ataques a nossas embarcações pelos agressores. A navegação alemã ficara paralisada e 325 navios alemães, num total de quase 750 mil toneladas, estavam imobilizados em portos estrangeiros. Nossos aliados também cumpriam seu papel. Os franceses tinham uma importante participação no controle do Mediterrâneo. Nas águas nacionais e na baía de Biscaia, eles ajudavam na batalha contra os submarinos e, no Atlântico central, uma poderosa força baseada em Dakar era parte dos planos aliados contra os agressores de superfície.

Nesse mesmo mês, fiquei encantado ao receber uma carta pessoal do presidente Roosevelt. Eu só o encontrara uma vez, na guerra anterior. Tinha sido num jantar no Gray's Inn, e eu ficara impressionado com sua presença magnífica, na plenitude de sua juventude e força. Não houvera oportunidade para nada além dos cumprimentos. Escreveu-me no dia 11:

"É por termos ocupado, você e eu, posições semelhantes na Guerra Mundial que quero que saiba como me alegra vê-lo de volta ao almirantado. Seus problemas, reconheço, são complicados por novos fatores, mas a essência não é muito diferente. O que quero que você e o primeiro-ministro saibam é que, em qualquer ocasião, aceitarei de bom grado que me mantenham pessoalmente a par de qualquer coisa que desejem trazer a meu conhecimento. Você sempre poderá mandar cartas lacradas por sua mala diplomática ou pela minha."

Respondi com entusiasmo, usando a assinatura "*Naval Person*", e assim se iniciou essa longa e memorável correspondência — que abrangeu quase mil comunicações de cada lado e durou até a morte dele, mais de cinco anos depois.

☆

Em outubro, de repente estourou sobre nós um acontecimento que afetou o almirantado num ponto extremamente sensível.

O alarme de que havia um submarino *dentro de Scapa Flow* tinha levado a Grande Esquadra para o mar na noite de 17 de outubro de 1914. Fora alarme prematuro. Agora, passados quase exatamente 25 anos, ele se transformou em realidade. À uma e meia da madrugada de 14 de outubro de 1939, um submarino alemão enfrentou as marés e as correntezas, penetrou em nossas defesas e afundou o encouraçado *Royal Oak,* que estava ancorado. De uma primeira salva de torpedos, apenas um atingiu a proa e causou uma explosão surda. Para o almirante e o comandante a bordo, era tão inacreditável que um torpedo pudesse tê-los atingido, ali, seguros em Scapa Flow, que eles atribuíram a explosão a alguma causa interna. Passaram-se vinte minutos antes que o submarino, pois era do que se tratava, recarregasse seus tubos e disparasse uma segunda salva. Então, três ou quatro torpedos, atingindo-o em rápida sucessão, arrancaram o fundo do navio. Em dez minutos, ele emborcou e afundou. A maioria dos homens estava nos postos de combate, mas a rapidez com que o navio emborcou tornou quase impossível a fuga para qualquer um que estivesse na parte inferior.

Esse episódio, que deve ser encarado como uma proeza de guerra do comandante do submarino alemão, o capitão Prien, causou impacto na opinião pública. Poderia muito bem ter sido politicamente fatal para qualquer ministro que tivesse sido responsável pelas precauções anteriores à guerra. Sendo recém-chegado, eu estava imune a essas censuras naqueles primeiros meses e, além disso, a oposição não tentou capitalizar esse infortúnio. Prometi a mais rigorosa investigação. O acontecimento mostrou o quanto era necessário aperfeiçoar as defesas de Scapa contra todas as formas de ataque, antes de permitir que ela fosse usada. Passaram-se quase seis meses antes que pudéssemos desfrutar de suas esplêndidas vantagens.

Pouco depois, um novo e assustador perigo ameaçou nossa vida. Durante setembro e outubro, quase uma dúzia de navios mercantes foi afundada na entrada dos nossos portos, embora estes tivessem passado por uma varredura adequada, à procura de minas. O almirantado suspeitou imediatamente que estivessem utilizando minas magnéticas. Isso não era novidade para nós; havíamos até começado a usá-las em pequena escala no fim da guerra anterior. Mas o terrível dano passível de ser causado por grandes minas de profundidade, lançadas por navios ou aviões, não tinha sido plenamente avaliado. Sem um exemplar da mina, era impossível imaginar algo que a neutralizasse. Em setembro e outubro, as perdas por explosões de minas, principalmente dos aliados e dos países neutros, haviam somado 56 mil toneladas e, em novembro, Hitler foi levado a aludir sombriamente a uma nova "arma secreta", para a qual não existiria nenhum neutralizador. Uma noite, quando eu estava em Chartwell, o almirante Pound foi procurar-me em grande agitação. Seis navios tinham sido afundados nos acessos ao Tâmisa. Todos os dias, centenas de navios entravam e saíam dos portos ingleses, e nossa sobrevivência dependia de sua movimentação. Era bem possível que os especialistas de Hitler lhe tivessem dito que essa forma de ataque levaria a cabo nossa destruição. Por sorte, ele começou em pequena escala e com estoques e capacidade de fabricação limitados.

A sorte também nos favoreceu mais diretamente. Em 22 de novembro, entre 21 horas e 22 horas, um avião alemão foi visto lançando ao mar um grande objeto preso a um paraquedas, perto de Shoeburyness. Nessa região, a costa é cercada por grandes áreas de lodo que emergem quando a maré baixa, donde ficou imediatamente óbvio que, qualquer que fosse o objeto, ele poderia ser examinado e, possivelmente, recuperado na vazante da maré. Ali estava nossa oportunidade de ouro. Antes da meia-noite, naquele mesmo dia, dois oficiais altamente qualificados, os capitães de corveta Ouvry e Lewis, do *HMS Vernon,* a estação naval responsável pelo desenvolvimento de armas submarinas, foram chamados ao almirantado, onde o primeiro Lord do mar e eu os entrevistamos e ouvimos seus planos. À uma e meia da manhã, eles seguiam de carro para Southend, a fim de executar a arriscada tarefa de resgate. Antes do amanhecer do dia 23, em completa escuridão, ajudados apenas por uma lanterna de sinalização, eles encontraram a mina umas quinhentas jardas abaixo da marca deixada pela maré alta; no entanto, como a maré estava subindo, só puderam inspecioná-la e fazer preparativos para manuseá-la depois da preamar.

A operação crítica começou logo no início da tarde, quando já se havia descoberto uma segunda mina no lodo, perto da primeira. Ouvry, com o sargento Baldwin, lidaram com a primeira, enquanto seu colega Lewis com o marinheiro de primeira classe Verncombe aguardavam a uma distância segura, para a eventualidade de algum acidente. Depois de cada operação previamente combinada, Ouvry mandava uma mensagem para Lewis, para que se pudesse dispor do conhecimento adquirido quando a segunda mina fosse desmontada. O esforço conjunto dos quatro homens acabou sendo exigido na primeira delas, e sua habilidade e dedicação foram recompensadas. Naquela noite, parte do grupo foi ao almirantado comunicar que a mina fora recuperada intacta e estava a caminho de Portsmouth para um exame detalhado. Recebi-os com entusiasmo. Juntei oitenta ou cem oficiais e funcionários em nosso salão mais amplo, e uma plateia arrebatada ouviu a narrativa da história, profundamente consciente de tudo o que estava em jogo.

Todo o poder e ciência da marinha foram então empregados, e não demorou muito para que os testes e experiências começassem a dar resultados práticos. Trabalhávamos por todos os meios de uma só vez, primeiro projetando meios ativos de atacar a mina por novos métodos de varredura e provocação do detonador e, segundo, projetando meios passivos de defesa para todas as embarcações, contra possíveis minas em canais não varridos ou em que a varredura se tivesse mostrado ineficaz. Para essa segunda finalidade, desenvolveu-se um sistema muito eficiente de desmagnetização das embarcações, cingindo-as com um cabo elétrico. Ele foi chamado de "*degaussing*", desmagnetizador, e logo foi aplicado a todos os tipos de navios. Mas as baixas graves continuaram. O novo cruzador *Belfast* foi atingido no Firth of Forth em 21 de novembro e, em 4 de dezembro, o mesmo ocorreu com o encouraçado *Nelson* ao entrar no Loch Ewe. Os dois navios, entretanto, conseguiram chegar a um estaleiro. É incrível que o sistema de inteligência alemão só tenha conseguido desvendar nossas medidas de segurança para encobrir os danos causados ao *Nelson* depois de o navio ter sido consertado e recolocado em serviço. Contudo, desde o início, muitos milhares de pessoas na Inglaterra tiveram de conhecer a verdade dos fatos.

A experiência logo nos forneceu métodos novos e mais simples de fazer a desmagnetização. O efeito moral do sucesso dela foi tremendo, mas para derrotar os esforços do inimigo confiamos principalmente no trabalho dedicado, corajoso e persistente dos caça-minas e na paciente habilidade dos peritos técnicos, que projetavam e forneciam os equipamentos empregados. A partir dessa ocasião, apesar de muitos períodos de ansiedade, a ameaça das minas esteve sempre sob controle e, a certa altura, o perigo começou a diminuir.

Vale a pena ponderarmos sobre essa faceta da guerra naval. No caso, uma parcela expressiva de todo o nosso esforço de guerra teve que ser dedicada a combater as minas. Um vasto volume de material e dinheiro foi desviado de outras tarefas, e muitos milhares de homens arriscaram suas vidas, noite e dia, apenas nos caça-minas. O número máximo foi atingido em junho de 1944, quando quase sessenta mil homens eram assim empregados. Nada abatia o ardor da marinha mercante, e o moral de seus homens elevou-se com as mortais consequências dos ataques das minas e com nossas providências eficazes para combatê-las. Seus esforços e sua coragem incansável foram nossa salvação. Na esfera mais ampla das operações navais, nenhum desafio claro fora feito à nossa posição até aquele momento. Isso ainda estava por vir, e uma descrição de dois grandes combates com navios de corso alemães pode concluir meu relato da guerra no mar no ano de 1939.

☆

Nossa longa e tênue linha de bloqueio ao norte das ilhas Orkney, principalmente composta de navios mercantes armados e belonaves de apoio situadas a intervalos, era sempre passível, evidentemente, de sofrer algum ataque repentino de navios alemães, especialmente de seus dois rápidos e poderosíssimos cruzadores de batalha, o *Scharnhorst* e o *Gneisenau.* Não podíamos impedir um ataque desses. Nossa esperança era obrigar os intrusos a um combate decisivo.

No fim da tarde de 23 de novembro, o navio mercante armado *Rawalpindi,* que fazia o patrulhamento entre a Islândia e as ilhas Faroe, avistou um navio de guerra inimigo que rapidamente se aproximava. O *Rawalpindi* achou que o estranho fosse o encouraçado de bolso *Deutschland* e transmitiu a informação correspondente. O comandante Kennedy não tinha como se iludir quanto ao desfecho desse encontro. Seu navio era apenas o resultado da conversão de um navio de passageiros de carreira, com uma bordada de artilharia de apenas quatro antigos canhões de seis polegadas, enquanto seu suposto antagonista trazia seis canhões de 11 polegadas, além de um poderoso armamento secundário. Mesmo assim, aceitou a disparidade, disposto a lutar com seu navio até o fim. O inimigo abriu fogo a dez mil jardas e o *Rawalpindi* revidou. Um combate desigual como esse não podia durar muito tempo, mas a luta continuou até que, com todos os seus canhões destruídos, o *Rawalpindi* foi reduzido a uma pilha de destroços em chamas. Ele afundou pouco depois do anoitecer, com a perda de seu comandante e de 270 homens de sua brava tripulação.

Na verdade, não fora o *Deutschland,* mas os dois cruzadores, *Scharnhorst* e *Gneisenau,* que tinham estado em combate. Esses navios haviam deixado a Alemanha dois dias antes, para atacar nossos comboios no Atlântico, mas, depois de deparar com o *Rawalpindi* e afundá-lo, e temendo as consequências da exposição, abandonaram o resto de sua missão e voltaram prontamente para a Alemanha. A luta heroica do *Rawalpindi,* portanto, não foi em vão. O cruzador *Newcastle,* que estava em patrulha nas imediações, viu os clarões do tiroteio e respondeu imediatamente à primeira transmissão do *Rawalpindi,* tendo chegado à cena do combate com o cruzador *Delhi* e encontrado o navio em chamas, ainda flutuando. Ele perseguiu o inimigo e, às 18h15, ao escurecer, avistou dois navios, sob forte chuva. Um deles o *Newcastle* reconheceu como sendo um cruzador pesado, mas perdeu o contato na escuridão e o inimigo conseguiu escapar.

A esperança de atrair para a batalha esses dois navios alemães vitais dominou todos os interessados, e o comandante em chefe fez-se ao mar imediatamente, com sua esquadra inteira. No dia 25, 14 cruzadores ingleses vasculharam o mar do Norte, com a cooperação de contratorpedeiros e submarinos e com a esquadra no apoio. Mas a sorte foi adversa; não se encontrou nada, nem houve qualquer indicação de movimentação inimiga para oeste. Apesar do tempo muito ruim, a árdua busca foi mantida por sete dias, até que ficamos sabendo que o *Scharnhorst* e o *Gneisenau* haviam reentrado, em segurança, no Báltico. Sabe-se hoje que eles passaram por nossa linha de cruzadores que faziam o patrulhamento perto da costa norueguesa na manhã de 26 de novembro. O tempo estava fechado e nenhum dos lados avistou o outro. Os radares modernos teriam garantido o contato, mas, nessa ocasião, não dispúnhamos deles. As impressões do público foram desfavoráveis ao almirantado. Não conseguíamos fazer o mundo lá fora compreender a vastidão dos mares ou os esforços intensos da marinha em inúmeras áreas. Após mais de dois meses de guerra e várias perdas sérias, nada tínhamos para mostrar no lado oposto. E também ainda não podíamos responder à pergunta: "E a marinha que faz?"

☆

O ataque a nosso comércio oceânico pelo corso de superfície teria sido ainda mais desastroso, se fosse mantido. Os três cruzadores de bolso alemães permitidos pelo Tratado de Versalhes tinham sido projetados, depois de uma profunda reflexão, como disruptores do comércio. Seus canhões de 11 polegadas, sua velocidade de 26 nós e a blindagem que os revestia foram compactados com magistral habilidade para os limites de um deslocamento de dez mil toneladas. Nenhum cruzador inglês isolado equiparava-se a eles. Os cruzadores alemães com canhões de oito polegadas eram mais modernos do que os nossos e, se empregados em ataques de surpresa aos navios mercantes, também seriam uma ameaça assustadora. Além disso, o inimigo poderia usar embarcações fortemente armadas, disfarçadas de navios mercantes. Tínhamos lembranças claras da destruição causada pelo *Emden* e pelo *Königsberg* em 1914, e das trinta ou mais belonaves e navios mercantes armados que eles nos haviam forçado a coordenar para destruí-los.

Havia boatos e relatórios, antes da eclosão da nova guerra, de que um ou mais encouraçados de bolso já haviam partido da Alemanha. A Home Fleet* procurou, mas nada encontrou. Hoje sabemos que o *Deutschland* e o *Graf Spee* haviam partido da Alemanha entre 21 e 24 de agosto, e já haviam atravessado a zona de perigo, ficando à solta nos oceanos antes que nosso bloqueio e nossas patrulhas do norte fossem organizados. Em 3 de setembro, depois de atravessar o estreito da Dinamarca, o *Deutschland* ficou de alcateia perto da Groenlândia. O *Graf Spee* havia cruzado a rota comercial do Atlântico norte sem ser visto e já estava muito ao sul do arquipélago dos Açores. Cada um deles era acompanhado por um navio auxiliar para reabastecimento de combustível e provisões. A princípio, ambos ficaram inativos e vagando pelos espaços oceânicos. Se não atacassem, não teriam nenhuma presa. Até que atacassem, estariam fora de perigo.

Em 30 de setembro, o navio mercante inglês *Clement,* de cinco mil toneladas, navegando escoteiro, foi afundado pelo *Graf Spee* perto da costa de Pernambuco, Brasil. A notícia eletrizou o almirantado. Era o sinal que esperávamos. Formaram-se imediatamente vários grupos de caça, que incluíam todos os nossos porta-aviões disponíveis, apoiados por encouraçados, cruzadores pesados e cruzadores. Cada grupo de duas ou mais

* Esquadra do mar próximo à Grã-Bretanha. (N.T.)

embarcações era considerado capaz de cercar e destruir um encouraçado de bolso.

Ao todo, durante os meses seguintes, a busca dos dois *raiders* corsários acarretou a formação de nove grupos de caça e destruição, abrangendo 23 navios poderosos. Trabalhando a partir de bases largamente dispersas nos oceanos Atlântico e Índico, esses grupos eram capazes de cobrir as principais áreas críticas atravessadas por nossa navegação. Para atacar nossos navios mercantes, o inimigo teria de entrar no alcance de pelo menos um deles.

O *Deutschland*, que deveria desferir ataques contínuos contra nossa linha vital que cruzava o noroeste do Atlântico, interpretou suas ordens com sábia cautela. Durante seu cruzeiro de dois meses e meio, em momento algum aproximou-se de um comboio. Seus esforços decididos de evitar as forças inglesas impediram-no de fazer mais de dois ataques, sendo um deles contra um pequeno navio norueguês. No início de novembro, ele voltou furtivamente para a Alemanha, passando outra vez pelas águas do Ártico. Mas a simples presença desse navio poderoso em nossa principal rota de comércio havia imposto, como se pretendia, um intenso esforço a nossos navios de escolta e aos grupos de caça e destruição no Atlântico norte. Na verdade, teríamos preferido que ele entrasse em atividade, em vez de permanecer como uma vaga ameaça.

O *Graf Spee* era mais ousado e imaginativo, e logo se tornou o centro das atenções no Atlântico sul. Era sua prática fazer uma breve aparição em algum ponto, destruir uma vítima e tornar a desaparecer na vastidão oceânica, sem deixar rastros. Depois de um segundo aparecimento mais ao sul, na rota do Cabo, onde afundou apenas um navio, não houve mais sinal dele por quase um mês, durante o qual nossos grupos de caça vasculharam por todas as áreas, ordenando-se uma vigilância especial no oceano Índico. De fato, esse era seu destino e, em 15 de novembro, ele afundou um pequeno petroleiro inglês no canal de Moçambique, entre Madagascar e o continente. Tendo assim marcado sua presença no oceano Índico como uma finta para atrair a caçada naquela direção, seu comandante — Langsdorff, um aristocrata — fez meia-volta prontamente e, mantendo-se bem ao sul do Cabo, tornou a entrar no Atlântico. Esse movimento não era imprevisto, mas nossos planos de interceptá-lo foram frustrados pela rapidez de sua retirada. Não estava nada claro para o almirantado se realmente havia um ou dois *raiders* à espreita, e foram envidados esforços tanto no oceano Índico quanto no Atlântico. Também confundimos o *Spee* com seu navio gêmeo, o *Scheer.* A desproporção entre a força do inimigo e as medidas defensivas que nos eram impostas era vexatória. Fazia-me lembrar as semanas ansiosas antes do combate de Coronel e, depois, nas ilhas Falkland, em dezembro de 1914, quando tivéramos de ficar preparados em sete ou oito pontos diferentes, no Pacífico e no Atlântico sul, para a chegada do almirante von Spee com a edição mais antiga do *Scharnhorst* e do *Gneisenau.* Vinte e cinco anos haviam passado, mas o quebra-cabeça era o mesmo. Foi com um claro sentimento de alívio que soubemos que o *Spee* havia aparecido mais uma vez na rota Cabo Freetown, afundando o *Doric Star* e outro navio em 2 de dezembro, e mais um no dia 7.

☆

Desde o começo da guerra, o cuidado e o dever especiais do comodoro Harwood tinham consistido em dar cobertura aos navios ingleses nas imediações do rio da Prata e do Rio de Janeiro. Ele estava convencido de que, mais cedo ou mais tarde, o *Spee* rumaria para o Prata, onde lhe eram oferecidas as presas mais ricas. Harwood havia elaborado cuidadosamente a tática que adotaria num encontro. Juntos, seus cruzadores *Cumberland* e *Exeter,* com canhões de oito polegadas, e os cruzadores *Ajax* e *Achilles,* com armamento de seis polegadas — sendo este último um navio neozelandês com tripulação predominantemente neozelandesa — poderiam não apenas cercar, mas também destruir o inimigo. Mas as necessidades de combustível e reparos tornavam improvável que todos os quatro estivessem presentes "no dia exato". Se não estivessem, o desfecho seria discutível. Ao tomar conhecimento de que o *Doric Star* fora afundado em 2 de dezembro, Harwood teve um palpite certeiro. Embora o *Spee* estivesse a mais de três mil milhas de distância, o comodoro presumiu que ele rumaria para o rio da Prata. Calculou, com sorte e discernimento, que ele poderia chegar no dia 13. Ordenou que todas as suas forças disponíveis se concentrassem naquela área em 12 de dezembro. Infelizmente, o *Cumberland* estava em reparos nas Falklands, mas, na manhã do dia 13, o *Exeter,* o *Ajax* e o *Achilles* estavam dispostos no centro das rotas de navegação que saíam da foz do rio. Dito e feito. Às 6h14, avistou-se fumaça a leste. A tão esperada colisão havia chegado.

Harwood, no *Ajax,* dispondo suas forças de modo a atacar o encouraçado de bolso de pontos muito divergentes e, com isso, confundir sua

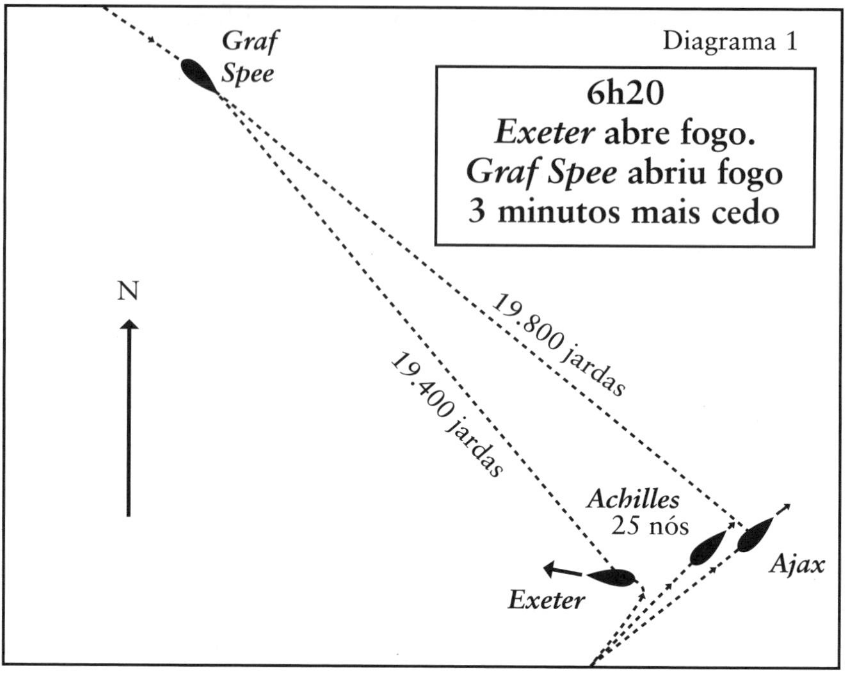
Diagrama 1
6h20
Exeter abre fogo.
Graf Spee abriu fogo
3 minutos mais cedo
Graf Spee
N
19.800 jardas
19.400 jardas
Achilles
25 nós
Ajax
Exeter

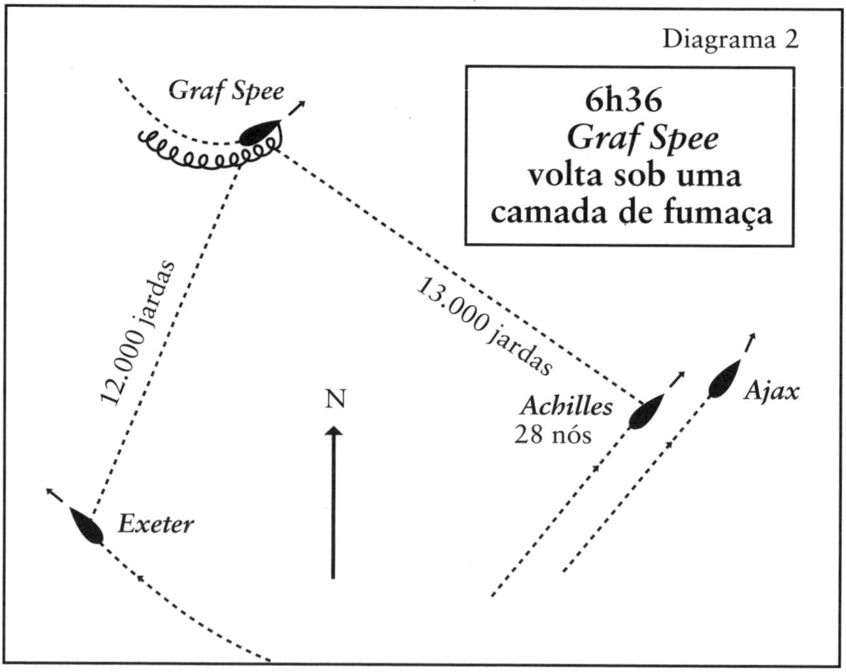
Diagrama 2
6h36
Graf Spee
volta sob uma
camada de fumaça
Graf Spee
12.000 jardas
13.000 jardas
N
Achilles
28 nós
Ajax
Exeter

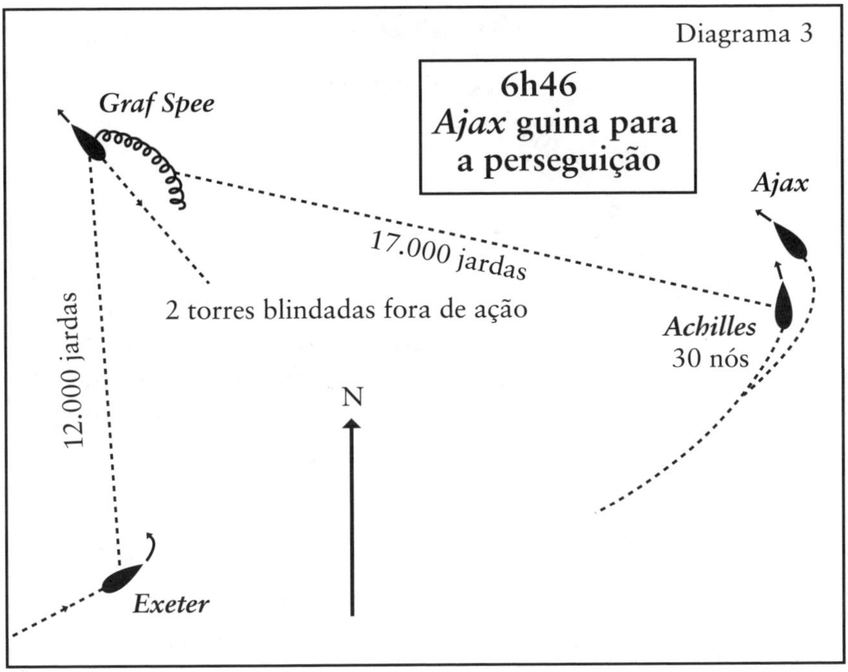

artilharia, avançou na velocidade máxima permitida por sua pequena esquadra. O comandante Langsdorff pensou, à primeira vista, que teria de lidar apenas com um cruzador leve e dois contratorpedeiros, e também avançou a toda a velocidade. Momentos depois, no entanto, reconheceu a categoria de seus adversários e viu que um combate mortal era iminente. As duas forças estavam se aproximando, a essa altura, a uma velocidade relativa de quase cinquenta nós. Langsdorff teve apenas um minuto para tomar uma decisão. Sua atitude correta seria afastar-se imediatamente, de modo a manter seus adversários pelo maior tempo possível na mira do alcance e do peso superiores de seus canhões de 11 polegadas, aos quais, a princípio, os ingleses não poderiam responder. Desse modo, ele teria ganho para sua artilharia, sem que ela fosse perturbada, a diferença entre a soma e a subtração das velocidades. Bem poderia ter avariado um de seus inimigos antes que qualquer deles pudesse atirar contra seu navio. Mas ele decidiu, ao contrário, manter seu rumo e investir contra o *Exeter*. Assim, o combate começou quase simultaneamente dos dois lados.

A tática do comodoro Harwood revelou-se vantajosa. As salvas dos canhões de oito polegadas do *Exeter* atingiram o *Spee* desde os primeiros

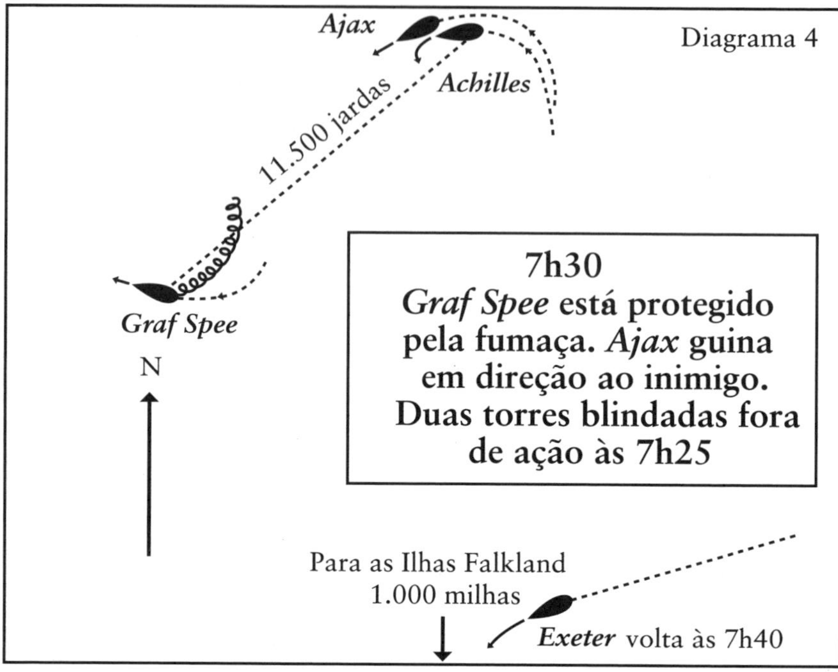
Ajax
Diagrama 4
Achilles
11.500 jardas
7h30
Graf Spee está protegido pela fumaça. Ajax guina em direção ao inimigo. Duas torres blindadas fora de ação às 7h25
Graf Spee
N
Para as Ilhas Falkland
1.000 milhas
Exeter volta às 7h40

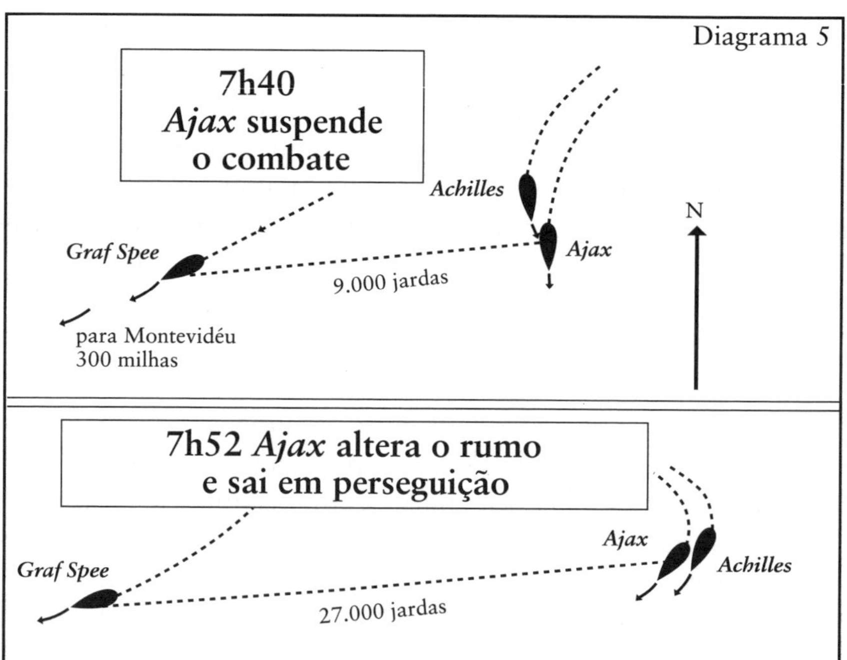
Diagrama 5
7h40
Ajax suspende o combate
Achilles
N
Graf Spee
Ajax
9.000 jardas
para Montevidéu
300 milhas
7h52 Ajax altera o rumo e sai em perseguição
Ajax
Graf Spee
Achilles
27.000 jardas

momentos da luta. Enquanto isso, os cruzadores com canhões de seis polegadas também o atingiam com força e eficácia. O *Exeter* logo recebeu um impacto que, além de derrubar o reparo B, destruiu todas as comunicações no passadiço, matou ou feriu quase todos os que estavam nele e deixou o navio temporariamente à matroca. A essa altura, porém, os cruzadores com canhões de seis polegadas já não podiam ser desprezados pelo inimigo, e o *Spee* apontou seu armamento principal para eles, assim dando algum alívio ao *Exeter* num momento crítico. O encouraçado alemão, atacado a partir de três direções, achou o ataque inglês intenso demais e se afastou em meio a uma cortina de fumaça, com a aparente intenção de rumar para o rio da Prata. Melhor seria para Langsdorff ter feito isso antes.

Depois de inverter o rumo, o *Spee* tornou a atacar o *Exeter,* duramente atingido pelas granadas de 11 polegadas. Todos os seus canhões de proa ficaram fora de ação. As chamas o consumiam ferozmente a meia-nau, e ele tinha uma pesada lista de baixas. O capitão Bell, que saíra ileso da explosão no passadiço, reuniu dois ou três oficiais com ele no compartimento de governo manual de emergência e manteve seu navio em ação com o único reparo que lhe restava, até que, às 7h40, uma falha na pressão também o pôs fora de combate. Nada mais havia que ele pudesse fazer. Às 7h40, o *Exeter* afastou-se para reparos e não participou mais da batalha.

O *Ajax* e o *Achilles,* já em perseguição, continuaram a dar combate da maneira mais acirrada. O *Spee* conteirou todos os seus canhões pesados contra eles. Às 7h25, os dois reparos de ré do *Ajax* tinham sido derrubados, e o *Achilles* também fora avariado. Esses dois cruzadores leves não se equiparavam com o inimigo em termos de poder de fogo e, constatando que sua munição estava no fim, Harwood, no *Ajax,* resolveu suspender o combate até escurecer, quando teria mais chance de usar com eficácia seu armamento mais leve e, talvez, seus torpedos. Assim, encoberto pela fumaça, ele se afastou e o inimigo não o seguiu. A batalha feroz havia durado uma hora e vinte minutos. Durante todo o restante do dia, o *Spee* rumou para Montevidéu, com os cruzadores ingleses seguindo soturnamente em seu encalço e havendo apenas algumas trocas ocasionais de tiros. Pouco depois da meia-noite, o *Spee* entrou em Montevidéu e ali ficou, reparando as avarias, recebendo provisões, desembarcando os feridos, transpondo seu pessoal para um navio mercante alemão e fazendo relatórios ao Führer. O *Ajax* e o *Achilles* permaneceram fora do porto, determinados a persegui-lo até o fim se ele se aventurasse a sair. Enquanto isso, na noite de 14 de dezembro, o *Cumberland,* que estivera navegando a pleno vapor desde que zarpara das Falklands, tomou o lugar do *Exeter,* extremamente avariado. A chegada desse cruzador com canhões de oito polegadas transformou uma situação duvidosa num ligeiro equilíbrio.

Em 16 de dezembro, o comandante Langsdorff telegrafou ao almirantado alemão informando que não havia esperança de fuga. "Solicito decisão determinando se o navio deve ser afundado, apesar da profundidade insuficiente do estuário do Prata, ou se é preferível a retenção no porto."

Numa conferência presidida por Hitler, na qual Raeder e Jodl estavam presentes, decidiu-se pela seguinte resposta: "Tente por todos os meios ganhar tempo em águas neutras. (...) Abra caminho combatendo até Buenos Aires, se possível. Nada de internamento no Uruguai. Tente destruição efetiva se tiver que afundar *[scuttle]* o navio."

Seguindo essas instruções, na tarde do dia 17, o *Spee* transferiu mais de setecentos homens, com sua bagagem e provisões, para o navio mercante alemão que estava aportado. Pouco depois, o almirante Harwood soube que ele estava zarpando. Às 18h15, observado por uma imensa multidão, ele deixou o porto e rumou lentamente para o mar, vorazmente aguardado pelos cruzadores ingleses. Às 20h54, enquanto o sol se punha, um avião do *Ajax* informou: "O *Graf Spee* explodiu." Langsdorff ficou desolado com a perda de seu navio e, dois dias depois, suicidou-se com um tiro.

Assim terminou o primeiro desafio de superfície contra o comércio inglês nos oceanos. Nenhum outro navio de assalto apareceu até a primavera de 1940, quando se iniciou uma nova campanha, utilizando navios mercantes disfarçados. Eles tinham mais facilidade de evitar a detecção, mas, por outro lado, podiam ser dominados por forças menores do que as exigidas para destruir um encouraçado de bolso.

19
O front na França

Imediatamente após a eclosão da guerra, a Força Expedicionária Britânica, a BEF, começou a se deslocar para a França. Em meados de outubro, quatro divisões inglesas, formadas em dois corpos de exército de categoria profissional, estavam em posição ao longo da fronteira da França com a Bélgica e, em março de 1940, mais seis divisões haviam-se juntado a elas, somando um total de dez. À medida que nosso efetivo aumentava, assumíamos uma extensão maior da fronteira. Evidentemente, não estávamos em contato com o inimigo em nenhum ponto.

Quando a BEF chegou às posições indicadas, já encontrou preparado um fosso antitanque artificial, razoavelmente concluído ao longo da fronteira, e, aproximadamente a cada mil jardas, uma grande e visível casamata com campo de tiro para metralhadoras e canhões antitanque. Havia também uma cerca de arame contínua. Boa parte do trabalho de nossas tropas durante esse estranho outono e inverno foi aperfeiçoar as defesas construídas pelos franceses e organizar uma espécie de Linha Siegfried. Apesar das geadas, o progresso foi rápido. As fotografias aéreas mostravam a velocidade com que os alemães estavam estendendo sua própria Linha Siegfried em direção ao norte, partindo do Mosela. Malgrado as muitas vantagens de que eles desfrutavam em termos de recursos internos e mão de obra forçada, parecíamos estar mantendo o mesmo ritmo deles. Criaram-se instalações de grandes bases, as estradas foram melhoradas e uma linha férrea de cem milhas em bitola larga foi assentada. Quase cinquenta novos aeródromos e bases-satélites foram criados ou melhorados. Atrás de nossa frente de combate, imensas massas de provisões e munição acumulavam-se nos depósitos, ao longo de todas as linhas de comunicação. Havia suprimentos para dez dias entre o Sena e o Somme e *provisões para mais sete dias ao norte do Somme.* Estas últimas salvaram o exército depois do rompimento alemão. Pouco a pouco, em vista da tranquilidade vigente, muitos portos ao norte do Havre começaram a ser sucessivamente utilizados e, no fim, estávamos usando, ao todo, 13 portos franceses.

☆

Em 1914, o espírito do exército francês, que ardia de pai para filho desde 1870, era veementemente ofensivo. Sua doutrina era que a nação numericamente mais fraca só poderia enfrentar a invasão através da contraofensiva, não apenas estratégica, mas também tática, em todos os pontos. Agora, via-se uma França muito diferente da que se havia atirado sobre seu antigo inimigo em agosto de 1914. O espírito de revanche tinha esgotado sua missão e havia-se extinguido na vitória. Fazia muito tempo que estavam mortos os líderes que o haviam alimentado. O povo francês passara pela assustadora carnificina de 1,5 milhão de seus homens. A ação ofensiva associava-se, na grande maioria das mentes francesas, com os fracassos iniciais da ofensiva francesa de 1914, com o rechaço do general Nivelle em 1917, com as longas agonias do Somme e de Passchendaele e, acima de tudo, com o sentimento de que o poder de fogo das armas modernas era devastador para o atacante. Nem na França nem na Inglaterra tinha havido uma compreensão clara das consequências da nova realidade, de que era possível capacitar os blindados para suportar o fogo de artilharia e avançar cem milhas por dia. Um livro esclarecedor sobre esse assunto, publicado alguns anos antes por um certo oficial chamado de Gaulle, não despertara nenhuma reação. A autoridade do idoso marechal Pétain no Conseil Supérieur de la Guerre tivera um grande peso no pensamento militar francês, fechando as portas às ideias novas e, em especial, desestimulando o que era curiosamente chamado de "armas ofensivas".

À luz da posteridade, a política da Linha Maginot tem sido condenada. Ela certamente gerou uma mentalidade defensiva. Mas é sempre uma precaução sensata, quando se defende uma fronteira de centenas de milhas, barrar a entrada tanto quanto possível através de fortificações e, com isso, diminuir o emprego de tropas em trechos fixos da frente e "canalizar" as invasões potenciais. Adequadamente utilizada no esquema de guerra francês, a Linha Maginot poderia ter prestado imensos serviços à França. Poderia ser encarada como uma longa sucessão de "portões de romper cerco", coisa de valor inestimável, saídas por onde investir contra o inimigo, e, acima de tudo, como um bloqueio à entrada em amplos setores do front, de maneira a acumular uma reserva geral ou "massa de manobra". Considerando-se a disparidade de tamanho entre a população da França e a da Alemanha, a Linha Maginot deve ser encarada como uma medida sensata e prudente.

Na verdade, é incrível que não tenha sido estendida, pelo menos, ao longo do rio Meuse. Nesse caso, ela poderia ter servido de abrigo seguro, liberando a pesada e afiada espada ofensiva francesa. Mas o marechal Pétain opusera-se a essa extensão. Sustentara firmemente que as Ardenas poderiam ser excluídas como rota de invasão, em virtude da natureza do terreno. E elas foram consoantemente excluídas. As concepções ofensivas da Linha Maginot tinham-me sido explicadas pelo general Giraud quando eu visitara Metz, em 1937. Mas elas não foram postas em prática, e a Linha não apenas absorveu um grande número de soldados profissionais e técnicos altamente treinados, como surtiu um efeito debilitante na estratégia militar e na vigilância nacional.

O novo poder aéreo foi corretamente avaliado como um fator revolucionário em todas as operações. Considerando-se o número pequeno de aeronaves disponíveis em qualquer dos dois lados nessa época, seus efeitos foram até exagerados e, em geral, foram considerados a favor da defensiva, por neutralizarem as concentrações e as comunicações de grandes exércitos depois de lançados ao ataque. Até mesmo o período de mobilização francesa foi considerado sumamente crítico pelo alto comando francês, em virtude da possível destruição dos centros ferroviários, embora o número de aviões alemães, tal como de aviões aliados, fosse pequeno demais para uma tarefa dessa monta. Essas ideias, expressas pelos comandantes da força aérea, estariam no caminho certo e seriam justificáveis em anos posteriores da guerra, depois de o poderio aéreo haver-se multiplicado dez ou vinte vezes. Mas, na eclosão do conflito, eram prematuras.

☆

Uma piada na Inglaterra diz que o Ministério da Guerra está sempre se preparando para a guerra passada. Mas é provável que isso se aplique a outros órgãos e a outros países, e certamente se aplicou ao exército francês. Eu também tinha a impressão de que o poder da defensiva seria superior, desde que ela fosse ativamente conduzida. Mas eu não tinha nem a responsabilidade nem informações sistemáticas para fazer uma nova avaliação. Sabia que a carnificina da guerra anterior ficara gravada a fundo na alma do povo francês. Os alemães tinham tido tempo de construir a Linha Siegfried. Como seria terrível atirar o que restava dos homens da França contra aquela parede de fogo e concreto! Na visão que guardo dos primeiros meses desta Segunda Guerra Mundial, eu não discordava da visão geral a respeito da defensiva e acreditava que os obstáculos antitanque e as peças de campanha, posicionados com inteligência e providos de munição adequada, poderiam conter os tanques ou destruí-los, exceto na escuridão ou na neblina, real ou artificial.

Nos problemas que o Todo-Poderoso coloca diante de seus humildes servos, as coisas raramente acontecem duas vezes do mesmo modo, ou, quando parecem fazê-lo, há alguma variação que anula a generalização indevida. A mente humana, salvo quando guiada por uma genialidade extraordinária, não consegue superar as conclusões aceitas em meio às quais é criada. Mas, após oito meses de inatividade de ambos os lados, estávamos prestes a assistir a uma vasta ofensiva hitlerista, liderada por massas com pontas de lança de carros à prova de canhões ou fortemente blindados, rompendo qualquer oposição defensiva e, pela primeira vez em séculos, ou talvez até desde a invenção da pólvora, tornando a artilharia, por algum tempo, quase impotente no campo de batalha. Também estávamos prestes a ver que o aumento do poder de fogo tornava a batalha propriamente dita, o combate, menos sangrento, por permitir guardar-se o terreno necessário com um número mais reduzido de homens e, com isso, oferecer um alvo humano muito menor.

Seja como for, a primeira data em que os franceses poderiam ter montado um grande ataque talvez fosse o final da terceira semana de setembro. Mas, a essa altura, a campanha polonesa estava encerrada. Em meados de outubro, os alemães tinham setenta divisões na frente ocidental. A ligeira superioridade numérica francesa no Ocidente estava acabando. Uma ofensiva francesa, partindo de sua frente oriental, teria deixado a descoberto a fronteira norte, que era muito mais vital. Mesmo que os exércitos franceses obtivessem um sucesso inicial, em um mês teriam extrema dificuldade para manter suas conquistas no leste e ficariam expostos a toda a força do contra-ataque alemão ao norte.

É essa a resposta à pergunta "por que continuar passivos até a Polônia ser destruída?". A batalha já fora perdida alguns anos antes. Em 1938, teria havido uma boa probabilidade de vitória, enquanto a Tchecoslováquia ainda existia. Em 1936, não teria havido nenhuma possibilidade de oposição efetiva. Em 1933, um édito de Genebra teria garantido a obediência sem derramamento de sangue. O general Gamelin não pode ser a única pessoa a ser responsabilizada pelo fato de, em 1939, não ter corrido os riscos que

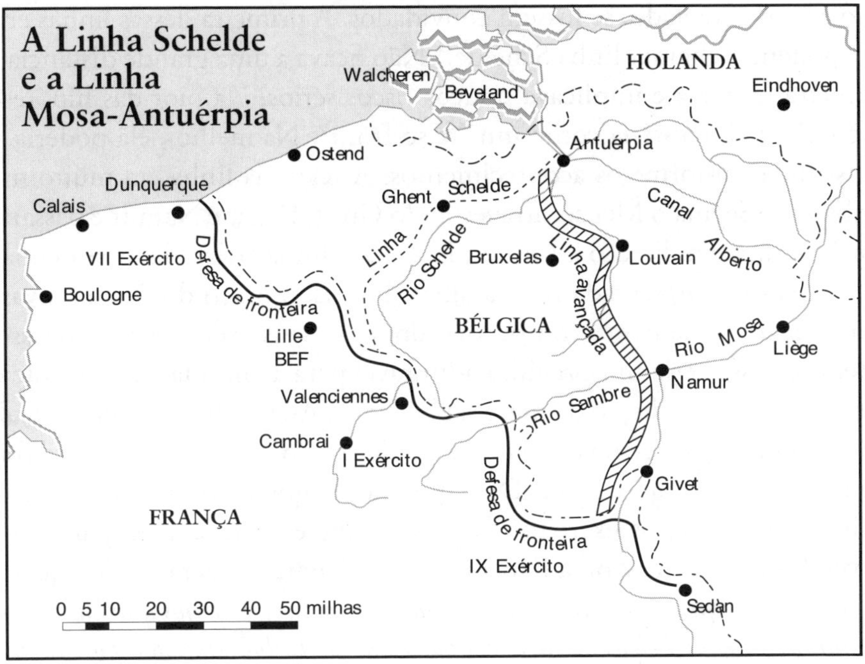

haviam aumentado enormemente desde a crise anterior, da qual tanto o governo francês quanto o inglês haviam recuado.

☆

Quais eram, pois, as probabilidades de uma ofensiva alemã contra a França? Havia, é claro, três métodos possíveis. Primeiro, uma invasão pela Suíça. Ela poderia contornar o flanco sul da Linha Maginot, mas teria muitas dificuldades geográficas e estratégicas. Segundo, uma invasão da França cruzando a fronteira comum. Isso parecia improvável, já que não se acreditava que o exército alemão estivesse plenamente equipado ou armado para um ataque maciço à Linha Maginot. E, terceiro, uma invasão da França através da Holanda e da Bélgica. Ela contornaria a Linha Maginot e não acarretaria as perdas que tenderiam a ocorrer num ataque frontal contra fortificações permanentes. Não poderíamos enfrentar uma investida pelos Países Baixos num ponto tão avançado como a Holanda, mas era de interesse dos aliados detê-la, se possível, na Bélgica. Havia, nesse período, duas linhas pelas quais os aliados poderiam avançar, se resolvessem ir em socorro desse país, ou que poderiam ocupar através de um esquema secreto, repentino e bem planejado, se fossem convidados. A primeira dessas linhas era o que podemos chamar linha Schelde.* Não ficava a uma grande distância da fronteira francesa e implicava poucos riscos sérios. Na pior das hipóteses, não faria mal mantê-la como um "falso front". Na melhor, ela poderia ser construída conforme os acontecimentos. A segunda linha era muito mais ambiciosa. Seguia o Meuse, atravessando Givet, Dinat e Namur e passando por Louvain; em direção a Antuérpia. Se essa linha arriscada fosse ocupada pelos aliados e preservada nas batalhas difíceis, o braço direito da invasão alemã ficaria seriamente comprometido; e, se seus exércitos se revelassem inferiores, isso seria um prelúdio admirável para a entrada e o controle do centro vital de produção de material bélico da Alemanha, no vale do Ruhr.

"Entendemos", escreveram os chefes de estado-maior, "que a ideia francesa [conhecida como Plano D] é que, desde que os belgas continuem a resistir no Meuse, os exércitos franceses e ingleses devem ocupar a linha Givet-Namur, com a Força Expedicionária Britânica operando à esquerda. *Consideramos que não seria sensato adotar esse plano, a menos que haja planos conjuntos com os belgas para a ocupação dessa linha, com tempo suficiente antes do avanço dos alemães. (...) A menos que a atual atitude belga se altere e que se possam elaborar planos para a ocupação precoce da linha Givet-Namur* [também chamada Meuse-Antuérpia], *somos da forte opinião de que o avanço alemão deve ser enfrentado nas posições preparadas na fronteira francesa.*"

O Conselho Supremo Aliado reuniu-se em Paris em 17 de novembro. Mr. Chamberlain levou consigo Lord Halifax, Lord Chatfield e Sir Kingsley Wood. A decisão foi tomada: "Dada a importância de conter as forças alemãs o mais a leste possível, *é essencial envidar todos os esforços para preservar a linha Meuse-Antuérpia, na eventualidade de uma invasão alemã da Bélgica.*" Nessa reunião, Mr. Chamberlain e M. Daladier insistiram na importância que atribuíam a essa resolução e, a partir daí, ela regeu todas as providências. Com essa postura, portanto, passamos o inverno e esperamos a primavera. Nenhuma nova decisão sobre princípios estratégicos foi tomada pelo estado-maior francês, inglês ou por seus governos nos seis meses que nos separavam da avalanche alemã.

☆

* O rio Escalda. (N.T.)

Durante o inverno e a primavera, a BEF esteve extremamente ocupada, instalando-se, fortificando sua fronteira e se preparando para a guerra, fosse ofensiva ou defensiva. Do posto mais alto ao mais baixo, todos estavam diligentemente empenhados nisso, e o bom rendimento que acabaram tendo deveu-se essencialmente à plena utilização das oportunidades surgidas durante o inverno. O exército inglês estava muito melhor no final da "Guerra Imperceptível". Também estava maior. Mas a lacuna terrível, que refletia nossas providências de antes da guerra, era *a ausência até mesmo de uma única divisão blindada na Força Expedicionária Britânica.* A Inglaterra, berço do tanque em todas as suas variações, havia, no entreguerras, negligenciado a tal ponto o desenvolvimento dessa arma que logo dominaria os campos de batalha, que, oito meses depois da declaração de guerra, nosso pequeno mas eficiente exército só tinha, quando chegou a hora da provação, a 1a Brigada de Tanques, que compreendia 17 tanques leves com canhões de duas libras e cem tanques "de infantaria". Apenas 23 destes últimos tinham o canhão de duas libras, enquanto o restante tinha apenas metralhadoras. Havia também sete regimentos de cavalaria e da Guarda Real, equipados com veículos de transporte e tanques leves, que estavam em processo de formação de duas brigadas de blindados ligeiros.

Os progressos na frente francesa eram menos satisfatórios. Numa grande força nacional de recrutas, o estado de espírito do povo reflete-se intimamente em seu exército, ainda mais quando esse exército fica aquartelado na própria pátria e os contatos são estreitos. Não se pode dizer que, em 1939-1940, a França encarasse a guerra com ânimo, ou sequer com muita confiança. A tumultuada política interna da década anterior havia semeado desunião e insatisfação. Elementos importantes, em reação ao comunismo crescente, haviam pendido para o fascismo, ouvindo de bom grado a hábil propaganda de Goebbels e passando-a adiante sob a forma de mexericos e boatos. Assim, também no exército a influência desintegradora do comunismo e do fascismo entraram em ação; os longos meses hibernais de espera deram tempo e oportunidade para que os venenos se instalassem.

Inúmeros fatores contribuem para a instauração de um moral elevado em qualquer exército, mas um dos principais é que os homens estejam plenamente empenhados em trabalhos úteis e interessantes. O ócio é um perigoso campo de cultura. Durante todo o inverno, havia muitas tarefas que precisavam ser cumpridas: o treinamento exigia atenção contínua; as defesas estavam longe de ser satisfatórias ou de estar concluídas — até na

Linha Maginot faltavam muitos trabalhos suplementares de campo; e a boa forma física requer exercício. No entanto, os visitantes da frente de combate francesa costumavam surpreender-se com o clima vigente de sereno alheamento, com a qualidade aparentemente precária do trabalho que era executado e com a falta de qualquer tipo de atividade visível. O vazio das estradas atrás da fronteira fazia um enorme contraste com o vaivém contínuo que se estendia por milhas atrás do setor inglês.

Sem a menor dúvida, permitiu-se que a qualidade do exército francês se deteriorasse durante o inverno, e ele teria lutado melhor no outono do que na primavera. Em pouco tempo, seria surpreendido pela rapidez e pela violência do ataque alemão. Somente nas últimas fases dessa breve campanha é que as verdadeiras qualidades de luta do soldado francês elevaram-se ao máximo em defesa da pátria contra o inimigo de séculos. Mas, a essa altura, já era tarde demais.

Em 10 de janeiro de 1940, as inquietações relativas à frente ocidental receberam uma confirmação. Um major alemão do estado-maior da 7ª Divisão Aeroterrestre havia recebido ordens de levar alguns documentos ao QG em Colônia. Perdeu o trem e decidiu voar. Seu avião errou o local de pouso e fez uma aterrissagem forçada na Bélgica, onde as tropas belgas o prenderam e confiscaram seus papéis, que ele tentou desesperadamente destruir. Os papéis continham o esquema completo e efetivo da invasão da Bélgica, Holanda e França pelo qual Hitler se havia decidido. Pouco depois, o major alemão foi libertado, para explicar o assunto a seus superiores. Fui informado de tudo isso na época e me pareceu incrível que os belgas não fizessem um plano para nos convidar a entrar no país. Mas eles não tomaram nenhuma providência. Afirmou-se, nos três países implicados, que aquilo provavelmente constituía uma pista falsa. Mas isso não podia ser verdade. Não haveria nenhum sentido em os alemães tentarem fazer os belgas acreditarem que iriam ser atacados num futuro próximo. Isso poderia levá-los a realmente fazer a última coisa que os alemães desejavam, ou seja, traçar um plano com os exércitos franceses e ingleses para que eles avançassem, em surdina e rapidamente, numa bela noite. Por conseguinte, acreditei no ataque iminente.

Apelamos para a Bélgica, mas o rei belga e o estado-maior de seu exército simplesmente aguardaram, na esperança de que tudo acabasse bem. Apesar dos papéis do major alemão, nenhuma outra medida de qualquer tipo foi tomada pelos aliados ou pelos países ameaçados. Hitler, por outro lado, como sabemos, convocou Göring a sua presença e, ao ser informado de que os papéis capturados tinham sido, de fato, os planos completos da invasão, ordenou, depois de dar vazão à sua raiva, que se preparassem alternativas. Naturalmente, se a política inglesa e francesa nos cinco anos anteriores à guerra tivesse sido de caráter viril e resoluto, dentro da santidade dos tratados e da aprovação da Liga das Nações, a Bélgica poderia ter aderido aos seus antigos aliados e permitido que se formasse uma frente comum. Uma aliança como essa, adequadamente organizada, teria erguido um escudo ao longo da fronteira belga, até o mar, contra o terrível envolvimento que quase selara nossa destruição em 1914 e que teria um papel a desempenhar no destroçamento da França em 1940. Na pior das hipóteses, a Bélgica não poderia sofrer um destino pior do que o que efetivamente lhe coube. Quando nos recordamos da indiferença americana, da campanha de Mr. Ramsay MacDonald em prol do desarmamento da França, dos rechaços e humilhações reiterados que aceitamos por ocasião dos vários descumprimentos alemães das cláusulas de desarmamento do Tratado, de nossa submissão à violação alemã da Renânia, de nossa aquiescência na absorção da Áustria, de nosso pacto em Munique e da aceitação da ocupação alemã de Praga — quando nos lembramos de tudo isso, nenhum cavalheiro da Inglaterra ou da França que tenha sido responsável pela administração pública naqueles anos tem o direito de recriminar a Bélgica. Num período de hesitação e apaziguamento, os belgas agarraram-se à neutralidade e se consolaram em vão com a crença de que seriam capazes de deter o invasor alemão em suas fronteiras fortificadas, até que os exércitos ingleses e franceses pudessem acudir em seu socorro.

20
Escandinávia, Finlândia

A PENÍNSULA DE MIL MILHAS de comprimento que vai da entrada do Báltico até o Círculo Polar Ártico tinha imensa importância estratégica. As montanhas norueguesas entram pelo oceano, formando uma orla contínua de ilhas. Entre essas ilhas e o continente há um corredor de águas territoriais pelo qual a Alemanha poderia comunicar-se com o mar alto, prejudicando seriamente nosso bloqueio. A indústria de guerra alemã abastecia-se de minério de ferro principalmente na Suécia, retirando a matéria-prima, no verão, pelo porto sueco de Lulea, na extremidade do golfo de Botnia; quando este ficava congelado, as cargas partiam de Narvik, na costa oeste da Noruega. Respeitar as "Passagens", como eram chamadas essas águas protegidas, equivalia a permitir que todo esse tráfego continuasse sob a proteção da neutralidade, a despeito da superioridade do nosso poderio naval. O estado-maior do almirantado estava seriamente perturbado com a concessão dessa importante vantagem à Alemanha e, na primeira oportunidade, levantei a questão no Gabinete.

A princípio, a recepção dada aos meus argumentos foi favorável. Todos os meus colegas ficaram profundamente impressionados com esse prejuízo, mas o rigoroso respeito à neutralidade de pequenos estados era um princípio de conduta a que todos aderíamos. Em setembro, a convite de meus colegas e depois de toda a questão ter sido minuciosamente examinada no almirantado, rascunhei para o Gabinete um memorando sobre o assunto e sobre um problema correlato, o afretamento de cargas neutras. Mais uma vez, houve concordância geral quanto à necessidade de se fazer alguma coisa, mas não consegui obter assentimento para a ação. Os argumentos do Foreign Office sobre a neutralidade tiveram peso e não pude persuadir os colegas. Continuei, como veremos, a insistir em meu ponto de vista, por todos os meios e em todas as ocasiões. Mas só em abril de 1940 foi tomada a decisão que eu havia pedido em setembro de 1939. A essa altura, era tarde demais.

Quase nesse exato momento, como sabemos agora, os olhos dos alemães estavam voltados para a mesma direção. Em 3 de outubro, o almirante Raeder, chefe do Estado-Maior Naval, apresentou a Hitler uma proposta intitulada "Conquista de Bases na Noruega". Ele pedia

> que o Führer seja informado, assim que possível, da opinião do Estado Maior Naval sobre as possibilidades de estender a base operacional para o norte. É preciso verificar se é possível conquistar bases na Noruega, sob a pressão conjunta da Rússia e da Alemanha, com vistas a melhorar nossa posição estratégica e operacional.

Assim, redigiu uma série de notas entregues a Hitler em 10 de outubro. "Nestas notas", escreveu ele,

> frisei as desvantagens que uma ocupação da Noruega pelos ingleses teria para nós: o controle dos acessos ao Báltico, o desbordamento de nossas operações navais e de nossos ataques aéreos à Inglaterra e o fim de nossa pressão sobre a Suécia. Também destaquei as vantagens que haveria para nós na ocupação da costa norueguesa: a saída para o Atlântico norte e a impossibilidade de qualquer barreira inglesa de minas, como nos anos de 1917-18.

Rosenberg, o especialista em assuntos estrangeiros do Partido Nazi e encarregado de um órgão especial que lidava com as atividades de propaganda nos países estrangeiros, compartilhava a opinião do almirante. Sonhava em "converter a Escandinávia à ideia de uma comunidade nórdica que abranja os povos nortistas, sob a liderança natural da Alemanha". Logo no início de 1939, ele acreditou ter descoberto um instrumento para isso no Partido Nacionalista da Noruega, de caráter extremista, que era liderado por um ex-ministro da Guerra norueguês chamado Vidkun Quisling. Estabeleceram-se contatos e a atividade de Quisling foi vinculada aos planos do Estado-Maior Naval alemão, através da organização de Rosenberg e do adido naval alemão em Oslo. Quisling e seu assistente, Hagelin, viajaram a Berlim em 14 de dezembro e foram levados por Raeder a Hitler, a fim de discutir um golpe político na Noruega. Quisling chegou com um plano detalhado. Hitler, cuidadoso com o sigilo, fingiu relutância em aumentar seus compromissos e disse que preferiria uma Escandinávia neutra. Não obstante, segundo Raeder, foi exatamente nesse dia que ele deu ao comandante supremo a ordem de se preparar para uma operação norueguesa.

De tudo isso, é claro, não sabíamos coisa alguma.

☆

Entrementes, a península escandinava tornou-se palco de um conflito inesperado, que despertou intensas reações na Inglaterra e na França e afetou fortemente a discussão sobre a Noruega. Os "Pactos de Assistência Mútua" de Stalin com a Estônia, a Letônia e a Lituânia já haviam levado à ocupação e ao fim desses países, e o Exército Vermelho e a força aérea russa passaram a bloquear as linhas de acesso à União Soviética pelo ocidente, pelo menos no que concernia à rota do Báltico. Restava apenas o acesso pela Finlândia.

No início de outubro, Mr. Paasikivi, um dos políticos finlandeses que haviam assinado o tratado de paz de 1921 com a União Soviética, foi a Moscou. As exigências soviéticas foram radicais: a fronteira finlandesa no istmo da Karelia deveria recuar uma distância considerável, para tirar Leningrado do alcance de artilharia hostil. E mais: exigiu-se a cessão de algumas ilhas finlandesas no Golfo da Finlândia; o empréstimo do único porto finlandês livre de gelo no Mar Ártico, Petsamo; e, acima de tudo, o empréstimo do porto de Hango, na entrada do Golfo da Finlândia, como base aeronaval russa. Os finlandeses estavam dispostos a fazer concessões em todos os pontos, exceto o último. Com as chaves do golfo em mãos russas, a segurança estratégica e nacional da Finlândia lhes parecia acabar. As negociações foram suspensas em 13 de novembro e o governo finlandês deu início à mobilização. Em 28 de novembro, Molotov derrogou o Pacto de Não Agressão entre a Finlândia e a Rússia; dois dias depois, os russos atacaram em oito pontos da fronteira de mil milhas da Finlândia e, na mesma manhã, sua capital, Helsinki, foi bombardeada pela força aérea vermelha.

O impacto do ataque russo recaiu, inicialmente, sobre as defesas fronteiriças dos finlandeses no istmo da Karelia. Elas abrangiam uma faixa fortificada de cerca de vinte milhas de largura, que ia de norte a sul atravessando uma região florestal coberta de neve. A zona era chamada de "Linha Mannerheim" em homenagem ao comandante em chefe finlandês que salvara a Finlândia da subjugação bolchevique, em 1917. A indignação despertada na Inglaterra, na França e, com mais veemência ainda, nos EUA, diante do ataque não provocado da imensa potência soviética a uma nação pequena, intrépida e altamente civilizada, logo foi seguida pelo assombro e pelo alívio. As primeiras semanas de luta não trouxeram nenhum sucesso para as forças soviéticas. O exército finlandês, cujo efetivo total de combate era de apenas cerca de duzentos mil homens, saiu-se muito bem. Os tanques

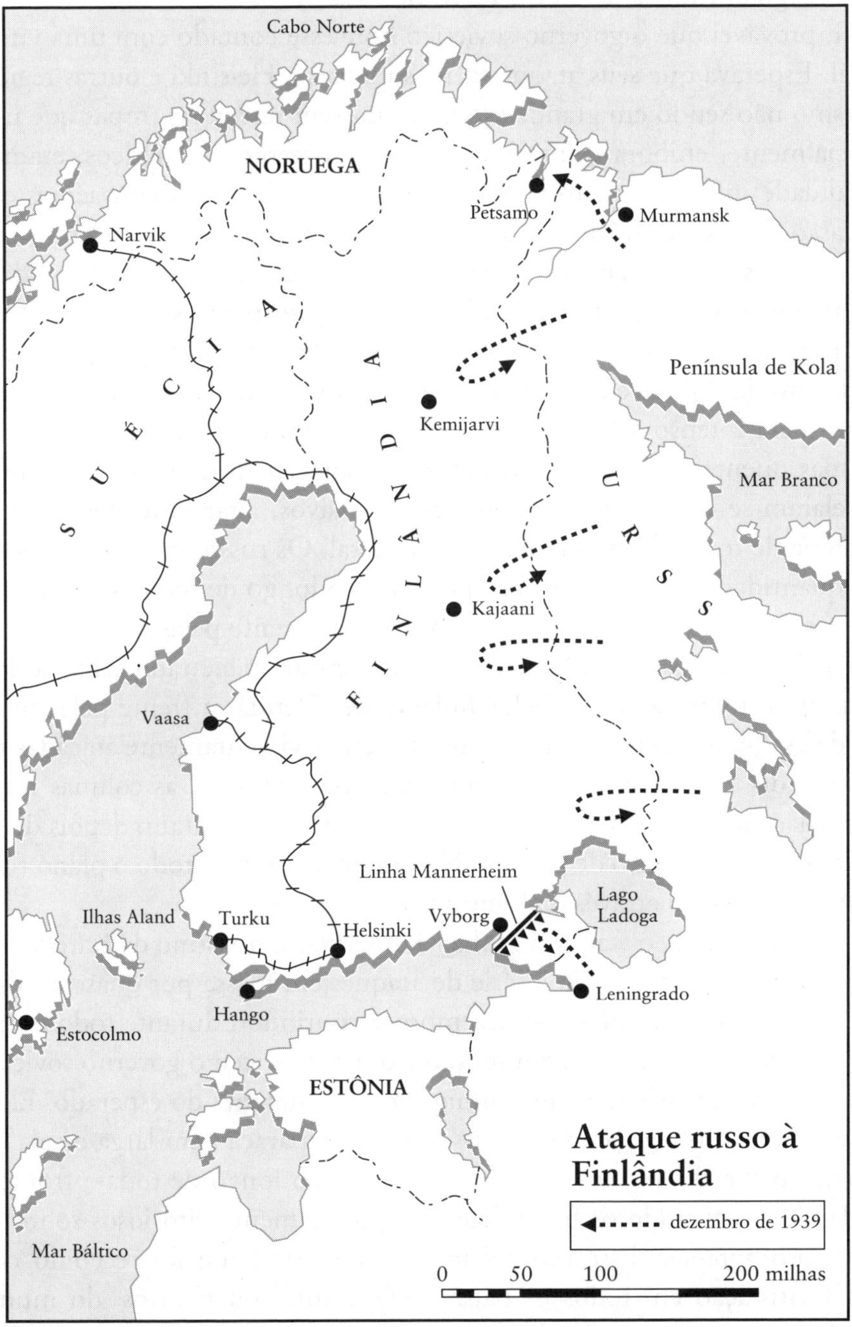
Cabo Norte
NORUEGA
Petsamo
Murmansk
Narvik
SUÉCIA
FINLÂNDIA
Península de Kola
Kemijarvi
URSS
Mar Branco
Kajaani
Vaasa
Linha Mannerheim
Lago Ladoga
Ilhas Aland
Turku
Helsinki
Vyborg
Leningrado
Hango
Estocolmo
ESTÔNIA
Ataque russo à Finlândia
dezembro de 1939
0 50 100 200 milhas
Mar Báltico

russos foram enfrentados com audácia e com um novo tipo de granada de mão, logo apelidada de "coquetel Molotov".

É provável que o governo soviético houvesse contado com uma vitória fácil. Esperava que seus ataques aéreos iniciais a Helsinki e outras regiões, mesmo não sendo em grande escala, causassem terror. As tropas que usou inicialmente, embora muito mais fortes em termos numéricos, eram de qualidade inferior e maltreinadas. O efeito dos bombardeios aéreos e da invasão de seu território foi levantar os finlandeses, que se uniram contra o agressor e lutaram com absoluta determinação e extrema habilidade. O ataque à "cintura" da Finlândia foi desastroso para os invasores. Nessa área, o terreno é quase inteiramente coberto de florestas de pinheiros, com uma ondulação suave e, na época, coberto com trinta centímetros de neve. O frio era intenso. Os finlandeses estavam bem-equipados, com esquis e roupas quentes, que os russos não possuíam. Além disso, os finlandeses revelaram-se combatentes individuais agressivos, altamente treinados em matéria de reconhecimento e guerra florestal. Os russos confiaram em vão na quantidade e nas armas mais pesadas. Ao longo de toda essa frente, os postos de fronteira finlandeses recuaram lentamente pelas estradas, seguidos pelas colunas russas. Depois que estas haviam penetrado cerca de trinta milhas, foram atacadas pelos finlandeses. Detidas à frente pelas linhas de defesa finlandesas construídas nas florestas, violentamente atacadas nos flancos dia e noite e com suas comunicações cortadas, as colunas foram despedaçadas, ou, nos casos em que tiveram sorte, voltaram, depois de pesadas baixas, ao ponto de partida. No fim de dezembro, todo o plano russo de fazer a invasão através da "cintura" tinha fracassado.

Enquanto isso, o ataque à Linha Mannerheim, no istmo da Karelia, não teve melhor resultado. Uma série de ataques em massa por quase 12 divisões foi lançada no início de dezembro e continuou durante todo o mês. No fim do ano, o fracasso em todo o front convenceu o governo soviético de que teria de enfrentar um inimigo muito diferente do esperado. Ele se decidiu por um ataque maciço. Isso exigia preparação em larga escala e, a partir do fim do ano, os combates cessaram ao longo de toda a fronteira finlandesa, deixando os finlandeses temporariamente vitoriosos sobre seu poderoso agressor. Esse acontecimento surpreendente foi recebido com igual satisfação em todos os países, beligerantes ou neutros, do mundo inteiro. Foi uma propaganda bastante ruim para o exército soviético. Nos círculos ingleses, muita gente se congratulou por não termos feito um esforço exagerado para ter os soviéticos do nosso lado. Tirou-se a conclusão, sumamente apressada, de que o exército russo fora destruído pelo expurgo e de que a podridão e a degradação inerentes a seu sistema de governo e sua sociedade tinham sido comprovadas. Não foi só na Inglaterra que se formou essa opinião. Não há dúvida de que Hitler e seus generais meditaram profundamente sobre o desempenho finlandês e de que ele influenciou de forma potente o pensamento do Führer.

Todo o ressentimento sentido contra o governo soviético pelo pacto Ribbentrop-Molotov inflamou-se ainda mais com essa nova demonstração de intimidação e agressão brutais. A isso se misturaram também o desprezo pela ineficiência mostrada pelas tropas soviéticas e o entusiasmo pelos bravos finlandeses. Apesar da Grande Guerra que fora declarada, houve um intenso desejo de ajudar os finlandeses com aviões e outros equipamentos bélicos preciosos, além de voluntários da Inglaterra, Estados Unidos e, mais ainda, da França. Tanto para suprimento de material quanto para a ida de voluntários, só havia uma rota possível para a Finlândia. O porto de minério de ferro de Narvik, com sua estrada que cruzava as montanhas até as minas de ferro suecas, adquiriu uma nova importância sentimental, se não estratégica. Sua utilização como linha de suprimento dos exércitos finlandeses afetava a neutralidade da Noruega e da Suécia. Essas duas nações, igualmente temerosas da Alemanha e da Rússia, não tinham outro objetivo senão ficar fora das guerras por que estavam cercadas e pelas quais poderiam ser tragadas. Parecia ser a única chance de sobreviverem. Mas o governo inglês, embora relutasse, naturalmente, em cometer até mesmo uma violação técnica das águas territoriais norueguesas, minando as Passagens em seu próprio benefício contra a Alemanha, tomou, baseado numa emoção generosa que mal tinha ligação indireta com nosso problema da guerra, a iniciativa de fazer uma exigência muito mais séria à Noruega e à Suécia para que permitissem o trânsito de homens e suprimentos a caminho da Finlândia.

Solidarizei-me ardorosamente com os finlandeses, apoiei todas as propostas de ajudá-los e acolhi de bom grado essa brisa nova e favorável, como meio de obter a grande vantagem estratégica de isolar a Alemanha de seu abastecimento vital de minério de ferro. Se Narvik viesse a se tornar uma espécie de base aliada para abastecer os finlandeses, certamente seria fácil impedir que os navios alemães carregassem minério no porto e navegassem em segurança através das Passagens rumo à Alemanha. Uma vez superados os protestos noruegueses e suecos, fosse pela razão que fosse, as providências mais importantes incluiriam as mais simples. Assim, em 16 de dezembro, renovei meus esforços para obter consentimento para a operação simples e sem derramamento de sangue que consistiria em minar as Passagens.

Meu memorando foi examinado pelo Gabinete em 22 de dezembro, e defendi meus argumentos com o melhor de minha capacidade. Não consegui nenhuma decisão favorável a agir. Era possível fazer protestos diplomáticos à Noruega pela utilização de suas águas territoriais pela Alemanha, e os chefes de estado-maior tiveram ordem de "considerar as consequências militares de compromissos em solo escandinavo". Foram autorizados a "planejar o desembarque de uma força em Narvik, em benefício da Finlândia e também em função de uma possível ocupação alemã do sul da Noruega". Mas nenhuma ordem de execução pôde ser emitida para o almirantado. Num documento que mandei circular em 21 de dezembro, resumi os relatórios do sistema de inteligência que mostravam a possibilidade de desígnios russos quanto à Noruega. Dizia-se que os soviéticos tinham três divisões concentradas em Murmansk, preparando-se para uma expedição marítima. "É possível", concluí, "que esse cenário se transforme em palco de atividades num futuro próximo." Isso se confirmou plenamente, mas partindo de outras direções.

☆

Fazia muito tempo que eu me interessava pela captura do *Altmark,* o navio-auxiliar do *Spee.* Esse navio era também uma prisão flutuante para as tripulações de nossos navios mercantes afundados. Alguns prisioneiros ingleses libertados pelo comandante Langsdorff no porto de Montevidéu, em cumprimento às leis internacionais, disseram-nos que quase trezentos marinheiros mercantes ingleses estavam a bordo do *Altmark.* O navio escondeu-se pelo Atlântico sul por quase dois meses e, então, na esperança de que a busca houvesse diminuído, seu comandante arriscou a volta para a Alemanha. A sorte e o bom tempo o favoreceram, e somente em 14 de fevereiro, depois de passar entre a Islândia e as ilhas Faroe, é que ele foi avistado por nossos aviões em águas territoriais norueguesas.

Nas palavras de um comunicado do almirantado, "alguns dos navios de Sua Majestade que estavam em posição conveniente foram acionados". Um grupo de contratorpedeiros, sob o comandante Philip Vian do *HMS*

Cossack, interceptou o *Altmark*, mas não o atacou de imediato. O *Altmark* refugiou-se no fiorde Jösing, uma estreita entrada com cerca de uma milha e meia de extensão, ladeado por escarpas altas e cobertas de neve. Dois contratorpedeiros ingleses receberam instrução de abordá-lo para exame. Na entrada do fiorde, foram barrados por duas canhoneiras norueguesas, que lhes informaram que o navio estava desarmado, fora examinado na véspera e havia recebido permissão de prosseguir para a Alemanha, usando as águas territoriais norueguesas. Diante disso, nossos contratorpedeiros recuaram.

Quando essa informação chegou ao almirantado, interferi e, com a concordância do ministro do Exterior, ordenei que nossos navios entrassem no fiorde. Vian fez o resto. Naquela noite, no *Cossack,* com os holofotes acesos, ele entrou no fiorde, através do gelo flutuante. Primeiro, foi a bordo da canhoneira norueguesa *Kjell* e solicitou que o *Altmark* fosse levado até Bergen sob escolta conjunta, para investigações nos termos da legislação internacional. O comandante norueguês repetiu sua garantia de que o *Altmark* fora revistado duas vezes, de que estava desarmado e de que nenhum prisioneiro inglês fora encontrado. Vian declarou então que iria abordá-lo e convidou o oficial norueguês para que o acompanhasse. O convite acabou declinado.

Enquanto isso, o *Altmark* tomou caminho e, na tentativa de abalroar o *Cossack,* encalhou. O *Cossack* forçou a abordagem e um grupo saltou para o *Altmark* depois de atracar os dois navios. Seguiu-se uma acirrada luta corpo a corpo, na qual quatro alemães foram mortos e cinco ficaram feridos; parte da tripulação fugiu para a terra e os demais se renderam. Começou a busca pelos prisioneiros ingleses. Logo foram encontrados às centenas, trancafiados dentro de despensas e até dentro de um tanque de combustível vazio. Houve o grito: "Chegou a Marinha!" As portas foram arrombadas e os cativos levados para o convés. Também se constatou que o *Altmark* levava dois canhões automáticos e quatro metralhadoras e que, apesar de ter sido abordado duas vezes pelos noruegueses, não fora revistado. As canhoneiras norueguesas mantiveram-se como espectadoras passivas durante toda essa operação. À meia-noite, Vian havia deixado o fiorde e estava a caminho do Forth.

O almirante Pound e eu sentamo-nos juntos, com certa ansiedade, na sala de guerra do almirantado. Eu dera um aperto firme no Foreign Office e tinha plena consciência da gravidade técnica das providências tomadas. Mas o que importava, no país e no Gabinete, era saber se havia ou não prisioneiros ingleses a bordo. Ficamos muito satisfeitos quando, às três horas da manhã, chegou a notícia de que os trezentos homens tinham sido encontrados e resgatados. Esse era o fato preponderante.

A decisão de Hitler de invadir a Noruega, como vimos, tinha sido tomada em 14 de dezembro, e o trabalho de estado-maior prosseguia, sob a orientação de Keitel. O incidente do *Altmark,* sem dúvida, impulsionou a ação. Por sugestão de Keitel, em 20 de fevereiro, Hitler convocou urgentemente a Berlim o general von Falkenhorst, que na época estava no comando de um corpo de exército em Coblenz. Falkenhorst havia participado da campanha alemã na Finlândia, em 1918, e, nessa tarde, discutiu com Hitler, Keitel e Jodl planos operacionais detalhados para a expedição norueguesa, que ele mesmo deveria comandar. A questão das prioridades era de suma importância. Deveria Hitler comprometer-se na Noruega antes ou depois da execução do "Dossiê Amarelo" — do ataque à França? Em 1° de março, tomou sua decisão: a Noruega deveria vir primeiro. O Führer realizou uma conferência militar na tarde de 16 de março e o Dia D foi provisoriamente marcado, aparentemente para 9 de abril.

☆

Enquanto isso, os soviéticos jogaram o grosso de seu poderio contra os finlandeses. Redobraram o esforço para penetrar na Linha Mannerheim antes que a neve derretesse. Infelizmente, nesse ano, a primavera e seu degelo, nos quais os oprimidos finlandeses fundamentavam suas esperanças, chegaram com quase seis semanas de atraso. A grande ofensiva soviética no istmo, que duraria 42 dias, iniciou-se em 1° de fevereiro, combinada com um maciço bombardeio aéreo de depósitos essenciais e entroncamentos ferroviários atrás das linhas. Dez dias de pesado bombardeio dos canhões soviéticos, em posição em massa, juntos roda a roda, anunciaram o grande ataque da infantaria. Depois de uma batalha de 15 dias, a linha foi rompida. Os ataques aéreos ao forte e base principal de Vyborg aumentaram de intensidade. No fim do mês, o sistema de defesa de Mannerheim estava desorganizado e os russos puderam concentrar-se contra o golfo de Vyborg. Era escassa a munição dos finlandeses, e suas tropas estavam exaustas.

A honrosa retidão que nos privara de qualquer iniciativa estratégica também prejudicou todas as providências efetivas para o envio de material à Finlândia. Na França, porém, prevalecia um sentimento mais caloroso e profundo, intensamente fomentado por M. Daladier. Em 2 de março, sem consultar o governo inglês, ele concordou em enviar cinquenta mil voluntários e cem bombardeiros à Finlândia. Certamente não podíamos agir nessa escala e, em vista dos documentos encontrados com o major alemão na Bélgica e dos incessantes relatórios do sistema de inteligência sobre a concentração maciça de tropas alemãs na frente ocidental, tudo foi muito além do que a prudência recomendaria. Ainda assim, concordou-se em enviar cinquenta bombardeiros ingleses. Em 12 de março, o Gabinete novamente decidiu reativar os planos de desembarques militares em Narvik e Trondheim, depois em Stavanger e Bergen, como parte da ampliação de ajuda à Finlândia a que fôramos arrastados pelos franceses. Esses planos deveriam estar prontos para execução em 20 de março, embora a necessidade da permissão norueguesa e sueca não tivesse sido atendida. Entrementes, em 7 de março, Mr. Paasikivi foi novamente a Moscou, dessa vez para discutir os termos do armistício. No dia 12, os termos russos foram aceitos pelos finlandeses. Todos os nossos planos de desembarque militar voltaram para a gaveta e as forças que estavam sendo reunidas dispersaram-se, até certo ponto. As duas divisões que tinham sido retidas na Inglaterra obtiveram então permissão de seguir para a França, e nosso poder de combate voltado para a Noruega ficou reduzido a 11 batalhões.

☆

O colapso militar da Finlândia teve outras repercussões. Em 18 de março, Hitler encontrou-se com Mussolini no Passo de Brenner. Deliberadamente, deixou seu anfitrião italiano na impressão de que a Alemanha não cogitava lançar uma ofensiva terrestre ocidental. No dia 19, Mr. Chamberlain falou na Câmara dos Comuns. Em vista das críticas recentes, reexaminou com algum detalhe o caso da ajuda inglesa à Finlândia. Enfatizou, acertadamente, que nossa consideração principal tinha sido o desejo de respeitar a neutralidade da Noruega e da Suécia, e também defendeu o governo por não se deixar apressar em tentativas de socorrer os finlandeses, que teriam pouca probabilidade de êxito. A derrota da Finlândia foi fatal para o governo Daladier, cujo líder tomara providências muito marcantes, embora tardias, e dera pessoalmente um destaque desproporcional a essa parte de nossas inquietações. Em 21 de março, formou-se um novo Gabinete, sob a direção de M. Reynaud, comprometido com uma condução cada vez mais vigorosa da guerra.

Minhas relações com M. Reynaud tinham bases diferentes das que eu havia estabelecido com M. Daladier. Reynaud, Mandel e eu havíamos sentido as mesmas emoções a respeito de Munique. Daladier estivera do lado oposto. Por conseguinte, acolhi a mudança de bom grado. Os ministros franceses foram a Londres para uma reunião do Conselho Supremo de Guerra em 28 de março. Mr. Chamberlain abriu o encontro com uma descrição completa e clara do panorama, tal como ele o via. Disse que a Alemanha tinha dois pontos fracos: seu abastecimento de minério de ferro e de petróleo. As principais fontes de suprimento desses produtos situavam-se em extremos opostos da Europa. O minério de ferro vinha do norte. Chamberlain expôs com precisão a importância de interceptarmos os suprimentos alemães de minério de ferro provenientes da Suécia. Também discorreu sobre os campos de petróleo romenos e de Baku, que deveriam ser recusados à Alemanha, se possível através da diplomacia. Ouvi essa argumentação vigorosa com crescente prazer. Eu não me havia apercebido de quão plenamente Mr. Chamberlain e eu estávamos de acordo.

M. Reynaud falou do impacto da propaganda alemã no moral francês. A rádio alemã clamava todas as noites que o Reich não tinha qualquer rixa com a França; que a origem da guerra devia ser buscada no cheque em branco dado pela Inglaterra à Polônia; que a França fora arrastada para a guerra nos calcanhares dos ingleses, e até mesmo que não estava em condições de sustentar um combate. A política de Goebbels em relação à França parecia consistir em deixar a guerra prosseguir na cadência lenta dessa ocasião, contando com o crescente desestímulo entre os cinco milhões de franceses então convocados e com a emergência de um governo francês que se dispusesse a chegar a uma solução conciliatória com a Alemanha, à custa da Inglaterra.

Na França, disse ele, formulava-se por toda parte a pergunta: "Como podem os aliados vencer a guerra?" O número de divisões, "apesar dos esforços ingleses", estava aumentando mais depressa do lado alemão que do nosso. Assim, quando poderíamos ter esperança de garantir a superioridade de pessoal necessária para um combate bem-sucedido no Ocidente? Não tínhamos conhecimento do que estava acontecendo na Alemanha em equipamento material. Havia na França um sentimento generalizado de que a guerra chegara a um impasse e de que a Alemanha só precisava esperar. A menos que se tomasse alguma providência para cortar o abastecimento de petróleo e de outras matérias-primas do inimigo, "poderia aumentar o sentimento de que o bloqueio não era arma suficientemente forte para assegurar a vitória da causa aliada". Reynaud, muito mais receptivo ao corte do abastecimento de minério de ferro sueco, declarou que havia uma relação exata entre o fornecimento de minério de ferro sueco à Alemanha e a produção da indústria siderúrgica e metalúrgica alemã. Sua conclusão foi que os aliados deveriam minar as águas territoriais ao longo da costa norueguesa e, posteriormente, obstruir por uma ação similar o minério que era levado do porto de Lulea para a Alemanha. Ele assinalou a importância de impedirmos o abastecimento de petróleo romeno à Alemanha.

Finalmente, ficou decidido que, depois de enviarmos comunicações em termos gerais à Noruega e à Suécia, lançaríamos campos de minas nas águas territoriais norueguesas em 5 de abril. Também ficou acertado que, se a Alemanha invadisse a Bélgica, os aliados entrariam imediatamente nesse país, sem esperar por um convite formal; e, se a Alemanha invadisse a Holanda e a Bélgica não prestasse assistência a esta, os aliados deveriam considerar-se livres para entrar na Bélgica a fim de ajudar a Holanda.

Finalmente, como um ponto evidente em que estávamos todos de acordo, o comunicado declarou que os governos inglês e francês haviam assentido na seguinte declaração solene: *Que, durante a guerra em curso, não negociariam nem firmariam armistícios ou tratados de paz a não ser em concordância mútua.*

Esse pacto adquiriu suma importância posteriormente.

☆

Em 3 de abril, o gabinete inglês implementou a resolução do Supremo Conselho de Guerra, e o almirantado foi autorizado a minar as Passagens norueguesas em 8 de abril. Dei o nome de "*Wilfred*" à operação efetiva de lançamento das minas, porque, por si só, ela era muito pequena e inocente. Considerando que o fato de minarmos as águas norueguesas poderia provocar represália alemã, também ficou acertado que uma brigada inglesa e um contingente francês seriam enviados a Narvik para abrir o porto e avançar para a fronteira sueca. Outras forças deveriam ser despachadas para Stavanger, Bergen e Trondheim, a fim de negar essas bases ao inimigo.

Algumas notícias sinistras, de credibilidade variável, começaram então a chegar. Nessa mesma reunião do Gabinete de Guerra, em 3 de abril, o ministro da Guerra disse-nos que chegara ao Ministério da Guerra um relatório informando que os alemães estavam reunindo grande massa de tropa em Rostock, com a intenção de tomar a Escandinávia, se necessário. O ministro do Exterior disse que a notícia proveniente de Estocolmo tendia a confirmar esse relatório. Segundo a embaixada sueca em Berlim, duzentas mil toneladas de navios alemães estavam concentradas em Stettin e Swinemunde, tendo a bordo tropas que os boatos situavam em quatrocentos mil soldados. Insinuou-se que essas forças estavam de prontidão para desferir um contra-ataque em resposta a um possível ataque nosso a Narvik ou outros portos noruegueses, sobre o qual dizia-se que os alemães ainda estavam inquietos.

Na quinta-feira, 4 de abril, Mr. Chamberlain fez um discurso de um otimismo incomum. Hitler, declarou ele, havia "perdido o bonde". Sete meses haviam-nos permitido eliminar nossos pontos fracos e ampliar enormemente nosso poder de combate. A Alemanha, por outro lado, havia-se preparado tão completamente que tinha pouca margem de forças a que recorrer.

Isso se revelou uma afirmação insensata. Seu pressuposto básico — de que nós e os franceses estávamos relativamente mais fortes do que no início da guerra — não deixava de ser razoável. Como expliquei anteriormente, os alemães, a essa altura, estavam no quarto ano de uma intensa fabricação de material bélico, enquanto nós nos achávamos num estágio muito atrasado, provavelmente comparável, em termos de produtividade, ao segundo ano. Além disso, a cada mês transcorrido, o exército alemão, que estava então com quatro anos, fora se transformando numa arma aperfeiçoada e madura, e a vantagem anterior do exército francês em termos de treinamento e coesão ia desaparecendo. Tudo estava em suspenso. Os vários pequenos expedientes que eu pudera sugerir tinham ganho aceitação, mas nada de caráter fundamental fora feito por qualquer dos lados. Nossos planos, que não eram lá grande coisa, baseavam-se em reforçar o bloqueio minando o corredor norueguês ao norte e impedindo o fornecimento de petróleo à Alemanha no sudeste. Completa imobilidade e silêncio reinavam por trás do front alemão. De repente, a política passiva ou de pequena escala dos aliados foi varrida por uma catarata de surpresas violentas. Estávamos por aprender o que era guerra total.

21
Noruega

ANTES DE RETOMAR A NARRATIVA, devo explicar as alterações ocorridas em minha situação durante o mês de abril de 1940.

O cargo de ministro para a Coordenação da Defesa, ocupado por Lord Chatfield, havia-se tornado redundante e, em 3 de abril, Mr. Chamberlain aceitou sua demissão, que ele apresentou espontaneamente. No dia 4, emitiu-se uma declaração do nº 10 de Downing Street no sentido de que não se preencheria o cargo vago, mas estavam sendo tomadas providências para que o primeiro Lord do almirantado, sendo o mais antigo dos ministros das forças em questão, presidisse o Comitê de Coordenação Militar. Por conseguinte, assumi a presidência de suas reuniões, que, no período de 8 a 15 de abril, realizaram-se diariamente, ou, em certos momentos, duas vezes por dia. Eu tinha, portanto, uma responsabilidade excepcional, mas nenhum poder de direção efetiva. Entre os outros ministros de forças que também eram membros do Gabinete de Guerra, eu era "*primus inter pares*". Mas não tinha poder de tomar ou impor decisões. Tinha que influenciar não só os ministros das forças, mas também seus comandantes profissionais. Assim, muitos homens importantes e capazes tinham o direito e o dever de expressar suas opiniões sobre as fases rapidamente cambiantes da batalha — foi uma batalha — que então se iniciou.

Os chefes de estado-maior reuniam-se diariamente, depois de discutirem toda a situação com seus respectivos ministros. Tomavam então suas próprias decisões, as quais, obviamente, passavam a ser de importância dominante. Eu tomava conhecimento delas através do primeiro Lord do mar, que tudo me comunicava, ou dos vários memorandos ou *aide-mémoires* que os chefes de estado-maior emitiam. Se desejasse questionar alguma dessas opiniões, poderia levantá-las, é claro, na primeira oportunidade, em meu comitê de coordenação, onde os chefes de estado-maior, apoiados por seus respectivos ministros, que eles em geral arrastavam consigo, compareciam todos como membros individuais. Havia um fluxo copioso de conversas polidas, no final das quais um relatório muito diplomático era redigido pelo secretário da reunião e verificado pelas três forças armadas, para garantir que não houvesse discrepâncias. Havíamos, pois, chegado àquele nível elevado, tolerante e afortunado em que tudo é resolvido pelo bem maior do maior número possível de pessoas, através do bom senso da maioria e após a consulta a todos. Mas, no tipo de guerra que estávamos prestes a enfrentar, a situação era outra. Infelizmente, sou forçado a escrevê-lo: a briga tinha que ser mais como as de um mau elemento que acerta o nariz do outro com um porrete, um martelo ou coisa melhor. Tudo isso é deplorável, e é uma das excelentes razões para se evitar a guerra e fazer com que tudo se resolva pelo acordo, amistosamente, com plena consideração pelos direitos da minoria e com o registro fiel das opiniões dissidentes.

O Comitê de Defesa do Gabinete de Guerra reunia-se quase todos os dias para discutir os relatórios do comitê de coordenação militar e dos chefes de estado-maior. Suas conclusões ou divergências eram novamente submetidas a frequentes reuniões do Gabinete. Tudo tinha de ser explicado e reexplicado e, muitas vezes, quando finalmente se concluía esse processo, todo o panorama estava diferente. No almirantado, que, em tempos de guerra, é necessariamente um QG de combate, as decisões que afetavam a esquadra eram instantaneamente tomadas e apenas em casos gravíssimos eram encaminhadas ao primeiro-ministro, que nos deu respaldo todas as vezes. Quando envolvia a ação das outras forças, o método indicado não tinha nenhuma possibilidade de acompanhar o ritmo dos acontecimentos. Entretanto, no início da campanha da Noruega, o almirantado, pela natureza das coisas, tinha três quartos do trabalho executivo em suas próprias mãos.

Não pretendo dizer que, quaisquer que fossem meus poderes, eu tivesse sido capaz de tomar decisões melhores ou de chegar a boas soluções dos problemas que então nos afrontavam. O impacto dos acontecimentos que vou narrar foi tão violento, e a situação foi tão caótica, que logo percebi que somente a autoridade do primeiro-ministro poderia reinar sobre o Comitê de Coordenação Militar. Assim, no dia 15, pedi a Mr. Chamberlain que assumisse a presidência, o que ele fez em praticamente todas as nossas reuniões durante a campanha da Noruega. Ele e eu continuávamos em estreita concordância, e ele conferia sua autoridade suprema às opiniões que eu expressava.

Houve lealdade e boa vontade por parte de todos. Não obstante, o primeiro-ministro e eu tínhamos aguda consciência do caráter amorfo de nosso sistema, ainda mais cotejado com o surpreendente curso dos acontecimentos. Embora o almirantado, nessa época, fosse o motor principal, podiam-se levantar algumas objeções óbvias contra uma organização em que um dos ministros das forças armadas tentava concertar todas as operações das outras duas forças, administrando, ao mesmo tempo, todas as tarefas do almirantado e tendo uma responsabilidade especial pela movimentação naval. Essas dificuldades não foram eliminadas pelo fato de o próprio primeiro-ministro assumir a presidência e me dar respaldo. Mas, embora um golpe de azar após outro, resultantes da falta de meios ou de um comando neutro, caíssem sobre nós quase todos os dias, continuei, ainda assim, a manter minha posição nesse círculo fluente e amistoso, mas sem um foco definido.

Posteriormente, mas só depois de termos sido atingidos por muitos desastres na Escandinávia, fui autorizado a convocar e presidir as reuniões dos chefes de estado-maior, sem os quais nada podia ser feito. Fui formalmente responsabilizado por "orientar e dirigir". O general Ismay, o oficial sênior encarregado do Estado-Maior Central, foi posto à minha disposição como *meu oficial de estado-maior e meu representante* e, nessa condição, tornou-se membro pleno do comitê dos chefes de estado-maior. Fazia muitos anos que eu conhecia Ismay, mas foi naquele momento que nos tornamos unha e carne e muito mais. Assim, os chefes de estado-maior, em larga medida, passaram a responder perante mim em sua condição coletiva e, como representante do primeiro-ministro, passei a poder influenciar oficialmente e com autoridade suas decisões e suas políticas. Por outro lado, era muito natural que a lealdade primordial deles fosse para com os ministros de suas forças, os quais não seriam humanos se não tivessem algum ressentimento pela delegação de parte de sua autoridade a um de seus colegas. Além disso, foi expressamente determinado que minhas responsabilidades deveriam ser cumpridas *em nome* do Comitê de Coordenação Militar. Assim, eu deveria ter responsabilidades imensas, sem poder efetivo em minhas próprias mãos para cumpri-las. Apesar disso, achei que talvez fosse capaz de fazer com que a nova organização funcionasse. Mas ela estava fadada a durar apenas uma semana. Mesmo assim, minha ligação pessoal e oficial com o general Ismay e sua relação com os chefes de estado-maior preservaram-se intactas e sem esmorecer desde 1° de maio de 1940 até 26 de julho de 1945, quando descansei minha carga.

☆

Na noite de sexta-feira, 5 de abril, o cônsul alemão em Oslo convidou algumas personalidades de destaque, inclusive membros do governo, para a exibição de um filme na missão diplomática. O filme era a conquista alemã da Polônia e culminava num crescendo de cenas de horror, durante o bombardeio alemão de Varsóvia. A legenda dizia: "Eles poderiam agradecer isso a seus amigos ingleses e franceses." O grupo se despediu em silêncio, desanimado. O governo norueguês, no entanto, estava mais interessado nas atividades dos ingleses. Entre quatro e meia e cinco horas de 8 de abril, quatro contratorpedeiros lançaram nosso campo minado perto do Fiorde Ocidental, o canal que leva ao porto de Narvik. Às cinco horas, a notícia foi transmitida pela rádio de Londres e, às cinco e meia, uma nota do governo de Sua Majestade foi entregue ao ministro do Exterior norueguês. Em Oslo, passou-se a manhã redigindo protestos contra Londres. Naquela tarde, porém, o almirantado informou à missão diplomática norueguesa em Londres que navios de guerra alemães tinham sido avistados perto da costa da Noruega, singrando para o norte, presumivelmente com destino a Narvik. Mais ou menos na mesma hora, chegou à capital norueguesa a notícia de que um navio alemão de transporte de tropas, o *Rio de Janeiro,* fora afundado perto da costa sul da Noruega pelo submarino polonês *Orzel;* a notícia dizia ainda que um grande número de soldados alemães fora resgatado pelos pescadores locais e que eles haviam declarado estar-se dirigindo a Bergen, para ajudar os noruegueses a defender o país dos ingleses e franceses. Outras coisas estavam por vir. A Alemanha havia penetrado na Dinamarca, mas a notícia só chegou à Noruega depois de ela mesma ser invadida. Portanto, ela não recebeu nenhum aviso formal. A Dinamarca foi facilmente dominada, depois de uma resistência em que um punhado de soldados fiéis foi morto.

Naquela noite, os navios de guerra alemães aproximaram-se de Oslo. As baterias externas abriram fogo. A força defensiva norueguesa consistia em um lançador de minas, o *Olav Tryggvason,* e dois caça-minas. Depois do alvorecer, dois caça-minas alemães penetraram na entrada do fiorde para desembarcar tropas na imediação das baterias costeiras. Um deles foi afundado pelo *Olav Tryggvason,* mas as tropas alemãs desembarcaram e as baterias foram tomadas. O valente lançador de minas, entretanto, manteve dois contratorpedeiros alemães na boca do fiorde e avariou o cruzador *Emden.* Uma baleeira norueguesa, armada com um único canhão, também entrou prontamente em ação contra os invasores, sem nenhuma ordem especial. Seu canhão foi destroçado e o comandante teve as duas pernas arrancadas. Para evitar que seus homens se abatessem, ele se deixou rolar para o mar pela borda e teve morte nobre. A força alemã principal, liderada pelo cruzador pesado *Blücher*, penetrou então no fiorde, rumando para os estreitos defendidos pela fortaleza de Oscarborg. As baterias norueguesas abriram fogo e dois torpedos disparados da costa, a quinhentas jardas de distância, tiveram um impacto decisivo. O *Blücher* afundou rapidamente, levando consigo os oficiais superiores da equipe administrativa alemã e alguns destacamentos da Gestapo. Os outros navios alemães, inclusive o *Lützow*, retiraram-se. O *Emden*, atingido, não teve mais participação na batalha naval. Oslo acabou tomada, não por via marítima, mas por aviões de transporte de tropas e desembarques feitos no fiorde.

Num lampejo, o plano de Hitler evidenciou-se em sua plenitude. As forças alemãs desembarcaram em Kristiansand, Stavanger e, ao norte, em Bergen e Trondheim.

O ataque mais ousado ocorreu em Narvik. Durante uma semana, cargueiros de minério alemães supostamente vazios, retornando àquele porto em seu curso habitual, tinham subido o corredor protegido pela neutralidade norueguesa, repletos de suprimentos e munição. Dez contratorpedeiros alemães, cada um levando duzentos soldados, com o apoio do *Scharnhorst* e do *Gneisenau*, haviam zarpado da Alemanha alguns dias antes e chegaram a Narvik no amanhecer do dia 9.

Dois navios de guerra noruegueses, o *Norge* e o *Eidsvold*, encontravam-se no fiorde. Estavam dispostos a lutar até o fim. Ao amanhecer, avistaram-se contratorpedeiros que se aproximavam do porto em alta velocidade, mas, em meio à tempestade de neve que caía, sua identidade a princípio não foi reconhecida. Pouco depois, um oficial alemão apareceu numa lancha a motor e exigiu a rendição do *Eidsvold*. Ao receber do oficial no comando a seca resposta de "Vou atacar", ele se retirou, mas, quase na mesma hora, o navio foi destruído, juntamente com quase toda a sua tripulação, por uma descarga de torpedos. Enquanto isso, o *Norge* abriu fogo, mas, em poucos minutos, também foi torpedeado e afundou instantaneamente. Nessa resistência valente, mas sem esperança, 287 marinheiros noruegueses pereceram, sendo menos de cem salvos dos dois navios. Depois disso, a captura de Narvik foi fácil. Um ponto estratégico — que nos seria negado para sempre.

Naquela manhã, o almirante Forbes, com a esquadra principal, estava em frente a Bergen. A situação em Narvik era obscura. Na esperança de frustrar uma captura alemã do porto, o comandante em chefe deu ordem a nossos contratorpedeiros para que entrassem no fiorde e impedissem qualquer desembarque. Então, o comandante Warburton-Lee, com os cinco contratorpedeiros de seu grupo, *Hardy, Hunter, Havock, Hotspur* e *Hostile,* penetrou no Fiorde Ocidental. Em Tranoy, foi informado por pilotos noruegueses de que seis navios maiores que o dele e um submarino haviam penetrado no fiorde, e de que a entrada do porto estava minada. Transmitiu essa informação e acrescentou: "Pretendo atacar ao alvorecer." Em meio à bruma e às tempestades de neve de 10 de abril, os cinco contratorpedeiros ingleses seguiram pelo fiorde e, ao amanhecer, estavam na entrada de Narvik. No porto havia cinco contratorpedeiros inimigos. No primeiro ataque, o *Hardy* torpedeou o navio que portava a insígnia do comodoro alemão, que foi morto; outro destróier foi afundado por dois torpedos, e os outros três ficaram tão sufocados pelo canhoneio que não puderam oferecer nenhuma resistência efetiva. Também estavam no porto 23 navios mercantes de várias nações, inclusive cinco ingleses; seis navios alemães foram destruídos. Até então, apenas três de nossos cinco contratorpedeiros haviam atacado. O *Hotspur* e o *Hostile* ficaram em reserva para dar proteção contra as baterias costeiras ou novos navios alemães que se aproximassem. Juntaram-se então num segundo ataque, e o *Hotspur* afundou mais dois navios mercantes com seus torpedos. Os navios do comandante Warburton-Lee estavam ilesos; o fogo do inimigo foi aparentemente silenciado e, após uma hora de luta, nenhum outro navio saiu de nenhum dos braços de mar contra eles.

Mas aí a sorte mudou. Quando voltava de um terceiro ataque, o comandante Warburton-Lee avistou três outros navios que se aproximavam. Eles não deram sinal de querer encurtar a distância, e o combate teve início a sete mil jardas. Não se tratava, como a princípio se esperou, de reforços ingleses, mas de contratorpedeiros alemães que tinham estado ancorados num fiorde próximo. Em pouco tempo, os canhões mais pesados dos navios alemães começaram a se fazer sentir; o passadiço do *Hardy* foi destruído, Warburton-Lee foi mortalmente ferido, e todos os seus oficiais e companheiros, mortos ou feridos, com exceção do tenente Stanning, seu secretário, que assumiu o leme. Uma granada então explodiu na casa de máquinas e, sob fogo cerrado, o destróier foi lançado contra a costa. O último sinal do comandante do *Hardy* para sua flotilha foi: "Continuem a combater o inimigo."

Entrementes, o *Hunter* tinha sido afundado, e o *Hotspur* e o *Hostile,* ambos avariados, juntamente com o *Havock,* rumaram para alto-mar. Meia hora depois, depararam com um grande navio que chegava do oceano e que se verificou ser o *Rauenfels,* carregando a munição de reserva alemã. Ele foi atingido por disparos do *Havock* e logo explodiu. Os sobreviventes do *Hardy,* num esforço supremo, chegaram à praia com o corpo de seu comandante, que foi postumamente condecorado com a Victoria Cross. Ele e seus homens haviam imprimido sua marca no inimigo e em nossa crônica naval.

Surpresa, implacabilidade e precisão foram as características do ataque contra a inocente e desprotegida Noruega. Sete divisões de exército foram empregadas. Oitocentas aeronaves de combate e 250 a trezentos aviões de transporte constituíram o traço preponderante e vital do ataque. Em 48 horas, todos os principais portos da Noruega estavam sob o punho alemão. O rei, o governo, o exército e o povo, tão logo se aperceberam do que estava acontecendo, explodiram de raiva. Mas era tarde. A infiltração e a propaganda alemãs haviam-lhes toldado a visão até ali e, naquele momento, minaram sua capacidade de resistência. O major Quisling apresentou-se no rádio, agora em mãos alemãs, como o governante pró-germânico da terra conquistada. Quase todos os funcionários noruegueses recusaram-se a lhe prestar serviços. O exército foi mobilizado e começou prontamente a combater os invasores, fazendo pressão em direção ao norte a partir de Oslo. Os patriotas que conseguiram encontrar armas rumaram para as montanhas e florestas. O rei, o ministério e o parlamento retiraram-se primeiro para Hamar, a cem milhas de Oslo. Foram duramente perseguidos por carros blindados alemães e houve tentativas ferozes de exterminá-los com bombardeios e metralhamento por aviões. No entanto, eles continuaram a enviar proclamações ao país inteiro, insistindo na mais vigorosa resistência. O restante da população foi subjugado e aterrorizado por exemplos sangrentos, e reduzido a uma submissão estupefata e silenciosa. A península da Noruega tem quase mil milhas de comprimento. É pouco habitada e são escassas as estradas e ferrovias, especialmente no norte. A rapidez com que Hitler instaurou a dominação no país foi uma notável proeza da guerra e da política, e um exemplo duradouro alemão de minúcia, de sagacidade e de brutalidade.

☆

O governo norueguês, até ali tão frio conosco, em função de seu medo da Alemanha, fez então angustiados pedidos de socorro. Desde o início, era-nos obviamente impossível socorrer o sul da Noruega. Quase todas as nossas tropas prontas e muitas das que estavam apenas parcialmente treinadas encontravam-se na França. Nossa modesta força aérea, embora em crescimento, estava inteiramente empenhada em apoiar a Força Expedicionária Britânica — BEF, incumbir-se da defesa da ilha e fazer um treinamento vigoroso. Todos os nossos canhões antiaéreos eram necessários em um número dez vezes maior de pontos vulneráveis de extrema importância. Ainda assim, sentimos a obrigação de fazer o máximo possível para socorrer os noruegueses, mesmo com uma violenta perturbação de nossos próprios preparativos e interesses. Narvik, ao que parecia, certamente poderia ser capturada e defendida, trazendo benefícios para toda a causa dos aliados. Ali, o rei da Noruega poderia desfraldar sua bandeira não vencida. Seria possível lutar por Trondheim, ao menos como um meio de retardar o avanço do invasor para o norte, até que Narvik pudesse ser reconquistada e transformada em base para um exército. Este, segundo parecia, poderia ser mantido por mar em número superior ao que quer que pudesse ser lançado contra ele por terra, atravessando quinhentas milhas de terreno montanhoso. O Gabinete aprovou calorosamente todas as medidas possíveis para o resgate e a defesa de Narvik e Trondheim. As tropas que tinham sido liberadas do projeto finlandês, bem como um núcleo mantido à mão para Narvik, logo poderiam estar prontos. Faltavam-lhes aviões, canhões antiaéreos, canhões antitanque, tanques, transporte e instrução. Todo o norte da Noruega estava coberto por camadas de neve de uma profundidade nunca vista, sentida ou imaginada por nossos soldados. Não havia calçado para neve nem esquis — e muito menos esquiadores. Teríamos de fazer o que desse. E assim começou uma campanha improvisada.

Desembarcamos, ou tentamos desembarcar, em Narvik, Trondheim e outros pontos. A superioridade dos alemães em planejamento, execução e energia era patente. Eles puseram implacavelmente em prática um plano de ação preparado com esmero. Tinham perfeita compreensão do uso da arma aérea em larga escala, em todos os seus aspectos. Além disso, sua superioridade individual era marcante, especialmente nas pequenas unidades de tropa. Em Narvik, uma tropa alemã mista e improvisada, que mal contava com seis mil soldados, manteve acuados por seis semanas cerca de vinte mil soldados aliados e, apesar de ter sido expulsa da

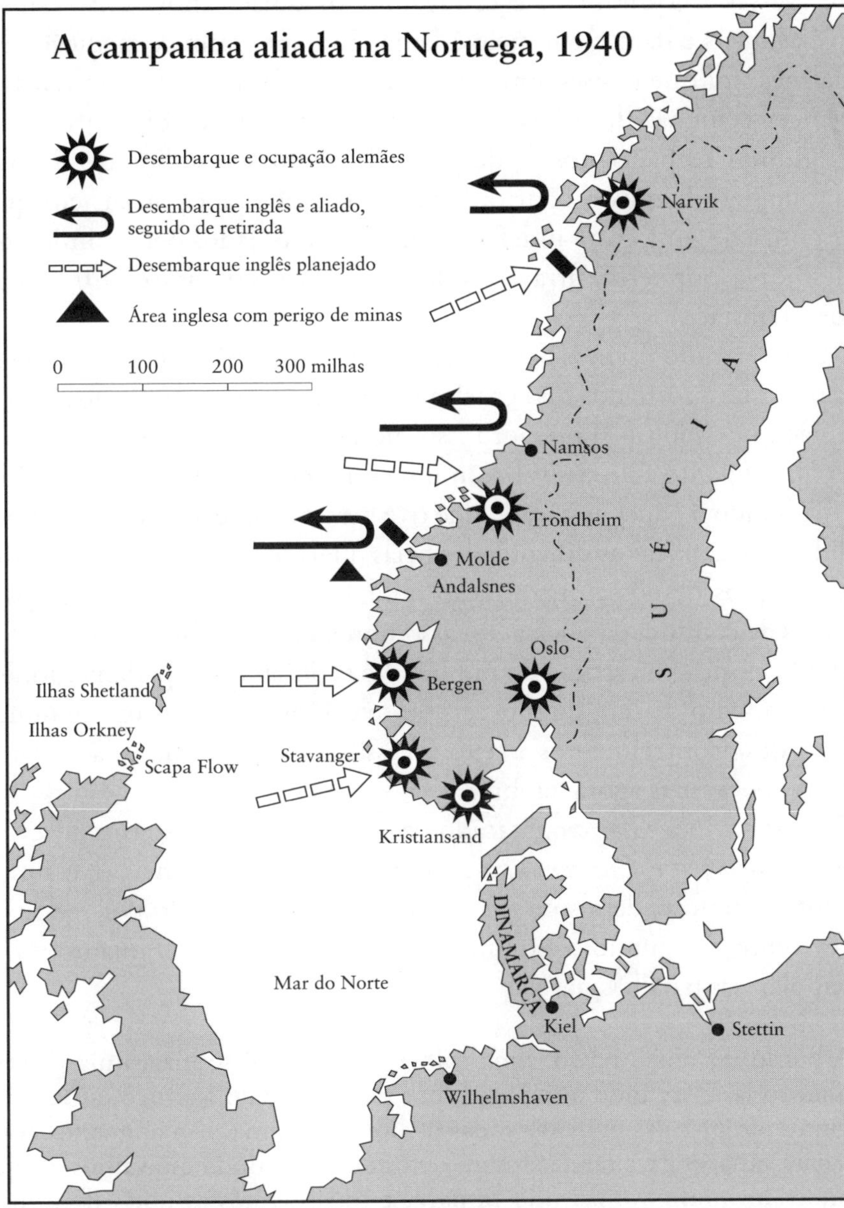
A campanha aliada na Noruega, 1940
Desembarque e ocupação alemães
Desembarque inglês e aliado, seguido de retirada
Desembarque inglês planejado
Área inglesa com perigo de minas
0 100 200 300 milhas
Narvik
Namsos
Trondheim
Molde
Andalsnes
Oslo
Bergen
Stavanger
Kristiansand
Ilhas Shetland
Ilhas Orkney
Scapa Flow
SUÉCIA
DINAMARCA
Mar do Norte
Kiel
Stettin
Wilhelmshaven

cidade, viveu para vê-los partir. O ataque naval, brilhantemente iniciado pela marinha, foi paralisado pela recusa do comandante da tropa a correr um risco reconhecidamente desesperado. Dividimos nossos recursos entre Narvik e Trondheim e estragamos os dois planos. Em Namsos, houve avanços e recuos em meio à lama. Somente numa expedição, a de Andalsnes, foi que conseguimos penetrar. Os alemães, embora tivessem de vencer centenas de milhas de território inóspito e coberto de neve, conseguiram rechaçar-nos, a despeito de alguns episódios de bravura. Nós, que detínhamos o controle marítimo e podíamos atacar em qualquer ponto de uma costa indefesa, fomos sobrepujados pelo inimigo que se deslocava por terra, atravessando enormes distâncias e enfrentando todos os obstáculos.

Por dever, tudo fizemos para desembarcar e nos embrenhar na Noruega. Achamos que a sorte nos fora cruelmente adversa. Agora podemos ver que dela nada nos sobrou. Enquanto isso, no início de maio, tivemos de nos consolar o quanto foi possível com uma série de retiradas bem-sucedidas. Considerando o papel destacado que tive nesses acontecimentos e a impossibilidade de explicar as dificuldades pelas quais tínhamos sido derrotados, ou os defeitos de nossa organização militar e governamental e de nossos métodos de conduta da guerra, foi assombroso eu ter sobrevivido e mantido minha posição na estima do público e na confiança do parlamento. Isso se deveu ao fato de ter, durante seis ou sete anos, previsto com franqueza o curso dos acontecimentos e feito incessantes advertências, não ouvidas naquela época, mas agora lembradas.

O porta-aviões *Glorious,* atacado em 8 de junho pelos cruzadores pesados *Scharnhorst* e *Gneisenau,* afundou em uma hora e meia. No fim de um dos contratorpedeiros de sua escolta, o *Acasta,* narrado por seu único sobrevivente, o segundo contramestre C. Carter, temos um quadro vívido e exemplar das batalhas navais:

> A bordo do nosso navio, uma calma mortal, mal se dizia uma palavra, o navio ia navegando a todo o vapor para longe do inimigo, aí veio um monte de ordens, preparar todas as boias de fumaça, mangueiras engatadas, várias outras tarefas foram determinadas, ainda estávamos escapulindo do inimigo e fazendo fumaça, e todas as nossas boias de fumaça tinham sido lançadas. Então, o comandante mandou passar sua mensagem para todos os postos: "Vocês podem pensar que estamos fugindo do inimigo, mas não estamos, nosso navio de ala [o Ardent] afundou, o

Glorious está afundando, o mínimo que podemos fazer é dar uma boa exibição, boa sorte para todos."

Aí, guinamos, entrando em nossa própria cortina de fumaça. Eu tinha ordem de ficar a postos para disparar os tubos seis e sete, e aí saímos da cortina de fumaça, alteramos o curso para estibordo, disparando nossos torpedos de bombordo. Foi quando tive minha primeira visão do inimigo, para ser sincero, me pareceu que era um [navio] grande e um pequeno, e estávamos bem perto. Disparei os dois torpedos dos meus tubos [de popa], os da proa dispararam os deles, ficamos todos olhando os resultados. Nunca vou me esquecer do viva que soltamos; do lado esquerdo da proa de um dos navios, houve um clarão amarelo e um rolo grande de fumaça e água espirrou para o alto. A gente sabia que tinha acertado, pessoalmente, eu não via como podíamos ter errado, de tão perto.

O inimigo não disparou nenhum tiro contra nós, acho que deve ter levado um bruto susto. Depois que disparamos nossos torpedos, voltamos para nossa cortina de fumaça e tornamos a guinar para estibordo. "Fiquem a postos para disparar os torpedos restantes", mas dessa vez, assim que espichamos o nariz para fora da cortina de fumaça, o inimigo mandou chumbo. Uma granada atingiu a casa de máquinas, matou a tripulação dos meus tubos, fui jogado lá do outro lado dos tubos, devo ter ficado nocauteado por algum tempo, porque, quando voltei a mim, meu braço estava doendo; o navio tinha parado, adernando a bombordo.

Vou lhe contar, acredite ou não, tornei a subir na cadeira de comando, vi aqueles dois navios, disparei os torpedos que sobravam, ninguém me mandou fazer isso, acho que eu estava fuzilando de raiva. Só Deus sabe por que atirei, mas atirei. Os canhões do Acasta ficaram atirando o tempo todo, atirando até com o navio adernado. Aí o inimigo nos atingiu várias vezes, mas houve uma grande explosão do lado direito da popa e eu fico sempre me perguntando se o inimigo nos atingiu com um torpedo, sei lá, aquilo pareceu levantar o navio da água.

No fim, o comandante deu ordem de abandonar o navio. Nunca vou me esquecer do tenente-médico,* era o primeiro navio dele, o primeiro combate. Antes de pular pela borda, ainda o vi atendendo os feridos, trabalho inútil, e quando eu estava na água, vi o comandante se debruçar no passadiço, puxar um cigarro do maço e acender. Gritamos para ele vir para o nosso bote, e ele acenou: "Adeus e boa sorte" — fim de um valente.

* O tenente-médico temporário H.J. Stammers, da Reserva de Voluntários da Royal Navy.

Mas de todo o destroço e de toda a confusão emergiu um fato importante, com potencial para afetar o futuro da guerra. Na luta desesperada com a marinha inglesa, os alemães inutilizaram a deles, por modesta que fosse, para o clímax que viria. As perdas aliadas em todas as batalhas navais próximas da Noruega somaram um porta-aviões, dois cruzadores, uma chalupa e nove contratorpedeiros. Seis cruzadores, duas chalupas e oito contratorpedeiros foram avariados, mas podiam ser reparados dentro de nossa margem de poderio naval. Por outro lado, no fim de junho de 1940, uma data importante, a esquadra alemã efetiva consistia em não mais de *um cruzador com canhões de oito polegadas, dois cruzadores e quatro contratorpedeiros.* Embora muitos de seus navios avariados, à semelhança dos nossos, pudessem ter conserto, a marinha alemã não constituiu um fator expressivo na questão suprema de uma invasão da Inglaterra.

☆

A Guerra Imperceptível encerrou-se com o ataque de Hitler à Noruega. De seu lusco-fusco irrompeu o clarão da mais assustadora explosão militar até hoje conhecida pelo homem. Descrevi o estado de transe em que a França e a Inglaterra tinham-se mantido durante oito meses, enquanto o mundo inteiro olhava estupefato. Essa fase revelou-se sumamente prejudicial para os aliados. Desde o momento em que Stalin entrou em acordo com Hitler, os comunistas da França haviam seguido a deixa de Moscou e denunciado a guerra como "um crime imperialista e capitalista contra a democracia". Fizeram o possível e o impossível para solapar o moral do exército e impedir a produção nas fábricas. O moral da França, tanto entre os soldados quanto no povo, estava acentuadamente mais baixo em maio do que na eclosão da guerra.

Nada parecido aconteceu na Inglaterra, onde o comunismo dirigido pelos soviéticos, apesar de ativo, era fraco. Não obstante, ainda éramos um governo partidário, sob a direção de um primeiro-ministro de quem a oposição estava ressentidamente afastada, e que não contava com a ajuda ardorosa e positiva do movimento sindical. O perfil sóbrio e sincero mas rotineiro do governo não inculcava, nem nos círculos governistas nem nas fábricas de material bélico, aquele esforço intenso que era necessário. Seriam necessários o impacto da catástrofe e o aguilhão do perigo para despertar o poderio adormecido da nação inglesa. O alarme estava prestes a soar.

22
A queda do governo

As muitas decepções e desastres da breve campanha da Noruega causaram profunda perturbação no país, e as correntes de paixão cresceram até mesmo no peito de alguns dos que tinham sido mais indolentes e obtusos nos anos anteriores à guerra. A oposição pediu um debate sobre a situação da guerra, que foi marcado para 7 de maio. A câmara estava repleta de membros muito irritados e angustiados. A declaração de abertura de Mr. Chamberlain não deteve a maré hostil. Interrompido em tom zombeteiro, ele foi relembrado de seu discurso de 4 de abril, quando, em contexto inteiramente diverso, tivera a imprudência de dizer: "Hitler perdeu o bonde." Ele definiu minha nova posição e minha relação com os chefes de estado-maior e, em resposta a Mr. Herbert Morrison, deixou claro que eu não tivera esses poderes durante as operações norueguesas. Um orador após o outro, de ambos os lados da casa, atacou o governo e especialmente seu chefe, com acrimônia e veemência incomuns, recebendo o apoio de um aplauso crescente que vinha de todas as bancadas. Sir Roger Keyes, num ardoroso desejo de ganhar destaque nessa nova guerra, criticou duramente o estado-maior naval por seu fracasso na tentativa de tomar Trondheim. "Quando vi", disse ele, "como as coisas estavam indo mal, nem por um momento deixei de importunar o almirantado e o Gabinete de Guerra para que me deixassem assumir toda a responsabilidade e liderar o ataque." Envergando seu uniforme de almirante de esquadra, respaldou as queixas da oposição com detalhes técnicos e com sua autoridade profissional, de um modo muito de acordo com o clima da câmara. Das bancadas de trás do governo, Mr. Amery citou, entre sonoros vivas, as imperiosas palavras de Cromwell ao Longo Parlamento: "Aqui vos tendes sentado por demasiado tempo para o bem que tenhais feito. Parti, é o que vos digo, e vamos acabar com isso. Em nome de Deus, ide!" Eram palavras terríveis, partindo de um amigo e colega de muitos anos, de um companheiro de Birmingham e de um membro destacado e experiente do Conselho Privado.

No segundo dia, 8 de maio, embora prosseguisse em torno de uma moção de recesso, o debate assumiu características de um voto de censura e Sir Herbert Morrison, em nome da oposição, declarou que sua bancada pediria uma votação. O primeiro-ministro pôs-se outra vez de pé, aceitou o desafio e, num momento infeliz, apelou para seus amigos para que ficassem ao seu lado. Tinha o direito de fazê-lo, já que esses amigos haviam respaldado sua ação ou inação e, por conseguinte, haviam partilhado de sua responsabilidade nos "anos que os gafanhotos comeram", antes da guerra. Mas, nesse momento, lá estavam eles em seus bancos, desconcertados e silentes, e alguns se aliaram às manifestações de hostilidade. Nesse dia, assistiu-se à última intervenção decisiva de Mr. Lloyd George na Câmara dos Comuns. Num discurso de não mais de vinte minutos, ele desferiu um golpe profundo e contundente no chefe do governo. Esforçou-se em me isentar de culpa: "Não considero que o primeiro Lord seja inteiramente responsável por tudo que aconteceu na Noruega." Aparteei imediatamente: "Assumo completa responsabilidade por tudo o que foi feito pelo almirantado e aceito toda a minha parte da carga." Depois de me advertir a não me deixar converter num abrigo antiaéreo para evitar que os estilhaços atingissem meus colegas, Mr. Lloyd George caiu sobre Mr. Chamberlain. "Não se trata de quem são os amigos do primeiro-ministro. A questão é muito maior. Ele pediu sacrifício. A nação está disposta a todo o sacrifício, desde que tenha uma liderança, desde que o governo mostre claramente o que pretende, e desde que confie em que aqueles que a lideram estão trabalhando bem." E concluiu: "Afirmo solenemente que o primeiro-ministro deve dar o exemplo de sacrifício, pois nada pode contribuir mais para a vitória nesta guerra do que ele mesmo sacrificar as insígnias do cargo."

Na condição de ministros, todos nos mantivemos unidos. Os ministros da Guerra e da Aviação já haviam discursado. Eu me oferecera para encerrar o debate, o que não era mais do que meu dever, não apenas por lealdade ao chefe sob cujo comando exercia minhas funções, mas também em virtude do papel excepcionalmente destacado que eu desempenhara no uso de nossas parcas forças em nossa frustrada tentativa de socorrer a Noruega. Fiz o que pude para retomar o controle da câmara para o governo, enfrentando interrupções contínuas, que vinham sobretudo da bancada da oposição trabalhista. Fiz isso de bom grado, ao rememorar os erros e o pacifismo deles nos anos anteriores, relembrando como, apenas quatro meses antes de a guerra estourar, eles haviam votado maciçamente contra o recrutamento. Em minha opinião, eu e alguns amigos que haviam trabalhado comigo tínhamos o direito de fazer essas censuras, mas eles, não.

Quando me interrompiam, eu revidava e os desafiava e, por várias vezes, o fragor foi tamanho que eu não conseguia me fazer ouvir. O tempo todo, porém, ficou claro que a raiva deles não se voltava contra mim, mas contra o primeiro-ministro, a quem eu estava defendendo com o máximo de minha capacidade e sem levar em conta outras considerações. Quando me sentei, às 11, a Casa fez a divisão.* O governo obteve maioria de 81 votos, porém mais de trinta conservadores votaram com as oposições trabalhista e liberal e outros sessenta se abstiveram. Não restou dúvida: de fato, embora não na forma, o debate e o voto foram uma violenta manifestação de desconfiança em Mr. Chamberlain e em seu governo.

Encerrado o debate, ele pediu-me que fosse à sua sala. Percebi de imediato que levara muito a sério o sentimento da câmara a seu respeito. Ele achava que não poderia continuar. Deveria haver um governo de coalizão nacional. Um partido sozinho não poderia arcar com aquele fardo. Alguém deveria compor um governo em que entrassem todos os partidos, ou não seria possível continuar. Estimulado pelo antagonismo dos debates e seguro do meu histórico em relação às questões em jogo, eu estava fortemente disposto a lutar. "O debate foi ruim, mas o senhor tem uma boa maioria. Não se deixe abater. Estamos melhor na questão da Noruega do que foi possível transmitir à câmara. Reforce o governo com gente de todas as áreas e vamos em frente até que nossa maioria nos abandone." Foi esse o sentido de minha fala. Mas Chamberlain não se deixou convencer nem consolar e eu me despedi dele por volta da meia-noite, sentindo que ele persistiria na decisão de se sacrificar, se não houvesse outra forma, em vez de tentar levar a guerra adiante com um governo unipartidário.

Não lembro exatamente como as coisas aconteceram durante a manhã de 9 de maio, mas houve o seguinte. Sir Kingsley Wood era muito íntimo do primeiro-ministro, como colega e amigo. Os dois trabalharam juntos por muito tempo, em completa confiança. Por intermédio dele, fiquei sabendo que Mr. Chamberlain havia-se decidido pela formação de um governo de coalizão nacional e, se não pudesse chefiá-lo, cederia o lugar a qualquer um de sua confiança que fosse capaz de fazê-lo. Assim, pela tarde, dei-me conta de que eu bem poderia ser chamado a liderar. A perspectiva não me entusiasmou nem me alarmou. Achei que seria de longe o melhor plano.

* O parlamento inglês vota com seus membros saindo do plenário pela porta do Sim e pela porta do Não, método a que chamam "divisão". (N.T.)

Deixei que as coisas seguissem seu curso. À tarde, o primeiro-ministro convocou-me a Downing Street, onde encontrei Lord Halifax e, depois de uma conversa sobre a situação em geral, fomos informados de que Mr. Attlee e Mr. Greenwood chegariam em poucos minutos para uma conferência.

Quando chegaram, sentamo-nos os três ministros de um lado da mesa, e os líderes da oposição, do outro. Mr. Chamberlain declarou a suprema necessidade de um governo de coalizão nacional e procurou verificar se o partido trabalhista serviria com ele. A convenção do partido estava reunida em Bournemouth. A conversa foi extremamente polida, mas ficou claro que os líderes trabalhistas não se comprometeriam sem consultar o partido e, sem muito disfarce, denotaram achar que a resposta seria desfavorável. Em seguida, retiraram-se. Fazia uma tarde clara e ensolarada. Lord Halifax e eu sentamo-nos por algum tempo num banco do jardim do nº 10 e falamos de generalidades. Voltei então para o almirantado e estive muito ocupado durante o resto da tarde e grande parte da noite.

☆

Rompeu a manhã de 10 de maio e com ela vieram notícias aterradoras. As pastas de telegramas chegavam sem parar do almirantado, do Ministério da Guerra e do Foreign Office. Os alemães haviam desferido o tão esperado golpe. A Holanda e a Bélgica foram invadidas. Suas fronteiras tinham sido cruzadas em numerosos pontos. O movimento geral do exército alemão de invasão dos Países Baixos e da França havia começado.

Por volta das dez horas, Sir Kingsley Wood veio ver-me, logo depois de deixar o primeiro-ministro. Disse-me que Mr. Chamberlain inclinava-se a pensar que a grande batalha que desabava sobre nós tornava necessário que ele permanecesse em seu posto. Kingsley Wood informou ter-lhe dito que, ao contrário, a nova crise obrigava ainda mais a que tivéssemos um governo de coalizão, única forma de enfrentá-la, e acrescentou que Mr. Chamberlain havia aceito essa opinião. Às 11 horas, fui novamente chamado a Downing Street pelo primeiro-ministro. Ali, mais uma vez, encontrei Lord Halifax. Sentamo-nos à mesa em frente a Mr. Chamberlain. Ele nos disse ter concluído estar fora de seu alcance formar um governo de coalizão nacional. A resposta recebida dos líderes trabalhistas não deixara dúvida a respeito. A questão, portanto, era saber quem ele deveria recomendar que o rei convocasse, uma vez aceita sua própria renúncia. Sua postura foi impassível, serena e, aparentemente, muito isenta no aspecto pessoal do assunto. Fitou-nos a ambos do outro lado da mesa.

Tive muitas conversas importantes em minha vida pública e esta foi, certamente, a mais importante. Em geral, eu falava muito, mas, nessa ocasião, permaneci em silêncio. Evidentemente, Mr. Chamberlain pensava na cena tumultuada de duas noites antes, na Câmara dos Comuns, quando pareci envolver-me numa controvérsia tão acalorada com o partido trabalhista. Embora isso houvesse ocorrido em seu respaldo e defesa, ele achava que poderia ser um obstáculo a que os trabalhistas aceitassem meu nome naquela conjuntura. Não me lembro das palavras exatas que ele usou, mas a implicação foi essa. Seu biógrafo, Mr. Feiling, afirma em termos decisivos que ele preferia Lord Halifax. Como fiquei em silêncio, seguiu-se uma pausa muito longa. Certamente pareceu mais longa do que os dois minutos que se observam nas comemorações do Dia do Armistício. E então, por fim, Halifax falou. Disse considerar que sua posição como par do reino, fora da Câmara dos Comuns, tornaria difícil para ele cumprir os deveres de primeiro-ministro numa guerra como aquela. Ele seria responsável por tudo, mas sem o poder de conduzir a assembleia de cuja confiança dependia a vida de qualquer governo. Halifax falou alguns minutos nesse sentido e, quando terminou, estava claro que o dever recairia sobre mim — na verdade, já caíra. Então falei pela primeira vez. Disse que não faria nenhum contato com qualquer dos partidos da oposição até receber do rei a incumbência de formar um governo. Com isso se encerrou a momentosa conversa e voltamos a nosso tom afável e informal de homens que haviam trabalhado juntos durante anos e cujas vidas, dentro e fora do governo, tinham se passado no caráter amistoso da política inglesa. Voltei então para o almirantado, onde, como se pode imaginar, muito me esperava.

Os ministros holandeses estavam em minha sala. Desfigurados, abatidos e com horror nos olhos, tinham acabado de voar de Amsterdã. Seu país fora atacado sem o menor pretexto ou aviso. A avalanche de fogo e aço havia rolado pelas fronteiras e, quando houve resistência e os guardas holandeses de fronteira abriram fogo, caiu do ar um ataque esmagador. O país inteiro achava-se em estado de desvairada confusão. O esquema defensivo preparado havia tempos fora posto em operação: os diques tinham sido abertos, e a água se espalhara por toda parte. Mas os alemães já haviam cruzado as linhas mais externas e agora desciam pelas margens do Reno e passavam as defesas internas de Gravelines. Estavam ameaçando a estrada sobre a barragem que circundava o Zuider Zee. Seria possível fazermos alguma coisa para impedir isso? Por sorte, tínhamos uma flotilha não longe dali que recebeu ordens imediatas de varrer a estrada a tiros e cobrar o mais alto preço possível do enxame de invasores. A rainha ainda estava na Holanda, mas não parecia possível permanecer por muito tempo.

Em consequência dessas discussões, grande número de ordens foi despachado pelo almirantado a todos os navios nas imediações, tendo-se estabelecido um estreito contato com a Real Marinha Holandesa. Mesmo tendo em mente a recente tomada da Noruega e da Dinamarca, os ministros holandeses pareciam incapazes de entender como a grande nação alemã, que até a noite anterior só professara amizade, podia, subitamente, ter feito aquela investida assustadora e brutal. Nesses e noutros assuntos, passaram-se uma ou duas horas. Uma enxurrada de telegramas chegava de todas as fronteiras afetadas pelo maciço avanço dos exércitos alemães. O velho Plano Schlieffen, atualizado com sua extensão holandesa, parecia já estar em plena execução. Em 1914, a envolvente ala direita da invasão alemã tinha varrido a Bélgica, mas evitara entrar na Holanda. Naquela época, sabia-se muito bem que, se a guerra tivesse sido adiada por três ou quatro anos, o grupo de exércitos extra estaria disponível e os terminais ferroviários e as linhas de comunicação teriam sido adaptados para um movimento através da Holanda. Desta vez, o famoso movimento fora lançado com todas essas facilidades e com todas as características de surpresa e traição. Mas outros acontecimentos nos aguardavam. O impacto decisivo do inimigo não seria um movimento de flanco, mas um rompimento frontal na frente principal. Isso, nenhum de nós ou dos franceses em posições de comando havia previsto. No começo daquele ano, numa entrevista, eu havia advertido esses países neutros sobre o destino que os esperava e que se evidenciava pelo dispositivo das tropas e pela evolução das estradas e ferrovias, bem como pelos planos alemães capturados. Minhas palavras foram muito malrecebidas.

No estrondo devastador dessa vasta batalha, as conversas serenas que tivéramos em Downing Street sumiram ou recuaram para um canto da mente. Mas lembro-me de ter sido informado de que Mr. Chamberlain fora ou estava indo ver o rei, o que, naturalmente, era de se esperar. Depois, chegou uma mensagem convocando-me ao palácio às 18 horas. Bastam dois minutos para ir do almirantado ao palácio pelo Mall. Embora eu suponha que os jornais vespertinos viessem repletos das notícias aterradoras que chegavam do continente, nada aparecera sobre a crise ministerial.

O público não tivera tempo de absorver o que acontecia no exterior ou no país e não havia multidão perto dos portões do palácio.

Fui levado imediatamente ao rei. Sua Majestade recebeu-me com extrema gentileza e indicou-me uma cadeira. Fitou-me alguns instantes com olhar perscrutador e brincalhão, depois disse: "Suponho que o senhor não saiba por que o chamei." No mesmo tom espirituoso dele, eu respondi: "Senhor, não faço a menor ideia." Ele riu e disse: "Quero pedir-lhe que forme um governo." Disse-lhe que certamente o faria.

O rei não fizera qualquer estipulação sobre o governo ser de coalizão nacional e considerei que minha comissão não dependia desse aspecto em termos formais. Contudo, em vista do que acontecera e das condições que tinham levado à renúncia de Mr. Chamberlain, um governo de caráter nacional era inerente à situação. Se eu constatasse ser impossível chegar a um acordo com os partidos de oposição, não estaria constitucionalmente impedido de tentar formar o governo mais forte possível, com todos os que se dispusessem a lutar pelo país na hora de perigo, desde que esse governo pudesse ter maioria na Câmara dos Comuns. Disse ao rei que chamaria imediatamente os líderes dos partidos Trabalhista e Liberal, que pretendia criar um Gabinete de Guerra composto de cinco ou seis ministros, e que esperava dar-lhe pelo menos cinco nomes antes da meia-noite. Com isso, pedi permissão e voltei para o almirantado.

Entre 19 horas e vinte horas, a meu pedido, Mr. Attlee veio ver-me. Trouxe consigo Mr. Greenwood. Informei-o da autorização que recebera para formar um governo e perguntei se o Partido Trabalhista participaria. Mr. Attlee respondeu que sim. Propus que eles tivessem bem mais de um terço dos cargos, com dois lugares no Gabinete de Guerra de cinco, talvez seis, e pedi a Mr. Attlee que me desse uma lista de nomes, para podermos discutir ministérios. Citei Mr. Ernest Bevin, Mr. Alexander, Mr. Morrison e Mr. Dalton como homens cujos serviços eram imediatamente necessários em altos cargos. Naturalmente, eu conhecia Attlee e Greenwood de longa data na Câmara dos Comuns. Durante os dez anos anteriores à eclosão da guerra, em minha posição mais ou menos independente, eu tivera muito mais choques com os governos conservadores e de coalizão do que com a oposição trabalhista e liberal. Tivemos uma conversa agradável por uns minutos e eles se foram, a fim de relatar os acontecimentos por telefone aos seus amigos e correligionários em Bournemouth, com os quais, é claro, haviam estado no mais estreito contato durante as 48 horas anteriores.

Convidei Mr. Chamberlain a liderar a Câmara dos Comuns como Lord Presidente do Conselho e ele respondeu, por telefone, que aceitava.* Declarou que falaria no rádio às 21 horas daquela noite participando que havia renunciado e instando a todos que apoiassem e ajudassem seu sucessor. E o fez em termos magnânimos. Pedi a Lord Halifax que entrasse no Gabinete de Guerra, permanecendo ministro do Exterior. Por volta das 22 horas, enviei ao rei uma lista com cinco nomes, como havia prometido. A nomeação dos ministros das três forças era de urgência vital. Já decidira quem seriam. Mr. Eden iria para o Ministério da Guerra, Mr. Alexander viria para o almirantado, e Sir Archibald Sinclair, líder do Partido Liberal, seria o ministro da Aviação. Ao mesmo tempo, assumi o cargo de ministro da Defesa, sem tentar definir, no entanto, seu escopo e seus poderes.

☆

Assim, pois, na noite de 10 de maio, no começo dessa portentosa batalha, assumi o poder principal do estado, que exerci, a partir de então, em medida cada vez maior, por cinco anos e três meses de guerra mundial. Ao final desse período, quando todos os nossos inimigos haviam declarado sua rendição incondicional, ou estavam prestes a fazê-lo, fui prontamente dispensado pelo eleitorado inglês de qualquer gestão adicional de seus negócios.

Durante aqueles últimos e tumultuados dias de crise política, meu pulso não se havia acelerado em momento algum. Tudo aceitei conforme veio. Mas não posso esconder do leitor deste relato veraz que, ao me deitar, por volta das três horas da manhã, tive consciência de um profundo sentimento de alívio. Finalmente, eu tinha a autoridade para dirigir a cena inteira. Foi como se caminhasse com o destino e toda minha vida pregressa tivesse sido apenas o preparo para essa hora e essa provação. Dez anos no ostracismo político haviam me libertado dos costumeiros antagonismos partidários. Minhas advertências nos seis anos anteriores tinham sido tão numerosas e detalhadas, e confirmavam-se agora tão terrivelmente, que ninguém me podia contradizer. Eu não poderia ser censurado por travar a guerra nem por estar despreparado para ela. Acreditava ter um sólido conhecimento daquilo tudo e tinha certeza de não fracassar. Portanto, apesar de impaciente pelo amanhecer, dormi profundamente e não precisei de sonhos animadores. Fatos são melhores que sonhos.

* *Lord President of the Council* é membro do Gabinete e dirige o *Privy Council.* (N.T.)

PARTE II

Sozinhos

de 10 de maio de 1940 a 22 de junho de 1941

Depois dos primeiros quarenta dias, ficamos sozinhos, com a Alemanha e a Itália vitoriosas engajadas em mortal ataque contra nós; com a Rússia soviética em neutralidade hostil ajudando Hitler ativamente; e com o Japão uma ameaça insondável.

Área de operações, maio de 1940

23
A coalizão nacional

Por fim, a fúria lentamente acumulada e longamente contida da tempestade desabou sobre nós. Quatro ou cinco milhões de homens enfrentaram-se no primeiro embate da mais implacável de todas as guerras registradas na história. Em uma semana, a frente de operações da França, atrás da qual havíamo-nos acostumado a viver nos duros anos da guerra anterior e na fase inaugural dessa, seria irremediavelmente rompida. Em três semanas, o exército francês, de longa e celebrada reputação, seria desbaratado e destroçado, e nosso único exército inglês empurrado para o mar, com a perda de todo o seu equipamento. Em seis semanas, nos veríamos sozinhos, quase desarmados, com a Alemanha e a Itália triunfantes apertando-nos o pescoço, a Europa inteira acessível ao poderio de Hitler, e o Japão de cenho franzido do outro lado do globo. Foi em meio a esses fatos e essas perspectivas que assumi minhas funções de primeiro-ministro e ministro da Defesa, e me voltei para a tarefa inicial de compor um governo de todos os partidos para conduzir os assuntos de Sua Majestade, dentro e fora do país, por quaisquer meios que se reputassem mais adequados ao interesse nacional.

Quase exatamente cinco anos depois, foi possível ter uma visão mais favorável de nossa situação. A Itália estava vencida, e Mussolini, morto. O portentoso exército alemão havia-se rendido incondicionalmente. Hitler cometera suicídio. Além das imensas capturas feitas pelo general Eisenhower, quase três milhões de soldados alemães tinham sido feitos prisioneiros, em 24 horas, pelo marechal Alexander, na Itália, e pelo marechal Montgomery, na Alemanha. A França estava livre, reorganizada e revigorada. De mãos dadas com nossos aliados, os dois impérios mais poderosos do mundo, avançávamos para a rápida aniquilação da resistência japonesa. Contraste certamente notável. A estrada percorrida naqueles cinco anos fora longa, árdua e perigosa. Os que nela pereceram não tinham dado a vida em vão. Os que marcharam até o fim sempre se orgulharão de havê-la trilhado com honra.

☆

Ao fazer um relato de meu serviço e contar a história do famoso Governo de Coalizão Nacional, é meu dever primordial explicitar a escala e a força da contribuição feita pela Inglaterra e por seu Império, que o perigo só fez unir mais firmemente, para o que acabou por se transformar na causa comum de muitos estados e nações. Faço-o sem qualquer desejo de tecer comparações invejosas ou despertar rivalidades inúteis com nosso maior aliado, os Estados Unidos, a quem devemos incomensurável e perene gratidão. Mas é do interesse conjunto do mundo de língua inglesa que a magnitude do esforço de guerra inglês seja conhecida e reconhecida. Por isso, fiz uma tabela que abrange todo o período da guerra. Ela mostra que, até julho de 1944, a Inglaterra e seu Império tiveram um número substancialmente maior de divisões em contato com o inimigo do que os Estados Unidos. Essa cifra global inclui não somente a esfera europeia e africana, mas também toda a guerra na Ásia contra o Japão. Até a chegada da grande massa do exército americano na Normandia, no outono de 1944, sempre tivemos o direito de falar ao menos como iguais e, em geral, como o parceiro predominante em todos os teatros de operações, exceto os do Pacífico e da Australásia; e isso também se aplicou, até o momento indicado, à soma de todas as divisões em todas as arenas, em qualquer mês considerado. A partir de julho de 1944, a ordem de batalha americana, representada pelas divisões em contato com o inimigo, tornou-se cada vez mais dominante, e assim foi, ascendente e triunfal, até a vitória final, dez meses depois.

Outra comparação que tracei mostra que o sacrifício de vidas humanas inglesas e do Império foi ainda maior que o de nosso valente aliado. O total de mortos e desaparecidos em combate, presumivelmente mortos, nas forças armadas inglesas, chegou a 303.240 homens, aos quais é preciso acrescentar mais de 109 mil dos Domínios, da Índia e das Colônias, num total de 412.240. Esse número não inclui 60.500 civis mortos nos bombardeios aéreos na Inglaterra, nem as baixas de nossa marinha mercante e de nossos pescadores, que corresponderam a cerca de 30 mil. Para comparação com esses números, os Estados Unidos choram a morte, no exército e na aviação, na marinha, nos fuzileiros e na guarda costeira, de 322.188 combatentes.*

* Eisenhower, *Crusade in Europe*, p. 1.

Forças terrestres em combate com "divisões equivalentes" do inimigo

	Império Britânico			EUA		
	Teatro ocidental	Teatro oriental	Total	Teatro ocidental	Teatro oriental	Total
1º Jan 1940	$5^{1/3}$	-	$5^{1/3}$*	-	-	-
1º Jul 1940	6	-	6	-	-	-
1º Jan 1941	$10^{1/3}$	-	$10^{1/3}$†	-	-	-
1º Jul 1941	13	-	13†	-	-	-
1º Jan 1942	$7^{2/3}$	7	$14^{2/3}$	-	$2^{2/3}$	$2^{2/3}$‡
1º Jul 1942	10	$4^{2/3}$	$14^{2/3}$	-	$8^{1/3}$	$8^{1/3}$
1º Jan 1943	$10^{1/3}$	$8^{2/3}$	19	5	10	15
1º Jul 1943	$16^{2/3}$	$7^{2/3}$	$24^{1/3}$	10	$12^{1/3}$	$22^{1/3}$
1º Jan 1944	$11^{1/3}$	$12^{1/3}$	$23^{2/3}$	$6^{2/3}$	$9^{1/3}$	16
1º Jul 1944	$22^{2/3}$	16	$38^{2/3}$	25	17	42
1º Jan 1945	$30^{1/3}$	$18^{2/3}$	49	$55^{2/3}$	$23^{2/3}$	79

Notas e Pressupostos

* Força Expedicionária Britânica — BEF, na França.
† Exclui guerrilhas na Abissínia.
‡ Exclui tropas filipinas.
A linha divisória entre os teatros oriental e ocidental é uma linha norte-sul passando por Karachi.
Não são considerados teatros de operações: a fronteira noroeste da Índia; Gibraltar; África ocidental; Islândia; Havaí; Palestina; Iraque; Síria (exceto em 1º de julho de 1941).
Malta é considerada um teatro de operações; o mesmo acontece com o Alaska entre janeiro de 1942 e julho de 1943.
Os contingentes estrangeiros — p. ex., franceses livres, poloneses e tchecos — não estão incluídos.

Cito essas honrosas listas na confiante esperança de que a camaradagem, equivalente e uma só, consagrada por tanto sangue precioso, continue a merecer a reverência e a inspirar a conduta do mundo de língua inglesa.

Nos mares, naturalmente, os Estados Unidos suportaram quase todo o peso da guerra no Pacífico, e as batalhas decisivas que eles travaram perto da ilha Midway, em Guadalcanal e no Mar de Coral, em 1942, garantiram para eles toda a iniciativa naquele vasto domínio oceânico e lhes deram possibilidade de atacar todas as conquistas japonesas e, finalmente, o próprio Japão. A marinha americana não podia, ao mesmo tempo, arcar com o ônus principal no Atlântico e no Mediterrâneo. Também nesse aspecto é um dever esclarecer os fatos. Dos 781 submarinos alemães e 85 submarinos italianos destruídos no teatro europeu, nos oceanos Atlântico e

Índico, 594 foram da responsabilidade das forças navais e aéreas inglesas, que também liquidaram com todos os encouraçados, cruzadores e contratorpedeiros alemães, além de destruir ou capturar toda a esquadra italiana.

A tabela das perdas de submarinos é a seguinte:

GRANDE TOTAL DE SUBMARINOS DESTRUÍDOS: 996

Destruídos por	Alemães	Italianos	Japoneses
Forças inglesas*	525	69	9 1/2
Forças americanas*	174	5	110 1/2
Outros e causas desconhecidas	82	11	10
Totais	781	85	130

* Os termos Forças Inglesas e Forças Americanas incluem as Forças Aliadas que estavam sob seu controle operacional. Onde aparecem perdas fracionadas, as "capturas" foram comuns. Houve muitos casos de "capturas" compartilhadas, mas, nos totais alemães, as frações somam números inteiros.

No ar, os Estados Unidos fizeram esplêndido esforço para entrar em ação em escala máxima, especialmente com suas Fortalezas Voadoras operando à luz do dia, desde o primeiro momento, a partir de Pearl Harbor. Seu poder foi usado contra o Japão e, partindo das Ilhas Inglesas, contra a Alemanha. Entretanto, quando chegamos a Casablanca, em janeiro de 1943, o fato é que nenhum bombardeiro americano isolado havia lançado uma bomba diurna sobre a Alemanha. Logo viria a fruição dos grandes esforços que eles estavam fazendo, mas, até o fim de 1943, o lançamento de bombas inglesas sobre a Alemanha, no cômputo geral, ultrapassou, numa proporção de oito toneladas contra uma, as bombas lançadas por aviões americanos, de dia ou de noite. Somente na primavera de 1944 é que os Estados Unidos alcançaram a maioria dos lançamentos. Nesse aspecto, assim como em terra e no mar, travamos todas as batalhas desde o começo, e apenas em 1944 é que fomos alcançados e ultrapassados pelo espetacular esforço de guerra americano.

Convém lembrar que nossa produção de material bélico, desde o início do sistema do *Lend-Lease,* em janeiro de 1941, foi aumentada em um quinto graças à generosidade dos EUA. Com os materiais e armas que eles nos deram, pudemos efetivamente travar a guerra *como se fôssemos uma nação de 58 milhões em vez de 48.* Também na navegação, a esplêndida produção dos cargueiros da classe Liberty permitiu que o fluxo de abastecimento fosse mantido no Atlântico. Por outro lado, a análise das perdas por ação inimiga sofridas por todas as nações durante a guerra deve ser guardada em mente. Eis os números:

Nacionalidade	Perdas em toneladas brutas	Percentagem
Inglesa	11.357.000	54
Americana	3.334.000	16
Todas as demais nações (fora do controle inimigo)	6.503.000	30
Total:	21.194.000	100

Dessas perdas, 80% foram sofridas no oceano Atlântico, incluindo as águas costeiras inglesas e o mar do Norte. Apenas 5% ocorreram no Pacífico.

Tudo isso é exposto, não para reivindicar um mérito indevido, mas para estabelecer, em bases capazes de infundir um respeito imparcial, a intensa produção, em todas as formas de atividade bélica, do povo desta pequena ilha, sobre o qual recaiu a carga na crise da história mundial.

☆

É provável que seja mais fácil compor um ministério, especialmente de coalizão, no calor da batalha do que em tempos de paz. O sentimento do dever prevalece sobre tudo o mais e as reivindicações pessoais se apequenam. Uma vez acertados os arranjos principais com os líderes dos outros partidos, com a autorização formal de suas organizações, a atitude de todos que convoquei foi semelhante à de soldados em combate, que seguem prontamente para os locais que lhes são indicados, sem mais perguntas. Oficialmente estabelecida a base partidária, pareceu-me que nenhum interesse pessoal passou pela mente de qualquer dos inúmeros cavalheiros com que tive de conversar. Se uns poucos hesitaram, foi apenas em virtude de considerações públicas. Esse elevado padrão de comportamento foi observado ainda mais pelo grande número de ministros conservadores e nacional-liberais que tiveram de deixar seus cargos, interromper suas carreiras e, nesse momento de incomparável interesse e excitação, sair da vida pública, em muitos casos para sempre.

Os conservadores tinham uma maioria que excedia em mais de 120 cadeiras a soma de todos os outros partidos na Câmara. Mr. Chamberlain era seu líder escolhido. Não pude deixar de reconhecer que a substituição dele por mim devia ser sumamente desagradável para muitos deles, depois de todos os meus longos anos de crítica e, muitas vezes, de censura exacerbada. Além disso, devia ser evidente para a maioria deles o quanto de minha vida se passara em atritos ou brigas efetivas com o Partido Conservador, o modo como eu os abandonara na questão do livre comércio e o modo como retornara para eles na condição de ministro das Finanças. Depois disso, por muitos anos, eu fora seu principal opositor nas questões da Índia, da política externa e da falta de preparação para a guerra. Aceitar-me como primeiro-ministro foi muito difícil para eles. Foi doloroso para muitos homens honrados. Ademais, lealdade para com o líder eleito do partido é uma característica de primeira ordem dos conservadores. Se, em algumas questões, eles haviam ficado aquém de seu dever perante a nação nos anos que antecederam a guerra, fora em virtude desse sentimento de fidelidade ao seu chefe escolhido. Nenhuma dessas considerações causou-me a menor ansiedade. Eu sabia que estavam todas abafadas pelo canhoneio.

A princípio, eu havia oferecido a Mr. Chamberlain, e ele aceitou, a liderança da Câmara dos Comuns, bem como a presidência do Privy Council. Nada disso saiu a público. Mr. Attlee informou-me que o Partido Trabalhista não trabalharia com facilidade nessa composição. Numa coalizão, a liderança da Câmara deve ser aceitável para todos. Expus essa questão a Mr. Chamberlain e, com sua pronta anuência, assumi eu mesmo a liderança e a mantive até fevereiro de 1942. Durante esse período, Mr. Attlee funcionou como meu vice e tomou conta do dia a dia. Sua longa experiência na oposição foi de grande valia. Eu só comparecia em ocasiões de maior gravidade. Estas, no entanto, foram constantes. Muitos conservadores acharam que seu líder partidário havia sofrido uma desfeita. Foi unânime a admiração por sua conduta pessoal. Em sua primeira entrada na Câmara em sua nova função (no dia 13 de maio), a totalidade de seu partido — a grande maioria da Câmara — levantou-se e o recebeu com uma veemente demonstração de solidariedade e consideração. Nas primeiras semanas, eu era saudado principalmente pela bancada trabalhista. Mas a lealdade e o apoio de Mr. Chamberlain a mim mantiveram-se firmes, e eu estava seguro de mim mesmo.

Houve uma considerável pressão, por parte de membros do Partido Trabalhista e de algumas das muitas figuras competentes e ardorosas que não foram incluídas no novo governo, para que houvesse um expurgo dos "culpados" e dos ministros que tinham sido responsáveis por Munique, ou podiam ser criticados pelas muitas deficiências de nossos preparativos de guerra. Mas não era hora de proscrever homens capazes e patriotas, com longa experiência em altos cargos. Se os críticos houvessem imposto sua vontade, pelo menos um terço dos ministros conservadores teria sido forçado a renunciar. Considerando que Mr. Chamberlain era o líder do Partido Conservador, estava claro que esse movimento seria destrutivo para a união nacional. Além disso, eu não tinha nenhuma necessidade de perguntar a mim mesmo se toda a culpa recaía sobre um único lado. A responsabilidade oficial cabia ao governo da época, mas as responsabilidades morais eram bem mais difundidas. Uma longa e impressionante lista de citações de discursos e votos proferidos por ministros trabalhistas, e não menos por ministros liberais, todos os quais desmentidos pelos acontecimentos, estava em minha mente e disponível nos mínimos detalhes. Ninguém tinha mais direito do que eu de passar uma esponja sobre o passado. Assim, resisti a essas tendências disruptivas. "Se o presente tentar julgar o passado, perderá o futuro", declarei algumas semanas depois. Esse argumento e o peso terrível do momento subjugaram os pretensos caçadores de hereges.

☆

Minhas experiências nesses primeiros dias foram singulares. Convivia-se com a batalha, na qual todos os pensamentos estavam centrados e sobre a qual nada se podia fazer. O tempo todo, havia um governo por formar, cavalheiros por receber e equilíbrios partidários por ajustar. Não consigo lembrar, nem meus registros mostram, como se passaram todas essas horas. Um ministério inglês, naquela época, compunha-se de sessenta a setenta ministros da Coroa e todos tinham que ser encaixados como num quebra-cabeça — no caso, levando em conta a reivindicação de três partidos. Foi necessário que eu dialogasse não só com todas as figuras principais, mas também, ao menos por alguns minutos, com a multidão de homens competentes que deveriam ser escolhidos para tarefas importantes. Ao formar um governo de coalizão, o primeiro-ministro tem que dar o devido peso aos anseios dos líderes partidários no tocante a quem, dentre seus quadros, deve ocupar os cargos destinados ao partido. Foi principalmente nesse princípio que me pautei. Se algum dos que mereciam coisa melhor foi deixado de fora por recomendação de seus chefes partidários, ou até a despeito dessa recomendação, resta-me apenas expressar meu pesar. *Grosso modo*, porém, poucas foram as dificuldades.

Em Clement Attlee eu tinha um colega com experiência de guerra longamente versado na Câmara dos Comuns. Nossas únicas diferenças de opinião concerniam ao socialismo, mas foram abafadas por uma guerra que logo implicaria a mais completa subordinação do indivíduo ao estado. Trabalhamos juntos, em perfeita harmonia e confiança, durante todo o período de governo. Mr. Arthur Greenwood foi um conselheiro sensato e de extrema coragem, além de um bom e prestimoso amigo.

Sir Archibald Sinclair, como líder oficial do Partido Liberal, achou constrangedor aceitar o cargo de ministro da Aviação, porque seus correligionários julgavam que, em vez disso, ele deveria ter uma cadeira no Gabinete de Guerra. Mas tal seria contrário à ideia de um Gabinete de Guerra pequeno. Assim, propus-lhe que ele compareceria ao Gabinete de Guerra sempre que surgisse algum assunto que afetasse questões políticas fundamentais ou a união partidária. Ele era meu amigo e fora meu subcomandante em 1916, na época em que eu comandara o 6° Regimento Real de Fuzileiros Escoceses em Ploegsteert ("Plug Street", chamávamos nós), e, pessoalmente, ansiava por ingressar na grande esfera de ação que eu lhe havia reservado. Depois de muita conversa, isso foi amistosamente acertado. Mr. Ernest Bevin, com quem eu travara conhecimento no início da guerra, na tentativa de mitigar a aguda demanda do almirantado por traineiras, teve de consultar o sindicato de trabalhadores nos transportes e gerais, do qual era secretário, antes de poder participar da equipe, no importantíssimo cargo de ministro do Trabalho. Isso levou dois ou três dias, mas valeu a pena. O sindicato, o maior da Inglaterra, disse unanimemente que ele deveria participar e nos deu um sólido apoio durante cinco anos, até vencermos.

A maior dificuldade foi com Lord Beaverbrook. Eu acreditava que ele tinha serviços de altíssima qualidade a prestar. Como resultado de minhas experiências na guerra anterior, havia decidido retirar do Ministério da Aviação o fornecimento e o projeto de aeronaves, e desejava que ele se tornasse ministro da Produção de Aviões. A princípio, ele pareceu relutante em se incumbir dessa tarefa e, é claro, o Ministério da Aviação não gostou da ideia de que sua divisão de suprimentos fosse desmembrada. Houve outras resistências à nomeação de Lord Beaverbrook. Eu tinha certeza, entretanto, de que nossa vida dependia do fluxo de novos aviões; precisava da energia vital e vibrante dele e persisti em meu ponto de vista.

Em deferência às opiniões vigentes, expressas no parlamento e na imprensa, era necessário que o Gabinete de Guerra fosse pequeno. Assim, comecei com apenas cinco membros, dos quais só um, o ministro do Exterior, estava à frente de um ministério. Eles eram, naturalmente, os principais políticos partidários da época. Para uma conduta conveniente dos negócios, era preciso que o ministro das Finanças e o líder do Partido Liberal se fizessem amiúde presentes e, com o passar do tempo, o número de "presenças constantes" cresceu. Mas toda a responsabilidade ficou com os cinco ministros do Gabinete de Guerra. Eram os únicos com o direito a ter a cabeça cortada na Torre, se não vencêssemos. Os demais poderiam sofrer por deficiências ministeriais, mas não pela política do estado. Excetuado o Gabinete de Guerra, qualquer um podia dizer: "Não posso assumir a responsabilidade por isto ou aquilo." O ônus da formulação política cabia a um nível mais alto. Isso poupou a muita gente um bocado de preocupação nos dias que estavam para desabar sobre nós.

☆

Em minha longa experiência política, eu havia ocupado a maioria dos grandes cargos de estado, mas estou pronto a admitir que o posto que então me coube era o que mais me agradava. O poder, como meio de exercer um domínio absoluto sobre os semelhantes ou de aumentar a pompa pessoal, é justificadamente considerado torpe. Mas o poder numa crise nacional, quando um homem acredita saber que ordens devem ser dadas, é uma bênção. Em qualquer esfera de ação, não há comparação entre as posições do número um e dos números dois, três ou quatro. Os deveres e problemas de todas as pessoas que não o número um são muito diferentes e, sob muitos aspectos, mais difíceis. É sempre uma infelicidade quando o número dois ou o número três tem que tomar a iniciativa de um plano ou de uma medida de peso. Ele tem de considerar não apenas os méritos da medida, mas também a cabeça do chefe; não apenas o que deve recomendar, mas também o que lhe é próprio recomendar em sua posição; e não apenas o que fazer, mas também o modo de obter anuência para isso e o modo de conseguir que seja feito. Além disso, o número dois ou três tem de se haver com os números quatro, cinco e seis, ou talvez com algum brilhante sujeito de fora, o número vinte. A ambição, não tanto de objetivos reles, mas de fama, cintila em todas as mentes. Há sempre vários pontos de vista que podem estar certos e muitos que são plausíveis. Eu fora temporariamente destruído em 1915 por causa da questão dos Dardanelos e uma iniciativa de suma importância fora descartada, em virtude de eu haver tentado executar uma operação fundamental e crucial a partir de uma posição subalterna. É imprudente os homens se arriscarem nessas aventuras. E essa lição ficara impressa em minha natureza.

No topo, há grandes simplificações. Um líder consagrado só precisa ter certeza daquilo que é melhor fazer, ou, pelo menos, decidir por uma das possibilidades. São imensas as lealdades centradas no número um. Quando ele tropeça, tem que ser escorado. Quando comete erros, eles devem ser encobertos. Quando dorme, não deve ser injustificadamente perturbado. E quando não presta, deve ser abatido a pauladas. Mas este último e extremado processo não pode ser executado todos os dias e, certamente, não nos dias imediatamente subsequentes à escolha dele.

As mudanças fundamentais na direção da máquina de guerra foram mais reais do que aparentes. "Uma constituição", disse Napoleão, "deve ser curta e obscura." Os órgãos existentes permaneceram intactos. Nenhuma personalidade oficial foi trocada. O Gabinete de Guerra e o comitê dos chefes de estado-maior continuaram, a princípio, a se reunir todos os dias, como faziam antes. Ao me intitular ministro da Defesa, com a aprovação do rei, eu não fizera nenhuma modificação legal ou constitucional. Não pedira nenhum poder especial à Coroa ou ao Parlamento. Mas era entendido e aceito que eu deveria assumir a direção geral da guerra, sujeito ao apoio do Gabinete de Guerra e da Câmara dos Comuns. A principal mudança ocorrida quando assumi o governo foi, é claro, a supervisão e a direção dos chefes de estado-maior por um ministro da Defesa com poderes indefinidos. Uma vez que esse ministro era também o primeiro-ministro, ele tinha todos os direitos inerentes a esse cargo, inclusive poderes muito amplos de seleção e demissão de todos os personagens militares e políticos. Assim, pela primeira vez, o comitê dos chefes de estado-maior assumiu seu lugar devido e apropriado, em contato direto e cotidiano com o chefe executivo do governo e, em concordância com ele, com pleno controle da conduta da guerra e das forças armadas.

A posição do primeiro Lord do almirantado e dos ministros da Guerra e da Aviação foi decisivamente afetada de fato, embora não de direito. Eles não eram membros do Gabinete de Guerra nem compareciam às reuniões do comitê dos chefes de estado-maior. Continuaram inteiramente responsáveis por seus ministérios, mas, rápida e quase imperceptivelmente, deixaram de ser responsáveis pela formulação de planos estratégicos e pela condução das operações no dia a dia. Estas eram decididas pelo comitê dos chefes de estado-maior, atuando diretamente sob o comando do ministro da Defesa e primeiro-ministro e, portanto, com a autorização do Gabinete de Guerra. Os três ministros das forças, amigos muito competentes e de minha confiança, que eu havia escolhido para essas funções, não faziam nenhuma cerimônia. Organizavam e administravam forças cada vez maiores e davam o máximo de sua ajuda, no estilo inglês fluente e prático. Tinham a mais completa informação, em virtude de sua participação no Comitê de Defesa, e acesso constante a mim. Seus subordinados de carreira, os chefes de estado-maior, discutiam tudo com eles e tratavam-nos com o máximo respeito. Mas havia uma direção integral da guerra, a que eles se submetiam fielmente. Nunca houve ocasião em que seus poderes tenham sido revogados ou questionados e qualquer um daquele círculo sempre podia dizer o que pensava. Mas a direção efetiva da guerra logo se instalou num número muito pequeno de mãos e o que antes parecera tão difícil tornou-se muito mais simples — exceto Hitler, é claro. Apesar da turbulência dos acontecimentos e dos muitos desastres que tivemos de suportar, a máquina funcionava quase automaticamente e vivíamos num fluxo de pensamentos coerentes, passíveis de se traduzir em ação executiva com grande rapidez.

☆

Embora a terrível batalha estivesse então ocorrendo do outro lado da Mancha — e o leitor, sem dúvida, esteja impaciente por chegar lá — talvez seja conveniente, neste ponto, descrever o sistema e a mecânica da conduta de assuntos militares e outros que instaurei e pratiquei desde os meus primeiros dias no poder. No trâmite de assuntos oficiais, sou um fiel adepto da palavra escrita. Sem dúvida, examinado pela ótica da posteridade, muito do que se escreve hora após hora, sob o impacto dos acontecimentos, pode mostrar-se exagerado ou não se concretizar. Disponho-me a correr meus riscos nisso. É sempre melhor, exceto na hierarquia da disciplina militar, expressar opiniões e desejos do que dar ordens. Mesmo assim, as diretrizes escritas, provindo pessoalmente do chefe de governo legalmente constituído e ministro especialmente encarregado da defesa, tinham tamanha importância que, embora não fossem expressas como ordens, frequentemente frutificavam na ação.

Para me certificar de que meu nome não seria utilizado levianamente, emiti o seguinte memorando durante a crise de julho:

> Fique bem claramente entendido que todas as instruções de mim emanadas são expedidas por escrito, ou devem ser imediatamente confirmadas por escrito depois de formuladas, e que não aceitarei nenhuma responsabilidade por questões relativas à defesa nacional nas quais se alegue que tomei as decisões, a menos que elas estejam registradas por escrito.

Ao acordar, por volta das oito horas, eu lia todos os telegramas e, de minha cama, ditava um fluxo contínuo de memorandos e diretrizes para os ministérios e os chefes de estado-maior. Tudo era datilografado em regime de revezamento, à medida que ia sendo feito, e prontamente entregue ao general Ismay, subsecretário (militar) do Gabinete de Guerra e meu representante no comitê dos chefes de estado-maior. Ele vinha me ver todos os dias às primeiras horas da manhã. Assim, ele em geral tinha um bocado de material escrito para apresentar à reunião dos chefes de estado-maior quando este se reunia, às dez e meia. Eles davam toda a consideração a minhas opiniões, ao mesmo tempo que discutiam a situação geral. Assim, entre 15 horas e 17 horas, a menos que houvesse entre nós alguma dificuldade que exigisse novas consultas, estava pronta toda uma série de ordens e telegramas enviados por mim ou pelos chefes de estado-maior, de comum acordo entre nós, geralmente indicando todas as decisões imediatamente necessárias.

Numa guerra total, é realmente impossível traçar uma linha exata entre os problemas militares e não militares. O fato de não ter havido nenhum atrito desse tipo entre a chefia militar e a equipe do Gabinete de Guerra deveu-se, primordialmente, à personalidade de Sir Edward Bridges, secretário do Gabinete de Guerra. Não apenas esse filho de um ex-poeta laureado era um trabalhador extremamente competente e incansável, como era também homem de excepcional força, habilidade e encanto pessoal, sem o menor vestígio de ciúme em sua natureza. Tudo o que lhe importava era que a secretaria do Gabinete de Guerra no todo servisse da melhor maneira possível ao primeiro-ministro e ao próprio Gabinete. Nenhuma consideração por sua posição pessoal jamais lhe passou pela cabeça e nunca houve uma palavra ríspida entre os funcionários civis e militares da secretaria.

Nas questões de maior peso, ou quando havia divergências de opinião, eu convocava uma reunião do Comitê de Defesa do Gabinete de Guerra, que, a princípio, incluía Mr. Chamberlain, Mr. Attlee e os três ministros das forças armadas, com a presença dos chefes de estado-maior. Essas reuniões formais reduziram-se depois de 1941.* À medida que a máquina começou a funcionar com mais regularidade, cheguei à conclusão de que as reuniões diárias do Gabinete de Guerra com os chefes de estado-maior já não eram necessárias. Assim, acabei instituindo o que ficou conhecido entre nós como o "desfile ministerial das segundas". Toda segunda-feira, havia uma multidão considerável — todo o Gabinete de Guerra, os ministros das forças e o ministro da Segurança Interna, o ministro das Finanças, os ministros para os Domínios e a Índia, o ministro da Informação, os chefes de estado-maior e o subsecretário permanente do Foreign Office. Nessas reuniões, cada chefe de estado-maior fazia, alternadamente, seu relato de tudo o que havia acontecido nos sete dias anteriores, e o ministro do Exterior os acompanhava com seu relato de qualquer acontecimento importante nos assuntos externos. Nos outros dias da semana, o Gabinete de Guerra reunia-se sozinho, e todos os assuntos importantes que exigissem decisões eram-lhe submetidos. Outros ministros, quando diretamente implicados nas questões a serem discutidas, compareciam para seus problemas específicos. Os membros do Gabinete de Guerra tinham o mais amplo conhecimento de todos os documentos que diziam respeito à guerra e liam todos os telegramas importantes enviados por mim. À medida que a confiança foi crescendo, o Gabinete de Guerra passou a intervir menos ativamente nas questões operacionais, embora as supervisionasse com toda a atenção e pleno conhecimento de causa. Seus membros tiraram de meus ombros quase todo o peso dos assuntos internos e partidários, assim me liberando para que eu me concentrasse no tema central. No tocante a todas as futuras operações de importância, eu sempre os consultava com antecedência. Embora eles considerassem cuidadosamente as questões envolvidas, frequentemente me pediam para não ser informados de todas as datas

* O Comitê de Defesa reuniu-se quarenta vezes em 1940, 76 em 1941, vinte em 1942, 14 em 1943 e dez em 1944.

e pormenores e, a rigor, em várias ocasiões, interromperam-me quando eu estava prestes a fornecê-los.

Nunca pretendi dar corpo ao cargo de ministro da Defesa num departamento. Isso exigiria legislação e todos os ajustes delicados que descrevi, a maioria dos quais se resolveu pela boa vontade pessoal, precisaria ter sido penosamente formulada num processo constitucional inoportuno. Existia e estava em atividade, porém, sob a direção pessoal do primeiro-ministro, a ala militar da secretaria do Gabinete de Guerra, que antes da guerra fora a secretaria do Comitê de Defesa Imperial. À sua testa o general Ismay, tendo o coronel Hollis e o coronel Jacob como seus assistentes principais, e um grupo especialmente selecionado de oficiais mais moços, provenientes das três forças. Essa secretaria virou o estado-maior do ministro da Defesa. Minha dívida para com seus integrantes é imensa. O general Ismay, o coronel Hollis e o coronel Jacob subiram sistematicamente de posto e de conceito com o prosseguimento da guerra, e nenhum deles foi substituído. Numa esfera tão íntima e tão voltada para assuntos sigilosos, as substituições são prejudiciais à tramitação contínua e eficiente dos assuntos.

Depois de algumas trocas iniciais, preservou-se uma estabilidade quase idêntica no comitê dos chefes de estado-maior. No fim de seu mandato como chefe do Estado-Maior da RAF, em setembro de 1940, o marechal do ar Newell tornou-se governador-geral da Nova Zelândia e foi substituído pelo marechal do ar Portal, que era o astro reconhecido da força aérea. Portal continuou comigo durante toda a guerra. Sir John Dill, que havia sucedido ao general Ironside em maio de 1940, continuou como chefe do Estado-Maior Imperial — CIGS até me acompanhar a Washington em dezembro de 1941. Nessa ocasião, transformei-o em meu representante militar pessoal junto ao presidente americano e em chefe de nossa missão inglesa junto aos chefes de estado-maior americanos. Suas relações com o general Marshall, o chefe do Estado-Maior do Exército dos EUA, tornaram-se um elo de valor inestimável em todas as nossas negociações, e quando ele morreu, em plena atividade, dois anos depois, foi-lhe concedida a honra singular de um lugar de repouso no cemitério de Arlington, o Walhalla até então reservado exclusivamente aos militares americanos. Ele foi substituído por Sir Alan Brooke, que ficou comigo até o fim.

A partir de 1941, durante quase quatro anos, a primeira parte dos quais passada em meio a muitos infortúnios e decepções, a única alteração feita nesse pequeno grupo, tanto entre os chefes de estado-maior quanto na equipe da Defesa, deveu-se à morte do almirante Pound em ação. É bem possível que isso constitua um recorde na história militar inglesa. Um grau semelhante de continuidade foi obtido pelo presidente Roosevelt em seu círculo. Os chefes de estado-maior americanos — general Marshall, almirante King e general Arnold, a quem se uniu posteriormente o almirante Leahy — começaram juntos quando os americanos entraram na guerra e nunca foram trocados. Uma vez que, não muito depois, ingleses e americanos formaram um comitê combinado de chefes de estado-maior,* isso foi uma vantagem inestimável para todos. Nada semelhante se conhecera entre aliados, até então.

Não posso dizer que nunca tenhamos divergido entre nós, mesmo no plano interno inglês, mas cresceu entre mim e os chefes de estado-maior ingleses uma espécie de entendimento de que deveríamos convencer e persuadir, em vez de tentar sobrepujar uns aos outros. Isso, é claro, foi ajudado pelo fato de que falávamos a mesma linguagem técnica e possuíamos um grande acervo comum de doutrina militar e experiência de guerra. Nesse cenário sempre mutável, movíamo-nos como se fôssemos um só, e o Gabinete de Guerra nos investia de uma liberdade de decisão cada vez maior e nos respaldava com incansável e indefectível constância. Não havia divisão, como na guerra anterior, entre políticos e soldados, entre os "casacas" e os "milicos" — termos odiosos que atrapalhavam a troca de opiniões. Tornamo-nos realmente muito próximos e formaram-se amizades a que, creio, se deu muito valor.

A eficiência de um governo de guerra depende, principalmente, de as decisões que emanam da mais alta autoridade constituída serem de fato obedecidas com rigor, veracidade e pontualidade. Isso se conseguiu na Inglaterra, nessa época de crise, graças à intensa fidelidade, à compreensão e à firme determinação do Gabinete de Guerra em relação ao propósito essencial a que nos havíamos dedicado. Seguindo as instruções, navios, soldados e aviões se moviam, e as rodas das fábricas giravam. Através de todos esses processos, bem como da confiança, indulgência e lealdade com que eu era respaldado, logo consegui dar uma orientação integral a quase todos os aspectos da guerra. Isso era realmente necessário, pois os tempos foram extremamente ruins. O método foi aceito porque todos se aperceberam de

* *Combined Chiefs of Staff*, americanos e ingleses, com sede em Washington. A junta formada só dos americanos chama-se *Joint Chiefs of Staff*. (N. T.)

quão próximas estavam a morte e a destruição. E não apenas a morte individual, que é experiência de todos, mas, o que era incomparavelmente mais decisivo, estavam em jogo a vida da Inglaterra, sua mensagem e sua glória.

☆

Qualquer relato dos métodos de governo que se desenvolveram durante a coalizão nacional seria incompleto sem uma explicação da série de mensagens pessoais que enviei ao presidente dos Estados Unidos e aos chefes de estado de outros países estrangeiros, bem como aos chefes de governo dos Domínios. Essa correspondência deve ser descrita. Depois de obter do Gabinete quaisquer decisões específicas exigidas no tocante à política, eu mesmo compunha e ditava esses documentos, baseado, na maioria dos casos, no fato de eles serem uma correspondência íntima e informal com amigos e companheiros de trabalho. Em geral, consegue-se expor melhor os próprios pensamentos com as próprias palavras. Apenas ocasionalmente eu lia os textos para o Gabinete de antemão. Conhecendo a opinião de seus membros, eu usava a fluência e a liberdade necessárias para a execução de meu trabalho. Naturalmente, estava em excelentes termos com o ministro do Exterior e com seu ministério, e alguma diferença de opinião era resolvida em conjunto. Eu fazia circular esses telegramas, por vezes depois de terem sido enviados, para os principais membros do Gabinete de Guerra e, nos casos que lhe diziam respeito, para o ministro dos Domínios. Antes de despachá-los, é claro, eu mandava verificar minhas afirmações e dados com os ministérios e quase todas as mensagens militares eram passadas, pelas mãos de Ismay, aos chefes de estado-maior. Essa correspondência em nada contrariava as comunicações oficiais ou o trabalho dos embaixadores. Mas se tornou, na verdade, o canal de muitas negociações vitais e, em minha condução da guerra, desempenhou um papel não menos importante, e às vezes até mais significativo, do que meus deveres como ministro da Defesa.

O círculo seletíssimo que tinha inteira liberdade de expressar sua opinião contentava-se, quase invariavelmente, com meus rascunhos, e me dava um grau crescente de confiança. As divergências com as autoridades americanas, por exemplo, insuperáveis no segundo escalão, eram amiúde resolvidas em poucas horas pelo contato direto no topo. Na verdade, com o correr do tempo, a eficácia dessa transação das negociações em alto nível tornou-se tão patente que tive de tomar cuidado para não permitir que ela se transformasse num veículo de assuntos ministeriais rotineiros. Repetidamente, tive que recusar pedidos de meus colegas para que eu me dirigisse pessoalmente ao presidente acerca de importantes questões de detalhe. Se elas se introduzissem indevidamente na correspondência pessoal, logo destruiriam sua privacidade e, consequentemente, seu valor.

Aos poucos, minhas relações com o presidente tornaram-se tão íntimas que os assuntos principais entre nossos dois países eram praticamente conduzidos através desse intercâmbio pessoal entre ele e eu. Assim cimentou-se nosso perfeito entendimento. Como chefe de estado e chefe de governo, Roosevelt falava e agia com autoridade em todas as esferas; e, levando comigo o Gabinete de Guerra, eu representava a Inglaterra com amplitude quase igual. Desse modo, obteve-se um grau muito elevado de harmonia, e tanto a economia de tempo quanto a redução do número de pessoas informadas foram de valor inestimável. Eu enviava meus telegramas à embaixada americana em Londres, que estava em contato direto com o presidente na Casa Branca, através de máquinas codificadoras especiais. A velocidade com que as respostas eram recebidas e com que se obtinham soluções era facilitada pela diferença de fuso horário. Qualquer mensagem que eu preparasse à tardinha, à noite ou até as duas horas da manhã chegava ao presidente antes que ele se deitasse e, muitas vezes, sua resposta voltava para mim quando eu acordava na manhã seguinte. Ao todo, enviei-lhe 950 mensagens e recebi em resposta cerca de oitocentas. Eu sentia estar em contato com um grande homem, que era também um amigo caloroso e o supremo defensor das elevadas causas a que servíamos.

☆

Na segunda-feira, 13 de maio de 1940, pedi à Câmara dos Comuns, que fora especialmente convocada, um voto de confiança no novo governo. Depois de relatar os progressos obtidos no preenchimento dos vários cargos, declarei: "Nada tenho a oferecer senão sangue, trabalho, suor e lágrimas." Em toda a nossa longa história, nenhum primeiro-ministro jamais conseguira apresentar ao parlamento e à nação um programa ao mesmo tempo tão curto e tão popular. Encerrei dizendo:

> Perguntam-me qual é nossa política. Eu vos digo: é combater no mar, na terra e no ar, com todo o nosso poder e com toda a força que Deus nos

> possa dar; combater uma tirania monstruosa, jamais superada no sombrio e lamentável catálogo dos crimes humanos. Essa é nossa política.
>
> Perguntam qual é o nosso objetivo? Posso responder com uma palavra: Vitória — vitória a qualquer custo, vitória a despeito de todo o terror; vitória, por mais longa e árdua que seja a estrada; sem a vitória, não há sobrevivência.
>
> Que se reconheça isto: não há sobrevivência para o Império Britânico; não há sobrevivência para tudo quanto o Império Britânico tem representado; não há sobrevivência para o anseio e o impulso de todos os tempos de que a humanidade caminhe em direção à sua meta. Mas empreendo minha tarefa com ânimo e esperança. Tenho certeza de que nossa causa não será levada ao fracasso entre os homens. Neste momento, sinto-me no direito de pleitear a ajuda de todos e de dizer: vinde, avancemos juntos, com a união de nossas forças.

A essas questões simples a Câmara deu sua aprovação unânime e suspendeu os trabalhos até 21 de maio.

Foi assim, pois, que todos iniciamos nossa tarefa comum. Nunca um primeiro-ministro inglês recebeu dos colegas de Gabinete uma ajuda leal e constante como a que me foi concedida, durante os cinco anos seguintes, por esses homens de todos os partidos da nação. O parlamento, embora mantivesse a crítica livre e ativa, deu um respaldo contínuo e esmagador a todas as medidas propostas pelo governo, e a nação esteve unida e fervorosa como nunca. Muito bom que assim fosse, pois avançavam sobre nós eventos de ordem mais terrível do que qualquer um houvesse previsto.

24
A batalha da França

Na eclosão da guerra, em setembro de 1939, o poderio do exército e da força aérea alemães se concentrara na invasão e conquista da Polônia. Ao longo da frente ocidental, de Aix-la-Chapelle até a fronteira suíça, ficaram 42 divisões alemãs sem blindados. Depois da mobilização francesa, a França poderia ter disposto setenta divisões em oposição a elas. Por motivos que já foram explicados, não se considerara possível atacar os alemães nessa ocasião. Muito diferente foi a situação em 10 de maio de 1940. O inimigo, aproveitando a demora de oito meses e a destruição da Polônia, havia armado, equipado e treinado cerca de 155 divisões, das quais dez eram Panzer, divisões blindadas. O acordo de Hitler com Stalin permitiu-lhe reduzir as forças alemãs no Leste a ínfimas proporções. Em frente à Rússia, segundo o general Halder, chefe do Estado-Maior alemão, ficara nada mais do que "uma pequena força de cobertura, que mal se prestaria a coletar taxas de alfândega". Sem qualquer premonição sobre seu próprio futuro, o governo soviético assistiu à destruição da "segunda frente" ocidental, pela qual mais tarde clamaria com tanta veemência e pela qual teria de esperar em agonia durante tanto tempo. Hitler, portanto, estava em condições de desferir seu ataque à França com 126 divisões e com a totalidade da imensa arma blindada de dez divisões Panzer, quase três mil carros de combate, pelo menos mil pesados.

Do lado oposto a esse conjunto, cuja força e disposição exatas obviamente nos eram desconhecidas, os franceses tinham um total equivalente a 103 divisões, incluindo as inglesas. Se os exércitos da Bélgica e da Holanda entrassem, esse número teria sido aumentado em 22 divisões belgas e dez divisões holandesas. Como esses dois países foram imediatamente atacados, em 10 de maio o total das divisões aliadas de todos os tipos nominalmente disponíveis era de 135, ou praticamente o mesmo número que hoje sabemos que o inimigo possuía. Adequadamente organizada e equipada, bem-treinada e bem-conduzida, essa força, pelos padrões da guerra anterior, teria tido uma boa probabilidade de conter a invasão.

Entretanto, os alemães tiveram plena liberdade de escolher o momento,a direção e a força de seu ataque. Mais da metade do exército francês en-

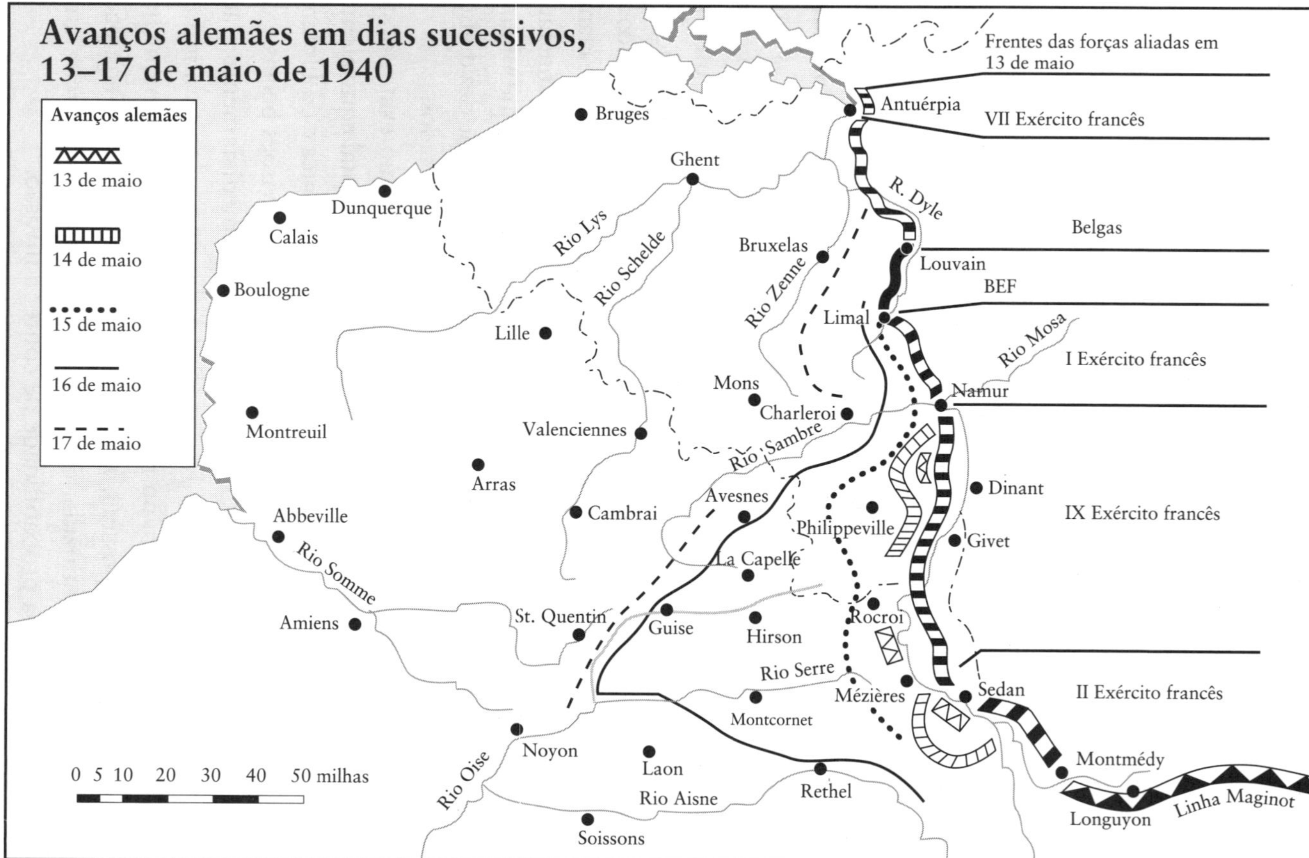

Avanços alemães em dias sucessivos,
13–17 de maio de 1940
Avanços alemães
13 de maio
14 de maio
15 de maio
16 de maio
17 de maio
0 5 10 20 30 40 50 milhas
Frentes das forças aliadas em 13 de maio
VII Exército francês
Belgas
BEF
I Exército francês
IX Exército francês
II Exército francês
Antuérpia
Bruges
Ghent
Dunquerque
Calais
Boulogne
Lille
Montreuil
Arras
Valenciennes
Cambrai
Abbeville
Amiens
St. Quentin
Noyon
Soissons
Laon
Rethel
Montcornet
Guise
Hirson
La Capelle
Avesnes
Philippeville
Rocroi
Mézières
Sedan
Montmédy
Longuyon
Linha Maginot
Dinant
Givet
Namur
Charleroi
Mons
Limal
Louvain
Bruxelas
R. Dyle
Rio Mosa
Rio Zenne
Rio Lys
Rio Schelde
Rio Sambre
Rio Serre
Rio Aisne
Rio Oise
Rio Somme

contrava-se nos setores sul e leste da França, e as 51 divisões francesas e inglesas do I Grupo de Exércitos do general Billotte, acrescidas pela ajuda belga e holandesa que pudesse chegar, tiveram de enfrentar o avanço de mais de setenta divisões inimigas, comandadas por Bock e Rundstedt, entre Longwy e o mar. A combinação de tanques quase à prova de tiros de canhões com aviões bombardeiros, que se revelara tão eficiente na Polônia em menor escala, formaria novamente a ponta de lança do grande ataque, e um grupo de cinco divisões Panzer e três motorizadas, sob o comando de Kleist, foi dirigido através das Ardenas para Sedan e Monthermé.

Para enfrentar essas formas modernas de guerra, os franceses tinham cerca de 2.300 tanques, em sua maioria leves. Suas formações mecanizadas incluíam alguns tipos modernos poderosos, porém mais da metade de toda a sua força blindada estava disseminada em batalhões dispersos de tanques ligeiros, voltados para a cooperação com a infantaria. Suas seis divisões blindadas,* as únicas com que poderiam ter enfrentado o assalto em massa dos Panzers, estavam dispersas ao longo do front e não podiam ser concentradas para entrar em operação num combate coerente. A Inglaterra, berço do tanque, mal acabara de completar a formação e o treinamento de sua primeira divisão blindada (328 tanques), que ainda estava na ilha.

Os aviões de combate alemães, então concentrados no ocidente, eram muito superiores aos franceses em número e qualidade. A força aérea inglesa na França compunha-se dos dez esquadrões de caças Hurricane que puderam ser liberados da defesa interna vital, e mais 19 esquadrões de outros tipos. Nem as autoridades aeronáuticas francesas nem as inglesas haviam-se equipado com bombardeiros de mergulho, que, nessa época, como ocorrera na Polônia, passaram a ter destaque, e que iriam desempenhar um papel importante no abatimento moral da infantaria francesa.

☆

Durante a noite de 9-10 de maio, precedidas por vastos ataques aéreos contra aeródromos, comunicações, quartéis e depósitos, todas as forças alemãs arremessaram-se para a França pelas fronteiras da Bélgica, Holanda e Luxemburgo. Conseguiram uma completa surpresa tática em quase todos os casos. Da escuridão brotaram, subitamente, inúmeros grupos de im-

* Esse número inclui as chamadas divisões motorizadas ligeiras, que possuíam carros de combate.

petuosas tropas de assalto bem-armadas, muitas vezes com artilharia leve. Bem antes do amanhecer, 150 milhas de fronteira estavam em chamas. Atacadas sem o menor pretexto ou advertência, a Holanda e a Bélgica gritaram por socorro. Os holandeses haviam confiado em sua linha-d'água; todos os diques não capturados ou entregues ao inimigo foram abertos, e os guardas holandeses de fronteira abriram fogo contra os invasores.

Mr. Colijn, quando me visitara em 1937 como primeiro-ministro da Holanda, havia-me explicado a maravilhosa eficiência das inundações holandesas. Através de uma mensagem telefônica enviada dali, da mesa de almoço em Chartwell, ele poderia, explicou, dar uma ordem que colocaria o invasor diante de obstáculos aquáticos intransponíveis. Mas tudo isso era absurdo. Nas condições modernas, o poder de uma grande nação contra um pequeno país é esmagador. Os alemães irromperam por todos os pontos, lançando pontes sobre os canais ou capturando as represas e o comando das comportas. Num único dia, toda a linha externa das defesas holandesas foi dominada. Ao mesmo tempo, a força aérea alemã despejou seu poderio sobre um país indefeso. Rotterdam foi reduzida a uma pilha de escombros em chamas. Haia, Utrecht e Amsterdã estavam ameaçadas de ter o mesmo destino. A esperança holandesa de que o avanço do flanco direito alemão fosse desviado de seu país, como na guerra anterior, foi enganosa.

Ao longo do dia 14, as más notícias começaram a chegar. A princípio, tudo era vago. Às 19 horas, li para o Gabinete um telegrama, recebido de M. Reynaud, informando que os alemães haviam cruzado a fronteira em Sedan, que os franceses não estavam conseguindo resistir ao combinado de tanques e bombardeio de mergulho, e que eles solicitavam mais dez esquadrilhas de caças para restabelecer a fronteira. Outras mensagens recebidas pelos chefes de estado-maior davam informações semelhantes e acrescentavam que os generais Gamelin e Georges estavam apreensivos com a situação. Gamelin estava surpreso com a rapidez do avanço do inimigo. Em quase todos os pontos em que os exércitos haviam entrado em choque, o peso e a fúria do ataque alemão tinham sido esmagadores. Todas as esquadrilhas aéreas inglesas estavam lutando continuamente, sendo seu esforço principal contra as pontes flutuantes na área de Sedan. Várias foram destruídas e outras, danificadas, em ataques desesperados e audaciosos. As perdas no ataque às pontes em baixa altitude, causadas pela artilharia antiaérea alemã, foram cruéis. Num dos casos, dentre seis aviões, apenas um voltou da missão bem-sucedida. Só nesse dia, perdemos um total de 67 aeronaves e, sendo o combate principalmente com a artilharia antiaérea inimiga, respondemos pela derrubada de apenas 53 aviões alemães. Da RAF, naquela noite, restavam na França apenas 206 aviões em serviço, de um total de 474.

Essas informações detalhadas só chegaram aos poucos. Mas já estava claro que a continuação do combate, naquela escala, logo consumiria por completo a força aérea inglesa, a despeito de sua superioridade individual. A partir daí, estivemos pressionados pela dura questão de saber quanto poderíamos enviar da Inglaterra sem ficarmos indefesos e, com isso, perdermos a capacidade de continuar na guerra. Nossos próprios impulsos naturais e muitos argumentos militares de peso davam força aos incessantes e veementes apelos franceses. Por outro lado, havia um limite, e esse limite, desrespeitado, custaria a nossa vida.

Essas questões eram discutidas por todo o Gabinete de Guerra, que se reunia várias vezes por dia. O marechal do ar Dowding, no comando de caça de nossa defesa interna, havia-me declarado que, com 25 esquadrões de caças, ele defenderia a ilha contra todo o poderio da força aérea alemã. Porém, com menos do que isso, seria dominado. A derrota acarretaria não só a destruição de todos os nossos aeródromos e de nosso poder aéreo, mas também das fábricas de aviões, de que dependia todo o nosso futuro. Meus colegas e eu estávamos decididos a correr todos os riscos pela batalha até esse limite — e os riscos eram muito grandes —, mas não a ultrapassá-lo, fossem quais fossem as consequências.

Por volta das sete e meia do dia 15, fui acordado com a notícia de que M. Reynaud estava ao telefone de minha cabeceira. Ele falou em inglês e estava obviamente sob tensão: "Estamos derrotados." Como eu não respondesse de imediato, voltou a dizer: "Fomos batidos, perdemos a batalha." Respondi: "Mas, com certeza, isso não pode ter acontecido tão depressa, não é?" Ele retrucou: "A frente foi rompida perto de Sedan; eles estão entrando aos borbotões, em grande número, com tanques e carros blindados" — ou outras palavras nesse sentido. Disse-lhe então: "Toda a experiência mostra que a ofensiva para depois de algum tempo. Lembro-me de 21 de março de 1918. Depois de cinco ou seis dias, eles têm que parar por suprimentos, e surge a chance do contra-ataque. Aprendi tudo isso, na época, da boca do próprio marechal Foch." Sem dúvida, isso era o que sempre tínhamos visto no passado e o que deveríamos estar vendo naquele momento. Mas o premier francês voltou à frase com que havia começado, e que se revelou verdadeira: "Fomos derrotados, perdemos a batalha." Eu disse que estava disposto a ir até lá para uma conversa.

De fato, abrira-se um claro de umas cinquenta milhas, e por essa brecha a vasta massa dos blindados inimigos entrava em profusão. O IX Exército francês achava-se em estado de completa dissolução. Na noite de 15 de maio, informou-se que havia carros blindados alemães sessenta milhas aquém do front original. Também nesse dia, a luta na Holanda chegou ao fim. Devido à capitulação do alto-comando holandês às 11 horas, apenas uns poucos soldados holandeses puderam ser evacuados.

Claro que esse quadro dava a impressão geral de derrota. Eu tinha visto esse tipo de coisa muitas vezes na guerra anterior, e uma linha rompida, mesmo em ampla frente, não me transmitia a ideia das consequências aterradoras que estariam decorrendo disso. Sem acesso a informações oficiais por tantos anos, eu não compreendia a violência da revolução efetuada desde a guerra anterior pela incursão de uma massa de blindados pesados em grande velocidade. Eu tinha conhecimento deles, mas isso não havia alterado minhas convicções internas como deveria. E não havia o que eu pudesse fazer. Telefonei para o general Georges, que pareceu muito composto e informou que a brecha em Sedan estava sendo fechada. Um telegrama do general Gamelin também afirmou que, embora a situação entre Namur e Sedan fosse grave, ele a encarava com tranquilidade. Comuniquei a mensagem de Reynaud e as outras notícias ao Gabinete às 11 horas.

Mas, no dia 16, a penetração de mais de sessenta milhas, partindo da fronteira próxima a Sedan e afetando nossa posição, foi confirmada. Embora houvesse poucos detalhes disponíveis mesmo no Ministério da Guerra e fosse impossível formar uma visão clara do que estava acontecendo, a gravidade da crise era óbvia. Julguei imperativo ir a Paris naquela tarde.

☆

Por volta das 15 horas, embarquei num Flamingo, um avião de passageiros do governo, do qual havia três. Acompanharam-me o general Dill, subchefe do Estado-Maior Imperial, e Ismay.

Era um bom aparelho, muito confortável, que fazia cerca de 160 milhas por hora. Como não tivesse armamento, veio uma escolta, mas voamos numa nuvem de chuva e chegamos ao Le Bourget em pouco mais de uma hora. Desde o momento em que desembarcamos do Flamingo, ficou patente que a situação era incomparavelmente pior do que havíamos imaginado. Os oficiais que nos receberam disseram ao general Ismay que os alemães estariam em Paris dentro de alguns dias, no máximo. Depois de obter na embaixada informações sobre a situação, dirigi-me ao Quai d'Orsay, lá chegando às 17h30. Fui conduzido a um de seus belos salões. Reynaud estava presente, além de Daladier, ministro da Defesa Nacional e da Guerra, e do general Gamelin. Todos estavam de pé. Em momento algum nos sentamos ao redor de uma mesa. Havia um profundo abatimento em todos os rostos. Diante de Gamelin, num cavalete de estudante, havia um mapa de cerca de dois metros quadrados, onde uma linha traçada em tinta preta pretendia mostrar a frente aliada. Nessa linha estava desenhado um bolsão, pequeno mas sinistro, perto de Sedan.

O comandante em chefe explicou sucintamente o que havia acontecido. Os alemães haviam penetrado ao norte e ao sul de Sedan, numa frente de cinquenta ou sessenta milhas. O exército francês naquele ponto fora destruído ou dispersado. Uma pesada ofensiva de veículos blindados avançava com velocidade inaudita em direção a Amiens e Arras, aparentemente com a intenção de chegar ao litoral em Abbeville ou suas imediações. A alternativa era que rumassem para Paris. Por trás dos blindados, disse ele, oito ou dez divisões alemãs, todas motorizadas, iam avançando, criando flancos para elas mesmas à medida que investiam contra os dois exércitos franceses, desligados entre si, em ambos os lados. O general falou durante cerca de cinco minutos, sem que ninguém dissesse uma palavra. Quando parou, houve um silêncio considerável. Perguntei-lhe então: "Onde está a reserva estratégica?" — e, resvalando para o francês, que eu usava indiferentemente (indiferentemente em todos os sentidos): "*Où est la masse de manoeuvre?*" O general Gamelin voltou-se para mim e, abanando a cabeça e encolhendo os ombros, respondeu: "*Aucune*" [Nenhuma].

Outra longa pausa. Do lado de fora, nos jardins do Quai d'Orsay, nuvens de fumaça subiam de grandes fogueiras. Pela janela, vi funcionários venerandos jogando nelas arquivos, levados até o fogo em carrinhos de mão. Já se preparava, pois, a evacuação de Paris.

A experiência passada, ao lado de suas vantagens, traz a desvantagem de que as coisas nunca acontecem da mesma forma uma segunda vez. De outro modo, creio que a vida seria fácil demais. Afinal, tínhamos tido nossos fronts rompidos muitas vezes antes; sempre fôramos capazes de ajeitar as coisas e vencer pela persistência o impacto do ataque. Mas ali estavam dois novos fatores que eu nunca havia imaginado ter de enfrentar. Primeiro, a devastação de todas as linhas de comunicação e do interior do país por uma incursão irresistível de carros de combate, e segundo, nenhuma reserva estratégica. "*Aucune.*" Eu estava perplexo. Que pensar do Grande Exército Francês e de seus altos comandantes? Nunca me havia ocorrido que um comandante, tendo que defender quinhentas milhas de front ativo, se permitisse ficar sem massa de manobra. Ninguém pode ter certeza de conseguir defender uma frente tão ampla, mas, quando o inimigo se lança numa grande ofensiva que rompe a linha, é sempre possível ter — sempre se *deve* ter — uma massa de divisões que venham num contra-ataque enérgico, no momento em que a fúria inicial da ofensiva desgaste as forças.

A que servia a Linha Maginot? Ela deveria ter economizado tropas num amplo setor da fronteira, não apenas oferecendo muitas vias de acesso para a realização de contra-ataques locais, mas também permitindo que grandes forças fossem mantidas em reserva; e esse é o único meio de fazer essas coisas. Mas, naquele momento, não havia reserva. Admito que essa foi uma das maiores surpresas que tive em minha vida. Por que eu não tivera mais informações a respeito, mesmo tendo estado tão atarefado no almirantado? Por que o governo inglês e, acima de tudo, o Ministério da Guerra não tinham sabido mais a esse respeito? Não era desculpa dizer que o Alto Comando francês não comunicava seus planos a nós ou a Lord Gort, a não ser em vagas linhas gerais. Tínhamos o direito de saber. Deveríamos ter insistido. Os dois exércitos estavam lutando juntos no front. Voltei para a janela e para os rolos ondulantes de fumaça das fogueiras alimentadas por documentos da República Francesa. Os vetustos senhores continuavam a empurrar seus carrinhos de mão e a lançar seu conteúdo nas chamas, diligentemente.

Pouco depois, o general Gamelin tornou a falar. Estava debatendo se agora deveriam reunir forças para atacar pelos flancos a penetração, ou o "bolsão", como depois passamos a chamar essas coisas. Oito ou nove divisões estavam sendo retiradas de partes quietas do front, da Linha Maginot; havia duas ou três divisões blindadas que não tinham entrado em combate; mais oito ou nove divisões estavam sendo trazidas da África e chegariam à zona de batalha na quinzena seguinte, ou num prazo de três semanas. Os alemães avançariam, dali por diante, através de um corredor entre duas frentes, nas quais seria possível travar batalha à maneira de 1917 e 1918. Talvez os alemães não conseguissem manter o corredor, tendo que proteger cada vez mais seu flanco duplo e, ao mesmo tempo, alimentar sua incursão blindada. Gamelin pareceu estar dizendo algo nesse sentido, e tudo aquilo era muito sensato. Percebi, no entanto, que não havia convicção naquele grupo pequeno, mas, até então, influente e responsável. Pouco depois, perguntei ao general Gamelin quando e onde ele propunha atacar os flancos do bolsão. Sua resposta foi: "Inferioridade numérica, inferioridade de equipamento, inferioridade de método" — e, em seguida, um desolado encolher dos ombros. E onde estavam os ingleses, afinal, considerando-se nossa minúscula contribuição — dez divisões, depois de oito meses de guerra, e nem ao menos uma divisão moderna de tanques em ação?

☆

O refrão do general Gamelin e, a rigor, de todos os comentários subsequentes do Alto Comando francês foi a insistência em sua inferioridade aérea, bem como apelos ansiosos por mais esquadrilhas da RAF — bombardeiros e caças, mas, principalmente, estes últimos. Essas súplicas por mais apoio de aviões de caça estavam fadadas a se repetir em todas as conferências subsequentes, até a capitulação da França. No decorrer de seu apelo, o general Gamelin disse que os caças eram necessários não apenas para dar cobertura ao exército francês, mas também para deter os tanques alemães. Diante disso, retruquei: "Não. Deter os tanques é tarefa da artilharia. A missão dos caças é limpar o céu [*nettoyer le ciel*] acima da batalha." Era vital que os caças de nossa força aérea não fossem arrastados para fora da Inglaterra sob pretexto algum. Nossa vida dependia disso. Não obstante, era preciso cortar até o osso. Pela manhã, antes de eu partir, o Gabinete já me autorizara a deslocar mais quatro esquadrões de caças para a França. Ao voltarmos para a embaixada, e depois de discutir o assunto com Dill, decidi pedir permissão para o envio de mais seis. Isso nos deixaria apenas 25 esquadrões de caças em casa, e esse era o limite final. Era uma opção dilacerante em qualquer das duas soluções. Eu disse ao general Ismay que telefonasse a Londres, a fim de que o Gabinete se reunisse de imediato para discutir um telegrama urgente que seria enviado dentro de mais ou menos uma hora.

A resposta veio por volta das 23h30. O Gabinete disse "sim". Imediatamente, levei Ismay comigo de carro ao apartamento de M. Reynaud. Encontramo-lo meio às escuras. Após uns minutos, M. Reynaud saiu de seu quarto de pijama e eu lhe dei a boa notícia. Dez esquadrões de caças! Convenci-o então a chamar M. Daladier, que foi devidamente convocado e levado ao apartamento para ouvir a decisão do gabinete inglês. Dessa maneira, eu esperava restaurar o ânimo dos nossos amigos franceses, tanto quanto o permitiam nossos meios limitados. Daladier não disse palavra. Levantou-se lentamente da cadeira e apertou minha mão. Voltei para a embaixada por volta das duas horas da manhã e dormi bem, embora o canhoneio de pequenas incursões aéreas me fizesse mudar de posição de vez em quando. Pela manhã, voei de volta para casa e, apesar de outras preocupações, tratei de prosseguir na formação do segundo escalão do novo governo.

O Gabinete de Guerra reuniu-se às dez horas do dia 17 e fiz um relato de minha visita a Paris e da situação, tanto quanto conseguia avaliá-la.

Informei ter dito aos franceses que se não fizessem um esforço supremo, não haveria como aceitarmos o grave risco em que estávamos incorrendo, para a segurança de nosso país, ao despachar os esquadrões adicionais de caças para a França. Eu sentia que a questão do reforço aéreo era uma das mais graves que um gabinete inglês jamais tivera de enfrentar. Dizia-se que as perdas aéreas alemãs tinham sido quatro ou cinco vezes maiores que as nossas, mas eu fora informado de que aos franceses só restara um quarto de suas aeronaves de combate. Nesse dia, Gamelin considerou a situação "perdida" e afirma-se que teria dito: "Garantirei a segurança de Paris apenas hoje, amanhã [dia 18] e na noite seguinte." A crise deflagrada pela batalha intensificava-se a cada hora. Naquela tarde, os alemães entraram em Bruxelas. No dia seguinte, chegaram a Cambrai, passaram por St. Quentin e rechaçaram nossas pequenas frações para fora de Péronne. Os exércitos belgas, ingleses e franceses envolvidos continuaram sua retirada rumo ao Schelde.

À meia-noite (18-19 de maio), Lord Gort foi visitado em seu QG pelo general Billotte. Nem a personalidade desse general francês nem suas propostas, por elas mesmas, inspiravam confiança em seus aliados. A partir daquele momento, a possibilidade de uma retirada para o litoral começou a se configurar para o comandante em chefe inglês. Em seu despacho divulgado em março de 1941, ele escreveu: "O quadro, a essa altura (na noite de 19), já não era de uma frente forçada ou temporariamente rompida, mas de uma fortaleza sitiada."

☆

Grandes mudanças foram então feitas por M. Reynaud no gabinete e no alto comando francês. No dia 18, o marechal Pétain foi nomeado

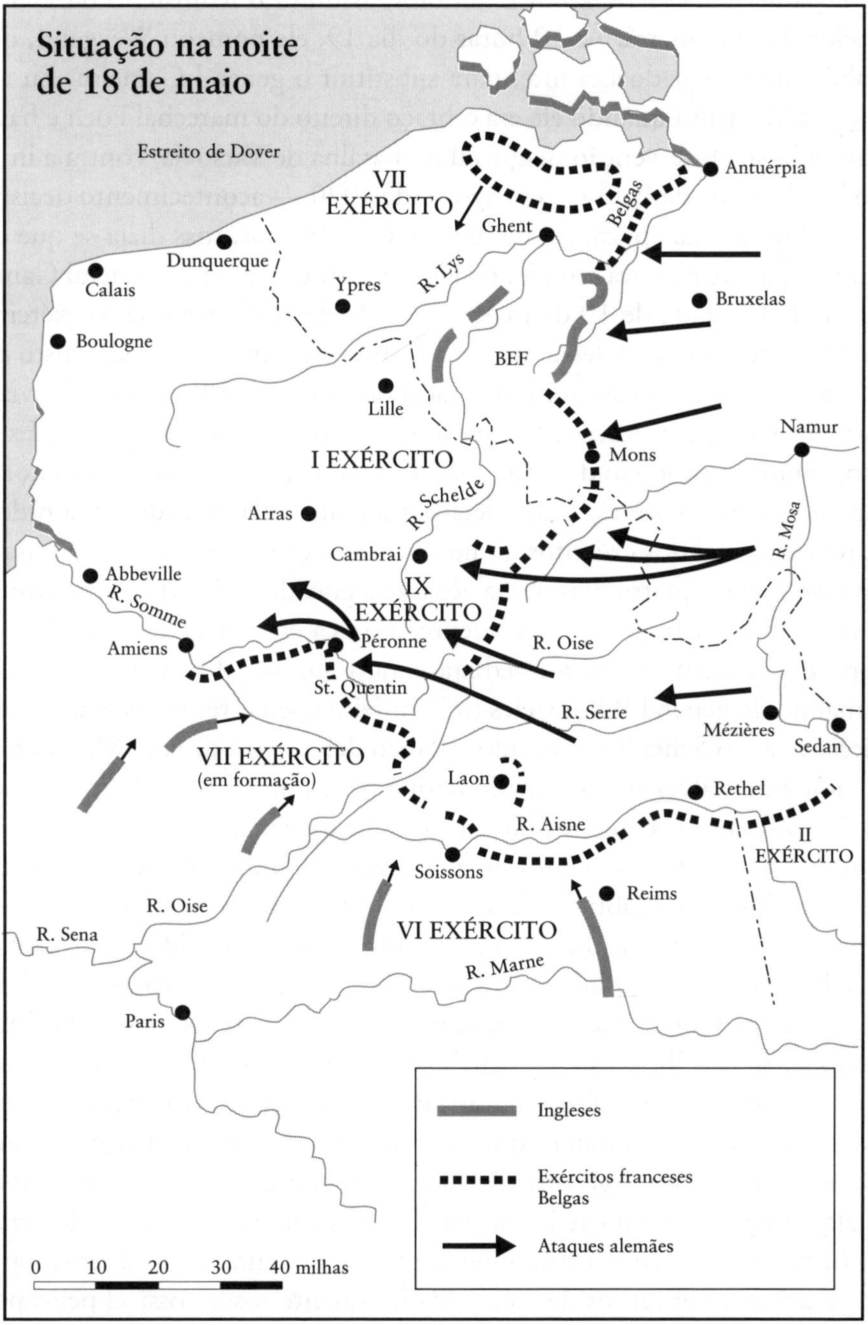

Situação na noite de 18 de maio
Estreito de Dover
VII EXÉRCITO
Antuérpia
Belgas
Ghent
Dunquerque
Calais
Ypres
R. Lys
Bruxelas
Boulogne
BEF
Lille
Namur
Mons
I EXÉRCITO
R. Schelde
R. Mosa
Arras
Cambrai
Abbeville
R. Somme
IX EXÉRCITO
Amiens
Péronne
R. Oise
St. Quentin
R. Serre
Mézières
Sedan
VII EXÉRCITO (em formação)
Laon
Rethel
R. Aisne
II EXÉRCITO
Soissons
Reims
R. Oise
R. Sena
VI EXÉRCITO
R. Marne
Paris
Ingleses
Exércitos franceses Belgas
Ataques alemães
0 10 20 30 40 milhas

vice-presidente do conselho de ministros. O próprio Reynaud, transferindo Daladier para as Relações Exteriores, assumiu o Ministério da Defesa Nacional e da Guerra. Às 19 horas do dia 19, ele nomeou Weygand, que acabara de chegar do Levante, para substituir o general Gamelin. Eu conhecera Weygand quando ele era o braço direito do marechal Foch e havia admirado sua intervenção magistral na Batalha de Varsóvia, contra a invasão bolchevique da Polônia, em agosto de 1920 — acontecimento decisivo para a Europa, na época. Agora, ele contava 73 anos, mas dizia-se que era muito eficiente e estava em pleno vigor. A última ordem do general Gamelin (nº 12), datada de 19 de maio — 9h45, determinava que os exércitos do norte, em vez de se deixarem cercar, abrissem caminho a todo custo em direção ao sul, rumo ao Somme, atacando as divisões Panzer que haviam cortado suas comunicações. Ao mesmo tempo, o II Exército e o VI Exército, então em processo de formação, deveriam atacar em direção ao norte, rumando para Mézières. Eram decisões sensatas. Na verdade, uma ordem de retirada geral dos exércitos do norte em direção ao sul já estava atrasada em pelo menos quatro dias. Uma vez que a gravidade da crise no centro da frente francesa em Sedan era evidente, a única esperança dos exércitos do norte estava numa marcha imediata para o Somme. Em vez disso, sob o comando do general Billote, eles tinham feito apenas retiradas gradativas e parciais para o Schelde e formado o flanco defensivo à direita. Mesmo nesse momento, talvez tivesse havido tempo para a marcha em direção ao sul.

A confusão do comando do norte, a aparente paralisia do I Exército francês e a incerteza sobre o que estava acontecendo haviam causado extrema angústia ao Gabinete de Guerra. Todo o nosso funcionamento era sóbrio e sereno, mas tínhamos uma opinião unida e decidida, por trás da qual havia uma aflição silenciosa. No dia 19, fomos informados, às 16h30, de que Lord Gort estava "examinando uma possível retirada para Dunquerque, se isso lhe fosse imposto". O CIGS (Ironside) não pôde aceitar essa proposta, já que, como a maioria de nós, era favorável ao deslocamento para o sul. Assim, mandamos que ele levasse a Lord Gort instruções de movimentar o exército inglês na direção sudoeste e de abrir caminho contra qualquer oposição para se juntar aos franceses no sul; os belgas deveriam ser instados a se ajustar a essa movimentação, ou, então, ser informados de que evacuaríamos tantos de seus soldados quanto fosse possível pelos portos do canal da Mancha. Gort deveria ser informado de que nós mesmos comunicaríamos ao governo francês o que fora decidido. Nessa mesma reunião do Gabinete, mandamos Dill para o QG do general Georges, com o qual tínhamos uma linha telefônica direta. Ele deveria ficar lá por quatro dias e nos dizer tudo o que conseguisse descobrir. Os contatos até mesmo com Lord Gort eram intermitentes e difíceis, mas havia informações de que só existiam provisões para quatro dias e munição para uma batalha.

Na reunião matutina do Gabinete de Guerra em 20 de maio, voltamos a discutir a situação de nosso exército. Mesmo supondo que houvesse sucesso na luta para recuar até o Somme, eu achava provável que um número considerável de soldados ficasse isolado ou fosse empurrado de volta para o mar. Está registrado na ata da reunião: "O primeiro-ministro considerou que, como medida de precaução, o almirantado deveria reunir grande número de pequenas embarcações e mantê-las prontas para seguirem para portos e enseadas da costa francesa." Com respeito a isso, o almirantado tomou providências imediatas e com vigor cada vez maior, à medida que os dias passavam e se escureciam. O controle operacional fora delegado no dia 19 ao almirante Ramsay, comandante em Dover, e, na tarde do dia 20, em consequência das ordens recebidas de Londres, realizou-se em Dover a primeira conferência de todas as partes envolvidas, inclusive representantes do Ministério da Navegação, para discutir "a *evacuação de emergência de grande efetivo de tropas através da Mancha*". Planejou-se, se necessário, fazer a evacuação por Calais, Boulogne e Dunquerque, a um ritmo de dez mil homens saindo de cada porto a cada 24 horas. De Harwich até Weymouth, os oficiais de transporte naval foram instruídos a listar todas as embarcações adequadas de até mil toneladas, e fez-se um levantamento completo de todos os navios nos portos ingleses. Esses planos para a chamada *Operação Dynamo* foram a salvação do exército, dez dias depois.

☆

A direção da ofensiva alemã tornara-se então mais óbvia. Os blindados e as divisões mecanizadas continuaram a entrar em profusão pela abertura, em direção a Amiens e Arras, descrevendo uma curva pelo oeste ao longo do Somme, em direção ao mar. Na noite de 20 de maio, eles entraram em Abbeville, depois de atravessar e cortar todas as comunicações dos exércitos do norte. Esses terríveis e mortais golpes de foice depararam com pouca ou nenhuma resistência depois da ruptura do front. Os carros de combate alemães — os temidos "*chars allemands*" — corriam livremente pelo campo aberto e, ajudados e abastecidos pelo transporte motorizado, avançavam trinta ou quarenta milhas por dia. Haviam passado por dezenas de cidades e centenas de vilarejos sem a menor oposição, com seus oficiais olhando pelas cúpulas levantadas e acenando elegantemente para os habitantes. Algumas testemunhas oculares falaram em multidões de prisioneiros franceses marchando ao lado deles, muitos ainda carregando seus fuzis, os quais, de tempos em tempos, eram recolhidos e quebrados sob as esteiras dos tanques. Fiquei chocado com a extrema incapacidade de se dar combate às divisões blindadas alemãs, que, com alguns milhares de veículos, estavam conseguindo a destruição completa de exércitos poderosos; e surpreso com o rápido colapso de toda a resistência francesa, tão logo o front foi rompido. Toda a movimentação alemã era pelas estradas principais, que não pareciam estar bloqueadas em nenhum ponto.

A primeira providência de Weygand foi conferenciar com seus principais comandantes. Não deixava de ser natural que ele desejasse ver pessoalmente a situação no Norte e estabelecer contato com os comandantes de lá. Há que se fazer concessões a um general que assume o comando na crise de uma batalha que está sendo perdida. Mas, naquele momento, não havia tempo para isso. Ele não deveria ter deixado o supremo comando dos controles que restavam e ter-se envolvido nas delongas e tensões de um deslocamento pessoal. Podemos registrar com detalhes o que se seguiu. Na manhã de 20 de maio, Weygand, instalado no lugar de Gamelin, marcou uma visita aos exércitos do norte para o dia 21. Depois de ser informado de que as estradas para o norte estavam bloqueadas pelos alemães, resolveu voar até lá. Seu avião foi atacado e forçado a pousar em Calais. O horário marcado para sua reunião em Ypres teve de ser alterado para as 15 horas do dia 21. Ali, ele se encontrou com o rei Leopoldo da Bélgica e com o general Billotte. Lord Gort, que não fora notificado da hora e local, não estava presente, nem havia lá nenhum oficial inglês. O rei descreveu essa conferência como "quatro horas de conversa confusa". A reunião discutiu a coordenação dos três exércitos, a execução do plano Weygand e, caso este falhasse, a retirada dos ingleses e franceses para o rio Lys, e a dos belgas para o Yser. Às 19 horas, o general Weygand teve de partir. Lord Gort só chegou às vinte horas, quando recebeu do general Billotte um relato da reunião. Weygand voltou de carro para Calais, embarcou num submarino em direção a Dieppe e voltou a Paris. Billotte partiu em seu carro para lidar com a crise e, uma hora depois, morreu num desastre de automóvel. Assim, tudo voltou a ficar em suspenso.

No dia 21, Ironside voltou e informou que Lord Gort, ao receber as instruções do Gabinete, pareceu ser contra a marcha para o sul. Ela implicaria um combate de retaguarda a partir do Schelde e, ao mesmo tempo, um ataque a uma área já fortemente ocupada pelas formações mecanizadas e motorizadas do inimigo. Durante um movimento como esse, seria preciso proteger os dois flancos, e nem o I Exército francês nem os belgas tinham probabilidade de conseguir adaptar-se a essa manobra, se ela fosse tentada. Ironside acrescentou que reinava a confusão no alto comando francês do norte, que o general Billotte não conseguira desempenhar seus deveres de coordenação nos oito dias anteriores e não parecia ter plano algum, e que a Força Expedicionária Britânica estava com o moral elevado e, até então, tivera apenas cerca de quinhentas baixas na batalha. Forneceu uma descrição vívida da condição das estradas, entupidas de refugiados e castigadas pelo fogo dos aviões alemães. Ele mesmo havia passado um aperto.

Duas alternativas alarmantes apresentaram-se ao Gabinete de Guerra. A primeira era que o exército inglês abrisse caminho a todo custo, com ou sem a cooperação francesa e belga, em direção ao sul e ao Somme, tarefa que Lord Gort duvidava ser capaz de executar; a segunda era que recuasse para Dunquerque, para enfrentar uma retirada por mar sob ataque aéreo inimigo, com a certeza de perder toda a artilharia e todos os equipamentos, tão escassos e preciosos. Obviamente, haveria grandes riscos na primeira delas, mas não havia razão por que não fossem tomadas todas as precauções e preparativos possíveis para a evacuação pelo mar, se o plano em direção ao sul fracassasse. Propus a meus colegas que eu fosse à França reunir-me com Reynaud e Weygand para tomar uma decisão. Dill deveria encontrar-me lá, vindo do QG do general Georges.

☆

Quando cheguei a Paris em 22 de maio, havia um novo cenário. Gamelin se fora; Daladier saíra da cena de guerra. Reynaud era primeiro-ministro e ministro da Guerra. Como a ofensiva alemã se voltara decididamente para o mar, Paris não estava sob ameaça imediata. O GQG — *Grand Quartier Général* — ainda ficava em Vincennes. Reynaud levou-me até lá por volta do meio-dia. No jardim, algumas das figuras que eu vira em torno de Gamelin — uma delas, um oficial de cavalaria muito alto — andavam soturnamente de um lado para outro. "*C'est l'ancien regime*", comentou o ajudante de ordens. Reynaud e eu fomos levados à sala de Weygand e, posteriormente, à sala de operações, onde tínhamos os grandes mapas do Supremo Comando. Weygand veio a nosso encontro. Apesar do esforço físico e de uma noite de viagem, parecia enérgico, animado e incisivo. Causou excelente impressão em todos. Expôs seu plano de guerra. Ele não estava satisfeito com a marcha para o sul ou a retirada dos exércitos do norte. Eles deveriam avançar para o sudeste, partindo da região em torno de Cambrai e Arras, na direção geral de St. Quentin, assim atacando pelo flanco as divisões blindadas alemãs, que naquele momento estavam em combate no que ele chamava o bolso de St. Quentin-Amiens. A retaguarda das tropas seria protegida pelo exército belga, que as cobriria em direção ao leste e, se necessário, ao norte. Enquanto isso, um novo exército francês comandado pelo general Frère, composto de 18 a vinte divisões trazidas da Alsácia, da Linha Maginot, da África e de qualquer outra região, deveria formar uma frente ao longo do Somme. Sua esquerda avançaria por Amiens para Arras e, desse modo, num esforço extremo, faria contato com os exércitos do norte. Os blindados inimigos deveriam ser mantidos sob constante pressão. "As divisões Panzer não devem ter a possibilidade de manter a iniciativa", disse Weygand. Todas as ordens necessárias tinham sido dadas, tanto quanto era possível dar alguma ordem. Fomos então informados de que o general Billotte, a quem ele havia transmitido todo o seu plano, acabara de morrer num acidente de automóvel. Dill e eu concordamos em que não tínhamos outra escolha, e, a rigor, outra inclinação senão acolher o plano. Frisei que "era indispensável restabelecer a ligação entre os exércitos do norte e do sul através de Arras". Expliquei que Lord Gort, embora avançando para o sul, deveria também guardar seu caminho para a costa. Para me certificar de que não houvesse erros sobre o que fora decidido, eu mesmo ditei um *résumé* da decisão e o mostrei a Weygand, que concordou com o texto. Fiz o relato correspondente ao Gabinete e transmiti a notícia a Lord Gort.

Podemos ver que o novo plano de Weygand não diferia, exceto na ênfase, da Instrução nº 12 do general Gamelin, que fora cancelada. Tampouco contrariava a veemente opinião que o Gabinete de Guerra havia expressado no dia 19. Os exércitos do norte deveriam forçar o caminho para o sul através de uma ação ofensiva, se possível destruindo a incursão blindada. Eles deveriam fazer junção na região de Amiens com o novo Exército francês comandado pelo general Frère, que vinha em seu socorro. Isso seria de suma importância, caso se concretizasse. Em particular, queixei-me a

Situação na noite de 22 de maio
Antuérpia
BELGAS
Ghent
Dunquerque
Calais
R. Yser
R. Lys
Menin
Ypres
Bruxelas
Oudenarde
St. Omer
Cassel
Boulogne
Hazebrouck
BEF
Lille
Béthune
Montreuil
I EXÉRCITO
Maulde
Namur
St. Pol
Douai
Arras
Hesdin
Valenciennes
Cambrai
Abbeville
Doullens
R. Somme
(10 Divisões Panzer alemãs)
Péronne
R. Oise
Amiens
St. Quentin
R. Serre
Sedan
VII EXÉRCITO
(em concentração)
Chauny
Laon
R. Oise
R. Aisne
Beauvais
Soissons
VI EXÉRCITO
Reims
R. Sena
Ch. Thierry
Épernay
Paris
R. Marne
Châlons-sur-Marne
Ingleses
Exércitos franceses
Belgas
Alemães
Ataques alemães
0 10 20 30 40 milhas

M. Reynaud de que Gort fora deixado inteiramente sem instruções por quatro dias consecutivos. Mesmo desde a assunção do comando por Weygand, três dias se haviam perdido na tomada de decisões. A mudança no Supremo Comando estava certa. Mas o atraso resultante foi péssimo.

Na falta de qualquer diretiva suprema da guerra, os acontecimentos e o inimigo haviam assumido o controle. Uma pequena e desesperada batalha foi travada pelos ingleses nas imediações de Arras entre os dias 21 e 23, mas os blindados inimigos, alguns deles comandados por um general chamado Rommel, eram fortes demais. Até aquele momento, o general Weygand havia contado com o avanço do exército do general Frère para o norte, em direção a Amiens, Albert e Péronne. Na verdade, esse exército não fizera nenhum progresso notável; ainda estava sendo concentrado e formado.

☆

Havia no Gabinete e nos altos círculos militares um sentimento muito forte de que a capacidade e o conhecimento estratégico de Sir John Dill, que desde 23 de abril era subchefe do Estado-Maior Imperial, seriam melhor utilizados se ele fosse nomeado nosso principal assessor do exército. Ninguém podia duvidar de que, sob muitos aspectos, sua capacitação profissional era superior à de Ironside.

À medida que a batalha adversa aproximava-se do clímax, eu e meus colegas desejávamos intensamente que Sir John Dill fosse o CIGS. Também teríamos de escolher um comandante em chefe para as Ilhas Inglesas, caso fôssemos invadidos. Tarde da noite, em 25 de maio, Ironside, Dill, Ismay, eu e mais uma ou duas pessoas, em minha sala na casa do almirantado, tentamos avaliar a situação. O general Ironside formulou voluntariamente a proposta de deixar o Estado Maior Imperial, mas se declarou muito interessado em comandar as forças internas inglesas. Considerando a tarefa ingrata que se julgava, na época, ter tal comando, foi um oferecimento corajoso e desprendido. Aceitei a proposta do general Ironside; e os elevados títulos e honrarias que depois lhe foram conferidos nasceram de minha apreciação de sua conduta nesse momento de nossa situação. Sir John Dill tornou-se chefe do Estado-Maior Imperial — CIGS em 27 de maio. As mudanças, de modo geral, foram julgadas adequadas para o instante vivido.

25
A marcha para o mar

PODEMOS AGORA REVER, até este ponto, o curso desta memorável batalha. Somente Hitler estava disposto a violar a neutralidade da Bélgica e da Holanda. A Bélgica recusava-se a chamar os aliados enquanto não fosse atacada. Portanto, a iniciativa militar estava com Hitler. Em 10 de maio, ele desferiu seu golpe. O I Grupo de Exércitos, com os ingleses no centro, em vez de ficar atrás de suas fortificações, saltou e penetrou na Bélgica, numa missão de resgate inútil, porquanto tardia, de acordo com o Plano D [ver páginas 289] do general Gamelin. Os franceses tinham deixado o setor em frente às Ardenas malfortificado e malguarnecido. Uma cunha de blindados em escala jamais vista na guerra rompeu o centro da linha dos exércitos franceses e, em 48 horas, ameaçou isolar todos os exércitos do norte tanto de suas comunicações com o sul, como do mar. No dia 14, no máximo, o Alto Comando francês deveria ter dado a esses exércitos ordens imperativas de fazer um recuo geral a toda a velocidade, aceitando não apenas os riscos mas também pesadas perdas de *matériel.* Essa questão não fora enfrentada em seu brutal realismo pelo general Gamelin. O comandante francês do Grupo de Exércitos do Norte, Billotte, fora incapaz de tomar por si mesmo as decisões necessárias. Confusão reinou em todos os exércitos da ala esquerda ameaçada.

À medida que o poder superior do inimigo se fez sentir, eles recuaram. Quando a manobra de envolvimento contornou sua direita, eles formaram um flanco defensivo. Se tivessem recuado a partir do dia 14, poderiam ter chegado a sua antiga linha no dia 17 e teriam tido boa chance de abrir caminho. Pelo menos três dias fatais se perderam. De 17 de maio em diante, o Gabinete de Guerra inglês percebeu claramente que só abrir caminho para o sul poderia salvar o exército inglês. Estava decidido a insistir nessa visão com o governo francês e com o general Gamelin, mas seu próprio comandante, Lord Gort, ficou em dúvida se seria possível desengajar das frentes de combate e, mais ainda, abrir caminho ao mesmo tempo. No dia 19, o general Gamelin foi dispensado e Weygand passou a comandar em seu lugar. A “Instrução nº 12” de Gamelin, sua última ordem, embora tivesse sido emitida com cinco dias de atraso, era em princípio sensata e também se coadunava com as principais conclusões do Gabinete de Guerra e dos chefes de estado-maior ingleses. A alteração no Supremo Comando, ou a ausência dele, levou a mais três dias de atraso. O intrépido plano proposto pelo general Weygand após sua visita aos exércitos do norte nunca passou de um esquema no papel. *Grosso modo*, era o plano de Gamelin, tornado ainda mais irrealizável pela demora adicional.

No dilema atroz que então se apresentou, aceitamos o plano Weygand e fizemos esforços leais, persistentes, e agora provados ineficazes para executá-lo até o dia 25, quando, cortadas todas as comunicações, repelido nosso débil contra-ataque, havendo-se perdido Arras, e com a frente belga sendo rompida e o rei Leopoldo prestes a capitular, todas as esperanças de escape para o sul desapareceram. Restava apenas o mar. Conseguiríamos alcançá-lo ou seríamos cercados e destroçados em campo aberto? Como quer que fosse, toda a artilharia e equipamento de nosso exército, insubstituíveis por muitos meses, teriam de ser abandonados. Mas, que era isso, comparado à salvação do exército, cujo núcleo e estrutura eram a única coisa em que a Inglaterra poderia alicerçar seus exércitos do futuro? Lord Gort, que a partir do dia 25 sentira que a evacuação pelo mar era nossa única chance, tratou de formar uma cabeça de praia em torno de Dunquerque e abrir caminho até ela com a força que lhe restasse. Toda a disciplina dos ingleses, bem como as qualidades de seus comandantes, entre eles Brooke, Alexander e Montgomery, seriam necessárias. Muitas outras coisas seriam necessárias. Tudo o que era humanamente possível fazer foi feito. Seria suficiente?

☆

Convém agora examinarmos um episódio muito discutido. O general Halder, chefe do Estado-Maior alemão, declarou que, naquele momento, Hitler fez sua única intervenção pessoal, direta e efetiva na batalha. Segundo essa autoridade, ele ficou "alarmado no tocante às formações blindadas, porque elas estavam em perigo considerável, numa região difícil, perpassada por canais, e sem conseguirem obter nenhum resultado vital". Hitler achou que não poderia sacrificar formações blindadas inutilmente, já que elas eram essenciais para a segunda etapa da campanha. Ele acreditava, sem dúvida, que sua superioridade aérea seria suficiente para impedir uma evacuação em larga escala pelo mar. Assim, segundo Halder, enviou uma mensagem através de Brauchitsch, ordenando que "as formações blindadas parassem e que as patrulhas de vanguarda até recuassem". Assim, disse Halder, o caminho para Dunquerque ficou desobstruído para o exército inglês. Seja como for, interceptamos uma mensagem alemã não cifrada, enviada às 11h42 de 24 de maio, determinando que o ataque à linha de Dunquerque fosse temporariamente suspenso. Halder afirmou ter-se recusado, em nome do Alto Comando do Exército — OKH, a interferir na movimentação do Grupo de Exércitos Rundstedt, que tinha ordens claras de impedir que o inimigo atingisse a costa. Quanto mais rápido e completo fosse o sucesso ali, afirmou ele, mais fácil seria reparar a perda de alguns tanques posteriormente.

A controvérsia encerrou-se com uma ordem definitiva de Hitler, à qual ele acrescentou que garantiria o cumprimento de sua ordem através do envio de seus oficiais de ligação ao front. Disse o general Halder: "Nunca consegui entender como Hitler concebeu a ideia de que as formações blindadas seriam inutilmente arriscadas. É muito provável que Keitel, que havia passado um tempo considerável em Flandres na Primeira Guerra Mundial, tenha originado essa ideia com suas histórias."

Outros generais alemães contaram exatamente a mesma história e até insinuaram que a ordem de Hitler foi inspirada por motivação política, que seria a de melhorar as chances de paz com a Inglaterra depois que a França fosse derrotada. Mas agora vieram à luz provas documentais autênticas, sob a forma do próprio diário do QG de Rundstedt, escrito na ocasião. E ele conta uma história diferente. À meia-noite do dia 23, chegaram ordens de Brauchitsch, do OKH, confirmando que o IV Exército deveria prosseguir, sob o comando de Rundstedt, para "o último ato" da "batalha de cerco". Na manhã seguinte, Hitler visitou Rundstedt, que o fez ver que sua divisão blindada, que chegara tão longe e tão depressa, estava com sua força muito reduzida e precisava de uma pausa para se reorganizar e recuperar o equilíbrio, para o golpe final contra um inimigo que, no dizer de seu diário de comando, estava "lutando com extraordinária tenacidade". Além disso, Rundstedt antevia a possibilidade de ataques pelo norte e pelo sul contra suas forças largamente dispersas — na verdade, tratava-se do plano Weygand, que, se tivesse sido viável, seria o contragolpe aliado óbvio. Hitler "concordou inteiramente". Rundstedt também discorreu sobre a suprema necessidade de preservar as forças blindadas para outras operações. Entretanto, logo ao amanhecer do dia 25, uma nova instrução foi enviada por Brauchitsch, como comandante em chefe, ordenando a continuação do avanço dos blindados. Rundstedt, fortalecido pela concordância verbal de Hitler, não aceitou isso. Não transmitiu a ordem ao comandante do IV Exército, Kluge, que foi instruído a continuar poupando as divisões Panzer. Kluge protestou contra essa demora, mas Rundstedt só liberou os blindados no dia seguinte, 26 de maio, embora, ainda nessa ocasião, tenha ordenado que Dunquerque em si não fosse diretamente atacada. O diário registra que o IV Exército protestou contra essa restrição e que seu comandante em chefe telefonou no dia 27: "O quadro nos portos do Canal é o seguinte: grandes navios aproximam-se das imediações dos cais, as rampas são baixadas e os homens abarrotam os navios. Todo o material fica para trás. Mas não nos entusiasma a ideia de depararmos com esses homens posteriormente, novamente equipados, lutando contra nós."

É verdade, portanto, que o avanço dos blindados foi interrompido; e isso por iniciativa, não de Hitler, mas de Rundstedt. Este, sem dúvida, tinha razões para sua visão da condição dos blindados e da batalha em geral, mas deveria ter obedecido às ordens formais do comando do exército, ou, pelo menos, dito a ele o que Hitler lhe dissera em conversa. Há entre os comandantes alemães uma concordância geral de que se perdeu uma grande oportunidade.

☆

Mas houve outra causa que afetou a movimentação dos blindados alemães na hora decisiva.

Depois de chegarem ao litoral um pouco além de Abbeville, na noite de 20 de maio, as principais colunas blindadas e motorizadas alemãs haviam-se deslocado para o norte pela costa, em direção a Boulogne, Calais e Dunquerque, com a evidente intenção de barrar qualquer saída pelo mar. Essa região estava clara, em minha mente, desde a guerra anterior, quando eu mantivera a Brigada Móvel de Fuzileiros Navais operando a partir de Dunquerque contra os flancos e a retaguarda dos exércitos alemães que marchavam em direção a Paris. Assim, ninguém precisava informar-me sobre o sistema de inundações entre Calais e Dunquerque, ou sobre a importância da linha-d'água de Gravelines. As comportas já tinham sido abertas e, dia após dia, as inundações se espalhavam, dando proteção pelo sul à nossa linha de retirada. A defesa de Boulogne até o último minuto, porém mais ainda a de Calais, destacava-se daquele panorama confuso, e para lá foram imediatamente enviadas guarnições da Inglaterra. Boulogne, isolada e atacada em 22 de maio, foi defendida por dois batalhões dos Guardas Reais e uma de nossas poucas baterias antitanque, com alguma tropa francesa. Depois de 36 horas de resistência, veio a informação de que a posição era insustentável e consenti em que o restante da guarnição, incluindo os franceses, fosse retirada por mar. Os Guardas foram embarcados em oito contratorpedeiros na noite de 23-24 de maio, com uma perda de apenas duzentos homens. Os franceses continuaram a lutar na cidadela até a manhã do dia 25. Lamentei nossa evacuação.

Alguns dias antes, eu havia posto a defesa dos portos do Canal diretamente sob as ordens do CIGS, com quem me mantinha em contato permanente. Resolvi então que seria preciso lutar por Calais até a morte e que nenhuma retirada por mar seria permitida à guarnição, que consistia em um batalhão da Brigada de Fuzileiros, um do 60° Regimento de Fuzileiros, os Fuzileiros da rainha Victoria, a 229ª Bateria Antitanque da Real Artilharia e um batalhão do Real Regimento de Tanques, com 21 tanques ligeiros e 27 tanques médios, além de um número igual de soldados franceses. Foi doloroso sacrificar dessa maneira aquelas tropas esplêndidas e treinadas, das quais tínhamos tão poucas, em nome do duvidoso benefício de ganhar dois ou, quem sabe, três dias, e mais o uso desconhecido que se poderia fazer deles. O ministro da Guerra e o CIGS concordaram com essa dura medida.

A decisão final de não resgatar a guarnição foi tomada na noite de 26 de maio. Até então, os contratorpedeiros tinham-se mantido a postos. Eden e Ironside estavam comigo no almirantado. Nós três terminamos de jantar e, às 21 horas, efetivamos a decisão. Ela envolvia o regimento do próprio Eden, em que ele servira por muito tempo e combatera na guerra anterior. Tem-se que comer e beber durante a guerra, mas não pude deixar de me sentir fisicamente mal quando, depois disso, ficamos sentados à mesa em silêncio.

Calais era o ponto crucial. Muitas outras causas poderiam ter impedido a retirada de Dunquerque, mas é certo que os três dias ganhos com a defesa de Calais permitiram que a linha-d'água de Gravelines fosse mantida, e é certo que, sem isso, a despeito das hesitações de Hitler e das ordens de Rundstedt, tudo teria sido isolado e perdido.

☆

Abateu-se então sobre tudo isso uma catástrofe simplificadora. Os alemães, que até então não haviam pressionado severamente a frente belga, romperam a linha belga em 24 de maio, em ambos os lados de Courtrai, que fica a cerca de trinta milhas de Ostende e Dunquerque. O rei dos belgas logo considerou a situação desesperadora e se preparou para a capitulação.

Na noite de 25, Lord Gort tomou uma decisão vital. Suas ordens ainda eram de dar prosseguimento ao plano Weygand, fazendo um ataque ao sul em direção a Cambrai, no qual a 5ª e a 50ª divisões, juntamente com os franceses, deveriam ser empregadas. O prometido ataque francês, partindo do Somme para o norte, não dava sinal de se materializar. Os últimos defensores de Boulogne tinham sido evacuados. Calais ainda resistia. Gort resolveu abandonar o plano Weygand. A seu ver, já não havia esperança de uma marcha para o sul e o Somme. Além disso, ao mesmo tempo, o desmoronamento da defesa belga e a brecha que se abria ao norte criavam um novo perigo, em si avassalador. Confiando em seu conhecimento militar e convencido da completa desaparição de todo o controle, quer dos governos inglês e francês, quer do supremo comando francês, Gort resolveu abandonar o ataque ao sul, fechar a brecha que uma capitulação belga estava prestes a abrir no norte e marchar para o mar. Naquele momento, ali estava a única esperança de salvar alguma coisa da destruição ou da rendição. Às 18 horas, ele ordenou que a 5ª e a 50ª divisões se juntassem ao 2° Corpo inglês para fechar a iminente abertura belga. Comunicou sua decisão ao general Blanchard, que sucedera Billotte no comando do I Grupo de Exércitos, e esse oficial, reconhecendo a força dos acontecimentos, ordenou, às 23h30, um retraimento no dia 26 para uma linha atrás do canal de Lys, a oeste de Lille, com vistas a formar uma cabeça de praia ao redor de Dunquerque.

Na manhã de 26 de maio, Gort e Blanchard traçaram seu plano de retirada para a costa. Como o I Exército francês tinha uma distância maior a percorrer, as primeiras movimentações da BEF na noite de 26-27 deveriam ser preparatórias, e as retaguardas do 1° e do 2° Corpos ingleses continuaram nas defesas de fronteira até a noite de 27-28. Em tudo isso, Lord Gort agiu sob sua própria responsabilidade. Mas, a essa altura, nós, em casa, com um ângulo de informações um pouco diferente, já havíamos chegado às mesmas conclusões. No dia 26, um telegrama do Gabinete de Guerra aprovou a conduta de Gort e o autorizou a "operar imediatamente

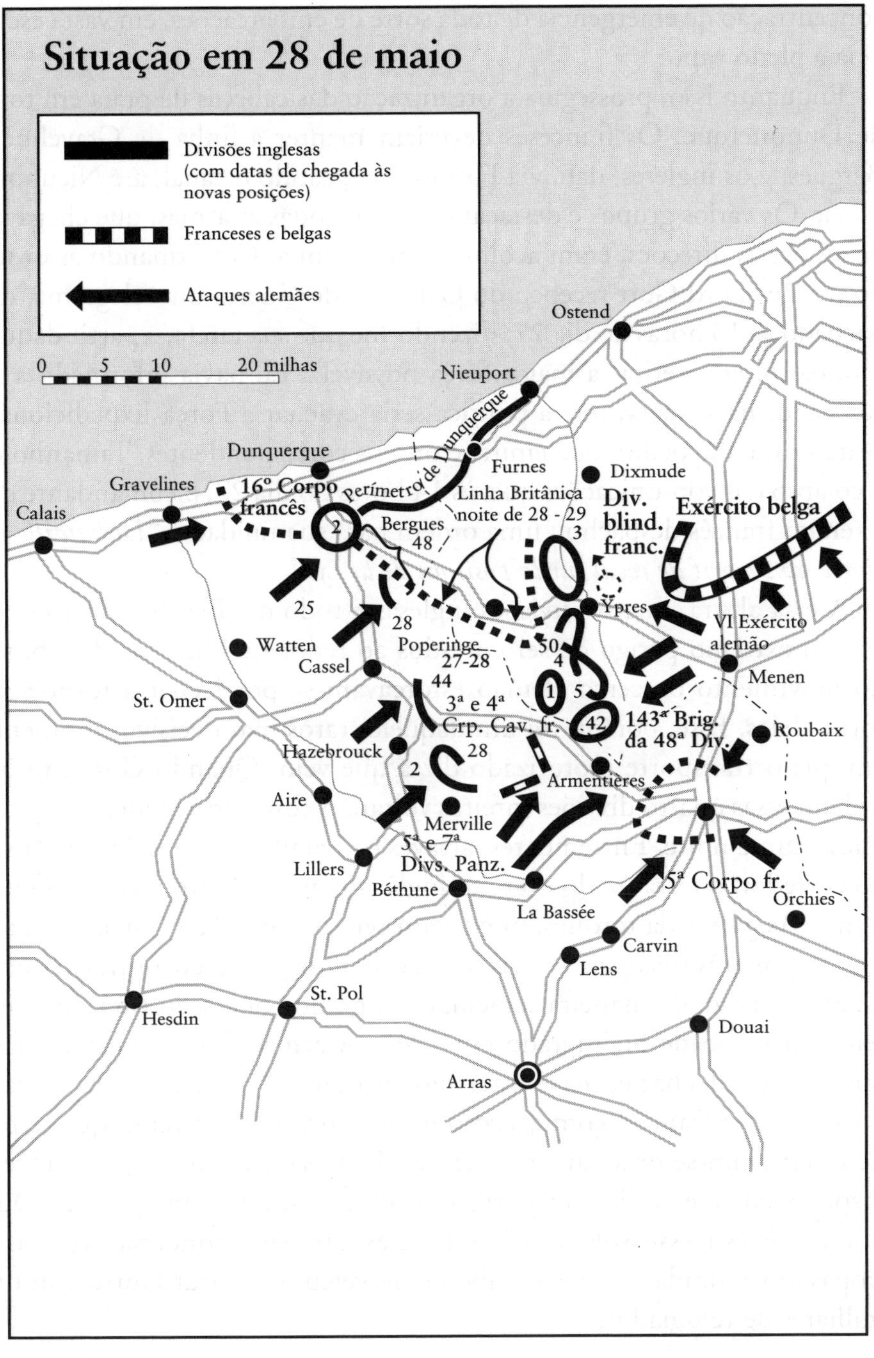

Situação em 28 de maio
Divisões inglesas
(com datas de chegada às novas posições)
Franceses e belgas
Ataques alemães
0 5 10 20 milhas
Ostend
Nieuport
Perímetro de Dunquerque
Dunquerque
Furnes
Dixmude
Gravelines
16º Corpo francês
Linha Britânica noite de 28 - 29
Div. blind. franc.
Exército belga
Calais
Bergues
48
3
25
28
Ypres
VI Exército alemão
Watten
Poperinge
27-28
50
4
Menen
Cassel
44
5
1
St. Omer
3ª e 4ª Crp. Cav. fr.
42
143ª Brig. da 48ª Div.
Roubaix
Hazebrouck
28
2
Armentières
Aire
Merville
5ª e 7ª Divs. Panz.
Lillers
Béthune
La Bassée
5ª Corpo fr.
Orchies
Carvin
Lens
St. Pol
Hesdin
Douai
Arras

em direção ao litoral, em conjunto com os exércitos francês e belga". A concentração de emergência de toda sorte de embarcações, em vasta escala, já ia a pleno vapor.

Enquanto isso, prosseguia a organização das cabeças de praia em torno de Dunquerque. Os franceses deveriam manter a linha de Gravelines a Bergues, e os ingleses, dali, via Furnes, margeando o canal, até Nieuport e o mar. Os vários grupos e destacamentos de todas as armas, que chegavam de ambas as direções, eram acolhidos nessa linha. Confirmando as ordens do dia 26, Lord Gort recebeu do Gabinete de Guerra um telegrama, despachado às 13 horas do dia 27, dizendo-lhe que sua tarefa, a partir daquele momento, era "retirar a maior força possível". Eu havia informado a M. Reynaud, na véspera, que a política seria evacuar a Força Expedicionária Britânica, e lhe pedira que emitisse ordens correspondentes. Tamanho era o colapso das comunicações que, às 14 horas do dia 27, o comandante do I Exército francês despachou uma ordem para sua unidade: "*La bataille sera livrée sans esprit de recul sur la position de la Lys.*"

A essa altura, quatro divisões inglesas e todo o I Exército francês corriam o extremo perigo de ser cortados ao redor de Lille. Os dois braços do movimento de cerco alemão esforçavam-se por fechar a torquês em torno deles. Esse, porém, foi um daqueles raros mas decisivos momentos em que o transporte motorizado diz a que veio. Quando Gort emitiu a ordem, essas quatro divisões inteiras voltaram com surpreendente rapidez, quase numa noite. Entrementes, através de batalhas ferozes dos dois lados do corredor, o restante do exército inglês manteve aberto o caminho para o mar. As garras da torquês, que foram retardadas pela 2ª Divisão e paralisadas por três dias pela 5ª Divisão, acabaram por se encontrar na noite de 29 de maio, de maneira semelhante à grande operação russa que seria feita em torno de Stalingrado em 1942. A armadilha levara dois dias e meio para se fechar e, nesse intervalo, as divisões inglesas e grande parte do I Exército francês, com exceção do 5° Corpo de Exército, que se perdeu, retiraram-se ordeiramente através da passagem, embora os franceses dispusessem apenas de transporte a cavalo e a estrada principal para Dunquerque já estivesse isolada, achando-se as estradas secundárias repletas de tropas em retirada, longos comboios de veículos de transporte e muitos milhares de refugiados.

☆

A pergunta concernente à nossa capacidade de prosseguirmos sozinhos, que eu pedira a Mr. Chamberlain que examinasse com outros ministros dez dias antes, foi então formalmente feita aos nossos assessores militares. Redigi deliberadamente a referência de modo que os termos, embora oferecessem uma orientação, davam aos chefes de estado-maior liberdade de expressar sua opinião, qualquer que fosse. Eu sabia de antemão que eles estavam absolutamente decididos, mas é prudente dispor de registros escritos dessas decisões. Ademais, eu desejava poder assegurar ao parlamento que nossa resolução fora respaldada por opiniões profissionais. Aqui está, juntamente com sua resposta:

1. Revimos nosso relatório sobre a "Estratégia Inglesa numa Certa Eventualidade", à luz dos seguintes termos de referência que nos foram remetidos pelo primeiro-ministro:

"Na eventualidade de a França ficar impossibilitada de prosseguir na guerra e se tornar neutra, com os alemães preservando sua posição atual e o exército belga sendo forçado a capitular, depois de auxiliar a Força Expedicionária Britânica a atingir o litoral; na eventualidade de se oferecerem à Inglaterra termos que a coloquem inteiramente à mercê da Alemanha, através do desarmamento, da cessão de bases navais nas ilhas Orkney etc.

Quais são as perspectivas de continuarmos na guerra sozinhos contra a Alemanha e, provavelmente, a Itália?

Podem a Marinha e a Força Aérea ter esperanças razoáveis de impedir uma invasão séria, e poderiam as forças concentradas nesta ilha enfrentar incursões por via aérea de destacamentos não superiores a dez mil homens, levando em conta que um prolongamento da resistência inglesa poderia ser muito perigoso para a Alemanha, empenhada em submeter firmemente a maior parte da Europa?"

2. Nossas conclusões estão contidas nos parágrafos que se seguem.

3. Enquanto existir nossa Força Aérea, a Marinha e Força Aérea, juntas, serão capazes de impedir que a Alemanha realize uma invasão séria deste país por mar.

4. Supondo-se que a Alemanha conquistasse uma completa superioridade aérea, consideramos que a Marinha poderia impedir uma invasão por um período, mas não por tempo indefinido.

5. Se, com nossa Marinha incapaz de impedi-la e nossa Força Aérea desaparecida, a Alemanha tentasse uma invasão, nossas defesas costeiras

e de praia não conseguiriam impedir tanques e infantaria alemães de se estabelecerem firmemente em nosso litoral. Nas circunstâncias acima consideradas, nossas forças terrestres seriam insuficientes para lidar com uma invasão séria.

6. O ponto crucial do problema é a superioridade aérea. Uma vez que a Alemanha a tenha atingido, poderá tentar subjugar este país exclusivamente por ataques aéreos.

7. A Alemanha não teria como conquistar uma completa superioridade aérea, a menos que pudesse pôr fora de combate nossa força aérea e a indústria de aviação, partes vitais da qual estão concentradas em Coventry e Birmingham.

8. Ataques aéreos às fábricas de aviões seriam realizados de dia ou de noite. Consideramos que seríamos capazes de infligir baixas suficientes ao inimigo durante o dia para impedir prejuízos graves. O que quer que façamos, todavia, à guisa de medidas defensivas — e elas continuam sendo vigorosamente providenciadas com toda a urgência — não podemos ter certeza de proteger os grandes centros industriais, dos quais dependem nossas indústrias de aviação, de graves prejuízos materiais causados por ataques noturnos. O inimigo não teria que empregar bombardeios de precisão para obter esse efeito.

9. O sucesso dos ataques na eliminação da indústria aeronáutica depende não só dos danos materiais provocados pelas bombas, mas de seu efeito moral sobre os trabalhadores e da determinação destes de prosseguir, a despeito dos estragos e da destruição em grande escala.

10. Portanto, se o inimigo tiver êxito em ataques noturnos à nossa indústria aeronáutica, é provável que consiga suficientes danos materiais e morais na área industrial em questão para impor uma paralisação de todo o trabalho.

11. Convém lembrar que, numericamente, os alemães têm uma superioridade de quatro para um. Além disso, as fábricas de aviões alemãs são bem dispersas e relativamente inacessíveis.

12. Por outro lado, enquanto tivermos uma força de bombardeiros de contra-ataque, poderemos desferir ataques semelhantes contra os centros industriais alemães e, através do efeito moral e material, levar parte deles a uma paralisação.

13. Em resumo, nossa conclusão é que, *prima facie*, a Alemanha detém as melhores cartas; mas o verdadeiro teste está em saber se o moral de nossos combatentes e da população civil poderá contrabalançar as vantagens numéricas e materiais de que a Alemanha desfruta. Acreditamos que sim.

Esse relatório, que foi escrito, é claro, no momento mais sombrio que antecedeu à evacuação de Dunquerque, foi assinado não apenas pelos três chefes de estado-maior, Newall, Pound e Ironside, mas também pelos subchefes, Dill, Phillips e Peirse. Lendo-o passados esses anos, devo admitir que ele era grave e desolador. Mas o Gabinete de Guerra e os poucos outros ministros que o viram tiveram todos a mesma opinião. Não houve discussão. Estávamos juntos, de corpo e alma.

Em casa, emiti a seguinte admonição:

(*Estritamente confidencial*) 28.v.40

Nestes dias sombrios, o primeiro-ministro agradeceria que todos os seus colegas do governo, bem como os funcionários importantes, mantivessem o moral elevado em seus círculos; não minimizando a gravidade dos acontecimentos, mas demonstrando confiança em nossa capacidade e em nossa determinação inflexível de continuar na guerra, até dobrarmos a vontade do inimigo de pôr toda a Europa sob seu domínio.

Nenhuma tolerância deve ser exibida com a ideia de que a França firmará uma paz em separado; mas, aconteça o que acontecer no cntinente, não há que duvidar de nosso dever e certamente usaremos todo o nosso poder para defender a Ilha, o Império e nossa Causa.

☆

Nas primeiras horas do dia 28, o exército belga rendeu-se. Lord Gort só recebeu a notificação formal disso uma hora antes do acontecimento, mas o colapso fora previsto três dias antes e, de um modo ou de outro, a brecha fora fechada. Durante todo esse dia, o escape do exército inglês ficou oscilando na balança. No front de Comines até pres e dali até o mar, voltados para o leste e tentando fechar a brecha belga, o general Brooke e seu 2° Corpo de Exército travaram uma batalha magnífica, mas, à medida que os belgas recuaram para o norte e depois capitularam, o vazio se ampliou de maneira irremediável. Foi impossível impedir o avanço alemão entre o exército inglês e o belga, mas sua consequência fatal — uma guinada para o interior de nossas posições, atravessando o Yser, que teria colocado o inimigo nas praias atrás de nossas tropas de combate — fora prevista e foi interceptada em todos os pontos.

Os alemães foram repelidos com muito sangue. Durante todo o tempo, apenas cerca de quatro milhas atrás da linha de combate de Brooke, vastas massas de veículos de transporte e de soldados voltaram aos borbotões para a cabeça de praia que se desenvolvia em Dunquerque e foram encaixados com hábil improvisação em suas defesas. No dia 29, grande parte da BEF havia chegado ao interior do perímetro e, a essa altura, as providências navais para a evacuação estavam começando a surtir pleno efeito. Em 30 de maio, o GQG informou que todas as divisões inglesas, ou o que restara delas, haviam chegado.

Mais de metade do I Exército francês chegou a Dunquerque, onde a grande maioria foi embarcada em segurança. Mas a linha de retirada de pelo menos cinco divisões foi cortada pelo movimento de torquês dos alemães a oeste de Lille. Os franceses de Lille combateram em fronts que se contraíam aos poucos, sob crescente pressão, até que, na noite de 31 de maio, sem alimentos e com a munição esgotada, foram obrigados a se render. Assim, cerca de cinquenta mil homens caíram nas mãos dos alemães. Esses franceses, sob a intrépida liderança do general Molinié, haviam detido, durante quatro dias cruciais, nada menos de sete divisões alemãs, que, de outro modo, poderiam ter-se juntado às investidas contra o perímetro de Dunquerque. Foi uma esplêndida contribuição para a fuga de seus companheiros mais afortunados e da BEF.

☆

Foi para mim uma dura experiência, arcando com uma responsabilidade geral tão pesada, assistir durante aqueles dias, em rápidos vislumbres, a esse drama em que o controle era impossível e a intervenção propensa a mais fazer mal que bem. Não há dúvida de que, insistindo com toda a lealdade no plano Weygand de retirada para o Somme por tanto tempo quanto o fizemos, nossos perigos, já muito graves, foram aumentados. Mas a decisão de Gort de abandonar o plano Weygand e marchar para o mar, com a qual concordamos rapidamente, foi executada por ele e sua equipe com habilidade magistral, e será sempre considerada um episódio brilhante nos anais militares da Inglaterra.

26
O resgate de Dunquerque

Era terça-feira, 28 de maio, e não voltei a comparecer à Câmara senão uma semana depois. Não havia qualquer benefício a tirar de um novo pronunciamento nesse intervalo, e tampouco os deputados expressaram desejo de que um houvesse. Mas todos se aperceberam de que o destino do nosso exército, e talvez muito mais, bem poderia ser decidido antes de terminada a semana. "A Casa", disse eu, "deve preparar-se para notícias duras e graves. Só me resta acrescentar que nada do que venha a acontecer nessa batalha poderá de modo algum eximir-nos de nosso dever de defender a causa mundial com que nos comprometemos; tampouco deverá destruir nossa confiança em nossa capacidade de abrir caminho, como em ocasiões anteriores de nossa história, através do desastre e da tristeza, até a derrota final dos nossos inimigos." Eu não vira muitos de meus colegas de fora do Gabinete de Guerra, exceto individualmente, desde a formação do governo, e julguei apropriado fazer uma reunião em minha sala na Câmara dos Comuns com todos os ministros do primeiro escalão que não eram membros do Gabinete de Guerra. Talvez fôssemos 25 ao redor da mesa. Descrevi o curso dos acontecimentos e lhes mostrei francamente onde nos encontrávamos e tudo o que estava em jogo. Então, afirmei em tom bastante casual, e sem tratar isso como um ponto de especial importância: "É claro que, haja o que houver em Dunquerque, continuaremos lutando."

Ocorreu, então, uma demonstração que, considerando o caráter do grupo reunido — 25 políticos e parlamentares experientes, que haviam representado todos os diferentes pontos de vista, certos ou errados, antes da guerra — me surpreendeu. Bom número deles pareceu levantar-se de um salto e correr até minha cadeira, aclamando e me dando tapinhas nas costas. Não há dúvida de que, naquela conjuntura, se eu houvesse hesitado na liderança da nação, teria sido expulso do cargo. Tive certeza de que todos os ministros preferiam ser mortos dentro em breve, e terem suas famílias inteiras e suas posses destroçadas, a desistir. Nesse ponto, representavam a Câmara dos Comuns e quase a totalidade do povo. Coube a mim, nos dias e meses subsequentes, expressar seus sentimentos nas ocasiões adequadas.

E me foi possível fazê-lo porque também eram os meus. Um halo luminoso, irresistível e sublime envolveu nossa ilha de ponta a ponta.

☆

Escreveram-se relatos precisos e excelentes sobre a evacuação dos exércitos inglês e francês de Dunquerque. Desde o dia 20, a concentração de navios e pequenas embarcações vinha prosseguindo sob o controle do almirante Ramsay, que comandava em Dover. No entardecer do dia 26, um sinal do almirantado desencadeou a *Operação Dynamo*. As primeiras tropas foram trazidas para casa naquela noite. Depois da perda de Boulogne e Calais, apenas o que restava do porto de Dunquerque e as praias próximas da fronteira belga estavam em nosso poder. Nesse momento, achou-se que em dois dias conseguiríamos resgatar no máximo cerca de 45 mil homens. Logo no começo da manhã seguinte, 27 de maio, tomaram-se medidas de emergência para encontrar pequenas embarcações adicionais "para uma necessidade especial". Tratava-se de nada menos que a evacuação completa da Força Expedicionária Britânica. Estava claro que um grande número dessas embarcações seria necessário para o trabalho nas praias, além de navios maiores que pudessem carregar no porto de Dunquerque. Por sugestão de Mr. H.C. Riggs, do departamento da Navegação, as várias marinas, de Teddington a Brightlingsea, foram vasculhadas por oficiais do almirantado e apresentaram mais de quarenta barcos a motor ou lanchas aproveitáveis, que foram reunidos em Sheerness no dia seguinte. Ao mesmo tempo, reunimos botes salva-vidas dos navios de linha das docas de Londres, rebocadores do Tâmisa, iates, barcos pesqueiros, chatas, barcaças e barcos de passeio — tudo o que pudesse ser útil ao longo das praias foi requisitado. Na noite de 27 de maio, grande profusão de embarcações de pequeno porte começou a deslizar em direção ao mar, primeiro para nossos portos do Canal e dali para as praias de Dunquerque e o amado exército.

Uma vez relaxada a necessidade de sigilo, o almirantado não hesitou em dar livre curso ao movimento espontâneo que se espalhou pela população navegante de nosso litoral sul e sudeste. Quem tinha qualquer tipo de embarcação, a vapor ou a vela, zarpou para Dunquerque, e os preparativos felizmente iniciados uma semana antes foram então auxiliados pela brilhante improvisação dos voluntários, numa escala surpreendente. O número que chegou no dia 29 foi pequeno, mas foi o precursor de quase quatrocentas embarcações de pequeno porte que, a partir do dia 31, estariam fadadas a desempenhar um papel vital em transportar das praias para os navios ancorados ao largo quase cem mil homens. Nesses dias, dei pela falta do chefe de minha sala dos mapas no almirantado, o comandante Pim, e de mais um ou dois rostos familiares. Eles haviam conseguido um *schuit* holandês, que em quatro dias retirou oitocentos soldados. Ao todo, foram em socorro do exército, sob incessante bombardeio aéreo do inimigo, cerca de 860 embarcações, das quais quase setecentas eram inglesas e as demais, aliadas.

☆

Enquanto isso, em terra, nas imediações de Dunquerque, a ocupação do perímetro era efetuada com precisão. As tropas chegavam do caos e eram ordeiramente dispostas ao longo das defesas, que, mesmo em dois dias, já haviam crescido. Os homens que estavam em melhores condições faziam meia-volta para formar a linha. Divisões como a 2ª e a 5ª, que haviam sofrido mais, eram mantidas de reserva nas praias e embarcadas tão logo possível. A princípio, tinha que haver três corpos de exército no front, mas, no dia 29, com os franceses tendo uma participação maior nas linhas de defesa, bastaram duas. O inimigo havia seguido de perto o retraimento, e os combates violentos eram incessantes, especialmente nos flancos próximos de Nieuport e Bergues. À medida que prosseguia a evacuação, a redução sistemática do número de tropas, tanto inglesas quanto francesas, era acompanhada por uma contração correspondente da defesa. Nas praias, entre as dunas de areia, por três, quatro ou cinco dias, dezenas de milhares de soldados ficaram sob ataques aéreos implacáveis. A crença de Hitler — de que a força aérea alemã impossibilitaria a fuga e, portanto, ele devia reservar suas formações blindadas para o ataque final da campanha — constituíra um erro, mas não tinha sido absurda.

Três fatores desmentiram suas expectativas. Primeiro, o incessante bombardeio aéreo causou poucos danos à massa de tropa ao longo da costa. As bombas afundavam na areia macia, que abafava suas explosões. Nos estágios iniciais, depois de um bombardeio devastador, os soldados ficavam atônitos ao constatar que praticamente ninguém fora morto ou ferido. Houvera explosões por toda parte, mas quase ninguém fora atingido. Um litoral rochoso teria produzido resultados muito mais mortíferos. Em pouco tempo, os soldados encaravam os ataques aéreos com desdém. Agachavam-se nas dunas de areia com compostura e crescente esperança. Diante deles estava o mar escuro, mas não inamistoso. Mais além, os navios de resgate — e a Casa.

O segundo fator que Hitler não previu foi a matança de seus aviadores. A qualidade aérea inglesa e alemã foi diretamente testada. Através de um esforço intenso, o Comando de Caça manteve um patrulhamento sucessivo acima do cenário e combateu o inimigo com grande vantagem. Hora após hora, eles investiam contra as esquadrilhas alemãs de caças e bombardeiros, dispersando-as e afugentando-as com um número pesado de baixas. Dia após dia isso continuou, até ser conquistada a gloriosa vitória da RAF. Onde quer que se deparasse com aeronaves alemãs, às vezes em grupos de quarenta ou cinquenta, elas eram instantaneamente atacadas, muitas vezes por esquadrilhas solitárias ou até menos, e derrubadas às dezenas, que em pouco tempo começaram a somar centenas. Toda a força aérea de defesa interna, nossa última e sagrada reserva, foi empregada. Houve casos em que os pilotos de caças fizeram quatro sortidas por dia. O resultado obtido foi claro. O inimigo superior foi derrotado ou morto e, apesar de toda a sua bravura, subjugado ou até intimidado. Foi um embate decisivo. Infelizmente, a tropa nas praias viu muito pouco desse encontro épico no ar, muitas vezes a milhas de distância ou acima das nuvens. Não tinha nenhum conhecimento das perdas impostas ao inimigo. Tudo o que sentia eram as bombas flagelando as praias, lançadas pelos inimigos que haviam conseguido passar, mas que talvez não voltassem. Houve mesmo intensa raiva no exército contra a força aérea, e alguns dos soldados, ao desembarcarem nos portos de Dover ou do Tâmisa, em sua ignorância, insultaram os homens em uniforme da RAF. Deveriam ter-lhes apertado a mão, mas como poderiam saber? No parlamento, empenhei-me em difundir a verdade.

Mas toda a ajuda da areia e todas as proezas aéreas teriam sido inúteis sem o mar. As instruções dadas dez ou 12 dias antes, sob a pressão e a emoção dos acontecimentos, haviam frutificado de maneira surpreendente. Uma perfeita disciplina prevaleceu em terra e a bordo. O mar estava calmo. De um lado para outro, entre a praia e os navios, os barquinhos trabalhavam com afinco, pegando os homens nas praias quando eles caminhavam para o mar ou recolhendo-os já na água, com total indiferença pelo bombardeio aéreo, que volta e meia fazia suas vítimas. A quantidade das embarcações desafiou os ataques aéreos. Era impossível afundar a Armada dos Mosquitos. Em meio à nossa derrota, a glória refulgiu para a gente da ilha, unida e invencível, e a história das praias de Dunquerque há de brilhar em qualquer registro que se preserve de nossos feitos.

Não obstante o corajoso trabalho das pequenas embarcações, não se deve esquecer que o fardo mais pesado coube aos navios que zarpavam do porto de Dunquerque, onde dois terços dos homens foram embarcados. Os contratorpedeiros desempenharam o papel principal, como mostra a relação de baixas. Tampouco se deve esquecer o grande papel dos navios de transporte de tropas, com suas tripulações de marinha mercante.

☆

O processo de evacuação foi observado com olhos ansiosos e esperança crescente. Na noite de 27 de maio, a situação de Lord Gort pareceu crítica às autoridades navais, e o comandante Tennant, oficial da Marinha Real servindo no almirantado, que assumira as funções de oficial naval superior em Dunquerque, enviou sinais para que todas as embarcações disponíveis fossem enviadas às praias imediatamente, pois "a retirada amanhã à noite será problemática". O quadro apresentado foi sombrio, até desesperador. Fez-se um esforço extremo para atender ao pedido. Um cruzador, oito contratorpedeiros e outros 26 navios foram enviados. O dia 28 foi de tensão, mas ela amainou aos poucos, à medida que a situação em terra foi estabilizada, com a poderosa ajuda da RAF. Os planos navais foram executados, apesar de graves perdas no dia 29, quando três contratorpedeiros e 21 outros navios foram afundados, além de muitos outros avariados.

No dia 30, fiz uma reunião com os três ministros das forças e com os chefes de estado-maior na sala de guerra do almirantado. Examinamos os acontecimentos do dia na costa belga. O número total de resgatados havia-se elevado para 120 mil homens, incluindo apenas seis mil franceses; 860 embarcações de todos os tipos estavam em ação. Uma mensagem do almirante Wake-Walker, em Dunquerque, dizia que, apesar do intenso bombardeio e dos ataques aéreos, quatro mil homens tinham sido embarcados nos sessenta minutos anteriores. Ele também considerava que a própria Dunquerque seria provavelmente insustentável no dia seguinte. Destaquei a necessidade urgente de retirar mais soldados franceses. Deixar de fazê-lo poderia causar danos irreparáveis às relações entre nós e nossos aliados. Também avisei que, quando a força inglesa estivesse reduzida ao efetivo de um corpo de exército, deveríamos dizer a Lord Gort que embarcasse e voltasse para a Inglaterra, deixando no comando um comandante de corpo. O exército inglês teria de aguentar o máximo de tempo possível para que a retirada dos franceses pudesse prosseguir.

Conhecendo bem o caráter de Lord Gort, redigi de próprio punho a seguinte ordem destinada a ele, que foi oficialmente enviada pelo Ministério da Guerra às 14 horas do dia 30:

> Continue a defender com todo o empenho o perímetro atual, a fim de cobrir a máxima retirada, que agora corre bem. Informe a cada três horas através de La Panne. Se ainda pudermos comunicar-nos, vamos mandar-lhe uma ordem de retornar à Inglaterra com os oficiais de sua escolha, no momento em que julgarmos seu comando suficientemente reduzido para que possa ser passado a um comandante de corpo de exército. Você deve nomear esse comandante agora. Se as comunicações forem rompidas, você deverá passar o comando e retornar conforme especificado, quando sua força efetiva de combate não ultrapassar o equivalente a três divisões. Isso está de acordo com o procedimento militar correto e não lhe é deixada nenhuma opção pessoal nessa questão. Politicamente, seria uma vitória desnecessária para o inimigo que ele o capturasse quando apenas uma pequena força continuasse sob suas ordens. O comandante escolhido por você deverá receber ordens de dar prosseguimento à defesa, em conjunto com os franceses, e à retirada de Dunquerque ou das praias, mas quando, a seu juízo, já não for possível uma retirada organizada e nenhum outro dano proporcional puder ser infligido ao inimigo, ele está autorizado, em consulta com o oficial francês no comando, a capitular formalmente, para evitar a matança inútil.

É possível que essa mensagem final tenha influenciado outros grandes acontecimentos e a sorte de outro bravo comandante. Quando estive na Casa Branca no fim de dezembro de 1941, fui informado pelo presidente e por Mr. Stimson do infortúnio que se acercava do general Mac Arthur e da guarnição americana em Corregidor. Julguei apropriado mostrar-lhes de que maneira havíamos lidado com a situação de um comandante em chefe cuja força estava reduzida a uma pequena fração de seu comando original. O presidente e Mr. Stimson leram o telegrama com profunda atenção e fiquei surpreso com a impressão que ele pareceu causar-lhes. Pouco mais tarde, nesse dia, Mr. Stimson voltou e pediu uma cópia do texto, que lhe forneci imediatamente. É possível (pois não sei dizer) que isso os tenha influenciado na decisão acertada que tomaram ao mandar que o general MacArthur passasse o comando a um de seus generais subordinados, assim salvando, para todos os seus futuros serviços gloriosos, o grande comandante que, de outro modo, teria perecido ou passado a guerra como prisioneiro dos japoneses. Agrada-me pensar que foi assim.

Nesse mesmo 30 de maio de 1940, oficiais do estado-maior de Lord Gort, reunidos com o almirante Ramsay, em Dover, informaram-no de que o alvorecer de 1° de junho seria o último momento até o qual se poderia esperar que o perímetro de leste resistisse. Assim, a evacuação foi instada com a máxima urgência, para assegurar, tanto quanto possível, que uma retaguarda de não mais de cerca de quatro mil homens ficasse em terra. Verificou-se depois que esse número seria insuficiente para defender as últimas posições de cobertura e se decidiu manter o setor inglês até a meia-noite de 1-2 de junho, prosseguindo a retirada, nesse meio-tempo, em base de plena igualdade entre as forças francesas e inglesas.

Era essa a situação quando, na noite de 31 de maio, seguindo as ordens recebidas, Lord Gort passou o comando ao general de divisão Alexander e retornou à Inglaterra.

☆

Para evitar mal-entendidos, através da manutenção do contato pessoal, foi necessário que eu voasse até Paris em 31 de maio, para uma reunião do Conselho Supremo de Guerra. Comigo no avião seguiram Mr. Attlee e os generais Dill e Ismay. Levei também o general Spears, que chegara no dia 30 com as últimas notícias de Paris. Esse brilhante oficial e membro do parlamento era meu amigo da Primeira Guerra Mundial. Como oficial de ligação entre a esquerda do exército francês e a direita dos exércitos ingleses, ele me levou a Vimy Ridge em 1916. Falando francês com uma pronúncia perfeita e trazendo em sua manga cinco galões obtidos por ferimentos, ele era, naquele momento, uma personalidade apropriada para nossas angustiadas relações. Quando franceses e ingleses estão juntos em dificuldade e surgem discussões, os franceses muitas vezes são loquazes e veementes, enquanto os ingleses mostram-se impassíveis ou até rudes. Mas Spears era capaz de dizer coisas ao alto escalão francês com uma facilidade e uma força que nunca vi serem igualadas.

Dessa vez, não fomos ao Quai d'Orsay, mas ao gabinete de M. Reynaud no Ministério da Guerra, na rua Saint-Dominique. Attlee e eu encontramos Reynaud e o marechal Pétain diante de nós como os únicos ministros franceses. Essa foi a primeira vez que Pétain, então vice-primeiro-ministro, apareceu em qualquer de nossas reuniões. Nosso embaixador, Dill, Ismay e Spears estavam conosco, enquanto Weygand, Darlan, o capitão De Margerie, secretário do gabinete pessoal de Reynaud, e M. Baudouin, secretário do Gabinete de Guerra francês, representavam os franceses.

Os franceses desconheciam o que estava acontecendo com os exércitos do norte, assim como nós desconhecíamos a situação da principal frente de operações francesa. Quando eu lhes disse que 165 mil homens, dos quais 15 mil eram franceses, tinham sido retirados, ficaram atônitos. Naturalmente, chamaram atenção para a acentuada preponderância inglesa. Expliquei que isso se devia, essencialmente, ao fato de ter havido muitas unidades administrativas inglesas na área da retaguarda, que tinham conseguido embarcar antes que as tropas de combate pudessem ser poupadas do front. Além disso, até aquele momento, os franceses não haviam recebido ordens de retirada. Uma das principais razões por que eu fora a Paris era certificar-me de que as mesmas ordens fossem dadas às tropas francesas e inglesas. O governo de Sua Majestade julgara necessário, naquelas circunstâncias terríveis, ordenar a Lord Gort que retirasse os homens aptos para o combate e deixasse os feridos para trás. Se as atuais esperanças se confirmassem, duzentos mil homens aptos poderiam ser retirados. Isso seria quase um milagre. Quatro dias antes, eu não teria apostado em mais de cinquenta mil, no máximo. Discorri sobre nossas terríveis perdas de equipamentos. Reynaud rendeu um belo tributo ao trabalho da marinha e da força aérea inglesas, pelo qual lhe agradeci. Falamos então, com algum detalhe, sobre o que poderia ser feito para recompor as forças inglesas na França.

Enquanto isso, o almirante Darlan havia rascunhado um telegrama para o almirante Abrial, em Dunquerque:

> (1) Uma cabeça de praia será mantida em torno de Dunquerque com as divisões sob seu comando e sob comando inglês.
>
> (2) Tão logo você esteja convencido de que nenhuma tropa fora da cabeça de praia conseguirá chegar aos pontos de embarque, os soldados que defendem a cabeça de praia deverão recuar e embarcar, *sendo as forças inglesas embarcadas em primeiro lugar.*

Eu disse prontamente que os ingleses não deveriam embarcar primeiro, que a evacuação deveria prosseguir em termos de igualdade entre ingleses e franceses, braços dados — *bras dessus bras dessous.* Os ingleses fariam a retaguarda. Isso foi aceito.

A conversa voltou-se então para a Itália. Expressei a visão inglesa de que, se a Itália entrasse na guerra, iríamos atacá-la de imediato, da maneira mais eficaz. Muitos italianos opunham-se à guerra e deveriam ser levados a se conscientizar de sua gravidade. Propus que atacássemos com bombardeios aéreos o triângulo industrial do noroeste, formado pelas cidades de Milão, Turim e Gênova. Reynaud concordou em que os aliados atacassem de imediato, e o almirante Darlan disse ter um plano pronto para o bombardeio naval e aéreo do suprimento de petróleo da Itália, predominantemente armazenado ao longo da costa entre a fronteira e Nápoles. As discussões técnicas necessárias foram marcadas.

Após alguma conversa sobre a importância de manter a Espanha fora da guerra, falei sobre o panorama geral. Os aliados, disse eu, deveriam manter uma frente inflexível contra todos os seus inimigos. Os Estados Unidos haviam-se inflamado com os acontecimentos recentes e, mesmo que não entrassem na guerra, logo estariam dispostos a nos prestar uma ajuda importante. Uma invasão da Inglaterra, se viesse a ocorrer, surtiria um efeito ainda mais profundo nos Estados Unidos. A Inglaterra não temia a invasão e resistiria a ela da maneira mais encarniçada, em cada vilarejo e cada aldeia. Somente depois que sua necessidade essencial de tropas fosse atendida é que o excedente de suas forças armadas poderia ser posto à disposição do aliado francês. Eu estava absolutamente convencido de que bastaria continuarmos na luta para vencer. Mesmo que um de nós fosse derrubado, o outro não deveria abandonar a luta. O governo inglês estava disposto a guerrear do Novo Mundo, se por infelicidade a própria Inglaterra fosse devastada. Se a Alemanha derrotasse um dos aliados, ou ambos, não teria misericórdia: seríamos reduzidos à condição de vassalos e escravos para sempre. Melhor seria que a civilização da Europa ocidental, com todas as suas realizações, chegasse a um fim trágico, mas esplêndido, do que ficarem as duas democracias a arrastar sua existência, despojadas de tudo o que fazia com que a vida merecesse ser vivida.

Mr. Attlee disse estar inteiramente de acordo com minha visão. "O povo inglês sabe agora o perigo que está enfrentando e sabe que, na eventualidade de uma vitória alemã, tudo o que construiu será destruído. Os alemães matam não apenas os homens, matam as ideias. Nosso povo está mais decidido que nunca em sua história." Reynaud agradeceu-nos pelo que tínhamos dito. Ele tinha certeza de que o moral do povo alemão não estava à altura do triunfo momentâneo de seu exército. Se a França conseguisse defender o Somme, com a ajuda da Inglaterra, e se a indústria americana entrasse para compensar a disparidade de armamentos, poderíamos estar certos da vitória. Ele estava sumamente grato, afirmou, por minha garantia renovada de que, se um dos países caísse, o outro não abandonaria a luta.

Encerrou-se assim a reunião formal.

Depois que nos levantamos da mesa, alguns dos chefes militares ficaram conversando na sacada, num clima um pouco diferente. O mais destacado entre eles era o marechal Pétain. Spears estava comigo, ajudando-me com meu francês e conversando ele mesmo. O jovem capitão francês De Margerie já havia falado em travar combates na África. Mas a atitude do marechal Pétain, desligada e pessimista, deu-me a sensação de que ele consideraria a ideia de uma paz em separado. A influência de sua personalidade, sua reputação e sua serena aceitação da marcha dos acontecimentos adversos, à parte quaisquer palavras que ele usasse, era quase irresistível para os que estavam sob sua influência. Um dos franceses, não me recordo quem, disse em seu estilo polido que uma continuação dos reveses militares poderia, em certas eventualidades, impor à França uma modificação da política externa. Nesse ponto, Spears mostrou-se à altura da situação e, dirigindo-se particularmente ao marechal Pétain, disse em francês perfeito: "Suponho que o senhor compreenda, senhor marechal, que isso significaria um bloqueio, pois não?" Alguém mais disse: "Talvez isso fosse inevitável." Mas Spears retrucou, olhando Pétain no rosto: "Isso significaria não apenas um bloqueio, mas o *bombardeio* de todos os portos franceses em mãos alemãs." Alegrou-me que isso fosse dito. Cantei minha cantilena habitual: continuaríamos a lutar, independentemente do que acontecesse ou de quem sucumbisse. Tivemos outra noite de pequenos ataques aéreos e, pela manhã, parti.

☆

Os dias 31 de maio e 1° de junho assistiram ao clímax, mas não ao fim, de Dunquerque. Nesses dois dias, mais de 132 mil homens foram desembarcados em segurança na Inglaterra, tendo sido quase um terço deles trazido das praias em pequenas embarcações, sob furioso ataque aéreo e fogo de artilharia. Desde o amanhecer de 1° de junho os bombardeiros inimigos fizeram seus maiores esforços, muitas vezes programados para os momentos em que nossos caças haviam-se retirado para reabastecer. Esses ataques cobraram um tributo pesado das embarcações repletas, que sofreram quase tanto quanto em toda a semana anterior. Nesse único dia, nossas perdas por ataques aéreos, minas, embarcações costeiras ou outros infortúnios foram de 31 navios afundados e 11 avariados. Em terra, o inimigo aumentou a pressão na cabeça de praia, fazendo tudo para rompê-la. Foi detido pela resistência infatigável da retaguarda aliada.

A fase final foi executada com muita habilidade e precisão. Pela primeira vez, tornou-se possível planejar com antecedência, em vez de sermos forçados a depender de improvisações a cada hora. No amanhecer de 2 de junho, cerca de quatro mil ingleses, com sete canhões antiaéreos e 12 canhões antitanque, permaneceram nas imediações de Dunquerque, com forças francesas ainda consideráveis defendendo o perímetro, cada vez mais contraído. A retirada, a essa altura, só era possível na escuridão, e o almirante Ramsay determinou a realização de uma descida em massa para o porto naquela noite, com todos os recursos disponíveis. Além de rebocadores e barcos de pequeno porte, 44 navios foram enviados da Inglaterra naquela noite, inclusive 11 contratorpedeiros e 14 caça-minas. Quarenta navios franceses e belgas também participaram. Antes da meia-noite, a retaguarda inglesa foi embarcada.

Mas esse não foi o fim da história de Dunquerque. Havíamo-nos preparado para transportar um número consideravelmente maior de franceses naquela noite do que os que se apresentaram. O resultado foi que, quando nossos navios, muitos deles ainda vazios, tiveram de recuar ao amanhecer, grande número de soldados franceses, muitos ainda em combate com o inimigo, continuava em terra. Seria preciso fazer mais um esforço. Apesar do esgotamento das tripulações dos navios, depois de tantos dias sem descanso ou alívio, o apelo foi atendido. Em 4 de junho, 26.175 franceses foram desembarcados na Inglaterra, mais de 21 mil deles trazidos por navios ingleses. Infelizmente, vários milhares ficaram para trás, continuando a lutar na cabeça de praia, que se contraía, até a manhã do dia 4, quando o inimigo chegou aos arredores da cidade. Eles haviam esgotado suas forças. Tinham lutado valentemente, durante muitos dias, para cobrir a retirada de seus companheiros ingleses e franceses. Passariam os anos subsequentes no cativeiro. Lembremo-nos de que, não fosse a resistência da retaguarda de Dunquerque, a recriação de um exército na Inglaterra para a defesa interna e a vitória final teriam sido gravemente prejudicadas.

Finalmente, às 14h23 de 4 de junho, o almirantado, em concordância com os franceses, anunciou que a *Operação Dynamo* estava concluída. Mais de 338 mil soldados ingleses e aliados tinham sido desembarcados na Inglaterra.

☆

O parlamento reuniu-se em 4 de junho, e era meu dever expor a história completa perante ele, primeiro em sessões públicas e, depois, em sessão secreta. A narrativa disso requer apenas alguns excertos de meu discurso. Era imperativo explicar não apenas ao nosso povo, mas ao mundo, que nossa determinação de lutar tinha sérios fundamentos e não era um simples esforço do desespero. Também era oportuno eu expor minhas próprias razões para ter confiança.

> *Devemos ter muito cuidado para não conferir à saída dessa enrascada os atributos de uma vitória. Guerras não se vencem com evacuações.* Mas houve nessa retirada uma vitória que convém assinalar. Foi da Força Aérea. Muitos de nossos soldados que voltaram não viram a Força Aérea em ação; viram apenas os bombardeiros que escaparam ao seu ataque protetor. Eles estão subestimando suas realizações. Ouvi falarem muitas coisas a esse respeito; é por isso que me dou o trabalho de dizê-lo. Vou contar-lhes o que houve. Foi uma grande prova de força entre as forças aéreas inglesa e alemã. Podem os senhores imaginar um objetivo maior para os alemães, no ar, do que tornar impossível a evacuação daquelas praias e afundar todos os navios que se apresentassem, chegando quase à casa de milhares? Poderia haver objetivo de maior importância e significação militar para toda a finalidade da guerra do que esse? Eles tentaram com afinco e foram rechaçados; foram frustrados em sua tarefa. Retiramos o exército, e eles pagaram em número quatro vezes maior por todas as perdas que infligiram. (...) Todos os nossos aviões e todos os nossos pilotos confirmaram ser superiores ao que têm de enfrentar neste momento.
>
> Quando consideramos quão maior seria nossa vantagem na defesa do espaço aéreo acima desta ilha contra um ataque proveniente de além-mar, devo dizer que encontro nesses fatos base segura em que apoiar pensamentos práticos e tranquilizadores. Presto minhas homenagens a esses jovens

aviadores. O Grande Exército Francês, de momento, foi largamente repelido e perturbado pela investida de alguns milhares de veículos blindados. Não será também possível que a própria causa da civilização venha a ser defendida pela habilidade e devoção de alguns milhares de aviadores?

Dizem-nos que Herr Hitler tem um plano para invadir as Ilhas Inglesas. Já houve quem pensasse nisso outras vezes. Quando Napoleão esteve em Boulogne por um ano, com seus navios de fundo chato e seu Grande Exército, alguém lhe disse: "Há ervas daninhas amargas na Inglaterra." Certamente existe número muito maior delas desde que a Força Expedicionária Britânica retornou.

Toda a questão da defesa nacional contra a invasão, é claro, é fortemente afetada pelo fato de termos nesta ilha, por enquanto, forças militares muito mais vigorosas do que jamais tivemos em qualquer momento desta guerra ou da última. Mas isso não continuará a ser assim. Não nos contentaremos com uma guerra defensiva. Temos nosso dever para com nossa aliada. Temos de recompor e reforçar mais uma vez a Força Expedicionária Britânica, sob as ordens de seu bravo comandante em chefe, Lord Gort. Tudo isso está em andamento, mas, nesse intervalo, devemos colocar nossas defesas nesta ilha em tal estado de organização que o menor número possível seja exigido para dar uma segurança efetiva, e que o maior potencial possível de esforço ofensivo se possa fazer. É nisso que estamos agora empenhados.

Concluí com uma passagem que viria a se revelar, como veremos, um fator oportuno e importante nas decisões americanas.

Muito embora grandes pedaços da Europa e muitas nações antigas e famosas tenham caído ou venham a cair sob o jugo da Gestapo e de todo o odioso aparato da dominação nazista, não esmoreceremos nem fracassaremos. Vamos até o fim. Combateremos na França, combateremos nos mares e oceanos, combateremos com confiança crescente e força crescente no ar. Defenderemos nossa ilha, ao custo que for. Lutaremos nas praias, lutaremos nas pistas de pouso, lutaremos nos campos e nas ruas, lutaremos nas montanhas; we shall never surrender, e ainda que, coisa em que não creio por um só momento, esta ilha ou grande parte dela fique subjugada e faminta, então, nosso Império além dos mares, armado e protegido pela esquadra inglesa, prosseguirá na luta, até que, quando a Deus aprouver, o Novo Mundo, com toda a sua força e poder, venha para o resgate e a libertação do Velho.

27
A corrida aos despojos

A amizade entre os povos inglês e italiano vinha da época de Garibaldi e Cavour. Todas as etapas da libertação do norte da Itália do jugo da Áustria e todos os passos em direção à unidade e à independência italianas haviam conquistado as simpatias do liberalismo vitoriano. A influência inglesa contribuíra de forma poderosa para a adesão dos italianos à causa aliada na Primeira Guerra Mundial. A ascensão de Mussolini e o estabelecimento do fascismo em oposição ao bolchevismo haviam, em suas fases iniciais, dividido a opinião pública inglesa, conforme as diferentes orientações partidárias, mas não haviam afetado as amplas bases da boa vontade entre os povos. Vimos que Mussolini se havia alinhado com a Inglaterra na oposição ao hitlerismo e às ambições alemãs, até que seus projetos contra a Abissínia criaram graves problemas. Narrei a triste história de como a política de Baldwin-Chamberlain em relação à Abissínia nos trouxe o pior de dois mundos, do como alienamos o ditador italiano sem quebrar-lhe o poder e de como a Liga das Nações ficara prejudicada sem que a Abissínia fosse salva. Também testemunhamos os esforços diligentes, mas inúteis, de Mr. Chamberlain, de Sir Samuel Hoare e de Lord Halifax para reconquistar a amizade perdida de Mussolini durante o período do apaziguamento. E, por último, houve o aumento da convicção de Mussolini de que o sol inglês chegara ao ocaso e de que o futuro da Itália, com a ajuda da Alemanha, poderia alicerçar-se nos destroços do nosso Império. Isso foi seguido pela criação do Eixo Berlim-Roma, segundo o qual era perfeitamente possível esperar que a Itália entrasse na guerra contra a Inglaterra e a França desde o primeiro dia do conflito.

Certamente, para Mussolini, foi apenas um ato comum de prudência ver como a guerra transcorreria, antes de se comprometer, e comprometer seu país, de forma irreversível. O processo de espera não foi nada improfícuo. A Itália foi cortejada pelos dois lados e granjeou muita consideração por seus interesses, muitos contratos lucrativos e tempo para aperfeiçoar seus armamentos. Assim transcorreram os meses da Guerra Imperceptível. É uma especulação interessante indagar qual teria sido o destino italiano se essa política se houvesse mantido. Os Estados Unidos, com seu grande eleitorado italiano, bem poderiam ter deixado claro a Hitler que qualquer tentativa de arregimentar a Itália para seu lado pela força provocaria as mais graves consequências. A paz, a prosperidade e um poderio crescente poderiam ter constituído o prêmio por uma neutralidade continuada. Depois de Hitler se enredar na Rússia, essa situação favorável poderia ter-se prolongado por tempo quase indefinido, com benefícios cada vez maiores, e Mussolini poderia ter-se destacado, na paz ou no último ano da guerra, como o mais sábio estadista já conhecido pela ensolarada península e por seu povo trabalhador e inventivo. Teria sido uma situação mais agradável do que a que de fato o esperava.

Nas duas ocasiões em que eu havia encontrado Mussolini, em 1927, nossas relações pessoais tinham sido íntimas e afáveis. Eu nunca teria incentivado a Inglaterra a se afastar dele por causa da Abissínia ou levantado a Liga das Nações contra ele, a menos que estivéssemos dispostos a guerrear até as últimas consequências. Como Hitler, ele compreendia e, de certa maneira, respeitava minha campanha pelo rearmamento inglês, embora ficasse muito satisfeito com o fato de a opinião pública inglesa não apoiar minha posição.

Na crise a que então chegamos, com a desastrosa Batalha da França, era claramente meu dever, na condição de primeiro-ministro, fazer o máximo possível para manter a Itália fora da guerra. Embora eu não me entregasse a esperanças ilusórias, usei prontamente todos os recursos e influência que possuía. Seis dias depois de me tornar chefe do governo, redigi, por desejo do Gabinete, o apelo a Mussolini que, juntamente com sua resposta, foi publicado dois anos depois, em circunstâncias muito diferentes. Era datado de 16 de maio de 1940.

> Agora que assumi o cargo de primeiro-ministro e ministro da Defesa, relembro nossos encontros em Roma e sinto o desejo de lhe expressar palavras de boa vontade, em sua condição de Chefe da nação italiana, transpondo o que se afigura um abismo cada vez maior. Acaso será tarde demais para impedirmos que um rio de sangue venha a fluir entre os povos inglês e italiano? Está fora de dúvida que podemos infligir-nos danos mútuos deploráveis e machucar cruelmente uns aos outros, enegrecendo o Mediterrâneo com nossa luta. Se essa for sua determinação, assim terá que ser; mas declaro que nunca fui inimigo da grandeza italiana, nem jamais abriguei no coração uma inimizade contra o Legislador italiano. É especulativo prever o curso das grandes batalhas que hoje se travam na Europa, mas estou certo de que, haja o que houver no continente, a

> Inglaterra prosseguirá até o fim, ainda que inteiramente só, como fizemos antes, e creio, com alguma certeza, que seremos ajudados em medida cada vez maior pelos Estados Unidos e, a rigor, por todas as Américas.
>
> Rogo-lhe acreditar que não é movido pela fraqueza ou pelo medo que faço este apelo solene, que ficará registrado. Desde as mais remotas eras, acima de todos os outros pleitos, eleva-se o apelo de que os herdeiros comuns da civilização latina e cristã não se alinhem uns contra os outros em combate mortal. Atenda-o, é o que lhe rogo, com toda a honra e respeito, antes que seja dado o terrível sinal. Ele nunca será dado por nós.

A resposta foi áspera. Mas teve ao menos o mérito da franqueza.

> Respondo à mensagem que o senhor me enviou para lhe dizer que, certamente, o senhor está a par das graves razões de caráter histórico e circunstancial que alinharam nossos dois países em campos opostos. Sem remontar muito no tempo, recordo-lhe a iniciativa tomada por seu governo, em 1935, de organizar em Genebra sanções contra a Itália, empenhada em conquistar para si um pequenino espaço sob o sol africano, sem causar o menor prejuízo a seus interesses e territórios ou aos de terceiros. Relembro-lhe também a situação real e atual de servidão em que se encontra a Itália em seu próprio mar. Se foi para honrar sua assinatura que seu governo declarou guerra à Alemanha, o senhor há de compreender que o mesmo sentimento de honra e respeito pelos compromissos assumidos no Tratado Ítalo-Germânico norteia a política italiana, hoje e no futuro, ante qualquer acontecimento.

Desse momento em diante, não podíamos ter em dúvida a intenção de Mussolini de entrar em guerra quando a oportunidade lhe fosse mais favorável. Sua decisão fora tomada, na verdade, tão logo a derrota dos exércitos franceses se evidenciara. Em 13 de maio, ele dissera a Ciano que declararia guerra à França e à Inglaterra dentro de um mês. Sua decisão oficial de declarar guerra em qualquer data apropriada, depois de 5 de junho, foi comunicada aos chefes de estado-maior italianos em 29 de maio. A pedido de Hitler, essa data foi adiada para 10 de junho.

☆

Em 26 de maio, enquanto o destino dos exércitos do norte estava em suspenso e ninguém podia ter certeza de que alguém escaparia, Reynaud voou até a Inglaterra para conversar conosco sobre esse tema, que não estivera ausente dos nossos pensamentos. A declaração de guerra italiana era esperada para qualquer momento. Assim, a França teria nova frente e um novo inimigo avançaria vorazmente sobre ela pelo sul. Seria possível fazer alguma oferta a Mussolini para nos livrar dele? Foi essa a pergunta formulada. Não me parecia que houvesse a mínima chance, e cada fato usado pelo premier francês como argumento favorável a uma tentativa só fez aumentar minha certeza de que não havia esperança. Entretanto, Reynaud estava sofrendo intensas pressões internas e nós, por nosso lado, queríamos dar toda a consideração à nossa aliada, cuja única arma vital, seu exército, estava se esfacelando em suas mãos. Embora não houvesse necessidade de enumerar os graves fatos, M. Reynaud discorreu de maneira nada obscura sobre uma possível retirada francesa da guerra. Pessoalmente, ele continuaria na luta, mas sempre havia a possibilidade de que logo fosse substituído por outros, de ânimo diferente.

Em 25 de maio, a pedido do governo francês, já havíamos feito uma solicitação conjunta ao presidente Roosevelt para que ele interviesse. Nessa mensagem, a Inglaterra e a França haviam-no autorizado a declarar que entendíamos que a Itália tinha queixas territoriais contra nós no Mediterrâneo, que estávamos dispostos a considerar prontamente qualquer reivindicação razoável, que os aliados aceitariam a Itália na Conferência de Paz, com status idêntico ao de qualquer nação beligerante, e que solicitaríamos ao presidente que se certificasse do cumprimento de qualquer acordo então firmado. O presidente tomara providências nesse sentido, mas suas declarações tinham sido repelidas pelo ditador italiano da maneira mais brusca. Em nossa reunião com Reynaud, já dispúnhamos dessa resposta. O premier francês sugeriu então algumas propostas mais precisas. Obviamente, se elas se destinavam a remediar o "estado de servidão [da Itália] em seu próprio mar", deveriam afetar tanto a situação de Gibraltar quanto a de Suez. A França estava disposta a fazer concessões similares quanto a Túnis.

Não pudemos demonstrar nenhum apoio a essas ideias. Não que fosse errado examiná-las, ou que não parecesse valer a pena, naquele momento, pagar um preço elevado para manter a Itália fora da guerra. Meu sentimento pessoal era que, no ponto em que estavam nossas negociações, não tínhamos nada a oferecer que Mussolini não pudesse tomar sozinho ou que não lhe fosse concedido por Hitler, caso fôssemos derrotados. Não é fácil fazer uma barganha no último suspiro. Uma vez que começássemos a negociar, através da mediação amistosa do Duce, destruiríamos nosso poder de continuar na luta. Meus colegas mostraram-se muito firmes e inflexíveis. Todos estávamos muito mais concentrados na ideia de bombardear Milão e Turim, no momento em que Mussolini declarasse guerra, para ver se ele gostava. Reynaud, que no fundo não discordava disso, pareceu convencido ou, pelo menos, satisfeito. Mas isso não impediu o governo francês, alguns dias depois, de fazer sua própria oferta direta de concessões territoriais à Itália, que Mussolini tratou com desdém. "Ele não está interessado", disse Ciano ao embaixador francês em 3 de junho, "em recuperar nenhum território francês através da negociação pacífica. Está decidido a guerrear com a França." Era exatamente o que havíamos esperado.

Apesar do extremo empenho americano, nada conseguiu desviar Mussolini de seu rumo. No dia 10 de junho, às 16h45, o ministro italiano do Exterior informou ao embaixador inglês que a Itália se consideraria em guerra com o Reino Unido a partir da meia-noite daquele dia. Um comunicado semelhante foi feito ao governo francês. Quando Ciano entregou sua nota ao embaixador francês, M. François-Poncet comentou, da porta: "Vocês também vão descobrir que os alemães são dominadores implacáveis." De sua sacada em Roma, Mussolini anunciou à multidão bem-organizada que a Itália estava em guerra com a França e a Inglaterra. Ao que parece, Ciano teria comentado mais tarde, em tom apologético, que aquela era "uma oportunidade que só aparece uma vez em cada cinco mil anos". Essas oportunidades, conquanto raras, não são necessariamente boas.

Os italianos atacaram imediatamente as tropas francesas na frente alpina e, retribuindo esse gesto, a Inglaterra declarou guerra à Itália. Cinco navios italianos detidos em Gibraltar foram tomados e a marinha recebeu ordens de interceptar e levar para portos controlados todas as embarcações italianas que estivessem no mar. Na noite do dia 12, nossas esquadrilhas de bombardeiros, após um longo voo iniciado na Inglaterra — o que significava cargas leves — lançaram suas primeiras bombas sobre Turim e Milão. Ansiávamos, no entanto, por um ataque muito mais intenso, tão logo pudéssemos usar os aeroportos franceses em Marselha.

Os franceses só conseguiram juntar três divisões, com tropas de apoio equivalentes a mais três, para enfrentar a invasão nos desfiladeiros alpinos e ao longo da costa da Riviera pelo grupo ocidental de exércitos italianos. Estes abrangiam 32 divisões, sob o comando do príncipe Umberto. Além disso, uma poderosa massa de blindados alemães, descendo rapidamente pelo vale do Ródano, logo começou a penetrar na retaguarda francesa. Ainda assim, os italianos continuaram a ser enfrentados e até imobilizados pelas unidades alpinas francesas em todos os pontos do novo front, mesmo depois da queda de Paris e da tomada de Lyon pelos alemães. Quando, em 18 de junho, Hitler e Mussolini encontraram-se em Munique, o Duce tinha pouca coisa de que se gabar. Uma nova ofensiva italiana foi lançada em 21 de junho. As posições francesas nos Alpes, entretanto, revelaram-se inexpugnáveis, e o grande ataque italiano em direção a Nice foi barrado nos arredores de Mentone. Embora o exército francês na fronteira sudeste salvasse sua honra, a marcha alemã para o sul, pela sua retaguarda, impossibilitou a continuação da luta, e a conclusão do armistício com a Alemanha foi vinculada a um pedido francês de cessação das hostilidades por parte da Itália.

Um discurso do presidente Roosevelt fora anunciado para a noite de 10 de junho. Por volta da meia-noite, escutei-o na companhia de um grupo de oficiais na sala de guerra do almirantado, onde eu ainda trabalhava. Quando ele proferiu suas palavras contundentes sobre a Itália — "Neste 10 de junho de 1940, a mão que tinha o punhal cravou-o nas costas do seu vizinho" —, houve um intenso murmúrio de satisfação. Fiquei pensando nos votos ítalo-americanos na eleição presidencial que se aproximava; mas eu sabia que Roosevelt era um político americano sumamente experiente, embora nunca temesse correr riscos por suas decisões. Foi um discurso magnífico, impregnado de paixão, que nos transmitiu uma mensagem de esperança. Enquanto essa impressão se mantinha viva em mim, e antes de me deitar, expressei minha gratidão.

☆

Começara a corrida pelos despojos. Mas Mussolini não foi o único animal faminto atrás dos restos. Ao Chacal veio juntar-se o Urso.

Já relatei o curso das relações anglo-soviéticas até a eclosão da guerra, bem como a hostilidade, beirando um efetivo rompimento com a Inglaterra e a França, que surgira durante a invasão russa da Finlândia. A essa altura, a Alemanha e a Rússia trabalhavam juntas, tão estreitamente quanto o permitiam suas profundas divergências de interesses. Hitler e Stalin tinham muito em comum, como governantes totalitários, e seus sistemas de governo eram afins. Molotov esbanjava sorrisos com o embaixador alemão, o conde Schulenburg, em todas as ocasiões importantes, e era solícito e fastidiosamente lisonjeiro em sua aprovação à política alemã e em seus elogios às medidas militares de Hitler. Desferido o ataque alemão contra a Noruega, ele afirmara que o governo soviético compreendia as medidas que se haviam imposto à Alemanha. Os ingleses, com certeza, tinham ido longe demais. Haviam desconsiderado por completo os direitos das nações neutras. "*Desejamos à Alemanha pleno sucesso em suas medidas defensivas.*" Hitler se empenhara em informar Stalin, na manhã de 10 de maio, sobre o ataque que havia iniciado contra a França e os Países Baixos, neutros. "Fiz uma visita a Molotov", escreveu Schulenburg. "Ele gostou da notícia e acrescentou compreender que a Alemanha tinha de se proteger contra um ataque anglo-francês. Não manifestou nenhuma dúvida quanto ao nosso sucesso."

Embora, naturalmente, essas expressões de sua opinião fossem desconhecidas até depois da guerra, não tínhamos ilusões sobre a atitude russa. Mesmo assim, mantivemos uma paciente política de tentar restabelecer relações de caráter confidencial com a Rússia, confiando no desenrolar dos acontecimentos e nos antagonismos fundamentais daquele país com a Alemanha. Julgou-se aconselhável empregar as habilidades de Sir Stafford Cripps como embaixador em Moscou. Ele aceitou de bom grado essa tarefa triste e pouco promissora. Naquele momento, não nos apercebêramos suficientemente de que os comunistas soviéticos odeiam mais os políticos de extrema esquerda do que os conservadores ou liberais. Quanto mais um homem se aproxima do comunismo em seus sentimentos, mais ele é detestado pelos soviéticos, a menos que se junte ao partido. O governo soviético concordou em receber Cripps como embaixador e explicou essa medida a seus confederados nazistas. Escreveu Schulenburg a Berlim em 29 de maio:

> A União Soviética está interessada em obter borracha e estanho da Inglaterra, em troca de madeira. Não há motivo para apreensão no que concerne à missão de Cripps, já que não há razão para duvidarmos da atitude leal da União Soviética para conosco, e já que o rumo inalterado da política soviética em relação à Inglaterra previne prejuízos para a Alemanha ou para os interesses vitais alemães. Não há aqui nenhum tipo de indício que leve a crer que os recentes sucessos alemães provoquem sobressalto ou medo da Alemanha no governo soviético.

A queda da França e a destruição dos exércitos franceses e de qualquer elemento de contrapeso no Ocidente deveriam ter produzido alguma reação na mente de Stalin, mas nada pareceu advertir os líderes soviéticos da gravidade de seu próprio perigo. Em 18 de junho, quando se consumou a derrota francesa, Schulenburg relatou: "Molotov chamou-me a seu gabinete esta noite e expressou as mais calorosas congratulações do governo soviético pelo *esplêndido sucesso* das forças armadas alemãs." Isso ocorreu quase exatamente um ano antes da data em que essas mesmas forças armadas, tomando o governo soviético inteiramente de surpresa, desabaram sobre a Rússia em cascatas de fogo e aço. Sabemos agora que, apenas quatro meses depois, em 1940, Hitler decidiu-se definitivamente por uma guerra de extermínio contra os soviéticos e iniciou a longa, vasta e sub-reptícia movimentação desses tão congratulados exércitos alemães em direção ao Leste. Nenhuma lembrança de seus erros de avaliação e de sua conduta anterior jamais impediu o governo soviético, bem como seus agentes e associados comunistas no mundo inteiro, de bradarem por uma "segunda frente", na qual a Inglaterra, que eles haviam condenado à ruína e à servidão, viria a desempenhar um papel preponderante. Nós, entretanto, compreendíamos o futuro com mais realismo do que esses frios calculistas. Compreendíamos seus perigos e seus interesses melhor do que eles mesmos.

Em 14 de junho, dia da queda de Paris, Moscou enviou um ultimato à Lituânia, acusando essa nação e os outros países bálticos de conspiração militar contra a URSS e exigindo mudanças radicais de governo, além de concessões militares. Em 15 de junho, soldados do Exército Vermelho invadiram o país. A Letônia e a Estônia foram submetidas ao mesmo tratamento. Urgia instaurar imediatamente governos pró-soviéticos e instalar guarnições soviéticas nesses pequenos países. A resistência estava fora de questão. O presidente da Letônia foi deportado para a Rússia e Mr. Vyshinsky chegou ao país para nomear um governo provisório, encarregado de promover as eleições seguintes. Na Estônia, o padrão foi idêntico. Em 19 de junho, Zhdanov chegou para instaurar um regime semelhante. Em 3-6 de agosto, o simulacro de governos pró-soviéticos amistosos e democráticos foi varrido por completo e o Kremlin anexou as nações do Báltico à União Soviética.

Um ultimato russo à Romênia foi entregue ao embaixador romeno em Moscou às 22 horas de 26 de junho. A cessão da Bessarábia e da região norte da província de Bukovina foi exigida, solicitando-se uma resposta imediata no dia seguinte. A Alemanha, embora aborrecida com essa ação precipitada da Rússia, que ameaçava seus interesses econômicos na Romênia, estava comprometida nos termos do pacto Ribbentrop-Molotov de agosto de 1939, que reconhecia o interesse político exclusivo da Rússia nessas áreas do sudeste Europeu. Assim, o governo alemão aconselhou a Romênia a ceder. Em 27 de junho, as tropas romenas foram retiradas das duas províncias em questão e os territórios passaram para as mãos dos russos. As forças armadas da União Soviética, a partir de então, ficaram solidamente plantadas nas praias do Báltico e no estuário do Danúbio.

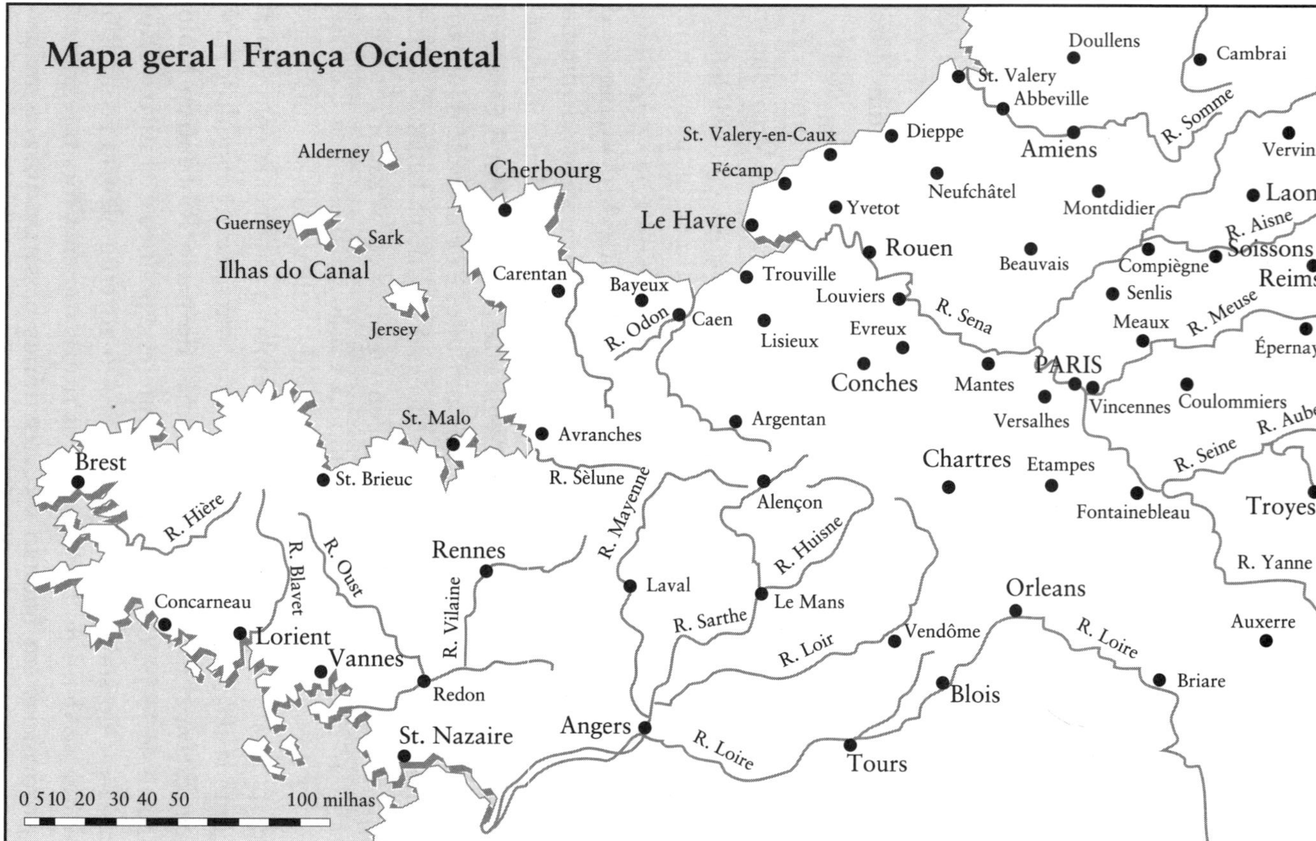
Mapa geral | França Ocidental
Doullens
Cambrai
St. Valery
Abbeville
R. Somme
Amiens
Vervins
St. Valery-en-Caux
Dieppe
Alderney
Cherbourg
Fécamp
Neufchâtel
Montdidier
Laon
Guernsey
Sark
Le Havre
Yvetot
R. Aisne
Rouen
Beauvais
Compiègne
Soissons
Reims
Ilhas do Canal
Carentan
Trouville
Bayeux
Louviers
R. Sena
Senlis
R. Meuse
Jersey
R. Odon
Caen
Lisieux
Evreux
Meaux
Épernay
Conches
Mantes
PARIS
Vincennes
Coulommiers
St. Malo
Avranches
Argentan
Versalhes
R. Aube
Brest
St. Brieuc
R. Sèlune
Chartres
Etampes
R. Seine
Alençon
Fontainebleau
Troyes
R. Hière
R. Mayenne
Rennes
R. Huisne
R. Blavet
R. Oust
R. Yanne
R. Vilaine
Laval
Le Mans
Orleans
Concarneau
R. Sarthe
Auxerre
Lorient
Vendôme
R. Loire
Vannes
R. Loir
Redon
Briare
Blois
Angers
St. Nazaire
R. Loire
Tours
0 5 10 20 30 40 50 100 milhas

28

De volta à França, 4 a 12 de junho

QUANDO SE SOUBE QUANTOS ERAM os resgatados de Dunquerque, um sentimento de alívio espalhou-se pela ilha e por todo o Império. A chegada segura de um quarto de um milhão de homens, nata de nosso exército, foi um marco em nossa peregrinação pelos anos de derrota. Os soldados retornaram sem nada além dos fuzis e baionetas e algumas centenas de metralhadoras, e foram prontamente mandados para casa numa licença de sete dias. A alegria por se reunirem mais uma vez a suas famílias não suplantou seu firme desejo de combater o inimigo o mais depressa possível. Os que haviam efetivamente lutado com os alemães em campanha acreditavam que, tendo uma oportunidade justa, poderiam derrotá-los. Estavam com o moral alto e voltaram para seus regimentos e baterias com entusiasmo.

Houve, é claro, um lado mais escuro em Dunquerque. Tínhamos perdido todo o equipamentos do exército, todos os primeiros frutos de nossas fábricas. Muitos meses teriam de transcorrer, mesmo que os programas existentes fossem cumpridos sem qualquer interrupção causada pelo inimigo, para essa perda ser reparada.

Entrementes, do outro lado do Atlântico, nos EUA, emoções intensas já se agitavam no peito de seus líderes. Houve um reconhecimento imediato de que o grosso do exército inglês só conseguira escapar mediante a perda de todo o seu equipamento. Já em 1° de junho, o presidente havia expedido ordens para que os ministérios da Guerra e da Marinha comunicassem de que armamentos poderiam prescindir, a fim de cedê-los à Inglaterra e à França. À frente do exército americano, como chefe do Estado-Maior, achava-se o general Marshall, não apenas um soldado de comprovada qualidade, mas homem de grande visão. Ele instruiu prontamente seu chefe do departamento de material bélico e seu vice-chefe do Estado-Maior a fazerem um levantamento de toda a relação do armamento de reserva e do estoque de munição. Em 48 horas, vieram as respostas e, em 3 de junho, Marshall aprovou as listas. A primeira delas abrangia meio milhão de fuzis calibre 30, dos dois milhões fabricados em 1917 e 1918 e armazenados em graxa por mais de vinte anos. Para estes, havia cerca de 250 cartuchos por unidade. Havia novecentas peças de campanha *soixante quinze*, com um milhão de tiros, oitenta mil metralhadoras e vários outros artigos. O chefe do departamento de material bélico, o general Wesson, foi instruído a lidar com essa questão e, imediatamente, todos os depósitos e arsenais do exército americano começaram a embalar o material para embarque. No fim da semana, mais de seiscentos vagões de carga abarrotados rumavam para as docas do exército em Raritan, New Jersey, no rio, acima da baía de Gravesend. Em 11 de junho, uma dúzia de navios mercantes ingleses entraram na baía e ancoraram, iniciando-se o embarque do material em barcaças.

Com essas medidas extraordinárias, os Estados Unidos deixaram-se ficar apenas com equipamento suficiente para 1,8 milhão de homens, o número mínimo estipulado pelo plano de mobilização do exército americano. Tudo isso é fácil de ler agora, mas, na época, foi um supremo ato de fé e liderança dos EUA se privarem dessa massa realmente considerável de armamentos, em prol de um país que muitos já consideravam derrotado. Eles nunca tiveram motivo de arrependimento. Como será relatado em breve, transportamos essas armas preciosas em segurança pelo Atlântico durante o mês de julho, e elas constituíram não apenas um ganho material, mas um fator importante em todas as deliberações dos amigos ou inimigos sobre uma invasão.

☆

O mês de junho foi particularmente desgastante para todos nós, devido à dupla e contraditória tensão a que estávamos submetidos em nossa situação de penúria, por nosso dever para com a França, de um lado, e pela necessidade de criar um exército regular em casa e fortificar a ilha, de outro. A dupla tensão dessas necessidades vitais, mas antagônicas, foi extremamente aguda. Não obstante, adotamos uma política firme e estável, sem grande agitação. Continuamos a dar prioridade máxima ao envio de quaisquer tropas treinadas e equipadas que tivéssemos para recompor a BEF na França. Depois disso, dedicamos nossos esforços à defesa da ilha — primeiro, recompondo e reequipando o exército regular; segundo, reforçando os prováveis locais de desembarque; terceiro, armando e organizando a população, tanto quanto fosse possível; e, é claro, trazendo para casa todas as forças que pudessem ser reunidas no Império. Não faltavam homens, mas armas. Mais de oitenta mil fuzis foram recuperados das linhas de comunicação e das bases ao sul do Sena e, em meados de junho, cada combatente das tropas regulares tinha pelo menos uma arma na mão. Dispúnhamos de pouca artilharia de campanha, até para o exército regular. Quase todos os novos canhões de 25 libras tinham-se perdido na França. Restavam cerca de quinhentos canhões e apenas 103 tanques médios, 114 de infantaria e 252 tanques leves. Nunca uma grande nação estivera tão desprotegida diante de seus inimigos.

Afora pela preservação dos nossos últimos 25 esquadrões de caças, em relação aos quais fomos inflexíveis, considerávamos preponderante o dever de enviar ajuda ao exército francês. O deslocamento da 52ª Divisão da Baixa Escócia, por ordens anteriores, estava previsto para começar em 7 de junho. Essas ordens foram confirmadas. A principal divisão do exército canadense, que se concentrara na Inglaterra no começo do ano e estava bem armada, foi enviada, com pleno assentimento do governo do Domínio, para Brest, devendo começar a chegar lá em 11 de junho, para uma missão que, àquela altura, já podia ser vista como o último recurso. O fato de termos enviado para nosso enfraquecido aliado francês nossas duas únicas divisões formadas, a 52ª Divisão da Baixa Escócia e a 1ª Divisão Canadense, no momento dessa crise mortal, quando toda a fúria da Alemanha estava prestes a se abater sobre nós, deve ser creditado a nosso favor, em contraste com as limitadíssimas forças que pudéramos posicionar na França nos primeiros oito meses da guerra. Olhando para trás, pergunto-me como — se estávamos decididos a continuar lutando até a morte e enfrentávamos a ameaça de invasão, e quando a França estava evidentemente sucumbindo — tivemos o topete de nos despojar das últimas formações militares efetivas que possuíamos. Só foi possível porque sabíamos a dificuldade da travessia da Mancha sem o domínio naval ou aéreo, ou sem o equipamento de desembarque necessário.

☆

Ainda tínhamos na França, atrás do Somme, a 51ª Divisão Highland, que fora retirada da Linha Maginot e estava em boas condições. Havia também nossa 1ª (e única) Divisão Blindada, menos o batalhão de tanques e o grupo de apoio enviados para Calais. Essa divisão, porém, sofrera pesadas baixas nas tentativas de cruzar o Somme, como parte do plano de Weygand. Em 1° de junho, ela estava reduzida a um terço de sua força e foi mandada de volta, cruzando o Sena, para se reequipar. Ao mesmo tempo, nove batalhões de infantaria, quase que só armados com fuzis, foram penosamente reunidos a partir das bases e linhas de comunicação da França. Tinham pouquíssimas armas antitanque e não dispunham de veículos de transporte nem de equipamento de comunicação.

Em 5 de junho, começou a última fase da Batalha da França. Vimos como os blindados alemães foram segurados na batalha de Dunquerque, poupados para a fase final na França. Esses carros de combate avançaram então para a frente francesa — enfraquecida, improvisada e instável — situada entre Paris e o mar. Só nos é possível registrar neste texto a batalha no flanco costeiro, na qual tivemos participação. O X Exército francês tentou conservar a linha do Somme. Em 7 de junho, duas divisões blindadas alemãs dispararam para Rouen. O flanco esquerdo francês, que incluía a 51ª Divisão Alta Escócia, foi separado do restante do front e, com as sobras do 9º Corpo de Exército francês, ficou isolado no *cul-de-sac* de Rouen-Dieppe.

Preocupava-nos a possibilidade de que essa divisão fosse empurrada de volta para a península do Havre e, desse modo, separada dos exércitos principais; seu comandante, o general Fortune, fora instruído a recuar, se necessário, em direção a Rouen. Esse deslocamento foi proibido pelo comando francês, já em processo de desintegração. Reiteradas e urgentes gestões foram feitas por nós, mas de nada serviram. Foi um caso de flagrante erro de orientação, uma vez que esse mesmo perigo já era visível três dias antes.

Em 10 de junho, depois de combates acirrados, a divisão, juntamente com o 9º Corpo de Exército francês, recuou para o perímetro de St. Valéry, na expectativa de ser evacuada por mar. Durante a noite de 11-12, a neblina impediu que os navios retirassem as tropas. Na manhã do dia 12, os alemães haviam atingido as escarpas costeiras ao sul e a praia ficou sob fogo direto. Surgiram bandeiras brancas na cidade. O corpo de exército francês capitulou às oito horas, e o que restava da Divisão Alta Escócia foi obrigado a fazer o mesmo às dez e meia. Oito mil ingleses e quatro mil franceses caíram nas mãos da 7ª Divisão Panzer, comandada pelo general Rommel. Fiquei aborrecido pelo fato de os franceses não terem permitido que nossa divisão retrocedesse para Rouen em tempo hábil, e de a haverem mantido à espera até ela não mais poder chegar a Le Havre nem recuar para o sul, sendo assim forçada a se render com seus soldados. O destino da Divisão Highland foi amargo, mas, nos anos subsequentes, não deixou de ser vingado pelos escoceses que ocuparam seu lugar, que recriaram a divisão, fundindo-a com a 9ª Divisão escocesa, e que marcharam por todos os campos de batalha, desde El-Alamein até a vitória final, do outro lado do Reno.

☆

Por volta das 11 horas de 11 de junho, chegou uma mensagem de Reynaud, que também havia telegrafado ao presidente. A tragédia francesa prosseguia e se agravara. Fazia vários dias que eu vinha pressionando por uma reunião do Conselho Supremo. Já não podíamos nos encontrar em Paris. Não estávamos informados da situação vigente ali. Certamente, as vanguardas alemãs estavam muito próximas. Eu tivera certa dificuldade de marcar um encontro, mas aquilo não era hora de ficar com cerimônias. Tínhamos de saber o que os franceses iam fazer. Reynaud disse-me então que poderia nos receber em Briare, perto de Orleans. A sede do governo estava se mudando de Paris para Tours. O GQG ficava perto de Briare. Sem a menor relutância, ordenei que o Flamingo ficasse a postos em Hendon depois do almoço e, tendo obtido a aprovação de meus colegas na reunião matinal do Gabinete, partimos por volta das 14 horas.

Era minha quarta viagem à França. Como a situação militar obviamente predominava, pedi que Mr. Eden, já então ministro da Guerra, me acompanhasse, juntamente com o general Dill, chefe do Estado-Maior Imperial, e com Ismay, é claro. Os aviões alemães, a essa altura, já chegavam bastante longe na Mancha, e tivemos de voar ainda mais alto. Como antes, o Flamingo tinha uma escolta de 12 Spitfires. Após umas duas horas, aterrissamos num pequeno campo de pouso. Havia alguns franceses por perto e, logo depois, chegou de automóvel um coronel. Exibi o rosto sorridente e o ar confiante que se consideram adequados quando as coisas estão indo muito mal, mas o francês mostrou-se taciturno e pouco receptivo. Percebi imediatamente o quanto as coisas se haviam deteriorado desde que estivéramos em Paris uma semana antes. Depois de um intervalo, fomos conduzidos ao *château*, onde encontramos Reynaud, o marechal Pétain, o general Weygand, o general Vuillemin, da força aérea, e alguns outros, inclusive o ainda moderno general de Gaulle, que acabara de ser nomeado vice-ministro da Defesa Nacional. Bem perto dali, na rodovia, ficava o trem do QG, onde parte de nosso grupo foi acomodada. O castelo dispunha de um único telefone, no lavatório. Ele se mantinha constantemente ocupado, com longas demoras e intermináveis repetições proferidas aos gritos.

Às 19 horas, entramos em conferência. Não houve censuras ou recriminações. Estávamos todos diante de duras realidades. A discussão assumiu a seguinte linha geral: insisti com o governo francês para que defendesse Paris. Frisei o imenso poder de absorção que tem a defesa de uma grande cidade, casa a casa, sobre um exército invasor. Lembrei ao marechal Pétain as noites que passáramos juntos em seu trem em Beauvais, depois do desastre do V Exército inglês em 1918, e a maneira como ele, nos termos em que formulei minha colocação, sem mencionar o marechal Foch, havia resgatado a situação. Também lhe recordei o que dissera Clemenceau: "Combaterei à frente de Paris, combaterei dentro de Paris, combaterei atrás de Paris." O marechal retrucou, com muita calma e dignidade, que, naquela época, tínhamos uma massa de manobra de mais de sessenta divisões; agora, não havia nenhuma. Mencionou que, naquela época, havia sessenta divisões inglesas na linha. Transformar Paris numa ruína não afetaria o desfecho.

Em seguida, o general Weygand expôs a situação militar, até onde a conhecia, na batalha cambiante que vinha sendo travada a cinquenta ou sessenta milhas dali, e prestou uma grande homenagem à façanha do exército francês. Pediu que fossem enviados todos os reforços — acima de tudo, que todas as esquadrilhas inglesas de caças fossem imediatamente lançadas na batalha. "Este", disse ele, "é o ponto decisivo. Agora é o momento decisivo. Portanto, é um erro manter *qualquer* esquadrilha na Inglaterra." Mas, de acordo com a decisão do Gabinete, tomada na presença do marechal do ar Dowding, que eu levara especialmente a uma reunião do Gabinete, retruquei: "Este não é o ponto decisivo e este não é o momento decisivo. Esse momento virá quando Hitler jogar sua Luftwaffe contra a Inglaterra. Se conseguirmos preservar o domínio aéreo e pudermos manter os mares livres, coisa que, certamente, faremos, reconquistaremos tudo para vocês."* Vinte e cinco esquadrões de caças tinham que ser mantidos a todo custo para a defesa da Inglaterra e do Canal, e nada nos faria desistir deles. Tencionávamos prosseguir na guerra, houvesse o que houvesse, e acreditávamos poder fazê-lo por um prazo indefinido, mas abrir mão daquelas esquadrilhas liquidaria nossa chance de sobrevivência.

Pouco depois, chegou o general Georges, comandante da frente do noroeste. Depois de ser informado do que havia acontecido, ele confirmou a exposição sobre a frente francesa feita por Weygand. Tornei a insistir em meu plano de guerrilha. O exército alemão não era tão forte quanto podia

* Sou grato ao general Ismay por ter-me recordado essas palavras.

parecer em seus pontos de impacto. Se todos os exércitos franceses, todas as divisões e brigadas, combatessem os soldados em suas frentes com o máximo vigor, seria possível conseguir uma paralisação geral. Responderam-me com declarações sobre a situação pavorosa das estradas, repletas de refugiados atormentados pelo fogo irresistível das metralhadoras dos aviões alemães, e sobre a fuga em massa de grandes contingentes de habitantes e a desarticulação crescente da máquina governamental e de controle militar. A certa altura, o general Weygand mencionou que os franceses poderiam ter que pleitear um armistício. Reynaud rebateu de imediato: "Isso é assunto político." Segundo Ismay, eu disse: "Se for considerado melhor para a França, em agonia, que seu exército capitule, que não haja nenhuma hesitação por nossa causa, porque, façam vocês o que fizerem, continuaremos lutando sempre, sempre e sempre." Quando afirmei que o exército francês, continuando a lutar onde quer que estivesse, conseguiria deter ou esgotar cem divisões alemãs, o general Weygand retrucou: "Mesmo que fosse assim, eles ainda teriam mais cem para vos invadir e vencer. Que faríeis então?" Diante disso, declarei que não era um especialista militar, mas que meus assessores profissionais eram de opinião que o melhor método para lidar com uma invasão alemã da ilha da Inglaterra era afogar tantos quantos fosse possível na travessia e golpear os outros na cabeça quando eles se arrastassem para a praia. Weygand respondeu com um sorriso tristonho: "Enfim, tenho de admitir que os senhores dispõem de um ótimo obstáculo antitanque." Essas foram as últimas palavras marcantes que me lembro de ter ouvido dele. Em toda essa dolorosa discussão, convém ter em mente que eu era atormentado e solapado pela tristeza ante o fato de a Inglaterra, com sua população de 48 milhões de habitantes, não ter podido fazer uma contribuição maior para a guerra terrestre contra a Alemanha, e de, até aquele momento, nove décimos das baixas e 99% do sofrimento haverem recaído sobre a França, unicamente sobre a França.

Depois de mais uma hora, aproximadamente, levantamo-nos e lavamos as mãos enquanto uma refeição era colocada na mesa de conferência. Nesse intervalo, conversei em particular com o general Georges e sugeri, primeiro, a continuação da luta por toda parte, no front doméstico, junto com uma guerrilha prolongada nas regiões montanhosas; em segundo lugar, a mudança para a África, medida que, uma semana antes, eu considerara "derrotista". Meu respeitado amigo, que, apesar de incumbido de muitas responsabilidades diretas, nunca tivera liberdade de liderar os exércitos franceses, não pareceu achar que houvesse muita esperança em qualquer dessas alternativas.

Escrevi sucintamente sobre os acontecimentos desses dias, mas aquela foi, para todos nós, uma verdadeira agonia do corpo e da alma.

☆

Por volta das 22 horas, todos haviam tomado seus lugares para jantar. Sentei-me à direita de Reynaud e o general de Gaulle ficou do meu outro lado. Houve sopa, omelete ou coisa parecida, café e um vinho leve. Mesmo naquele ponto de nossas terríveis atribulações sob o açoite alemão, fomos muito amistosos. Mas, pouco depois, houve um interlúdio destoante. O leitor há de estar lembrado da importância que eu havia atribuído a se atacar duramente a Itália no instante em que ela entrasse na guerra. Com plena concordância dos franceses, haviam-se tomado providências para deslocar uma força de bombardeiros pesados ingleses para os aeroportos franceses próximos de Marselha, a fim de atacar Turim e Milão. A essa altura, estava tudo pronto para o ataque. Mal nos havíamos sentado à mesa, o marechal do ar Barratt, comandante da força aérea inglesa na França, telefonou para Ismay para dizer que as autoridades locais estavam objetando à decolagem dos bombardeiros ingleses, sob a alegação de que um ataque à Itália só traria represálias ao sul da França, represálias essas que os ingleses não estavam em condições de enfrentar nem de impedir. Reynaud, Weygand, Eden, Dill e eu saímos da mesa e, depois de alguma discussão, Reynaud concordou em que era preciso ordenar às autoridades francesas em questão que os bombardeiros não fossem retidos. Mais tarde, porém, naquela mesma noite, o marechal do ar Barrat relatou que a população francesa nas imediações dos aeroportos havia arrastado para eles toda sorte de carroças e caminhões, e que fora impossível a decolagem dos bombardeiros.

Pouco depois, quando deixamos a mesa do jantar e nos sentamos para um café e um conhaque, M. Reynaud me disse que o marechal Pétain lhe havia informado que seria necessário que a França buscasse um armistício, e que havia redigido um texto sobre o assunto, que gostaria que ele lesse. “Ele ainda não me entregou o texto”, disse Reynaud. “Ainda está com vergonha de fazê-lo.” Pétain também deveria ter-se envergonhado de apoiar, mesmo tacitamente, a exigência de Weygand de nossas últimas 25 esquadrilhas de caças, quando ele já havia resolvido que estava tudo perdido e que a França deveria capitular. Assim, fomos todos nos deitar, infelizes, naquele castelo desarrumado ou no trem militar a algumas milhas de distância. Os alemães entraram em Paris no dia 14.

Logo cedo na manhã seguinte, retomamos nossa conferência. O marechal do ar Barrat estava presente. Reynaud renovou seu apelo de que mais cinco esquadrões de caças ficassem baseados na França, e o general Weygand disse que precisava muito de bombardeiros diurnos para compensar sua escassez de tropas. Dei-lhes a garantia de que toda a questão do aumento do apoio aéreo à França seria examinada com cuidado e simpatia pelo Gabinete de Guerra, tão logo eu retornasse a Londres, mas voltei a insistir que seria um erro vital privar a Inglaterra de suas defesas internas essenciais.

Após algumas discussões infrutíferas sobre um contra-ataque no Baixo Sena, expressei da maneira mais formal possível minha esperança de que, se houvesse qualquer mudança na situação, o governo francês informasse prontamente o governo inglês, a fim de que pudéssemos ir ter com eles em qualquer local conveniente, antes que eles tomassem alguma decisão definitiva que viesse a reger seus atos na segunda fase da guerra.

Despedimo-nos então de Pétain, Weygand e sua equipe, e foi a última vez que os vimos. Finalmente, chamei o almirante Darlan à parte e lhe disse em particular: "Darlan, você nunca deve deixar que eles fiquem com a esquadra francesa." Ele prometeu solenemente que nunca deixaria.

☆

A falta de gasolina adequada impediu que os 12 Spitfires nos escoltassem. Tínhamos de escolher entre esperar que o combustível aparecesse ou arriscar a sorte no Flamingo. Fomos assegurados de que o tempo estaria nublado em todo o trajeto. Era urgentemente necessário voltar para casa. Assim, partimos sozinhos, pedindo que uma escolta fosse a nosso encontro, se possível, acima do Canal. Ao nos aproximarmos da costa, o céu foi clareando e, pouco depois, ficou sem nenhuma nuvem. Oito mil pés abaixo de nós, à nossa direita, estava Le Havre em chamas. A fumaça dispersava-se em direção ao leste. Não havia nenhuma escolta à vista. Pouco depois, reparei que houve algumas consultas com o comandante e, logo em seguida, mergulhamos para cerca de cem pés acima do mar calmo, onde os aviões costumam ser invisíveis. Que havia acontecido? Fiquei sabendo, mais tarde, que eles tinham avistado dois aviões abaixo de nós, disparando contra barcos pesqueiros. Tivemos sorte de seus pilotos não olharem para cima. A nova escolta encontrou-nos quando nos aproximávamos da costa inglesa e o fiel Flamingo pousou em segurança em Hendon.

Às 17 horas do mesmo dia, relatei ao Gabinete de Guerra os resultados de minha missão. Descrevi a situação dos exércitos franceses, tal como fora relatada na conferência pelo general Weygand. Fazia seis dias que eles vinham lutando dia e noite e, a essa altura, estavam quase completamente esgotados. O ataque inimigo, desfechado por 120 divisões com os blindados correspondentes, havia-se abatido sobre quarenta divisões francesas. Os exércitos franceses, naquele momento, estavam na última linha em que poderiam tentar oferecer alguma resistência organizada. Essa linha já fora rompida em dois ou três pontos. Evidentemente, o general Weygand não via nenhuma perspectiva de os franceses continuarem lutando, e o marechal Pétain havia claramente decidido que era preciso um armistício. Ele acreditava que a França estava sendo sistematicamente destruída pelos alemães e que era seu dever salvar o restante do país desse destino. Mencionei seu memorando nesse sentido, que ele havia mostrado a Reynaud mas não deixara com ele. "Não há dúvida", disse eu, "que Pétain é um homem perigoso nesta conjuntura: ele sempre foi um derrotista, até mesmo na última guerra." Por outro lado, M. Reynaud me parecera bastante decidido a continuar na luta, e o general de Gaulle, que havia comparecido à conferência com ele, era favorável ao começo de uma guerra de guerrilhas. Ele era jovem e vigoroso e me havia causado uma impressão muito favorável. Parecia-me provável que, se a linha atual entrasse em colapso, Reynaud recorresse a ele para assumir o comando. O almirante Darlan também havia declarado que nunca entregaria a marinha francesa ao inimigo: em último caso, dissera, ele a mandaria para o Canadá; mas, quanto a isso, sua decisão poderia ser anulada pelos políticos franceses.

Era claro que estava chegando ao fim a resistência organizada na França e que um capítulo da guerra estava se encerrando. Os franceses poderiam continuar na luta de algum modo. Era possível até que houvesse dois governos franceses, um que assinasse o armistício e outro que organizasse a resistência a partir das colônias, continuando a guerra no mar através da esquadra francesa e, na França, por meio de guerrilhas. Ainda era cedo demais para dizer. Embora, por algum tempo, ainda tivéssemos que fornecer algum apoio à França, deveríamos concentrar nossos principais esforços, a partir de então, na defesa de nossa ilha.

29

A defesa da ilha e o aparato de contra-ataque

O LEITOR DESTAS PÁGINAS, nos anos futuros, deve compreender quão espesso e desconcertante é o véu do desconhecido. Agora, à plena luz da posterioridade, é fácil discernir onde fomos ignorantes ou alarmados demais, e onde fomos descuidados ou inábeis. Por duas vezes, em dois meses, fôramos inteiramente apanhados de surpresa. A invasão da Noruega e a ruptura da linha em Sedan, com tudo o que delas havia decorrido, comprovavam o poder mortífero da iniciativa alemã. O que mais eles teriam pronto — preparado e organizado até o último detalhe? Iriam subitamente surgir do nada, com novas armas, um planejamento perfeito e uma força esmagadora, em nossa ilha quase totalmente despreparada e desarmada, em qualquer das dezenas de possíveis pontos de desembarque? Ou iriam, quem sabe, para a Irlanda? Seria muito tolo quem permitisse que seu raciocínio, por mais límpido e aparentemente seguro que fosse, eliminasse qualquer possibilidade contra a qual houvesse que tomar providências. "Esteja certo", disse o dr. Johnson, "de que quando um homem sabe que vai ser enforcado em 15 dias, isso concentra esplendidamente seu raciocínio." Eu sempre tive certeza de que venceríamos, mas, ainda assim, estava altamente motivado pela situação e muito grato por conseguir fazer minhas opiniões prevalecerem.

Meus colegas haviam julgado apropriado obter do parlamento poderes extraordinários, para os quais já fora preparado um projeto de lei nos dias anteriores. Essa medida daria ao governo um poder praticamente ilimitado sobre a vida, a liberdade e a propriedade de todos os súditos de Sua Majestade na Inglaterra. Nos termos gerais da legislação, poderes concedidos pelo parlamento eram absolutos. A lei deveria "incluir o poder por Ordem do Conselho Privado, de baixar Normas de Defesa que prevejam requerer que as pessoas ponham a si mesmas, seus serviços e sua propriedade à disposição de Sua Majestade, conforme a ela pareça necessário ou conveniente na garantia da segurança, da defesa do reino, da manutenção da ordem pública, ou do prosseguimento eficaz de qualquer guerra em que Sua Majestade esteja empenhado, ou ainda da manutenção do abastecimento ou de serviços essenciais à vida da comunidade".

No tocante às pessoas, o ministro do Trabalho recebeu poderes para instruir qualquer um a executar qualquer serviço necessário. O instrumento legal que lhe concedeu esse poder incluía uma cláusula de "justa remuneração", que foi inserida na lei para regulamentar as condições salariais. Deveriam ser instalados comitês de oferta de mão de obra nos centros importantes. O controle da propriedade, no sentido mais amplo, foi igualmente imposto. O controle de todos os estabelecimentos, inclusive os bancos, foi imposto sob a autoridade das ordens governamentais. Os empregadores poderiam ser solicitados a exibir seus livros, e os lucros excedentes seriam taxados em 100%. Um Conselho da Produção, a ser presidido por Mr. Greenwood, deveria ser formado, nomeando-se também um diretor da oferta de mão de obra.

Esse projeto fora apresentado ao parlamento na tarde de 22 de maio por Mr. Chamberlain e Mr. Attlee, havendo este último, pessoalmente, proposto a moção da Segunda Leitura. A Câmara dos Comuns e a Câmara dos Lordes, com suas imensas maiorias conservadoras, aprovaram-no por unanimidade em todos os seus estágios numa única tarde, e ele recebeu a Sanção Real naquela noite.

For Romans in Romes quarrel	Pois os romanos nas guerras de Roma
Spared neither land nor gold,	Não poupavam terra nem tesouro
Nor son nor wife, nor limb nor life,	Ou o filho, a mulher, o braço, a vida
In the brave days of old.	Nos bravos dias de antanho.

(*Horatius,uS,* Lord Macaulay, 1800-1859)

Tal era o espírito do momento.

Essa foi uma época em que toda a Inglaterra trabalhou e se esforçou até o limite máximo e esteve mais unida do que nunca. Homens e mulheres esfalfavam-se nos tornos e máquinas das fábricas até caírem no chão, exaustos, e terem de ser arrastados para longe e mandados para casa, enquanto seus lugares eram ocupados por outros que já haviam chegado antes da hora. Era o único desejo de todos os homens e de muitas mulheres ter uma arma. O Gabinete e o governo uniram-se por laços cuja memória ainda é acalentada por todos. O sentimento de medo parecia de todo ausente do povo, e seus representantes no parlamento não ficaram aquém desse estado de ânimo. Não havíamos sofrido, como a França, sob o açoite alemão. Nada mobiliza tanto um inglês quanto a ameaça de invasão, essa realidade desconhecida por mil anos. Muitíssima gente se mostrava decidida a vencer ou morrer. Não havia necessidade de lhes elevar o espírito pela oratória. Contentavam-se em me ouvir expressar seus sentimentos e lhes dar boas razões para o que pretendiam fazer, ou tentar fazer. A única possível divergência vinha dos que queriam fazer ainda mais do que era viável, e tinham a ideia de que a exaltação poderia aguçar a ação.

☆

A decisão de mandar de volta à França nossas duas únicas divisões bem-armadas tornou ainda mais necessário tomar todas as providências possíveis para defender a ilha de um ataque direto. O rápido destino da Holanda estava na mente de todos. Mr. Eden já havia proposto ao Gabinete de Guerra a formação de corpos de Voluntários de Defesa Local, os "*Home Guards*", e esse plano foi energicamente impulsionado. Por todo o país, em cada cidade e vilarejo, reuniram-se grupos de homens decididos, armados com espingardas de caça, rifles para prática de esportes, porretes e arpões. Deles brotaria rapidamente uma vasta organização. Em pouco tempo, ela se aproximou de 1,5 milhão de homens e, gradativamente, foi adquirindo boas armas.

Meu principal temor era o desembarque de tanques alemães nas praias. Como a minha mente namorava o tempo todo a ideia de desembarcar tanques na costa inimiga, era natural eu pensar que eles pudessem ter a mesma ideia. Mal dispúnhamos de alguns canhões ou munição antitanque, ou mesmo de artilharia comum de campanha. A situação aflitiva a que estávamos reduzidos para lidar com esse perigo pode ser aquilatada pelo seguinte incidente. Visitava eu nossas praias perto de Dover. O general informou-me que tinha apenas três canhões antitanque em sua brigada, que cobria quatro ou cinco milhas daquela linha costeira altamente ameaçada. Declarou-me que dispunha de apenas seis tiros para cada canhão e me perguntou, com ligeiro ar de desafio, se era lícito ele deixar que seus homens disparassem uma única salva para praticar, a fim de que ao menos soubessem como as armas funcionavam. Retruquei que não podíamos arcar com tiros de treinamento e que o fogo deveria ser reservado para o último minuto, à menor distância possível.

Essa, portanto, não era hora de agir por canais corriqueiros na concepção de expedientes. Para assegurar uma ação rápida e livre de tramitações burocráticas no tocante a qualquer ideia ou invenção brilhante, decidi manter sob meu próprio controle, como ministro da Defesa, o órgão experimental criado pelo major Jefferis em Whitchurch. Desde 1939, eu mantivera contatos proveitosos com esse brilhante oficial, cuja mente engenhosa e criativa revelou-se fecunda, como veremos, durante toda a guerra. Lindemann mantinha-se em estreito contato com ele e comigo. Eu usava o cérebro deles e o meu poder. Jefferis e outros ligados a ele vinham trabalhando numa bomba que poderia ser lançada num tanque, talvez de uma janela, e grudar nele. O impacto de um explosivo muito potente, em contato direto com uma chapa de aço, é particularmente eficaz. Chegávamos a visualizar a imagem de soldados ou civis devotados que corressem para perto dos tanques e até jogassem as bombas neles, ainda que sua explosão lhes custasse a vida. Sem sombra de dúvida, havia muitos que o teriam feito. Eu também achava que a bomba, presa numa haste, poderia ser disparada de fuzis com carga reduzida. No fim, a bomba "de pega" foi aprovada como uma de nossas melhores armas de emergência. Nunca tivemos que usá-la em casa, mas, na Síria, onde prevaleciam condições igualmente primitivas, ela comprovou seu valor.

☆

Pela primeira vez em 125 anos, um inimigo poderoso achava-se instalado do outro lado das águas estreitas do Canal Inglês, ou canal da Mancha. Nosso exército regular, já reestruturado, e o exército territorial, maior, porém menos treinado, tinham que ser organizados e dispostos de modo a criar um complexo sistema de defesas, mantendo-se a postos, se o invasor chegasse, para destruí-lo — pois não haveria escapatória. Para ambos os lados, era "ou vai, ou racha". A Home Guard já podia ser incluída na estrutura geral de defesa. Em 25 de junho, o general Ironside, comandante em chefe das forças internas, expôs seus planos aos chefes de estado-maior. Naturalmente, eles foram esquadrinhados com ansioso cuidado pelos especialistas, e eu mesmo os examinei com bastante atenção. De modo geral, foram aprovados. Havia três elementos principais nesse primeiro esboço de um grande plano futuro: primeiro, uma "crosta" entrincheirada nas praias costeiras de invasão provável, cujos defensores deveriam combater onde estivessem em posição, apoiados por reservas móveis capazes de garantir um contra-ataque imediato; segundo, uma linha de obstáculos antitanque, guarnecida pela Home Guard, no centro-leste da Inglaterra, protegendo Londres e os grandes centros industriais das incursões de veículos blindados; e terceiro, atrás dessa linha, as reservas principais, para grandes contraofensivas.

Constantes acréscimos e aperfeiçoamentos foram sendo feitos nesse plano com o passar das semanas e meses, mas a concepção geral continuou a mesma. Os soldados, se atacados, deveriam manter-se firmes, não apenas numa defesa em linha, mas numa defesa em todas as direções, enquanto outros se deslocariam rapidamente para destruir os agressores, viessem eles por mar ou pelo ar. Os homens que ficassem isolados da ajuda imediata não ficariam meramente em seus postos. Prepararam-se medidas ativas para fustigar o inimigo pela retaguarda, interferir em suas comunicações e destruir seus equipamentos, como fizeram os russos, com ótimos resultados, quando a avalanche alemã se abateu sobre seu país, um ano depois. Muita gente deve ter ficado perplexa com as atividades ao seu redor. Podiam compreender a necessidade do arame farpado e das minas nas praias, dos obstáculos antitanque nas passagens estreitas, das casamatas de concreto nos cruzamentos rodoviários, e da intromissão em suas casas para encher os sótãos de sacos de areia, e em seus campos de golfe ou seus campos e jardins mais férteis para escavar largos fossos antitanque. Todos esses inconvenientes, e muitos mais, aceitavam, em boa parte. Mas, algumas vezes, devem ter-se perguntado se havia algum esquema geral, ou se indivíduos subalternos não estariam investindo às cegas, em seu uso vigoroso dos poderes recém-adquiridos de interferência na propriedade dos cidadãos.

Mas havia um plano central, complexo, coordenado e abrangente. À medida que cresceu, ele foi assumindo a seguinte forma: o comando geral foi mantido no quartel-general central, em Londres. Toda a Inglaterra e a Irlanda do Norte foram divididas em sete comandos militares; estes, por sua vez, em áreas de comandos de corpos de exército e de divisões. Cada um dos comandos, corpos de exército e divisões teve ordem de manter uma parcela de seus recursos em reserva móvel, sendo apenas um número mínimo destacado para suas defesas específicas. Aos poucos, construíram-se zonas de defesa na retaguarda das praias em cada área divisionária; atrás delas, havia similares "zonas de corpo de exército" e "zonas de comandos", somando o sistema inteiro, em termos de profundidade, cem milhas ou mais. E atrás dessas zonas, criou-se o principal obstáculo antitanque, que atravessava o sul da Inglaterra e virava ao norte, até Nottinghamshire. Acima de tudo, havia a reserva final, diretamente sob as ordens do comandante em chefe das forças internas. Quanto a ela, era nossa política mantê-la tão grande e móvel quanto possível.

Dentro dessa estrutura geral, havia muitas variações. Cada um de nossos portos nas costas leste e sul foi objeto de um estudo especial. O ataque frontal direto a um porto fortificado parecia contingência improvável, e todos foram transformados em pontos fortificados, igualmente capazes de se defender de ataques por terra ou por mar. Colocaram-se obstáculos em muitos milhares de milhas quadradas da Inglaterra para impedir a aterrissagem de tropa aeroterrestre. Todos os nossos aeródromos, estações de radar e depósitos de combustível — dos quais, no verão de 1940, já havia 375 — precisavam ser defendidos por guarnições especiais e por seus próprios soldados da aviação. Muitos milhares de "pontos vulneráveis" — pontes, usinas elétricas, depósitos, fábricas vitais e similares — tinham que ser guardados dia e noite contra sabotagem ou investidas súbitas. Havia esquemas prontos para a demolição imediata de recursos que pudessem ser úteis ao inimigo, se capturados. A destruição de instalações portuárias, o esburacamento das estradas principais, a paralisação dos transportes motorizados e das estações telefônicas e telegráficas, do material circulante e das vias ferroviárias permanentes, antes que eles saíssem de nosso controle, foram planejados até o último detalhe. Mas, a despeito de todas essas precauções sensatas e necessárias, em que os setores civis prestaram abundante ajuda aos militares, não se tratava de uma "política de terra arrasada" — a Inglaterra deveria ser defendida por seu povo, e não destruída.

☆

Havia também um outro lado em tudo isso. Minha primeira reação ao "Milagre de Dunquerque" tinha sido fazer bom uso dele, através da montagem de uma contraofensiva. Quando tantas coisas eram incertas, a necessidade de recuperar a iniciativa era mais do que patente. O dia 4 de junho foi muito ocupado, para mim, pela necessidade de preparar e proferir na Câmara dos Comuns o longo e grave discurso do qual já fiz um relato parcial. Mas, tão logo isso se concluiu, apressei-me em frisar o ponto que, ao meu ver, deveria reger nossos pensamentos e inspirar nossos atos naquele momento. Enviei, por isso, o seguinte memorando ao general Ismay:

> Estamos sumamente preocupados — e é sensato que o estejamos — com os perigos de um desembarque dos alemães na Inglaterra, a despeito de determos o domínio dos mares e dispormos de uma fortíssima defesa de caças no ar. Cada enseada, cada praia e cada porto transformou-se, para nós, em fonte de angústia. Além disso, os paraquedistas podem precipitar-se sobre nós e tomar Liverpool ou a Irlanda, e assim por diante. Todo esse clima é muito bom, se for gerador de energia.
>
> Mas, se é tão fácil para os alemães invadir-nos, apesar do nosso poderio marítimo, alguns talvez se sintam inclinados a perguntar: por que considerar impossível que façamos algo semelhante com eles? Não devemos permitir que a mentalidade completamente defensiva que arruinou os franceses estrague toda a nossa iniciativa. É de suma importância que mantenhamos o maior número possível de forças alemãs na linha costeira dos países que eles conquistaram, e devemos nos empenhar imediatamente em organizar forças de assalto para atacar os litorais em que as populações forem amigas.
>
> Essas forças devem ser compostas de unidades autônomas e rigorosamente equipadas, com, digamos, mil a não mais de 10 mil homens, quando em conjunto. A surpresa seria assegurada pelo fato de que a destinação seria mantida em sigilo até o último momento. O que vimos em Dunquerque mostra com que rapidez tropas podem ser retiradas (e, suponho, introduzidas) em pontos escolhidos, se houver necessidade. Que esplêndido se pudéssemos fazer os alemães ficarem a imaginar onde serão atacados da próxima vez, em vez de nos forçarem a tentar erguer uma muralha em torno da ilha e um teto sobre ela!
>
> É preciso envidarmos esforços para afastar a prostração mental e moral de que sofremos ante a vontade e a iniciativa do inimigo.

Ismay transmitiu essa mensagem aos chefes de estado-maior e, em princípio, ela recebeu aprovação cordial e se refletiu em muitas das decisões que tomamos. Aos poucos, dela emergiu uma política. Meu pensamento, nessa ocasião, estava firmemente fixado na guerra com tanques, não meramente defensiva, mas ofensiva. Isso exigia a construção de um grande número de navios capazes de desembarcá-los, o que se tornou, a partir daí, uma de minhas preocupações constantes. Uma vez que tudo isso se destinava a ser de suma importância no futuro, preciso agora retroceder a um assunto que estivera em minha mente muito tempo antes, e que então foi reavivado.

☆

Eu sempre fora fascinado pela guerra anfíbia, e fazia muito tempo que considerava a ideia de tanques que deslizassem para terra a partir de lanchas de desembarque especialmente construídas para esse fim, em praias onde elas não fossem esperadas. Dez dias antes de entrar para o governo de Mr. Lloyd George como ministro do material bélico, em 17 de julho de 1917, eu havia preparado, sem assistência especializada, um esquema para a captura das duas ilhas frísias, Borkum e Sylt. Ele continha os seguintes parágrafos, que até hoje nunca tinham sido publicados:

> O desembarque das tropas na ilha [de Borkum ou Sylt], com a cobertura dos canhões da esquadra, [deve ser] auxiliado por gás e fumaça de navios-transporte à prova de torpedos, por meio de *barcaças à prova de bala.* Devemos prover aproximadamente cem delas para desembarcar uma divisão. Além disso, algumas — digamos, cinquenta — *barcaças para desembarque de tanques devem ser fornecidas, cada uma levando um ou mais tanques* [e] equipada com cortadores de arame na proa. Por meio de uma ponte levadiça ou de uma proa inclinável, [os tanques] desembarcariam, movidos por [sua] própria força, e impediriam que a infantaria fosse retida pelas cercas de arame. Esse é um dispositivo novo e elimina uma das imensas dificuldades anteriores, a saber, o desembarque rápido de [nossa] artilharia de campanha para cortar as cercas de arame.

E mais:

> Há sempre o perigo de o inimigo suspeitar de nossas intenções e reforçar suas guarnições de antemão com boas tropas, pelo menos no que concerne a Borkum, em relação à qual ele deve ser sempre muito sensível. Por outro lado, *o desembarque poderia ser efetuado sob a proteção de barcaças à prova de tiros de metralhadora,* em número grande demais para serem seriamente afetadas pelo canhoneio pesado [i.e., pelo fogo de canhões pesados]; e *o emprego de tanques em número ainda maior do que o aqui sugerido, especialmente o tanque de deslocamento rápido e os tipos mais leves,* funcionaria em áreas em que nenhum preparativo pudesse ter sido feito para recebê-los. Podemos considerar que estas são novas e importantes considerações favoráveis.

Nesse memorando, eu também tinha um plano alternativo para criar uma ilha artificial nas águas rasas do Horn Reef (ao norte):

> Um dos métodos sugeridos para exame é o seguinte: *várias barcaças ou caixões flutuantes de fundo chato, não feitos de aço, mas de concreto,* deve-

riam ser preparados no Humber, em Harwich, e no Wash, no Medway e no Tâmisa. Essas estruturas seriam adaptadas às profundidades em que seriam imersas, de acordo com um plano geral. Sem água em seu interior, elas flutuariam e, desse modo, poderiam ser rebocadas até o local da ilha artificial. Ao chegarem às boias demarcadoras da ilha, seriam abertas as válvulas da tubulação que se comunica com o mar e elas se depositariam no fundo. Depois disso, poderiam ser gradativamente enchidas de areia, conforme a ocasião o ensejasse, através de dragas de sucção. Essas estruturas teriam dimensões variáveis, entre 50' x 40' x 20' e 120' x 80' x 40'. *Desse modo, seria criado em mar aberto um porto à prova dos torpedos e do mau tempo, semelhante a um atol, com "cercados" para contratorpedeiros e submarinos e com plataformas de pouso para aviões.*

Esse projeto, caso julgado viável, é passível de grande aperfeiçoamento e poderia ser empregado em vários lugares. Talvez seja possível fazer com que as embarcações de concreto contenham torres completas de canhões pesados. Estas, com a entrada da água em suas câmaras externas, ficariam depositadas no fundo do mar, como os fortes do Solent, nos pontos desejados. Seria possível produzir outras estruturas submergíveis, contendo depósitos de suprimentos, tanques de petróleo ou alojamentos. Não é possível, aqui, sem um exame especializado, fazer mais do que apontar as possibilidades, que abrangem nada menos do que a criação, o transporte em peças separadas, a montagem e a instalação de uma ilha artificial e base de contratorpedeiros.

Se esse esquema for atestado como mecanicamente seguro, evitaria a necessidade do emprego de tropas e todos os riscos da tomada de assalto de ilhas fortificadas. *Ele poderia ser empregado como uma surpresa, pois, embora a construção dessas embarcações de concreto viesse, provavelmente, a ser conhecida na Alemanha, a conclusão natural seria que elas se destinavam a uma tentativa de bloquear os estuários dos rios, o que, aliás, é uma ideia que não convém descartar.* Assim, até que a "ilha" começasse realmente a crescer, o inimigo não descobriria sua finalidade.

Esse documento havia dormitado nos arquivos do Comitê de Defesa Imperial por quase um quarto de século. Não o publiquei em *The World Crisis,** do qual ele deveria ter constituído um capítulo, por questões de espaço, e também porque nunca fora posto em prática. Isso foi uma sorte, porque as ideias ali expressas, na guerra atual, eram mais vitais do que nunca, e os alemães certamente liam meus livros de guerra com atenção. As concepções subjacentes a esse antigo documento estavam gravadas a fundo

* As *Memórias da Primeira Guerra Mundial*, de Churchill. (N.T.)

em minha mente e, na nova emergência, constituíram a base de ação que, depois de um longo intervalo, encontrou memorável expressão na vasta frota de lanchas de desembarque de tanques de 1943 e nos portos artificiais "Mulberry" de 1944.

A partir de então, dedicou-se intensa energia à concepção de todo tipo de barcaças de desembarque, tendo-se criado um departamento especial no almirantado para lidar com essas questões. Em outubro de 1940, os testes da primeira lancha de desembarque de tanques (LCT — Landingcraft Tanks) estavam progredindo. Seguiram-se modelos aperfeiçoados, muitos dos quais foram construídos em partes, para serem mais convenientemente transportados por mar até o Oriente Médio, onde começaram a chegar no verão de 1941. Eles comprovaram seu valor e, à medida que fomos ganhando experiência, aumentaram sistematicamente as possibilidades de desenvolver versões posteriores dessas estranhas embarcações. Por sorte, constatou-se que a construção das LCT podia ser delegada a empresas de engenharia de estruturas que não estavam comprometidas com a construção naval, de modo que a mão de obra e as instalações dos grandes estaleiros não precisou ser perturbada. Isso possibilitou o programa em larga escala que tínhamos em mente, mas também impôs limites para o tamanho das embarcações.

As LCT adequavam-se a operações de assalto através do Canal ou a trabalhos mais extensos no Mediterrâneo, mas não a longas viagens em mar aberto. Surgiu a necessidade de uma embarcação maior e mais resistente às condições de navegação, que, além de transportar tanques e outros veículos em viagens oceânicas, também pudesse desembarcá-los nas praias como as LCT. Dei instruções para o projeto dessa embarcação, que foi chamada "navio de desembarque de tanques" (LST — Landing Ship Tanks). Oportunamente, ele foi levado para os Estados Unidos, onde os detalhes foram elaborados em conjunto. Esse navio entrou em produção em escala maciça na América e figurou com destaque em todas as nossas operações posteriores, constituindo, talvez, a maior contribuição isolada para a solução do renitente problema de desembarcar veículos pesados nas praias. No final, mais de mil deles foram construídos.

No fim de 1940, tínhamos uma ideia segura da expressão física da guerra anfíbia. A produção de muitos tipos de navios e equipamentos especializados estava ganhando impulso, e as unidades necessárias para lidar com todo esse material novo estavam sendo criadas e treinadas sob as ordens do

Comando de Operações Combinadas. Centros de treinamento especiais foram criados para esse fim, no país e no Oriente Médio. À medida que iam tomando forma, todas essas ideias e suas manifestações práticas iam sendo apresentadas por nós aos nossos amigos americanos. Os resultados cresceram sistematicamente durante os anos de luta e, assim, em tempo hábil, compuseram o aparato que acabou por desempenhar um papel indispensável em nossos maiores planos e feitos. Em 1940 e 1941, nossos esforços nesse campo foram limitados pelas exigências da guerra submarina. Não mais de sete mil homens puderam ser reservados para a produção de barcaças de desembarque até o fim de 1940, e tampouco esse número foi grandemente superado no ano seguinte. Entretanto, em 1944, nada menos de setenta mil homens, só na Inglaterra, estavam dedicados a essa estupenda tarefa, além de um número muito maior nos EUA.

Em vista das muitas histórias que existem e se multiplicam sobre minha suposta aversão a qualquer tipo de desembarque de assalto em larga escala, como o ocorrido na Normandia em 1944, talvez seja conveniente eu deixar claro que, desde o início, forneci grande parte do impulso e da autoridade para a criação do imenso aparato e da frota de desembarque de blindados na orla marítima, sem os quais, hoje se reconhece, universalmente, todas essas grandes operações teriam sido impossíveis.

30
A agonia da França

As futuras gerações talvez considerem notável que a suprema questão de decidir se deveríamos ou não continuar lutando sozinhos nunca tenha encontrado espaço na agenda do Gabinete de Guerra. Isso era tido como certo e evidente por aqueles homens oriundos de todos os partidos do estado, e estávamos atarefados demais para perder tempo com essas questões quiméricas e abstratas. Também estávamos unidos, vendo a nova fase com muita confiança.

Em 13 de junho, fiz minha última visita à França em quase quatro anos exatos. O governo francês havia-se retirado para Tours e a tensão vinha aumentando sistematicamente. Levei Edward Halifax e o general Ismay comigo, e Max Beaverbrook foi voluntário para ir também. Nas dificuldades, ele é sempre animado. Dessa vez, o tempo estava claro e voamos em meio a nossa esquadrilha de Spitfires, mas fizemos uma curva bem maior para o sul do que antes. Ao sobrevoarmos Tours, constatamos que o aeroporto fora duramente bombardeado na noite anterior, mas nós e nossa escolta aterrissamos sem problemas, apesar das crateras. Sentimos de imediato a crescente degeneração da situação. Ninguém veio ao nosso encontro nem parecia nos esperar. Pedimos emprestada uma viatura militar ao comandante da base e fomos até a cidade, rumando para a prefeitura, onde se dizia que o governo francês tinha sua sede. Lá não havia ninguém de peso, mas fomos informados de que Reynaud devia estar vindo de carro do interior.

Como já fossem quase 14 horas, insisti num almoço e, após alguma deliberação, dirigimos por ruas repletas de automóveis de refugiados, a maioria deles com um colchão sobre o teto e abarrotados de bagagem. Encontramos um café que estava fechado, mas, depois de algumas explicações, conseguimos uma refeição. Durante o almoço, fui visitado por M. Baudouin, cuja influência havia aumentado naqueles últimos dias. Na mesma hora, em seu estilo suave e sedutor, ele começou a discorrer sobre o desamparo da resistência francesa. Se os Estados Unidos declarassem guerra à Alemanha, talvez fosse possível a França continuar. Que achava eu disso? Não estendi a conversa senão para lhe dizer que tinha esperança de que a América entrasse na guerra e que nós, certamente, continuaríamos a lutar. Segundo fui informado, ele espalhou depois o boato de que eu havia concordado em que a França se rendesse, a menos que os Estados Unidos entrassem na guerra.

Voltamos então à prefeitura, onde Mandel, ministro do Interior, estava à nossa espera. Esse fiel ex-secretário de Clemenceau e divulgador de sua mensagem da vida inteira parecia estar no melhor dos humores. Era a personificação da energia e da insubmissão. Seu almoço, uma galinha apetitosa, permanecia intocado na bandeja. Ele era um raio de sol. Tinha um telefone em cada mão, pelos quais dava ordens e tomava decisões constantemente. Suas ideias eram simples: lutar até o fim na França, para cobrir o maior deslocamento possível para a África. Foi a última vez que vi esse francês valente. A República da França, uma vez restaurada, condenou acertadamente à morte por fuzilamento os mercenários que o assassinaram. Sua memória é honrada por seus conterrâneos e aliados.

Pouco depois, chegou Reynaud. A princípio, pareceu deprimido. O general Weygand lhe havia comunicado que os exércitos franceses estavam exaustos. A linha fora rompida em muitos pontos; os refugiados surgiam aos borbotões por todas as estradas que cruzavam o país, e muitas tropas estavam em desordem. O generalíssimo achava necessário pedir um armistício enquanto ainda havia tropas francesas suficientes para manter a ordem, até que a paz pudesse ser firmada. Essa era a recomendação militar. Naquele dia, ele enviaria mais uma mensagem a Mr. Roosevelt, dizendo que a hora final havia chegado e que o destino da causa aliada estava nas mãos da América. Daí surgiu a alternativa do armistício e da paz.

M. Reynaud prosseguiu dizendo que o ministério o instruíra, na véspera, a indagar qual seria a atitude da Inglaterra, caso ocorresse o pior. Ele mesmo estava perfeitamente cônscio do compromisso solene de que nenhum armistício separado seria feito por qualquer dos aliados. O general Weygand e outros haviam ressaltado que a França já havia sacrificado tudo pela causa comum. Não lhe restava nada, mas ela conseguira enfraquecer enormemente o inimigo. Nessas circunstâncias, seria um choque se a Inglaterra deixasse de admitir que a França era fisicamente incapaz de prosseguir e se ainda esperasse que ela continuasse a lutar, assim abandonando seu povo à certeza da corrupção e da transformação maléfica, nas mãos de especialistas implacáveis na arte de subjugar os povos conquistados. Essa, portanto, era a pergunta que ele tinha a fazer. Iria a Inglaterra reconhecer a dura realidade com que a França se confrontava?

Julguei a questão tão grave que pedi para me retirar com meus colegas antes de responder a ela. Assim, Lord Halifax, Lord Beaverbrook e o restante de nós saímos para um jardim ensolarado e conversamos sobre a situação por meia hora. Ao retornarmos, reafirmei nossa posição. Não podíamos concordar com um armistício em separado, como quer que ele viesse. Nossa meta na guerra continuava a ser a derrota total de Hitler e acreditávamos que ainda conseguiríamos promovê-la. Sendo assim, não estávamos em condições de liberar a França de sua obrigação. O que quer que acontecesse, não faríamos censuras à França, mas isso era diferente de consentir em liberá-la de seu compromisso. Insisti em que os franceses enviassem um novo e último apelo ao presidente Roosevelt, ao qual daríamos apoio em Londres. M. Reynaud concordou em fazê-lo e prometeu que os franceses aguentariam até que se conhecesse o resultado.

No fim de nossa conversa, ele nos levou para a sala adjacente, onde M. Herriot e M. Jeanneney, respectivamente presidentes da Câmara e do Senado, estavam sentados. Esses dois patriotas franceses falaram com emoção apaixonada em continuar lutando até a morte. Ao descermos para o pátio pelo corredor apinhado, vi o general de Gaulle, imperturbável e com o semblante inexpressivo, de pé na soleira da porta. Cumprimentando-o, disse-lhe a meia voz, em francês: "*L'homme du destin.*" Ele continuou impassível. No pátio, devia haver mais de cem franceses eminentes, num sofrimento assustador. O filho de Clemenceau foi trazido até mim. Apertei-lhe a mão. Os Spitfires já estavam no ar e dormi um sono profundo em nossa breve e tranquila viagem para casa. Foi uma coisa sensata, pois havia um longo caminho a percorrer antes da hora de dormir.

☆

Às 22hl5, fiz meu novo relatório ao Gabinete. Minha exposição foi endossada por meus dois companheiros. Enquanto ainda estávamos reunidos, chegou o embaixador Kennedy com a resposta do presidente Roosevelt a um apelo anterior que Reynaud lhe fizera no dia 10 de junho.

> Sua mensagem [telegrafou ele] comoveu-me profundamente. Como já declarei ao senhor e a Mr. Churchill, este governo vem fazendo tudo o

> que está ao seu alcance para colocar à disposição dos governos aliados o material de que eles tão urgentemente necessitam, e nossos esforços de fazer ainda mais vêm sendo redobrados. Isso se deve a nossa confiança e nosso apoio aos ideais pelos quais os aliados estão lutando.
>
> A magnífica resistência dos exércitos franceses e ingleses impressionou profundamente o povo americano.
>
> Pessoalmente, estou impressionado em particular com sua declaração de que a França continuará a lutar em defesa da democracia, ainda que isso signifique uma lenta retirada, mesmo para a África do Norte e o Atlântico. É sumamente importante lembrar que as esquadras francesa e inglesa continuam a dominar o Atlântico e outros oceanos, e lembrar também que materiais vitais de outras partes do mundo ao largo são necessários para manter todos os exércitos.
>
> Sinto-me também muito animado pelo que disse o primeiro-ministro Churchill, dias atrás, sobre a resistência permanente do Império Britânico, e essa determinação parece aplicar-se igualmente ao grande Império Francês no mundo inteiro. O poderio naval nas questões mundiais continua a confirmar as lições da história, como bem sabe o almirante Darlan.

Todos achamos que o presidente tinha avançado muito. Ele havia autorizado Reynaud a divulgar sua mensagem de 10 de junho, com tudo o que isso implicava, e agora havia remetido essa resposta impressionante. Se, com base nisso, a França decidisse suportar a tortura adicional da guerra, os Estados Unidos estariam profundamente comprometidos a entrar nela. Como quer que fosse, o texto continha dois aspectos equivalentes à beligerância: primeiro, uma promessa de toda a ajuda material, que implicava uma assistência ativa; e segundo, um apelo de que a luta continuasse, mesmo que o governo fosse expulso da França. Enviei imediatamente nossos agradecimentos ao presidente e também procurei recomendar a mensagem do presidente a Reynaud nos termos mais favoráveis. Talvez fosse desnecessário frisar esses pontos, mas era preciso extrair o máximo de tudo o que tínhamos ou podíamos conseguir.

No dia seguinte, chegou um telegrama do presidente, explicando que ele não podia concordar com a divulgação de sua mensagem a Reynaud. Pessoalmente, segundo Mr. Kennedy, ele desejaria fazê-lo, mas o Departamento de Estado, embora se solidarizasse plenamente com ele, vislumbrava os mais graves perigos. O presidente cumprimentou os governos inglês e francês pela coragem de suas tropas. Renovou as garantias de fornecimento de todos os equipamentos e provisões possíveis, mas, em seguida, disse que sua mensagem de modo algum pretendia comprometer e não comprometia o governo americano com uma participação militar. Nos termos da Constituição Americana, não havia nenhuma autoridade, exceto o Congresso, capaz de assumir um compromisso dessa natureza. Ele tinha em mente, em especial, a questão da esquadra francesa. O Congresso, a seu pedido, havia destinado uma verba de cinquenta milhões de dólares ao abastecimento de alimentos e roupas para os refugiados civis na França.

Foi um telegrama decepcionante.

Ao redor da mesa, todos compreendemos perfeitamente os riscos que o presidente corria de ser acusado de extrapolar sua autoridade constitucional e, consequentemente, de ser derrotado por causa disso na eleição seguinte, da qual dependiam nosso destino e muito mais. Eu estava convencido de que ele daria a própria vida, para não falar num cargo público, pela causa da liberdade mundial, tão terrivelmente em perigo naquele momento. Mas de que serviria isso? Do outro lado do Atlântico, intuí seu sofrimento. Na Casa Branca, o tormento era de natureza diferente do de Bordeaux ou Londres. Mas o grau de tensão pessoal não diferia.

Em minha resposta, tentei munir Mr. Roosevelt de alguns argumentos que ele pudesse usar com terceiros sobre o perigo que os Estados Unidos correriam se a Europa capitulasse e a Inglaterra fracassasse. Não era uma questão de sentimentos, mas de vida e morte. Telegrafei nos seguintes termos:

"O destino da esquadra inglesa, como já lhe mencionei, é decisivo para o futuro dos Estados Unidos, porque, se ela viesse a ser somada às esquadras do Japão, França e Itália e aos grandes recursos da indústria alemã, um poderio marítimo esmagador ficaria nas mãos de Hitler. É claro que ele poderia utilizá-lo com indulgente moderação. Por outro lado, talvez não o fizesse. Essa revolução no poder naval poderia ocorrer muito depressa, e decerto muito antes que os EUA conseguissem preparar-se para ela. Se cairmos, é possível que vós tenhais que lidar com uns Estados Unidos da Europa sob comando nazi, muito mais numeroso, muito mais forte e muito mais bem-armado do que o Novo Mundo."

☆

A situação na frente francesa ia de mal a pior. As operações alemãs a noroeste de Paris, onde nossa 51ª Divisão fora perdida, haviam levado o inimigo às regiões mais baixas do Sena e do Oise. Nas margens ao sul, os remanescentes dispersos do X e do VII exércitos franceses organizavam às pressas uma defesa; tinham sido separados e, para fechar a brecha, a guarnição da capital, o chamado *Armée de Paris* [Exército de Paris], havia deixado a cidade e se interposto.

Mais a leste, ao longo do Aisne, o VI, o IV e o II exércitos estavam em muito melhores condições. Tinham contado com três semanas para se estabelecer e para absorver os reforços enviados. Durante todo o período de Dunquerque e do avanço para Rouen, eles tinham sido relativamente pouco perturbados, mas sua força era pequena para a centena de milhas que tinham que defender. O inimigo havia usado o tempo para concentrar contra eles uma grande massa de divisões e desferir o golpe final. Em 9 de junho, o golpe foi desferido. Apesar de uma resistência obstinada, pois a essa altura os franceses lutavam com grande determinação, estabeleceram-se cabeças de ponte ao sul do rio, entre Soissons e Rethel, e, nos dois dias subsequentes, elas se expandiram até atingir o Marne. As divisões Panzer alemãs, que haviam desempenhado um papel tão decisivo na descida pela costa, foram trazidas do outro lado para participar da nova batalha. Oito delas, em duas grandes ofensivas, transformaram a derrota francesa num desbaratamento fragoroso. Os exércitos franceses, dizimados e aturdidos, foram inteiramente incapazes de suportar aquela junção poderosa de números, equipamento e técnica superiores. Em quatro dias, em 16 de junho, o inimigo havia chegado a Orleans e ao Loire, enquanto, no leste, a outra ofensiva havia atravessado Dijon e Besançon, quase atingindo a fronteira suíça.

A oeste de Paris, os remanescentes do X Exército, que equivaliam a não mais de duas divisões, tinham sido empurrados de volta para sudoeste, do Sena para Alençon. A capital caiu no dia 14; os exércitos que a defendiam, o VII e o Armée de Paris, foram dispersados; um imenso buraco passou a separar as exíguas tropas francesas e inglesas situadas a oeste dos remanescentes despojos do antes orgulhoso exército da França.

O que aconteceu com a Linha Maginot, o escudo da França, e seus defensores? Até 14 de junho, nenhum ataque direto lhe foi feito, e algumas das unidades móveis, deixando para trás a guarnição das fortificações, já haviam começado a se unir, quando possível, aos exércitos do centro, em rápida retirada. Mas era tarde demais. Nesse dia, a Linha Maginot foi cruzada em frente a Saarbrucken e através do Reno, passando por Colmar; os franceses em retirada foram absorvidos no combate e impossibilitados de se desvencilhar. Dois dias depois, a penetração alemã até Besançon barrou-lhes a retaguarda. Mais de quatrocentos mil homens foram cercados, sem esperança de escapar. Muitas guarnições sitiadas resistiram desesperadamente e se recusaram a se render até depois do armistício, quando foram enviados oficiais franceses para lhes dar a ordem. Os últimos fortes cumpriram-na em 30 de junho, com seus comandantes protestando que suas defesas ainda estavam intactas em todos os pontos.

Assim, a vasta e desorganizada batalha terminou em toda a frente francesa. Resta apenas narrar o ínfimo papel que os ingleses puderam desempenhar.

☆

O general Brooke havia-se distinguido na retirada para Dunquerque e, especialmente, em sua batalha na brecha aberta pela rendição belga. Assim, nós o havíamos escolhido para comandar a tropa inglesa que continuava na França e também todos os reforços, até que eles atingissem um número suficiente para exigir a presença de Lord Gort como comandante de exército. Brooke havia chegado à França e, no dia 14, encontrou-se com os generais Weygand e Georges. Weygand declarou que as forças francesas já não tinham capacidade de promover uma resistência organizada ou uma ação conjunta. O exército francês estava dividido em quatro grupos, dos quais seu X Exército era o que ficava mais a oeste. Weygand também disse a Brooke que os governos aliados haviam concordado em criar uma cabeça de praia na península da Bretanha, a ser conjuntamente defendida por soldados franceses e ingleses, numa linha que correria aproximadamente no sentido norte-sul, passando por Rennes. Ordenou-lhe que dispusesse suas forças numa linha defensiva que atravessasse essa cidade. Brooke assinalou que essa linha de defesa tinha 150 quilômetros de extensão e exigia pelo menos 15 divisões. Foi-lhe dito que as instruções que ele estava recebendo deviam ser tomadas como uma ordem.

É verdade que, em 11 de junho, em Briare, Reynaud e eu havíamos concordado em tentar traçar uma espécie de "linha de Torres Vedras", cruzando a base da península da Bretanha. Mas tudo estava desmoronando ao mesmo tempo, e esse plano, qualquer que fosse seu mérito, nunca chegou ao campo da ação. A ideia em si era sensata, mas não havia elementos para revesti-la de realidade. Uma vez dispersos ou destruídos os principais exércitos franceses, essa cabeça de praia, por mais preciosa que fosse, não poderia ser sustentada por muito tempo diante de um ataque alemão concentrado. Todavia, mesmo uma resistência de algumas semanas naquele ponto teria mantido o contato com a Inglaterra e permitido grandes retiradas francesas para a África, vindas de outras partes do imenso front então esfrangalhado. Para que a batalha prosseguisse na França, isso só poderia ocorrer na península de Brest e em regiões cobertas de bosques ou montanhosas, como os Vosges. A alternativa, para os franceses, era a rendição. Portanto, que ninguém zombe de uma cabeça de praia na Bretanha. Os exércitos aliados, sob o comando de Eisenhower, então um desconhecido coronel americano, resgataram-na para nós, posteriormente, por um alto preço.

O general Brooke, depois de conversar com os comandantes franceses e apreciar, de seu próprio QG, um panorama que piorava a cada hora, comunicou ao Gabinete de Guerra e a Mr. Eden, por telefone, que a situação era desesperadora. Todos os reforços adicionais deveriam ser suspensos e o restante da Força Expedicionária Britânica — BEF, que então somava 150 mil homens, deveria ser reembarcado imediatamente. Na noite de 14 de junho, como achavam que eu estava sendo renitente, ele me chamou por uma linha telefônica que, por sorte e esforço, estava aberta, e insistiu comigo nessa visão. Pude ouvi-lo muito bem e, depois de dez minutos, fiquei convencido de que ele estava certo e de que devíamos partir. Expediram-se ordens nesse sentido. Ele foi liberado do comando francês. Iniciou-se o reembarque de grandes quantidades de provisões, equipamentos e homens. Os elementos avançados da Divisão Canadense que haviam desembarcado voltaram para seus navios e a 52ª Divisão da Baixa Escócia, cuja maior parte ainda não havia entrado em ação, recuou para Brest. Em 15 de junho, o restante de nossas tropas foi liberado das ordens do X Exército francês e, no dia seguinte, deslocou-se para Cherbourg. Em 17 de junho, anunciou-se que o governo de Pétain havia pedido um armistício, ordenando a todas as forças francesas que suspendessem o combate, sem que essa informação sequer fosse comunicada a nossas tropas. O general Brooke, por conseguinte, foi instruído a vir embora com todos os homens que conseguisse embarcar e com o equipamento que pudesse salvar.

Repetimos então, em escala considerável, embora com navios maiores, a retirada de Dunquerque. Mais de vinte mil soldados poloneses que se recusaram a capitular fizeram o percurso até a costa e foram levados em nossos navios para a Inglaterra. Os alemães perseguiram nossas tropas por toda parte. Na península de Cherbourg, entraram em combate com nossa retaguarda a dez milhas ao sul do porto, na manhã do dia 18. O último navio zarpou às 16 horas, quando o inimigo, liderado pela 7ª Divisão Panzer de Rommel, estava a três milhas do porto. Pouquíssimos de nossos homens foram feitos prisioneiros. Ao todo, foram evacuados de todos os portos franceses 136 mil soldados ingleses e 310 canhões, totalizando, com os poloneses, 156 mil homens.

O ataque aéreo alemão aos navios-transporte foi cerrado. Um incidente pavoroso ocorreu no dia 17 em St. Nazaire. O navio de carreira *Lancastria*, de vinte mil toneladas, levando a bordo cinco mil homens, foi bombardeado quando estava prestes a zarpar. Mais de três mil homens pereceram. Os demais foram resgatados, sob contínuo ataque aéreo, graças à dedicação das embarcações de pequeno porte. Quando essa notícia chegou ao meu conhecimento, na silenciosa sala do Gabinete, durante a tarde, proibi sua divulgação, dizendo: "Os jornais já têm desastres mais do que suficientes, pelo menos por hoje." Eu tencionava liberar a notícia alguns dias depois, mas sobre nós se acumularam acontecimentos tão tenebrosos, e com tamanha rapidez, que esqueci de suspender a proibição e algum tempo se passou antes que esse horror chegasse ao conhecimento do público.

☆

Devemos agora deixar o campo dos desastres militares e trocá-lo pelas convulsões do Gabinete francês e dos personagens que o rodeavam em Bordeaux.

Na tarde de 16 de junho, M. Monnet e o general de Gaulle foram visitar-me na sala do Gabinete. O general, em sua condição de vice-ministro da Defesa Nacional, acabara de ordenar que o navio francês *Pasteur*, que levava armas da América para Bordeaux, rumasse, em vez disso, para um porto inglês. Monnet estava ativamente empenhado num plano de transferir todos os contratos franceses de compra de armamentos na América para a Inglaterra, caso a França assinasse um armistício em separado. Evidentemente, ele esperava por isso e desejava salvar o máximo possível do que lhe parecia ser o fim do mundo. Toda a sua atitude a esse respeito foi sumamente útil. Depois, ele se voltou para a questão de enviarmos todas as nossas esquadrilhas de caças restantes para que tomassem parte na batalha final da França, que, obviamente, já estava terminada. Eu lhe disse que não havia possibilidade de fazermos isso. Mesmo nesse estágio, ele usou os argumentos habituais — "a batalha decisiva", "é agora ou nunca", "se a França cair, tudo cairá", e assim por diante. Mas eu nada podia fazer para atendê-lo nessa área. Então, meus dois visitantes franceses levantaram-se e se encaminharam para a porta, com Monnet à frente. Quando chegaram a ela, de Gaulle, que até então mal proferira uma única palavra, disse-me em inglês: "Acho que vocês estão inteiramente certos." Sob a aparência impassível e imperturbável, ele me parecia ter uma notável capacidade de sentir dor. Guardei uma impressão do contato com esse homem muito alto e fleumático: "Eis aí *the Constable,* o Guardião da França." Ele voltou naquela tarde para Bordeaux, num avião inglês que eu colocara à sua disposição. Mas não por muito tempo.

O Gabinete de Guerra ficou reunido até as 18 horas. Seus membros estavam num estado emocional incomum. A queda e o destino da França dominavam-lhes o pensamento. Nossos próprios apuros, bem como o que teríamos de enfrentar, e enfrentar sozinhos, pareceram ficar em segundo plano. O sofrimento por nossa aliada em sua agonia e o desejo de fazer qualquer coisa humanamente possível para ajudá-la eram o estado de espírito predominante. Havia também a importância suprema de nos certificarmos do destino da esquadra francesa. Dias antes, havíamos elaborado uma Declaração de União Franco-Inglesa, união política, com cidadania comum, órgãos conjuntos de defesa e de política externa, financeira e econômica etc., com o objetivo, afora seus méritos gerais, de dar a M. Reynaud algum fato novo, de natureza vívida e estimulante, com que ele pudesse obter a aprovação da maioria de seu Gabinete para uma transferência para a África e para a continuação da guerra. Munido desse documento e acompanhado pelos líderes dos partidos Trabalhista e Liberal, pelos três chefes de estado-maior e por vários importantes oficiais e funcionários, preparei-me para mais uma missão na França. Um trem especial estava à nossa espera em Waterloo. Poderíamos chegar a Southampton em duas horas, e uma noite de travessia a trinta nós num cruzador nos colocaria em nosso local de encontro por volta das 12 horas do dia 17. Havíamos tomado nossos assentos no trem. Minha mulher fora despedir-se de mim. Mas houve uma demora intrigante na partida. Obviamente, alguma dificuldade havia ocorrido. Pouco depois, meu secretário particular chegou de Downing Street, esbaforido, com a seguinte mensagem de Sir Ronald Campbell, nosso embaixador em Bordeaux: "Eclodiu crise ministerial. (...) Espero ter notícias meia-noite. Enquanto isso, encontro marcado para amanhã impossível."

Diante disso, voltei para Downing Street, com o coração oprimido.

☆

A cena final no Gabinete de Reynaud foi a seguinte.

As esperanças que M. Reynaud havia depositado na Declaração de União logo se desfizeram. Raras vezes uma proposta tão generosa teve recepção tão hostil. O premier leu o documento duas vezes perante o ministério. Declarou-se firmemente favorável a ele e acrescentou que estava providenciando um encontro comigo no dia seguinte para discutir os detalhes. Mas os ministros, agitados, alguns deles famosos, outros uns ninguéns, ficaram atordoados. A maioria estava inteiramente despreparada para absorver questões de tamanha amplitude. O sentimento preponderante no Conselho foi a rejeição do plano inteiro. A surpresa e a desconfiança dominaram a maioria, e até os mais amistosos e resolutos ficaram atarantados. O Conselho havia-se reunido na expectativa de receber a resposta à solicitação francesa, com que todos haviam concordado, de que a Inglaterra liberasse a França de suas obrigações, para que os franceses pudessem perguntar aos alemães quais seriam suas condições de armistício. É possível e até provável que, se nossa resposta formal lhes tivesse sido submetida, a maioria houvesse aceito nossa condição primordial, relativa ao envio da esquadra francesa para a Inglaterra, ou que, pelo menos, eles tivessem feito alguma outra proposta adequada e, com isso, ficado livres para iniciar as negociações com o inimigo, reservando-se a alternativa final de uma retirada para a África, se as condições alemãs fossem rigorosas demais. Mas ali houve um clássico exemplo de "ordem, contraordem, desordem".

Paul Reynaud foi inteiramente incapaz de superar a impressão desfavorável criada pela proposta da União Anglo-Francesa. A facção derrotista, liderada pelo marechal Pétain, recusou-se até mesmo a examiná-la. Fizeram-se acusações violentas. Aquilo era "um plano de última hora", "uma surpresa", "um esquema para colocar a França sob tutela, ou para pôr as mãos em seu império colonial". A proposta relegava a França, no dizer deles, à condição de um domínio. Outros se queixaram de que nem sequer uma igualdade de status fora oferecida aos franceses, pois estes receberiam apenas a cidadania do Império Britânico, e não da

Inglaterra, enquanto os ingleses se tornariam cidadãos da França. Essa impressão é desmentida pelo texto.

Além desses, surgiram outros argumentos. Weygand convencera Pétain, sem grande dificuldade, de que a Inglaterra estava perdida. As altas autoridades militares francesas tinham avisado: "Em três semanas, a Inglaterra terá seu pescoço torcido como uma galinha." Criar uma união com a Inglaterra era, segundo Pétain, fazer uma "fusão com um cadáver". Ybarnegaray, que fora tão intrépido na guerra anterior, exclamou: "É melhor ser uma província nazi. Ao menos sabemos o que isso significa." O senador Reibel, amigo pessoal do general Weygand, declarou que aquele esquema significava a completa destruição da França e, de qualquer modo, uma clara subordinação à Inglaterra. Em vão Reynaud retrucou: "Prefiro colaborar com meus aliados do que com meus inimigos." E Mandel: "Vocês preferem mais ser um distrito alemão do que um domínio britânico?" Foi tudo em vão.

Foi-nos assegurado que a exposição de nossa proposta por Reynaud nunca foi submetida a uma votação do Conselho. Ela desmoronou sozinha. Foi um revés pessoal e fatal para o esforçado premier, que marcou o fim de sua influência e autoridade sobre o Conselho. Todas as discussões subsequentes voltaram-se para o armistício e para a indagação, aos alemães, sobre as condições que eles imporiam, e nisso, M. Chautemps foi frio e inabalável. Dois telegramas que havíamos enviado a respeito da esquadra nunca foram apresentados ao Conselho. O pedido de que ela fosse mandada para portos ingleses, como prelúdio às negociações com os alemães, nunca foi examinado pelo Gabinete Reynaud, o qual, àquela altura, estava em completa decomposição. Por volta das vinte horas, inteiramente esgotado pelo esforço físico e mental a que estivera submetido por tantos dias, Reynaud enviou sua renúncia ao presidente e recomendou que ele mandasse convocar o marechal Pétain. Esse ato tem de ser julgado precipitado. Ao que parece, Reynaud ainda alimentava a esperança de conseguir manter seu encontro comigo no dia seguinte, e falou com o general Spears a esse respeito. "Amanhã haverá outro governo, e o senhor já não falará em nome de ninguém", disse Spears.

O marechal Pétain compôs prontamente um governo francês, com a finalidade principal de buscar um armistício imediato com a Alemanha. No fim da noite de 16 de junho, o grupo derrotista que ele chefiava já estava tão configurado e unido que o processo não levou muito tempo. M. Chautemps ("indagar sobre as condições não é necessariamente aceitá-las") tornou-se vice-primeiro-ministro. O general Weygand, cuja opinião era que estava tudo acabado, ficou com o Ministério da Defesa Nacional. O almirante Darlan tornou-se ministro da Marinha, e M. Baudoin, ministro do Exterior.

Aparentemente, a única dificuldade surgiu no tocante a M. Laval. A ideia inicial do marechal foi oferecer-lhe o cargo de ministro da Justiça. Laval descartou-a com desdém. Pleiteou o Ministério das Relações Exteriores, único cargo em que imaginava ser-lhe possível executar seu plano de inverter as alianças da França, acabar com a Inglaterra e se unir como sócio minoritário à Nova Europa Nazista. O marechal Pétain rendeu-se imediatamente à veemência dessa personalidade imponente. M. Baudoin, que já havia assumido o Ministério do Exterior, para o qual sabia ser sumamente inadequado, dispôs-se prontamente a abrir mão dele. Mas, quando mencionou esse fato a M. Charles-Roux, subsecretário permanente do Ministério do Exterior, este ficou indignado. E granjeou o apoio de Weygand. Quando Weygand entrou na sala e se dirigiu ao ilustre marechal, Laval se enfureceu de tal maneira que os dois chefes militares ficaram desconcertados. O subsecretário permanente, no entanto, recusou-se terminantemente a trabalhar sob as ordens de Laval. Confrontado com isso, o marechal novamente cedeu e, depois de uma cena violenta, Laval se retirou, irado e ressentido.

Foi um momento crítico. Quando, decorridos quatro meses, em 28 de outubro, Laval enfim se tornou ministro do Exterior, havia uma nova consciência dos valores militares. A resistência inglesa à Alemanha, àquela altura, era um fator a ser considerado. Aparentemente, a Ilha não podia ser inteiramente desprezada. Pelo menos, seu pescoço não fora "torcido como o de uma galinha" em três semanas. Isso era um fato novo, e um fato com o qual toda a nação francesa se regozijava.

☆

Como era desejo do Gabinete, fiz a seguinte declaração pelo rádio na noite de 17 de junho:

> As notícias vindas da França são muito ruins e lastimo pelo valente povo francês, atingido por essa terrível desgraça. Nada irá alterar nossos sentimentos em relação ao povo francês ou nossa confiança em que o espírito da França voltará a se erguer. O que aconteceu na França não faz nenhuma diferença no que tange aos nossos atos e nosso propósito. Tornamo-nos os únicos paladinos atualmente em guerra em defesa da causa

> mundial. Faremos o melhor possível para ser dignos dessa grande honra. Defenderemos nossa ilha em casa e, junto com o Império Britânico, prosseguiremos na luta sem nos deixarmos conquistar, até que a maldição de Hitler seja retirada dos ombros da humanidade. Temos certeza de que, no fim, tudo sairá bem.

Naquela manhã, eu havia mencionado aos meus colegas do Gabinete uma conversa telefônica que tivera durante a madrugada com o general Spears, que me dissera achar que não poderia prestar nenhum serviço útil na nova estrutura em Bordeaux. Ele havia falado com certa ansiedade sobre a segurança do general de Gaulle. Aparentemente, Spears fora avisado de que, do modo como as coisas estavam se configurando, talvez fosse conveniente de Gaulle deixar a França. Eu havia assentido prontamente em que se fizesse um bom plano nesse sentido. Assim, naquela mesma manhã — 17 de junho — de Gaulle foi ao seu escritório em Bordeaux, marcou alguns compromissos para a parte da tarde, à guisa de disfarce, e rumou para o aeroporto com seu amigo Spears, para assistir ao seu embarque. Os dois trocaram um aperto de mãos e se despediram. Porém, quando o avião começou a taxiar, de Gaulle entrou e bateu a porta. O aparelho decolou, enquanto a polícia e os funcionários franceses olhavam, boquiabertos, de Gaulle carregava consigo, naquele pequeno avião, a honra da França.

31
O almirante Darlan e a esquadra francesa: Oran

Após o colapso da França, a pergunta que surgia na mente de todos os nossos amigos e inimigos era: "A Inglaterra também se renderá?" Pela importância que pudessem ter as declarações públicas diante dos acontecimentos, eu havia declarado repetidamente, em nome do governo de Sua Majestade, nossa determinação de prosseguir na luta sozinhos. Depois de Dunquerque, no dia 4 de junho, eu havia usado a expressão "se necessário, por anos, *se necessário, sozinhos*". Ela não fora inserida sem intenção e, no dia seguinte, o embaixador francês em Londres tinha sido instruído a perguntar o que eu realmente pretendera dizer. E obtivera a resposta: "Exatamente o que disse." Tive a oportunidade de relembrar esse meu comentário à Câmara ao me dirigir a ela em 18 de junho, no dia seguinte ao colapso de Bordeaux. Nesse momento, dei "algumas indicações dos sólidos fundamentos práticos em que baseávamos nossa inflexível determinação de continuar a guerra". Pude assegurar ao parlamento que nossos assessores profissionais das três forças armadas estavam confiantes em que havia boas e sensatas esperanças de uma vitória final. Informei aos membros ter recebido mensagens dos quatro primeiros-ministros dos Domínios, nas quais eles endossavam nossa decisão de prosseguir a luta e se declaravam prontos a compartilhar nosso destino. "Ao fazer este terrível balanço e contemplar nossos perigos com um olhar isento de ilusões, vejo grandes motivos para vigilância e empenho, mas absolutamente nenhuma razão para pânico ou temor." E acrescentei:

> Durante os primeiros quatro anos da última guerra, os aliados não conheceram nada além de desgraças e decepção. (...) Fazíamo-nos repetidamente a pergunta: "Como vamos vencer?" — e ninguém jamais conseguia responder a ela com muita precisão, até que, no fim, de modo inteiramente súbito, inteiramente inesperado, nosso terrível inimigo desmoronou diante de nós, e ficamos tão satisfeitos com a vitória que, em nossa insensatez, jogamo-la fora.

E concluí:

> O que o general Weygand chamou Batalha da França está encerrado. Creio que a Batalha da Inglaterra está para começar. Dessa batalha depende a sobrevivência da civilização cristã. Dela dependem nossa própria vida inglesa e a longa continuidade de nossas instituições e nosso Império. Toda a fúria e poderio do inimigo deverão, muito em breve, voltar-se contra nós. Hitler sabe que terá de dobrar-nos nesta ilha ou perderá a guerra. Se soubermos enfrentá-lo, toda a Europa poderá ficar livre e a vida do mundo poderá galgar amplas e ensolaradas alturas. Mas, se falharmos, o mundo inteiro, inclusive os Estados Unidos, inclusive tudo o que conhecemos e que nos tem sido caro, mergulhará no abismo de uma nova Idade da Treva, tornada mais sinistra e, talvez, mais prolongada pelos conhecimentos de uma ciência pervertida. Assim, atenhamo-nos a nossos deveres e portemo-nos de tal modo que, se o Império Britânico e sua Commonwealth durarem mil anos, os homens ainda possam dizer: "Aquele foi seu melhor momento."

Todas essas palavras, frequentemente citadas, foram confirmadas na hora da vitória. Mas, naquele momento, eram apenas palavras. Os estrangeiros, que não compreendem o temperamento da raça inglesa por todo o globo quando seu sangue ferve, talvez supusessem que era apenas uma fachada de intrepidez, montada como bom prelúdio para negociações de paz. A necessidade de Hitler de encerrar a guerra no Ocidente era óbvia. Ele estava em condições de oferecer os termos mais tentadores. Para quem, como eu, havia estudado seus movimentos, não parecia impossível que ele consentisse em deixar intactos a Inglaterra, seu Império e sua Esquadra, firmando um tratado de paz que lhe garantisse, no Leste, a carta branca sobre a qual Ribbentrop falara comigo em 1937, e que era seu mais ardoroso desejo. Até então, não lhe havíamos causado grande prejuízo. Na verdade, só fizéramos acrescentar nossa própria derrota ao seu triunfo sobre a França. Acaso era de estranhar que os calculistas astutos de muitos países, desconhecedores que eram, em sua maioria, dos problemas de uma invasão ultramarina e da qualidade de nossa força aérea, e que viviam sob a desconcertante impressão do poderio e do terror alemães, não ficassem convencidos? Não era qualquer governo, instaurado quer pela Democracia, quer pelo Despotismo, nem qualquer nação, quando inteiramente só e aparentemente abandonada, que cortejaria os horrores da invasão e desdenharia de uma boa oportunidade de paz, para a qual muitas desculpas plausíveis poderiam ser apresentadas. A retórica não era garantia. Outro governo poderia surgir. "Os fomentadores da guerra tiveram sua oportunidade e fracassaram." A América se mantivera alheia. Ninguém tinha nenhum compromisso com a Rússia soviética. Por que não haveria a Inglaterra de se juntar aos espectadores que, no Japão e nos EUA, na Suécia e na Espanha, podiam observar com interesse imparcial, ou até saborear uma luta mutuamente destrutiva entre os impérios nazista e comunista? As gerações futuras hão de ter dificuldade em acreditar que as questões que aqui resumi nunca foram julgadas dignas de espaço na agenda do Gabinete, nem foram sequer mencionadas em nossos conclaves mais secretos. As dúvidas só podem ser afastadas por atos. E os atos estavam por vir.

☆

Nos últimos dias de Bordeaux, o almirante Darlan tornou-se muito importante. Meus contatos com ele tinham sido poucos e formais. Eu o respeitava pelo trabalho que fizera na recriação da marinha francesa, que, após dez anos de seu controle profissional, estava mais eficiente do que em qualquer época desde a Revolução Francesa. Quando, em dezembro de 1939, ele fizera uma visita à Inglaterra, fora-lhe oferecido um jantar oficial no almirantado. Em resposta ao brinde, ele começara por nos lembrar que seu bisavô tinha sido morto na Batalha de Trafalgar. Assim, eu o encarava como um daqueles bons franceses que detestavam a Inglaterra. As discussões navais anglo-francesas de janeiro também haviam mostrado quão zeloso era o almirante de sua posição militar, em relação a quem quer que fosse o ministro político da marinha. Isso se transformara numa verdadeira obsessão e, segundo creio, desempenhou um papel decisivo em seus atos.

No mais, Darlan estivera presente à maioria das conferências que descrevi e, ao se aproximar o fim da resistência dos exércitos franceses, havia-me assegurado repetidamente que, houvesse o que houvesse, a esquadra francesa jamais cairia nas mãos dos alemães. E então, em Bordeaux, veio o momento fatídico na carreira daquele almirante ambicioso, interesseiro e competente. Sua autoridade sobre a esquadra era praticamente absoluta. Bastava-lhe mandar os navios para portos ingleses, americanos ou das colônias francesas — alguns já haviam zarpado — para ser obedecido. Na manhã de 17 de junho, depois da queda do gabinete de M. Reynaud, ele declarou ao general Georges que estava decidido a expedir essa ordem. No dia seguinte, Georges encontrou-se com ele à tarde e lhe perguntou o que havia acontecido. Darlan retrucou que havia mudado de ideia. Indagado sobre o porquê disso, simplesmente respondeu: "Agora, sou ministro da marinha." Isso não significava que houvesse mudado de ideia para se tornar ministro da marinha, mas sim que, sendo ministro da marinha, tinha um ponto de vista diferente.

Como são fúteis as maquinações humanas em proveito próprio! Raras vezes houve exemplo mais convincente disso. Bastava a Darlan zarpar em qualquer de seus navios, rumo a qualquer porto fora da França, para se tornar senhor de todos os interesses franceses fora do controle alemão. Ele não teria chegado, como o general de Gaulle, apenas com um coração indomável e um punhado de espíritos solidários. Teria levado consigo, para fora do alcance alemão, a quarta marinha do mundo, cujos oficiais e praças lhe eram pessoalmente dedicados. Agindo desse modo, Darlan ter-se-ia tornado o líder da Resistência Francesa, com uma arma poderosa nas mãos. Os estaleiros e arsenais ingleses e americanos teriam estado à sua disposição para a manutenção de sua esquadra. A reserva de ouro francesa nos Estados Unidos ter-lhe-ia assegurado amplos recursos, tão logo ele fosse reconhecido. Todo o Império Francês teria cerrado fileiras com ele. Nada poderia impedi-lo de ser o Libertador da França. A fama e o poder que ele tão ardorosamente desejara estavam a seu alcance. Em vez disso, ele atravessou dois anos de um mandato preocupante e ignominioso, até chegar a uma morte violenta, uma sepultura desonrada e um nome a ser execrado por muito tempo pela marinha francesa e pela nação a que, até então, ele tão bem servira.

Há um último aspecto a ser assinalado neste ponto. Numa carta que me escreveu em 4 de dezembro de 1942, apenas três semanas antes de ser assassinado, Darlan afirmou com veemência haver mantido sua palavra. Essa carta defendia sua posição e foi publicada por mim em outro texto.* Não há dúvida de que nenhum navio francês jamais foi tripulado pelos alemães ou por eles usado na guerra contra nós. Mas isso não se deveu inteiramente às providências do almirante Darlan, embora ele decerto houvesse incutido na mente dos oficiais e praças da marinha francesa a ideia de que, custasse o que custasse, seus navios deveriam ser destruídos antes de serem capturados pelos alemães, a quem Darlan detestava tanto quanto aos ingleses.

* *Their Finest Hour,* capítulo II.

Mas, em junho de 1940, o acréscimo da armada francesa às esquadras alemã e italiana, com a incomensurável ameaça do Japão pairando no horizonte, confrontava a Inglaterra com perigos mortais e afetava seriamente a segurança dos EUA. O Artigo 8° do Armistício afirmava que a esquadra francesa, exceto pela parte liberada para a salvaguarda dos interesses coloniais franceses, "será recolhida a portos a serem especificados e ali desmobilizada e desarmada, sob controle alemão ou italiano". Portanto, estava claro que as belonaves francesas passariam para esse controle ainda plenamente armadas. É verdade que, no mesmo artigo, o governo alemão declarava solenemente não ter intenção de usá-las para seus próprios fins durante a guerra. Mas quem, em sã consciência, confiaria na palavra de Hitler, depois de seu histórico vergonhoso e nas realidades do momento? Além disso, o artigo excetuava dessa garantia "as unidades necessárias à vigilância costeira e à instalação de minas". A interpretação disso estava a cargo dos alemães. Por último, o Armistício poderia ser anulado a qualquer momento, a pretexto de qualquer descumprimento de suas cláusulas. Na verdade, não havia nenhuma segurança para nós. A todo custo e com todos os riscos, de um modo ou de outro, tínhamos de nos certificar de que a marinha da França não caísse em mãos erradas, assim trazendo a ruína, talvez, para nós e para outros.

☆

O Gabinete de Guerra não teve um só momento de hesitação. Os ministros que, na semana anterior, haviam-se solidarizado de todo o coração com a França, e oferecido a ela uma nacionalidade comum, resolveram que era preciso tomar todas as providências necessárias. Foi uma decisão odiosa, a mais antinatural e dolorosa em que jamais estive implicado. Ela me fez lembrar o episódio da tomada da esquadra dinamarquesa pela Royal Navy inglesa em Copenhague, em 1807; mas, no caso atual, os franceses tinham sido, até a véspera, nossos diletos aliados, e nossa solidariedade para com o sofrimento da França era sincera. Por outro lado, a vida da nação e a salvação de nossa causa estavam em jogo. Era uma tragédia grega. Mas nenhum ato jamais fora tão necessário para a vida da Inglaterra e tudo o que dela dependia. Pensei em Danton em 1793: "Os reis em coalizão nos ameaçam, e aos seus pés atiramos, como penhor de batalha, a cabeça de um rei." O episódio todo transcorreu dentro dessa linha de ideias.

A marinha francesa estava situada da seguinte maneira: dois encouraçados, quatro cruzadores ligeiros (ou *contre-torpilleurs*), alguns submarinos, inclusive um que era enorme, o *Surcouf,* oito destróieres e cerca de duzentas embarcações menores, mas valiosas, de varredura de minas e antissubmarinas, achavam-se, em sua maioria, em Portsmouth e Plymouth. Estes estavam em nosso poder. Em Alexandria, havia um encouraçado francês, quatro cruzadores franceses, sendo três deles modernos e com canhões de oito polegadas, e alguns navios de menor porte. Estes estavam cobertos por um forte esquadrão inglês de batalha. Em Oran, na outra ponta do Mediterrâneo, e em seu porto militar adjacente de Mers-el-Kebir, encontravam-se dois dos melhores navios da esquadra francesa, o *Dunkerque* e o *Strasbourg,* modernos cruzadores pesados muito superiores ao *Scharnhorst* e ao *Gneisenau,* e que tinham sido expressamente construídos para superá-los. Esses navios, em mãos alemãs e singrando nossas rotas comerciais, seriam muito desagradáveis. Com eles estavam dois encouraçados, vários cruzadores ligeiros e ainda alguns contratorpedeiros, submarinos e outras embarcações francesas. Na Argélia havia sete cruzadores, dos quais quatro tinham armamento de oito polegadas, e na Martinica estavam um porta-aviões e dois cruzadores ligeiros. Em Casablanca achava-se o *Jean Bart,* recém-chegado de St. Nazaire, mas sem seus canhões. Esse era um dos principais navios no cálculo do poderio naval mundial. Estava inacabado e não poderia ser concluído em Casablanca. Não devia ir para outro lugar. O *Richelieu,* muito mais próximo de sua conclusão, havia chegado a Dakar. Estava apto a navegar e seus canhões de 15 polegadas podiam abrir fogo. Havia muitos outros navios franceses de menor importância em vários portos. Por fim, em Toulon, algumas belonaves estavam fora do nosso alcance. A Operação *Catapulta* compreendia a tomada e controle simultâneos ou a inutilização efetiva ou destruição de toda a esquadra francesa que estivesse acessível.

Nas primeiras horas da manhã de 3 de julho, todos os navios franceses em Portsmouth e Plymouth foram postos sob controle inglês. A ação foi súbita e constituiu, necessariamente, uma surpresa. Empregou-se uma força esmagadora, e a transação toda mostrou com que facilidade os alemães poderiam ter-se apossado de qualquer belonave francesa ancorada em portos que eles controlassem. Na Inglaterra, a transferência de comando, com exceção do *Surcouf,* foi amigável, e as tripulações desembarcaram de bom grado. No *Surcouf,* dois bravos oficiais e um marinheiro ingleses foram mortos,* enquanto outro marinheiro ficou ferido. Um marinheiro francês também foi morto, mas muitas centenas uniram-se voluntariamente a nós. O *Surcouf*, depois de prestar destacados serviços, foi destruído em 19 de fevereiro de 1942, com toda a sua valente tripulação francesa.

O golpe mortal ocorreu no Mediterrâneo ocidental. Ali, em Gibraltar, o vice-almirante Somerville, com a "Força H", composta do cruzador pesado *Hood*, dos encouraçados *Valiant* e *Resolution*, do porta-aviões *Ark Royal* e de dois cruzadores e 11 contratorpedeiros, recebeu ordens expedidas pelo almirantado às 2h25 de 1° de julho: "Preparar para Catapulta 3 de julho."

Entre os oficiais de Somerville estava o comandante Holland, um bravo e destacado oficial que, pouco antes, fora adido naval em Paris, mostrava grande simpatia pelos franceses e era um homem influente. No início da tarde de 1° de julho, o vice-almirante telegrafou:

> Após conversa com Holland e outros, vice-almirante "Força H" sensibilizado pela visão deles de que uso da força deve ser evitado a qualquer preço. Holland considera que ação ofensiva por nossa parte alienaria todos os franceses, onde quer que estejam.

A isso, o almirantado respondeu às 18h20:

> Firme intenção governo Sua Majestade que, se franceses não aceitarem nenhuma de suas alternativas, devem ser destruídos.

Pouco depois da meia-noite (1h08 de 2 de junho), enviou-se ao almirante Somerville um comunicado cuidadosamente elaborado, a ser transmitido ao almirante francês. Seu trecho crucial era o seguinte:

> (a) Siga conosco e continue a lutar pela vitória contra os alemães e os italianos.
>
> (b) Siga com tripulações reduzidas, sob nosso controle, para um porto inglês. As tripulações reduzidas serão repatriadas na primeira oportunidade.
>
> Se uma dessas alternativas for adotada, devolveremos vossos navios à França ao término da guerra, ou pagaremos uma indenização total se eles forem avariados até lá.
>
> (c) Como alternativa, se o senhor se sentir na obrigação de garantir que seus navios não sejam usados contra os alemães ou os italianos, a menos

* Comandante D.V. Sprague, tenente P.M.K. Griffiths e marinheiro A. Webb, *Royal Navy*.

que eles rompam o Armistício, leve-os conosco, com tripulações reduzidas, para algum porto francês nas Índias Ocidentais — Martinica, por exemplo — onde eles possam ser satisfatoriamente desmilitarizados, ou talvez confiados aos Estados Unidos, e permanecer em segurança até o fim da guerra, sendo as tripulações repatriadas.

Caso o senhor recuse estas ofertas legítimas, terei, com profundo pesar, de lhe pedir que afunde seus navios no prazo de seis horas. Finalmente, não ocorrendo o acima exposto, tenho ordens do governo de Sua Majestade para usar qualquer força necessária para impedir que seus navios caiam nas mãos dos alemães ou dos italianos.

O almirante zarpou ao amanhecer e, por volta das nove e meia, estava perto de Oran. Enviou o próprio comandante Holland num destróier para falar com o almirante francês, Gensoul. Depois de ser-lhe recusada uma entrevista, Holland remeteu por mensageiros o já citado documento. O almirante Gensoul respondeu por escrito, dizendo que de maneira alguma permitiria que as belonaves francesas caíssem intactas nas mãos dos alemães e italianos, e que a força seria enfrentada pela força.

Durante todo o dia, as negociações continuaram. Às 16h15, o comandante Holland finalmente obteve permissão de subir a bordo do *Dunkerque,* mas o encontro que se seguiu com o almirante francês foi frio. Entrementes, o almirante Gensoul havia remetido duas mensagens ao almirantado francês e, às 15 horas, o conselho de ministros da França havia-se reunido para examinar as condições inglesas. O general Weygand esteve presente a essa reunião, e o que dela transpirou está hoje registrado por seu biógrafo. Por esse registro, parece que a terceira alternativa, isto é, o deslocamento da esquadra francesa para as Índias Ocidentais, nunca foi mencionada. Afirma ele: "... Pareceria que o almirante Darlan, deliberadamente ou não, tendo ou não conhecimento deles, não sei, *na verdade não nos informou de todos os detalhes da questão na ocasião.* Parece, agora, que os termos do ultimato inglês eram menos duros do que fomos levados a crer e sugeriam uma terceira alternativa muito mais aceitável, a saber, a partida da esquadra para as águas das Índias Ocidentais."* Nunca, até hoje [1950], se teve explicação para essa omissão, se é que foi uma omissão.

A aflição do almirante inglês e de seus principais oficiais era-nos evidente, pelos sinais que tinham transmitido. Nada, a não ser as ordens mais

* Jacques Weygand, *The Role of General Weygand.*

diretas, iria obrigá-los a abrir fogo contra aqueles que, até tão pouco tempo antes, tinham sido seus camaradas. Também no almirantado havia uma evidente emoção. Mas não houve nenhum enfraquecimento da decisão do Gabinete de Guerra. Passei a tarde inteira na sala do Gabinete, em contato frequente com meus principais colegas e com o primeiro Lord do almirantado e com o primeiro Lord do Mar. Uma última transmissão foi despachada às 18h26:

> Navios franceses devem cumprir nossas condições ou se afundar ou ser afundados por vocês antes do escurecer.

Mas o combate já havia começado. Às 17h45, o almirante Somerville abrira fogo contra essa poderosa esquadra francesa, que também era protegida por suas baterias de terra. Às 18 horas, ele comunicou que estava em combate cerrado. O bombardeio durou cerca de dez minutos. O encouraçado *Bretagne* explodiu. O *Dunkerque* encalhou. O encouraçado *Provence* foi abicado na praia. O *Strasbourg* escapou e, apesar de atacado por aviões lança-torpedo do *Ark Royal,* chegou a Toulon, como também fizeram os cruzadores vindos da Argélia.

Em Alexandria, após negociações prolongadas com o almirante Cunningham, o almirante francês Godefroy concordou em descarregar o combustível dos navios, retirar peças importantes de seus mecanismos de tiro e repatriar algumas de suas tripulações. Em Dakar, em 8 de julho, um ataque foi desferido contra o encouraçado *Richelieu* pelo porta-aviões *Hermes* e, com muita bravura, por uma lancha. O porta-aviões francês e dois cruzadores ligeiros que estavam nas Índias Ocidentais francesas foram imobilizados, após extensas discussões, mediante um acordo com os Estados Unidos.

☆

Em 4 de julho, submeti um extenso relatório à Câmara dos Comuns sobre o que havíamos feito. Embora o cruzador pesado *Strasbourg* houvesse escapado de Oran e a efetiva inutilização do *Richelieu* não tivesse sido comunicada até então, as providências tomadas por nós haviam excluído a marinha francesa dos grandes projetos alemães. Discursei por uma hora ou mais naquela tarde e fiz um relato pormenorizado de todos esses acontecimentos terríveis, tal como os conhecia. Nada tenho a acrescentar ao relato que fiz então ao parlamento e ao mundo. Julguei apropriado, para dar às coisas a devida proporção, encerrar com uma nota que colocasse esse lamentável episódio em sua verdadeira relação com a situação de apuro em que nos encontrávamos. Assim, li perante a Câmara a advertência que, com a aprovação do Gabinete, eu mandara circular na véspera nos escalões internos da máquina governamental:

> No que pode ser a véspera de uma tentativa de invasão ou de uma batalha por nossa terra natal, o primeiro-ministro deseja sensibilizar todos os que ocupam cargos de responsabilidade, no governo, nas forças armadas ou nos departamentos civis, para seu dever de manter um espírito de alerta e uma energia confiante.
>
> Embora devam ser tomadas todas as precauções permitidas pelo tempo e pelos meios, não há razão para supor que mais soldados alemães possam ser desembarcados neste país, por ar ou por mar, do que o número passível de ser destruído ou capturado pelas vigorosas forças atualmente em armas. A RAF está em excelentes condições e com o máximo poderio atingido até hoje. A marinha alemã nunca esteve tão fraca, nem o exército inglês no país jamais esteve tão forte quanto agora.
>
> O primeiro-ministro espera que todos os servidores de Sua Majestade em posições elevadas deem um exemplo de equilíbrio e determinação. Devem reprimir e repreender a expressão de opiniões equivocadas e maldigeridas em seus círculos, ou por parte de seus subordinados. Não devem hesitar em denunciar ou, se necessário, afastar qualquer pessoa, seja oficial ou funcionário, que comprove estar conscientemente exercendo uma influência perturbadora ou deprimente, e cujo discurso espalhe o medo e o desânimo.
>
> Somente assim, serão dignos dos combatentes que, no ar, no mar e em terra, sempre enfrentaram o inimigo sem a menor ideia de serem sobrepujados em suas qualidades marciais.

A Câmara permaneceu muito silenciosa durante a leitura, mas, ao fim dela, ocorreu uma cena única em minha experiência pessoal. Todos pareceram manter-se erguidos por todos os lados, ovacionando, durante o que me pareceu um longo tempo. Até esse momento, o Partido Conservador havia-me tratado com certa reserva, e era da bancada trabalhista que eu costumava receber a acolhida mais calorosa na Câmara, ou quando me levantava em ocasiões graves. Nessa ocasião, porém, todos se uniram num solene acordo estentóreo.

A eliminação da marinha francesa como um fator de peso, quase que de um só golpe, mediante uma ação violenta, causou profunda impressão em todos os países. Ali estava a Inglaterra, que tantos haviam considerado liquidada, que os estranhos haviam suposto trêmula e à beira da rendição ante o imponente poderio reunido contra ela, golpeando implacavelmente seus mais caros amigos da véspera e garantindo para si, por algum tempo, o incontestável domínio do mar. Ficou claro que o Gabinete de Guerra inglês não temia coisa alguma e não se deteria diante de nada. E era verdade.

O espírito da França permitiu que seu povo compreendesse toda a importância de Oran e, em meio a sua agonia, retirasse novas forças e esperanças de mais esse doloroso golpe. O general de Gaulle, que eu não havia consultado de antemão, teve uma postura magnífica, e a França, uma vez liberta e resgatada, ratificou sua conduta. Agradeço a M. Teitgen, destacado membro do movimento da Resistência e, posteriormente, ministro francês da Defesa, por uma história que merece ser contada. Num vilarejo próximo a Toulon moravam duas famílias, cada uma das quais perdera seu filho marinheiro sob o fogo inglês em Oran. Providenciou-se um serviço fúnebre a que todos os vizinhos fizeram questão de comparecer. As duas famílias pediram que a bandeira inglesa fosse colocada sobre os caixões ao lado da bandeira francesa, e seu desejo foi respeitosamente atendido. Podemos ver nisso o quanto o espírito compreensivo da gente simples aproxima-se do sublime.

32
Acuados

NAQUELES DIAS DO VERÃO DE 1940, depois da queda da França, ficamos completamente sós. Nenhum dos Domínios ingleses, nem a Índia ou as colônias, podiam enviar uma ajuda decisiva, ou mandar em tempo hábil aquilo de que dispunham. Os imensos e vitoriosos exércitos alemães, inteiramente equipados e contando com grandes reservas de armas e arsenais capturados, estavam-se reunindo para o ataque final. A Itália, com tropas numerosas e imponentes, havia-nos declarado guerra e buscava avidamente nossa destruição no Mediterrâneo e no Egito. No Extremo Oriente, o Japão lançava olhares penetrantes e indecifráveis e solicitava incisivamente o fechamento da Estrada da Birmânia, barrando o abastecimento da China. A Rússia soviética estava presa à Alemanha nazista por seu pacto e prestava uma importante ajuda a Hitler com matérias-primas. A Espanha, que já havia ocupado a Zona Internacional de Tânger, poderia voltar-se contra nós a qualquer momento e exigir Gibraltar, ou pedir aos alemães que a ajudassem a atacá-lo, ou montar baterias para impedir a passagem pelos estreitos. A França de Pétain e Bordeaux, que logo se mudou para Vichy, poderia ser forçada, a qualquer momento, a nos declarar guerra. O que restara da esquadra francesa em Toulon parecia estar em poder dos alemães. Certamente, não nos faltavam inimigos.

Depois de Oran, ficou claro para todos os países que o governo e a nação inglesa estavam decididos a prosseguir na luta até o fim. Mas, mesmo que não houvesse fraqueza moral na Inglaterra, como seria possível superar as aterradoras realidades materiais? Sabia-se que nossas tropas, na Ilha, estavam quase desarmadas, a não ser pelos fuzis. Meses seriam necessários para que nossas fábricas pudessem substituir até mesmo o armamento perdido em Dunquerque. Acaso era surpresa que o mundo em geral estivesse convencido de que havia soado a trombeta de nosso Juízo Final?

Um grande sobressalto espalhou-se pelos Estados Unidos e, a rigor, por todos os países livres que restavam. Os americanos se indagaram gravemente se era lícito desperdiçarem qualquer parcela de seus recursos, severamente limitados, para se entregarem a um sentimento generoso mas sem esperança.

Não deveriam eles envidar todos os esforços e zelar por cada arma, para remediar seu próprio despreparo? Era preciso um discernimento muito seguro para ficar acima desses argumentos convincentes e triviais. A gratidão da nação inglesa vai para o nobre presidente e para seus notáveis oficiais e altos assessores, que nunca, nem mesmo no advento da eleição para o terceiro mandato presidencial, perderam sua confiança em nosso destino e nossa vontade.

É bem possível que o espírito esperançoso e imperturbável da Inglaterra, que tive a honra de expressar, tenha pesado na balança de maneira decisiva. Ali estava aquele povo, que, nos anos anteriores à guerra, chegara aos limites extremos do pacifismo e da imprevidência, que se entregara ao esporte da política partidária e que, apesar de tão fracamente armado, avançara displicentemente para o centro das questões europeias, confrontado com a avaliação simultânea de seus impulsos virtuosos e suas providências negligentes. Ele não estava nem sequer desalentado. Desafiava os conquistadores da Europa. Parecia mais disposto a ter sua ilha reduzida a escombros do que a se entregar. Isso daria uma bela página da história. Mas havia outras narrativas desse tipo. Atenas fora vencida por Esparta. Os cartagineses haviam resistido inutilmente a Roma. Não raro, nos anais do passado — e quão mais frequentemente em tragédias nunca registradas ou há muito esquecidas —, nações valentes, orgulhosas e descuidadas, e até raças inteiras, tinham sido devastadas a ponto de restar delas apenas o nome, ou nem sequer menção.

Poucos ingleses e pouquíssimos estrangeiros compreendiam as peculiares vantagens técnicas de nossa situação insular, e tampouco era do conhecimento geral que, mesmo nos anos irresolutos que haviam antecedido a guerra, a parte essencial da defesa marítima e, recentemente, da defesa aérea tinha sido preservada. Fazia quase mil anos desde que a Inglaterra vira as fogueiras de um acampamento inimigo em solo inglês. No auge da resistência inglesa, todos continuavam calmos, satisfeitos em pôr a vida em jogo. O fato de ser esse o nosso estado de ânimo foi sendo gradualmente percebido por amigos e inimigos no mundo inteiro. Que haveria por trás dessa animação? Isso só poderia ser descoberto pela força bruta.

Havia também outro aspecto. Um de nossos maiores perigos durante o mês de junho consistira em termos nossas últimas reservas afastadas de nós e lançadas no desperdício de uma inútil resistência francesa na França, e em vermos o poderio de nossa força aérea ser gradualmente desgastado por seus voos ou sua transferência para o Continente. Se Hitler fosse dotado de um saber sobrenatural, teria retardado o prosseguimento do ataque à frente francesa, talvez fazendo uma pausa de três ou quatro semanas depois de Dunquerque, na linha do Sena, enquanto elaborava seus preparativos para invadir a Inglaterra. Desse modo, teria tido uma opção mortífera, e poderia ter-nos torturado com o dilema de abandonar a França em sua agonia ou desperdiçar os últimos recursos de nossa existência futura. Quanto mais instássemos os franceses a prosseguir na luta, maior seria a nossa obrigação de ajudá-los e mais difícil se tornaria fazermos qualquer preparativo de defesa na Inglaterra. Acima de tudo, mais difícil seria manter reservados os 25 esquadrões de aviões de caça, dos quais tudo dependia. Quanto a esse ponto, nunca teríamos cedido, mas a recusa teria causado um amargo ressentimento em nosso aflito aliado e teria envenenado todas as nossas relações. Foi até com um verdadeiro sentimento de alívio que alguns de nossos comandantes supremos se voltaram para nosso problema novo e terrivelmente simplificado. Como disse o porteiro de um dos clubes das forças armadas de Londres a um membro muito abatido: "Pelo menos, senhor, estamos na final, e a partida vai ser disputada em casa."

☆

A força de nossa posição, já nessa época, não era subestimada pelo Alto Comando alemão. Ciano conta que, ao visitar Hitler em Berlim, em 7 de julho de 1940, teve com o general von Keitel uma longa conversa. Keitel, como Hitler, falou-lhe sobre o ataque à Inglaterra. Repetiu que, até aquele momento, nada fora decidido. Ele julgava possível o desembarque, mas o considerava uma "operação extremamente difícil, que deve ser abordada com extrema cautela, em vista do fato de que as informações disponíveis sobre o preparo militar da ilha e as defesas costeiras são escassas e não muito dignas de confiança".* O que se afigurava fácil — e essencial — era um grande bombardeio de aeroportos, fábricas e principais centros de comunicação da Inglaterra. Era necessário, entretanto, ter em mente que a força aérea inglesa era extremamente eficiente. Keitel calculava que os ingleses teriam cerca de 1.500 aparelhos prontos para a defesa e o contra-ataque. Admitiu que, em época recente, a ação ofensiva da força aérea inglesa fora enormemente intensificada. As missões de bombardeio eram executadas com uma precisão digna de nota, e os grupos de aviões que apareciam somavam até oitenta

* Galeazzo Ciano, *Diplomatic Papers*, pp. 378.

aparelhos de cada vez. Havia, contudo, uma grande escassez de pilotos na Inglaterra, e os que estavam então atacando as cidades alemãs não podiam ser substituídos pelos novos pilotos, que eram completamente despreparados. Keitel também insistiu na necessidade de atacar Gibraltar, a fim de romper o sistema imperial inglês. Nem Keitel nem Hitler fizeram qualquer referência à duração da guerra. Apenas Himmler disse, de passagem, que a guerra deveria estar encerrada no início de outubro.

Tal foi o relatório de Ciano. Ele também ofereceu a Hitler, por "desejo insistente do Duce", um exército de dez divisões e um componente aéreo de trinta esquadrões para participar da invasão. A oferta relativa ao exército foi polidamente declinada. Algumas das esquadrilhas aéreas vieram, mas, como será relatado dentro em pouco, saíram-se mal.

☆

Em 19 de julho, Hitler fez um discurso triunfante no Reichstag, no qual, depois de prever que eu logo me refugiaria no Canadá, fez o que se chamou sua Proposta de Paz. Nos dias subsequentes, esse gesto foi acompanhado por gestões diplomáticas através da Suécia, dos Estados Unidos e do Vaticano. Naturalmente, Hitler ficaria muito contente, depois de haver subjugado a Europa à vontade, em acabar com a guerra obtendo a concordância inglesa para o que havia feito. Na verdade, não era uma proposta de paz, mas um anúncio da disposição de aceitar que a Inglaterra abrisse mão de tudo quanto pretendera preservar entrando na guerra.

Minha primeira ideia foi um debate solene e formal nas duas Casas do Parlamento, mas meus colegas acharam que isso seria dar importância demasiada a um assunto em que todos éramos da mesma opinião. Decidiu-se, em vez disso, que o ministro do Exterior descartasse o gesto de Hitler numa transmissão radiofônica. Na noite de 22, ele "pôs de lado" a "convocação [de Hitler] a capitularmos à sua vontade". Contrastou as duas imagens da Europa, a de Hitler e a nossa, e declarou que "não pararemos de lutar até que a Liberdade esteja garantida". A rigor, entretanto, tão logo o discurso de Hitler fora ouvido, a imprensa inglesa e a BBC já haviam rejeitado qualquer ideia de negociação, sem que tivesse havido nenhuma instigação por parte do governo de Sua Majestade.

Ciano registrou em seu diário que, "no fim da noite de 19, quando chegou a primeira e fria reação inglesa ao discurso, um sentimento de indisfarçável desapontamento espalhou-se entre os alemães". Hitler "gostaria de um entendimento com a Inglaterra. Ele sabe que a guerra com os ingleses será dura e sangrenta, e também sabe que, em toda parte, as pessoas são avessas ao derramamento de sangue". Mussolini, por outro lado, "teme que os ingleses possam encontrar no demasiadamente astuto discurso de Hitler um pretexto para iniciar as negociações". "Isso", comentou Ciano, "seria uma pena para Mussolini, porque, agora mais do que nunca, ele quer a guerra."* Ele não precisava ter-se aborrecido. Não lhe seria negada nem uma gota da guerra que ele queria.

☆

No fim de junho, os chefes de estado-maior haviam-me sugerido no Gabinete, através do general Ismay, que eu visitasse os setores ameaçados nos litorais leste e sul. Em consonância com isso, eu passara a dedicar um ou dois dias de cada semana a essa agradável tarefa, quando necessário dormindo em meu trem, onde tinha todas as facilidades para prosseguir o meu trabalho regular, mantendo um contato constante com Whitehall. Inspecionei o Tyne e o Humber e muitos possíveis locais de desembarque. A Divisão Canadense fez um exercício para mim em Kent. Examinei as defesas terrestres de Harwich e Dover. Uma de minhas primeiras visitas foi feita à 3ª Divisão, comandada pelo general Montgomery, um oficial que eu não conhecia. Minha mulher me acompanhou. A 3ª Divisão estava em posição perto de Brighton. Recebera prioridade máxima para se reaparelhar e estivera prestes a embarcar para a França quando a resistência regular terminou nesse país. O QG do general Montgomery ficava perto de Steyning, e ele me mostrou um pequeno exercício cuja característica central era um movimento de ataque pelos flancos, feito por soldados portando metralhadoras de mão, das quais, até aquele momento, ele conseguira reunir apenas sete ou oito. Depois disso, dirigimos pela costa, passando por Shoreham e Hove, até chegar à conhecida orla marítima de Brighton, da qual eu tinha tantas lembranças de meus tempos de menino. Jantamos no Royal Albion Hotel, que fica em frente à ponta do píer. O hotel estava inteiramente vazio, já tendo ocorrido uma considerável evacuação, mas ainda havia algumas pessoas tomando ar na praia ou no passeio à beira-

* *Diário do conde Ciano,* pp. 277-8.

-mar. Divertiu-me ver um pelotão da Guarda de Granadeiros montando um posto de metralhadora com sacos de areia num dos quiosques do cais, parecido com os da minha infância, onde eu ficava assistindo às piruetas de um circo de pulgas. O tempo estava adorável. Tive uma ótima conversa com o general e apreciei imensamente o passeio.

Em meados de julho, o ministro da Guerra recomendou que o general Brooke substituísse o general Ironside no comando de nossas forças internas. Em 19 de julho, durante minha inspeção contínua dos possíveis setores de invasão, visitei o Comando do Sul. Foi-me apresentado um tipo de exercício tático em que não menos de 12 tanques puderam participar. Rodei a tarde inteira com o general Brooke, que comandava essa frente. Seu histórico era esplêndido. Não apenas ele havia travado a batalha decisiva dos flancos perto de Ypres, durante a retirada para Dunquerque, como também se portara com firmeza e habilidade singulares, em circunstâncias de dificuldade e confusão inimagináveis, quando no comando das novas tropas que enviáramos para a França nas três primeiras semanas de junho. Eu também tinha uma ligação pessoal com Alan Brooke através de seus dois bravos irmãos — amigos de minha vida militar na juventude.

Essas ligações e lembranças não determinaram minha opinião sobre as graves questões implicadas na escolha, mas formaram uma base pessoal sobre a qual se sustentou e amadureceu minha associação ininterrupta com Alan Brooke durante a guerra. Passamos quatro horas juntos no automóvel, naquela tarde de julho de 1940, e parecemos estar de acordo quanto aos métodos da defesa interna. Depois das consultas necessárias com outras autoridades, aprovei a proposta do ministro da Guerra de colocar Brooke no comando das forças internas, substituindo o general Ironside. Ironside aceitou sua saída com a dignidade militar que, em todas as oportunidades, caracterizou seus atos.

Durante a ameaça de invasão, pelo prazo de um ano e meio, Brooke organizou e comandou as forças internas e, depois disso, quando se tornou CIGS, chefe do Estado-Maior Imperial, continuamos juntos por três anos e meio, até a vitória. Narrarei dentro em pouco os benefícios que extraí de sua orientação nas mudanças decisivas do comando no Egito e no Oriente Médio em agosto de 1942, e também a dura decepção que tive de lhe infligir no tocante ao comando da operação de invasão através do Canal, a Operação *Overlord,* em 1944. Seu longo mandato como *chairman* do comitê dos chefes de estado-maior durante a maior parte da guerra e seu trabalho como chefe do Estado-Maior Imperial permitiram-lhe prestar serviços da mais alta relevância, não apenas ao Império Britânico, mas também à causa aliada. Esta narrativa registrará algumas divergências ocasionais entre nós, mas também uma esmagadora proporção de concordâncias, e dará testemunho de uma amizade que me é cara.

☆

Durante o mesmo mês de julho, um volume considerável de armamento americano foi trazido em segurança pelo Atlântico. Quando os navios se aproximavam de nossas linhas costeiras, com suas armas de valor inestimável, trens especiais os aguardavam em todos os portos para receber suas cargas. A Home Guard, em cada região, cada cidade, cada vilarejo, mantinha-se em alerta durante a noite inteira para recebê-las. Homens e mulheres trabalhavam dia e noite preparando-as para entrarem em uso. No fim de julho, éramos uma nação armada, no que dizia respeito ao ataque de paraquedistas ou de tropas aerotransportadas. Havíamo-nos transformado num "ninho de vespas". Fosse como fosse, se tivéssemos de perecer lutando (coisa que eu não previa), inúmeros de nossos homens e algumas mulheres teriam armas na mão. A chegada do primeiro lote do meio milhão de fuzis calibre.30 destinados à Home Guard (embora houvesse apenas cinquenta cartuchos por unidade, dos quais só nos atrevemos a liberar dez, e ainda não houvesse nenhuma fábrica em funcionamento) permitiu-nos transferir trezentos mil fuzis calibre 0,303, do tipo inglês, para as formações do exército regular, que se expandiam rapidamente.

Diante dos canhões de 75mm, com seus mil tiros por peça, alguns especialistas rabugentos logo torceram o nariz. Não havia carretas e nenhum meio imediato de obtermos mais munição. Os calibres diferentes complicariam as operações. Mas eu me recusei a lhes dar ouvidos e, durante todo o período de 1940 e 1941, esses novecentos canhões de 75mm foram um grande acréscimo a nossa força militar de defesa interna. Conceberam-se dispositivos e treinaram-se homens para empurrá-los por rampas para dentro de caminhões, a fim de que eles pudessem ser movidos. Quando se está lutando pela vida, qualquer canhão é melhor do que nenhum, e os 75mm franceses, apesar de superados pelos canhões ingleses de 25 libras e pelos obuseiros alemães, ainda eram uma arma esplêndida.

À medida que julho e agosto foram transcorrendo sem nenhuma desgraça, fomos ficando mais calmos, com a certeza crescente de que conseguiríamos travar uma longa e dura batalha. O aumento de nosso poderio estimulava-nos dia a dia. A população inteira trabalhava até o limite máximo de suas forças e, ao adormecer após sua labuta ou sua vigília, sentia-se recompensada pelo sentimento crescente de que teríamos tempo e venceríamos. Todas as praias eriçavam-se em defesas de vários tipos. O país inteiro estava organizado em núcleos defensivos. As fábricas despejavam suas armas. No fim de agosto, tínhamos mais de 250 tanques novos! Os frutos do "ato de fé" americano tinham sido colhidos. Todo o exército inglês profissional e treinado, bem como seus companheiros do Exército Territorial, praticavam e se exercitavam de manhã à noite e ansiavam por enfrentar o inimigo. A Home Guard ultrapassou a marca de um milhão de homens e, quando faltavam fuzis, eles pegavam vigorosamente em espingardas, rifles esportivos e pistolas de uso pessoal; quando não havia armas de fogo, em lanças e porretes. Não havia quintas-colunas na Inglaterra, embora alguns espiões fossem criteriosamente detidos e interrogados. Os poucos comunistas existentes estavam quietos. Todos os demais davam tudo o que tinham para dar.

Quando visitou Roma em setembro, Ribbentrop disse a Ciano: "A defesa territorial inglesa não existe. Uma única divisão alemã será suficiente para provocar um colapso total." Isso apenas mostra sua ignorância. Muitas vezes me perguntei, no entanto, o que teria acontecido se duzentos mil soldados das tropas de assalto alemãs realmente se houvessem instalado no país. O massacre teria sido feroz e imenso de ambos os lados. Não teria havido piedade nem trégua. Eles teriam usado o terror e nós estávamos dispostos a chegar a todos os extremos. Eu tencionava usar o lema "Você sempre pode levar um deles com você". Cheguei até a calcular que os horrores de uma cena dessas, em última instância, inverteriam o peso da balança nos EUA. Mas nenhuma dessas emoções foi posta à prova. Ao longe, nas águas cinzentas do mar do Norte e do Canal, singravam e patrulhavam as fiéis flotilhas, perscrutando a noite. Bem alto no céu voavam os pilotos de caça, ou então aguardavam, serenos e a postos, junto de suas máquinas excelentes. Foi uma época em que era igualmente bom viver ou morrer, tanto fazia.

☆

O poderio naval, quando adequadamente entendido, é uma coisa maravilhosa. A travessia de um exército por água salgada, diante de esquadras e flotilhas superiores, é uma proeza quase impossível. O navio a vapor havia contribuído imensamente para o poder da marinha de defender a Inglaterra. Na época de Napoleão, o mesmo vento que impulsionasse pela Mancha os navios de fundo chato saídos de Boulogne era capaz de empurrar para longe nossas esquadras de bloqueio. Mas tudo o que acontecera desde então havia ampliado a capacidade de uma esquadra superior destruir invasores em trânsito. Todas as complicações acrescentadas aos exércitos pela aparelhagem moderna tornavam suas viagens mais incômodas e perigosas e tendiam a tornar insuperáveis as dificuldades de sua manutenção depois do desembarque. Na crise anterior das fortunas de nossa ilha, dispúnhamos de um poderio naval superior e, ao que se constatou, amplo. O inimigo não conseguira vencer nenhuma grande batalha naval contra nós. Não pudera enfrentar nossos grupos de cruzadores. Em matéria de flotilhas e embarcações ligeiras, nosso número era dez vezes maior que o dele. A isso se somavam os riscos incalculáveis do tempo, especialmente a neblina. Mas, ainda que se efetuasse um desembarque em um ou mais pontos, permaneceria inalterado o problema de manter uma linha de comunicações inimiga e de abastecer qualquer terreno tomado. Essa fora a situação na Primeira Grande Guerra.

Agora, porém, havia a aviação. Que efeito teria produzido esse avanço supremo no problema da invasão? Evidentemente, se o inimigo conseguisse dominar os mares estreitos de ambos os lados do estreito de Dover, através de um poderio aéreo superior, as perdas de nossos navios seriam muito pesadas e talvez acabassem por revelar-se fatais. Ninguém quereria, salvo em situações extremas, introduzir encouraçados pesados ou grandes cruzadores em águas dominadas pelos bombardeiros alemães. Na verdade, não estacionamos nenhum navio de primeira classe ao sul do Forth ou a leste de Plymouth. Mas, a partir de Harwich, Nore, Dover, Portsmouth e Portland, mantínhamos uma patrulha vigilante e incansável de navios de combate ligeiros, cujo número estava sempre aumentando. Em setembro, eles ultrapassavam oitocentos, e somente por ar o inimigo seria capaz de destruí-los, mesmo assim, gradativamente.

Mas quem tinha o poder no ar? Na Batalha da França, havíamos combatido os alemães com uma desvantagem de dois ou três para um e infligíramos baixas de proporções similares. Nos céus de Dunquerque, onde tivéramos de manter um patrulhamento contínuo para dar cobertura à retirada do exército, havíamos lutado com quatro ou cinco contra um e obtido sucesso e lucro. Sobrevoando nossas próprias águas e nossas costas e condados expostos, o marechal do ar Dowding vislumbrava um combate proveitoso, à razão de sete ou oito contra um. O poderio da força aérea alemã nessa época, considerado no todo, ao que soubéssemos — e estávamos bem-informados — era de aproximadamente três para um. Embora isso constituísse uma grande desvantagem na luta contra o bravo e eficiente inimigo alemão, eu me baseava na conclusão de que, em nosso próprio espaço aéreo, acima de nosso país e de suas águas, poderíamos derrotar a força aérea alemã. Se isso fosse verdade, nosso poderio naval continuaria a dominar os mares e oceanos e destruiria todos os inimigos que rumassem em direção a nós.

Havia, é claro, um terceiro fator potencial. Teriam os alemães, com sua renomada meticulosidade e visão, preparado secretamente uma vasta esquadra com embarcações especiais para desembarque, que não necessitassem de portos ou ancoradouros e fossem capazes de desembarcar tanques, canhões e veículos a motor em qualquer ponto da orla marítima para, a partir daí, abastecer as tropas em terra? Como já foi exposto, essas ideias haviam surgido em minha mente muito tempo antes, em 1917, e vinham então sendo efetivamente desenvolvidas, como resultado de minhas diretrizes. Contudo, não tínhamos razão para crer que existisse nada semelhante na Alemanha, embora seja sempre conveniente, quando se fazem cálculos de custos, não excluir a pior hipótese. Levamos quatro anos de esforço e experimentação intensos e de uma imensa ajuda material americana para fabricar esse tipo de equipamento em escala equiparável à do desembarque na Normandia. Muito menos teria bastado aos alemães nessa ocasião. Mas eles tinham apenas algumas balsas.

Assim, a invasão da Inglaterra, no verão e outono de 1940, exigiria da Alemanha uma superioridade naval local e uma superioridade aérea, além de imensas frotas de barcaças de desembarque especiais. Mas éramos nós que detínhamos a superioridade naval; éramos nós que havíamos conquistado o domínio aéreo; e, por fim, acreditávamos — acertadamente, como sabemos hoje — que eles não haviam construído ou projetado nenhuma embarcação especial. Eram esses os fundamentos de minhas ideias sobre a invasão em 1940. Em julho, houve conversas e ansiedades crescentes sobre esse assunto, dentro do governo inglês e em geral. Apesar dos voos incessantes de reconhecimento e de todas as vantagens da fotografia aérea, ainda não nos chegara nenhum indício de grandes concentrações de navios-transporte no Báltico ou nos portos do Reno ou do Schelde, e estávamos certos de que não ocorrera nenhuma movimentação de navios ou barcaças a motor pelos estreitos, a caminho do Canal. Não obstante, os preparativos para resistir à invasão eram a tarefa suprema com que todos nos confrontávamos, e a eles se dedicou uma intensa reflexão em todo o nosso círculo militar e no comando das forças internas.

Como será descrito dentro em pouco, o plano alemão era invadir-nos pelo Canal com navios de médio e pequeno porte (quator mil a cinco mil toneladas), e hoje sabemos que eles nunca tiveram a esperança ou a intenção de deslocar um exército do Báltico e dos portos do mar do Norte em grandes navios-transporte. Muito menos fizeram qualquer plano de uma invasão partindo dos portos de Biscaia. Isso não significa que, ao escolherem o litoral sul como alvo, eles estivessem raciocinando com acerto e nós, equivocadamente. A invasão pela costa leste seria, de longe, a mais assustadora, caso o inimigo dispusesse de meios para tentá-la. Obviamente, não poderia haver nenhuma invasão pelo litoral sul, a menos ou até que os navios necessários houvessem atravessado o estreito de Dover rumo ao sul e se houvessem concentrado nos portos franceses da Mancha. Disso, durante julho, não houve nenhum sinal.

Não obstante, tínhamos que estar preparados para todas as hipóteses, evitando a dispersão de nossas forças móveis e, ao mesmo tempo, acumulando reservas. Esse belo e difícil problema só podia ser resolvido atualizando-se as novidades e os acontecimentos semana após semana. A linha costeira inglesa, recortada por inúmeras enseadas, tem mais de duas mil milhas de perímetro, sem incluir a Irlanda. Para defender um perímetro tão vasto, que poderia ser atacado em um ou mais pontos, de forma simultânea ou sucessiva, era preciso montar linhas de observação e resistência margeando a costa ou as fronteiras, com o objetivo de retardar o inimigo e, ao mesmo tempo, criar a maior reserva possível de tropas móveis altamente treinadas, dispostas de maneira a poder chegar no menor prazo possível a qualquer ponto atacado para desferir um contra-ataque vigoroso. Quando, nas fases finais da guerra, Hitler viu-se cercado e confrontado com um problema semelhante, ele cometeu, como veremos, os mais graves erros ao tentar resolvê-lo. Nas comunicações, ele criou uma teia, *mas se esqueceu da aranha.* Trazendo ainda fresco na memória o exemplo do absurdo dispositivo das tropas francesas, pelas quais um preço tão fatal acabara de ser pago, não nos esquecemos da "massa de manobra", a reserva. Eu me bati por essa política incessantemente, até o limite máximo permitido por nossos recursos crescentes.

Minhas opiniões estavam em harmonia geral com o pensamento do almirantado. Em 12 de julho, o almirante Pound enviou-me um relatório completo e criterioso, que ele e o Estado-Maior Naval haviam preparado. Como era natural e apropriado, os perigos que teríamos de enfrentar foram enfaticamente expostos. Mas, ao resumir a questão, disse o almirante Pound: "*Parece provável que um total de cerca de cem mil homens possa alcançar essas praias sem ser interceptado pelas forças navais* (...) mas a manutenção de sua linha de suprimento, a menos que a força aérea alemã supere nossa força aérea e nossa marinha, parece praticamente impossível. (...) Se o inimigo empreendesse essa operação, haveria de fazê-lo na esperança de poder desferir uma ofensiva rápida contra Londres, para forçar o governo a capitular."

Fiquei satisfeito com essa avaliação.

E então, em agosto, a situação começou a se modificar de maneira decisiva. Nossa excelente inteligência confirmou que a operação *Seelöwe,* a Leão-Marinho, fora definitivamente ordenada por Hitler e estava sendo ativamente preparada. Pareceu certo que o homem ia tentar. Além disso, a frente a ser atacada era totalmente diferente ou era *adicional* à costa leste, na qual os chefes de estado-maior, o almirantado e eu, de pleno acordo, ainda depositávamos a ênfase principal. Um grande número de barcaças motorizadas e barcos começou a passar pelo estreito de Dover à noite, deslocando-se furtivamente ao longo da costa francesa e, pouco a pouco, concentrando-se em todos os portos franceses da Mancha, de Calais até Brest. Nossas fotografias diárias mostravam essa movimentação com precisão. Não tinha sido possível reinstalar nossos campos de minas perto do litoral francês. Começamos imediatamente a atacar os navios em trânsito com nossas embarcações de pequeno porte, e o Comando de Bombardeiros concentrou-se sobre o novo conjunto de portos de invasão que então se descortinou para nós. Ao mesmo tempo, chegaram-nos muitas informações sobre a concentração de um exército, ou exércitos, de invasão alemães ao longo daquele trecho da costa inimiga, sobre a movimentação nas ferrovias e sobre grandes concentrações no Passo de Calais e na Normandia. Surgiu grande número de poderosas baterias de longo alcance, em toda a extensão francesa da Mancha.

Em resposta a essa nova ameaça, começamos a deslocar nosso peso de uma perna para a outra e a aperfeiçoar os meios de deslocamento de nossas reservas móveis, cada vez maiores, para a frente sul. Nossas tropas aumentavam continuamente em número, eficiência, mobilidade e equipamentos. Na última quinzena de setembro, podíamos colocar em ação, no front do litoral sul, 16 divisões de alta qualidade, dentre as quais três eram divisões blindadas ou seu equivalente em brigadas, tudo isso constituindo um acréscimo à defesa costeira local e podendo entrar em ação com grande rapidez contra qualquer desembarque invasor. Isso nos proporcionaria um ataque ou série de ataques que o general Brooke estava em boas condições de desfechar, conforme a necessidade; e ninguém era mais capaz de fazê-lo do que ele.

☆

Durante todo esse período, não tínhamos nenhuma garantia de que as enseadas e estuários de Calais a Terschelling e Heligoland, com toda aquela profusão de ilhas próximas do litoral holandês e alemão (o "enigma das areias" da guerra anterior), não estivessem escondendo outras grandes forças inimigas, com navios de pequeno ou médio porte. Um ataque — de Harwich e fazendo o contorno direto até Portsmouth, Portland, ou mesmo Plymouth, centrado no promontório de Kent — parecia iminente. Nada tínhamos senão indícios negativos sobre a possibilidade de uma terceira onda invasora, combinada com as outras, ser lançada a partir do Báltico, passando pelo Skagerrak, em navios de grande porte. Na verdade, isso era essencial para o sucesso alemão, pois de nenhum outro modo seria possível que o armamento pesado chegasse aos exércitos desembarcados ou que se criassem grandes depósitos de suprimentos.

Entramos então num período de extrema tensão e vigilância. Durante todo esse tempo, é claro, tínhamos que manter forças poderosas ao norte do Wash, até Cromarty. Foram aprimoradas as providências para transferi-las desses pontos, caso o ataque se confirmasse decididamente no sul. O abundante e intricado sistema ferroviário da ilha, bem como o domínio contínuo de nosso espaço aéreo, permitiriam que deslocássemos, com certeza, mais quatro ou cinco divisões para reforçar a defesa do sul, se isso fosse necessário, no quarto, quinto e sexto dias depois que o ataque completo do inimigo se revelasse.

Fez-se um estudo muito criterioso da lua e das marés. Achávamos que o inimigo preferiria fazer a travessia à noite e desembarcar ao amanhecer, e agora sabemos que o comando do exército alemão também pensava assim. Ele gostaria igualmente da luz do quarto minguante ou crescente durante a travessia, para se manter organizado e fazer um desembarque preciso. Avaliando a coisa toda com exatidão, o almirantado concluiu que as condições mais favoráveis para o inimigo surgiriam entre 15 e 30 de setembro. Também nesse aspecto constatamos, agora, que estávamos de acordo com nossos inimigos. Tínhamos poucas dúvidas quanto à nossa capacidade de destruir o que quer que desembarcasse no promontório de Dover ou no setor costeiro que ia de Dover a Portsmouth, ou mesmo Portland. À medida que todas as nossas ideias, na cúpula, fluíam num acordo harmonioso e detalhado, era impossível não gostar do quadro que se apresentava com crescente nitidez. Aquela talvez fosse a chance de desferirmos contra o poderoso inimigo um golpe que repercutiria no mundo inteiro. Era impossível não ficarmos internamente excitados, tanto pelo clima quanto pela evidência das intenções de Hitler, avolumando-se contra nós. Na verdade, havia quem, por motivos puramente técnicos e pelo efeito que a derrota e a destruição totais dessa expedição surtiriam na guerra inteira, ficasse até muito contente em vê-lo tentar.

Em julho e agosto, havíamos garantido o predomínio aéreo seguro nos céus da Inglaterra e tínhamos uma força e um controle especiais no espaço aéreo acima dos condados do sudeste. Vastos e intricados sistemas de fortificações, núcleos de defesa, obstáculos antitanque, fortins, casamatas de concreto e coisas semelhantes se espalhavam por toda a região. A linha costeira estava repleta de defesas e baterias e, ao preço de perdas mais pesadas em função da menor escolta no Atlântico, e também graças às novas construções que estavam entrando em serviço, as flotilhas haviam aumentado substancialmente em número e qualidade. Havíamos levado para Plymouth o encouraçado *Revenge* e o velho navio-alvo, o falso encouraçado *Centurion,* além de um cruzador. A Home Fleet estava no auge de sua força e podia operar sem grande risco até o delta do Humber e mesmo no golfo de Wash. Sob todos os aspectos, portanto, estávamos plenamente preparados.

Por último, já não estávamos longe dos ventos equinociais que são costumeiros em outubro. Evidentemente, setembro era o mês para o ataque de Hitler, se ele se atrevesse, e as marés e a fase da lua eram favoráveis em meados do mês.

Agora é hora de passarmos para o campo oposto e expormos os preparativos e planos do inimigo, tal como hoje os conhecemos.

33
Operação "leão-marinho"

LOGO QUE ECLODIU A GUERRA, em 3 de setembro de 1939, o almirantado alemão, como soubemos por seus arquivos capturados, iniciou seu estudo de estado-maior sobre a invasão da Inglaterra. Ao contrário de nós, eles não tinham dúvida de que a única maneira de realizá-la era atravessando as águas estreitas do Canal. Jamais consideraram qualquer outra alternativa. Se tivéssemos sabido disso, teria sido um alívio importante. Uma invasão pelo Canal atacaria nosso litoral mais bem-defendido — a antiga frente marítima contra a França, onde todos os portos eram fortificados e onde estavam estabelecidas nossas principais bases de flotilhas e, em épocas posteriores, a maioria de nossos aeroportos e estações controladoras de voo para a defesa de Londres. Não havia nenhuma parte da ilha onde pudéssemos entrar em combate mais depressa ou com tamanho poderio das três forças armadas. O almirante Raeder preocupava-se em não ser apanhado desprevenido, caso a exigência de invadir a Inglaterra recaísse sobre a marinha alemã. Ao mesmo tempo, ele pleiteava uma porção de condições. A primeira delas era o controle completo dos litorais, portos e estuários franceses, belgas e holandeses. Assim, o projeto ficara adormecido durante a Guerra Imperceptível.

Súbito, todas essas condições foram surpreendentemente atendidas, e deve ter sido com alguma apreensão, mas também com satisfação, que, logo após Dunquerque e a rendição francesa, o almirante pôde apresentar-se diante do Führer com um plano. Em 21 de maio e novamente em 20 de junho, ele falou com Hitler sobre o assunto, não com o intuito de propor uma invasão, mas para se certificar de que, se ela fosse ordenada, o planejamento detalhado não fosse precipitado. Hitler mostrou-se cético, dizendo que "avaliava perfeitamente as dificuldades excepcionais dessa empreitada". Ele também alimentava a esperança de que a Inglaterra suplicasse pela paz. Somente na última semana de junho foi que o QG Supremo se voltou para essa ideia, e somente em 2 de julho é que se expediu a primeira instrução de planejamento da invasão da Inglaterra como uma ocorrência possível. "O Führer decidiu que, mediante certas condições — a mais importante das quais é conquistar a superioridade aérea — um desembarque na Inglaterra poderá ocorrer." Em 16 de julho, Hitler expediu a seguinte diretriz: "Visto que a Inglaterra, a despeito de sua situação militarmente desesperançosa, não dá nenhum sinal de chegar a um acordo, decidi preparar uma operação de desembarque contra a Inglaterra e, se necessário, colocá-la em prática. (...) Os preparativos para a operação inteira deverão estar concluídos em meados de agosto." Providências em todos os sentidos já estavam em andamento.

☆

O plano da marinha alemã era essencialmente mecânico. Com a cobertura de baterias de artilharia pesada, disparando de Gris-Nez contra Dover, e de uma fortíssima proteção da artilharia ao longo da costa francesa do Canal, eles propunham criar um corredor estreito através do Canal, no mais curto trajeto conveniente, e margeá-lo com campos minados de ambos os lados, com a proteção de submarinos mais ao largo. Por esse corredor, o exército deveria ser transportado e abastecido, num grande número de levas sucessivas. Nesse ponto, a marinha parava, competindo aos comandantes do exército alemão debruçarem-se sobre o problema.

Essa era, já de saída, uma proposta desalentadora. Com nossa esmagadora superioridade naval, poderíamos destroçar esses campos de minas com navios de pequeno porte e com cobertura aérea superior, e também destruir a dezena ou vintena de submarinos concentrados para protegê-los. No entanto, depois da queda da França, qualquer um podia ver que a única esperança de evitar uma guerra prolongada, com tudo o que isso poderia acarretar, era pôr a Inglaterra de joelhos. A própria marinha alemã, como registramos, fora muito seriamente avariada na batalha junto à costa da Noruega e, em seu estado combalido, não podia oferecer mais do que um pequeno apoio ao exército. Mesmo assim, eles tinham seu plano, e ninguém poderia dizer que fossem apanhados desprevenidos pela maré de sorte.

O comando do exército alemão, desde o início, olhara a invasão da Inglaterra com apreensão. Não fizera nenhum plano ou preparativo para ela, e não tinha havido nenhum treinamento. Mas, à medida que as semanas de prodigiosa e delirante vitória foram-se sucedendo, os chefes do exército sentiram-se encorajados. A responsabilidade pela segurança da travessia não lhes competia em termos da organização ministerial e, uma vez desembarcando suas tropas em grande número, eles achavam que a tarefa estaria ao seu alcance. Na verdade, já em agosto, o almirante Raeder julgou necessário chamar-lhes a atenção para os riscos da travessia, durante a qual talvez se perdesse a totalidade das tropas de exército empregadas. Tão logo a responsabilidade pela colocação do exército do outro lado foi definitivamente jogada sobre a marinha, o almirantado alemão tornou-se coerentemente pessimista.

Em 21 de julho, os chefes das três forças reuniram-se com o Führer. Ele os informou que a etapa decisiva da guerra já fora alcançada, mas a Inglaterra ainda não reconhecera isso e tinha esperança de uma guinada da sorte. Hitler falou do apoio dado à Inglaterra pelos Estados Unidos e de uma possível mudança nas relações políticas da Alemanha com a Rússia soviética. A execução da operação *Seelöwe,* disse ele, devia ser encarada como o meio mais eficaz para promover uma rápida conclusão da guerra. Depois de suas longas conversas com o almirante Raeder, Hitler começara a se aperceber do que significava a travessia do Canal, com suas marés e correntezas e com todos os mistérios do mar. Descreveu *Seelöwe* como "uma iniciativa excepcionalmente arrojada e audaciosa".

> Mesmo que o caminho seja curto, não se trata da simples travessia de um rio, mas da travessia de um mar dominado pelo inimigo. Não se trata de uma operação com uma travessia única, como na Noruega; não se pode contar com a surpresa operacional; um inimigo defensivamente preparado e *extremamente decidido* nos confronta e domina a área marítima que teremos de usar. Para a operação do exército, serão necessárias quarenta divisões. A parte mais difícil serão os reforços materiais e os suprimentos. Não podemos contar com a disponibilidade de qualquer tipo de suprimento para nós na Inglaterra.

Os pré-requisitos eram o domínio completo do espaço aéreo, o emprego operacional de uma artilharia potente no estreito de Dover e a proteção dos campos minados. Disse ele:

> A época do ano é um fator importante, já que o tempo no mar do Norte e no canal da Mancha na segunda quinzena de setembro é muito ruim, e a neblina começa em meados de outubro. Portanto, a operação principal deverá estar concluída em 15 de setembro, porque, depois dessa data, a cooperação entre a Luftwaffe e as armas pesadas será pouco confiável. Mas, já que a cooperação aérea é decisiva, ela deve ser encarada como o fator principal na determinação da data.

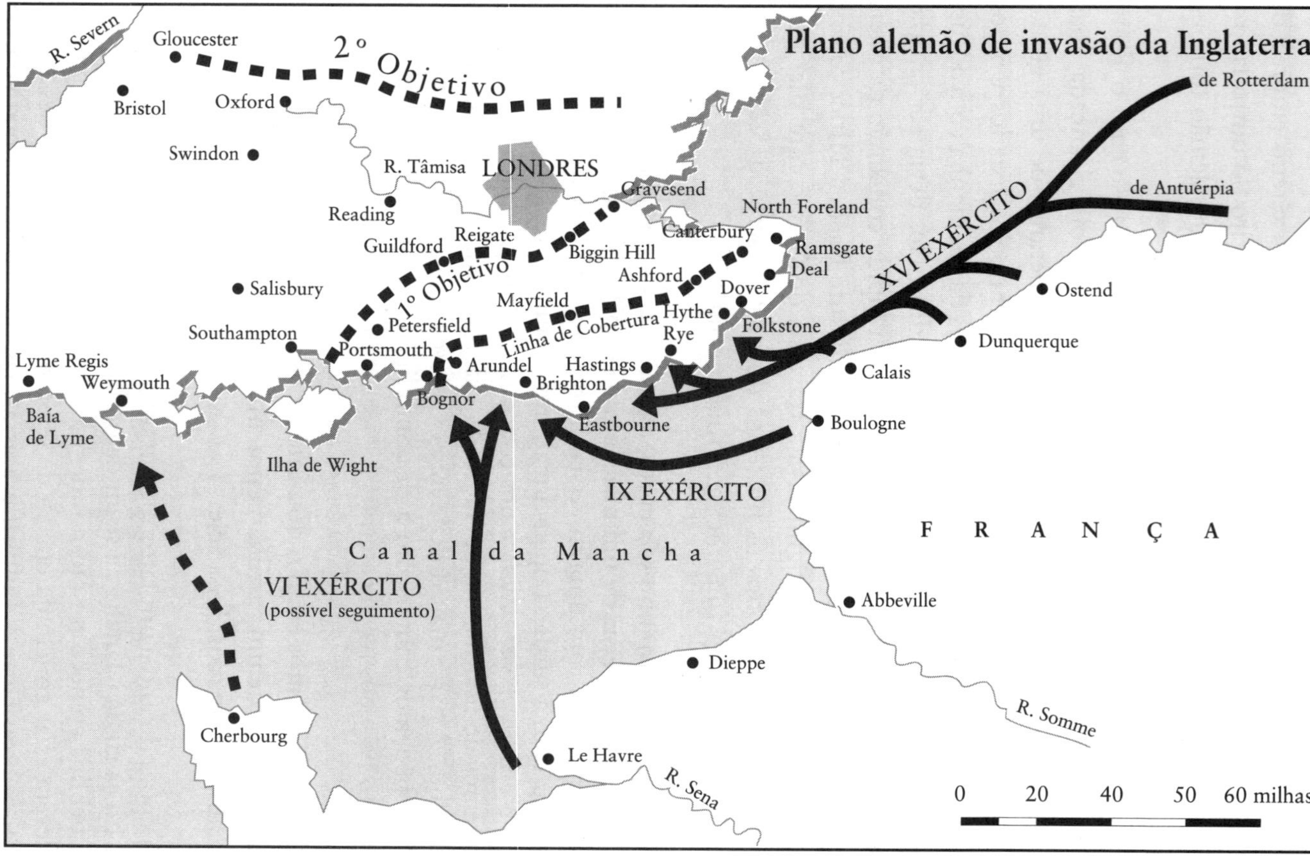
Plano alemão de invasão da Inglaterra
de Rotterdam
de Antuérpia
XVI EXÉRCITO
IX EXÉRCITO
VI EXÉRCITO
(possível seguimento)
2º Objetivo
1º Objetivo
Linha de Cobertura
LONDRES
R. Tâmisa
R. Severn
Gloucester
Bristol
Oxford
Swindon
Reading
Guildford
Reigate
Gravesend
Biggin Hill
Canterbury
North Foreland
Ramsgate
Deal
Dover
Folkstone
Hythe
Rye
Ashford
Mayfield
Hastings
Eastbourne
Brighton
Arundel
Bognor
Petersfield
Portsmouth
Southampton
Salisbury
Lyme Regis
Weymouth
Baía de Lyme
Ilha de Wight
Canal da Mancha
F R A N Ç A
Ostend
Dunquerque
Calais
Boulogne
Abbeville
Dieppe
Le Havre
Cherbourg
R. Somme
R. Sena
0 20 40 50 60 milhas

Uma controvérsia veemente, conduzida com bastante aspereza, surgiu nas chefias de estado-maior alemãs a respeito da extensão do front e do número de pontos a serem atacados. O exército pleiteava uma série de desembarques em toda a costa sul inglesa, de Dover a Lyme Regis, a oeste de Portland. Desejava também um desembarque auxiliar ao norte de Dover, em Ramsgate. O Estado-Maior Naval alemão afirmou, então, que a área mais adequada para uma travessia segura do Canal ficava entre North Foreland e o extremo oeste da ilha de Wight. O comando do exército elaborou um plano para desembarcar cem mil homens nessa área, seguidos quase imediatamente por mais 160 mil em vários pontos, de Dover para oeste até a baía de Lyme. O general Halder, chefe do Estado-Maior do Exército, declarou que era necessário desembarcar pelo menos quatro divisões na região de Brighton. Também solicitou desembarques na área de Deal-Ramsgate; no mínimo 13 divisões deveriam ser desdobradas, se possível simultaneamente, em pontos espalhados pela frente inteira. Além disso, a Luftwaffe exigiu navios para transportar 52 baterias antiaéreas na primeira leva.

O chefe do Estado-Maior Naval, entretanto, deixou claro que não havia a menor possibilidade de uma movimentação tão grande ou rápida assim. Ser-lhe-ia fisicamente impossível encarregar-se da escolta de uma esquadra de desembarque em toda a extensão da área mencionada. Tudo o que ele pretendia era que, dentro desses limites, o exército escolhesse o melhor local. Nem mesmo a supremacia aérea daria à marinha força suficiente para proteger mais de um corredor de cada vez, e ele achava que as partes mais estreitas do canal, na altura de Dover, seriam as menos difíceis. O transporte dos 160 mil soldados da segunda leva e seu equipamento, numa única operação, exigiria uma capacidade de carga de dois milhões de toneladas. Ainda que esse requisito fabuloso pudesse ser atendido, essas quantidades de carga não poderiam ser acomodadas na área de embarque. Apenas as primeiras unidades de tropas poderiam ser atravessadas, para a formação de pequenas cabeças de ponte, e pelo menos dois dias seriam necessários para desembarcar o segundo escalão dessas divisões, para não falar na segunda leva de seis divisões, considerada indispensável. Além disso, o chefe do Estado-Maior Naval assinalou que o desembarque numa frente ampla significaria três a cinco horas e meia de diferença nos horários da preamar nos vários pontos escolhidos. Assim, ou seria preciso aceitar condições desfavoráveis de maré em alguns locais, ou renunciar aos desembarques simultâneos. Deve ter sido muito difícil responder a essa objeção.

☆

Muito tempo valioso fora consumido nessa troca de memorandos. Somente em 7 de agosto ocorreu a primeira discussão verbal entre o general Halder e o chefe do Estado-Maior da Marinha. Nessa reunião, Halder afirmou: "Rejeito inteiramente as propostas da marinha. Do ponto de vista do exército, considero-as um completo suicídio. Seria o mesmo que jogar os soldados desembarcados num moedor de fazer salsicha." O chefe do Estado-Maior da Marinha retrucou que tinha de rejeitar igualmente o desembarque numa frente ampla, uma vez que ele provocaria o sacrifício das tropas na travessia. No fim, Hitler ofereceu uma solução conciliatória que não satisfez nem o exército nem a marinha. Uma Diretiva do Supremo Comando, expedida em 27 de agosto, determinou que "as operações do exército devem levar em conta os dados relativos ao espaço de carga disponível e à segurança da travessia e do desembarque". Todos os desembarques na área de Deal-Ramsgate foram abandonados, mas a frente foi estendida de Folkestone até Bognor. Assim, era quase fim de agosto quando até essa módica concordância foi alcançada. E, é claro, tudo estava sujeito à conquista da vitória na batalha aérea, que, a essa altura, já vinha sendo travada havia seis semanas.

Com base na área do front finalmente determinada, elaborou-se o plano final. O comando militar foi confiado a Rundstedt, mas a escassez de navios reduziu sua força a 13 divisões e mais 12 de reserva. Partindo de portos situados entre Rotterdam e Boulogne, o XVI Exército deveria desembarcar nas imediações de Hythe, Rye, Hastings e Eastbourne; o IX Exército, saindo de portos entre Boulogne e Le Havre, deveria atacar entre Brighton e Worthing. Dover deveria ser capturada por terra; então, os dois exércitos avançariam para a linha de cobertura de Canterbury-Ashford-Mayfield-Arundel. Ao todo, 11 divisões deveriam ser desembarcadas nas primeiras levas. Uma semana após o desembarque, esperava-se, de maneira otimista, avançar ainda mais, chegando a Gravesend, Reigate, Petersfield e Portsmouth. Na reserva ficaria o VI Exército, com suas divisões prontas para reforçar ou, se as circunstâncias o permitissem, estender a frente de ataque até Weymouth. Na verdade, não faltavam soldados impetuosos e bem-armados, mas eles precisavam de navios e de uma travessia segura.

Sobre o Estado-Maior Naval recaiu a tarefa inicial mais pesada. A Alemanha dispunha de cerca de 1,2 milhão de toneladas de navios de longo curso para fazer frente a todas as suas necessidades. O embarque das tropas invasoras exigiria mais da metade desse volume e implicaria uma grande perturbação econômica. No início de setembro, o Estado-Maior Naval pôde informar que as seguintes embarcações tinham sido requisitadas: 168 navios-transporte (de setecentas mil toneladas), 1.910 barcaças, 410 rebocadores e traineiras e 1.600 barcos a motor.

Toda essa esquadra tinha que ser tripulada e levada até os portos de concentração, por mar e pelo canal. Quando começou o primeiro grande fluxo de navios invasores singrando para o sul, em 1o de setembro, ele foi avistado, anunciado e violentamente atacado pela RAF em toda a frente que vai de Antuérpia a Le Havre. O Estado-Maior Naval informou:

> A contínua luta defensiva do inimigo perto da costa, sua concentração de bombardeiros sobre os portos de embarque de Seelöwe e suas atividades de reconhecimento costeiro indicam que ele está esperando um desembarque imediato.

E mais:

> Os bombardeiros ingleses, entretanto, bem como as esquadrilhas lança-minas da força aérea inglesa (...) continuam em plena força operacional, e é preciso confirmar que a atividade das forças inglesas sem dúvida tem tido êxito, ainda que nenhum prejuízo decisivo tenha sido causado até agora à movimentação de transporte alemã.

Apesar dos atrasos e dos danos, a marinha alemã concluiu a primeira parte de sua tarefa. A margem de 10% que ela reservara para acidentes e perdas foi inteiramente usada. O que restou, porém, não estava aquém do mínimo de que ela havia planejado dispor na primeira etapa.

☆

A marinha e o exército, nesse ponto, transferiram sua responsabilidade para a força aérea alemã. Todo esse plano do corredor, com suas balaustradas de campos minados a serem instalados sob o dossel da força aérea alemã, enfrentando a esmagadora superioridade das flotilhas e pequenas embarcações inglesas, dependia da derrota da força aérea inglesa e do completo domínio alemão do espaço aéreo sobre o Canal e o sudeste da Inglaterra; não apenas sobre a travessia, mas também sobre os pontos de desembarque. As duas armas anteriores passaram o bastão para o *Reichsmarschall* Göring.

Göring não fazia qualquer objeção em aceitar essa responsabilidade, pois acreditava que a força aérea alemã, com sua grande superioridade numérica, poderia, após algumas semanas de luta acirrada, derrotar a defesa aérea inglesa, destruir os campos de aviação de Kent e Sussex e estabelecer um completo domínio sobre o Canal. Mas, afora isso, ele se sentia seguro de que o bombardeio da Inglaterra, e especialmente de Londres, reduziria aqueles ingleses decadentes e pacifistas a um estado em que implorariam pela paz, principalmente se a ameaça de invasão avultasse cada vez mais em seu horizonte. O almirantado alemão não estava nada convencido disso; na verdade, eram profundas as suas apreensões. Ele considerava que a operação *Seelöwe* só deveria ser lançada como último recurso e, em julho, havia recomendado seu adiamento até a primavera de 1941, a menos que *o ataque aéreo irrestrito e a guerra submarina ilimitada* fizessem "o inimigo negociar com o Führer em seus próprios termos". Mas o *Feldmarschall* Keitel e o general Jodl ficaram satisfeitos em ver o comandante supremo da força aérea tão confiante.

Eram grandes dias para a Alemanha nazi. Hitler havia feito sua dança da alegria antes de impor a humilhação do armistício francês em Compiègne. O exército alemão marchara triunfalmente sob o Arco do Triunfo e descera os Champs Elysées. Que não seriam capazes de fazer? Por que hesitar em jogar uma cartada decisiva? Assim, cada uma das três armas implicadas na operação *Seelöwe* convenceu-se dos fatores promissores em sua própria esfera e deixou o lado feio para seus companheiros.

Com o passar dos dias, as dúvidas e atrasos surgiram e se multiplicaram. A diretriz de Hitler de 16 de julho havia determinado que todos os preparativos estivessem concluídos em meados de agosto. As três armas constataram que isso era impossível. No fim de julho, Hitler aceitou 15 de setembro como sendo o primeiro Dia D e reservou sua decisão sobre o ataque até que se conhecessem os resultados da projetada intensificação da batalha aérea.

Em 30 de agosto, o Estado-Maior Naval informou que, em virtude da ação inglesa contra a invasão, os preparativos da esquadra não poderiam estar concluídos em 15 de setembro. A seu pedido, o Dia D foi adiado para 21 de setembro, com a ressalva de que houvesse um aviso prévio de dez dias. Isso significava que a ordem preliminar teria de ser expedida em 11 de setembro. Em 10 de setembro, o Estado-Maior Naval novamente comunicou suas várias dificuldades, decorrentes do mau tempo, que é sempre desgastante, e do bombardeio inglês. Assinalou que, embora os preparativos navais necessários pudessem estar efetivamente concluídos no dia 21, a condição operacional estipulada — uma incontestável supremacia aérea sobre o Canal — não fora atendida. Assim, no dia 11, Hitler postergou a ordem preliminar por três dias, com isso atrasando o primeiro Dia D possível para 24; em 14 de setembro, ele tornou a adiá-la. No dia 17, o adiamento passou a ser por prazo indefinido, e por bons motivos, tanto em sua opinião quanto na nossa.

Em 7 de setembro, nossas informações mostravam que estava em andamento a movimentação de barcaças e navios de pequeno porte em direção ao oeste e ao sul, rumo a portos situados entre Ostende e Le Havre. Uma vez que esses portos de concentração estavam sob maciço ataque aéreo inglês, era improvável que os navios chegassem a eles até pouco antes da tentativa efetiva de ataque. O impressionante poderio da força aérea alemã entre Amsterdã e Brest fora ampliado com a transferência de 160 bombardeiros vindos da Noruega; e foram observadas unidades de bombardeiros de mergulho de pequeno alcance nos campos de aviação avançados da região do Passo de Calais. Quatro alemães capturados dias antes, ao desembarcarem de um barco a remo na costa sudeste, haviam confessado ser espiões e dito que deveriam estar preparados para mandar informações, a qualquer momento da quinzena seguinte, sobre a movimentação das formações de reserva inglesas na área de Ipswich-Londres-Reading-Oxford. A lua e as condições da maré entre 8 e 10 de setembro seriam favoráveis à invasão na costa sudeste. Diante disso, os chefes de estado-maior concluíram que a possibilidade de invasão havia-se tornado iminente e que as tropas de defesa deveriam estar a postos para entrar em ação a qualquer momento.

Naquela época, entretanto, no QG das Forças Internas, não havia equipamentos através dos quais o aviso de prontidão existente, que previa um prazo de oito horas, pudesse chegar à "prontidão para ação imediata" através de estágios intermediários. Assim, a senha "Cromwell", que significava "invasão iminente", foi transmitida aos comandos do leste e do sul pelo comando das forças internas às vinte horas de 7 de setembro, o que implicava que as divisões costeiras avançadas deviam ocupar seus postos de combate. A senha também foi transmitida a todas as formações da área de Londres e ao 4o e 7o Corpos, reserva do GQG. À guisa de informação, ela foi repetida a todos os demais comandos na Inglaterra. Diante disso, em algumas partes do país, os comandantes da Home Guard, agindo por iniciativa própria, convocaram seus integrantes soando os sinos das igrejas. Nem eu nem os chefes de estado-maior sabíamos que fora usada a senha decisiva "*Cromwell*", e, na manhã seguinte, expediram-se instruções para que fossem concebidos estágios intermediários mediante os quais, no futuro, fosse possível aumentar a vigilância sem declarar que uma invasão era iminente. Como se pode imaginar, esse incidente causou um bocado de falatório e agitação, mas não se fez qualquer menção a ele nos jornais ou no parlamento. Serviu como um tônico e como um ensaio para todos os envolvidos.

☆

Neste delineamento dos preparativos da invasão alemã, que foram gradativamente chegando ao clímax, vimos como o ambiente inicial de triunfo transformou-se, pouco a pouco, num clima de dúvida e, por fim, numa completa falta de confiança no desfecho. Durante os meses fatídicos de julho e agosto, vimos o comandante naval, Raeder, esforçando-se por instruir seus colegas do exército e da força aérea sobre as graves dificuldades implicadas na guerra anfíbia em larga escala. Ele se apercebeu de sua própria fraqueza e da falta de tempo para uma preparação adequada e procurou impor limites aos planos grandiosos de Halder, que propunham desembarcar tropas imensas, simultaneamente, num vasto front. Enquanto isso, Göring, com ambição cada vez maior, estava decidido a conquistar uma vitória espetacular apenas com sua força aérea e mostrava-se pouco propenso a desempenhar o papel mais humilde de trabalhar, de acordo com um plano conjunto, pela redução sistemática das forças navais e aéreas inimigas na área da invasão.

É evidente, pelos registros que nos chegaram, que o alto comando alemão estava muito longe de ser uma equipe coordenada, trabalhando em conjunto, com um objetivo comum e com um entendimento adequado das possibilidades e limitações de cada um dos demais. Cada qual desejava ser a estrela mais brilhante do firmamento. Os atritos eram visíveis desde o início e, enquanto foi possível a Halder jogar a responsabilidade em Raeder, ele pouco fez por alinhar seus planos com as possibilidades práticas. A intervenção do Führer foi necessária, mas não parece ter contribuído muito para melhorar as relações entre as forças armadas. Na Alemanha, o prestígio do exército era preponderante, e seus líderes encaravam seus colegas da marinha com certa condescendência. É impossível resistir à conclusão de que o exército alemão estava relutante em se colocar nas mãos de sua coirmã de armas numa grande operação. Quando interrogado sobre esses planos depois da guerra, o general Jodl comentou com impaciência: "Nossos planos eram idênticos aos de Júlio César." Eis aí a fala do autêntico soldado alemão em relação à questão naval, com uma escassa compreensão dos problemas implicados no desembarque e disposição de grandes tropas militares num litoral defendido, expostas a todos os riscos do mar.

Quaisquer que fossem as nossas deficiências, nós compreendíamos minuciosamente a questão naval. Há séculos que ela está em nosso sangue, e suas tradições mobilizam os sentimentos não apenas de nossos homens do mar, mas da raça inteira. Foi isso, acima de tudo, que nos permitiu encarar a ameaça de uma invasão com o olhar firme. O sistema de controle de operações pelos três chefes de estado-maior, harmonizados sob a direção de um ministro da Defesa, produziu um padrão de trabalho em equipe, de compreensão mútua e de cooperação imediata que não tinha paralelo no passado. Quando, no decorrer do tempo, surgiu nossa oportunidade de empreendermos grandes invasões navais, isso teve por fundamento uma sólida realização em matéria de preparativos para essa tarefa e uma plena compreensão das necessidades técnicas dessas vastas e arriscadas empreitadas. Se, em 1940, os alemães possuíssem tropas anfíbias bem-treinadas, equipadas com toda a aparelhagem da moderna guerra anfíbia, ainda assim sua tarefa seria uma vã esperança, diante do nosso poderio naval e aéreo. A rigor, eles não tinham nem os instrumentos nem o treinamento.

Quanto mais o alto comando alemão e o Führer olhavam para essa aventura, menos gostavam do que viam. Não tínhamos, é claro, meios de saber do estado de ânimo e das avaliações uns dos outros, mas, a cada semana decorrida desde meados de julho até meados de setembro, tornou-se mais claramente pronunciada essa desconhecida identidade de opiniões sobre o problema entre os almirantados alemão e inglês, entre o supremo comando alemão e os chefes de estado-maior ingleses, e também entre o Führer e o autor deste livro. Se pudéssemos ter chegado a uma concordância idêntica em outras questões, não precisaria ter havido uma guerra. Havia um consenso entre nós: tudo dependia da batalha aérea. A questão era saber como ela terminaria. Além disso, os alemães se indagavam se o povo inglês suportaria o bombardeio aéreo, cujo efeito, naqueles dias, era grandemente exagerado, ou entraria em colapso e forçaria o governo de Sua Majestade a capitular. Quanto a isso, o Reichsmarschall Göring tinha grandes esperanças, e nós não tínhamos medo algum.

34
A batalha da Inglaterra

Nosso destino dependia, àquela altura, da vitória no ar. Os comandantes alemães haviam reconhecido que todos os seus planos de invasão da Inglaterra dependiam de conquistar a supremacia aérea sobre o Canal e os pontos de desembarque escolhidos em nosso litoral sul. Os preparativos nos portos de embarque, a concentração dos transportes, a retirada de minas nas passagens e a instalação de novos campos minados seriam impossíveis sem uma proteção contra os ataques aéreos ingleses. Quanto à travessia e aos desembarques em si, o completo domínio do espaço aéreo acima dos navios-transporte e das praias era a condição decisiva. O resultado, portanto, girava em torno da destruição da RAF e do sistema de aeródromos entre Londres e o mar. Sabemos agora que Hitler disse ao almirante Raeder em 31 de julho: "Se, depois de oito dias de guerra aérea intensiva, a Luftwaffe não houver conseguido uma destruição considerável da RAF, dos portos e das esquadras navais inimigas, a operação terá que ser adiada até maio de 1941." Era essa a batalha que agora teria de ser travada.

Não me dava medo pensar na prova iminente. Dissera ao parlamento em 4 de junho: "O Grande Exército Francês, no momento, foi largamente repelido e perturbado pela investida de alguns milhares de veículos blindados. Não será também possível que a própria causa da civilização venha a ser defendida pela habilidade e devoção de alguns milhares de aviadores?" E a Smuts, em 9 de junho: "Só vejo agora uma saída segura — que Hitler ataque este país e, ao fazê-lo, destrua sua própria força aérea." A ocasião chegara.

Escreveram-se relatos admiráveis sobre a batalha entre as forças aéreas inglesa e alemã que foi a Batalha da Inglaterra. Agora, temos também acesso às opiniões do alto comando alemão e a suas reações internas nas diversas fases. Ao que parece, as baixas alemãs em alguns dos combates principais foram bem menores do que supusemos na época, e os relatórios de ambos os lados eram expressivamente exagerados. Mas as linhas gerais e os contornos desse famoso embate, do qual dependiam a vida da Inglaterra e a liberdade do mundo, são inquestionáveis.

A força aérea alemã se empenhara ao limite máximo na Batalha da França e, à semelhança da marinha alemã depois da campanha da Noruega, precisava de semanas ou meses para se recompor. Essa pausa também nos era conveniente, pois todos os nossos esquadrões de caça, à exceção de três, num ou noutro momento tinham estado empenhados nas operações continentais. Hitler não podia conceber que a Inglaterra não aceitasse uma proposta de paz depois da queda da França. Como o marechal Pétain, Weygand e muitos dos generais e políticos franceses, ele não compreendia os recursos característicos e altivos de uma nação insular e, tal como aqueles franceses, fez uma avaliação equivocada de nossa força de vontade. Havíamos percorrido um longo caminho e aprendido muito desde Munique. Durante o mês de junho, ele se debruçou sobre a nova situação, à medida que ela foi se tornando clara aos seus olhos, e, nesse meio-tempo, a força aérea alemã se recuperou e voltou a se mobilizar para a nova tarefa. Não havia dúvida de qual seria esta. Ou Hitler teria de invadir e vencer a Inglaterra, ou teria que enfrentar um prolongamento indefinido da guerra, com todos os riscos e complicações incalculáveis que adviriam. Havia sempre a possibilidade de que uma vitória aérea sobre a Inglaterra acarretasse o fim da resistência inglesa e de que a invasão efetiva, mesmo que se tornasse viável, também viesse a ser desnecessária, exceto para ocupar um país derrotado.

Durante junho e o início de julho, a força aérea alemã refez-se e reagrupou suas formações, instalando-se em todos os campos de aviação franceses e belgas, de onde o ataque teria que ser desfechado. Mediante voos de reconhecimento e pequenas incursões, procurou avaliar o caráter e a escala da oposição que seria encontrada. Só começou o primeiro ataque maciço em 10 de julho, data que costuma ser tomada como o início da batalha. Duas outras datas de suprema importância se destacam: 15 de agosto e 15 de setembro. Houve também três fases sucessivas e superpostas no ataque alemão. Primeira, de 10 de julho a 18 de agosto, as investidas contra os comboios ingleses no Canal e contra nossos portos sulistas, de Dover a Plymouth. Nossa força aérea deveria ser testada, atraída para a batalha e enfraquecida; com isso, também se danificariam as cidades costeiras marcadas como objetivos para a invasão subsequente. Na segunda fase, de 24 de agosto a 27 de setembro, seria preciso abrir caminho à força até Londres, através da eliminação da RAF e de suas instalações, levando ao bombardeio violento e contínuo da capital. Isso também cortaria as comunicações com os litorais ameaçados. Mas, na opinião de Göring, havia boas razões para crer que aí se vislumbraria um prêmio maior, que era nada menos do que lançar a maior cidade do mundo na confusão e na paralisia, acovardar o governo e o povo e obter sua submissão à vontade alemã. Os estados-maiores da marinha e do exército alemães confiavam em que Göring estivesse certo. À medida que a situação foi evoluindo, constataram que a RAF não estava sendo eliminada. Enquanto isso, em nome da destruição de Londres, as necessidades urgentes da operação *Seelöwe* foram sendo negligenciadas. E então, quando todos estavam frustrados, quando a invasão foi indefinidamente adiada por incapacidade de obter supremacia aérea, seguiu-se a terceira e última fase. A esperança da vitória à luz do dia havia-se desfeito, a RAF continuava incomodamente viva, e Göring, em outubro, resignou-se ao bombardeio indiscriminado de Londres e dos centros de produção industrial.

☆

No tocante à qualidade dos aviões de combate, havia pouco que escolher. Os aparelhos alemães eram mais rápidos e tinham maior velocidade de subida; os nossos eram mais maneáveis e mais bem-armados. Seus aviadores, perfeitamente cônscios de seu grande número, eram também os orgulhosos vencedores da Polônia, da Noruega, dos Países Baixos e da França; os nossos tinham extrema autoconfiança como indivíduos e aquela determinação que a raça inglesa exibe em situações de adversidade suprema. De uma importante vantagem estratégica os alemães desfrutavam e se serviram com habilidade: suas forças estavam dispostas em bases numerosas e amplamente dispersas, a partir das quais eles podiam concentrar-se contra nós em quantidades maciças e usar de dissimulações e artifícios quanto aos verdadeiros alvos de ataque. Em agosto, a Luftwaffe havia reunido 2.669 aeronaves operacionais, que abrangiam 1.015 bombardeiros, 346 bombardeiros de mergulho, 933 caças e 375 caças com armamento pesado. A Diretiva nº 17 do Führer autorizou a intensificação da guerra aérea contra a Inglaterra em 5 de agosto. Göring nunca dera grande importância à operação *Seelöwe;* seu coração estava na guerra aérea "absoluta". A consequente distorção das providências conjuntas, que daí decorria, incomodava o estado-maior da marinha alemã. A destruição da RAF e de nossa indústria aeronáutica era, para o comando naval, apenas um meio em direção a um fim; quando este fosse atingido, a guerra aérea deveria voltar-se contra as belonaves e navios do inimigo. Eles lamentavam a baixa prioridade atribuída por Göring aos alvos navais e exasperavam-se com as demoras. Em 6 de agosto, a marinha alemã comunicou ao Comando Supremo que os preparativos para a instalação de minas na área da Mancha estavam paralisados em virtude da constante ameaça inglesa vinda do ar.

A luta aérea, maciça e contínua, de julho e início de agosto foi dirigida contra o promontório de Kent e a costa do Canal. Göring e seus assessores especializados achavam que deviam ter atraído quase todas as nossas esquadrilhas de caças para esse combate no sul. Assim, resolveram fazer um ataque diurno às cidades industriais ao norte do golfo de Wash. A distância era grande demais para seus caças de primeira classe, os Me 109. Eles teriam de arriscar seus bombardeiros com escoltas feitas apenas de caças Me 110, que, embora tivessem o alcance, não dispunham de nada que se assemelhasse à qualidade, que era o que importava naquele momento. Não obstante, era razoável eles tomarem essa medida e valia a pena correr o risco.

Assim, em 15 de agosto, cerca de cem bombardeiros, com uma escolta de quarenta caças Me 110, atacaram o Tyneside. Ao mesmo tempo, um ataque de mais de oitocentos aviões foi lançado para reter nossas forças no sul, onde se supunha que todas já estivessem concentradas. Mas, nesse momento, o dispositivo do Comando de Caça determinado por Dowding mostrou-se notavelmente acertado. O perigo fora previsto. Sete esquadrilhas de Hurricanes ou Spitfires tinham sido retiradas do intenso combate no sul para ficar baseadas no norte e, ao mesmo tempo, protegê-lo. Haviam sofrido duramente, tinham sentido um profundo pesar em deixar a batalha. Os pilotos haviam respeitosamente protestado que não estavam nem um pouco cansados. E então veio o consolo inesperado. Essas esquadrilhas puderam recepcionar os agressores quando eles transpuseram a orla marítima. Trinta aviões alemães foram derrubados, a maioria deles bombardeiros pesados (os Heinkel 111, com quatro homens treinados em cada tripulação), para uma perda inglesa de apenas dois pilotos feridos. A antevisão do marechal do ar Dowding no Comando de Caça é digna dos mais altos elogios, porém ainda mais notáveis tinham sido sua continência e sua avaliação precisa de tensões aterradoras, que permitiram reservar uma força de caças no norte durante todas aquelas longas semanas de conflito mortal no sul. Devemos considerar o dom de comando aí demonstrado como um exemplo de talento na arte da guerra. A partir desse momento, tudo o que se situava ao norte do golfo de Wash ficou em segurança durante o dia.

O dia 15 de agosto assistiu à maior batalha aérea desse período da guerra; cinco grandes combates foram travados, numa frente de quinhentas milhas. Foi realmente um dia crucial. No sul, todas as nossas 22 esquadrilhas estiveram em combate, muitas delas por duas vezes, algumas até por três, e as perdas alemãs, somadas às ocorridas no norte, foram de 76 aviões contra 34 dos nossos. Um desastre reconhecível para a força aérea alemã.

Deve ter sido com ansiedade que os comandantes da força aérea alemã avaliaram essa derrota, de mau agouro para o futuro. A força aérea alemã, entretanto, ainda tinha como seu maior alvo o porto de Londres — toda aquela imensa linha de docas, com seu número maciço de embarcações, e a maior cidade do mundo, que não requeria muita precisão para ser atingida.

☆

Durante essas semanas de luta intensa e de ansiedade ininterrupta, Lord Beaverbrook prestou serviços notáveis. Custasse o que custasse, as esquadrilhas de caças tinham que ser repostas com aparelhos confiáveis. Não era hora para cerimônias e circunlóquios, embora estes tenham seu lugar num sistema bem-organizado e tranquilo. Todas as qualidades singulares de Lord Beaverbrook adequavam-se àquela necessidade. Seu ânimo e vigor pessoais eram tonificantes. Alegrou-me, em algumas ocasiões, poder apoiar-me nele. Ele não decepcionou. Esse foi seu grande momento. Sua força e talento pessoais, combinados com muita persuasão e engenhosidade, afastaram inúmeros obstáculos. Tudo o que havia na linha de abastecimento foi canalizado para a batalha. Aviões novos ou consertados fluíram para as esquadrilhas, radiantes, em quantidades que elas nunca haviam conhecido. Todos os serviços de manutenção e reparos foram intensamente impulsionados. Senti a tal ponto o valor de Beaverbrook que, em 2 de agosto, com a aprovação do rei, convidei-o a participar do Gabinete de Guerra. Nessa ocasião, também seu filho mais velho, Max Aitken, destacou-se com distinção e obteve pelo menos seis vitórias como piloto de caça.

Outro ministro com quem me aliei nessa ocasião foi Ernest Bevin, ministro do Trabalho e do Serviço Nacional, que tinha toda a mão de obra da nação para administrar e exortar. Todos os trabalhadores das fábricas de armamentos dispuseram-se a aceitar sua direção. Em setembro, também ele se integrou ao Gabinete de Guerra. Os sindicalistas depuseram suas regras e privilégios, lentamente conquistados e zelosamente guardados, no altar onde riqueza, classe, prerrogativa e propriedade já tinham sido depositados. Estive em grande harmonia com Beaverbrook e Bevin nessas semanas de intensa agitação. Posteriormente, eles se desentenderam, o que foi uma pena, e provocaram muito atrito. Mas, nesse clímax, estivemos todos unidos. Não consigo exagerar no enaltecimento da lealdade de Mr. Chamberlain ou da determinação e eficiência de todos os meus colegas do Gabinete. Permitam-me saudá-los.

☆

Até o fim de agosto, Göring não formou uma opinião desfavorável do conflito aéreo. Ele e seu círculo acreditavam que a organização em terra e a indústria aeronáutica inglesa, bem como a força de combate da RAF, já estavam gravemente afetadas. Houve um período de bom tempo em setembro e a Luftwaffe teve esperança de resultados decisivos. Ataques maciços caíram sobre nossas instalações aeronáuticas nas cercanias de Londres e, na noite de 6 de setembro, 68 aviões atacaram Londres, seguidos, no dia 7, pelo primeiro ataque em larga escala, com cerca de trezentas aeronaves. Nesse e nos dias subsequentes, durante os quais nossos canhões antiaéreos dobraram de número, houve combates aéreos muito violentos e contínuos nos céus da capital, e a Luftwaffe continuou confiante a superestimar nossas perdas.

De fato, na batalha entre 24 de agosto e 6 de setembro, a balança havia pendido contra o Comando de Caça. Naqueles dias cruciais, os alemães haviam utilizado continuamente suas forças poderosas contra os campos de aviação do sul e sudeste da Inglaterra. Seu objetivo era desarticular a defesa diurna da capital, feita pelos aviões de caça, pois estavam impacientes por atacá-la. Para nós, muito mais importante do que proteger Londres dos bombardeios de terror eram o funcionamento e a articulação desses campos de aviação e das esquadrilhas que operavam a partir deles. Na luta de vida e morte entre as duas forças aéreas, essa foi uma fase decisiva. Nunca pensamos na luta em termos da defesa de Londres ou de qualquer outro lugar, mas apenas em termos de quem venceria no ar. Houve grande inquietação no QG da Aviação de Caça, em Stanmore e, em especial, no QG do Grupo de Caça nº 11, em Uxbridge. Cinco dos campos de pouso avançados do grupo e todas as seis estações de controle de setor tinham sido grandemente avariados. A estação de controle de Biggin Hill, ao sul de Londres, foi tão seriamente avariada que, durante uma semana, apenas uma esquadrilha de caças pôde operar a partir dela. Se o inimigo houvesse persistido nos ataques maciços contra as estações adjacentes e danificado suas salas de operação ou suas comunicações telefônicas, toda a complexa organização do Comando de Caça poderia ter-se desarticulado. Isso teria significado não apenas o castigo infligido a Londres, mas também, para nós, a perda do controle adequado de nosso espaço aéreo na área decisiva. Fui levado a visitar várias dessas estações, especialmente Manston (em 28 de agosto) e Biggin Hill, que fica bem perto de minha casa. Elas vinham sendo terrivelmente atingidas e suas pistas estavam cheias de crateras. Assim, foi com uma sensação de alívio que o Comando de Caça sentiu que o ataque alemão havia-se voltado para Londres, em 7 de setembro, e concluiu que o inimigo havia alterado seus planos. Göring certamente deveria ter perseverado contra os campos de aviação, de cuja organização e combinação dependia, naquele momento, todo o poder de combate de nossa força aérea. Ao se afastar dos princípios clássicos da guerra, bem como dos ditames do senso humanitário até hoje aceitos, ele cometeu um erro tolo.

Esse mesmo período (24 de agosto a 6 de setembro) drenou seriamente a força toda do Comando de Caça. O Comando teve, nessa quinzena, a perda de 103 pilotos mortos e 128 gravemente feridos, enquanto 466 Spitfires e Hurricanes foram destruídos ou seriamente danificados. De um efetivo total de cerca de mil pilotos, quase um quarto se perdeu. O lugar deles só podia ser preenchido por 260 pilotos novos e cheios de entusiasmo, mas inexperientes, saídos das unidades de instrução, em muitos casos antes da plena conclusão dos cursos. Os ataques noturnos a Londres durante dez dias, a partir de 7 de setembro, atingiram as docas e centros ferroviários londrinos e mataram e feriram muitos civis. Mas, na verdade, foram para nós uma pausa para respirar, da qual tínhamos extrema necessidade.

Devemos tomar 15 de setembro como a data culminante. Nesse dia, a Luftwaffe, depois de dois ataques intensos no dia 14, fez seu maior esforço concentrado, num novo ataque diurno contra Londres.

Foi uma das batalhas decisivas da guerra. Tal como a Batalha de Waterloo, ocorreu num domingo. Eu estava em Chequers. Já tinha visitado o QG do Grupo de Caça nº 11 em várias ocasiões, para assistir à conduta de alguma batalha aérea, e pouca coisa havia acontecido. Entretanto, nesse dia, o tempo parecia apropriado para o inimigo e, sendo assim, dirigi-me a Uxbridge e cheguei ao Grupo de Caça. O Grupo nº 11 compreendia nada menos de 25 esquadrilhas, que cobriam a totalidade de Essex, Kent, Sussex e Hampshire, bem como todas as rotas de aproximação de Londres através desses condados. Fazia seis meses que o vice-marechal do ar Park comandava esse grupo, do qual dependia, em grande parte, nosso destino. Desde o início de Dunquerque, todos os combates diurnos no sul da Inglaterra já tinham sido comandados por ele e todo o planejamento e preparo haviam atingido o mais alto grau de perfeição. Minha mulher e eu fomos conduzidos à sala de operações, à prova de bombas, cinquenta pés abaixo do solo. Toda a supremacia dos Hurricanes e Spitfires teria sido infrutífera sem esse sistema subterrâneo de centros de controle e cabos telefônicos, concebido e construído antes da guerra pelo Ministério da Aviação, sob a orientação e o impulso de Dowding. O Comando Supremo era exercido a partir do QG da Aviação de Caça, em Stanmore, mas o manejo efetivo da orientação das esquadrilhas fora sabiamente deixado a cargo do Grupo nº 11, que controlava as unidades através das estações de aviões de caça localizadas em cada condado.

A sala de operações do Grupo assemelhava-se a um teatrinho de uns sessenta pés de largura, com dois pavimentos. Ocupamos os lugares do balcão nobre. Abaixo de nós ficava a mesa do mapa em escala ampliada, em torno da qual se reuniam, talvez, vinte rapazes e moças altamente treinados, com seus ajudantes telefônicos. Em frente a nós, cobrindo toda a parede, no lugar onde ficaria a cortina do palco, havia um gigantesco quadro-negro, dividido em seis colunas de lâmpadas elétricas correspondentes às seis estações de aviões de caça, cada uma de cujas esquadrilhas tinha sua própria subcoluna, também separada das outras por linhas laterais. Assim, de baixo para cima, a fileira inferior de lâmpadas mostrava, quando acesa, as esquadrilhas que estavam "a postos" para decolar em dois minutos; a segunda, as que estavam "em alerta" de cinco minutos; a terceira, as "disponíveis" em vinte minutos; a quarta, as que haviam decolado; a quinta, as que comunicavam ter avistado o inimigo; a sexta — com luzes vermelhas — as que estavam em combate; e a fileira superior, as esquadrilhas já voltando para a base. Do lado esquerdo, numa espécie de cabine de vidro colocada no proscênio, ficavam os quatro ou cinco oficiais cujo dever era pesar e avaliar as informações recebidas de nosso Corpo de Observadores, então composto de mais de cinquenta mil homens, mulheres e jovens. O radar ainda estava em sua primeira infância, mas advertia sobre as incursões chegando a nossa costa, e os observadores, munidos de binóculos e telefones portáteis, eram nossa principal fonte de informações sobre os aviões inimigos que sobrevoavam nossas terras. Milhares de mensagens eram recebidas durante uma batalha. Várias salas repletas de gente experiente, em outras partes do posto de comando subterrâneo, selecionavam-nas com grande rapidez e transmitiam os resultados, de minuto em minuto, diretamente para os plotadores sentados ao redor da mesa do térreo e para o oficial que supervisionava na cabine de vidro.

À direita, havia outra cabine de vidro, ocupada por oficiais do exército que comunicavam a ação de nossas baterias antiaéreas, das quais, nessa época, havia duzentas. À noite, era de importância vital suspender o fogo dessas baterias em algumas áreas em que nossos caças estivessem em combate com o inimigo. Eu não desconhecia as linhas gerais desse sistema, posto que me fora explicado por Dowding um ano antes da guerra, quando eu o visitara em Stanmore. Ele fora concebido e aperfeiçoado ao longo de batalhas constantes e, a essa altura, tudo se fundia num instrumento de guerra sumamente complexo, que não tinha similar em parte alguma do mundo.

"Não sei", disse Park ao descermos, "se acontecerá alguma coisa hoje. No momento, está tudo calmo." Entretanto, passados uns 15 minutos, os plotadores dos *raids* começaram a se movimentar. Comunicou-se que um ataque de "quarenta ou mais" aviões estava vindo das bases alemãs na região de Dieppe. As lâmpadas da parte inferior do painel de parede começaram a se acender, à medida que várias esquadrilhas entraram em "alerta". Depois, em rápida sucessão, chegaram novos avisos de "vinte ou mais" e "quarenta ou mais". Decorridos outros dez minutos, evidenciou-se que uma árdua batalha era iminente. De ambos os lados, o espaço aéreo começou a se encher.

Um após outro chegavam os avisos: "quarenta ou mais", "sessenta ou mais". Houve até um de "oitenta ou mais". Na mesa do térreo, abaixo de nós, a movimentação de todas as ondas de ataque era marcada pelo avanço de discos, minuto após minuto, por diferentes linhas de aproximação, enquanto, no quadro-negro à nossa frente, as luzes de baixo para cima mostravam nossas esquadrilhas de caças alçando voo, até restarem apenas quatro ou cinco "em alerta". Essas batalhas aéreas, das quais tantas coisas dependiam, duravam pouco mais de uma hora a contar do primeiro embate. O inimigo tinha ampla possibilidade de lançar novas ondas de ataque, e nossas esquadrilhas, havendo todas alçado voo, teriam que reabastecer após setenta ou oitenta minutos, ou pousar para se rearmar após cinco minutos de combate. Se, nesse momento de reabastecimento ou remuniciamento, o inimigo conseguisse chegar com novas esquadrilhas não enfrentadas, alguns dos nossos caças poderiam ser destruídos no chão. Por conseguinte, um dos nossos objetivos principais era orientar nossas esquadrilhas de modo que não houvesse muitas delas no solo, simultaneamente, sendo reabastecidas ou remuniciadas à luz do dia.

Pouco depois, as lâmpadas vermelhas mostraram que a maioria das nossas esquadrilhas estava em combate. Um murmúrio abafado elevou-se do térreo, onde plotadores atarefados empurravam seus discos para lá e para cá, conforme a situação, rapidamente mutável. O vice-marechal do ar Park dava instruções gerais para a disposição de sua força de combate, que eram traduzidas em ordens detalhadas, expedidas para cada base por um oficial bastante jovem, postado no centro do balcão nobre, ao lado de quem eu estava sentado. Anos depois, perguntei seu nome. Era Lord Willoughby de Broke. (Encontrei-o pela segunda vez em 1947, quando o Jóquei Clube, do qual ele era um dos comissários de turfe, convidou-me para assistir ao Derby. Ele ficou surpreso por eu me lembrar dessa ocasião.) Esse oficial transmitia as ordens para que cada esquadrilha decolasse em patrulha, conforme o resultado das últimas informações surgidas na mesa do mapa. O próprio marechal do ar andava de um lado para outro ali atrás, observando com olhar atento cada movimento da batalha, supervisionando seu auxiliar executivo imediato e, apenas ocasionalmente, intervindo com alguma ordem decisiva, em geral para reforçar alguma área ameaçada. Em pouco tempo, todas as nossas esquadrilhas estavam em combate e algumas já começavam a voltar para reabastecer. Estavam todas no ar. A linha inferior de lâmpadas apagou-se. Não restava uma só esquadrilha de reserva. Nesse momento, Park falou com Dowding, em Stanmore, pedindo que três esquadrilhas do Grupo n° 12 fossem colocadas à sua disposição, para a eventualidade de outro grande ataque enquanto as suas estivessem sendo rearmadas e reabastecidas. Isso foi feito. Elas eram especialmente necessárias para cobrir Londres e nossos aeroportos de combate, pois o Grupo n° 11 já havia esgotado todos os recursos.

O jovem oficial, para quem aquilo parecia uma rotina, continuava a emitir suas ordens, conforme as instruções gerais recebidas de seu comandante de Grupo, em tom monocórdio, sereno e baixo, e as três esquadrilhas de reforço logo foram absorvidas. Conscientizei-me da angústia do comandante, que então se postava de pé atrás da cadeira de seu subordinado. Até ali, eu havia observado tudo em silêncio. Perguntei, então: "De que outras reservas dispomos?" "Nenhuma", disse o vice-marechal do ar Park. Num relato que escreveu sobre o episódio posteriormente, ele disse que, diante disso, assumi "uma expressão grave". É bem provável. Se nossos aviões em reabastecimento fossem apanhados no chão por novos ataques de "quarenta ou mais" ou "cinquenta ou mais", que perdas não sofreríamos! As desvantagens eram grandes, nossas margens, pequenas, e os riscos, infinitos.

Passaram-se mais cinco minutos e a maioria de nossos aviões pousou para reabastecer. Em muitos casos, nossos recursos não podiam dar-lhes proteção aérea. Então, o inimigo pareceu retirar-se. O movimento dos discos na mesa mostrou um contínuo movimento dos bombardeiros e caças alemães em direção ao leste. Não surgiu nenhum novo ataque. Em mais dez minutos, o combate estava encerrado. Tornamos a subir a escada que levava à superfície e, quase no momento em que emergíamos, soou o "tudo limpo".

"Estamos muito contentes de que o senhor tenha visto isso", disse Park. "É claro que, nos vinte minutos finais, ficamos tão abarrotados de informações que não tínhamos como manejá-las. Isso lhe mostra a limitação dos nossos recursos atuais. Hoje, eles foram forçados muito além dos limites." Perguntei se havia chegado algum resultado e comentei que o ataque parecia ter sido satisfatoriamente repelido. Park respondeu não estar convencido de que houvéssemos interceptado tantos aviões agressores quanto ele havia esperado. Era evidente que o inimigo havia penetrado em nossas defesas por toda parte. Um grande número de bombardeiros alemães, com suas escoltas de caças, tinha sido avistado sobre Londres. Cerca de 12 tinham sido derrubados enquanto eu estava no subterrâneo, mas era impossível obter uma imagem clara dos resultados da batalha ou dos danos ou baixas.

Já eram 16h30 quando cheguei a Chequers e fui-me deitar imediatamente, para meu sono da tarde. Devia estar cansado com o drama do Grupo nº 11, pois só acordei às vinte horas. Quando o chamei, John Martin, meu principal secretário particular, veio trazer-me o lote vespertino de notícias do mundo inteiro. Era repulsivo. Isto saíra errado aqui, aquilo sofrera um atraso acolá, uma resposta insatisfatória fora recebida de não sei quem, houvera sérios afundamentos no Atlântico. "Mas", disse Martin ao encerrar seu relatório, "tudo isso foi compensado pela aviação. Derrubamos 183, com uma perda de menos de quarenta."

☆

Embora as informações do após guerra tenham demonstrado que o inimigo perdeu nesse dia apenas 56 aviões, 15 de setembro foi o ponto crucial da Batalha da Inglaterra. Naquela mesma noite, nosso Comando de Bombardeio atacou maciçamente os navios nos portos de Boulogne a Antuérpia. Particularmente em Antuérpia, infligiram baixas pesadas. Em 17 de setembro, como sabemos agora, o Führer decidiu adiar indefinidamente a operação *Seelöwe.* Somente em 12 de outubro é que a invasão foi formalmente adiada para a primavera seguinte. Em julho de 1941, tornou a ser adiada por Hitler para a primavera de 1942, "ocasião em que a campanha russa estará concluída". Foi uma fantasia inútil, mas importante. Em 13 de fevereiro de 1942, o almirante Raeder teve sua última conversa sobre *Seelöwe* e fez Hitler concordar com uma "suspensão" completa. Assim morreu a operação. E o dia 15 de setembro pode ser declarado como a data de seu falecimento.

Não há dúvida de que sempre fomos excessivamente otimistas em nossas estimativas dos escalpos inimigos. No cômputo final, batemos por dois a um os agressores alemães, em vez de três a um, como acreditamos e declaramos. Mas foi o bastante. A RAF, longe de ser destruída, saiu triunfante. Um vigoroso fluxo de novos pilotos foi fornecido. As fábricas de aviões, das quais dependiam não apenas nossa necessidade imediata, mas também nossa capacidade de travar uma guerra prolongada, foram avariadas, mas não paralisadas. Os operários, especializados e não especializados, tanto homens quanto mulheres, ficaram firmes em seus tornos e operaram as oficinas sob fogo, como se fossem baterias em combate — o que eram mesmo, afinal. No Ministério do Abastecimento, Herbert Morrison exortava a todos em sua ampla esfera. "Vão em frente", instava-os, e em frente eles iam. Um apoio habilidoso e sempre acessível foi dado aos combates aéreos pelo Comando Antiaéreo, sob a direção do general Pile. Sua principal contribuição veio mais tarde. O Corpo de Observadores, dedicado e incansável, permaneceu hora após hora em seus postos. A organização cuidadosamente elaborada do Comando de Caça, sem a qual tudo poderia ter sido inútil, revelou-se à altura de meses em tensão constante. Todos cumpriram seus papéis.

Lá no alto, a energia e a bravura de nossos pilotos de caça mantiveram-se indomáveis e supremas. E assim se salvou a Inglaterra. Bem pude eu dizer na Câmara dos Comuns: "Nunca, no campo dos conflitos humanos, tantos deveram tanto a tão poucos."

35
"Londres aguenta"

O ATAQUE AÉREO ALEMÃO À INGLATERRA foi uma história de opiniões divididas, objetivos conflitantes e planos nunca inteiramente realizados. Em três ou quatro ocasiões, naqueles meses, o inimigo abandonou um método de ataque que nos estava causando imensa tensão e se voltou para alguma coisa nova. Mas todos esses estágios se superpunham e é impossível distingui-los rapidamente por datas precisas. Cada qual se fundia com o seguinte. As primeiras operações procuraram atrair nossa força aérea para a batalha acima do canal da Mancha e do litoral sul; em seguida, a luta continuou sobre nossos condados do sul, principalmente Kent e Sussex, com o inimigo querendo destruir a organização da nossa força aérea; depois, ele se aproximou de Londres e se voltou para ela; em seguida, Londres transformou-se no alvo supremo; e por fim, quando Londres triunfou, houve uma nova dispersão para as cidades do interior e para nossa única e vital linha de abastecimento pelo Atlântico, pelo Mersey e o Clyde.

Vimos com que violência eles nos haviam malhado nos ataques aos campos de aviação do litoral sul na última semana de agosto e na primeira de setembro. Mas, em 7 de setembro, Göring assumiu publicamente o comando da batalha aérea e passou dos ataques diurnos para os noturnos e dos aeródromos de caça em Kent e Sussex para as vastas áreas construídas de Londres. Os pequenos bombardeios diurnos continuaram frequentes — a rigor, constantes — e um grande ataque à luz do dia ainda estava por vir. Mas, de modo geral, todo o caráter da ofensiva alemã se alterou. Durante 57 noites, o bombardeio de Londres foi incessante. Isso constituiu uma provação para a maior cidade do mundo, cujos resultados ninguém era capaz de avaliar de antemão. Nunca uma extensão tão vasta de residências fora submetida a tamanho bombardeio, nem tantas famílias tinham sido obrigadas a enfrentar os problemas e terrores causados por ele.

Os bombardeios esporádicos de Londres no fim de agosto foram prontamente respondidos por nós num ataque retaliatório a Berlim. Em vista da distância que tínhamos de percorrer, isso só pôde ser feito em escala muito pequena, comparada aos ataques a Londres, desfechados de campos de aviação próximos, situados na França e na Bélgica. O Gabinete de Guerra mostrou-se muito disposto a revidar, a aumentar os riscos e desafiar o inimigo. Eu sabia que o Gabinete tinha razão e acreditava que nada deixava Hitler tão impressionado ou perturbado quanto reconhecer a ira e a força de vontade inglesas. No fundo, ele era um dos que nos admiravam. Naturalmente, tirou o máximo proveito de nossa represália contra Berlim e anunciou publicamente a política alemã, já previamente acertada, de reduzir Londres e outras cidades inglesas ao caos e à ruína. "Se eles atacarem nossas cidades", declarou em 4 de setembro, "simplesmente arrasaremos as deles." E tentou o melhor que pôde.

De 7 de setembro a 3 de novembro, uma média de duzentos bombardeiros alemães atacaram Londres noite após noite. Os vários ataques preliminares feitos contra nossas cidades das províncias nas três semanas anteriores haviam levado a uma considerável dispersão de nossa artilharia antiaérea, e quando, pela primeira vez, Londres tornou-se o alvo principal, havia apenas 92 canhões em posição. Achamos melhor deixar o espaço aéreo livre para nossos caças noturnos, que trabalhavam sob o comando do Grupo nº 11. Destes, havia seis esquadrilhas de aviões Blenheim e Defiant. As batalhas noturnas estavam em seus primórdios e muito poucas baixas foram infligidas ao inimigo. Assim, nossas baterias permaneceram em silêncio por três noites seguidas. A técnica dos próprios alemães, nessa época, era totalmente falha. Não obstante, em vista das deficiências de nossos caças noturnos e de seus problemas não solucionados, ficou decidido que os artilheiros dos canhões antiaéreos teriam carta branca para disparar contra alvos não visíveis, usando quaisquer métodos de controle que lhes aprouvessem. Em 48 horas, o general Pile, comandando a artilharia antiaérea, mais do que duplicou o número de canhões na capital, retirando-os das cidades das províncias. Nossas próprias aeronaves foram tiradas do caminho e as baterias tiveram sua vez.

Por três noites, os londrinos aguardaram em suas casas ou em abrigos inadequados, suportando o que parecia ser um ataque sem a menor resistência. Súbito, em 10 de setembro, toda a barragem antiaérea disparou, acompanhada pelos fachos de uma profusão de holofotes giratórios. Esse estrondoso canhoneio não causou grandes danos ao inimigo, mas deu uma enorme satisfação à população. Todos se animaram com o sentimento de que estávamos revidando. A partir desse momento, as baterias passaram a disparar regularmente e, é claro, a prática, a engenhosidade e a suprema necessidade foram aperfeiçoando cada vez mais a pontaria. Um tributo progressivamente maior foi cobrado dos bombardeiros alemães. Ocasionalmente, as baterias ficavam em silêncio, e os caças noturnos, cujos métodos também estavam sendo aprimorados, entravam em cena. Os bombardeios noturnos eram acompanhados por ataques diurnos mais ou menos contínuos de pequenos grupos de aviões inimigos, ou até de aviões isolados, e era comum as sirenes soarem a intervalos curtos durante cada período de 24 horas. Os sete milhões de habitantes de Londres se acostumaram a essa curiosa existência.

☆

Na esperança de que isso possa amenizar o curso penoso desta narrativa, registro algumas notas pessoais sobre a "Blitz", sabendo bem quantos milhares de pessoas hão de ter histórias muito mais interessantes para contar.

Quando começou o bombardeio, a ideia era tratá-lo com desdém. No West End, todos continuaram a cuidar de seus afazeres e de seu lazer, oferecendo jantares e dormindo como era de costume. Os teatros se mantiveram cheios e as ruas, já escuras, repletas do tráfego corriqueiro. Tudo isso talvez fosse uma reação sadia ao assustador espalhafato feito pelos elementos derrotistas de Paris na ocasião em que a cidade fora seriamente atacada pela primeira vez, em maio. Lembro-me de uma noite em que estava jantando com um pequeno grupo, enquanto ocorriam bombardeios muito ativos e contínuos. As grandes janelas de Stornoway House davam para o Green Park, que tremeluzia sob os clarões dos canhões e, vez por outra, era iluminado pelo brilho da explosão de uma bomba. Achei que estávamos correndo riscos desnecessários. Depois do jantar, fomos para o prédio da Imperial Chemicals, que domina o Embankment. De suas altas sacadas de pedra tinha-se uma esplêndida visão do rio. Pelo menos uma dúzia de incêndios ardiam no lado sul e, enquanto estávamos ali, caíram várias bombas pesadas, uma delas perto o bastante para que meus amigos me puxassem para trás de uma sólida pilastra de pedra. Isso certamente confirmou minha opinião de que teríamos de aceitar muitas restrições às amenidades corriqueiras da vida.

O grupo de prédios do governo ao longo de Whitehall foi repetidamente atingido. Downing Street é formada por casas de 250 anos, sem solidez e construídas com displicência pelo empreiteiro imobiliário que lhe deu seu nome. Na época do susto de Munique, haviam-se construído abrigos para os ocupantes dos nos 10 e 11,* e o teto das salas no nível do jardim fora escorado por um teto rebaixado de madeira e vigas resistentes. Acreditava-se que isso sustentaria os escombros, se o prédio fosse derrubado ou abalado, mas, evidentemente, nem essas salas nem os abrigos seriam eficazes contra um impacto direto. Na última quinzena de setembro, tomaram-se providências para que eu transferisse minha residência ministerial para os escritórios governamentais mais modernos e sólidos que dão para o parque St. James pelo Storey's Gate. Demos a essas instalações o nome de "o Anexo". Ali, durante o resto da guerra, minha mulher e eu moramos confortavelmente. Tínhamos confiança naquela sólida construção de pedra, e somente em raríssimas ocasiões descemos para o abrigo. Minha mulher chegou até a pendurar alguns quadros na sala de estar, que eu achava melhor manter despojada. A opinião dela prevaleceu e era justificada pela situação. Do terraço junto à cúpula do Anexo tinha-se uma vista esplêndida de Londres nas noites claras. Construíram um local para mim com uma cobertura leve contra estilhaços, onde era possível andar à luz da lua e observar o foguetório. Embaixo ficavam a sala de guerra e um certo número de alojamentos à prova de bombas, para dormir. Nessa época, é claro, as bombas eram menores do que as que vieram depois. Mesmo assim, no intervalo decorrido até que as novas acomodações ficassem prontas, a vida em Downing Street foi emocionante. Foi como se estivéssemos no posto de comando de um batalhão na linha de frente.

Uma noite (17 de outubro) destaca-se em minha lembrança. Estávamos jantando na sala do jardim do nº 10 quando começou o costumeiro ataque noturno. Meus companheiros eram Archie Sinclair, Oliver Lyttelton e Moore-Brabazon. As venezianas de aço tinham sido fechadas. Houve várias explosões ruidosas à nossa volta, a uma distância não muito grande, e, pouco depois, caiu uma bomba a umas cem jardas dali, no grande espaço de parada dos Horse Guards, fazendo um bocado de barulho. De repente, tive um impulso providencial. A cozinha do nº 10 da Downing Street é espaçosa, com uma grande janela envidraçada de uns 25 pés de altura. O mordomo e a copeira continuaram a servir o jantar com total impassividade, mas eu me senti agudamente cônscio daquela grande janela, atrás da qual a cozinheira, Mrs. Landemare, e a ajudante de cozinha, sem tomar

* Residências do primeiro-ministro e do ministro das Finanças. (N.T.)

conhecimento, continuavam trabalhando. Levantei-me abruptamente, fui até a cozinha, disse ao mordomo que pusesse a comida no *réchaud* da sala de jantar e mandei que a cozinheira e os outros criados fossem para o abrigo, por precário que fosse. Maldecorridos três minutos depois de eu me sentar outra vez à mesa, um estrondo realmente muito forte, bem próximo, e um abalo violento mostraram que a casa fora atingida. O detetive meu segurança entrou na sala e disse que tinha havido muitos estragos. A cozinha, a despensa e os escritórios do lado do Tesouro estavam em pedaços.

Fomos à cozinha examinar a cena. A devastação era completa. A bomba caíra a cinquenta jardas, sobre o Tesouro, e a explosão havia reduzido a cozinha ampla e impecável, com todas as suas caçarolas e louças reluzentes, a um monte de escombros e poeira escura. A grande janela envidraçada fora atirada, em fragmentos e estilhaços, para o lado oposto da cozinha e, obviamente, teria retalhado seus ocupantes, se houvesse algum. Mas meu feliz pressentimento, que eu poderia facilmente ter desprezado, viera na hora H. O abrigo subterrâneo do Tesouro, do outro lado do pátio, fora destroçado por um impacto direto, e os quatro funcionários que estavam de serviço noturno de vigias pela Home Guard estavam mortos. Todos, no entanto, estavam soterrados por toneladas de tijolos, e não soubemos quem estava desaparecido.

Como o ataque continuasse e parecesse aumentar de intensidade, pusemos nossos capacetes de estanho e saímos para ver a cena do alto do prédio do Anexo. Antes de fazê-lo, porém, não pude resistir a levar Mrs. Landemare até sua cozinha com os outros que estavam no abrigo, para que a vissem. Eles ficaram revoltados com os estragos, mas, principalmente, com a bagunça deixada!

Archie e eu subimos até a cúpula do Anexo. Era uma noite clara e tinha-se uma ampla visão de Londres. A maior parte do Pall Mall parecia estar em chamas. Pelo menos cinco incêndios ardiam ali impetuosamente, e havia outros na St. James's Street e em Piccadilly. Atrás, do outro lado do rio, na direção oposta, havia muitos fogaréus. Mas Pall Mall era a imagem viva das chamas. Aos poucos, o ataque foi cessando e, não muito depois, soou a sirene de "tudo limpo", deixando apenas as fogueiras flamejantes. Descemos para meus novos aposentos no andar térreo do Anexo e ali encontramos o capitão David Margesson, o *whip* chefe da bancada na Câmara, que se havia acostumado a morar no Carlton Club. Ele nos disse que o clube ficara em escombros e, de fato, pela localização dos incêndios, havíamos achado que fora atingido. Margesson estava no clube com cerca de 250 membros e empregados. Caiu nele e explodiu uma bomba pesada. Toda a fachada e a cumeeira maciça do lado de Pall Mall haviam desabado na rua, destruindo seu automóvel estacionado perto da porta da frente. O salão de fumantes estava repleto de membros e o teto inteiro havia despencado sobre eles. Quando examinei as ruínas no dia seguinte, pareceu-me incrível que a maioria não tivesse morrido. Contudo, por um milagre, ao que parece, todos haviam rastejado para fora da poeira, da fumaça e dos escombros e, embora muitos estivessem feridos, nem uma só vida se perdera. Quando, oportunamente, esses fatos chegaram ao conhecimento do Gabinete, nossos colegas trabalhistas comentaram em tom de pilhéria: "O diabo cuida dos seus." Mr. Quintin Hogg retirara dos escombros seu próprio pai, um ex-presidente da Câmara dos Lordes, carregando-o nos ombros, tal como fizera Eneias ao retirar seu pai Anquises das ruínas de Troia. Como Margesson não tinha onde dormir, providenciamos cobertores e uma cama para ele no porão do anexo. No cômputo geral, foi uma noite sinistra. Considerando os estragos causados aos prédios, foi impressionante que não tivesse havido mais de quinhentos mortos e cerca de dois mil feridos.

Noutra ocasião, visitei Ramsgate. Sobreveio um ataque aéreo e fui levado para seu grande túnel, onde um imenso número de pessoas estava morando em caráter permanente. Quando saímos, depois de 15 minutos, olhamos para os estragos ainda envoltos em fumaça. Um pequeno hotel fora atingido. Ninguém ficara ferido, mas o lugar fora reduzido a uma pilha de louças, utensílios e móveis quebrados. O proprietário, sua mulher e os cozinheiros e garçonetes estavam em prantos. Onde estava seu lar? Onde estava seu ganha-pão? Eis aqui um privilégio do poder. Tomei uma decisão imediata. No caminho de volta, em meu trem, ditei uma carta para o ministro das Finanças, Kingsley Wood, estabelecendo o princípio de que todos os danos resultantes do fogo inimigo ficassem por conta do estado, e de que se pagassem indenizações integrais e em caráter imediato. Assim, o ônus não recairia apenas sobre aqueles cujas casas ou estabelecimentos comerciais fossem atingidos, mas seria equanimemente distribuído sobre os ombros da nação. Naturalmente, Kingsley Wood ficou meio preocupado com o caráter indefinido desse compromisso. Mas fiz uma pressão insistente e, em 15 dias, concebeu-se um plano de seguro que, posteriormente, veio a desempenhar um papel importante em nossos negócios de estado. O Tesouro passou por emoções variadas no tocante a esse plano de seguro. Primeiro, achou que ele o levaria à falência, mas quando, depois de maio de 1941, os bombardeios aéreos cessaram por mais de três anos e ele começou a ganhar muito dinheiro, considerou-o previdente e de estadista. Todavia, numa fase posterior da guerra, quando os *doodle bugs* — como chamavam as bombas voadoras V-1 — e os foguetes V-2 começaram a surgir, as contas penderam para o lado oposto: 890 milhões foram prontamente desembolsados. Muito me alegra que isso tenha acontecido.

☆

Nessa nova fase da guerra, tornou-se importante extrair o nível ótimo de trabalho não apenas das fábricas, porém, mais ainda, das repartições londrinas que ficavam sob frequente bombardeio, de dia e de noite. A princípio, sempre que as sirenes davam o alarme, todos os ocupantes de uma porção de ministérios eram prontamente reunidos e levados para os porões, por mais precários que estes fossem. Havia até quem se orgulhasse da eficiência e minúcia com que essa providência era executada. Em muitos casos, tratava-se apenas de meia dúzia de aviões se aproximando — às vezes, de apenas um. E era frequente eles não chegarem. Um bombardeio minúsculo podia levar à paralisação, por mais de uma hora, de toda a máquina executiva e administrativa de Londres.

Assim, propus que se estabelecesse no aviso das sirenes um estágio de "alerta", diferenciado do "alarme", que só deveria ser empregado quando os vigias nos telhados — os Jim Crows, como ficaram conhecidos — transmitissem o sinal de "perigo iminente", que significava que o inimigo estava realmente nos sobrevoando, ou muito próximo disso. Criaram-se os esquemas pertinentes. O parlamento também precisou de orientação quanto à condução de seus trabalhos nesses dias de perigo. Os membros consideravam ser seu dever dar o exemplo. Tinham razão, mas isso podia ser levado longe demais; tive que argumentar com os deputados para fazê-los observar medidas comuns de prudência e se conformar às condições peculiares do momento. Convenci-os, numa sessão secreta, da necessidade de tomarem precauções indispensáveis e ponderadas. Eles concordaram em que seus dias e horários de reunião em plenário não fossem divulgados e aceitaram suspender seus debates sempre que o Jim Crow avisasse ao presidente da Câmara do "perigo iminente". Nesse caso, todos desceriam obedientemente para os abrigos abarrotados e ineficazes que tinham sido providenciados. Um dado que sempre há de contribuir para a fama do Parlamento inglês é o fato de seus membros terem continuado a se reunir e a cumprir seus deveres durante todo aquele período. Os deputados são muito suscetíveis nessas questões e seria fácil julgar erroneamente seu estado de ânimo. Quando um plenário era danificado, eles se mudavam para outro, e fiz o que pude para persuadi-los a seguir de bom grado os conselhos da sensatez. Foi também uma sorte, quando o plenário foi destruído alguns meses depois, que isso ocorresse à noite, quando estava vazio, e não durante o dia, quando ficava repleto. No momento em que dominamos os ataques diurnos, houve um considerável alívio na comodidade pessoal. Mas, durante os primeiros meses, nunca deixei de me angustiar pela segurança dos membros da Casa. Afinal, um parlamento livre e soberano, legitimamente eleito pelo sufrágio universal, capaz de derrubar o governo a qualquer momento, mas orgulhoso de apoiá-lo nos dias mais sombrios, era um dos pontos em disputa com o inimigo. O parlamento venceu.

Duvido que algum dos ditadores tenha tido tanto poder efetivo, em sua nação inteira, quanto o Gabinete de Guerra inglês. Quando expressávamos nossos desejos, éramos apoiados pelos representantes do povo e calorosamente obedecidos por todos. No entanto, em momento algum o direito de crítica foi cerceado. Os críticos quase sempre respeitavam o interesse nacional. Nas ocasiões em que nos contestaram, foram derrubados pela votação de maiorias esmagadoras nas duas Câmaras — e isso, em contraste com os métodos totalitários, sem a menor coerção, intervenção ou uso da polícia ou do serviço secreto. Era um orgulho constatar que a democracia parlamentar, ou como quer que se possa chamar nossa vida pública inglesa, podia suportar, superar e sobreviver a todas as provações. Nem mesmo a ameaça de aniquilação intimidou nossos parlamentares; felizmente, porém, ela não se materializou.

☆

Em meados de setembro, uma nova e terrível forma de ataque foi usada contra nós. Um grande número de bombas de ação retardada foi larga e profusamente lançado sobre nós e se tornou um grave problema. Longos trechos de ferrovias, entroncamentos importantes, acessos a fábricas vitais, aeroportos e grandes rodovias tinham que ser bloqueados dezenas de vezes, ficando inacessíveis em momentos de necessidade. Essas bombas tinham que ser desenterradas e deflagradas ou desativadas. Tratava-se de uma tarefa de extremo perigo, especialmente no começo, quando todos os meios e métodos tinham de ser aprendidos, através de uma série de experiências decisivas. Já relatei o drama da desmontagem das minas magnéticas, mas essa forma de dedicação pessoal transformou-se então num lugar-comum, embora continuasse sublime. Eu sempre me interessara pelos detonadores de ação retardada, que me haviam impressionado pela primeira vez em 1918, quando os alemães os utilizaram em larga escala para nos impedir de usar as ferrovias pelas quais planejávamos penetrar na Alemanha. Eu havia insistido em que os usássemos na Noruega e no canal de Kiel e no Reno. Trata-se, sem dúvida, de um instrumento muito eficaz na guerra, em virtude da prolongada incerteza que gera. Estávamos prestes a ter, nós mesmos, uma prova dele. Criou-se uma organização especial para lidar com esse dispositivo. Criaram-se companhias especializadas em todas as metrópoles, municípios e comarcas. Apareceram voluntários para esse jogo mortal. Formaram-se equipes, que tinham sorte ou azar. Algumas sobreviveram a essa fase de nossas provações. Outras passaram por vinte, trinta ou quarenta experiências antes de chegarem à sua hora fatal. As equipes de bombas não deflagradas (UXB — *unexploded bombs*) apresentavam-se por onde quer que eu passasse em minhas viagens. De algum modo, seus rostos não se pareciam com os dos homens comuns, por mais valentes e devotados que fossem. Eles eram pálidos, magros, com rostos de expressão tristonha, um brilho reluzente no olhar e uma compressão excepcional dos lábios; e ainda um porte perfeito. Ao escrevermos sobre nossos tempos difíceis, tendemos a usar em demasia a palavra "terrível". Ela deveria ser reservada à missão das esquadras UXB.

Lembro-me de uma equipe que pode ser tomada como símbolo de muitas outras. Compunha-se de três pessoas: o conde de Suffolk, sua secretária particular e seu motorista, já bastante idoso. Eles se denominavam "a Santíssima Trindade". Sua perícia e continuada existência espalharam-se entre todos os conhecedores. Trinta e quatro bombas não deflagradas foram desativadas por eles, com polida e sorridente eficiência. Mas a 35ª cobrou seu tributo. Lá se foram o conde de Suffolk e sua Santíssima Trindade pelos ares. Mas estamos certos de que, assim como no caso de Master Valiant-for-the-truth, "todas as trombetas soaram para eles do outro lado".* Em

* Citação de "*Pilgrim's Progress*", John Bunyan. (N.T.)

pouco tempo, mas com o árduo sacrifício de mui nobres figuras, a dedicação das equipes de UXB dominou o perigo.

☆

É difícil comparar a provação dos londrinos no inverno de 1940-41 com a dos alemães nos três últimos anos da guerra. Nessa fase final, as bombas eram muito mais potentes e os bombardeios, muito mais intensos. Por outro lado, os longos preparativos e o rigor alemão haviam permitido a construção de um sistema completo de abrigos à prova de bombas, para onde todos eram forçados a ir, seguindo uma rotina férrea. Quando finalmente entramos na Alemanha, encontramos cidades completamente destruídas, mas também algumas construções sólidas que se mantinham de pé e espaçosas galerias subterrâneas onde os habitantes dormiam noite após noite, embora suas casas e suas propriedades fossem destruídas na superfície. Em muitos casos, apenas as pilhas de escombros eram atingidas. Em Londres, no entanto, embora o ataque fosse menos esmagador, os preparativos de segurança estavam muito menos desenvolvidos. Excetuado o metrô, não havia lugares realmente seguros. Pouquíssimos porões ou adegas eram capazes de suportar um impacto direto. Praticamente toda a massa da população londrina morava e dormia em seus próprios lares ou em abrigos Anderson, embaixo do fogo inimigo, arriscando a sorte com fleuma inglesa após um dia cansativo de trabalho. Nem sequer um em cada mil tinha qualquer tipo de proteção, a não ser contra o deslocamento de ar das explosões e os estilhaços. Mas houve tão pouco abatimento psicológico quanto dano físico. É claro que, se fossem as bombas de 1943 usadas contra a Londres de 1940, teríamos chegado a uma situação que talvez pulverizasse qualquer organização humana. Mas tudo acontece em sua hora e sua vez, e ninguém tem o direito de dizer que Londres, que certamente não foi vencida, não era também invencível.

Pouco ou nada se fizera antes da guerra ou durante o período passivo para providenciar fortificações à prova de bombas, de onde fosse possível continuar a exercer o governo central. Fizeram-se planos elaborados para mudar a sede do governo para fora de Londres. Ramos inteiros de muitos ministérios já tinham sido deslocados para Harrogate, Bath, Cheltenham e outros locais. Haviam-se requisitado acomodações, numa vasta área, para atender a todos os ministros e funcionários importantes, na eventualidade de uma evacuação de Londres. Mas, sob o bombardeio, o desejo e a determinação do governo e do parlamento de permanecer em Londres foram inconfundíveis, e eu partilhava plenamente desse sentimento. Como outros, eu havia muitas vezes imaginado que a destruição se tornasse tão devastadora, que fosse imperativo efetuar uma mudança e dispersão gerais. Mas, sob o impacto dos acontecimentos, todas as nossas reações foram em sentido contrário.

Naqueles meses, fazíamos nossas reuniões vespertinas do Gabinete na sala de guerra, no porão do Anexo. Para chegar até lá, saindo de Downing Street, era preciso atravessar a pé o quadrilátero do Foreign Office e passar com dificuldade por entre as turmas de operários que derramavam concreto para tornar mais seguros a sala de guerra e os escritórios do porão. Eu não me dera conta do esforço que isso representava para Mr. Chamberlain, consideradas as consequências da grande cirurgia que ele fizera. Nada conseguia detê-lo, e ele nunca esteve mais alinhado ou mais frio e decidido do que nas últimas reuniões do Gabinete a que compareceu.

Uma noite, no fim de setembro de 1940, olhei pela porta da frente de Downing Street e vi alguns operários empilhando sacos de areia junto às janelas baixas do porão do Foreign Office, em frente. Perguntei o que estavam fazendo. Fui informado de que, desde sua cirurgia, Mr. Neville Chamberlain tinha que receber um tratamento periódico especial, e era muito embaraçoso fazer isso no abrigo do nº 11, onde pelo menos vinte pessoas ficavam durante os bombardeios constantes, de modo que um pequeno espaço particular estava sendo preparado para ele naquele local. Todos os dias, ele cumpria todos os seus compromissos, reservado, eficiente, impecavelmente trajado. Mas ali estava o pano de fundo. Era demais. Usei minha autoridade. Atravessei a passagem entre o nº 10 e o nº 11 e encontrei a senhora Chamberlain. Disse-lhe: "Ele não deveria estar aqui nessas condições. Você precisa tirá-lo daqui até que ele volte a ficar bem. Mandarei todos os telegramas para ele diariamente." Ela se retirou para falar com o marido. Uma hora depois, mandou-me um recado: "Ele vai fazer o que você quer. Partiremos esta noite." Nunca mais tornei a vê-lo. Tenho certeza de que ele queria morrer trabalhando. Mas não seria assim.

☆

O retiro de Mr. Chamberlain levou a importantes mudanças ministeriais. Mr. Herbert Morrison tinha sido um eficiente e vigoroso ministro do

Abastecimento, e Sir John Anderson havia enfrentado a blitz em Londres com uma administração firme e competente. Nos primeiros dias de outubro, o ataque contínuo à maior cidade do mundo foi tão grave e acarretou tantos problemas de natureza social e política na vasta e atormentada população londrina, que achei que seria útil ter um membro do parlamento de longa experiência no Ministério do Interior, a essa altura também Ministério da Segurança Interna. Londres estava aguentando o tranco. Herbert Morrison era londrino, versado em todos os aspectos da administração metropolitana. Tinha uma experiência ímpar no governo de Londres, tendo sido líder da assembleia do condado e a principal figura nas questões de sua alçada, sob muitos aspectos. Ao mesmo tempo, eu precisava de John Anderson, cujo trabalho no Ministério do Interior tinha sido excelente, como Lord presidente do Privy Council na esfera mais ampla do comitê de assuntos internos, para onde uma imensa massa de assuntos era encaminhada, com grande alívio para o Gabinete. Isso também aliviava meu próprio fardo e me permitia concentrar-me na condução militar da guerra, na qual meus colegas pareciam cada vez mais dispostos a me dar liberdade.

Assim, solicitei que esses dois importantes ministros trocassem de cargos. O que ofereci a Herbert Morrison não era nenhum mar de rosas. Estas páginas decerto não têm meios de tentar descrever os problemas do governo de Londres, numa época em que era comum, noite após noite, dez ou vinte mil pessoas ficarem desabrigadas, e em que nada além da vigilância incessante dos cidadãos, como sentinelas do fogo postados nos telhados, impedia os incêndios incontroláveis; numa época em que os hospitais, repletos de homens e mulheres mutilados, eram atingidos, eles mesmos, pelas bombas do inimigo; em que centenas de milhares de pessoas extenuadas acotovelavam-se em abrigos inseguros e insalubres; em que as comunicações rodoviárias e ferroviárias eram constantemente interrompidas; em que as redes de esgoto eram destroçadas e o fornecimento de luz e força e de gás ficava paralisado; e em que, ainda assim, toda a vida batalhadora e árdua de Londres tinha que seguir em frente, e quase um milhão de pessoas tinham que se deslocar de um lado para outro para trabalhar, todas as noites e todas as manhãs. Não sabíamos quanto tempo aquilo ia durar. Não tínhamos razões para supor que não fosse continuar piorando. Quando fiz a proposta a Mr. Morrison, ele sabia disso bem demais para tratá-la com displicência. Pediu algumas horas para pensar, mas em pouco tempo voltou e disse que teria orgulho em assumir o cargo. Aprovei com louvor sua decisão viril.

Logo depois das trocas ministeriais, uma mudança nos métodos do inimigo afetou nossa política geral. Até ali, o ataque inimigo restringira-se quase exclusivamente a bombas explosivas potentes, mas, na lua cheia de 15 de outubro, quando caiu sobre nós o ataque mais violento do mês, os aviões alemães despejaram também setenta mil bombas incendiárias. Até então, havíamos incentivado os londrinos a se abrigarem, e todos os esforços vinham sendo feitos para aperfeiçoar sua proteção. Mas, a essa altura, "para os porões!" teve de ser substituído por "para os telhados!" Coube ao novo ministro da Segurança Interna instituir essa política. Criou-se rapidamente uma organização de vigilantes do fogo e serviços de combate a incêndios, em escala gigantesca e abrangendo a totalidade de Londres (à parte as medidas tomadas nas cidades das províncias). A princípio, os vigilantes do fogo eram voluntários, mas o número necessário era tão grande, e tão intenso o sentimento de que todos os homens deveriam revezar-se no rol de colaboradores, que a vigilância contra incêndio logo se tornou compulsória. Essa forma de serviço surtiu um efeito revigorante e animador em todas as classes. As mulheres fizeram pressão para assumir sua quota de participação. Desenvolveram-se sistemas de treinamento em grande escala, para ensinar os vigilantes do fogo a lidar com os vários tipos de bombas incendiárias usados contra nós. Muitos tornaram-se peritos e milhares de incêndios foram extintos antes de assumirem grandes proporções. A experiência de permanecer nos telhados noite após noite, sob bombardeio, e sem nenhuma proteção além de um capacete de latão, logo se tornou habitual.

Mr. Morrison decidiu, pouco depois, consolidar as 1.400 brigadas de incêndio locais num único Corpo de Bombeiros Nacional, e suplementá-lo com uma grande guarda de incêndio formada por civis treinados, que trabalhariam em suas horas de folga. A guarda de incêndio, como os vigilantes dos telhados, foi inicialmente recrutada entre voluntários, mas, à semelhança deles, tornou-se compulsória por assentimento geral. O Corpo de Bombeiros Nacional deu-nos as vantagens de maior mobilidade, um padrão universal de treinamento e equipamentos, e graduações formalmente reconhecidas. As outras forças da Defesa Civil produziram colunas de prontidão para ir a qualquer lugar, mediante um minuto de aviso. O nome Serviço de Defesa Civil substituiu a denominação usada antes da guerra, Prevenção contra Ataques Aéreos (ARP — *air raid precautions*). Forneceram-se bons uniformes para um grande número de pessoas e elas se conscientizaram de constituir uma quarta força da Coroa.

Alegrava-me saber que, a termos qualquer de nossas cidades atacadas, o impacto maior recairia sobre Londres. Londres era uma espécie de imenso animal pré-histórico, capaz de suportar ferimentos terríveis, de ficar mutilado e sangrando por muitas feridas e, mesmo assim, preservar sua vida e seus movimentos. Os abrigos do tipo Anderson difundiram-se pelos bairros operários de casas de dois andares e tudo foi feito para torná-los habitáveis e para secá-los em tempo chuvoso. Mais tarde, criou-se o abrigo do tipo Morrison, que não passava de uma pesada mesa de cozinha, feita de aço e com fortes laterais de varas de aço, capaz de resistir os escombros de uma casa pequena e, com isso, dar uma certa proteção. Muitos deveram sua vida a ele. Quanto ao mais, "Londres aguentaria". Suportou tudo o que veio, e mais teria suportado. Nessa ocasião, na verdade, não víamos outro fim senão a demolição da metrópole inteira. Mesmo assim, como assinalei na Câmara dos Comuns na época, a lei do rendimento decrescente funciona no caso da demolição de grandes cidades. Em pouco tempo, muitas das bombas cairiam apenas sobre casas já destruídas e sacudiriam somente o entulho. Em amplas áreas, não restaria mais nada para incendiar ou destruir e, ainda assim, os seres humanos fariam suas casas aqui e ali e continuariam seu trabalho, com habilidade e força infinitas.

☆

Na noite de 3 de novembro, pela primeira vez em quase dois meses, nenhuma sirene de alarme soou em Londres. O silêncio pareceu estranhíssimo para muitos. Ficaram imaginando o que estaria havendo de errado. Na noite seguinte, os ataques do inimigo espalharam-se largamente por toda a ilha, e isso continuou por algum tempo. Tinha havido outra mudança na política da ofensiva alemã. Embora Londres ainda fosse considerada o alvo principal, fizeram então um grande esforço para danificar os centros industriais da Inglaterra. Esquadrilhas especiais tinham sido treinadas, com novos dispositivos de navegação, para atacar centros fundamentais específicos. Por exemplo, uma formação foi treinada exclusivamente para destruir a fábrica de motores aéreos da Rolls-Royce em Hillington, Glasgow. Tudo isso compunha um plano improvisado e provisório. A invasão da Inglaterra fora temporariamente abandonada e o ataque contra a Rússia ainda não estava montado, nem era esperado fora do círculo íntimo de Hitler. Assim, os meses de inverno restantes seriam, para a força aérea alemã, um período de experimentação, tanto de dispositivos técnicos para bombardeio noturno quanto de ataques ao comércio marítimo inglês, paralelamente à tentativa de liquidar nossa produção militar e civil. Melhor teriam feito se se ativessem a uma coisa de cada vez, de modo a levá-la até o fim. Mas já estavam desconcertados e momentaneamente inseguros.

Essas novas táticas de bombardeio começaram pelo ataque a Coventry, na noite de 14 de novembro. Londres parecia um alvo grande e impreciso demais para a obtenção de resultados decisivos, mas Göring esperava que as cidades ou os centros de fabricação de material bélico das províncias pudessem ser efetivamente arrasados. O ataque iniciou-se logo nas primeiras horas da madrugada do dia 14 e, ao amanhecer, quase quinhentos aviões alemães haviam lançado seiscentas toneladas de altos explosivos e milhares de bombas incendiárias. No cômputo geral, esse foi o ataque mais devastador que suportamos. O centro de Coventry foi arrasado e, durante um breve período, sua vida ficou completamente desestruturada. Quatrocentas pessoas foram mortas e muitas outras, gravemente feridas. A rádio alemã proclamou que outras cidades seriam similarmente "coventrizadas". Não obstante, as importantíssimas fábricas de motores aéreos e ferramentas não foram paralisadas, nem tampouco a população, até então não submetida à provação dos bombardeios, foi posta fora de combate. Em menos de uma semana, um comitê de emergência de reconstrução fez um esplêndido trabalho de restauração da vida da cidade.

Em 15 de novembro, o inimigo desviou-se outra vez para Londres, com um fortíssimo bombardeio em plena lua cheia. Causaram muitos estragos, especialmente em igrejas e outros monumentos. O alvo seguinte foi Birmingham, e três bombardeios sucessivos, entre os dias 19 e 22, infligiram muita destruição e perdas humanas. Quase oitocentas pessoas foram mortas e mais de duas mil feridas; mas a vida e o espírito de Birmingham sobreviveram a esse suplício, e seu milhão de habitantes, altamente organizado, consciente e compreensivo, elevou-se acima de seu sofrimento físico. Durante a última semana de novembro e o início de dezembro, o peso do ataque deslocou-se para as cidades portuárias. Bristol, Southampton e sobretudo Liverpool foram intensamente bombardeadas. Depois, Plymouth, Sheffield, Manchester, Leeds, Glasgow e outros centros de material bélico passaram impávidos pelo bombardeio. Onde quer que incidisse o impacto, a nação estava tão firme quanto é salgado o mar.

O auge dos ataques repentinos dessas semanas deu-se novamente em Londres, no domingo, 29 de dezembro. Toda a experiência alemã, duramente adquirida, expressou-se nessa ocasião. Foi um clássico das bombas incendiárias. O peso do ataque concentrou-se na própria City de Londres. Foi marcado para coincidir com o horário da vazante máxima. As tubulações de água foram rompidas logo de saída, através de potentíssimas minas de alto teor explosivo, lançadas de paraquedas. Quase 1.500 incêndios tiveram de ser combatidos. O prejuízo causado às estações ferroviárias e às docas foi sério. Oito das igrejas de Wren foram destruídas ou danificadas. O Guildhall, sede da prefeitura, foi atingido pelo fogo e pelo deslocamento de ar das explosões, e a catedral de St. Paul só foi salva mediante esforços heroicos. Um vazio de destruição bem no centro do mundo inglês abriu-se diante de nós, mas, quando o rei e a rainha visitaram o cenário, foram recebidos com um entusiasmo que ultrapassou em muito qualquer festival da realeza.

Durante esse prolongado suplício, que ainda duraria vários meses, o rei esteve o tempo todo no palácio de Buckingham. Abrigos adequados estavam sendo construídos nos porões, mas tudo isso levava tempo. Ademais, por diversas vezes, ocorreu a Sua Majestade chegar de Windsor em meio a um bombardeio aéreo. Numa dessas ocasiões, ele e a rainha escaparam realmente por um triz. Sua Majestade mandou montar um estande de tiro nos jardins do palácio de Buckingham, onde ele, outros membros de sua família e seus camaristas exercitavam-se assiduamente, usando pistolas e metralhadoras. Pouco tempo depois, levei ao rei uma carabina americana de pequeno alcance, retirada de algumas que me tinham sido enviadas. Era uma arma muito boa.

Mais ou menos nessa época, o rei modificou sua prática de me receber numa audiência semanal formal, por volta das 17 horas, que tinha vigorado durante meus primeiros dois meses de mandato. Acertou-se então que eu almoçaria com ele todas as terças-feiras. Foi, sem dúvida, um método muito agradável de discutir negócios de estado, e às vezes a rainha se fazia presente. Em várias ocasiões, todos tivemos que carregar nossos pratos e copos na mão e descer ao abrigo em progresso para terminar nossa refeição. Os almoços semanais transformaram-se numa instituição regular. Depois dos primeiros meses, Sua Majestade decidiu que todos os criados fossem dispensados e que nós mesmos nos servíssemos e servíssemos um ao outro. Nos quatro anos e meio em que isso prosseguiu, apercebi-me da extraordinária diligência com que o rei lia todos os telegramas e documentos públicos que lhe eram submetidos. No sistema constitucional inglês, o Soberano tem o direito de ser informado de tudo quanto é da responsabilidade de seus ministros e dispõe do direito irrestrito de aconselhar seu governo. Eu tinha o máximo cuidado de fazer com que tudo fosse submetido ao rei e, em nossos encontros semanais, era frequente ele demonstrar que havia adquirido perfeito conhecimento de papéis com que eu ainda não tinha lidado. Foi de grande ajuda para a Inglaterra contar com um rei e uma rainha tão bons nesses anos fatídicos e, como defensor convicto da monarquia constitucional, prezei como uma honra singular a generosa intimidade com que fui tratado, na condição de primeiro-ministro, e que suponho não ter tido precedentes desde a época da rainha Anne e de Marlborough, durante os anos em que ele esteve no poder.

☆

Isso nos traz ao fim do ano — a bem da continuidade, adiantei-me à guerra em geral. O leitor há de se dar conta de que todo esse fragor e tempestade foram apenas um acompanhamento dos frios processos mediante os quais nosso esforço de guerra era sustentado e nossa política e diplomacia eram conduzidas. De fato, devo registrar que, na cúpula, esses danos, em não conseguindo ser mortais, foram um estimulante positivo para a clareza de visão, a camaradagem franca e a ação criteriosa. Seria insensato, no entanto, supor que, se o ataque tivesse sido dez ou vinte vezes mais duro — ou até, talvez, duas ou três vezes mais severo — as reações sadias que descrevi pudessem ter acontecido.

36
O Lend-Lease

Acima do rugir e do estrondo das armas, pairava então sobre nós um acontecimento mundialmente decisivo, de natureza diferente. A eleição presidencial americana ocorreu em 5 de novembro. A despeito da tenacidade e vigor com que essas disputas quadrienais são conduzidas e das ríspidas divergências nas questões internas que então dividiam os dois partidos principais, a causa suprema fora respeitada pelos líderes responsáveis, tanto republicanos quanto democratas. Em Cleveland, no dia 2 de novembro, Mr. Roosevelt dissera: "Nossa política é fornecer toda a ajuda material possível às nações que ainda resistem à agressão, do outro lado dos oceanos Atlântico e Pacífico." Seu adversário, Mr. Wendell Willkie, havia declarado no mesmo dia, no Madison Square Garden: "Todos nós — republicanos, democratas e independentes — somos favoráveis à prestação de ajuda ao heroico povo inglês. Devemos colocar à disposição dele o produto de nossa indústria."

Esse patriotismo preservava a segurança da União americana e nossa vida. Mesmo assim, foi com grande ansiedade que aguardei o resultado. Nenhum novato no poder teria condições de possuir ou adquirir em pouco tempo o conhecimento e a experiência de Franklin Roosevelt. Ninguém poderia igualar seus dons excepcionais. Meu próprio relacionamento com ele fora cultivado por mim com extremo cuidado, e já parecia haver atingido um grau de confiança e amizade que era um fator vital em todos os meus pensamentos. Encerrar a camaradagem lentamente construída, romper a continuidade de todas as nossas discussões, recomeçar com uma nova cabeça e uma nova personalidade, isso me parecia uma perspectiva ruim. Desde Dunquerque, eu não me lembrava de sentir-me tão tenso. Foi com indescritível alívio que recebi a notícia de que o presidente Roosevelt fora reeleito.

☆

Até esse momento, havíamos feito separadamente nossas encomendas de equipamentos bélicos nos EUA ao exército, à marinha e à força aérea. O volume cada vez maior de nossas várias necessidades levara a uma superposição em numerosos pontos, com a possibilidade de surgimento de atritos nos escalões inferiores, apesar da boa vontade geral. "Só uma política unificada de governo na aquisição para todas as finalidades defensivas", escreve Mr. Stettinius,* "poderia realizar a tremenda tarefa que havia pela frente." Isso significava que o governo dos EUA deveria fazer todas as encomendas de armamentos. Três dias depois de sua eleição, o presidente anunciou publicamente uma "regra prática" para a divisão da produção americana de armas. À medida que elas saíssem da linha de produção, deveriam ser divididas, mais ou menos meio a meio, entre as forças americanas e as forças inglesas e canadenses. No mesmo dia, a Junta de Prioridades aprovou uma solicitação inglesa de encomendar mais 12 mil aviões americanos, além dos 11 mil que já havíamos encomendado. Mas como se pagaria tudo isso?

Em meados de novembro, Lord Lothian, que voara recentemente de Washington para casa, passou dois dias comigo em Ditchley. Eu fora aconselhado a não mostrar o hábito de passar todos os fins de semana em Chequers, especialmente na lua cheia, para evitar a eventualidade de que o inimigo prestasse uma atenção especial em mim. Mr. Ronald Tree e sua mulher acolheram a mim e a minha equipe, muitas vezes, em sua ampla e encantadora casa nas imediações de Oxford. Ditchley fica a apenas quatro ou cinco milhas de Blenheim. Nesse ambiente agradável, recebi o embaixador. Ele estava a par de todos os aspectos e detalhes da atitude americana. Granjeara sobretudo boa vontade e confiança em Washington. Acabava de sair de um contato estreito com o presidente, com quem havia estabelecido uma calorosa amizade pessoal. Sua mente estava então no problema do dólar — e este era realmente sinistro.

A Inglaterra havia entrado em guerra com reservas de 4,5 bilhões em dólares ou em ouro e investimentos nos Estados Unidos transformáveis em dólares. A única maneira pela qual esses recursos poderiam ser aumentados seria através da produção adicional de ouro no Império Britânico — principalmente, é claro, na África do Sul — e através de vigorosos esforços para exportar mercadorias para os Estados Unidos, em especial artigos de luxo, como uísque, tecidos finos de lã e porcelanas. Por meio destes, mais dois bilhões de dólares tinham sido obtidos nos primeiros 16 meses da guerra. Durante o período da "Guerra Imperceptível", ficáramos divididos entre o

* Edward R. Stettinius, *Lend-Lease,* p. 62.

veemente desejo de encomendar armas e munições da América e o medo aterrador de reduzir nossas reservas. Na época de Mr. Chamberlain, o ministro das Finanças, Sir John Simon, estava sempre a nos falar do estado lamentável das nossas reservas em dólar e a insistir na necessidade de conservá-las. Era mais ou menos reconhecido que teríamos de enfrentar uma limitação rigorosa das importações dos EUA. Funcionávamos — como disse certa vez a Stettinius Mr. Purvis, chefe de nossa comissão de compras e homem de extraordinária capacidade — "como se estivéssemos numa ilha deserta a meia ração, que teríamos de esticar tanto quanto possível".*

Isso havia significado arranjos complicados para fazer nosso dinheiro render. Em tempos de paz, importávamos livremente e efetuávamos os pagamentos a nosso gosto. Quando veio a guerra, tivemos de criar um mecanismo que mobilizasse ouro e dólares e outros ativos particulares, que impedisse os mal-intencionados de remeterem seus recursos para países onde julgassem as coisas mais seguras, e que reduzisse as importações supérfluas e outros gastos. Além de nos certificarmos de não desperdiçar nossa moeda, tínhamos de garantir que os outros continuassem a aceitá-la. Os países da área da libra esterlina estavam conosco: adotaram uma política de controle cambial idêntica à nossa e aceitaram e conservaram a libra esterlina de bom grado. Com outros, havíamos feito acordos especiais, mediante os quais lhes efetuávamos pagamentos em libras, que podiam ser usadas em qualquer parte da área de predomínio do esterlino, e eles se comprometiam a reter todas as libras para as quais não tivessem uma destinação imediata e a manter as transações nas taxas de câmbio oficiais. Esses acordos tinham sido originalmente firmados com a Argentina e a Suécia, mas se estenderam a vários outros países do continente europeu e da América do Sul. Foram feitos depois da primavera de 1940, e foi uma satisfação — e um tributo à libra esterlina — podermos efetuá-los e mantê-los, numa situação de tamanha dificuldade. Desse modo, havíamos conseguido continuar a negociar com a maior parte do mundo em esterlinos e a reservar a maior parte de nosso precioso ouro e dos dólares para as compras vitais nos Estados Unidos.

Quando a guerra explodiu numa horrenda realidade, em maio de 1940, reconhecemos que uma nova era havia despontado nas relações anglo-americanas. Desde a época em que eu formara o novo governo e em que Sir Kingsley Wood se tornara ministro das Finanças, havíamos passado a ado-

* Stettinius, *op. cit.*, p. 60.

tar um plano mais simples: encomendar tudo o que nos fosse possível, deixando os futuros problemas financeiros na mão da Divina Providência. Lutando pela sobrevivência e, em pouco tempo, sozinhos, sob bombardeios incessantes e com a invasão a nos espreitar ameaçadoramente, teria sido uma falsa economia e uma prudência mal-orientada preocuparmo-nos demais com o que aconteceria quando nossos dólares acabassem. Estávamos cônscios das tremendas mudanças que vinham ocorrendo na opinião pública americana e da crescente convicção, não apenas em Washington, mas em toda a União, de que o destino dela estava vinculado ao nosso. Além disso, nessa ocasião, uma intensa onda de simpatia e admiração pela Inglaterra havia brotado em toda a nação americana. Sinais muito amistosos nos tinham sido feitos diretamente de Washington e também através do Canadá, incentivando nossa intrepidez e indicando que, de um modo ou de outro, seria encontrada uma saída. Na pessoa de Mr. Morgenthau, secretário do Tesouro, a causa dos aliados tinha um defensor incansável. Assumir os contratos franceses, em junho, quase havia duplicado nossos dispêndios de divisas. Além disso, havíamos feito novas encomendas de aviões, tanques e navios mercantes por toda parte, e promovido a construção de grandes fábricas novas nos Estados Unidos e no Canadá.

☆

Até novembro, havíamos pago tudo que tínhamos recebido. Já havíamos vendido o equivalente a 335 milhões de dólares em ações americanas, confiscadas de investidores particulares na Inglaterra, em troca de esterlinos. Tínhamos pago mais de 4,5 bilhões de dólares em dinheiro. Restavam-nos apenas dois bilhões, a maior parte deles em investimentos, muitos dos quais sem liquidez imediata no mercado. Estava claro que não poderíamos continuar dessa maneira por muito mais tempo. Mesmo que nos despojássemos de todo o nosso ouro e divisas, não conseguiríamos pagar nem metade do que havíamos encomendado, e a amplitude da guerra tornava necessário dispormos de dez vezes mais. Tínhamos de conservar algo na mão para levar adiante nossas transações diárias.

Lothian confiava em que o presidente e seus assessores estavam buscando com empenho a melhor maneira de nos ajudar. Agora que a eleição havia terminado, era chegado o momento de agir. Infindáveis discussões em nome do nosso Tesouro prosseguiam, em Washington, entre o representante do próprio Tesouro, Sir Frederick Phillips e Mr. Morgenthau. O embaixador instou-me a redigir uma exposição completa de nossa situação para o presidente. Assim, naquele domingo em Ditchley, redigi, em consulta com ele, uma carta pessoal. Como o documento tinha de ser conferido e reconferido pelos chefes de estado-maior e pelo Tesouro, além de aprovado pelo Gabinete de Guerra, não ficou concluído antes do retorno de Lothian a Washington. Em sua forma final, recebeu a data de 8 de dezembro e foi imediatamente enviado a Mr. Roosevelt. A carta, que foi uma das mais importantes que jamais escrevi, chegou ao nosso grande amigo quando ele estava num cruzeiro a bordo de uma belonave americana, o *Tuscaloosa,* sob o sol do mar do Caribe. Ao redor dele estavam apenas os que lhe eram íntimos. Harry Hopkins, que eu ainda não conhecia, disse-me, posteriormente, que Mr. Roosevelt leu e releu essa carta, sentado sozinho em sua cadeira no convés, e que, durante dois dias, não pareceu haver chegado a nenhuma conclusão clara. Ficou imerso em intensa reflexão e remoeu suas ideias em silêncio.

De tudo isso brotou uma decisão esplêndida. O presidente soube desde logo o que queria fazer. Seu problema era como obter o apoio de seu país e como persuadir o Congresso a seguir sua orientação. Segundo Stettinius, o presidente, já no fim do verão, havia mencionado, numa reunião da Comissão Consultiva de Defesa sobre Recursos de Navegação: "Não devia ser necessário os ingleses usarem seus próprios fundos e encomendar navios nos Estados Unidos, ou que lhes emprestemos dinheiro para esse fim. Não há por que não pegarmos um navio já pronto e arrendá-lo a eles enquanto durar a emergência." Ao que parece, segundo uma lei de 1892, o ministro da Guerra, "quando, a seu critério, isso for para o bem público", podia arrendar bens do exército, caso eles não fossem necessários para utilização pública, por períodos não superiores a cinco anos. Havia registros ocasionais de precedentes do uso dessa lei, através do arrendamento de vários artigos do exército.

Assim, a palavra "*lease*" e a ideia de utilizar o princípio do arrendamento para atender às necessidades inglesas estivera na mente do presidente Roosevelt por algum tempo, como uma alternativa a uma política de empréstimos indefinidos, que logo superariam de longe todas as possibilidades de devolução. E então, de repente, tudo isso eclodiu numa ação decisiva, e a gloriosa concepção do *Lend-Lease,* empréstimo-arrendamento, foi proclamada.

O presidente voltou do Caribe em 16 de dezembro e, no dia seguinte, divulgou seu plano na entrevista coletiva à imprensa. Usou uma ilustração simples: "Suponhamos que a casa de meu vizinho pegue fogo e eu tenha uma mangueira de jardim a uns quatrocentos ou quinhentos pés de distância. Se ele puder pegar minha mangueira e ligá-la a seu hidrante, talvez isso o ajude a apagar o incêndio. Então, que faço eu? Não vou lhe dizer, antes: 'Vizinho, minha mangueira me custou 15 dólares; você tem que me pagar 15 dólares por ela.' Não! Como é que a coisa ocorre? Eu não quero 15 dólares — quero minha mangueira de volta, depois que apagar o incêndio." E prosseguiu: "Não há absolutamente nenhuma dúvida, na mente de um número realmente esmagador de americanos, de que a melhor defesa imediata dos Estados Unidos é o sucesso da Inglaterra em sua própria defesa; e de que, portanto — deixando totalmente de lado nosso interesse histórico e atual na sobrevivência da democracia no mundo — é igualmente importante, de um ponto de vista egoísta e de defesa americana, que façamos tudo o que for possível para ajudar o Império Britânico a se defender."

E, por último: "Estou tentando eliminar o signo do dólar."

Com base nisso, o famoso projeto de lei do *Lend-Lease* foi imediatamente preparado para submissão ao congresso. Descrevi isso ao parlamento, mais tarde, como "o ato menos sórdido da história de qualquer nação". Uma vez aprovado pelo congresso, ele transformou imediatamente a situação inteira. Deixou-nos livres para elaborar, de comum acordo, planos a longo prazo e de amplo alcance para cobrir todas as nossas necessidades. Não havia necessidade de reservas para pagamento de empréstimos. Não havia sequer uma contabilidade formal, mantida em dólares ou libras esterlinas. O que tínhamos era-nos emprestado ou arrendado, porque nossa resistência contínua à tirania hitlerista era julgada de interesse vital para aquela grande república. Segundo o presidente Roosevelt, a defesa dos Estados Unidos, e não os dólares, deveria determinar, dali por diante, para onde iriam as armas americanas.

☆

Nesse momento, ponto alto de sua carreira pública, Philip Lothian foi levado de nosso convívio. Após voltar a Washington, teve uma doença súbita e grave. Trabalhou ininterruptamente até o fim. Em 12 de dezembro, em plena maré de sucesso, faleceu. Foi uma perda para a nação e para a causa. Ele deixou enlutados grandes círculos de amigos dos dois lados do oceano. Para mim, que estivera em tão estreito contato com ele 15 dias antes, foi um choque pessoal. Prestei-lhe minha homenagem numa Câmara dos Comuns unida no profundo respeito por seu trabalho e sua memória.

Tive que me voltar imediatamente para a escolha de seu sucessor. Nossas relações com os Estados Unidos, nessa ocasião, pareciam requerer como embaixador uma figura nacional extraordinária e um diplomata versado em todos os aspectos da política mundial. Depois de averiguar com o presidente se minha sugestão seria aceitável, convidei Mr. Lloyd George a assumir o posto. Ele não se sentira apto a fazer parte do Gabinete de Guerra em julho e não estava numa situação confortável na política inglesa. Sua visão da guerra e dos acontecimentos que haviam conduzido a ela tinha um ângulo diferente do meu. Não havia dúvida, entretanto, de que ele era nosso cidadão mais destacado e de que seus dotes e experiência incomparáveis seriam dedicados ao sucesso de sua missão. Tive uma longa conversa com ele na sala do Gabinete e também no almoço, num segundo dia. Ele demonstrou grande prazer por ter sido convidado. "Digo aos meus amigos", expressou ele, "que tenho recebido ofertas honrosas do primeiro-ministro." Mas estava convencido de que, aos 77 anos, não devia tomar a si uma tarefa tão exigente. Como resultado de nossas longas conversas, percebi que ele havia envelhecido durante os próprios meses decorridos desde que eu o convidara a fazer parte do Gabinete de Guerra, e assim, com pesar, mas também convicção, abandonei meu projeto.

Em seguida, voltei-me para Lord Halifax, cujo prestígio no Partido Conservador era grande e fora ampliado por ele ocupar o Foreign Office. O fato de um ministro do Exterior tornar-se embaixador marcava singularmente a importância da missão. O caráter elevado de Lord Halifax era respeitado por toda parte, mas, ao mesmo tempo, seu histórico nos anos precedentes à guerra e na maneira como os acontecimentos tinham evoluído deixavam-no exposto a muita desaprovação e até à hostilidade do lado trabalhista de nossa coalizão nacional. Eu sabia que ele mesmo tinha consciência disso.

Quando lhe fiz a proposta, que decerto não constituía uma promoção pessoal, ele se limitou a dizer, de maneira simples e digna, que serviria onde quer que fosse considerado mais útil. Para enfatizar ainda mais a importância de seus deveres, providenciei para que ele reassumisse sua função de membro do Gabinete de Guerra todas as vezes que voltasse ao país em licença. Esse arranjo funcionou sem a mínima inconveniência, graças às qualidades e à experiência das personalidades envolvidas, e, durante seis anos a contar de então, tanto na coalizão nacional quanto no governo trabalhista-socialista, Halifax desincumbiu-se do trabalho de embaixador nos Estados Unidos com influência e sucesso visíveis e cada vez maiores.

O presidente Roosevelt, Mr. Hull e outras altas personalidades de Washington ficaram extremamente satisfeitos com a escolha de Lord Halifax. Na verdade, logo vi que o presidente a preferia em muito à minha primeira proposta. A nomeação do novo embaixador foi recebida com plena aprovação na América e no plano interno e, sob todos os aspectos, foi julgada satisfatória e apropriada à escala dos acontecimentos.

☆

Não tive dúvida quanto a quem deveria preencher a vaga no Foreign Office. Em todas as grandes questões dos quatro anos anteriores, como demonstraram estas páginas, eu havia convivido em estreita concordância com Anthony Eden. Descrevi minhas angústias e emoções no dia em que ele rompeu com Mr. Chamberlain, na primavera de 1938. Havíamos optado juntos pela abstenção na votação referente a Munique. Resistimos juntos às pressões partidárias impostas a nós em nossos distritos eleitorais durante o inverno daquele ano melancólico. Estivéramos unidos em pensamento e sentimento na eclosão da guerra e como colegas durante o avanço do conflito. A maior parte da vida pública de Eden fora dedicada ao estudo dos assuntos externos. Ele ocupara o alto cargo de ministro do Exterior com distinção e a ele renunciara, quando tinha apenas 42 anos de idade, por motivos que, em retrospectiva e nessa época, eram vistos de forma positiva por todos os partidos do estado. Desempenhara um belo papel como ministro da Guerra durante esse ano pavoroso, e sua condução dos assuntos do exército havia-nos aproximado muito estreitamente. Pensávamos da mesma forma, até sem nos consultarmos, acerca de um imenso número de questões práticas, à medida que elas iam surgindo de um dia para outro. Eu ansiava por uma camaradagem agradável e harmoniosa entre o primeiro-ministro e o ministro do Exterior e, certamente, essa esperança se concretizou durante os quatro anos e meio de guerra e política que tínhamos pela frente. Eden lamentou deixar o Ministério da Guerra, com todas as tensões e agitações nas quais estava absorto, mas retornou ao Foreign Office como quem volta para casa.

37
Vitória no deserto

Apesar do Armistício, de Oran e do rompimento de nossas relações diplomáticas com Vichy, para onde o governo francês se mudara sob o comando do marechal Pétain, nunca deixei de me sentir unido à França. Quem não esteve sujeito às tensões pessoais que recaíram sobre franceses proeminentes no terrível destroçamento de seu país deve tomar cuidado em seu julgamento sobre os indivíduos. Está fora do âmbito desta narrativa penetrar no labirinto da política francesa. Mas eu tinha certeza de que a nação francesa faria o melhor possível pela causa comum, conforme os acontecimentos lhe fossem apresentados. Quando disseram às massas que sua única salvação estava em seguir a orientação do ilustre marechal, e que a Inglaterra, que lhes dera tão pouca ajuda, logo seria esmagada ou se renderia, não lhes foi oferecida muita alternativa. Mas eu tinha certeza de que os franceses queriam que vencêssemos e de que nada lhes daria mais alegria do que nos ver continuar a lutar com vigor. Era nosso dever primordial apoiar lealmente o general de Gaulle em sua heroica persistência. Em 7 de agosto, assinei com ele um acordo militar que versava sobre necessidades práticas. Seus discursos arrebatadores eram levados ao conhecimento da França e do mundo pelas transmissões radiofônicas inglesas. A pena de morte a que o governo de Pétain o sentenciou glorificou seu nome. Fizemos tudo o que estava a nosso alcance para ajudá-lo e ampliar seu movimento.

Ao mesmo tempo, era necessário manter contato não apenas com a França, mas até com Vichy. Sempre tentei tirar o máximo proveito desse contato. Fiquei muito satisfeito quando, no fim de 1940, os Estados Unidos enviaram a Vichy um embaixador da influência e do caráter do almirante Leahy, que era, por sua vez, muito próximo ao presidente. Incentivei repetidamente o premier canadense, Mr. Mackenzie King, a manter em Vichy seu representante, o hábil e competente M. Dupuy. Era, pelo menos, uma janela aberta para um pátio ao qual não tínhamos qualquer outro acesso. Em 25 de julho, enviei ao ministro do Exterior um memorando em que dizia: "Quero promover uma espécie de trama conspiratória no governo de Vichy, mediante a qual alguns membros daquele governo, talvez com o assentimento dos que ficarem, possam evadir-se para a África do Norte, a fim de conseguir uma negociação mais favorável à França a partir da costa norte-africana e de uma posição de independência. Para esse fim, estou disposto a usar alimentos e outros atrativos, além dos argumentos óbvios." Nossa política sistemática era levar o governo de Vichy e seus membros a sentirem que, no que nos dizia respeito, nunca seria tarde demais para reparar as coisas. O que quer que houvesse acontecido no passado, a França era nossa parceira na adversidade e nada, a não ser uma guerra efetiva entre nós, a impediria de ser nossa parceira na vitória.

Esse clima era doloroso para de Gaulle, que havia arriscado tudo e mantido a bandeira desfraldada, mas cujo punhado de seguidores fora da França nunca poderia afirmar-se como um eficiente governo francês alternativo. Mesmo assim, fazíamos o máximo para aumentar a influência, a autoridade e o poder do general. Por seu turno, naturalmente, ele se ressentia de qualquer espécie de trato entre nós e Vichy, e achava que deveríamos ser-lhe exclusivamente leais. Para sua posição, ele também julgava essencial manter diante do povo francês uma postura orgulhosa e altiva perante a "pérfida Albion", embora fosse um exilado que dependia de nossa proteção e vivia em nosso meio. Ele tinha de ser rude com os ingleses para provar aos olhares franceses que não era um títere. Não há dúvida de que praticou essa política com perseverança. Um dia, chegou até a me explicar essa técnica, e compreendi plenamente as extraordinárias dificuldades de seu problema. Sempre admirei sua força imponente. O que quer que Vichy viesse a fazer de bom ou de ruim, não o abandonaríamos nem desestimularíamos as adesões ao seu crescente prestígio nas colônias. Acima de tudo, não deixaríamos que nenhuma parcela da esquadra francesa, então imobilizada nos portos coloniais da França, voltasse para a terra natal. Houve momentos em que o almirantado ficou profundamente inquieto com a ideia de que a França nos declarasse guerra e, com isso, agravasse nossas preocupações, já demasiadas. Sempre acreditei que, tão logo provássemos nossa determinação e nossa capacidade de continuar lutando indefinidamente, o espírito do povo francês jamais permitiria que o governo de Vichy desse um passo tão antinatural. De fato, havia àquela altura um intenso entusiasmo e solidariedade para com a Inglaterra, e as esperanças francesas cresciam com o passar dos meses. Isso foi reconhecido até por M. Laval, quando, pouco depois, ele se tornou o ministro do Exterior do governo de Pétain.

☆

A coisa era diferente com a Itália. Com o desaparecimento da França como combatente e com a Inglaterra empenhada em sua luta pela sobrevivência, é bem possível que Mussolini tenha achado que seu sonho de dominar o Mediterrâneo e reconstruir o antigo Império Romano iria realizar-se. Livre de qualquer necessidade de se proteger dos franceses em Túnis, ele pôde reforçar ainda mais o numeroso exército que havia reunido para a invasão do Egito. No entanto, o Gabinete de Guerra estava decidido a defender o Egito de quaisquer invasores, com todos os recursos que pudessem ser poupados da batalha decisiva em casa. Isso se tornou ainda mais difícil quando o almirantado se declarou impossibilitado até mesmo de fazer os comboios militares atravessarem o Mediterrâneo, em decorrência do perigo aéreo. Tudo tinha que seguir pela rota do Cabo. Assim, poderia facilmente ocorrer desfalcarmos a Batalha da Inglaterra sem contribuir para a Batalha do Egito. É curioso anotar que enquanto, na época, todas as pessoas envolvidas estavam calmas e animadas, escrever sobre isso tanto tempo depois dá calafrios.

Quando a Itália declarou guerra, em 10 de junho de 1940, o serviço secreto inglês calculou — corretamente, sabemos hoje — que, à parte suas guarnições na Abissínia, na Eritreia e na Somália, havia cerca de 215 mil soldados italianos nas províncias costeiras norte-africanas. As tropas inglesas no Egito correspondiam, talvez, a cinquenta mil homens. Com estes, era preciso garantir a defesa da fronteira ocidental e a segurança interna do Egito. Por conseguinte, teríamos grandes desvantagens em terra, e os italianos também dispunham de muito mais aviões.

Durante julho e agosto, os italianos entraram em atividade em muitos pontos. Houve uma ameaça partindo de Kassala para o oeste, em direção a Khartum. Espalhou-se um sobressalto no Quênia pelo medo de uma expedição italiana que marchasse quatrocentas milhas da Abissínia para o sul, em direção ao rio Tana e a Nairóbi. Tropas italianas em número considerável avançaram na Somália Britânica. Mas todas essas angústias eram insignificantes, comparadas a uma invasão italiana do Egito, a qual vinha sendo claramente preparada em máxima escala. Antes mesmo da guerra, uma estrada magnífica fora construída ao longo da costa, indo da base principal, em Trípoli, pela Tripolitânia e pela Cirenaica até a fronteira egípcia. Em toda a extensão dessa estrada, durante muitos meses, tinha havido um fluxo crescente de tráfego militar. Grandes depósitos foram lentamente criados e abastecidos em Benghazi, Derna, Tobruk, Bardia e Sollum. A extensão dessa estrada ultrapassava mil milhas, e todo esse enxame de guarnições e depósitos de suprimentos italianos distribuía-se ao longo dela como as contas num colar.

Na ponta da estrada e perto da fronteira egípcia, um exército italiano de setenta a oitenta mil homens, com boa quantidade de equipamentos modernos, fora pacientemente reunido e organizado. Diante desse exército reluzia o prêmio do Egito. Atrás dele estendia-se a longa estrada de volta a Trípoli e, atrás desta, o mar! Se essa força, construída aos pouquinhos durante anos, semana após semana, pudesse avançar continuamente para leste, vencendo todos os que tentassem barrar-lhe o caminho, sua sorte seria esplendorosa. Se conseguisse conquistar as regiões férteis do delta do Nilo, desapareceriam todas as preocupações com o longo caminho da volta. Por outro lado, se fosse atingida pelo azar, apenas uns poucos conseguiriam um dia voltar para casa. No exército em campanha e nos grandes depósitos de suprimentos espalhados por toda a costa havia, no outono, pelo menos trezentos mil italianos, que só poderiam recuar para o oeste pela estrada, mesmo que não fossem molestados, gradualmente ou em pequenos grupos. Para fazê-lo, precisariam de muitos meses. E, se a batalha fosse perdida na fronteira egípcia, se a frente do exército fosse rompida e se não lhes fosse dado tempo, todos estariam fadados à captura ou à morte. Entretanto, em julho de 1940, não se sabia quem venceria a batalha.

Nossa posição defensiva mais avançada, na época, era o fim da linha ferroviária em Mersa-Matruh. Havia uma boa estrada levando para oeste, até Sidi Barrani, mas, dali até a fronteira, em Sollum, não havia nenhuma estrada capaz de suprir por muito tempo qualquer força considerável perto da fronteira. Formara-se uma pequena força mecanizada de cobertura com alguns de nossos melhores soldados regulares, e houve ordem de atacar os postos da fronteira italiana tão logo a guerra eclodisse. Assim, em 24 horas, eles atravessaram a fronteira, pegaram de surpresa os italianos, que não tinham sido informados da declaração de guerra e fizeram prisioneiros. Na noite seguinte, 12 de junho, tiveram um sucesso semelhante e, em 14 de junho, capturaram os fortes da fronteira em Capuzzo e Madalena, fazendo 220 prisioneiros. No dia 16, executaram uma incursão mais profunda e destruíram 12 tanques, interceptaram um comboio na estrada Tobruk-Bardia e capturaram um general.

Nessa guerra pequena mas vigorosa, nossos soldados sentiram que tinham a vantagem e logo se imaginaram senhores do deserto. Até depararem com grandes forças organizadas ou postos fortificados, podiam ir aonde bem entendessem, colecionando troféus em embates acirrados. Quando dois exércitos se aproximam, faz toda a diferença do mundo saber quem detém apenas o chão onde pisa ou dorme e quem detém todo o resto. Vi isso na Guerra dos Bois, quando não tínhamos nada além das fogueiras de nossos acampamentos e bivaques, enquanto os bois iam aonde lhes aprouvesse por toda a região. As baixas italianas divulgadas nos primeiros três meses atingiram quase 3.500 homens, dos quais setecentos foram feitos prisioneiros. Nossas próprias perdas mal excederam 150. Assim, a fase inicial da guerra declarada pela Itália ao Império Britânico inaugurou-se a nosso favor.

☆

Tive necessidade de discutir pessoalmente os graves acontecimentos iminentes no deserto líbio com o próprio general Wavell. Eu não conhecia esse destacado oficial, de quem tantas coisas dependiam, e pedi ao ministro da Guerra que o convidasse para uma semana de conversações tão logo surgisse uma oportunidade. Ele chegou em 8 de agosto. Trabalhou com os estados-maiores e teve várias longas conversas comigo e com Mr. Eden. O comando do Oriente Médio, naquela época, abrangia um extraordinário amálgama de problemas militares, políticos, diplomáticos e administrativos de extrema complexidade. Levou quase um ano de altos e baixos para que eu e meus colegas entendêssemos a necessidade de dividir as responsabilidades no Oriente Médio entre um comandante em chefe, um ministro residente e um intendente-geral para lidar com o problema dos suprimentos. Embora não estivesse de pleno acordo com a utilização que o general Wavell vinha fazendo dos recursos de que dispunha, achei melhor deixá-lo no comando. Admirei suas belas qualidades e fiquei impressionado com a confiança que tanta gente tinha nele.

Em decorrência das reuniões de estado-maior, Dill me escreveu, com a ardorosa aprovação de Eden, dizendo que o Ministério da Guerra estava tomando providências para enviar ao Egito, imediatamente, mais de 150 tanques e muitos canhões. A única questão em aberto era se deveriam contornar o Cabo ou arriscar a travessia do Mediterrâneo. Houve muita discussão quanto a esse ponto. Entrementes, o Gabinete aprovou o embarque e o envio da força blindada, deixando a decisão final sobre o caminho a ser feito para o momento em que o comboio se aproximasse de Gibraltar. Essa alternativa permaneceria em aberto para nós até 26 de agosto, quando deveríamos saber bem mais sobre a iminência de qualquer ataque italiano. Não houve perda de tempo. A decisão de fazer essa transfusão de sangue, enquanto nos preparávamos para enfrentar um perigo mortal, foi, ao mesmo tempo, terrível e acertada. Ninguém vacilou.

☆

Até o colapso francês, o controle do Mediterrâneo estivera repartido entre as marinhas inglesa e francesa. Agora, a França estava fora e a Itália havia entrado. A armada italiana, numericamente poderosa, e a força aérea italiana, também vigorosa, estavam alinhadas contra nós. Tão impressionante se afigurava essa situação que as primeiras considerações do almirantado contemplaram o abandono do Mediterrâneo oriental e a concentração em Gibraltar. Resisti a essa política, que, embora justificada no papel pelo poderio da armada italiana, não correspondia a minhas impressões dos valores de combatividade e parecia prenunciar a destruição de Malta. Eu estava decidido a travar batalhas nas duas extremidades. O ônus que recaía sobre o almirantado nessa ocasião, entretanto, era extremamente pesado. O perigo de invasão exigia uma alta concentração de flotilhas e navios de pequeno porte no canal da Mancha e no mar do Norte. Os submarinos, que em agosto haviam começado a operar a partir de portos de Biscaia, estavam cobrando um tributo pesado aos nossos comboios no Atlântico, sem sofrerem muitas perdas. Até então, a esquadra italiana nunca fora testada. A possibilidade de uma declaração de guerra japonesa, com tudo o que ela acarretaria para o nosso Império Oriental, não podia jamais ser excluída de nossos pensamentos. Portanto, não é de estranhar que o almirantado encarasse com a mais profunda ansiedade deixar quaisquer belonaves em risco no Mediterrâneo, e se sentisse dolorosamente tentado a adotar a mais rigorosa defensiva em Gibraltar e Alexandria. Eu, por outro lado, não via por que o grande número de navios destinados ao Mediterrâneo fosse poupado de desempenhar um papel ativo desde o começo. Malta tinha de ser reforçada com esquadrilhas e soldados da força aérea. Embora todo o tráfego comercial tivesse sido acertadamente suspenso, e todos os grandes comboios de tropas destinadas ao Egito tivessem que contornar o Cabo, eu não conseguia aceitar o fechamento completo do mar interior. A rigor, esperava que, manejando alguns comboios especiais, pudéssemos montar e provocar uma prova de força com a marinha italiana. Eu tinha esperança de que isso pudesse acontecer e de que Malta pudesse ser adequadamente guarnecida e equipada com aviões e canhões antiaéreos, antes do aparecimento — que eu já temia — dos alemães nesse teatro. Durante os meses de verão e outono, empenhei-me em discussões amistosas, mas tensas, com o almirantado acerca dessa parte de nosso esforço de guerra.

Mas não pude induzir o almirantado a enviar a força blindada, ou pelo menos seus carros, pelo Mediterrâneo, e o comboio inteiro seguiu seu caminho ao redor do Cabo.

Fiquei triste e aborrecido com isso. Na verdade, nenhum desastre grave ocorreu no Egito. Por toda parte, apesar do poderio aéreo italiano, mantivemos a iniciativa, e Malta permaneceu no primeiro plano dos acontecimentos, como uma base avançada para operações ofensivas contra as comunicações italianas com suas forças armadas na África.

☆

Nossos temores acerca da invasão italiana do Egito, como hoje se sabe, eram superados de longe pelos do marechal Graziani, que a comandou. Alguns dias antes da data marcada para seu início, ele pediu um adiamento de um mês. Mussolini retrucou que, se ele não atacasse na segunda-feira, seria substituído. O marechal respondeu que obedeceria. "Nunca", diz Ciano, "houve operação militar tão contra a vontade dos comandantes."

Em 13 de setembro, o principal exército italiano iniciou seu tão esperado avanço na fronteira egípcia. Suas forças somavam seis divisões de infantaria e oito batalhões de tanques. Nossa tropa de cobertura consistia em três batalhões de infantaria, um de tanques, três baterias e dois esquadrões de viaturas blindadas. Recebeu ordem de recuar lutando, operação para a qual tinham qualidade e adaptação ao deserto. O ataque italiano começou por uma barragem pesada contra nossas posições próximas da vila fronteiriça de Sollum. Quando a poeira e a fumaça se dissiparam, as tropas italianas foram avistadas, numa ordem notável de alinhamento. À frente vinham motociclistas, numa formação precisa de um flanco ao outro e da frente para a retaguarda; atrás deles, tanques leves e muitas fileiras de veículos motorizados. Nas palavras de um coronel inglês, o espetáculo parecia "uma festa de aniversário no campo de manobra, em Aldershot". O 3° Batalhão de Coldstream Guards, que se viu ante essa formação imponente, recuou com vagar, e nossa artilharia cobrou seu preço dos alvos generosos que lhe foram oferecidos.

Mais ao sul, duas grandes colunas inimigas deslocaram-se pelo deserto, ao sul da extensa serrania que corre paralela ao mar e só podia ser cruzada no passo de Halfaya — o "Fogo do Inferno"* — que teria um papel a desempenhar em todas as nossas batalhas posteriores. Cada coluna italiana compunha-se de muitas centenas de veículos, com tanques, canhões antitanque e artilharia à frente, e com a infantaria transportada em caminhões no centro. A essa formação, que foi adotada diversas vezes, demos o nome de "Ouriço". Nossas tropas recuaram diante desses grandes ouriços, aproveitando todas as oportunidades de fustigar o inimigo, cujos movimentos pareciam erráticos e indecisos. Posteriormente, Graziani explicou que havia decidido, no último minuto, modificar seu plano de um movimento abrangente no deserto e "concentrar todas as minhas forças à esquerda, para fazer um movimento relâmpago ao longo da costa até Sidi Barrani". Assim, a grande massa italiana avançou lentamente pela estrada litorânea, por duas trilhas paralelas. Atacavam com levas de soldados da infantaria transportados em caminhões, que avançavam em grupos de cinquenta. Os Coldstream Guards recuaram habilmente durante quatro dias, conforme sua conveniência, de Sollum para outros postos sucessivos, infligindo ao inimigo um duro castigo à medida que retrocediam.

No dia 17, o exército italiano chegou a Sidi Barrani. Nossas baixas somavam quarenta mortos e feridos, as do inimigo cerca de dez vezes mais, incluindo 150 viaturas destruídas. Ali, com suas comunicações estendidas por sessenta milhas, os italianos se instalaram para passar os três meses seguintes. Foram continuamente fustigados por nossas pequenas colunas móveis e sofreram sérias dificuldades de manutenção. Mussolini, a princípio, ficou "radiante de alegria". À medida que as semanas se alongaram em meses, sua satisfação diminuiu. Em Londres, entretanto, parecia-nos certo que, em dois ou três meses, um exército italiano muito maior do que qualquer um que pudéssemos reunir renovaria a ofensiva para tomar a região do Delta. E, ainda por cima, os alemães sempre poderiam aparecer! Não podíamos, claro, esperar a longa parada que se seguiu à ofensiva

* Trocadilho com "*hellfire*". (N.T.)

de Graziani. Era razoável supor que uma grande batalha fosse travada em Mersa-Matruh. As semanas já decorridas haviam permitido que nossos preciosos blindados contornassem o Cabo sem a demora que, até então, vinha causando desvantagem.

Quando relembro todas essas preocupações, recordo-me da história do ancião que disse, em seu leito de morte, ter tido na vida muitas dificuldades, a maioria das quais nunca havia, de fato, ocorrido. Isso certamente se aplica à minha vida em setembro de 1940. Os alemães foram derrotados na Batalha Aérea da Inglaterra. A invasão marítima da Inglaterra não aconteceu. Na verdade, nessa ocasião, Hitler já tinha voltado seu olhar feroz para o Leste. Os italianos não prosseguiram em seu ataque ao Egito. A brigada de tanques enviada pela rota do Cabo chegou em tempo hábil — não, é verdade, para uma batalha defensiva em Mersa-Matruh em setembro, mas para uma operação posterior incomparavelmente mais vantajosa. Achamos meios de reforçar Malta antes de qualquer ataque aeroterrestre contra ela, e ninguém jamais tentou um desembarque na ilha-fortaleza insular. E assim passou setembro.

☆

Irrompeu então no palco do Mediterrâneo uma nova agressão de Mussolini, que, embora não totalmente inesperada, acarretou problemas desconcertantes e muitas consequências para todos os nossos atormentados assuntos.

O Duce tomou a decisão final de atacar a Grécia em 15 de outubro de 1940 e, antes do alvorecer do dia 28, o embaixador italiano em Atenas apresentou um ultimato ao general Metaxas, premier da Grécia. Mussolini exigia que o país inteiro se abrisse para as tropas italianas. Ao mesmo tempo, o exército italiano na Albânia invadiu a Grécia em vários pontos. O governo grego, cujas forças não estavam nada despreparadas na fronteira, rejeitou o ultimato. Invocou também a garantia dada por Mr. Chamberlain em 13 de abril de 1939. Tínhamos o compromisso de honrá-la. Por recomendação do Gabinete de Guerra e falando de coração, Sua Majestade respondeu ao rei dos helenos: "Sua causa é a nossa causa; lutaremos contra um inimigo comum." Atendi ao apelo do general Metaxas: "Dar-lhe-emos toda a ajuda que estiver a nosso alcance. Combateremos um inimigo comum e compartilharemos uma vitória unida." Esse compromisso foi mantido durante uma longa história.

Afora algumas esquadrilhas aéreas, uma missão inglesa e, talvez, uns poucos soldados, nada tínhamos a oferecer; e até essas ninharias eram uma subtração dolorosa dos tórridos projetos que já raiavam no teatro líbio. Uma realidade estratégica evidente saltou sobre nós — CRETA! Os italianos não podiam tomá-la. Tínhamos nós que tomá-la primeiro — e rápido. Por sorte, no momento, Mr. Eden estava no Oriente Médio e, desse modo, eu tinha no local um colega de ministério com quem tratar. Telegrafei a ele e, a convite do governo grego, a baía de Suda, o melhor porto de Creta, foi ocupada por nossas forças poucos dias depois.

É triste a história da baía de Suda. A tragédia só veio em 1941. Creio que tive tanto controle direto da condução da guerra quanto teve qualquer homem público de qualquer país nessa ocasião. Os conhecimentos que eu possuía, a fidelidade e a ajuda ativa do Gabinete de Guerra, a lealdade de todos os meus companheiros, a eficiência cada vez maior de nossa máquina de guerra, tudo isso permitiu que se conseguisse uma intensa convergência da autoridade constitucional. No entanto, quão aquém de nossas ordens e do que todos desejávamos ficou a execução pelo Comando do Oriente Médio! Para avaliar as limitações da ação humana, convém lembrarmos quanta coisa estava acontecendo por todo lado ao mesmo tempo. Mesmo assim, continua a me estarrecer que não tenhamos conseguido fazer da baía de Suda a cidadela anfíbia da qual Creta inteira seria a fortaleza.

☆

A invasão italiana da Grécia a partir da Albânia foi outro duro revés para Mussolini. A primeira ofensiva foi repelida com baixas pesadas, e os gregos contra-atacaram imediatamente. O exército grego, comandado pelo general Papagos, demonstrou uma habilidade superior na guerra nas montanhas, manobrando com maior perícia e levando a melhor sobre o inimigo. No fim do ano, sua capacidade havia empurrado os italianos para trinta milhas além da fronteira albanesa, ao longo de toda a frente de combate. A notável resistência grega contribuiu muito para animar os outros países balcânicos, e o prestígio de Mussolini despencou.

Mas viriam outras coisas. Mr. Eden voltou à Inglaterra em 8 de novembro e, na mesma noite, depois de iniciado o bombardeio habitual, veio ter comigo. Trouxe com ele um segredo cuidadosamente guardado, que eu gostaria de ter conhecido mais cedo. No entanto, não tinha havido nenhum prejuízo. Eden revelou em detalhes consideráveis, a um círculo seleto que incluía o CIGS e o general Ismay, o plano ofensivo que o general Wavell e o general Wilson haviam concebido e preparado. Não mais iríamos aguardar em nossas linhas fortificadas, em Mersa-Matruh, o ataque italiano para cuja batalha defensiva tinham sido feitos preparativos tão extensos e engenhosos. Ao contrário, dentro de aproximadamente um mês, nós mesmos iríamos atacar.

Ficamos todos radiantes. Eu ronronei por seis gatinhos. Ali estava algo que valia a pena fazer. Ficou decidido, naquele momento, dependendo da concordância dos chefes de estado-maior e do Gabinete de Guerra, sancionar imediatamente e dar todo o apoio possível àquela excelente iniciativa. Oportunamente, as propostas foram submetidas ao Gabinete de Guerra. Eu estava preparado para defender a questão ou promover a defesa. Mas, quando meus colegas souberam que os generais no front e os chefes de estado-maior estavam de pleno acordo comigo e com Mr. Eden, declararam que não queriam conhecer os detalhes do plano, que quanto menos gente soubesse, melhor, e que aprovavam de coração a política geral de ofensiva. Foi essa a atitude que o Gabinete de Guerra adotou em diversas ocasiões importantes, e deixo-a registrada aqui para que sirva de modelo, na eventualidade de surgirem perigos e dificuldades similares no futuro.

☆

Embora, no papel, ainda fôssemos largamente superados em número pela esquadra italiana, algumas melhorias acentuadas já tinham sido feitas em nossas forças no Mediterrâneo. Durante setembro, o *Valiant,* o porta-aviões *Illustrious* de convés blindado, e mais dois cruzadores antiaéreos haviam atravessado o Mediterrâneo em segurança, para se juntar ao almirante Cunningham em Alexandria. Até então, os navios dele sempre tinham sido avistados e, em geral, bombardeados pela força aérea italiana, que era enormemente superior. O *Illustrious,* com seus caças modernos e seu avançado equipamento de radar, ao abater os aviões-patrulha e os bombardeiros, conferiu um novo sigilo aos nossos movimentos. Foi uma vantagem oportuna.

Fazia muito tempo que o almirante Cunningham ansiava por desferir um golpe contra a esquadra italiana ancorada em sua base principal, em Taranto. O ataque foi desfechado em 11 de novembro, como auge de uma série de operações bem-planejadas. Taranto fica no salto da bota italiana, a 320 milhas de Malta. Seu ancoradouro magnífico era solidamente defendido contra todas as formas modernas de ataque. A chegada a Malta de alguns aviões de reconhecimento mais velozes permitiu-nos discernir nossa presa. O *Illustrious* soltou seus aviões pouco depois do escurecer, de um ponto situado a cerca de 170 milhas de Taranto. Durante uma hora, a batalha foi travada em meio ao fogo e à destruição dos navios italianos. Apesar da intensa artilharia antiaérea, apenas dois de nossos aviões foram derrubados. Os demais retornaram em segurança.

Com esse único ataque, o equilíbrio do poder naval no Mediterrâneo foi decisivamente alterado. As fotografias aéreas mostraram que três encouraçados, entre eles o novo *Littorio,* tinham sido torpedeados e, além disso, deram parte de que um cruzador fora atingido e muitos danos tinham sido causados ao arsenal da base. Metade da marinha de guerra italiana foi posta fora de combate pelo menos por seis meses, e a aviação naval pôde rejubilar-se por ter aproveitado, através de sua esplêndida façanha, uma das raras oportunidades que lhe foram apresentadas.

Um toque de ironia se acrescentou a esse evento pelo fato de que, nesse mesmo dia, a força aérea italiana, por desejo expresso de Mussolini, participou do ataque aéreo contra a Inglaterra. Um esquadrão de bombardeiros italiano, escoltado por cerca de sessenta caças, tentou bombardear os comboios aliados no Medway. Foi interceptado por nossos caças, sendo derrubados oito bombardeiros e cinco caças. Essa foi sua primeira e última intervenção em nossos assuntos internos. Teriam achado missão mais útil defendendo sua esquadra em Taranto.

☆

Por um mês ou mais, todas as tropas a serem empregadas em nossa ofensiva do deserto exercitaram-se nos papéis especiais que teriam que desempenhar nesse ataque bastante complicado. Apenas um pequeno círculo de oficiais conhecia o plano em toda a sua extensão e praticamente nada fora posto no papel. Em 6 de dezembro, nosso exército — magro, bronzeado, endurecido pelo deserto e completamente mecanizado, composto de cerca de 25 mil homens — fez um repentino lance de mais de quarenta milhas e, durante todo o dia seguinte, permaneceu imóvel nas areias do deserto, sem ser avistado pela força aérea italiana. Tornou a avançar em 8 de dezembro e, nessa noite, pela primeira vez, os soldados foram informados de que aquilo não era um exercício. Era "para valer". Ao raiar do dia 9, iniciou-se a batalha de Sidi Barrani.

Não é meu objetivo descrever os combates intricados e dispersos que ocuparam os quatro dias seguintes, numa região do tamanho do Yorkshire. Tudo correu bem. A batalha continuou por todo o dia 10 e, às dez horas, o posto de comando do batalhão Coldstream informou ser impossível contar os prisioneiros, em função de sua quantidade, mas afirmou que "havia uns cinco acres de oficiais e duzentos acres das outras graduações". Em casa, em Downing Street, traziam-me mensagens de hora em hora do campo de batalha. Era difícil compreender exatamente o que estava acontecendo, mas a impressão geral era favorável. Lembro-me de ter gostado da mensagem do jovem oficial de um tanque da 7a Divisão Blindada: "Chegamos ao segundo B de Buq Buq." Sidi Barrani foi capturada na tarde do dia 10. Em 15 de dezembro, toda a força inimiga tinha sido expulsa do Egito.

Bardia era nosso objetivo seguinte. Dentro de seu perímetro de 17 milhas encontrava-se a maior parte de outras quatro divisões italianas. As defesas incluíam uma vala antitanque contínua e obstáculos de arame, com casamatas de concreto a intervalos; atrás disso havia uma segunda linha de fortificações. O assalto a essa fortaleza considerável exigia preparação e, para encerrar este episódio de vitória no deserto, avançarei pelo ano-novo. O ataque começou nas primeiras horas de 3 de janeiro. Um batalhão australiano, coberto por uma intensa concentração de artilharia, tomou e segurou um bolsão em território inimigo, no oeste do perímetro. Em sua retaguarda, a engenharia encheu a vala antitanque. Duas brigadas australianas deram seguimento ao ataque e avançaram para o leste e o sudeste. Na ocasião, cantavam uma canção de um filme americano, que logo se popularizou também na Inglaterra:

We're off to see the Wizard,	Lá vamos nós ver o mágico
The wonderful Wizard of Oz.	O famoso Mágico de Oz
We hear he is a Whiz of a Wiz,	Dizem que é o mago dos magos
If ever a Wiz there was.	Se já houve um assim entre nós.

(*O Mágico de Oz*, 1939)

Essa canção sempre me recorda aqueles dias animados. Na tarde de 4 de janeiro, tanques ingleses — "Matildas", eram chamados —, apoiados pela infantaria, entraram em Bardia e, no dia 5, todos os defensores

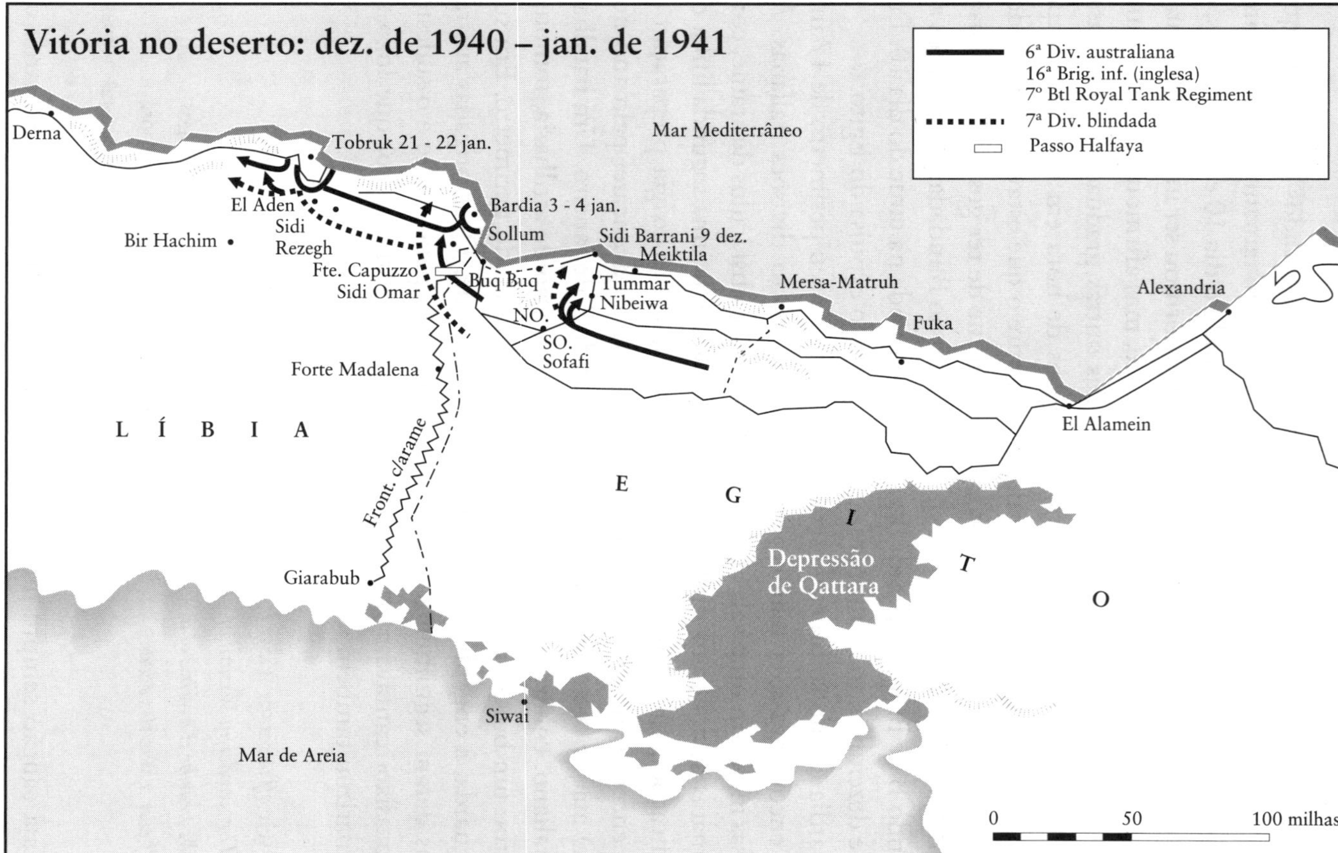
Vitória no deserto: dez. de 1940 – jan. de 1941
6ª Div. australiana
16ª Brig. inf. (inglesa)
7º Btl Royal Tank Regiment
7ª Div. blindada
Passo Halfaya
Mar Mediterrâneo
Derna
Tobruk 21 - 22 jan.
El Aden
Sidi
Rezegh
Bir Hachim
Bardia 3 - 4 jan.
Sollum
Fte. Capuzzo
Sidi Omar
Buq Buq
Sidi Barrani 9 dez.
Meiktila
Tummar
Nibeiwa
NO.
SO.
Sofafi
Mersa-Matruh
Fuka
Alexandria
El Alamein
Forte Madalena
L Í B I A
Front. c/arame
E G I T O
Depressão
de Qattara
Giarabub
Siwai
Mar de Areia
0
50
100 milhas

haviam-se rendido. Quarenta e cinco mil prisioneiros foram feitos e 462 canhões tomados.

No dia seguinte, 6 de janeiro, por sua vez, Tobruk fora isolada. Só foi possível lançar o ataque em 21 de janeiro. No começo da manhã seguinte, toda a resistência cessou. Os prisioneiros somaram quase trinta mil, com 236 canhões. Em seis semanas, o Exército do Deserto havia avançado mais de duzentas milhas num território sem água e sem comida; tomado de assalto dois portos marítimos solidamente fortificados, com defesas aéreas e navais permanentes; e feito 113 mil prisioneiros com mais de setecentos canhões. O grande exército italiano que invadira e esperara conquistar o Egito mal existia como força militar, e só as dificuldades imperativas da distância e do suprimento retardaram um definitivo avanço inglês para oeste.

☆

Ao se aproximar o fim do ano, suas luzes e sombras apareciam com nitidez no quadro. Estávamos vivos. Havíamos derrotado a força aérea alemã. Não ocorrera a invasão da ilha. O exército dentro do país estava forte. Londres passara triunfante por todas as suas provações. Tudo o que se ligava ao domínio do espaço aéreo sobre nossa ilha aperfeiçoava-se velozmente. A difamação pelos comunistas que obedeciam a ordens de Moscou resmungava sobre uma guerra capitalista-imperialista. Mas as fábricas zuniam de atividade e toda a nação inglesa trabalhava noite e dia, reanimada por uma onda de alívio e orgulho. A vitória reluzia no deserto líbio e, do outro lado do Atlântico, a Grande República chegava cada vez mais perto de seu dever e do socorro a nós.

Podemos, tenho certeza, classificar esse ano tremendo como o ano mais esplêndido, tal como foi o mais mortífero, de nossa longa história inglesa e britânica. Uma Inglaterra grandiosa e singularmente organizada é que havia destruído a Armada Espanhola. Uma chama intensa de convicção e determinação fizera-nos atravessar o conflito de 25 anos travado por William III e Marlborough contra Luís XIV. Houve um período famoso com Chatham. Houve longa luta contra Napoleão, em que nossa sobrevivência foi assegurada através do domínio naval da marinha inglesa, sob a clássica liderança de Nelson e seus companheiros. Um milhão de ingleses morreram na Primeira Guerra Mundial. Mas nada supera 1940. No fim desse ano, esta pequena e antiga ilha, com a devoção de sua Commonwealth,

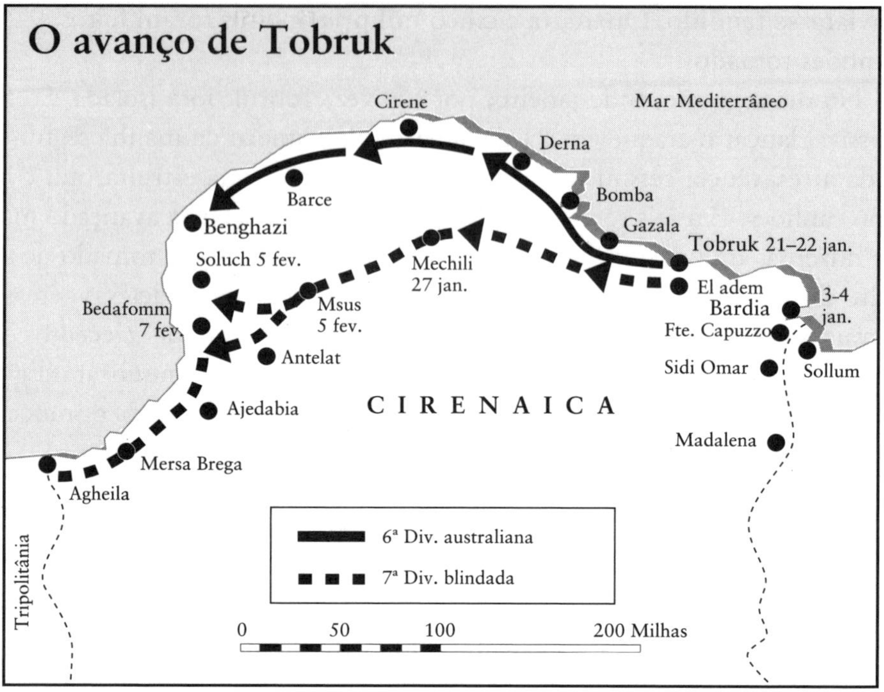

de seus Domínios e de suas ligações sob todos os céus do mundo, tinha-se mostrado capaz de suportar todo o impacto e o peso do destino mundial. Não havíamos recuado nem hesitado. Não fracassáramos. A alma do povo inglês e sua raça revelara-se invencível. A cidadela da Commonwealth e do Império fora impenetrável. Sozinhos, mas enaltecidos por cada batimento generoso do coração da humanidade, havíamos desafiado o tirano no auge de seu triunfo.

Toda a nossa força latente estava viva a essa altura. O terror aéreo fora avaliado. A ilha era intangível, inviolável. Dali por diante, também nós teríamos armas com que lutar. Dali por diante, também nós seríamos uma máquina de guerra altamente organizada. Havíamos mostrado ao mundo que éramos capazes de resistir. Houve dois lados na questão do domínio mundial de Hitler. A Inglaterra, que tantos haviam considerado acabada, ainda estava no ringue, muito mais forte do que jamais, e ganhando forças a cada dia. O tempo, mais uma vez, se pusera do nosso lado. E não apenas do nosso lado nacional. Os Estados Unidos estavam-se armando depressa e se aproximando cada vez mais do conflito. A Rússia soviética, que por um frio erro de cálculo nos descartara como inúteis no começo da guerra, também se tornara muito mais forte e garantira posições avançadas para sua defesa, comprando da Alemanha uma imunidade efêmera e uma participação na pilhagem. O Japão parecia momentaneamente intimidado com a evidente perspectiva de uma guerra mundial prolongada e, observando ansioso a Rússia e os Estados Unidos, meditava profundamente sobre o que seria inteligente e proveitoso fazer.

E agora, essa Inglaterra e sua vasta associação de estados e dependências, que pareceram à beira da ruína e cujo próprio coração estivera prestes a ser atravessado, concentraram-se durante 15 meses no problema da guerra, treinando seus homens e dedicando à luta todas as suas energias infinitamente variadas. Com um suspiro ofegante de assombro e alívio, os pequenos países neutros e as nações subjugadas viram que as estrelas ainda brilhavam no céu. A esperança e, dentro dela, a paixão voltaram a se inflamar no coração de centenas de milhões de seres humanos. A boa causa triunfaria. O direito não seria espezinhado. A bandeira da liberdade, que, nesse momento fatídico, era o pavilhão do Reino Unido, continuaria a tremular em todos os ventos que sopravam.

Mas a mim e a meus fiéis colegas, que considerávamos ansiosamente informações precisas desse panorama na cúpula, não faltavam preocupações. A sombra do bloqueio submarino já batia em nós, provocando calafrios. Todos os nossos planos dependiam de derrotar essa ameaça. A Batalha da França fora perdida. A Batalha da Inglaterra fora vencida. Impunha-se agora travar a Batalha do Atlântico.

38
Alastra-se a guerra

Com o ano-novo, meus contatos com o presidente Roosevelt se tornaram mais íntimos. Eu já lhe enviara os votos de Boas-Festas e, em 10 de janeiro de 1941, veio ver-me em Downing Street um cavalheiro com as mais altas credenciais. Havíamos recebido telegramas de Washington declarando que ele era o confidente e agente pessoal mais próximo do presidente. Assim, providenciei para que fosse recebido por Mr. Brendan Bracken em sua chegada ao aeroporto de Poole e para que almoçássemos juntos, a sós, no dia seguinte. Foi assim que conheci Harry Hopkins, homem extraordinário que desempenhou então e ainda viria a desempenhar um papel às vezes decisivo no movimento global da guerra. Era um espírito flamejante num corpo frágil e combalido. Um farol em ruínas, de onde brilhavam os fachos que guiavam as grandes esquadras para o porto. Tinha outro dom: um senso de humor sarcástico. Sempre apreciei sua companhia, especialmente quando as coisas iam mal. Ele também sabia ser muito desagradável e dizer coisas duras e contundentes. Minhas experiências vinham-me ensinando a conseguir fazer o mesmo, se necessário.

Em nosso primeiro encontro, passamos umas três horas juntos. Logo compreendi seu dinamismo pessoal e a extraordinária importância de sua missão. Isso foi no auge do bombardeio de Londres, e muitas preocupações locais nos eram impostas. Mas, para mim, ficou evidente que ali estava um enviado presidencial de suma importância para a nossa vida. Com o olhar brilhante e uma paixão sóbria e contida, ele disse: "O presidente está determinado a que vençamos a guerra juntos. Não tenha dúvidas disso. Ele me enviou aqui para lhe dizer que, a qualquer custo e por todos os meios, irá ampará-los até o fim, não importa o que lhe aconteça — não há o que ele não faça, desde que lhe seja humanamente possível."

Todos os que estiveram em contato com Harry Hopkins durante a longa batalha hão de confirmar o que digo sobre essa personalidade notável. E, a partir daquele momento, iniciou-se entre nós uma amizade que cruzou, serenamente, terremotos e convulsões. Ele era o mais fiel e perfeito canal de comunicação entre o presidente e eu. Muito mais que isso, porém, foi também o principal esteio e incentivador do próprio Roosevelt durante vários anos. Juntos, esses dois — um deles, subordinado sem cargo público; o outro, comandante da poderosa república — foram capazes de tomar decisões da mais alta repercussão sobre toda a área do mundo de língua inglesa. Hopkins, claro, era zeloso de sua influência pessoal sobre seu chefe e não estimulava os concorrentes americanos. Assim, sob certos aspectos, confirmava o verso do poeta Gray: "O favorito não tem amigos." Mas isso não era assunto meu. Lá estava ele, esguio, frágil e enfermiço, mas absolutamente brilhante em sua requintada compreensão da causa comum. Esta consistia na derrota, destruição e massacre de Hitler, excluídos todos os outros propósitos, compromissos de fidelidade ou objetivos. Na história dos Estados Unidos, poucas chamas arderam com maior fulgor.

Harry Hopkins sempre ia à raiz da questão. Estive presente em diversas grandes conferências em que vinte ou mais importantes personagens executivos achavam-se reunidos. Quando a discussão esmorecia e todos pareciam atarantados, era nessas ocasiões que ele soltava a pergunta fatal: "Senhor presidente, este é exatamente o ponto a decidir. Vamos enfrentá-lo ou não?" Era sempre enfrentado e, em sendo enfrentado, resolvido. Ele era um verdadeiro condutor de homens e, tanto em ardor quanto em sensatez nos momentos de crise, raras vezes foi sobrepujado. Seu amor pela causa dos fracos e dos pobres equiparava-se à sua paixão contra a tirania, especialmente quando a tirania, no momento, estava triunfando.

☆

Entrementes, a *blitzkrieg* continuava. Mas com uma diferença. No fim de 1940, Hitler havia-se apercebido de que a Inglaterra não poderia ser destruída por ataques aéreos diretos. A Batalha da Inglaterra fora a sua primeira derrota, pois o bombardeio maligno das cidades não havia intimidado a nação nem seu governo. Os preparativos para invadir a Rússia no começo do verão de 1941 absorveram grande parte do poderio aéreo alemão. Os muitos ataques intensíssimos que sofremos até o fim de maio já não representavam a plena força do inimigo. Para nós, eles foram sumamente deploráveis, mas já não eram expressão do pensamento central do Alto Comando alemão nem do Führer. Para Hitler, a continuação dos ataques aéreos à Inglaterra era um disfarce necessário e conveniente para a concentração contra a Rússia. Seu calendário otimista partia de que os soviéticos, como os franceses, seriam derrotados numa campanha de seis semanas, e que todas as forças alemãs ficariam livres, então, para finalmente acabar com a Inglaterra no outono de 1941. Enquanto isso, essa nação teimosa deveria ser desgastada, primeiro pela combinação do bloqueio submarino com o apoio aéreo de longo alcance e, segundo, por ataques aéreos a suas cidades e, especialmente, seus portos. Para o exército alemão, a operação *Leão Marinho* (contra a Inglaterra) foi então substituída pela operação *Barbarossa* (contra a Rússia). A marinha alemã foi instruída a se concentrar em nosso tráfego no Atlântico, e a força aérea alemã, em nossos portos e nos acessos a eles. Esse era um plano muito mais letal do que o bombardeio indiscriminado de Londres e da população civil e, para nós, foi uma sorte não ter sido levado adiante com todas as forças disponíveis e com maior persistência.

Durante janeiro e fevereiro, o inimigo foi frustrado pelo mau tempo. Excetuados alguns ataques a Cardiff, Portsmouth e Swansea, nossa Defesa Civil teve uma merecida pausa para respirar, da qual não deixou de tirar proveito. Mas, quando veio o bom tempo, a blitz recomeçou para valer. O que se tem chamado "a ronda dos portos pela Luftwaffe" começou no início de março. Consistiu em ataques isolados ou dobrados, que, apesar de sérios, não conseguiram inutilizar nossos portos. No dia 8 e por três noites sucessivas, Portsmouth foi intensamente bombardeada e as docas muito danificadas. Manchester e Salford foram atacadas no dia 11. Nas noites seguintes, foi a vez do Merseyside. Nos dias 13 e 14, a Luftwaffe caiu com vigor sobre o Clyde pela primeira vez, matando ou ferindo mais de duas mil pessoas e deixando os estaleiros fora de ação, alguns até junho e outros até novembro. Os golpes mais violentos só vieram em abril. No dia 8, a concentração deu-se em Coventry; no resto do país, o impacto mais violento atingiu Portsmouth. Londres sofreu ataques maciços nos dias 16 e 17; mais de 2.300 pessoas foram mortas e mais de três mil, gravemente feridas. O inimigo continuou tentando destruir nossos portos principais, através de ataques que, em alguns casos, prolongaram-se por mais de uma semana. Bristol foi duramente atingida. Plymouth foi atacada de 21 a 29 de abril e, embora os incêndios falsos que serviam de chamariz tenham ajudado a salvar as docas, isso só foi obtido à custa da cidade. O clímax veio em 1º de maio, quando Liverpool e o Mersey foram atacados por sete noites sucessivas e 76 mil pessoas ficaram desabrigadas e três mil foram mortas ou feridas. Sessenta e nove dentre 144 pontos de atracação foram inutilizados e, durante algum tempo, a tonelagem desembarcada ficou reduzida à sua quarta parte. Se o inimigo houvesse persistido, a Batalha do Atlântico teria sido ainda mais apertada do que foi. Mas, como de hábito, ele mudou sua linha de ação. Por duas noites, castigou duramente Hull, onde quarenta mil pessoas tiveram suas casas destruídas. Os depósitos de alimentos foram destroçados e as oficinas de engenharia naval ficaram paralisadas por quase dois meses. Nesse mês, tornaram a atacar Belfast, já bombardeada duas vezes.

O pior ataque foi o último. Em 10 de maio, o inimigo voltou a Londres com bombas incendiárias. Causou mais de dois mil incêndios e, com a destruição de quase 150 grandes encanamentos d'água, aliada à vazante do Tâmisa, impediu-nos de extingui-los. Às seis horas da manhã seguinte, centenas deles estavam fora de controle e, na noite de 13 de maio, ainda havia quatro queimando. Foi o ataque mais destruidor de toda a blitz noturna. Cinco docas e 71 pontos-chave, metade dos quais eram fábricas, foram atingidos. Todas as principais estações ferroviárias, com exceção de uma, ficaram bloqueadas durante semanas, e as rodovias mestras só foram inteiramente liberadas no começo de junho. Mais de três mil pessoas foram mortas ou feridas. Também sob outros aspectos esse ataque foi histórico. Ele destruiu a Câmara dos Comuns. Uma única bomba criou uma ruína por anos. Mas foi uma bênção o fato de a Câmara estar vazia naquele momento. Por outro lado, nossas baterias e caças noturnos destruíram 16 aviões inimigos, o máximo até então atingido por nós em combates noturnos.

Embora não o soubéssemos, era o ataque de despedida do inimigo. Em 22 de maio, Kesselring deslocou o QG de sua força aérea para Posen e, no começo de junho, a força inteira mudou-se para o Leste. Quase três anos se passariam antes de nossa organização de Defesa Civil em Londres ter que lidar com a "*baby blitz*" de fevereiro de 1944 e com a investida ulterior das bombas voadoras e dos foguetes. Nos doze meses decorridos entre junho de 1940 e junho de 1941, nossas baixas civis foram de 43.381 mortos e 50.856 gravemente feridos, um total de 94.237 pessoas.

☆

É impossível, numa grande guerra, separar assuntos militares e assuntos políticos. Na cúpula, eles são uma coisa só. É natural que os soldados encarem os aspectos militares como únicos e supremos, e até que falem das considerações políticas com certa dose de desprezo. Além disso, a palavra "política" tem sido confundida e até manchada por sua associação com a política partidária. Assim, grande parte da literatura deste século trágico tem sido deturpada pela ideia de que, na guerra, só as considerações militares são importantes, e de que os militares são obstruídos em sua visão clara e profissional pela intromissão dos políticos, que, em nome de vantagens pessoais ou partidárias, fazem pender a pavorosa balança da batalha. Os contatos extremamente estreitos e íntimos que prevaleceram entre o Gabinete de Guerra, os chefes de estado-maior e eu, bem como a total ausência de sentimentos partidários na Inglaterra, nessa época, reduziu essas discordâncias a um mínimo.

Enquanto a guerra com os italianos no nordeste da África continuava e os gregos combatiam valentemente na Albânia, todas as notícias que recebíamos sobre os movimentos e intenções alemães mostravam, cada dia com mais clareza, que Hitler estava prestes a intervir em larga escala nos Bálcãs e no Mediterrâneo. Desde o início de janeiro, eu vinha percebendo a chegada da força aérea alemã à Sicília, com a consequente ameaça a Malta e a todas as nossas esperanças de retomar o tráfego pelo mar interno. Eu também temia um deslocamento de tropas alemãs, presumivelmente blindadas, para Trípoli. Não tínhamos dúvida de que progrediam planos de criar uma passagem norte-sul através da Itália para a África, e de, ao mesmo tempo e mediante as mesmas providências, interromper toda nossa movimentação leste-oeste no Mediterrâneo.

Superpondo-se a isso, veio então a ameaça de que os países balcânicos, inclusive Grécia e Turquia, fossem atraídos ou coagidos a participar do império de Hitler, ou conquistados se não concordassem. Iria reproduzir-se no sudeste da Europa o mesmo horrendo processo que havíamos testemunhado na Noruega, na Dinamarca, na Holanda, na Bélgica e na França? Seriam todas as nações balcânicas, inclusive a Grécia heroica, subjugadas uma a uma, e viria a Turquia, isolada, a ver-se forçada a abrir para as legiões alemãs o caminho para a Palestina, o Egito, o Iraque e o Irã? Não haveria alguma possibilidade de se criar uma união e uma frente balcânicas que tornassem essa nova agressão alemã cara demais para valer a pena? Não poderia a realidade da resistência balcânica à Alemanha produzir reações sérias e úteis na Rússia soviética? Certamente, essa era uma esfera em que os estados balcânicos eram afetados pelo interesse e, até onde o permitissem influir em suas deliberações, pelo sentimento. Partindo de nossos recursos restritos mas crescentes, teríamos nós a possibilidade de descobrir a contribuição externa adicional capaz de galvanizar todas essas nações, cujos interesses eram essencialmente os mesmos, levando-as a entrar em ação por uma causa comum? Ou, ao contrário, para cuidar da nossa vida e transformar num sucesso nossa campanha no nordeste da África, deveríamos deixar que a Grécia, os Bálcãs e talvez a Turquia e todo o resto do Oriente Médio deslizassem para o precipício?

Teria sido um grande alívio mental tomar uma decisão tão clara assim, e ela tem encontrado seus adeptos nos livros de vários oficiais que ocupavam posições secundárias e que nos deram suas opiniões. Esses autores contam, certamente, com a vantagem de apontar para os reveses que tivemos de suportar, mas não tinham o conhecimento para considerar suficientemente quais teriam sido os resultados da política inversa. Se, praticamente sem luta, Hitler tivesse conseguido pôr a Grécia de joelhos e trazer a totalidade dos Bálcãs para seu sistema, obrigando então a Turquia a permitir a passagem de seus exércitos para o sul e o leste, não poderia ele ter feito um acordo com os soviéticos sobre a conquista e a divisão dessas vastas regiões, e adiado sua briga final e inevitável com eles para um momento posterior de seu programa? Ou então, como é mais provável, não teria ele conseguido atacar a Rússia com uma força ainda maior e mais cedo? A questão principal que os capítulos seguintes vão examinar e expor é se o governo de Sua Majestade, através de seus atos, influenciou de maneira decisiva ou apreciável os movimentos de Hitler no sudeste europeu, e se, além disso, esses atos não produziram consequências, primeiro, no comportamento da Rússia, e depois, em seu destino.

☆

Durante janeiro e fevereiro, continuaram a nos chegar boas notícias do Oriente Médio. Malta fora reforçada e havia sobrevivido por um triz ao primeiro ataque furioso da força aérea alemã da Sicília. A conquista do Império Italiano na Eritreia, na Somália e na Abissínia estava em fase de conclusão. O Exército do Deserto havia avançado quinhentas milhas em dois meses, destruído um exército italiano com mais de nove divisões e tomado Benghazi e toda a Cirenaica. Mas, apesar dessas vitórias, tão graves e complexas eram as questões diplomáticas e militares em jogo, e o general Wavell tinha tanta coisa em suas mãos, que, na reunião do Comitê de Defesa de 11 de fevereiro, decidimos enviar o ministro do Exterior e o CIGS, general Dill, a um encontro com ele no Cairo. Dali, acompanhado por Wavell, Dill e outros oficiais, Eden voou para Atenas, a fim de conferenciar com o rei e o governo gregos. Nessa reunião, o primeiro-ministro, M. Korysis, leu para Eden uma declaração que expunha o resultado das discussões do gabinete grego um ou dois dias antes. Como essa declaração constituiu a base de nossos atos, apresento na íntegra sua parte essencial:

> Desejo repetir, da maneira mais categórica, que a Grécia, aliada fiel, está decidida a continuar lutando com todas as suas forças até a vitória final. Essa determinação não se limita ao caso da Itália, aplica-se a qualquer agressão alemã (...) seja qual for o resultado e tenha a Grécia ou não qualquer esperança de repelir o inimigo na Macedônia, ela defenderá seu território nacional, ainda que só possa contar com as próprias forças.

O governo grego deixou claro que sua decisão fora tomada antes de saber se poderíamos ou não dar-lhe alguma ajuda. Mr. Eden explicou então que, em Londres, de pleno acordo com os comandantes no Oriente Médio, estávamos decididos a dar à Grécia a máxima ajuda que estivesse a nosso alcance. Realizaram-se conferências militares e reuniões de estado-maior durante toda a noite e o dia seguintes e, em 24 de fevereiro, Eden enviou-nos os seguintes telegramas de suma importância:

> Ficamos todos impressionados com a franqueza e a lisura dos representantes gregos em todos os assuntos discutidos. Tenho plena certeza de que a determinação deles é de resistir até o limite de suas forças, e de que o governo de Sua Majestade não tem outra alternativa senão apoiá-los, sejam quais forem as consequências finais. (...)
>
> Todos estamos convencidos de haver tomado o caminho certo e, como está para bater a hora decisiva, tínhamos certeza de que o senhor não desejaria que nos demorássemos pedindo para casa aprovações detalhadas. Os riscos são grandes, mas há uma possibilidade de sucesso. (...)

Com base nessas mensagens referendadas por Dill e Wavell, decidiu-se no Gabinete apoiar plenamente as propostas.

Mr. Eden seguiu então para Ancara e teve longas reuniões com os turcos. Seu relatório não foi encorajador. Eles tinham uma consciência tão aguda de seus problemas quanto nós, mas estavam convencidos de que as forças que lhes poderíamos oferecer não seriam suficientes para fazer qualquer diferença numa batalha decisiva. Como não dispunham de poder ofensivo, eles consideravam que a Turquia serviria melhor à causa comum permanecendo fora da guerra, até que suas deficiências fossem remediadas e ela pudesse ser engajada com máximo efeito. Atacada, é claro, ela entraria em guerra. Compreendi perfeitamente quão perigosa se tornara a situação da Turquia. Obviamente, era impossível considerar o tratado que firmáramos com ela antes da guerra como algo que a comprometesse nessa nova situação. Quando da eclosão da guerra, em 1939, os turcos haviam mobilizado seu forte, bom e valente exército. Mas isso fora baseado nas condições da Primeira Guerra Mundial. A infantaria turca continuava tão esplêndida quanto sempre fora e sua artilharia de campanha era razoável. Mas eles não dispunham de nenhuma das armas modernas que, a partir de maio de 1940, haviam-se revelado decisivas. A aviação era lamentavelmente fraca e primária. Não tinham carros de combate nem viaturas blindadas, nem tampouco indústria para produzi-los e mantê-los, ou homens e equipes treinados para operá-los. Mal dispunham de artilharia antiaérea ou antitanque. Seu serviço de comunicações era rudimentar. O radar era desconhecido. E suas qualidades guerreiras tampouco incluíam aptidão para todos esses avanços modernos.

Por outro lado, a Bulgária fora amplamente armada pela Alemanha, com base na imensa quantidade de toda sorte de equipamento tirado da França e dos Países Baixos em decorrência das batalhas de 1940. Assim, os alemães dispunham de uma profusão de armas modernas com que abastecer seus aliados. Do nosso lado, depois de havermos perdido tanta coisa em Dunquerque, e tendo que aprimorar nosso exército interno contra a invasão e enfrentar toda a contínua pressão da blitz sobre nossas cidades, bem como sustentar a guerra no Oriente Médio, só podíamos fornecer armamentos com muita parcimônia e em prejuízo de outras necessidades clamorosas. O exército turco na Trácia, nessas condições, estava em séria e quase desoladora desvantagem, comparado ao dos búlgaros. Se a esse perigo se somassem até mesmo destacamentos modestos de aviões e blindados alemães, o peso sobre a Turquia bem poderia mostrar-se insuportável.

Durante toda essa fase da guerra que se alastrava cada vez mais, a única política ou esperança consistia num plano organizado de unir as forças de Iugoslávia, Grécia e Turquia. Foi o que tentamos fazer. Nossa ajuda à Grécia havia-se limitado, a princípio, ao pequeno número de esquadrilhas aéreas mandadas do Egito quando Mussolini a atacara pela primeira vez. A etapa seguinte consistira numa oferta de unidades técnicas, mas os gregos haviam declinado dela com base em argumentos bastante razoáveis. Chegamos então à terceira fase, onde pareceu possível criar um flanco seguro e bem-guardado no deserto, em Benghazi e um pouco além, e concentrar no Egito o maior exército de manobra ou reserva possível.

Até esse momento, não havíamos tomado outra providência além de concentrar a maior reserva estratégica possível na região do Delta do Nilo e de fazer planos e preparativos de embarque para transportar um exército para a Grécia. Se a situação se modificasse, por uma reviravolta na política grega ou por qualquer outro acontecimento, estaríamos na melhor posição para lidar com ela. Era agradável, depois de havermos sofrido tanta pressão, poder encerrar a contento as campanhas da Abissínia, Somália e Eritreia e levar forças substanciais para nossa "massa de manobra" no Egito. Embora nem as intenções do inimigo nem a reação dos países amigos e neutros pudessem ser adivinhadas ou previstas, parecíamos dispor de várias alternativas importantes. O futuro continuava inescrutável, mas nenhuma divisão fora ainda movimentada e, nesse meio-tempo, não perderâmos um único dia de preparativos.

39
A batalha do Atlântico

Durante a guerra, a única coisa que sempre me assustou realmente foi o perigo dos submarinos. A invasão, achava eu antes mesmo da batalha aérea, fracassaria. Depois da vitória aérea, seria uma briga boa para nós. Era o tipo de combate que, nas condições cruéis da guerra, poderia ser travado com satisfação. Mas, nesse momento, nossa linha vital, inclusive através dos vastos oceanos, mas especialmente nos acessos à Ilha, estava em perigo. Essa batalha angustiou-me ainda mais do que o glorioso combate aéreo denominado de Batalha da Inglaterra.

O almirantado, com o qual eu convivia na mais estreita amizade e contato, partilhava desses temores, ainda mais que era sua responsabilidade suprema proteger nossas praias da invasão e manter abertas as linhas vitais de abastecimento que nos ligavam ao mundo lá fora. Isso sempre fora aceito pela marinha como seu dever maior, sagrado e inevitável. Assim, ponderávamos e refletíamos juntos sobre esse problema. Ele não assumia a forma de batalhas fulgurantes e feitos gloriosos. Manifestava-se através de estatísticas, diagramas e curvas desconhecidos pela nação e incompreensíveis para o público.

Em quanto iria a guerra submarina reduzir nossas importações e nossas cargas? Chegaria, algum dia, ao ponto de nos tirar a vida? Não era campo para grandes gestos ou sensações; apenas o lento e frio traçado de linhas em gráficos que mostravam o estrangulamento potencial. Comparado a isso, não havia nenhum valor em exércitos corajosos prontos para saltar sobre o invasor, ou num bom plano para a guerra no deserto. O espírito elevado e confiante do povo não tinha a menor importância nesse campo tenebroso. Ou os alimentos, suprimentos e armas do Novo Mundo e do Império Britânico chegavam pelos oceanos, ou não chegavam. Com toda a orla marítima francesa em suas mãos, de Dunquerque a Bordeaux, os alemães não perderam tempo em construir bases para seus submarinos e aeronaves de apoio no território tomado. A partir de julho, fomos obrigados a desviar nossos navios dos acessos pelo sul da Irlanda, onde, é claro, não tínhamos permissão de basear aviões de caça. Tudo tinha de entrar contornando a

Irlanda do Norte. Ali, com a graça de Deus, Ulster era uma sentinela de confiança. O Mersey e o Clyde eram os pulmões por onde respirávamos. Na costa leste e no canal da Mancha, pequenas embarcações continuavam a navegar sob ataque crescente dos aviões, dos *E-boats* (pequenos navios costeiros alemães) e das minas, e a travessia de cada comboio entre o Forth e Londres assemelhava-se, dia após dia, a um verdadeiro combate.

As perdas impostas à nossa navegação mercante mostraram sua gravidade máxima nos 12 meses decorridos entre julho de 1940 e julho de 1941, quando, enfim, pudemos afirmar que a Batalha Inglesa do Atlântico fora vencida. A semana encerrada em 22 de setembro de 1940 foi a pior desde o começo da guerra, e houve mais afundamentos do que em qualquer período semelhante em 1917. A pressão aumentava sem parar. Nossas perdas estavam assustadoramente acima das novas construções. Os vastos recursos americanos vinham entrando em ação com muito vagar. Não podíamos esperar por nenhuma outra grande leva de navios caídos do céu, como as que se haviam seguido à tomada da Noruega, da Dinamarca e dos Países Baixos, na primavera de 1940. Vinte e sete navios foram afundados, muitos deles num comboio vindo de Halifax, e, em outubro, outro comboio do Atlântico foi massacrado por submarinos, sendo afundados vinte dos 34 navios. No decorrer de novembro e dezembro, as entradas e estuários do Mersey e do Clyde ultrapassaram em muito, em matéria de significado mortal, todos os outros fatores da guerra. É claro que poderíamos, nessa ocasião, ter desembarcado na Irlanda de De Valera e retomado os portos do sul pela força das armas modernas. Mas eu sempre havia declarado que nada, a não ser a autopreservação, me levaria a isso. E até essa dura medida teria trazido apenas um alívio. O único remédio seguro estava em garantir a saída e a entrada livres no Mersey e no Clyde. Todos os dias, ao se encontrarem, os poucos que estavam a par da situação se entreolhavam. Qualquer um compreende a situação do mergulhador, bem fundo no mar, que depende minuto a minuto de seu tubo de ar. Como se sentiria ele, se visse um cardume cada vez maior de tubarões mordendo o tubo? Ainda mais não havendo possibilidade de ser içado para a superfície! Para nós, não havia superfície. O mergulhador eram os 46 milhões de habitantes, numa ilha superpovoada, levando adiante uma vasta empreitada de guerra pelo mundo inteiro e ancorado pela natureza e pela gravidade no fundo do mar. Que poderiam os tubarões fazer com seu tubo de ar? Como poderia o mergulhador espantá-los ou destruí-los?

Havia outro aspecto no ataque dos submarinos. No começo, como era natural, o almirantado havia pensado em trazer os navios em segurança até os portos e avaliava o sucesso de cada empreitada pelo menor número possível de afundamentos. Mas esse já não era o teste. Todos reconhecíamos que a vida e o esforço de guerra do país dependiam também do volume de importações desembarcadas em segurança. Na semana terminada em 8 de junho, durante o auge da Batalha na França, havíamos trazido para o país cerca de 1,25 milhão de toneladas de carga, fora o petróleo. Dessa cifra máxima, as importações haviam caído, no fim de julho, para menos de 750 mil toneladas por semana. Embora obtivéssemos uma melhora substancial em agosto, a média semanal voltou a cair e, nos últimos três meses do ano, contamos com pouco mais de oitocentas mil toneladas. Comecei a me preocupar cada vez mais com essa queda agourenta nas importações. "*Vejo*", escrevi numa nota ao primeiro Lord em meados de fevereiro de 1941, "*que a entrada de navios com carga em janeiro foi inferior à metade do volume de janeiro do ano passado.*"

A própria magnitude e sofisticação de nossas medidas de proteção — comboios, desvios, desmagnetização, varredura de minas, abandono do Mediterrâneo —, o alongamento da maioria das viagens no tempo e no espaço e as retenções nos portos em decorrência de bombardeios e blecautes, tudo isso reduzia a capacidade operacional de nossos navios, num grau mais sério ainda do que as perdas efetivas. A cada semana, nossos portos ficavam mais congestionados e nosso atraso aumentava. No começo de março, mais de 2,6 milhões de toneladas de navios avariados haviam-se acumulado, sendo mais da metade deles imobilizada pela necessidade de reparos.

Ao flagelo dos submarinos logo veio somar-se o ataque aéreo em águas oceânicas por aviões de longo alcance. Dentre estes, o Focke-Wulf 200, conhecido como Condor, era o mais impressionante, embora, a princípio, felizmente, existisse em pequeno número. Esses aviões podiam decolar de Brest ou Bordeaux, fazer um voo contornando as Ilhas Inglesas, reabastecer na Noruega e, no dia seguinte, fazer a viagem de volta. No caminho, viam lá embaixo os enormes comboios de quarenta ou cinquenta embarcações, a que a escassez de navios de escolta nos obrigara a recorrer, deslocando-se para terra ou para alto-mar em suas viagens. Os aviões podiam bombardear esses comboios ou navios isolados, ou ainda indicar as posições para onde deveriam dirigir-se os submarinos que estavam à espera, para que fizessem a interceptação.

Havia poderosos cruzadores alemães em ação. O *Scheer* estava no Atlântico sul nessa época, navegando para o oceano Índico. Em três meses, destruiu dez navios, uma capacidade total de sessenta mil toneladas, e depois conseguiu abrir caminho de volta para a Alemanha. O *Hipper* estava abrigado em Brest. No fim de janeiro, os cruzadores pesados *Scharnhorst* e *Gneisenau,* depois de finalmente reparadas as avarias que lhes tinham sido infligidas na Noruega, receberam ordem de fazer uma investida no Atlântico norte, enquanto o *Hipper* atacava a rota proveniente de Serra Leoa. Num cruzeiro de dois meses, eles afundaram ou capturaram 22 navios, num total de 115 mil toneladas. O *Hipper* deparou, perto do arquipélago de Açores, com um comboio que regressava e ainda não se havia encontrado com sua escolta, e, num ataque selvagem com duração de uma hora, destruiu sete dos 19 navios, sem fazer qualquer tentativa de resgatar os sobreviventes. Voltou a Brest dois dias depois. Por causa desses navios portentosos, quase todos os navios de primeira classe ingleses disponíveis eram usados no serviço de escolta aos comboios. Houve um período em que o comandante em chefe da Home Fleet ficou com apenas um encouraçado nas mãos.

O *Bismarck* ainda não estava na lista ativa. O almirantado alemão deveria ter esperado por sua conclusão e pela de seu consorte, o *Tirpitz.* Não havia melhor meio de Hitler usar eficazmente esses seus dois encouraçados gigantescos do que mantendo-os inteiramente prontos no Báltico e, de tempos em tempos, deixando escapar rumores de uma ofensiva iminente. Desse modo, teríamos sido obrigados a manter concentrados em Scapa Flow* ou em suas imediações praticamente todos os novos navios de que dispuséssemos, e ele teria tido todas as vantagens da escolha do momento, sem a tensão de ficar sempre a postos. Como os navios têm que ser periodicamente reequipados, ficaria quase além de nossas possibilidades manter uma margem razoável de superioridade, e qualquer acidente grave a destruiria.

☆

Meus pensamentos haviam-se voltado dia e noite para esse problema agoniante. Nessa época, minha única e certeira esperança de vitória dependia de nossa capacidade de travar uma guerra prolongada e indefinida, até que uma esmagadora superioridade aérea fosse conquistada e, provavel-

* A base norte da Grande Esquadra Inglesa, nas ilhas Orkney. (N.T.)

mente, até que outras grandes potências fossem atraídas para o nosso lado. Mas o perigo mortal que ameaçava nossas linhas vitais de abastecimento corroía minhas entranhas. No começo de março, afundamentos excepcionalmente numerosos foram comunicados pelo almirante Pound ao Gabinete de Guerra. Eu já vira as cifras e, após nossa reunião, realizada na sala do primeiro-ministro na Câmara dos Comuns, disse a Pound: "Temos de elevar essa questão ao plano mais alto, acima de tudo o mais. Vou anunciar a *Batalha do Atlântico*." Isso, tal como o anúncio da Batalha da Inglaterra nove meses antes, era um sinal que visava a fazer com que todas as mentes e setores se concentrassem na guerra submarina.

Para acompanhar esse assunto com a mais rigorosa atenção pessoal e dar instruções oportunas, que eliminassem as dificuldades e obstruções e pusessem em ação o grande número de ministérios e setores implicados, criei o Comitê da Batalha do Atlântico. As reuniões desse comitê realizavam-se semanalmente e a elas compareciam todos os ministros e altos funcionários envolvidos, tanto das forças armadas quanto do lado civil. Em geral, elas não duravam menos de duas horas e meia. Toda a questão era discutida e fazia-se uma triagem de todos os problemas; nada ficava parado por falta de decisão. Nos vastos círculos de nossa máquina de guerra, que compreendiam milhares de homens competentes e dedicados, instituiu-se um novo senso de proporção e, de uma centena de ângulos diferentes, os olhares perscrutadores passaram a convergir.

Os submarinos começaram então a usar novos métodos, que ficaram conhecidos como "tática da alcateia". Consistia em ataques vindos de direções diferentes, feitos por vários submarinos trabalhando em conjunto. Na ocasião, eles costumavam ser desferidos à noite, com os submarinos à tona e a toda a velocidade. Somente os contratorpedeiros eram capazes de alcançá-los, e o Asdic era praticamente impotente. A solução estava não apenas na multiplicação de navios-escolta velozes, porém, mais ainda, no desenvolvimento de um radar eficaz, que nos advertisse da aproximação. Os cientistas, navegadores e aviadores deram o melhor de si, mas os resultados foram lentos. Também precisávamos de uma arma aérea capaz de liquidar os submarinos que viessem à tona, e precisávamos de tempo para treinar nossas forças em seu emprego. Quando esses dois problemas foram finalmente resolvidos, os submarinos voltaram a ser empurrados para o ataque submerso, no qual era possível lidar com eles pelos métodos antigos e já comprovados. Isso só foi conseguido dois anos depois.

Entrementes, a tática da alcateia, inspirada pelo almirante Doenitz, comandante da arma de submarinos e, ele mesmo, comandante de um submarino na guerra anterior, foi vigorosamente empregada pelo temível Prien e pelos outros comandantes de primeira linha dos submarinos. Mas a retaliação não tardou. No dia 8 de março, o U-47 de Prien foi afundado com ele e toda sua tripulação pelo destróier *Wolverine* e, nove dias depois, o U-99 e o U-100 foram afundados quando estavam num ataque conjunto a um comboio. Os dois eram comandados por oficiais excelentes, e a eliminação desses três homens altamente qualificados teve um efeito marcante na continuação da luta. Poucos dos comandantes de submarinos que se seguiram igualaram-se a eles em habilidade implacável e intrepidez. Cinco submarinos foram afundados em março nos acessos ocidentais e, embora houvéssemos sofrido perdas lamentáveis — que somaram 243 mil toneladas destruídas por submarinos e outras 113 mil destruídas por ataques aéreos — pode-se dizer que a primeira rodada da Batalha do Atlântico havia terminado empate.

Achando os acessos ocidentais agitados demais, os submarinos deslocaram-se mais para o oeste, penetrando em águas onde, uma vez que os portos da Irlanda do Sul nos eram inacessíveis, apenas alguns dos navios-escolta de nossas flotilhas conseguiam alcançá-los, e onde a cobertura aérea era impossível. As escoltas que partiam da Inglaterra só conseguiam proteger nossos comboios por cerca de um quarto da rota para Halifax. No começo de abril, uma "alcateia" atacou um comboio na longitude 28° oeste, antes que a escolta chegasse a ele. Dez dos 22 navios foram afundados, em troca da destruição de um único submarino. Tínhamos de encontrar um modo de ampliar nosso alcance, ou nossos dias estariam contados.

Entre o Canadá e a Inglaterra ficam as ilhas de Terra Nova, Groenlândia e Islândia. Todas situam-se perto do flanco da rota mais curta, o grande círculo, entre Halifax e a Escócia. Forças baseadas nessas "alpondras" poderiam controlar setorialmente a rota inteira. A Groenlândia era totalmente desprovida de recursos, mas as outras duas ilhas poderiam ser rapidamente aproveitadas. Alguém já disse que "quem possuir a Islândia terá uma pistola firmemente apontada para a Inglaterra, a América e o Canadá". Pautados nessa ideia e com a concordância da população local, havíamos ocupado a Islândia na época em que a Dinamarca fora invadida, em 1940, e ali estabelecemos bases, em abril de 1941, para nossos grupos de escolta e aviões. Dali estendemos o alcance das escoltas de superfície até 35°

oeste. Mesmo assim, restava uma lacuna tenebrosa a oeste, que não podia ser preenchida naquele momento. Em maio, um comboio de Halifax foi maciçamente atacado a 41° oeste e perdeu nove navios antes que a ajuda conseguisse chegar.

Ficou claro que precisávamos mesmo de uma escolta de ponta a ponta, do Canadá à Inglaterra. Em 23 de maio, o almirantado solicitou aos governos do Canadá e Terra Nova que usassem a base de St. John, na Terra Nova, como base avançada para nossas forças conjuntas de escolta. A resposta foi imediata e, no fim do mês, finalmente conseguimos uma escolta ao longo de toda a rota. A partir desse momento, a Real Marinha Canadense concordou em se responsabilizar, com seus próprios recursos, pela proteção dos comboios no setor ocidental da rota oceânica. A partir da Inglaterra e da Islândia conseguimos cobrir o restante da travessia. Mesmo assim, nossa força disponível continuava perigosamente pequena e nossas perdas mostravam uma escalada vertiginosa. No trimestre encerrado em maio, os submarinos, sozinhos, afundaram 142 navios (num total de 818 mil toneladas), 99 dos quais eram ingleses.

☆

Nessa crescente tensão, o presidente, agindo com todos os poderes que lhe eram conferidos como comandante em chefe das forças armadas e protegido pela constituição americana, começou a nos fornecer ajuda armada. Ele decidiu não permitir que a guerra submarina e aérea alemã se aproximasse da costa americana e se certificar de que os armamentos que estava mandando para a Inglaterra fizessem pelo menos metade da travessia. De planos concebidos muito tempo antes emergiu então a concepção geral da defesa conjunta do oceano Atlântico pelas duas potências de língua inglesa. Assim como havíamos julgado necessário estabelecer bases na Islândia, Mr. Roosevelt tomou providências para construir sua própria base aérea na Groenlândia. Sabia-se que os alemães já haviam instalado estações meteorológicas na costa leste e em frente à Islândia. Assim, a medida que ele tomou foi oportuna. Mediante outras decisões, não apenas nossos navios mercantes, mas também nossos navios de guerra, avariados em combates acirrados no Mediterrâneo e em outros locais, passaram a poder ser consertados em estaleiros americanos, o que trouxe um alívio instantâneo e muito necessário para nossos ocupadíssimos recursos internos.

Chegaram grandes notícias no começo de abril. O presidente telegrafou-me no dia 11, dizendo que o governo americano estenderia sua zona de segurança e suas áreas de patrulhamento, que tinham estado em vigor desde o início da guerra, até uma linha abrangendo todas as águas do Atlântico norte situadas a oeste de aproximadamente 26° de longitude oeste. Para esse fim, propunha usar aviões e navios operando a partir da Groenlândia, Terra Nova, Nova Escócia, Estados Unidos, Bermudas e Antilhas, possivelmente com extensão posterior até o Brasil. Pediu-nos que o informássemos, com extremo sigilo, de toda a movimentação de nossos comboios, "para que nossas unidades de patrulhamento possam tentar detectar quaisquer navios ou aviões de nações agressoras que estejam operando a oeste da nova linha da zona de segurança". Os americanos, por sua vez, informariam a posição de possíveis navios ou aviões agressores localizados na área de patrulhamento americana. Transmiti esse telegrama ao almirantado com um profundo sentimento de alívio.

No dia 18, o governo americano anunciou a linha de demarcação entre os hemisférios oriental e ocidental a que o presidente se havia referido em sua mensagem de 11 de abril. Essa linha transformou-se, a partir de então, praticamente na fronteira marítima dos Estados Unidos. Ela incluiu na esfera dos EUA todos os territórios ingleses situados no continente americano ou próximos dele, a Groenlândia e o arquipélago de Açores, sendo logo depois estendida para leste, com isso incluindo a Islândia. Nos termos dessa declaração, os navios de guerra americanos patrulhariam as águas do hemisfério ocidental e, incidentalmente, manter-nos-iam informados de qualquer atividade inimiga que houvesse. Os Estados Unidos, no entanto, continuaram não beligerantes e, nesse estágio, não poderiam oferecer proteção direta aos nossos comboios. Isso continuou a ser uma responsabilidade exclusivamente inglesa ao longo de toda a rota.

O efeito da política do presidente foi importante. Continuamos em nossa luta com uma grande parcela do fardo retirada de nossos ombros pelas marinhas canadense e americana. Os Estados Unidos aproximavam-se cada vez mais da guerra. Essa tendência foi ainda mais acelerada pela irrupção do *Bismarck* no Atlântico, quase no fim de maio. Numa transmissão radiofônica de 27 de maio, exatamente o dia em que o *Bismarck* foi afundado, o presidente declarou: "Seria um suicídio esperar até que eles [o inimigo] estejam em nosso jardim da frente. (...) Por conseguinte, ampliamos nosso patrulhamento nas águas do Atlântico norte e sul." No encerramento desse discurso, Mr. Roosevelt declarou um estado de "Emergência Nacional Ilimitada".

Há fartos indícios de que os alemães ficaram imensamente perturbados com tudo isso. Os almirantes Raeder e Doenitz pediram ao Führer para que concedesse maior raio de ação aos submarinos e lhes permitisse operar em direção à costa americana e contra os navios americanos, caso eles escoltassem comboios ou navegassem às escuras. Hitler, no entanto, permaneceu inflexível. Ele sempre temera as consequências de uma guerra com os Estados Unidos e insistiu em que as forças alemãs evitassem atos de provocação.

A ampliação do esforço do inimigo também trouxe correspondentes limitações. Em junho, sem contar os que estavam em treinamento, ele tinha cerca de 35 submarinos no mar. Mas as novas embarcações produzidas ultrapassavam os recursos em termos de tripulações bem-treinadas e, acima de tudo, de comandantes experientes. As tripulações dos novos submarinos, predominantemente compostas de homens jovens e sem prática, demonstraram menos pertinácia e habilidade, e o alargamento do campo de batalha para as regiões mais remotas do oceano desarticulou a perigosa combinação de submarinos e aviões. Um grande número de aviões alemães não fora equipado nem treinado para operações no mar. Mesmo assim, nos mesmos três meses de março, abril e maio, 179 navios, somando 545 mil toneladas, foram afundados por eles, principalmente nas regiões costeiras. Desse total, quarenta mil toneladas foram destruídas em dois ataques ferozes ao porto de Liverpool, em maio. Dei graças pelo fato de os alemães não perseverarem nesse alvo atormentado. Durante todo esse tempo, a ameaça sorrateira e insidiosa das minas magnéticas havia prosseguido ao redor da nossa costa, com sucesso variável mas decrescente. Construímos e ampliamos nossas bases no Canadá e na Islândia com a máxima velocidade possível e planejamos nossos comboios em consonância com isso. Aumentamos a capacidade de combustível de nossos destróieres mais antigos e, consequentemente, seu raio de ação. O recém-formado QG Combinado em Liverpool lançou-se de corpo e alma nessa luta. À medida que mais navios-escolta entravam em serviço e o pessoal ia adquirindo experiência, o almirante Noble os reunia em grupos permanentes, sob as ordens de comandantes de grupo. O espírito de equipe foi fomentado e os homens se acostumaram a trabalhar em uníssono, com clara compreensão dos métodos de seus comandantes. Os grupos de escolta tornaram-se cada vez mais eficientes e, à medida que seu poderio aumentava, o dos submarinos ia declinando.

Em junho, começamos novamente a levar a melhor. Fazia-se o máximo esforço para aprimorar a organização de nossas escoltas dos comboios e para desenvolver novas armas e equipamentos. As principais necessidades eram de escoltas mais numerosas e velozes, com maior autonomia de combustível, mais aeronaves de longo alcance e, acima de tudo, bons radares. Sozinhos, os aviões baseados em terra não eram suficientes, e todos os comboios precisavam de forças aeronavais que detectassem qualquer submarino à distância de tiro, à luz do dia, e o forçassem a submergir, impedindo-o de entrar em combate ou de transmitir mensagens que atraíssem outros para o local. Os aviões de caça lançados de catapultas montadas em navios mercantes comuns, bem como em navios convertidos tripulados pela Marinha Real, logo enfrentaram o impacto dos Focke-Wulfs. A princípio, a vida dos pilotos de caça, depois de eles serem lançados como falcões contra suas presas, dependia de serem resgatados do mar por um dos navios-escolta. Gradualmente, os Focke-Wulfs tornaram-se a caça, em vez do caçador. A invasão da Rússia por Hitler obrigou-o a reposicionar maciçamente seus aparelhos e, a partir de um pico de quase trezentas mil toneladas em abril, nossas perdas caíram, em meados do verão, para cerca de um quinto desse volume.

O presidente fez, então, outro gesto importante. Resolveu estabelecer uma base na Islândia. Combinou-se que forças americanas substituiriam a guarnição inglesa. Elas chegaram à Islândia em 7 de julho, e essa ilha foi incluída no sistema de defesa do hemisfério ocidental. A partir daí, comboios americanos escoltados por navios de guerra americanos passaram a percorrer regularmente a rota para Reikjavik e, embora os Estados Unidos ainda não estivessem em guerra, eles aceitavam navios estrangeiros sob a proteção de seus comboios.

☆

No auge dessa luta, fiz uma das nomeações mais importantes e felizes de meu governo de guerra. Em 1930, quando estava fora do governo, eu havia aceitado um cargo de conselho de administração, pela primeira e única vez em minha vida. Fora numa das companhias subsidiárias da organização das linhas de navegação peninsulares e orientais de Lord Inchcape, que se espalhavam por extensas áreas. Durante oito anos, eu comparecera regularmente às reuniões mensais do *board* e desempenhara meus deveres com critério. Nessas reuniões, havia reparado, pouco a pouco, num homem realmente notável. Ele presidia trinta ou quarenta empresas, das quais a companhia a que eu estava ligado era uma pequena unidade. Eu logo percebera que Frederick Leathers era o cérebro e o poder controlador daquele conglomerado. Ele conhecia tudo e inspirava uma confiança absoluta. Ano após ano, de minha pequena posição, eu o havia observado de perto. E dissera a mim mesmo: "Se algum dia houver outra guerra, esse é um homem que desempenhará o mesmo tipo de papel dos grandes líderes empresariais que trabalharam sob meu comando no Ministério do Material Bélico em 1917 e 1918."

Leathers havia oferecido seus serviços voluntários ao Ministério da Navegação na eclosão da guerra, em 1939. Não tínhamos mantido muito contato enquanto eu estava no almirantado, porque suas funções eram especializadas e subordinadas. Mas nesse momento, em 1941, em meio às tensões da Batalha do Atlântico e à necessidade de combinar a administração de nossa marinha mercante com toda a movimentação dos suprimentos que saíam por ferrovias e rodovias de nossos portos atormentados, ele me vinha cada vez mais à lembrança. Em 8 de maio, apelei para ele. Depois de muita discussão, reestruturei os ministérios da Navegação e dos Transportes, transformando-os numa só máquina integrada. E coloquei Leathers à testa. Para lhe dar a autoridade necessária, criei o cargo de ministro dos Transportes de Guerra. Sempre relutei em levar à Câmara dos Comuns pessoas nomeadas para altos cargos ministeriais que não fossem crias da casa de longa data. Os deputados experientes e sem cargo no governo podem atormentar o recém-chegado, e ele fica sempre desnecessariamente preocupado com os discursos que tem de preparar e proferir. Assim, submeti à Coroa um pedido de que o título de Par do Reino fosse concedido ao novo ministro.

Desde essa ocasião até o fim da guerra, Lord Leathers manteve o controle completo do Ministério dos Transportes de Guerra, e sua reputação aumentou a cada um dos quatro anos que passaram. Ele conquistou a confiança dos chefes de estado-maior e de todos os ministérios do país e estabeleceu relações íntimas e excelentes com os americanos mais destacados nessa esfera vital. Com nenhum deles harmonizou-se mais estreitamente do que com Mr. Lewis Douglas, da junta de navegação americana, depois embaixador em Londres. Leathers foi de imensa ajuda para mim na condução da guerra. Era muito raro ele não conseguir executar as duras tarefas que eu ordenava. Por várias vezes, quando todos os procedimentos militares e ministeriais haviam falhado na resolução dos problemas de deslocar uma divisão extra, ou de transladá-la de navios ingleses para navios americanos, ou de atender a alguma outra necessidade, eu fazia um apelo pessoal a Leathers e as dificuldades pareciam desaparecer como que por encanto.

Durante esses meses críticos, os dois cruzadores pesados alemães, o *Scharnhorst* e o *Gneisenau,* continuaram fundeados em Brest. Poderiam irromper novamente no Atlântico a qualquer momento. Deveu-se à RAF o fato de haverem continuado inativos. Houve repetidos ataques aéreos contra eles no porto, com efeitos tão bons que eles permaneceram ociosos o ano inteiro. A preocupação do inimigo logo se transformou em levá-los para casa, mas até isso ele só pôde fazer em 1942. Oportunamente, veremos até que ponto a marinha e o comando costeiro da RAF tiveram sucesso, como foi que nos tornamos senhores dos estuários, e como os Heinkel 111 foram derrubados por nossos caças, e os submarinos, sufocados nos mesmos mares em que haviam procurado sufocar-nos, até que, mais uma vez, com o brilho das armas, liberamos todos os acessos à ilha.

40
Iugoslávia e Grécia

Chegara, pois, o momento em que foi preciso tomar a decisão irrevogável de enviar ou não o exército do Egito para a Grécia. Esse grave passo era necessário não apenas para ajudar a Grécia em seu perigo e tormento, mas também para formar, contra o ataque alemão iminente, uma frente balcânica que abrangesse a Iugoslávia, a Grécia e a Turquia, exercendo sobre a Rússia soviética efeitos que éramos incapazes de avaliar. Eles, decerto, teriam sido de suma importância, se os líderes soviéticos se houvessem apercebido do que lhes estava reservado. O que nós podíamos enviar não conseguiria, por si só, decidir a questão balcânica. Nossa esperança limitada era instigar e organizar uma ação conjunta. Se, a um aceno de nosso bastão, a Iugoslávia, a Grécia e a Turquia agissem em conjunto, parecia-nos que Hitler poderia deixar os Bálcãs momentaneamente de lado, ou ficar densamente engajado num combate com nossas forças somadas a ponto de criar um grande front naquele teatro. Não sabíamos, na ocasião, que ele já estava firmemente resolvido a desencadear sua gigantesca operação contra a Rússia. Se soubéssemos, teríamos sentido mais confiança no sucesso de nossa política. Teríamos visto que ele corria o risco de fracassar, pela impossibilidade de escolher entre duas alternativas, e que poderia facilmente prejudicar sua iniciativa suprema devido a uma preliminar nos Bálcãs. Foi o que efetivamente aconteceu, mas não tínhamos como saber disso na época. Alguns talvez achem que planejamos com acerto; pelo menos, planejamos melhor do que sabíamos. Era nosso propósito incentivar e congregar a Iugoslávia, a Grécia e a Turquia. Nosso dever, tanto quanto possível, era ajudar os gregos. Para todos esses fins, nossas quatro divisões estavam bem-posicionadas no Delta do Nilo.

☆

Em 1° de março, o exército alemão começou a se deslocar para a Bulgária. O exército búlgaro mobilizou-se e tomou posição ao longo da fronteira grega. Uma movimentação geral das forças alemãs em direção ao sul estava em andamento, ajudada em todos os aspectos pelos búlgaros. No dia seguinte, Mr. Eden e o marechal Dill retomaram suas conversações militares em Atenas. Em decorrência destas, Mr. Eden enviou uma mensagem muito grave e houve uma mudança acentuada em nossas opiniões em Londres. O almirante Cunningham, embora convencido do acerto de nossa política, não nos deixou nenhuma dúvida quanto aos consideráveis riscos navais no Mediterrâneo. Os chefes de estado-maior assinalaram os vários fatores que evoluíam desfavoravelmente à nossa política balcânica e, em especial, ao envio de um exército para a Grécia. "Os riscos da operação", informaram, "aumentaram consideravelmente." Contudo, eles não acharam que já pudessem questionar as recomendações militares dos que estavam no local, e que descreviam a situação como não sendo de modo algum desesperadora.

Depois de refletir sozinho em Chequers, na noite de domingo, sobre a tendência da discussão na reunião do Gabinete de Guerra daquela manhã, enviei a mensagem abaixo a Mr. Eden, que partira de Atenas em direção ao Cairo. Ela, por certo, teve um tom diferente, de minha parte. Mas assumo plena responsabilidade pela decisão que acabou sendo tomada, pois tenho certeza de que poderia ter impedido tudo, se estivesse convencido. É muito mais fácil suspender do que fazer.

> (...) Fizemos o melhor possível para promover uma aliança dos Bálcãs contra a Alemanha. Devemos acautelar-nos para não pressionar a Grécia, contrariando seu próprio discernimento, a empreender uma inútil resistência solitária, quando só dispomos de um punhado de soldados capazes de chegar ao local em tempo hábil. Há graves questões imperiais implicadas no comprometimento de tropas neozelandesas e australianas numa empreitada que, como você diz, tornou-se ainda mais arriscada. (...) Devemos liberar os gregos da obrigação de rejeitarem um ultimato alemão. Se, por conta própria, eles resolverem lutar, devemos partilhar em certa medida de sua provação. Mas um rápido avanço alemão provavelmente impedirá quaisquer forças do Império Britânico de participarem do combate.
>
> A perda da Grécia e dos Bálcãs não é, de modo algum, uma grande catástrofe para nós, desde que a Turquia permaneça sinceramente neutra. Poderíamos tomar Rhodes e examinar planos para um desembarque na Sicília ou em Trípoli. Somos alertados por muitos setores de que nossa expulsão ignominiosa da Grécia nos causaria mais prejuízos na Espanha

> e em Vichy do que a submissão dos Bálcãs, que, contando apenas com nossas forças escassas, nunca se esperou que impedíssemos. (...)

Anexo seguiu o grave comentário dos chefes de estado-maior.

Tão logo meu telegrama de advertência foi lido por nosso embaixador em Atenas, ele teve um intenso mal-estar, telegrafando ao ministro do Exterior:

> Como é possível abandonarmos o rei da Grécia, depois das garantias que lhe foram dadas pelo comandante em chefe e CIGS quanto às probabilidades razoáveis de êxito? Isso me parece impensável. Seremos expostos ao ridículo pelos gregos e pelo mundo em geral como descumpridores de nossa palavra. Não há como "liberar os gregos da obrigação de rejeitarem o ultimato". Eles decidiram combater a Alemanha sozinhos, se necessário. A questão é se vamos ajudá-los ou abandoná-los.

O Gabinete de Guerra resolveu não tomar nenhuma decisão, até que recebêssemos de Mr. Eden uma resposta a tudo isso. A resposta chegou no dia seguinte. Seu trecho essencial dizia:

> (...) O colapso da Grécia, sem um esforço adicional de nossa parte para salvá-la mediante uma intervenção em terra, depois que as vitórias na Líbia, como o mundo inteiro sabe, deixaram forças disponíveis, seria a pior calamidade. A Iugoslávia certamente estaria perdida, e tampouco podemos confiar em que a Turquia tivesse forças para se manter firme, caso os alemães e italianos se estabelecessem na Grécia sem nenhum esforço nosso de lhes opor resistência. Sem dúvida, perderemos prestígio se formos ignominiosamente expulsos, mas, de qualquer modo, ter combatido e sofrido na Grécia seria menos prejudicial para nós do que tê-la deixado entregue à própria sorte. (...) Na situação existente, todos concordamos em que a linha de ação proposta deve ser seguida. Devemos ajudar a Grécia.

Acompanhado pelos chefes de estado-maior, submeti a questão ao Gabinete de Guerra, que estava plenamente a par de tudo o que vinha acontecendo, para uma decisão final. Embora não pudéssemos mandar mais aviões do que já havíamos ordenado e que já estavam a caminho, não houve hesitação ou dissensão entre nós. Pessoalmente, eu achava que os homens que estavam no local tinham sido rigorosamente testados. Não havia dúvida de que suas mãos não tinham sido forçadas de maneira alguma por pressões políticas vindas de casa. Smuts, com todo o seu conhecimento, e raciocinando por um prisma separado e uma visão diferente, havia concordado. Ninguém tampouco poderia insinuar que nos houvéssemos imposto à Grécia contra a vontade dela. Ninguém fora catequizado. Certamente, tínhamos a mais alta autoridade especializada, agindo com total liberdade e com pleno conhecimento dos homens e do cenário. Meus colegas, endurecidos pelos muitos riscos que corrêramos com sucesso, haviam chegado independentemente às mesmas conclusões. Mr. Menzies, sobre quem recaía uma responsabilidade especial, estava cheio de coragem. Havia uma animação intensa em favor da ação. A reunião do Gabinete foi curta; a decisão, final; e a resposta, breve:

> Os chefes de estado-maior informaram que, em vista da opinião firmemente expressa pelos comandantes em chefe no local, pelo CIGS e pelos comandantes das forças a serem empregadas, seria acertado prosseguir. O Gabinete decidiu autorizá-lo a prosseguir com a operação *e, assim fazendo, o Gabinete assume a mais completa responsabilidade por isso.**
>
> Entraremos em contato com os governos da Austrália e da Nova Zelândia nesse sentido.

☆

Cabe agora descrever o destino da Iugoslávia. Toda a defesa de Salonika dependia de ela entrar em guerra, e era vital saber o que ela faria. Em 2 de março, Mr. Campbell, nosso embaixador em Belgrado, reuniu-se com Mr. Eden em Atenas. Disse que os iugoslavos estavam com medo da Alemanha e internamente perturbados por dificuldades políticas. Entretanto, havia uma possibilidade de que, se tomassem conhecimento de nossos planos de ajuda à Grécia, eles pudessem dispor-se a ajudar. No dia 5, o ministro do Exterior enviou Mr. Campbell de volta a Belgrado com uma carta confidencial endereçada ao regente, príncipe Paul. Nela, retratou o destino da Iugoslávia em poder dos alemães e disse que, se atacadas, a Grécia e a Turquia pretendiam lutar. Nesse caso, a Iugoslávia deveria juntar-se a nós. O regente deveria ser verbalmente informado de que os ingleses haviam decidido ajudar a Grécia com forças terrestres e aéreas, tão vigorosa e rapidamente quanto possível, e de que, se fosse possível enviar um oficial do estado-maior iugoslavo a Atenas, ele seria incluído em nossas discussões.

* Destaques meus, posteriores. w.s.c.

Nesse clima, muito dependeu da atitude do regente. O príncipe Paul era um personagem amável e talentoso, mas fazia muito tempo que o prestígio da monarquia estava em declínio e, a essa altura, ele levava a extremos a política da neutralidade. Temia, em particular, que qualquer gesto da Iugoslávia ou de seus vizinhos pudesse incitar os alemães a um avanço para o sul, penetrando nos Bálcãs. Ele declinou da visita de Mr. Eden que lhe foi proposta. O medo imperava. Os ministros e os principais líderes políticos não se atreviam a externar suas ideias. Mas havia uma exceção. Um general da força aérea, de nome Simovic, representava os elementos nacionalistas do oficialato das forças armadas. Desde dezembro, sua sala se transformara num centro clandestino de oposição à entrada alemã nos Bálcãs e à inércia do governo iugoslavo.

Em 4 de março, o príncipe Paul deixou Belgrado numa visita secreta a Berchtesgaden e, sob terrível pressão, prometeu verbalmente que a Iugoslávia seguiria o exemplo da Bulgária. Ao voltar, numa reunião do Conselho Real e em discussões separadas com líderes políticos e militares, deparou com opiniões contrárias. O debate foi violento, mas o ultimato alemão era real. O general Simovic, quando convocado ao Palácio Branco, residência do príncipe Paul nas colinas que dominam Belgrado, opôs-se firmemente à capitulação. A Sérvia não aceitaria essa decisão e a dinastia correria perigo. Mas o príncipe Paul, na verdade, já havia comprometido seu país.

Na madrugada de 20 de março, numa reunião do ministério, o governo iugoslavo resolveu aderir ao Pacto Tripartite. Diante disso, porém, três ministros renunciaram. Em 24 de março, o primeiro-ministro e o ministro do Exterior deixaram Belgrado às escondidas, por uma estação ferroviária nos subúrbios, e tomaram o trem para Viena. No dia seguinte, assinaram o pacto com Hitler em Viena, e a cerimônia foi transmitida pela rádio de Belgrado. Os boatos sobre um desastre iminente espalharam-se pelos cafés e reuniões da capital iugoslava.

Fazia alguns meses que a ação direta, caso o governo capitulasse diante da Alemanha, vinha sendo discutida no pequeno círculo de oficiais que cercavam Simovic. Quando, durante o dia 26 de março, começou a circular em Belgrado a notícia do retorno dos ministros iugoslavos de Viena, os conspiradores decidiram entrar em ação. Poucas revoluções transcorreram com maior tranquilidade. Não houve derramamento de sangue. Alguns oficiais mais antigos receberam ordem de prisão. O primeiro-ministro foi levado pela polícia ao QG de Simovic e obrigado a assinar uma carta de demissão. O príncipe Paul foi informado de que Simovic havia tomado o poder em nome do rei e de que o Conselho de Regência fora dissolvido. Foi escoltado até o gabinete do general Simovic. Junto com os outros dois regentes, assinou então o documento de abdicação. Foram-lhe concedidas algumas horas para recolher seus pertences e, naquela noite, em companhia da família, ele deixou o país, rumando para a Grécia.

O plano fora formulado e executado por um grupo unido de oficiais nacionalistas sérvios, que se haviam identificado com o verdadeiro sentimento da população. Seu gesto desencadeou uma explosão de entusiasmo popular. As ruas de Belgrado logo ficaram repletas de sérvios bradando: "Antes a guerra do que o pacto, antes a morte do que a escravidão." Houve dança nas praças; bandeiras inglesas e francesas surgiram por toda parte; o hino nacional sérvio foi entoado com entusiástica rebeldia por multidões valentes e desamparadas. Em 28 de março, o rei Peter, que, descendo por uma tubulação de escoamento de água, havia escapado da tutela da Regência, compareceu ao serviço religioso celebrado na catedral de Belgrado, em meio a uma fervorosa aclamação. O embaixador alemão foi publicamente insultado e a multidão cuspiu em seu carro. A façanha militar despertou uma onda de vitalidade nacional. Um povo paralisado na ação, até então malgovernado e malconduzido, longamente atormentado pelo sentimento de estar preso numa armadilha, lançou seu desafio heroico e imprudente ao tirano e conquistador, no momento em que ele detinha seu maior poder.

Hitler foi picado no ponto mais dolorido. Teve uma explosão da raiva convulsiva que embotava momentaneamente seu raciocínio e que às vezes o impelia em suas mais horrendas aventuras. Num acesso de ira, convocou o Alto Comando alemão. Göring, Keitel e Jodl compareceram, Ribbentrop chegou depois. Hitler disse que a Iugoslávia era um fator de incerteza na ação vindoura contra a Grécia e, mais ainda, na operação *Barbarossa* contra a Rússia, posteriormente. Considerou uma sorte os iugoslavos terem revelado suas inclinações antes do lançamento de *Barbarossa.* A Iugoslávia *deve ser liquidada, "militarmente e como unidade nacional"*. O golpe deveria ser *desferido com dureza implacável.* Os generais passaram a noite rascunhando as ordens da operação. Keitel confirma nossa opinião de que o maior perigo para a Alemanha era "um ataque ao exército italiano pela retaguarda".

"A decisão de atacar a Iugoslávia significou uma desarticulação completa de todos os movimentos e arranjos militares feitos até então. A invasão da Grécia teve que ser completamente reformulada. Novas tropas tiveram que ser trazidas do norte pela Hungria. Tudo teve de ser improvisado."

A Hungria foi direta e imediatamente afetada. Embora a principal ofensiva alemã contra os iugoslavos devesse claramente passar pela Romênia, todas as linhas de comunicação atravessavam o território húngaro. A imediata reação do governo alemão aos acontecimentos de Belgrado foi enviar o embaixador húngaro em Berlim a Budapeste, de avião, levando uma mensagem urgente para o regente húngaro, o almirante Horthy:

> *A Iugoslávia será aniquilada*, pois acaba de renunciar publicamente à política de entendimento com o Eixo. A maior parte das forças armadas alemãs terá que passar pela Hungria. Mas o ataque principal não será feito no setor húngaro. Nele, o exército húngaro deverá intervir e, em troca de sua cooperação, a Hungria poderá reocupar todos os territórios anteriores, que um dia foi forçada a ceder à Iugoslávia. O assunto é urgente. Pede-se uma resposta imediata e afirmativa.*

A Hungria estava comprometida com a Iugoslávia por um pacto de amizade assinado ainda em dezembro de 1940. Mas a franca oposição às exigências alemãs só poderia levar à ocupação alemã da Hungria, no decorrer das operações militares iminentes. Havia também a tentação de recuperar os territórios da fronteira sul, que a Hungria perdera para a Iugoslávia depois da Primeira Guerra Mundial. O premier húngaro, conde Teleki, vinha trabalhando sistematicamente pela preservação de uma certa liberdade de ação para seu país. Não estava nada convencido de que a Alemanha venceria. Na época da assinatura do Pacto Tripartite, teve pouca confiança na independência da Itália como parceiro do Eixo. O ultimato de Hitler exigia a quebra de seu próprio acordo húngaro com a Iugoslávia. Entretanto, a iniciativa foi arrancada de suas mãos pelo estado-maior húngaro, cujo chefe, o general Werth, de origem alemã, fez seus próprios acordos com o Alto Comando alemão pelas costas do governo húngaro.

Teleki denunciou prontamente a ação de Werth como traição. Na noite de 2 de abril de 1941, recebeu um telegrama do embaixador húngaro em Londres, dizendo que o Foreign Office lhe havia comunicado formalmente que, se a Hungria participasse de qualquer ação alemã contra a Iugoslávia, deveria esperar uma declaração de guerra da Inglaterra. Assim, a alternativa da Hungria era uma vã resistência à passagem das tropas alemãs ou o franco alinhamento contra os aliados e a traição à Iugoslávia. Nessa cruel posição, o conde Teleki viu apenas um meio de salvar sua honra pessoal.

* Ullein-Reviczy, *Guerre Allemande: Paix Russe*, p. 89.

Pouco depois das 21 horas, deixou o Ministério das Relações Exteriores húngaro e se recolheu a seus aposentos no palácio Sandor. Ali recebeu um telefonema. Acredita-se que essa mensagem tenha informado que os exércitos alemães já haviam cruzado a fronteira húngara. Pouco depois, matou-se com um tiro. Seu suicídio foi um sacrifício para absolver a si mesmo e ao seu povo da culpa pelo ataque alemão à Iugoslávia. Limpou o nome de Teleki perante a história. Mas não pôde deter o avanço dos exércitos alemães, nem tampouco suas consequências.

☆

Entrementes, o deslocamento das nossas tropas para a Grécia havia começado. Por ordem de embarque, ela compreendia a 1ª Brigada Blindada inglesa, a Divisão da Nova Zelândia e a 6ª Divisão australiana. Todas completamente equipadas à custa de outras formações no Oriente Médio. Deveriam ser seguidas pela Brigada polonesa e pela 7ª Divisão australiana. O plano era manter a linha de Aliákmon, que ia da foz do rio desse nome até a fronteira iugoslava, passando por Véria e Edessa. Nossas tropas deveriam juntar-se aos soldados gregos dispostos nesse front, que equivaliam nominalmente a sete divisões e deveriam ficar sob o comando do general Wilson.

Os soldados gregos eram em número muito menor do que o general Papagos prometera originalmente.* A grande maioria do exército grego, composto de 15 divisões, estava na Albânia. O restante achava-se na Macedônia, de onde Papagos se recusou a retirá-lo e onde, após quatro dias de combate, quando os alemães atacaram, deixou de ser uma força militar. Nossa força aérea somava apenas oitenta aviões operacionais, contra um poderio aéreo alemão mais de dez vezes maior. O ponto fraco da posição em Aliákmon estava em seu flanco esquerdo, que poderia ser contornado por uma ofensiva alemã passando pelo sul da Iugoslávia. Tinha havido poucos contatos com o estado-maior iugoslavo, cujo plano de defesa e grau de prontidão não eram conhecidos pelos gregos ou por nós. Esperava-se, entretanto, que os iugoslavos fossem capazes de, pelo menos, impor um atraso considerável ao inimigo, quando este atravessasse aquela difícil região. Essa esperança se revelaria infundada. O general Papagos não considerou que a retirada da Albânia para enfrentar esse movimento de contorno fosse uma

* Posteriormente, Papagos alegou que seu primeiro acordo quanto à manutenção da linha de Aliákmon dependia de um esclarecimento da situação com o governo da Iugoslávia, que nunca foi obtido.

operação viável. Não apenas ela afetaria seriamente o moral, como também o exército grego estava tão mal-equipado em matéria de transporte e as comunicações eram tão ruins, que uma retirada geral frente ao inimigo seria impossível. Sem dúvida, ele havia retardado demais a decisão. Nessas circunstâncias, nossa 1ª Brigada Blindada chegou à área avançada em 27 de março, a ela indo reunir-se, dias depois, a Divisão da Nova Zelândia.

A notícia da revolução em Belgrado, naturalmente, nos trouxe grande satisfação. Ali estava, pelo menos, um resultado palpável de nossos esforços desesperados para formar uma frente aliada nos Bálcãs e impedir que tudo caísse, pouco a pouco, em poder de Hitler. Combinou-se que Eden continuaria em Atenas para negociar com a Turquia, e que o general Dill seguiria para Belgrado. Qualquer um podia ver que a situação da Iugoslávia era desesperadora, a menos que uma frente comum fosse imediatamente formada por todos os países envolvidos. Contudo, estava ao alcance da Iugoslávia a já mencionada possibilidade de desferir um golpe mortal contra a retaguarda desprotegida dos desorganizados exércitos italianos na Albânia. Se eles agissem com rapidez, poderiam realizar um grande feito militar e, enquanto seu país fosse devastado pelo norte, poderiam prover-se da massa de armas e equipamentos que lhes dariam a capacidade de conduzir a guerrilha em suas montanhas, o que, àquela altura, era sua única esperança. Teria sido um grande golpe, com repercussões em todo o panorama balcânico. Em nosso círculo, em Londres, todos percebíamos isso (o diagrama mostra o movimento que era considerado viável).

Mas erros de anos não podem ser remediados em horas. Quando a excitação geral amainou, todos se aperceberam, em Belgrado, de que a desgraça e a morte se aproximavam e de que pouco podiam fazer para evitar seu destino. O alto comando podia, finalmente, mobilizar seus exércitos. Mas não havia nenhum plano estratégico. Dill encontrou apenas confusão e paralisia. O governo iugoslavo, principalmente por medo do efeito disso na situação interna, estava decidido a não tomar nenhuma providência que pudesse ser considerada uma provocação à Alemanha. Naquele momento, todo o poderio disponível da Alemanha estava descendo sobre eles como uma avalanche. Dir-se-ia, pelo estado de ânimo e pela visão dos ministros iugoslavos, que eles dispunham de meses para tomar uma decisão sobre a paz ou a guerra com a Alemanha. Na verdade, dispunham apenas de 72 horas antes que o furioso ataque se abatesse sobre eles.

Na manhã de 6 de abril, bombardeiros alemães surgiram nos céus de Belgrado e, em revezamento a partir de aeroportos ocupados na Romênia, eles desfecharam um ataque metódico, com duração de três dias, sobre a capital iugoslava. Voando à altura dos telhados e sem temer qualquer resistência, eles explodiram a cidade implacavelmente, na chamada "operação Castigo". Quando, enfim, o silêncio se fez, mais de 17 mil cidadãos de Belgrado jaziam mortos nas ruas ou sob os escombros. Do pesadelo de fumaça e fogo saíam os animais enlouquecidos, libertos de suas jaulas despedaçadas no jardim zoológico. Uma cegonha ferida passou coxeando pelo hotel principal, que era uma massa de chamas. Um urso, atordoado e sem perceber mais nada, arrastou-se em passadas lentas e sem jeito pelo inferno em direção ao Danúbio. Ele não foi o único urso a não compreender nada.

Simultaneamente ao bombardeio feroz de Belgrado, os exércitos alemães convergentes, já posicionados nas fronteiras, invadiram a Iugoslávia de várias direções. O estado-maior iugoslavo não tentou desferir seu único golpe mortal contra a retaguarda italiana. Imaginou ter o compromisso de não abandonar a Croácia e a Eslovênia e, por conseguinte, foi forçado a tentar defender toda a linha de fronteira. Os quatro corpos de exército iugoslavo, ao norte, foram rápida e irresistivelmente empurrados para o interior pelas colunas blindadas alemãs, apoiadas pelos soldados húngaros que cruzaram o Danúbio e por tropas alemãs e italianas que avançavam em direção a Zagreb. Assim, as principais forças iugoslavas foram impelidas para o sul em debandada e, em 13 de abril, os alemães penetraram em Belgrado. Enquanto isso, o XII Exército alemão, concentrado na Bulgária, deslocara-se para a Sérvia e a Macedônia. Havia entrado em Monastir e Yannina no dia 10 e, com isso, impedido qualquer contato entre os iugoslavos e os gregos e desmantelado as forças iugoslavas no sul.

Sete dias depois, a Iugoslávia capitulou.

Esse colapso repentino destruiu a principal esperança dos gregos. Foi outro exemplo do "um de cada vez". Tínhamos feito o máximo para promover uma ação conjunta, mas, não por falha nossa, havíamos fracassado. Uma perspectiva sinistra descortinou-se então diante de nós. Cinco divisões alemãs, inclusive três blindadas, participaram da ofensiva para o sul em direção a Atenas. Em 8 de abril, ficou claro que a resistência iugoslava no sul estava cedendo e que o flanco esquerdo das forças posicionadas em Aliákmon logo seria ameaçado; em 10 de abril, começou o ataque à guarda de nosso flanco. Ele foi detido durante dois dias de combates ferrenhos, em meio ao tempo inclemente.

Mais a oeste, havia apenas uma divisão grega de cavalaria que se mantinha em contato com as tropas na Albânia, e o general Wilson decidiu que esse flanco esquerdo, muito pressionado, fosse recuado. O movimento foi concluído no dia 13 de abril, mas, nesse processo, as divisões gregas começaram a se desintegrar. Dali por diante, nossa força expedicionária ficou sozinha. Wilson, ainda ameaçado pelo flanco esquerdo, resolveu recuar para as Termópilas. Submeteu essa ideia a Papagos, que a aprovou e que, nesse estágio, sugeriu pessoalmente a retirada inglesa da Grécia. Os dias que se seguiram foram decisivos. Wavell telegrafou no dia 16, dizendo que o general Wilson tivera uma conversa com Papagos, que havia descrito o exército grego como estando sob intensa pressão e começando a ter dificuldades administrativas, em decorrência dos ataques aéreos. As instruções de Wavell a Wilson foram para prosseguir na luta, em cooperação com os gregos, enquanto eles conseguissem resistir, mas autorizaram qualquer outro recuo que fosse julgado necessário. Haviam-se expedido ordens para que todos os navios a caminho da Grécia invertessem o curso, para que nenhum outro navio fosse carregado, e para que os já carregados ou em processo de carregamento fossem esvaziados.

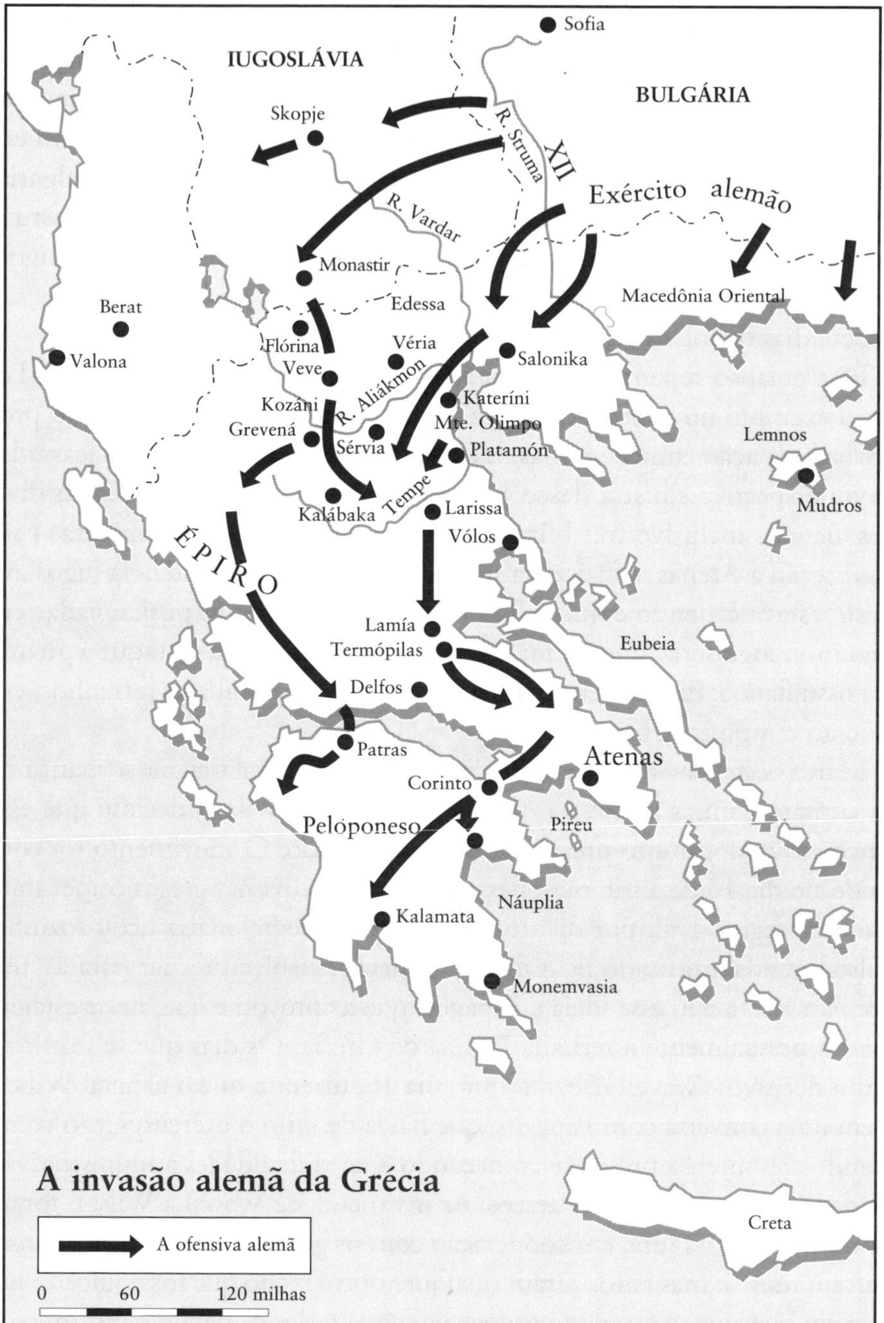

A invasão alemã da Grécia

Ante essa notícia grave, mas não inesperada, retruquei prontamente que não poderíamos permanecer na Grécia contra a vontade do comandante em chefe grego, assim expondo o país à devastação, e que, se o governo grego concordasse, a evacuação deveria prosseguir. "Creta", acrescentei, "deve ser vigorosamente defendida."

No dia 17, o general Wilson foi de Tebas até o palácio de Tatoi, onde se reuniu com o rei, o general Papagos e nosso embaixador. Admitiu-se que a retirada para a linha das Termópilas seria a única manobra possível. O general Wilson estava confiante em poder defender essa linha por algum tempo. A discussão principal foi quanto ao método e à ordem da retirada. O governo grego não partiria, pelo menos por mais uma semana.

O primeiro-ministro grego, Mr. Korysis, já foi mencionado. Ele fora escolhido para preencher a lacuna deixada pela morte de Metaxas. Não tinha outro mérito para o exercício de cargos públicos senão uma vida particular impecável e convicções claras e resolutas. Parecia incapaz de sobreviver à destruição de seu país ou de suportar por mais tempo suas responsabilidades. Como o conde Teleki na Hungria, decidiu pagar com a vida. No dia 18, cometeu suicídio. Sua memória deve ser respeitada.

☆

O recuo para as Termópilas foi manobra difícil, mas os combates obstinados e hábeis na retaguarda retardaram o impetuoso avanço alemão, impondo graves baixas. Em 20 de abril, a posição das Termópilas estava concluída. À frente, ela era sólida, mas nossas tropas estavam desgastadas. Os alemães avançaram lentamente e a posição nunca foi submetida a graves testes. No mesmo dia, os exércitos gregos na frente albanesa renderam-se. Em 21 de abril, o rei disse ao general Wavell que o tempo impossibilitava qualquer força grega organizada de apoiar o flanco esquerdo inglês antes que o inimigo atacasse. Wavell respondeu que, nesse caso, julgava ser seu dever tomar providências imediatas para o reembarque da parte de seu exército que conseguisse salvar. O rei concordou inteiramente, parecendo haver esperado por isso. Falou com profundo pesar de ter sido o instrumento da colocação das forças inglesas nessa situação. Prometeu a ajuda de que dispusesse. Mas foi tudo em vão. A rendição final da Grécia ao esmagador poderio alemão foi firmada em 24 de abril.

Confrontava-nos agora outra daquelas evacuações por mar que havíamos suportado em 1940. A retirada organizada de mais de cinquenta mil homens da Grécia, nas condições vigentes, bem poderia parecer uma tarefa quase sem esperança. Em Dunquerque, de modo geral, tínhamos contado com o domínio aéreo. Na Grécia, os alemães detinham o completo e incontestável controle do ar e podiam sustentar um ataque quase ininterrupto contra os portos e o exército em retirada. Era óbvio que o embarque só poderia ser feito à noite e, além disso, que os soldados deveriam evitar ser vistos perto das praias à luz do dia. Foi uma repetição da Noruega, e em escala dez vezes maior.

O almirante Cunningham jogou nessa tarefa a quase totalidade de sua força ligeira, incluindo seis cruzadores e 19 contratorpedeiros. Operando a partir dos pequenos ancoradouros e praias ao sul da Grécia, juntando navios-transporte, navios de ataque e muitas embarcações menores, o trabalho de resgate foi iniciado na noite de 24 de abril.

Durante cinco noites sucessivas, o trabalho prosseguiu. No dia 26, o inimigo capturou a ponte vital sobre o canal de Corinto, através de um ataque de paraquedistas, e desde então os soldados alemães entraram profusamente no Peloponeso, acossando nossos soldados já sob pressão que lutavam para chegar às praias do sul. Em Náuplia, foi um desastre. O navio-transporte *Slamat,* num esforço heroico porém mal-orientado de embarcar o máximo possível de soldados, demorou-se demais no ancoradouro. Pouco depois do amanhecer, quando se afastava da costa, foi atacado e afundado por bombardeiros de mergulho. Dois contratorpedeiros, que resgataram a maioria dos setecentos homens a bordo, foram, por sua vez, afundados por ataques aéreos algumas horas depois. Houve apenas cinquenta sobreviventes desses três navios.

Nos dias 28 e 29, dois cruzadores e seis contratorpedeiros resgataram oito mil soldados e 1.400 refugiados iugoslavos das praias próximas de Kalamata. Um destróier precursor deparou com o inimigo já de posse da cidade com grandes incêndios, e a operação teve de ser abandonada. Um contra-ataque rechaçou os alemães da cidade, mas apenas cerca de 450 homens foram resgatados das praias a leste por quatro contratorpedeiros, usando seus próprios barcos. Esses acontecimentos marcaram o fim da evacuação principal. Pequenos grupos isolados foram apanhados em várias ilhas ou no mar, em embarcações pequenas, nos dois dias seguintes, e 1.400 oficiais e soldados, auxiliados por gregos que corriam um perigo mortal, chegaram de volta ao Egito independentemente, nos meses que se seguiram.

Ao todo, mais de 11 mil de nossos soldados se perderam e 50.662 foram retirados em segurança, incluindo homens da RAF e vários milhares de cipriotas, palestinos, gregos e iugoslavos. Esse número representou cerca de 80% das forças originalmente enviadas para a Grécia. Os resultados só se tornaram possíveis pela determinação e habilidade dos marinheiros da Marinha Real e da marinha mercante aliada, que nunca vacilaram ante os mais implacáveis esforços do inimigo de impedir seu trabalho. De 21 de abril até o fim da evacuação, 26 navios foram perdidos em função de ataques aéreos. A RAF, com um contingente aeronaval proveniente de Creta, fez o possível para ajudar, mas foi largamente superada em número. Mesmo assim, desde novembro, nossas poucas esquadrilhas vinham prestando um belo serviço. Infligiram ao inimigo perdas confirmadas de 231 aviões e lançaram quinhentas toneladas de bombas. Suas próprias perdas de 209 aparelhos, dentre os quais 72 em combate, foram duras, e seu histórico foi exemplar.

A pequena mas eficiente marinha grega passou então para o controle inglês. Um cruzador, seis contratorpedeiros modernos e quatro submarinos escaparam para Alexandria, onde chegaram em 25 de abril. Dali em diante, a marinha grega fez-se representar com distinção em muitas de nossas operações no Mediterrâneo.

Se, na narrativa dessa história de tragédia, fica a impressão de que as forças imperiais e inglesas não receberam nenhuma assistência militar efetiva de seus aliados gregos, convém lembrar que essas três semanas de luta em abril, com desvantagens desesperadoras, foram, para os gregos, a culminação de uma árdua luta de cinco meses contra a Itália, na qual eles haviam despendido quase toda a força vital do país. Atacados sem aviso prévio, em outubro de 1940, por pelo menos o dobro de suas forças, eles inicialmente repeliram os invasores e, depois, num contra-ataque, jogaram-nos de volta por quarenta milhas dentro da Albânia. Durante todo o rigoroso inverno nas montanhas, tinham estado em luta quase corpo a corpo com um inimigo mais numeroso e mais bem-equipado. O exército grego do noroeste não dispusera nem do transporte nem das estradas para uma manobra rápida, a fim de enfrentar no último minuto o novo e esmagador ataque alemão que atingiu seu flanco e sua retaguarda. Suas forças já se haviam esgotado quase até o limite, numa longa e corajosa defesa da pátria.

Não houve recriminações. A amizade e a ajuda que os gregos haviam tão lealmente oferecido a nossos soldados mantiveram-se com igual nobreza até o fim. O povo de Atenas e de outros pontos de evacuação parecia mais preocupado com a segurança de seus pretensos salvadores do que com seu próprio destino. A honra guerreira da Grécia mantém-se imaculada.

Numa transmissão pelo rádio, tentei não apenas expressar os sentimentos do mundo de língua inglesa, mas expor os fatos preponderantes que regiam nosso destino.

> Embora, naturalmente, vejamos com tristeza e angústia muito do que vem acontecendo na Europa e na África, e que pode acontecer na Ásia, não devemos perder nosso senso de equilíbrio e, com isso, ficar desanimados ou alarmados. Ao fitarmos com olhar firme as dificuldades à nossa frente, podemos retirar uma confiança renovada da lembrança das que já superamos. Nada do que está ocorrendo agora é comparável, em sua gravidade, aos perigos que atravessamos no ano passado. Nada do que possa acontecer no Oriente é comparável ao que está acontecendo no Ocidente.
>
> Tenho alguns versos que parecem justos e apropriados aos nossos fados esta noite, e creio que eles assim serão julgados, onde quer que se fale a língua inglesa ou tremule a bandeira da liberdade:

For while the tired waves, vainly breaking,
Seem here no painful inch to gain,
Far back, through creeks and inlets making,
Comes silent, flooding in, the main.

And not by eastern windows only,
When daylight comes, comes in the light;
In front the sun climbs slow, how slowly!
But westward, look, the land is bright.

Pois se as ondas cansadas batem vãs
Sem ganhar um só doloroso centímetro
Lá de trás, pelos regatos, criando passagens
Vem silenciosa, rolando, a massa d'água.

E não é só das janelas de leste que
Quando o dia nasce vem a luz.
Você olha e vem o sol, lento, como é lento,
Mas para oeste, olhe!, a terra brilha.

(Estrofes de "Say Not the Struggle Naught Availeth",
Arthur Hugh Clough, 1819-1861)

41
O flanco do deserto. Rommel. Tobruk

Todo o nosso esforço por uma frente nos Bálcãs baseava-se na existência segura do flanco do deserto, na África do Norte. Este flanco poderia ter sido fixado em Tobruk, mas o rápido avanço de Wavell para oeste e a captura de Benghazi tinham-nos dado toda a Cirenaica. O canto de mar de El Agheila era o portão de entrada da Cirenaica. Houve consenso entre todas as autoridades de Londres e do Cairo de que ela deveria ser preservada a qualquer preço, com prioridade sobre qualquer outro empreendimento. A completa destruição das forças italianas na Cirenaica e as longas distâncias rodoviárias a serem percorridas para que o inimigo pudesse concentrar um novo exército levaram Wavell a acreditar que, por algum tempo, ele poderia guardar esse flanco essencial de oeste com tropas de porte médio e substituir seus soldados experientes por outros menos treinados. O flanco do deserto era o pino do qual pendia tudo o mais, e não havia em nenhum setor a ideia de perdê-lo ou de arriscá-lo em benefício da Grécia ou de qualquer coisa nos Bálcãs.

Nesse momento, porém, novo personagem irrompeu no cenário mundial, um guerreiro que há de guardar seu lugar nos anais militares da Alemanha. Erwin Rommel nascera em Heidenheim, Württemberg, em novembro de 1891. Havia lutado na Primeira Guerra Mundial na região de Argonne, na Romênia e na Itália, sendo ferido duas vezes e condecorado com a mais alta classe da Cruz de Ferro e de Pour de Mérite. Ao eclodir a Segunda Guerra Mundial, fora nomeado comandante do QG de campanha do Führer na campanha polonesa e, em seguida, recebera o comando da 7ª Divisão Panzer do 15° Corpo de Exército. Essa divisão, apelidada de "os Fantasmas", formara a ponta de lança da ofensiva alemã pelo Meuse. Rommel escapara da captura por um triz, quando os ingleses contra-atacaram em Arras em 21 de maio de 1940. Comandou a vanguarda que cruzou o Somme e avançou para o Sena em direção a Rouen, empurrando a ala esquerda francesa e aprisionando numerosas tropas francesas e inglesas ao redor de St. Valéry. Sua divisão entrara em Cherbourg logo depois de nossa retirada final. Rommel aceitara a rendição do porto e fizera trinta mil prisioneiros.

Esses muitos serviços e distinções levaram à sua nomeação, logo no início de 1941, para o comando da tropa alemã enviada à Líbia. Nessa ocasião, as esperanças alemãs limitavam-se a conservar a Tripolitânia, e Rommel comandava o crescente contingente alemão e ficou sob comando italiano. Empenhou-se imediatamente em executar uma campanha ofensiva. Quando, no início de abril, o comandante em chefe italiano tentou persuadi-lo de que o Afrika Korps alemão não deveria avançar sem permissão dele, Rommel protestou que, "como general alemão, tinha de dar ordens de acordo com o que a situação exigisse".

Durante toda a campanha africana, Rommel revelou-se um mestre no manejo de formações móveis, especialmente no reagrupamento rápido após uma operação, de modo a explorar o êxito. Era um esplêndido jogador militar, que dominava o problema dos suprimentos e desdenhava a oposição. A princípio, o alto comando alemão, tendo-lhe dado rédea solta, ficou atônito com seus sucessos e se sentiu inclinado a contê-lo. Seu ardor e intrepidez infligiram-nos desastres lastimáveis, mas ele merece a saudação que lhe fiz — não sem uma certa recriminação do público — na Câmara dos Comuns em janeiro de 1942, quando disse a seu respeito: "Temos contra nós um oponente muito arrojado e hábil e, permitam-me dizê-lo em meio à devastação da guerra, um grande general." Ele também merece nosso respeito porque, embora fosse um leal soldado alemão, veio a detestar Hitler e todas as suas obras e participou da conspiração de 1944 para resgatar a Alemanha, afastando o maníaco e tirano. Por esse ato, pagou com a vida.

☆

O desfiladeiro de El Agheila era o cerne da situação. Se o inimigo penetrasse até Agedabia, estariam em perigo Benghazi e tudo o que ficasse a oeste de Tobruk. Ele poderia escolher entre tomar a boa estrada costeira que passava por Benghazi e seguir adiante, ou usar as trilhas que levavam diretamente a Mechili e Tobruk, cortando a saliência desértica de duzentas milhas de comprimento por cem de largura. Tomando esta última rota em fevereiro, havíamos cortado e capturado muitos milhares de italianos que se retiravam através de Benghazi. Não seria surpresa para nós que Rommel também escolhesse a rota do deserto para nos aplicar o mesmo golpe. Entretanto, enquanto conservássemos a garganta de El Agheila, o inimigo não teria a oportunidade de nos confundir dessa maneira.

Tudo isso dependia de um conhecimento não apenas do terreno, mas das condições da guerra no deserto. Uma superioridade em matéria de blindados e de qualidade, em vez de quantidade, e um razoável equilíbrio aéreo permitiriam que a força melhor e mais enérgica saísse vencedora na luta no deserto, mesmo que a passagem fosse perdida. Nenhuma dessas condições fora criada pelas providências tomadas; éramos inferiores no ar e nossos blindados, por motivos que aparecerão mais adiante, eram sumamente inadequados, como também o eram o treinamento e o equipamento das tropas a oeste de Tobruk.

O ataque de Rommel a El Agheila começou em 31 de março. Nossa divisão blindada, a rigor, apenas uma brigada blindada e seu grupo de apoio, recuou lentamente nos dois dias seguintes. No ar, o inimigo revelou-se altamente superior. A força aérea italiana ainda tinha pouca importância, mas havia cerca de cem caças alemães e cem bombardeiros e bombardeiros de mergulho. Nossas forças blindadas desorganizaram-se frente ao ataque alemão e houve sérias perdas. De um só golpe e quase num único dia, o flanco do deserto, do qual dependiam todas as nossas decisões, desmoronou.

Evacuação de Benghazi foi a ordem e, na noite de 6 de abril, a retirada estava em pleno andamento. Tobruk foi reforçada, mas o QG da 2ª Divisão Blindada e dois regimentos motorizados indianos foram cercados. Muitos homens abriram caminho lutando e trouxeram com eles cem prisioneiros alemães, porém a grande maioria foi obrigada a se render. O inimigo continuou avançando à toda para Bardia e Sollum, com veículos blindados pesados e infantaria motorizada. Outras tropas atacaram as defesas de Tobruk. A guarnição rechaçou dois ataques, destruindo vários tanques inimigos, e, durante algum tempo, a situação ali e na fronteira egípcia ficou estabilizada.

☆

A surra que tomamos em nosso flanco do deserto, enquanto nos desdobrávamos inteiramente na aventura grega, foi um desastre de primeira grandeza. Por algum tempo, fiquei completamente aturdido quanto à sua causa e, assim que houve uma trégua momentânea, vi-me forçado a pedir ao general Wavell uma explicação sobre o que havia acontecido. Como era característico, ele tomou a si a responsabilidade.* O desastre o havia despojado quase completamente de seus blindados.

Domingo, 20 de abril, estava eu passando o fim de semana em Ditchley e trabalhando na cama quando recebi dois telegramas do general Wavell para o CIGS, que revelavam toda a gravidade de sua terrível posição. Descreviam detalhadamente a situação de seus tanques, e o quadro era sombrio: "Notar que apenas dois regimentos de tanques pesados são esperados no Egito no fim de maio e nenhuma reserva para substituir as perdas, *ao passo que há hoje no Egito, treinado, pessoal excelente para seis regimentos de tanques*. Considero vital o fornecimento de tanques pesados, além de tanques de infantaria, aos quais faltam velocidade e raio de ação para operações no deserto. Queira dar sua ajuda pessoal."

Ao ler essas mensagens alarmantes, resolvi não mais me deixar reger pela relutância do almirantado, e enviar um comboio pelo Mediterrâneo diretamente até Alexandria, carregando todos os tanques de que o general Wavell precisava. Tínhamos um comboio com grande quantidade de blindados zarpando para contornar o Cabo. Decidi que os navios velozes de transporte de tanques desse comboio deveriam mudar de curso em Gibraltar e seguir pelo atalho, assim economizando quase quarenta dias. O general Ismay, que estava hospedado nas imediações, foi ter comigo ao meio-dia. Preparei um memorando pessoal para os chefes de estado-maior. Pedi-lhe que o levasse imediatamente a Londres e deixasse claro que eu atribuía suma importância à execução dessa providência.

Os chefes de estado-maior estavam reunidos quando Ismay chegou a Londres. Discutiram minha minuta até altas horas da madrugada. Suas primeiras reações à proposta foram desfavoráveis. As chances de fazer os navios-transporte de equipamento motorizado atravessarem ilesos o Mediterrâneo central não eram julgadas muito altas, já que, na véspera de entrarem no estreito e na manhã seguinte à passagem por Malta, eles ficariam sujeitos a bombardeiros de mergulho fora do alcance dos nossos caças baseados em terra. Houve também a opinião de que estávamos perigosamente enfraquecidos em matéria de tanques no país e, se sofrêssemos nessa ocasião grandes perdas no exterior, haveria uma demanda de reposição desses tanques e, consequentemente, um desvio adicional de tanques das forças internas.

* Esse primeiro ataque de Rommel, com seus frutos consequentes, foi uma grande surpresa tanto para nós quanto para seus próprios superiores, como conta Desmond Young em seu livro *Rommel*.

Entretanto, quando o Comitê de Defesa se reuniu no dia seguinte, o almirante Pound, para minha grande satisfação, apoiou-me e concordou em fazer o comboio atravessar o Mediterrâneo. O chefe do Estado-Maior da RAF, marechal do ar Portal, disse que tentaria conseguir uma esquadrilha de Beaufighters para dar proteção adicional a partir de Malta. Pedi então ao comitê que considerasse o envio de mais cem tanques pesados no comboio. O general Dill opôs-se ao despacho desses tanques adicionais *em vista da escassez para a defesa interna.* Considerando aquilo com que havíamos concordado dez meses antes, quando enviáramos metade de nossos poucos tanques pela rota do Cabo até o Oriente Médio, em julho de 1940, não me foi possível achar que essa razão fosse válida nesse momento. Como sabe o leitor, eu não encarava a invasão como um grande perigo em abril de 1941, já que se haviam feito preparativos adequados contra ela. Sabemos hoje que essa visão estava certa. Ficou acertado que essa operação, que denominei de *Tiger,* deveria prosseguir.

☆

Enquanto tudo isso era providenciado, Tobruk pesava em nossa mente. Todos os Hurricanes que estavam na Grécia tinham sido perdidos e muitos em Tobruk destruídos ou avariados. O marechal do ar Longmore julgou que qualquer nova tentativa de manter uma esquadrilha de caças em Tobruk resultaria tão somente em baixas pesadas sem nenhum propósito. Assim, o inimigo teria completa superioridade aérea acima de Tobruk, até que fosse possível compormos uma nova força de aviões de combate. Entretanto, a guarnição havia repelido um ataque pouco antes, causando sérias baixas ao inimigo e fazendo 150 prisioneiros.

O general Wavell logo nos enviou mais informações inquietantes sobre os reforços de Rommel, que se aproximavam. O desembarque da 15ª Divisão Blindada alemã provavelmente estaria concluído em 21 de abril. Havia sinais de que Benghazi vinha sendo regularmente usada e, embora fossem necessários pelo menos 15 dias para reunir suprimentos, parecia provável que a Divisão Blindada, a 5ª Divisão Motorizada Ligeira e as divisões de Aríete e Trento pudessem avançar depois de meados de junho. Em casa, deixou-nos muito insatisfeitos o fato de Benghazi — que não havíamos conseguido transformar numa base eficiente — já estivesse desempenhando um papel tão importante, agora que estava na mão dos alemães.

☆

Durante a quinzena seguinte, minha atenção aguçada e minhas angústias giraram em torno do destino da operação *Tiger.* Eu não subestimava os riscos que o primeiro Lord do mar se dispusera a aceitar e sabia que havia muitos receios no almirantado. O comboio, que consistia em cinco navios de 15 nós, escoltados pela Força H do almirante Somerville (*Renown, Malaya, Ark Royal* e *Sheffield*), passou por Gibraltar em 6 de maio. Com ele seguiam também os reforços para a esquadra do Mediterrâneo, compreendendo o *Queen Elizabeth* e os cruzadores *Naiad* e *Fiji.* Os ataques aéreos de 8 de maio foram rechaçados sem danos. Durante essa noite, porém, dois navios do comboio esbarraram em minas ao se aproximarem do estreito. Um deles pegou fogo e afundou depois de uma explosão; o outro pôde seguir com o comboio. Ao chegar à entrada do canal de Skerki, o almirante Somerville separou-se do grupo e retornou a Gibraltar. Na tarde de 9 de maio, o almirante Cunningham, que aproveitara a oportunidade para levar um comboio para Malta, foi ao encontro do comboio da *Tiger* com sua esquadra, cinquenta milhas ao sul de Malta. Todas as forças rumaram então para Alexandria, onde chegaram sem maiores baixas ou avarias.

Enquanto isso pendia na balança, meu pensamento voltou-se para Creta. A essa altura, tínhamos certeza de que era iminente um pesado ataque aeroterrestre contra a ilha. Parecia-me que, se os alemães conseguissem capturar e usar os seus campos de aviação, teriam o poder de enviar reforços quase indefinidamente, e achei que até uma dúzia de tanques de infantaria poderia ter um papel decisivo para impedir que o fizessem. Assim, pedi aos chefes de estado-maior que considerassem a hipótese de desviar um navio da *Tiger* para que descarregasse alguns desses tanques em Creta, em sua passagem por lá. Meus colegas militares, embora concordando em que os tanques seriam de especial valia para a finalidade que eu tinha em mente, julgaram desaconselhável pôr o restante da valiosa carga do navio em perigo em função desse desvio. Assim, em 9 de maio, sugeri-lhes que, se fosse "considerado perigoso demais levar o *Clan Lamont* até Suda, ele ou algum outro navio [deveria] levar 12 tanques para lá, logo após o desembarque de sua carga em Alexandria". Expediram-se ordens nesse sentido. Wavell informou-nos, no dia 10 de maio, que "já havia providenciado o envio de seis tanques de infantaria e 15 tanques ligeiros para Creta", e que eles "deverão chegar em poucos dias, se tudo correr bem". Mas só nos restavam pouquíssimos dias.

42
Creta

A IMPORTÂNCIA ESTRATÉGICA DE CRETA em todas as nossas questões no Mediterrâneo já foi explicada por argumentos e acontecimentos. Os navios de guerra ingleses fundeados na baía de Suda, ou com a possibilidade de se reabastecer ali, podiam dar uma proteção importantíssima a Malta. Se nossa base em Creta fosse bem-defendida contra ataques aéreos, o poderio naval superior entraria em jogo e rechaçaria qualquer expedição marítima. Contudo, a apenas cem milhas de distância ficava a fortaleza italiana de Rhodes, com seus amplos aeródromos e suas instalações bem-montadas, enquanto, em Creta, tudo vinha andando por etapas. Eu dera ordens reiteradas para que a baía de Suda fosse reforçada. Chegara até a usar a expressão "uma segunda Scapa Flow". Fazia quase seis meses que a ilha estava em nosso poder, mas só seria possível equipar o porto com um sistema mais potente de canhões antiaéreos à custa de outras necessidades ainda mais urgentes. O Comando do Oriente Médio tampouco conseguira encontrar mão de obra, local ou não, para construir os campos de aviação. Enquanto a Grécia continuasse em poder dos aliados não havia razão para enviar uma grande guarnição a Creta, ou para basear forças poderosas da RAF em seus aeroportos. Mas tudo deveria estar pronto para receber reforços, caso eles ficassem disponíveis ou surgisse a necessidade. A responsabilidade pelo estudo deficiente do problema e a precária execução das instruções fornecidas deve ser dividida entre o Cairo e Whitehall. Só depois de ocorridos os desastres da Cirenaica, de Creta e do deserto foi que me dei conta de quão sobrecarregada e mal-apoiada estava a organização do general Wavell. Ele fez o que pôde, mas a máquina de comando colocada a sua disposição era fraca demais para lhe permitir lidar com a vasta massa de providências que lhe era imposta por quatro ou cinco campanhas simultâneas.

☆

Em momento algum da guerra nosso sistema de inteligência esteve informado com tamanha certeza e precisão. Na exultante confusão de sua tomada de Atenas, os comandantes alemães guardaram menos sigilo do que lhes era costumeiro, e nossos agentes na Grécia eram ativos e ousados. Na última semana de abril, obtivemos de fontes fidedignas boas informações sobre o ataque alemão que viria a seguir. A movimentação e a agitação do 11° Corpo Aeroterrestre alemão, bem como a frenética concentração de navios de pequeno porte nos ancoradouros gregos, não podiam ser escondidas de olhos e ouvidos atentos. Em nenhuma operação esforcei-me mais pessoalmente por estudar e avaliar os dados, ou por me certificar de que a magnitude do ataque iminente fosse transmitida aos comandantes em chefe e comunicada ao general que se encontrava no teatro de operações.

Eu havia sugerido ao CIGS que o general Freyberg fosse colocado no comando em Creta e ele propusera isso a Wavell, que havia concordado prontamente. Bernard Freyberg e eu tínhamos sido amigos por muitos anos. A Victoria Cross e a DSO com duas barras haviam marcado seus serviços insuperáveis e, tal como seu único par, Carton de Wiart, ele merecia o título de "Salamandra" com que eu os havia aclamado. Os dois se excediam sob fogo e tinham literalmente perdido pedaços sem que fossem física ou espiritualmente afetados. No início da guerra, ninguém mais adequado para comandar a Divisão da Nova Zelândia, para a qual ele fora selecionado. Em setembro de 1940, eu havia considerado a ideia de lhe dar um posto com âmbito de ação muito maior. Agora, finalmente, esse comando pessoal decisivo chegara a suas mãos.

Freyberg e Wavell não tinham ilusões. A geografia de Creta dificultava sua defesa. Havia uma única estrada ao longo do litoral norte, na qual estavam enfileirados todos os pontos vulneráveis da ilha. Cada um deles tinha que ser autônomo. Não poderia haver uma reserva central, com liberdade de se deslocar para algum ponto ameaçado, a partir do momento em que essa estrada fosse cortada e firmemente defendida pelo inimigo. Apenas algumas trilhas, impróprias para o transporte motorizado, corriam do litoral sul para o norte. À medida que o perigo iminente começou a dominar a atenção do comando, tentou-se vigorosamente mandar para a ilha reforços e suprimentos de armas, especialmente de artilharia, mas era tarde demais. Durante a segunda semana de maio, a força aérea alemã na Grécia e no Egeu estabeleceu praticamente um bloqueio diurno e cobrou seu tributo de todo o tráfego, especialmente no litoral norte, o único onde havia ancoradouros. Das 27 mil toneladas de armamentos vitais enviadas nas primeiras três semanas de maio, menos de três mil conseguiram ser desembarcadas, e o restante teve de retornar. Nossa força, em matéria de armas antiaéreas, consistia em cinquenta canhões e 24 projetores giratórios. Havia apenas 25 tanques ligeiros já bem gastos. Nossas forças de defesa estavam distribuídas principalmente para proteger os campos de pouso, e o total das tropas imperiais que participavam da defesa correspondia a cerca de 28.600 soldados.

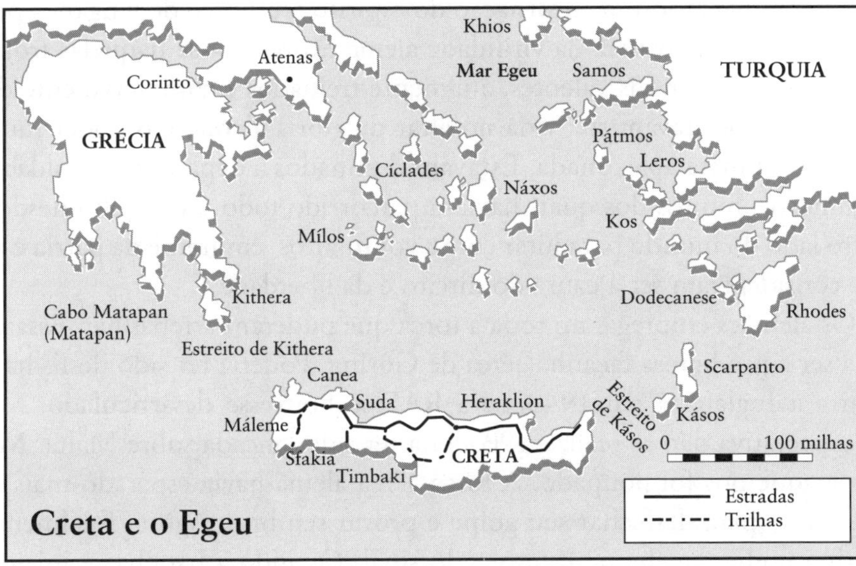

Creta e o Egeu

Mas, evidentemente, foi nossa fraqueza aérea que possibilitou o ataque alemão. O contingente da RAF no início de maio correspondia a 36 aviões, dos quais apenas metade estava em boas condições de uso. Eles se distribuíam entre Retimo, Maleme e Heraklion e eram insignificantes, comparados ao poderio aéreo maciço que estava prestes a ser lançado sobre a ilha. Nossa inferioridade no ar era plenamente reconhecida por todos os envolvidos e, em 19 de maio, véspera do ataque, todos os aviões restantes foram evacuados para o Egito. No Gabinete de Guerra, entre os chefes de estado-maior e entre os comandantes em chefe no Oriente Médio, sabia-se que a única alternativa era combater nessa desvantagem aterradora ou deixar a ilha às pressas, como talvez fosse possível nos primeiros dias de maio. Mas não havia divergências entre quaisquer de nós quanto a enfrentar o ataque; e quando, à luz dos conhecimentos posteriores, verificamos quão perto estivemos de vencer, apesar de todas as nossas deficiências, e quão amplas foram as vantagens até mesmo de nossa derrota, devemos dar-nos por muito satisfeitos com os riscos que corremos e o preço que pagamos.

A batalha começou na manhã de 20 de maio, e nunca um ataque mais atordoante e impiedoso foi lançado pelos alemães. Sob muitos de seus aspectos, ele foi único na época. Nunca se vira nada semelhante. Foi o primeiro ataque pelo ar em larga escala nos anais da guerra. O Corpo Aeroterrestre alemão representava a paixão do Movimento da Juventude Hitlerista e era uma ardorosa encarnação do espírito teutônico de vingança pela derrota de 1918. A nata da virilidade alemã expressava-se naquelas tropas de paraquedistas nazis valentes, altamente treinados e completamente dedicados. Depositavam sua vida no altar da glória alemã, e o poder mundial era sua meta apaixonada. Estavam destinados a deparar com soldados orgulhosos, muitos dos quais haviam percorrido todo o caminho desde o outro lado do mundo para lutar como voluntários, em nome da pátria e do que consideravam ser a causa do direito e da liberdade.

Os alemães empregaram toda a força que puderam arrebanhar. Essa viria a ser a prodigiosa façanha aérea de Göring. Poderia ter sido desfechada contra a Inglaterra em 1940, se a RAF se houvesse desarticulado. Mas tal expectativa não se realizara. Poderia ter sido lançada sobre Malta. Mas esse ataque nos foi poupado. A força aérea alemã havia esperado mais de sete meses para desfechar seu golpe e provar seu brio. Agora, finalmente, Göring podia dar-lhe o tão esperado sinal. Quando a batalha se iniciou, não sabíamos qual era o total de recursos da Alemanha em tropas de paraquedistas. O 11° Corpo Aeroterrestre poderia ser apenas uma de meia dúzia dessas unidades. Só muitos meses depois é que tivemos certeza de que era a única. Na verdade, era a ponta da lança do assalto alemão. E aqui está a história de como triunfou e foi quebrada.

Em Maleme, o grosso de nossa artilharia antiaérea foi posto fora de combate quase imediatamente. Antes de terminado o bombardeio, os planadores começaram a pousar a oeste do aeroporto. Onde quer que nossos soldados fossem avistados, eram submetidos a um bombardeio tremendo. Contra-ataques eram impossíveis à luz do dia. Os planadores ou aviões de transporte de tropas pousavam ou despencavam nas praias e nos campos de vegetação rala, ou no aeródromo varrido pelo fogo. Ao todo, entre Maleme e Canea e em seus arredores, mais de cinco mil alemães atingiram o solo no primeiro dia. Sofreram baixas muito pesadas, em decorrência da artilharia e da feroz luta corpo a corpo com os neozelandeses. No fim do dia, ainda estávamos de posse do aeroporto, mas, naquela noite, os poucos que restavam do batalhão recuaram para suas tropas de apoio.

Retimo e Heraklion foram submetidas a um intenso bombardeio aéreo naquela manhã, seguido pela descida de paraquedistas à tarde. Seguiu-se um combate violento mas, ao anoitecer, continuávamos firmemente de posse dos dois campos de aviação. O resultado desse primeiro dia de batalha, portanto, foi bastante satisfatório, exceto em Maleme; mas, em todos os setores, grupos de homens bem-armados já estavam à solta. A força dos ataques superou em muito as expectativas do comando inglês, e a fúria de nossa resistência assombrou o inimigo.

A violenta investida continuou no segundo dia, quando voltaram a aparecer aviões transportando tropas. Embora o aeroporto de Maleme continuasse sob fogo cerrado de nossa artilharia e nossos morteiros, os aviões de transporte de tropas continuaram a aterrissar nele e no solo irregular a oeste. O Alto Comando alemão parecia indiferente às baixas, e pelo menos cem aviões se espatifaram em aterrissagens forçadas nessa área. Mesmo assim, a invasão continuou. Um contra-ataque realizado naquela noite chegou aos limites do aeroporto, mas, com o amanhecer, a força aérea alemã ressurgiu e o terreno conquistado não pôde ser mantido.

No terceiro dia, Maleme transformou-se num aeroporto operacional efetivo para o inimigo. Os aviões de transporte de tropas continuaram a chegar, à razão de mais de vinte por hora. Ainda mais decisivo foi o fato de eles poderem também retornar para buscar reforços. Ao todo, calcula-se que, nesse e nos dias seguintes, mais de seiscentos aviões de transporte tenham pousado ou feito aterrissagens forçadas mais ou menos bem-sucedidas no aeroporto. Sob a pressão crescente, a brigada neozelandesa foi cedendo terreno aos poucos, até ficar a quase dez milhas de Maleme. Em Canea e Suda não houve alteração, e em Retimo a situação continuou bem-controlada. Em Heraklion, o inimigo vinha pousando a leste do aeroporto e ali se iniciou e foi crescendo uma posição inimiga eficaz.

Na noite seguinte, nossos soldados exaustos viram, ao norte, toda a linha do horizonte iluminada por clarões e souberam que a Royal Navy estava em ação. O primeiro comboio marítimo alemão iniciara sua missão desesperada. Por duas horas e meia, os navios ingleses perseguiram sua caça, afundando nada menos de 12 barcos e três navios a vapor, todos repletos de soldados inimigos. Calcula-se que cerca de quatro mil homens tenham-se afogado nessa noite. Enquanto isso, o almirante King, com quatro cruzadores e três contratorpedeiros, passara a noite de 21 de maio patrulhando a costa de Heraklion e, ao amanhecer de 22, começou a se deslocar para o norte. Um único barco repleto de soldados foi destruído e, por volta das dez horas, a esquadra se aproximava da ilha de Milos. Poucos minutos depois, um destróier inimigo com cinco pequenas embarcações foi avistado ao norte e imediatamente atacado. Outro destróier foi avistado lançando uma cortina de fumaça, por trás da qual havia grande número de barcos. Na verdade, tínhamos interceptado outro importante comboio, abarrotado de soldados. Nosso reconhecimento aéreo havia comunicado esse fato ao almirante Cunningham, mas a notícia levara mais de uma hora para ser confirmada ao almirante King. Seus navios tinham estado sob ataque aéreo incessante desde o alvorecer e, embora não tivessem sofrido nenhuma avaria até então, todos estavam começando a ficar sem munição antiaérea. O contra-almirante, sem se aperceber plenamente do prêmio que estava quase ao alcance de sua mão, achou que prosseguir em direção ao norte poria em risco sua esquadra inteira e ordenou um recuo para o oeste. Tão logo essa mensagem foi decodificada pelo comandante em chefe, ele transmitiu a seguinte ordem: "Aguente firme. Mantenha distância de contato visual. Exército não pode desembarcar em Creta. É essencial que nenhuma força inimiga transportada por mar desembarque em Creta."

Mas já era tarde demais para destruir o comboio, que fizera meia-volta e se dispersara por todas as direções entre as inúmeras ilhas. Assim, pelo menos cinco mil soldados alemães escaparam da sorte de seus companheiros. A audácia das autoridades alemãs, ao ordenarem a travessia desses comboios de tropas praticamente indefesos por águas cujo domínio naval elas não possuíam da mesma forma como possuíam do ar, são uma amostra do que poderia ter acontecido, em escala gigantesca, no mar do Norte e no canal da Mancha em setembro de 1940. Isso mostra a falta de compreensão alemã do poder naval contra as forças de invasão, e também o preço que pode ser cobrado em vidas humanas como punição por esse tipo de ignorância.

Inflexivelmente decidido, fosse a que custo fosse, a destruir todos os invasores trazidos por mar, o almirante Cunningham jogou tudo na balança. É claro que, durante todo o decorrer dessas operações, ele não hesitou, para esse fim, em arriscar não somente seus navios mais preciosos, como todo o comando naval do Mediterrâneo Oriental. Sua conduta nessa situação foi altamente apreciada pelo almirantado. Nessa batalha sinistra, o comando alemão não foi o único a arriscar as cartadas mais altas. Os acontecimentos dessas 48 horas de batalha naval convenceram o inimigo, e não houve nenhuma outra tentativa de desembarque por mar enquanto o destino de Creta não ficou decidido.

Mas os dias 22 e 23 de maio custaram caro à marinha. Dois cruzadores e três contratorpedeiros foram afundados, um encouraçado, o *Warspite,* foi posto fora de combate por muito tempo, e o *Valiant* e muitos outros navios foram consideravelmente avariados. Ainda assim, a guarda marítima de Creta foi mantida. A marinha não falhou. Nem um único alemão desembarcou em Creta por mar até acabar a batalha pela ilha.

O dia 26 de maio foi decisivo. Nossos soldados tinham estado sob pressão cada vez maior durante seis dias. Finalmente, não conseguiram mais aguentar. Tarde da noite, tomou-se a decisão de evacuar Creta. Tivemos de enfrentar novamente uma tarefa amarga e desoladora e a certeza de baixas pesadas. A esquadra, atormentada e fatigada, teve de realizar o embarque de aproximadamente 22 mil homens, a maioria saindo da praia desprotegida de Sphakia, e atravessar 350 milhas de águas dominadas pela força aérea inimiga. Era preciso que os soldados se escondessem perto da orla até serem chamados a embarcar. Pelo menos 15 mil homens ficaram escondidos no terreno acidentado perto de Sphakia, e a retaguarda de Freyberg esteve em combates constantes.

Uma tragédia esperava a expedição concomitante do almirante Rawlings, que fora resgatar a guarnição de Heraklion. Chegando antes da meia-noite, os contratorpedeiros transportaram os soldados para os cruzadores que esperavam ao largo. Às 3h20, o trabalho foi concluído. Quatro mil homens tinham sido embarcados e se iniciou a viagem de volta. Havia-se providenciado uma proteção de aviões de caça, mas, em parte em virtude de uma diferença de hora, os aviões não localizaram os navios. O temido bombardeio começou às seis horas e continuou até as 15 horas, quando a esquadra estava a menos de cem milhas de Alexandria. O destróier *Hereward* foi a primeira baixa. Às 6h25, foi atingido por uma bomba e não conseguiu mais acompanhar o comboio. O almirante decidiu, acertadamente, deixar o navio atingido entregue à sua sorte. A última vez que ele foi visto, estava se aproximando da costa de Creta. Os que se achavam a bordo sobreviveram em grande parte, embora como prisioneiros de guerra. Mas havia coisa pior por vir. Nas quatro horas seguintes, os cruzadores *Dido* e *Orion* e o contratorpedeiro *Decoy* foram atingidos. A velocidade da esquadra caiu para 21 nós, mas todos mantiveram-se juntos no rumo sul. No *Orion,* a situação foi estarrecedora. Além de sua própria tripulação, ele levava 1.100 soldados a bordo. Em seu refeitório superlotado, uns 260 homens foram mortos e 280, feridos por uma bomba que atravessou o passadiço. O comandante G.R.B. Back também foi morto, o navio ficou seriamente avariado e pegou fogo. Ao meio-dia, surgiram dois aviões Fulmar da aviação naval e, a partir desse momento, trouxeram algum alívio. Os caças da RAF, a despeito de todos os esforços, não conseguiram localizar a esquadra torturada, embora tenham travado diversos combates e destruído pelo menos dois aviões. Quando a esquadra chegou a Alexandria, às vinte horas do dia 29, constatou-se que um quinto da guarnição resgatada de Heraklion fora morta, ferida ou capturada.

☆

Depois dessas experiências, o general Wavell e seus colegas tiveram que decidir até quando deveria prosseguir o esforço de retirar nossas tropas de Creta. O exército estava em perigo mortal, a aviação pouco podia fazer e, mais uma vez, a tarefa recaiu sobre a marinha, exausta e dilacerada pelas bombas. Para o almirante Cunningham, era contrário a toda a tradição abandonar o exército em semelhante crise. Ele declarou: "A marinha leva três anos para construir um novo navio. Levará trezentos anos para construir uma nova tradição. A evacuação [*i.e.*, o resgate] continuará." Na manhã do dia 29, quase cinco mil homens tinham sido retirados, mas um imenso número aguardava escondido em todos os acessos a Sphakia, sendo bombardeado todas as vezes que se expunha à luz do dia. A decisão de arriscar outras perdas navais ilimitadas foi justificada, não apenas em seu impulso, mas pelos resultados obtidos.

Na noite de 28 de maio, o almirante King zarpara rumo a Sphakia. Na noite seguinte, cerca de seis mil homens foram embarcados sem interferência e, apesar de atacados por três vezes no dia 30, chegaram a Alexandria em segurança. Essa boa sorte deveu-se aos caças da RAF, que, apesar de pouco numerosos, desarticularam mais de um ataque antes que ele atingisse o alvo. Na manhã do dia 30, o comandante Arliss zarpou mais uma vez para Sphakia, acompanhado por quatro contratorpedeiros. Dois deles tiveram que voltar, mas ele prosseguiu com o outro par e embarcou com êxito mais de 1.500 soldados. Os dois navios foram avariados por bombas que caíram muito perto na viagem de volta, mas chegaram em segurança a Alexandria. O rei da Grécia, depois de muitos perigos, fora retirado dias antes em companhia do embaixador inglês. Nessa noite, também o general Freyberg foi resgatado de avião, por instrução do comandante em chefe.

Em 30 de maio, ordenou-se um último esforço para retirar as tropas restantes. Acreditava-se que o número em Sphakia, àquela altura, não ultrapassasse três mil soldados, mas informações posteriores mostraram que havia mais do dobro desse total. O almirante King tornou a zarpar na manhã do dia 31. Não tinha esperança de transportar todos, mas o almirante Cunningham mandou que os navios acomodassem o máximo de soldados. Ao mesmo tempo, o almirantado foi informado de que essa seria a última noite da retirada. O embarque correu bem e os navios tornaram a zarpar às três horas de 1º de junho, levando quase quatro mil soldados em segurança para Alexandria.

Mais de cinco mil soldados ingleses e do Império foram deixados em algum lugar de Creta e autorizados pelo general Wavell a capitular. Muitos indivíduos, entretanto, dispersaram-se pela ilha montanhosa, que tem 160 milhas de comprimento. Eles e os soldados gregos foram socorridos pelos aldeões e pelos camponeses, que eram implacavelmente punidos todas as vezes que eram descobertos. Houve represálias bárbaras contra camponeses inocentes ou corajosos, que foram fuzilados em grupos de vinte ou trinta. Foi por essa razão que, três anos depois, em 1944, propus ao Conselho Supremo de Guerra que os crimes locais fossem julgados *in loco* e que os acusados fossem recambiados para julgamento nas mesmas regiões. Esse princípio foi aceito e algumas das dívidas vencidas foram pagas.

☆

Dezesseis mil e quinhentos homens foram trazidos em segurança para o Egito. Eram, em sua quase totalidade, soldados ingleses e do Império Britânico. Quase outros mil foram ajudados a escapar, posteriormente, por vários destacamentos de comandos. Nossas baixas foram de aproximadamente 13 mil mortos, feridos e capturados. A elas acrescentem-se quase duas mil baixas navais. Desde a guerra, mais de quatro mil túmulos alemães foram contados perto de Maleme e da baía de Suda, e outros mil em Retimo e Heraklion. Além deles, houve o número enorme mas desconhecido dos que se afogaram e dos que vieram a morrer posteriormente na Grécia, em decorrência de seus ferimentos. No total, o inimigo deve ter sofrido baixas bem superiores a 15 mil mortos e feridos. Cerca de 170 aviões-transporte de tropas foram derrubados ou seriamente avariados. Mas o preço que eles pagaram por sua vitória não pode ser medido pelo morticínio.

A Batalha de Creta foi um exemplo dos resultados decisivos que podem brotar dos combates duros e contínuos, afora as manobras por posições estratégicas. Não sabíamos quantas divisões de paraquedistas tinham os alemães. Mas, na verdade, a 7ª Divisão Aeroterrestre era a única de Göring. Essa divisão foi destruída na Batalha de Creta. Mais de cinco mil de seus homens mais intrépidos foram mortos, e a estrutura inteira da organização ficou irremediavelmente desarticulada. Ela nunca mais ressurgiu em forma efetiva. Os neozelandeses e os outros soldados ingleses, imperiais e gregos que lutaram nessa batalha confusa, desanimadora e inútil por Creta fiquem certos de que desempenharam um papel decisivo num acontecimento que nos trouxe um alívio de grandes consequências, num momento crucial.

As perdas alemãs de seus mais qualificados combatentes retiraram uma portentosa arma aerotransportada e paraquedista de qualquer participação adicional nos acontecimentos imediatos no Oriente Médio. Göring obteve uma vitória de Pirro em Creta, pois as forças que despendeu ali poderiam facilmente ter-lhe dado Chipre, o Iraque, a Síria e talvez até a Pérsia. Era tropa exatamente do tipo necessário para invadir grandes regiões oscilantes, onde não havia nenhuma resistência séria. Foi tolice desperdiçar essas oportunidades quase incomensuráveis e essas forças insubstituíveis numa luta mortal, amiúde corpo a corpo, com os guerreiros do Império Britânico.

Dispomos agora do "relatório de combate" do 11° Corpo Aeroterrestre, do qual a 7ª Divisão Aeroterrestre fazia parte. Ao recordarmos as duras críticas e autocríticas a que nossas medidas foram submetidas, é interessante ler o outro lado.

> As forças terrestres inglesas em Creta tinham aproximadamente o triplo da força que havíamos presumido. A área de operações na ilha fora preparada para a defesa com extremo cuidado e por todos os meios possíveis. (...) Todas as construções foram camufladas com grande habilidade. (...) A impossibilidade de avaliar corretamente a situação inimiga, em virtude da falta de informações, pôs em risco o ataque do XI Corpo Aeroterrestre e resultou em perdas excepcionalmente elevadas e sangrentas.

A situação naval no Mediterrâneo, pelo menos no papel, foi gravemente afetada por nossas perdas na batalha e na evacuação de Creta. A Batalha de Matapan, em 28 de março, havia repelido momentaneamente a esquadra italiana para seus portos. Agora, no entanto, novas e pesadas baixas tinham sido impostas à nossa esquadra. Depois de Creta, o almirante Cunningham contava com apenas dois encouraçados, três cruzadores e 17 contratorpedeiros prontos para a ação. Nove outros cruzadores e contratorpedeiros estavam em reparos no Egito, mas os encouraçados *Warspite* e *Barham,* bem como seu único porta-aviões, o *Formidable,* além de vários outros navios, teriam que deixar Alexandria para ser reparados em outros locais. Três cruzadores e seis destróieres tinham sido perdidos. Era preciso enviar reforços sem demora para restabelecer o equilíbrio. Mas, como será relatado dentro em pouco, havia outros infortúnios à nossa espera. O período que estávamos prestes a enfrentar ofereceu ao inimigo sua melhor oportunidade de contestar nosso dúbio controle do Mediterrâneo e do Oriente Médio, com tudo o que isso implicava. Não tínhamos como saber que ele não iria aproveitá-la.

43
O último esforço do general Wavell

ENQUANTO A LUTA EM CRETA e no deserto ocidental caminhava para um clímax e o *Bismarck* era perseguido e destruído no oceano Atlântico, perigos menos sangrentos mas não menos graves ameaçavam-nos na Síria e no Iraque. Nosso tratado de 1930 com o Iraque previa que, em tempos de paz, a Inglaterra, entre outras coisas, manteria bases aéreas perto de Basra e em Habbaniya e teria direito de trânsito para forças militares e suprimentos em qualquer ocasião. Previa também que, em tempo de guerra, teríamos todas as facilidades possíveis, inclusive o uso de ferrovias, rios, portos e aeroportos para a passagem de nossas forças armadas. Quando eclodiu a guerra, o Iraque rompeu relações diplomáticas com a Alemanha, mas não declarou guerra. Quando a Itália entrou no conflito, o Iraque nem sequer cortou suas relações diplomáticas, e a embaixada italiana em Bagdá tornou-se o principal centro de propaganda do Eixo, fomentando sentimentos antibritânicos. Foi nisso ajudada pelo mufti de Jerusalém, que escapou da Palestina pouco antes de estourar a guerra e, posteriormente, obteve asilo em Bagdá. Com a queda da França, o prestígio inglês baixou muito, e a situação nos causou grande ansiedade. Mas, como ação militar estava fora de possibilidade, tivemos de seguir adiante da melhor forma possível.

Em março de 1941, houve uma mudança para pior. Rashid Ali, que vinha trabalhando com os alemães, tornou-se primeiro-ministro, e o regente pró-inglês, emir Abdul Ilah, fugiu. Tornou-se essencial garantir Basra, o principal porto do Iraque no golfo Pérsico, e uma brigada enviada pelo general Auchinleck, comandante em chefe na Índia, ali desembarcou sem oposição em 18 de abril. Com isso, Rashid Ali, que vinha contando com a assistência dos aviões alemães e até de tropas alemãs aerotransportadas, foi forçado a entrar em combate.

Seu primeiro movimento foi atacar Habbaniya, nossa base de treinamento da força aérea no deserto do Iraque. O acantonamento alojava pouco mais de 2.200 militares e nada menos de nove mil civis, e sua escola de pilotagem tornou-se um ponto de grande importância. O vice-marechal do ar Smart, que estava no comando, tomou precauções ousadas e oportunas.

Anteriormente, a escola tivera apenas aviões obsoletos ou de treinamento, mas alguns caças Gladiator haviam chegado do Egito e 82 aviões de todos os modelos foram improvisados em quatro esquadrilhas. Um batalhão inglês proveniente da Índia chegou no dia 29. A defesa terrestre do perímetro de sete milhas, com sua solitária cerca de arame, era realmente escassa. No dia 30, tropas iraquianas vindas de Bagdá apareceram a apenas uma milha do planalto que dominava o aeroporto e a base. Em pouco tempo, elas foram reforçadas até atingir o total de cerca de nove mil homens e cinquenta canhões. Os dois dias subsequentes foram gastos em conversações infrutíferas. No alvorecer de 2 de maio, a batalha começou.

Na Síria, a ameaça era não menos iminente e nossos recursos não menos escassos. Era um dos muitos territórios ultramarinos do Império Francês que se consideravam comprometidos com a rendição do governo francês, e as autoridades de Vichy tinham feito o máximo para impedir que qualquer militar do exército francês no Levante cruzasse a fronteira da Palestina para se juntar a nós. Em agosto de 1940, aparecera uma comissão italiana do armistício e agentes alemães, presos desde a eclosão da guerra, foram libertados e entraram em atividade. No fim do ano, muitos outros alemães haviam chegado e, dispondo de fartas verbas, tratavam de despertar sentimentos antibritânicos e antissionistas entre os povos árabes do Levante. No momento em que Rashid Ali tomou o poder no Iraque, a Síria impôs-se à nossa atenção. A Luftwaffe já vinha atacando o canal de Suez a partir de bases no Dodecaneso e, obviamente, se quisesse, poderia agir contra a Síria, especialmente com tropas aerotransportadas. Se algum dia os alemães assumissem o controle desse país, o Egito, a zona do canal e a refinaria de petróleo de Abadan ficariam sob a ameaça direta de ataques aéreos contínuos. Nossas comunicações por terra entre a Palestina e o Iraque ficariam em perigo. Era bem possível que houvesse repercussões políticas no Egito, e nossa reputação na Turquia e em todo o Oriente Médio ficaria muito abalada.

Logo depois que Rashid Ali apelou para o Führer, pedindo-lhe apoio armado contra nós no Iraque, o almirante Darlan negociou um acordo preliminar com os alemães sobre a Síria. Três quartos do material bélico reunido sob o controle da comissão italiana do armistício deveriam ser transportados para o Iraque, e a força aérea alemã deveria ter permissão de desembarque. O general Dentz, alto comissário e comandante em chefe de Vick, foi instruído a acatar essas ordens e, no fim de maio, cerca de cem aviões alemães e vinte italianos aterrissaram nos aeroportos sírios.

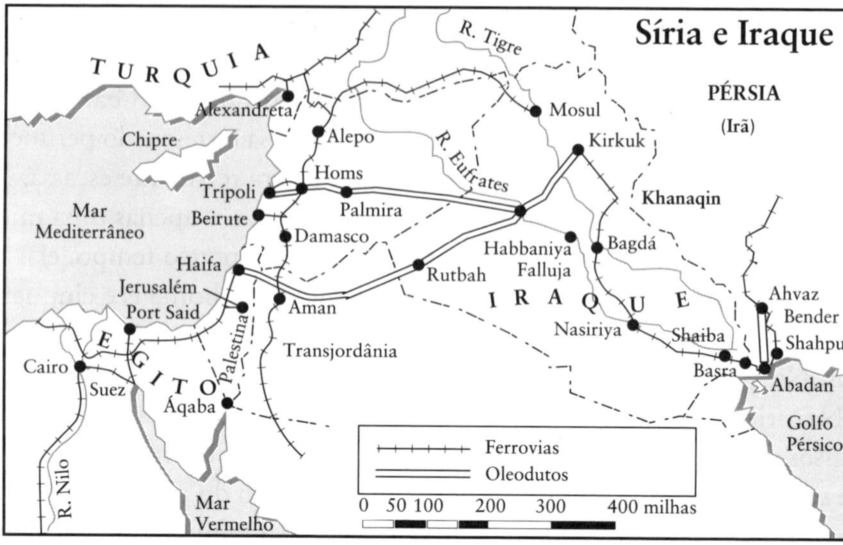

☆

Desde o início desses novos perigos, o general Wavell mostrou-se sumamente relutante em assumir novas responsabilidades. Na Síria, tudo o que poderia administrar seria uma única brigada. Ele declarou que faria movimentos para dar a impressão de que havia uma grande força preparando-se para combater a partir da Palestina, o que talvez surtisse algum efeito no governo iraquiano, mas disse que tudo o que lhe era possível enviar seria insuficiente e tardio. Isso deixaria a Palestina perigosamente enfraquecida e já havia incitações à revolta ocorrendo no local. Ele telegrafou: "Tenho-vos alertado reiteradamente que nenhuma assistência pode ser dada ao Iraque a partir da Palestina, na situação atual, e sempre recomendei que se evitasse um comprometimento no Iraque. (...) Minhas forças estão sendo exigidas até o limite máximo por toda parte, e simplesmente não posso me dar o luxo de arriscar parte delas em operações que não surtam efeito."

O general Auchinleck, por outro lado, continuou a oferecer ao Iraque reforços de até cinco brigadas de infantaria e tropa de apoio, se o transporte pudesse ser fornecido. Ficamos satisfeitos com seu espírito animado. O general Wavell só obedeceu sob protesto. Em 5 de maio, telegrafou: "Julgo ser meu dever advertir-vos nos termos mais graves de que considero que o prolongamento da luta no Iraque colocará seriamente em risco a defesa da Palestina e do Egito. As repercussões políticas serão incalculáveis e poderão resultar no que passei quase dois anos tentando evitar, ou seja, graves distúrbios internos em nossas bases. Portanto, insisto vigorosamente em que se negocie um acordo o mais depressa possível."

Não fiquei satisfeito com isso e, apoiado pelos chefes de estado-maior, levantei o problema no Comitê de Defesa em sua reunião do dia seguinte, ao meio-dia. O estado de ânimo vigente era resoluto. As seguintes ordens foram enviadas ao general Wavell, por instrução do Comitê:

> (...) O acordo mediante negociação não pode ser considerado, a não ser com base num recuo dos iraquianos, com salvaguardas contra as futuras intenções do Eixo em relação ao Iraque. A realidade da situação é que Rashid Ali sempre foi ligadíssimo com as potências do Eixo e estava apenas esperando que elas pudessem apoiá-lo para jogar sua cartada. Nossa chegada a Basra forçou-o a agir prematuramente, antes que o Eixo estivesse pronto. Assim, há uma excelente probabilidade de recuperar a situação através de medidas arrojadas, se elas não sofrerem atraso.
>
> Por conseguinte, os chefes de estado-maior informaram ao Comitê de Defesa que estão dispostos a assumir a responsabilidade pelo envio da força especificada em vosso telegrama na primeira oportunidade. O Comitê de Defesa determinou que o vice-marechal do ar Smart seja informado de que receberá assistência e de que, nesse meio-tempo, é dever dele defender Habbaniya até o fim. Ressalvando-se a manutenção da defesa do Egito, o máximo apoio aéreo possível deverá ser dado às operações no Iraque.

Enquanto isso, as esquadrilhas da escola de pilotagem de Habbaniya, junto com os bombardeiros Wellington de Shaiba, na extremidade do golfo Pérsico, atacaram as tropas iraquianas no planalto. Estas revidaram com artilharia bombardeando a base, com o auxílio das bombas e metralhadoras de suas aeronaves. Mais de quarenta dos nossos homens foram mortos ou feridos no primeiro dia, e 22 aviões foram destruídos ou avariados. Apesar dos riscos envolvidos em decolagens sob fogo da artilharia próxima, nossos pilotos perseveraram. Não houve ataque da infantaria inimiga e, pouco a pouco, suas baterias foram sendo dominadas. Verificou-se que os artilheiros inimigos não se mantinham a postos em seus canhões sob ataque aéreo, nem tampouco quando nossas aeronaves eram avistadas sobrevoando a região. Tirou-se plena vantagem de seu nervosismo e, depois do segundo dia, pudemos desviar parte de nosso esforço aéreo e voltá-lo contra a força aérea iraquiana e suas bases. Nas noites de 3 e 4 de maio, algumas patrulhas se deslocaram para atacar as linhas inimigas e, no dia 5, após quatro dias de bombardeio da RAF, o inimigo se deu por vencido. Naquela noite, retirou-se do planalto. Foi perseguido, e um combate muito bem-sucedido resultou na captura de quatrocentos prisioneiros, 12 canhões, sessenta metralhadoras e dez carros blindados. Uma coluna de reforços foi apanhada na estrada e destruída por nossos aviões. Em 7 de maio, o cerco estava encerrado e, no dia 18, a vanguarda das tropas de revezamento chegou da Palestina.

A essa altura, os iraquianos não eram o único inimigo. Os primeiros aviões alemães estabeleceram-se no aeroporto de Mosul em 13 de maio e, a partir de então, a tarefa principal da RAF consistiu em atacá-los e impedir que fossem abastecidos por ferrovia através da Síria. Passados alguns dias, conseguimos esmagá-los. Depois apareceu uma esquadrilha italiana de caças, que não obteve qualquer sucesso. O oficial alemão encarregado de coordenar o ataque das esquadrilhas aéreas do Eixo com as forças iraquianas, filho do marechal Blomberg, aterrissou em Bagdá com uma bala na cabeça, graças ao tiroteio equivocado de seus aliados. Seu sucessor, apesar de ter mais sorte na aterrissagem, nada pôde fazer, e toda a probabilidade de uma intervenção proveitosa do Eixo chegou ao fim.

Nossas tropas avançadas chegaram aos arredores de Bagdá em 30 de maio. Embora somassem um pequeno número e houvesse uma divisão iraquiana na cidade, sua presença foi demais para Rashid Ali e seus companheiros, que fugiram imediatamente para a Pérsia, acompanhados pelos embaixadores alemão e italiano e pelo ex-mufti de Jerusalém. Assinou-se um armistício no dia seguinte. O regente foi reinstaurado no poder, um novo governo tomou posse e logo ocupamos todos os pontos importantes do país.

Assim, o plano alemão de provocar uma rebelião no Iraque e dominar aquela ampla área a um custo reduzido frustrou-se por um triz. Eles tinham ao seu dispor, é claro, uma força aerotransportada que, nessa ocasião, ter-lhes-ia dado a Síria, o Iraque e o Irã, com seus preciosos campos petrolíferos. A mão de Hitler poderia ter-se estendido até muito longe, atingindo a Índia e acenando para o Japão. Mas, como vimos, ele optou por empregar e gastar sua organização aérea de elite em outro lugar. Sem dúvida, desperdiçou a oportunidade de capturar uma grande presa, por um custo baixo, no Oriente Médio.

☆

A amarga necessidade de deter os alemães na Síria também nos obrigou a exercer uma dura pressão sobre Wavell. Ele disse ter a esperança de não ser cumulado com uma campanha na Síria, a menos que ela fosse absolutamente essencial. Os chefes de estado-maior retrucaram que não havia outra alternativa senão improvisar a maior força que lhe fosse possível, sem prejudicar a segurança do deserto ocidental, e, em 21 de maio — no momento do ataque alemão a Creta — Wavell instruiu o general Maitland Wilson a se preparar para uma expedição.

Auxiliada por tropas da França Livre, esta teve início em 8 de junho e, a princípio, encontrou pouca oposição. Ninguém sabia dizer até que ponto Vichy lutaria. Embora não conseguíssemos a surpresa, houve quem achasse que o inimigo ofereceria apenas uma resistência simbólica. Mas, quando ele percebeu como éramos fracos, sentiu-se animado e reagiu vigorosamente, nem que fosse apenas por honra das armas. Após uma semana de combate, ficou claro para Wavell que havia necessidade de reforços. Com muito esforço, conseguiu reunir mais algumas unidades, inclusive parte da força que havia capturado Bagdá. Damasco foi tomada pelos australianos em 21 de maio, depois de três dias de luta acirrada. Seu avanço foi auxiliado por um ataque intrépido e caro do Comando nº 11, que desembarcou por mar atrás das linhas inimigas. O general Dentz percebeu que havia chegado ao seu limite. Ainda dispunha de cerca de 24 mil homens, mas não tinha esperança de oferecer uma resistência contínua. Mal lhe restava um quinto de sua força aérea. Às 8h30 de 12 de julho, chegaram enviados de Vichy para propor um armistício. Ele foi concedido, assinou-se um acordo e a Síria passou para a ocupação aliada. Nossas baixas, entre mortos e feridos, ultrapassaram 4.600 homens; as do inimigo foram de uns 6.500. Restou um incidente desagradável. Os soldados ingleses feitos prisioneiros durante a batalha tinham sido embarcados às pressas para a França de Vichy, onde certamente passariam para a custódia alemã. Quando se descobriu isso, o general Dentz e outros oficiais de alta patente foram tomados como reféns, até que nossos homens fossem devolvidos.

☆

As boas campanhas na Síria e no Iraque melhoraram enormemente nossa posição estratégica no Oriente Médio. Fecharam as portas a qualquer nova tentativa de penetração do inimigo no Oriente pelo Mediterrâneo, estenderam nossa defesa do canal de Suez por mais 250 milhas ao norte e livraram a Turquia dos temores por sua fronteira sul. A Turquia, a partir de então, pôde contar com a garantia da ajuda de uma nação amiga, se fosse atacada. A batalha de Creta, que nos custara tão caro, destruíra o poder de ataque das tropas alemãs aerotransportadas. A rebelião do Iraque foi finalmente sufocada e, com uma força deploravelmente pequena e improvisada, recuperamos o domínio das vastas regiões que estavam em jogo. A ocupação e conquista da Síria, empreendidas para enfrentar uma necessidade desesperadora, acabaram para sempre, como depois se constatou, com o avanço alemão em direção ao golfo Pérsico e à Índia. Se, diante de todas as tentações da prudência, o Gabinete de Guerra e os chefes de estado-maior não tivessem feito de cada longínquo posto um posto vencedor, impondo sua vontade a todos os comandantes, ter-nos-iam restado apenas as perdas sofridas em Creta, sem que colhêssemos as recompensas decorrentes da árdua e gloriosa batalha havida ali. Se o general Wavell, mesmo exausto, houvesse sucumbido à extrema tensão a que foi submetido pelos acontecimentos e por nossas ordens, todo o futuro da guerra e da Turquia poderiam ter-se alterado de maneira fatal. Há sempre muito a dizer em favor de não arriscar mais do que o possível e transformar em certeza aquilo que se arrisca. Mas esse princípio, como outros na vida e na guerra, tem suas exceções.

Convém lembrar que a revolta no Iraque e o avanço para a Síria constituíram apenas uma pequena parcela da imensa pressão, no Oriente Médio, que atingiu o general Wavell por todos os lados e simultaneamente. Do mesmo modo, todo o cenário do Mediterrâneo, visto de Londres, era apenas uma parte secundária do nosso problema mundial. A ameaça de invasão, a guerra submarina e a atitude do Japão eram aspectos preponderantes. Somente a força e a coesão do Gabinete de Guerra, as relações de respeito mútuo e harmonia de opiniões entre os líderes políticos e militares, e o perfeito funcionamento de nossa máquina de guerra permitiram-nos superar, ainda que dolorosamente mutilados, essas provações e perigos. Resta ainda descrever mais uma operação, a batalha no deserto ocidental, que foi de suma importância para mim e para os chefes de estado-maior. E esta, embora não tenha tido sucesso, deixou Rommel paralisado por quase cinco meses.

☆

Nessa época, tínhamos um espião em estreito contato com o QG de Rommel. Ele nos fornecia informações exatas sobre as terríveis dificuldades que o inimigo enfrentava. Sabíamos como era estreita a margem com que Rommel esperava manter-se e sabíamos também das ordens veementes e rigorosas do Alto Comando alemão, no sentido de que ele não desperdiçasse suas vitórias contando demais com a sorte.

Wavell, que dispunha de todas as nossas informações, tentou por iniciativa própria, mesmo no advento iminente de Creta, deter Rommel antes que a temida 15a Divisão Panzer chegasse com plena força pela longa estrada que vinha de Trípoli, e antes que Benghazi fosse efetivamente aberta como um atalho para o suprimento do inimigo. Ele queria atacar antes mesmo que os tanques entregues pela operação *Tiger* — os "filhotes de tigre", como Wavell e eu os chamávamos em nossa correspondência — pudessem entrar em ação. Uma pequena força comandada pelo general Gott tentou fazer isso, mas a tentativa fracassou e, em 20 de maio, a oportunidade de derrotar Rommel antes que ele conseguisse reforços estava perdida.

A despeito dos preparativos feitos de antemão, foram graves os atrasos na descarga, remontagem e adaptação dos "filhotes de tigre" às condições do deserto. Verificou-se que, na chegada, as condições mecânicas de muitos dos tanques de infantaria eram deploráveis. E logo vieram os problemas. Rommel dispôs a maior parte da 15a Divisão Panzer e se concentrou na fronteira entre Capuzzo e Sidi Omar. Esperava um ataque vigoroso para libertar Tobruk e estava decidido a reconquistar e defender Halfaya a fim de torná-lo mais difícil. Esse famoso desfiladeiro era defendido pelo 3° Batalhão dos Guardas de Coldstream, por um regimento de artilharia de campanha e dois esquadrões de tanques. O inimigo avançou em 26 de maio e, nessa noite, capturou uma faixa a noroeste que lhe dava um bom ponto de observação de toda a posição defendida pelos Coldstreamers. Na manhã seguinte, depois de um canhoneio pesado, uma ofensiva conjunta de pelo menos dois batalhões e sessenta tanques colocou-nos em grande perigo. As tropas de apoio estavam longe demais para poder intervir e só nos restou retirar a força sem maiores delongas. Isso foi feito, mas as baixas foram pesadas; apenas dois de nossos tanques continuaram em operação. Rommel havia alcançado seu objetivo e tratou de se instalar firmemente em Halfaya. Como havia esperado, sua ocupação dessa posição iria revelar-se um considerável obstáculo para nós, três semanas depois.

☆

Os preparativos para nossa ofensiva principal, cujo código era *Battleaxe*, prosseguiram ativamente; mas houve um lado mais difícil. Em 31 de maio, Wavell comunicou as dificuldades técnicas que estava enfrentando na preparação da 7ª Divisão Blindada. A primeira data em que poderia lançar a *Battleaxe* seria 15 de junho. Embora reconhecesse os perigos do adiamento, com o risco dos reforços aéreos do inimigo e de um ataque maciço a Tobruk, ele achou que, como a batalha vindoura seria essencialmente um combate de tanques, cabia-lhe dar todas as chances à divisão blindada. Os dias adicionais obtidos pela espera "duplicariam as possibilidades de êxito".

Fiquei então, com intensa esperança e medo, à espera de nosso ataque no deserto, que poderia modificar a nosso favor todo o curso da campanha. Num inquietante contraste com o nosso próprio desempenho no início daquele ano, os alemães haviam rapidamente posto Benghazi em uso, e era provável que o grosso de suas forças já estivesse sendo suprido, em larga medida, através daquele porto. Sabemos agora que os alemães haviam conseguido concentrar em pontos avançados uma grande parte de seus blindados, sem que tomássemos conhecimento disso. Na verdade, puseram bem mais de duzentos tanques em ação, contra os nossos 180.

A *Battleaxe* começou nas primeiras horas de 15 de junho. As coisas correram razoavelmente bem no início, mas, no terceiro dia, 17 de junho, tudo saiu errado. Ficou claro que nossa ofensiva havia fracassado. A retirada da força inteira transcorreu ordeiramente, protegida por nossos aviões de caça. O inimigo não nos perseguiu, em parte, sem dúvida, porque seus blindados foram duramente atacados pelos bombardeiros da RAF. É provável, porém, que tenha havido outra razão. Como sabemos agora, as ordens de Rommel eram para agir puramente na defensiva e acumular recursos para novas operações no outono. Enredar-se numa perseguição intensa através da fronteira, sofrendo perdas, contrariaria diretamente suas ordens.

Embora esse combate possa afigurar-se pequeno, comparado à escala da guerra do Mediterrâneo em todas as suas diversas campanhas, seu fracasso, para mim, foi um golpe duríssimo. O sucesso no deserto teria significado a destruição da audaciosa força de Rommel. Teríamos levantado o sítio de Tobruk, e era bem possível que o recuo do inimigo o levasse de volta para além de Benghazi, com a mesma rapidez com que ele havia chegado. Fora em nome desse objetivo supremo, tal como eu o avaliava, que se haviam corrido todos os riscos da operação *Tiger.* Eu não recebera nenhuma notícia dos acontecimentos até o dia 17 e, sabendo que o resultado logo deveria chegar, fui para Chartwell, que estava fechada, desejoso de ficar sozinho. Ali recebi os relatórios sobre o que havia ocorrido. Vaguei desconsolado pelo vale durante horas.

☆

O leitor que acompanhou esta narrativa há de estar mentalmente preparado, agora, para a decisão que tomei nos últimos dez dias de junho de 1941. Em casa, tínhamos a sensação de que Wavell era um homem cansado. Bem poderíamos dizer que o havíamos esfalfado a ponto de imobilizá-lo. A extraordinária convergência, num único comandante em chefe, de cinco ou seis teatros diferentes, com todos os seus altos e baixos — especialmente baixos — era uma tensão a que poucos militares tinham sido submetidos. Eu estava insatisfeito com as providências de Wavell para a defesa de Creta e, em especial, com o fato de não terem sido enviados mais alguns tanques. Os chefes de estado-maior haviam rejeitado sua opinião e aprovado a incursão pequena mas sumamente exitosa no Iraque, que resultara na libertação de Habbaniya e num completo sucesso local. Por fim, havia a *Battleaxe,* que Wavell tinha empreendido por lealdade aos riscos que eu havia corrido com sucesso ao enviar os "filhotes de tigre". Eu estava insatisfeito com as providências tomadas pelo QG do Oriente Médio para o recebimento dos filhotes de tigre, levados em seu socorro através do mortífero Mediterrâneo com tamanhos riscos e tanta sorte. Eu admirava o ânimo com que Wavell travara essa pequena batalha, que poderia ter sido tão importante, e sua extrema indiferença a todos os riscos pessoais, voando de um lado para outro no vasto e confuso campo de batalha. Mas a operação parecera malplanejada, especialmente pela incapacidade de se fazer uma sortida preliminar a partir da porta de ataque da sitiada Tobruk.

Acima disso tudo, pairava a realidade da ruptura de nosso flanco do deserto por Rommel, que havia solapado e derrubado todos os projetos gregos em que havíamos embarcado, com todos os sombrios perigos e os esplêndidos prêmios do que era, para nós, a mais alta esfera da guerra balcânica. Lembro-me de haver comentado: "Rommel arrancou da cabeça de Wavell os louros recém-conquistados e os jogou na areia." Essa não foi uma avaliação correta, apenas uma dor passageira. Tudo isso só pode ser julgado à luz dos documentos autênticos redigidos na época e também, sem dúvida, de muitas outras provas valiosas que o futuro venha a revelar. Mas persiste o fato de que, depois da *Battleaxe,* cheguei à conclusão de que era preciso mudar.

O general Auchinleck, a essa altura, era comandante em chefe na Índia. Sua atitude na campanha norueguesa de Narvik não me agradara de todo. Ele me parecera inclinado a levar demasiadamente em conta a segurança e a certeza, nenhuma das quais existe na guerra, e a se contentar em subordinar tudo ao atendimento do que julgava serem os requisitos mínimos. Entretanto, eu ficara muito impressionado com suas qualidades pessoais, sua presença e seu elevado caráter. Quando, depois de Narvik, ele assumira o Comando do sul da Inglaterra, eu havia recebido de muitas fontes, oficiais e particulares, depoimentos sobre o vigor e a estrutura que ele havia introduzido nessa importante região. Sua nomeação como comandante em chefe na Índia havia recebido aprovação geral. Vimos com que presteza ele se dispusera a mandar forças indianas para Basra e com que ardor se empenhara em eliminar a revolta no Iraque. Eu tinha a convicção de que, com Auchinleck, estaria introduzindo um novo e revigorante personagem para suportar as múltiplas tensões do Oriente Médio. No grande comando indiano, Wavell, por outro lado, encontraria tempo para recuperar suas forças, antes da chegada dos novos, mas iminentes, desafios e oportunidades. Constatei que minhas opiniões não encontravam nenhuma resistência em nossos círculos ministeriais e militares em Londres. O leitor não deve se esquecer de que nunca exerci poderes autocráticos e sempre tive de agir de acordo com a opinião política e militar, canalizando-a. Em 21 de junho, enviei um telegrama em consonância com ela. Wavell acatou a decisão com compostura e dignidade. Na ocasião, estava prestes a fazer um voo extremamente perigoso à Abissínia. Seu biógrafo registrou que, ao ler minha mensagem, ele disse: "O primeiro-ministro tem toda razão. Tem que haver uma nova visão e um novo comando neste teatro."

☆

Também fazia vários meses que eu estava extremamente aflito com a aparente inadequação do estado-maior do Cairo e me apercebia cada vez mais do fardo indevido, de tantos tipos diferentes, deposto nos ombros de nosso esforçado comandante em chefe. O próprio Wavell, juntamente com os outros chefes do comando, havia-me solicitado, já em 18 de abril, algumas substituições e ajuda. Sua opinião fora endossada por seus dois colegas militares. Durante a visita de Mr. Eden, os comandantes em chefe haviam reconhecido a conveniência de ter à mão uma alta autoridade política. Tinham-se conscientizado de um vazio após a partida dele.

Meu filho Randolph, que havia partido com os comandos, a essa altura meio dispersos, achava-se no deserto nessa ocasião. Ele era membro do parlamento e tinha contatos consideráveis. Não costumava mandar-me notícias abundantes ou frequentes, mas, no dia 7 de junho, eu recebera pelo Foreign Office o seguinte telegrama, que ele me enviou do Cairo com o conhecimento e o incentivo de nosso embaixador, Sir Miles Lampson:

> Não vejo como possamos começar a vencer a guerra aqui enquanto não tivermos no local um civil competente, para dar orientação política e estratégica no dia a dia. Por que não mandar para cá um membro do Gabinete de Guerra, para coordenar todo o esforço de guerra? Afora uma pequena equipe pessoal, ele precisaria de dois homens de peso para coordenar o abastecimento e dirigir a censura, o serviço de inteligência e a propaganda. A maioria das pessoas sensatas daqui reconhece a necessidade de uma reforma radical nesses moldes. O simples remanejamento de pessoal não será suficiente, e o momento atual parece particularmente propício e favorável a uma mudança do sistema. Queira perdoar-me por incomodá-lo, mas considero deplorável a situação atual e julgo que essas medidas urgentes serão vitais para qualquer perspectiva de êxito.

O fato é que isso decidiu a questão em minha mente. Respondi-lhe 15 dias depois: "Tenho pensado bastante há algum tempo, dentro da linha de orientação de seu telegrama, útil e bem-concebido." E tratei de tomar providências.

Eu havia introduzido o capitão Oliver Lyttelton no governo, como ministro do Comércio, em outubro de 1940. Conhecia-o desde sua infância. Ele servira nos Granadeiros durante os combates mais árduos da Primeira Guerra Mundial, tendo sido ferido e condecorado várias vezes. Ao deixar o exército, ingressara no mundo dos negócios e se tornara diretor executivo de uma grande empresa metalúrgica. Conhecendo suas notáveis qualidades pessoais, eu não hesitara em introduzi-lo no parlamento, num cargo elevado. Sua administração havia conquistado o respeito de todos os partidos em nosso governo de coalizão nacional. Suas propostas de 1941 sobre cupons de vestuário não tinham sido do meu agrado, mas eu havia constatado que os cupons foram favoravelmente recebidos pelo Gabinete e pela Câmara dos Comuns; não havia dúvida de que eram necessários naquele momento. Lyttelton era um total homem de ação e, nessa ocasião, pareceu-me que se adequava sob todos os aspectos ao posto novo e inédito de ministro residente do Gabinete de Guerra no Oriente Médio. Isso retiraria outra grande fatia de trabalho dos ombros dos chefes militares. Constatei que a ideia foi prontamente aceita por meus colegas de todos os partidos. Por conseguinte, ele foi nomeado, com o dever primordial de "liberar o Alto Comando de todas as responsabilidades externas e resolver prontamente, no local, de acordo com a política do governo de Sua Majestade, muitas das questões afetas a diversos departamentos ou autoridades que, até o presente, necessitaram de consulta ao governo central".

Todos esses novos arranjos, com suas consequentes repercussões administrativas, ajustaram-se e foram apropriados à mudança introduzida no comando do Oriente Médio.

44
A nêmesis dos soviéticos

Nêmesis é "a deusa executora da punição dos deuses, que lança por terra toda boa sorte descabida, refreia a presunção dos mortais (...) e vinga os crimes extraordinários".* Devemos agora deixar às claras o erro e a vaidade do frio calculismo do governo soviético e da imensa máquina comunista, bem como sua espantosa ignorância sobre sua própria situação. Eles haviam demonstrado total indiferença pelo destino das Potências Ocidentais, embora isso significasse a destruição da "Segunda Frente" pela qual haveriam de clamar muito em breve. Pareciam não ter a mínima ideia de que, mais de seis meses antes, Hitler havia decidido destruí-los. Se seu serviço de inteligência os informou da vasta articulação alemã em direção ao Leste, que a essa altura aumentava dia a dia, eles foram omissos no tocante a muitas providências necessárias para enfrentá-la. Assim, permitiram que a totalidade dos Bálcãs fosse dominada pela Alemanha. Eles odiavam e desprezavam as democracias do Ocidente; mas os quatro países — Turquia, Romênia, Bulgária e Iugoslávia — que eram de interesse vital para sua própria segurança poderiam ter sido congregados pelo governo soviético, em janeiro, com uma ativa ajuda inglesa, para formar uma frente balcânica contra Hitler. Os russos deixaram que todos mergulhassem na confusão e, com exceção da Turquia, todos foram varridos, um a um. A guerra é, acima de tudo, um catálogo de asneiras, mas é duvidoso que algum erro na história tenha-se equiparado ao erro crasso de que Stalin e os líderes comunistas foram culpados, ao jogarem fora todas as possibilidades nos Bálcãs e aguardarem passivamente, ou serem incapazes de reconhecer, a pavorosa ofensiva iminente contra a Rússia. Até então, nós os havíamos classificado de calculistas egoístas. Nesse período, também se revelaram simplórios. A força, a massa, a bravura e a resistência da Mãe Rússia ainda teriam que ser jogadas na balança. Mas, até onde estratégia, política, visão e competência podem servir de árbitros, Stalin e seus comissários mostraram-se, nessa ocasião, os trapalhões mais completamente tapeados da Segunda Guerra Mundial.

* Definição do *Oxford English Dictionary*.

☆

A diretriz de Hitler sobre a *Operação Barbarossa,* datada de 18 de dezembro de 1940, estipulara o grupamento geral e as missões principais das forças a serem concentradas contra a Rússia. Naquela data, o total da força alemã na frente oriental era de 34 divisões. Multiplicar esse número por mais de três foi um imenso processo de planejamento e preparação, que ocupou inteiramente os primeiros meses de 1941. Em janeiro e fevereiro, a aventura balcânica para a qual o Führer deixou-se arrastar drenou cinco divisões do leste para o sul, três das quais blindadas. Em maio, o dispositivo alemão no Leste subiu para 87 divisões, e havia nada menos de 25 absorvidas nos Bálcãs. Considerando a magnitude e os perigos da invasão da Rússia, foi imprevidente perturbar a concentração no Leste para fazer uma diversão tão expressiva. Veremos agora como um atraso de cinco semanas foi imposto à operação suprema, em decorrência da nossa resistência nos Bálcãs e, especialmente, da revolução iugoslava. Ninguém pode avaliar com exatidão que consequências teve isto antes de o inverno se abater sobre a sorte da campanha alemã na Rússia. É razoável presumir que Moscou tenha sido salva por isso. Durante maio e o começo de junho, muitas das mais bem-treinadas divisões alemãs e todos os blindados foram deslocados dos Bálcãs para a frente oriental e, no momento da ofensiva, os alemães atacaram com 120 divisões, 17 das quais eram blindadas e 12, motorizadas. Seis divisões romenas também foram incluídas no Grupo de Exércitos do Sul. Na reserva geral, mais 26 divisões estavam concentradas ou em processo de concentração; de modo que, no início de julho, o Alto Comando alemão podia contar com pelo menos 150 divisões, apoiadas pela força de ataque principal de sua força aérea, composta por cerca de 2.700 aviões.

☆

Até o fim de março, eu não estava convencido de que Hitler se houvesse decidido por uma guerra mortal com a Rússia, nem de quão próxima ela estava. Nossos relatórios de inteligência revelaram com detalhes a extensa movimentação de tropas alemãs em direção aos estados balcânicos e no interior deles que havia caracterizado os primeiros três meses de 1941. Nossos agentes conseguiam mover-se com bastante liberdade nesses países quase neutros e puderam manter-nos bem ao corrente do maciço deslocamento de forças alemãs para o sudeste por ferrovias ou rodovias. Mas nada disso implicava necessariamente a invasão da Rússia, sendo tudo facilmente explicável pelos interesses e pela política dos alemães na Romênia e na Bulgária, por suas intenções em relação à Grécia e por arranjos feitos com a Iugoslávia e a Hungria. Muito mais difícil era obter informações sobre a imensa movimentação que estava ocorrendo em toda a Alemanha em direção à frente russa, que se estendia da Romênia até o Báltico. A ideia de que a Alemanha, naquele estágio, e antes de resolver o panorama balcânico, iniciasse outra grande guerra, dessa vez com a Rússia, parecia-me boa demais para ser verdade.

Não havia sinal de redução das forças alemãs que se opunham a nós do outro lado do Canal. Os ataques aéreos alemães à Inglaterra continuavam intensos. O modo como a concentração de tropas alemãs na Romênia e na Bulgária foi explicado e aparentemente aceito pelo governo soviético, a comprovação que tínhamos da remessa de grandes e valiosíssimos suprimentos da Rússia para a Alemanha, a evidente comunhão de interesses entre esses dois países no domínio e divisão do Império Britânico no Oriente, tudo isso tornava mais provável que Hitler e Stalin fechassem um bom negócio à nossa custa, em vez de travarem uma guerra entre si. Esse negócio, hoje sabemos, era, dentro de amplos limites, o objetivo de Stalin.

Essas impressões eram partilhadas por nosso comitê conjunto de inteligência. Em 7 de abril, ele informou que circulavam pela Europa informes sobre um plano alemão de atacar a Rússia. Embora a Alemanha, no dizer do comitê, dispusesse de forças consideráveis no Leste e esperasse lutar com a Rússia num ou noutro momento, era improvável que ela optasse por abrir de imediato outra grande frente de guerra. Seu principal objetivo em 1941, segundo o comitê, continuaria a ser a derrota da Inglaterra. Já em 23 de maio, esse comitê, formado pelas três forças armadas, comunicou que se haviam atenuado os boatos de um ataque iminente à Rússia, e que havia informações de que um novo acordo entre os dois países estava prestes a ser firmado.

Nossos chefes de estado-maior estavam à frente de seus informantes. E foram mais explícitos. "Temos sólidos indícios", advertiram ao Comando do Oriente Médio em 31 de maio, "de que os alemães estão concentrando grandes forças do exército e da força aérea contra a Rússia. Por meio dessa ameaça, é provável que exijam concessões sumamente lesivas para nós. Se os russos as recusarem, os alemães avançarão."

Somente em 5 de junho foi que o comitê conjunto de inteligência informou que a escala dos preparativos militares alemães no Leste Europeu parecia indicar que estava em jogo alguma questão mais vital do que um acordo econômico. Era possível que a Alemanha desejasse eliminar de sua fronteira oriental a ameaça potencial das forças soviéticas, cada vez mais poderosas. O comitê ainda julgava impossível dizer se isso resultaria numa guerra ou num acordo.

Eu não estava satisfeito com essa forma de avaliação coletiva e preferia examinar as informações pessoalmente. Assim, já no verão de 1940, havia providenciado para que o major Desmond Morton fizesse uma seleção diária de trechos das informações, que eu sempre lia, formando minha própria opinião, às vezes com grande antecipação.

Assim, foi com alívio e excitação que, no fim de março de 1941, li um relatório de inteligência, recebido de uma de nossas fontes mais confiáveis, sobre a movimentação nos dois sentidos de blindados alemães na ferrovia de Bucareste a Cracóvia. Ele mostrava que, tão logo os ministros iugoslavos haviam-se submetido em Viena, três das cinco divisões Panzer que se haviam deslocado para o sul pela Romênia, em direção à Grécia e à Iugoslávia, tinham sido mandadas de volta para Cracóvia, no norte, e, em segundo lugar, que todo esse transporte se invertera depois da revolução de Belgrado, sendo as três divisões Panzer novamente mandadas para a Romênia. Tinha sido impossível esconder de nossos agentes locais essas baldeações e mudanças de direção de cerca de sessenta trens.

Para mim, isso iluminou todo o cenário do leste como um relâmpago. O súbito deslocamento para Cracóvia de tantos blindados necessários na esfera balcânica só podia significar a intenção de Hitler de invadir a Rússia em maio. A partir daí, esse me pareceu, sem sombra de dúvida, constituir seu objetivo principal. O fato de a revolução de Belgrado ter exigido o retorno das divisões para a Romênia talvez implicasse um atraso de maio para junho. Pus-me a imaginar um meio de advertir Stalin e, despertando-o para o perigo, estabelecer com ele contatos semelhantes aos que eu havia instaurado com o presidente Roosevelt. Redigi uma mensagem curta e enigmática, na esperança de que precisamente isso, e mais o fato de se tratar da primeira mensagem que eu lhe enviava desde meu telegrama formal de 25 de junho de 1940, apresentando elogiosamente Sir Stafford Cripps como embaixador, chamasse sua atenção e o levasse a refletir.

Do primeiro-ministro para Sir Stafford Cripps, 3 de abril de 1941

Para M. Stalin, *desde que possa ser pessoalmente entregue pelo senhor.*

Tenho a informação segura, vinda de um agente de confiança, de que, quando os alemães julgaram ter a Iugoslávia na rede — portanto, depois de 20 de março — começaram a deslocar três das cinco divisões Panzer da Romênia para o sul da Polônia. No momento em que tiveram notícia da revolução sérvia, essa movimentação recebeu contraordem. Vossa Excelência há de apreciar logo a importância desses fatos.

O embaixador inglês não respondeu até 12 de abril, quando disse que, pouco antes de receber meu telegrama, ele mesmo havia remetido a Vyshinsky uma longa carta pessoal, recapitulando a sucessão de falhas do governo soviético em se contrapor às invasões alemãs nos Bálcãs e insistindo vigorosamente que a URSS, no seu próprio interesse, optasse por uma política imediata e vigorosa de cooperação com os países que ainda se opunham ao Eixo naquela área. "Se agora", disse ele, "eu transmitisse através de Molotov a mensagem do primeiro-ministro, que expressa a mesma tese, sob forma muito mais abreviada e menos enfática, temo que o único efeito consistisse, provavelmente, em enfraquecer a impressão já causada em Vyshinsky por minha carta..."

Fiquei irritado com isso e com a demora ocorrida. Essa foi a única mensagem que enviei diretamente a Stalin antes do ataque. Sua brevidade, o caráter excepcional da comunicação, o fato de ela provir do chefe do governo e de ter que ser entregue pessoalmente ao chefe do governo russo pelo embaixador, tudo isso tencionava dar-lhe um significado especial e chamar a atenção de Stalin. Eventualmente, fiquei sabendo que Sir Stafford a entregou a Vyshinsky em 19 de abril e que Vyshinsky lhe informou por escrito, em 23 de abril, havê-la transmitido a Stalin.

Não tenho como julgar em termos definitivos se minha mensagem, caso fosse entregue com toda a presteza e cerimônia recomendadas, teria alterado o curso dos acontecimentos. Não obstante, ainda lamento que minhas instruções não tenham sido eficientemente cumpridas. Se eu tivesse mantido algum contato direto com Stalin, talvez pudesse ter impedido que ele deixasse uma parcela tão grande de sua força aérea ser destruída no chão.

☆

Hoje sabemos que a diretiva de Hitler de 18 de dezembro havia marcado 15 de maio como a data de invasão da Rússia, e que, em sua fúria diante da revolução de Belgrado, ela fora protelada por um mês e, posteriormente, adiada para 22 de junho. Até meados de março, a movimentação de tropas ao norte, na principal frente russa, não fora de natureza a exigir medidas especiais de ocultamento pelos alemães. Em 13 de março, entretanto, Berlim expedira ordens de que se encerrasse o trabalho das delegações russas que estavam trabalhando em território alemão e de que elas fossem mandadas para casa. A presença dos russos nessa parte da Alemanha só seria permitida até 25 de março. Durante esse período, as 120 divisões alemãs mais qualificadas reuniram-se em seus três grupos de exército ao longo da frente russa. O Grupo de Exércitos do Sul, sob as ordens de Rundstedt, pelas razões já explicadas, estava muito longe de ter uma posição sólida em matéria de blindados. Não era só que suas divisões Panzer tivessem recentemente retornado da Grécia e da Iugoslávia. Apesar do adiamento do ataque para 22 de junho, elas precisavam muito de descanso e de reparos, depois de seu desgaste mecânico nos Bálcãs.

Em 13 de abril, Schulenburg viajou de Moscou para Berlim. Hitler o recebeu em 28 de abril e brindou seu embaixador com uma longa diatribe contra a Rússia. Schulenburg insistiu no tema que havia dominado todos os seus relatórios. "Estou convencido de que Stalin está disposto a nos fazer concessões ainda maiores. Já houve uma indicação a nossos negociadores econômicos de que (se fizermos a solicitação em tempo hábil) a Rússia poderá fornecer-nos até cinco milhões de toneladas de grãos por ano."* Schulenburg retornou a Moscou em 30 de abril, profundamente decepcionado com sua entrevista com Hitler. Teve a clara impressão de que Hitler estava decidido à guerra. Ao que parece, tentou até advertir o embaixador russo em Berlim, Dekanosov, nesse sentido. E lutou persistentemente, nas horas finais, por sua política de entendimento entre a Alemanha e a URSS.

Weizsächer, o funcionário-chefe do Ministério do Exterior alemão, era um servidor sumamente competente, do tipo encontrado nos órgãos governamentais de muitos países. Não era um político com poder executivo e, segundo o costume inglês, não poderia ser responsabilizado pela política do governo. Não obstante, foi condenado a sete anos de prisão com

* *Nazi-Soviet Relations, 1939-1941,* publicado em 1948 pelo Departamento de Estado, Washington, p. 332.

trabalhos forçados por sentença dos tribunais criados pelos vencedores. Embora, por conseguinte, ele seja classificado como criminoso de guerra, é certo que apresentou bons conselhos a seus superiores. Alegra-nos que não tenham aceito. Assim comentou ele essa entrevista:

> Posso resumir numa frase minha visão sobre um conflito alemão-soviético. Se cada cidade russa reduzida a cinzas fosse tão valiosa para nós quanto um encouraçado inglês afundado, eu defenderia a guerra alemã-soviética neste verão; mas creio que só sairíamos vencedores na Rússia no sentido militar e que, por outro lado, teríamos a perder no sentido econômico.
>
> Talvez se possa considerar atraente a perspectiva de desferir contra o sistema comunista um golpe mortal, e talvez também se possa dizer que é inerente à lógica das coisas mobilizar o continente eurasiano contra o reinado anglo-saxão e seus seguidores. Mas o único fator decisivo é saber se esse projeto apressará a queda da Inglaterra. (...)
>
> Um ataque alemão à Rússia apenas daria aos ingleses uma nova força moral. Seria interpretado, ali, como uma incerteza alemã quanto ao sucesso de nossa luta contra a Inglaterra. Com isso, não apenas estaríamos admitindo que a guerra ainda duraria muito tempo, como também, dessa maneira, talvez efetivamente a prolongássemos, em vez de abreviá-la.

Em 7 de maio, Schulenburg comunicou, esperançoso, que Stalin havia assumido a presidência do Soviet de Comissários do Povo no lugar de Molotov e, desse modo, tornara-se o chefe de governo da União Soviética: "Estou convencido de que Stalin usará seu novo cargo para participar pessoalmente da manutenção e ampliação de boas relações entre os soviéticos e a Alemanha."

O adido naval alemão, num memorando enviado de Moscou, expressou o mesmo ponto de vista, com estas palavras: "Stalin é o pivô da colaboração germano-soviética." Os exemplos do apaziguamento russo em relação à Alemanha aumentaram. Em 3 de maio, a Rússia havia reconhecido oficialmente o governo pró-germânico de Rashid Ali, no Iraque. Em 7 de maio, os representantes diplomáticos da Bélgica e da Noruega foram expulsos da Rússia. Até o embaixador iugoslavo foi despachado. No início de junho, a missão diplomática grega foi banida de Moscou. Como escreveu posteriormente o general Thomas, chefe da seção de economia do Ministério da Guerra alemão, em seu artigo sobre a economia de guerra do Reich, "os russos efetuaram suas entregas até a véspera do ataque e, nos últimos dias, o transporte de borracha do Extremo Oriente foi feito por trens expressos".

☆

Não tínhamos informações completas, é claro, sobre os ânimos em Moscou, mas o objetivo alemão parecia simples e compreensível. Em 16 de maio, telegrafei ao general Smuts: "Parece que Hitler se concentra em massa contra a Rússia. Uma movimentação incessante de tropas, forças blindadas e aviões, partindo dos Bálcãs para o norte e da França e da Alemanha para o leste, está em andamento." Stalin deve ter feito um grande esforço para preservar suas ilusões sobre a política de Hitler. Depois de mais um mês de intenso desdobramento de tropas alemãs, Schulenburg telegrafou ao Ministério do Exterior da Alemanha em 13 de junho:

> O comissário do povo Molotov acaba de dar-me o seguinte texto de um comunicado da Tass, que será transmitido hoje à noite e publicado nos jornais de amanhã:
>
> Antes mesmo do retorno do embaixador inglês Cripps para Londres, mas especialmente desde seu retorno, têm-se divulgado rumores sobre uma guerra iminente entre a URSS e a Alemanha na imprensa inglesa e estrangeira. (...)
>
> Apesar do evidente absurdo desses boatos, os círculos responsáveis de Moscou julgaram necessário declarar que constituem uma desastrada manobra de propaganda das forças alinhadas contra a União Soviética e a Alemanha, que estão interessadas na propagação e intensificação da guerra.

Hitler tinha toda razão de estar contente com o sucesso de suas medidas de dissimulação e cobertura e com o estado de ânimo de sua vítima.

O absurdo final de Molotov é digno de registro. Em 22 de junho, à 1h17, Schulenburg tornou a telegrafar ao Ministério das Relações Exteriores alemão:

> Molotov chamou-me ao seu gabinete esta noite às 21h30. Depois de mencionar as supostas repetidas violações da fronteira por aviões alemães, (...) Molotov declarou o seguinte:
>
> Havia vários indícios de que o governo alemão estava insatisfeito com o governo soviético. Eram até correntes rumores de uma guerra iminente entre a Alemanha e a União Soviética. O governo soviético não conseguia

compreender as razões da insatisfação da Alemanha. (...) Ele apreciaria que eu lhe dissesse o que teria acarretado a presente situação das relações entre a Alemanha e a Rússia soviética.

Retruquei que não podia responder à sua pergunta, já que me faltava a informação pertinente, mas que transmitiria sua comunicação a Berlim.

A hora havia soado. Às quatro horas desse mesmo 22 de junho de 1941, Ribbentrop entregou uma declaração formal de guerra ao embaixador russo em Berlim. Ao raiar do dia, Schulenburg apresentou-se a Molotov no Kremlin. Este ouviu em silêncio a declaração lida pelo embaixador alemão, e em seguida comentou: "É a guerra. Vossos aviões acabaram de bombardear umas dez aldeias desprotegidas. *O senhor acha que nós merecíamos isso?*" *

☆

Diante da transmissão da Tass, era inútil insistirmos nas várias advertências feitas por Mr. Eden ao embaixador soviético em Londres, ou num novo esforço pessoal meu de despertar Stalin para o perigo que corria. Informações ainda mais precisas tinham sido constantemente enviadas ao governo soviético pelos Estados Unidos. Nada que qualquer um de nós pudesse fazer conseguia penetrar no obtuso preconceito e nas ideias fixas que Stalin havia erguido entre ele mesmo e a terrível verdade. Embora, segundo as estimativas alemãs, 186 divisões russas estivessem em posição atrás das fronteiras soviéticas, 119 delas diante da frente alemã, os exércitos russos foram, em grande parte, apanhados de surpresa. Os alemães não encontraram nenhum sinal de preparativos ofensivos na zona avançada, e as tropas russas de cobertura foram rapidamente dominadas. Algo parecido com o desastre que se abatera sobre a força aérea polonesa em 1° de setembro de 1939 ia se repetir, em escala muito maior, nos aeródromos russos: muitas centenas de aviões foram surpreendidos de madrugada e destruídos antes que conseguissem decolar. Assim, o frenesi de ódio à Inglaterra e aos Estados Unidos, que a máquina de propaganda soviética pusera no ar à

* Esse foi o último ato da carreira diplomática do conde Schulenburg. No final de 1943, seu nome aparece nos círculos secretos de conspiração contra Hitler, na Alemanha, como possível ministro do Exterior de um governo sucessor do regime nazi, em vista de sua qualificação especial para negociar uma paz em separado com Stalin. Ele foi preso pelos nazis após o atentado contra Hitler, em julho de 1944, e encarcerado nas celas da Gestapo. Em 10 de novembro, foi executado.

meia-noite, foi abafado, ao amanhecer, pelo canhoneio alemão. Os perversos nem sempre são espertos, e os ditadores nem sempre têm razão.

É impossível concluir este relato sem fazer referência a uma terrível decisão política adotada por Hitler em relação aos seus novos inimigos, e posta em prática sob toda a pressão da luta mortal, em vastas áreas de terra estéril ou arruinada e em meio aos horrores do inverno. Numa conferência em 14 de junho de 1941, ele deu ordens verbais que regeram, em larga medida, a conduta do exército alemão para com as tropas e o povo russos, e que levaram a muitos atos bárbaros e implacáveis. Segundo os documentos de Nuremberg, o general Halder declarou:

> Antes do ataque à Rússia, o Führer convocou uma conferência de todos os comandantes e pessoal ligado ao Supremo Comando sobre a questão do próximo ataque à Rússia. Não me lembro da data exata dessa conferência. (...) Na conferência, o Führer declarou que os métodos usados na guerra contra os russos teriam que ser diferentes dos usados contra o Ocidente. (...) Ele disse que a luta entre a Rússia e a Alemanha era uma luta russa. Declarou que, não sendo os russos signatários da Convenção de Haia, o tratamento de seus prisioneiros de guerra não teria que seguir as disposições da Convenção. (...) Disse [também] que os chamados "Comissários" não deveriam ser considerados prisioneiros de guerra.*

E, segundo Keitel:

> O tema principal de Hitler foi que aquela era a batalha decisiva entre as duas ideologias, e que esse fato tornava impossível usarmos nessa guerra [com a Rússia] métodos como os que nós, militares, conhecíamos, e que eram considerados os únicos métodos corretos nos termos da lei internacional.**

☆

Na noite de sexta-feira, 20 de junho, rumei para Chequers sozinho. Eu sabia que o ataque alemão à Rússia era uma questão de dias ou, talvez, de horas. Havia tomado providências para fazer um pronunciamento pelo rádio na noite de sábado, abordando esse acontecimento. Naturalmente, teria que ser em termos cautelosos. Além disso, naquele momento, o go-

* *Nuremberg Documents*, parte VI, p. 310 e seg.
** *Ibid.*, parte XI, p. 16.

verno soviético, ao mesmo tempo altivo e obtuso, encarava todas as advertências que fazíamos como uma mera tentativa de homens derrotados de arrastar outros para a desgraça. Em decorrência de minhas reflexões no carro, adiei o pronunciamento para a noite de domingo, quando achei que tudo estaria esclarecido. Assim, o sábado transcorreu em sua faina habitual.

Quando acordei na manhã de domingo, dia 22, deram-me a notícia da invasão da Rússia por Hitler. Isso mudava a convicção em certeza. Eu não tinha a menor dúvida de onde estavam nosso dever e nossa política. Nem tampouco sobre o que dizer. Restava apenas a tarefa de compor o texto. Pedi que se noticiasse imediatamente que eu faria um pronunciamento às 21 horas. Pouco depois, o general Dill, que viera às pressas de Londres, entrou em meu quarto com notícias detalhadas. Os alemães tinham invadido a Rússia numa frente imensa, haviam surpreendido grande parte da força aérea soviética pousada nos aeródromos e pareciam estar avançando com grande rapidez e violência. O CIGS acrescentou: "Acho que eles serão aprisionados como num curral, em hordas."

Passei o dia compondo meu discurso. Não havia tempo para consultar o Gabinete de Guerra, nem isso era necessário. Eu sabia que todos sentíamos o mesmo sobre essa questão. Mr. Eden, Lord Beaverbrook e Sir Stafford Cripps — que deixara Moscou no dia 10 — também estiveram comigo durante o dia. No discurso pelo rádio, eu disse:

"O regime nazi é indistinguível dos piores aspectos do comunismo. É desprovido de qualquer tema ou princípio além da ganância e da dominação racial. Supera todas as formas de maldade humana na eficiência de sua crueldade e em sua agressão feroz. Ninguém tem sido um opositor do comunismo mais consistente do que eu, nos últimos 25 anos. Não desdigo uma só palavra que proferi a respeito dele. Mas tudo isso se extingue diante do espetáculo que agora começa. O passado, com seus crimes, loucuras e tragédias, some num lampejo. Vejo os soldados russos à porta da pátria, guardando os campos que os pais araram desde tempos imemoriais. Vejo-os na guarda de suas casas, onde mães e esposas rezam — ah! sim, pois há hora em que todos rezam — pela segurança de seus amados, pelo retorno daquele que garante o sustento, de seu defensor, seu protetor. Vejo as dez mil aldeias da Rússia, onde os meios de existência são arduamente arrancados do solo, mas onde ainda há alegrias humanas primordiais, onde as moças riem e as crianças brincam. Vejo, avançando sobre tudo isso em horrenda investida, a máquina de guerra nazi, com seus oficiais prussianos vociferantes, pedantes, batendo os calcanhares, e com seus matreiros agentes especiais, recém-saídos da intimidação e manietação de uma dúzia de países. Vejo também as massas insensíveis, adestradas, submissas e embrutecidas da soldadesca bárbara dos hunos, avançando lentamente qual massa de gafanhotos a se arrastar. Vejo os bombardeiros e caças alemães no céu, ainda doloridos de muitas chicotadas inglesas, encantados por acharem o que lhes parece ser uma presa mais fácil e mais segura.

"Por trás de todo esse aparato ofuscante, por trás de toda essa tempestade, vejo aquele grupelho de vilões que planejam, preparam e despejam essa catadupa de horrores sobre a humanidade. (...)

"Tenho que declarar a decisão do governo de Sua Majestade — e estou certo de que é uma decisão a que os grandes Domínios darão seu concurso no devido tempo —, pois devemos falar agora, de imediato, sem um dia de espera. Cabe-me fazer a declaração, mas acaso alguém duvida de qual será nossa política? Temos apenas um objetivo e um único e irrevogável propósito. Estamos determinados a destruir Hitler e qualquer vestígio do regime nazi. Disso, nada nos desviará — nada. Jamais conversaremos, jamais negociaremos com Hitler ou com qualquer um de sua quadrilha. Vamos combatê-lo no chão, vamos combatê-lo no mar, vamos combatê-lo no ar, até que, com a ajuda de Deus, tenhamos livrado a Terra de sua sombra e libertado os povos de seu jugo. Qualquer homem ou nação que esteja em luta contra o domínio dos nazis terá nossa ajuda. Qualquer homem ou nação que marcha com Hitler é nosso inimigo. (...) É essa a nossa política e é essa a nossa declaração. Portanto, daremos toda a ajuda que pudermos à Rússia e ao povo russo. Apelaremos a todos os nossos amigos e aliados em todas as partes do mundo, para que adotem a mesma orientação e a sigam, como seguiremos nós, fiel e firmemente, até o fim. (...)

"Esta não é uma guerra de classes, é uma guerra em que todo o Império Britânico e a Commonwealth Britânica de Nações estão empenhados, sem distinção de raça, credo ou partido. Não cabe a mim falar da ação dos Estados Unidos, mas isto eu afirmo: se Hitler imagina que seu ataque à Rússia soviética provocará a menor divergência de objetivos ou a menor redução do empenho das grandes democracias que estão decididas por sua condenação, ele está deploravelmente enganado. Ao contrário, seremos reforçados e estimulados no empenho em resgatar a humanidade de sua tirania. Ficaremos mais fortes, e não mais fracos, na determinação e nos recursos.

"Não é momento de discursos moralistas sobre os desatinos dos países e governos que se permitiram ser derrubados um a um, quando, através da ação conjunta, poderiam ter poupado a si mesmos e ao mundo dessa catástrofe. Mas, quando me referi, minutos atrás, à sede de sangue e aos apetites odiosos de Hitler, que o impeliram ou o atraíram para sua aventura russa, afirmei que havia uma motivação mais profunda por trás desse ultraje. Ele quer destruir o poderio russo porque tem a esperança, se lograr êxito nisso, de poder trazer de volta do leste a força principal de seu exército e sua força aérea e lançá-los sobre esta Ilha, que ele sabe que terá de vencer, ou então sofrer o castigo por seus crimes. Sua invasão da Rússia não passa de um prelúdio à tentativa de invasão das Ilhas Inglesas. Ele espera, sem dúvida, que tudo isso possa consumar-se antes da chegada do inverno, e que consiga subjugar a Grã-Bretanha antes que a esquadra e o poderio aéreo dos Estados Unidos possam intervir. Espera poder repetir novamente, em escala maior do que nunca, o processo de destruição de seus inimigos um por um, no qual tem vicejado e prosperado por tanto tempo, e espera que, depois disso, o cenário fique livre para o último ato, sem o qual todas as suas conquistas seriam inúteis — a subjugação do Hemisfério Ocidental a sua vontade e seu sistema.

"O perigo russo é, pois, o nosso perigo e o perigo dos Estados Unidos, assim como a causa de qualquer russo que se bate por sua família e seu lar é a causa dos homens livres e dos povos livres em todas as partes do globo. Aprendamos a lição já ensinada por tão cruel experiência. Redobremos nosso esforço e ataquemos com a força da união, enquanto nos restarem vida e poder."

PUBLISHER
Kaíke Nanne

EDITORA DE AQUISIÇÃO
Renata Sturm

EDITORA EXECUTIVA
Carolina Chagas

COORDENAÇÃO DE PRODUÇÃO
Thalita Aragão Ramalho

PRODUÇÃO EDITORIAL
Zaira Mahmud

REVISÃO
Mariana Hamdar

DIAGRAMAÇÃO
DTPhoenix Editorial

CAPA
Maquinaria Studio

Este livro foi impresso na Edigráfica, em 2017, para a HarperCollins Brasil. A fonte usada no miolo é AGaramond, corpo 11,5/13,2. O papel do miolo é avena 70g/m2, e o da capa é cartão 250g/m2.